U0613876

重慶市三十三家收藏單位古籍普查登記目録

（下）

索引

全國古籍普查登記目録

國家圖書館出版社
National Library of China Publishing House

下冊目録

《重慶市萬州區圖書館古籍普查登記目録》
書名筆畫字頭索引

一畫

二畫

三畫

四畫

五畫

六畫

七畫

八畫

九畫

十畫

十一畫

十二畫

十三畫

十四畫

十六畫

十七畫

十八畫

十九畫

二十畫

二十一畫

二十二畫

二十三畫

二十四畫

二十五畫

《重慶市萬州區圖書館古籍普查登記目録》
書名筆畫索引

一畫

二畫

三畫

四畫

五畫

六畫

七畫

八畫

九畫

十畫

十一畫

十二畫

十三畫

十四畫

十五畫

十六畫

十七畫

十八畫

十九畫

二十畫

二十一畫

二十二畫

二十三畫

二十四畫

二十五畫

《重慶市秀山縣圖書館古籍普查登記目録》
書名筆畫字頭索引

二畫

三畫

四畫

五畫

六畫

七畫

八畫

九畫

十畫

十一畫

十二畫

十三畫

十四畫

十五畫

十六畫

十七畫

十八畫

十九畫

二十畫

二十二畫

二十四畫

《重慶市秀山縣圖書館古籍普查登記目録》
書名筆畫索引

二畫

三畫

四畫

五畫

六畫

七畫

八畫

九畫

十畫

十一畫

十二畫

十三畫

十四畫

十五畫

十六畫

十七畫

十八畫

十九畫

二十畫

二十二畫

二十四畫

《重慶市奉節縣圖書館古籍普查登記目録》
書名筆畫字頭索引

二畫

三畫

四畫

五畫

六畫

七畫

八畫

九畫

十畫

十一畫

十二畫

十三畫

十四畫

十五畫

十六畫

十七畫

十八畫

十九畫

二十一畫

二十二畫

《重慶市奉節縣圖書館古籍普查登記目録》
書名筆畫索引

二畫

三畫

四畫

五畫

六畫

七畫

八畫

九畫

十畫

十一畫

十二畫

十三畫

十四畫

十五畫

十六畫

十七畫

十八畫

十九畫

二十一畫

二十二畫

《重慶市涪陵區少年兒童圖書館古籍普查登記目録》
書名筆畫字頭索引

二畫

三畫

四畫

五畫

六畫

七畫

八畫

九畫

十畫

十一畫

十二畫

十三畫

十四畫

十五畫

十六畫

十七畫

十八畫

十九畫

二十畫

二十一畫

二十二畫

二十四畫

《重慶市涪陵區少年兒童圖書館古籍普查登記目録》書名筆畫索引

二畫

三畫

四畫

五畫

六畫

七畫

八畫

九畫

十畫

十一畫

十二畫

十三畫

十四畫

十五畫

十六畫

十七畫

十八畫

十九畫

二十畫

二十一畫

二十二畫

二十四畫

《重慶市渝中區圖書館古籍普查登記目録》
書名筆畫字頭索引

三畫

四畫

五畫

六畫

七畫

八畫

九畫

十畫

十一畫

十二畫

十三畫

十四畫

十五畫

十六畫

十七畫

十八畫

二十一畫

《重慶市渝中區圖書館古籍普查登記目録》
書名筆畫索引

三畫

四畫

五畫

六畫

七畫

八畫

九畫

十畫

十一畫

十二畫

十三畫

十四畫

十五畫

十六畫

十七畫

十八畫

二十一畫

《重慶市南岸區圖書館古籍普查登記目録》
書名筆畫字頭索引

四畫

十畫

十二畫

十三畫

十四畫

十五畫

二十一畫

《重慶市南岸區圖書館古籍普查登記目録》
書名筆畫索引

四畫

十畫

十二畫

十三畫

十四畫

十五畫

二十一畫

《重慶市巴南區圖書館古籍普查登記目録》
書名筆畫字頭索引

四畫

五畫

六畫

七畫

八畫

九畫

十畫

十二畫

十三畫

十四畫

十七畫

十八畫

二十二畫

《重慶市巴南區圖書館古籍普查登記目録》
書名筆畫索引

四畫

五畫

六畫

七畫

八畫

九畫

十畫

十二畫

十三畫

十四畫

十七畫

十八畫

二十二畫

《重慶市江津區圖書館古籍普查登記目録》
書名筆畫字頭索引

二畫

三畫

四畫

五畫

六畫

七畫

八畫

九畫

十畫

十一畫

十二畫

十三畫

十四畫

十五畫

十六畫

十七畫

十八畫

十九畫

二十畫

二十一畫

二十四畫

《重慶市江津區圖書館古籍普查登記目録》
書名筆畫索引

二畫

三畫

四畫

五畫

六畫

七畫

八畫

九畫

十畫

十一畫

十二畫

十三畫

十四畫

十五畫

十六畫

十七畫

十八畫

十九畫

二十畫

二十一畫

二十四畫

《重慶市綦江縣圖書館古籍普查登記目録》
書名筆畫字頭索引

二畫

三畫

四畫

五畫

六畫

七畫

八畫

九畫

十畫

十一畫

十二畫

十三畫

十四畫

十五畫

十六畫

十七畫

十九畫

二十畫

二十一畫

二十二畫

《重慶市綦江縣圖書館古籍普查登記目録》
書名筆畫索引

二畫

三畫

四畫

五畫

六畫

七畫

八畫

九畫

十畫

十一畫

十二畫

十三畫

十四畫

十五畫

十六畫

十七畫

十九畫

二十畫

二十一畫

二十二畫

《重慶市榮昌縣圖書館古籍普查登記目録》
書名筆畫字頭索引

一畫

二畫

三畫

四畫

五畫

六畫

七畫

八畫

九畫

十畫

十一畫

十二畫

十三畫

十四畫

十五畫

十六畫

十七畫

十八畫

十九畫

二十二畫

《重慶市榮昌縣圖書館古籍普查登記目録》
書名筆畫索引

一畫

二畫

三畫

四畫

五畫

六畫

七畫

八畫

九畫

十畫

十一畫

十二畫

十三畫

十四畫

十五畫

十六畫

十七畫

十八畫

十九畫

二十二畫

《重慶市梁平縣圖書館古籍普查登記目録》
書名筆畫字頭索引

一畫

二畫

三畫

四畫

五畫

六畫

七畫

八畫

九畫

十畫

十一畫

十二畫

十三畫

十四畫

十五畫

十六畫

十七畫

十八畫

十九畫

二十畫

二十一畫

二十二畫

《重慶市梁平縣圖書館古籍普查登記目録》
書名筆畫索引

一畫

二畫

三畫

四畫

五畫

六畫

七畫

八畫

九畫

十畫

十一畫

十二畫

十三畫

十四畫

十五畫

十六畫

十七畫

十八畫

十九畫

二十畫

二十一畫

二十二畫

《重慶市雲陽縣圖書館古籍普查登記目録》
書名筆畫字頭索引

八畫

九畫

十一畫

十二畫

十三畫

十五畫

《重慶市雲陽縣圖書館古籍普查登記目録》
書名筆畫索引

八畫

九畫

十一畫

十二畫

十三畫

十五畫

《重慶市彭水縣圖書館古籍普查登記目録》
書名筆畫字頭索引

三畫

四畫

五畫

六畫

八畫

九畫

十畫

十一畫

十二畫

十三畫

十四畫

十五畫

十六畫

十七畫

十九畫

二十二畫

《重慶市彭水縣圖書館古籍普查登記目録》
書名筆畫索引

三畫

四畫

五畫

六畫

八畫

九畫

十畫

十一畫

十二畫

十三畫

十四畫

十五畫

十六畫

十七畫

十九畫

二十二畫

《重慶市涪陵區圖書館古籍普查登記目録》
書名筆畫字頭索引

五畫

八畫

九畫

《重慶市涪陵區圖書館古籍普查登記目録》書名筆畫索引

五畫

八畫

九畫

《重慶市九龍坡區圖書館古籍普查登記目録》
書名筆畫字頭索引

《重慶市九龍坡區圖書館古籍普查登記目録》

書名筆畫索引

三畫

四畫

五畫

九畫

十畫

十一畫

十二畫

十三畫

十四畫

十五畫

《重慶市黔江區圖書館古籍普查登記目録》
書名筆畫字頭索引

二畫

三畫

五畫

六畫

七畫

八畫

九畫

十畫

十一畫

十二畫

十三畫

十四畫

十五畫

十六畫

十七畫

十八畫

十九畫

二十畫

二十一畫

二十二畫

二十四畫

《重慶市黔江區圖書館古籍普查登記目録》
書名筆畫索引

二畫

三畫

四畫

五畫

六畫

七畫

八畫

九畫

十畫

十一畫

十二畫

十三畫

十四畫

十五畫

十六畫

十七畫

十八畫

十九畫

二十畫

二十一畫

二十二畫

二十四畫

《重慶市長壽區圖書館古籍普查登記目録》
書名筆畫字頭索引

二畫

三畫

四畫

五畫

八畫

九畫

十畫

十一畫

十二畫

十三畫

十四畫

十六畫

十七畫

十八畫

二十三畫

二十四畫

《重慶市長壽區圖書館古籍普查登記目録》書名筆畫索引

二畫

三畫

四畫

五畫

八畫

九畫

十畫

十一畫

十二畫

十三畫

十四畫

十六畫

十七畫

十八畫

二十三畫

二十四畫

《重慶市南川區圖書館古籍普查登記目録》
書名筆畫字頭索引

三畫

四畫

五畫

六畫

八畫

九畫

十畫

十一畫

十二畫

十三畫

十四畫

十五畫

十七畫

十九畫

二十二畫

《重慶市南川區圖書館古籍普查登記目録》
書名筆畫索引

三畫

四畫

五畫

六畫

八畫

九畫

十畫

十一畫

十二畫

十三畫

十四畫

十五畫

十七畫

十九畫

二十二畫

《重慶市豐都縣圖書館古籍普查登記目録》
書名筆畫字頭索引

二畫

三畫

四畫

五畫

六畫

七畫

八畫

九畫

十畫

十一畫

十二畫

十三畫

十四畫

十五畫

十七畫

二十畫

二十一畫

二十二畫

《重慶市豐都縣圖書館古籍普查登記目録》
書名筆畫索引

二畫

三畫

四畫

五畫

六畫

七畫

八畫

九畫

十畫

十一畫

十二畫

十三畫

十四畫

十五畫

十七畫

二十畫

二十一畫

二十二畫

《重慶市墊江縣圖書館古籍普查登記目録》
書名筆畫字頭索引

十一畫

《重慶市墊江縣圖書館古籍普查登記目録》
書名筆畫索引

十一畫

《重慶市武隆縣圖書館古籍普查登記目録》
書名筆畫字頭索引

二畫

三畫

四畫

五畫

六畫

七畫

九畫

十畫

十一畫

十二畫

十三畫

十四畫

十五畫

十七畫

《重慶市武隆縣圖書館古籍普查登記目録》
書名筆畫索引

二畫

三畫

四畫

五畫

六畫

七畫

九畫

十畫

十一畫

十二畫

十三畫

十四畫

十五畫

十七畫

《重慶市巫山縣圖書館古籍普查登記目録》
書名筆畫字頭索引

三畫

五畫

六畫

八畫

九畫

十畫

十一畫

十二畫

十三畫

十四畫

十五畫

《重慶市巫山縣圖書館古籍普查登記目録》
書名筆畫索引

三畫

五畫

六畫

八畫

九畫

十畫

十一畫

十二畫

十三畫

十四畫

十五畫

《重慶市巫溪縣圖書館古籍普查登記目録》
書名筆畫字頭索引

七畫

八畫

九畫

十畫

十三畫

十四畫

十五畫

十六畫

十七畫

《重慶市巫溪縣圖書館古籍普查登記目録》
書名筆畫索引

《重慶市酉陽土家族苗族自治縣圖書館古籍普查登記目録》書名筆畫字頭索引

二畫

三畫

四畫

五畫

六畫

八畫

九畫

十畫

十一畫

十二畫

十三畫

十四畫

十五畫

十六畫

十八畫

十九畫

二十畫

二十四畫

《重慶市酉陽土家族苗族自治縣圖書館古籍普查登記目録》書名筆畫索引

二畫

三畫

四畫

五畫

六畫

八畫

九畫

十畫

十一畫

十二畫

十三畫

十四畫

十五畫

十六畫

十八畫

十九畫

二十畫

二十四畫

《重慶市忠縣圖書館古籍普查登記目録》
書名筆畫字頭索引

二畫

三畫

四畫

五畫

六畫

七畫

八畫

九畫

十畫

十一畫

十二畫

十三畫

十四畫

十五畫

十六畫

十八畫

十九畫

《重慶市忠縣圖書館古籍普查登記目録》
書名筆畫索引

二畫

三畫

四畫

五畫

六畫

七畫

八畫

九畫

十畫

十一畫

十二畫

十三畫

十四畫

十五畫

十六畫

十八畫

十九畫

《重慶市開縣圖書館古籍普查登記目録》
書名筆畫字頭索引

二畫

三畫

四畫

五畫

六畫

七畫

八畫

九畫

十畫

十一畫

十二畫

十三畫

十四畫

十五畫

十六畫

十七畫

十八畫

十九畫

二十一畫

二十二畫

二十四畫

《重慶市開縣圖書館古籍普查登記目録》
書名筆畫索引

二畫

三畫

四畫

五畫

六畫

七畫

八畫

九畫

十畫

十一畫

十二畫

十三畫

十四畫

十五畫

十六畫

十七畫

十八畫

十九畫

二十一畫

二十二畫

二十四畫

《重慶師範大學圖書館古籍普查登記目録》
書名筆畫字頭索引

一畫

二畫

三畫

四畫

五畫

六畫

七畫

八畫

九畫

十畫

十一畫

十二畫

十三畫

十四畫

十五畫

十六畫

十七畫

十八畫

十九畫

二十畫

二十一畫

二十二畫

二十三畫

二十四畫

《重慶師範大學圖書館古籍普查登記目録》
書名筆畫索引

一畫

二畫

三畫

四畫

五畫

六畫

七畫

八畫

九畫

十畫

十一畫

十二畫

十三畫

十四畫

十五畫

十六畫

十七畫

十八畫

十九畫

二十畫

二十一畫

二十二畫

二十三畫

二十四畫

《西南政法大學圖書館古籍普查登記目録》
書名筆畫字頭索引

二畫

三畫

四畫

五畫

六畫

七畫

八畫

九畫

十畫

十一畫

十二畫

十三畫

十四畫

十五畫

十六畫

十七畫

十八畫

十九畫

二十一畫

二十二畫

《西南政法大學圖書館古籍普查登記目録》
書名筆畫索引

二畫

三畫

四畫

五畫

六畫

七畫

八畫

九畫

十畫

十一畫

十二畫

十三畫

十四畫

十五畫

十六畫

十七畫

十八畫

十九畫

二十一畫

二十二畫

《重慶三峽學院圖書館古籍普查登記目録》
書名筆畫字頭索引

二畫

三畫

四畫

五畫

六畫

七畫

八畫

九畫

十畫

十一畫

十二畫

十三畫

十四畫

十五畫

十六畫

十七畫

十八畫

十九畫

二十一畫

二十二畫

二十三畫

《重慶三峽學院圖書館古籍普查登記目録》
書名筆畫索引

二畫

三畫

四畫

五畫

六畫

七畫

八畫

九畫

十畫

十一畫

十二畫

十三畫

十四畫

十五畫

十六畫

十七畫

十八畫

十九畫

二十一畫

二十二畫

二十三畫

《重慶華巖寺圖書館古籍普查登記目録》
書名筆畫字頭索引

二畫

三畫

四畫

五畫

六畫

七畫

八畫

九畫

十畫

十一畫

十二畫

十三畫

十四畫

十五畫

十六畫

十七畫

十八畫

十九畫

二十畫

《重慶華巖寺圖書館古籍普查登記目録》
書名筆畫索引

二畫

三畫

四畫

五畫

六畫

七畫

八畫

九畫

十畫

十一畫

十二畫

十三畫

十四畫

十五畫

十六畫

十七畫

十八畫

十九畫

二十畫

《重慶中國三峽博物館古籍普查登記目録》
書名筆畫字頭索引

二畫

三畫

四畫

五畫

六畫

七畫

八畫

九畫

十畫

十一畫

十二畫

十三畫

十四畫

十五畫

十六畫

十七畫

十八畫

十九畫

二十畫

二十一畫

二十二畫

二十四畫

《重慶中國三峽博物館古籍普查登記目録》
書名筆畫索引

二畫

三畫

四畫

五畫

六畫

七畫

八畫

九畫

十畫

十一畫

十二畫

十三畫

十四畫

十五畫

十六畫

十七畫

十八畫

十九畫

二十畫

二十一畫

二十二畫

二十四畫

《重慶雙桂堂圖書館古籍普查登記目録》
書名筆畫字頭索引

二畫

三畫

四畫

五畫

六畫

七畫

八畫

九畫

十畫

十一畫

十二畫

十三畫

十四畫

十五畫

十六畫

二十畫

二十四畫

《重慶雙桂堂圖書館古籍普查登記目録》
書名筆畫索引

二畫

三畫

四畫

五畫

六畫

七畫

八畫

九畫

十畫

十一畫

十二畫

十三畫

十四畫

十五畫

十六畫

二十畫

二十四畫

《重慶大學圖書館古籍普查登記目録》
書名筆畫字頭索引

一畫

二畫

三畫

四畫

五畫

六畫

七畫

八畫

九畫

十畫

十一畫

十二畫

十三畫

十四畫

十五畫

十六畫

十七畫

十八畫

十九畫

二十畫

二十一畫

二十二畫

二十四畫

《重慶大學圖書館古籍普查登記目録》
書名筆畫索引

一畫

二畫

三畫

四畫

五畫

六畫

七畫

八畫

九畫

十畫

十一畫

十二畫

十三畫

十四畫

十五畫

十六畫

十七畫

十八畫

十九畫

二十畫

二十一畫

重慶市三十三家收藏單位古籍普查登記目録（上）

全國古籍普查登記目録

國家圖書館出版社
National Library of China Publishing House

圖書在版編目(CIP)數據

重慶市三十三家收藏單位古籍普查登記目録/本書編委會編. --北京:國家圖書館出版社,2014.6

ISBN 978-7-5013-5368-2

Ⅰ.①重… Ⅱ.①本… Ⅲ.①古籍—圖書目録—重慶市 Ⅳ.①Z838

中國版本圖書館CIP數據核字(2014)第091116號

書　名　重慶市三十三家收藏單位古籍普查登記目録(全二册)
編　者　本書編委會 編
索引編製　宋志英 趙 嫄
責任編輯　宋志英 趙 嫄

出　版　國家圖書館出版社(100034 北京市西城區文津街7號)
(原書目文獻出版社 北京圖書館出版社)
發　行　010-66114536 66126153 66151313 66175620
66121706(傳真),66126156(門市部)
E-mail　btsfxb@nlc.gov.cn(郵購)
Website　www.nlcpress.com ——→投稿中心
經　銷　新華書店
印　裝　河北三河弘翰印務有限公司
版　次　2014年6月第1版第1次印刷

開　本　787×1092毫米 1/16
印　張　59
字　數　1200千字

書　號　ISBN 978-7-5013-5368-2
定　價　530.00圓

《全國古籍普查登記目録》

工作委員會

主　任：周和平

副主任：張永新　詹福瑞　劉小琴　李致忠　張志清

委　員（按姓氏筆畫排序）：

于立仁　王水喬　王　沛　王紅蕾　王筱雯
方自今　尹壽松　包菊香　任　競　全　勤
李西寧　李　彤　李忠昊　李春來　李　培
李曉秋　吳建中　宋志英　努　木　林世田
易向軍　周建文　洪　琰　倪曉建　徐欣禄
徐　蜀　高文華　郭向東　陳荔京　陳紅彥
張　勇　韩　彬　湯旭巖　楊　揚　賈貴榮
趙　嫄　鄭智明　劉洪輝　歷　力　鮑盛華
魏存慶　謝冬榮　謝　林　應長興　鍾海珍

《全國古籍普查登記目録》

序　言

全國古籍普查登記工作是“中華古籍保護計劃”的首要任務，是全面開展古籍搶救、保護和利用工作的基礎，也是有史以來第一次由政府組織、參加收藏單位最多的全國性古籍普查登記工作。

2007年國務院辦公廳發佈《關於進一步加强古籍保護工作的意見》（國辦發［2007］6號），明確了古籍保護工作的首要任務是對全國公共圖書館、博物館和教育、宗教、民族、文物等系統的古籍收藏和保護狀況進行全面普查，建立中華古籍聯合目録和古籍數字資源庫。2011年12月，文化部下發《文化部辦公廳關於加快推進全國古籍普查登記工作的通知》（文辦發［2011］518號），進一步落實了全國古籍普查登記工作。根據文化部2011年518號文件精神，國家古籍保護中心擬訂了《全國古籍普查登記工作方案》，進一步規範了古籍普查登記工作的範圍、内容、原則、步驟、辦法、成果和經費。目前進行的全國古籍普查登記工作的中心任務是通過每部古籍的身份證——“古籍普查登記編號”和相關信息，建立古籍總臺賬，全面瞭解全國古籍存藏情況，開展全國古籍保護的基礎性工作，加强各級政府對古籍的管理、保護和利用。

《全國古籍普查登記工作方案》規定了全國古籍普查登記工作的三個主要步驟：一、開展古籍普查登記工作；二、在古籍普查登記基礎上，編纂出版館藏古籍普查登記目録，形成《全國古籍普查登記目録》；三、在古籍普查登記工作基本完成的前提下，由省級古籍保護中心負責編纂出版本省古籍分類聯合目録《中華古籍總目》分省卷，由國家古籍保護中心負責編纂出版《中華古籍總目》統編卷。

在党和政府領導下，在各地區、各有關部門和全社會共同努力下，古籍普查登記工作得以扎實推進。古籍普查已在除臺灣、港澳之外的全國各省級行政區域開展，普查内容除漢文古籍外，還包括各少數民族文字古籍，特别是於2010年分别啓動了新疆古籍保護和西藏古籍保護專項，因地制宜，開展古籍普查登記工作；國家古籍保護中心研製的“全國古籍普查登記平臺”已覆蓋到全國各省級古籍保護中心，並進一步研發了“中華古籍索引庫”，爲及時展現古籍普查成果提供有力支持；截至目前，已有11375部古籍進入《國家珍貴古籍名録》，浙江、江蘇、山東、河北等省公佈了省級《珍貴古籍名録》,古籍分級保護機制初步形成。

《全國古籍普查登記目録》是古籍普查工作的階段性成果,旨在摸清家底,揭示館藏,反映古籍的基本信息。原則上每申報單位獨立成册,館藏量少不能獨立成册者,則在本省範圍内幾個館目合併成册。無論獨立成册還是合併成册,均編製獨立的書名筆畫索引附於書後。著録的必填基本項目有:古籍普查登記編號、索書號、題名卷數、著者(含著作方式)、版本、册數及存缺卷數。其他擴展項目有:分類號、批校題跋、版式、裝幀形式、叢書子目、書影、破損狀況等。有條件的收藏單位多著録的一些擴展項目,也反映在《全國古籍普查登記目録》上。目録編排按古籍普查登記編號排序,内在順序給予各古籍收藏單位較大自由度,可按分類排列古籍普查登記編號,也可按排架號、按同書名等排列古籍普查登記編號,以反映各館特色。

此次全國古籍普查登記工作,克服了古籍數量多、普查人員少、普查難度大等各種困難,也得到了全國古籍保護工作者的極大支持。在古籍普查登記過程中,國家古籍保護中心、各省古籍保護中心爲此舉辦了多期古籍普查、古籍鑒定、古籍普查目録審校等培訓班,全國共 1600 餘家單位參加了培訓,爲古籍普查登記工作培養了大量人才。同時在古籍普查登記工作中,也鍛煉了普查員的實踐能力,爲將來古籍保護事業發展奠定了良好的基礎。

《全國古籍普查登記目録》的出版,將摸清我國古籍家底,爲古籍保護和利用工作提供依據,也將是古籍保護長期工作的一個里程碑。

國家古籍保護中心

2013 年 10 月

《全國古籍普查登記目録》

編纂凡例

一、收録範圍爲我國境内各收藏機構或個人所藏，産生於 1912 年以前，具有文物價值、學術價值和藝術價值的文獻典籍，包括漢文古籍和少數民族文字古籍以及甲骨、簡帛、敦煌遺書、碑帖拓本、古地圖等文獻。其中，部分文獻的收録年限適當延伸。

二、以各收藏機構爲分冊依據，篇幅較小者，適當合併出版。

三、一部古籍一條款目，複本亦單獨著録。

四、著録基本要求爲客觀登記、規範描述。

五、著録款目包括古籍普查登記編號、索書號、題名卷數、著者、版本、冊數、存缺卷等。古籍普查登記編號的組成方式是：省級行政區劃代碼—單位代碼—古籍普查登記順序號。

六、以古籍普查登記編號順序排序。

七、編製各館藏目録書名筆畫索引附於書後，以便檢索。

《重慶市三十三家收藏單位古籍普查登記目録》

編委會

《重慶市三十三家收藏單位古籍普查登記目録》

前　言

中華古籍文獻是中華民族在數千年歷史發展過程中創造的重要文明成果，是中國悠久歷史、燦爛文化和中華人文精神的主要載體，是弘揚愛國主義精神的鮮活教材。保護好中華古籍，是保護和維繫中華文化的根脉，是促進各民族共同繁榮和進步的重要舉措，是黨和國家一以貫之的政策，是落實黨的十八大推動文化大發展大繁榮精神的重要内容。

重慶市委、市政府高度重視古籍保護工作，我市的古籍保護工作也取得了顯著的成績，一大批古籍得到整理、出版。但是，我們必須清醒地看到，由於歷史和其他多方面的原因，我市的古籍保護還存在很多問題，如古籍底數不清，很多古籍破損嚴重，古籍修復的手段比較落後，保護和修復人才匱缺等。其中，底數不清是困擾我市古籍保護的難題之一，也是難以科學制定古籍保護規劃的重要原因。因此，做好古籍普查、摸清底數是科學開展古籍保護工作的重要前提。根據國務院辦公廳《關於進一步加强古籍保護工作的意見》的要求，重慶市人民政府辦公廳出臺了《關於印發重慶市古籍保護工作方案的通知》，並於 2007 年依托重慶圖書館成立了重慶市古籍保護中心，開始在全市範圍内組織開展古籍普查工作。這次普查是新中國成立以來我市第一次全面系統的古籍普查，力争借此全面瞭解和掌握我市各級各類博物館、圖書館等有關單位以及民間所藏古籍的情況。這次普查面向全社會，涉及文化、文物、教育、民族、宗教等系統，工作面廣，難度也比較大。重慶市古籍保護中心在重慶市文化廣電局和重慶市古籍保護工作專家委員會的具體指導下，並根據本市實際情況，制定了具體的普查工作方案，通過精心組織、周密實施，做了大量卓有成效的工作，基本摸清了我市的古籍數量、等級、地點和保存狀況，爲下一步全市古籍保護工作的全面有序開展奠定了堅實的基礎。

重慶市的古籍普查工作大致可分爲兩個階段。第一階段是 2008 年至 2010 年，主要工作是古籍普查信息平臺的建設；第二階段是 2011 年至 2012 年，以編纂《中華古籍總目・重慶卷》爲目標，對我市的古籍信息進行收集，並開始編製目録，同時録入古籍普查信息平臺。

本書就是以上述成果爲基礎編纂的，呈現給大家的是我市 36 家古籍收藏單位中 33 家單位的 10196 條古籍數據，主要涉及我市部分高校和公共圖書館，其中重慶圖書館、重慶市北碚區圖書館、西南大學圖書館的古籍需要另行出版，没有在該書中體現。該書基本上理清了上述單位古籍的藏量與種類，内容包括經、史、子、集、類叢五部，時間從唐至清晚期，版本形式包括抄、刻、寫、套印、活字、石印本等，其中不乏一些需要重點保護與重視的善本古籍。

根據普查情況可以看出，在此批區縣圖書館中，黔江區圖書館館藏資源較爲引人注目，不僅種類繁多、内容豐富、品相完好，而且不乏珍品。清代傣族文字抄本《尖達塔度》有幸入選《國家珍貴古籍名録》，並在國家古籍保護中心參展，亮相世人。九龍坡區古籍保護中心下轄的華巖寺收藏的古籍以佛教經書爲主，2010 年該寺收藏的 1881 册《徑山藏》入選《國家珍貴古籍名録》。涪陵區少年兒童圖書館建館已有八十餘年的歷史，現藏有古籍圖書 12448 册，其中《宋黄文節公文集》《丹臺玉案》《吴詩集覽》等 17 部入選《重慶市珍貴古籍名録》。開縣圖書館之古籍館藏豐富，涵蓋人文、歷史、地理、人物傳記、古代醫學等方面。收藏的古籍綫裝書以清末爲主，另有少量明末清初的珍貴古籍。其中《二十四史》《李太白全集》《子史精華》《文選》《斯文精萃》等十餘部已申報重慶市珍貴古籍。秀山縣古籍文獻收藏不僅數量較多，而且品相好、種類多、版本全本多。全縣現有古籍 250 多種 2000 多册。其中珍貴古籍《五代史補》和《漢隸字源》於 1984 年入選《中國古籍總目》。2010 年 9 月重慶市人民政府公佈的第一批重慶市珍貴古籍名録中，該縣的《五代史補》《漢隸字源》等 8 部古籍名列其中。這些古籍是秀山縣的文化瑰寶，在渝東南乃至全市古籍文獻中都具有較高地位和價值。渝中區圖書館藏有 1912 年以前出版印刷的古籍 109 種 1632 册，多爲清代中晚期及少量明代印本，以刻本爲主，另有少量石印本。其中年代較早、價值較高的，有明末汲古閣刻本《春秋公羊註疏》《周禮註疏》《孝經註疏》，清雍正十三年（1735）鋤經齋刻本《四書典林》，清乾隆三年（1738）刻本《道德真經註》，清乾隆六十年（1795）刻本《日知録》，清嘉慶二十四年（1819）常郡護國庵刻本《周易闡真》等。清末代表書籍有清同治十二年（1873）粵東書局重刊《通志堂經解》480 册。重慶市萬州區圖書館現存古籍綫裝書 44695 餘册，主要包括明清兩代及民國初期的珍貴文史資料和地方志，部分藏書是流傳稀少甚至是碩果僅存的版本，藏量和價值，堪稱庫區之首，並有 28 部館藏古籍入選《重慶市珍貴古籍名録》。

在此批高校圖書館及博物館中，重慶師範大學圖書館的古籍資源較爲豐富，該館共有古籍 94523 册，其中綫裝書 73976 册。綫裝書中有如《春秋左傳評林測義》《詞學叢書》

《重修宣和博古圖録》《古文淵鑒》等明清善本 112 種 2218 册,其中明代 705 册,清代 1513 册。這些善本書都異常珍貴,此外該館還藏有我國現存最大的一部類書《古今圖書集成》。截至目前,該館有 12 種古籍成功入選《重慶市珍貴古籍名録》。重慶三峽學院圖書館藏有大型古籍叢書和類書約 35000 餘册,古籍善本 1300 餘册,其中有《四聲韻譜》孤本一套,館藏古籍圖書被《中國古籍善本書目》和《四川省高校圖書館古籍善本聯合目録》收入的善本達 45 種 585 册,居重慶市高校圖書館第三位,有 64 種古籍入選第一批《重慶市珍貴古籍名録》;西南政法大學圖書館古籍藏品具有鮮明的個性和特色:清版法學文獻的門類非常齊全,不僅有清政府在各個時期頒佈的各種律例,還有各種判例、律學著作以及清末民初部分法律學堂的講義等,這些藏書對於系統研究中國清代法律乃至中國法律史都具有極高的參考價值。重慶中國三峽博物館的古籍收藏,始於 1951 年成立的西南博物院。經過近 60 年的發展,古籍藏書逐步形成了獨具特色的善本、拓本、碑帖、方志、手稿、經卷以及宋元明清書畫、東巴經以及太平天國時期歷史資料等文獻藏書體系。該館古籍藏書量 30000 餘册,其中珍貴善本 466 册,普本 29294 册,18 種 12 册古籍藏書入列《重慶市珍貴古籍名録》,敦煌經卷《十頌律》入選《國家珍貴古籍名録》。

總之,該書的出版是我市從 2007 年開始古籍普查以來工作的一個總結,也是部分成果的體現,對下一步古籍保護和開發都是一個基礎性的工作,是很有意義的一件事情。古籍具有不可再生性,古籍保護是一件時間性很强的工作,時間拖得越長,保護起來就越困難。我市的古籍保護工作可謂任重而道遠,如果我們這一代人不能做好保護、研究和利用古籍的工作,那麼,古籍就會不斷地流失和消逝,我們就會犯下無法彌補的歷史錯誤,不僅愧對先人,也無法向子孫後代交代。同時,我們應該高興地看到,隨着我市經濟持續健康發展和財力不斷增强,以及科技的日益進步,古籍保護的條件越來越好,衹要高度重視,我們有理由、有信心,也有責任把古籍保護工作做好。

重慶市古籍保護中心

2013 年 10 月

上冊目録

重慶市萬州區圖書館古籍普查登記目録

全國古籍普查登記目録

國家圖書館出版社
National Library of China Publishing House

500000－8703－0000001　0001
學案小識十四卷首一卷末一卷　(清)沈維鐈撰　清光緒十四年(1888)刻本　十一册

500000－8703－0000002　0002
欽定禮記義疏八十二卷首一卷　(清)允祿等纂　清刻本　三十九册

500000－8703－0000003　0003
論語孔注辨僞二卷　(清)沈濤撰　清刻本　一册

500000－8703－0000004　0004
伊川易傳四卷　(宋)程頤撰　清刻本　二册　存二卷(一、四)

500000－8703－0000005　0005
監本春秋穀梁注疏二十卷　(晉)范甯集解　(唐)楊士勛疏　**校勘記**　(清)阮元撰　清刻本　一册　存四卷(五至八)

500000－8703－0000006　0006
附釋音尚書注疏二十卷　(唐)孔穎達等撰　**校勘記**　(清)阮元撰　清嘉慶二十年(1815)江西南昌府學刻本　六册　存十二卷(一至四、十一至十四、十七至二十)

500000－8703－0000007　0007
附釋音禮記注疏六十三卷　(唐)孔穎達等撰　(唐)陸德明釋文　**校勘記**　(清)阮元撰　清嘉慶二十年(1815)刻本　十九册　存五十五卷(一至二十、二十六至三十五、三十九至六十三)

500000－8703－0000008　0008
孟子注疏十四卷附校勘記　(漢)趙岐注　(宋)孫奭疏　清刻本　三册　存三卷(一至二、六)

500000－8703－0000009　0009
儀禮注疏十七卷　(漢)鄭玄注　(唐)賈公彦疏　清刻本　三册　存四卷(一至四)

500000－8703－0000010　0010
爾雅注疏十卷附校勘記　(宋)邢昺等校定　清嘉慶二十年(1815)江西南昌府學刻本　四册　存七卷(一至四、七、九至十)

500000－8703－0000011　0011
太玄十卷　(宋)司馬光纂　清光緒元年(1875)湖北崇文書局刻本　二册

500000－8703－0000012　0012
春秋左氏傳地名補注十二卷　(清)沈欽韓撰　清刻本　一册　存六卷(七至十二)

500000－8703－0000013　0013
春秋左傳注疏六十卷　(晉)杜預注　(唐)孔穎達疏　清刻本　十册　存二十四卷(二十至四十三)

500000－8703－0000014　0014
春秋會義二十六卷　(宋)杜諤撰　清光緒十八年(1892)滎成孫氏問經精舍刻本　八册　存十九卷(六至二十二、二十五至二十六)

500000－8703－0000015　0015
說文解字十五卷　(清)段玉裁注　清刻本　五册　存五卷(六至九、十三)

500000－8703－0000016　0016
欽定儀禮義疏四十八卷首二卷　(清)鄂爾泰纂　清刻本　八册　存九卷(三至四、十三至十五、十九至二十二)

500000－8703－0000017　0017
儀禮鄭注句讀十七卷　(清)張爾岐句讀　清同治七年(1868)金陵書局刻本　一册　存五卷(一至五)

500000－8703－0000018　0018
玩易四道十三卷首一卷圖說一卷　(清)黃寅階輯　清同治刻本　四册　存七卷(首一,一、五、十一至十三,圖說一)

500000－8703－0000019　0019
經義述聞二十八卷　(清)王引之撰　清刻本　二册　存三卷(七、八、十九)

500000－8703－0000020　0020
月令粹編二十四卷　(清)秦嘉謨編　清嘉慶十七年(1812)琳琅仙館刻本　二册　存六卷(十九至二十四)

500000－8703－0000021　0021
風俗通義十卷　(漢)應劭撰　清刻本　一冊　存五卷(一至五)

500000－8703－0000022　0022
新刻書經備旨善本輯要六卷　(清)馬大猷輯　清光緒十九年(1893)澹雅書局刻本　二冊　存四卷(一至二、五至六)

500000－8703－0000023　0023
康熙字典十二集　(清)張玉書等撰　清刻本　五冊　存四集(卯、寅中、申下、亥下)

500000－8703－0000024　0024
御纂周易折中二十二卷首一卷　(清)李光地等纂　清刻本　四冊　存八卷(二至六、十一、十九至二十)

500000－8703－0000025　0025
王氏經說六卷　(清)王紹蘭撰　清刻本　二冊

500000－8703－0000026　0026
周人經說八卷　(清)王紹蘭撰　清刻本　二冊　存四卷(一至四)

500000－8703－0000027　0027
欽定春秋傳說彙纂三十八卷首二卷　(清)王掞等纂　清刻本　三冊　存七卷(二十七至三十三)

500000－8703－0000028　0028
尊經書院初集十二卷　王闓運輯　清光緒十年(1884)四川省城刻本　四冊　存四卷(三殘、四、七、十一)

500000－8703－0000029　0029
尊經書院初集十二卷　王闓運輯　清光緒十年(1884)四川省城刻本　一冊

500000－8703－0000030　0030
歷科小題與巧集□□卷　(清)李沛霖等輯　清刻本　四冊　存四卷(六、八、十至十一)

500000－8703－0000031　0031
仁在堂全集十四集　(清)路德編　清刻本　十四冊　存七集(時藝引、時藝辨、時藝核、時藝核續編、時藝課、時藝階、時藝綜)

500000－8703－0000032　0032
古經解彙函　(清)鍾謙鈞等輯　清同治十二年(1873)粵東書局刻本　十八冊　存十七種(鄭氏周易注並補遺一至三、陸氏周易述一、周易口訣義一至六、易緯八種至易緯乾坤鑿度一至二、易緯乾鑿度一至二、易緯稽覽圖一至二、易緯辨終備一、易緯通卦驗一至二、易緯乾元序制記一、易緯是類謀一、易緯坤靈圖一、尚書大傳一至三、韓詩外傳一至十、毛詩草木鳥獸蟲魚疏一至二、春秋繁露一至十七、春秋釋例一至七、周易集解一至十七)

500000－8703－0000033　0033
古經解彙函　(清)鍾謙鈞等輯　清同治十二年(1873)粵東書局刻本　五十一冊　存二十六種(鄭氏周易注並補遺下,陸氏周易述一,周易集解一至十七,春秋釋例一至三、六至十三,春秋釋例十四至十五,春秋集傳纂例一至十,論語集解義疏一至六、九至十,鄭志,周易口訣義一至六,廣韻上平一、去聲四、入聲五,韓詩外傳一至七,春秋繁露一至十七,釋名一至八,廣雅一至十,說文解字篆韻譜去聲四至五,說文解字通釋六至二十、二十五至二十九,說文解字繫傳校勘記上,急救篇一至四,春秋微旨,春秋集傳辨疑一至十,匡謬正俗一至八,論語筆解,方言一至七,干祿字書,五經文字,九經字樣)

500000－8703－0000034　0034
附釋音周禮注疏四十二卷　(唐)賈公彥撰
校勘記　(清)阮元撰　清嘉慶二十年(1815)江西南昌府學刻本　二十冊　存三十六卷(一至二、七至三十二、三十五至四十二)

500000－8703－0000035　0035
樂書二百卷　(宋)陳暘撰　清刻本　九冊　存一百〇三卷(二十五至四十九、八十至一百十六、一百二十六至一百四十四、一百七十九至二百)

500000－8703－0000036　0036
禮書一百五十卷　(宋)陳祥道撰　清刻本

十册　存七十八卷(十八至二十五、三十一至五十二、六十一至六十五、七十七至一百十九)

500000－8703－0000037　0037
謝疊山先生文章軌範七卷　(宋)謝枋得撰　清咸豐二年(1852)江右潯陽萬氏蓮峰書屋刻套印本　三册　存五卷(一至三、六至七)

500000－8703－0000038　0038
五種遺規十六卷　(清)陳弘謀撰　清咸豐六年(1856)刻本　四册　存五卷(訓俗遺規一、二、四,養正遺規上下)

500000－8703－0000039　0039
欽定儀禮義疏四十八卷首二卷　(清)鄂爾泰纂　清刻本　二十五册　存四十一卷(一至八、十一、十七至二十二、二十五至四十八,首一至二)

500000－8703－0000040　0040
欽定周官義疏四十八卷首一卷　(清)王掞等編　清刻本　八册　存十七卷(三至五、十九至二十二、二十六至三十一、三十六至三十九)

500000－8703－0000041　0041
欽定書經傳説彙纂二十一卷首二卷書序一卷　(清)王頊齡等撰　清刻本　十一册　存二十二卷(一至十三、十六至二十一,首一至二,書序一)

500000－8703－0000042　0042
欽定詩經傳説彙纂二十一卷首二卷詩序二卷　(清)王鴻緒等撰　清同治七年(1868)刻本　十三册　存十六卷(一至四、六至十一、十四至十六、十九至二十一,首一至二,詩序二)

500000－8703－0000043　0043
韞山堂時文初集一卷二集二卷三集一卷　(清)管世銘撰　清光緒六年(1880)湖南書局刻本　二册　存二卷(初集一、三集一)

500000－8703－0000044　0044
説文解字通釋四十卷校勘記一卷　(南唐)徐鍇傳釋　清道光十九年(1839)刻本　七册

500000－8703－0000045　0045
釋名八卷　(漢)劉熙撰　清刻本　一册

500000－8703－0000046　0046
説文解字十五卷　(漢)許慎撰　(宋)徐鉉等校　清刻本　四册

500000－8703－0000047　0047
康熙字典十二集補遺一卷備考一卷　(清)張玉書等撰　清道光七年(1827)刻本　四十册　存十二集二卷(子、丑、寅、卯、辰、巳、午、未、申、酉、戌中下、亥,補遺一,備考一)

500000－8703－0000048　0048
説文解字十五卷　(清)段玉裁注　清刻本　三册　存三卷(六、十一、十五)

500000－8703－0000049　0049
許氏説文解字十五卷　(漢)許慎撰　清同治十年(1871)汲古閣刻本　八册

500000－8703－0000050　0050
尚書逸湯誓攷六卷　(清)徐時棟撰　清同治十一年(1872)刻本　四册

500000－8703－0000051　0051
通志堂經解　(清)納蘭性德輯　清同治十二年(1873)粤東書局刻本　二十五册　存十一種八十九卷(子夏易傳一至十一,周易義海撮要八至十二,童溪易傳一至十六,周易裨傳二,易圖説三,周易玩辭一至十一,周易傳義附録一至四、九、十一至十四,周易本義附録纂註五至十五,周易本義通釋一至十、十二,易纂言一至十、首一,周易参義一至二)

500000－8703－0000052　0052
春秋比事参義十六卷　(清)桂含章輯　清刻本　十册　存十一卷(二至八、十一至十三、十六)

500000－8703－0000053　0053
周禮注疏四十二卷　(漢)鄭玄注　(唐)賈公彦疏　(唐)陸德明音義　清刻本　七册　存十七卷(十八至二十九、三十二至三十六)

500000－8703－0000054　0054

周禮注疏四十二卷　(漢)鄭玄注　(唐)賈公彦疏　(唐)陸德明音義　清刻本　五册　存十三卷(十至十五、十九至二十、二十三至二十七)

500000－8703－0000055　0055

附釋音周禮注疏四十二卷　(漢)鄭玄注　(唐)賈公彦疏　(唐)陸德明釋文　清光緒十八年(1892)湖南寶慶務本書局刻本　十一册　存三十八卷(一至十三、十八至四十二)

500000－8703－0000056　0056

六經圖二十四卷　(清)鄭之僑輯　清乾隆九年(1744)刻本　十一册　存二十二卷(一至八、十一至二十四)

500000－8703－0000057　0057

四書疏註撮言大全大學一卷中庸二卷論語二十卷孟子十四卷　(宋)朱熹章句　清刻本　十一册　存二十三卷(大學一,中庸一至二,論語一至二、九至二十,孟子一至四、十三至十四)

500000－8703－0000058　0058

禮記集解六十一卷　(清)孫希旦集解　清刻本　六册　存二十二卷(二十四至三十五、五十二至六十一)

500000－8703－0000059　0059

問心錄周易解二十二卷首一卷大學古本解一卷　(清)鄧子賓輯　清同治十三年(1874)乃則堂刻本　四册　存八卷(二至六、十三至十四、首一)

500000－8703－0000060　0060

説文解字十五卷　(漢)許慎撰　清光緒七年(1881)平津館刻本　一册　存四卷(一至四)

500000－8703－0000061　0061

春秋胡傳三十卷　(宋)胡安國撰　明末清初汲古閣毛氏刻本　六册

500000－8703－0000062　0062

春秋公羊注疏二十八卷　(漢)何休注　(唐)徐彦疏　(唐)陸德明音義　清刻本　四册　存十二卷(三至十四)

500000－8703－0000063　0063

廣雅疏證十卷博雅音十卷　(清)王念孫編　清光緒五年(1879)淮南書局刻本　八册

500000－8703－0000064　0064

學庸集要大學集要一卷中庸□□卷　(清)蕭開運撰　清道光十八年(1838)心育堂刻本　三册　存二種(大學集要一、中庸)

500000－8703－0000065　0065

説文解字三十卷　(漢)許慎撰　清光緒十二年(1886)吴縣朱氏家塾刻本　三册　存十五卷(一至十五)

500000－8703－0000066　0066

雲溪樂府二卷　(清)趙味辛撰　清光緒十二年(1886)江陰金氏刻本　一册

500000－8703－0000067　0067

東塾讀書記二十五卷　(清)陳澧撰　清光緒二十四年(1898)紉蘭書館刻本　四册　存十五卷(一至十二、十五至十六、二十一)

500000－8703－0000068　0068

尚書十三卷　(漢)孔氏撰　清刻本　二册　存六卷(一至三、七至九)

500000－8703－0000069　0069

毛詩二十卷　(漢)鄭玄箋　清刻本　二册　存三卷(十八至二十)

500000－8703－0000070　0070

周易鄭康成注一卷　(宋)王應麟輯　清光緒十年(1884)成都志古堂刻本　一册

500000－8703－0000071　0071

孝經注疏九卷　(唐)玄宗李隆基注　(宋)邢昺疏　清嘉慶二十年(1815)江西南昌府學刻本　二册

500000－8703－0000072　0072

書古微十二卷　(清)魏源撰　清光緒四年(1878)淮南書局刻本　二册　存六卷(一至四、七至八)

500000－8703－0000073　0073

爾雅注疏校勘記十一卷　(清)阮元撰　清同治十三年(1874)湖南書局刻本　三冊

500000－8703－0000074　0074
論語注疏解經二十卷　(三國魏)何晏集解　(宋)邢昺疏　**校勘記**　(清)阮元撰　(清)盧宣旬摘錄　清同治十三年(1874)湖南書局刻本　四冊

500000－8703－0000075　0075
重刻易經來註十五卷末一卷　(明)來知德撰　清嘉慶十四年(1809)寧遠堂刻本　一冊　存序、目錄

500000－8703－0000076　0076
親屬記二卷　(清)鄭珍撰　清光緒十八年(1892)廣雅書局刻本　一冊

500000－8703－0000077　0077
爾雅補注四卷　(清)周春注　清光緒三十四年(1908)長沙葉氏刻本　一冊

500000－8703－0000078　0078
說文解字注三十二卷　(清)段玉裁注　清光緒三年(1877)成都尊經書院刻本　十五冊　存十五卷(一至十五)

500000－8703－0000079　0079
說文外編十六卷　(清)雷浚撰　清刻本　四冊

500000－8703－0000080　0080
四書章句集注二十六卷　(宋)朱熹撰　清光緒七年(1881)淮南書局刻本　一冊　存二卷(大學章句一、中庸章句一)

500000－8703－0000081　0081
通志堂經解　(清)納蘭性德輯　清同治十二年(1873)刻本　二百九十冊　存一百二十二種(子夏易傳一至十一,易數鉤隱圖一至三附遺論九事一,橫渠易說一至三,易學一,紫巖易傳一至十,漢上易傳一至六附卦圖三叢說一,易璇一至三,周易義海撮要一至十二,易小傳三至四,復齋易四至六,古周易一,童溪易傳二十二至二十六,易圖一至三,周易玩辭七至一,東穀易翼一至二,三易備遺一至三,丙子學易編一,易學啓蒙小傳一,文公易說一至四、八至十四、二十二至二十三,周易輯說一至三、六至十,周易輯聞一至六附易雅一筮宗一,周易傳義附錄二至四、七至八、十至十四,學易記一、五至六,大易集說一至十,周易本義附錄纂注五至十五,周易啟蒙翼傳三上下外篇一,周易本義通釋一至十二,易纂言一至二、一至十,周易本義集成二至五,周易會通四至六、九至十四,易圖通變一至五,易象圖說一至三,大易象數鉤深圖一,周易參一至十二,大易集義粹言一至五十、五十八至八十,書古文訓一至十六,尚書全解一至二、十二至十六、二十二至二十七、三十一至三十三、三十八至四十,禹貢論一至四,尚書說一至七,增修東萊書說一至三十五,書疑一至九,禹貢集解一至二,尚書詳解一至十三,尚書表注一至二,尚書纂傳一至四十六,書傳一至六,書纂言一至三,書蔡傳旁通一、四至六,尚書句解一至二,書集傳纂一至六,尚書通攷一至三、七至十,毛詩本義六至十五附鄭氏詩譜一,毛詩集解六至十一、十五至四十二,毛詩名物解一至二十,詩說一,詩疑一至二,詩傳遺說一至六,逸齋詩補傳一至十九,毛詩名物七至八,毛詩解三至四,春秋尊王發微一至十二,春秋傳五至十五,春秋權衡六至十一,春秋列國臣十九至三十,春秋本例一至十二,春秋經荃一至五、八至九,春秋集解四至六、十一至三十,春秋左氏傳說一至二十,春秋通說一至三,春秋或問十八至二十,春秋五論一,春秋詳說一、五至十二、十九至三十,春秋類對賦一,春秋諸國統紀一至六,春秋本義一至十二、十七至三十,春秋或問一至七,春秋集傳三至七,春秋屬辭一至三、九至十一,春秋師說一至三,春秋左氏補注一至十,春秋諸傳會通一至十,春秋集傳釋義大成一至十二,讀春秋編一至十二,春王正月攷一至二,三禮圖一至二十,周禮訂義一至十四、二十一至二十四、三十一至八十,考工記解一上,儀禮圖一至二、十四至十七,禮記集說一至十七、二十三至二十八、三十三至三十六、四十二至五十四、五十八至七十六、八十六至八十九、一

百十一至一百十五、一百二十一至一百二十八、一百三十四至一百四十八，太平經國之書三至十一，夏小正一至四，儀禮集說五至十三、十六至一，經禮補逸一至五，禮記陳氏集說補五至十六，孝經注解一，孝經大義一，孝經定本一，孝經句解一，南軒論語解一至十，論語集說一至三、八至十，南軒孟子說一至五，中庸纂疏一，孟子纂疏一至三，孟子集編一至十，中庸通一，大學章句或問通證一，中庸章句或問通證一，論語集注通證一至二，孟子集注通證一至二，大學章句纂箋一，大學或問纂箋一，中庸或問纂箋一，中庸章句纂箋一，論語集注纂箋一至七，孟子集注纂箋一至十四，四書通旨一至六，四書辨疑一至五、十二至十五，學庸啓蒙一，經典釋文一至二十一、二十八至三十，六經奥論一至三，六經正一至六，經說一至七，十一經問一至五，五經蠡測一至六)

500000－8703－0000082　0082

小學彙函　(清)鍾謙鈞輯　清刻本　三十六册　存十一種(釋名、廣雅、匡謬正俗、急就篇、說文解字、說文解字篆韻譜去聲四至五、說文繫傳、說文解字繫傳校勘記、說文解字篆韻譜上平聲一至三、玉篇、廣韻)

500000－8703－0000083　0083

六書分類十二卷首一卷　(清)傅世垚輯　清康熙聽松閣刻本　十四册　存十三卷(一至十二、首一)

500000－8703－0000084　0084

附釋音毛詩注疏二十卷　(漢)鄭玄箋　(唐)孔穎達疏　**校勘記**　(清)阮元撰　清嘉慶二十年(1815)刻本　二十二册　存二十卷

500000－8703－0000085　0085

觀象廬叢書　(清)呂調陽撰　清光緒十四年(1888)葉長高刻本　二十八册　存十二種五十五卷(穆天子傳，詩序議，羣經釋地一至六，商周彝器釋銘二至六，漢書地理志詮釋二至四，古律呂攷，輿地古今圖考南一至十二之一、北一至九，日若編，六書十二聲傳八至十二，詩序議四上下，三代紀年攷一，周官司徒類攷一，附圖攷工記攷一)

500000－8703－0000086　0086

重刻來瞿唐先生日錄内篇七卷外篇五卷　(明)來知德撰　清刻本　六册　存十卷(釜山稿一，悟山稿一，省事錄一，理學辨義一，新學晦明解一，悠哉閣稿一，外篇三、四至五，入聖功夫字義一)

500000－8703－0000087　0087

經苑　(清)錢儀吉輯　清咸豐大梁書院刻同治七年(1868)王儒行等印本　十二册　存十種(孝經刊誤，孝經本義一至二，孝經或問，孝經翼，春秋啖趙集傳纂例，論語意原，讀四書叢說中庸一至二，春秋集解，儀禮集釋一至二、十二至十四、二十一至二十三，儀禮釋宫)

500000－8703－0000088　0088

明辨齋叢書　(清)余肇鈞輯　清咸豐同治長沙余氏刻本　二十四册　存二十四種七十一卷(諸葛忠武書十卷、諸葛武侯傳一卷、附刻史文撃要一卷、朱文公行狀一卷、附何王金許事實一卷、折獄龜鑑九卷、何博士備論二卷、附宋丞相李忠定公輔政本末一卷、陳龍川文鈔二卷、宋岳鄂王行實編年二卷、建炎德安守禦錄二卷、宋季昭忠錄一卷、王文成公傳本二卷、附沈俞戚盧傳一卷、姜司寇自訂年譜一卷、河防通議一卷、閩中海錯疏一卷、明九邊考四卷、今水經一卷、海國聞見錄一卷、毛詩古音攷四卷、屈宋古音攷一卷、吳才老韻補正一卷、宋北溪陳先生遺書四卷四書字義二卷、嚴陵講義道學二辨一卷、文公家禮辨說十六卷)

500000－8703－0000089　0089

附釋音毛詩注疏二十卷　(漢)鄭玄箋　(唐)孔穎達疏　**校勘記**　(清)阮元撰　清嘉慶二十年(1815)刻本　六册　存六卷(一至五、十七)

500000－8703－0000090　0090

欽定禮記義疏八十二卷首一卷　(清)允祿等纂　清刻本　二十五册　存五十二卷(一至十三、十六至十七、二十至二十一、二十四至

二十五、二十九至四十五、五十八至七十、七十三至七十四、首一)

500000－8703－0000091　0091
爾雅注疏十一卷　(晉)郭璞注　(宋)邢昺疏　清同治十三年(1874)湖南書局刻本　三册　存八卷(一至八)

500000－8703－0000092　0092
爾雅注疏十一卷　(晉)郭璞注　(宋)邢昺疏　清同治十三年(1874)湖南書局刻本　一册　存二卷(二至三)

500000－8703－0000093　0093
儀禮注疏十七卷　(漢)鄭玄箋　(唐)賈公彦疏　(唐)陸德明音義　**校勘記**　(清)阮元撰　清刻本　六册　存七卷(二至四、六、十三至十五)

500000－8703－0000094　0094
道書十二種　(清)劉一明撰　清嘉慶二十四年(1819)常郡護國庵刻本　十五册

500000－8703－0000095　0095
杜詩鏡銓二十卷讀書堂杜工部文集注解二卷　(清)楊倫輯　清同治十一年(1872)刻本　十册　存十八卷(杜詩鏡銓一至四、七至十、十三至二十,讀書堂杜工部文集注解一至二)

500000－8703－0000096　0096
四書集注十九卷　(宋)朱熹集注　清同治五年(1866)金陵書局刻本　三册　存九卷(大學一、中庸一、論語一至五、孟子六至七)

500000－8703－0000097　0097
大學衍義補一百六十卷首一卷　(明)丘濬撰　(明)陳仁錫評閲　清刻本　十四册　存七十二卷(三十一至三十五、四十七至六十七、九十至九十三、一百十九至一百六十)

500000－8703－0000098　0098
韻府拾遺一百〇六卷　(清)張廷玉等編　清康熙刻本　二十一册

500000－8703－0000099　0099
杜詩鏡銓二十卷附録一卷　(清)楊倫輯　清乾隆五十七年(1792)古柏山房刻本　四册　存十卷(一、十三至二十,附録一)

500000－8703－0000100　0100
詩古微上編三卷中編十卷下編二卷首一卷　(清)魏源撰　清光緒十三年(1887)刻本　八册

500000－8703－0000101　0101
欽定儀禮義疏四十八卷首二卷　(清)鄂爾泰纂　清刻本　一册　存一卷(四十七)

500000－8703－0000102　0102
大學衍義四十三卷　(宋)眞德秀彙輯　(明)陳仁錫評閲　清同治十三年(1874)刻本　五册　存二十九卷(一至二十四、三十一至三十五)

500000－8703－0000103　0103
欽定儀禮義疏四十八卷首二卷　(清)鄂爾泰纂　清刻本　二十七册　存三十卷(十六至三十三、三十五至三十七、四十一至四十八、首上)

500000－8703－0000104　0104
欽定書經傳說彙纂二十一卷首二卷　(清)王頊齡等纂　清刻本　一册　存一卷(首一)

500000－8703－0000105　0105
欽定儀禮義疏四十八卷首二卷　(清)鄂爾泰纂　清刻本　二册　存四卷(五至六、九至十)

500000－8703－0000106　0106
説文解字十五卷　(漢)許慎記　(宋)徐鉉等校　清刻本　二册　存九卷(四至七、十一至十五)

500000－8703－0000107　0107
十一經初學讀本　(清)萬廷蘭編　清光緒二年(1876)四川學院衙門刻本　九册　存七種一百〇六卷(易經,周禮,儀禮,禮記七至十七、二十七至四十九,穀梁傳,爾雅,孝經)

500000－8703－0000108　0108
十一經初學讀本　(清)萬廷蘭編　清光緒二

年(1876)四川學院衙門刻本　二冊　存一種四十一卷(禮記八至四十八)

500000－8703－0000109　0109
十一經初學讀本　(清)萬廷蘭編　清光緒二年(1876)四川學院衙門刻本　一冊　存一種二十卷(禮記三十至四十九)

500000－8703－0000110　0110
說文通訓定聲十八卷柬韻一卷　(清)朱駿聲撰　清同治九年(1870)朱氏臨嘯閣刻本　十八冊　存十四卷(一至十四)

500000－8703－0000111　0111
禮記二十卷附考證　(漢)鄭玄注　清刻仿宋相臺五經本　三冊　存六卷(一至六)

500000－8703－0000112　0112
小爾雅疏證五卷　(清)葛其仁撰　清道光十九年(1839)歸安姚氏刊咫進齋叢書本　四冊

500000－8703－0000113　0113
古香齋鑒賞袖珍尚書一卷　(□)□□輯　清刻本　一冊

500000－8703－0000114　0114
經史辨體不分卷　(清)徐興喬輯　清刻本十一冊

500000－8703－0000115　0115
詩韻集成十卷　(清)余照輯　清道光二十二年(1842)忠信堂刻本　二冊

500000－8703－0000116　0116
詩韻集成十卷　(清)余照輯　清善成堂刻本　二冊

500000－8703－0000117　0117
通俗編三十八卷　(清)翟灝撰　清刻本　七冊　存二十五卷(十至十五、二十至三十八)

500000－8703－0000118　0118
呂氏春秋二十六卷　(漢)高誘注　清光緒元年(1875)浙江書局刻本　一冊　存三卷(一至三)

500000－8703－0000119　0119
重刊宋本十三經注疏附校勘記　(清)阮元撰　(清)盧宣旬摘錄　清光緒十三年(1887)脈望仙館石印本　四冊　存七種一百三十二卷(論語注疏解經一至二十、論語注疏校勘記一至二、孝經注疏一至九、孝經注疏校勘記一至九、附釋音周禮注疏十七至四十二、周禮注疏校勘記一至四十二、儀禮疏一至二十四)

500000－8703－0000120　0120
古香齋鑒賞袖珍孟子七卷　(□)□□輯　清刻本　一冊

500000－8703－0000121　0121
音學五書三十八卷　(清)顧炎武撰　清觀稼樓刻本　五冊　存十三卷(詩本音一至七,唐韻一至五、十七)

500000－8703－0000122　0122
春秋左傳補注六卷　(清)惠棟撰　清潮陽縣衙刻本　二冊

500000－8703－0000123　0123
春秋恆解八卷　(清)劉沅撰　清同治十一年(1872)玉成堂刻本　八冊

500000－8703－0000124　0124
幼學歌五卷　(清)王用臣編　清刻本　一冊

500000－8703－0000125　0125
毛詩傳箋通釋三十二卷　(清)馬瑞辰撰　清光緒十四年(1888)廣雅書局刻本　十六冊

500000－8703－0000126　0126
爾雅三卷　(晉)郭璞注　(唐)陸德明音釋　清同治七年(1868)湖北崇文書局刻本　三冊

500000－8703－0000127　0127
廣金石韻府五卷附玉篇字略一卷　(清)林尚葵撰　清咸豐七年(1857)巴郡理董軒張鳳藻刻本　五冊　存五卷(一至五)

500000－8703－0000128　0128
詩韻檢字不分卷　(清)黃本驥編　清刻本一冊

500000－8703－0000129　0129
周易十卷　(三國魏)王弼注　清刻本　四冊

500000－8703－0000130　0130

禮記二十卷　(漢)鄭玄注　清刻本　八冊

500000－8703－0000131　0131

説文引經攷證八卷　(清)陳瑑撰　清同治十三年(1874)湖北崇文書局刻本　二冊

500000－8703－0000132　0132

孝經直解一卷　(清)劉沅注釋　清同治二年(1863)玉成堂刻本　一冊

500000－8703－0000133　0133

四書反身錄十七卷　(清)李顒撰　清同治七年(1868)刻本　五冊　存十七卷(大學一、中庸、論語一至十、孟子一至二、補遺一至二、歷年紀略一)

500000－8703－0000134　0134

四書反身錄十七卷　(清)李顒撰　清同治七年(1868)刻本　五冊　存十七卷(大學一、中庸、論語一至十、孟子一至二、補遺一至二、歷年紀略一)

500000－8703－0000135　0135

六書十二聲傳十二卷　(清)吕調陽撰　清光緒刻本　九冊

500000－8703－0000136　0136

玉函山房輯佚書　(清)馬國翰輯　清光緒十年(1884)楚南湘遠堂刻本　一百〇九冊　存五百二十三種(連山一卷、歸藏一卷、周易子夏傳二卷、周易薛氏記一卷、蔡氏易說一卷、周易丁氏傳二卷、周易韓氏傳二卷、周易古五子傳一卷、周易淮南九師道訓一卷、周易施氏章句一卷、周易孟氏章句二卷、周易梁丘氏章句一卷、周易京氏章句一卷、周易費氏注一卷、費氏易林一卷、周易分野一卷、周易馬氏傳三卷、周易劉氏章句一卷、周易宋氏注一卷、周易荀氏注三卷、周易陸氏述三卷、周易王氏注二卷、周易王氏音一卷、周易何氏解一卷、周易董氏章句一卷、周易姚氏注一卷、周易翟氏義一卷、周易向氏義一卷、周易統略一卷、周易卦序論一卷、周易張氏義一卷、周易張氏集解一卷、周易干氏注三卷、周易王氏注一卷、周易蜀才注一卷、周易黄氏注一卷、周易徐氏音一卷、周易李氏音一卷、易象妙於見形論一卷、周易繫辭桓氏注一卷、周易繫辭荀氏注一卷、周易繫辭明氏注一卷、周易要略一卷、周易劉氏義疏一卷、周易大義一卷、周易伏氏集解一卷、周易褚氏講疏一卷、周易周氏義疏一卷、周易張氏講疏一卷、周易何氏講疏一卷、周易姚氏注一卷、周易崔氏注一卷、周易傅氏注一卷、周易盧氏注一卷、周易王氏注一卷、周易王氏義一卷、周易朱氏義一卷、周易莊氏義一卷、周易侯氏注三卷、周易探元三卷、周易元義一卷、周易新論傳疏一卷、周易新義一卷、易纂一卷、顧子新言一卷、典語一卷、通語一卷、譙子法訓一卷、袁子正論二卷、袁子正書一卷、孫氏成敗志一卷、古今通論一卷、化清經一卷、夏侯子新論一卷、讜言一卷、甯子一卷、王孫子一卷、李氏春秋一卷、董子一卷、徐子一卷、魯連子一卷、虞氏春秋一卷、國語音一卷、孔子三朝記一卷、詁幼一卷、嚴助書一卷、厲學一卷、平原君書一卷、劉敬書一卷、至言一卷、河間獻王書一卷、兒寬書一卷、公孫宏書一卷、終軍書一卷、吾邱壽王書一卷、正部論一卷、仲長子昌言二卷、正長子昌言表一卷、魏子一卷、周生子要論一卷、王子正論一卷、去伐論一卷、杜氏體論一卷、王氏新書一卷、周子一卷、太元經一卷、華氏新論一卷、梅子新論一卷、志林新書一卷、廣林一卷、釋滯一卷、通疑一卷、干子一卷、顧子義訓一卷、讀書記一卷、春秋決事一卷、公羊嚴氏春秋一卷、春秋公羊顔氏記一卷、春秋穀梁傳尹氏章句一卷、春秋穀梁傳說一卷、春秋左氏傳章句一卷、春秋牒例章句一卷、春秋左氏傳解詁二卷、春秋左氏長經章句一卷、春秋三傳異同說一卷、解疑論一卷、春秋公羊文謚例一卷、春秋左氏傳解誼四卷、春秋成長說一卷、春秋左氏膏肓釋一卷、春秋釋例一卷、左氏奇說一卷、春秋左傳許氏注一卷、春秋左氏經傳章句一卷、春秋左傳王氏注一卷、春秋左氏傳嵇氏音一卷、春秋穀梁傳麋氏注一卷、春秋公羊穀梁傳解詁一卷、春秋左氏傳義注一卷、春秋公羊穀梁二傳評一卷、春秋穀梁傳徐氏注一卷、春秋土地名一卷、春秋穀梁傳注義一卷、春秋徐氏音一卷、春秋左氏函傳義一卷、答薄叔元問穀梁義一卷、春秋穀梁傳鄭氏說一卷、春秋左氏經傳義略一卷、續春秋左氏傳義略一卷、春秋傳駁一卷、春秋左傳義疏一卷、春秋左氏傳述義二卷、春秋規過二卷、春秋攻昧一卷、春秋井田記一卷、春秋集傳一卷、春秋闡微纂類義統一卷、春秋通例一卷、春秋折衷論一卷、國語解詁卷下、春秋外傳國語虞氏注一卷、春秋外傳國語唐氏注一卷、春秋外傳國語孔氏注一卷、今文尚書一卷、古文尚書三卷、尚書歐陽章句一卷、尚書大夏侯章句一卷、尚書小夏侯章句一卷、尚書馬氏傳四卷、尚書王氏注二卷、古文尚書音一卷、古文尚書舜典注一卷、尚書劉氏義疏一卷、尚書述義一卷、尚書顧氏疏一卷、魯詩故三卷、齊詩傳二卷、韓詩故二卷、韓詩内傳一卷、韓詩說一卷、韓詩薛君章句二卷、韓詩翼要一卷、毛詩馬氏注一卷、毛詩義問一卷、毛詩王氏注四卷、毛詩義駮一卷、毛詩奏事一卷、毛詩問難一卷、毛詩駮一卷、毛詩答雜問一卷、毛詩譜暢一卷、毛詩異同評三卷、難孫氏毛詩評一卷、毛詩拾遺一卷、毛詩徐氏音一卷、毛詩序義疏一卷、毛詩周氏注一卷、毛詩十五國風義一卷、毛詩隱義一卷、集注毛詩一卷、毛詩舒氏義疏一卷、毛詩沈氏義疏二卷、毛詩箋音義證一卷、毛詩述義一卷、毛詩草蟲經一卷、毛詩提綱一卷、施氏詩說一卷、周禮鄭大夫解詁一卷、周禮鄭司農解詁六卷、周禮杜氏注二卷、周禮賈氏解詁一卷、周官傳一卷、周禮鄭氏音一卷、周官禮干氏注一卷、周禮徐氏音一卷、周禮李氏音一卷、周禮聶氏音一卷、周官禮義疏一卷、周禮劉氏音二卷、周禮戚氏音一卷、大戴喪服變除一卷、冠禮約制一卷、鄭氏婚禮謁文一卷、喪服經傳馬氏注一卷、鄭氏喪服變除一卷、新定禮一卷、喪服經傳王氏注一卷、王氏喪服要記一卷、喪服變除圖一卷、喪服要集一卷、喪服經傳袁氏注一卷、集注喪服經傳一卷、喪服經傳陳氏注一卷、喪服釋疑一卷、蔡氏喪服譜一卷、賀氏喪服譜一卷、葬禮一卷、賀氏喪服要記一卷、喪服要記注一卷、葛氏喪服變除一卷、凶禮一卷、集注喪服經傳一卷、略注喪服經傳一卷、喪服難問一卷、喪服古今集記一卷、禮記馬氏注一卷、禮記盧氏注一卷、禮傳一卷、月令章句一卷、月令問答一卷、禮記王氏注二卷、禮記孫氏注一卷、禮記音義隱一卷、禮記范氏音一卷、禮記徐氏音三卷、禮記劉氏音一卷、禮記略解一卷、禮記隱義一卷、禮記新義疏一卷、禮記皇氏義疏四卷、禮記沈氏義疏一卷、禮記義證一卷、禮記熊氏義疏四卷、禮記外傳一卷、石渠禮論一卷、魯禮禘祫志一卷、三禮圖一卷、禮論答問一卷、禮論一卷、禮論條牒一卷、禮論鈔略一卷、禮義答問一卷、禮統一卷、禮疑義一卷、問禮俗一卷、雜祭法一卷、祭典一卷、後養議一卷、禮雜問一卷、雜禮議一卷、三禮義宗四卷、釋疑論一卷、孝經傳一卷、孝經后氏說一卷、孝經安昌侯說一卷、孝經王氏解一卷、孝經解讚一卷、孝經殷氏注一卷、集解孝經一卷、齊永明諸王孝經講義一卷、孝經劉氏說一卷、孝經皇氏義疏一卷、古文孝經述義一卷、御注孝經疏一卷、孝經訓注一卷、古論語六卷、齊論語一卷、論語孔氏訓解十一卷、論語包氏章句二卷、論語周氏章句一卷、論語馬氏訓說二卷、論語鄭氏注十卷、論語孔子弟子目錄一卷、論語陳氏義說一卷、論語王氏說一卷、論語王氏義說一卷、論語周生氏義說一卷、論語釋疑一卷、論語譙氏注一卷、論語衛氏集注一卷、論語旨序一卷、論語繆氏說一卷、論語體略一卷、論語樂氏釋疑一卷、論語虞氏讚注一卷、論語庾氏釋一卷、論語李氏集注二卷、論語范氏注一卷、論語孫氏集解一卷、論語梁氏注釋一卷、論語袁氏注一卷、論語江氏集解二卷、論語殷氏解一卷、論語張氏注一卷、論語蔡氏注一卷、論語顔氏說一卷、論語琳公說一卷、論語沈氏訓注一卷、論語顧氏注一卷、論語梁武帝注一卷、論語太史氏集解一卷、論語褚氏義疏一卷、論語沈氏說一卷、論語熊氏說一卷、論語隱義注一卷、孟子章指二卷、篇敘一卷、孟子程氏章句一卷、孟子高氏章句一卷、孟子劉氏注一卷、孟子鄭氏注一卷、孟子綦母氏注一卷、孟子陸氏注一卷、孟子張氏音義一卷、孟子丁氏手音一卷、爾雅犍為文學注三卷、爾雅劉氏注一卷、樊氏注一卷、爾雅李氏注三卷、爾雅孫氏注三卷、爾雅孫氏音一卷、爾雅音義一卷、爾雅圖讚一卷、集注爾雅一卷、爾雅施氏音一卷、爾雅謝氏音一卷、爾雅顧氏音一卷、爾雅裴氏注一卷、周易劉氏注一卷、周官禮異同評一卷、周氏喪服注一卷、喪服世行要記一卷、禮論難一卷、逆降義一卷、明堂制度論一卷、梁氏三禮圖一卷、張氏三禮圖一卷、春秋例統一卷、國語章句一卷、春秋外傳國語解詁一卷、五經通義一卷、五經要義一卷、六藝論一卷、尚書中候三卷、尚書緯璿機鈐一卷、尚書緯考靈曜一卷、尚書緯刑德放一卷、尚書緯帝命驗一卷、尚書緯運期授一卷、詩緯推度災一卷、詩緯氾歷樞一卷、詩緯含神霧一卷、禮緯含文嘉一卷、禮緯稽命徵一卷、禮緯斗威儀一卷、樂緯動聲儀一卷、樂緯稽耀嘉一卷、樂緯葉圖徵一卷、春秋緯文耀鉤一卷、春秋緯運斗樞一卷、春秋緯感精符一卷、春秋緯合誠圖一卷、春秋緯考異郵一卷、春秋緯保乾圖一卷、春秋緯漢含孳一卷、春秋緯佐助期一卷、春秋緯握誠圖一卷、春秋緯潛潭巴一卷、春秋緯說題辭一卷、春秋緯演孔圖一卷、春秋緯元命苞二卷、春秋命歷序一卷、春秋内事一卷、孝經内事圖一卷、孝經章句一卷、孝經雌雄圖一卷、孝經古秘一卷、論語讖八卷、孝經緯援神契二卷、孝經緯鉤命訣一卷、經中契一卷、孝經左契一卷、孝經右契一卷、樂經一卷、樂記一卷、樂元語一卷、琴清英一卷、樂社大義一卷、鐘律緯一卷、古今樂錄一卷、樂書一卷、樂部一卷、琴歷一卷、樂律義一卷、樂譜集解一卷、琴書一卷、神農書一卷、野老書一卷、范子計然三卷、養魚經一卷、尹都尉書一卷、氾勝之書二卷、蔡癸書一卷、養羊法一卷、家政法一卷、伊尹書一卷、辛甲書一卷、公子牟子一卷、田子一卷、老萊子一卷、黔婁子一卷、鄭長者書一卷、任子道論一卷、洞極真經一卷、唐子一卷、蘇子一卷、陸子一卷、杜氏幽求新書一卷、孫子一卷、苻子一卷、少子一卷、夷夏論一卷、申子一卷、鼂氏新書一卷、崔氏政論一卷、劉氏政論一卷、阮子政論一卷、世要論一卷、陳子要言一卷、惠子一卷、士緯一卷、史佚書一卷、田俅子一卷、隋巢子一卷、胡非子一卷、纏子一卷、蘇子一卷、闕子一卷、蒯子一卷、鄒陽書一卷、主父偃書一卷、嚴安書一卷、徐樂書一卷、由余書一卷、博物記一卷、伏侯古今注一卷、蔣子萬機論一卷、篤論一卷、諸葛子一卷、鄒子一卷、默記一卷、裴氏新言一卷、新義一卷、秦子一卷、析言論附古今訓一卷、時務論一卷、廣志二卷、陸氏要覽一卷、古今善言一卷、文釋一卷、要雅一卷、俗説一卷、青史子一卷、宋子一卷、裴子語林二卷、笑林一卷、郭子一卷、元中記一卷、齊諧記一卷、水飾一卷、泰階六符經一卷、五殘雜變星書一卷、靈憲一卷、渾儀一卷、聽天論一卷、安天論一卷、穹天論一卷、未央術一卷、宋司星子韋書一卷、鄒子一卷、陰陽書一卷、太史公素王妙論一卷、瑞應圖一卷、白澤圖一卷、天鏡一卷、地鏡一卷、地鏡圖一卷、夢雋一卷、雜五行書一卷、請雨止雨書一卷、易洞林一卷、藝經一卷、投壺變一卷)

500000－8703－0000137　0137

毛詩注疏二十卷　(漢)鄭玄箋　(唐)孔穎達疏　(唐)陸德明音義　清同治十三年(1874)湖南書局刻本　十九册　存十七卷(一至八、十二至二十)

500000－8703－0000138　0138

孟子注疏解經十四卷附校勘記　(漢)趙岐注　(宋)孫奭疏　清嘉慶二十年(1815)刻本　五册　存九卷(四至九、十二至十四)

500000－8703－0000139　0139

蒙求注十卷　(後晉)李瀚撰　(清)譚静山注　清光緒四年(1878)刻本　三册

500000－8703－0000140　0140

二十二子　(清)浙江書局輯　清光緒中浙江書局刻本　十一册　存四十一卷(孔子集語一至十七,管子五至八、二十二至二十四,淮南子一至十三、十八至二十一)

500000－8703－0000141　0141

二十二子　(清)浙江書局輯　清光緒中浙江書局刻本　一册　存四卷(孔子集語十至十三)

500000－8703－0000142　0142
五禮通考二百六十二卷首四卷　（清）秦蕙田編　清刻本　十八册　存四十六卷（二百〇五至二百十六、二百二十至二百二十八、二百三十六至二百六十）

500000－8703－0000143　0143
全本禮記體註十卷　（清）范紫登原定　（清）徐瑄補輯　清刻本　二册　存二卷（五至六）

500000－8703－0000144　0144
經籍籑詁一百〇六卷附補遺　（清）阮元撰集　清刻本　二十一册　存四十四卷（一、四下、十七至二十三、二十七至三十、三十四下、四十三至四十五、四十八至六十六、九十六至九十九、一百〇三至一百〇六）

500000－8703－0000145　0145
韻府約編二十四卷　（清）鄧愷輯　清刻本　十一册　存十七卷（五至九、十二至二十、二十二至二十四）

500000－8703－0000146　0146
重刻四書反身錄八卷　（清）李顒撰　清嘉慶二十二年（1817）蕭山湯氏刻本　一册　存二卷（一至二）

500000－8703－0000147　0147
周禮精華六卷　（清）陳龍標編　清刻本　一册　存一卷（五）

500000－8703－0000148　0148
題體會通四編　（清）廖玉湘編　清嫏環書室刻朱墨套印本　二册　存二編（初、四）

500000－8703－0000149　0149
玉餘尺牘附編八卷　（清）莊士敏撰　清光緒六年（1880）刻本　三册　存五卷（一至五）

500000－8703－0000150　0150
六藝綱目二卷附錄一卷　（元）舒天民撰　（元）舒恭注　（明）趙宜中附注　清刻本　一册　存三卷（一至二、附錄一）

500000－8703－0000151　0151
欽定春秋傳說彙纂三十八卷首二卷　（清）王掞等纂　清同治九年（1870）刻本　十六册　存二十九卷（一至二十八、首一）

500000－8703－0000152　0152
春秋穀梁傳十二卷　（晉）范甯集解　（唐）陸德明音義　清刻本　三册　存九卷（四至十二）

500000－8703－0000153　0153
春秋穀梁傳十二卷　（晉）范甯集解　（唐）陸德明音義　清刻本　一册　存三卷（十至十二）

500000－8703－0000154　0154
書經精華十卷首一卷　（□）□□輯　清刻本　一册　存二卷（一、首一）

500000－8703－0000155　0155
春秋公羊注疏二十八卷　（漢）何休撰　（唐）陸德明音義　（唐）徐彦疏　清刻本　二册　存五卷（三至四、七至九）

500000－8703－0000156　0156
監本附音春秋公羊注疏二十八卷　（漢）何休注　（唐）徐彦疏　**附校勘記**　（清）阮元撰　清嘉慶二十年（1815）江西南昌府學刻本　八册　存二十二卷（一至十七、二十四至二十八）

500000－8703－0000157　0157
玉函山房輯佚書　（清）馬國翰輯　清光緒九年（1883）長沙嫏嬛館刻本　二十八册　存二百四十一種（薛君韓詩章句二卷、韓詩翼要一卷、毛詩義問一卷、毛詩王氏注四卷、難孫氏毛詩評一卷、毛詩拾遺一卷、毛詩徐氏音一卷、毛詩序義疏一卷、毛詩周氏注一卷、毛詩十五國風義一卷、毛詩隱義一卷、集注毛詩一卷、毛詩舒氏義疏一卷、周禮賈氏解詁一卷、周官傳一卷、周禮鄭氏音一卷、周禮王氏注一卷、周官禮干氏注一卷、周禮徐氏音一卷、周禮李氏音一卷、周禮聶氏音一卷、周官禮義疏一卷、周禮劉氏音二卷、周禮戚氏音一卷、大戴喪服變除一卷、冠禮約制一卷、鄭氏婚禮一卷、喪服經傳馬氏注一卷、鄭氏喪服變除一卷、新定禮一卷、喪服經傳王氏注一卷、王氏喪服要記一卷、喪服變除圖一卷、喪服要集一卷、喪服經傳袁氏注一卷、集注喪服經傳一卷、喪服經傳陳氏注一卷、喪服釋疑一卷、蔡氏喪服譜一卷、賀氏喪服譜一卷、葬禮一卷、賀氏喪服要記一卷、喪服要記注一卷、葛氏喪服變除一卷、凶禮一卷、集注喪服經傳一卷、略注喪服經傳一卷、喪服難問一卷、喪服古今集記一卷、禮記馬氏注一卷、禮記盧氏注一卷、禮傳一卷、月令章句一卷、月令問答一卷、禮記王氏注二卷、禮記孫氏注一卷、禮記音義隱一卷、禮記范氏音一卷、禮記徐氏音三卷、禮記劉氏音一卷、禮記略解一卷、春秋左傳解誼二卷、春秋穀梁傳注義一卷、春秋左傳徐氏音一卷、春秋左氏函傳義一卷、答薄叔元問穀梁義一卷、春秋穀梁傳鄭氏說一卷、春秋緯漢含孳一卷、春秋緯佐助期一卷、春秋緯握誠圖一卷、春秋緯潛潭巴一卷、春秋緯說題辭一卷、春秋緯演孔圖一卷第、史籀篇一卷、蒼頡篇一卷、凡將篇一卷、訓纂篇一卷、蒼頡訓詁一卷、三蒼一卷、古文官書一卷、雜字指一卷、勸學篇一卷、廣蒼一卷、辨釋名一卷、異字一卷、始學篇一卷、草書狀一卷、發蒙記一卷、啓蒙記一卷、韻集一卷、字指一卷、四體書勢一卷、要用字苑一卷、演說文一卷、字統一卷、纂文一卷、庭誥一卷、宋纂要一卷、梁纂要一卷、年歷一卷、汲塚書鈔一卷、聖賢高士傳一卷、鑒戒象讚一卷、七略別錄一卷、漆雕子一卷、宓子一卷、景子一卷、世子一卷、魏文侯書一卷、李克書一卷、公孫尼子一卷、内業一卷、讕言一卷、甯子一卷、王孫子一卷、李氏春秋一卷、董子一卷、徐子一卷、魯連子一卷、虞氏春秋一卷、平原君書一卷、劉敬書一卷、至言一卷、河間獻王書一卷、兒寬書一卷、公孫宏書一卷、終軍書一卷、吾邱壽王書一卷、正部論一卷、仲長子昌言表一卷、仲長子昌言二卷、魏子一卷、周生子要論一卷、王子正論一卷、去伐論一卷、杜氏體論一卷、王氏新書一卷、周子一卷、顧子新言一卷、典語一卷、通語一卷、譙子法訓一卷、袁子正論二卷、袁子正書一卷、孫氏成敗志一卷、古今通論一卷、蔡氏化清經一卷、夏侯子新論一卷、太元經一卷、華氏新論一卷、梅子新論一卷、志林新書一卷、廣林一卷、釋滯一卷、通疑一卷、干子一卷、顧子義訓一卷、讀書記一卷、杜氏幽求新書一卷、孫子一卷、苻子一卷、少子一卷、夷夏論一卷、申子一卷、黿氏新書一卷、崔氏政論一卷、劉氏政論一卷、阮子政論一卷、世要論一卷、陳子要言一卷、惠子一卷、士緯一卷、史佚書一卷、田俅子一卷、隋巢子一卷、胡非子一卷、纏子一卷、蘇子一卷、闕子一卷、蒯子一卷、鄒陽書一卷、主父偃書一卷、徐樂書一卷、嚴安書一卷、由余書一卷、博物記一卷、伏侯古今注一卷、蔣子萬機論一卷、篤論一卷、鄒子一卷、諸葛子一卷、默記一卷、裴氏新言一卷、新義一卷、秦子一卷、析言論坿古今訓一卷、時務論一卷、廣志二卷、陸氏要覽一卷、古今善言一卷、文釋一卷、要雅一卷、俗說一卷、青史子一卷、宋子一卷、裴子語林二卷、笑林一卷、郭子一卷、元中記一卷、齊諧記一卷、水飾一卷、泰階六符經一卷、五殘雜變星書一卷、靈憲一卷、渾儀一卷、聽天論一卷、安天論一卷、穹天論一卷、未央術一卷、宋司星子韋書一卷、鄒子一卷、陰陽書一卷、太史公素王妙論一卷、瑞應圖一卷、白澤圖一卷、周易劉氏注一卷、周官禮異同評一卷、周氏喪服注一卷、喪服世行要記一卷、禮論難一卷、逆降義一卷、明堂制度論一卷、梁氏三禮圖一卷、張氏三禮圖一卷、春秋例統一卷、國語章句一卷、春秋外傳國語解詁二卷、春秋外傳國語虞氏注一卷、春秋外傳國語唐氏注一卷、春秋外傳國語孔氏注一卷、國語音一卷、孔子三朝記一卷、詁幼一卷、嚴助書一卷、厲學一卷）

500000－8703－0000158　0158

玉函山房輯佚書　（清）馬國翰輯　清光緒九年（1883）長沙嫏嬛館刻本　五冊　存五十六種（蔡氏喪服譜一卷、賀氏喪服譜一卷、葬禮一卷、賀氏喪服要記一卷、喪服要記注一卷、葛氏喪服變除一卷、凶禮一卷、集注喪服經傳一卷、略注喪服經傳一卷、喪服難問一卷、喪服古今集記一卷、孫氏成敗志一卷、古今通論一卷、蔡氏化清經一卷、夏侯子新論一卷、太元經一卷、華氏新論一卷、梅子新論一卷、志林新書一卷、廣林一卷、釋滯一卷、通疑一卷、干子一卷、顧子義訓一卷、讀書記一卷、世要論一卷、陳子要言一卷、惠子一卷、士緯一卷、史佚書一卷、田俅子一卷、隋巢子一卷、胡非子一卷、纏子一卷、蘇子一卷、闕子一卷、周易劉氏注一卷、周官禮異同評一卷、周氏喪服注一卷、喪服世行要記一卷、禮論難一卷、逆降義一卷、明堂制度論一卷、梁氏三禮圖一卷、張氏三禮圖一卷、春秋例統一卷、國語章句一卷、春秋外傳國語解詁二卷、春秋外傳國語虞氏注一卷、春秋外傳國語唐氏注一卷、春秋外傳國語孔氏注一卷、國語音一卷、孔子三朝記一卷、詁幼一卷、嚴助書一卷、厲學一卷)

500000－8703－0000159　0159
群經平議三十五卷　(清)俞樾撰　清同治五年(1866)杭州刻本　六冊　存二十二卷(一至十、十四至二十五)

500000－8703－0000160　0160
禮記集解六十一卷　(清)孫希旦集解　清刻本　十一冊　存三十卷(四至七、十至十一、三十四至三十五、四十至六十一)

500000－8703－0000161　0161
孟子注疏解經十四卷附校勘記孟子音義二卷　(漢)趙氏注　(宋)孫奭疏　清刻本　一冊　存四卷(十三至十四,孟子音義上、下)

500000－8703－0000162　0162
大學衍義補一百六十卷　(明)丘濬撰　(明)陳仁錫評閱　清刻本　二冊　存十卷(三十一至三十五、四十三至四十七)

500000－8703－0000163　0163
重刻來瞿唐先生日錄内篇七卷外篇五卷　(明)來知德撰　清刻本　二冊　存五卷(内篇醒覺錄、醒事錄,外篇遊華山太和稿、續求溪稿、悠哉閣稿)

500000－8703－0000164　0164
欽定春秋傳說彙纂三十八卷首二卷　(清)王掞等纂　清刻本　十一冊　存二十卷(十五至三十四)

500000－8703－0000165　0165
困學紀聞注二十卷　(清)翁元圻輯　清刻本　二冊　存三卷(十三、十九至二十)

500000－8703－0000166　0166
附釋音周禮注疏四十二卷　(唐)賈公彥等撰　(唐)陸德明釋文　**校勘記**　(清)阮元撰　清嘉慶二十年(1815)江西南昌府學刻本　十二冊　存三十七卷(一至三十七)

500000－8703－0000167　0167
孝經注疏九卷　(宋)邢昺疏　**校勘記**　(清)阮元撰　清嘉慶二十年(1815)刻本　一冊　存八卷(一至八)

500000－8703－0000168　0168
孟子注疏解經□□卷　(漢)趙氏注　(宋)孫奭疏　清刻本　一冊　存二卷(三、四)

500000－8703－0000169　0169
監本附音春秋穀梁注疏二十卷　(晉)范甯集解　(唐)楊士勛疏　**校勘記**　(清)阮元撰　清嘉慶二十年(1815)刻本　一冊　存五卷(十六至二十)

500000－8703－0000170　0170
儀禮注疏五十卷　(唐)賈公彥撰　(唐)陸德明音義　**校勘記**　(清)阮元撰　清嘉慶二十年(1815)刻本　五冊　存十二卷(三至八、十四至十七、四十至四十一)

500000－8703－0000171　0171
元經薛氏傳十卷　(隋)王通經　(唐)薛收撰　(宋)阮逸注　清刻本　三冊

500000－8703－0000172　0172
對聯滙海□□卷　(清)邱日□編　清刻本　一冊　存四卷(七至十)

500000－8703－0000173　0173
禮記外傳一卷石渠禮論一卷魯禮禘祫三禮圖一卷　(清)馬國翰輯　清刻本　一冊

500000－8703－0000174　0174
禮記音訓四卷　(清)楊國楨撰　清刻本　四冊

500000－8703－0000175　0175
樂園文鈔八卷首一卷　（清）嚴如熤撰　清道光二十四年（1844）刻本　四冊　存九卷（一至八、首一）

500000－8703－0000176　0176
說文解字十五卷附六書音均表二卷　（清）段玉裁注　清刻本　二十三冊　存十四卷（二至五上、六至十一上、十三至十四上，六書音均表四至五）

500000－8703－0000177　0177
爾雅注疏十一卷附校勘記音義二卷　（晉）郭璞注　（宋）邢昺疏　（唐）陸德明音義　（清）阮元校勘記　清同治十三年（1874）湖南書局刻本　五冊　存十一卷（一、四至十一，音義一至二）

500000－8703－0000178　0178
詩經八卷　（宋）朱熹集傳　清光緒二十一年（1895）湖北官書處刻本　三冊　存六卷（一至三、六至八）

500000－8703－0000179　0179
四書類典賦二十四卷　（清）甘紱輯　清嘉慶二年（1797）敦復堂刻本　四冊　存十卷（一至十）

500000－8703－0000180　0180
書經精華六卷　（清）薛嘉穎輯　清道光七年（1827）姑蘇步月樓刻本　六冊

500000－8703－0000181　0181
左傳事緯十二卷　（清）馬驌撰　清刻本　八冊　存八卷（二至七、九、十一）

500000－8703－0000182　0182
校補四書異同商不分卷　（清）黃鶴撰　清光緒二十八年（1902）湖南書局刻本　十一冊

500000－8703－0000183　0183
如不及齋制藝四卷　（清）吳鴻恩撰　清光緒十三年（1887）觀善堂刻本　四冊

500000－8703－0000184　0184
四書正本十九卷附四書句辨一卷疑字辨一卷四書圖一卷　（清）童棫校輯　清同治四年（1865）新津童棫忠恕堂刻本　九冊　存二十卷（論語一至十、孟子一至七、四書句辨、疑字辨、四書圖）

500000－8703－0000185　0185
讀書雜志八十二卷餘編二卷　（清）王念孫撰　清刻本　十四冊　存四十四卷（逸周書一至四、戰國策一至三、史記一至六、漢書一至十六、管子一至五、淮南子十六至二十二、漢隸拾遺一、餘編一至二）

500000－8703－0000186　0186
周禮十二卷　（清）姜兆錫輯　清雍正九年（1731）寅清樓刻本　六冊

500000－8703－0000187　0187
王制箋一卷　（清）皮錫瑞撰　清光緒三十四年（1908）思賢書局刻本　一冊

500000－8703－0000188　0188
經學歷史一卷　（清）皮錫瑞撰　清光緒三十二年（1906）思賢書局刻本　一冊

500000－8703－0000189　0189
廣韻五卷　（宋）陳彭年等修　清刻本　二冊　存二卷（一至二）

500000－8703－0000190　0190
爾雅郭注義疏三卷　（清）郝懿行撰　清刻本　八冊　存三卷（上之一、二至四，中之一至八，下之二至七）

500000－8703－0000191　0191
春秋大事表五十卷　（清）顧棟高輯　清乾隆十二年（1747）萬卷樓刻本　十九冊　存四十卷（一、二之一至三、三、六之下至二十七、三十六至五十）

500000－8703－0000192　0192
四書攷異七十二卷　（清）翟灝撰　清刻本　七冊　存四十五卷（總考九至十七、條考一至三十六）

500000－8703－0000193　0193
四書攷異七十二卷　（清）翟灝撰　清無不宜

齋刻本　七冊　存四十六卷(總考一至三十六、條考一至十)

500000－8703－0000194　0194
周會魁校正四書大全十八卷　(明)胡廣等輯　明末刻本　十二冊　存八卷(一、四至五、十至十二、十四、十七)

500000－8703－0000195　0195
春秋經傳集解三十卷　(晉)杜預注　(清)馮李驊輯　清刻本　十六冊　存二十九卷(一至十三、十五至三十)

500000－8703－0000196　0196
王薑齋四書文不分卷　(清)王夫之撰　清刻本　一冊

500000－8703－0000197　0197
欽定書經傳説彙纂二十一卷首二卷書序一卷　(清)王頊齡等纂　清刻本　七冊　存二十二卷(一至二十一、書序)

500000－8703－0000198　0198
欽定書經傳説彙纂二十一卷首二卷書序一卷　(清)王頊齡等纂　清刻本　一冊　存二卷(二十一、書序)

500000－8703－0000199　0199
論語七卷　(宋)朱熹集注　清刻本　三冊

500000－8703－0000200　0200
康熙字典十二集等韻一卷補遺一卷備考一卷　(清)張玉書等撰　清道光七年(1827)刻本　四十冊

500000－8703－0000201　0201
説文發疑六卷　(清)張行孚撰　清光緒九年(1883)刻本　一冊

500000－8703－0000202　0202
四書大全摘要　(清)李武輯　清刻本　一冊　存二卷(論語一至二)

500000－8703－0000203　0203
孟子要略五卷　(宋)朱熹原編　(清)曾國藩重編　清道光二十九年(1849)漢陽劉氏刻本　一冊

500000－8703－0000204　0204
説文新附攷六卷續考一卷　(清)鈕樹玉撰　清同治七年(1868)碧螺山館刻本　二冊

500000－8703－0000205　0205
周禮不分卷　(漢)鄭玄注　(唐)陸德明音義　清刻本　一冊

500000－8703－0000206　0206
四書正本十九卷附四書句辨一卷疑字辨一卷四書圖一卷　(清)童棫校輯　清同治七年(1868)萬邑萬川書院刻本　一冊　存三卷(四書句辨、疑字辨、四書圖)

500000－8703－0000207　0207
龍文鞭影□□卷　(明)蕭良有撰　清刻本　一冊　存一卷(下)

500000－8703－0000208　0208
儀禮恆解十六卷首一卷　(清)劉沅輯注　清同治十一年(1872)玉成堂刻本　五冊　存十四卷(一至五、九至十六,首一)

500000－8703－0000209　0209
左繡三十卷　(晉)杜預撰　(宋)林堯叟注　(唐)陸德明音義　清刻本　七冊　存十九卷(一至三、七至十七、二十一至二十五)

500000－8703－0000210　0210
説文段注校三種　葉德輝輯　清光緒二十八年(1902)長沙葉氏刻本　一冊

500000－8703－0000211　0211
江南春稿三卷　(清)江璧撰　清磨鐵山房刻本　一冊

500000－8703－0000212　0212
舊甫草堂時文三卷　(清)陳鈞堂撰　清光緒元年(1875)磨鐵山房刻本　一冊

500000－8703－0000213　0213
説文統釋序不分卷音同義異辨不分卷　(清)錢大昭轉注　清光緒八年(1882)金峨山館刻本　一冊

500000－8703－0000214　0214
鄉黨圖攷十卷　(清)江永撰　清道光五年

(1825)文元堂刻本　五册

500000－8703－0000215　0215
五方母音二卷　(清)淩虛樊撰　(清)年希堯增補　清刻本　四册

500000－8703－0000216　0216
音學五書三十八卷　(清)顧炎武撰　清光緒十六年(1890)思賢講舍刻本　十二册

500000－8703－0000217　0217
古微書三十六卷　(明)孫穀撰　清嘉慶二十一年(1816)對山問月樓刻本　十二册

500000－8703－0000218　0218
王會篇箋釋三卷　(清)何秋濤撰　清光緒十七年(1891)江蘇書局刻本　三册

500000－8703－0000219　0219
皇清經解一千四百〇八卷　(清)阮元輯　清刻本　十八册　存五十七卷(一至四十、六十八至八十四)

500000－8703－0000220　0220
韞山堂時文初集一卷二集二卷三集一卷　(清)管世銘撰　清光緒六年(1880)湖南書局刻本　三册　存三卷(初集一、二集一至二)

500000－8703－0000221　0221
癸巳存稿十五卷　(清)俞正燮撰　清光緒十年(1884)刻本　七册　存十三卷(一至十三)

500000－8703－0000222　0222
佩文韻府一百〇六卷　(清)張玉書等纂　清刻本　一百五十册　存八十一卷(一至二十八、五十四至一百〇六)

500000－8703－0000223　0223
佩文韻府一百〇六卷　(清)張玉書等纂　清刻本　三册　存三卷(五十五、八十三、八十五)

500000－8703－0000224　0224
禮記注疏六十三卷　(漢)鄭玄注　(唐)孔穎達疏　(唐)陸德明音義　**校勘記**　(清)阮元撰　清刻本　十八册　存三十四卷(十六至三十、三十六至五十四)

500000－8703－0000225　0225
佩文韻府一百〇六卷　(清)張玉書等纂　清刻本　一百七十四册

500000－8703－0000226　0226
欽定禮記義疏八十二卷　(清)允祿等纂　清刻本　二十五册　存三十五卷(二十六至二十八、三十七至四十、四十五至四十六、四十八至五十二、六十二至八十二)

500000－8703－0000227　0227
欽定儀禮義疏四十八卷首二卷　(清)鄂爾泰纂　清刻本　三册　存四卷(三十四至三十五、三十九至四十)

500000－8703－0000228　0228
目耕帖三十一卷　(清)馬國翰輯　清光緒十年(1884)楚南湘遠堂刻本　三十一册

500000－8703－0000229　0229
皇清經解一千四百〇八卷　(清)阮元輯　清道光九年(1829)廣東學海堂刻咸豐十一年(1861)補刻本　四册　存十六卷(四易通釋一千九十三至一千一百、易圖略一千一百〇九至一千一百十六)

500000－8703－0000230　0230
皇清經解一千四百〇八卷　(清)阮元輯　清道光九年(1829)廣東學海堂刻咸豐十一年(1861)補刻本　一册　存六卷(九百九十一至九百九十六)

500000－8703－0000231　0231
玉函山房輯佚書　(清)馬國翰輯　清光緒十年(1884)楚南書局刻本　二十三册　存二百〇二卷(埤蒼一卷、古今字詁一卷、雜字一卷、雜字解詁一卷、聲類一卷、廣蒼一卷、辨釋名一卷、異字一卷、始學篇一卷、草書狀一卷、發蒙記一卷、啟蒙記一卷、韻集一卷、字指一卷、四體書勢一卷、要用字苑一卷、演說文一卷、字統一卷、纂文一卷、庭誥一卷、顏氏纂要一卷、梁元帝纂要一卷、文字集畧一卷、古今文字表一卷、韻畧一卷、桂苑珠叢一卷、文字指歸一卷、四聲五音九弄反紐圖一卷、分毫字樣一卷、石經尚書一卷、石經魯詩一卷、石經儀禮一卷、石經公羊一卷、石經論語一卷、三字石經尚書一卷、三字石經春秋一卷、詁幼一卷、史籀篇一卷、蒼頡篇一卷、凡將篇一卷、訓纂篇一卷、蒼頡訓詁一卷、三蒼一卷、古文官書一卷、雜字指一卷、勸學篇一卷、通俗文一卷、古文瑣語一卷、帝王要略一卷、三五歷記一卷、年歷一卷、汲塚書鈔一卷、聖賢高士傳一卷、鑒戒象讚一卷、七略別録一卷、春秋大傳一卷、春秋決事一卷、公羊嚴氏春秋一卷、春秋公羊顔氏記一卷、春秋穀梁傳尹氏章句一卷、春秋穀梁傳說一卷、春秋左傳劉氏注一卷、春秋牒例章句一卷、春秋左氏傳解詁二卷、春秋左氏長經章句一卷、春秋三傳異同說一卷、解疑論一卷、春秋公羊文謚例一卷、春秋左氏傳解誼四卷、春秋成長說一卷、春秋左氏膏肓釋一卷、春秋釋例一卷、春秋左傳許氏注一卷、春秋左氏經傳章句一卷、春秋左傳王氏注一卷、春秋左氏傳嵇氏音一卷、春秋穀梁傳糜氏注一卷、春秋公羊穀梁傳解詁一卷、春秋左氏傳義注一卷、春秋公羊穀梁二傳評一卷、春秋穀梁傳徐氏注一卷、春秋土地名一卷、春秋穀梁傳注義一卷、春秋左傳徐氏音一卷、春秋左氏函傳義一卷、答薄叔元問穀梁義一卷、春秋穀梁傳鄭氏說一卷、春秋左氏經傳義略一卷、續春秋左氏經傳義略一卷、春秋傳駮一卷、春秋左傳義疏一卷、春秋左傳義疏二卷、春秋規過二卷、春秋攻昧一卷、春秋井田記一卷、春秋集傳附例統一卷、春秋闡微纂類義統一卷、春秋通例一卷、春秋折衷論一卷、春秋折衷論後序一卷、春秋例統一卷、國語章句一卷、國語解詁二卷、春秋外傳國語虞氏注一卷、春秋外傳國語唐氏注一卷、春秋外傳國語孔氏注一卷、國語音一卷、禮記馬氏注一卷、禮記盧氏注一卷、禮傳一卷、月令章句一卷、月令問答一卷、禮記王氏注二卷、爾雅犍為文學注三卷、爾雅劉氏注一卷、爾雅樊氏注一卷、爾雅李氏注三卷、爾雅孫氏注三卷、爾雅孫氏音一卷、爾雅音義一卷、爾雅圖讚一卷、集注爾雅一卷、爾雅施氏音一卷、爾雅謝氏音一卷、爾雅顧氏音一卷、爾雅裴氏注一卷、孝經傳一卷、孝經后氏說一卷、孝經安昌侯說一卷、孝經長孫氏說一卷、孝經王氏解一卷、孝經解讚一卷、孝經殷氏注一卷、集解孝經一卷、齊永明諸王孝經講義一卷、孝經劉氏說一卷、孝經義疏一卷、孝經嚴氏注一卷、孝經皇氏義疏一卷、古文孝經述義一卷、御注孝經一卷、孝經訓注一卷、孫氏成敗志一卷、古今通論一卷、化清經一卷、夏侯子新論一卷、太元經一卷、華氏新論一卷、梅子新論一卷、志林新書一卷、，廣林一卷、釋滯一卷、通疑一卷、干子一卷、顧子義訓一卷、讀書記一卷、嚴助書一卷、厲學一卷、尚書中候三卷、尚書緯璿璣鈐一卷、尚書緯考靈曜一卷、尚書緯刑德放一卷、尚書緯帝命驗一卷、尚書緯運期授一卷、詩緯推度災一卷、詩緯氾歷樞一卷、詩緯含神霧一卷、詩緯含文嘉一卷、詩緯稽命徵一卷、詩緯斗威儀一卷、周禮鄭大夫解詁一卷、周禮鄭司農解詁三卷、神農書一卷、野老書一卷、范子計然三卷、養魚經一卷、尹都尉書一卷、氾勝之書二卷、蔡癸書一卷、養羊法一卷、家政法一卷）

500000－8703－0000232　0232

論語注疏二十卷　（三國魏）何晏撰　（唐）陸德明音義　（宋）邢昺疏　清刻本　四冊　存十三卷（一至十三）

500000－8703－0000233　0233

春秋穀梁傳注疏二十卷　（晉）范甯集解（唐）陸德明音義　（清）楊士勛疏　清同治四年（1865）刻十三經注疏本　七冊　存十七卷（一至十五、十九至二十）

500000－8703－0000234　0234

儀禮疏五十卷　（唐）賈公彥等撰　**校勘記**（清）阮元撰　清刻本　五冊　存二十卷（五至十七、四十四至五十）

500000－8703－0000235　0235

儀禮注疏十七卷　（漢）鄭玄注　（唐）陸德明音義　（唐）賈公彥疏　清刻本　七冊　存六卷（七至十二）

500000－8703－0000236　0236

春秋經解十五卷 （宋）孫覺撰　清刻本　八冊

500000－8703－0000237　0237
韓詩外傳十卷 （漢）韓嬰撰　（明）鍾惺評　清刻本　二冊

500000－8703－0000238　0238
讀易輯要淺釋三卷 （清）鄭本玉輯　清同治三年（1864）友竹軒刻本　三冊

500000－8703－0000239　0239
槎溪學易三卷 （清）陳鼒撰　清同治十三年（1874）保定蓮花池刻本　一冊　存一卷（一）

500000－8703－0000240　0240
古香齋鑒賞袖珍禮記三卷 （□）□□輯　清刻本　二冊　存二卷（二至三）

500000－8703－0000241　0241
經典釋文三十卷 （唐）陸德明撰　清刻本　十二冊　存二十卷（三至二十二）

500000－8703－0000242　0242
欽定書經傳說彙纂二十一卷首二卷書序一卷 （清）王頊齡等纂　清刻本　三冊　存八卷（八至九、十二至十七）

500000－8703－0000243　0243
欽定書經傳說彙纂二十一卷首二卷書序一卷 （清）王頊齡等纂　清刻本　五冊　存七卷（一至六、首下）

500000－8703－0000244　0244
古香齋鑒賞袖珍春秋一卷 （□）□□輯　清刻本　一冊

500000－8703－0000245　0245
古香齋毛詩二卷 （□）□□輯　清刻本　二冊

500000－8703－0000246　0246
四書釋地補一卷續補一卷又續補一卷三續補一卷 （清）閻若璩撰　（清）樊廷枚校補　清嘉慶二十一年（1816）梅陽海涵堂刻本　五冊

500000－8703－0000247　0247
如西所刻諸名家評點春秋綱目左傳句解彙雋六卷 （清）韓菼重訂　清光緒十年（1884）刻本　三冊　存三卷（一、五至六）

500000－8703－0000248　0248
羣經字詁七十二卷 （清）段諤廷撰　（清）黃本驥編訂　清道光二十九年（1849）刻本　一冊　存二卷（一至二）

500000－8703－0000249　0249
春秋體註大全合參四卷 （宋）胡安國撰　清刻本　三冊　存三卷（二至四）

500000－8703－0000250　0250
御纂周易述義十卷 （清）傅恆等纂　清刻本　二冊　存四卷（一至四）

500000－8703－0000251　0251
儀禮十七卷 （漢）鄭玄注　（清）張爾岐句讀　清刻本　三冊　存十二卷（六至十七）

500000－8703－0000252　0252
漢石經殘字攷一卷 （清）翁方綱撰　**魏三體石經遺字攷一卷** （清）孫星衍撰　清光緒十六年（1890）成都嚴賓虞刻本　一冊

500000－8703－0000253　0253
周易十卷附考證 （三國魏）王弼注　清刻本　一冊　存三卷（一至三）

500000－8703－0000254　0254
佩文詩韻釋要五卷 （清）周蓮塘輯　清光緒元年（1875）湖北崇文書局刻本　一冊

500000－8703－0000255　0255
四書合講□□卷 （清）翁復撰　清刻本　五冊

500000－8703－0000256　0256
皇清經解一千四百〇八卷首一卷 （清）阮元輯　清咸豐十年（1860）刻本　二百五十五冊　存一千三十四卷（一至二百九十九、五百四十三至六百四十七、七百五十八至一千二百八十九、一千三百十二至一千四百〇八，首一）

500000－8703－0000257　0257
目耕帖三十一卷 （清）馬國翰輯　清嫏嬛館刻本　十三冊　存十九卷（三至四、七至八、

十三至十四、十九至三十一）

500000－8703－0000258　0258

日知錄集釋三十二卷　（清）顧炎武撰　（清）黄汝成集釋　清同治十一年（1872）湖北崇文書局刻本　十五册

500000－8703－0000259　0259

十一經初學讀本　（清）萬廷蘭編　清刻本　十八册　存四十九卷（書經初學讀本四卷、虞書一卷、夏書一卷、商書一卷、周書一卷、孝經初學讀本一卷、爾雅初學讀本一卷、儀禮初學讀本十七卷、禮記初學讀本四十九、詩經初學讀本四卷附毛詩譜一卷、春秋左傳初學讀本十二卷、公羊傳初學讀本四卷、穀梁傳初學讀本四卷）

500000－8703－0000260　0260

十三經注疏附校勘記　（清）阮元輯　清同治十三年（1874）湖南書局刻本　四十六册　存一百三十八卷（禮記注疏六十三卷、春秋左傳注疏三至六十、周禮注疏三卷、毛詩注疏六至十、春秋穀梁注疏八至十六）

500000－8703－0000261　0261

御製十三經注疏　（漢）孔穎達疏　（唐）陸德明音義　清同治十年（1871）廣東書局刻本　五十四册　存十種一百〇四卷（周易注疏一至三、十至十一，尚書注疏二、六至七、十六至十七，春秋左傳注疏一、十八至十九、二十八至二十九、三十一至三十二、三十九至四十、四十二至四十六、五十六至六十，毛詩注疏二、四至十五、十九至二十、二十二至二十三，春秋穀梁注疏六至八，論語注疏一至三、十至二十，孟子注疏五至六上、十一下至十二、十四，爾雅注疏，春秋公羊傳注疏一至二、五至七、十一至十六、十八至十九、二十四至二十八，儀禮注疏七至十四）

500000－8703－0000262　0262

御製十三經注疏　（漢）孔穎達疏　（唐）陸德明音義　清同治十年（1871）廣東書局刻本　一册　存一種（春秋左傳注疏四十二至四十三）

500000－8703－0000263　0263

春秋公羊傳注疏二十八卷附考證　（漢）何休撰　（唐）陸德明音義　清同治十年（1871）廣東書局刻十三經注疏本　一册　存一卷（十五）

500000－8703－0000264　0264

周易經傳集程朱解附錄纂注十四卷首一卷朱子啟蒙五贊一卷　（明）董真卿編　清同治十二年（1873）粤東書局刻通志堂經解本　五册　存十一卷（五至十四、朱子啟蒙五贊一）

500000－8703－0000265　0265

孟子要略文集五卷　（清）曾國藩撰　清道光二十九年（1849）漢陽劉氏刻朱子遺書本　一册

500000－8703－0000266　0266

江南春稿不分卷　（清）江璧撰　清光緒元年（1875）晉豐書屋刻本　一册

500000－8703－0000267　0267

欽定禮記義疏八十二卷首一卷　（清）允祿等纂　清同治刻御纂七經本　二十五册　存七十一卷（四至六十五、六十八至六十九、七十三至七十七、八十一至八十二）

500000－8703－0000268　0268

附釋音春秋左傳注疏六十卷　（晉）杜預注　（唐）陸德明音義　（唐）孔穎達疏　**校勘記**　（清）阮元撰　清刻本　三十二册　存五十八卷（二至十八、二十至六十）

500000－8703－0000269　0269

周易兼義九卷校勘記九卷經典釋文一卷釋文校勘記一卷　（三國魏）王弼注　（晉）韓康伯注　（唐）孔穎達正義　（清）阮元撰校勘記　清嘉慶二十年（1815）刻本　四册　存十八卷（周易兼義二至九、校勘記二至九、經典釋文一、釋文校勘記一）

500000－8703－0000270　0270

春秋左傳詁二十卷　（清）洪亮吉撰　清光緒四年（1878）授經堂刻本　九册　存十八卷（一至十四、十七至二十）

500000－8703－0000271　0271

七經精義　(清)黄淦纂　清嘉慶八年(1803)刻本　四册　存三種十二卷(禮記精義一至六、首一,春秋精義三至四,書經精義三至四、末一)

500000－8703－0000272　0272

春秋權衡十七卷　(宋)劉敞撰　清乾隆十六年(1751)水西劉氏刻本　二册　存七卷(公羊四至六、穀梁一至四)

500000－8703－0000273　0273

欽定春秋傳説彙纂三十八卷首二卷　(清)王掞等纂　清刻本　九册　存十七卷(三至十二、十八至二十四)

500000－8703－0000274　0274

童溪王先生易傳三十卷　(宋)王宗傳撰　清刻通志堂經解本　一册　存五卷(十二至十六)

500000－8703－0000275　0275

禮記十卷　(元)陳澔集撰　清刻本　三册　存三卷(二、六、十)

500000－8703－0000276　0276

周禮□□卷　(漢)鄭玄注　(唐)陸德明音義　清刻本　一册　存二卷(三至四)

500000－8703－0000277　0277

儀禮十七卷　(漢)鄭玄注　(唐)陸德明音義　清刻本　二册　存七卷(六至八、十四至十七)

500000－8703－0000278　0278

周禮□□卷　(漢)鄭玄注　(唐)陸德明音義　清刻本　五册　存五卷(天官、地官、春、夏、秋)

500000－8703－0000279　0279

文藝金鍼不分卷　(清)路德選　清道光十五年(1835)來鹿堂刻本　二册

500000－8703－0000280　0280

春秋穀梁傳十二卷　(晉)范甯集解　(唐)陸德明音義　清刻本　一册　存三卷(十至十二)

500000－8703－0000281　0281

合訂删補大易集義粹言八十卷　(清)納蘭性德撰　清刻通志堂經解本　十四册　存五十三卷(一至三十五、四十一至四十五、六十七至七十九)

500000－8703－0000282　0282

玉函山房輯佚書　(清)馬國翰輯　清光緒十年(1884)楚南書局刻本　四十一册　存三百二十七種(五經通義一卷、五經要義一卷、六藝論一卷、五經然否論一卷、聖證論一卷、五經通論一卷、五經鉤沉一卷、五經大義一卷、六經略注一卷、七經義綱一卷、孟子章指二卷篇敘一卷、孟子程氏章句一卷、孟子高氏章句一卷、孟子劉氏注一卷、孟子鄭氏注一卷、孟子綦毋氏注一卷、孟子陸氏注一卷、孟子張氏音義一卷、孟子丁氏手音一卷、古論語六卷、齊論語一卷、論語孔氏訓解十一卷、論語包氏章句二卷、論語周氏章句一卷、論語馬氏訓説二卷、論語鄭氏注十卷、論語孔子弟子目録一卷、論語陳氏義説一卷、論語王氏説一卷、論語王氏義説一卷、論語周生氏義説一卷、論語釋疑一卷、論語譙氏注一卷、論語衛氏集注一卷、論語旨序一卷、論語繆氏説一卷、論語體略一卷、論語樂氏釋疑一卷、論語虞氏讚注一卷、論語庾氏釋一卷、論語李氏集注二卷、論語范氏注一卷、論語孫氏集解一卷、論語梁氏注釋一卷、論語袁氏注一卷、論語江氏集解二卷、論語殷氏解一卷、論語張氏注一卷、論語蔡氏注一卷、論語顔氏説一卷、論語琳公説一卷、論語沈氏訓注一卷、論語顧氏注一卷、論語梁武皇帝注一卷、論語太史氏集解一卷、論語褚氏義疏一卷、論語沈氏説一卷、論語熊氏説一卷、論語隱義注一卷、孔子三朝記一卷、大戴喪服變除一卷、冠禮約制一卷、鄭氏婚禮謁文一卷、喪服經傳馬氏注一卷、鄭氏喪服變除一卷、新定禮一卷、喪服經傳王氏注一卷、王氏喪服要記一卷、喪服變除圖一卷、喪服要集一卷、喪服經傳袁氏注一卷、集注喪服經傳一卷、喪服經傳陳氏注一卷、喪服釋疑一卷、蔡氏喪服譜一卷、賀氏喪服譜一卷、葬禮一卷、賀氏喪服要記一卷、喪服要記注一卷、葛氏喪服變除一卷、凶禮一卷、集注喪服經傳一卷、略注喪服經傳一卷、喪服難問一卷、喪服古今集記一卷、周氏喪服注一卷、喪服世行要記一卷、魯詩故三卷、齊詩傳二卷、韓詩故二卷、韓詩内傳一卷、韓詩說一卷、薛君韓詩章句二卷、韓詩翼要一卷、毛詩馬氏注一卷、毛詩義問一卷、毛詩王氏注四卷、毛詩義駁一卷、毛詩奏事一卷、毛詩問難一卷、毛詩駁一卷、毛詩答雜問一卷、毛詩譜暢一卷、毛詩異同評三卷、難孫氏毛詩評一卷、毛詩拾遺一卷、毛詩徐氏音一卷、毛詩序義疏一卷、毛詩周氏注一卷、毛詩十五國風義一卷、毛詩隱義一卷、集注毛詩一卷、毛詩舒氏義疏一卷、毛詩沈氏義疏二卷、毛詩箋音義證一卷、毛詩述義一卷、毛詩草蟲經一卷、毛詩題綱一卷、施氏詩說一卷、今文尚書一卷、古文尚書三卷、尚書歐陽章句一卷、尚書大夏侯章句一卷、尚書小夏侯章句一卷、尚書馬氏傳四卷、尚書王氏注二卷、古文尚書音一卷、古文尚書舜典注一卷、尚書劉氏義疏一卷、尚書述義一卷、尚書顧氏疏一卷、樂經一卷、樂記一卷、樂元語一卷、琴清英一卷、樂社大義一卷、鍾律緯一卷、古今樂録一卷、樂書一卷、樂部一卷、琴歷一卷、樂律義一卷、樂譜集解一卷、琴書一卷、漆雕子一卷、宓子一卷、景子一卷、世子一卷、魏文侯書一卷、李克書一卷、公孫尼子一卷、内業一卷、讕言一卷、甯子一卷、王孫子一卷、李氏春秋一卷、董子一卷、徐子一卷、魯連子一卷、虞氏春秋一卷、平原君書一卷、劉敬書一卷、至言一卷、河間獻王書一卷、兒寬書一卷、公孫宏書一卷、終軍書一卷、吾邱壽王書一卷、正部論一卷、仲長子昌言二卷、魏子一卷、周生子要論一卷、王子正論一卷、去伐論一卷、杜氏體論一卷、王氏新書一卷、周子一卷、顧子新言一卷、典語一卷、通語一卷、譙子法訓一卷、袁子正論二卷、袁子正書一卷、春秋緯合誠圖一卷、春秋緯考異郵一卷、春秋緯保乾圖一卷、春秋緯漢含孳一卷、春秋緯佐助期一卷、春秋緯握誠圖一卷、春秋緯潛潭巴一卷、春秋緯說題辭一卷、春秋緯演孔圖一卷、春秋緯元命苞二卷、春秋命歷序一卷、春秋内事一卷、孝經緯援神契二卷、孝經緯鉤命訣一卷、孝經中契一卷、孝經左契一卷、孝經右契一卷、孝經内事圖一卷、孝經章句一卷、孝經雌雄圖一卷、孝經古秘一卷、論語讖八卷、周易梁丘氏章句一卷、周易京氏章句一卷、周易費氏注一卷、費氏易林一卷、周易分野一卷、周易馬氏傳三卷、周易劉氏章句一卷、周易薛氏記一卷、蔡氏易說一卷、周易丁氏傳二卷、周易韓氏傳二卷、周易古五子傳一卷、周易淮南九師道訓一卷、周易施氏章句一卷、周易孟氏章句二卷、周易宋氏注一卷、周易荀氏注三卷、周易陸氏述三卷、周易王氏注二卷、周易王氏音一卷、周易何氏解一卷、周易董氏章句一卷、周易姚氏注一卷、周易翟氏義一卷、周易向氏義一卷、周易統略一卷、周易卦序論一卷、周易張氏義一卷、周易張氏集解一卷、周易干氏注三卷、周易王氏注一卷、周易蜀才注一卷、周易黄氏注一卷、周易徐氏音一卷、周易李氏音一卷、易象妙於見形論一卷、周易繫辭桓氏注一卷、周易繫辭荀氏注一卷、周易繫辭明氏注一卷、周易沈氏要略一卷、周易劉氏義疏一卷、周易大義一卷、周易伏氏集解一卷、周易褚氏講疏一卷、周易周氏義疏一卷、周易張氏講疏一卷、周易何氏講疏一卷、周易姚氏注一卷、周易崔氏注一卷、周易傅氏注一卷、周易盧氏注一卷、周易王氏注一卷、周易王氏義一卷、周易朱氏義一卷、周易莊氏義一卷、周易侯氏注三卷、周易探元三卷、周易元義一卷、周易新論傳疏一卷、周易新義一卷、易纂一卷、周易劉氏注一卷、周禮杜氏注二卷、周禮賈氏解詁一卷、周官傳一卷、周禮鄭氏音一卷、周官禮干氏注一卷、周禮徐氏音一卷、周禮李氏音一卷、周禮鄭司農解詁三卷、禮記沈氏義疏一卷、禮記義證一卷、禮記熊氏義疏四卷、禮記皇氏義疏四卷、禮記孫氏注一卷、禮記音義隱一卷、禮記范氏音一卷、禮記徐氏音三卷、禮記劉氏音一卷、禮記略解一卷、禮記隱義一卷、禮記新義疏一卷、三禮義宗四卷、釋疑論一卷、禮論難一卷、逆降義一卷、明堂制度論一卷、梁氏三禮圖一卷、張氏三禮圖一卷、問禮俗一卷、雜祭法一卷、祭典一卷、後養議一卷、禮雜問一卷、雜禮議一卷、禮論答問一卷、禮論一卷、禮論條牒一卷、禮義答問一卷、禮論鈔略一卷、禮統一卷、禮疑義一卷)

500000－8703－0000283　0283
皇清經解一千四百卷首一卷皇清經解續刻八卷　(清)阮元輯　清咸豐十年(1860)刻本　三百二十四册　存一千一百五十六卷(八十五至一百十一、一百七十一至七百五十六、八百六十至九百九十、九百九十七至一千四百〇八)

500000－8703－0000284　0284
欽定禮記義疏八十二卷首一卷　(清)允祿等纂　清刻本　二十二册　存三十三卷(一至二十五、四十七、五十三至五十八,首一)

500000－8703－0000285　0285
半農先生春秋說十五卷附一卷　(清)惠士奇撰　清嘉慶十五年(1810)刻本　一册　存三卷(十四至十五、附一)

500000－8703－0000286　0286
尚書纂傳四十六卷　(清)王天興纂　清康熙乾隆刻通志堂經解本　二册　存十九卷(十六至三十四)

500000－8703－0000287　0287
欽定儀禮義疏五十卷　(清)朱軾等纂　清刻本　二十二册　存四十二卷(五至六、九至四十八)

500000－8703－0000288　0288
詩古微二十卷　(清)魏源撰　清刻本　一册　存一卷(二中編之八、九)

500000－8703－0000289　0289
寄傲山房塾課纂輯書經備旨蔡傳註捷錄七卷　(清)鄒聖脈纂輯　(清)鄒廷猷編　清光緒十三年(1887)刻本　一册　存四卷(四至七)

500000－8703－0000290　0290
四書十九卷　(宋)朱熹集注　清忠恕堂刻本　九册

500000－8703－0000291　0291
四書十九卷　(宋)朱熹集注　清忠恕堂刻本　八册　存五卷(孟子一至五)

500000－8703－0000292　0292
四書十九卷　(宋)朱熹集注　清忠恕堂刻本　五册　存十一卷(論語一至十、孟子一)

500000－8703－0000293　0293
四書十九卷　(宋)朱熹集注　清忠恕堂刻本　三册　存七卷(論語四至十)

500000－8703－0000294　0294
四書十九卷　(宋)朱熹集注　清忠恕堂刻本　一册　存二卷(論語四至五)

500000－8703－0000295　0295
新增說文韻府羣玉二十卷　(元)陰時夫輯　(元)陰中夫編注　(清)王元貞校正　清刻本　七册　存七卷(二至五、八、十六至十七)

500000－8703－0000296　0296
校訂困學紀聞集證二十卷　(宋)王應麟撰　(清)屠繼序校補　清刻本　四册　存九卷(七至十三、十九至二十)

500000－8703－0000297　0297
春秋微旨三卷春秋啖趙先生集傳辯疑十卷　(唐)陸德淳撰　清末石印古經解彙函本　一册

500000－8703－0000298　0298
說文解字繫傳四十卷　(南唐)徐鍇撰　(五代)朱翱反切　清末石印古經解彙函之小學彙函本　一册　存十八卷(一至十八)

500000－8703－0000299　0299
大宋重修廣韻五卷　(宋)陳彭年等重修　清末石印古經解彙函之小學彙函本　一册

500000－8703－0000300　0300
廣韻五卷　(宋)陳彭年等修　清末石印古經解彙函之小學彙函本　一册

500000－8703－0000301　0301
玉函山房輯佚書　(清)馬國翰輯　清光緒十

年(1884)楚南湘遠堂刻本　六十一冊　存二百四十一種三百二十三卷(連山一卷、歸藏一卷、周易子夏傳二卷、周易薛氏記一卷、蔡氏易說一卷、周易丁氏傳二卷、周易韓氏傳二卷、周易古五子易傳一卷、周易淮南九師道訓一卷、周易施氏章句一卷、周易孟氏章句二卷、周易梁丘氏章句一卷、周易京氏章句一卷、周易費氏注一卷、費氏易林一卷、周易分野一卷、周易馬氏傳三卷、周易劉氏章句一卷、周易宋氏注一卷、周易荀氏注三卷、周易陸氏述三卷、周易王氏注一卷、周易蜀才注一卷、周易黃氏注一卷、周易徐氏音一卷、周易李氏音一卷、易象妙於見形論一卷、周易繫辭桓氏注一卷、易繫辭荀氏注一卷、周易繫辭明氏注一卷、周易沈氏要略一卷、周易劉氏義疏一卷、周易大義一卷、周易伏氏集解一卷、周易褚氏講疏一卷、周易周氏義疏一卷、周易張氏講疏一卷、周易何氏講疏一卷、周易姚氏注一卷、周易崔氏注一卷、周易傅氏注一卷、周易盧氏注一卷、尚書中候三卷、尚書緯璿璣鈐一卷、尚書緯考靈曜一卷、今文尚書一卷、古文尚書三卷、尚書歐陽章句一卷、尚書大夏侯章句一卷、尚書小夏侯章句一卷、尚書馬氏傳四卷、春秋左氏函傳義一卷、薄叔元問穀梁義一卷、春秋穀梁傳鄭氏說一卷、春秋左氏經傳義略一卷、續春秋左氏傳義略一卷、春秋傳駁一卷、春秋穀梁傳麋氏注一卷、春秋公羊穀梁傳解詁一卷、春秋左氏傳義注一卷、春秋公羊穀梁二傳評一卷、春秋穀梁傳徐氏注一卷、春秋土地名一卷、春秋左氏傳解誼二至三、春秋左氏傳解詁二卷、春秋成長說一卷、春秋左氏膏肓釋痾一卷、春秋釋例一卷、左氏奇說一卷、春秋左傳許氏注一卷、春秋左氏經傳章句一卷、春秋左傳王氏注一卷、春秋左氏傳嵇氏音一卷、春秋闡微纂類義統一卷、春秋通例一卷、春秋折衷論一卷、春秋緯合誠圖一卷、春秋緯考異郵一卷、春秋緯保乾圖一卷、春秋緯漢含孳一卷、春秋緯演孔圖一卷、春秋緯元命苞二卷、春秋命歷序一卷、春秋内事一卷、春秋決事一卷、公羊嚴氏春秋一卷、春秋公羊顏氏記一卷、春秋穀梁傳章句一卷、春秋穀梁傳說一卷、春秋左氏傳章句一卷、春秋牒例章句一卷、春秋緯佐助期一卷、春秋緯握誠圖一卷、春秋緯潛潭巴一卷、春秋緯說題辭一卷、春秋左氏傳述義一卷、春秋規過一卷、周禮劉氏音二卷、周禮戚氏音一卷、周禮鄭司農解詁二卷、論語鄭氏注一卷、論語孔子弟子目錄一卷、論語陳氏義說一卷、論語王氏說一卷、論語王氏義說一卷、論語釋疑一卷、論語譙氏注一卷、論語江氏集解二卷、論語殷氏解一卷、論語張氏注一卷、論語蔡氏注一卷、論語顏氏說一卷、論語衛氏集注一卷、論語旨序一卷、論語繆氏說一卷、論語體略一卷、論語樂氏釋疑一卷、論語虞氏讚注一卷、論語庾氏釋一卷、論語李氏集注二卷、論語范氏注一卷、論語孫氏集解一卷、論語梁氏注釋一卷、論語袁氏注一卷、論語孔氏訓解十一卷、論語包氏章句二卷、論語周氏章句一卷、論語馬氏訓說一卷、禮記孫氏注一卷、禮記音義隱一卷、禮記范氏音一卷、禮記徐氏音三卷、禮記劉氏音一卷、禮記略解一卷、禮記隱義一卷、禮記熊氏義疏四卷、禮記外傳一卷、禮記馬氏注一卷、禮記盧氏注一卷、禮傳一卷、月令章句一卷、禮記皇氏義疏二卷、禮記沈氏義疏一卷、禮記義證一卷、三禮義宗四卷、釋疑論一卷、月令問答一卷、禮記王氏注二卷、禮緯斗威儀一卷、樂緯動聲儀一卷、樂緯稽耀嘉一卷、樂緯葉圖徵一卷、春秋緯文耀鉤一卷、春秋緯運斗樞一卷、春秋緯感精符一卷、石渠禮論一卷、魯禮禘祫志一卷、三禮圖一卷、問禮俗一卷、雜祭法一卷、祭典一卷、後養議一卷、禮雜問一卷、雜禮議一卷、禮論問答一卷、禮論一卷、禮論條牒一卷、禮論鈔略一卷、禮義問答一卷、禮統一卷、禮疑義一卷、雜字解詁一卷、聲類一卷、廣蒼一卷、辨釋名一卷、異字一卷、五經通義一卷、五經要義一卷、六藝論一卷、五經然否論一卷、聖證論一卷、五經通論一卷、五經鉤沉一卷、五經大義一卷、六經略注一卷、七經義綱一卷、古文瑣語一卷、帝王要略一卷、三五歷記一卷、年歷一卷、汲塚書鈔一卷、聖賢高士傳一卷、鑒戒象讚一卷、七略別錄一卷、樂經一卷、樂記一卷、樂元語一卷、琴清英一卷、樂社大義一卷、鐘律緯一卷、古今樂錄一卷、樂書一卷、樂部一卷、琴歷一卷、樂律義一卷、樂譜集解一卷、琴書一卷、爾雅圖讚一卷、集注爾雅一卷、爾雅施氏音一卷、爾雅謝氏音一卷、爾雅顧氏音一卷、爾雅裴氏注一卷、孟子丁氏手音一卷、爾雅犍為文學注三卷、爾雅劉氏注一卷、爾雅樊氏注一卷、爾雅李氏注三卷、爾雅孫氏注三卷、爾雅孫氏音一卷、爾雅音義一卷、四聲五音九弄反紐圖一卷、分毫字樣一卷、石經尚書一卷、石經魯詩一卷、石經儀禮一卷、石經公羊一卷、石經論語一卷、三字石經尚書一卷、三字石經春秋一卷、毛詩序義疏一卷、毛詩周氏注一卷、毛詩十五國風義一卷、毛詩隱義一卷、集注毛詩一卷、毛詩舒氏義疏一卷、毛詩沈氏義疏二卷、毛詩箋音義證一卷、毛詩述義一卷、毛氏草蟲經一卷、毛詩題綱一卷、施氏詩說一卷、辥君韓詩章句二卷、韓詩翼要一卷、毛詩馬氏注一卷、毛詩義問一卷、毛詩王氏注一卷、孝經緯援神契二卷、孝經緯鉤命訣一卷、孝經中契一卷、孝經左契一卷、孝經右契一卷、齊永明諸王孝經講義一卷、孝經劉氏說一卷、孝經義疏一卷、孝經嚴氏注一卷、孝經皇氏義疏一卷、古文孝經述義一卷、御注孝經疏一卷、孝經訓注一卷、史籀篇一卷、蒼頡篇一卷、凡將篇一卷、訓纂篇一卷、蒼頡訓詁一卷、三蒼一卷、古文官書一卷、雜字指一卷、勸學篇一卷)

500000－8703－0000302　0302
禮記注疏六十三卷考證六十三卷　(漢)鄭玄注　(唐)陸德明音義　(唐)孔穎達疏　清同治十年(1871)刻十三經注疏本　四冊　存十七卷(四至七、十一、五十三至五十四,考證四至七、十一、五十三至五十四)

500000－8703－0000303　0303
儀禮注疏十七卷考證十七卷　(漢)鄭玄注　(唐)陸德明音義　(唐)賈公彥疏　清同治十年(1871)刻十三經注疏本　八冊　存十四卷(五至十一、十三至十五,考證八至十一、十三至十五)

500000－8703－0000304　0304
春秋公羊傳注疏二十八卷考證二十八卷　(漢)何休注　(唐)陸德明音義　清同治十年(1871)刻十三經注疏本　四冊　存十四卷(二至三、六至七、十、二十七至二十八,考證二至三、六至七、十、二十七至二十八)

500000－8703－0000305　0305
讀禮通考一百二十卷　(清)徐乾學撰　清刻本　九冊　存二十五卷(五至八、十二至十四、四十九至五十一、七十一至七十七、八十五至八十六、九十至九十二、九十九至一百〇一)

500000－8703－0000306　0306
春秋公羊傳注疏二十八卷　(漢)何休注　(唐)陸德明音義　清同治十年(1871)刻本　二冊　存七卷(十五至十七、二十五至二十八)

500000－8703－0000307　0307
御纂周易折中二十二卷首一卷　(清)李光地等纂　清光緒二十年(1894)湖北書局刻本　五冊　存十六卷(一至八、十六至二十二,首一)

500000－8703－0000308　0308
御纂周易折中二十二卷首一卷　(清)李光地等纂　清光緒二十年(1894)湖北書局刻本　二冊　存四卷(一至二、五至六)

500000－8703－0000309　0309
韻典題考十二卷　(清)一適主人編　清刻本　四冊

500000－8703－0000310　0310
春秋公羊傳音訓不分卷　(□)□□撰　清刻本　一冊

500000－8703－0000311　0311
康熙字典十二集備考一卷字母切韻要法一卷　(清)張玉書等撰　清刻本　二冊

500000－8703－0000312　0312
儀禮古今文疏義十七卷　(清)胡承珙撰　清光緒三年(1877)湖北崇文書局刻本　二冊

存八卷(五至十二)

500000－8703－0000313　0313
史通削繁四卷　(唐)劉知幾撰　(清)紀昀輯　清光緒元年(1875)刻本　一冊　存一卷(一)

500000－8703－0000314　0314
尚書大傳四卷考異一卷補遺一卷續補遺一卷　(漢)鄭玄注　(清)盧文弨纂　清光緒三年(1877)湖北崇文書局刻本　一冊

500000－8703－0000315　0315
孟子注疏十四卷附考證　(漢)趙岐注　(宋)孫奭疏　清同治十年(1871)刻十三經注疏本　三冊　存六卷(一至四、七至八)

500000－8703－0000316　0316
毛詩注疏三十卷附考證　(漢)鄭玄箋　(唐)孔穎達疏　(唐)陸德明音義　清同治十年(1871)刻十三經注疏本　十四冊　存十九卷(四至十一、十六至二十、二十三、二十五、二十六至二十九)

500000－8703－0000317　0317
春秋穀梁傳注疏二十卷附校勘記　(晉)范甯集解　(唐)陸德明音義　(唐)楊士勛疏　清同治十年(1871)刻十三經注疏本　一冊　存二卷(一、二)

500000－8703－0000318　0318
周易注疏十三卷周易略例一卷附考證　(三國魏)王弼注　(唐)陸德明音義　(唐)孔穎達疏　清同治十年(1871)刻十三經注疏本　二冊　存五卷(六至七、十二至十三,略例一)

500000－8703－0000319　0319
尚書注疏二十卷附考證　(漢)孔安國傳　(唐)孔穎達疏　(唐)陸德明音義　清同治十年(1871)刻十三經注疏本　二冊　存三卷(二、十三至十四)

500000－8703－0000320　0320
尚書注疏二十卷附考證　(漢)孔安國傳　(唐)孔穎達疏　(唐)陸德明音義　清刻本　六冊　存十六卷(五至二十)

500000－8703－0000321　0321
尚書注疏二十卷附考證　(漢)孔安國傳　(唐)孔穎達疏　(唐)陸德明音義　清刻本　五冊　存十卷(三至四、七至十二、十五至十六)

500000－8703－0000322　0322
禮記注疏六十三卷附考證　(漢)鄭玄注　(唐)陸德明音義　(唐)孔穎達疏　清同治十年(1871)刻十三經注疏本　九冊　存二十四卷(三至四、十四至二十、二十三至二十七、三十二至三十五、四十五至四十七、五十四至五十六)

500000－8703－0000323　0323
呂氏春秋二十六卷　(漢)高誘注　清刻本　四冊　存十七卷(十至二十六)

500000－8703－0000324　0324
書經音釋□□卷　(□)□□撰　清刻本　一冊　存一卷(卷三三至六十葉)

500000－8703－0000325　0325
十三經注疏附校勘記　(清)阮元輯　清同治十三年(1874)湖南書局刻本　十八冊　存四十三卷(春秋穀梁注疏附校勘記一至四、十四至十七,儀禮注疏附校勘記一,禮記注疏附校勘記三至八,周禮注疏附校勘記一至十七、三十至三十一,孟子注疏附校勘記一至六、十至十二)

500000－8703－0000326　0326
說文解字義證五十卷　(清)桂馥撰　清刻本　二十冊　存三十六卷(十五至五十)

500000－8703－0000327　0327
朱子儀禮經傳通解六十九卷　(宋)朱熹撰　(清)梁萬方考訂　清刻本　十八冊　存三十五卷(三十五至六十九)

500000－8703－0000328　0328
西夏經書注釋十三種　清光緒十四年(1888)刻本　八冊　存三種(易經本義四卷首一卷、大象一卷、春秋大傳補說四卷)

500000－8703－0000329　0329

周易兼義九卷 (晉)韓康伯注 (唐)孔穎達正義 清刻本 一冊 存三卷(六至八)

500000－8703－0000330 0330
欽定書經傳說彙纂二十一卷首二卷 (清)王頊齡等纂 清刻本 二冊 存五卷(一、十八至十九、首二)

500000－8703－0000331 0331
欽定書經傳說彙纂二十一卷 (清)王頊齡等纂 清刻本 四冊 存七卷(三、六至七、十七至二十)

500000－8703－0000332 0332
史通削繁四卷 (唐)劉知幾撰 (清)紀昀輯 清刻本 一冊 存一卷(三)

500000－8703－0000333 0333
皇清經解 (清)阮元輯 清光緒十八年(1892)上海古香閣石印本 十一冊 存三種(左傳杜解補正三卷、音論一卷、易音三卷)

500000－8703－0000334 0334
聖證論補評二卷 (清)皮錫瑞撰 清光緒元年(1875)刻本 二冊

500000－8703－0000335 0335
六藝論疏證一卷魯禮禘祫義疏證一卷 (清)皮錫瑞撰 清光緒二十四年(1898)刻本 一冊

500000－8703－0000336 0336
聖證論補評二卷 (清)皮錫瑞撰 清光緒二十四年(1898)刻本 一冊

500000－8703－0000337 0337
誠齋易傳二十卷 (宋)楊萬里撰 清刻本 八冊 存十八卷(一至十八)

500000－8703－0000338 0338
傳經表四卷 (清)洪亮吉撰 清光緒五年(1879)授經堂刻本 二冊

500000－8703－0000339 0339
寄傲山房塾課纂輯御案易經備旨四卷 (清)鄒聖脈纂輯 清刻本 一冊 存二卷(一至二)

500000－8703－0000340 0340
易一貫六卷 (清)呂調陽撰 清光緒十四年(1888)刻本 五冊 存四卷(圖說一,上經上下,大傳)

500000－8703－0000341 0341
呂氏春秋二十六卷呂氏春秋附考一卷 (漢)高誘撰 清光緒元年(1875)浙江書局刻本 六冊

500000－8703－0000342 0342
皇清經解續編二百〇九卷 王先謙輯 清光緒十五年(1889)上海蜚英館石印本 十三冊 存七十五卷(一至十五、十八至四十七、五十一上下、八十七至一百十一、一百十五至十二萬六千一百六十五至一百六十六中)

500000－8703－0000343 0343
五禮通考二百六十二卷目錄二卷首四卷 (清)秦惠田編 清光緒六年(1880)江蘇書局刻本 二十六冊 存七十四卷(一至四十八、五十二至七十一,首一至四,目錄上至下)

500000－8703－0000344 0344
皇清經解分經合纂十六卷首一卷 (清)阮元輯 清光緒二十一年(1895)上洋鴻寶齋石印本 二十一冊 存十四卷(一之一至十九、二之一至十、十二、三之四至九、四之一至十九、五之一至八、六之一至七、七之一至十二、八之一至十二、十之一至七、十二之三至八、十三之一至二、十四之一至二、十六之一至十六、十八至三十三)

500000－8703－0000345 0345
皇清經解分經合纂十六卷首一卷 (清)阮元輯 清光緒二十一年(1895)上洋鴻寶齋石印本 四冊 存五卷(一之十至十九、四之七至十九、七之一至十二、八之三至九、十六之二十四)

500000－8703－0000346 0346
皇清經解依經分訂十六卷 (清)阮元輯 清刻本 三百六十六冊 存十一卷(一至五、七至八、十、十二、十五至十六)

500000－8703－0000347 0347

明文明不分卷 （清）路德輯　清刻本　二冊

500000－8703－0000348　0348
廣韻五卷 （清）朱彝尊輯　清影印小學彙函本　一冊

500000－8703－0000349　0349
路史前紀九卷後紀十三卷餘論十卷發揮六卷國名紀八卷 （宋）羅泌撰　（明）喬可傳校　清刻本　四冊　存八卷（後紀八至九、十二至十三，國名紀三至四，發揮一至二）

500000－8703－0000350　0350
金剛經感應故事分類輯要一卷 （清）王澤泩編　清刻本　一冊

500000－8703－0000351　0351
續原教論二卷 （明）沈士榮撰　清咸豐八年（1858）成都文殊院刻本　一冊

500000－8703－0000352　0352
十三經注疏 （清）阮元輯　清同治十年（1871）刻本　三十冊　存十一種八十卷（尚書注疏及考證二至六、十三至十四、十七至十九，毛詩注疏及考證一至二、五至七、十七至十八、二十五，禮記注疏及考證一至三、八至十、二十至二十二、三十二至三十五，春秋穀梁注疏及考證十八至二十，春秋公羊傳注疏及考證一至三、八至十七，周禮注疏及考證四至六、十至十二、十六至十八、二十二至二十四、二十八至三十、四十至四十二，春秋左傳注疏及考證十三至十五、三十三至三十六，儀禮注疏及考證十二至十三，爾雅注疏及考證九至十一，孟子注疏及考證五上、下至七上、下）

500000－8703－0000353　0353
集韻攷正十卷 （清）方成珪學　清光緒五年（1879）刻本　十冊

500000－8703－0000354　0354
太乙數統宗大全四十卷 （清）李自明撰　清刻本　二冊　存五卷（十七至十九、二十三至二十四）

500000－8703－0000355　0355
字彙十二卷首一卷末一卷 （明）梅膺祚音譯（清）劉永懋重訂　清刻本　一冊　存一卷（六）

500000－8703－0000356　0356
大學衍義補輯要十二卷 （明）丘濬撰　（清）陳弘謀纂輯　清刻本　三冊　存三卷（二、十至十一）

500000－8703－0000357　0357
大學衍義四十三卷 （宋）真德秀彙輯　（明）陳仁錫評閱　清刻本　三冊　存十八卷（十八至二十四、三十一至四十一）

500000－8703－0000358　0358
大學衍義四十三卷 （宋）真德秀彙輯　（明）陳仁錫評閱　清刻本　七冊　存三十三卷（五至十三、十八至三十九、四十二至四十三）

500000－8703－0000359　0359
大學衍義補一百六十卷 （明）丘濬撰　（明）陳仁錫評閱　清刻本　二冊　存十卷（二十五至三十、一百三十九至一百四十二）

500000－8703－0000360　0360
大學衍義補一百六十卷首一卷 （明）丘濬撰（明）陳仁錫評閱　清刻本　二十一冊　存一百〇二卷（一至十、二十至二十四、七十五至一百六十，首一）

500000－8703－0000361　0361
大學衍義補一百六十卷 （明）丘濬撰　（明）陳仁錫評閱　清刻本　四冊　存二十一卷（八十一至八十六、八十八至九十一、九十七至一百〇一、一百三十三至一百三十八）

500000－8703－0000362　0362
周季編略九卷 （清）黄式三撰　清同治十二年（1873）浙江書局刻儆居遺書本　一冊　存五卷（一至五）

500000－8703－0000363　0363
康熙字典十二集 （清）張玉書等撰　清刻本　十三冊　存八集（子、丑、卯、辰、巳、午、酉、戌）

500000－8703－0000364　0364

康熙字典十二集　(清)張玉書等撰　清刻本　三冊　存二集(卯上中,午上)

500000－8703－0000365　0365
十三經集字摹本　(清)彭玉雯纂　清刻本　五冊　存八卷(論語、孝經、爾雅、大學、中庸、孟子、春秋、禮記)

500000－8703－0000366　0366
韻府拾遺一百〇六卷　(清)張廷玉等編　清刻本　二十冊

500000－8703－0000367　0367
皇朝五經彙解二百七十卷　題(清)抉經心室纂　清光緒十九年(1893)同文書局石印本　二十六冊　存二百二十四卷(易經彙解一至四十,書經彙解四十一至九十二,詩經彙解九十三至一百六十八,春秋彙解二百〇二至二百二十一,禮記彙解二百二十二至二百二十六、二百三十四至二百六十四)

500000－8703－0000368　0368
說文解字通釋四十卷校勘記三卷　(南唐)徐鍇傳釋　清道光十九年(1839)影宋刻本　八冊

500000－8703－0000369　0369
說文解字斠詮十四卷　(清)錢坫撰　清光緒九年(1883)淮南書局刻本　六冊

500000－8703－0000370　0370
說文解字十五卷　(漢)許慎撰　清同治十年(1871)刻本　六冊

500000－8703－0000371　0371
說文解字通釋四十卷校勘記三卷　(南唐)徐鍇傳釋　(宋)朱翺反切　清道光十九年(1839)影宋刻本　七冊　存三十六卷(五至四十)

500000－8703－0000372　0372
史姓韻編六十四卷　(清)汪輝祖撰　清刻本　十四冊　存三十五卷(一至二十、二十三至三十七)

500000－8703－0000373　0373
十三經注疏校勘記　(清)阮元撰　清同治十三年(1874)湖南書局刻本　十三冊　存一百二十卷(春秋左傳注疏校勘記一至六十、爾雅注疏校勘記一至十一、周易注疏校勘記一至九、論語注疏校勘記一至十一、尚書注疏校勘記一至二十、孝經注疏校勘記一至九)

500000－8703－0000374　0374
四種遺規十二卷　(清)陳弘謀輯　清咸豐六年(1856)刻本　十二冊

500000－8703－0000375　0375
禮記節本二卷　(清)□□輯　清光緒三十二年(1906)刻本　一冊　存一卷(上)

500000－8703－0000376　0376
儀禮節本二卷　(清)□□輯　清刻本　一冊　存一卷(下)

500000－8703－0000377　0377
韓詩外傳十卷　(漢)韓嬰撰　(清)周廷寀校注　清同治元年(1862)辟崇禮堂刻本　三冊　存八卷(一至八)

500000－8703－0000378　0378
新增詩經補註附考備旨八卷　(清)鄒聖脈纂輯　(清)鄒廷猷編　(清)鄒景揚訂　清刻本　一冊　存二卷(一至二)

500000－8703－0000379　0379
儀禮石經校勘記四卷　(清)阮元輯　清光緒十六年(1890)新津胡念祖刻本　一冊

500000－8703－0000380　0380
漢儒通義七卷　(清)陳澧撰　清刻本　一冊　存四卷(四至七)

500000－8703－0000381　0381
欽定春秋傳說彙纂三十八卷首二卷　(清)王掞等纂　清刻御纂七經本　六冊　存十三卷(十二至十三、十八、二十九至三十八)

500000－8703－0000382　0382
欽定周官義疏四十八卷首一卷　(清)王掞等編　清刻御纂七經本　十一冊　存二十卷(七至十、十三至十六、十九至二十二、二十九

至三十、三十三至三十七、四十七）

500000－8703－0000383　0383

欽定禮記義疏八十二卷首一卷　（清）允祿等纂　清刻御纂七經本　十二冊　存二十一卷（十至二十七、六十二至六十四）

500000－8703－0000384　0384

日知錄集釋三十二卷附勘誤二卷續勘誤二卷　（清）顧炎武撰　（清）黃汝成集釋　清光緒二十五年（1899）京都琉璃廠刻本　十五冊　存二十八卷（一至六、十五至三十二，刊誤一至二，續刊誤一至二）

500000－8703－0000385　0385

爾雅啟蒙十二卷　（清）陳慶鏞識　清咸豐二年（1852）刻本　四冊

500000－8703－0000386　0386

困學紀聞二十卷　（宋）王應麟撰　清同治九年（1870）揚州書局刻本　四冊

500000－8703－0000387　0387

開卷偶得□□卷　（清）林春溥撰　清刻本　二冊　存五卷（六至十）

500000－8703－0000388　0388

論語集注十卷　（清）□□撰　清刻本　二冊

500000－8703－0000389　0389

六書音均表五卷　（清）段玉裁記　清刻本　一冊　存三卷（一至三）

500000－8703－0000390　0390

學案小識十四卷首一卷末一卷　（清）沈維鐈撰　清光緒十年（1884）刻本　十三冊　存十五卷（一至九、十一至十四，首一，末一）

500000－8703－0000391　0391

易緯八種　（清）鍾謙鈞等輯　清刻古經解彙函本　二冊

500000－8703－0000392　0392

春秋啖趙集傳纂例十卷　（唐）陸淳纂　清刻古經解彙函本　三冊　存七卷（一至七）

500000－8703－0000393　0393

春秋啖趙二先生集傳辯疑十卷　（唐）陸淳纂　清刻古經解彙函本　二冊　存十卷（第二十集一至十）

500000－8703－0000394　0394

皇清經解續編二百〇九卷　王先謙輯　清光緒十四年（1888）南菁書院刻本　十九冊　存七十二卷（一千二百三十二至一千三百〇三）

500000－8703－0000395　0395

皇清經解續編二百〇九卷　王先謙輯　清光緒十五年（1889）上海蜚英館石印本　二十一冊　存一百四十七卷（一至十五、十九至一百〇六、一百六十六至二百〇九）

500000－8703－0000396　0396

皇清經解　（清）阮元編　清光緒十三年（1887）石印本　十二冊　存二十九種（經讀攷異、尚書今古文注疏、問字堂集、儀禮釋官、禮經釋例、孝經校勘記、爾雅校勘記、孟子校勘記、車制攷圖、積古齋鐘鼎彝器欵識、疇人傳、揅經室集、撫本禮記鄭注攷異、易章句、易通釋、易圖略、孟子正義、經義述聞、經傳釋詞、周易虞氏義、周易虞氏消息、虞氏易禮、周易鄭氏易、周易荀氏九家易、易義別錄、五經異義疏證、左海經辨、左海文集、鑑止水齋集）

500000－8703－0000397　0397

古經解彙函　（清）鍾謙鈞等輯　清刻本　三十五冊　存十三種（鄭氏周易注、韓詩外傳、春秌繁露、春秌微旨、論語筆解、毛詩草木鳥獸蟲魚疏、周易口訣義、周易集解、陸氏周易述、尚書大傳、論語義疏、春秌釋例、鄭志）

500000－8703－0000398　0398

明儒學案六十二卷　（清）黃宗羲撰　清光緒十四年（1888）南昌縣學刻本　二十六冊　存五十二卷（一至三十八、四十三至四十五、四十八至四十九、五十二至六十）

500000－8703－0000399　0399

蜀景滙覽十四卷蜀景滙覽賦□□卷　（清）鍾登甲輯　清光緒八年（1882）樂道齋刻本　八冊　存十三卷（一至五、十至十四，賦一至三）

500000－8703－0000400　0400

擬兩晉南北史樂府二卷 (清)洪亮吉撰 清光緒三年(1877)授經堂刻本 一册

500000－8703－0000401 0401
鄭學錄四卷 (清)鄭珍撰 清刻本 一册 存一卷(一)

500000－8703－0000402 0402
湖南方物志八卷 (清)黄本驥撰 清三長物齋刻本 一册 存三卷(六至八)

500000－8703－0000403 0403
[同治]萬縣志三十六卷首一卷附典禮備攷八卷 (清)王玉鯨等修 清萬縣志局刻本 二册 存八卷(典禮備攷一至八)

500000－8703－0000404 0404
漢魏六朝墓銘纂例四卷 (清)李富孫撰 清刻本 一册

500000－8703－0000405 0405
[雍正]四川通志二百〇四卷首二十二卷 (清)黄廷桂等修 清刻本 六十七册 存九十九卷(四至七、十至十四、十七至二十、五十四至五十八、六十至六十一、六十八至七十八、八十一至八十六、一百十五至一百二十、一百三十二至一百三十六、一百四十五至一百五十一、一百五十三至一百六十六、一百六十九至一百七十二、一百七十六至一百八十五、一百八十七至一百八十八,首七至二十)

500000－8703－0000406 0406
乾隆府廳州縣圖志五十卷 (清)洪亮吉撰 清刻本 七册 存二十一卷(八至二十六、四十九至五十)

500000－8703－0000407 0407
續劉氏族譜□□卷 (□)□□纂 清刻本 九册 存九卷(二至十)

500000－8703－0000408 0408
十六國宫詞二卷 (清)周昇撰 清道光刻本 二册

500000－8703－0000409 0409
廿一史四譜五十四卷 (清)沈炳震撰 清同治十年(1871)吳氏清來堂刻本 四册 存十卷(一至三、十五至十六、二十二至二十三、三十二至三十四)

500000－8703－0000410 0410
稽瑞樓書目一卷 (清)陳揆編 清光緒三年(1877)八喜齋刻本 一册

500000－8703－0000411 0411
元朝祕史□□卷 (元)□□撰 清刻本 三册 存六卷(一至六)

500000－8703－0000412 0412
七家詩輯註彙鈔不分卷 (清)張熙宇輯 清光緒六年(1880)刻朱墨套印本 八册 存七種(尚絅堂試貼輯註、西漚試貼輯註、簡學齋試貼輯註、櫻花館試貼輯註、桐雲閣試貼輯註、修竹齋試貼輯註、香齋試貼輯註)

500000－8703－0000413 0413
曾文正公奏議十卷首一卷末一卷 (清)曾國藩撰 (清)薛福成編 清同治十三年(1874)上海醉六堂刻本 十册

500000－8703－0000414 0414
曾文正公全集 (清)黎庶昌編 清光緒二年(1876)傳忠書局刻本 二十一册 存二種(年譜十二卷首一卷、奏稿三十六卷)

500000－8703－0000415 0415
古今姓氏書辨證校勘記三卷 (清)錢熙祚編 清道光二十三年(1843)刻本 二册

500000－8703－0000416 0416
曾文正公年譜十二卷首一卷 (清)黎庶昌編 清光緒二年(1876)傳忠書局刻本 五册

500000－8703－0000417 0417
曾文正公年譜十二卷首一卷 (清)黎庶昌編 清光緒二年(1876)傳忠書局刻本 三册 存六卷(四至五、九至十二)

500000－8703－0000418 0418
宋本十三經注疏附校勘記 (清)阮元輯 清光緒十三年(1887)脈望仙館石印本 二十三册 存十三種二百八十八卷(周易正義十卷、

尚書正義十卷、毛詩正義四十卷、周禮注疏十七卷、儀禮注疏五十卷、禮記正義六十三卷、春秋左傳注疏十五卷、春秋穀梁傳注疏二十卷、春秋公羊傳注疏十卷、論語注疏二十卷、孝經注疏九卷、爾雅注疏十卷、孟子注疏十四卷)

500000－8703－0000419　0419

十三經注疏附考證　(清)阮元輯　清同治十年(1871)刻本　三十一册　存十一種九十八卷(春秋公羊傳注疏十卷、春秋左傳注疏十七卷、禮記注疏十八卷、孟子注疏八卷、毛詩注疏三卷、尚書注疏八卷、春秋穀梁注疏十卷、周禮注疏六卷、論語注疏六卷、爾雅注疏三卷、孝經注疏九卷)

500000－8703－0000420　0420

春秋左傳□□卷　(晉)杜預注　(宋)林堯叟附注　(清)馮李驊集解　清刻本　一册　存二卷(十二至十三)

500000－8703－0000421　0421

春秋左傳□□卷　(晉)杜預注　(唐)陸德明音義　(宋)林堯叟注釋　清光緒刻本　五册　存十四卷(一至六、二十一至二十三、二十七至三十一)

500000－8703－0000422　0422

孟子集注□□卷　(□)□□撰　清刻本　二册　存八卷(七至十四)

500000－8703－0000423　0423

尚書精義五十卷　(宋)黄倫撰　清刻本　一册　存五卷(五至九)

500000－8703－0000424　0424

春秋左傳□□卷　(晉)杜預注　(唐)林堯叟注釋　(唐)陸德明音義　清刻本　十二册　存三十九卷(三至二十六、三十至四十四)

500000－8703－0000425　0425

春秋左傳類對賦一卷　(清)高士奇補注　清刻本　一册

500000－8703－0000426　0426

大學衍義四十三卷　(宋)真德秀彙輯　(明)陳仁錫評閲　清刻本　一册　存三卷(四十一至四十三)

500000－8703－0000427　0427

經義述聞二十八卷　(清)王引之撰　清刻本　一册　存一卷(十五)

500000－8703－0000428　0428

大學衍義輯要六卷　(宋)真德秀撰　(清)陳弘謀纂輯　清刻本　一册　存一卷(六)

500000－8703－0000429　0429

小學六卷　(清)高愈纂注　清刻本　一册　存三卷(二至四)

500000－8703－0000430　0430

天玉經說七卷　(清)黄越撰　清刻本　一册　存二卷(一至二)

500000－8703－0000431　0431

說文解字十五卷　(漢)許慎撰　(宋)徐鉉校定　清刻本　一册　存二卷(十一至十二)

500000－8703－0000432　0432

杜詩鏡銓二十卷附録一卷讀書堂杜工部文集註解二卷　(清)楊倫輯　清光緒十八年(1892)著易堂鉛印本　五册　存十九卷(一至七、十二至二十,附録一,註解一至二)

500000－8703－0000433　0433

大學衍義補輯要十二卷首一卷　(明)丘濬撰　(清)陳弘謀纂輯　清宣統元年(1909)鉛印本　九册

500000－8703－0000434　0434

大學衍義輯要六卷　(宋)真德秀撰　(清)陳弘謀纂輯　清宣統元年(1909)鉛印本　三册

500000－8703－0000435　0435

蘇文忠公詩編註集成總案四十六卷　(宋)蘇軾撰　(清)王文誥輯　清浙江書局刻本　一册　存三卷(一至三)

500000－8703－0000436　0436

附釋音春秋左傳注疏六十卷　(唐)孔穎達等撰　(唐)陸德明釋文　**校勘記**　(清)阮元撰　清光緒十八年(1892)湖南寶慶務本書局刻本　四

冊　存十二卷(一至八、二十四至二十七)

500000－8703－0000437　0437
春秋左傳注疏六十卷　(晉)杜預注　(唐)孔穎達疏　(唐)陸德明音義　清刻本　十三冊　存二十九卷(三至四、十六至十七、二十一至二十六、三十八至四十二、四十七至六十)

500000－8703－0000438　0438
儀禮疏五十卷　(唐)賈公彥等撰　**校勘記**　(清)阮元撰　清嘉慶二十一年(1816)刻本　四冊　存十七卷(二十至二十三、三十二至四十、四十四至四十七)

500000－8703－0000439　0439
儀禮注疏五十卷　(漢)鄭玄注　(唐)賈公彥疏　(唐)陸德明音義　清刻本　七冊　存十卷(二至五、七至十二)

500000－8703－0000440　0440
論語注疏二十卷附考證　(三國魏)何晏集解　(唐)陸德明音義　(宋)邢昺疏　清同治十年(1871)刻本　一冊　存三卷(十四至十六)

500000－8703－0000441　0441
春秋穀梁注疏二十卷附考證　(晉)范甯集解　(唐)陸德明音義　(唐)楊士勛疏　清同治十年(1871)刻本　四冊　存十卷(三至五、十四至二十)

500000－8703－0000442　0442
春秋左傳注疏六十卷附考證　(晉)杜預注　(唐)陸德明音義　(唐)孔穎達疏　清同治十年(1871)刻本　五冊　存十卷(三十至三十一、三十四至三十七、四十六至四十九)

500000－8703－0000443　0443
附釋音周禮注疏四十二卷　(漢)鄭玄注　(唐)賈公彥疏　**校勘記**　(清)阮元撰　清嘉慶二十一年(1816)刻本　一冊　存三卷(十七至十九)

500000－8703－0000444　0444
春秋穀梁註疏二十卷　(晉)范甯集解　(唐)楊士勛疏　清刻本　一冊　存三卷(十一至十三)

500000－8703－0000445　0445
四書典制類聯音註□□卷　(清)閻其淵輯　清刻本　一冊　存四卷(十五至十八)

500000－8703－0000446　0446
論語注疏解經二十卷　(三國魏)何晏集解　(宋)邢昺疏　清同治十三年(1874)湖南書局刻本　一冊　存六卷(一至六)

500000－8703－0000447　0447
欽定書經傳說彙纂二十一卷　(清)張廷玉等纂　清刻本　一冊　存二卷(八至九)

500000－8703－0000448　0448
尚書注疏二十卷　(漢)孔安國傳　(唐)孔穎達疏　(唐)陸德明音義　清刻本　一冊　存三卷(四至六)

500000－8703－0000449　0449
四書正本　(清)童棫輯　清同治七年(1868)刻本　二冊　存五卷(四書圖一、句辨一、疑字辨一、大學一、中庸一)

500000－8703－0000450　0450
四書正本　(清)童棫輯　清同治七年(1868)刻本　一冊　存三卷(四書圖一、句辨一、疑字辨一)

500000－8703－0000451　0451
四書大全摘要　(清)李武輯　清刻本　四冊　存四卷(孟子二、四,論語七至八)

500000－8703－0000452　0452
四書義經正篇二卷首一卷　(清)□□輯　清光緒二十七年(1901)石印本　四冊

500000－8703－0000453　0453
呂氏春秋二十六卷附考一卷　(漢)高誘注　清光緒二十三年(1897)文瑞樓鉛印本　一冊

500000－8703－0000454　0454
毛詩稽古編三十卷附考一卷　(清)陳啓源撰　清石印本　一冊　存三卷(二十九至三十、附考一)

500000－8703－0000455　0455
後山詩十二卷　(宋)陳師道撰　(清)任淵注

清刻本　四册

500000－8703－0000456　0456
白虎通疏證十二卷　(清)陳立撰　清光緒元年(1875)淮南書局刻本　四册

500000－8703－0000457　0457
古律經傳附考五卷　(清)紀大奎撰　清嘉慶二十年(1815)刻本　二册

500000－8703－0000458　0458
周官恆解六卷　(清)劉沅輯注　清宣統元年(1909)刻本　六册

500000－8703－0000459　0459
春秋釋例十五卷春秋傳説例一卷　(晉)杜預撰　清刻本　十册

500000－8703－0000460　0460
欽定篆文六經四書四十九卷　(清)李光地等編　清光緒九年(1883)上海同文書局石印本　十册

500000－8703－0000461　0461
説文解字三十二卷六書音均表五卷説文通檢十四卷首一卷末一卷説文解字注匡謬八卷　(清)段玉裁注　清宣統二年(1910)上海蜚英館石印本　八册

500000－8703－0000462　0462
春秋集註四十卷　(宋)高閌撰　清刻本　十册

500000－8703－0000463　0463
今文尚書考證三十卷　(清)皮錫瑞撰　清光緒二十三年(1897)師伏堂刻本　四册

500000－8703－0000464　0464
大戴禮記解詁十三卷目録一卷　(清)王聘珍撰　清光緒十九年(1893)刻本　四册

500000－8703－0000465　0465
古香齋四書　清光緒十年(1884)南海孔廣陶刻本　三册　存十四卷(大學一、中庸一、論語一至十、周易一、禮記上)

500000－8703－0000466　0466
列女傳八卷　(漢)劉向編撰　(清)梁端校注　清道光十三年(1833)刻同治十三年(1874)補刻本　二册

500000－8703－0000467　0467
儀禮圖六卷　(清)張惠言撰　清嘉慶十年(1805)刻本　三册

500000－8703－0000468　0468
困學紀聞注二十卷　(清)翁元圻輯　清刻本　四册　存五卷(二、四至五、十三至十四)

500000－8703－0000469　0469
困學紀聞注二十卷　(清)翁元圻輯　清咸豐元年(1851)小嫏嬛山館刻本　三册　存八卷(一至二、十二至十四、十八至二十)

500000－8703－0000470　0470
易經八卷易經五贊一卷筮儀一卷篇義一卷　(宋)程頤傳　**易經五贊一卷**　(宋)朱熹撰　清同治五年(1866)金陵書局刻本　三册

500000－8703－0000471　0471
澤存堂五種　(清)張士俊編　清光緒十四年(1888)上海蜚英館石印本　八册

500000－8703－0000472　0472
輶軒使者絶代語釋别國方言十三卷　(漢)揚雄撰　(晉)郭璞注　清乾隆四十五年(1780)刻武英殿聚珍版叢書本　三册

500000－8703－0000473　0473
禹貢説斷四卷圖一卷　(宋)傅寅撰　清乾隆四十五年(1780)刻武英殿聚珍版叢書本　四册

500000－8703－0000474　0474
澄衷蒙學堂字課圖説四卷檢字一卷類字一卷　(清)劉樹屏編　(清)吳子城繪圖　清光緒三十年(1904)澄衷蒙學堂印書處石印本　八册

500000－8703－0000475　0475
明南雍經籍考二卷　(明)梅鷟編　清光緒二十八年(1902)長沙葉氏刻本　一册

500000－8703－0000476　0476
吕氏春秋二十六卷附考一卷　(漢)高誘注

清光緒元年(1875)浙江書局刻本　六冊

500000－8703－0000477　0477
呂氏春秋二十六卷　(漢)高誘注　清光緒元年(1875)湖北崇文書局刻本　四冊

500000－8703－0000478　0478
天子肆獻祼饋食禮纂四卷　(清)任啓運撰　清光緒十四年(1888)家塾刻本　二冊

500000－8703－0000479　0479
韓詩外傳十卷補逸一卷校注拾遺一卷　(漢)韓嬰撰　(清)周廷寀校注　清光緒元年(1875)望三益齋刻本　四冊

500000－8703－0000480　0480
左傳評三卷　(清)李文淵評　清乾隆四十年(1775)潮陽縣衙刻本　一冊

500000－8703－0000481　0481
經讖集成五卷性命微言一卷雜問一卷　(清)劉沅等注釋　清同治十一年(1872)刻本　六冊

500000－8703－0000482　0482
六書轉注錄十卷　(清)洪亮吉撰　清光緒四年(1878)授經堂刻本　四冊

500000－8703－0000483　0483
鄭志疏證八卷鄭記考證一卷附答臨孝存周禮難一卷　(清)皮錫瑞撰　清光緒二十五年(1899)刻本　二冊

500000－8703－0000484　0484
經傳釋詞十卷　(清)王引之撰　清嘉慶三年(1798)刻本　二冊

500000－8703－0000485　0485
四種遺規十二卷　(清)陳弘謀輯　清咸豐六年(1856)刻本　四冊　存五卷(教女遺規一至二、訓俗遺規三至四、從政遺規二)

500000－8703－0000486　0486
老子道德經二卷經典釋文一卷　(晉)王弼注　(唐)陸德明釋　清光緒元年(1875)浙江書局刻本　一冊

500000－8703－0000487　0487
太玄四卷　(漢)揚雄撰　**集注太玄一卷**　(宋)司馬光集注　清道光十一年(1831)青棠書屋刻本　四冊

500000－8703－0000488　0488
茶香室經說十六卷　(清)俞樾撰　清刻本　六冊

500000－8703－0000489　0489
群經平議三十五卷　(清)俞樾撰　清同治十年(1871)刻本　十六冊

500000－8703－0000490　0490
求闕齋日記類鈔二卷　(清)曾國藩撰　(清)王啓原編　清刻本　一冊　存一卷(二)

500000－8703－0000491　0491
求闕齋日記類鈔二卷　(清)曾國藩撰　(清)王啓原編　清光緒二年(1876)傳忠書局刻本　二冊

500000－8703－0000492　0492
地球韻言四卷　(清)張士瀛撰　清光緒二十七年(1901)信義書局刻本　一冊

500000－8703－0000493　0493
天文歌略一卷地學歌略一卷　(清)葉瀾撰　清光緒二十三年(1897)成都志古堂刻本　一冊

500000－8703－0000494　0494
使琉球記六卷　(清)李鼎元撰　清同治五年(1866)羅江縣捕廳署刻本　二冊

500000－8703－0000495　0495
周書五十卷　(唐)令狐德棻等撰　清同治十三年(1874)金陵書局刻本　六冊

500000－8703－0000496　0496
今水經一卷　(清)黄宗羲撰　清光緒三年(1877)湖北崇文書局刻本　一冊

500000－8703－0000497　0497
昌平山水記二卷京東攷古錄一卷　(清)顧炎武撰　清刻本　一冊

500000－8703－0000498　0498
金石文字記六卷石經攷一卷　(清)顧炎武撰

清刻本　三冊

500000－8703－0000499　0499

高士傳三卷　（晉）皇甫謐撰　清光緒三年(1877)湖北崇文書局刻本　一冊

500000－8703－0000500　0500

楊文憲公升庵先生全集年譜一卷　（清）簡紹芳編　清古棠書屋刻本　一冊

500000－8703－0000501　0501

周書五十卷　（唐）令狐德棻等撰　清同治十三年(1874)金陵書局刻本　一冊　存八卷（一至八）

500000－8703－0000502　0502

周書五十卷　（唐）令狐德棻等撰　清同治十三年(1874)金陵書局刻本　五冊

500000－8703－0000503　0503

南史八十卷　（唐）李延壽撰　清刻本　十七冊

500000－8703－0000504　0504

史記一百三十卷附方望溪評點史記四卷　(明)歸有光　（清）方苞評點　清光緒二年(1876)武昌張氏刻本　二十冊　存一百〇五卷（一至二十一、二十七至三十、四十一至六十二、七十至一百三十一,附一至四十）

500000－8703－0000505　0505

十六國春秋一百卷　（北魏）崔鴻撰　清光緒十二年(1886)湖北官書處刻本　十一冊　存九十一卷（一至十三、二十三至四十三、四十六至一百）

500000－8703－0000506　0506

長沙府益陽縣箴言書院志三卷　（清）胡林翼撰　清同治刻本　三冊

500000－8703－0000507　0507

列國政要一百三十三卷首一卷　（清）端方　(清)戴鴻慈輯　清光緒三十三年(1907)上海商務印書館石印本　十八冊　存七十九卷（一至二十、五十二至五十五、八十七至一百三十二,首一）

500000－8703－0000508　0508

古史釋地三卷諸子釋地一卷　（清）呂調陽撰　清光緒觀象廬刻本　一冊　存二卷（古史釋地三、諸子釋地一）

500000－8703－0000509　0509

明通鑑九十卷首一卷前編四卷附編六卷　(清)夏燮輯　清刻本　二十六冊　存六十一卷（一至六、十至二十七、三十二至三十四、三十八至四十三、四十七至四十九、五十二至五十五、五十八至五十九、六十四至六十六、七十二至九十,前編一至四）

500000－8703－0000510　0510

天下郡國利病書一百二十卷　（清）顧炎武撰　清刻本　三十六冊　存四十卷（一至三十九、一百〇九）

500000－8703－0000511　0511

御批歷代通鑑輯覽一百二十卷　（清）傅恆等纂　清光緒二十八年(1902)上海文林書局石印本　十五冊　存九十卷（一至六十二、七十四至八十四、九十一至一百、一百〇七至一百一十二）

500000－8703－0000512　0512

聽園西疆雜述詩四卷　（清）蕭雄皋撰　（清）阮元輯　清光緒二十一年(1895)湖南提學署刻本　三冊

500000－8703－0000513　0513

白巖書院志□□卷　（□）□□撰　清光緒二十一年(1895)三月榕蔭書屋刻本　一冊　存一卷（下）

500000－8703－0000514　0514

萬卷堂書目四卷　（明）朱睦㮮撰　清光緒二十九年(1903)長沙業氏刻本　一冊

500000－8703－0000515　0515

日本訪書志十六卷　楊守敬撰　清光緒二十三年(1897)蘇園刻本　八冊

500000－8703－0000516　0516

結一廬書目四卷　（清）朱學勤編　清光緒二十八年(1902)觀古堂刻本　一冊

500000－8703－0000517　0517
御批歷代通鑑輯覽一百二十卷　（清）傅恆等纂　清澹雅書局刻本　十六册　存三十二卷（二十五至三十四、三十七至三十八、四十一至四十四、四十九至五十、五十七至五十八、七十一至七十四、八十一至八十四、一百〇五至一百〇六、一百十九至一百二十）

500000－8703－0000518　0518
直齋書録解題二十二卷　（宋）陳振孫撰　清刻武英殿聚珍版本　十二册

500000－8703－0000519　0519
士禮居藏書題跋記六卷　（清）黄丕烈撰　清刻本　四册

500000－8703－0000520　0520
北齊書五十卷　（唐）李百藥撰　清同治十三年（1874）金陵書局刻本　四册

500000－8703－0000521　0521
王船山經史論八種　（清）王夫之撰　清光緒二十五年（1899）公記書莊石印本　七册　存四種（周易外傳一至七、春秋家説一至三、讀通鑑論一至十四、春烁世論一至五）

500000－8703－0000522　0522
王船山經史論八種　（清）王夫之撰　清末石印本　十册　存七種（周易外傳一至四、詩廣傳一至五、春秋家説一至三、春秋世論一至五、續春秋左氏傳博議一至二、讀通鑑論七至十、宋論三至五）

500000－8703－0000523　0523
新譯列國歲計政要三卷　（清）傅運森譯　清光緒二十七年（1901）海上譯社石印本　八册　存三卷（上編中編歐羅巴、英吉利至葡萄牙、德意志至土耳其、鹿閃蔔至奥斯馬加，下編秘魯至阿比西尼亞）

500000－8703－0000524　0524
［嘉慶］樂山縣志十六卷首一卷　（清）龔傳黻纂修　清嘉慶十七年（1812）縣署刻本　五册　存十三卷（一至三、八至至十六，首一）

500000－8703－0000525　0525
讀史方輿紀要一百三十卷　（清）顧祖禹撰　清光緒二十五年（1899）慎記書局石印本　二十八册　存一百二十卷（一至二、一至三十三、四十六至一百三十）

500000－8703－0000526　0526
大清一統志輯要五十卷　（清）洪亮吉撰　清光緒二十八年（1902）山左輿圖局石印本　五册　存二十卷（一至四、二十七至三十八、四十三至四十六）

500000－8703－0000527　0527
大清一統志輯要五十卷　（清）洪亮吉撰　清光緒二十八年（1902）山左輿圖局石印本　二册　存七卷（三十一至三十四、四十三至四十五）

500000－8703－0000528　0528
越南輯略不分卷　（清）徐延旭撰　清光緒三年（1877）梧州郡署刻本　六册

500000－8703－0000529　0529
春秋輿圖十三卷　（清）顧楝高撰　清乾隆十四年（1749）萬卷樓刻本　一册

500000－8703－0000530　0530
文獻徵存録十卷　（清）錢林輯　清咸豐八年（1858）有嘉樹軒刻本　十二册

500000－8703－0000531　0531
禮記體註四卷　（清）范翔登參訂　清刻本　四册

500000－8703－0000532　0532
惜抱軒九經説十七卷　（清）姚鼐撰　清嘉慶十五年（1810）刻本　三册

500000－8703－0000533　0533
書蔡氏傳輯録纂注六卷首一卷　（清）董鼎注（清）納蘭性德校訂　清刻通志堂經解本　四册

500000－8703－0000534　0534
春秋左氏古義六卷　（清）臧壽恭撰　清同治十三年（1874）刻本　一册

500000－8703－0000535　0535

論語注疏解經二十卷　（三國魏）何晏集解　（宋）邢昺疏　**校勘記**　（清）阮元撰　（清）盧宣旬摘錄　清同治十二年（1873）江西書局刻本　六册

500000－8703－0000536　0536
附釋音尚書注疏二十卷　（唐）孔穎達等撰　**校勘記**　（清）阮元撰　清嘉慶二十年（1815）江西南昌府學刻本　五册　存十七卷（一至十三、十七至二十）

500000－8703－0000537　0537
監本附音春秋公羊注疏二十八卷　（漢）何休解詁　（唐）徐彥疏　**校勘記**　（清）阮元撰　（清）盧宣旬摘錄　清嘉慶二十年（1815）江西南昌府學刻本　六册

500000－8703－0000538　0538
春秋繁露十七卷附錄一卷舊跋一卷　（漢）董仲舒撰　清刻古經解彙函本　四册

500000－8703－0000539　0539
大學古本質言一卷　（清）劉沅撰　清宣統元年（1909）刻本　一册

500000－8703－0000540　0540
春秋意林二卷　（宋）劉敞撰　清刻本　一册

500000－8703－0000541　0541
春秋左傳五十卷　（晉）杜預注　（宋）林堯叟注釋　（明）鍾惺等評點　清刻本　七册　存二十八卷（一至八、十三至十七、二十三至二十九、三十三至四十）

500000－8703－0000542　0542
菉友蛾術編二卷　（清）王筠撰　清咸豐十年（1860）宋官疃刻本　二册

500000－8703－0000543　0543
欽定春秋傳說彙纂三十八卷首二卷　（清）王掞等編　清刻本　二十一册

500000－8703－0000544　0544
三易備遺十卷　（宋）朱元昇撰　清刻通志堂經解本　三册

500000－8703－0000545　0545
東穀鄭先生易翼傳二卷　（宋）鄭汝諧撰　清刻通志堂經解本　二册

500000－8703－0000546　0546
欽定周官義疏四十八卷首一卷　（清）鄂爾泰等修　（清）諸錦等纂　清同治七年（1868）浙江巡府刻御三禮義疏本　八册　存二十三卷（一至二十二、首一）

500000－8703－0000547　0547
春秋穀梁注疏二十卷　（晉）范甯集解　（唐）楊士勛疏　（唐）陸德明音義　**校勘記**　（清）阮元撰　清刻本　一册　存三卷（十八至二十）

500000－8703－0000548　0548
春秋經傳集解三十卷附考證　（晉）杜預注　清刻本　十册　存二十一卷（一至十三、十六至二十三）

500000－8703－0000549　0549
儀禮疏五十卷　（唐）賈公彥等撰　**校勘記**　（清）阮元撰　（清）盧宣旬摘錄　清嘉慶二十年（1815）刻本　三册　存十四卷（二十二至三十、三十九至四十三）

500000－8703－0000550　0550
附釋音禮記注疏六十三卷　（唐）孔穎達等撰　（唐）陸德明釋文　**校勘記**　（清）阮元撰　清嘉慶二十年（1815）南昌府學刻本　十五册　存二十八卷（一至五、九、十一至十三、十六至十七、二十至二十九、四十四至四十五、五十六至五十八、六十二至六十三）

500000－8703－0000551　0551
晦庵先生朱文公易說二十三卷　（宋）朱鑑識　清刻通志堂經解本　八册

500000－8703－0000552　0552
周易輯聞六卷易雅一卷筮宗一卷　（宋）趙汝楳撰　清刻通志堂經解本　五册

500000－8703－0000553　0553
大易緝說十卷　（元）王申子撰　清刻通志堂經解本　五册

500000－8703－0000554　0554

詩經八卷　（宋）朱熹集傳　清同治五年(1866)金陵書局刻本　四册

500000－8703－0000555　0555

春秋經傳集解三十卷春秋年表一卷春秋名號歸一圖二卷附考證　（晉）杜預集解　（唐）陸德明音義　清刻本　三册　存七卷（一至四、年表一、名號圖二）

500000－8703－0000556　0556

詩經稗書四卷　（清）王夫之撰　清同治四年(1865)湘鄉曾氏刻船山遺書本　三册

500000－8703－0000557　0557

春秋稗書二卷　（清）王夫之撰　清同治四年(1865)湘鄉曾氏刻船山遺書本　一册

500000－8703－0000558　0558

易林釋文二卷　（清）丁晏撰　清光緒十六年(1890)廣雅書局刻本　一册

500000－8703－0000559　0559

易釋四卷　（清）黄式三撰　清廣雅書局刻本　一册

500000－8703－0000560　0560

周易解故一卷　（清）丁晏撰　清光緒十九年(1893)廣雅書局刻本　一册

500000－8703－0000561　0561

易緯略義三卷　（清）張惠言撰　清嘉慶十九年(1814)廣雅書局刻本　一册

500000－8703－0000562　0562

韓詩外傳十卷拾遺一卷　（漢）韓嬰撰　（清）周廷寀校注　清光緒元年(1875)望三益齋刻本　四册

500000－8703－0000563　0563

董子春秋繁露十七卷附錄一卷　（漢）董仲舒撰　（清）董慎行校　清光緒二年(1876)浙江書局刻本　二册

500000－8703－0000564　0564

儀禮本節二卷　（□）□□纂　清京師大學堂刻本　二册

500000－8703－0000565　0565

六書釋義二卷　（清）李天根輯　清同治四年(1865)刻本　二册

500000－8703－0000566　0566

周易發明啓蒙翼傳四卷　（元）胡一桂撰　清刻通志堂經解本　四册

500000－8703－0000567　0567

大廣益會玉篇三十卷　（南朝梁）顧野王撰　清康熙四十三年(1704)澤存堂刻本　三册

500000－8703－0000568　0568

丙子學易編一卷　（宋）李心傳撰　**易學啓蒙小傳一卷周易古經發題一卷**　（元）稅與權撰　清刻通志堂經解本　一册

500000－8703－0000569　0569

水村易鏡一卷　（宋）林光世撰　清刻通志堂經解本　一册

500000－8703－0000570　0570

來瞿唐先生易註十五卷首一卷末一卷圖一卷　（明）來知德註　清寧陵符永培刻本　十八册　存十七卷（一、三至十五，首一，末一，圖一）

500000－8703－0000571　0571

俞氏易集說十三卷　（元）俞琰集撰　清刻通志堂經解本　七册

500000－8703－0000572　0572

易經本意四卷首一卷末一卷　（清）何西夏撰　清刻本　六册

500000－8703－0000573　0573

周易本義集成十二卷綱領一卷易圖一卷　（元）熊良輔編　清刻通志堂經解本　三册

500000－8703－0000574　0574

來瞿唐先生易註十五卷首一卷末一卷圖一卷　（明）來知德註　清寧陵符永培刻本　十册　存十卷（一至八、首一、圖一）

500000－8703－0000575　0575

龍岡山人古文尚書四種　（清）洪良品撰　清光緒十三年(1887)鉛印本　五册　存三種二

十卷(古文尚書辨惑十八卷、古文尚書析疑一卷、古文尚書商是一卷)

500000－8703－0000576　0576
春秋大傳補說四卷　(□)□□撰　清刻本　三冊

500000－8703－0000577　0577
韻典蒙求註二卷　(清)李樹藩註　清光緒八年(1882)刻本　二冊

500000－8703－0000578　0578
孝經注疏九卷正義一卷音義一卷　(宋)邢昺疏　(唐)陸德明音義　**校勘記**　(清)阮元撰　清同治十三年(1874)湖南書局刻本　二冊

500000－8703－0000579　0579
御纂周易述義十卷　(清)傅恆等纂　清刻本　六冊

500000－8703－0000580　0580
書經恆解六卷　(清)劉沅輯注　清宣統元年(1909)刻本　六冊

500000－8703－0000581　0581
易經恆解五卷首一卷附校勘記一卷　(清)劉沅注釋　清宣統元年(1909)刻本　四冊

500000－8703－0000582　0582
漢官舊儀二卷補遺一卷　(漢)衛宏撰　**鄴中記一卷**　(晉)陸翽撰　清刻武英殿聚珍版本　一冊

500000－8703－0000583　0583
急就篇一卷　(漢)史游撰　(清)錢保塘補音　清福山王氏刻天壤閣叢書本　一冊

500000－8703－0000584　0584
說文均譜校五卷　(清)王筠撰　清光緒十六年(1890)劉氏刻本　二冊

500000－8703－0000585　0585
汲古閣說文訂一卷　(清)段玉裁撰　清同治十一年(1872)湖北崇文書局刻本　一冊

500000－8703－0000586　0586
公是先生遺書十五卷　(宋)劉敞撰　清乾隆十六年(1751)刻本　三冊

500000－8703－0000587　0587
功順堂叢書　(清)潘祖蔭輯　清光緒中吳縣潘氏刻本　一冊

500000－8703－0000588　0588
文選古字通疏證六卷　(清)薛傳均撰　清刻本　一冊

500000－8703－0000589　0589
說文解字三十二卷　(清)段玉裁注　清同治十一年(1872)湖北崇文書局刻本　十四冊　存二十八卷(一至二十八)

500000－8703－0000590　0590
說文本經問答二卷　(清)鄭知同撰　清廣雅書局刻本　一冊

500000－8703－0000591　0591
巢經巢集一卷　(清)鄭珍撰　清刻本　一冊

500000－8703－0000592　0592
禮記恆解四十九卷　(清)劉沅輯注　清宣統元年(1909)刻本　八冊

500000－8703－0000593　0593
鄭志疏證八卷鄭記考證一卷附答臨孝存周禮難一卷　(清)皮錫瑞撰　清光緒二十五年(1899)刻師伏堂叢書本　三冊

500000－8703－0000594　0594
經學通論五卷　(清)皮錫瑞撰　清光緒三十三年(1907)思賢書局刻師伏堂叢書本　五冊

500000－8703－0000595　0595
古文尚書冤詞平議二卷　(清)皮錫瑞撰　清光緒二十二年(1896)思賢書局刻師伏堂叢書本　一冊

500000－8703－0000596　0596
古文尚書冤詞平議二卷　(清)皮錫瑞撰　清光緒二十二年(1896)思賢書局刻師伏堂叢書本　一冊

500000－8703－0000597　0597
尚書中候疏證一卷　(清)皮錫瑞撰　清光緒二十五年(1899)刻師伏堂叢書本　一冊

500000－8703－0000598　0598

尚書中候疏證一卷　(清)皮錫瑞撰　清光緒二十五年(1899)刻師伏堂叢書本　一冊

500000－8703－0000599　0599
經學通論五卷　(清)皮錫瑞撰　清光緒三十三年(1907)思賢書局刻師伏堂叢書本　五冊

500000－8703－0000600　0600
說文古籒疏證六卷　(清)莊述祖撰　清光緒十一年(1885)刻本　四冊

500000－8703－0000601　0601
四書經史摘證七卷　(清)宋繼種撰　(清)宋廷英注　清光緒四年(1878)刻本　五冊

500000－8703－0000602　0602
說文解字十五卷說文通檢十四卷首一卷末一卷　(漢)許慎撰　(宋)徐鉉校定　清同治十二年(1873)刻本　十冊

500000－8703－0000603　0603
經韻集字析解二卷　(清)彭良敞集注　(清)熊守謙參訂　清刻本　六冊

500000－8703－0000604　0604
盡言集十三卷　(宋)劉安世撰　清光緒五年(1879)謙德堂刻本　三冊　存十卷(一至十)

500000－8703－0000605　0605
朱子年譜四卷年譜攷異四卷年譜附錄二卷年譜校勘記二卷　(清)王懋竑編　清同治武昌書局刻本　四冊

500000－8703－0000606　0606
出使英法義比四國日記六卷　(清)薛福成撰　清光緒二十二年(1896)上海圖書集成印書局石印本　二冊　存四卷(一至四)

500000－8703－0000607　0607
通鑑地理通釋十四卷　(宋)王應麟撰　清光緒十年(1884)成都志古堂刻本　四冊　存十卷(一至十)

500000－8703－0000608　0608
文獻徵存錄十卷　(清)錢林輯　清咸豐有嘉樹軒刻本　八冊　存九卷(一至九)

500000－8703－0000609　0609
蜀典十二卷　(清)張澍輯　清光緒二年(1876)尊經書院刻本　三冊　存十一卷(一至十一)

500000－8703－0000610　0610
吴郡金石目一卷　(清)程祖慶撰　清光緒三年(1877)八喜齋刻本　一冊

500000－8703－0000611　0611
歷代名賢齒譜九卷　(唐)易宗涒輯　清賜書堂刻本　十七冊

500000－8703－0000612　0612
通典序一卷通志序一卷文獻通攷序一卷　(唐)杜佑撰　(宋)鄭樵撰　(元)馬端臨撰　清光緒十四年(1888)蔣氏求實齋刻本　一冊

500000－8703－0000613　0613
文史通義八卷　(清)章學誠撰　清光緒三年(1877)貴陽刻本　三冊　存七卷(一至五、七至八)

500000－8703－0000614　0614
文史通義八卷　(清)章學誠撰　清光緒三年(1877)貴陽刻本　二冊　存五卷(一至三、六至七)

500000－8703－0000615　0615
四川官運鹽案類編八十卷首一卷　(清)唐炯編　清刻本　六冊　存十三卷(二至十四)

500000－8703－0000616　0616
蘇潁濱年表一卷　(清)孫汝聽編　清刻本　一冊

500000－8703－0000617　0617
皇朝政典挈要八卷　(日本)增田貢撰　(清)毛淦補編　清光緒二十八年(1902)上海書局石印本　一冊　存二卷(一至二)

500000－8703－0000618　0618
熙朝紀政八卷　(清)王慶雲輯　清光緒二十七年(1901)上海圖書集成印書局鉛印本　二冊　存四卷(一至二、七至八)

500000－8703－0000619　0619

明季北略二十四卷　(清)計六奇輯　清刻本　三册　存九卷(五至九、十三至十五、二十二)

500000－8703－0000620　0620
明史紀事本末八十卷　(清)谷應泰輯　清同治十三年(1874)江西書局刻本　三册　存十二卷(一至十二)

500000－8703－0000621　0621
[同治]萬縣志三十六卷首一卷附典禮備攷八卷　(清)王玉鯨等修　清萬縣志局刻本　一册　存六卷(典禮備攷三至八)

500000－8703－0000622　0622
楚寶四十卷外篇五卷　(明)周聖楷輯　清刻本　八册　存十五卷(二、四至七、十三至十四、十九至二十一、三十至三十四)

500000－8703－0000623　0623
祕書省續編到四庫闕書目二卷　葉德輝攷證　清光緒二十九年(1903)葉氏觀古堂刻本　二册

500000－8703－0000624　0624
通行條例十四卷　(清)□□編　清光緒十四年(1888)江蘇書局刻本　四册

500000－8703－0000625　0625
奏定學堂章程不分卷　(清)張之洞等撰　清光緒石印本　四册

500000－8703－0000626　0626
宋史四百九十六卷目錄三卷　(元)脱脱等修　清刻本　十六册　存八十卷(二百四十至三百〇七、三百五十四至三百六十五)

500000－8703－0000627　0627
歷代名媛齒譜三卷　(清)易公申輯　清賜書堂刻本　三册

500000－8703－0000628　0628
金石例十卷墓銘舉例四卷金石要例一卷　(元)潘昂霄等撰　清光緒四年(1878)讀有用書齋刻朱墨套印本　二册

500000－8703－0000629　0629
金石例十卷墓銘舉例四卷金石要例一卷　(元)潘昂霄等撰　清光緒四年(1878)讀有用書齋刻朱墨套印本　三册　存十二卷(金石例卷一至十、墓銘舉例卷一至二)

500000－8703－0000630　0630
漢碑徵經一卷　(清)朱百度撰　清光緒十五年(1889)廣雅書局刻本　一册

500000－8703－0000631　0631
湖北試牘六卷　(清)趙尚輔輯　清光緒十七年(1891)刻本　六册

500000－8703－0000632　0632
通典序一卷通志序一卷文獻通攷序一卷　(唐)杜佑撰　(宋)鄭樵撰　(元)馬端臨撰　清光緒十四年(1888)蔣氏求實齋刻本　一册

500000－8703－0000633　0633
大慈恩寺三藏法師傳十卷　(唐)釋彦悰撰　清宣統元年(1909)常州刻本　四册

500000－8703－0000634　0634
東晉□域志四卷　(清)洪亮吉撰　清光緒四年(1878)授經堂刻本　一册　存二卷(一至二)

500000－8703－0000635　0635
賴古堂藏書　(清)周在都輯　清刻本　二册　存十種(觀宅四十吉祥相、強聒録、陳子旅書、三十五忠詞、釋冰書、漁談、客座贅語、皺水軒詞筌、六研齋二筆、人譜)

500000－8703－0000636　0636
支那通史七卷　(日本)那珂通世編　清光緒二十五年(1899)東文學社石印本　五册　存四卷(一至四)

500000－8703－0000637　0637
金石稱例四卷續一卷附石經閣金石跋文一卷　(清)梁廷枏纂　清光緒十三年(1887)朱氏槐廬刻本　一册

500000－8703－0000638　0638
金石綜例四卷　(清)馮登府纂　清光緒十三

年(1887)朱氏槐廬刻本　一冊

500000－8703－0000639　0639
補寰宇訪碑録五卷失編一卷附刊誤一卷　(清)趙之謙撰　清光緒十二年(1886)吴縣朱氏槐廬刻本　二冊

500000－8703－0000640　0640
碑版文廣例十卷　(清)王芑孫輯　清刻本　一冊　存三卷(一至三)

500000－8703－0000641　0641
漢魏六朝墓銘纂例四卷　(清)李富孫撰　清光緒十三年(1887)朱氏槐廬刻本　一冊

500000－8703－0000642　0642
讀史方輿紀要一百三十卷　(清)顧祖禹撰　清光緒二十五年(1899)慎記書莊石印本　二十冊　存七十九卷(一至四、十至二十四、三十至五十八、八十三至八十八、九十五至一百十九)

500000－8703－0000643　0643
讀史方輿紀要一百三十卷　(清)顧祖禹撰　清光緒二十五年(1899)慎記書莊石印本　一冊　存七卷(一百十三至一百十九)

500000－8703－0000644　0644
明季南略十八卷　(清)計六奇輯　清刻本　四冊　存五卷(六、九、十二至十四)

500000－8703－0000645　0645
海國圖志一百卷首一卷　(清)魏源撰　清光緒二十一年(1895)上海積山書局石印本　十七冊

500000－8703－0000646　0646
海國圖志續集二十五卷首一卷　(英國)麥高爾等撰　清光緒二十一年(1895)上海書局石印本　二冊　存二十六卷(一至二十五、首一)

500000－8703－0000647　0647
元史二百十卷　(明)宋濂修　明嘉靖南京國子監刻萬曆至清乾隆遞修本　二十七冊　存一百四十六卷(一至三十、三十六至四十一、八十九至一百八十九、一百九十八至二百〇六)

500000－8703－0000648　0648
徐氏族譜□□卷　(清)徐國信等撰　清咸豐十年(1860)晚香園活字本　一冊　存二卷(一至二)

500000－8703－0000649　0649
重刻剡川姚氏本戰國策劄記三卷　(清)黄丕烈撰　清嘉慶八年(1803)刻本　一冊

500000－8703－0000650　0650
欽定續文獻通攷輯要二十六卷　(清)湯壽潛輯　清光緒二十五年(1899)圖書集成局鉛印本　八冊　存二十卷(二至八、十一下至十九、二十三至二十六)

500000－8703－0000651　0651
大清通禮五十四卷　(清)來保等撰　清刻本　三十一冊

500000－8703－0000652　0652
五洲各國政治攷十卷　(清)錢恂輯　清光緒二十八年(1902)長沙刻本　九冊

500000－8703－0000653　0653
明季南略十八卷　(清)計六奇輯　清刻本　二冊　存六卷(一至三、十至十二)

500000－8703－0000654　0654
鐵琴銅劍樓藏書目録二十四卷　(清)瞿鏞輯　清常熟瞿氏家塾刻本　四冊　存七卷(一至四、二十、二十三至二十四)

500000－8703－0000655　0655
欽定四庫全書簡明目録二十卷首一卷　(清)紀昀等撰　清同治七年(1868)廣東書局刻本　十四冊　存十八卷(一至七、九至十三、十五至二十,首一)

500000－8703－0000656　0656
御纂七經五種　(清)聖祖玄燁撰　清光緒十四年(1888)上海鴻文書局石印本　二冊　存二種(欽定禮記義疏、御纂周易折中)

500000－8703－0000657　0657

四書反身錄八卷首一卷　(清)李顒撰　清咸豐小娜嬛山館刻本　四册

500000－8703－0000658　0658
雙桂堂易說二種十二卷　(清)紀大奎撰　清嘉慶十三年(1808)刻紀慎齋先生全集本　四册　存二種十二卷(觀易外編六卷、易問六卷)

500000－8703－0000659　0659
詩韻集成十卷　(清)余照輯　清刻本　一册　存六卷(五至十)

500000－8703－0000660　0660
尚書古文疏證八卷　(清)閻若璩撰　清刻本　五册　存五卷(二至六)

500000－8703－0000661　0661
鄭志三卷　(三國魏)鄭小同撰　清刻本　一册

500000－8703－0000662　0662
讀周易記六卷　(清)范泰衡撰　清刻本　二册　存二卷(二至三)

500000－8703－0000663　0663
文藝金鍼不分卷　(清)路德選　清刻本　一册

500000－8703－0000664　0664
御纂性理精義十二卷　(清)李光地等編　清刻本　三册　存十卷(三至十二)

500000－8703－0000665　0665
易林釋文二卷　(清)丁晏撰　清光緒十六年(1890)廣雅書局刻廣雅書局叢書本　一册

500000－8703－0000666　0666
孟子注疏解經十四卷　(漢)趙岐注　(宋)孫奭疏　清刻本　一册　存三卷(七至九)

500000－8703－0000667　0667
王制箋一卷　(清)皮錫瑞撰　清光緒三十四年(1908)思賢書局刻師伏堂叢書本　一册

500000－8703－0000668　0668
經學歷史一卷　(清)皮錫瑞撰　清光緒三十二年(1906)思賢書局刻師伏堂叢書本　一册

500000－8703－0000669　0669
鄭許字義異同評二卷　(清)胡元玉撰　清光緒十三年(1887)刻本　一册

500000－8703－0000670　0670
天玉經七卷　(清)黄越注　清同德堂刻本　二册　存五卷(一至二、五至七)

500000－8703－0000671　0671
伊川易傳四卷　(宋)程頤撰　清刻本　一册　存一卷(三)

500000－8703－0000672　0672
易經本意四卷首一卷末一卷　(清)何西夏撰　清刻本　一册　存一卷(末一)

500000－8703－0000673　0673
易象圖說六卷　(元)張理撰　清同治十年(1871)粵東書局刻通志堂經解本　一册

500000－8703－0000674　0674
急就章考異一卷　(清)莊世驥撰　清光緒十七年(1891)廣雅書局刻廣雅書局叢書本　一册

500000－8703－0000675　0675
六藝論疏證一卷魯禮禘祫義疏證一卷　(清)皮錫瑞撰　清光緒二十五年(1899)刻師伏堂叢書本　一册

500000－8703－0000676　0676
孝經注疏九卷　(唐)玄宗李隆基注　(唐)陸德明音義　(宋)邢昺校　清同治十年(1871)刻本　一册

500000－8703－0000677　0677
儀禮石經校勘記四卷　(清)阮元輯　清光緒十六年(1890)新津胡念祖刻本　一册

500000－8703－0000678　0678
經學輯要二十四卷　(清)吳潁炎輯　清光緒十三年(1887)點石齋石印本　三册　存六卷(六至十、十六)

500000－8703－0000679　0679
五經文府不二題不分卷　(□)□□撰　清光緒二十年(1894)上海鴻文書局石印本　一册

500000－8703－0000680　0680
漢儒通義七卷　(清)陳澧撰　清光緒十五年(1889)怡敬齋刻本　二册

500000－8703－0000681　0681
四書五經類典集成三十四卷　(清)戴兆春纂　清石印本　八册　存十三卷(五至九、十六至十八、二十一至二十四、二十九)

500000－8703－0000682　0682
毛詩稽古編　(清)陳啓源撰　清石印本　五册　存二十卷(五至二十、二十五至二十八)

500000－8703－0000683　0683
欽定書經傳説彙纂二十一卷首二卷書序一卷　(清)王頊齡等撰　清光緒中上海鴻文書局石印御纂七經本　一册　存十三卷(十至二十一、書序)

500000－8703－0000684　0684
大題文府不分卷　(清)□□輯　清光緒十一年(1885)上海同文書局石印本　十册　存五卷(論語、大學、中庸、孟子上下)

500000－8703－0000685　0685
欽定禮記義疏八十二卷　(清)允禄等纂　清光緒中上海鴻文書局石印御纂七經本　一册　存十六卷(四十一至五十六)

500000－8703－0000686　0686
韻府拾遺一百○六卷　(清)張玉書等編　清光緒十二年(1886)上海同文書局石印本　五册　存六十一卷(一至十五、三十一至四十三、七十四至一百○六)

500000－8703－0000687　0687
四書古人典林十二卷　(清)江永編　清刻本　一册　存三卷(七至九)

500000－8703－0000688　0688
經傳釋詞十卷　(清)王引之撰　清光緒二十七年(1901)石印本　二册　存四卷(一至二、九至十)

500000－8703－0000689　0689
説文解字十五卷六書音均表五卷　(清)段玉裁注　清光緒三十四年(1908)上海江左書林石印本　一册　存五卷(十五、音均表一至四)

500000－8703－0000690　0690
古今法制表十六卷　(清)孫榮編撰　清光緒三十二年(1906)刻本　三册　存五卷(一至五中)

500000－8703－0000691　0691
湛園劄記四卷　(清)姜宸英撰　清刻本　一册　存二卷(三至四)

500000－8703－0000692　0692
通鑑地理通釋□□卷　(宋)王應麟撰　清刻本　二册　存四卷(十一至十四)

500000－8703－0000693　0693
[咸豐]開縣志二十七卷首一卷　(清)李肇奎撰　清咸豐三年(1853)刻本　二册　存七卷(六至十一、二十七)

500000－8703－0000694　0694
桃花源志略十三卷首一卷　(清)唐開韶輯　(清)胡焯同編　清道光刻光緒十七年(1891)經堂胡氏補刻本　四册

500000－8703－0000695　0695
西湖志四十八卷　(清)李衛等纂修　清光緒四年(1878)浙江書局刻武英殿聚珍本　二十册

500000－8703－0000696　0696
資治通鑑外紀目録五卷　(宋)劉恕編　清刻本　一册　存一卷(五)

500000－8703－0000697　0697
[光緒]桃源縣志十七卷首一卷末一卷　(清)余良棟等纂修　清光緒十八年(1892)刻本　十六册

500000－8703－0000698　0698
[萬州]陳氏族譜九卷　(清)陳第扶纂修　清光緒三十三年(1907)刻本　十二册

500000－8703－0000699　0699
通商章程成案彙編三十卷　(清)李鴻章撰

清光緒十二年(1886)石印本　十册　存二十八卷(一至五、七至二十九)

500000－8703－0000701　701
三通考輯要七十六卷　(清)湯壽潛輯　清光緒二十五年(1899)圖書集成局鉛印本　二十八册　存七十三卷(文獻通考輯要,皇朝文獻通考輯要一至十六、二十下至二十六,欽定續文獻通考輯要)

500000－8703－0000702　702
廿二史劄記三十六卷補遺一卷　(清)趙翼撰　清刻本　七册　存三十五卷(三至三十六、補遺一)

500000－8703－0000703　703
廿二史劄記三十六卷　(清)趙翼撰　清刻本　三册　存六卷(一、十五至十七、三十五至三十六)

500000－8703－0000704　704
西漢會要七十卷　(宋)徐天麟撰　清光緒十年(1884)江蘇書局刻本　十册

500000－8703－0000705　0705
重刊救荒補遺書二卷　(宋)董煟編撰　(元)張光大新增　(明)朱熊補遺　清刻本　二册

500000－8703－0000706　0706
文獻通攷正續合編三十二卷　(清)盧宣旬編　清嘉慶刻本　十册　存十二卷(二至十、十五至十七)

500000－8703－0000707　0707
繹史一百六十卷附世系圖一卷　(清)馬驌撰　清光緒十五年(1889)金匱浦氏重刻本　三册　存十卷(九十六至一百〇五、世襲圖)

500000－8703－0000708　0708
西洋歷史教科書二卷　(英國)默爾化撰　(清)出洋學生編輯所譯　清鉛印本　二册

500000－8703－0000709　0709
[乾隆]雲陽縣志□□卷　(清)曹源邦修　(清)陳嘉瑯纂　清刻本　四册　存四卷(二、四、六、十二)

500000－8703－0000710　0710
竹書紀年二卷　(南朝梁)沈約注　清光緒十一年(1885)朱氏槐廬家塾刻本　一册

500000－8703－0000711　0711
唐書二百二十五卷　(宋)歐陽修　(宋)宋祁撰　清刻本　十八册　存九十二卷(九十九至一百〇四、一百三十至一百四十四、一百五十二至二百二十二)

500000－8703－0000712　0712
史記一百三十卷　(漢)司馬遷撰　(南朝宋)裴駰集解　(唐)司馬貞索隱　清順治汲古閣刻本　十一册　存九十五卷(一至十五、三十一至四十二、四十九至八十六、一百〇一至一百三十)

500000－8703－0000713　0713
華陽國志十二卷　(晉)常璩撰　清刻本　三册　存九卷(劉後主志、大同志、李志、漢中士女志、梓潼士女志、南中志、公孫述劉牧二志、劉先主志、西州後賢志,序志、序志後語)

500000－8703－0000714　0714
新序十卷　(漢)劉向撰　清刻漢魏叢書本　一册　存四卷(一至四)

500000－8703－0000715　0715
通典二百卷　(唐)杜佑纂　清乾隆十二年(1747)刻本　十册　存二十九卷(十一至十六、三十九至四十一、四十五至四十七、一百十九至一百二十一、一百二十五至一百三十二、一百四十四至一百四十六、一百四十九至一百五十一)

500000－8703－0000716　0716
劉氏族譜十六卷　(清)劉氏編　清光緒二十九年(1903)傳經堂刻本　八册　存八卷(一、九至十四、十六)

500000－8703－0000717　0717
金軺籌筆四卷　(清)□□撰　清光緒九年(1883)挹秀山房刻本　二册

500000－8703－0000718　0718
房縣志十二卷首一卷　(清)楊延烈纂修　清同治五年(1866)賓興館刻本六冊

500000－8703－0000719　0719
[同治]會理州志十卷藝文二卷續志二卷　(清)鄧仁垣纂修　(清)楊昶纂修　清同治九年(1870)金江書院刻本　八冊　存十二卷(一至八、藝文一至二、續一至二)

500000－8703－0000720　0720
孫淵如先生年譜二卷　(清)張紹南撰　清刻本　一冊

500000－8703－0000721　0721
輿地紀勝二百卷首一卷　(宋)王象之編　清咸豐五年(1855)南海伍氏刻本　二十三冊

500000－8703－0000722　0722
廖氏族譜十卷　(清)□□撰　清光緒十三年(1887)敦睦堂刻本　六冊

500000－8703－0000723　0723
欽定四庫全書總目二百卷首一卷　(清)紀昀等撰　清同治七年(1868)廣東書局刻本　一百〇六冊

500000－8703－0000724　0724
欽定四庫全書總目二百卷首一卷　(清)紀昀等撰　清刻本　一百十二冊

500000－8703－0000725　0725
漢書評林一百卷　(明)凌稚隆輯　明刻本　四冊　存十八卷(一至十八)

500000－8703－0000726　0726
姓氏解紛十卷　(清)黃本驥編　清道光二十六年(1846)三長物齋刻本　二冊

500000－8703－0000727　0727
太平寰宇記二百卷補闕二卷　(宋)樂史撰　清嘉慶六年(1801)刻本　二十六冊　存一百七十八卷(五至四十七、五十五至一百四十五、一百五十三至一百七十九一百八十七至二百,補闕一至二)

500000－8703－0000728　0728
西藏圖攷八卷首一卷　(清)黃沛翹輯　清光緒二十三年(1897)刻本　四冊

500000－8703－0000729　0729
西藏圖攷八卷首一卷　(清)黃沛翹撰　清光緒刻本　四冊

500000－8703－0000730　0730
敬義堂家訓不分卷　(清)紀大奎撰　清刻本　一冊

500000－8703－0000731　0731
文選六十卷　(南朝梁)蕭統輯　(唐)李善注　清學庫山房刻本　十二冊　存四十九卷(一至四十、四十四至五十二)

500000－8703－0000732　0732
通鑑紀事本末二百三十九卷　(宋)袁樞編　(明)張溥論正　清刻本　二十三冊　存九十一卷(六至十三、二十至二十二、四十三、五十九至六十四、八十七至九十、一百〇九至一百二十五、一百三十一至一百三十六、一百三十九至一百六十六、一百八十三至一百九十五、一百九十九至二百〇三)

500000－8703－0000733　0733
資治通鑑綱目五十九卷　(明)陳仁錫評閱　清刻本　二十八冊　存二十五卷(五至九、十四至十五、十七至二十二、二十九至三十九、四十五)

500000－8703－0000734　0734
揮麈前錄四卷　(宋)王明清輯　明末汲古閣刻本　一冊

500000－8703－0000735　0735
南史八十卷　(唐)李延壽撰　明萬曆三十一年(1603)刻本　三冊　存十卷(四至六、十二至十四、六十九至七十二)

500000－8703－0000736　0736
蜀秀集九卷　(清)譚宗浚輯　清光緒五年(1879)成都試院刻本　五冊　存六卷(二至七)

500000－8703－0000737　0737

遼史一百十六卷　(元)脱脱等修　明萬曆三十四年(1606)國子監刻本　四冊　存三十七卷(五十六至六十二、八十七至一百十六)

500000－8703－0000738　0738
前漢書一百二十卷附考證　(漢)班固撰　(唐)顔師古注　清同治十年(1871)成都書局刻本　二冊　存十一卷(三十六至四十六)

500000－8703－0000739　0739
南巡盛典一百二十卷　(清)高晉等纂輯　清光緒八年(1882)上海點石齋石印本　六冊　存九十三卷(一至九十三)

500000－8703－0000740　0740
歷朝紀事本末二百六十九卷　(明)張溥論正　(明)陳邦瞻等輯　清光緒十四年(1888)上海書業公所崇德堂鉛印本　十二冊　存一百六十七卷(宋史紀事本末一至四十二、五十五至一百〇九,元史紀事本末一至二十七,明史紀事本末一至十一,左傳紀事本末二十二至五十三)

500000－8703－0000741　0741
史記一百三十卷　(漢)司馬遷撰　(南朝宋)裴駰集解　(唐)司馬貞索隱　清刻本　九冊　存二十一卷(九十至一百〇三、一百十一至一百十二、一百二十三至一百二十六、一百三十)

500000－8703－0000742　0742
泰西十八周史攬要十八卷　(英國)雅各偉德撰　(英國)季理斐成章譯　(清)李鼎星述稿　清光緒二十八年(1902)玉樞閣刻本　一冊　存一卷(一)

500000－8703－0000743　0743
讀通鑑論三十卷　(清)王夫之撰　清刻船山遺書本　四冊　存十二卷(四至六、十六至二十一、二十五至二十七)

500000－8703－0000744　0744
寰宇訪碑錄十二卷　(清)孫星衍撰　(清)邢澍撰　清嘉慶七年(1802)刻本　七冊　存十一卷(一至二、四至十二)

500000－8703－0000745　0745
綱鑑擇語十卷　(清)司徒修輯　清同治愛蓮書屋刻本　五冊　存八卷(一至八)

500000－8703－0000746　0746
續資治通鑑二百二十卷　(清)畢沅編　清光緒二十五年(1899)上海蜚英館石印本　十六冊　存一百十九卷(一至三十五、四十三至五十八、六十六至七十二、八十八至九十四、一百〇九至一百三十六、一百四十五至一百七十)

500000－8703－0000747　0747
資治通鑑二百九十四卷　(宋)司馬光編　(元)胡三省音注　清光緒二十五年(1899)上海蜚英館石印本　二十二冊　存一百二十九卷(七至十三、五十五至六十八、七十五至一百、一百十四至一百二十、一百三十五至一百五十四、一百七十三、一百八十至一百八十五、一百九十八至二百〇三、二百十六至二百二十六、二百三十三至二百三十八、二百四十五至二百五十、二百五十七至二百六十八、二百七十五至二百八十一)

500000－8703－0000748　0748
光緒財政通纂五十四卷　(清)杜翰藩編　清光緒三十一年(1905)蓉城文倫書局鉛印本　二十冊

500000－8703－0000749　0749
天聖明道本國語二十一卷　(三國吳)韋昭解　劄記一卷　(清)黄丕烈撰　清嘉慶五年(1800)吳門黄氏讀未見書齋影宋刻本　四冊

500000－8703－0000750　0750
宋論十五卷　(清)王夫之撰　清光緒二十五年(1899)武昌刻本　一冊　存三卷(一至三)

500000－8703－0000751　0751
戰國策三十三卷　(漢)高誘注　清光緒二年(1876)尊經書院刻本　冊　存八卷(一至八)

500000－8703－0000752　0752
新義錄一百卷　(清)孫璧文撰　清刻本　十

七冊　存三十五卷(四至十一、二十一至二十二、五十至五十二、五十五至五十六、七十至七十一、七十五至七十九、八十二至九十四)

500000－8703－0000753　0753

節本泰西新史攬要八卷　(英國)李提摩太譯　(清)周慶雲節錄　清刻本　一冊　存四卷(五至八)

500000－8703－0000754　0754

同治中興京外奏議約編八卷　(清)陳弢編　清光緒元年(1875)篋劍囊琴之室刻本　二冊　存二卷(一、六)

500000－8703－0000755　0755

御撰資治通鑑綱目三編二十卷　(清)張廷玉等纂　清刻本　一冊　存五卷(六至十)

500000－8703－0000756　0756

聖武記十四卷　(清)魏源撰　清道光二十二年(1842)刻本　七冊　存九卷(一至八、十四)

500000－8703－0000757　0757

東萊先生音註唐鑑二十四卷　(宋)范祖禹撰　(宋)呂祖謙音註　清刻本　一冊　存六卷(六至十一)

500000－8703－0000758　0758

野獲編三十卷　(明)沈德符撰　(明)錢枋輯　清道光七年(1827)羊城姚氏扶荔山房刻本　一冊　存二卷(七至八)

500000－8703－0000759　0759

弇山堂別集一百卷　(明)王世貞撰　清刻本　二冊　存八卷(二十八至三十五)

500000－8703－0000760　0760

乾隆府廳州縣圖志五十卷　(清)洪亮吉撰　清三味堂刻本　一冊　存二卷(三十一至三十二)

500000－8703－0000761　0761

硃批上諭六十冊　(清)鄂爾泰編　(清)張廷玉編　清光緒十三年(1887)上海點石齋朱墨石印本　五十八冊　存五十八冊(一至十、十二至二十、二十二至六十)

500000－8703－0000762　0762

歷代紀事本末　(清)吳榮輯　清光緒二十八年(1902)上海捷記書局石印本　二十冊　存七種(左傳紀事本末,通鑑紀事本末一百十一至一百三十三、一百七十六至一百九十一,宋史紀事本末一百〇一至十八、五十六至一百〇九,遼史紀事本末十七至四十,金史紀事本末二十七至五十二,明史紀事本末,三藩紀事本末)

500000－8703－0000763　0763

明季南略十八卷　(清)計六奇編　清刻本　一冊　存四卷(十五至十八)

500000－8703－0000764　0764

皇朝通典一百卷　(清)嵇璜等纂　清光緒八年(1882)浙江書局刻本　二十二冊　存四十七卷(三十三至五十二、五十五至七十八、九十八至一百)

500000－8703－0000765　0765

[咸豐]雲陽縣志十二卷　(清)江錫麒修　(清)陳昆纂　清咸豐四年(1854)刻本　七冊　存七卷(二至五、八至十)

500000－8703－0000766　0766

蜀龜鑑七卷首一卷　(清)劉景伯輯　清咸豐四年(1854)新都學署刻本　二冊

500000－8703－0000767　0767

西夏書十卷　(清)周春撰　清嘉慶九年(1804)抄本　一冊

500000－8703－0000768　0768

湘軍志十六卷　王闓運撰　清刻本　一冊　存三卷(四至六)

500000－8703－0000769　0769

天下郡國利病書一百二十卷　(清)顧炎武輯　清末民初慎記書莊石印本　二十二冊　存一百〇五卷(一至七十五、八十三至一百十二)

500000－8703－0000770　0770

廿一史約編八卷首一卷後編一卷　(清)鄭元慶撰　(清)鄭惟鞠　(清)徐秋蓴編　清刻本　四冊　存四卷(匏、竹、革,後編一)

500000－8703－0000771　0771
十七史商榷一百卷　(清)王鳴盛撰　清光緒六年(1880)太原王氏刻本　四冊　存十三卷(七至十一、三十一至三十五、五十八至六十)

500000－8703－0000772　0772
十六國春秋一百卷　(北魏)崔鴻撰　清刻本　一冊　存八卷(蜀錄一、前涼錄一、後涼錄一、南涼錄一、南燕錄一、西秦錄一、北燕錄一、夏錄一)

500000－8703－0000773　0773
東周列國全志二十八卷　(清)蔡元放點評　清刻朱墨套印本　一冊　存一卷(二十二之九十八至一百〇二回)

500000－8703－0000774　0774
續資治通鑑綱目二十七卷　(明)陳仁錫評閱　明末清初刻本　八冊　存七卷(二、四、七、十、十一、十三至十四)

500000－8703－0000775　0775
續資治通鑑綱目二十七卷　(明)陳仁錫評閱　明末清初刻本　四冊　存四卷(八、十四、十五、二十六)

500000－8703－0000776　0776
欽定通考考證三卷　(清)弘晝等纂輯　清光緒上海圖書集成局鉛印本　一冊

500000－8703－0000777　0777
綱鑑總論二卷　(□)□□輯　清刻本　一冊

500000－8703－0000778　0778
欽定大清會典一百卷　(清)昆岡等纂　清光緒上海圖書集成局鉛印本　二冊　存二十六卷(五十一至六十二、七十三至八十六)

500000－8703－0000779　0779
御撰資治通鑑綱目三編二十卷　(清)張廷玉等纂　清刻本　一冊　存三卷(四至六)

500000－8703－0000780　0780
國朝耆獻類徵初編四百八十四卷首二百〇四卷　(清)李桓輯　清刻本　二十九冊　存九十九卷(二十九至三十、三十五至三十六、六十三至七十、七十三至七十八、一百七十七至一百七十八、一百八十一至一百八十四、一百八十七至一百八十八、一百九十三至一百九十六、三百十七至三百十八、三百二十一至三百二十二、三百二十七至三百二十八、三百三十五至三百三十六、四百十九至四百二十、四百二十三至四百二十四、四百三十五至四百三十六、四百六十一至四百六十二,首四十至四十八、五十至五十九、七十二至八十、九十五至一百〇三、一百十九至一百三十二、一百五十二至一百五十三)

500000－8703－0000781　0781
直齋書錄解題二十二卷　(宋)陳振孫撰　清光緒九年(1883)江蘇書局刻本　六冊

500000－8703－0000782　0782
善本書室藏書志四十卷附錄一卷　(清)丁丙輯　清光緒二十七年(1901)丁氏錢塘刻本　十二冊

500000－8703－0000783　0783
陳書三十六卷　(唐)姚思廉撰　清同治十二年(1873)金陵書局刻本　四冊

500000－8703－0000784　0784
理學宗傳二十六卷　(清)孫奇逢輯　清光緒六年(1880)浙江書局刻本　十二冊

500000－8703－0000785　0785
九域志十卷　(宋)王存等撰　清光緒八年(1882)金陵書局刻本　四冊

500000－8703－0000786　0786
[光緒]榮縣志十五卷敘錄一卷　(清)王培荀等修　清光緒刻本　七冊　存十四卷(一至十、十三至十五,敘錄)

500000－8703－0000787　0787
至聖林廟碑目六卷　(清)孔昭薰撰　清光緒二十二年(1896)積學齋刻本　一冊

500000－8703－0000788　0788

洗冤錄詳義四卷首一卷補遺一卷　(清)許槤編　清光緒十六年(1890)湖北官書處刻本　六册

500000－8703－0000789　0789
國朝先正事略六十卷　(清)李元度撰　清刻本　二十一册　存三十五卷(三至二十六、四十五至五十五)

500000－8703－0000790　0790
國朝先正事略六十卷　(清)李元度撰　清刻本　二十四册　存四十九卷(二至八、十至十一、十四至十八、二十一至二十五、三十一至六十)

500000－8703－0000791　0791
國朝先正事略六十卷　(清)李元度撰　清刻本　三册　存十卷(二十六至三十、五十六至六十)

500000－8703－0000792　0792
文選六十卷　(南朝梁)蕭統輯　(唐)李善注　清同治八年(1869)金陵書局刻本　四册　存二十四卷(一至二十四)

500000－8703－0000793　0793
十九世紀外交史十七章　(日本)平田久撰　(清)張相譯　清光緒二十八年(1902)史學齋刻本　三册　存十三章(一至十三)

500000－8703－0000794　0794
曾文正公大事記四卷　(清)王定安撰　清光緒二年(1876)傳忠書局刻本　二册

500000－8703－0000795　0795
荒政輯要九卷首一卷　(清)汪志伊纂　清道光刻本　二册

500000－8703－0000796　0796
蜀文徵存三十卷　(清)鍾登甲輯　清光緒十四年(1888)樂道齋刻本　二十六册

500000－8703－0000797　0797
秋審實緩比較條款不分卷　(清)齊誠鈞撰　清光緒四年(1878)江蘇書局刻本　二册

500000－8703－0000798　0798
曾文正公事略四卷附錄一卷　(清)王定安撰　清光緒元年(1875)琉璃廠龍文齋刻本　二册

500000－8703－0000799　0799
湘軍記二十卷　(清)王定安撰　清光緒刻本　二册　存五卷(四至六、十至十一)

500000－8703－0000800　0800
文光堂增定課兒鑑略妥注善本四卷　(明)李廷機撰　清嘉慶二十年(1815)敦化堂刻本　一册　存二卷(一至二)

500000－8703－0000801　0801
史學提要箋釋五卷　(宋)黃繼善撰　清刻本　二册　存二卷(二、四)

500000－8703－0000802　0802
歸田瑣記八卷　(清)梁章鉅撰　清道光二十五年(1845)北東園刻本　一册　存四卷(一至四)

500000－8703－0000803　0803
曾惠敏公奏疏六卷　(清)曾紀澤撰　清光緒二十九年(1903)江南製造總局鉛印本　一册　存二卷(一至二)

500000－8703－0000804　0804
萬邑西南山石刻記二卷附錄一卷　(清)況周儀輯　清光緒二十九年(1903)西巖講院刻本　一册

500000－8703－0000805　0805
瀛環志畧十卷　(清)徐繼畬撰　清同治十二年(1873)刻本　五册　存八卷(三至十)

500000－8703－0000806　0806
岷江源委三卷附錄一卷　(漢)桑欽撰　(北魏)酈道元注　清光緒十五年(1889)樂道齋刻本　一册

500000－8703－0000807　0807
史存三十卷　(清)劉沅輯　清宣統元年(1909)凝善堂刻本　十六册

500000－8703－0000808　0808
文獻通攷輯要二十四卷　(清)湯壽潛輯　清

光緒二十五年(1899)圖書集成局鉛印本　九冊　存二十二卷(一至二十二)

500000－8703－0000809　0809
舊五代史一百五十卷　(五代)薛居正等撰　清同治十一年(1872)湖北崇文書局刻本　十四冊　存一百三十卷(一至七、十八至八十二、九十三至一百五十)

500000－8703－0000810　0810
聖安皇帝本紀二卷行在陽秋二卷　(清)顧炎武撰　清刻本　一冊　存三卷(聖安皇帝本紀上下、行在陽秋上)

500000－8703－0000811　0811
國朝宋學淵源記二卷附記一卷　(清)江藩輯　清道光二年(1822)刻本　一冊

500000－8703－0000812　0812
路史餘論十卷　(宋)羅泌撰　(宋)羅蘋注　清刻本　二冊　存六卷(一至六)

500000－8703－0000813　0813
欽定錢錄十六卷　(清)紀昀撰　清光緒十二年(1886)峽州有弗學齋刻本　三冊　存十二卷(一至五、十至十六)

500000－8703－0000814　0814
嶺南雜事詩鈔八卷　(清)陳坤撰　清光緒三年(1877)粵東省城藝苑樓刻本　五冊　存六卷(一至四、七至八)

500000－8703－0000815　0815
南宋書六十八卷　(明)錢士升撰　清嘉慶二年(1797)掃葉山房刻本　十冊　存五十六卷(一至十七、二十五至四十八、五十四至六十八)

500000－8703－0000816　0816
南宋書六十八卷　(明)錢士升撰　清嘉慶二年(1797)掃葉山房刻本　十冊　存五十六卷(一至二、八至十七、二十五至六十八)

500000－8703－0000817　0817
兩湖書院輿地課程六卷　(清)□□編　清光緒三十年(1904)蓉城文倫書局鉛印本　五冊　存五卷(一至三、五至六)

500000－8703－0000818　0818
汪本隸釋刊誤一卷　(清)黃丕烈撰　清嘉慶二十一年(1816)士禮居刻本　一冊

500000－8703－0000819　0819
牧令書輯要十卷　(清)徐棟編　清同治七年(1868)江蘇書局刻本　九冊　存九卷(一至九)

500000－8703－0000820　0820
華盛頓全傳八卷　(清)黎汝謙撰　(清)蔡國昭譯　清光緒十二年(1886)鉛印本　一冊　存一卷(一)

500000－8703－0000821　0821
唐陸宣公奏議讀本四卷首一卷　(唐)陸贄撰　(清)汪銘謙輯　(清)馬傳庚評點　清宣統元年(1909)會稽馬氏影印本　二冊

500000－8703－0000822　0822
泰西十八周史攬要十八卷　(英國)雅各偉德撰　(英國)季理斐成章譯　(清)李鼎星編　清光緒二十八年(1902)玉樞閣刻本　八冊

500000－8703－0000823　0823
水地記一卷　(清)戴震撰　清微波榭刻本　一冊

500000－8703－0000824　0824
[嘉慶]四川通志二百〇四卷首二十二卷目錄一卷　(清)常明修　(清)楊芳燦　(清)譚光祜纂　清嘉慶二十一年(1816)四川督署刻本　一百五十二冊　存一百九十五卷(一至十二、十五、十九、二十一至一百三十一、一百三十七至一百四十六、一百四十八至一百七十三、一百八十一、一百八十九至二百〇四,目錄一,首一至十五、二十二)

500000－8703－0000825　0825
新舊唐書互證二十卷　(清)趙紹祖撰　清光緒十七年(1891)廣雅書局刻本　一冊　存五卷(六至十)

500000－8703－0000826　0826
元史類編四十二卷　(清)邵遠平撰　清乾隆六十年(1795)南沙席氏掃葉山房刻宋遼金元

別史本　三冊　存七卷(三至五、三十七至三十九、四十二)

500000－8703－0000827　0827

魏書一百十四卷　(北齊)魏收撰　清同治十一年(1872)金陵書局刻本　二十冊　存一百十四卷(一至一百十四)

500000－8703－0000828　0828

前漢書一百二十卷附考證　(漢)班固撰　(唐)顔師古注　清同治十年(1871)成都書局刻本　二十四冊　存八十二卷(一、八至十二、十九至二十二、二十五下至二十七上、二十八至九十六)

500000－8703－0000829　0829

東都事略一百三十卷　(宋)王偁撰　清乾隆影宋刻本　十六冊

500000－8703－0000830　0830

明季稗史彙編　(清)留雲居士輯　清刻本　一冊　存四種(江南聞見錄一卷、粵遊見聞一卷、賜姓始末一卷、兩廣紀略一卷)

500000－8703－0000831　0831

皇朝文獻通考三百卷　(清)嵇璜等纂　清光緒浙江書局刻本　一百四十三冊　存二百六十八卷(四至二十四、二十七至一百三十三、一百五十至二百二十一、二百三十一至二百九十八)

500000－8703－0000832　0832

出使英法義比四國日記六卷(1890－1891)　(清)薛福成纂注　清光緒二十年(1894)孫谿校經堂刻本　六冊

500000－8703－0000833　0833

中俄界記二卷首一卷　(清)鄒代鈞撰　(清)曾寅校訂補圖　清宣統三年(1911)武昌亞地新學社鉛印本　二冊

500000－8703－0000834　0834

日知錄三十二卷日知錄之餘四卷　(清)顧炎武撰　清道光十二年(1832)錦江書院刻本　十九冊

500000－8703－0000835　0835

集古錄目五卷　(宋)歐陽棐撰　(清)黄本驥編　清道光二十四年(1844)刻本　二冊

500000－8703－0000836　0836

國朝漢學師承記八卷附國朝經師經義一卷　(清)江藩纂　清嘉慶二十三年(1818)刻本　二冊　存五卷(一至二、七至八,附國朝經師經義一卷)

500000－8703－0000837　0837

帝鑑圖詩二卷　(清)蔡紹洛撰　清道光二十四年(1844)刻本　一冊

500000－8703－0000838　0838

天下郡國利病書一百二十卷　(清)顧炎武撰　(清)龍萬育訂　清刻本　六十三冊　存一百〇五卷(一至六、九至二十三、二十六至二十七、三十一至五十六、六十五至一百二十)

500000－8703－0000839　0839

天下郡國利病書一百二十卷　(清)顧炎武撰　(清)龍萬育訂　清刻本　六冊　存十二卷(五至六、十一至十二、十四至十五、十八至二十二、九十二)

500000－8703－0000840　0840

續資治通鑑二百二十卷　(清)畢沅編　清刻本　九冊　存二十四卷(十二至十四、十八至二十、一百十一至一百十二、一百十八至一百二十、一百二十四至一百二十九、一百三十五至一百三十六、一百四十八至一百五十二)

500000－8703－0000841　0841

曾文正公批牘六卷　(清)曾國藩撰　清刻本　五冊　存五卷(二至六)

500000－8703－0000842　0842

曾文正公批牘六卷　(清)曾國藩撰　清刻本　一冊　存一卷(六)

500000－8703－0000843　0843

大清律例新增統纂集成四十卷末一卷督補則例附纂二卷　(清)沈之奇原注　(清)姚潤纂輯　(清)胡熙增輯　清刻本　十三冊　存二十四卷(十一至十二、十八至二十一、二十四

至二十六、二十九至四十，末一，督補則例附纂上下）

500000－8703－0000844　0844
曾文正公大事記四卷　（清）王定安撰　清光緒二年（1876）傳忠書局刻本　二册

500000－8703－0000845　0845
大清刑律總則草案二編　沈家本等撰　清末雲南官報局鉛印本　四册　存二編

500000－8703－0000846　0846
經史百家簡編二卷　（清）曾國藩纂　清同治傳忠書局刻曾文正公全集本　二册

500000－8703－0000847　0847
秀閣聯題□□卷　（清）星裔撰　清光緒十六年（1890）刻本　一册　存五卷（一至五）

500000－8703－0000848　0848
集古録跋尾十卷　（宋）歐陽修撰　清刻本　四册

500000－8703－0000849　0849
左傳紀事本末五十三卷　（清）高士奇輯　清刻本　五册　存十八卷（三十至三十九、四十六至五十三）

500000－8703－0000850　0850
漢書評林一百卷　（明）淩稚隆輯　明萬曆刻本　十二册　存五十七卷（十九至二十、二十四至五十六、六十八至八十七、九十九至一百）

500000－8703－0000851　0851
宋史四百九十六卷　（元）脱脱等修　清刻本　一册　存二卷（二百三十二至二百三十三）

500000－8703－0000852　0852
隋書經籍志攷證十三卷　（清）章宗源撰　清光緒三年（1877）湖北崇文書局刻本　二册　存六卷（一至六）

500000－8703－0000853　0853
隋書經籍志攷證十三卷　（清）章宗源撰　清光緒三年（1877）湖北崇文書局刻本　一册　存四卷（一至四）

500000－8703－0000854　0854
讀史兵略四十六卷　（清）胡林翼纂　清刻本　十二册　存二十四卷（六至十五、十八至三十一）

500000－8703－0000855　0855
欽定續通志六百四十卷　（清）嵇璜等撰　清光緒二十七年（1901）上海圖書集成局鉛印本　一册　存十六卷（四百三十一至四百四十六）

500000－8703－0000856　0856
欽定續通志六百四十卷　（清）嵇璜等撰　清光緒二十七年（1901）上海圖書集成局鉛印本　二十四册　存二百四十四卷（九十七至一百〇九、二百二十一至二百五十、二百六十三至二百七十二、三百四十九至三百七十二、三百八十一至三百八十八、三百九十七至四百八十四、五百十四至五百六十七、五百八十九至六百〇五）

500000－8703－0000857　0857
讀史方輿紀要一百三十卷總圖一卷輿圖要覽四卷　（清）顧祖禹撰　清敷文閣龍萬育燮堂刻本　五十册　存八十三卷（五十三至一百三十、總圖一、要覽一至四）

500000－8703－0000858　0858
西夏紀事本末三十六卷　（清）張鑒撰　清末石印本　一册　存十八卷（十九至三十六）

500000－8703－0000859　0859
金史紀事本末五十二卷首一卷末一卷　（清）李有棠編纂　清末石印本　二册　存二十六卷（二十七至五十二）

500000－8703－0000860　0860
漢書一百卷　（漢）班固撰　（唐）顔師古注　清同治光緒金陵書局刻本　六册　存二十六卷（五十二至六十一、六十五至六十九、七十五至八十五）

500000－8703－0000861　0861
後漢書九十卷　（南朝宋）范曄撰　（唐）李賢注　**續漢志三十卷**　（南朝梁）劉昭注補　清同治光緒金陵書局刻本　六册　存二十五卷

（十至十三、二十九至三十六、七十五至八十，續漢志五至十一）

500000－8703－0000862　0862
周季編略九卷　（清）黄式三撰　清刻儆居遺書本　一册　存一卷（八上中）

500000－8703－0000863　0863
碑傳集一百六十卷首二卷末二卷　（清）錢儀吉纂　清光緒十九年（1893）江蘇書局刻本　六十册

500000－8703－0000864　0864
通鑑紀事本末二百三十九卷　（宋）袁樞編　（明）張溥論正　清同治十二年（1873）江西書局刻本　四册　存八卷（一、七十八至八十、九十、一百九十八至二百）

500000－8703－0000865　0865
歷代名臣奏議三百二十卷　（明）張溥編　清刻本　七册　存二十九卷（九至十三、二十二至二十三、三十四至三十六、六十至六十四、二百四十四至二百五十一、二百七十七至二百七十八、三百十六至三百十九）

500000－8703－0000866　0866
補寰宇訪碑錄五卷　（清）趙之謙纂集　清光緒十二年（1886）吳縣朱氏槐廬刻本　二册

500000－8703－0000867　0867
紹興内府古器評二卷　（宋）張掄才撰　明崇禎毛氏汲古閣刻本　一册

500000－8703－0000868　0868
佐治芻言一卷　（英國）傅蘭雅譯　（清）應祖錫筆述　清光緒二十三年（1897）慎記書莊石印本　一册

500000－8703－0000869　0869
集古錄跋尾十卷　（宋）歐陽修撰　清刻本　二册

500000－8703－0000870　0870
欽定學政全書八十六卷首一卷　（清）恭阿拉等編纂　清刻本　七册　存二十一卷（一至十四、八十至八十六）

500000－8703－0000871　0871
古今法制表十六卷　（清）孫榮編撰　清刻本　一册　存一卷（五）

500000－8703－0000872　0872
［嘉慶］四川通志二百〇四卷首二十二卷目錄一卷　（清）常明修　（清）楊芳燦　（清）譚光祜撰　清嘉慶二十一年（1816）四川督署刻本　一册　存四卷（六十四至六十七）

500000－8703－0000873　0873
南齊書五十九卷　（南朝梁）蕭子顯撰　清同治十三年（1874）金陵書局刻本　一册　存十卷（一至十）

500000－8703－0000874　0874
金史一百三十五卷　（元）脫脫等修　清刻本　十一册　存七十四卷（四十至一百十三）

500000－8703－0000875　0875
北史一百卷附攷證　（唐）李延壽撰　清同治十一年（1872）金陵書局刻本　四册　存十七卷（一至十七）

500000－8703－0000876　0876
直省鄉墨和聲（咸豐壬子科）一卷　（□）□□輯　清刻本　二册

500000－8703－0000877　0877
史外三十二卷　（清）汪有典撰　清光緒三十三年（1907）刻本　六册　存六卷（一至二、四至七）

500000－8703－0000878　0878
史要七卷　（清）吳兆慶纂注　（清）任啓運輯　清嘉慶二十四年（1819）刻本　二册　存四卷（一至二、六至七）

500000－8703－0000879　0879
讀史方輿紀要一百三十卷　（清）顧祖禹撰　清刻本　二册　存二卷（九至十）

500000－8703－0000880　0880
邊事彙鈔十二卷　（清）朱克敬編　清光緒六年（1880）長沙刻本　一册　存二卷（一至二）

500000－8703－0000881　0881

鐵厓詠史註八卷　(元)楊維禎撰　(清)樓卜瀍註　清乾隆刻本　一册　存四卷(五至八)

500000－8703－0000882　0882
資治通鑑綱目發明五十九卷　(宋)尹起莘撰　清刻本　一册　存二十卷(十二至三十一)

500000－8703－0000883　0883
天岳山館文鈔四十卷　(清)李元度撰　清刻本　一册　存二卷(十三至十四)

500000－8703－0000884　0884
日知錄三十二卷　(清)顧炎武撰　清刻本　八册　存二十一卷(三至二十三)

500000－8703－0000885　0885
鑑撮四卷讀史論略一卷　(清)曠敏本編　清刻本　八册

500000－8703－0000886　0886
御批歷代通鑑輯覽一百二十卷　(清)傅恆等纂　清末石印本　三册　存十七卷(六十三至七十三、八十五至九十)

500000－8703－0000887　0887
御批歷代通鑑輯覽一百二十卷　(清)傅恆等纂　清刻本　一册　存二卷(十五至十六)

500000－8703－0000888　0888
宋史紀事本末一百〇九卷　(明)馮琦編　(明)陳邦瞻增訂　(明)張溥論正　清光緒二十四年(1898)湖南思賢書局刻本　七册　存三十五卷(一至十二、二十一至二十四、六十一至七十九)

500000－8703－0000889　0889
通鑑綱目前編二十五卷正編五十九卷續編二十七卷　(明)陳仁錫評訂　清同治三年(1864)漁古山房刻本　一百〇五册　存一百〇一卷(前編一至十三、十六至二十一、二十三至二十五,正編一至二十三、二十六、二十八至三十三、三十五至五十九,續編一至十、十二至十九、二十二至二十七)

500000－8703－0000890　0890
欽定四庫全書總目二百卷首一卷　(清)紀昀等撰　清同治七年(1868)廣東書局刻本　三十册　存五十八卷(一至十五、二十六至三十七、四十四、八十二至八十三、一百〇三、一百十六至一百十九、一百二十四至一百二十八、一百三十二至一百三十八、一百四十一至一百四十八、一百五十一至一百五十二,首)

500000－8703－0000891　0891
林文忠公政書甲集九卷乙集十七卷丙集十一卷　(清)林則徐撰　清光緒刻本　四册　存十卷(甲集東河奏稿一、江蘇奏稿一至五,乙集湖廣奏稿四至五、使粵奏稿一至二)

500000－8703－0000892　0892
蜀學編二卷　(清)方守道輯　(清)高賡恩增輯　清光緒十四年(1888)成都尊經書局刻本　一册

500000－8703－0000893　0893
古香齋新刻袖珍資治通鑑綱目三編二十卷　(清)張廷玉等編　清光緒七年(1881)南海孔氏刻本　四册

500000－8703－0000894　0894
蒙學中國歷史教科書二卷八篇三十七章附中國歷史大事年表　(清)涪州小學編　清光緒三十年(1904)涪州小學堂刻本　二册

500000－8703－0000895　0895
古刻叢鈔一卷建立伏博士始末二卷　(明)陶宗儀撰　(清)孫星衍編　清刻本　一册

500000－8703－0000896　0896
元史譯文證補三十卷　(清)洪鈞撰　清光緒二十六年(1900)廣雅書局刻本　一册　存一卷(一)

500000－8703－0000897　0897
歷代名臣奏議選三十卷　(清)趙承恩輯　清同治十三年(1874)紅杏山房影印本　九册　存九卷(漢名臣奏議選卷一,唐名臣奏議選一至三,明名臣奏議選一、三至四、七至八)

500000－8703－0000898　0898
宋史紀事本末一百〇九卷　(明)馮琦編　(明)陳邦瞻增訂　(明)張溥論正　清刻本

二冊　存十卷（七十五至七十八、九十一至九十六）

500000－8703－0000899　0899
集古録目五卷　（宋）歐陽棐撰　（清）黄本驥編　清道光十五年（1835）刻本　二冊

500000－8703－0000900　0900
新刊趙田了凡袁先生編纂古本歷史大方綱鑑補五十九卷　（明）袁黄編纂　清刻本　一冊　存二卷（二十四至二十五）

500000－8703－0000901　0901
戰國策三十三卷　（漢）高誘注　**重刻剡川姚氏本戰國策劄記三卷**　（清）黄丕烈撰注　清光緒二年（1876）尊經書院刻本　三冊　存二十六卷（十一至三十三、劄記）

500000－8703－0000902　0902
古香齋鑒賞袖珍春明夢餘録七十卷　（清）孫承澤撰　清刻本　七冊　存十六卷（三十七至三十八、四十至四十四、四十六至五十四）

500000－8703－0000903　0903
史餘二十卷　（清）陳堯松撰　（清）陳慶颺注　清刻本　一冊　存五卷（十至十四）

500000－8703－0000904　0904
史記菁華録六卷　（清）姚苧田輯　清刻本　一冊　存一卷（一）

500000－8703－0000905　0905
水經注四十卷　（北魏）酈道元撰　清刻本　二冊　存九卷（十七至二十、三十一至三十五）

500000－8703－0000906　0906
端谿硯史三卷　（清）吳蘭修編　清道光十四年（1834）刻本　一冊

500000－8703－0000907　0907
增訂廣輿記二十四卷　（明）陸應陽纂　（清）蔡方炳增輯　清康熙二十五年（1686）刻本　一冊　存地輿全圖、目録、提要、凡例

500000－8703－0000908　0908
欽定四庫全書簡明目録二十卷　（清）紀昀等纂　清刻本　八冊　存八卷（十三至二十）

500000－8703－0000909　0909
山海經十八卷圖十八卷　（晉）郭璞傳　（清）畢沅校　清光緒十六年（1890）學庫山房刻本　二冊　存十卷（四至八、圖一至五）

500000－8703－0000910　0910
川主三神合傳一卷　（清）陳懷仁輯　清光緒十一年（1885）刻本　一冊

500000－8703－0000911　0911
遺史儒臣傳□□卷　（□）□□撰　清刻本　一冊　存二卷（三十一至三十二）

500000－8703－0000912　0912
裘文達公行述墓誌銘崇祀録一卷　（清）□□輯　清嘉慶八年（1803）刻本　一冊

500000－8703－0000913　0913
憲廟硃批諭旨不分卷　（清）鄂爾泰編　清光緒十三年（1887）上海廣百宋齋鉛印本　四十二冊　存四十二冊（一函五至六，二函一至六，三函一至二、四殘，五函五至六，六至九函一至六，十函三殘，十一函一至六，十二函一至六，十三函一至四，十四至十八函一至六）

500000－8703－0000914　0914
廣列女傳二十卷附録一卷　（清）劉開纂　清同治八年（1869）新建吳坤修皖江撫署刻半畝園叢書本　一冊　存四卷（四至七）

500000－8703－0000915　0915
秦邊紀略六卷　（□）□□撰　清同治九年（1870）新建吳坤修皖江撫署刻半畝園叢書本　一冊　存三卷（四至六）

500000－8703－0000916　0916
梁書五十六卷　（唐）姚思廉撰　清同治光緒金陵書局刻本　五冊　存三十三卷（一至三、十一至十九、三十六至五十六）

500000－8703－0000917　0917
明史紀事本末八十卷　（清）谷應泰撰　清刻本　二冊　存五卷（四、五十一至五十四）

500000－8703－0000918　0918

鼎鍥趙田了凡袁先生編纂古本歷史大方綱鑑三十九卷首一卷　(明)袁黄編　清刻本　一冊　存一卷(六)

500000－8703－0000919　0919
朝代紀元表一卷大清一統志表　(清)萬廷蘭撰　清刻本　三冊

500000－8703－0000920　0920
深州風土記二十二卷　(清)吳汝綸撰　清光緒二十六年(1900)文瑞書院刻本　六冊

500000－8703－0000921　0921
宋史四百九十六卷　(元)脱脱等修　清刻本　三十七冊　存一百八十四卷(一至六十七、八十五至一百〇九、一百十七至一百四十五、一百五十三至一百六十二、一百六十八至一百七十一、一百八十一至一百八十五、二百十至二百十三、二百十六至二百十七、二百二十一至二百二十二、二百二十五、二百五十四至二百六十九、二百八十一至二百九十一、三百十二至三百十九)

500000－8703－0000922　0922
海外紀事前編十二卷　(清)張坤德譯　後編六卷附二卷　(清)李維格等譯　清刻本　十冊

500000－8703－0000923　0923
海外紀事十二卷　(清)張坤德譯　後編六卷附二卷　(清)李維格等譯　清刻本　六冊　存十三卷(五至十二、後編四至六、附一至二)

500000－8703－0000924　0924
中外大略四十八卷　(清)羅傳瑞撰　清光緒二十三年(1897)東粵經韻樓鉛印先務齋叢書本　八冊　存十六卷(二十三至二十六、二十九至三十二、三十五至三十六、四十三至四十八)

500000－8703－0000925　0925
海外紀事十二卷　(清)張坤德譯　後編六卷附二卷　(清)李維格等譯　清刻本　一冊　存一卷(後編四)

500000－8703－0000926　0926
開成石經圖攷一卷　(清)魏錫曾撰　清刻本　一冊

500000－8703－0000927　0927
十駕齋養新錄二十卷餘錄三卷　(清)錢大昕撰　清光緒二年(1876)浙江書局刻本　八冊

500000－8703－0000928　0928
欽定吏部處分則例五十二卷　(清)吏部纂修　清刻本　三冊　存十卷(十五至十七、二十五至二十六、三十一至三十五)

500000－8703－0000929　0929
格致書院課藝□□卷　(清)王韜編　清光緒二十四年(1898)上海圖書集成印書局鉛印本　十二冊　存八卷(庚寅春夏秋冬、辛卯夏秋冬、己丑春夏秋冬、癸巳春夏秋冬、丙戌春夏秋冬、壬辰春夏秋冬、戊子春夏秋冬、丁亥春夏秋冬)

500000－8703－0000930　0930
春秋大事表五十卷　(清)顧棟高輯　清乾隆萬卷樓刻本　一冊　存一卷(春秋朔閏表二之四)

500000－8703－0000931　0931
後漢書九十卷　(南朝宋)范曄撰　(唐)李賢注　續漢志三十卷　(南朝梁)劉昭注補　清光緒十三年(1887)金陵書局刻本　一冊　存一卷(一)

500000－8703－0000932　0932
語石十卷　葉昌熾撰　清宣統元年(1909)刻本　一冊　存二卷(一至二)

500000－8703－0000933　0933
歷代史論二十二卷　(明)張溥撰　清光緒二年(1876)刻朱墨套印本　三冊　存八卷(一至三、十四至十八)

500000－8703－0000934　0934
恪靖奏稿續編七十六卷　(清)左宗棠撰　清刻本　七冊　存十二卷(一至十二)

500000－8703－0000935　0935
四書人物類典串珠四十卷　(清)臧志仁編

清刻本　十五冊　存三十三卷(一至十七、二十五至四十)

500000－8703－0000936　0936
四書人物類典串珠四十卷　(清)臧志仁編　清刻本　四冊　存二十卷(六至二十五)

500000－8703－0000937　0937
四書人物類典串珠四十卷　(清)臧志仁編　清刻本　一冊　存四卷(五至八)

500000－8703－0000938　0938
南陵無雙譜一卷　(清)金史繪　清光緒十二年(1886)上海同文書局石印本　一冊

500000－8703－0000939　0939
後漢書九十卷　(南朝宋)范曄撰　(唐)李賢注　**續漢志三十卷**　(南朝梁)劉昭注補　清成都刻本　十九冊　存八十八卷(二十一至七十一、七十六至八十、八十六至一百〇二、一百〇六至一百二十)

500000－8703－0000940　0940
皇朝文獻通考輯要二十六卷　(清)湯壽潛輯　清光緒鉛印本　十冊

500000－8703－0000941　0941
前漢書一百二十卷附考證　(漢)班固撰　(唐)顔師古注　清同治十年(1871)成都書局刻本　三冊　存四卷(二十五至二十八)

500000－8703－0000942　0942
皇朝文獻通考三百卷　(清)嵇璜等纂　清末鉛印本　十二冊　存九十七卷(六至十二、十九至二十五、三十八至七十七、九十一至一百〇六、一百七十九至一百八十三、二百六十二至二百八十三)

500000－8703－0000943　0943
續資治通鑑二百二十卷　(清)畢沅編　清刻本　十二冊　存四十五卷(八至二十五、四十至五十、一百〇二至一百十四、一百四十一至一百四十三)

500000－8703－0000944　0944
讀書紀數略五十四卷　(清)宫夢仁編纂　清刻本　十二冊

500000－8703－0000945　0945
讀書叢錄二十四卷　(清)洪頤煊撰　清刻本　五冊　存十五卷(一至三、七至十二、十九至二十四)

500000－8703－0000946　0946
魏志三十卷附考證　(晉)陳壽撰　(南朝宋)裴松之注　清刻本　一冊　存四卷(二十一至二十四)

500000－8703－0000947　0947
資治通鑑目錄三十卷　(宋)司馬光編　清光緒十四年(1888)長沙楊氏刻校刊資治通鑑全書本　三冊　存十一卷(四至十、十五至十八)

500000－8703－0000948　0948
資治通鑑二百九十四卷　(宋)司馬光編　(元)胡三省音注　清光緒十四年(1888)長沙楊氏刻校刊資治通鑑全書本　十八冊　存四十九卷(四至六、二十二至二十五、五十七至六十二、一百〇四至一百〇六、一百二十二至一百二十四、一百三十二至一百三十七、一百四十九至一百五十五、一百五十九至一百六十五、一百九十至一百九十二、二百〇二至二百〇四、二百十一至二百十四)

500000－8703－0000949　0949
資治通鑑二百九十四卷　(宋)司馬光編　(元)胡三省音注　清光緒十四年(1888)長沙楊氏刻校刊資治通鑑全書本　二冊　存六卷(五十六至五十八、一百五十五至一百五十七)

500000－8703－0000950　0950
資治通鑑釋文辯誤十二卷　(元)胡三省撰　清光緒十四年(1888)長沙楊氏刻校刊資治通鑑全書本　一冊　存六卷(三至八)

500000－8703－0000951　0951
舊五代史一百五十卷攷證一百五十卷　(宋)薛居正等撰　清刻本　十六冊

500000－8703－0000952　0952

鼎鍥趙田了凡袁先生編纂古本歷史大方綱鑑補三十九卷首一卷　(明)袁黄編　清刻本　八册　存二十六卷(二至九、十八至十九、二十二、三十七)

500000－8703－0000953　0953
通志二百卷　(宋)鄭樵撰　清光緒二十七年(1901)上海圖書集成局石印本　五十六册　存一百七十六卷(一至四十三、五十八至六十二、七十三至二百)

500000－8703－0000954　0954
文獻通考三百四十八卷　(元)馬端臨撰　清光緒二十七年(1901)上海圖書集成局石印本　四十三册

500000－8703－0000955　0955
欽定學政全書八十六卷首一卷　(清)恭阿拉等編纂　清刻本　十四册　存五十四卷(七至十六、二十九至三十三、三十五至四十三、五十至六十二、七十至八十六)

500000－8703－0000956　0956
南齊書五十九卷　(南朝梁)蕭子顯撰　清同治十三年(1874)金陵書局刻本　八册

500000－8703－0000957　0957
欽定學政全書八十六卷首一卷　(清)恭阿拉等編纂　清刻本　六册　存二十八卷(十五至三十二、三十七至四十二、七十四至七十七)

500000－8703－0000958　0958
[光緒]銅梁縣志十六卷首一卷　(清)韓清桂等修　(清)陳昌等撰　清道光十一年(1831)修光緒元年(1875)續修刻本　八册

500000－8703－0000959　0959
五代史七十四卷　(宋)歐陽修撰　(宋)徐無黨注　清同治十一年(1872)湖北崇文書局刻本　六册　存五十六卷(一至三十三、五十二至七十四)

500000－8703－0000960　0960
蠻司合志十五卷　(清)毛奇齡撰　清光緒十六年(1890)徐氏鑄學齋刻本　四册

500000－8703－0000961　0961
隋書經籍志攷證十三卷　(清)章宗源撰　清刻本　三册　存九卷(五至十三)

500000－8703－0000962　0962
七家詩詳註七卷　(清)張熙宇評選　清影印本　八册

500000－8703－0000963　0963
國史考異六卷　(清)潘檉章撰　(清)吳炎訂　清光緒刻本　二册　存三卷(一至三)

500000－8703－0000964　0964
藏書紀事詩六卷　葉昌熾撰　清光緒刻本　四册　存四卷(三至六)

500000－8703－0000965　0965
唐書二百二十五卷　(唐)歐陽修撰　清同治十二年(1873)金陵書局刻本　四十七册

500000－8703－0000966　0966
魏書一百十四卷　(北齊)魏收撰　清同治十二年(1873)金陵書局刻本　十三册　存六十八卷(一至十八、二十三至五十四、九十七至一百十四)

500000－8703－0000967　0967
陳書三十六卷　(唐)姚思廉撰　清同治十二年(1873)金陵書局刻本　二册　存十九卷(一至十九)

500000－8703－0000968　0968
魏書一百十四卷　(北齊)魏收撰　清同治十二年(1873)金陵書局刻本　十五册　存七十九卷(一至七十二、一百〇五至一百十一)

500000－8703－0000969　0969
五洲地理志略三十六卷首一卷　王先謙撰　清光緒刻本　十二册

500000－8703－0000970　0970
朔方備乘六十八卷首十二卷　(清)何秋濤纂　清光緒畿輔通志局刻本　十八册　存六十五卷(一至十四、三十至六十八,首一至十二)

500000－8703－0000971　0971

崇祀錄一卷附行述一卷　(清)紀大奎撰　清道光二十三年(1843)刻本　一冊

500000－8703－0000972　0972
國史考異六卷　(清)潘檉章撰　清光緒刻本　二冊　存三卷(四至六)

500000－8703－0000973　0973
日知錄三十二卷　(清)顧炎武撰　清刻本　一冊　存三卷(二十三至二十五)

500000－8703－0000974　0974
史記一百三十卷附考證　(漢)司馬遷撰　(南朝宋)裴駰集解　(唐)司馬貞索隱　**補史記一卷**　(唐)司馬貞補撰並注　**史記正義論例一卷**　(唐)張守節撰　清乾隆四年(1739)木活字印武英殿聚珍版書本　六冊　存二十八卷(三十九至四十、一百〇五至一百三十，補史記一,論例一)

500000－8703－0000975　0975
續資治通鑑二百二十卷　(清)畢沅編　清刻本　九冊　存二十三卷(三十六至四十、六十至六十二、六十六至六十七、七十四至七十六、八十四至八十六、一百〇九至一百十、二百十四至二百十六、二百十九至二百二十)

500000－8703－0000976　0976
資治通鑑綱目五十九卷首一卷　(明)陳仁錫評閱　明末清初刻本　六冊　存六卷(二十五下、三十三下、四十下、五十下、五十一至五十二)

500000－8703－0000977　0977
明通鑑九十卷　(清)夏燮編輯　清刻本　一冊　存三卷(六十九至七十一)

500000－8703－0000978　0978
新刻訂正原板劉氏家藏二十四山造全書□□卷　(清)□□纂　清乾隆四十五年(1780)書林文星堂刻本　二冊　存二卷(仁、義)

500000－8703－0000979　0979
牧令書二十三卷　(清)徐棟輯　清刻本　三冊　存四卷(十三至十六)

500000－8703－0000980　0980
日知錄三十二卷　(清)顧炎武撰　清刻本　九冊　存二十五卷(一至二十五)

500000－8703－0000981　0981
皇朝文獻通考三百卷　(清)嵇璜等纂　清光緒二十八年(1902)上海鴻寶書局石印本　三冊　存三十二卷(一至九、八十二至九十四、一百〇四至一百十三)

500000－8703－0000982　0982
曾文正公批牘六卷　(清)曾國藩撰　清光緒二年(1876)傳忠書局刻本　六冊

500000－8703－0000983　0983
天下郡國利病書一百二十卷　(清)顧炎武撰　清刻本　二十三冊　存五十八卷(一至九、二十三至二十四、二十七至二十八、三十五至六十七、九十一至一百〇二)

500000－8703－0000984　0984
後漢書九十卷　(南朝宋)范曄撰　(唐)李賢注　**續漢志三十卷**　(南朝梁)劉昭注補　清光緒影印本　一冊　存十三卷(九十七至一百〇九)

500000－8703－0000985　0985
隋書八十五卷　(唐)長孫無忌撰　清光緒揚州書局刻本　七冊　存五十七卷(二十一至七十七)

500000－8703－0000986　0986
東萊先生音註唐鑑二十四卷　(宋)范祖禹撰　(宋)呂祖謙音註　清刻本　三冊　存十九卷(六至二十四)

500000－8703－0000987　0987
水經四十卷　(漢)桑欽撰　(北魏)酈道元注　清古閩晏湖張氏勵志書屋刻本　十三冊　存三十七卷(一至三十七)

500000－8703－0000988　0988
榆園叢刻　(清)許增輯　清刻本　二冊　存四種(陽羨名陶錄二卷、書畫說鈐一卷、頻羅庵論書一卷、賞延素心錄一卷)

500000－8703－0000989　0989
東華續録一百二十卷　王先謙編　清末鉛印本　五册　存九卷(乾隆朝一、七至八、十至十三、三十五至三十六)

500000－8703－0000990　0990
東華録二十六卷　王先謙編　清末鉛印本　二册　存四卷(雍正朝五、八至十)

500000－8703－0000991　0991
東華録一百十卷　王先謙編　清末鉛印本　一册　存二卷(康熙朝十至十一)

500000－8703－0000992　0992
[嘉慶]四川通志二百〇四卷首二十二卷目録一卷　(清)常明等修　(清)楊芳燦　(清)譚光祜撰　清嘉慶二十一年(1816)四川督署刻本　四十五册　存七十二卷(八至九、十六、二十一、五十九、六十一至六十七、七十二至七十三、七十九至八十、九十四至九十八、一百〇三至一百十四、一百十九、一百三十至一百三十一、一百三十七至一百四十四、一百五十二、一百六十七至一百六十八、一百七十三至一百七十五、一百八十六、一百八十九至一百九十、一百九十五至二百〇四,首一至六、二十一至二十二,目録)

500000－8703－0000993　0993
宋朝事實二十卷　(宋)李攸撰　清刻本　一册　存五卷(十一至十五)

500000－8703－0000994　0994
聖武記十四卷　(清)魏源撰　清刻本　一册　存一卷(三)

500000－8703－0000995　0995
文史通義八卷　(清)章學誠撰　清刻本　二册　存三卷(四至五、八)

500000－8703－0000996　0996
魏書一百十四卷　(北齊)魏收撰　清刻本　十三册　存七十二卷(一至四十二、六十六至九十五)

500000－8703－0000997　0997
朔方備乘六十八卷首十二卷　(清)何秋濤纂　清光緒畿輔通志局刻本　十八册　存五十七卷(一至四十五、首一至十二)

500000－8703－0000998　0998
支那全史七卷　(日本)藤田久道編　清刻本　二册　存四卷(二至五)

500000－8703－0000999　0999
繹史摭遺十八卷　(清)李瑶纂　清刻本　一册　存三卷(十六至十八)

500000－8703－0001000　1000
邊事續鈔八卷　(清)朱克敬輯　清光緒六年(1880)刻本　二册　存四卷(三至六)

500000－8703－0001001　1001
明季北略二十四卷　(清)計六奇編　清刻本　二册　存九卷(三至十、十九)

500000－8703－0001002　1002
通鑑紀事本末二百三十九卷　(宋)袁樞編　(明)張溥論正　清末石印本　九册　存八十九卷(六至三十、六十二至七十一、八十五至九十一、一百三十四至一百五十四、一百六十七至一百七十四、一百九十二至二百〇九)

500000－8703－0001003　1003
通鑑紀事本末二百三十九卷　(宋)袁樞編　(明)張溥論正　清末石印本　八册　存八十六卷(二十一至三十、四十九至六十一、九十三至一百三十三、二百十至二百十六、二百二十五至二百三十九)

500000－8703－0001004　1004
蒙學外國歷史教科書四卷　(清)涪州小學編　清光緒三十年(1904)涪州小學堂刻本　一册　存三卷(一至三)

500000－8703－0001005　1005
雙池先生年譜四卷　(清)余龍光編　清光緒二十二年(1896)刻本　一册　存二卷(一至二)

500000－8703－0001006　1006
資治通鑑綱目前編二十五卷　(明)陳仁錫評閲　清嘉慶八年(1803)敬書堂刻本　二册

存三卷(一、二十四至二十五)

500000－8703－0001007　1007
容齋續筆十六卷　(宋)洪邁撰　清皖南洪氏刻本　一冊　存四卷(十三至十六)

500000－8703－0001008　1008
北史一百卷　(唐)李延壽撰　清刻本　十冊　存四十二卷(十六至二十四、三十七至四十、四十五至四十八、五十三至六十一、六十六至七十三、九十三至一百)

500000－8703－0001009　1009
史記一百三十卷　(漢)司馬遷撰　(南朝宋)裴駰集解　(唐)司馬貞索隱　清刻本　十二冊　存八十五卷(八至十七、二十三至二十七、四十至五十二、七十四至一百三十)

500000－8703－0001010　1010
歷代名人年譜十卷附存疑及生卒年月攷一卷　(清)吴榮光撰　清刻本　一冊　存二卷(十、攷一)

500000－8703－0001011　1011
[光緒]蘄水縣志二十二卷首一卷末一卷　(清)多祺纂輯　清光緒刻本　一冊　存六卷(十八至二十二、末一)

500000－8703－0001012　1012
四川官運鹽案類編八十卷首一卷　(清)唐炯編　清光緒十八年(1892)刻本　十四冊　存四十四卷(一至三、八、十九至二十一、二十九至三十、三十六至四十四、四十七至四十八、五十一至五十四、六十一至八十)

500000－8703－0001013　1013
[同治]萬縣志三十六卷首一卷附典禮備攷八卷　(清)王玉鯨等修　清萬縣志局刻本　二冊　存八卷(典禮備攷一至八)

500000－8703－0001014　1014
史學提要箋釋五卷　(宋)黄繼善撰　清刻本　一冊　存一卷(三)

500000－8703－0001015　1015
五代史七十四卷　(宋)歐陽修撰　清刻本　一冊　存十一卷(十三至二十三)

500000－8703－0001016　1016
宋書一百卷　(南朝梁)沈約撰　清同治十二年(1873)金陵書局刻本　十六冊

500000－8703－0001017　1017
曾文正公奏稿三十六卷　(清)曾國藩撰　清光緒二年(1876)傳忠書局刻本　三十六冊

500000－8703－0001018　1018
樊山政書二十卷　(清)樊增祥撰　清宣統二年(1910)金陵聚珍書局鉛印本　六冊　存十二卷(三至十四)

500000－8703－0001019　1019
竹書紀年統箋十二卷前編一卷雜述一卷　(南朝梁)沈約注　(清)徐文靖統箋　清光緒三年(1877)浙江書局刻本　三冊　存十二卷(一至十、前編一、雜述一)

500000－8703－0001020　1020
讀通鑑論三十卷　(清)王夫之撰　清光緒二十五年(1899)武昌刻本　十冊　存十九卷(一至四、七至十、十五、十八至二十五、二十七至二十八)

500000－8703－0001021　1021
明史例案九卷　劉承幹撰　清末吴興劉氏嘉業堂刻本　三冊　存六卷(一至六)

500000－8703－0001022　1022
遼史拾遺二十四卷　(清)厲鶚撰　清光緒元年(1875)江蘇書局刻本　六冊

500000－8703－0001023　1023
李氏五種合刊　(清)李兆洛輯　清光緒十四年(1888)掃葉山房刻本　九冊　存三種(歷代地理韻編一至二十、皇朝輿地韻編一至二、歷代地理沿革圖一)

500000－8703－0001024　1024
五代史記纂誤續補六卷　(清)吴光耀撰　清光緒刻本　三冊　存三卷(二至四)

500000－8703－0001025　1025
韓魏公言行錄一卷　(清)崔廷璋編　清光緒

十三年(1887)刻本　一册

500000－8703－0001026　1026

聖廟祀典圖攷三卷附聖蹟圖一卷孟子聖蹟圖全卷一卷首一卷　(清)顧沅輯　清光緒上海同文書局石印本　六册　存五卷(一至三、孟子聖蹟圖、首一)

500000－8703－0001027　1027

歷代名臣言行録二十四卷　(清)朱桓輯　清光緒二十三年(1897)上海宏文閣石印本　八册

500000－8703－0001028　1028

求闕齋讀書録十卷　(清)曾國藩撰　(清)王啓原輯　清光緒二年(1876)傳忠書局刻本　四册

500000－8703－0001029　1029

大唐西域記十二卷　(唐)釋玄奘譯　清刻本　三册　存九卷(一至九)

500000－8703－0001030　1030

開禧德安守城録一卷　(宋)王致遠編　清同治瑞安孫氏詒善祠塾刻本　一册

500000－8703－0001031　1031

五藏山經傳五卷　(清)吕調陽撰　清刻本　二册　存三卷(三至五)

500000－8703－0001032　1032

經典八種　(清)杭世駿輯　清同治十二年(1873)錦文堂刻本　一册　存二種(石經攷異、諸史然疑)

500000－8703－0001033　1033

泰西十八周史攬要十八卷　(英國)雅各偉德撰　(英國)季理斐成章譯　(清)李鼎星編　清刻本　一册　存四卷(二至五)

500000－8703－0001034　1034

霆軍紀略十六卷　(清)陳昌輯　清光緒刻本　一册　存三卷(九至十一)

500000－8703－0001035　1035

[同治]萬縣志三十六卷首一卷附典禮備攷八卷　(清)王玉鯨等修　清萬縣志局刻本　一册　存一卷(典禮備考三至八)

500000－8703－0001036　1036

明通鑑九十卷前編四卷附編六卷　(清)夏燮編　清刻本　一册　存一卷(附編)

500000－8703－0001037　1037

駱文忠公奏議十六卷奏稿十一卷附録一卷　(清)駱秉章撰　清刻本　五册　存六卷(奏議五、十二,奏稿一至四)

500000－8703－0001038　1038

金石索十二卷首一卷　(清)馮雲鵬等輯　清道光元年(1821)遂古堂刻本　一册

500000－8703－0001039　1039

通典二百卷　(唐)杜佑纂　清咸豐九年(1859)崇仁謝氏刻本　四十册

500000－8703－0001040　1040

文獻通考三百四十八卷　(元)馬端臨撰　清刻本　三十六册　存一百二十五卷(二十五至三十六、三十九至五十二、五十七至八十四、一百三十一至一百三十九、一百四十八至一百六十六、一百七十一至二百〇一、二百〇九至二百二十)

500000－8703－0001041　1041

皇朝通志一百二十六卷　(清)嵇璜等纂　清刻本　二十九册　存九十四卷(一至十四、十七至三十、三十九至四十五、四十八至一百〇三、一百二十四至一百二十六)

500000－8703－0001042　1042

皇朝文獻通考三百卷　(清)嵇璜等纂　清光緒二十七年(1901)上海圖書集成局鉛印本　四十八册

500000－8703－0001043　1043

子史精華一百六十卷　(清)吴襄等纂修　清刻本　三十八册　存一百五十一卷(一至四、十至一百十一、一百十六至一百六十)

500000－8703－0001044　1044

册府元龜一千卷目録二卷　(宋)王欽若等編　(清)李嗣京訂　清乾隆刻本　二百〇七册　存八百七十八卷(一至一百〇七、一百十二至一百二十八、一百四十九至一百六十七、一百七十一至一百七十四、一百八十二至二百〇三、二百十至二百五十一、二百五十六至三百〇七、三百三十一至三百五十六、三百六十至三百七十五、四百至四百十九、四百二十五至四百二十七、四百三十五至八百四十二、八百四十六至八百五十五、八百六十二至八百九十六、九百至九百三十三、九百三十九至一千,目錄一至二)

500000－8703－0001045　1045

玉海二百〇四卷附刻十三種　(宋)王應麟撰　清光緒十年(1884)志古堂刻本　七十六册　存一百〇五卷附刻十三種(十四至四十四、四十七至五十四、五十七至八十七、一百〇六至一百〇七、一百十二至一百十八、一百二十一至一百二十二、一百七十七至二百,詩攷一卷,詩地理攷六卷,漢藝文志攷證十卷,通鑑地理通釋十四卷,漢志攷四卷,急就篇四卷,姓氏急就篇二卷,周易鄭康成注一卷,周書王會一卷,小學紺珠十卷,六經天文篇二卷,通鑑答問五卷,辭學指南四卷)

500000－8703－0001046　1046

子史精華一百六十卷　(清)吳襄等纂修　清刻本　四十册

500000－8703－0001047　1047

佩文齋書畫譜一百卷　(清)孫岳頒等纂　清康熙四十七年(1708)刻本　四十七册　存九十八(一至七十六、七十九至一百)

500000－8703－0001048　1048

宋元學案一百卷　(清)黄宗羲撰　(清)全祖望補　清刻本　三十六册　存九十三(二至四十、四十四至九十二、九十六至一百)

500000－8703－0001049　1049

萬邑公會紀略六卷　(清)陳光熙輯　清光緒元年(1875)刻本　六册

500000－8703－0001050　1050

歷代史論二十二卷　(明)張溥撰　清浙江書局刻朱墨套印本　二册　存五卷(一至三、六、七)

500000－8703－0001051　1051

舊唐書二百卷　(後晉)劉昫撰　清同治十一年(1872)浙江書局刻本　四十册

500000－8703－0001052　1052

東華續録一百卷　王先謙編　清光緒石印本　十三册　存二十五卷(四至十六、二十一至二十四、二十九至三十二、三十五至三十六、四十七至四十八)

500000－8703－0001053　1053

兩漢刊誤補遺十卷　(宋)吳仁傑撰　清乾隆四十一年(1776)刻本　五册　存九卷(二至十)

500000－8703－0001054　1054

詞科掌録十七卷　(清)杭世駿編　清道古堂刻本　七册　存十五卷(一至十五)

500000－8703－0001055　1055

晋書一百三十卷　(唐)太宗李世民撰　清光緒十八年(1892)竹簡齋石印本　七册　存一百十五卷(一至六十四、八十至一百三十)

500000－8703－0001056　1056

晉書一百三十卷　(唐)太宗李世民撰　清刻本　十九册　存一百二十四卷(一至四、十一至一百三十)

500000－8703－0001057　1057

大明一統志九十卷　(明)李賢等纂　清刻本　三十四册　存七十八卷(八至三十三、三十六至五十、五十四至九十)

500000－8703－0001058　1058

大清一統志四百二十四卷　(清)和珅等纂修　清光緒二十三年(1897)杭州竹簡齋石印本　五十九册　存四百十卷(一至六十八、七十五至二百五十六、二百五十九至四百十八)

500000－8703－0001059　1059

御定歷代題畫詩類一百二十卷　(清)陳邦彦輯　清康熙四十六年(1707)刻本　四十册

500000－8703－0001060　1060

説郛一百二十卷　(明)陶宗儀輯　清初刻本

二十七册　存三百二十六種三百四十三卷（三墳書一卷、易飛候一卷、易洞林一卷、易稽覽圖一卷、易川靈圖一卷、易通卦驗一卷、尚書旋璣鈐一卷、尚書帝命期一卷、尚書考靈耀一卷、尚書中候一卷、詩含神霧一卷、詩紀曆樞一卷、春秋元命苞一卷、春秋運斗樞一卷、春秋文曜鉤一卷、春秋合誠圖一卷、春秋孔演圖一卷、春秋說題辭一卷、春秋感精符一卷、遁甲開山圖一卷、春秋佐助期一卷、春秋緯一卷、春秋後語一卷、春秋繁露一卷、禮稽命徵一卷、淮南萬畢術一卷、禮斗威儀一卷、大戴禮逸一卷、樂稽耀嘉一卷、孝經援神契一卷、孝經鉤命決一卷、孝經左契一卷、孝經右契一卷、孝經内事一卷、五經析疑一卷、五經通義一卷、龍魚河圖一卷、河圖括地象一卷、河圖稽命徵一卷、河圖稽耀鉤一卷、河圖始開圖一卷、洛書甄耀度一卷、聖門事業圖一卷、兼明書五卷、希通錄一卷、三教論衡一卷、二諦義一卷、漁樵對問一卷、西疇常言一卷、藝圃折中一卷、發明義理一卷、鹿門隱書一卷、山書一卷、兩同書一卷、迂書一卷、新書一卷、權書一卷、正朔考一卷、史剡一卷、綱目疑誤一卷、揚子新注一卷、新唐書糾謬一卷、遂初堂書目一卷、輶軒絕代語一卷、獨斷一卷、臆乘一卷、芥隱筆記一卷、宜齋野乘一卷、中華古今注三卷、古今攷一卷、刑書釋名一卷、釋常談三卷、續釋常談一卷、事原一卷、袖中記一卷、孔氏雜說一卷、學齋呫嗶一卷、李氏刊誤一卷、鼠璞二卷、資暇錄一卷、賓退錄一卷、紀談錄一卷、過庭錄一卷、螢雪叢說二卷、孫公談圃三卷、墨客揮犀一卷、師友談記一卷、宋景文筆記一卷、王文正筆錄一卷、丁晉公談錄一卷、楊文公談苑一卷、欒城遺言一卷、能改齋漫錄一卷、羅子蒼識遺一卷、退齋雅聞錄一卷、南墅閒居錄一卷、雪浪齋日記一卷、廬陵官下記一卷、玉溪編事一卷、渚宫故事一卷、麟臺故事一卷、五國故事一卷、郡閣雅言一卷、侯鯖錄一卷、晝墁錄一卷、摭青雜說一卷、樂郊私語一卷、隱窟雜誌一卷、梁溪漫志一卷、寓簡一卷、碧雞漫志一卷、晁氏客語一卷、涪翁雜說一卷、雲麓漫抄一卷、黄氏筆記一卷、兩鈔摘腴一卷、碧湖雜記一卷、紫薇雜記一卷、搜神秘覽一卷、牧豎閒談一卷、巖下放言一卷、玉澗雜書一卷、石林燕語一卷、避暑錄話一卷、深雪偶談一卷、葦航紀談一卷、豹隱紀談一卷、悅生隨抄一卷、齊東埜語一卷、邇言志見一卷、晰獄龜鑑一卷、青箱雜記一卷、冷齋夜話一卷、癸辛雜識一卷、墨莊漫錄一卷、龍川别志一卷、羅湖野錄一卷、鶴林玉露一卷、雲谿友議一卷、後山談叢一卷、林下偶談一卷、緗素雜記一卷、捫虱新話一卷、研北雜誌一卷、清波雜誌一卷、壺中贅錄一卷、物類相感志一卷、因話錄一卷、同話錄一卷、五色線一卷、五總志一卷、金樓子一卷、乾𦠆子一卷、投荒雜錄一卷、炙轂子錄一卷、抒情錄一卷、啟顏錄一卷、絕倒錄一卷、唾玉集一卷、辨疑志一卷、開城錄一卷、原化記一卷、蠡海錄一卷、王氏談錄一卷、先公談錄一卷、槁簡贅筆一卷、傳講雜記一卷、繼古藂編一卷、南窓記談一卷、後耳目志一卷、群居解頤一卷、雁門野說一卷、三柳軒雜識一卷、中吳紀聞一卷、遁齋閑覽一卷、稗史一卷、志林一卷、緯略一卷、鉤玄一卷、窮愁志一卷、席上腐談一卷、讀書隅見一卷、田間書一卷、楮記室一卷、判決錄一卷、東園友聞一卷、劉馮事始一卷、西墅記談一卷、遺史紀聞一卷、姑蘇筆記一卷、南部新書一卷、龍城錄一卷、桂苑叢談一卷、義山雜記一卷、文藪雜著一卷、法苑珠林一卷、蒼梧雜誌一卷、青瑣高議一卷、秘閣閒話一卷、耕餘博覽一卷、雞肋編一卷、泊宅編一卷、吹劍錄一卷、投轄錄一卷、鑑戒錄一卷、暇日記一卷、佩楚軒客談一卷、志雅堂雜抄一卷、浩然齋視聽抄一卷、瑞桂堂暇錄一卷、陵陽室中語一卷、猗覺寮雜記一卷、昭德新編一卷、山陵雜記一卷、雞肋一卷、桯史一卷、雲谷雜記一卷、船窓夜話一卷、野人閒話一卷、植杖閒談一卷、東齋記事一卷、澹山雜識一卷、坦齋通編一卷、仇池筆記一卷、韋居聽輿一卷、暘谷謾錄一卷、友會談叢一卷、野老記聞一卷、灌畦暇語一卷、澗泉日記一卷、步里客談一卷、雲齋廣錄一卷、續甑帗說一卷、西齋話記一卷、雪舟脞語一卷、西軒客談一卷、蒙齋筆談一卷、廬陵雜說一卷、昌黎雜說一卷、漁樵閒話一卷、遊宦紀聞一卷、行都紀事一卷、鄰幾雜誌一卷、楓窗小牘二卷、湖湘故事一卷、誠齋雜記一卷、温公瑣語一卷、蔣氏日錄一卷、剡溪野語一卷、釣磯立談一卷、盛事美談一卷、衣冠盛事一卷、硯崗筆志一卷、窗閑記聞一卷、翰墨叢記一卷、備忘小抄一卷、艅艎日疏一卷、輶軒雜錄一卷、獨醒雜誌一卷、姚氏殘語一卷、有宋佳話一卷、采蘭雜誌一卷、嘉蓮燕語一卷、戊辰雜抄一卷、真率筆記一卷、芸窓私志一卷、致虛雜俎一卷、内觀日疏一卷、漂粟手牘一卷、奚囊橘柚一卷、玄池說林一卷、賈氏說林一卷、然藜餘筆一卷、荻樓雜抄一卷、客退紀談一卷、下帷短牒一卷、下黃私記一卷、娜嬛記一卷、潛居錄一卷、雞蹠集一卷、傳載略一卷、瀟湘錄一卷、野雪鍛排雜說一卷、耳目記一卷、樹萱錄一卷、善謔集一卷、紹陶錄一卷、墨娥錄一卷、葆化錄一卷、玉匣記一卷、三餘帖一卷、三水小牘一卷、西溪叢語一卷、倦遊雜錄一卷、虛谷閑抄一卷、玉照新志六卷、醉翁寱語一卷、錦里新聞一卷、清尊錄一卷、昨夢錄一卷、就日錄一卷、漫笑錄一卷、軒渠錄一卷、拊掌錄一卷、諧噱錄一卷、咸定錄一卷、天定錄一卷、調謔編一卷、謔名錄一卷、艾子雜說一卷、摭言一卷、諧史一卷、可談一卷、話腴一卷、談藪一卷、談淵一卷、談撰一卷、佛國記一卷、神異經一卷、拾遺名山記一卷、海内十洲記一卷、洞天福地記一卷、别國洞冥記一撰、西京雜記一卷、南部煙花記一卷)

500000－8703－0001061　1061
宋元學案一百卷首一卷　(清)黄宗羲撰　(清)黄百家纂　(清)全祖望修　清光緒五年(1879)長沙寄廬刻本　二十七册　存七十八卷(一至三、十八至四十一、四十九至六十七、七十至一百,首一)

500000－8703－0001062　1062
宋元學案一百卷首一卷　(清)黄宗羲撰　(清)黄百家纂　(清)全祖望修　清光緒五年(1879)長沙寄廬刻本　六册　存十卷(一至五、九十二至九十五,首一)

500000－8703－0001063　1063
玉海二百〇四卷附刻十三種　(宋)王應麟撰　清成都王氏刻本　四十二册　存九十一卷(一至十三、八十八至一百〇五、一百〇八至一百十一、一百十九至一百二十、一百二十三至一百七十六)

500000－8703－0001064　1064
潛確居類書一百二十卷　(明)陳仁錫纂　明末刻本　四十册　存七十八卷(九至十三、十六至十七、二十一至二十四、二十八至三十一、三十四至四十五、四十八至五十六、六十一至六十四、六十六至六十八、七十至七十三、七十六至七十七、八十一至一百〇三、一百〇七至一百〇八、一百十七至一百二十)

500000－8703－0001065　1065
黄帝内經素問註證發微九卷黄帝内經靈樞註證發微九卷補遺一卷　(清)馬蒔仲註證　清藝林堂刻本　二十四册

500000－8703－0001066　1066
黄帝内經素問註證發微九卷黄帝内經靈樞註證發微九卷　(清)馬蒔仲註證　清光緒五年(1879)善成堂刻本　十九册

500000－8703－0001067　1067
金石萃編一百六十卷　(清)王昶撰　清同治十一年(1872)刻本　六十九册　存一百三十九卷(一至十三、十六至十八、二十一至三十六、三十九至七十一、七十六至七十八、八十二至九十九、一百〇二至一百十八、一百二十一至一百二十九、一百三十二至一百三十三、一百三十六至一百六十)

500000－8703－0001068　1068
國朝文錄八十二卷　(清)姚椿輯　清咸豐元年(1851)刻本　二十八册　存七十五卷(六至十七、二十至八十二)

500000－8703－0001069　1069
明詩綜一百卷　(清)朱彝尊編　(清)汪森等輯評　清康熙乾隆刻本　三十三册　存八十三卷(一至十、十三至十八、二十一至二十四、二十七至二十八、三十二至四十四、四十七至

五十一、五十三至六十六、六十九至七十四、七十八至一百）

500000－8703－0001070　1070
曾文正公書札三十三卷首一卷　（清）李瀚章編　清光緒二年（1876）傳忠書局刻本　十五册　存三十四卷（一至三十三、首一）

500000－8703－0001071　1071
五洲各國政治攷十卷　（清）錢恂輯　清光緒二十八年（1902）長沙刻本　十册

500000－8703－0001072　1072
元史二百十卷元史藝文志四卷元史氏族表三卷　（明）宋濂修　（清）錢大昕撰　清刻本　三十册　存一百三十八卷（八十至二百十、藝文志一至四、氏族表一至三）

500000－8703－0001073　1073
列國政要一百三十二卷首一卷附譯名對照表　（清）戴鴻慈　（清）端方輯　清光緒三十三年（1907）石印本　三十二册

500000－8703－0001074　1074
玉壺野史十卷　（宋）釋文瑩撰　清末影印本　一册

500000－8703－0001075　1075
菽園雜記十五卷　（明）陸客撰　清末影印本　一册　存八卷（一至八）

500000－8703－0001076　1076
考古質疑六卷　（宋）葉大慶撰　清光緒十一年（1885）刻本　一册

500000－8703－0001077　1077
事類統編九十三卷　（清）林意誠輯　清刻本　十册　存十八卷（八至十四、十七至十八、四十七至五十五）

500000－8703－0001078　1078
悲華經十卷　（北涼）釋曇無讖譯　清刻本　一册　存三卷（一至三）

500000－8703－0001079　1079
穴法分受二卷　（清）黄越撰　清同德堂刻本　一册

500000－8703－0001080　1080
因明入正理論疏八卷　（唐）釋窺基撰　清刻本　一册　存四卷（一至四）

500000－8703－0001081　1081
世説新語三卷附引用書目一卷佚文一卷校勘小識一卷補一卷考證一卷釋名一卷　（南朝宋）劉義慶撰　清光緒十七年（1891）思賢講舍刻本　三册　存六卷（世説新語一、三，佚文一，校勘小識一，補一，考證一）

500000－8703－0001082　1082
淵鑑類函四百五十卷　（清）張英等輯　清光緒十三年（1887）上海同文書局石印本　四十二册　存四百二十五卷（一至一百九十二、二百〇八至四百十三、四百二十四至四百五十）

500000－8703－0001083　1083
資治通鑑二百九十四卷　（宋）司馬光編　（元）胡三省音注　**釋文辯誤十二卷**　（明）胡三省撰　清刻本　二十二册　存六十四卷（一百五十一至一百八十四、二百三十九至二百六十五，釋文辯誤四至六）

500000－8703－0001084　1084
資治通鑑綱目正編五十九卷　（明）陳仁錫評閲　清刻本　八册　存八卷（三十八至三十九、四十三下至四十六、四十八、五十）

500000－8703－0001085　1085
梁書五十六卷　（唐）姚思廉撰　清刻本　一册　存十二卷（七至十八）

500000－8703－0001086　1086
續資治通鑑綱目二十七卷　（明）陳仁錫評閲　清刻本　一册　存一卷（十七）

500000－8703－0001087　1087
續資治通鑑綱目二十七卷　（明）陳仁錫評閲　清刻本　八册　存八卷（十四、十七至二十二、二十六）

500000－8703－0001088　1088
資治通鑑綱目續編末一卷　（明）陳仁錫評閲　清刻本　一册　存一卷（末一）

500000－8703－0001089　1089

資治通鑑綱目五十九卷　(明)陳仁錫評閱　清刻本　二十二册　存十六卷(三下、五下、六、十八下、二十上、二十三下、三十上、三十一上、三十二下、三十九下、四十三、四十四下、四十五上、四十六、四十八、四十九下)

500000－8703－0001090　1090

資治通鑑綱目前編二十五卷　(明)陳仁錫評閱　清刻本　六册　存十二卷(一、八至十四、十七至二十)

500000－8703－0001091　1091

時政通考不分卷　(清)□□輯　清刻本　八册　存二十五卷[刑部第一至第二、兵部第四至第十(第七卷重出)、工部第一至第八、吏部第一至第四、禮部第五至第八]

500000－8703－0001092　1092

熙朝紀政六卷　(清)王慶雲述　清光緒二十七年(1901)上海天章書局石印本　二册　存二卷(一至二)

500000－8703－0001093　1093

廿二史劄記三十六卷　(清)趙翼撰　清光緒二十八年(1902)上海鴻文書局石印本　二册　存十二卷(一至十二)

500000－8703－0001094　1094

春秋比二卷　(清)郝懿行輯　清光緒十六年(1890)怡敬齋刻本　二册

500000－8703－0001095　1095

四書典制新穎□□卷　(□)□□纂　清刻本　一册　存一卷(三)

500000－8703－0001096　1096

管窺輯要八十卷　(清)黃鼎纂　清刻本　四十三册　存六十六卷(一至十二、十五至三十五、三十九至四十六、五十一至五十四、五十七至六十九、七十一至七十二、七十五至八十)

500000－8703－0001097　1097

吴越所見書畫錄六卷　(清)陸時化編　清宣統二年(1910)順德鄧氏鉛印本　五册　存五卷(一至五)

500000－8703－0001098　1098

淵鑑類函四百五十卷　(清)張英等輯　清光緒二十三年(1897)上海點石齋石印本　二册　存八部(天部、歲時部、地部、帝王部、后妃部、儲宫部、帝戚部、設官部)

500000－8703－0001099　1099

廣川書跋十卷　(宋)董逌撰　清光緒十三年(1887)朱氏槐廬行素草堂刻本　二册

500000－8703－0001100　1100

人譜類記六卷　(明)劉宗周撰　清光緒三年(1877)湖北崇文書局刻本　一册

500000－8703－0001101　1101

和文漢譯讀本八卷　(日本)坪内雄藏撰　(清)張肇熊譯　清光緒三十二年(1906)上海商務印書館鉛印本　八册

500000－8703－0001102　1102

新增説文韻府羣玉二十卷　(元)陰時夫輯　清聚錦堂刻本　十册　存十二卷(一至十、十九至二十)

500000－8703－0001103　1103

大方廣佛華嚴經疏鈔會本二百二十卷　(唐)釋實义難陀譯　清刻本　五册　存二十卷(二十六至二十九、五十一至五十四、七十五至七十八、八十二至八十五、八十九至九十二)

500000－8703－0001104　1104

張子正蒙十七篇　(宋)張載撰　清刻本　五册　存十二卷(三至七、九至十一、十四至十七)

500000－8703－0001105　1105

淮南天文訓補註二卷　(清)錢塘撰　清光緒三年(1877)湖北崇文書局刻本　一册　存一卷(上)

500000－8703－0001106　1106

經濟尋源九卷後集三卷　(□)□□輯　清同治七年(1868)白雲山刻本　十册　存九卷

（一至五、七至九，後集二）

500000－8703－0001107　1107

師範講義□□卷　（日本）葛岡信虎等撰　清光緒三十年（1904）四川官報局石印本　五冊　存殘本

500000－8703－0001108　1108

淨土十要十卷　（明）釋智旭編　清光緒刻本　二冊　存七卷（三至九）

500000－8703－0001109　1109

藝文類聚一百卷　（唐）歐陽詢撰　清光緒宏達堂刻本　三十二冊　存九十二卷（三至五、八至七十、七十五至一百）

500000－8703－0001110　1110

新增説文韻府羣玉二十卷　（元）陰時夫輯　清文光堂刻本　十五冊　存十八卷（二至十一、十三至二十）

500000－8703－0001111　1111

佛説大方廣十輪經八卷　（清）□□纂　清宣統三年（1911）揚州周楚江刻本　二冊

500000－8703－0001112　1112

善住意天子所問經三卷　（北魏）釋毗目智仙等譯　清光緒六年（1880）常熟刻經處刻本　一冊

500000－8703－0001113　1113

胡子居業錄摘要二卷　（明）胡居仁撰　清刻本　一冊

500000－8703－0001114　1114

庚子銷夏記八卷　（清）孫承澤撰　清宣統三年（1911）鄧氏風雨樓鉛印本　三冊

500000－8703－0001115　1115

書畫題跋記十二卷　（明）郁逢慶撰　清宣統三年（1911）風雨樓鉛印本　四冊

500000－8703－0001116　1116

近思錄十四卷　（清）江永集注　清同治七年（1868）楚北崇文書局刻本　四冊

500000－8703－0001117　1117

莊子十卷　（晉）郭象注　（唐）陸德明音義　清光緒二年（1876）浙江書局刻本　四冊

500000－8703－0001118　1118

續廣事類賦三十卷　（清）王鳳喈撰　清同文堂刻本　五冊　存十八卷（一至六、十二、二十至三十）

500000－8703－0001119　1119

千金裘初集二十七卷二集二十六卷　（清）蔣義彬　（清）徐元麟撰　清嘉慶二十一年至二十四年（1816－1819）三徑山房刻本　八冊

500000－8703－0001120　1120

華嚴經呑海集三卷　（宋）釋道通撰　清光緒十六年（1890）金陵刻經處刻本　一冊

500000－8703－0001121　1121

解脱道論十二卷　（□）釋優波底沙伽造　（南朝梁）釋僧伽婆羅譯　清刻本　一冊　存五卷（一至五）

500000－8703－0001122　1122

大般若波羅蜜多經六百卷　（唐）釋玄奘譯　清刻本　十八冊　存九十一卷（一至五、三十六至四十五、五十一至五十五、一百十一至一百十五、一百四十六至一百五十、一百七十六至二百〇五、三百〇二至三百〇五、四百十至四百十五、四百四十六至四百五十、五百三十六至五百四十、五百五十一至五百五十五、五百六十一至五百六十五）

500000－8703－0001123　1123

大乘十法經一卷　（南朝梁）釋伽婆羅撰　清光緒六年（1880）常熟刻經處刻本　一冊

500000－8703－0001124　1124

諸經要集二十卷　（唐）釋道世撰　清刻本　三冊　存六卷（一至四、十九至二十）

500000－8703－0001125　1125

薩婆多毘尼毘婆沙□□卷　（□）□□纂　清刻本　一冊　存四卷（一至四）

500000－8703－0001126　1126

金光明經疏□□卷　（隋）釋智者大師説　清刻本　二冊　存六卷（一至六）

500000－8703－0001127　1127

大乘大悲分陀利經八卷　(□)□□纂　清宣統二年(1910)常州天寧寺刻本　三册　存八卷(一至八)

500000－8703－0001128　1128

瑜伽師地論記一百卷　(唐)釋玄奘譯　清刻本　四册　存十四卷(十四至十六、三十四至三十六、五十一至五十四、六十六至六十九)

500000－8703－0001129　1129

本頌三論八卷　(唐)釋玄奘等譯　清刻本　二册

500000－8703－0001130　1130

大方廣佛新華嚴經合論一百二十卷　(唐)釋實义難陀譯　清刻本　七册　存二十八卷(二十五至三十二、三十七至四十、五十三至六十、六十九至七十二、八十五至八十八)

500000－8703－0001131　1131

妙法蓮華經要解十九卷　(宋)釋戒環解　清刻本　四册　存四卷(三至六)

500000－8703－0001132　1132

補注黄帝内經素問二十四卷　(唐)啓玄子注　(宋)林億等校正　清刻本　六册　存十七卷(八至二十四)

500000－8703－0001133　1133

原富五部　(英國)斯密亞丹撰　嚴復譯　清光緒二十七年(1901)刻本　十二册

500000－8703－0001134　1134

原富五部　(英國)斯密亞丹撰　嚴復譯　清光緒二十七年(1901)刻本　七册　存三部(甲下、丁下、戊上下)

500000－8703－0001135　1135

大佛頂如來密因修證了義諸菩薩萬行首楞嚴經十卷　(唐)釋般剌密帝譯　清刻本　六册　存五卷(二、四、六至八)

500000－8703－0001136　1136

重訂廣事類賦四十卷　(清)華希閔撰　清光緒八年(1882)梓潼堂刻本　七册　存三十三卷(一至三十三)

500000－8703－0001137　1137

陔餘叢考四十三卷　(清)趙翼撰　清刻本　四册　存二十二卷(一至五、十八至二十九、三十九至四十三)

500000－8703－0001138　1138

御纂醫宗金鑑九十卷　(清)吳謙等纂輯　清刻本　三册　存六卷(二至三、二十至二十三)

500000－8703－0001139　1139

危言二卷　(清)邵作舟撰　清光緒二十四年(1898)上海商務印書館鉛印本　一册　存一卷(上)

500000－8703－0001140　1140

月燈三昧經十一卷　(北齊)釋那連提黎耶舍譯　清刻本　二册　存六卷(一至六)

500000－8703－0001141　1141

冬心先生題畫記不分卷　(清)金農撰　清同治十一年(1872)刻本　一册

500000－8703－0001142　1142

大乘理趣六波羅密多經十卷　(唐)釋般若譯　清刻本　一册　存三卷(六至八)

500000－8703－0001143　1143

入楞伽經十卷　(北魏)釋菩提留支譯　清刻本　一册　存四卷(四至七)

500000－8703－0001144　1144

金剛三昧經二卷　(□)□□纂　清同治十二年(1873)金陵刻經處刻本　一册

500000－8703－0001145　1145

大乘造像功德經二卷　(唐)釋提雲般若等譯　清同治十一年(1872)常熟刻經處刻本　一册

500000－8703－0001146　1146

無量壽經起信論三卷觀無量壽佛經約論一卷阿彌陀經約論一卷　(清)彭際清撰　清刻本　一册

500000－8703－0001147　1147

韓非子二十卷　(戰國)韓非撰　清光緒元年(1875)浙江書局刻本　五册

500000－8703－0001148　1148
商君書五卷　(戰國)商鞅撰　清光緒二年(1876)浙江書局刻本　一册

500000－8703－0001149　1149
容齋三筆十六卷　(宋)洪邁撰　清皖南洪氏刻本　二册　存七卷(四至十)

500000－8703－0001150　1150
佛説羅摩伽經四卷　(北魏)釋聖堅譯　清光緒九年(1883)常熟刻經處刻本　一册

500000－8703－0001151　1151
癡學八卷　(清)黄本驥撰　清道光二十七年(1847)三長物齋刻本　三册

500000－8703－0001152　1152
萬國公法四卷　(美國)丁韙良譯　清光緒二十四年(1898)上海書局刻本　三册　存三卷(一至三)

500000－8703－0001153　1153
西學三通　(清)袁宗濂編輯　清光緒二十八年(1902)石印本　七册　存三種(西政通典九至十六,西史通志五十六至六十、一百十至一百十七、一百二十八,西藝通考二十八至三十四、一百六十三至一百六十七)

500000－8703－0001154　1154
各國約章纂要七卷首一卷附録一卷　勞乃宣纂　清光緒十八年(1892)上海圖書集成印書局石印本　三册　存六卷(一至五、首一)

500000－8703－0001155　1155
英法俄德四國志略不分卷　沈敦和輯譯　清光緒二十二年(1896)上海圖書集成印書局石印本　一册

500000－8703－0001156　1156
書啓合璧　(清)張西源編　清富春堂刻本　十一册　存七種(繡虎初集一至二、繡虎二集一至二、繡虎三集二、繡虎續集一至二、倦圃集一至二、秋錦全集一、名人尺牘一至二)

500000－8703－0001157　1157
萬國史記二十卷　(日本)岡本監輔撰　清光緒二十三年(1897)慎記書莊石印本　一册　存五卷(一至五)

500000－8703－0001158　1158
杜氏通典二百卷　(唐)杜佑纂　清光緒二十七年(1901)上海圖書集成局刻皇朝三通本　五册　存六十八卷(一至四十、五十三至八十)

500000－8703－0001159　1159
續藏書二十七卷　(明)李贄撰　明萬曆刻本　一册　存一卷(二)

500000－8703－0001160　1160
蜀道驛程記二卷　(清)王士禛撰　清末影印本　二册

500000－8703－0001161　1161
國朝謚考法一卷　(清)王士禛編　清末影印本　二册

500000－8703－0001162　1162
西政叢書　梁啟超輯　清光緒二十三年(1897)慎記書莊石印本　七册　存九種(庸書八卷、考工記要十卷、工程致富論畧五卷、農事論畧一卷、蠶務圖説一卷、紡織機器圖説一卷、德國學校論略一卷、西學課程彙編一卷、南海先生四上書記四卷)

500000－8703－0001163　1163
東周列國志二十七卷　(清)蔡元放評點　清刻本　二册　存四卷(二十至二十三)

500000－8703－0001164　1164
皇朝通志一百二十六卷　(清)嵇璜等撰　清光緒二十七年(1901)上海圖書集成局聚珍版印皇朝三通本　十二册

500000－8703－0001165　1165
皇朝通志一百二十六卷　(清)嵇璜等撰　清末石印本　三册　存五十一卷(十八至三十四、七十四至九十、一百十至一百二十六)

500000－8703－0001166　1166

明季稗史彙編二十七卷 （清）留雲居士輯 清光緒二十二年(1896)上海圖書集成印書局影印本 三冊 存十六卷(一至四、十六至二十七)

500000－8703－0001167 1167
續資治通鑑二百二十卷 （清）畢沅編 清末石印本 二十五冊 存一百七十一卷(十六至四十四、七十九至二百二十)

500000－8703－0001168 1168
資治通鑑綱目五十九卷首一卷 （明）陳仁錫評閱 清刻本 三冊 存三卷(二十四上、四十下、四十一上)

500000－8703－0001169 1169
欽定續通典一百五十卷 （清）曹仁虎等纂修 清光緒二十七年(1901)上海圖書集成局聚珍版印皇朝三通本 十二冊 存一百四十九卷(一至一百四十九)

500000－8703－0001170 1170
皇朝通典一百卷 （清）嵇璜等纂 清光緒二十七年(1901)上海圖書集成局聚珍版印皇朝三通本 十二冊

500000－8703－0001171 1171
光緒財政通纂五十四卷 （清）杜翰藩編 清光緒三十一年(1905)蓉城文倫書局鉛印本 五冊 存十九卷(一至二、二十一至二十三、三十一至三十八、四十一至四十四、五十至五十一)

500000－8703－0001172 1172
欽定四庫全書總目提要二百卷首一卷 （清）紀昀等纂 清宣統二年(1910)存古齋石印本 三十二冊

500000－8703－0001173 1173
列國政要續編九十四卷首一卷 （清）端方（清）戴鴻慈輯 清宣統三年(1911)上海商務印書館石印本 三十一冊 存九十二卷(一至三、七至九十四,首)

500000－8703－0001174 1174
欽定遼史一百十六卷 （元）脫脫等修 清光緒二十九年(1903)五洲同文局石印本 一冊 存十二卷(一至十二)

500000－8703－0001175 1175
九通通二百四十八卷首一卷 （清）劉可毅輯 清光緒二十八年(1902)武進劉氏石印本 五十九冊 存二百四十三卷(一至四十九、五十六至二百四十八,首)

500000－8703－0001176 1176
刑案滙覽六十卷首一卷末一卷拾遺備考一卷續增十六卷 （清）□□輯 清光緒上海圖書集成局鉛印本 十五冊 存三十三卷(二至七、十至十二、十五至十九、二十五至二十九、四十七至四十八、五十一至五十六,續三至四、九至十、十五至十六)

500000－8703－0001177 1177
通鑑紀事本末二百三十九卷 （宋）袁樞編（明）張溥論正 清光緒十四年(1888)上洋書業公所鉛印本 二十四冊

500000－8703－0001178 1178
大清一統志輯要五十卷 （清）洪亮吉撰 清光緒二十八年(1902)山左輿圖局石印本 九冊 存三十八卷(一至三十、四十三至五十)

500000－8703－0001179 1179
大清一統志輯要五十卷 （清）洪亮吉撰 清光緒二十八年(1902)山左輿圖局石印本 六冊 存二十六卷(一至十六、二十一至二十六、四十七至五十)

500000－8703－0001180 1180
大清一統志輯要五十卷 （清）洪亮吉撰 清光緒二十八年(1902)山左輿圖局石印本 四冊 存十八卷(五至十六、二十一至二十六)

500000－8703－0001181 1181
續資治通鑑二百二十卷 （清）畢沅編 清光緒十四年(1888)上海蜚英館石印本 十六冊 存一百七十六卷(一至一百六十四、一百九十八至二百〇九)

500000－8703－0001182 1182
海國圖志一百卷首一卷 （清）魏源撰 清光

緒二年(1876)平慶涇固道署刻本　三十二冊

500000－8703－0001183　1183
[光緒]桃源縣志十九卷首一卷　(清)余良棟等纂修　清光緒十八年(1892)刻本　十六冊

500000－8703－0001184　1184
日本國志四十卷首一卷　(清)黄遵憲編纂　清光緒十六年(1890)羊城富文齋刻本　十六冊

500000－8703－0001185　1185
日本國志四十卷首一卷　(清)黄遵憲編纂　清光緒二十四年(1898)匯文書局刻本　十二冊

500000－8703－0001186　1186
日本國志四十卷首一卷　(清)黄遵憲編纂　清光緒二十四年(1898)浙江書局刻本　十冊

500000－8703－0001187　1187
日本國志四十卷　(清)黄遵憲編纂　清光緒二十四年(1898)浙江書局刻本　十冊

500000－8703－0001188　1188
曾文正公年譜十二卷首一卷　(清)黎庶昌(清)曹耀湘輯　清光緒二年(1876)傳忠書局刻本　六冊

500000－8703－0001189　1189
淵鑑類函四百五十卷目錄四卷　(清)張英等輯　清清吟堂刻本　一百六十冊

500000－8703－0001190　1190
悟真直指四卷　(宋)張真人撰　清嘉慶二十五年(1820)湖南常德府護國庵刻本　二冊

500000－8703－0001191　1191
通關文二卷　(清)劉一明撰　清道光二年(1822)常德護國庵刻本　一冊　存一卷(上)

500000－8703－0001192　1192
參同契經文直指三卷　(漢)伯陽真人撰(清)劉一明解　清刻本　一冊

500000－8703－0001193　1193
參同契直指箋註三卷　(漢)徐景休撰　清刻本　一冊　存二卷(一至二)

500000－8703－0001194　1194
嘉懿集續鈔四卷　(清)高塘編　清乾隆五十四年(1789)刻本　三冊　存三卷(一至三)

500000－8703－0001195　1195
白虎通德論四卷　(漢)班固撰　清刻本　二冊

500000－8703－0001196　1196
本經序疏要八卷　(清)鄒澍撰　清刻本　四冊

500000－8703－0001197　1197
紀慎齋先生續集二十五卷　(清)紀大奎輯　清咸豐二年(1852)刻本　六冊　存十五卷(周易參同契集韻前卷上中下、後卷上中下末,悟真篇上中下,仕學備餘一至六)

500000－8703－0001198　1198
醫壘元戎不分卷班論萃英不分卷　(元)王好古撰　清刻本　一冊

500000－8703－0001199　1199
圖註八十一難經辨真四卷　(戰國)秦越人撰(明)張世賢註　清善成堂刻本　二冊

500000－8703－0001200　1200
地理末學二卷　(清)紀大奎撰　清刻本　二冊

500000－8703－0001201　1201
潛書二卷　(清)唐甄撰　(清)王聞遠編　清光緒三十一年(1905)鄧氏刻本　四冊

500000－8703－0001202　1202
程氏家塾讀書分年日程三卷　(元)程端禮編　清同治七年(1868)湖北崇文書局刻本　二冊

500000－8703－0001203　1203
筆算便覽五卷　(清)紀大畢等編　清嘉慶十九年(1814)臨川紀氏刻本　一冊

500000－8703－0001204　1204
山海經十八卷　(晉)郭璞傳　清光緒三年(1877)浙江書局刻本　三冊

500000－8703－0001205　1205

岳王文翰故事十二卷末一卷　(清)李天根輯　清末刻本　一册　存三卷(八至十)

500000－8703－0001206　1206
目耕帖三十一卷　(清)馬國翰撰　清光緒九年(1883)長沙嫏嬛館刻本　四册　存六卷(一至二、十五至十六、二十九至三十)

500000－8703－0001207　1207
衛道編二卷　(清)劉紹攽編　清光緒十四年(1888)刻本　二册

500000－8703－0001208　1208
諸葛忠武侯故事五卷　(清)張澍纂輯　清嘉慶十七年(1812)刻本　一册　存二卷(一至二)

500000－8703－0001209　1209
秘藏大六壬大全十三卷　(清)郭御青輯　清咸豐七年(1857)同文堂刻本　一册　存六卷(一至六)

500000－8703－0001210　1210
諸子平議三十五卷　(清)俞樾撰　清刻本　二册　存九卷(五至八、十四至十八)

500000－8703－0001211　1211
韓非子二十卷　(戰國)韓非撰　清光緒元年(1875)浙江書局刻本　二册　存八卷(一至四、十三至十六)

500000－8703－0001212　1212
求闕齋讀書錄十卷　(清)曾國藩撰　(清)王啓原輯　清光緒二年(1876)傳忠書局刻本　一册　存三卷(一至三)

500000－8703－0001213　1213
何博士備論一卷　(宋)何去非撰　**守城錄四卷**　(宋)陳規撰　清半畝園刻本　一册

500000－8703－0001214　1214
唐人説薈二十卷　(清)陳蓮塘輯　清同治十年(1871)京都琉璃厰刻本　二十册

500000－8703－0001215　1215
御纂朱子全書六十六卷　(清)李光地等輯　清羅文林堂刻本　三十二册

500000－8703－0001216　1216
御纂醫宗金鑑九十卷　(清)吴謙等撰　清刻本　十五册　存三十四卷(一至三十四)

500000－8703－0001217　1217
讀書説四卷　(清)胡承諾撰　清光緒十七年(1891)三餘草堂刻本　二册　存四卷(一至四上)

500000－8703－0001218　1218
瀛壖雜志六卷　(清)王韜撰　清光緒元年(1875)刻本　二册

500000－8703－0001219　1219
酉陽雜俎續集十卷　(唐)段成式撰　清同治八年(1869)小嫏嬛山館刻本　一册　存九卷(一至九)

500000－8703－0001220　1220
拾遺記十卷　(晉)王嘉撰　(南朝梁)蕭綺錄　清光緒元年(1875)湖北崇文書局刻本　一册

500000－8703－0001221　1221
起黄二卷質顧一卷廣王二卷　(清)吴光耀撰　清宣統刻本　五册

500000－8703－0001222　1222
起黄二卷質顧一卷廣王二卷　(清)吴光耀撰　清宣統刻本　二册　存二卷(廣王一至二)

500000－8703－0001223　1223
癸辛雜識前集一卷後集一卷續集二卷别集二卷附提要一卷補正一卷　(宋)周密輯　(明)毛晉訂　清刻本　二册　存二卷(前集一、後集一)

500000－8703－0001224　1224
寶真齋法書贊二十八卷　(宋)岳珂撰　清刻本　九册　存二十四卷(一至二十四)

500000－8703－0001225　1225
續博物志十卷　(唐)李石撰　清光緒元年(1875)湖北崇文書局刻本　一册

500000－8703－0001226　1226
文殊師利菩薩問菩提經論二卷　(北魏)釋菩

提留支譯　**金剛般若波羅蜜經破取撰不壞假名論二卷**　(天竺)釋地婆訶羅譯　清宣統三年(1911)常州天寧寺刻本　一冊

500000－8703－0001227　1227
佛說無量壽經二卷觀無量壽佛經一卷阿彌陀經一卷普賢行願品一卷　(三國魏)釋康僧鎧譯　清同治十三年(1874)金陵刻經處刻本　一冊

500000－8703－0001228　1228
入楞伽經十卷　(北魏)釋菩提留支譯　清宣統元年(1909)常州天寧寺刻本　一冊　存三卷(一至三)

500000－8703－0001229　1229
勝鬘師子吼一乘大方便方廣經一卷　(南朝宋)釋求那跋陀羅譯　**勝鬘夫人會一卷**　(唐)釋菩提流志譯　清光緒二十二年(1896)金陵刻經處刻本　一冊

500000－8703－0001230　1230
佛說須賴經一卷　(三國魏)釋白延譯　清宣統二年(1910)常州天寧寺刻本　二冊

500000－8703－0001231　1231
佛說無量清淨平等覺經三卷　(後漢)釋支婁迦讖譯　清同治十年(1871)金陵刻經處刻本　一冊

500000－8703－0001232　1232
佛說無量清淨平等覺經三卷　(後漢)釋支婁迦讖譯　清同治十年(1871)金陵刻經處刻本　一冊

500000－8703－0001233　1233
佛說無量清淨平等覺經二卷　(後漢)釋支婁迦讖譯　清光緒五年(1879)常熟刻經處刻本　一冊

500000－8703－0001234　1234
思益梵天所問經四卷　(後秦)釋鳩摩羅什譯　清光緒五年(1879)金陵刻經處刻本　一冊

500000－8703－0001235　1235
舊五代史一百五十卷　(宋)薛居正等撰　清同治十一年(1872)湖北崇文書局刻本　十六冊

500000－8703－0001236　1236
王先生十七史蒙求十六卷　(宋)王令撰　清光緒十年(1884)刻本　三冊

500000－8703－0001237　1237
皕宋樓藏書志一百二十卷續志四卷　(清)陸心源編　清光緒八年(1882)十萬卷樓刻本　三十二冊

500000－8703－0001238　1238
讀通鑑論三十卷末一卷　(清)王夫之撰　清光緒二十四年(1898)集益學社刻本　十五冊　存二十九卷(一至十五、十八至三十,末一)

500000－8703－0001239　1239
泰西十八周史攬要十八卷　(清)李鼎星撰　(英國)雅各偉德元本　(英國)季理斐成章譯　清光緒二十七年(1901)上海廣學會鉛印本　三冊　存六卷(十至十二、十六至十八)

500000－8703－0001240　1240
泰西十八周史攬要十八卷　(清)李鼎星撰　(英國)雅各偉德元本　(英國)季理斐成章譯　清末刻本　四冊　存十三卷(六至十八)

500000－8703－0001241　1241
史姓韻編六十四卷　(清)汪輝祖輯　清光緒十年(1884)慈溪耕餘樓書局鉛印本　十六冊

500000－8703－0001242　1242
戰國紀年六卷戰國輿地一卷戰國年表一卷　(清)林春溥纂　清道光十八年(1838)刻竹柏山房叢書本　六冊

500000－8703－0001243　1243
遼史一百十五卷　(元)脱脱等修　清同治十二年(1873)江蘇書局刻本　十二冊

500000－8703－0001244　1244
元和郡縣圖志四十卷闕卷逸文一卷　(唐)李吉甫撰　清光緒六年(1880)金陵書局刻本　六冊

500000－8703－0001245　1245
元和郡縣補志九卷　(清)嚴觀輯　清光緒八

年(1882)金陵書局刻本　二冊

500000－8703－0001246　1246

前漢書一百二十卷附考證　(漢)班固撰　(唐)顔師古注　清光緒刻本　三十三冊　存八十三卷(十五至九十七)

500000－8703－0001247　1247

補三國疆域志二卷　(清)洪亮吉撰　清光緒四年(1878)授經堂刻洪北江全集本　一冊

500000－8703－0001248　1248

舊五代史一百五十卷目錄二卷附攷證　(宋)薛居正等撰　清刻本　十六冊

500000－8703－0001249　1249

東洋歷史四卷首一卷　(清)□□纂　清光緒二十七年(1901)古渝善成堂刻本　四冊

500000－8703－0001250　1250

陳書三十六卷　(唐)姚思廉撰　清同治十一年(1872)金陵書局刻本　四冊

500000－8703－0001251　1251

宋朝事實二十卷　(宋)李攸撰　清乾隆活字印武英殿聚珍版書本　八冊

500000－8703－0001252　1252

閫政領要三卷　(清)德福纂　清刻本　一冊

500000－8703－0001253　1253

西湖志四十八卷　(清)李衛等纂修　清光緒四年(1878)浙江書局刻本　二十冊

500000－8703－0001254　1254

武王克殷日紀一卷　(清)林春溥纂　清刻本　一冊

500000－8703－0001255　1255

史記一百三十卷　(漢)司馬遷撰　(南朝宋)裴駰集解　(唐)司馬貞索隱　清光緒四年(1878)金陵書局刻本　二十四冊

500000－8703－0001256　1256

水經注西南諸水考三卷弧三角平視法一卷摹印述一卷　(清)陳澧撰　清光緒刻東塾遺書本　一冊

500000－8703－0001257　1257

裘文達公奏議不分卷　(清)裘曰修撰　清刻本　二冊

500000－8703－0001258　1258

南北史補志十四卷　(清)汪士鐸撰　清光緒四年(1878)淮南書局刻本　六冊

500000－8703－0001259　1259

彙刻書目二十冊　(清)顧修編　(清)朱學勤增訂　清光緒十五年(1889)上海福瀛書局刻本　二十冊

500000－8703－0001260　1260

戰國策三十三卷　(漢)高誘注　**重刻剡川姚氏本戰國策劄記三卷**　(清)黄丕烈撰　清光緒二年(1876)尊經書院刻本　五冊　存三十六卷(一至三十三)

500000－8703－0001261　1261

行素草堂金石叢書　(清)朱記榮輯　清光緒三年(1877)行素草堂刻本　五冊　存三種(漢石例六卷、金石例補二卷、志銘廣例二卷)

500000－8703－0001262　1262

佛說無量壽佛經一卷　(南朝宋)釋畺良耶舍譯　**佛說阿彌陀經一卷**　(後秦)釋鳩摩羅什譯　**稱讚淨土佛攝受經一卷**　(唐)釋玄奘譯　**拔一切業障根本得生淨土神咒一卷**　(南朝宋)釋那跋陀羅譯　**阿彌陀鼓音聲王陀羅尼經一卷**　(□)□□譯　**觀世音菩薩得大勢菩薩受記經一卷**　(南朝宋)釋曇無竭譯　**無量壽經優波提舍一卷**　(北魏)釋菩提留支譯　**佛說阿彌陀經疏一卷**　(唐)釋元曉述　清光緒七年(1881)金陵刻經處刻本　一冊

500000－8703－0001263　1263

三劫三千佛緣起三卷　(南朝宋)釋畺良耶舍譯　清光緒元年(1875)金陵刻經處刻本　一冊

500000－8703－0001264　1264

入法界體性經一卷　(隋)釋闍那崛多譯　清光緒四年(1878)金陵刻經處刻本　一冊

500000－8703－0001265　1265

六度集經八卷 （三國吳）釋康僧會譯 清光緒五年（1879）金陵刻經處刻本 二册

500000－8703－0001266 1266
六度集經八卷 （三國吳）釋康僧會譯 清光緒五年（1879）金陵刻經處刻本 一册 存四卷（五至八）

500000－8703－0001267 1267
三劫三千佛緣起三卷 （南朝宋）釋畺良耶舍譯 清光緒元年（1875）金陵刻經處刻本 一册

500000－8703－0001268 1268
占察善惡業報經二卷 （隋）釋菩提燈譯 清咸豐九年（1859）文殊院刻本 一册

500000－8703－0001269 1269
佛說施燈公德經一卷 （北齊）釋那連提黎耶舍譯 清刻本 一册

500000－8703－0001270 1270
抱朴子内篇二十卷外篇五十卷 （晉）葛洪撰 清光緒元年（1875）湖北崇文書局刻本 三册 存六卷（内篇一至四、外篇三至四）

500000－8703－0001271 1271
荀子二十卷附校勘補遺一卷 （唐）楊倞注 清光緒二年（1876）浙江書局刻本 六册

500000－8703－0001272 1272
五種遺規十六卷 （清）陳弘謀輯 清光緒維新書局刻本 八册

500000－8703－0001273 1273
黄帝内經靈樞十二卷 （唐）王冰注 清刻本 二册

500000－8703－0001274 1274
陣紀四卷 （明）何良臣撰 清半畝園刻本 一册

500000－8703－0001275 1275
孔易闡真二卷 （清）劉一明撰 清刻本 一册

500000－8703－0001276 1276
涑水記聞十六卷補遺一卷 （宋）司馬光撰 清光緒三年（1877）湖北崇文書局刻本 三册 存十三卷（一至八、十三至十六，補遺一）

500000－8703－0001277 1277
事類賦補遺十四卷 （清）張均編 清同文會刻本 四册

500000－8703－0001278 1278
檜門觀劇絕句二卷 （清）金德瑛輯 清光緒三十四年（1908）葉氏觀古堂刻本 一册

500000－8703－0001279 1279
金剛般若經偈會本一卷通敘一卷 （後秦）釋鳩摩羅什譯 （北魏）釋菩提留支譯 清刻本 一册

500000－8703－0001280 1280
淨土極信錄不分卷 （清）釋智善撰 清光緒四年（1878）西湖昭慶寺刻本 一册

500000－8703－0001281 1281
僧伽吒經四卷出生菩提心經一卷佛說佛印三昧經一卷佛說十二頭陀經一卷佛說樹提伽經一卷佛說法常住經一卷佛說長壽王經一卷 （北魏）釋月婆首那等譯 清宣統三年（1911）常州天寧寺刻本 一册

500000－8703－0001282 1282
瑜伽燄口施食要集一卷 （清）釋寶華撰 清光緒三十四年（1908）萬州彌陀院刻本 一册

500000－8703－0001283 1283
瑜伽燄口施食要集一卷 （清）釋寶華撰 清光緒三十四年（1908）萬州彌陀院刻本 一册

500000－8703－0001284 1284
大佛頂經文句十卷 （唐）釋般剌密諦譯 清同治十三年（1874）金陵刻經處刻本 六册 存七卷（四至十）

500000－8703－0001285 1285
大乘本生心地觀經八卷 （唐）釋般若等譯 清刻本 一册 存四卷（一至四）

500000－8703－0001286 1286
慧上菩薩問大善權經二卷大乘顯識經二卷 （晉）釋竺法護等譯 清光緒六年（1880）常熟

刻經處刻本　一冊

500000－8703－0001287　1287
金剛決疑一卷　(後秦)釋鳩摩羅什譯　(明)釋德清撰　清刻本　一冊

500000－8703－0001288　1288
金剛般若經六譯本不分卷　(後秦)釋鳩摩羅什等譯　清同治十一年(1872)金陵刻經處刻本　一冊

500000－8703－0001289　1289
金剛三昧經二卷　(清)□□纂　清同治十二年(1873)金陵刻經處刻本　一冊

500000－8703－0001290　1290
大佛頂如來密因修證了義諸菩薩萬行首楞嚴經十卷　(明)曾鳳儀宗通　清刻本　六冊　存六卷(二至六、八)

500000－8703－0001291　1291
毗尼日用切要一卷　(清)寶華山彙集　**沙彌律儀要畧一卷**　(明)釋袾宏輯　清光緒二十四年(1898)萬縣彌陀院刻本　一冊

500000－8703－0001292　1292
毗尼日用切要一卷　(清)寶華山彙集　**沙彌律儀要畧一卷**　(明)釋袾宏輯　清光緒二十四年(1898)萬縣彌陀院刻本　一冊

500000－8703－0001293　1293
楹聯叢話十二卷續話四卷　(清)梁章鉅輯　清咸豐六年(1856)長沙府署刻本　二冊　存九卷(一至五、續話一至四)

500000－8703－0001294　1294
五種遺規十六卷　(清)陳弘謀輯　清光緒愛日堂培遠堂刻本　六冊　存五種十三卷(從政遺規一至二、教女遺規、訓俗遺規、訓俗遺規補、養正遺規)

500000－8703－0001295　1295
諸子平議三十五卷　(清)俞樾撰　清刻本　十三冊　存十三種二十九卷(管子平議一至六、晏子春秋平議一、老子平議一卷、墨子平議一卷、荀子平議一至三、列子平議一卷、莊子平議一至三、商子平議一卷、韓非子平議一卷、呂氏春秋平議一至三、董子春秋繁露平議一至二、賈子平議一至二、淮南子内經平議一至四)

500000－8703－0001296　1296
鹿洲公案二卷　(清)藍鼎元　(清)俞樾撰　(清)曠敏本評　清刻本　二冊

500000－8703－0001297　1297
說纂十集二十三卷　(明)嚴山書院輯　清道光元年(1821)邵氏西山堂刻本　十冊

500000－8703－0001298　1298
癸巳類稿十五卷　(清)俞正燮撰　清光緒十四年(1888)石印本　十冊

500000－8703－0001299　1299
任氏述記四卷　(清)任兆麟撰　清光緒十年(1884)蜀西廖氏閒雲精舍刻本　四冊

500000－8703－0001300　1300
子史輯要詩賦題解四卷續編四卷　(清)胡本淵輯　清刻本　二冊

500000－8703－0001301　1301
精選黄眉故事十卷　(明)鄧百拙編　清刻本　六冊

500000－8703－0001302　1302
題體會通二編二卷　(清)廖玉湘編　清嫏嬛書室刻朱墨套印本　二冊

500000－8703－0001303　1303
聲律啓蒙撮要二卷　(清)車萬育撰　(清)夏大觀箋　(清)聶銑敏訂　清刻本　一冊

500000－8703－0001304　1304
老學庵筆記十卷　(宋)陸游撰　清光緒三年(1877)湖北崇文書局刻本　二冊

500000－8703－0001305　1305
醫學十書二十二卷　(金)李東垣輯　清光緒七年(1881)雲林閣刻本　五冊　存九卷(脈訣一、内外傷辨惑論一至三、脾胃論一至三、外科精義一、此事難知一)

500000－8703－0001306　1306

說苑二十卷　(漢)劉向撰　清刻本　三冊　存十五卷(六至二十)

500000－8703－0001307　1307
古香齋鑒賞袖珍初學記三十卷　(唐)徐堅等撰　清光緒八年(1882)南海孔氏三十有三萬卷堂刻本　十一冊　存二十八卷(一至二十六、二十九至三十)

500000－8703－0001308　1308
華嚴一乘教義分齊章四卷　(唐)釋法藏撰　清刻本　一冊

500000－8703－0001309　1309
佛說大迦業問大寶積正法經五卷　(宋)釋施護譯　清宣統元年(1909)刻本　一冊

500000－8703－0001310　1310
楹聯錄存三卷　(清)俞樾撰　清光緒刻春在堂叢書本　一冊

500000－8703－0001311　1311
勝鬘經寶窟十五卷　(唐)釋吉藏撰　清光緒二十六年(1900)金陵刻經處刻本　一冊　存四卷(十二至十五)

500000－8703－0001312　1312
石門文字禪三十卷　(宋)釋德洪撰　清刻本　二冊　存九卷(一至九)

500000－8703－0001313　1313
大哀經八卷　(晉)釋竺法護譯　清刻本　一冊　存四卷(一至四)

500000－8703－0001314　1314
天童密雲禪師闢妄救十卷　(清)釋真啓編　清刻本　一冊　存三卷(三至五)

500000－8703－0001315　1315
禪源諸詮集都序四卷　(唐)釋宗密撰　清光緒十八年(1892)金陵刻經處刻本　一冊

500000－8703－0001316　1316
方聚成禪師續錄九卷　(清)釋真光等編　清刻本　一冊　存三卷(七至九)

500000－8703－0001317　1317
方等十經彙刻十卷　(北魏)釋菩提流支等譯　清末北京刻經處刻本　一冊

500000－8703－0001318　1318
重訂西方公據二卷　(清)彭際清輯　清光緒金陵刻經處刻本　一冊

500000－8703－0001319　1319
重訂西方公據二卷　(清)彭際清輯　清光緒金陵刻經處刻本　一冊

500000－8703－0001320　1320
重訂西方公據二卷　(清)彭際清輯　清光緒金陵刻經處刻本　一冊

500000－8703－0001321　1321
重訂西方公據二卷　(清)彭際清輯　清光緒金陵刻經處刻本　一冊

500000－8703－0001322　1322
重訂西方公據二卷　(清)彭際清輯　清光緒金陵刻經處刻本　一冊

500000－8703－0001323　1323
重訂西方公據二卷　(清)彭際清輯　清光緒金陵刻經處刻本　一冊

500000－8703－0001324　1324
相宗史傳略錄一卷　(清)梅光羲編　清光緒刻本　一冊

500000－8703－0001325　1325
净土自警錄一卷　(清)釋古昆編　清刻本　一冊

500000－8703－0001326　1326
大方廣菩薩藏文殊師利根本儀軌經二十卷　(宋)釋天息災譯　清刻本　一冊　存八卷(十三至二十)

500000－8703－0001327　1327
毗尼日用切要一卷沙彌律儀要畧一卷　(清)釋讀體彙集　**沙彌律儀要畧一卷**　(明)釋袾宏輯　清光緒二十四年(1898)四川萬縣彌陀院刻本　一冊

500000－8703－0001328　1328
正蒙會稿四卷　(明)劉璣撰　清光緒刻惜陰軒叢書本　一冊　存一卷(四)

500000－8703－0001329　1329
孔子集語十四卷　（清）孫星衍輯　清光緒三年（1877）浙江書局刻本　二冊　存九卷（一至九）

500000－8703－0001330　1330
古香齋新刻袖珍淵鑑類函四百五十卷目錄四卷　（清）張英等修　清同治十三年至光緒六年（1874－1880）刻本　一百七十六冊　存四百四十二卷（一至八十二、八十八至一百四十九、一百五十三至一百六十二、一百六十七至四百五十，目錄一至四）

500000－8703－0001331　1331
歐洲列國戰事本末二十二卷　王樹枏撰　清光緒二十八年（1902）鉛印本　六冊

500000－8703－0001332　1332
寰宇訪碑錄十二卷刊謬一卷　（清）孫星衍（清）邢澍撰　清光緒十年（1884）吳縣朱氏槐廬家塾刻本　六冊

500000－8703－0001333　1333
林文忠公遺集　（清）林則徐撰　清光緒三年（1877）三山林氏刻本　二冊　存六種（林文忠公政書蒐遺一卷、事略一卷、畿輔水利議一卷、國史本傳一卷、滇軺紀程一卷、荷戈紀程一卷）

500000－8703－0001334　1334
泰西新史攬要八卷　（英國）李提摩太譯（清）周慶雲節錄　清光緒二十七年（1901）善成堂刻本　二冊

500000－8703－0001335　1335
泰西新史攬要八卷　（英國）李提摩太譯（清）周慶雲節錄　清光緒二十七年（1901）善成堂刻本　二冊

500000－8703－0001336　1336
泰西新史攬要八卷　（英國）李提摩太譯（清）周慶雲節錄　清光緒二十七年（1901）善成堂刻本　二冊

500000－8703－0001337　1337
金石綜例四卷　（清）馮登府纂　清光緒十三年（1887）行素草堂刻本　一冊

500000－8703－0001338　1338
歐洲列國戰事本末二十二卷　王樹枏撰　清光緒二十八年（1902）中衛縣署刻陶廬叢稿本　六冊

500000－8703－0001339　1339
太平寰宇記二百卷目錄二卷附紀元表一卷補闕一卷　（宋）樂史撰　**朝代紀元表一卷**（清）萬廷蘭撰　清刻本　四十冊

500000－8703－0001340　1340
王船山經史論八種　（清）王夫之撰　清光緒二十五年（1899）慎記書莊石印本　二冊　存二種八卷（詩廣傳一至五、春秋家說一至三）

500000－8703－0001341　1341
魏志三十卷附考證　（晉）陳壽撰　（南朝宋）裴松之注　清刻本　五冊　存十六卷（七至十二、十六至二十五）

500000－8703－0001342　1342
通鑑地理今釋十六卷　（清）吳熙載撰　清光緒八年（1882）江蘇書局刻本　三冊

500000－8703－0001343　1343
關中金石記八卷　（清）畢沅撰　**附記一卷**（清）蔡汝霖編輯　清光緒三十四年（1908）渭南嚴氏成都刻本　四冊

500000－8703－0001344　1344
黑龍江外記八卷　（清）西清撰　清光緒二十年（1894）漸西村舍刻本　二冊

500000－8703－0001345　1345
曾文正公奏議補編四卷　（清）薛福成編　清同治十三年（1874）上海醉六堂刻本　二冊

500000－8703－0001346　1346
歐羅巴通史四卷　（日本）箕作元八　（日本）峰岸米造纂　（清）徐有成等譯　清光緒二十六年（1900）東亞譯書會石印本　四冊

500000－8703－0001347　1347
皇朝謚法考五卷補編一卷　（清）鮑康輯　清光緒三年（1877）永康退補齋胡氏刻本　二冊

500000－8703－0001348　1348

求闕齋日記類鈔二卷　（清）曾國藩撰　（清）王啓原編　清光緒二年（1876）傳忠書局刻本　二册

500000－8703－0001349　1349

［嘉慶］宜賓縣志五十四卷首一卷　（清）劉元熙修　（清）李世芳纂　清嘉慶十七年（1812）刻本　六册　存四十九卷（一至四十八、首一）

500000－8703－0001350　1350

水道提綱二十八卷　（清）齊召南編　清光緒四年（1878）刻本　八册

500000－8703－0001351　1351

開縣李尚書政書八卷首一卷　（清）李宗羲撰　清光緒十一年（1885）武昌刻本　五册

500000－8703－0001352　1352

碑版文廣例十卷　（清）王芑孫輯　清道光二十一年（1841）刻本　四册

500000－8703－0001353　1353

百將圖傳二卷　（清）丁日昌撰　清同治九年（1870）刻本　四册

500000－8703－0001354　1354

兩漢刊誤補遺十卷　（宋）吳仁傑撰　清乾隆武英殿木活字本　三册　存十卷（一至十）

500000－8703－0001355　1355

開縣李尚書政書八卷首一卷　（清）李宗羲撰　清光緒十一年（1885）武昌刻本　五册

500000－8703－0001356　1356

元朝名臣事略十五卷　（元）蘇天爵撰　清刻本　五册

500000－8703－0001357　1357

子史輯要題解四卷　（清）胡本淵輯　清刻本　二册

500000－8703－0001358　1358

玉函山房目耕帖三十一卷　（清）馬國翰撰　清光緒十年（1884）楚南湘遠堂刻本　十三册　存十三卷（一、四、六至七、十、十二至十三、十七、二十一至二十二、二十四至二十五、三十）

500000－8703－0001359　1359

道統大成十種　（清）汪啓濩輯　清光緒二十六年（1900）上海千頃堂書局刻本　十册

500000－8703－0001360　1360

續廣事類賦三十卷　（清）王鳳喈撰　清同文堂刻本　七册　存二十三卷（一至三、六至十一、十四至十七、二十一至三十）

500000－8703－0001361　1361

事類賦補遺十四卷　（清）張均編　清梓潼會刻本　四册

500000－8703－0001362　1362

廣廣事類賦三十二卷　（清）吳世旃撰注　清道光三十年（1850）刻本　三册　存二十卷（一至六、十三至二十、二十三至二十八）

500000－8703－0001363　1363

增補事類統編九十三卷　（清）黄葆真增輯　清刻本　九册　存二十四卷（四十七至四十九、五十七至七十七）

500000－8703－0001364　1364

重訂廣事類賦四十卷　（清）華希閔撰　清光緒八年（1882）梓潼會刻本　五册　存二十三卷（一至十一、十六至二十、二十七至三十三）

500000－8703－0001365　1365

重訂事類賦三十卷　（宋）吳淑撰注　清刻本　二册　存十六卷（十五至三十）

500000－8703－0001366　1366

格致課藝彙編十三卷　（清）王韜編　清光緒二十三年（1897）上海書局石印本　十册　存十卷（一至二、四至五、七至十一、十三）

500000－8703－0001367　1367

禪林僧寶傳二十卷　（宋）釋惠洪撰　清光緒五年（1879）常熟刻經處刻本　一册　存十卷（十一至二十）

500000－8703－0001368　1368

諸菩薩求佛本業經一卷　（晉）釋聶道真撰

菩薩十住行道品經一卷　（晉）釋竺法護譯　**佛説菩薩十住經一卷**　（晉）釋祇多密譯　**等目菩薩所問三昧經三卷**　（晉）釋竺法護譯　**文殊師利問菩薩署經一卷**　（後漢）釋支婁迦讖釋　清光緒十年（1884）常熟刻經處刻本　一冊

500000－8703－0001369　1369
諸菩薩求佛本業經一卷　（晉）釋聶道真撰　**菩薩十住行道品經一卷**　（晉）釋竺法護譯　**佛説菩薩十住經一卷**　（晉）釋祇多密譯　**等目菩薩所問三昧經三卷**　（晉）釋竺法護譯　**文殊師利問菩薩署經一卷**　（後漢）釋支婁迦讖釋　清光緒十年（1884）常熟刻經處刻本　一冊

500000－8703－0001370　1370
金剛新眼疏經偈合釋二卷　（清）釋通理撰　清刻本　一冊　存一卷（下）

500000－8703－0001371　1371
天童密雲禪師闢妄救十卷　（清）釋真啓編　清刻本　一冊　存二卷（一至二）

500000－8703－0001372　1372
天童密雲禪師闢妄救十卷　（清）釋真啓編　清刻本　一冊　存二卷（一至二）

500000－8703－0001373　1373
諸佛世尊如來菩薩尊者神僧名經四十卷　（明）成祖朱棣製　清刻本　一冊　存五卷（六至十）

500000－8703－0001374　1374
佛説四十二章經解一卷佛遺教經解一卷八大人覺經略解一卷　（明）釋智旭撰　**八大人覺經略解一卷**　（漢）釋安世高譯　清光緒十一年（1885）金陵刻經處刻本　一冊

500000－8703－0001375　1375
永覺和尚寱言一卷續寱言一卷　（明）釋元賢輯　清刻本　一冊

500000－8703－0001376　1376
集神州塔寺三寶感通錄四卷　（唐）釋道宣撰　清宣統元年（1909）揚州藏經院刻本　一冊

500000－8703－0001377　1377
異方便浄土傳燈歸元鏡三祖實錄二卷　（清）釋智達撰　清刻本　二冊

500000－8703－0001378　1378
摩訶般若波羅蜜經十六卷　（後秦）釋鳩摩羅什譯　清光緒十三年（1887）如皋刻經處刻本　一冊　存四卷（十三至十六）

500000－8703－0001379　1379
金剛能斷般若波羅蜜多經一卷佛説濡首菩薩無上清淨分衛經二卷　（清）釋裕恩等譯　**佛説濡首菩薩無上清淨分衛經二卷**　（南朝宋）釋翔公譯　清同治十年（1871）如皋刻經處清光緒十五年（1889）江北刻經處刻本　一冊

500000－8703－0001380　1380
佛説大乘菩薩藏正法經四十卷　（宋）釋法護等譯　清刻本　一冊　存十卷（卷二十一至三十）

500000－8703－0001381　1381
西歸直指四卷　（清）周夢顔輯　清末刻本　一冊　存一卷（三）

500000－8703－0001382　1382
大方廣佛華嚴經疏演義鈔□□卷　（唐）釋澄觀撰　清末刻本　一冊　存一卷（七）

500000－8703－0001383　1383
諸佛要集經二卷　（晉）釋竺法護譯　**佛説菩薩投身飼餓虎起塔因緣經一卷**　（晉）釋法盛譯　**不思議光菩薩所説經一卷**　（後秦）釋鳩摩羅什譯　清光緒二十一年（1895）金陵經房刻本　一冊

500000－8703－0001384　1384
佛説觀無量壽佛經疏四卷　（唐）釋善道輯　清光緒二十年（1894）金陵刻經處刻本　二冊　存四卷（一至四）

500000－8703－0001385　1385
大佛頂如來密因修證了義諸菩薩萬行首楞嚴經玄義二卷　（明）釋智旭撰　清末刻本　一冊

500000－8703－0001386　1386

智證傳一卷　(宋)釋覺範撰　清光緒二年(1876)金陵刻經處刻本　一册

500000－8703－0001387　1387

禪林寶訓筆説三卷　(清)釋智祥撰　清末刻本　一册　存一卷(上)

500000－8703－0001388　1388

佛説無量壽經二卷　(三國魏)釋康僧鎧撰　**佛説觀無量壽佛經一卷**　(南朝宋)釋畺良耶舍譯　**佛説阿彌陀經一卷**　(後秦)釋鳩摩羅什譯　**大方廣佛華嚴經入不思議解脱境界普賢行願品一卷**　(唐)釋般若譯　清末萬縣彌陀院刻本　一册

500000－8703－0001389　1389

大寶積經一百二十卷　(隋)釋闍那崛多譯　(唐)釋菩提流志譯　清光緒四年(1878)常熟刻經處刻本　四册　存二十卷(七十六至八十五、九十一至九十五、一百〇六至一百十)

500000－8703－0001390　1390

觀楞伽阿跋多羅寶經記十八卷　(宋)釋求那跋陀羅譯　清末刻本　二册　存六卷(四至六、十四至十六)

500000－8703－0001391　1391

楞嚴經指掌疏十卷　(清)釋通理撰　清末刻本　三册　存三卷(二、八、十)

500000－8703－0001392　1392

大乘大方等日藏經十卷　(隋)釋那連提耶舍譯　清末常州天寧寺刻本　一册　存三卷(六至八)

500000－8703－0001393　1393

阿差末菩薩經七卷　(晉)釋竺法護譯　清宣統三年(1911)常州天寧寺刻本　一册　存四卷(四至七)

500000－8703－0001394　1394

楞伽阿跋多羅寶經會譯四卷　(宋)釋求那跋陀羅等譯　清光緒三十四年(1908)金陵刻經處刻本　四册

500000－8703－0001395　1395

金剛般若波羅蜜經論二卷　(隋)釋達摩岌多譯　清末刻本　一册

500000－8703－0001396　1396

楞嚴摸象記十卷附諸經不分卷　(明)釋袾宏撰　清光緒二十四年(1898)金陵刻經處刻本　一册

500000－8703－0001397　1397

佛説阿彌陀經義疏一卷　(宋)釋元照撰　清光緒二十四年(1898)金陵刻經處刻本　一册

500000－8703－0001398　1398

安樂集二卷　(唐)釋道綽撰　清光緒二十三年(1897)金陵刻經處刻本　一册

500000－8703－0001399　1399

無量壽經優婆提舍願生偈一卷　(北魏)釋菩提留支譯　**無量壽經優婆提舍願生偈注二卷**　(北魏)釋曇鸞注　**略論安樂淨土義一卷**　(北魏)釋曇鸞撰　**讃阿彌陀佛偈一卷**　(北魏)釋曇鸞作　清光緒十九年(1893)金陵刻經處刻本　一册

500000－8703－0001400　1400

大般泥洹經六卷　(晉)釋覺賢譯　清末常州天寧寺刻本　一册　存三卷(一至三)

500000－8703－0001401　1401

十住斷結經十四卷　(晉)釋竺佛念譯　清末刻本　二册　存八卷(一至四、十一至十四)

500000－8703－0001402　1402

法句經二卷　(印度)釋法救撰　(三國吳)釋維祇難等譯　清光緒十四年(1888)江北刻經處刻本　一册

500000－8703－0001403　1403

大乘修行菩薩行門諸經要集三卷　(唐)釋智嚴譯　清光緒二十一年(1895)江北刻經處刻本　一册

500000－8703－0001404　1404

根本説一切有部毗奈耶頌四卷　(唐)釋義淨譯　清末刻本　一册　存二卷(一至二)

500000－8703－0001405　1405

諸佛世尊如來菩薩尊者神僧名經四十卷　(明)成祖朱棣撰　清宣統元年(1909)刻本　一册　存五卷(一至五)

500000－8703－0001406　1406

金剛般若經六譯本六卷　(後秦)釋鳩摩羅什等譯　清同治十一年(1872)金陵刻經處刻本　一册

500000－8703－0001407　1407

西方合論十卷　(明)袁宏道撰　清刻本　一册　存五卷(一至五)

500000－8703－0001408　1408

韓非子集解二十卷首一卷　(清)王先慎撰　清光緒二十二年(1896)刻本　一册　存四卷(首、一至三)

500000－8703－0001409　1409

近思錄十四卷附校勘記一卷考訂朱子世家一卷　(清)江永集注　清同治八年(1869)刻本　一册　存三卷(十四、考訂一)

500000－8703－0001410　1410

鹽鐵論十二卷　(漢)桓寬撰　清刻本　二册

500000－8703－0001411　1411

讀書雜志餘編二卷　(清)王念孫撰　清刻本　一册　存一卷(下)

500000－8703－0001412　1412

孔叢四卷　(漢)孔鮒撰　(明)鍾惺評　**新語二卷**　(漢)陸賈撰　(明)鍾惺評　清刻本　一册　存四卷(孔叢三至四、新語一至二)

500000－8703－0001413　1413

説淵十集六十四卷　(明)陸楫輯　清道光元年(1821)苕溪邵氏酉山堂刻本　九册　存五十七卷(甲集一至三、乙集一至七、丙集一至六、丁集一至六、戊集一至六、庚集一至八、辛集一至八、壬集一至八、癸集一至五)

500000－8703－0001414　1414

小學集解六卷　(清)張伯行集注　清同治六年(1867)楚北崇文書局刻本　三册

500000－8703－0001415　1415

論衡三十卷　(漢)王充撰　明末刻本　一册　存五卷(十四至十八)

500000－8703－0001416　1416

金光明經八卷　(隋)釋志德撰　清刻本　一册　存四卷(一至四)

500000－8703－0001417　1417

曾文正公雜錄二卷　(清)曾國藩撰　清光緒二年(1876)傳忠書局刻曾文正公全集本　二册　存二卷(一至二)

500000－8703－0001418　1418

聖蹟圖不分卷　(□)□□撰　清石印本　二册　存一卷

500000－8703－0001419　1419

四分戒本一卷　(晉)釋佛陀耶舍譯　清光緒二十四年(1898)四川萬縣彌陀院刻本　一册　存一卷

500000－8703－0001420　1420

佛法金湯編十卷　(明)釋心泰編　清刻本　一册　存六卷(一至六)

500000－8703－0001421　1421

念佛伽陀一卷　(清)釋際醒撰　清末金陵刻經處刻本　一册

500000－8703－0001422　1422

重訂教乘法數十二卷　(清)釋超海等訂　清末刻本　二册　存五卷(一至二、六至八)

500000－8703－0001423　1423

法界聖凡水陸勝會修齋儀軌六卷　(宋)釋志磐撰　清同治十年(1871)刻雲棲法彙本　一册　存三卷(一至三)

500000－8703－0001424　1424

梵網經心地品菩薩戒義疏發隱五卷　(後秦)釋鳩摩羅什譯　(隋)釋智者大師疏　(明)釋袾宏發隱　清同治十二年(1873)刻雲棲法彙本　一册　存二卷(二至三)

500000－8703－0001425　1425

華嚴經内章門等雜孔目四卷　(唐)釋智儼集

清刻本　一册　存二卷(七至八)

500000－8703－0001426　1426
大集譬喻王經二卷　(隋)釋闍那崛多等譯　清宣統三年(1911)常州天寧寺刻本　一册

500000－8703－0001427　1427
觀佛三昧海經十卷　(晉)釋佛陀跋陀羅譯　清光緒十七年(1891)金陵刻經處刻本　一册　存五卷(六至十)

500000－8703－0001428　1428
大寶積經一百二十卷　(唐)釋玄奘譯　清末刻本　二册　存六卷(三十五至三十七、五十二至五十四)

500000－8703－0001429　1429
楞嚴經指掌疏十卷　(清)釋通理撰　清刻本　二册　存二卷(三、十)

500000－8703－0001430　1430
閱藏知津四十四卷　(明)釋智旭輯　清刻本　二册　存十卷(六至十五)

500000－8703－0001431　1431
大佛頂首楞嚴經正脈疏四十卷　(明)釋真鑑撰　清刻本　一册　存二卷(十三至十四)

500000－8703－0001432　1432
大佛頂如來密因修證了義諸菩薩萬行首楞嚴經十卷　(唐)釋般剌密帝譯　清刻本　三册　存七卷(四至十)

500000－8703－0001433　1433
大方廣圓覺修多羅了義經直解二卷　(唐)釋佛陀多羅譯　(明)釋德清解　清光緒十年(1884)杭州昭慶寺慧空經房刻本　一册

500000－8703－0001434　1434
禪淨合編　(宋)王日休等撰　清刻本　一册　存四種(佛說大阿彌陀經、佛說小阿彌陀經、佛說觀無量壽福經、淨土法語)

500000－8703－0001435　1435
般若綱要十卷　(清)葛鼎慧撰　清刻本　一册　存三卷(六至八)

500000－8703－0001436　1436
桂杏聯芳譜二卷　(清)萬和光輯　清光緒七年(1881)刻本　一册　存一卷(上)

500000－8703－0001437　1437
大六壬大全十三卷　(清)郭載騋編　清刻本　一册　存七卷(七至十三)

500000－8703－0001438　1438
練兵實紀雜集六卷　(明)戚繼光撰　清刻本　二册

500000－8703－0001439　1439
練兵實紀九卷　(明)戚繼光撰　清刻本　三册　存八卷(二至九)

500000－8703－0001440　1440
練兵實紀九卷雜集六卷　(明)戚繼光撰　清道光十四年(1834)來鹿堂刻本　三册　存十二卷(實紀一至九、雜集一至三)

500000－8703－0001441　1441
温病條辨六卷首一卷　(清)吳瑭撰　清同治九年(1870)六安求我齋刻本　一册　存二卷(一、首一)

500000－8703－0001442　1442
求闕齋弟子記三十二卷　(清)王定安撰　清光緒二年(1876)都門刻本　十六册

500000－8703－0001443　1443
讀史方輿紀要十卷附摘錄一卷　(清)顧祖禹撰　清光緒十五年(1889)長沙傳忠書局刻本　十册

500000－8703－0001444　1444
讀史方輿紀要十卷附摘錄一卷　(清)顧祖禹撰　清光緒十五年(1889)長沙傳忠書局刻本　二册　存二卷(五至六)

500000－8703－0001445　1445
[同治]宜昌府志十六卷　(清)聶光鑾等修　(清)王柏心等纂　清刻本　一册　存三卷(十四至十六)

500000－8703－0001446　1446
清儀閣題跋不分卷　(清)張廷濟撰　清刻本　四册

500000－8703－0001447　1447
唐書二百二十五卷　(宋)歐陽修等撰　清刻本　十九册　存一百二十二卷(一百〇四至二百二十五)

500000－8703－0001448　1448
蜀中名勝記三十卷　(明)曹學佺撰　清宣統二年(1910)刻本　八册　存二十六卷(一至十七、二十二至三十)

500000－8703－0001449　1449
宋史四百九十六卷目錄三卷　(元)脱脱等修　清刻本　四册　存九卷(二百十九至二百二十三、二百二十六至二百二十九)

500000－8703－0001450　1450
新纂氏族箋釋八卷　(清)熊峻運撰　(清)楊煌義編　清刻本　四册

500000－8703－0001451　1451
通商章程成案彙編三十卷　(清)李鴻章撰　清光緒十二年(1886)廣百宋齋鉛印本　十二册

500000－8703－0001452　1452
通商章程成案彙編三十卷　(清)李鴻章撰　清光緒十二年(1886)廣百宋齋鉛印本　八册　存十八卷(三至九、十六至二十六)

500000－8703－0001453　1453
通商章程成案彙編三十卷　(清)李鴻章撰　清光緒十二年(1886)廣百宋齋鉛印本　一册　存一卷(六)

500000－8703－0001454　1454
欽定大清現行刑律三十六卷首一卷　沈家本　(清)俞廉三纂修　清宣統二年(1910)鉛印本　五册　存二十七卷(一至六、十六至三十五、首一)

500000－8703－0001455　1455
文獻通考三百四十八卷　(元)馬端臨撰　清末石印本　二册　存二十卷(九至十八、三十八至四十七)

500000－8703－0001456　1456
史略六卷　(清)高似孫撰　清光緒九年(1883)虞山鮑氏刻本　二册

500000－8703－0001457　1457
皇朝掌故讀本二卷　(清)竇士鏞編　清光緒三十年(1904)涪州小學堂刻本　二册

500000－8703－0001458　1458
宋論十五卷　(清)王夫之撰　清刻本　二册　存九卷(七至十五)

500000－8703－0001459　1459
史記一百三十卷　(漢)司馬遷撰　(南朝宋)裴駰集解　(唐)司馬貞索隱　清光緒二十五年(1899)慎記書莊石印本　八册

500000－8703－0001460　1460
歷代紀事本末　(清)吳榮輯　清光緒二十一年(1895)上海積山書局石印本　六册　存五種七十九卷(左傳紀事本末十二至二十五,宋史紀事本末一至十八,西夏紀事本末三首上下、一至十八,金史紀事本末二十七至三十四、四十五至五十二,明史紀事本末五十六至六十六)

500000－8703－0001461　1461
歷代紀事本末　(清)吳榮輯　清末石印本　四册　存三種四十七卷(宋史紀事本末一至十七,金史紀事本末一至十三、首一,明史紀事本末四十六至五十五、六十七至七十二)

500000－8703－0001462　1462
山海經十八卷　(晉)郭璞傳　(清)郝懿行箋疏　**圖贊一卷訂譌一卷**　(清)郝懿行撰　清嘉慶刻本　四册

500000－8703－0001463　1463
禹貢指南四卷　(宋)毛晃撰　清刻本　二册

500000－8703－0001464　1464
考訂朱子世家一卷近思錄集注卷首校勘記一卷　(清)江永撰　清同治八年(1869)刻本　一册

500000－8703－0001465　1465
意園文略二卷　(清)楊鍾羲編　清宣統二年

(1910)刻朱印本　一册

500000－8703－0001466　1466
山海經十八卷　(晉)郭璞傳　清光緒三年(1877)浙江書局刻本　三册

500000－8703－0001467　1467
南齊書五十九卷　(南朝梁)蕭子顯撰　清同治十三年(1874)金陵書局刻本　八册

500000－8703－0001468　1468
東漢會要四十卷　(宋)徐天麟撰　清光緒十年(1884)江蘇書局刻本　八册

500000－8703－0001469　1469
元史本證五十卷末一卷　(清)汪輝祖撰　(清)汪繼培補　清光緒十五年(1889)會稽徐氏鑄學齋刻紹興先正遺書本　八册

500000－8703－0001470　1470
涇林續記一卷　(明)周元暐撰　清光緒吴縣潘氏刻功順堂叢書本　一册

500000－8703－0001471　1471
廣陽雜記五卷　(清)劉獻廷撰　清光緒吴縣潘氏刻功順堂叢書本　五册

500000－8703－0001472　1472
天祿閣外史八卷　(漢)黄憲撰　(明)鍾惺評　清刻本　三册

500000－8703－0001473　1473
墨選觀止不分卷舉業要言三卷　(清)梁葆慶選評　清道光十二年(1832)刻本　四册

500000－8703－0001474　1474
義門讀書記五十八卷　(清)何焯撰　清刻本　八册　存五十八卷(四書一至六、詩經上下、左氏春秋上下、穀梁春秋一、公羊春秋一、史記上下、前漢書一至六、後漢書一至五、三國志一至三、五代史一、昌黎集一至五、河東集一至三、歐陽文忠公文集上下、元豐類稿一至五、文選一至五、陶靖節詩一、杜工部集一至六、李義山詩集上下)

500000－8703－0001475　1475
清波小志二卷　(清)徐逢吉輯　清光緒二年(1876)葛氏嘯園刻嘯園叢書本　二册

500000－8703－0001476　1476
清波小志補一卷　(清)陳景鍾輯　清光緒二年(1876)葛氏嘯園刻嘯園叢書本　一册

500000－8703－0001477　1477
國朝漢學師承記八卷附國朝經師經義一卷　(清)江藩纂　清光緒十一年(1885)上海校經山房成記刻本　三册

500000－8703－0001478　1478
皇朝武功紀盛四卷　(清)趙翼撰　清刻本　一册

500000－8703－0001479　1479
劉簾舫先生吏治三書　(清)劉衡纂輯　清同治七年(1868)江蘇書局刻本　一册　存三種(庸吏庸言二卷、讀律心得三卷、蜀僚問答一卷)

500000－8703－0001480　1480
蜀輶日記四卷　(清)陶澍撰　清刻本　二册

500000－8703－0001481　1481
墓銘舉例四卷金石要例一卷　(明)王行撰　**金石要例一卷**　(清)黄宗羲撰　清刻朱墨套印本　二册

500000－8703－0001482　1482
格致書院課藝　(清)王韜編　清光緒二十四年(1898)上海圖書集成印書局鉛印本　六册　存四卷(庚寅春夏秋冬、辛卯夏秋冬、己丑春夏秋冬、壬辰秋冬)

500000－8703－0001483　1483
平定羅剎方略四卷　(清)□□撰　**西清筆記二卷**　(清)沈初撰　清光緒吴縣潘氏刻功順堂叢書本　一册

500000－8703－0001484　1484
新疆國界圖志八卷　王樹枏撰　清宣統元年(1909)陶廬刻本　六册　存六卷(三至八)

500000－8703－0001485　1485
春秋例表二十八卷　(清)王代豐撰　清光緒七年(1881)四川尊經書院刻本　一册

500000－8703－0001486　1486

北齊書五十卷　(唐)李百藥撰　清同治十三年(1874)金陵書局刻本　四册

500000－8703－0001487　1487

水經注釋四十卷首一卷附錄二卷刊誤十二卷　(清)趙一清錄　清光緒六年(1880)蛟川花雨樓張氏刻本　十七册　存四十四卷(一至四十、首一、附錄一至二、刊誤四)

500000－8703－0001488　1488

淵鑑類函四百五十卷目錄四卷　(清)張英等輯　清同治九年(1870)刻本　一百九十四册　存四百三十七卷(一至二百〇五、二百〇八至二百十九、二百二十二至二百三十七、二百四十一至二百九十九、三百〇三至三百十七、三百十九至三百四十九、三百五十二至四百五十)

500000－8703－0001489　1489

太平御覽一千卷　(宋)李昉等纂　清刻本　七十五册　存六百三十六卷(五至五十九、六十九至七十七、八十六至九十五、一百〇五至一百十二、一百二十一至一百四十一、一百五十七至二百六十二、二百七十二至二百八十九、二百九十九至三百三十一、三百六十六至三百七十九、三百九十八至四百二十九、四百三十九至四百七十二、四百八十一至四百九十四、五百十八至五百五十九、五百六十九至五百七十七、五百九十六至六百七十、七百〇七至七百五十、七百六十至七百六十八、七百八十七至八百、八百二十四至八百三十一、八百六十至九百〇五、九百二十九至九百四十四、九百七十三至九百八十一、九百九十一至一千)

500000－8703－0001490　1490

諸子平議三十五卷　(清)俞樾撰　清光緒刻春在堂叢書本　一册　存四卷(九至十二)

500000－8703－0001491　1491

天童密雲禪師語錄二十二卷　(清)釋道忞編　清刻本　二册　存十卷(十三至二十二)

500000－8703－0001492　1492

課子隨筆鈔四卷　(清)張又渠輯　清咸豐十一年(1861)刻本　四册

500000－8703－0001493　1493

新刊宣和遺事二集　(宋)□□撰　清末石印本　一册

500000－8703－0001494　1494

弟子職箋釋一卷　(清)洪亮吉撰　**史目表二卷**　(清)洪飴孫撰　清光緒三年(1877)授經堂刻本　一册

500000－8703－0001495　1495

窺豹集二卷　(清)蔣超伯輯　清刻本　一册

500000－8703－0001496　1496

淵鑑類函四百五十卷　(清)張英等輯　清刻本　二十四册　存七十六卷(二十三至二十六、一百十八至一百二十、一百三十至一百三十一、一百四十二至一百四十九、一百六十二至一百六十五、二百〇一至二百〇六、二百十三至二百二十九、二百三十四至二百三十七、二百七十四至二百七十六、二百八十至二百八十二、三百十至三百十一、三百四十七至三百四十九、三百五十三至三百五十五、三百八十至三百八十五、四百十七至四百十八、四百四十一至四百四十二、四百四十七至四百五十)

500000－8703－0001497　1497

御定駢字類編二百四十卷　(清)張廷玉等編　清光緒十三年(1887)上海同文書局石印本　四十八册

500000－8703－0001498　1498

嘉懿集初鈔四卷　(清)高塘編　清乾隆五十四年(1789)刻本　四册

500000－8703－0001499　1499

事類賦補遺十四卷　(清)張均編　清文盛堂刻本　六册

500000－8703－0001500　1500

續廣事類賦三十卷　(清)王鳳喈撰　清文盛堂刻本　十册　存二十八卷(一至十、十三至三十)

500000－8703－0001501　1501
詩韻類錦十二卷　(清)郭化霖編　清刻本　六冊　存八卷(一至八)

500000－8703－0001502　1502
淵鑑類函四百五十卷目錄四卷　(清)張英等輯　清光緒十三年(1887)上海同文書局石印本　四十五冊　存四百二十五卷(一至二百二十六、二百三十七至二百八十四、二百九十六至三百六十二、三百六十七至四百五十)

500000－8703－0001503　1503
後漢書九十卷　(南朝宋)范曄撰　(唐)李賢注　**續漢志三十卷**　(南朝梁)劉昭注補　清光緒二十五年(1899)慎記書莊石印本　七冊　存一百○四卷(一至九十三、一百十至一百二十)

500000－8703－0001504　1504
後漢書九十卷　(南朝宋)范曄撰　(唐)李賢注　**續漢志三十卷**　(南朝梁)劉昭注補　清末石印本　二冊　存二十四卷(九十七至一百二十)

500000－8703－0001505　1505
三國志六十五卷　(晉)陳壽撰　(南朝宋)裴松之注　清光緒三十一年(1905)上海久敬齋石印本　一冊　存十三卷(一至十三)

500000－8703－0001506　1506
後漢書九十卷　(南朝宋)范曄撰　(唐)李賢注　**續漢志三十卷**　(南朝梁)劉昭注補　清末石印本　一冊　存十五卷(四十至五十四)

500000－8703－0001507　1507
前漢書一百卷　(漢)班固撰　(唐)顏師古注　清光緒三十一年(1905)武林竹簡齋石印本　三冊　存四十一卷(一至十二、七十二至一百)

500000－8703－0001508　1508
前漢書一百卷　(漢)班固撰　(唐)顏師古注　清末石印本　一冊　存十一卷(七十七至八十七)

500000－8703－0001509　1509
中西紀事二十四卷首一卷　(清)夏燮輯　清同治七年(1868)刻本　六冊

500000－8703－0001510　1510
開縣李尚書政書八卷首一卷　(清)李宗羲撰　清光緒十一年(1885)武昌刻本　五冊

500000－8703－0001511　1511
白門新柳記一卷補記一卷附記一卷附秦淮燈舫曲一卷　(清)許豫編　清光緒元年(1875)刻本　一冊

500000－8703－0001512　1512
前漢書一百二十卷　(漢)班固撰　(唐)顏師古注　清光緒二十四年(1898)上海祥記書莊石印本　七冊　存八十一卷(一至五十二、七十二至一百)

500000－8703－0001513　1513
天下郡國利病書一百二十卷　(清)顧炎武輯　清末鉛印本　二冊　存九卷(四十至四十三、一百十六至一百二十)

500000－8703－0001514　1514
四書人物類典串珠四十卷　(清)臧志仁編　清刻本　三冊　存十五卷(一至二、九至十三、二十六至三十三)

500000－8703－0001515　1515
皖遊裸錄賸存一卷　(清)王正誼撰　清同治二年(1863)刻本　一冊

500000－8703－0001516　1516
紀元編三卷末一卷　(清)李兆洛撰　(清)六承如錄　清同治十年(1871)合肥李氏刻本　一冊

500000－8703－0001517　1517
大清律例歌訣一卷　(清)程夢元編　清光緒二十九年(1903)正蒙社售書處刻本　一冊

500000－8703－0001518　1518
西洋歷史教科書六卷　(清)□□纂　清末鉛印本　二冊

500000－8703－0001519　1519
史記一百三十卷　(漢)司馬遷撰　(南朝宋)

裴駰集解　(唐)司馬貞索隱　清末石印本　二册　存三十六卷(十二至十七、六十一至九十)

500000－8703－0001520　1520
前漢書一百卷　(漢)班固撰　(唐)顔師古注　清光緒二十五年(1899)慎記書莊石印本　十二册

500000－8703－0001521　1521
三國紀年表一卷五代紀年表一卷　(清)周嘉猷撰　清光緒六年(1880)刻本　一册

500000－8703－0001522　1522
秋審比較彙案七卷秋審實緩比較條款一卷　(清)□□輯　清光緒六年(1880)京都擷華書局鉛印本　八册

500000－8703－0001523　1523
東萊博議四卷　(清)孫執升評選　**增補虛字注釋六卷**　(清)張文炳點定　清刻本　四册

500000－8703－0001524　1524
天下郡國利病書一百二十卷　(清)顧炎武輯　清末石印本　二十四册

500000－8703－0001525　1525
目耕帖三十一卷　(清)馬國翰撰　清光緒十年(1884)楚南書局刻本　二十四册

500000－8703－0001526　1526
重訂廣事類賦四十卷　(清)華希閔撰　清咸豐十一年(1861)文盛堂刻本　十二册

500000－8703－0001527　1527
佩文韻府一百〇六卷　(清)張玉書等纂　清光緒十二年(1886)上海同文書局石印本　二十六册　存五十一卷(一至五十一)

500000－8703－0001528　1528
韻府拾遺一百〇六卷　(清)張廷玉等編　清光緒十二年(1886)上海同文書局石印本　八册

500000－8703－0001529　1529
韻府拾遺一百〇六卷　(清)張廷玉等編　清光緒十二年(1886)上海同文書局石印本　五册　存五十九卷(一至五十九)

500000－8703－0001530　1530
皇朝經世文編初續一百二十卷　(清)饒玉成輯　清刻本　二十七册　存九十八卷(二至十二、二十二至三十四、四十至五十、五十三至六十九、七十三至七十五、七十八至一百二十)

500000－8703－0001531　1531
山堂肆考五集二百四十卷　(明)彭大翼編　清刻本　三十七册　存三集一百十一卷(角集二十二至三十九,徵集一至三、七至四十八,羽集一至四十八)

500000－8703－0001532　1532
分類字錦四十八卷　(清)張廷玉等編　清刻本　二十一册　存二十一卷(一、三至七、九至十四、二十至二十一、二十三、三十九至四十、四十二、四十四至四十六)

500000－8703－0001533　1533
看雲草堂集八卷　(清)尤侗撰　清刻本　二册

500000－8703－0001534　1534
山中白雲詞八卷　(宋)張炎撰　清刻本　四册

500000－8703－0001535　1535
百末詞六卷　(清)尤侗撰　**性理吟一卷**　(宋)朱熹撰　清刻本　二册

500000－8703－0001536　1536
玉虛齋唱和詩一卷吴社集四卷　(清)吴順鼎編　清光緒十一年(1885)椇亭刻本　一册

500000－8703－0001537　1537
十八家詩鈔二十八卷　(清)曾國藩輯　清同治十三年(1874)傳忠書局刻本　三册　存五卷(一至四、二十一)

500000－8703－0001538　1538
樊川詩集四卷　(唐)杜牧撰　(清)馮集梧注　清光緒十六年(1890)湘南書局刻本　一册　存一卷(一)

500000－8703－0001539　1539

文苑英華辨證十卷　（宋）彭叔夏撰　清活字武英殿聚珍版書本　一册　存四卷（一至四）

500000－8703－0001540　1540

十八家詩鈔二十八卷　（清）曾國藩輯　清刻本　九册　存九卷（三、五、七、十、十三、十七、二十三至二十五）

500000－8703－0001541　1541

小桃溪館文鈔初集一卷　（清）陳昆撰　清同治十一年（1872）盛山書院刻本　一册

500000－8703－0001542　1542

道古堂文集四十八卷　（清）杭世駿撰　清光緒十四年（1888）汪氏振綺堂刻本　八册　存三十九卷（一至三十九）

500000－8703－0001543　1543

樂府詩集一百卷目錄二卷　（宋）郭茂倩輯　清同治十三年（1874）湖北崇文書局刻本　十四册　存九十卷（四至八十三、九十二至一百，目錄一）

500000－8703－0001544　1544

樂府詩集一百卷目錄二卷　（宋）郭茂倩輯　清同治十三年（1874）湖北崇文書局刻本　八册　存四十七卷（一至三、十六至四十二、四十九至五十五、八十四至九十一，目錄）

500000－8703－0001545　1545

道榮堂文集六卷首一卷滄洲近詩十卷　（清）陳鵬年撰　清乾隆二十七年（1762）刻本　十四册

500000－8703－0001546　1546

賴古堂集二十四卷　（清）周亮工撰　清刻本　五册　存二十二卷（三至二十四）

500000－8703－0001547　1547

仁在堂全集十四集　（清）路德編　清光緒刻本　二十四册　存十集（時藝引、時藝綜、時藝話、文藝金針、課士賦續編、時藝核並續編、時藝課、時藝辨、時藝階）

500000－8703－0001548　1548

道古堂全集七十四卷集外文一卷集外詩一卷　（清）杭世駿撰　清光緒十四年（1888）汪氏振綺堂刻本　十八册

500000－8703－0001549　1549

養晦堂文集十卷　（清）劉蓉撰　清光緒三年（1877）思賢講舍刻本　五册

500000－8703－0001550　1550

西湖百詠二卷　（宋）董嗣杲撰　清光緒七年（1881）刻本　一册

500000－8703－0001551　1551

象山先生全集三十六卷附陸氏家制一卷　（宋）陸九淵撰　清同治十年（1871）刻本　十册

500000－8703－0001552　1552

象山先生全集三十六卷附陸氏家制一卷　（宋）陸九淵撰　清同治十年（1871）刻本　五册　存十四卷（五至十六、三十五至三十六，陸氏家制一）

500000－8703－0001553　1553

檉華館文集六卷　（清）路德撰　清光緒七年（1881）解梁書院刻本　五册　存五卷（二至六）

500000－8703－0001554　1554

檉華館雜錄一卷附錄一卷　（清）路德撰　清光緒七年（1881）解梁書院刻本　一册

500000－8703－0001555　1555

夢粱錄二十卷　（清）吳自牧撰　清刻本　五册

500000－8703－0001556　1556

西夏紀事本末三十六卷首二卷　（清）張鑒撰　清光緒十四年（1888）上洋書業公所崇德堂石印本　二册

500000－8703－0001557　1557

瀛環志畧十卷　（清）徐繼畬撰　（清）陳慶偕　（清）鹿澤長參訂　清同治十二年（1873）掞雲樓刻本　一册　存二卷（一至二）

500000－8703－0001558　1558

嘯亭續錄三卷　(清)汲修主人撰　清宣統元年(1909)中國圖書公司鉛印本　一冊

500000－8703－0001559　1559

大清宣統新法令不分卷　(清)商務印書館編譯所編纂　清末上海商務印書館鉛印本　二冊　存二冊(十五、十七)

500000－8703－0001560　1560

爾雅圖贊一卷山海經圖贊二卷　(清)嚴可均輯　清光緒刻本　一冊

500000－8703－0001561　1561

曾惠敏公日記二卷　(清)曾紀澤撰　清光緒十九年(1893)江南製造總局鉛印本　一冊

500000－8703－0001562　1562

作吏要言一卷　(清)葉玉屏撰　(清)朱性齋增纂　清許喬林刻本　一冊

500000－8703－0001563　1563

無事爲福齋隨筆二卷　(清)韓泰華撰　清刻本　一冊

500000－8703－0001564　1564

菰中隨筆一卷　(清)顧炎武撰　清鄂潤泉刻本　一冊

500000－8703－0001565　1565

絳雲樓書目補遺一卷　(清)錢謙益撰　**靜惕堂書目一卷**　(清)曹溶撰　**竹崦庵傳鈔書目一卷**　(清)趙魏撰　清光緒二十八年至三十年(1902－1904)長沙葉氏刻觀古堂所刊書本　一冊

500000－8703－0001566　1566

金陵先正言行錄六卷　(清)陳作霖撰　清江楚書局刻本　一冊

500000－8703－0001567　1567

劉氏家藏□□卷　(清)□□纂　清刻本　一冊　存一卷(四)

500000－8703－0001568　1568

羅忠節公年譜二卷　(清)羅澤南撰　清同治二年(1863)長沙刻本　一冊

500000－8703－0001569　1569

乙丙紀事一卷　(清)孫奇逢撰　清刻本　一冊

500000－8703－0001570　1570

古今僞書考一卷　(清)姚際恆撰　清末蘇州文學山房活字本　一冊

500000－8703－0001571　1571

史記一百三十卷　(漢)司馬遷撰　(南朝宋)裴駰集解　(唐)司馬貞索隱　清金陵書局刻本　二冊　存十一卷(十三至十五、一百二十三至一百三十)

500000－8703－0001572　1572

天下郡國利病書一百二十卷　(清)顧炎武撰　清刻本　三冊　存七卷(一至二、三十八至三十九、一百十一至一百十三)

500000－8703－0001573　1573

熙朝紀政六卷　(清)王慶雲撰　清光緒二十八年(1902)上海書局石印本　五冊　存五卷(一至五)

500000－8703－0001574　1574

熙朝紀政六卷　(清)王慶雲撰　清光緒二十八年(1902)上海書局石印本　二冊　存二卷(三至四)

500000－8703－0001575　1575

中外政治策論彙編二十四卷　(清)何滄淵輯　清末石印本　一冊　存一卷(二十四)

500000－8703－0001576　1576

通鑑紀事本末二百三十九卷　(宋)袁樞編　(明)張溥論正　清末石印本　六冊　存六十二卷(二十一至二十六、九十三至一百三十三、二百十七至二百三十一)

500000－8703－0001577　1577

資治通鑑目錄三十卷　(宋)司馬光編　清石印本　一冊　存七卷(八至十四)

500000－8703－0001578　1578

史鑑綱目新論十卷　(明)譚奇編　清光緒二十七年(1901)安徽詞源閣石印本　二冊　存二卷(一、六)

500000－8703－0001579　1579

廿二史劄記三十六卷　(清)趙翼撰　清光緒二十八年(1902)上海鴻文書局石印本　五册　存三十卷(一至三十)

500000－8703－0001580　1580

宋史紀事本末一百〇九卷　(明)馮琦編　(明)陳邦瞻增訂　(明)張溥論正　清末石印本　四册　存五十一卷(十九至三十、四十三至五十五、七十二至八十、九十三至一百〇九)

500000－8703－0001581　1581

續支那通史二卷　(日本)山峯畯藏撰　(清)漢陽青年編譯　清光緒二十九年(1903)崇實書局石印本　五册　存二卷(一至二)

500000－8703－0001582　1582

四川官運鹽案類編二十八卷首一卷　(清)唐炯編　清光緒七年(1881)成都總局刻本　三册　存十卷(一、十九至二十七)

500000－8703－0001583　1583

乾隆府廳州縣圖志五十卷　(清)洪亮吉撰　清光緒二十三年(1897)三味書室刻本　十四册　存三十三卷(十四至十五、十七至二十、二十四至五十)

500000－8703－0001584　1584

增廣元魁墨萃不分卷　(□)□□輯　清末石印本　二册　存兩部分(嘉慶朝、同治朝)

500000－8703－0001585　1585

洗冤錄集證彙纂五卷　(宋)宋慈撰　(清)王又槐增輯　(清)李觀瀾補輯　清道光十七年(1837)刻本　一册　存二卷(一至二)

500000－8703－0001586　1586

蜀水考四卷　(清)陳登龍撰　(清)朱錫穀補注　(清)陳一津疏　清道光五年(1825)刻本　一册　存二卷(一至二)

500000－8703－0001587　1587

話雲軒詠史詩二卷　(清)曹振鏞撰　清刻本　一册

500000－8703－0001588　1588

蜀學編二卷　(清)方守道輯　(清)高賡恩增輯　清刻本　一册　存一卷(二)

500000－8703－0001589　1589

[同治]增修萬縣志三十六卷首一卷附典禮備考八卷　(清)王玉鯨修　清同治五年(1866)萬縣縣署刻本　三册　存十二卷(八至十六、二十六至二十七、三十三)

500000－8703－0001590　1590

宋書一百卷　(南朝梁)沈約撰　清同治光緒金陵書局刻本　二册　存八卷(十九至二十二、三十一至三十四)

500000－8703－0001591　1591

夔州府志三十六卷首一卷　(清)恩成等修　清刻本　一册　存一卷(三十六)

500000－8703－0001592　1592

金石索十二卷首一卷　(清)馮雲鵬　(清)馮雲鵷輯　清道光元年至十二年(1821－1832)邃古齋刻本　四册　存五卷(金索一至二,石索一、三,首一)

500000－8703－0001593　1593

支那全史七卷　(日本)藤田久道編　清光緒二十七年(1901)教育世界社刻本　一册　存一卷(一)

500000－8703－0001594　1594

讀通鑑論十卷　(清)王夫之撰　清光緒二十五年(1899)渝城精宏書局鉛印本　一册　存二卷(一至二)

500000－8703－0001595　1595

天下郡國利病書一百二十卷　(清)顧炎武輯　清末石印本　二册　存十六卷(一百〇五至一百二十)

500000－8703－0001596　1596

讀史方輿紀要一百三十卷　(清)顧祖禹撰　清末石印本　三册　存十六卷(五十五至五十九、七十八至八十一、一百〇六至一百十二)

500000－8703－0001597　1597

郎潛紀聞初筆七卷二筆八卷三筆六卷 （清）陳康祺撰　清宣統二年(1910)上海掃葉山房石印本　六冊　存十二卷(初筆三至四、二筆三至六、三筆一至六)

500000－8703－0001598　1598
欽定滿洲源流考二十卷首一卷 （清）麟喜等纂修　清光緒十九年(1893)杭州便益書局石印本　一冊　存七卷(一至六、首)

500000－8703－0001599　1599
祕書集十卷 （清）沈同芳編　清宣統三年(1911)鉛印本　一冊　存三卷(一至三)

500000－8703－0001600　1600
中外交涉類要表四卷光緒通商綜覈表十六卷 （清）錢學嘉編　清上海書局石印本　一冊　存十一卷(類要表一至四、綜覈表一至七)

500000－8703－0001601　1601
中外交涉類要表四卷光緒通商綜覈表十六卷 （清）錢學嘉編　清上海書局石印本　一冊　存十一卷(類要表一至四、綜覈表一至七)

500000－8703－0001602　1602
深衣釋例三卷 （清）任大椿撰　清刻本　一冊　存二卷(一至二)

500000－8703－0001603　1603
梁書五十六卷 （唐）姚思廉撰　清金陵書局刻本　一冊　存五卷(四十八至五十二)

500000－8703－0001604　1604
唐摭言十五卷 （唐）王定保撰　清乾隆二十一年(1756)雅雨堂刻本　一冊　存三卷(一至三)

500000－8703－0001605　1605
資治通鑑考異三十卷 （宋）司馬光編　清光緒二十七年(1901)刻本　二冊　存五卷(一至二、二十二至二十四)

500000－8703－0001606　1606
柳文四十三卷別集二卷外集二卷附録一卷 （唐）柳宗元撰　（唐）劉禹錫編　清刻本　八冊

500000－8703－0001607　1607
八代詩選二十卷 王闓運撰　清刻本　一冊　存三卷(十八至二十)

500000－8703－0001608　1608
賈長江詩集四卷 （唐）賈島撰　清光緒十年(1884)刻本　一冊

500000－8703－0001609　1609
劉左史文集四卷 （宋）劉安節撰　清同治十二年(1873)瑞安孫氏詒善祠塾刻本　一冊

500000－8703－0001610　1610
劉給諫文集五卷 （宋）劉安上撰　清瑞安孫氏詒善祠塾刻本　一冊

500000－8703－0001611　1611
陳伯玉詩文全集五卷附録一卷 （唐）陳子昂撰　清刻本　二冊　存三卷(詩集一至二、附録一)

500000－8703－0001612　1612
吳學士文集四卷 （清）吳鼒撰　清刻本　二冊　存二卷(三至四)

500000－8703－0001613　1613
曝書亭集詩註二十四卷年譜一卷 （清）朱彝尊撰　（清）楊謙纂　清乾隆木山閣刻本　三冊　存六卷(一至三、十三至十五)

500000－8703－0001614　1614
遜學齋文鈔十二卷首一卷末一卷續鈔五卷詩鈔十卷續鈔五卷 （清）孫衣言撰　清同治十二年(1873)刻本　八冊　存二十二卷(文鈔一至二、五至六、九至十二,首一,末一,文鈔續一至五,詩鈔四至十)

500000－8703－0001615　1615
養一齋文集二十卷 （清）李兆洛撰　清光緒四年(1878)刻本　四冊　存十卷(四至七、十五至二十)

500000－8703－0001616　1616
杜詩鏡銓二十卷 （清）楊倫撰　清同治十一年(1872)刻本　八冊　存十八卷(一至十四、十七至二十)

500000－8703－0001617　1617

九靈山房集三十卷首一卷補編二卷　(元)戴良撰　清同治九年(1870)永康胡氏退補齋刻本　二冊　存六卷(四至六、十七至十九)

500000－8703－0001618　1618

懷舊集二卷　(清)馮舒輯　清光緒三年(1877)刻本　一冊

500000－8703－0001619　1619

邁堂文略四卷　(清)李祖陶撰　清同治七年(1868)敖陽尚友樓刻本　三冊　存三卷(一至三)

500000－8703－0001620　1620

更生齋文甲集四卷乙集四卷詩集八卷　(清)洪亮吉撰　清光緒三年(1877)刻本　六冊

500000－8703－0001621　1621

薑齋文集十卷　(清)王夫之撰　清同治四年(1865)金陵湘鄉曾氏刻本　一冊　存五卷(一至五)

500000－8703－0001622　1622

天岳山館文鈔四十卷　(清)李元度撰　清光緒六年(1880)爽溪精舍刻本　六冊　存十三卷(一至四、三十二至四十)

500000－8703－0001623　1623

唐賢三體詩句法六卷　(宋)周弼輯　清光緒十二年(1886)瀘州鹽局刻朱墨套印本　二冊

500000－8703－0001624　1624

三長物齋文略六卷　(清)黄本驥撰　清刻本　一冊　存五卷(二至六)

500000－8703－0001625　1625

寶夫詩存六卷　(清)李若虚輯　清咸豐十一年(1861)京都聚奎堂刻本　二冊

500000－8703－0001626　1626

學海堂集十六卷　(清)阮元編　清道光五年(1825)啓秀山房刻本　一冊　存二卷(一至二)

500000－8703－0001627　1627

八銘塾鈔初集六卷二集六卷　(清)吳懋政輯　清光緒五年(1879)刻朱墨套印本　五冊　存九卷(初集大學、上論、上孟、下孟，二集大學、上論、下論、中庸、上孟)

500000－8703－0001628　1628

考功詞一卷　(清)鄭守廉撰　清光緒二十八年(1902)武昌刻本　一冊

500000－8703－0001629　1629

望溪先生文集十八卷集外文十卷補遺二卷年譜二卷　(清)方苞撰　清刻本　五冊　存九卷(文集十四至十六、集外文一至六)

500000－8703－0001630　1630

唐陸宣公集二十二卷　(唐)陸贄撰　清刻本　五冊　存二十一卷(二至二十二)

500000－8703－0001631　1631

唐陸宣公集二十二卷　(唐)陸贄撰　清刻本　二冊　存八卷(一至六、二十一至二十二)

500000－8703－0001632　1632

唐陸宣公集二十二卷　(唐)陸贄撰　清道光四年(1824)刻本　三冊　存十一卷(一至十一)

500000－8703－0001633　1633

唐陸宣公翰苑集二十四卷　(唐)陸贄撰　(清)張佩芳注釋　清乾隆希音堂刻本　七冊　存二十三卷(二至二十四)

500000－8703－0001634　1634

唐陸宣公集二十二卷　(唐)陸贄撰　清同治五年(1866)楊氏問竹軒家塾刻本　四冊　存十六卷(一至十六)

500000－8703－0001635　1635

宋詩鈔初集八種　(清)吕留良　(清)吳之振　(清)吳爾堯輯　清刻本　四冊

500000－8703－0001636　1636

俞樓雜纂五十卷　(清)俞樾撰　清光緒刻春在堂叢書本　三冊　存二十一卷(十三至十八、三十至四十四)

500000－8703－0001637　1637

鮚埼亭集外編五十卷 (清)全祖望撰 清乾隆四十一年(1776)刻本 十六册

500000－8703－0001638 1638
鮚埼亭集三十八卷首一卷世譜一卷經史問答十卷 (清)全祖望撰 清同治十一年(1872)姚江借樹山房刻本 十四册

500000－8703－0001639 1639
當代名聯不分卷 (清)清一子輯 清光緒二十二年(1896)青城文芳堂刻本 一册

500000－8703－0001640 1640
小學弦歌八卷 (清)李元度編 清光緒八年(1882)文昌書局刻本 五册

500000－8703－0001641 1641
賓萌集五卷 (清)俞樾撰 清光緒刻春在堂叢書本 一册

500000－8703－0001642 1642
湘綺樓文集八卷 王闓運撰 清光緒刻本 四册

500000－8703－0001643 1643
華陽陶隱居集二卷 (南朝梁)陶弘景撰 **華陽陶隱居内傳三卷** (宋)賈嵩撰 清光緒二十九年(1903)葉氏觀古堂刻本 一册

500000－8703－0001644 1644
紅雪詞鈔四卷附録二卷 (清)黄湘南撰 清道光二十七年(1847)刻本 二册

500000－8703－0001645 1645
陳文恭公手劄節要三卷 (清)陳弘謀撰 清刻本 一册

500000－8703－0001646 1646
桃谿雪二卷 (清)黄燮清撰 清光緒元年(1875)刻本 一册

500000－8703－0001647 1647
悔餘菴集三種 (清)何栻撰 清同治四年(1865)鳩江戎幄刻本 十册 存三種(悔餘菴文稿、詩稿一至十三、悔餘菴樂府)

500000－8703－0001648 1648
留春草堂詩鈔七卷 (清)伊秉綬撰 清光緒二十三年(1897)刻本 二册

500000－8703－0001649 1649
西堂雜俎三集八卷 (清)尤侗撰 清末刻本 三册

500000－8703－0001650 1650
陳克齋先生集五卷 (宋)陳文蔚撰 清同治五年(1866)福州正誼書院刻本 四册

500000－8703－0001651 1651
養晦堂詩集二卷 (清)劉蓉撰 清光緒三年(1877)思賢講舍刻本 二册

500000－8703－0001652 1652
春在堂詩編七卷 (清)俞樾撰 清光緒刻春在堂叢書本 四册

500000－8703－0001653 1653
鄧文肅公巴西集二卷 (元)鄧文原撰 清光緒二十五年(1899)吴氏刻本 二册

500000－8703－0001654 1654
梁谿全集一百八十卷附録五卷年譜一卷 (宋)李綱撰 清刻本 二十六册 存一百六十六卷(一至一百〇八、一百十三至一百十七、一百二十二至一百七十三,年譜一)

500000－8703－0001655 1655
明詩綜一百卷 (清)朱彝尊輯 清西泠清來堂吴氏刻本 三十二册

500000－8703－0001656 1656
詞律二十卷 (清)萬樹撰 清光緒二年(1876)刻本 九册 存十四卷(一至八、十一至十二、十七至二十)

500000－8703－0001657 1657
詞律拾遺八卷 (清)徐本立纂 清同治十二年(1873)刻本 二册 存三卷(一至三)

500000－8703－0001658 1658
詞律二十卷 (清)萬樹撰 **拾遺八卷** (清)徐本立纂 **補遺一卷** (清)杜文瀾編 清光緒二年(1876)刻本 十册 存十九卷(一至四、七至八、十五至十八、二十,拾遺二至八,補遺一)

500000－8703－0001659　1659

二家宮詞二卷　(明)毛晉輯　清刻本　一册

500000－8703－0001660　1660

三家宮詞三卷　(明)毛晉輯　清刻本　一册

500000－8703－0001661　1661

雙桂堂稿十卷　(清)紀大奎撰　清嘉慶十三年(1808)衙署刻本　四册　存八卷(一至五、八至十)

500000－8703－0001662　1662

白香山詩集四十卷附年譜一卷年譜舊本一卷目錄一卷　(唐)白居易撰　(清)汪立名編　清康熙四十二年(1703)一隅草堂刻本　十二册

500000－8703－0001663　1663

劍南詩鈔六卷　(宋)陸游撰　清光緒三十三年(1907)鉛印本　六册

500000－8703－0001664　1664

廣博物志五十卷　(明)董斯張纂　清乾隆二十六年(1761)刻本　二十五册　存三十六卷(一至三十六)

500000－8703－0001665　1665

夜譚隨錄十二卷　題(清)霽園主人閑齋氏撰　清刻本　二册　存二卷(三、六)

500000－8703－0001666　1666

曬書堂筆錄六卷　(清)郝懿行輯　清刻本　一册　存二卷(五至六)

500000－8703－0001667　1667

學海堂集十六卷　(清)阮元輯　**二集二十二卷**　(清)吳蘭珍輯　**三集二十四卷**　(清)張維屏輯　**四集二十八卷**　(清)金錫齡輯　清道光五年至咸豐九年(1825－1859)刻本　二十四册　存六十一卷(初集一至三、七至十六,二集一至二十二,三集一至二十四,四集十三至十四)

500000－8703－0001668　1668

百子全書　(清)崇文書局輯　清光緒元年(1875)湖北崇文書局刻本　二十册　存十三種(新語一至二、忠經一、新序一至十、新書一至十、孔叢子一至二、鄧子一、尸子一至二、淮南鴻烈解一至四、晏子春秋一至八、呂氏春秋二十至二十六、韓非子一至二十、齊民要術雜說一至十、文中子中說一)

500000－8703－0001669　1669

韓非子二十卷附識誤三卷　(戰國)韓非撰　(清)顧廣圻識　清光緒元年(1875)浙江書局刻本　六册

500000－8703－0001670　1670

藝海珠塵　(清)吳省蘭輯　(清)朱畹等校　清嘉慶道光刻本　五十一册　存一百三十五種二百四十四卷(紀元要畧一至二、補註,海潮輯説二卷,中星表一卷,木棉譜一卷,宜齋野乘一卷,東原錄一卷,文錄一,夏内史集一至九、附錄,正易心法一卷,學校問一卷,郊社禘祫問一卷,小國春秋一卷,小兒語一卷,續小兒語一卷,捕蝗考一卷,滇南新語一卷,松江衢歌一卷,淞南樂府一卷,遠鏡説一卷,滇南憶舊錄一卷,紀聽松庵竹鑪始末一卷,雜詠二卷,月山詩集一至四,月山詩話一卷,鐮山草堂詩合鈔二卷,四繪軒詩鈔一卷,杜詩雙聲疊韻譜一至八,易緯乾坤鑿度二卷,易緯是類謀一卷,洪範統一一卷,説學齋經説一卷,辨定嘉靖大禮儀二卷,儒林譜一卷,雲間第宅志一卷,恥言二卷,修慝餘編一卷,太元解一卷,潛虛解一卷,素履子一卷,握奇經解一卷、附圖,元女經一卷,冐絮錄一卷,東皋雜鈔一至三卷,茶餘客話一至十二,古今風謠一卷,古今諺一卷,聲調譜拾遺一卷,古詩解一卷,易稽覽圖二卷,詩説一卷,詩疑二卷,左氏蒙求註一卷,匡謬正俗八卷,皇朝武功紀盛一至四,山海經圖贊一卷,明洪武四年進士登科錄一卷,社事始末一卷,淞故述一卷,南華經傳釋一卷,經天該一卷,翻卦挨星圖訣考著一卷,地理古鏡歌一卷,燕魏雜記一卷,叩舷憑軾錄一卷,交行摘稿一卷,貞蕤稾畧詩一卷、文一卷,拜經樓詩話一至四,官韻考異一卷,左傳人名辨異三卷,春秋地名辨異三卷、附,春秋職官考略三卷,中文孝經一卷,孝經外傳一卷,箴膏肓一卷,起廢疾一卷,發墨守一卷,讀書瑣記一卷，轉註古義考一卷，可儀堂文集二卷，聲調譜一卷，談龍錄一卷，左傳器物宮室一卷、職官一卷、土地名二卷，五經贊一卷，婦學一卷，天問畧一卷，海國聞見錄一卷、附圖，屯田議一卷，車銃議一卷、附圖，番社采風圖考一卷，維西見聞紀一卷，金川瑣記六卷，至遊子二卷，五總志一卷，孔氏談苑五卷，丁孝子詩集三卷，圭塘欸乃集一卷，刻燭集一卷，鄭敷文書說一卷，舜典補亡一卷，論語筆解二卷，論語絕句一卷，孟子外書四卷，駢五經異義一卷、補遺，駢字分箋二卷，武宗外紀一卷，勝朝彤史拾遺記三卷，蜀檮杌二卷，東南防守利便三卷，炳燭偶鈔一卷，讀史論略一卷，異魚圖贊一卷，龜經一卷，古算器考一卷，歷學疑問補二卷，半村野人閒談一卷，抱璞簡記一卷，一椶居詩槁二卷，春秋傳說例一卷，饗禮補亡一卷，魯齋述得一卷，唐史論斷三卷，滇載記一卷，奉使俄羅斯行程錄一卷，外國竹枝詞一卷，三垣疏稿三卷，閩中海錯疏三卷，伸蒙子三卷，廣成子解一卷，二儀銘補註一卷，歷學荅問一卷，蘇氏演義二卷，投甕隨筆一卷，風月堂雜識一卷，學圃餘力一卷，王義士輞川詩鈔六卷）

500000－8703－0001671　1671

救荒活民書拾遺一卷　（宋）董煟撰　**農桑衣食撮要二卷**　（元）魯明善撰　清刻本　一冊

500000－8703－0001672　1672

梅氏叢書輯要六十二卷　（清）梅文鼎撰　清刻本　一冊　存二十七卷（一至二、八至十四、四十至五十一、五十七至六十二）

500000－8703－0001673　1673

毗尼日用切要一卷　（清）釋讀體彙集　**沙彌律儀要畧一卷**　（明）釋袾宏輯　清光緒二十四年（1898）四川萬縣彌陀院刻本　一冊

500000－8703－0001674　1674

駢體文鈔三十一卷　（清）李兆洛編　清刻本　三冊　存十卷（十二至十九、三十至三十一）

500000－8703－0001675　1675

駢體文鈔三十一卷　（清）李兆洛編　清刻本　五冊　存二十三卷（四至十九、二十五至三十一）

500000－8703－0001676　1676

萬國藥方八卷　（清）丁福保撰　（美國）洪士提譯　清鉛印本　七冊　存七卷（二至八）

500000－8703－0001677　1677

醫門棒喝四卷二集九卷　（清）章楠撰　（清）王孟英點評　清宣統元年（1909）蠡城三友益齋石印本　十冊

500000－8703－0001678　1678

駢體文鈔三十一卷　（清）李兆洛編　清刻本　一冊　存三卷（二十九至三十一）

500000－8703－0001679　1679

玉海二百〇四卷　（宋）王應麟撰　元刻明正德至清乾隆遞修本　八十一冊　存一百七十三卷（一至二、七至十四、十九至二十六、二十九至三十、三十三至三十四、三十七至四十九、五十二至六十六、六十九至一百〇一、一百〇四至一百十九、一百二十二至一百二十四、一百二十七至一百八十七、一百九十至一百九十一、一百九十四至一百九十七、二百〇一至二百〇四）

500000－8703－0001680　1680

憑山閣增輯留青新集三十卷　（清）陳枚選　（清）陳德裕輯　清刻本　七冊　存十二卷（五、八至九、十三、十七至十八、十九至二十四）

500000－8703－0001681　1681

廣廣事類賦三十二卷　（清）吳世旃撰註　清刻本　二冊　存十卷（六至十、十八至二十二）

500000－8703－0001682　1682

重訂廣事類賦四十卷　（清）華希閔撰　清刻本　二冊　存八卷（六至九、三十七至四十）

500000－8703－0001683　1683

重訂事類賦三十卷　（宋）吳淑撰註　清刻本　二冊　存十三卷（八至二十）

500000－8703－0001684　1684

廣治平略三十六卷　(清)蔡方炳撰　清刻本　三冊　存十九卷(七至十八、三十至三十六)

500000－8703－0001685　1685

聊齋志異新評十六卷　(清)蒲松齡撰　(清)王士正評　(清)呂湛恩注　清善成堂刻本　四冊　存八卷(七至十四)

500000－8703－0001686　1686

大方廣圓覺脩多羅了義經近釋六卷　(明)釋通潤撰　清光緒十二年(1886)金陵刻經處刻本　一冊　存三卷(四至六)

500000－8703－0001687　1687

湖樓筆談七卷　(清)俞樾撰　清末刻第一樓叢書本　一冊　存四卷(四至七)

500000－8703－0001688　1688

十子全書　(清)浙江書局輯　清光緒中浙江書局刻本　十一冊　存六種(老子道德經一至二、音義一,列子一至八,荀子一至六、校勘補遺一,管子三至十、十九至二十四,淮南子十一至十二,韓非子識誤一至三)

500000－8703－0001689　1689

退菴隨筆二十二卷　(清)梁章鉅編　清光緒元年(1875)福州梁氏刻二思堂叢書本　一冊　存三卷(一至三)

500000－8703－0001690　1690

子史精華一百六十卷　(清)聖祖玄燁選　清刻本　二冊　存十卷(六至十二、一百十六至一百十八)

500000－8703－0001691　1691

子史精華一百六十卷　(清)聖祖玄燁選　清刻本　四十一冊　存一百四十三卷(六至一百二十二、一百三十五至一百六十)

500000－8703－0001692　1692

人範六卷　(清)蔣元編　清末鉛印本　一冊

500000－8703－0001693　1693

箬菴和尚語錄十卷　(清)釋行昱等編　清光緒二十七年(1901)清鎔刻本　一冊　存五卷(一至五)

500000－8703－0001694　1694

諸葛武侯全集五種　(清)張澍纂輯　清刻本　十冊　存五種(故事五,兵法一至六、首一,火攻心法一、首一,奇門遁甲一至六,文集一)

500000－8703－0001695　1695

徑中徑又徑四卷　(清)聖祖玄燁輯　清同治刻五燈全書本　一冊　存二卷(一至二)

500000－8703－0001696　1696

曾文正公書札三十三卷首一卷　(清)曾國藩撰　(清)李瀚章編　清光緒二年(1876)傳忠書局刻曾文正公全集本　二十三冊　存三十卷(一至七、十、十二至二十八、三十至三十三,首)

500000－8703－0001697　1697

天中記六十卷　(明)陳耀文纂　(清)屠隆校　清刻本　五冊　存五卷(二、五十三、五十六至五十七、五十九)

500000－8703－0001698　1698

數學啟蒙二卷　(英國)偉烈亞力撰　清刻本　一冊　存一卷(一)

500000－8703－0001699　1699

孟子□□卷　(宋)朱熹集注　清忠恕堂刻本　二冊　存四卷(二至三、六至七)

500000－8703－0001700　1700

廣博物志五十卷　(明)董斯張纂　清刻本　十四冊　存二十五卷(三至五、十至十二、二十八至三十二、三十七至五十)

500000－8703－0001701　1701

湘綺樓全集文集八卷詩集十四卷箋啟八卷　王闓運撰　清光緒三十三年(1907)長沙墨莊劉氏刻本　七冊　存十九卷(湘綺樓文集一至二、五至八,湘綺樓詩集一至三、八至十四,湘綺樓箋啓六至八)

500000－8703－0001702　1702

沈四山人詩錄六卷附錄一卷　(清)沈謹學撰

清光緒三年(1877)八喜齋刻本　一冊

500000－8703－0001703　1703
嵰山甜雪十二卷　(清)黄本驥撰　(清)蔣瓌編　清道光二十七年(1847)刻三長物齋叢書本　二冊

500000－8703－0001704　1704
嵰山甜雪十二卷　(清)黄本驥撰　(清)蔣瓌編　清道光二十七年(1847)刻三長物齋叢書本　二冊　存八卷(一至八)

500000－8703－0001705　1705
桴亭先生文集六卷補遺一卷　(清)陸世儀撰　清刻本　三冊　存三卷(二至四)

500000－8703－0001706　1706
石笥山房詩集十一卷詩餘一卷補遺二卷續補遺二卷　(清)胡天游撰　清咸豐二年(1852)刻本　五冊　存十四卷(詩集一至十一、詩餘一、續補遺一至二)

500000－8703－0001707　1707
孫淵如先生全集二十三卷　(清)孫星衍撰　清光緒二十年(1894)湖南思賢書局刻本　八冊　存十種十九卷(問字堂集六卷,閲問字堂集贈言一卷,岱南閣集二卷,平津館文稿上,五松園文稿一卷,嘉穀堂集一卷,濟上停雲集一卷,租船詠史集一卷,冶城絜養集二卷、遺集一卷、補遺一,長離閣集一卷)

500000－8703－0001708　1708
五百家註音辯昌黎先生文集四十卷　(唐)韓愈撰　清刻本　九冊　存二十二卷(三至二十、三十八至四十,目錄一)

500000－8703－0001709　1709
白香山詩集四十卷附年譜一卷年譜舊本一卷本傳一卷目錄一卷　(唐)白居易撰　(清)汪立名編　清康熙四十二年(1703)一隅草堂刻本　八冊　存三十三卷(白香山詩後集一至十四、白香山詩長慶集一至十五、年譜一、年譜舊本一、本傳一、目錄一)

500000－8703－0001710　1710
湘綺樓詩集八卷　王闓運撰　清光緒二十六年(1900)東州講舍刻本　三冊　存六卷(一至六)

500000－8703－0001711　1711
韓集點勘四卷　(清)陳景雲撰　清同治九年(1870)江蘇書局刻本　一冊

500000－8703－0001712　1712
彊邨詞三卷前集一卷　(清)朱祖謀撰　清光緒三十一年(1905)刻本　二冊　存三卷(一、三、前集一)

500000－8703－0001713　1713
横塘集二十卷　(宋)許景衡撰　清光緒二年(1876)刻本　三冊　存十五卷(六至二十)

500000－8703－0001714　1714
遜學齋詩鈔十卷詩續鈔五卷文鈔十二卷文續鈔五卷　(清)孫衣言撰　清同治三年(1864)刻本　四冊　存十二卷(詩鈔一至三,續鈔一至五,文鈔三至四、七至八)

500000－8703－0001715　1715
古唐詩合解古詩四卷唐詩十二卷　(清)王堯衢注　清刻本　五冊　存十四卷(古詩一至四、唐詩三至十二)

500000－8703－0001716　1716
李空同詩集三十三卷　(明)李夢陽撰　清宣統二年(1910)掃葉山房石印本　八冊　存二十七卷(一至二十四、三十一至三十三)

500000－8703－0001717　1717
青樓集一卷　(元)夏廷芝撰　**板橋雜記三卷**　(清)余懷撰　**吴門畫舫錄一卷**　題(清)西溪山人編　清光緒三十四年(1908)長沙葉氏刻本　一冊

500000－8703－0001718　1718
黄詩全集五十八卷　(宋)黄庭堅撰　(宋)任淵等注　清乾隆五十四年(1789)樹經堂刻本　二十三冊　存六種五十六卷(山谷詩内集注三至二十、山谷詩外集注一至十七、山谷詩別集注二卷、山谷詩外集補四卷、山谷詩別集補一卷、重刻山谷先生年譜十四卷)

500000－8703－0001719　1719
炳燭室雜文一卷　(清)江藩撰　**天馬山房詩別錄一卷**　(清)汪巽東撰　清光緒三年(1877)八喜齋刻本　一册

500000－8703－0001720　1720
重刻來瞿唐先生日錄　(明)來知德撰　清刻本　八册　存十七種十七卷(悟山稿一卷、述悟賦一卷、遊峨眉稿一卷、快活庵稿一卷、八關稿一卷、遊吳稿一卷、重遊白帝稿一卷、求溪稿一卷、買月亭稿一卷、古詩一卷、銕鳳稿一卷、遊華山太和二嶽稿一卷、續求溪稿一卷、優哉閣稿一卷、格物諸圖一卷、省事錄一卷、省覺錄一卷)

500000－8703－0001721　1721
哀絃集一卷　(清)尤侗撰　清刻本　一册

500000－8703－0001722　1722
剪燭錄二卷　(清)龔禮撰　清咸豐五年(1855)刻本　一册

500000－8703－0001723　1723
石林詩話一卷　(宋)葉夢得撰　(明)毛晉訂　明末汲古閣刻本　一册

500000－8703－0001724　1724
國朝十家四六文鈔十卷　王先謙輯　清光緒十五年(1889)長沙王氏刻本　四册

500000－8703－0001725　1725
賦學正鵠集釋十卷　(清)李元度輯　清光緒十一年(1885)文昌書局刻本　四册　存七卷(一至三、七至十)

500000－8703－0001726　1726
王子安集註二十卷首一卷末一卷　(唐)王勃撰　(清)蔣清翊註　清刻本　四册　存十五卷(二至八、十四至二十,末)

500000－8703－0001727　1727
二家詞鈔五卷　(清)樊增祥編　清光緒二十八年(1902)刻本　二册

500000－8703－0001728　1728
錢牧齋尺牘三卷補遺一卷　(清)錢謙益撰　清宣統二年(1910)鄧氏風雨樓鉛印本　一册　存一卷(一)

500000－8703－0001729　1729
國朝文鈔五編　(清)高塘編　清乾隆五十一年(1786)刻本　二十九册　存二十三卷(二編大學、中庸、下論、上孟、下孟,三編大學、上論、下論、中庸、上孟、下孟,四編大學、中庸、上論、下論、上孟、下孟,五編大學、上論、下論、中庸、上孟、下孟)

500000－8703－0001730　1730
明文在一百卷　(清)薛熙撰　(清)陸次雲訂　清光緒十五年(1889)江蘇書局刻本　八册　存八十一卷(二十至一百)

500000－8703－0001731　1731
水心先生別集十六卷　(宋)葉適撰　清同治光緒瑞安孫氏詒善祠塾刻本　二册　存九卷(一至九)

500000－8703－0001732　1732
御選唐宋文醇五十八卷　(清)高宗弘曆選　清光緒二十三年(1897)經綸元記刻本　十八册　存四十一卷(一至三、七至八、十五至二十八、三十二至三十六、四十二至五十八)

500000－8703－0001733　1733
古香齋新刻袖珍御選古文淵鑑六十四卷　(清)徐乾學等編注　清光緒十年至十一年(1884－1885)海南孔氏刻五色套印本　三十一册　存六十二卷(一至五十九、六十二至六十四)

500000－8703－0001734　1734
古香齋鑒賞袖珍施註蘇詩四十二卷總目二卷　(宋)蘇軾撰　**王注正譌一卷**　(清)邵長蘅撰　**蘇詩續補遺二卷**　(清)馮景補注　**東坡先生年譜一卷**　(宋)王宗稷撰　清光緒八年至九年(1882－1883)刻本　十六册　存四十二卷(一至十五、十九至三十六、四十至四十二,王注正譌一,東坡先生年譜一,總目一至二,續補遺一至二)

500000－8703－0001735　1735

御選唐宋文醇五十八卷　(清)高宗弘曆選　清光緒三年(1877)浙江書局刻本　十二册　存三十四卷(一、五至七、十一至二十一、二十八至三十、三十四至四十六、五十四至五十六)

500000－8703－0001736　1736
古文淵鑒六十四卷　(清)徐乾學等編　清康熙二十四年(1685)武英殿刻五色套印本　三十三册　存四十八卷(一至十二、十四至三十二、三十五至四十二、四十五、四十九至五十六)

500000－8703－0001737　1737
漁洋山人文略十二卷　(清)王士禛撰　清刻本　五册

500000－8703－0001738　1738
温飛卿詩集七卷別集一卷集外詩一卷　(唐)温庭筠撰　清秀野草堂刻本　二册

500000－8703－0001739　1739
陳忠裕全集三十卷首一卷末一卷年譜三卷　(明)陳子龍撰　(清)王旭輯　清刻本　十册　存二十八卷(一至二十七、首一)

500000－8703－0001740　1740
笠翁一家言全集十六卷　(清)李漁撰　清雍正八年(1730)芥子園刻本　六册　存六卷(九至十、十二、十四至十六)

500000－8703－0001741　1741
曝書亭集八十卷　(清)朱彝尊撰　清光緒十五年(1889)會稽陶氏刻本　十三册　存七十五卷(六至八十)

500000－8703－0001742　1742
宋元學案一百卷　(清)黄宗羲撰　(清)全祖望補　清刻本　八册　存二十六卷(十四至十六、十八至二十一、四十四至四十七、七十四至七十六、八十三至九十二、九十七至九十八)

500000－8703－0001743　1743
往生集三卷　(明)釋袾宏輯　清同治十二年(1873)刻本　一册　存三卷(一至三)

500000－8703－0001744　1744
曲園襍纂五十卷　(清)俞樾撰　清刻本　一册　存六卷(七至十二)

500000－8703－0001745　1745
學海堂集十六卷　(清)阮元輯　**二集二十二卷**　(清)吴蘭珍輯　**三集二十四卷**　(清)張維屏輯　**四集二十八卷**　(清)金錫齡輯　清道光五年至咸豐九年(1825－1859)刻本　三册　存八卷(初集七至八、三集九至十四)

500000－8703－0001746　1746
東塾讀書記二十五卷　(清)陳澧撰　清刻本　五册　存十二卷(一至三、七至十二、十五至十六、二十一)

500000－8703－0001747　1747
新語二卷　(漢)陸賈撰　**新書十卷**　(漢)賈誼撰　清刻增訂漢魏叢書本　一册　存五卷(新語一至二、新書一至三)

500000－8703－0001748　1748
蟲蠟撮要圖説一卷附種桐備要一卷　(清)魏懷相輯　清刻本　一册

500000－8703－0001749　1749
課子隨筆節鈔六卷續編一卷　(清)張又渠輯　(清)徐桐節鈔　(清)夏用九鈔　清光緒十年(1884)萬邑德星書屋刻本　一册　存二卷(五至六)

500000－8703－0001750　1750
百子全書　(清)崇文書局輯　清光緒元年(1875)湖北崇文書局刻本　十八册　存十一種(墨子、吕氏春秋二十六卷、淮南鴻烈解一至十六、焦氏易林、鶡冠子、尹文子、慎子、公孫龍子、鬼谷子、鬻子、子華子)

500000－8703－0001751　1751
子史輯要題解續編□□卷　(清)胡本淵輯　清刻本　一册　存二卷(三至四)

500000－8703－0001752　1752
妙法蓮華經綸貫一卷妙法蓮華經臺宗會義十六卷　(明)釋智旭撰　清光緒十九年(1893)江北刻經處刻本　三册　存七卷(綸貫一,會

義一至四、十一至十二)

500000－8703－0001753　1753

妙法蓮華經要解七卷附妙法蓮華經要解科文一卷　(宋)釋戒環解　清刻本　二冊　存二卷(一至二)

500000－8703－0001754　1754

沅湘通藝錄八卷四書文二卷　(清)江標編

日本華族女學校規則一卷　(□)□□譯　清光緒二十三年(1897)元和江氏刻靈鶼閣叢書本　八冊　存九卷(二至七、四書文一至二、學校規則一)

500000－8703－0001755　1755

衛道編二卷　(清)劉紹攽編　清刻本　一冊　存一卷(四)

500000－8703－0001756　1756

御選語錄十九卷　(清)世宗胤禛選　清刻本　七冊　存八卷(四至七、十二至十三、十八至十九)

500000－8703－0001757　1757

大方廣佛華嚴經六十卷　(晉)釋佛陀跋陀羅等譯　清光緒七年(1881)常熟刻經處刻本　六冊　存二十三卷(八至十一、二十二至二十五、三十至三十三、五十至五十三、五十七至六十、六十六至六十八)

500000－8703－0001758　1758

玉函山房輯佚書目　(清)馬國翰輯　清刻本　八冊

500000－8703－0001759　1759

禪門日誦諸經不分卷　(□)□□集　清光緒二十四年(1898)刻本　一冊

500000－8703－0001760　1760

禪門日誦諸經不分卷　(□)□□集　清光緒二十四年(1898)刻本　一冊

500000－8703－0001761　1761

佛說金剛般若波羅蜜經一卷歷朝金剛持驗紀一卷　(清)沈明哉編　清光緒十九年(1893)刻本　一冊

500000－8703－0001762　1762

第一才子書六十卷一百二十回　(明)羅貫中撰　(清)毛宗崗評　清刻本　三冊　存十六卷(四十一至五十、五十五至六十)

500000－8703－0001763　1763

成唯識論述記六十卷　(唐)釋窺基撰　清光緒二十七年(1901)金陵刻經處刻本　五冊　存十五卷(十至十二、四十三至四十五、五十二至六十)

500000－8703－0001764　1764

南華經解三十三卷　(清)宣穎撰　(清)胡志章校　(清)吳坤修刊　清同治六年(1867)刻本　二冊　存十四卷(二十至三十三)

500000－8703－0001765　1765

四分戒本一卷　(晉)釋佛陀耶舍　(晉)釋竺佛念譯　(清)釋讀體依藏錄　清光緒二十四年(1898)四川萬縣彌陀院刻本　一冊

500000－8703－0001766　1766

佛說阿彌陀經疏鈔四卷　(明)釋袾宏撰　清刻本　一冊　存一卷(二)

500000－8703－0001767　1767

大佛頂首楞嚴經正脈疏四十卷　(明)釋真鑑撰　(明)釋福登校　清刻本　二冊　存五卷(二十一至二十二、二十六至二十八)

500000－8703－0001768　1768

指月錄三十二卷　(明)瞿汝稷集　清刻本　一冊　存三卷(七至九)

500000－8703－0001769　1769

大佛頂如來密因修證了義諸菩薩萬行首楞嚴經十卷　(唐)釋般剌密帝譯　(唐)房融筆受　清刻本　一冊　存三卷(一至三)

500000－8703－0001770　1770

佛說佛名經十二卷首一卷　(北魏)釋菩提留支譯　清刻本　二冊　存四卷(五至八)

500000－8703－0001771　1771

御選語錄十九卷　(清)世宗胤禛選　清光緒四年(1878)金陵刻經處刻本　五冊　存五卷

（十二至十四、十八至十九）

500000－8703－0001772　1772
楷法溯源十四卷目錄一卷　（清）潘存原輯　楊守敬編　清光緒刻本　一册　存一卷（八）

500000－8703－0001773　1773
重訂教乘法數十二卷　（清）釋超海等訂　清光緒三十年（1904）刻本　四册　存九卷（一至二、四至十）

500000－8703－0001774　1774
毗尼珍敬錄二卷　（明）釋廣承輯　（明）釋智旭會補　清光緒刻本　一册　存一卷（上）

500000－8703－0001775　1775
通俗編三十八卷　（清）翟灝撰　清乾隆十六年（1751）無不宜齋刻本　十一册　存三十五卷（一至二十四、二十八至三十八）

500000－8703－0001776　1776
蠕範八卷劄記一卷　（清）李元撰　清刻本　三册　存八卷（二至八、劄記一）

500000－8703－0001777　1777
魏武帝注孫子三卷吴子二卷司馬法三卷　（春秋）孫武撰　清嘉慶蘭陵孫氏刻本　一册

500000－8703－0001778　1778
佛説大阿彌陀經□□卷　（宋）王日休輯　清刻本　一册　存一卷（四十二至六十九葉）

500000－8703－0001779　1779
子書二十種　清刻本　七册　存二十種（大戴禮記二至十三、山海經、詩品、劍俠傳、中華古今注、博異記、晉史乘、三墳、小爾雅、桂海虞衡志、汲塚周書、白虎通、集異記、子貢詩傳、續博物志、風俗通一至二、高士傳、竹書紀年、列仙傳、古今注）

500000－8703－0001780　1780
勝鬘師子吼一乘大方便方廣經一卷　（南朝宋）釋求那跋陀羅譯　清光緒六年（1880）常熟刻經處刻本　一册

500000－8703－0001781　1781
四分戒本一卷　（晉）釋佛陀耶舍　（晉）釋竺佛念譯　清光緒二十四年（1898）四川萬縣彌陀院刻本　一册

500000－8703－0001782　1782
四分戒本一卷　（晉）釋佛陀耶舍　（晉）釋竺佛念譯　清光緒二十四年（1898）四川萬縣彌陀院刻本　一册

500000－8703－0001783　1783
大佛頂如來密因修證了義諸菩薩萬行首楞嚴經十卷　（唐）釋般刺密帝譯　清光緒二十七年（1901）新都寶光寺刻本　二册　存八卷（一至三、六至十）

500000－8703－0001784　1784
念佛開心頌一卷　（清）釋古昆撰　清光緒十一年（1885）杭州昭慶慧空經房刻本　一册

500000－8703－0001785　1785
重訂教乘法數十二卷　（清）釋超海等訂　清刻本　一册　存二卷（十一至十二）

500000－8703－0001786　1786
蠶桑寶濟六卷　（清）陳光熙撰　清同治十一年（1872）刻本　二册

500000－8703－0001787　1787
慧日永明寺智覺禪師自行錄存一卷　（清）釋文沖編　清光緒七年（1881）程錫齡刻本　一册

500000－8703－0001788　1788
佛説無量壽經二卷　（三國魏）釋康僧鎧撰　**佛説觀無量壽佛經一卷**　（南朝宋）釋畺良耶舍譯　**佛説阿彌陀經一卷**　（後秦）釋鳩摩羅什譯　**大方廣佛華嚴經入不思議解脱境界普賢行願品一卷**　（唐）釋般若譯　清刻本　一册　存六卷（佛説無量壽經卷上下、御製無量壽佛贊一卷、佛説觀無量壽佛經一卷、佛説阿彌陀經一卷、大方廣佛華嚴經入不思議解脱境界普賢行願品一卷）

500000－8703－0001789　1789
最新初等小學筆算教科書五册　（□）□□編　清刻本　二册　存二册（四至五）

500000－8703－0001790　1790

正法華經十卷　(晉)釋竺法護譯　清刻本　二册　存六卷(三至八)

500000－8703－0001791　1791

大方廣圓覺修多羅了義經二卷　(唐)釋佛陀多羅譯　清同治八年(1869)金陵刻經處刻本　一册

500000－8703－0001792　1792

佛說大方等大集菩薩念佛三昧經十卷　(隋)釋達磨笈多譯　清刻本　二册

500000－8703－0001793　1793

天隱禪師語錄二十卷　(明)通琇編　清刻本　一册　存四卷(一至四)

500000－8703－0001794　1794

大方等大集賢護經五卷　(隋)釋闍那崛多等譯　清同治十二年(1873)江北刻經處刻本　一册

500000－8703－0001795　1795

瑜伽燄口施食要集一卷　(清)釋寶華撰　清光緒三十四年(1908)萬州彌陀院刻本　一册

500000－8703－0001796　1796

瑜伽燄口施食要集一卷　(清)釋寶華撰　清光緒三十四年(1908)萬州彌陀院刻本　一册

500000－8703－0001797　1797

瑜伽燄口施食要集一卷　(清)釋寶華撰　清光緒三十四年(1908)萬州彌陀院刻本　一册

500000－8703－0001798　1798

瑜伽燄口施食要集一卷　(清)釋寶華撰　清光緒三十四年(1908)萬州彌陀院刻本　一册

500000－8703－0001799　1799

子史精華一百六十卷　(清)吳襄等纂修　清光緒二十四年(1898)刻本　四十册　存一百四十三卷(六至一百二十二、一百三十五至一百六十)

500000－8703－0001800　1800

御纂醫宗金鑑九十卷　(清)吳謙等纂輯　清刻本　四册　存八卷(四至七、三十四至三十五、五十至五十一)

500000－8703－0001801　1801

註心賦四卷　(宋)釋延壽撰　清刻本　二册　存二卷(一至二)

500000－8703－0001802　1802

佛遺教經論疏節要一卷　(後秦)釋鳩摩羅什譯　(宋)釋淨源節要　(明)釋袾宏補注　清光緒二十四年(1898)金陵刻經處刻本　一册

500000－8703－0001803　1803

四分戒本一卷　(晉)釋佛陀耶舍　(晉)釋竺佛念譯　(清)釋讀體重錄　清刻本　一册

500000－8703－0001804　1804

法界宗五祖略記一卷賢首五教儀開蒙一卷　(清)釋續法輯　清光緒二年(1876)長沙刻經處刻本　一册

500000－8703－0001805　1805

藥師琉璃光如來本願功德經直解二卷　(清)釋靈燿撰　清宣統二年(1910)常州天寧寺刻本　一册

500000－8703－0001806　1806

毗尼日用切要一卷　(清)釋讀體彙集　清刻本　一册

500000－8703－0001807　1807

平津館叢書　(清)孫星衍輯　清光緒十至十一年(1884－1885)蘭陵孫溪槐廬家塾刻本　一册　存六種十一卷(魏武帝注孫子二卷、吳子二卷、司馬法二卷、尸子二卷、燕丹子二卷、牟子一卷)

500000－8703－0001808　1808

佛說佛名經十二卷　(北魏)釋菩提留支譯　清道光五年(1825)刻本　八册　存八卷(一、三、六至十一)

500000－8703－0001809　1809

大方廣佛華嚴經香海集三卷法界觀披雲集一卷　(宋)釋道通述　**大方廣佛華嚴經要解一卷**　(宋)釋戒環集　清同治十一年(1872)金陵刻經處刻本　二册

500000－8703－0001810　1810

釋摩訶般若波羅密經覺意三昧一卷　（隋）釋灌頂記　清光緒二十九年（1903）揚州藏經院刻本　一册

500000－8703－0001811　1811

請觀音經疏一卷　（隋）釋灌頂法師記　清刻本　一册

500000－8703－0001812　1812

禪林僧寶傳三十卷首一卷　（宋）釋惠洪撰　清光緒六年（1880）常熟刻經處刻本　一册　存十卷（二十一至三十）

500000－8703－0001813　1813

佛華嚴入如來德智不思議境界經一卷　（隋）釋闍那崛多譯　**大方廣佛華嚴經修慈分一卷**　（唐）釋提雲般若譯　**大方廣如來不思議境界經一卷**　（唐）釋實乂難陀譯　清同治十三年（1874）雞園刻經處刻本　一册

500000－8703－0001814　1814

大乘瑜伽金剛性海曼殊室利千臂千缽大教王經十卷　（唐）釋不空譯　清刻本　一册　存五卷（一至五）

500000－8703－0001815　1815

佛説不空羂索呪經一卷　（隋）釋闍那崛多等譯　**不空羂索心呪王經三卷**　（唐）李無諂譯　**不空羂索心呪王經一卷**　（唐）釋菩提流志譯　**不空羂索呪心經一卷**　（唐）釋玄奘譯　清宣統二年（1910）刻本　一册

500000－8703－0001816　1816

佛説方等泥洹經二卷　（□）□□集　清刻本　一册

500000－8703－0001817　1817

楞嚴經指掌疏十卷　（清）釋通理撰　清刻本　二册　存二卷（二、四）

500000－8703－0001818　1818

般若綱要十卷　（清）釋通門閲正　（清）葛□提綱　清光緒二十二年（1896）刻本　二册　存四卷（一至二、九至十）

500000－8703－0001819　1819

增補事類統編九十三卷　（清）黄葆真增輯　清刻本　十一册　存二十三卷（十一至十三、十六至十七、二十四、二十九、三十一至三十二、四十至四十一、四十六至四十八、六十二至六十三、六十七至六十八、八十四至八十八）

500000－8703－0001820　1820

增補事類統編九十三卷　（清）黄葆真增輯　清刻本　二册　存三卷（二十九、四十一至四十二）

500000－8703－0001821　1821

觀楞伽阿跋多羅寶經記十八卷補遺一卷　（宋）釋求那跋陀羅譯　（明）釋德清筆記　清光緒三十一年（1905）金陵刻經處刻本　一册　存三卷（十七至十八、補遺一）

500000－8703－0001822　1822

十住經六卷　（後秦）釋鳩摩羅什譯　（晉）釋佛陀耶舍譯　清光緒十年（1884）常熟刻經處刻本　一册　存三卷（四至六）

500000－8703－0001823　1823

典林瑯環二十四卷續三十卷　（清）□□輯　清光緒九年（1883）湛蘭書屋刻本　十册　存四十七卷（五至十七、二十一至二十四，續一至三十）

500000－8703－0001824　1824

讀禮志疑六卷　（清）陸隴其輯　（清）張伯行訂　清同治五年（1866）福州正誼書局刻本　四册

500000－8703－0001825　1825

世説新語六卷首一卷　（南朝宋）劉義慶撰　（南朝梁）劉孝標注　清光緒三年（1877）湖北崇文書局刻本　四册

500000－8703－0001826　1826

尚論張仲景傷寒論重編三百九十七法二卷　（清）喻昌撰　清刻本　二册

500000－8703－0001827　1827

尚論張仲景傷寒論重編三百九十七法後四十

四卷　(清)喻昌撰　清刻本　二冊

500000－8703－0001828　1828

寓意草一卷　(清)喻昌撰　清刻本　一冊

500000－8703－0001829　1829

醫門法律六卷　(清)喻昌撰　清刻本　五冊

500000－8703－0001830　1830

濟陰綱目十四卷保生碎事一卷　(清)武之望撰　(清)汪淇箋釋　(清)張志聰等訂　清啓元堂刻本　六冊

500000－8703－0001831　1831

潛溪録六卷首一卷　(清)丁立中輯　(清)孫鏘增補　清宣統四明七千卷樓刻本　一冊　存一卷(五)

500000－8703－0001832　1832

吴詩集覽二十卷　(清)吴偉業撰　(清)靳榮藩輯　清刻本　一冊　存二卷(八至九)

500000－8703－0001833　1833

古文快筆貫通解四卷　(清)杭永年評解　清刻本　一冊　存一卷(四)

500000－8703－0001834　1834

空同詩集三十四卷　(明)李夢陽撰　清光緒十五年(1889)渭南嚴氏刻本　八冊

500000－8703－0001835　1835

空同詩集三十四卷　(明)李夢陽撰　清光緒十五年(1889)渭南嚴氏刻本　五冊　存三十卷(一至三十)

500000－8703－0001836　1836

華陽集四十卷　(宋)王珪撰　清刻本　三冊　存十卷(九至十八)

500000－8703－0001837　1837

邵子湘全集　(清)邵長蘅撰　(清)顧景星批點　清刻本　十冊　存三種(青門簏稿四至十六、青門旅稿、青門賸稿一至六)

500000－8703－0001838　1838

于京集五卷附述祖詩一卷　(清)尤侗撰　清刻本　一冊　存一卷

500000－8703－0001839　1839

詩緣正編續十卷　題(清)聊園老樵輯　清刻本　三冊

500000－8703－0001840　1840

經史百家簡編二卷　(清)曾國藩撰　清同治十三年(1874)傳忠書局刻本　二冊

500000－8703－0001841　1841

蘇文忠公詩合註五十卷首二卷　(宋)蘇軾撰　(清)馮應榴輯　清光緒九年(1883)木假山堂刻本　十七冊　存四十二卷(一至二十三、三十一至三十四、三十七至五十、首)

500000－8703－0001842　1842

蘇文忠公詩編註集成四十六卷諸家雜綴酌存一卷蘇海識餘四卷箋詩圖一卷　(宋)蘇軾撰　(清)王文誥輯　清光緒十四年(1888)浙江書局刻本　十五冊

500000－8703－0001843　1843

蘇文忠公詩編註集成總案四十六卷　(宋)蘇軾撰　(清)王文誥輯　清嘉慶二十四年(1819)王氏韻山堂刻本　二冊　存十卷(一至四、二十四至二十九)

500000－8703－0001844　1844

蘇文忠公詩編註集成總案四十六卷　(宋)蘇軾撰　(清)王文誥輯　清光緒十四年(1888)浙江書局刻本　三冊　存十八卷(十九至三十六)

500000－8703－0001845　1845

江醴陵集二卷　(南朝梁)江淹撰　(明)張溥閲　明天啓至清康熙刻本　一冊　存一卷(二)

500000－8703－0001846　1846

宋四六選二十四卷　(清)曹振鏞編　清刻本　一冊　存三卷(十至十二)

500000－8703－0001847　1847

會心外集二卷　(清)劉一明撰　清刻本　一冊　存一卷(下)

500000－8703－0001848　1848

弇州山人四部稿一百七十四卷目錄十二卷 (明)王世貞撰　明萬曆五年(1577)世經堂刻本　九冊　存四十四卷(一至五、十二至三十八,目錄一至十二)

500000－8703－0001849　1849

唐宋詩本七十六卷目錄八卷 (清)戴第元輯　清覽珠堂刻本　三十八冊　存七十六卷(一至十、十三至四十四、四十九至七十六,目錄三至八)

500000－8703－0001850　1850

全唐詩九百卷 (清)聖祖玄曄選　清刻本　一百十六冊　存十二函(一函二至十、二函一至五、九至十、三函一至十、四函一至十、五函一至十、六函一至十、七函一至十、八函一至十、九函一至十、十函一至十、十一函一至十、十二函一至十)

500000－8703－0001851　1851

御定歷代題畫詩類一百二十卷 (清)陳邦彦輯　清康熙四十六年(1707)刻本　二十一冊　存一百〇五卷(一至十、十六至八十、九十一至一百二十)

500000－8703－0001852　1852

南宋文範七十卷外編四卷 (清)莊仲方編　清光緒十四年(1888)江蘇書局刻本　十六冊

500000－8703－0001853　1853

天岳山館文鈔四十卷 (清)李元度撰　清光緒六年(1880)爽溪精舍刻本　二十冊

500000－8703－0001854　1854

陳伯玉文集三卷詩集二卷首一卷 (唐)陳子昂撰　清會友堂刻本　一冊　存二卷(文集一、首一)

500000－8703－0001855　1855

江漢炳靈集二卷 (清)張之洞輯　清刻本　三冊

500000－8703－0001856　1856

槐軒解湯海若先生纂輯名家詩二卷附錄一卷 (清)夏世欽編　清道光二十四年(1844)崇道堂刻本　二冊

500000－8703－0001857　1857

樊南文集詳註八卷 (唐)李商隱撰　(清)馮浩訂　清乾隆德聚堂刻本　四冊

500000－8703－0001858　1858

西堂剩稿二卷秋夢錄一卷 (清)尤侗撰　清刻本　一冊

500000－8703－0001859　1859

仁在堂時藝□□卷 (清)路德評選　清刻本　一冊

500000－8703－0001860　1860

河南程氏遺書二十五卷附錄一卷外書十二卷 (宋)程顥　(宋)程頤撰　清康熙禦兒呂氏寶誥堂刻本　四冊　存二十八卷(一至二上、七至十五、二十二下至二十五,附錄一,外書一至十二)

500000－8703－0001861　1861

分類賦學雞蹠集三十卷附錄一卷 (清)張維城輯　清道光十二年(1832)槃花吟館刻本　五冊　存二十七卷(一、六至三十,附錄一)

500000－8703－0001862　1862

館課賦鈔□□卷 (清)徐經等輯　清刻本　三冊　存六卷(三至八)

500000－8703－0001863　1863

館課賦鈔□□卷 (清)徐經等輯　清刻本　二冊　存二卷(二至三)

500000－8703－0001864　1864

八代詩選二十卷 王闓運撰　清光緒二十年(1894)章氏經精堂刻本　七冊　存十七卷(一至四、八至二十)

500000－8703－0001865　1865

廣陵詩事十卷 (清)阮元撰　清光緒十六年(1890)揚州會館刻本　二冊

500000－8703－0001866　1866

香屑集十八卷首一卷末一卷 (清)黃之雋撰　清刻本　四冊　存十四卷(一至十二、首一、末一)

500000－8703－0001867　1867

楚辭章句十七卷 (漢)劉向編 (漢)王逸章句 清光緒九年(1883)長沙書堂山館刻本 四册

500000－8703－0001868 1868
國朝文錄續編七十卷 (清)李祖陶輯 清刻本 十九册 存二十八種三十四卷(小倉山房文錄一至二、歸愚文錄一卷、果堂文錄一卷、經韻樓集文錄一卷、韞山堂文錄一卷、竹香齋文錄一卷、百呎梧桐閣文錄一卷、飴山文錄一卷、集虛齋文錄一卷、培遠堂文錄一卷、崧泉文錄一卷、雙桂堂文錄二卷、切問齋文錄二卷、梅莊文錄一卷、海崖文錄一卷、庸書文錄一卷、白石山房文錄一卷、三魚堂文錄一卷、蒼峴山人文錄一卷、詹園文錄二卷、尊聞居士文錄二卷、業桂堂文錄一卷、白田草堂文錄一卷、孺廬文錄一卷、可儀堂文錄一卷、趙忠毅公文錄二卷、四知堂文錄二卷)

500000－8703－0001869 1869
國朝駢體正宗評本十二卷補編一卷 (清)曾燠選 (清)姚燮評 清光緒十年(1884)花雨樓刻朱墨印本 六册

500000－8703－0001870 1870
憑山閣增輯留青新集三十卷 (清)陳枚選 (清)陳德裕輯 清刻本 九册 存十二卷(三至六、十二、二十三至二十九)

500000－8703－0001871 1871
桂苑筆耕集二十卷 (唐)崔致遠撰 清刻本 二册 存九卷(十二至二十)

500000－8703－0001872 1872
太平廣記五百卷 (宋)李昉等編纂 清刻本 十六册 存一百十五卷(九至二十八、五十三至七十二、八十一至八十八、一百〇四至一百〇九、二百四十五至二百五十三、二百六十二至二百七十七、三百七十八至三百八十二、三百九十二至三百九十八、四百〇六至四百二十、四百八十三至四百九十一)

500000－8703－0001873 1873
日知錄集釋三十二卷 (清)顧炎武撰 (清)黄汝成集釋 清刻本 一册 存十卷(十七至二十六)

500000－8703－0001874 1874
廣廣事類賦三十二卷 (清)吴世旃撰注 清刻本 五册 存二十六卷(一至二十六)

500000－8703－0001875 1875
廣廣事類賦三十二卷 (清)吴世旃撰注 清道光三十年(1850)刻本 五册 存二十七卷(一至二十七)

500000－8703－0001876 1876
管子二十四卷 (唐)房玄齡注 清光緒二年(1876)浙江書局刻二十二子本 四册 存十七卷(一至四、九至二十一)

500000－8703－0001877 1877
孔子集語十七卷 (清)孫星衍撰 清光緒三年(1877)浙江書局刻二十二子本 三册 存十三卷(一至十三)

500000－8703－0001878 1878
劉秘書集一卷 (南朝梁)劉孝綽撰 清刻本 一册

500000－8703－0001879 1879
熙朝紀政六卷 (清)王慶雲撰 清末石印本 四册 存五卷(二至六)

500000－8703－0001880 1880
校邠廬抗議二卷 (清)馮桂芬撰 清刻本 一册 存一卷(下)

500000－8703－0001881 1881
刻鵠集三卷 (清)沈同芳撰 清宣統三年(1911)鉛印本 一册

500000－8703－0001882 1882
皇朝通典一百卷 (清)嵇璜等纂 清末石印本 一册 存十六卷(十六至三十一)

500000－8703－0001883 1883
待鶴樓詩鈔一卷零礫詩存一卷 (清)王懷曾撰 清光緒二十年(1894)大竹鑄經堂楊氏刻本 一册

500000－8703－0001884 1884
竹林答問一卷 (清)陳僅撰 清道光十九年

(1839)刻本　一冊

500000－8703－0001885　1885
返生香存一卷　(明)葉小鸞撰　清光緒二十二年(1896)刻本　一冊

500000－8703－0001886　1886
帝女花二卷附題詞二卷詩餘二卷　(清)查仲誥正譜　(清)黃燮清填詞　清道光十三年(1833)刻本　一冊

500000－8703－0001887　1887
容齋四筆十六卷　(宋)洪邁撰　清皖南洪氏刻本　一冊　存三卷(一至三)

500000－8703－0001888　1888
諸子平議三十五卷　(清)俞樾撰　清刻本　二冊　存八卷(五至八、二十二至二十五)

500000－8703－0001889　1889
諸子平議三十五卷　(清)俞樾撰　清光緒二十五年(1899)刻春在堂全書本　一冊　存四卷(一至四)

500000－8703－0001890　1890
晏子春秋七卷音義二卷　(周)晏嬰撰　(清)孫星衍音義　**校勘記二卷**　(清)黃以周撰　清光緒元年(1875)浙江書局刻本　三冊　存十卷(一至七、音義上、校勘記一至二)

500000－8703－0001891　1891
事類統編九十三卷首一卷　(清)林意誠編　清道光十九年(1839)栢溪林氏刻本　八冊　存十五卷(一至七、六十八至七十三、七十六至七十七)

500000－8703－0001892　1892
孔子家語疏證十卷　(清)陳士珂輯　(清)丁兆松校字　清光緒十七年(1891)三餘草堂刻本　一冊　存一卷(一)

500000－8703－0001893　1893
孔子家語十卷　(三國魏)王肅注　清刻本　一冊　存六卷(五至十)

500000－8703－0001894　1894
文子纘義十二卷　(宋)杜道堅撰　(清)紀昀等纂　清光緒三年(1877)浙江書局刻本　一冊　存六卷(一至六)

500000－8703－0001895　1895
古籌算攷釋六卷　勞乃宣撰　清光緒刻本　一冊　存一卷(三)

500000－8703－0001896　1896
新書十卷　(漢)賈誼撰　清光緒元年(1875)浙江書局刻本　一冊　存五卷(一至五)

500000－8703－0001897　1897
韓非子識誤三卷　(清)顧廣圻識　清光緒五年(1879)刻本　一冊

500000－8703－0001898　1898
莊子解□□卷　(清)王夫之解　(清)王敔增注　清刻本　一冊　存三卷(庚桑楚、徐無鬼、則陽)

500000－8703－0001899　1899
勸修淨土切要一卷　(清)釋真益願纂　清光緒十六年(1890)揚州藏經院刻本　一冊

500000－8703－0001900　1900
清河書畫舫十二卷　(明)張丑撰　清刻本　三冊　存三集(巳集、酉集、戌集)

500000－8703－0001901　1901
新穎賦鈔四卷首一卷　(□)□□輯　清同治元年(1862)刻本　五冊

500000－8703－0001902　1902
大唐傳載一卷賈氏譚錄一卷　(唐)□□撰　**賈氏譚錄一卷**　(宋)張洎撰　清末影印守山閣叢書本　一冊

500000－8703－0001903　1903
明皇雜錄二卷補遺一卷校勘記一卷　(唐)鄭處誨撰　清末影印守山閣叢書本　一冊

500000－8703－0001904　1904
萍洲可談三卷附校勘記一卷　(宋)朱彧撰　清末影印守山閣叢書本　一冊

500000－8703－0001905　1905
棉陽學準五卷　(清)藍鼎元撰　清刻本　二冊

500000－8703－0001906　1906

山堂肆考宫集□□卷　(明)彭大翼纂撰　(明)張幼學編輯　明萬曆刻本　九册　存二十二卷(一至九、二十一至三十三)

500000－8703－0001907　1907

重訂廣事類賦四十卷　(清)華希閔撰　清刻本　一册　存五卷(十三至十七)

500000－8703－0001908　1908

楹聯叢話十二卷　(清)梁章鉅編　清刻本　一册　存三卷(十至十二)

500000－8703－0001909　1909

佩文齋書畫譜一百卷　(清)孫岳頒等纂　清末石印本　二册　存十二卷(一至六、二十四至二十九)

500000－8703－0001910　1910

格致鏡原一百卷　(清)陳元龍撰　清光緒二十二年(1896)積山書局石印本　八册　存五十六卷(一至三十一、三十七至六十一)

500000－8703－0001911　1911

白芙堂算學叢書四十七種　(清)丁取忠輯　清光緒二十三年(1897)上海文瀾書局石印本　七册　存三十八種(筆算一卷、九章翼十卷、平三角邊角互求術一卷、弧三角術一卷、測量高遠術一卷、天元一術釋例一卷、天元名式釋例一卷、天元一草一卷、天元問答一卷、方程天元合釋一卷、四元名式釋例一卷、四元草一卷、四元加減乘除釋一卷、八線對數類編三卷、測圓密率三卷、造各表簡法一卷、橢圓正術一卷、截球解義一卷附橢圓求周術一卷、弧三角拾遺一卷、用表推日食三差一卷、朔食九服里差三卷、百雞術衍二卷、輿地經緯度里表一卷、求一術通解二卷、割圜八線綴術四卷、數學拾遺一卷、測圓海鏡細草十二卷、益古演段三卷、圓率考真圖解一卷、算法圓理括囊一卷、粟布演草二卷補一卷、緝古算經細草三卷、對數詳解五卷、綴術釋明二卷、綴術釋戴一卷、四元玉鑒三卷、四象假令細草一卷、格術補一卷)

500000－8703－0001912　1912

時方妙論四卷　(清)陳念祖撰　清光緒三十年(1904)上海經香閣書莊石印本　一册

500000－8703－0001913　1913

古今圖書集成一萬卷目錄四十卷　(清)蔣廷錫等纂　清末上海圖書集成局石印本　七册　存四十三卷(七十至八十、九十五至一百、二百六十四至二百六十八、六百二十七至六百四十,目錄六至十二)

500000－8703－0001914　1914

集說詮真提要一卷　(清)黄伯祿輯　(清)蔣超凡校　清光緒十一年(1885)刻本　一册

500000－8703－0001915　1915

三壇傳戒儀範三卷增補三卷　(清)釋真印訂　清同治十年(1871)刻本　三册　存三卷(增補一至三)

500000－8703－0001916　1916

三壇傳戒儀範三卷增補三卷　(清)釋真印訂　清同治十年(1871)刻本　一册　存一卷(增補三)

500000－8703－0001917　1917

三壇傳戒儀範三卷增補三卷　(清)龍藏寺訂　清光緒十七年(1891)龍藏寺刻本　三册　存三卷(一、三,增補二)

500000－8703－0001918　1918

行素草堂目睹書錄十編　(清)朱記榮輯　清光緒十年(1884)孫谿槐廬家藏刻本　十册

500000－8703－0001919　1919

綉像東周列國全志二十三卷　(清)蔡元放點評　清經元堂刻本　十二册

500000－8703－0001920　1920

東周列國全志二十三卷一百〇八回　(明)馮夢龍撰　(清)蔡元放點評　清刻本　六册　存十一卷(一至九、十六至十七)

500000－8703－0001921　1921

前後二十四孝圖說一卷　(清)施善昌輯　清光緒十九年(1893)盛京文聚興石印本　一册

500000－8703－0001922　1922

醫門棒喝初集四卷二集九卷 (清)章楠編注 (清)王孟英 (清)田晉元評點 清宣統元年(1909)鄺城三友益齋石印本 十冊

500000－8703－0001923 1923
御纂醫宗金鑑七十四卷首一卷 (清)弘晝等纂修 清光緒三十二年(1906)上海錦章書局石印本 二冊

500000－8703－0001924 1924
浪跡叢談十一卷續談八卷 (清)梁章鉅撰 清刻本 二冊 存六卷(七至十一、續談一)

500000－8703－0001925 1925
女科要旨四卷 (清)陳念祖撰 (清)陳蔚訂 (清)陳元犀韻注 清光緒三十年(1904)上海經香閣書莊石印本 一冊

500000－8703－0001926 1926
重訂事類賦三十卷 (宋)吳淑撰注 清刻本 一冊 存八卷(七至十四)

500000－8703－0001927 1927
武英殿聚珍版書 (清)紀昀纂修 (清)陸錫熊纂修 清刻本 一百十六冊 存二十六種(欽定武英殿聚珍版程式一卷、帝範四卷、公是弟子記四卷、明本釋三卷、項氏家說十卷附錄二卷、周髀算經二卷附音義一卷、九章算術九卷附音義一卷、夏侯陽算經三卷、猗覺寮雜記二卷、學林十卷、甕牖閑評八卷、朝野類要五卷、敬齋古今黈八卷、意林五卷、唐語林八卷、蒙齋集二十卷、簡齋集十六卷、悅心集五卷、文忠集十六卷、浮沚集九卷、祠部集三十五卷、張燕公集二十五卷、茶山集八卷、陶山集十六卷、雲谷雜記六卷、絜齋集二十四卷)

500000－8703－0001928 1928
韓非子集解二十卷首一卷 (清)王先慎撰 清光緒二十二年(1896)刻本 六冊

500000－8703－0001929 1929
荀子二十卷首一卷 (唐)楊倞注 王先謙集解 清光緒十七年(1891)刻本 六冊

500000－8703－0001930 1930
列子八卷 (晉)張湛注 清光緒二年(1876)浙江書局刻二十二子本 二冊

500000－8703－0001931 1931
墨子十六卷 (周)墨翟撰 (清)畢沅校注 清光緒二年(1876)浙江書局刻二十二子本 四冊

500000－8703－0001932 1932
商君書五卷 (戰國)商鞅撰 (清)嚴可均校注 清光緒二年(1876)浙江書局刻二十二子本 一冊

500000－8703－0001933 1933
朱子原訂近思錄十四卷 (宋)朱熹撰 (清)江永集注 清同治七年(1868)楚北崇文書局刻本 四冊

500000－8703－0001934 1934
南華真經正義三篇不分卷附識餘三種不分卷 (周)莊周纂 (清)陳壽昌輯 清光緒十九年(1893)怡顏齋刻本 六冊

500000－8703－0001935 1935
補註洗冤錄集證四卷附檢骨圖格一卷 (宋)宋慈撰 (清)阮其新補註 清道光二十三年(1843)鍾淮刻三色套印本 四冊

500000－8703－0001936 1936
洗冤錄摭遺二卷 (清)葛元煦撰 清刻本 一冊

500000－8703－0001937 1937
紀效新書十八卷首一卷 (明)戚繼光撰 清道光九年(1829)張鵬翂刻本 六冊

500000－8703－0001938 1938
課子隨筆節鈔六卷續編一卷 (清)張又渠輯 (清)徐桐節鈔 (清)夏用九鈔 清光緒十年(1884)萬邑德星書屋刻本 四冊

500000－8703－0001939 1939
古香齋鑒賞袖珍初學記三十卷 (唐)徐堅等撰 清南海孔氏嶽雪樓刻本 一冊 存三卷(二十七至二十八、三十)

500000－8703－0001940 1940
考訂河洛理數便覽一卷 (清)紀大奎撰 清咸豐二年(1852)刻本 一冊

500000－8703－0001941　1941

地理水法要訣五卷　(清)紀大奎撰　(清)紀壁東校　清咸豐二年(1852)楊照藜刻本　一册

500000－8703－0001942　1942

紀大奎先生全集　(清)紀大奎撰　(清)紀壁東校　清嘉慶咸豐楊照藜刻本　九册　存四種(六壬類聚四卷、雙桂堂時文稿一卷附錄一卷、老子約説三卷續編一卷、雙桂堂稿續編十二卷)

500000－8703－0001943　1943

述學内篇三卷補遺一卷外篇一卷别錄一卷　(清)汪中撰　清同治八年(1869)揚州書局刻本　二册

500000－8703－0001944　1944

智囊補二十八卷　(明)馮夢龍輯　清刻本　七册　存二十一卷(一至二十一)

500000－8703－0001945　1945

文中子中説十卷　(隋)王通撰　(宋)阮逸注　清光緒二年(1876)浙江書局刻本　二册

500000－8703－0001946　1946

儒門法語不分卷　(清)彭定求編　(清)湯金釗輯要　清光緒元年(1875)江蘇學政署刻本　一册

500000－8703－0001947　1947

三才略三卷　(清)蔣德鈞輯　清蒲圻但氏刻本　一册

500000－8703－0001948　1948

讀書脞錄七卷　(清)孫志祖撰　清光緒十三年(1887)醉六堂刻本　二册

500000－8703－0001949　1949

考工記圖二卷　(清)戴震撰　清乾隆四十四年(1779)微波榭刻戴氏遺書本　二册

500000－8703－0001950　1950

二十二子　(清)浙江書局輯　清光緒浙江書局刻本　三十二册　存十種(孔子集語十七卷、荀子二十卷附校勘補遺一卷、揚子法言十三卷附音義一卷、新書十卷、管子二十四卷、墨子十六卷附篇目考一卷、尸子二卷存疑一卷、莊子十卷、列子八卷、文子纘義十二卷)

500000－8703－0001951　1951

近思錄集註十四卷　(清)江永集註　清同治八年(1869)江蘇書局刻本　三册

500000－8703－0001952　1952

近思錄集解十四卷　(宋)葉採集解　清刻本　四册

500000－8703－0001953　1953

鑑行集三十卷　(清)唐天培編　清光緒五年(1879)刻本　十册

500000－8703－0001954　1954

淮南鴻烈解二十一卷　(漢)劉安撰　(漢)高誘注　清刻本　四册

500000－8703－0001955　1955

湯液本草三卷　(清)王好古輯　清末刻本　三册

500000－8703－0001956　1956

呻吟語六卷　(明)吕坤撰　清末南海羅氏成都冬青寄廬刻本　六册

500000－8703－0001957　1957

諸子平議三十五卷　(清)俞樾撰　清刻本　八册

500000－8703－0001958　1958

重編留青新集二十四卷　(清)陳枚輯　清光緒十六年(1890)上海鉛印本　五册　存九卷(一至二、七至十三)

500000－8703－0001959　1959

艮齋先生薛常州浪語集三十五卷　(宋)薛季宣撰　清刻本　四册　存十四卷(二十二至三十五)

500000－8703－0001960　1960

曾文正公詩集三卷　(清)曾國藩撰　清光緒二年(1876)傳忠書局刻本　一册

500000－8703－0001961　1961

樂府詩集一百卷目錄二卷　(宋)郭茂倩編

清同治十三年(1874)湖北崇文書局刻本　十三冊　存八十一卷(一至二十一、三十一至三十六、四十九至一百,目錄二)

500000－8703－0001962　1962
明詩别裁集十二卷　(清)沈德潛輯　(清)周準同輯　清刻本　五冊　存十卷(三至十二)

500000－8703－0001963　1963
欒城應詔集十二卷　(宋)蘇轍撰　清道光十二年(1832)眉州三蘇祠刻本　二冊

500000－8703－0001964　1964
南澗甲乙稿二十二卷　(宋)韓元吉撰　清道光八年(1828)海南吳榮光刻本　九冊

500000－8703－0001965　1965
陶淵明集六卷首一卷末一卷　(晉)陶淵明撰　清光緒五年(1879)廣州翰墨園刻朱墨套印本　一冊　存四卷(一至三、首一)

500000－8703－0001966　1966
梅村詩集箋注十八卷　(清)吳偉業撰　清刻本　三冊　存六卷(七至十、十二至十三)

500000－8703－0001967　1967
庸盦海外文編四卷　(清)薛福成輯　清光緒新學書局刻本　二冊　存二卷(三至四)

500000－8703－0001968　1968
庸盦海外文編四卷　(清)薛福成輯　清光緒新學書局刻本　一冊　存二卷(三)

500000－8703－0001969　1969
文心雕龍十卷　(南朝梁)劉勰撰　(清)黃叔琳注　(清)紀昀評　清光緒二十一年(1895)學庫山房刻本　四冊

500000－8703－0001970　1970
放言百首一卷　(清)史夢蘭撰　(清)升旭東箋注　清刻本　二冊

500000－8703－0001971　1971
大穀山堂集六卷　(清)夢麟撰　清刻本　二冊

500000－8703－0001972　1972
賓萌外集四卷　(清)俞樾撰　清刻本　二冊

500000－8703－0001973　1973
甌北集五十卷續增詩集三卷　(清)趙翼撰　清刻本　十二冊

500000－8703－0001974　1974
古文辭類纂七十四卷　(清)姚鼐輯　清光緒十九年(1893)刻本　十五冊　存七十一卷(四至七十四)

500000－8703－0001975　1975
續古文辭類纂三十四卷　王先謙纂　清光緒八年(1882)虛受堂刻本　五冊　存二十三卷(一至二十三)

500000－8703－0001976　1976
彙纂詩法度鍼三十三卷　(清)徐文弼輯　清刻本　五冊　存二十八卷(四至二十九、三十二至三十三)

500000－8703－0001977　1977
御選唐宋文醇五十八卷　(清)高宗弘曆選　清光緒二十三年(1897)經綸元記刻本　十一冊　存二十七卷(一、十九至四十、五十五至五十八)

500000－8703－0001978　1978
王摩詰集六卷　(唐)王維撰　清光緒十年(1884)上海同文書局石印本　三冊　存五卷(一至五)

500000－8703－0001979　1979
欽定全唐詩三十六卷　(清)曹寅等修　清光緒十三年(1887)上海同文書局石印本　二十三冊　存二十三卷(一至三、六至九、十二至十六、十八至二十二、二十四、二十八至三十一、三十三)

500000－8703－0001980　1980
湘綺樓自定本四卷　王闓運撰　清鳳鳴堂刻本　一冊

500000－8703－0001981　1981
有正味齋詩集十六卷駢體文二十四卷外集五卷詞集八卷　(清)吳錫麒撰　清嘉慶十三年(1808)刻本　二冊　存九卷(詩集四至七、駢體文五至九)

500000－8703－0001982　1982

欒城集四十八卷後集二十四卷三集十卷應詔集十二卷　（宋）蘇轍撰　清道光十二年(1832)眉州三蘇祠刻本　六冊　存十九卷（一至三、十至十二、二十二至二十五，後集一至二、六至十二）

500000－8703－0001983　1983

有正味齋駢體文二十四卷　（清）吳錫麒撰　清刻本　一冊　存四卷（九至十二）

500000－8703－0001984　1984

芳茂山人詩集十卷　（清）孫星衍撰　清光緒十年(1884)孫谿槐廬家塾刻本　一冊　存六卷（冶城絜養集一至二、冶城遺集一、冶城集補遺一至二、長離閣集一）

500000－8703－0001985　1985

李衛公外集四卷補遺一卷　（唐）李德裕撰　清刻本　一冊

500000－8703－0001986　1986

賦學指南十六卷附錄一卷　（清）余丙照輯　清刻本　一冊　存六卷（五至十）

500000－8703－0001987　1987

汪鈍翁文鈔十二卷　（清）汪琬撰　清康熙三十三年(1694)刻本　二冊　存八卷（一至八）

500000－8703－0001988　1988

缾水齋詩集十七卷詩別集二卷　（清）舒位撰　清刻本　六冊

500000－8703－0001989　1989

續古文辭類纂二十八卷　（清）黎庶昌纂　清光緒十六年(1890)金陵書局刻本　六冊　存十四卷（一至十、十三至十四、十八至十九）

500000－8703－0001990　1990

黃詩全集五十八卷　（宋）黃庭堅撰　清光緒二年(1876)刻本　二十二冊

500000－8703－0001991　1991

有正味齋全集詩集十六卷詩續集八卷駢體文二十四卷續集八卷詞集八卷外集五卷詞續集二卷外集五卷　（清）吳錫麒撰　清刻本　十一冊　存四十六卷（詩集一至八，詩續集五至八，駢體文集一至三、十四至二十四，駢體文續集一至八，詞集一至八，詞續集一至二，外集一至二）

500000－8703－0001992　1992

元遺山詩集箋註十四卷首一卷末一卷　（金）元好問撰　（元）張德輝編　（清）施國祁註　清道光二年(1822)南潯蔣氏瑞松堂刻本　六冊

500000－8703－0001993　1993

揅經室外集五卷續集九卷再續集六卷　（清）阮元撰　清刻本　六冊

500000－8703－0001994　1994

學源堂古文十二卷　（清）吳乘權　（清）吳大職輯　清道光刻本　六冊

500000－8703－0001995　1995

竹軒雜著六卷　（宋）林季仲撰　清光緒二年(1876)瑞安孫氏詒善祠塾刻本　一冊

500000－8703－0001996　1996

蒙川先生遺槀四卷補遺一卷　（元）劉應奎校　（明）阮存編　清光緒二年(1876)瑞安孫氏詒善祠塾刻本　二冊

500000－8703－0001997　1997

古文觀止十二卷　（清）吳乘權　（清）吳大職輯　清光緒二十三年(1897)新都墨耕堂刻本　六冊

500000－8703－0001998　1998

二曲先生全集四十六卷　（清）李顒撰　清光緒三年(1877)刻本　十四冊　存四十一卷（一至二十二、二十八至四十六）

500000－8703－0001999　1999

望溪先生文集十八卷集外文十卷　（清）方苞撰　（清）戴鈞衡輯　清咸豐刻本　六冊　存十二卷（文集六、十四至十八，集外文一至六）

500000－8703－0002000　2000

閬楊先生集三十卷　（清）張望撰　清陽下山莊刻本　九冊　存二十七卷（一至二十二、二

十六至三十）

500000－8703－0002001　2001
弇山堂別集一百卷　（明）王世貞撰　明萬曆刻本　四冊　存十九卷（三十六至五十四）

500000－8703－0002002　2002
竹眠詞鈔二卷　（清）黄景仁撰　清刻本　一冊

500000－8703－0002003　2003
兩當軒詩鈔十四卷　（清）黄景仁撰　清刻本　二冊　存六卷（三至八）

500000－8703－0002004　2004
繹志十九卷　（清）胡承諾撰　清同治十一年（1872）浙江書局刻本　八冊

500000－8703－0002005　2005
九九消夏録十四卷首一卷　（清）曲園居士撰　清光緒十八年（1892）刻本　四冊

500000－8703－0002006　2006
求闕齋讀書録十卷　（清）曾國藩撰　（清）王啓原輯　清光緒二年（1876）傳忠書局刻本　三冊

500000－8703－0002007　2007
繹志十九卷劄記一卷　（明）胡承諾撰　清道光十七年（1837）刻湖北叢書本　八冊

500000－8703－0002008　2008
文心雕龍十卷　（南朝梁）劉勰撰　（清）黄叔琳注　（清）紀昀評　清道光十三年（1833）兩廣節署刻朱墨套印本　四冊

500000－8703－0002009　2009
老子道德經二卷附識一卷　（晉）王弼注　（唐）陸德明釋　清光緒元年（1875）浙江書局刻本　一冊

500000－8703－0002010　2010
宋本管子二十四卷　（唐）房玄齡注　清光緒五年（1879）影印本　六冊

500000－8703－0002011　2011
孫子十家注十三卷　（清）孫星衍校　（清）吴人驥校　**十家注孫子遺説一卷**　（宋）鄭友賢撰　**孫子敘録一卷**　（清）畢以珣撰　清咸豐五年（1855）活字本　六冊

500000－8703－0002012　2012
鹽鐵論十二卷　（漢）桓寬撰　（明）鍾惺評　清刻本　三冊

500000－8703－0002013　2013
程氏家塾讀書分年日程三卷綱領一卷　（元）程端禮編　清同治七年（1868）湖北崇文書局刻本　二冊

500000－8703－0002014　2014
王文成公傳習録三卷　（明）王守成撰　清宣統二年（1910）成都國學研究會刻本　三冊

500000－8703－0002015　2015
格致鏡原一百卷　（清）陳元龍撰　清末石印本　五冊　存三十一卷（十九至二十六、三十七至四十二、四十九至五十四、七十四至七十八、八十四至八十九）

500000－8703－0002016　2016
本經續疏六卷　（清）鄒澍撰　清刻本　二冊

500000－8703－0002017　2017
風角書八卷　（明）張爾岐撰　清道光十四年（1834）刻本　二冊

500000－8703－0002018　2018
群書劄記十六卷　（清）朱亦棟撰　清光緒四年（1878）武林竹簡齋刻本　六冊

500000－8703－0002019　2019
鹽鐵論十卷　（漢）桓寬撰　清光緒元年（1875）湖北崇文書局刻本　二冊　存二卷（一至二）

500000－8703－0002020　2020
鹽鐵論十卷附校勘小識　（漢）桓寬撰　清光緒十七年（1891）刻本　四冊　存十卷（一至十）

500000－8703－0002021　2021
紀效新書十八卷　（明）戚繼光撰　清刻本　五冊　存十七卷（二至十八）

500000－8703－0002022　2022

圜天圖說三卷續編二卷首一卷 （清）李明澈撰 （清）阮元鑒定 清嘉慶二十四年（1819）刻本 五册

500000－8703－0002023 2023
曉讀書齋初録二卷二録二卷三録二卷四録二卷 （清）洪亮吉撰 清光緒三年（1877）授經堂刻本 二册

500000－8703－0002024 2024
曾相六十壽文□□卷 （清）李鴻章撰 清光緒二年（1876）上海醉六堂刻本 二册 存二卷（一至二）

500000－8703－0002025 2025
莊子約解四卷 （清）劉鴻典輯注 清同治五年（1866）刻本 四册

500000－8703－0002026 2026
正譌八卷 （清）劉沅撰 清同治三年（1864）刻本 三册

500000－8703－0002027 2027
遺訓存略二卷 （清）劉書晉輯 清光緒三十二年（1906）刻本 二册

500000－8703－0002028 2028
子問二卷 （清）劉沅撰 清咸豐七年（1857）刻本 二册

500000－8703－0002029 2029
紹濂堂制藝□□卷附録一卷 （清）周啓運撰 清刻本 三册 存三卷（一至三）

500000－8703－0002030 2030
制義靈樞四編 （清）周銘恩選 清道光二十九年（1849）刻本 六册 存三編（一至二、四）

500000－8703－0002031 2031
韓非子二十卷 （戰國）韓非撰 清刻本 一册 存四卷（五至八）

500000－8703－0002032 2032
翠薇山房數學 （清）張作楠撰 （清）江臨泰補圖 清光緒二十三年（1897）上海鴻寶齋石印本 八册 存十七種（量倉通法五卷、量倉通法續三卷、八線類編一卷、八線對數類編一卷、弧角設如三卷、弧三角舉隅一卷、揣籥小録一卷、揣籥續録三卷、新測恆星圖表一卷、新測中星圖表一卷、新測更漏中星表一卷、浙江更漏中星表一卷、金華晷樓中星表一卷、金華更漏中星表一卷、高弧細草一卷、交食細草二卷首一卷、方田通法補例六卷）

500000－8703－0002033 2033
桐陰論畫二卷首一卷續一卷桐陰畫訣一卷 （清）秦祖永撰 清同治三年（1864）刻朱墨套印本 二册

500000－8703－0002034 2034
桐陰論畫二編二卷三編二卷 （清）秦祖永撰 清光緒八年（1882）刻朱墨套印本 二册

500000－8703－0002035 2035
子史精華一百六十卷 （清）聖祖玄燁編 清刻本 一册 存四卷（一百四十三至一百四十六）

500000－8703－0002036 2036
子史精華一百六十卷 （清）聖祖玄燁編 清刻本 十八册 存四十六卷（八至二十七、三十一至四十六、五十四至五十八、六十四至六十八）

500000－8703－0002037 2037
增補事類統編九十三卷 （清）黄葆真增輯 清長沙古山齋刻本 五册 存十二卷（五十三至五十九、八十一至八十三、九十二至九十三）

500000－8703－0002038 2038
重編留青新集二十四卷 （清）陳枚輯 清光緒三十三年（1907）上海廣益書局鉛印本 三册 存七卷（十二至十三、十五、二十一至二十四）

500000－8703－0002039 2039
四雪草堂重訂通俗隋唐演義二十卷 （清）□□撰 清刻本 十一册 存十一卷（二、四、七至九、十二至十四、十六至十八）

500000－8703－0002040 2040

惜心書屋褋存艱貞集一卷 （清）王正誼撰　清同治二年(1863)刻本　一册

500000－8703－0002041　2041

唐代叢書二十卷 （清）陳蓮塘輯　清同治十年(1871)京都琉璃廠刻唐代叢書本　八册　存六十二種八卷(一、三、七、十至十一、十三、十九至二十)

500000－8703－0002042　2042

惜抱軒筆記八卷 （清）姚鼐撰　清道光元年(1821)華亭姚椿春刻本　二册

500000－8703－0002043　2043

又問一卷 （清）劉沅撰　清咸豐七年(1857)刻本　一册

500000－8703－0002044　2044

俗言一卷 （清）劉沅撰　清咸豐四年(1854)刻本　一册

500000－8703－0002045　2045

英雅集□□卷 （清）邢日玫等撰　清柏氏刻本　一册　存二卷(三至四)

500000－8703－0002046　2046

醫學三字經四卷 （清）陳念祖撰　清成德堂刻本　一册

500000－8703－0002047　2047

易知錄一卷 （清）劉沅撰　清同治二年(1863)刻本　一册

500000－8703－0002048　2048

槐軒約言不分卷 （清）劉沅撰　清同治四年(1865)刻本　一册

500000－8703－0002049　2049

拾餘四種 （清）劉沅撰　清光緒元年(1875)刻本　二册

500000－8703－0002050　2050

感應篇韻語一卷 （清）劉鴻典撰　清光緒七年(1881)刻本　一册

500000－8703－0002051　2051

蒙訓一卷 （清）劉沅撰　清光緒三十年(1904)刻本　一册

500000－8703－0002052　2052

揚子法言學行十三卷音義一卷 （晉）李軌注校　清光緒二年(1876)浙江書局刻本　一册

500000－8703－0002053　2053

醫經溯洄集不分卷 （元）王履撰　清刻本　一册

500000－8703－0002054　2054

明良志略不分卷 （清）劉沅輯　清道光二十九年(1849)刻本　一册

500000－8703－0002055　2055

三統術詳說四卷 （清）陳澧撰　清光緒刻本　一册

500000－8703－0002056　2056

類經三十二卷 （明）張介賓注　清石印本　五册　存二十一卷(九至二十五、二十九至三十二)

500000－8703－0002057　2057

憑山閣增輯留青新集三十卷 （清）陳枚選　（清）陳德裕輯　清刻本　三册　存五卷(七、十九至二十二)

500000－8703－0002058　2058

人極衍義一卷姚江學辨一卷 （清）羅澤南撰　清咸豐九年(1859)長沙刻羅忠節公遺集本　一册

500000－8703－0002059　2059

西銘講義一卷 （清）羅澤南撰　清咸豐七年(1857)長沙刻羅忠節公遺集本　一册

500000－8703－0002060　2060

輶軒語七卷四川省城尊經書院記一卷 （清）張之洞撰　清光緒二年(1876)刻本　一册

500000－8703－0002061　2061

輶軒語七卷四川省城尊經書院記一卷 （清）張之洞撰　清光緒二年(1876)刻本　一册

500000－8703－0002062　2062

天演論二卷 （英國）赫胥黎撰　嚴復譯　清光緒二十七年(1901)富文書局石印本　一册

500000－8703－0002063　2063

人譜類記增訂六卷　(明)劉宗周撰　清光緒三年(1877)湖北崇文書局刻本　一册

500000－8703－0002064　2064

西方公據一卷　(後秦)釋鳩摩羅什譯　清光緒元年(1875)昭慶寺刻本　一册

500000－8703－0002065　2065

碧血錄五卷　(清)莊仲方撰論　清光緒上海同文書局刻本　一册　存一卷(三)

500000－8703－0002066　2066

難經經釋二卷　(戰國)秦越人撰　(清)徐大椿注解　清刻本　一册

500000－8703－0002067　2067

首楞嚴經指掌疏事義十卷　(□)□□撰　清光緒二十七年(1901)刻本　一册

500000－8703－0002068　2068

校讐通義三卷　(清)章學誠撰　清光緒十九年(1893)刻本　一册

500000－8703－0002069　2069

薛文清公讀書錄鈔一卷讀書續錄鈔一卷　(明)薛瑄撰　清嘉慶二十一年(1816)刻紀慎齋先生全集本　一册

500000－8703－0002070　2070

格致餘論一卷局方發揮一卷　(清)朱震亨撰　清刻本　一册

500000－8703－0002071　2071

大方廣佛華嚴經綱目貫攝一卷　(清)釋永光錄集　清光緒三十一年(1905)刻本　一册

500000－8703－0002072　2072

感應篇註釋四卷　(□)□□撰　清同治十二年(1873)刻本　一册　存一卷(一)

500000－8703－0002073　2073

經濟尋源後集三卷　(□)□□撰　清光緒十七年(1891)刻本　一册　存一卷(一)

500000－8703－0002074　2074

家範十卷　(宋)司馬光撰　清光緒元年(1875)夔州李氏刻本　一册

500000－8703－0002075　2075

重訂西方公據二卷　(清)彭際清輯　清光緒四年(1878)金陵刻經處刻本　一册

500000－8703－0002076　2076

重訂西方公據二卷　(清)彭際清輯　清光緒二十三年(1897)刻本　一册

500000－8703－0002077　2077

過去現在因果經四卷　(南朝宋)釋求那跋陀羅譯　清光緒十年(1884)江北刻經處刻本　一册

500000－8703－0002078　2078

增補歷科元墨一卷　(□)□□輯　清刻本　一册　存一卷(一)

500000－8703－0002079　2079

禪門日誦一卷　(□)□□集　清光緒二十四年(1898)萬邑彌陀院刻本　一册

500000－8703－0002080　2080

法句經二卷　(印度)釋法救撰　(三國吳)釋維祇難等譯　清光緒十四年(1888)江北刻經處刻本　一册

500000－8703－0002081　2081

解迷顯智成悲十明論一卷　(唐)釋李通玄撰　清同治八年(1869)如臯刻經處刻本　一册

500000－8703－0002082　2082

臨證指南醫案十卷　(清)葉桂撰　清刻本　一册　存一卷(九)

500000－8703－0002083　2083

漢學商兑三卷　(清)方東樹撰　清刻本　二册　存二卷(二至三)

500000－8703－0002084　2084

雅俗通用釋門疏式十卷　(明)釋如德彙輯　清光緒四年(1878)知儒精舍刻本　一册　存二卷(一至二)

500000－8703－0002085　2085

練兵實紀九卷雜集六卷　(明)戚繼光撰　清刻本　一册　存四卷(三至六)

500000－8703－0002086　2086

戒淫寶訓二卷　(清)傅伯辰等撰　清咸豐九年(1859)刻本　一册

500000－8703－0002087　2087

性理吟一卷　(宋)朱熹撰　**續性理吟一卷**　(清)劉鴻典撰　**後性理吟一卷**　(清)尤侗撰　清刻本　一册

500000－8703－0002088　2088

村學究語一卷　(清)劉沅撰　清同治三年(1864)威遠縣玉成堂刻本　一册

500000－8703－0002089　2089

尸子二卷　(清)汪繼培輯　清光緒三年(1877)浙江書局刻二十二子本　一册

500000－8703－0002090　2090

圜容較義一卷　(明)利瑪竇譯　(明)李之藻撰　**測量法義一卷**　(明)利瑪竇譯　(明)徐光啓筆受　**測量異同一卷句股義一卷**　(明)徐光啓撰　清道光二十七年(1847)刻海山仙館叢書本　一册

500000－8703－0002091　2091

新鐫曆法便覽象吉備要通書大全二十九卷　(清)魏鑑輯　清刻本　二册　存三卷(一至二、十一)

500000－8703－0002092　2092

代數備旨十三章　(美國)狄考文譯　清鉛印本　一册　存二章(十二至十三)

500000－8703－0002093　2093

漸備一切智德經五卷　(晉)釋竺法護譯　清宣統二年(1910)刻本　一册　存三卷(一至三)

500000－8703－0002094　2094

成唯識論述記六十卷　(唐)釋窺基撰　清光緒二十七年(1901)金陵刻經處刻本　三册　存九卷(四十六至五十一、五十八至六十)

500000－8703－0002095　2095

增補事類統編九十三卷　(清)黄葆真增輯　清石印本　三册　存四卷(四、三十三至三十五)

500000－8703－0002096　2096

策府統宗六十五卷　(清)劉昌齡撰　清刻本　六册　存二十七卷(十三至三十三、四十一至四十六)

500000－8703－0002097　2097

毗尼日用初學便讀一卷　(清)釋海增集　清刻本　一册

500000－8703－0002098　2098

淨業知津一卷　(清)釋悟開撰　清同治十三年(1874)金陵刻經處刻本　一册

500000－8703－0002099　2099

蒙山施食略解一卷　(□)□□輯　清光緒四年(1878)金陵刻經處刻本　一册

500000－8703－0002100　2100

放生儀一卷　(□)□□輯　清同治十二年(1873)金陵刻經處刻本　册

500000－8703－0002101　2101

大般涅槃經三卷　(晉)釋法顯譯　清宣統元年(1909)刻本　一册

500000－8703－0002102　2102

重編留青新集二十四卷　(清)陳枚輯　清光緒鉛印本　一册　存二卷(五至六)

500000－8703－0002103　2103

清河書畫舫十二卷　(明)張丑撰　清刻本　二册　存二卷(一、十二)

500000－8703－0002104　2104

續廣事類賦三十卷　(清)王鳳喈撰　清刻本　三册　存七卷(十三至十九)

500000－8703－0002105　2105

佛説巨力長者所問大乘經三卷　(宋)釋智吉祥等譯　清光緒元年(1875)江北刻經處刻本　一册

500000－8703－0002106　2106

憨山大師淨宗法要一卷附進修法要一卷　(清)趙鉞敬輯　清道光二十四年(1844)浙杭武林昭慶慧空經房流通處刻本　一册

500000－8703－0002107　2107

善女人傳二卷 (清)彭際清撰 清同治十一年(1872)刻本 一册

500000－8703－0002108 2108
佛果圜悟禪師碧巖集十卷 (宋)釋圜悟撰 (清)吳自弘校 (清)釋性湛閱 清光緒二年(1876)南海佛頂山寧波天童寺刻本 一册 存二卷(九至十)

500000－8703－0002109 2109
關聖帝君戒士子文註証□□卷 (清)邵希曾纂輯 清刻本 一册 存一卷(四)

500000－8703－0002110 2110
重鐫官板地理天機會元續篇雜錄備覽□□卷 (宋)廖瑀撰 清刻本 一册 存一卷(二十五)

500000－8703－0002111 2111
三論玄義二卷 (隋)釋吉藏撰 清光緒二十五年(1899)金陵刻經處刻本 一册

500000－8703－0002112 2112
雲棲淨土彙語不分卷 (清)釋觀林輯 清光緒五年(1879)刻本 一册

500000－8703－0002113 2113
淨土晨鐘十卷 (清)周克復纂 (清)周石訂 清刻本 一册 存六卷(一至六)

500000－8703－0002114 2114
增補事類統編九十三卷 (清)黄葆真增輯 清刻本 一册 存三卷(七十一至七十三)

500000－8703－0002115 2115
四元玉鑑細草三卷 (元)朱世傑撰 清道光十六年(1836)刻本 三册

500000－8703－0002116 2116
佛說巨力長者所問大乘經三卷 (宋)釋智吉祥等譯 清光緒元年(1875)江北刻經處刻本 一册

500000－8703－0002117 2117
佛果擊節錄□□卷 (□)釋明覺禪師拈古 (宋)釋圜悟禪師擊節 清光緒二十九年(1903)揚州藏經院刻本 一册 存一卷(下)

500000－8703－0002118 2118
大悲神咒一卷 (唐)釋伽梵達磨譯 清光緒二十六年(1900)刻本 一册

500000－8703－0002119 2119
無隱禪師略錄一卷 (清)普願居士集校 清光緒十六年(1890)金陵刻經處刻本 一册

500000－8703－0002120 2120
大佛頂如來密因修證了義諸菩薩萬行首楞嚴經玄義二卷附楞嚴文句玄義音釋一卷 (明)釋智旭撰 (清)道昉訂 清宣統元年(1909)刻本 一册

500000－8703－0002121 2121
兜率龜鏡集三卷 (清)釋弘贊輯 清宣統三年(1911)常州天寧寺刻本 一册

500000－8703－0002122 2122
西方確指一卷 (清)常攝集 清刻本 一册

500000－8703－0002123 2123
淨土承恩集不分卷 (清)釋妙能芳慧編 清光緒二年(1876)慧空經房刻本 一册

500000－8703－0002124 2124
淨土神珠一卷 (清)釋古昆集 清同治十三年(1874)昭慶慧空經房刻本 一册

500000－8703－0002125 2125
西方徑路一卷念佛開心頌一卷 (清)釋古昆集 清同治十二年(1873)杭州昭慶慧空經房刻本 一册

500000－8703－0002126 2126
西歸行儀一卷 (清)釋古昆集 清光緒九年(1883)昭慶慧空經房刻本 一册

500000－8703－0002127 2127
佛祖心要節錄二卷 (清)釋正修等輯 清同治五年(1866)刻本 一册

500000－8703－0002128 2128
分類尺牘備覽三十卷續八卷 (清)王虎榜編 清末鉛印本 二册 存六卷(十三至十七、十九)

500000－8703－0002129 2129

占察善惡業報經玄義一卷經疏二卷附行法一卷 （明）釋智旭撰　清同治七年(1868)清芬堂刻本　二冊　存三卷(經疏一至二、附行法一)

500000－8703－0002130　2130
占察善惡業報經玄義一卷經疏二卷附行法一卷 （明）釋智旭撰　清同治七年(1868)清芬堂刻本　二冊　存三卷(經疏一至二、附行法一)

500000－8703－0002131　2131
選佛譜六卷 （明）釋智旭撰　清光緒十七年(1891)金陵刻經處刻本　二冊

500000－8703－0002132　2132
佛説妙色王因緣經一卷 （唐）釋義淨譯　**中陰經二卷** （晉）釋竺佛念譯　**佛説蓮華面經二卷** （隋）釋那連提耶舍譯　**佛説三品弟子經一卷** （三國吴）釋支謙譯　清宣統三年(1911)常州天寧寺刻本　一冊

500000－8703－0002133　2133
靈峰蕅益大師選定淨土十要□□卷 （明）袁宏道纂　清光緒二十年(1894)刻本　一冊　存一卷(十)

500000－8703－0002134　2134
道行般若波羅蜜經十卷首一卷 （後漢）釋支婁迦讖譯　清光緒十三年(1887)道霖刻本　一冊　存六卷(一至五、首一)

500000－8703－0002135　2135
略釋新華嚴經修行次第決疑論□□卷 （唐）李通玄撰　清同治九年(1870)如皋刻經處刻本　一冊　存二卷(三上下、四上下)

500000－8703－0002136　2136
韓非子識誤三卷 （清）顧廣圻撰　清刻本　一冊

500000－8703－0002137　2137
增補事類統編九十三卷 （清）黄葆真增輯　清刻本　一冊　存二卷(五十至五十一)

500000－8703－0002138　2138
傷寒總病論六卷 （宋）龐安時撰　清道光三年(1823)影宋刻本　二冊

500000－8703－0002139　2139
洪氏集驗方五卷 （宋）洪遵輯　清嘉慶二十四年(1819)士禮居影宋刻本　一冊

500000－8703－0002140　2140
二經合卷 （漢）釋安世高　（晉）釋竺法護譯　**度一切諸佛境界智嚴經一卷** （南朝梁）釋僧伽婆羅等譯　**佛遺日摩尼寶經一卷** （後漢）釋支婁迦讖譯　**佛説摩訶衍寶嚴經一親子** （晉）□□輯　清光緒六年(1880)常熟刻經處刻本　一冊

500000－8703－0002141　2141
七經同卷七卷 （漢）釋安世高等譯　**須摩提長者經一卷長者懊惱三處經一卷犍陀國王經一卷阿難四事經一卷** （三國吴）釋支謙譯　**長者懊惱三處經一卷** （漢）釋安世高譯　**犍陀國王經一卷** （漢）釋安世高譯　**阿難四事經一卷** （三國吴）釋支謙譯　清宣統二年(1910)常州天寧寺刻本　一冊

500000－8703－0002142　2142
寶光恢彰潤禪師語錄三卷 （清）際昌等編　清刻本　一冊

500000－8703－0002143　2143
正訛集一卷直道錄一卷竹窗三筆一卷 （明）釋袾宏撰　清同治十年(1871)刻本　二冊

500000－8703－0002144　2144
大藏一覽十卷 （明）陳實編　清刻本　一冊　存一卷(五)

500000－8703－0002145　2145
立世阿毗曇論十卷 （南朝陳）釋真諦譯　清末刻本　一冊　存三卷(八至十)

500000－8703－0002146　2146
大方廣圓覺經大疏十六卷 （唐）釋宗密撰　清宣統元年(1909)金陵刻經處刻本　五冊

500000－8703－0002147　2147
大方廣圓覺經大疏十六卷 （唐）釋宗密撰

清末刻本　一册　存四卷(五至八)

500000－8703－0002148　2148
悲華經十卷　(北涼)釋曇無讖譯　清光緒四年(1878)金陵刻經處刻本　一册　存四卷(七至十)

500000－8703－0002149　2149
佛說無量壽經二卷　(三國魏)釋康僧鎧譯　清光緒五年(1879)常熟刻經處刻本　一册

500000－8703－0002150　2150
佛說濡首菩薩無上清淨分衛經二卷　(南朝宋)釋翔公譯　清光緒十五年(1889)江北刻經處刻本　一册

500000－8703－0002151　2151
淨業痛策一卷　(清)照瑩集　清光緒三年(1877)昭慶慧空經房刻本　一册

500000－8703－0002152　2152
三壇傳戒儀範三卷　(明)釋戒顯撰　清同治三年(1864)刻本　一册　存一卷(一)

500000－8703－0002153　2153
三壇傳戒儀範三卷　(明)釋戒顯撰　清同治三年(1864)刻本　一册　存一卷(一)

500000－8703－0002154　2154
清拓漢禮器碑一卷　(清)徹涼書　清宣統二年(1910)珂羅版印本　一册

500000－8703－0002155　2155
學統五十六卷　(清)熊賜履編　清刻本　一册　存二卷(四十一至四十二)

500000－8703－0002156　2156
新刊司成精選歷代奇英鴻製正續古文宗範十卷　(明)俞時躗編　清積善堂陳氏刻本　五册　存八卷(一至七、十)

500000－8703－0002157　2157
新刊司成精選我朝奇英鴻製正續古文宗範十卷　(明)俞時躗編　清積善堂陳氏刻本　五册

500000－8703－0002158　2158
卷施閣集文甲集十卷補遺一卷甲集十續一卷乙集十卷詩集二十卷　(清)洪亮吉撰　清光緒三年(1877)鄂垣刻本(補遺、續、乙集、詩光緒五年(1879)授經堂刻本)　十三册　存四十卷(文甲集一至十、補遺一,甲集十續一,乙集一至八,詩一至二十)

500000－8703－0002159　2159
卷施閣集文甲集十卷補遺一卷甲集十續一卷乙集十卷詩集二十卷　(清)洪亮吉撰　清光緒三年(1877)鄂垣刻本(補遺、續、乙集、詩光緒五年(1879)授經堂刻本)　一册　存三卷(詩十六至十八)

500000－8703－0002160　2160
金源紀事詩八卷　(清)湯運泰撰　(清)湯顯叢　(清)湯顯幹注　清同治十二年(1873)淮南書局刻本　三册　存六卷(一至六)

500000－8703－0002161　2161
金源紀事詩八卷　(清)湯運泰撰　(清)湯顯叢　(清)湯顯幹注　清同治十二年(1873)淮南書局刻本　四册

500000－8703－0002162　2162
更生齋文甲集四卷乙集四卷續集二卷詩集八卷續集十卷　(清)洪亮吉撰　清光緒四年(1878)授經堂刻洪北江叢書本　六册　存十二卷(文續一至二、詩續一至十)

500000－8703－0002163　2163
更生齋詩餘二卷　(清)洪亮吉撰　清光緒三年(1877)鄂垣授經堂刻洪北江叢書本　一册

500000－8703－0002164　2164
熊勿軒先生文集六卷　(清)張伯行訂　清同治五年(1866)福州正誼書局刻本　三册　存四卷(一、四至六)

500000－8703－0002165　2165
附鮚軒詩八卷　(清)洪亮吉撰　清光緒三年(1877)刻本　二册

500000－8703－0002166　2166
北江詩話六卷　(清)洪亮吉撰　清光緒三年(1877)授經堂刻本　一册

500000－8703－0002167　2167

呂晚村東莊詩集七卷 （清）呂留良撰　清宣統三年（1911）風雨樓石印本　一册

500000－8703－0002168　2168
柏梘山房文集十六卷續集一卷詩集十卷續集二卷駢體文二卷 （清）梅曾亮撰　清刻本　五册　存二十六卷（文集六至十六、文續集一、駢體文上下、詩集一至十、詩續集一至二）

500000－8703－0002169　2169
綠雪堂遺集二十卷 （清）王衍梅撰　清道光二十年（1840）刻本　四册　存九卷（一至九）

500000－8703－0002170　2170
八銘塾鈔二集八卷 （清）吳懋政編　清刻本　六册　存六卷（初集二至四、二集五至七）

500000－8703－0002171　2171
除夕吟蘇詩一卷 （清）羅汝懷撰輯　**金縷酬春詞一卷金縷酬春詞續一卷** （清）羅汝懷撰輯　**天啓宮詞一卷** （清）周綮撰輯　清咸豐十一年（1861）湘潭羅氏刻本　一册

500000－8703－0002172　2172
海藏樓詩一卷 （清）鄭孝胥撰　清光緒二十八年（1902）武昌刻本　二册

500000－8703－0002173　2173
南豐先生元豐類藁五十一卷附錄一卷 （宋）曾鞏撰　清康熙二十七年（1688）刻本　八册

500000－8703－0002174　2174
孫春埠外集二卷 （清）孫澍撰　清道光十六年（1836）刻本　一册

500000－8703－0002175　2175
張大家蘭雪集二卷附錄一卷 （宋）張玉孃撰　清南城宜秋館刻本　一册

500000－8703－0002176　2176
鮑叅軍集二卷 （宋）鮑照撰　（明）張溥閱　清刻本　一册　存一卷（二）

500000－8703－0002177　2177
公是集五十四卷 （宋）劉敞撰　清刻本　十一册　存四十九卷（一至四十九）

500000－8703－0002178　2178
紀文達公遺集三十二卷 （清）紀昀撰　（清）紀樹馨編　清刻本　一册　存三卷（一至三）

500000－8703－0002179　2179
天岳山館文鈔四十卷 （清）李元度撰　清光緒刻本　八册　存二十八卷（一至四、十四至三十、三十四至四十）

500000－8703－0002180　2180
李長吉歌詩四卷外集一卷 （唐）李賀撰　（清）王琦琢彙解　清刻宏達堂叢書本　三册　存四卷（二至四、外集一）

500000－8703－0002181　2181
四憶堂詩集六卷 （清）侯方域撰　（清）賈開宗等選注　清刻本　一册　存三卷（一至三）

500000－8703－0002182　2182
壯悔堂文集十六卷遺稿一卷 （清）侯方域撰　（清）賈開宗等評點　清刻本　一册　存二卷（十、遺稿一）

500000－8703－0002183　2183
水心先生文集二十九卷補遺一卷校注二卷 （宋）葉適撰　清光緒八年（1882）詒善祠塾瑞安孫氏據明正統本刻本（校注二卷嗣刻）　十册　存二十五卷（一至二、五至十二、十六至二十九，補遺一）

500000－8703－0002184　2184
空同子集六十六卷附錄一卷目錄三卷 （明）李夢陽撰　明萬曆三十年（1602）長洲歸隆裔刻本　十四册　存六十三卷（一至三十六、四十一至六十六，附錄一）

500000－8703－0002185　2185
思綺堂文集十卷 （清）章藻功撰注　清刻本　一册　存一卷（三）

500000－8703－0002186　2186
古唐詩合解十二卷 （清）王堯衢注　清刻本　二册　存四卷（一、八至十）

500000－8703－0002187　2187
顏魯公文集三十卷首一卷年譜一卷補遺一卷 （唐）顏真卿撰　（清）黃本驥編　清刻本

四冊　存十五卷(十四至二十八)

500000－8703－0002188　2188
彥周詩話一卷　(宋)許顗撰　(明)毛晉訂　明末虞山毛氏汲古閣刻本　一冊

500000－8703－0002189　2189
重刊五百家註音辯昌黎先生文集四十卷　(唐)韓愈撰　清刻本　五冊　存十二卷(一至八、十七至二十)

500000－8703－0002190　2190
漁洋山人精華錄箋註十二卷道碑銘一卷年譜一卷　(清)王士禛撰　(清)金榮箋註　(清)徐淮纂輯　清刻本　六冊　存十一卷(一至九、年譜一、道碑銘一)

500000－8703－0002191　2191
漁洋山人精華錄箋註十二卷道碑銘一卷年譜一卷　(清)王士禛撰　(清)金榮箋註　(清)徐淮纂輯　清刻本　一冊　存二卷(十至十一)

500000－8703－0002192　2192
唐陸宣公集二十二卷年譜一卷　(唐)陸贄撰　清同治五年(1866)楊氏問竹軒家塾刻本　六冊

500000－8703－0002193　2193
曝書亭詞拾遺三卷志異一卷　(清)翁之潤輯　清光緒二十二年(1896)鉛印本　一冊

500000－8703－0002194　2194
離騷一卷　(宋)錢杲之集傳　清光緒三年(1877)刻本　一冊

500000－8703－0002195　2195
薇省詞鈔十卷附錄一卷　(清)況周儀撰　清光緒二十四年(1898)廣陵刻本　四冊

500000－8703－0002196　2196
離騷箋二卷　(清)龔景瀚撰　清光緒三年(1877)湖北崇文書局刻本　一冊

500000－8703－0002197　2197
四婦人集　(清)沈綺雲輯　清嘉慶二十四年(1819)雲間古倪園沈氏刻本　一冊　存五種(薛濤詩一卷、唐女郎魚玄機詩一卷魚集考異一卷、楊太后宮詞一卷校勘記一卷附錄一卷、綠牕遺稿一卷、傅若金詩一卷)

500000－8703－0002198　2198
新雕校證大字白氏諷諫不分卷　(唐)白居易撰　清光緒十九年(1893)刻本　一冊

500000－8703－0002199　2199
陳檢討集二十卷　(清)陳維崧撰　(清)程師恭注　清刻本　六冊

500000－8703－0002200　2200
鳴鶴堂文集二卷　(清)任源祥撰　清同治十二年(1873)刻本　一冊

500000－8703－0002201　2201
鐵園集不分卷　(清)陸瀸撰　清道光二十九年(1849)刻本　一冊

500000－8703－0002202　2202
學詁齋文集二卷　(清)薛壽撰　**廣經室文鈔一卷**　(清)劉恭冕撰　清光緒十五年(1889)廣雅書局刻本　一冊

500000－8703－0002203　2203
靈芬館詞七卷　(清)郭麐撰　清光緒五年(1879)刻本　一冊　存四種七卷(懺餘綺語一至二、蘅夢詞一至二、浮眉樓詞一至二、爨餘詞一)

500000－8703－0002204　2204
懺餘綺語二卷爨餘詞一卷　(清)郭麐撰　清刻本　二冊

500000－8703－0002205　2205
杜詩詳註二十五卷附錄二卷首一卷　(清)仇兆鰲輯註　清刻本　十七冊　存二十一卷(六至十六、十八至二十五,附錄一至二)

500000－8703－0002206　2206
尊經書院初集十二卷　王闓運撰　清刻本　十冊　存十卷(二至三、五至十二)

500000－8703－0002207　2207
紀文達公遺集文十六卷詩十六卷　(清)紀昀撰　(清)紀樹馨編　清刻本　十冊　存二十

八卷(文集二至十六、詩四至十六)

500000－8703－0002208　2208
揭文安公文粹六卷　(元)揭傒斯撰　清同治十一年(1872)安徽藩署敬義齋刻本　一冊

500000－8703－0002209　2209
曲園襍纂五十卷　(清)俞樾撰　清光緒刻春在堂叢書本　三冊　存二十卷(六至十三、二十五至三十六)

500000－8703－0002210　2210
國朝詞綜四十八卷　(清)王昶纂　清光緒二十八年(1902)金匱浦氏刻本　八冊　存三十三卷(一至二十九、三十五至四十四)

500000－8703－0002211　2211
曾文正公文鈔四卷　(清)曾國藩撰　(清)張瑛編　清同治十三年(1874)醉六堂刻本　三冊

500000－8703－0002212　2212
東瀛詩記二卷新定牙牌數一卷　(清)俞樾撰　清光緒刻春在堂叢書本　一冊

500000－8703－0002213　2213
春在堂集文二卷　(清)俞樾撰　清光緒刻春在堂叢書本　一冊

500000－8703－0002214　2214
蠶尾集十卷續集二卷後集二卷　(清)王士禛撰　清刻本　六冊

500000－8703－0002215　2215
巢經巢詩鈔九卷　(清)鄭珍撰　清咸豐四年(1854)刻本　三冊

500000－8703－0002216　2216
鈍吟集三卷　(清)馮班撰　清光緒三十四年(1908)京師石印本　一冊

500000－8703－0002217　2217
讁麐堂遺集文二卷詩二卷　(清)戴望撰　清宣統三年(1911)風雨樓石印本　一冊

500000－8703－0002218　2218
晉司隷校尉傅玄集三卷　葉德輝輯　清光緒二十八年(1902)葉氏觀古堂刻本　一冊

500000－8703－0002219　2219
庚辰集五卷　(清)紀昀撰　清刻本　五冊

500000－8703－0002220　2220
五朝詩鐸三十一卷　(清)李壽萓輯　清光緒十四年(1888)敘州府學署明倫堂刻本　六冊

500000－8703－0002221　2221
船山詩草二十卷　(清)張問陶撰　清光緒十年(1884)經文堂刻本　六冊

500000－8703－0002222　2222
茶香閣遺草一卷附錄一卷　(清)黃婉璚撰　清道光刻本　一冊

500000－8703－0002223　2223
湘綺樓箋啓八卷　王闓運撰　清光緒三十三年(1907)長沙墨莊劉氏刻本　四冊

500000－8703－0002224　2224
漢魏六朝百三名家集一百十八卷　(明)張溥輯　清刻本　五十一冊　存四十九卷(魏文帝集一至二、魏武帝集一、班蘭臺集一、陳記室集一、陳後主集一、徐僕射集一、沈侍中集一、江令君集一、温侍讀集一、邢特進集一、薛司隷集一、司馬文園集一、董膠西集、東方朔集一、褚先生集一、王諫議集一、劉中壘集一、楊侍郎集一、劉子駿集一、馮曲陽集一、張河間集一至二、李蘭臺集一、荀侍中集一、蔡中郎集一至二、王叔師集一、諸葛丞相集一、庾開府集一、隋煬帝集一、李懷州集一、束廣微集一、夏侯常侍集、孫馮翊集一、摯太常集一、張茂先集一、傅鶉觚集一、阮步兵集一、荀公曾集一、鍾司徒集一、杜征南集一、嵇中散集一、應德璉集一、阮元瑜集一、劉公幹集一、王侍中集一、陳思王集一至二)

500000－8703－0002225　2225
寧都三魏全集　(清)魏世儼等撰　清康熙乾隆刻本　二十六冊　存五十五卷(魏敬士文集一,魏興士文集一至六,魏昭士文集三至十,魏季子文集一至二、七至十六,魏叔子文集外篇一至十八,魏叔子詩集一至八,魏叔子日錄二至三)

500000－8703－0002226　2226
清容外集　(清)蔣士銓撰　清刻本　十冊　存九種(冬青樹二卷、雪中人一卷、四弦秋一卷、一片石一卷、第二碑一卷、香祖樓二卷、空谷香傳奇二卷、桂林霜二卷、臨川夢二卷)

500000－8703－0002227　2227
鶴山文鈔三十二卷附周禮折衷四卷師友雅言一卷　(宋)魏了翁撰　清同治十三年(1874)望三益齋刻本　十四冊　存三十三卷(五至三十二、周禮折衷一至四、師友雅言一)

500000－8703－0002228　2228
居士集五十卷　(宋)歐陽修撰　清嘉慶二十四至二十五年(1819－1820)歐陽衡刻本　一冊　存四卷(十四至十七)

500000－8703－0002229　2229
詁經精舍文集十四卷　(清)阮元訂　清嘉慶刻本　四冊　存七卷(四至十)

500000－8703－0002230　2230
藤花亭十種　(清)梁廷枏纂　清道光八年至十年(1828－1830)刻本　九冊　存九種(論語古解、南漢書考異、南漢書、南漢叢錄、南漢文字略、金石稱例、續金石稱例、碑文摘奇、書餘)

500000－8703－0002231　2231
詞綜三十八卷　(清)朱彝尊等纂　清刻本　八冊

500000－8703－0002232　2232
甌北詩鈔十七卷　(清)趙翼撰　清刻本　五冊　存十二卷(五言古一至四,七言古一至二,七言律一至三、七,絕句一至二)

500000－8703－0002233　2233
梅村詩集箋注十八卷　(清)吳偉業撰　清刻本　四冊　存十卷(二至六、十四至十八)

500000－8703－0002234　2234
梅村詩集箋注十八卷　(清)吳偉業撰　清刻本　四冊　存六卷(七至十、十三至十四)

500000－8703－0002235　2235
元遺山詩集箋註十四卷首一卷末一卷　(清)施國祁箋　清道光刻本　二冊　存五卷(一至四、首一)

500000－8703－0002236　2236
忠雅堂文集十二卷　(清)蔣士銓撰　清刻本　一冊　存二卷(一至二)

500000－8703－0002237　2237
花間集十卷　(五代)趙崇祚輯　清光緒十九年(1893)刻本　二冊

500000－8703－0002238　2238
邱邦士文集十七卷首一卷　(清)邱維屏撰　清刻本　一冊　存三卷(四至六)

500000－8703－0002239　2239
選註六朝唐賦不分卷　(清)馬傳煦輯　清同治十三年(1874)刻本　一冊

500000－8703－0002240　2240
東坡集□□卷　(宋)蘇軾撰　清刻本　十四冊　存二十三卷(九至十、十二、二十五至二十六、三十一至三十二、四十二至四十五、五十八至六十一、六十三至六十四、七十九至八十四)

500000－8703－0002241　2241
缾笙館修簫譜四卷　(清)舒位撰　清道光十三年(1833)錢塘汪氏振綺堂刻本　一冊

500000－8703－0002242　2242
唐宋八大家類選十四卷　(清)儲欣評　(清)徐永勲等訂　清乾隆五十年(1785)受祉堂刻本　五冊　存九卷(一、五至六、九至十四)

500000－8703－0002243　2243
震川先生集三十卷　(明)歸有光撰　清刻本　一冊　存三卷(六至八)

500000－8703－0002244　2244
震川先生集三十卷　(明)歸有光撰　清光緒元年(1875)刻本　十冊　存二十九卷(二至三十)

500000－8703－0002245　2245
安吳四種三十六卷　(清)包世臣撰　(清)包

世榮 (清)包慎言注 清光緒十四年(1888)刻本 十册 存四種二十二卷(一至十六、二十至二十一、二十五至二十八)

500000－8703－0002246 2246
澹靜齋文鈔八卷 (清)龔景翰撰 清刻本 一册 存二卷(四至五)

500000－8703－0002247 2247
胡文忠公遺集八十六卷 (清)胡林翼撰 (清)鄭敦謹等輯 清刻本 十五册 存四十二卷(一至八、二十至二十三、三十六至四十、五十至五十五、六十三至七十二、七十五至八十三)

500000－8703－0002248 2248
學源堂古文十二卷 (清)吴乘權 (清)吴大職輯 清道光刻本 一册 存二卷(十一至十二)

500000－8703－0002249 2249
潛研堂全書十種 (清)錢大昕撰 清光緒十年(1884)長沙龍氏家塾刻本 二十六册 存九種八十一卷(廿二史攷異二十一至二十四、九十一至一百,三史拾遺一至二,諸史拾遺一至三,元史氏族表一,金石文跋尾一至八、十二至十四、十九至二十,金石文字目錄及附錄一至八,十駕齋養新錄一至十四,文集二十四至四十二,詩集一至三,續集三至六)

500000－8703－0002250 2250
國朝文錄 (清)李祖陶輯 清刻本 四十册 存四十三種(石莊先生文錄三卷、紀文達公文錄二卷、惜抱軒先生文選二卷、清獻堂文錄二卷、潛研堂文錄二卷、忠雅堂文錄二卷、鮚埼亭文集四卷、紫竹山房文集三卷、二希堂文錄二卷、朱文端公文集二卷、海峰先生文錄二卷、鹿洲文錄三卷、白鶴堂文錄一卷、南莊類稿文錄二卷、亭林文錄二卷、劉寄庵文錄二卷、惕園初稿文錄二卷、二林居文錄二卷、知恥齋文錄一卷、陶士升先生萸江文錄一卷、湘帆堂文錄一卷、湛園未定稿文錄三卷、南雷文錄三卷、榕村全集文錄二卷、靜菴先生文錄一卷、午亭文錄三卷、張文貞公文錄二卷、帶經堂集文錄二卷、潛庵先生遺稿文錄二卷、愚山先生文錄二卷、西陂類稿文錄一卷、居業齋文錄一卷、水田居文錄二卷、邵青門文錄三卷、姚端恪公文錄二卷、變雅堂文錄一卷、白茅堂文錄二卷、榆溪集選一卷、改亭文錄三卷、魏伯子文錄一卷、河東文錄一卷、砥齋文錄一卷、聰山文錄一卷)

500000－8703－0002251 2251
大雲山房文稾初集四卷二集四卷言事二卷 (清)惲敬撰 清刻本 九册 存九卷(初集一至四、二集一至四、言事一)

500000－8703－0002252 2252
檉華館駢體文一卷詩集四卷 (清)路德撰 清刻本 三册 存五卷(駢體文一、詩集一至四)

500000－8703－0002253 2253
湖海樓全集五十一卷 (清)陳維崧撰 清乾隆六十年(1795)刻本 九册 存二十六卷(詩集一至九,詞集九至十二、十七至二十,儷體文一至九)

500000－8703－0002254 2254
甌北集五十卷 (清)趙翼撰 清刻本 四册 存十七卷(十六至二十一、三十一至三十七、五十至五十三)

500000－8703－0002255 2256
歐陽文忠公集一百五十三卷附錄五卷 (宋)歐陽修撰 清刻本 五册 存二十一卷(居士集十六至二十三、三十至三十六,外集五十一至五十二,内制集八十二至八十五)

500000－8703－0002256 2257
古文辭類纂七十四卷 (清)姚鼐纂 清光緒二十年(1894)湖南書局刻本 八册 存六十二卷(一至五、十三至六十九)

500000－8703－0002257 2258
藝苑名言八卷首一卷 (清)蔣瀾纂 清乾隆五十六年(1791)刻本 三册 存七卷(一至二、五至八,首一)

500000－8703－0002258 2259

續古文辭類三十四卷　王先謙纂　清光緒八年(1882)虛受堂刻本　五冊　存十八卷(一至八、十二至二十一)

500000 – 8703 – 0002259　2260

穆堂初稿五十卷　(元)李紱撰　清道光十一年(1831)刻本　二冊　存六卷(一至六)

500000 – 8703 – 0002260　2261

癸巳存稿十五卷　(清)俞正燮撰　清光緒十年(1884)姚清祺刻本　一冊　存二卷(一至二)

500000 – 8703 – 0002261　2262

二曲集四十六卷　(清)李顒撰　清刻本　四冊　存十一卷(七至十、二十四至二十八、四十五至四十六)

500000 – 8703 – 0002262　2263

二曲全集二十六卷四書反身錄八卷　(清)李顒撰　(清)白煥彩錄　清小嫏嬛山館刻本　四冊　存十四卷(二至十一、十六至十九)

500000 – 8703 – 0002263　2264

榿園四種借箸錄二卷汲古錄一卷剪燭錄二卷壓綫集三卷　(清)龔禮撰　(清)楊玉堂輯　清咸豐四年(1854)刻本　四冊　存二種(借箸錄一、壓綫集一至三)

500000 – 8703 – 0002264　2265

詁經精舍文集十四卷　(清)阮元輯　清刻本　一冊　存三卷(十二至十四)

500000 – 8703 – 0002265　2266

簡學齋詩存四卷詩刪四卷試律一卷試律存一卷試律續鈔一卷賦存一卷賦續鈔不分卷　(清)陳沆撰　清咸豐二年(1852)刻本　三冊　存九卷(詩存一至四、詩刪一至四、試律續鈔一)

500000 – 8703 – 0002266　2267

彙纂詩法度鍼三十三卷首一卷　(清)徐文弼編　清刻本　二冊　存四卷(二至三、三十至三十一)

500000 – 8703 – 0002267　2268

方正學先生遜志齋集二十四卷年譜一卷　(明)張紹謙纂　(明)盧演輯訂　清刻本　三冊　存五卷(十至十三、年譜一)

500000 – 8703 – 0002268　2269

張太岳文集四十七卷　(明)張居正撰　清刻本　六冊　存三十六卷(一至六、十三至四十二)

500000 – 8703 – 0002269　2270

國朝常州駢體文錄三十一卷　(清)屠寄輯　清光緒十六年(1890)刻本　一冊　存三卷(一至三)

500000 – 8703 – 0002270　2271

歸愚詩鈔二十卷　(清)沈德潛撰　清乾隆刻本　四冊　存十六卷(一至十六)

500000 – 8703 – 0002271　2272

張陽和文選三卷　(清)張伯行撰　清正誼堂刻本　二冊

500000 – 8703 – 0002272　2273

柈湖文集十二卷　(清)吳敏樹撰　清光緒十九年(1893)思賢講舍刻本　四冊

500000 – 8703 – 0002273　2274

杜工部集二十卷附錄一卷唱酬題詠附錄一卷諸家詩話一卷　(清)錢謙益箋注　(清)何焯評點　清宣統二年(1910)石印本　六冊

500000 – 8703 – 0002274　2275

駢體文鈔三十一卷　(清)李兆洛編　清光緒三十四年(1908)蘇州振興書社刻本　十一冊　存二十九卷(一至三、六至三十一)

500000 – 8703 – 0002275　2276

養素堂文集三十五卷首一卷　(清)張澍撰　清道光十七年(1837)棗華書屋刻本　十五冊　存三十四卷(一至二、五至三十五,首一)

500000 – 8703 – 0002276　2277

善卷堂四六十卷　(清)陸繁弨撰　(清)吳自高注　清同治十二年(1873)刻本　六冊　存十卷

500000 – 8703 – 0002277　2278

船山詩草二十卷補遺六卷　(清)張問陶撰　清嘉慶二十年(1815)刻本(補遺清道光二十九年(1849)刻)　六册　存十八卷(詩草一至十二、補遺一至六)

500000－8703－0002278　2279
船山詩草二十卷　(清)張問陶撰　清嘉慶二十年(1815)刻本　八册

500000－8703－0002279　2280
學海堂二集二十二卷　(清)吳蘭修輯　(清)啓秀山房訂　清道光十八年(1838)啓秀山房刻本　七册　存十三卷(一至二、六至十二、十六至十七、二十一至二十二)

500000－8703－0002280　2281
學海堂二集二十二卷　(清)吳蘭修輯　清道光十八年(1838)啓秀山房刻本　一册　存一卷(十二)

500000－8703－0002281　2282
御選唐宋詩醇四十七卷　(清)高宗弘曆選　清刻本　十四册　存三十五卷(五至十二、十九至四十三、四十六至四十七)

500000－8703－0002282　2283
劍南詩稾八十五卷　(宋)陸游撰　明末清初汲古閣刻本　四十四册　存八十四卷(二至八十五)

500000－8703－0002283　2284
西堂小草一卷論語詩一卷右北平集一卷　(清)尤侗撰　清刻西堂全集本　一册

500000－8703－0002284　2285
明詩紀事二百〇七卷　(清)陳田輯　清光緒三十年(1904)聽詩齋刻陳氏叢書本(壬籤十卷、癸籤十卷嗣刻)　三十六册　存一百七十六卷(甲籤一至二十四、乙籤一至二十二、丙籤一至十二、丁籤一至十七、戊籤一至二十二、己籤一至二十、庚籤一至二十五、辛籤一至三十四)

500000－8703－0002285　2286
文編六十四卷　(明)唐順之選　(明)陳元素訂　明末清初刻本　二十四册　存五十五卷(一至三十四、三十七至五十三、五十九至六十、六十三至六十四)

500000－8703－0002286　2287
歐陽文忠公全集一百五十三卷首一卷附錄五卷　(宋)歐陽修撰　清光緒十九年(1893)滄雅書局刻本　三十一册　存一百五十六卷(一至一百十二、一百十六至一百五十三,首一,附錄一至五)

500000－8703－0002287　2288
十八家詩鈔二十八卷　(清)曾國藩纂　(清)李鴻章審定　清同治十三年(1874)傳忠書局刻本　二十二册　存二十二卷(一至五、十二至二十八)

500000－8703－0002288　2289
元和江氏靈鶼閣叢書六集五十六種　(清)江標輯　清光緒二十三年(1897)湖南使院刻本　四十八册　存五十六種(韓詩遺說二卷訂譌一卷、尚書大傳補註七卷、校定皇象本急就章一卷、說文解字索隱一卷補例一卷、漢事會最人物志三卷、菉友肊說一卷、教童子法一卷、洨民遺文一卷、欽定四庫全書總目提要四部類敘一卷、先正讀書訣一卷、朔方備乘劄記一卷、使德日記一卷、德國議院章程一卷、英軺私記一卷、新嘉坡風土記一卷、中西度量權衡表一卷、光論一卷、人參考一卷、積古齋藏器目一卷、平安館藏器目一卷、清儀閣藏器目一卷、懷米山房藏器目一卷、兩罍軒藏器目一卷、木庵軒藏器目一卷、梅花草盦藏器目一卷、簠齋藏器目一卷、愙齋藏器目一卷、天壤閣雜記一卷、董華亭書畫錄一卷、畫友詩一卷、士禮居藏書題跋記續錄一卷、江寧金石待訪目二卷、山左南北朝石刻存目一卷、漢鼓吹鐃歌十八曲集解一卷、碧城僊館詩鈔八卷、聽園西疆雜述詩四卷、瓊州雜事詩一卷、匪石山人詩一卷、衍波詞一卷、文史通義補編一卷附鈔本目一卷刊本所有鈔本所無目一卷、和林金石錄一卷詩一卷附和林考一卷、前塵夢影錄二卷、西遊錄註一卷、澳大利亞洲新志一卷、張憶娘簪華圖卷題詠一卷、國語校文一卷、嘉蔭簃藏器目一卷、愛吾鼎齋藏器目一卷、石泉書屋藏器目一卷、雙虞壺齋藏器目一卷、簠齋藏器目第二本一卷、選青閣藏器目一卷、藏書紀事詩六卷、沅湘通藝錄八卷四書文二卷、日本華族女學校規則一卷、黃蕘圃先生年譜二卷)

500000－8703－0002289　2290

湖北叢書　(清)趙尚輔輯　清道光至光緒刻本　一百〇二冊　存二十二種(御定易經通註一至四,繹志十九卷劄記一至十七,論語類考一至二十,孔子家語疏證二至十,孟子雜記一至四,春秋非左一至二,春秋楚地答問一,毛詩原解一至三十六,姓觿一至十、附錄一,劄記一,刊誤一,易領一至四,伸顧一,劄記一,雲杜故事一,導江三議一,學統一至三十、三十三至五十三,名疑集一至四,史懷一至二十,讀史賸言一至四,平書一至八)

500000－8703－0002290　2291

楊龜山先生集四十三卷　(宋)楊時撰　清光緒五年(1879)刻本　七冊　存三十三卷(十至四十二)

500000－8703－0002291　2292

羅圭峯先生文集三十卷　(明)羅玘撰　清康熙二十九年(1690)刻本　四冊　存二十卷(四至七、十五至三十)

500000－8703－0002292　2293

胡文忠公遺集八十六卷　(清)胡林翼撰　(清)曾國荃編　清刻本　五冊　存十三卷(三十二至四十四)

500000－8703－0002293　2294

雨當軒詩抄□□卷　(清)黃景仁撰　清刻本　一冊　存三卷(九至十一)

500000－8703－0002294　2295

養一齋文集二十卷　(清)李兆洛撰　清光緒四年(1878)刻本　一冊　存三卷(一至三)

500000－8703－0002295　2296

御選唐宋詩醇四十七卷目錄二卷　(清)高宗弘曆選　(清)梁詩正等編　清光緒七年(1881)浙江書局刻本　十二冊　存三十卷(一至四、十三至十五、二十四至三十三、三十六至四十七,目錄上)

500000－8703－0002296　2297

樹經堂詠史詩八卷　(清)謝啓昆撰　清刻本　一冊　存二卷(七至八)

500000－8703－0002297　2298

芳茂山人文集十二卷詩錄八卷附長離閣集一卷　(清)孫星衍撰　清光緒十一年(1885)長沙王氏刻本　二冊　存二卷(文集十、詩錄一)

500000－8703－0002298　2299

晚香園稿詩集一卷古集一卷　題(清)晚香先生撰　清咸豐九年(1859)刻本　一冊

500000－8703－0002299　2300

孫淵如先生全集二十三卷　(清)孫星衍撰　清光緒十一年(1885)孫谿槐廬家塾刻本　二冊　存二種八卷(問字堂集一至三、芳茂山人詩錄一至五長離閣集)

500000－8703－0002300　2301

淑身善世錄前集二卷後集二卷　(清)左希衡彙輯　(清)熊兆麟鑒定　清刻本　二冊　存二卷(前集二、後集一)

500000－8703－0002301　2302

唐文粹一百卷　(宋)姚鉉纂　清光緒九年(1883)江蘇書局刻本　十五冊　存九十二卷(一至五十五、六十四至一百)

500000－8703－0002302　2303

唐文粹一百卷　(宋)姚鉉纂　清光緒九年(1883)江蘇書局刻本　一冊　存八卷(九十三至一百)

500000－8703－0002303　2304

吳詩集覽二十卷吳詩補註二十卷附吳詩談藪二卷　(明)吳偉業撰　(清)靳榮藩輯　清刻本　三冊　存十卷(集覽六、十九至二十,談藪上下,補註一至五)

500000－8703－0002304　2305

王陽明先生全集二十二卷首一卷　(明)王守

仁撰　清刻本　五册　存五卷(二、八、十三、十六、十九)

500000－8703－0002305　2306

思綺堂文集十卷　(清)章藻功撰注　清康熙六十一年(1722)刻本　十册

500000－8703－0002306　2307

思綺堂文集十卷　(清)章藻功撰注　清刻本　一册　存一卷(六)

500000－8703－0002307　2308

御選古文淵鑒六十四卷　(清)徐乾學等編注　清刻本　二十册　存三十五卷(一至三十三、六十三至六十四)

500000－8703－0002308　2309

道園學古錄五十卷　(元)虞集撰　清刻本　五册　存十八卷(二至四、二十四至三十八)

500000－8703－0002309　2310

陽明先生集要□□卷　(明)王守仁撰　(明)施四明評輯　清光緒刻本　二册　存二卷(一、四)

500000－8703－0002310　2311

陶淵明文集十卷　(晉)陶淵明撰　清光緒五年(1879)番禺陳澧刻本　二册　存七卷(四至十)

500000－8703－0002311　2312

名疑集四卷　(明)陳士元撰　清刻本　一册　存二卷(三至四)

500000－8703－0002312　2313

艮齋先生薛常州浪語集三十五卷　(宋)薛季宜撰　清同治十一年(1872)瑞安孫氏詒善祠塾刻永嘉叢書本　三册　存十七卷(一至十七)

500000－8703－0002313　2314

淮南襍箸二卷　(清)曹允源撰　清光緒十七年(1891)刻本　二册

500000－8703－0002314　2315

國朝三家文鈔　(清)宋犖選　(清)許汝霖選　清康熙三十三年(1694)刻本　四册　存三種(侯朝宗文鈔、魏叔子文鈔、汪鈍翁文鈔九至十二)

500000－8703－0002315　2316

曾文正公家訓二卷　(清)曾國藩撰　清光緒五年(1879)傳忠書局刻曾文正公全集本　二册

500000－8703－0002316　2317

經史百家雜鈔二十六卷　(清)曾國藩纂　(清)李鴻章校　清刻本　十三册　存十八卷(三至四、七至十四、十七、十九至二十三、二十五至二十六)

500000－8703－0002317　2318

曾文正公雜著二卷　(清)曾國藩撰　清光緒二年(1876)傳忠書局刻曾文正公全集本　二册

500000－8703－0002318　2319

經史百家雜鈔二十六卷　(清)曾國藩纂　清光緒二年(1876)傳忠書局刻曾文正公全集本　二十三册　存二十四卷(一至三、五至十五、十七至二十六)

500000－8703－0002319　2320

曾文正公雜著四卷　(清)曾國藩撰　清同治十三年(1874)傳忠書局刻曾文正公全集本　一册　存二卷(一至二)

500000－8703－0002320　2321

鳴原堂論文二卷　(清)曾國藩撰　清刻本　一册　存一卷(下)

500000－8703－0002321　2322

曾文正公家書十卷家訓二卷大事記四卷　(清)曾國藩撰　清光緒五年(1879)傳忠書局刻曾文正公全集本　八册　存八卷(一、三、五至十)

500000－8703－0002322　2323

曾文正公詩集四卷　(清)曾國藩撰　(清)李瀚章輯　清同治十三年(1874)傳忠書局刻曾文正公全集本　二册

500000－8703－0002323　2324

曾文正公文集三卷首一卷 (清)曾國藩撰 清光緒二年(1876)傳忠書局刻曾文正公全集本 四冊

500000－8703－0002324 2325
曾文正公文集三卷首一卷 (清)曾國藩撰 清光緒二年(1876)傳忠書局刻曾文正公全集本 三冊 存三卷(一至三)

500000－8703－0002325 2326
曾文正公文集四卷 (清)曾國藩撰 清同治十三年(1874)傳忠書局刻曾文正公全集本 二冊 存二卷(一至二)

500000－8703－0002326 2327
重訂七種古文選 (清)儲欣評 清乾隆四十九年(1784)金閶書業堂刻本 六冊 存三種(左傳選一至十一、戰國策選卷一至四、唐宋八大家類選卷五至六)

500000－8703－0002327 2328
胡文忠公遺集八十六卷 (清)鄭敦謹 (清)曾國荃輯 清刻本 七冊 存二十二卷(一至四、十一至十四、三十二至三十四、四十一至四十三、四十五至五十二)

500000－8703－0002328 2329
道古堂文集四十八卷 (清)杭世駿撰 清乾隆四十一年(1776)刻本 五冊 存三十五卷(一至十一、二十五至四十八)

500000－8703－0002329 2330
道古堂詩集二十六卷 (清)杭世駿撰 清乾隆刻本 四冊

500000－8703－0002330 2331
蘇文忠公詩集五十卷目錄二卷 (宋)蘇軾撰 清同治八年(1869)韞玉山房刻朱墨套印本 三冊 存六卷(三十六至三十九、目錄一至二)

500000－8703－0002331 2332
蘇文忠公詩集五十卷目錄二卷 (宋)蘇軾撰 清同治八年(1869)韞玉山房刻朱墨套印本 七冊 存三十五卷(十一至四十五)

500000－8703－0002332 2333
欽定國朝詩別裁集三十二卷 (清)沈德潛纂評 清乾隆刻本 十四冊 存二十八卷(三至十二、十五至三十二)

500000－8703－0002333 2334
樊山續集二十二卷 (清)樊增祥撰 清光緒二十八年(1902)西安臯署刻本 一冊 存八卷(續集一至六、公牘一至二)

500000－8703－0002334 2335
樊山公牘三卷 (清)樊增祥撰 清光緒刻本 一冊 存二卷(一至二)

500000－8703－0002335 2336
韓魏公集二十卷 (宋)韓琦撰 (清)張伯行訂 清同治五年(1866)福州正誼書局刻正誼堂全書本 一冊 存八卷(十三至二十)

500000－8703－0002336 2337
王子安集註二十卷首一卷末一卷 (唐)王勃撰 (清)蔣清翊註 清光緒九年(1883)吳縣蔣氏雙唐碑館刻本 四冊 存八卷(一至七、首一)

500000－8703－0002337 2338
廿一史彈詞註十一卷 (明)楊慎撰 清道光十二年(1832)楊浚刻本 三冊 存六卷(一至二、五至六、九下至十)

500000－8703－0002338 2339
淑身善世錄前集二卷後集二卷 (清)左希衡輯 (清)熊兆麟鑒定 清光緒二十年(1894)刻本 四冊

500000－8703－0002339 2340
古詩源十四卷 (清)沈德潛選 清刻本 二冊 存七卷(八至十四)

500000－8703－0002340 2341
唐宋八大家文鈔十九卷 (清)張伯行訂 清同治八年(1869)福州正誼書館刻本 三冊 存五卷(四至八)

500000－8703－0002341 2342
陳檢討集二十卷 (清)陳維崧撰 (清)程師

恭注　清刻本　六冊

500000－8703－0002342　2343
漢孳室文鈔四卷補遺一卷　(清)陶方琦撰　(清)馬用錫校　清光緒十八年(1892)徐氏鑄學齋刻本　一冊　存三卷(三至四、補遺一)

500000－8703－0002343　2344
劍南詩鈔不分卷　(宋)陸游撰　(清)楊大鶴選　清刻本　一冊

500000－8703－0002344　2345
皇朝經世文編補一百二十卷　(清)賀長齡輯　(清)張鵬飛評　(清)李懷庚編次　清道光刻本　三十七冊　存四十五卷(六、十一至三十四、三十七、四十、五十至五十二、五十四至五十七、六十至六十二、八十八至九十三、九十五至九十六)

500000－8703－0002345　2346
李氏文集十八卷　(明)李贄撰　清經正堂刻本　一冊　存三卷(一至三)

500000－8703－0002346　2347
唐詩合解十二卷　(清)王堯衢注　清刻本　三冊　存九卷(四至十二)

500000－8703－0002347　2348
古唐詩合解十二卷　(清)王堯衢注　清刻本　三冊

500000－8703－0002348　2349
百篇文選一卷　(□)□□輯　清刻本　一冊

500000－8703－0002349　2350
春在堂詩十三卷詞三卷　(清)俞樾撰　清同治九年(1870)刻本　一冊　存六卷(詩十一至十三、詞一至三)

500000－8703－0002350　2351
船山遺書二百八十八卷　(清)王夫之撰　(清)劉毓崧等校　清同治四年(1865)湘鄉曾氏金陵節署刻本　六十冊　存四十五種(周易内傳六卷發例,周易大象解,周易稗疏,周易攷異,周易外傳,書經稗疏一至三,尚書引義,詩廣傳,禮記章句,春秋家說,春秋世論,續春秋左氏傳博議,讀四書大全說一至三、五至七、九,四書稗疏,四書考異,宋論七至十五,永曆實錄,蓮峯誌,張子正蒙註,龍源夜話,薑齋文集,薑齋五十自定稿,薑齋六十自定稿,薑齋七十自定稿,柳岸吟,落花詩,遺興詩,和梅花百詠詩,洞庭秋,雁字詩,仿體,嶽餘集一賸稿附,船山鼓棹初集,船山鼓棹二集,瀟湘怨詞,詩譯,夕堂永日緒論内篇,夕堂永日緒論外篇,南窗漫記,憶得,龍舟會雜劇,船山經義,薑齋詩分體稿,薑齋詩編年稿,薑齋文集補遺)

500000－8703－0002351　2352
函海　(清)李調元輯　清光緒八年(1882)樂道齋刻本　十一冊　存十一種(華陽國志一至三、九至十,說文解字韻譜一至二,建炎以來朝野雜記甲集十至十三乙集一至四、十一至十五,升庵經說一至四,奇字韻五卷,古音略例一卷,古音駢字五卷,金石存十卷補刻十三至十五,尚書古字辨異一卷,鄭氏古文尚書證訛一至三,羅江縣誌六至十)

500000－8703－0002352　2353
史懷二十卷　(明)鍾惺撰　清光緒十七年(1891)三餘草堂刻湖北叢書本　二冊　存五卷(一至二、七至九)

500000－8703－0002353　2354
楚蒙山房易經解學易初津二卷易翼六卷易翼說八卷　(清)晏斯盛撰　清道光二十一年(1841)刻本　十六冊

500000－8703－0002354　2355
芳茂山人文集十二卷　(清)孫星衍輯　清光緒十二年(1886)吳縣朱氏家塾刻槐廬叢書本　四冊　存五卷(七、九至十二)

500000－8703－0002355　2356
張子全書十五卷　(宋)張載撰　清光緒三年(1877)夔州李氏刻本　四冊

500000－8703－0002356　2357
正誼堂全書六十三種首一卷　(清)張伯行訂　清同治五年(1866)福州正誼書局刻本　十五冊　存七種(薛敬軒先生文集一至十,朱子文集一至三、七至八、十二至十六,二程文集四至十二,周濂溪先生全集三至五,尹和靖先生集一,陳克齋先生集一至五,韓魏公集十二至十五)

500000－8703－0002357　2358
惜抱軒集文集十六卷文後集十卷詩集十卷　(清)姚鼐撰　清刻本　三冊　存十卷(詩一至六、文後集七至十)

500000－8703－0002358　2359
鄦齋叢書二十種　徐乃昌編　清刻本　十六冊　存二十種(周易諸卦合象考一,周易互體卦變考一,易經象類一,盧氏禮記解詁一、附錄一、補遺一,蔡氏月令章句一至二,夏小正分箋一至四,鄭氏三禮目錄一,何休註訓論語述一,爾雅小箋一至三,鄭氏六藝論一,經考一至五,說文諧聲孳生述不分卷,隸通一至二,續方言又補二一至二,後漢儒林傳補逸一、附續增一,唐折沖府考一至四,中州金石目錄一至八,讀書小記一至二,漢氾勝之遺書一卷附區田圖圖說一、附一)

500000－8703－0002359　2360
船山遺書二百八十八卷　(清)王夫之撰　(清)劉毓崧等校　清同治四年(1865)湘鄉曾氏金陵節署刻本　一百〇一冊　存四十一種(周易内傳六卷發例一卷,周易大象解一卷,周易稗疏四卷,周易攷異一卷,周易外傳七卷,書經稗疏四卷,尚書引義六卷,詩經稗疏四卷,詩經攷異一卷,詩經葉韻辨一卷,詩廣傳五卷,禮記章句一至二十、三十三至四十,春秋家說三卷,春秋稗疏二卷,春秋世論五卷,續春秋左氏傳博議二卷,讀四書大全說十卷,四書稗疏一卷,四書考異一卷,說文廣義三卷,讀通鑑論三十卷末一卷,宋論十五卷,永曆實錄一至十七,張子正蒙註五上至七上,思問錄内外編二卷,俟解一卷,噩夢一卷,莊子解一至十四、二十六至三十三,楚辭通釋一至六,薑齋五十自定稿一卷,落花詩一卷,遺興詩一卷,嶽餘集一卷賸稿附,船山鼓棹初集一卷,船山鼓棹二集一卷,瀟湘怨詞一卷,詩譯一卷,夕堂永日緒論内篇一卷,夕堂永日緒論外篇一卷,船山經義一卷,楚辭通釋一至六)

500000－8703－0002360　2361
讀通鑑論三十卷末一卷　(清)王夫之撰　(清)劉毓崧等校　清同治四年(1865)湘鄉曾氏金陵節署刻船山遺書本　一冊　存二卷(十四至十五)

500000－8703－0002361　2362
俞氏叢書　(清)俞樾撰　清刻本　十二冊　存十一種(春在堂隨筆六至八,春在堂尺牘一至二,春在堂襍文續編二至四,春在堂詩編十,春在堂詞錄一至三,楹聯錄存一下,四書文一,太上感應篇纘義一至二,茶香室叢鈔一至二十三,茶香室續鈔一至十、二十一至二十五,春在堂襍文三編三至四)

500000－8703－0002362　2363
潛研堂全書三十二種　(清)錢大昕撰　清光緒十年(1884)長沙龍氏家塾刻本　二十二冊　存七種(聲類一至四,廿二史攷異一至十九、八十六至九十、附修唐書史臣表一,三統術衍一至三、鈐一,恆言錄一至六,文集一至十五、二十至二十三,詩集十卷、續集七至十,十駕齋養新錄十五至二十、餘錄一至三)

500000－8703－0002363　2364
長恩書室叢書十九種　(清)莊肇麟輯　清咸豐四年(1854)刻本　八冊　存十一種二十四卷(六韜六卷逸文一卷,魏武帝註孫子三卷,吳子二卷,司馬瀍三卷,靈棋經二卷,救荒活民書一至三、拾遺一卷,旅舍備要方一卷,傷寒微旨論二卷)

500000－8703－0002364　2365
曾惠敏公奏疏六卷　(清)曾紀澤撰　清光緒二十年(1894)上海石印曾惠敏公全集本　一冊

500000－8703－0002365　2366
觀古堂所著書一集八種二集八種　葉德輝撰　清光緒二十八年(1902)湘潭葉氏刻本　一冊　存二種(天文本單經論語校勘記一卷、輯

孟子劉熙註一卷）

500000－8703－0002366　2367

平津館叢書　（清）孫星衍輯　清光緒十年至十一年（1884－1885）刻本　三十冊　存三十種（六韜六卷逸文一卷，黄帝龍首經二卷，黄帝金匱玉衡經一卷，黄帝授三子元女經一卷，廣黄帝本行記一卷，軒轅黄帝傳一卷，漢禮器制度一卷，漢官一卷，漢官解詁一卷，漢舊儀二卷補遺二卷，漢官儀二卷，魏三體石經考一卷，琴操二卷附補遺一卷，穆天子傳六卷附録一卷，物理論一卷，譙周古史考一卷，建立伏博士始末二卷，渚宮舊事五卷附補遺一卷，三輔黄圖一卷，孔子集語十七卷，古文尚書考異六卷，古刻叢鈔一卷，續古文苑四至十三，抱朴子内篇一至六、十五至二十、外篇十六至五十，尚書今古文註疏四至三十，長離閣詩集一卷）

500000－8703－0002367　2368

槐廬叢書初編　（清）朱記榮輯　清光緒十三年（1887）吳縣朱氏家塾刻本　七冊　存十一種（李氏易解賸義三卷、斆經筆記一卷、世本二卷、楚漢春秋一卷附疑義一卷考證一卷、楚漢諸侯疆域志三卷、尚書餘論一卷、詩辨説一卷、括地志八卷補遺一卷、饗禮補亾一卷、公羊逸禮攷徵一卷、弟子職集解一卷）

500000－8703－0002368　2369

半厂叢書初編十一種附一種　（清）譚獻輯　清光緒刻本　十冊　存七種五十七卷（西夏紀事本末五至十七、二十七至三十六，復堂日記三至八，篋中詞五至六、續一至四，合肥三家詩錄二卷，待堂文一卷，池上題襟小集一卷，復堂類集文一至四、詩十一卷、詞三卷）

500000－8703－0002369　2370

槐廬叢書二編　（清）朱記榮輯　清光緒十三年（1887）朱氏刻本　十七冊　存十一種（九經古義十六卷、十三經詁答問六卷、古易音訓二卷、京畿金石攷二卷、平津讀碑記八卷續記一卷、周髀算經二卷附音義一卷校勘記一卷、數術記遺一卷、九數外録一卷、呂子校補二卷校續補一卷、問字堂文集六卷附贈言、岱南閣文集二卷）

500000－8703－0002370　2371

周易姚氏學十六卷首一卷　（清）姚配中撰　清光緒三年（1877）湖北崇文書局刻本　四冊　存十二卷（一至十二）

500000－8703－0002371　2372

惜抱軒全集十種　（清）姚鼐撰　清嘉慶十一年（1806）刻本　十六冊　存八種（惜抱軒文集文集一至十六、文後集六至十、詩集一至十、詩後集一、詩外集一，惜抱軒法帖題跋三卷，國語補註一卷，左傳補註一卷，公羊傳補註一卷，惜抱軒筆記八卷，五言今體詩鈔一至四，惜抱軒九經説十三至十七）

500000－8703－0002372　2373

平津館叢書　（清）孫星衍輯　清光緒十年至十一年（1884－1885）刻本　三冊　存八種（漢官儀二卷、漢官典職儀式選用一卷、漢儀一卷、穆天子傳一至六附録一卷、漢禮器制度一卷、漢官一卷、漢官解詁一卷、漢舊儀二卷附補遺二卷）

500000－8703－0002373　2374

唐人小説六種　葉德輝輯　清宣統三年（1911）觀古堂刻本　二冊

500000－8703－0002374　2375

禪源詮四卷　（唐）釋宗密撰　清光緒十八年（1892）金陵刻經處刻本　一冊

500000－8703－0002375　2376

註釋九家詩□□卷　（□）□□集　清刻本　一冊　存四卷（三至六）

500000－8703－0002376　2377

選注六朝唐賦四卷　（清）馬傳庚選注　清光緒六年（1880）味蘭齋刻本　二冊

500000－8703－0002377　2378

詠物詩選註釋八卷　（清）俞琰輯　清刻本　一冊　存二卷（三至四）

500000－8703－0002378　2379

詠物詩選註釋八卷　（清）孫溶鳴　（清）易開繙註　清刻本　一册　存二卷（七至八）

500000－8703－0002379　2380

館課賦鈔□□卷詩鈔□□卷　（清）徐經等輯　清醉經書屋刻本　二册　存四卷（賦鈔一至二、詩鈔三至四）

500000－8703－0002380　2381

館課詩鈔□□卷　（清）林鴻年等輯　清刻本　一册　存一卷（四）

500000－8703－0002381　2382

全蜀藝文志六十四卷首一卷　（明）楊慎輯　清張汝傑刻本　十三册　存四十卷（一至二、十九至二十、二十六至三十四、三十七、三十九至六十四）

500000－8703－0002382　2383

庾子山集十六卷　（北周）庾信撰　（清）倪璠注釋　清刻本　四册　存四卷（一、四、十三、十五）

500000－8703－0002383　2384

綠天蘭若詩鈔□□卷　（清）釋含澈撰　清刻本　一册　存二卷（續一、續續一）

500000－8703－0002384　2385

切問齋文鈔三十卷　（清）陸燿輯　清刻本　一册　存四卷（二十七至三十）

500000－8703－0002385　2386

白鄉文鈔四卷　（清）董元憲撰　清刻本　一册　存二卷（一至二）

500000－8703－0002386　2387

皇朝經世文編一百二十卷　（清）賀長齡輯　（清）魏源編次　清刻本　二册　存四卷（十一至十二、十九至二十）

500000－8703－0002387　2388

唐詩貫珠六十卷　（清）胡以梅箋　清刻本　五册　存十卷（二十五至二十六、四十一至四十四、四十七至四十八、五十一至五十二）

500000－8703－0002388　2389

皇朝經世文編一百二十卷　（清）賀長齡輯　清末石印本　三十六册　存七十三卷（七至八、十三至十六、二十一至三十、三十四至三十八、四十三至四十五、四十七至四十八、五十一至五十二、五十五至五十九、六十一至六十三、六十六至六十七、七十二至七十三、七十八至八十三、九十至九十二、九十五至一百、一百〇三至一百二十）

500000－8703－0002389　2390

宋詩紀事一百卷　（清）厲鶚　（清）馬曰琯輯　清乾隆十一年（1746）刻本　十八册　存七十二卷（一至二十二、三十一至四十三、五十二至八十四、八十九至九十二）

500000－8703－0002390　2391

畿輔叢書　（元）蘇天爵等輯　清刻本　十四册　存十六種（元城語錄解三卷附行錄解一卷、忠裕堂集一卷、聰山集三卷、安默庵先生文集五卷、省心短語一卷、西巖贅語一卷、耐俗軒新樂府一卷、申端湣公文集二卷末一卷詩集八卷、魏文毅公奏議三卷、荆園小語一卷、荆園進語一卷、申鳧盟先生傳一卷、申鳧盟先生年譜一卷、申氏拾遺集二卷、通鑑評語五卷、豐鎬考信別錄三卷）

500000－8703－0002391　2392

曾文正公全集十八種一百六十四卷　（清）曾國藩撰　（清）李瀚章輯　清光緒十四年（1888）鴻文書局鉛印本　四十五册　存十八種（曾文正公全集首一卷，曾文正公奏稿三十卷，十八家詩鈔一至九、十九至二十三，經史百家雜鈔一至十七，鳴原堂論文二卷，曾文正公詩集四卷，曾文正公書札三十三卷，曾文正公批牘六卷，曾文正公雜著四卷，求闕齋讀書錄十卷，求闕齋日記類鈔二卷，曾文正公家訓二卷，曾文正公家書十卷，曾文正公文集四卷，曾文正公大事記四卷，曾文正公榮哀錄一卷，曾文正公年譜十二卷，孟子要略五卷）

500000－8703－0002392　2393

詩餘偶鈔六卷　王先謙輯　清光緒十六年（1890）長沙王氏刻本　一册

500000－8703－0002393　2394

伊川文集八卷　(宋)程頤撰　(元)譚善心輯　清刻本　一冊　存四卷(二至五)

500000－8703－0002394　2395

宋黄文節公文集正集三十二卷首四卷外集二十四卷首一卷别集十九卷首一卷　(宋)黄庭堅撰　清乾隆三十年(1765)刻本　一冊　存二卷(正集首一至二)

500000－8703－0002395　2396

批點燕子箋二卷　(清)湯若士評　清暖紅室刻彙刻傳奇本　一冊　存一卷(下)

500000－8703－0002396　2397

金文雅十六卷　(清)莊仲方編　清刻本　一冊　存五卷(四至八)

500000－8703－0002397　2398

甌北詩話十卷　(清)趙翼撰　清刻甌北全集本　一冊　存五卷(一至五)

500000－8703－0002398　2399

甌北詩鈔十七卷　(清)趙翼撰　清刻甌北全集本　一冊　存三卷(三至五)

500000－8703－0002399　2400

古詩源十四卷　(清)沈德潛選　清湖南經濟書局刻本　四冊

500000－8703－0002400　2401

歐陽文忠公全集一百五十三卷首一卷附錄五卷　(宋)歐陽修撰　清刻本　二冊　存七卷(一百四十七至一百五十三)

500000－8703－0002401　2402

曝書亭集八十卷附錄一卷　(清)朱彝尊撰　清會稽陶閭刻朱印本　十三冊　存四十七卷(一至十二、三十四至三十七、五十一至八十，附錄一)

500000－8703－0002402　2403

笛漁小稾十卷　(清)朱昆田撰　清會稽陶閭刻朱印本　二冊

500000－8703－0002403　2404

曝書亭集詩註二十二卷　(清)朱彝尊撰　(清)楊謙纂　清刻本　五冊　存十六卷(四至十二、十六至二十二)

500000－8703－0002404　2405

曝書亭集八十卷附錄一卷笛漁小稾十卷　(清)朱彝尊撰　清刻本　十一冊　存八十四卷(一至四十、四十八至八十，附錄一，笛漁小稾一至十)

500000－8703－0002405　2406

六朝唐賦讀本四卷　(清)馬傳庚選注　清光緒六年(1880)味蘭齋刻本　四冊

500000－8703－0002406　2407

養一齋詩話十卷李杜詩話三卷　(清)潘德輿撰　清刻本　二冊　存六卷(五至七、李杜詩話一至三)

500000－8703－0002407　2408

藕香零拾　繆荃孫輯　清光緒宣統刻本　二冊　存二十三種(澹生堂藏書約四卷、藏書記要一卷、流通古書約一卷、古歡社約一卷、静軒集五卷附錄一卷、牛羊日曆一卷、東觀奏記三卷、廣陵妖亂志一卷逸文一卷、宋中興學士院題名一卷東宫官寮題名一卷行在雜買務雜賣場提轄官題名一卷三公年表一卷、元河南志四卷、棲霞小志一卷、唐兩京城坊考補記一卷、遊城南記一卷、據鞍錄一卷、遼東行部志一卷、僞齊錄二卷、寓庵集八卷、菊潭集四卷、真賞齋賦一卷、河賦注一卷、曾公遺錄殘七至九、山房隨筆一卷補遺一卷、澹餘筆記一卷)

500000－8703－0002408　2409

明宫雜詠二十卷　(清)饒智元輯　清刻湘淥館叢書本　一冊　存四卷(七至十)

500000－8703－0002409　2410

山木居士文集十二卷首一卷　(清)魯九皋撰　清刻本　二冊　存四卷(一至二、九至十)

500000－8703－0002410　2411

御選唐宋詩醇四十七卷　(清)高宗弘曆選　(清)梁詩正等編　清光緒七年(1881)浙江書局刻本　二十一冊　存四十五卷(一至十、十三至四十七)

500000－8703－0002411　2412
御選唐宋詩醇四十七卷　(清)高宗弘曆選　(清)梁詩正等編　清光緒七年(1881)浙江書局刻本　一冊　存三卷(十六至十八)

500000－8703－0002412　2413
道咸同光四朝詩史八卷首一卷　(清)孫雄輯　清刻本　十冊　存八卷(一至七、首一)

500000－8703－0002413　2414
元遺山文選七卷首一卷　(金)元好問撰　(清)李祖陶點評　清道光二十五年(1845)泰和孫明刻本　一冊　存五卷(一至四、首一)

500000－8703－0002414　2415
蘇魏公文集七十二卷　(宋)蘇頌撰　清刻本　一冊　存四卷(四十三至四十六)

500000－8703－0002415　2416
釋繒一卷　(清)任大椿撰　**蜜梅花館文錄一卷詩錄一卷**　(清)焦廷琥撰　清刻本　一冊

500000－8703－0002416　2417
寧都三魏文集　(清)林時益輯　清咸豐元年(1851)刻本　三十九冊　存五種六十九卷(魏伯子文集一至十,魏叔子文集一至二十二、日錄一至三、詩集一至八,魏季子文集一至十六,魏昭士文集一至三,魏敬士文集一至二、四至八)

500000－8703－0002417　2418
二程全書　(宋)程顥　(宋)程頤撰　清刻本　七冊　存四種五十卷(河南程氏遺書二十五卷附錄一卷、河南程氏外書十二卷、伊川先生文集八卷、程氏經說五至八)

500000－8703－0002418　2419
穆堂初稿五十卷　(元)李紱撰　清刻本　四冊　存十一卷(二十一至二十九、四十九至五十)

500000－8703－0002419　2420
總纂升菴合集二百四十卷　(明)楊慎撰　清光緒八年(1882)成都王鴻文堂刻本　九十二冊　存二百三十一卷(二至九十二、九十五至一百六十五、一百六十九至一百八十六、一百九十至二百四十)

500000－8703－0002420　2421
永嘉叢書　(清)孫衣言輯　清同治光緒武昌書局刻本　三十冊　存七種(橫塘集二十卷、竹軒雜著六卷、集韻考正十卷、劉給諫文集五卷、蒙川先生遺稿四卷補遺一卷、開禧德安守城錄一卷、艮齋先生薛常州浪語集三十五卷)

500000－8703－0002421　2422
邁堂文略四卷　(清)李祖陶撰　清同治七年(1868)刻本　一冊　存一卷(四)

500000－8703－0002422　2423
文苑英華一千卷　(宋)李昉輯　明慶隆元年(1567)刻本　五十四冊　存五百三十八卷(一至十、七十一至七十九、一百〇一至一百十、一百五十一至二百、二百二十一至二百三十、二百六十一至二百九十、三百〇一至三百十、三百四十一至三百五十、三百五十一至三百五十二殘、三百七十一至三百八十、三百九十至四百七十、四百八十一至四百九十、四百九十三至五百、五百〇一至五百十、五百二十一至六百十、六百八十一至六百八十八、七百〇一至七百十、七百二十一至七百四十、七百五十一至七百六十、七百七十一至八百、八百十一至八百三十、八百四十一至八百六十九、八百八十一至九百、九百十一至九百二十、九百三十一至九百四十、九百五十一至九百六十、九百八十至九百九十)

500000－8703－0002423　2424
皇朝經世文編一百二十卷附姓名總目二卷　(清)賀長齡輯　清邵州經綸書局刻本　八十冊　存一百十卷(一至五十五、五十七至六十五、六十九至七十一、七十四至八十、八十三至八十七、八十九至一百十五、一百十七至一百二十)

500000－8703－0002424　2425
唐文粹補遺二十六卷　(清)郭麐纂　清光緒十一年(1885)江蘇書局刻本　三冊　存十九

卷(一至五、十三至十九、三十至三十六)

500000－8703－0002425　2426
陶淵明文集十卷　(晉)陶淵明撰　清光緒五年(1879)番禺陳澧刻本　三册

500000－8703－0002426　2427
惜抱軒全集文集十六卷文後集十卷詩集十卷詩後集一卷外集一卷法帖題跋三卷左傳補注一卷公羊補注一卷穀梁補注一卷國語補注一卷日記八卷九經學十七卷五言今體詩鈔九卷七言今體詩鈔九卷　(清)姚鼐撰　清同治五年(1866)省心閣刻本　十三册　存七十三卷(文集一至十六、文後集一至十、詩集一至八、筆記五至八、九經說一至十七、五言今體詩鈔一至九、七言今體詩鈔一至九)

500000－8703－0002427　2428
惜抱軒全集文集十六卷文後集十卷詩集十卷詩後集一卷外集一卷法帖題跋三卷左傳補注一卷公羊補注一卷穀梁補注一卷國語補注一卷日記八卷九經學十七卷五言今體詩鈔九卷七言今體詩鈔九卷　(清)姚鼐撰　清同治五年(1866)省心閣刻本　六册　存二十九卷(文集一至十一、文後集一至六、筆記一至八、詩集七至十)

500000－8703－0002428　2429
玉谿生詩詳註三卷首一卷樊南文集詳註八卷首一卷　(唐)李商隱撰　(清)馮浩編　清乾隆四十五年(1780)刻本　四册　存四卷(玉谿生詩詳註一至三、首一)

500000－8703－0002429　2430
玉谿生詩詳註三卷首一卷樊南文集詳註八卷首一卷　(唐)李商隱撰　(清)馮浩編　清醉六堂刻本　四册　存四卷(玉谿生詩詳註一至四、首一)

500000－8703－0002430　2431
冬青館古宫詞三卷　(清)張鑑輯　清刻本　一册

500000－8703－0002431　2432
歸餘鈔四卷　(清)高嵣輯評　清乾隆五十三年(1788)刻本　八册

500000－8703－0002432　2433
象山先生全集三十六卷　(宋)陸九淵撰　(清)張鹿野輯　**附少湖徐先生學則辯**　(清)徐階撰　清刻本　十册　存三十一卷(一至十六、二十一至三十五)

500000－8703－0002433　2434
納蘭詞五卷補遺一卷　(清)納蘭性德撰　清道光夢雲館刻本　一册　存四卷(三至五、補遺一)

500000－8703－0002434　2435
弟一生脩梅花館詞六卷附存悔詞一卷香海棠館詞話一卷　(清)況周儀撰　清刻本　一册

500000－8703－0002435　2436
鈐山堂集四十卷　(明)嚴嵩撰　清刻本　二册　存八卷(十一至十四、三十七至四十)

500000－8703－0002436　2437
□□山房駢文二卷□□山房詩存八卷□□文略二卷　(清)趙樹吉撰　清光緒十年(1884)汗青簃刻本　三册　存八卷(駢文一至二、詩存五至八、文略一至二)

500000－8703－0002437　2438
楚辭□□卷　(漢)劉向編　(漢)王逸章句　清刻本　一册　存五卷(三至七)

500000－8703－0002438　2439
曾文正公家書十卷　(清)曾國藩撰　清光緒五年(1879)傳忠書局刻本　十册

500000－8703－0002439　2440
皇朝經世文編一百二十卷　(清)賀長齡輯　清光緒石印本　二十册　存一百〇二卷(四至十四、二十至二十三、三十至四十八、五十三至一百二十)

500000－8703－0002440　2441
皇朝經世文續編一百二十卷　(清)葛士濬輯　清光緒十四年(1888)圖書集成局石印本　二十四册　存九十卷(一至三十一、三十六至三十九、四十四至六十、六十五至七十四、七

十九至八十九、九十四至九十七、一百〇二至一百〇六、一百十至一百十二、一百十六至一百二十）

500000－8703－0002441　2442
元詩選六卷補遺一卷　（清）顧奎光選輯　清刻本　二册　存四卷（四至六、補遺一）

500000－8703－0002442　2443
問字堂集六卷贈言一卷　（清）孫星衍撰　清光緒十年（1884）吴縣朱記榮校刻本　一册　存四卷（四至六、贈言一）

500000－8703－0002443　2444
賴古堂藏書二十四卷　（清）周亮工撰　清道光九年（1829）刻本　一册　存二卷（一至二）

500000－8703－0002444　2445
皇朝經世文續編一百二十卷　（清）葛士濬輯　清光緒二十四年（1898）慎記書莊石印本　十二册　存五十六卷（一至七、五十至七十二、七十八至八十二、九十至九十三、一百〇四至一百二十）

500000－8703－0002445　2446
胡文忠公遺集八十六卷　（清）胡林翼撰　（清）曾國荃編　清刻本　三册　存四卷（五至八）

500000－8703－0002446　2447
皇朝經世文續編一百二十卷　（清）葛士濬輯　清光緒二十四年（1898）慎記書莊石印本　二十三册　存一百十五卷（一至三十四、四十至一百二十）

500000－8703－0002447　2448
明詞綜十二卷　（清）王昶纂　清嘉慶七年（1802）刻本　二册

500000－8703－0002448　2449
國朝詞綜四十八卷二集八卷　（清）王昶輯　清嘉慶七年（1802）刻本　十册

500000－8703－0002449　2450
胡文忠公遺集八十六卷　（清）鄭敦謹　（清）曾國荃輯　清刻本　一册　存十七卷（三十六至五十二）

500000－8703－0002450　2451
五代詩話十卷　（清）王士正編　（清）鄭方坤删補　清刻粤雅堂叢書本　九册　存九卷（一至二、四至十）

500000－8703－0002451　2452
曾文正公書札三十三卷　（清）曾國藩撰　清光緒刻本　一册　存二卷（二十七至二十八）

500000－8703－0002452　2453
文選六十卷　（南朝梁）蕭統輯　（唐）李善注　清金陵書局刻本　一册　存六卷（三十六至四十一）

500000－8703－0002453　2454
元文類七十卷目錄三卷　（元）蘇天爵編　清光緒刻本　一册　存七卷（五十八至六十四）

500000－8703－0002454　2455
楊文靖公龜山集四十二卷首一卷末一卷　（宋）楊時撰　清光緒五年（1879）刻本　一册　存一卷（首一）

500000－8703－0002455　2456
采輯歷朝詩話一卷辨譌考異四卷　（清）胡鳳丹纂輯　清退補齋刻本　一册

500000－8703－0002456　2457
紀文達公文集十六卷詩集十六卷　（清）紀樹馨編　清道光三十年（1850）刻本　七册　存二十三卷（文一至十六，詩一至三、十三至十六）

500000－8703－0002457　2458
越縵堂駢體文四卷附散體文一卷　（清）李慈銘撰　清刻虛霩居叢書本　三册　存四卷（駢二至四、散一）

500000－8703－0002458　2459
横塘集二十卷　（宋）許景衡撰　清瑞安孫氏詒善祠塾刻本　一册　存五卷（一至五）

500000－8703－0002459　2460
中吴紀聞六卷　（宋）龔明之撰　清刻知不足齋叢書本　一册　存三卷（一至三）

500000－8703－0002460　2461

有正味齋駢體文二十四卷首一卷　(清)吳錫麒撰　(清)王廣業　(清)葉聯芬箋注　清光緒十五年(1889)上海蜚英館石印本　二冊　存十一卷(一至十、首一)

500000－8703－0002461　2462

明史雜詠四卷　(清)嚴遂成撰　清刻本　二冊

500000－8703－0002462　2463

東征集六卷　(清)藍鼎元撰　(清)王者輔評　清刻本　二冊

500000－8703－0002463　2464

湘綺樓八代詩選二十卷　王闓運編　清光緒七年(1881)四川尊經書局刻本　五冊　存十七卷(一至十七)

500000－8703－0002465　2466

分類詩腋八卷　(清)李楨編　清桂月樓刻本　三冊　存六卷(三至八)

500000－8703－0002466　2467

曝書亭集八十卷　(清)朱彝尊撰　清刻本　一冊　存三卷(二至四)

500000－8703－0002467　2468

劍南詩鈔不分卷　(宋)陸游撰　清康熙二十四年(1685)刻本　八冊

500000－8703－0002468　2469

續古文辭類纂三十四卷　王先謙纂　清光緒三十三年(1907)上海商務印書館鉛印本　二冊　存十七卷(一至七、十一至二十)

500000－8703－0002469　2470

飲冰室壬寅文集十八卷　梁啟超撰　清光緒二十八年(1902)育文書局鉛印本　四冊　存四卷(三、五、十五至十六)

500000－8703－0002470　2471

續古文辭類纂三十四卷　王先謙纂　清光緒二十年(1894)上海圖書集成印書局鉛印本　四冊　存十卷(一至十)

500000－8703－0002471　2472

古文辭類纂七十四卷　(清)姚鼐纂　清鉛印本　一冊　存一卷(三)

500000－8703－0002472　2473

古文辭類纂三編□□卷　(清)黎庶昌纂　清光緒二十六年(1900)晉省書業昌石印本　四冊　存十三卷(一至十、二十六至二十八)

500000－8703－0002473　2474

歷代詠史樂府二十卷　(明)董元憲撰　清刻本　三冊

500000－8703－0002474　2475

擬明史樂府一卷外國竹枝詞一卷　(清)尤侗撰　清刻本　一冊

500000－8703－0002475　2476

全唐詩鈔八十卷補遺十六卷　(清)吳成儀選　清刻本　二冊　存五卷(補遺三至七)

500000－8703－0002476　2477

胡文忠公全集八十六卷首一卷　(清)胡林翼撰　(清)曾國荃纂　(清)胡鳳丹編　清光緒二十七年(1901)上海圖書集成印書局鉛印本　七冊　存七十八卷(一至五十八、六十八至八十六,首一)

500000－8703－0002477　2478

湘綺樓全集文集八卷詩集十四卷箋啓八卷　王闓運撰　清宣統二年(1910)上海國學扶輪社石印本　七冊　存十八卷(文集一至八、詩集一至十)

500000－8703－0002478　2479

昌黎先生全集四十卷外集十卷遺文一卷傳一卷　(唐)韓愈撰　(唐)李漢編　(宋)朱熹考異　清宣統三年(1911)石印本　五冊　存二十九卷(一、十一至十四、二十七至四十,外集一至十)

500000－8703－0002479　2480

樂縣考二卷　(清)江藩撰　清刻粵雅堂叢書本　一冊

500000－8703－0002480　2481

皇朝經世文續編一百二十卷　(清)葛士濬輯

清光緒十四年(1888)石印本　十八册　存九十卷(十一至六十五、七十一至八十五、一百〇一至一百二十)

500000－8703－0002481　2482
皇朝經世文新編三十三卷　(清)麥仲華輯　清石印本　九册　存十八卷(二至九、十三至十九、三十至三十二)

500000－8703－0002482　2483
皇朝經世文編一百二十卷　(清)賀長齡輯　清末石印本　十八册　存九十七卷(四至九、十至三十四、四十六至四十九、五十四至五十七、六十三至一百二十)

500000－8703－0002483　2484
詁經精舍全集十六卷　(清)俞樾編　清光緒十一年(1885)刻本　八册

500000－8703－0002484　2485
震川先生集三十卷　(明)歸有光撰　清光緒六年(1880)常熟歸氏刻本　十一册

500000－8703－0002485　2486
思適齋集十八卷　(清)顧廣圻撰　清道光二十九年(1849)上海徐氏刻本　五册

500000－8703－0002486　2487
悔餘庵文稿九卷詩稿十三卷樂府四卷　(清)何栻撰　清同治四年(1865)九江書屋刻本　九册

500000－8703－0002487　2488
吳朝宗先生聞過齋集四卷　(元)吳海撰　(清)張伯行訂　清同治五年(1866)福州正誼書局刻本　四册

500000－8703－0002488　2489
花潭集詠一卷　(清)黃雲鵠撰　清光緒十二年(1886)刻本　一册

500000－8703－0002489　2490
司空表聖文抄不分卷　(唐)司空圖撰　明末刻本　一册

500000－8703－0002490　2491
李蘭臺集一卷附錄一卷　(漢)李尤撰　清刻本　一册　存一卷(一)

500000－8703－0002491　2492
皇朝經世文三編八十卷　(清)陳忠倚輯　清石印本　十四册　存七十卷(六至二十、二十六至八十)

500000－8703－0002492　2493
皇朝經世文三編八十卷　(清)陳忠倚輯　清石印本　四册　存二十卷(六至十、二十一至二十五、七十一至八十)

500000－8703－0002493　2494
鳴原堂論文二卷　(清)曾國藩撰　(清)曾國荃訂　清同治十二年(1873)勵志齋刻本　二册

500000－8703－0002494　2495
古文辭類纂七十四卷　(清)姚鼐纂　清光緒三十三年(1907)上海商務印書館影印本　六册　存六十卷(一至六十)

500000－8703－0002495　2496
豸華堂文鈔甲部十二卷首一卷豸華堂文鈔八卷　(清)金應麟撰　清光緒元年(1875)刻本　六册

500000－8703－0002496　2497
遼文萃七卷藝文志補證一卷西夏文綴二卷西夏藝文志一卷　(清)王仁俊輯　清光緒三十年(1904)長沙程頌萬署刻實學叢書本　一册

500000－8703－0002497　2498
貫華堂才子書彙稿十種十四卷　清宣統二年(1910)順德鄧氏鉛印本　二册　存五卷(唱經堂杜詩解一至二、唱經堂語錄纂一至二、唱經堂隨手通一)

500000－8703－0002498　2499
隨園隨筆二十八卷　(清)袁枚撰　(清)邵希曾　(清)賈崧編　清光緒刻本　六册　存八卷(三至四、七至十二)

500000－8703－0002499　2500
桃花扇四卷　題(清)雲亭山人編　清西園刻本　四册

500000－8703－0002500　2501
温飛卿詩集箋注九卷　(唐)温庭筠撰　(明)曾益注　(清)顧子咸補注　清宣統二年(1910)石印本　三冊　存六卷(一至六)

500000－8703－0002501　2502
周子全書九卷首二卷末一卷　(宋)周元公撰　(清)鄧顯鶴編　清道光二十七年(1847)新化鄧氏刻本　五冊

500000－8703－0002502　2503
試帖仙樣集裁詩十法三卷首論一卷　題(清)麓峰居士輯　清道光二十一年(1841)刻朱墨套印本　三冊

500000－8703－0002503　2504
東坡詞一卷　(宋)蘇軾撰　**山谷詞一卷**　(宋)黄庭堅撰　清宣統元年(1909)二友堂鉛印本　一冊

500000－8703－0002504　2505
靈芬館雜著二卷　(清)郭麐撰　清光緒九年(1883)蛟川張氏花雨樓刻本　二冊

500000－8703－0002505　2506
義門先生集十二卷附錄一卷　(清)何焯撰　(清)韓崇輯　清宣統三年(1911)中華圖書館石印本　四冊

500000－8703－0002506　2507
陳剩夫先生集四卷　(清)陳真晟撰　(清)張伯行訂　清同治五年(1866)福州正誼書局刻本　二冊

500000－8703－0002507　2508
宋大家蘇文忠公文選十六卷　(宋)蘇軾撰　(明)歸有光輯　清刻本　七冊

500000－8703－0002508　2509
昌黎先生詩集注十一卷首本傳一卷年譜一卷　(唐)韓愈撰　(清)顧嗣立注　清賡德堂刻三色套印本　四冊

500000－8703－0002509　2510
李太白全集十六卷　(唐)李白撰　(清)李調元編　清乾隆二十九年(1764)刻道光十三年(1833)印本　六冊

500000－8703－0002510　2511
儀衛軒詩集五卷附錄一卷儀衛軒文集十二卷儀衛軒文外集一卷　(清)方東樹撰　**年譜一卷**　(清)鄭福照輯　清同治七年(1868)刻本　三冊　存七卷(詩集一至五、文外集一、年譜一)

500000－8703－0002511　2512
樂志堂文集十八卷文續集二卷詩集十二卷　(清)譚瑩撰　清咸豐九年至十一年(1859－1861)吏隱園刻本　十二冊

500000－8703－0002512　2513
李義山詩集三卷　(唐)李商隱撰　(清)朱鶴齡箋注　(清)沈厚塽輯　清同治九年(1870)廣州倅署刻本　四冊

500000－8703－0002513　2514
附鮚軒詩八卷　(清)洪亮吉撰　清光緒三年(1877)刻本　二冊

500000－8703－0002514　2515
附鮚軒詩八卷　(清)洪亮吉撰　清光緒三年(1877)刻本　二冊

500000－8703－0002515　2516
裘文達公文集六卷詩集十八卷　(清)裘曰修撰　清同治十一年(1872)刻本　九冊

500000－8703－0002516　2517
讀書雜志餘編二卷　(清)王念孫撰　清道光十二年(1832)刻本　二冊

500000－8703－0002517　2518
宋大家王文公文鈔十六卷　(宋)王安石撰　(明)茅坤評　清刻本　六冊

500000－8703－0002518　2519
玉臺新詠十卷　(南朝陳)徐陵編　(清)吳兆宜注　(清)程琰補　清光緒五年(1879)宏達堂刻本　四冊

500000－8703－0002519　2520
韞山堂文集八卷　(清)管世銘撰　清光緒二十年(1894)刻本　二冊

500000－8703－0002520　2521
韞山堂詩集十六卷　(清)管世銘撰　清光緒二十年(1894)刻本　三冊

500000－8703－0002521　2522
真西山先生集八卷　(宋)真德秀撰　清同治五年(1866)福州正誼書局刻本　二冊

500000－8703－0002522　2523
天遊閣集五卷詩補一卷附錄一卷　(清)西林春撰　清宣統二年(1910)國光印刷所鉛印本　一冊

500000－8703－0002523　2524
汪容甫先生遺詩五卷　(清)汪中撰　清宣統二年(1910)國光印刷所鉛印本　一冊

500000－8703－0002524　2525
茗柯文四編五卷　(清)張惠言撰　清同治八年(1869)刻本　二冊

500000－8703－0002525　2526
山中白雲詞八卷附錄一卷詞源二卷　(宋)張炎撰　清光緒八年(1882)娛園刻本　二冊

500000－8703－0002526　2527
明紀彈詞註二卷類聚數考一卷　(清)張三翼撰　(清)張仲璜註　清刻本　二冊

500000－8703－0002527　2528
文選旁證四十六卷　(清)梁章鉅撰　清光緒八年(1882)刻本　十二冊

500000－8703－0002528　2529
孟東野集十卷　(唐)孟浩然撰　清宣統二年(1910)上海著易堂石印本　二冊　存六卷(一至四、九至十)

500000－8703－0002529　2530
追昔遊集三卷　(唐)李紳撰　清宣統二年(1910)上海著易堂石印本　一冊

500000－8703－0002530　2531
劉氏遺書八卷　(清)劉台拱撰　清光緒十五年(1889)廣雅書局刻本　二冊

500000－8703－0002531　2532
慈溪黃氏日抄分類九十七卷　(宋)黃震撰　清刻本　四冊　存十七卷(六至八、四十二至四十六、六十至六十四、九十四至九十七)

500000－8703－0002532　2533
夢窗詞四卷補遺一卷劄記一卷　(宋)吳文英撰　清光緒三十四年(1908)歸安朱氏刻本　二冊

500000－8703－0002533　2534
曾文正公詩鈔四卷　(清)曾國藩撰　清光緒二年(1876)上海醉六堂刻本　一冊

500000－8703－0002534　2535
西河文選十一卷　(清)毛奇齡撰　清刻本　二冊　存二卷(四至五)

500000－8703－0002535　2536
甌栝先正文錄十五卷補遺一卷　(清)陳遇春輯　(清)金璋訂　清道光十四年(1834)刻本　十六冊

500000－8703－0002536　2537
留春草堂詩鈔七卷附錄一卷　(清)伊秉綬撰　清刻本　二冊

500000－8703－0002537　2538
洪北江先生年譜一卷　(清)呂培等編　清光緒三年(1877)授經堂刻洪北江全集本　一冊

500000－8703－0002538　2539
黃勉齋先生文集八卷　(宋)黃榦撰　(清)張伯行輯　清同治五年(1866)福州正誼書局刻本　四冊

500000－8703－0002539　2540
張南軒先生文集七卷　(宋)張栻撰　(清)張伯行訂　清同治五年(1866)福州正誼書局刻本　四冊

500000－8703－0002540　2541
陸宣公集二十二卷　(唐)陸贄撰　清同治五年(1866)楊氏問竹軒家塾刻本　八冊

500000－8703－0002541　2542
海珊詩鈔十一卷補遺二卷　(清)嚴遂成撰　清刻本　六冊

500000－8703－0002542　2543

薛敬軒先生文集三冊十卷　(明)薛瑄撰　(清)張伯行訂　清同治五年(1866)福州正誼書局刻本　三冊

500000－8703－0002543　2544
韓魏公文集二十卷　(宋)韓琦撰　(清)張伯行訂　清同治五年(1866)福州正誼書局刻本　四冊

500000－8703－0002544　2545
實其文齋文鈔八卷　(清)黄雲鵠撰　清同治十一年(1872)刻本　六冊

500000－8703－0002545　2546
實其文齋詩鈔六卷　(清)黄雲鵠撰　清同治十一年(1872)刻本　二冊

500000－8703－0002546　2547
國文讀本粹化新編　(清)王納善編　清光緒三十二年(1906)中新書局鉛印本　一冊

500000－8703－0002547　2548
國文讀本粹化新編　(清)王納善編　清光緒三十二年(1906)中新書局鉛印本　一冊

500000－8703－0002548　2549
高常侍集十卷　(唐)高適撰　清光緒十年(1884)上海同文書局二次石印唐四家詩集本　一冊　存五卷(一至五)

500000－8703－0002549　2550
王摩詰集六卷　(唐)王維撰　清光緒十年(1884)上海同文書局二次石印唐四家詩集本　二冊

500000－8703－0002550　2551
岑嘉州集八卷　(唐)岑參撰　清光緒十年(1884)上海同文書局二次石印唐四家詩集本　二冊

500000－8703－0002551　2552
杜工部集二十卷首一卷諸家詩話一卷唱酬題詠一卷　(唐)杜甫撰　清刻本　五冊　存十二卷(一、七至八、十五至二十,首一,詩話一,題詠一)

500000－8703－0002552　2553
漁洋山人古詩選五言詩十七卷七言詩十五卷　(清)王士禛選　清同治五年(1866)金陵書局刻本　三冊　存十二卷(五言詩一至八、七言詩一至四)

500000－8703－0002553　2554
龍川文集三十卷補遺一卷辨譌考異二卷附錄二卷　(宋)陳亮撰　清光緒元年(1875)湖北崇文書局刻本　十冊

500000－8703－0002554　2555
居業堂文集二十卷首一卷　(明)王源撰　清光緒五年(1879)刻畿輔叢書本　四冊

500000－8703－0002555　2556
渭南文集五十卷　(宋)陸游撰　清李氏森寶齋刻本　十五冊

500000－8703－0002556　2557
清芬樓遺稿四卷　(清)任啓運撰　清光緒十四年(1888)家塾刻本　二冊

500000－8703－0002557　2558
蜀詩十五卷　(清)費經虞輯　清道光鷰溪孫氏古棠書屋刻本　四冊

500000－8703－0002558　2559
鐵厓逸編註八卷附錄一卷　(元)楊維禎撰　(清)樓卜瀍註　清光緒十四年(1888)刻本　二冊

500000－8703－0002559　2560
卷施閣文乙集續編一卷　(清)洪亮吉撰　清光緒五年(1879)授經堂刻本　一冊

500000－8703－0002560　2561
南唐雜事詩一卷　(清)孫榕撰　清光緒二十二年(1896)泲盜孫氏鉛印本　一冊

500000－8703－0002561　2562
賦苑八卷　(明)李鴻輯　明萬曆刻本　六冊

500000－8703－0002562　2563
止堂集十八卷　(宋)彭龜年撰　清刻武英殿聚珍版本　四冊

500000－8703－0002563　2564
賓萌外集四卷　(清)俞樾撰　清蘇城陶升刻本　一冊

500000－8703－0002564　2565
南皐山人詩集七卷　(清)高鳳翰撰　(清)宋弼選　清刻本　二册

500000－8703－0002566　2567
憶雲詞四卷删存一卷　(清)項廷紀撰　清光緒十九年(1893)許氏榆園刻本　一册

500000－8703－0002567　2568
陸稼書先生文集二卷　(清)陸隴其撰　清同治五年(1866)福州正誼書局刻正誼堂全書本　四册

500000－8703－0002568　2569
魏莊渠先生集二卷　(明)魏校撰　(清)張伯行訂　清同治五年(1866)福州正誼書局刻本　二册

500000－8703－0002569　2570
雪堂詩燕山集一卷遼海集一卷西徵集一卷南行集一卷　(清)傅作楫撰　清乾隆五十九年(1794)刻本　二册

500000－8703－0002570　2571
山谷詩集注二十卷　(宋)黄庭堅撰　清末影印本　十册

500000－8703－0002571　2572
王湘綺先生文集八卷　王闓運撰　清光緒二十六年(1900)丞陽刻本　四册

500000－8703－0002572　2573
小峴山人詩集十六卷　(清)秦瀛撰　清刻本　四册

500000－8703－0002573　2574
劉孟塗集前集十卷後集二十二卷文集十卷駢體文二卷　(清)劉開撰　清道光六年(1826)姚氏檗山草堂刻本　八册　存四十四卷(孟塗駢體文一至二、孟塗前集五言古體一至十、孟塗後集一至二十二、孟塗文集一至十)

500000－8703－0002574　2575
甑峯遺稿二卷　(清)何輝寧撰　清刻本　一册

500000－8703－0002575　2576
湖北試牘六卷　(清)趙尚輔輯　清光緒十七年(1891)刻本　六册

500000－8703－0002576　2577
潯聲二卷　(清)陳景賢輯　清光緒十六年(1890)刻本　一册

500000－8703－0002577　2578
重訂七種古文選　(清)儲欣評　清乾隆三十八年(1773)受祉堂刻本　三册　存六卷(史記文選五至六、西漢文選一至四)

500000－8703－0002578　2579
賦學指南六卷　(清)余丙照輯　清咸豐四年(1854)刻本　二册

500000－8703－0002579　2580
小方壺試律詩三卷　(清)孫馮撰　清光緒三十一年(1905)刻本　一册

500000－8703－0002580　2581
十三峰書屋詩集二卷　(清)李榕撰　清刻本　一册

500000－8703－0002581　2582
大小雅堂詩集一卷　(清)承齡撰　清光緒十八年(1892)刻本　一册

500000－8703－0002582　2583
雨村詩話十六卷　(清)李調元撰　清刻本　一册　存五卷(九至十三)

500000－8703－0002583　2584
韓昌黎詩集注十一卷昌黎先生年譜一卷本傳一卷　(清)顧嗣立補　清光緒九年(1883)廣州翰墨園刻三色套印本　四册

500000－8703－0002584　2585
古微堂集内集三卷外集七卷　(清)魏源撰　清光緒四年(1878)淮南書局刻本　四册

500000－8703－0002585　2586
安雅堂文集二卷　(清)宋琬撰　清刻本　二册

500000－8703－0002586　2587
安雅堂詩八卷　(清)宋琬撰　清刻本　二册

500000－8703－0002587　2588
安雅堂文集二卷　（清）宋琬撰　清刻本　二册

500000－8703－0002588　2589
安雅堂書啟一卷　（清）宋琬撰　清刻本　一册

500000－8703－0002589　2590
李太白全集十六卷　（唐）李白撰　（清）李調元編　清刻本　六册

500000－8703－0002590　2591
曾文正公詩集三卷　（清）曾國藩撰　清光緒二年（1876）傳忠書局刻本　一册

500000－8703－0002591　2592
羅整庵集二卷　（明）羅欽順撰　（清）張伯行訂　清同治五年（1866）福州正誼書局刻本　二册

500000－8703－0002592　2593
龔定盦全集文集三卷補集二卷續集四卷別集四卷補編四卷　（清）龔自珍撰　清光緒二十三年（1897）萬本書堂刻本　六册

500000－8703－0002593　2594
瓊州雜事詩一卷　（清）程秉釗撰　**匪石山人詩一卷**　（清）鈕樹玉撰　**衍波詞一卷**　（清）孫蓀意撰　清光緒二十一年至二十二年（1895－1896）元和江氏刻本　一册

500000－8703－0002594　2595
方正學先生集七卷　（明）方孝孺撰　（清）張伯行訂　清同治五年（1866）福州正誼書局刻本　四册

500000－8703－0002595　2596
十三峰書屋全集文稿一卷詩集二卷書劄四卷批牘二卷　（清）李榕撰　清光緒十六年至十八年（1890－1892）龍安書院刻本　四册

500000－8703－0002596　2597
蓼花齋詩存四卷詩餘一卷試帖二卷末一卷（清）羅萱撰　清光緒三年（1877）荷花精舍刻本　二册

500000－8703－0002597　2598
湯潛菴先生集二卷　（清）湯斌撰　（清）張伯行訂　清同治五年（1866）福州正誼書局刻本　二册

500000－8703－0002598　2599
桐城吳先生詩集不分卷　（清）吳汝綸撰　清光緒三十年（1904）吳氏家刻本　一册

500000－8703－0002599　2600
鐵橋漫稿□□卷　（清）嚴可均撰　清光緒三十一年（1905）秀水王氏刻本　一册　存四卷（九至十二）

500000－8703－0002600　2601
燕蘭小譜五卷附海鷗小譜一卷　（清）吳長元撰　清宣統三年（1911）長沙葉氏刻本　一册

500000－8703－0002601　2602
古香山館存稾十六卷　（清）彭洋中撰　清同治十三年（1874）湘鄉彭思詒堂刻本　六册

500000－8703－0002602　2603
范石湖詩集注三卷　（宋）范成大撰　（清）沈欽韓注　清刻本　二册

500000－8703－0002603　2604
半氈齋題跋二卷　（清）江藩撰　**南澗文集二卷**　（清）李文藻撰　清光緒中吳縣潘氏刻功順堂叢書本　一册

500000－8703－0002604　2605
儀衛軒文集十二卷外集一卷　（清）方東樹撰　**方儀衛先生年譜一卷**　（清）鄭福照輯　清同治七年（1868）刻本　六册

500000－8703－0002605　2606
大溈山房遺稿九卷　（清）黃湘南撰　（清）諶瑤編　清刻本　二册

500000－8703－0002606　2607
三魚堂文集十二卷外集六卷附錄一卷　（清）陸隴其撰　（清）侯銓編　清刻本　八册

500000－8703－0002607　2608
施註蘇詩四十二卷目錄二卷補遺二卷　（清）宋至等補　清康熙三十九年（1700）刻本　十六册

500000－8703－0002608　2609

李太白文集三十六卷附錄六卷　（唐）李白撰　（清）王琦輯注　清乾隆二十五年（1760）寶笏樓刻本　二十冊　存三十六卷（一至三十六）

500000－8703－0002609　2610

曾文正公家訓二卷　（清）曾國藩撰　清光緒五年（1879）傳忠書局刻本　一冊

500000－8703－0002610　2611

止齋集五十二卷附錄一卷　（宋）陳傅良撰　清光緒五年（1879）瑞安孫氏詒善祠塾刻本　十二冊

500000－8703－0002611　2612

高東溪先生遺集二卷　（宋）高登撰　清同治五年（1866）福州正誼書局刻本　二冊

500000－8703－0002612　2613

山中白雲詞八卷附錄一卷　（宋）張炎撰　清光緒九年（1883）知不足齋刻本　一冊

500000－8703－0002613　2614

聲調三譜四卷　（清）王祖源輯　清同治光緒福山王氏刻本　三冊

500000－8703－0002614　2615

安雅堂未刻稿八卷入蜀集二卷　（清）宋琬撰　清乾隆三十一年（1766）刻本　八冊

500000－8703－0002615　2616

樊南文集補編十二卷附錄玉谿生年譜訂誤一卷　（唐）李商隱撰　（清）錢振倫箋　（清）錢振常注　清同治五年（1866）盱眙吳氏望三益齋刻本　四冊

500000－8703－0002616　2617

樊南文集詳註八卷　（唐）李商隱撰　（清）馮浩訂　清乾隆悳聚堂刻本　四冊

500000－8703－0002617　2618

樊南文集詳註八卷　（唐）李商隱撰　（清）馮浩訂　清醉六堂刻本　四冊　存六卷（一至六）

500000－8703－0002618　2619

璿璣碎錦二卷　（清）萬樹撰　清光緒十四年（1888）似靜齋刻本　二冊

500000－8703－0002619　2620

讀書堂杜工部文集註解二卷　（清）張溍評註　清道光讀書堂刻本　一冊

500000－8703－0002620　2621

銅梁山人詩集二十三卷　（清）王汝璧撰　清光緒二十四年（1898）刻本　八冊

500000－8703－0002621　2622

閑閑老人滏水文集二十卷　（金）趙秉文撰　清刻畿輔叢書本　四冊

500000－8703－0002622　2623

金詩選四卷　（清）顧奎光輯　（清）陶玉禾評　清乾隆十六年（1751）刻本　二冊

500000－8703－0002623　2624

陸宣公集四卷首一卷　（唐）陸贄撰　清同治五年（1866）福州正誼書局刻本　二冊

500000－8703－0002624　2625

洪稚存先生北江詩話六卷　（清）湯成彥評點　清咸豐七年（1857）刻本　二冊

500000－8703－0002625　2626

詩比興箋四卷　（清）陳沆撰　清咸豐五年（1855）刻本　三冊

500000－8703－0002626　2627

歸樸龕詩鈔戊集二卷己集二卷　（清）曾紀澤撰　清光緒十九年（1893）江南製造總局鉛印本　二冊

500000－8703－0002627　2628

皇華草箋注三卷　（清）陶澍撰　（清）鄭際昌箋注　（清）謝元淮補注　（清）趙宜梅補箋　清道光九年（1829）刻本　一冊

500000－8703－0002628　2629

金梁夢月詞二卷懷夢詞一卷　（清）周之琦撰　清道光杭州愛日軒刻本　一冊

500000－8703－0002629　2630

癸酉消夏詩一卷南苑唱和一卷　（清）潘祖蔭等撰　清刻滂喜齋叢書本　一冊

500000－8703－0002630　2631

胡文忠公全集八十六卷　(清)胡林翼撰　(清)鄭敦謹　(清)曾國荃纂輯　清光緒十四年(1888)上海著易堂鉛印本　八册

500000－8703－0002631　2632

温飛卿詩集九卷　(唐)温庭筠撰　(清)曾益注　(清)顧予咸補注　清宣統二年(1910)秀野草堂石印本　四册

500000－8703－0002632　2633

胡文忠公全集八十六卷　(清)胡林翼撰　(清)鄭敦謹　(清)曾國荃纂輯　清光緒十四年(1888)上海著易堂鉛印本　八册

500000－8703－0002633　2634

胡文忠公全集八十六卷首一卷　(清)胡林翼撰　(清)鄭敦謹　(清)曾國荃纂輯　清光緒十四年(1888)上海著易堂鉛印本　八册

500000－8703－0002634　2635

重刊五百家註音辯昌黎先生文集四十卷　(唐)韓愈撰　清刻本　十册　存三十六卷(一至三十六)

500000－8703－0002635　2636

許魯齋先生集六卷　(元)許衡仲撰　(清)張伯行輯　清同治五年(1866)福州正誼書局刻本　四册

500000－8703－0002636　2637

唐王子安集注二十卷首一卷末一卷　(唐)王勃撰　(清)蔣清翊注　清光緒九年至十年(1883－1884)吳縣蔣氏雙唐碑館刻本　六册

500000－8703－0002637　2638

朱杜谿先生集十二卷　(清)朱書撰　清道光三十年(1850)刻本　四册

500000－8703－0002638　2639

南宋雜事詩七卷　(清)沈嘉轍等撰　清同治十一年(1872)淮南書局刻本　四册

500000－8703－0002639　2640

南宋雜事詩七卷　(清)沈嘉轍等撰　清森寶齋書局刻本　四册

500000－8703－0002640　2641

雁門集六卷附唱和錄一卷别錄一卷補遺一卷　(元)薩都剌撰　清宣統二年(1910)嘉曦刻本　五册　存七卷(三至六、唱和錄一、别錄一、補遺一)

500000－8703－0002641　2642

文山文集二卷　(宋)文天祥撰　清同治五年(1866)福州正誼書局刻本　四册

500000－8703－0002642　2643

惜抱軒集四十九卷　(清)姚鼐撰　清刻本　三册　存二十七卷(五言今體詩一至九、詩後集一、詩外集一、法帖題跋一至三、左傳補注一、公羊傳補注一、國語補注一、穀梁傳補註一、七言今體詩鈔一至九)

500000－8703－0002643　2644

鐵函心史二卷　(宋)鄭思肖撰　清光緒二十年(1894)刻本　二册

500000－8703－0002644　2645

李長吉集四卷外卷一卷　(唐)李賀撰　(清)黄陶庵評　(清)黎二樵批點　清宣統元年(1909)掃葉山房朱墨石印本　二册

500000－8703－0002645　2646

皇朝經世文初續一百二十卷　(清)饒玉成輯　清刻本　一册　存六卷(十六至二十一)

500000－8703－0002646　2647

明詞綜十二卷　(清)王昶纂　清光緒二十八年(1902)金匱浦氏刻本　二册

500000－8703－0002647　2648

歸樸齋詩鈔戊集二卷己集二卷　(清)曾紀澤撰　清末鉛印本　一册

500000－8703－0002648　2649

永嘉叢書　(宋)劉安節等撰　清同治十二年(1873)瑞安孫氏刻本　三册　存三種(劉給諫文集五卷、劉左史文集四卷、開禧德安守城錄一卷)

500000－8703－0002649　2650

冬青館古宫詞三卷　(清)張鑑輯　清刻功順堂叢書本　一册

500000－8703－0002650　2651

賦學指南十卷　(清)余丙照輯　清刻本　四冊

500000－8703－0002651　2652

御選唐宋文醇五十八卷　(清)高宗弘曆選　清光緒浙江書局刻本　一冊　存二卷(四十至四十一)

500000－8703－0002652　2653

胡文忠公全集八十六卷　(清)胡林翼撰　(清)曾國荃輯　清光緒十四年(1888)上海著易堂石印本　八冊

500000－8703－0002653　2654

江浙四名家文鈔　(清)丁紹周等撰　清光緒元年(1875)刻本　二冊　存二種(浮玉山房時文鈔不分卷、舊雨草堂時文鈔不分卷)

500000－8703－0002654　2655

慧福樓幸草一卷附錄要一卷春在堂全書校勘記一卷自述詩一卷　(清)俞樾撰　清光緒九年(1883)刻本　一冊

500000－8703－0002655　2656

廣廣事類賦三十二卷　(清)吳世旃撰注　清刻本　二冊　存十八卷(十五至三十二)

500000－8703－0002656　2657

六朝文絜四卷　(清)許槤評選　(清)朱鈞參校　清光緒三年(1877)讀有用書齋刻本　一冊

500000－8703－0002657　2658

詞綜三十八卷　(清)朱彝尊等纂　清刻本　一冊　存二卷(二十八至二十九)

500000－8703－0002658　2659

守安齋詩草一卷續編一卷　(清)楊煐然撰　清同治九年(1870)刻本　一冊

500000－8703－0002659　2660

聞妙香室詩十二卷詞一卷　(清)李宗昉撰　清刻本　四冊

500000－8703－0002660　2661

江左三大家詩鈔三卷　(清)顧有孝　(清)趙澐輯　清刻本　一冊　存二卷(二至三)

500000－8703－0002661　2662

庾子山集十六卷　(清)倪璠注釋　清刻本　三冊　存三卷(三、十三、十五)

500000－8703－0002662　2663

韻山堂詩集七卷補遺一卷　(清)王文誥撰　清光緒十四年(1888)浙江書局刻本　一冊

500000－8703－0002663　2664

後山詩話一卷　(宋)陳師道撰　清乾隆刻歷代詩話本　一冊

500000－8703－0002664　2665

琹臺夢語詞一卷　(清)易順鼎撰　清光緒十三年(1887)刻本　一冊

500000－8703－0002665　2665

楚頌亭詞一卷　(清)易順鼎撰　清光緒十年(1884)刻本　與500000－8703－0002664合冊

500000－8703－0002666　2666

鷟翁集一卷蜩知集一卷　(清)王鵬運撰　清光緒二十二年至二十四年(1896－1898)刻本　一冊

500000－8703－0002667　2667

蕙風簃所箸書　(清)況周儀撰　清刻本　一冊　存二種(弟一生修梅花館存六卷、香海棠館詞話一卷)

500000－8703－0002668　2668

惜抱軒集四十九卷　(清)姚鼐撰　清刻本　一冊　存六種(惜抱軒詩後集一卷詩外集一卷、惜抱軒法帖題跋三卷、左傳補注一卷、國語補注一卷、公羊傳補注一卷、穀梁傳補注一卷)

500000－8703－0002669　2669

娛園叢刻　(清)許增輯　清光緒十年(1884)娛園刻本　二冊　存三種(白石道人詩集二卷集外詩一卷附錄一卷附錄補遺一卷、白石道人歌曲四卷別集一卷、白石詩詞評論一卷補遺一卷)

500000－8703－0002670　2670

湖海文傳七十五卷 （清）王昶輯　清刻本　一冊　存四卷（十五至十八）

500000－8703－0002671　2671
遙集集後編試十卷 （清）許貞幹輯　清刻本　一冊　存一卷（六）

500000－8703－0002672　2672
八銘塾鈔初集四卷二集二卷 （清）吳懋政輯　清刻本　一冊　存一卷（下論三）

500000－8703－0002673　2673
有正味齋駢文十六卷 （清）吳錫麒撰　清刻本　一冊　存一卷（十六）

500000－8703－0002674　2674
袁文箋正十六卷 （清）袁枚撰　（清）石韞玉箋　清光緒十四年（1888）上海蜚英館石印本　二冊　存九卷（一至九）

500000－8703－0002675　2675
打馬圖經一卷 （宋）李清照撰　**除紅譜一卷** （宋）朱河撰　**唐女郎魚元機詩一卷** （唐）魚玄機撰　清光緒三十二年（1906）長沙葉氏刻本　一冊

500000－8703－0002676　2677
重訂唐詩別裁集二十卷 （明）沈德潛選　清刻本　一冊　存一卷（六）

500000－8703－0002677　2678
陳伯玉集文集三卷詩集二卷附錄一卷 （唐）陳子昂撰　清刻本　二冊　存四卷（文集二、詩集一至二、附錄一）

500000－8703－0002678　2679
白鄉詩鈔十卷文鈔四卷詠史樂府二十卷 （清）董元憲撰　清刻本　一冊　存四卷（詩鈔四至七）

500000－8703－0002679　2680
綠天蘭若詩鈔補遺一卷 （清）釋含澈撰　清刻本　一冊

500000－8703－0002680　2681
名賢手劄八卷 （清）郭慶藩輯　清光緒十年（1884）湘陰郭氏岵瞻堂刻本　一冊　存一卷（曾文正公手劄一）

500000－8703－0002681　2682
司馬温公文集十四卷 （宋）司馬光撰　（清）張伯行訂　清刻本　一冊　存二卷（一至二）

500000－8703－0002682　2683
桂苑筆耕集二十卷 （唐）崔致遠撰　清道光二十七年（1847）刻海山仙館叢書本　二冊　存十一卷（一至十一）

500000－8703－0002683　2684
劍南詩稾八十五卷 （宋）陸游撰　清汲古閣刻本　一冊　存一卷（一）

500000－8703－0002684　2685
合刻註釋張子房解學士千家詩講讀二卷 （清）湯海若校譯　清光緒十年（1884）遺書堂刻本　一冊

500000－8703－0002685　2686
御選唐宋文醇五十八卷 （清）高宗弘曆選　清浙江書局刻本　一冊　存三卷（四十一至四十三）

500000－8703－0002686　2687
漢魏叢書　清刻本　五冊　存十種（西京雜記六卷、武帝内傳一卷、飛燕外傳一卷、雜事秘辛一卷、星經二卷、荆楚歲時記一卷、吳越春秋六卷、群輔錄一卷、英雄記鈔一卷、高士傳三卷）

500000－8703－0002687　2688
平津館文稿二卷 （清）孫星衍撰　清光緒十二年（1886）吳縣朱氏家塾刻槐廬叢書本　二冊

500000－8703－0002688　2689
讀書雜志餘編二卷 （清）王念孫撰　清道光十二年（1832）刻本　二冊

500000－8703－0002689　2690
子書百家　清光緒元年（1875）湖北崇文書局刻本　二冊　存五種二十二卷（神異經一卷、海内十洲記一卷、別國洞冥記四卷、穆天子撰六卷、搜神後記十卷）

500000－8703－0002690　2691

神異經一卷　(漢)東方朔撰　(晉)張華注　**海内十洲記一卷**　(漢)東方朔撰　**别國洞冥記四卷**　(漢)郭憲撰　**穆天子傳四卷**　(晉)郭璞注　清光緒元年(1875)湖北崇文書局刻子書百家本　一册　存六卷(神異經一、海内十洲記一、别國洞冥記一至四)

500000－8703－0002691　2692

岳容齋詩集四卷　(清)岳鍾琪撰　清古棠書屋刻本　一册

500000－8703－0002692　2693

説文解字篆韻譜□□卷　(漢)徐鉉撰　清刻本　一册　存一卷(五)

500000－8703－0002693　2694

續方言二卷　(清)杭世駿撰　(清)張慎儀校補　清光緒三十一年(1905)刻篓園叢書本　一册

500000－8703－0002694　2695

二十四史　(漢)司馬遷等撰　清光緒石印本　六百八十六册　存二十三種(史記,前漢書,後漢書,後漢書續志一至六十五、七十至一百二十,三國志,晉書,宋書一至五十五、六十二至一百,南齊書,梁書,陳書,魏書,北齊書,周書,隋書三至六十九、七十八至八十一,南史一至二十五、三十四至八十,北史一至五十六、六十四至一百,舊唐書一至三十四、三十八至一百八十九、一百九十一至二百,唐書一至二百〇一、二百〇八至二百二十五、釋音一至二十五,舊五代史,五代史,宋史,金史一至七、十四至五十三、五十九至一百三十五,元史一至一百六十一、一百六十五至二百〇六,明史)

500000－8703－0002695　2696

二十四史　(漢)司馬遷等撰　清光緒石印本　七百〇九册　存二十四種(史記,前漢書,後漢書,後漢書續志一至六十五、七十至一百二十,三國志,晉書一至二十四、二十八至一百三十,宋書,南齊書,梁書,陳書,魏書,北齊書,周書,隋書,南史,北史、舊唐書一至二十、二十五至二百,唐書,舊五代史,五代史,宋史,遼史,金史,元史,明史)

500000－8703－0002696　2697

函海　(清)李調元輯　清光緒八年(1882)樂道齋刻本　二百册　存一百六十種七百九十七卷(華陽國志十二卷、郭子翼莊一卷、古今同姓名錄二卷、長短經九卷、說文解字韻譜五卷、緝古算經一卷、主客圖一卷、續孟子二卷、伸蒙子三卷、素履子三卷、廣成子解一卷、蜀檮杌二卷、金華子雜編二卷、心要經一卷、寶藏論一卷、易傳燈四卷、敷文鄭氏書說一卷、洪範統一一卷、孟子外書四篇四卷、蘇氏演義二卷、程氏考古編十卷、唐史論斷三卷、東坡烏臺詩案一卷、藏海詩話一卷、益州名畫錄三卷、韓氏山水純全集一卷、月波洞中記一卷、采石瓜州斃亮記一卷、產育寶慶集二卷、顱顖經一卷、出行寶鏡一卷圖一卷、翼元十二卷、農書三卷、芻言三卷、常談一卷、靖康傳信錄三卷、淳熙薦士錄一卷、江南餘載二卷、江淮異人錄二卷、青溪弄兵錄一卷、張氏可書一卷、珍席放談二卷、鶴山筆錄一卷、建炎筆錄三卷、辯誣筆錄一卷、家訓筆錄一卷、舊聞證誤四卷、建炎以來朝野雜記甲集二十卷乙集二十卷、州縣提綱四卷、諸蕃志二卷、省心襍言一卷、三國雜事二卷、三國紀年一卷、五國故事二卷、東原錄一卷、肎綮錄一卷、燕魏雜記一卷、夾漈遺稿三卷、龍洲集十卷、龍龕手鑑四卷、雪履齋筆記一卷、日聞錄一卷、鳴鶴餘音一卷附馮尊師二十首、吳中舊事一卷、詩音辯略二卷、卮辭一卷、大學古本旁注一卷、中麓畫品一卷、蜀語一卷、升庵經說十四卷、檀弓叢訓二卷、石鼓文音釋三卷、山海經補注一卷、莊子闕誤一卷、古雋八卷、譚苑醍醐八卷、秇林伐山二十卷、哲匠金桴五卷、丹鉛雜錄十卷、謝華啟秀八卷、均藻四卷、轉注古音略五卷古音後語一卷、古音叢目五卷、古音獵要五卷、古音附錄一卷、古音餘五卷、奇字韻五卷、古音略例一卷、古音駢字五卷、古音複字五卷、希姓錄五卷、升庵詩話十二卷補遺二卷、詞品六卷拾遺一卷、書品一卷、畫品一卷、法帖神品目一卷、名畫神品目一卷、墨池瑣錄二卷、金石古文十四卷、麗情集一卷庲麗情集一卷、墐戶錄一卷、世說舊注一卷、古文韻語一卷、風雅逸篇十卷、古今風謠一卷、古今諺一卷、異魚圖贊四卷、異魚圖贊補三卷、閏集一卷、雲南山川志一卷、滇載記一卷、玉名詁一卷、俗言一卷、升庵先生年譜一卷、金石存十五卷、粤風四卷、易古文三卷、尚書古字辨異一卷、鄭氏古文尚書證訛十一卷、童山詩音說四卷、左傳官名攷二卷、春秋三傳比二卷、春秋左傳會要四卷、周禮摘箋五卷、儀禮古今考二卷、禮記補注四卷、月令氣候圖說一卷、夏小正箋一卷、逸孟子一卷、十三經注疏錦字四卷、蜀碑記十卷、蜀碑記補十卷、博物要覽十二卷、然犀志二卷、出口程記一卷、南越筆記十六卷、通俗編二卷、雨村詩話二卷、賦話十卷、雨村詞話四卷、雨村曲話二卷、樂府侍兒小名錄二卷、方言藻二卷、諸家藏書簿十卷、諸家藏畫簿十卷、制義科瑣記四卷、卮齋瑣錄十卷、奇字名十二卷、淡墨錄十六卷、井蛙雜記十卷、尾蔗叢談四卷、古音閣二卷、六書分毫三卷、通詁二卷、勦說四卷、蜀雅二十卷、全五代詩一百卷補遺一卷、醒園錄二卷、粤東皇華集四卷、羅江縣誌十卷）

500000－8703－0002697　2698

函海　（清）李調元輯　清光緒八年（1882）樂道齋刻本　一百七十六冊　存一百五十三種八百〇二卷（長短經九卷、說文篆韻譜四卷、古今同姓名錄二卷、緝古算經一卷、主客圖一卷、續孟子二卷、伸蒙子三卷、素履子三卷、廣成子解一卷、蜀檮杌二卷、金華子雜編二卷、心要經一卷、寶藏論一卷、易傳燈四卷、程氏攷古編四卷、唐史論斷三卷、烏臺詩案一卷、藏海詩話一卷、益州名畫錄三卷、山水純全集一卷、月波洞中記一卷、采石瓜州斃亮記一卷、産育寶慶集二卷、顱顖經一卷、出行寶鏡一卷、翼元十二卷、農書三卷、芻言三卷、常談一卷、靖康傳信錄三卷、淳熙薦士錄一卷、江南餘載二卷、江淮異人錄二卷、青溪弄兵錄一卷、張氏可書一卷、珍席放談二卷、鶴山筆錄一卷、建炎筆錄三卷、辯誣筆錄一卷、家訓筆錄一卷、舊聞證誤四卷、建炎以來朝野雜記甲集二十卷、建炎以來朝野雜記乙集二十卷、州縣提綱四卷、諸蕃志二卷、省心襍言一卷、三國雜事二卷、三國紀年一卷、五國故事二卷、東原錄一卷、肎綮錄一卷、華陽國志九卷、翼莊一卷、詩音辨二卷、龍洲集十卷、龍龕手鑑十卷、雪履齋筆記一卷、日聞錄一卷、鳴鶴餘音一卷、燕魏雜記一卷、夾漈遺稿三卷、吳中舊事一卷、卮詞一卷、大學古本旁注一卷、中麓書品一卷、蜀語一卷、升庵經說十四卷、檀弓叢訓二卷、石鼓文音釋三卷、山海經補注一卷、古雋四卷、譚苑醍醐八卷、秇林伐山二十卷、哲匠金桴五卷、丹鉛雜錄十卷、謝華啓秀八卷、均藻四卷、轉注古音略五卷、古音叢目五卷、古音獵要五卷、古音附錄一卷、古音餘五卷、奇字韻五卷、古音略例一卷、古音駢字五卷、古音複字五卷、希姓錄五卷、升庵詩話四卷、升庵書品一卷、升庵畫品一卷、法帖神品目一卷、名畫神品目一卷、墨池瑣錄四卷、金石古文十四卷、麗情集一卷庲麗情集一卷、墐戶錄一卷、世說舊注一卷、古文韻語一卷、風雅逸篇十卷、古今風謠一卷、古今諺一卷、異魚圖贊四卷、異魚圖贊補三卷、閏集一卷、雲南山川志一卷、滇載記一卷、玉名詁一卷、俗言一卷、升庵先生年譜一卷、金石存十五卷、粤風四卷、易古文三卷、尚書古字辨異一卷、詩音說四卷、左傳官名攷二卷、春秋三傳比二卷、春秋左傳會要四卷、周禮摘箋五卷、儀禮古今攷二卷、禮記補注四卷、月令氣候圖說一卷、夏小正箋一卷、逸孟子一卷、十三經注疏錦字四卷、蜀碑記十卷、蜀碑記補十卷、博物要覽六卷、然犀志二卷、出口程記一卷、南越筆記十一卷、通俗編十九卷、賦話六卷、諸家藏畫簿十卷、制義科瑣記四卷、卮齋瑣錄十卷、奇字名十二卷、淡墨錄十六卷、井蛙雜記十卷、尾蔗叢談四卷、古音閣二卷、六書分毫三卷、通詁二卷、勦說四卷、蜀雅二十卷、全五代詩九十二卷、唾餘續拾四卷、醒園錄二卷、程氏攷古編六卷、敷文鄭氏書說一卷、洪範統一一卷、孟子外書四卷、蘇氏演義二卷、楊誠齋詩集十卷、南越筆記三卷、詩話二卷、詞話四卷、曲話二卷、童山詩集四十二卷附二

卷、童山文集二十卷補遺一卷）

500000－8703－0002698　2699

御覽知不足齋叢書　（清）鮑廷博識　清同治十一年（1872）長塘鮑氏刻本　二百二十五冊

存一百九十二種七百十七卷（御題唐闕史二卷、古文孝經一卷、寓簡十卷、兩漢刊誤補遺五卷、涉史隨筆一卷、客杭日記一卷、韻石齋筆談二卷、七頌堂識小錄一卷、公是先生弟子記一卷、經筵玉音問答一卷、鞏溪詩話十卷、獨醒雜志十卷、梁谿漫志十卷、赤雅三卷、諸史然疑一卷、榕城詩話三卷、入蜀記六卷、猗覺寮雜記二卷、對牀夜語五卷、歸田詩話三卷、南濠詩話一卷、麓堂詩話一卷、石墨鐫華八卷、孫子算經三卷、五曹算經五卷、釣磯立談一卷、洛陽縉紳舊聞錄五卷、四朝聞見錄五卷、保母傳跋尾一卷、金石史二卷、閒者軒帖攷一卷、清虛雜著四卷、補漢兵志一卷、臨漢隱居詩話一卷、滹南詩話三卷、歸潛志十四卷、黄孝子紀程二卷、虎口餘生記一卷、澹生堂藏書約一卷、畫語錄一卷、流通古書約一卷、皇宋畫錄三卷、玉壺清話十卷、愧郯錄十五卷、碧雞漫志五卷、樂府補題一卷、蛻嚴詞二卷、論語集解義疏十卷、離騷草木疏四卷、遊宦紀聞十卷、張丘建算經三卷、緝古算經一卷、默記一卷、南湖集十卷、蘋洲漁笛譜二卷、金樓子六卷、湛淵靜語二卷、責備餘談二卷、續孟子二卷、伸蒙子三卷、麟角集一卷、蘭亭攷十二卷、蘭亭續攷二卷、石刻鋪敍二卷、江西詩社宗派圖錄一卷、江西詩派小序一卷、萬柳谿舊話一卷、顔氏家訓七卷、五國故事二卷、江南餘載二卷、故宮遺錄一卷、伯牙琴一卷、洞霄詩集十四卷、石湖詞一卷、和石湖詞一卷、花外集一卷、詩義指南一卷、離騷集傳一卷、慶元黨禁一卷、北山酒經三卷、山居新話一卷、墨史三卷、畫訣一卷、畫筌一卷、今水經一卷、佐治樂言一卷、續佐治樂言一卷、張子野詞二卷、張子野詞補遺二卷、貞居詞一卷、翰苑群書二卷、朝野類要五卷、籟記一卷、潛虛一卷、袁氏世範三卷、天山冰山錄一卷、鈐山堂書畫記一卷、新唐書糾謬二十卷、洞霄圖志六卷、詩傳注疏三卷、相臺書塾刊九經三傳沿革例一卷、元真子三卷、世善堂藏書目錄二卷、碧血錄二卷、農書三卷、透簾細草一卷、續古摘奇演算法一卷、丁巨演算法一卷、孝經鄭注附補證二卷、孝經鄭氏解輯一卷、益古演段三卷、弧矢算術細草一卷、五總志一卷、黄氏日抄古今紀要逸編一卷、北行日譜一卷、粤行紀事三卷、滇黔土司婚禮記一卷、三山鄭菊山先生清雋集一卷、所南翁一百二十圖詩集後附錦錢餘笑二卷、鄭所南先生文集一卷、鑒戒錄十卷、侯鯖錄八卷、松窗百說一卷、北軒筆記一卷、藏海詩話一卷、吳禮部詩話一卷、畫墁集八卷、讀易別錄三卷、古今僞書考一卷、澠水燕談錄十卷、攬轡錄一卷、驂鸞錄一卷、桂海虞衡志一卷、北行日錄二卷、放翁家訓一卷、庶齋老學叢談三卷、湛淵遺稾三卷、趙待制遺稿一卷、灤京雜詠二卷、陽春集米友仁詞一卷、草窗詞補四卷、吹劍錄外集一卷、宋遺民錄十五卷、天地間集一卷、宋舊官人詩詞一卷、竹譜詳錄七卷、書學捷要二卷、履齋示兒編二十三卷、霽山先生集五卷、武林舊事十卷、錢唐先賢傳贊一卷、耆舊續聞十卷、山房隨筆一卷、黄山領要錄二卷、蘆浦筆記十卷、蘇沈内翰良方十卷、文苑英華辨證十卷、馮汝言詩紀匡謬一卷、敬齋先生測圓海鏡細草十二卷、浦陽人物記二卷、清波雜志十二卷、清波雜志三卷、蜀難敘略一卷、灊山集三卷、頤菴居士集二卷、勿菴曆算書目一卷、五代史纂誤三卷、嶺外代答十卷、南窗紀談一卷、宣和奉使高麗圖經四十卷、五代史記纂誤補四卷、五行大義五卷、負暄野錄二卷、古刻叢鈔一卷、梅花喜神譜二卷、斜川集三卷、道命錄十卷、曲洧舊聞十卷、字通一卷、雲林石譜三卷、靜春堂詩集四卷、靜春堂詩集附錄三卷、附紅惠山房集一卷、梧溪集七卷、困學齋雜錄一卷、尊德性齋集三卷、廣釋名二卷、兩孝子尋親記一卷、畫梅題記一卷、麈史三卷、全唐詩選三卷、中吳紀聞六卷）

500000－8703－0002699　2700

函海　（清）李調元輯　清刻本　一百三十七冊　存一百〇二種五百七十六卷（華陽國志四卷、翼莊一卷、長短經六卷、心要經一卷、說文解字韻譜六卷、緝古算經一卷、主客圖六卷、續孟子二卷、伸蒙子三卷、素履子三卷、廣成子解一卷、蜀檮杌二卷、寶藏論一卷、金華子雜編二卷、古文尚書九卷、易傳燈四卷、敷文鄭氏書說一卷、洪範統一一卷、孟子外書四卷、逸孟子一卷、蘇氏演義二卷、程氏攷古編十卷、唐史論斷三卷、東坡烏臺詩案一卷、藏海詩話一卷、益州名畫錄三卷、山水純全集一卷、月波洞中記一卷、采石瓜州斃亮記一卷、產育寶慶集二卷、顱顖經一卷、出行寶鏡一卷、翼元十二卷、農書三卷、芻言三卷、常談一卷、靖康傳信錄三卷、淳熙薦士錄一卷、江南餘載二卷、江淮異人錄二卷、青溪弄兵錄一卷、張氏可書一卷、珍席放譚二卷、鶴山筆錄一卷、建炎筆錄三卷、辯誣筆錄一卷、家訓筆錄一卷、舊聞證誤四卷、秋林伐山二卷、古雋八卷、謝華啓秀八卷、哲匠金桴五卷、均藻四卷、易古文三卷、尚書古文攷一卷、大學古本旁注一卷、古今同姓名錄二卷、詩音辯略二卷、左傳事緯四卷、春秋三傳比二卷、左傳官名攷二卷、周禮摘箋五卷、儀禮古今攷二卷、蜀語一卷、□齋璅錄十卷、十三經注疏錦字四卷、諸家藏書簿十卷、博物要覽十二卷、金石存十五卷、通俗編十五卷、南越筆記十六卷、賦話十卷、小倉選集八卷、六書分毫三卷、古音閣二卷、尾蔗叢談四卷、奇字名十二卷、樂府侍兒小名一卷、通詁二卷、夢樓選集四卷、甌北選集四卷、勦說四卷、井蛙雜紀八卷、方言藻二卷、粵風四卷、然犀志二卷、出口程記一卷、蜀雅二十卷、李石亭詩集十卷、李石亭文集六卷、全五代詩九十卷、童山詩集四十二卷、童山詩集附二卷、童山文集二十卷、童山文集補遺一卷、粵東皇華集四卷、淡墨錄十六卷、楊誠齋詩集十卷、詩話二卷、詞話四卷、曲話二卷、制義科瑣記四卷）

500000－8703－0002700　2701

蘉園叢書　（清）張慎儀撰　清光緒民國刻本　十六册　存七種三十四卷（詩經異文補釋十六卷、續方言新校補二卷、方言别錄四卷、蜀方言二卷、廣釋親一卷附錄一卷、羼兊摭筆四卷、今悔庵詩一卷補錄一卷文一卷詞一卷）

500000－8703－0002701　2702

滂喜齋叢書　（清）潘祖蔭輯　清同治十一年(1872)刻本　二十三册　存三十六種七十四卷（虞氏易消息圖說初槁一卷、大誓答問一卷、求古錄禮說補遺一卷續一卷、公羊逸禮考徵一卷、喪禮經傳約一卷、京畿金石考二卷、止觀輔行傳宏決一卷、炳燭編四卷、橋西雜記一卷、蕙西先生遺稿一卷、張文節公遺集二卷、亢藝堂集三卷、陳比部遺集三卷、纂喜堂詩稿一卷、青芙館詞鈔一卷、二韭室詩餘别集一卷、西嵬草一卷、啖敢覽館稿一卷、壬申消夏詩一卷、卦本圖考一卷、春秋左氏古義六卷、說文管見三卷、占韻論三卷、鹽法議略一卷、黄帝内經素問校義一卷、藝芸書舍宋元本書目二卷、玉井山館筆記一卷舊遊日記一卷、别雅訂五卷、許印林遺著一卷、鈕非石遺文一卷、劉貴陽說經殘稿一卷、劉氏遺箸一卷、寶鐵齋金石文跋尾三卷、百磚考一卷、簠齋傳古别錄一卷、鮑臆園丈手劄一卷、徐元歎先生殘槁一卷、萬卷書屋詩存一卷、楙花盦詩二卷附錄一卷外集一卷、聽雨樓詩一卷、葵青居詩錄一卷附夢蹀草一卷、小草庵詩鈔一卷、日本金石年表一卷）

500000－8703－0002702　2703

粵雅堂叢書　清刻本　六十六册　存四十二種二百二十七卷（菉竹堂書目六卷，寶祐登科錄一卷，臣軌二卷，崇文總目五卷補遺一卷附錄一卷，春秋五禮例宗原缺四至六，道德真經注四卷，帝範二卷，兒易内儀以六卷，奉天錄四卷，國史經籍志五卷附錄一卷，河汾諸老詩集八卷，河朔訪古記三卷，京口耆舊傳九卷，樂縣考二卷，林屋唱酬錄一卷，南齋集六卷詞二卷，乾道臨安志原缺四至十五，四聲等子一卷，唐才子傳十卷，緒言三卷，延令宋板書目一卷，儀禮石經校勘記四卷，玉笥集十卷，昭忠錄一卷，鄭志三卷附錄一卷，爾雅新義一至十，周易新講義一至二、五至六，宋季三朝政要一至三，易圖明辨一至三，寶刻類編一至四，經義考補正一至四，後漢書補表一至六，朱子年譜四卷考異二至四，群書治要一至三、三十一至三十四、三十八至四十一、四十九至五十，外切密率三至四，燕樂考原三至四，孝肅包公奏議四至八，國策地名考五至八，周官新義五至八，續世說六至十二，姑溪居士文集九至二十一、四十三至五十，樂經律呂通解一、四至五，益齋亂稿一至六）

500000－8703－0002703　2704

粵雅堂叢書　清刻本　七十八册　存五十六種二百六十八卷（閻潛邱先生年譜四卷，國朝後漢書補表經師經義一卷，南雷詩歷四卷，南雷文定前集十一卷，兒易外儀八至十五，孝經音義一卷，儀禮管見三卷，孟子音義二卷，春秋國都爵姓攷附補一卷，春秋例宗十卷，張大亨集二卷，墨志一卷，題名錄一卷，雲中紀程二卷，河朔訪古記三卷，馭交紀十二卷，對數簡法二卷續對數簡法一卷，外切密率二至四，假數測圓二卷，益齋集十卷，廣釋名二卷，鳳氏經說三卷，靜齋至正直記遺編一至二、四，嵩洛訪碑日記一卷，通志堂經解目錄一卷，漢唐事箋前集十二卷，後漢書補表八卷，京口耆舊傳九卷，仲瞿詩錄一卷，東觀奏記三卷，小山畫譜二卷，瘞鶴銘考一卷，煙霞萬古樓文集六卷，長物志十二卷，寶祐登科錄一卷，唐昭陵石蹟考畧五卷，太清神鑒六卷，奉天錄四卷，撼龍經一卷，姑溪居士文集十八至三十五，月泉吟社一卷，谷音二卷，河汾諸老詩集八卷，志雅堂雜鈔二卷，唐史論斷三卷，咸淳遺事二卷，中吳紀聞六卷，天香閣隨筆二卷，天香閣集一卷，揭文安公文粹二卷，昭忠錄一卷，打馬圖經一卷，敘古千文一卷，宋季三朝政要五卷附錄一卷，太上感應編註二卷，道德真經註四卷，歷代帝王年表三卷，紀元編三卷，詞源二卷，朱子年譜四卷朱子年譜考異四卷朱子年譜附錄二卷，韓柳年譜七卷，說文聲系十四卷，續疑年錄四卷，疑年錄四卷，元遺山年譜三卷，米海嶽年譜一卷）

500000－8703－0002704　2705

粵雅堂叢書　清刻本　三十九册　存二十二種一百〇三卷（唐史論斷三卷、易圖明辨八卷、古韻標準四卷、緒言三卷、宋遼金元四史朔閏考二卷、聲類四卷、四書逸箋六卷、四聲切韻表一卷、校讐通義三卷、虎鈐經十二卷、字觸六卷、草廬經略十二卷、五代詩話四卷、叔苴子内編六卷、叔苴子外編二卷、文史通義二卷、國史經籍志六卷、西洋朝貢典錄三卷、經義考補正四卷、石洲詩話六卷、玉山草堂續集六卷）

500000－8703－0002705　2706

紹興先正遺書　（清）徐友蘭輯　清光緒會稽徐氏鑄學齋刻本　二十七册　存四十五種七十二卷（重訂周易二閭記三卷、重訂周易小義二卷、南江劄記四卷末一卷、五經正義表一卷、周易注疏校正一卷、易略例校正一卷、尚書注疏校正一卷、春秋左傳注疏校正一卷、禮記注疏校補一卷、儀禮注疏校正一卷、呂氏讀詩記補闕一卷、史記惠景閒侯者年表校補一卷、續漢書志注補校正一卷、晉書校正一卷、魏書校補一卷、宋史孝宗紀補脫一卷、金史補脫一卷、資治通鑑序補逸一卷、文獻通考經籍校補一卷、史通校正一卷、新唐書糾謬校補一卷、山海經圖贊補逸一卷、水經序補逸一卷、鹽鐵論校補一卷、新序校補一卷、說苑校補一卷、列子張湛注校正一卷、韓非子校正一卷、申鑒校正一卷、晏子春秋校正一卷、風俗通義校正逸文一卷、新論校正一卷、潛虛校正一卷、春渚紀聞補闕一卷、嘯堂集古錄校補一卷、鮑照集校補一卷、韋蘇州集校正拾遺一卷、元微之文集校補一卷、白氏文集校正一卷、群書拾補補遺三卷、群書拾補識語一卷、重論文齋筆錄四至十二、澹生堂藏書目十一至三、四庫全書提要分纂稿一卷、思復堂文集一至九）

500000－8703－0002706　2707

粵雅堂叢書　清刻本　三册　存四種六卷（中興禦侮錄二卷、襄陽守城錄一卷、補宋書刑法志一卷補宋書食貨志一卷、晉宋書故一卷）

500000－8703－0002707　2708

知不足齋叢書　清刻本　五册　存八種十六卷（勿菴曆算書目一卷、江西詩派小序一卷、江西詩社宗派圖錄一卷、萬柳溪邊舊話一卷洛陽搢紳舊聞記五卷、對床夜語五卷、南濠詩

話一卷、麓堂詩話一卷）

500000－8703－0002708　2709

苕溪漁隱叢話前集六十卷後集四十卷　（宋）胡仔纂　清道光二十六年（1846）刻海山仙館叢書本　九册　存九十二卷（前集一至六十，後集一至十八、二十七至四十）

500000－8703－0002709　2710

增訂漢魏叢書　（清）馬秉鈞纂　清宣統三年（1911）上海大通書局石印本　三十二册　存九十六種四百五十二卷（焦氏易林四卷、易傳三卷、關氏易傳一卷、周易略例一卷、古三墳一卷、汲塚周書十卷、詩傳孔氏傳一卷、詩說一卷、韓詩外傳十卷、毛詩草木鳥獸蟲魚疏二卷、大戴禮記十三卷、春秋繁露十七卷、白虎通德論四卷、獨斷一卷、忠經一卷、孝傳一卷、小爾雅一卷、方言十三卷、博雅十卷、釋名四卷、竹書紀年二卷、穆天子傳六卷、越絕書十五卷、吳越春秋六卷、西京雜記六卷、漢武帝內傳一卷、飛燕外傳一卷、雜事秘辛一卷、華陽國志十四卷、十六國春秋十六卷、三國志辨誤一卷、元經薛氏傳十卷、群輔錄一卷、英雄記鈔一卷、高士傳三卷、蓮社高賢傳一卷、神仙傳十卷、孔叢二卷附詰墨一卷、新語二卷、新書十卷、新序十卷、說苑二十卷、淮南鴻烈解二十一卷、鹽鐵論十二卷、法言十卷、申鑒五卷、論衡三十卷、潛夫論十卷、中論二卷、中說二卷、風俗通義十卷、人物志三卷、新論十卷、顏氏家訓二卷、參同契一卷、陰符經一卷、風后握奇經一卷、附握奇經續圖一卷、八陣總述一卷、素書一卷、心書一卷、孫子二卷、列子八卷、傅子一卷、道德經評注二卷、古今注三卷、中華古今注三卷、博物志十卷、文心雕龍十卷、詩品三卷、書品一卷、尤射一卷、拾遺記十卷、述異記二卷、續齊諧記一卷、搜神記八卷、搜神後記二卷、還冤記一卷、神異經一卷、海內十洲記一卷、別國洞冥記四卷、枕中書一卷、佛國記一卷、伽藍記五卷、三輔黃圖六卷、水經二卷、星經二卷、荆楚歲時記一卷、南方草木狀三卷、竹譜一卷、禽經一卷、古今刀劍錄一卷、鼎錄一卷、天祿閣外史八卷、輶軒絕代語一卷、鄴中記一卷、博異記一卷）

500000－8703－0002710　2711

晨風閣叢書　清宣統元年（1909）沈氏刻本　十六册　存二十三種四十八卷（詩經四家異文考補一卷、說文解字校勘記殘稿一卷、仁廟聖政記二卷、出圍城記一卷、西域水道記校補一卷、寒山金石林部目一卷、昭陵碑錄三卷附錄一卷、全唐詩未備書目一卷、明詩綜采摭書目一卷、兩淮鹽筴書引證書目一卷、竹垞行笈書目一卷、藝芸書舍宋元本書目二卷、結一廬書目四卷、滂喜齋宋元本書目一卷、曲錄六卷、戲曲考原一卷、鹿門集三卷拾遺一卷續補遺一卷、邕州小集一卷、方叔淵遺稿一卷附高氏三宴詩集三卷、香山九老會詩一卷、古洋遺響集一卷、南唐二主詞一卷補遺一卷附校勘記一卷、平園近體樂府一卷、後村別調一卷補一卷、眉庵詞一卷）

500000－8703－0002711　2712

姑溪居士文集五十卷後集二十卷　（宋）李之儀撰　清刻粵雅堂叢書本　四册　存二十七卷（十二至十七、三十六至四十二，後集七至二十）

500000－8703－0002712　2713

咫進齋叢書　（清）姚覲元撰　清光緒八年（1882）歸安姚氏刻本　四册　存三卷（銷燬抽燬書目一卷、禁書總目一卷、違礙書目一卷）

500000－8703－0002713　2714

古棠書屋叢書　清道光古棠書屋刻本　十九册　存十一種六十八卷（商邱史記十卷、杜主開明前志四卷、岷陽古帝墓祠後志八卷、蜀破鏡三卷、國朝古文選二卷、司馬温公詩集三卷、岳容齋詩集四卷、許水南詩集二卷、童山詩選五卷、孫春皋詩集二卷文鈔二卷外集二卷、蜀詩十五卷、郫書六卷）

500000－8703－0002714　2715

大鶴山房全書　（清）鄭文焯輯　清光緒至民國九年（1920）蘇州交通圖書館彙印本　八册　存十一種二十九卷（說文引群說故一卷、揚雄訓纂篇考一卷、高麗國永樂好大王碑釋文纂考一卷、醫故二卷附錄一卷、詞源斠律二

卷、泠紅詞四卷、樵風樂府九卷、比竹餘音四卷、苕雅餘集一卷、絕妙好詞校錄一卷附瘦碧詞二卷）

500000－8703－0002715　2716
孫谿朱氏金石叢書　（清）朱記榮輯　清光緒十四年（1888）朱氏槐廬刻本　三十一冊　存十種一百十六卷（集古錄跋尾十卷、集古錄目五卷、金石錄三十卷、廣川書跋十卷、求古錄一卷、金石錄補二十七卷續跋七卷、京畿金石考二卷、寰宇訪碑錄十二卷刊謬一卷、平津讀碑記八卷續記一卷、漢石例六卷、金石例補二卷、志銘廣例二卷）

500000－8703－0002716　2717
湖北叢書　（清）趙尚輔輯　清光緒十七年（1891）刻本　一百冊　存三十種二百九十二卷（御定易經通注四卷、易領四卷、周易集解纂疏十卷、易筮遺占一卷、易象通義六卷、尚書辨解十卷、毛詩原解三十六卷、詩傳名物集覽十二卷、春秋非左二卷、春秋楚地答問一卷、論語類考二十卷、四書逸箋六卷、孟子雜記四卷、孟子要略五卷附錄一卷、孔子家語疏證十卷、伸顧一卷附劄記一卷、史懷二十卷、讀史剩言四卷、學統五十三卷、江漢叢談二卷、雲杜故事一卷、導江三議一卷、姓觿十卷附錄一卷劄記一卷刊誤一卷、名疑集四卷、繹志十九卷、讀書說四卷附胡承諾年譜一卷、蠕範八卷、平書八卷、樞言一卷續一卷、楚辭十七卷）

500000－8703－0002717　2718
三長物齋叢書　（清）黃本驥編　清道光二十五至二十八年（1845－1848）刻本　十九冊　存七種六十八卷（聖域述聞二十八卷、皇朝經籍志六卷、三志合編七卷、避諱錄五卷、賢母錄四卷旌節錄一卷、三十六灣草盧稿十卷、三長物齋詩略一至五）

500000－8703－0002718　2719
增訂漢魏叢書　（清）馬秉鈞纂　清乾隆五十六年（1791）刻本　六十四冊　存三十三種三百四十七卷（焦氏易林四卷、京氏易傳三卷、關氏易傳一卷、周易略例一卷、忠經一卷、孝傳一卷、小爾雅一卷、方言十三卷、說苑二十卷，新序十卷、毛詩草木鳥獸蟲魚疏二卷、大戴禮記十三卷、古三墳一卷、汲塚周書十卷、子貢詩傳一卷、詩說一卷、古今注三卷、博物志十卷、文心雕龍十卷、詩品三卷、書品一卷、尤射一卷、荊楚歲時記一卷、南方草木狀三卷、竹譜一卷、禽經一卷、鼎錄一卷、古今刀劍錄一卷、拾遺記十卷、法言十卷、申鑒五卷、春秋繁露十七卷、西州後賢志一卷、序志一卷、序志後語一卷、附江原常氏士女志一卷、大同志一卷、李志一卷、漢中士女志一卷、梓潼士女志一卷、漢中志一卷、蜀志一卷、南中志一卷、公孫述劉牧二志一卷、劉先主志一卷、劉後主志一卷、十六國春秋一卷、羣輔錄一卷、英雄記鈔一卷、白虎通德論三至四、獨斷一卷、水經二卷、星經二卷、新論十卷、新語二卷、新書十卷、淮南鴻烈解四至二十一、潛夫論十卷、中論二卷、天祿閣外史一至四、高士傳三卷、蓮社高賢傳一卷、續齊諧記一卷、搜神記八卷、搜神後記二卷、還冤記一卷、神異經一卷、海內十洲記一卷、竹書紀年二卷、穆天子傳六卷、參同契一卷、陰符經一卷、風后握奇經一卷、素書一卷、心書一卷、元經薛氏傳一至六、釋名四卷、中說二卷、風俗通義七至十、人物志三卷、神仙傳一至五、洛陽伽藍記五卷、越絕書十二至十五、吳越春秋六卷、顏氏家訓二卷、別國洞冥記四卷、枕中書一卷、佛國記一卷、論衡三十卷）

500000－8703－0002719　2720
漢魏叢書　清光緒二年（1876）刻本　九十八冊　存五十種三百九十五卷（焦氏易林四卷、風俗通義十卷、人物志三卷、新論十卷、顏氏家訓二卷、參同契一卷、陰符經一卷、風后握奇經一卷、素書一卷、心書一卷、古今注三卷、博物志十卷、文心雕龍十卷、詩品三卷、書品一卷、尤射一卷、拾遺記十卷、述異記二卷、續齊諧記一卷、搜神記八卷、搜神後記二卷、還冤記一卷、神異經一卷、海內十洲記一卷、別國洞冥記四卷、枕中書一卷、佛國記一卷、洛陽伽藍記五卷、三輔黃圖六卷、水經二卷、星經二卷、荊楚歲時記一卷、南方草木狀三卷、竹譜一卷、禽經一卷、古今刀劍錄一卷、鼎錄一卷、天祿閣外史八卷、淮南鴻烈解二十一卷、鹽鐵論十二卷、法言十卷、申鑒五卷、論衡三十卷、潛夫論十卷、中論二卷、中説二卷、易傳三卷、關氏易傳一卷、周易略例一卷、古三墳一卷、汲塚周書十卷、子貢詩傳一卷、詩説一卷、韓詩外傳十卷、毛詩草木鳥獸蟲魚疏二卷、大戴禮記十三卷、春秋繁露十七卷、白虎通德論四卷、獨斷一卷、忠經一卷、孝傳一卷、小爾雅一卷、方言十三卷、博雅十卷、釋名四卷、竹書紀年二卷、穆天子傳六卷、越絕書十五卷、吳越春秋六卷、西京雜記六卷、漢武帝内傳一卷、飛鷰外傳一卷、雜事秘辛一卷、巴志、漢中志、蜀志、南中志、公孫述劉牧二志、劉先主志、劉後主志、大同志、李志、漢中士女志、梓潼士女志、西州後賢志、序志、序志後語附江原常氏士女志、十六國春秋一卷、元經薛氏傳十卷、羣輔錄一卷、英雄記鈔一卷、高士傳三卷、蓮社高賢傳一卷、神仙傳十卷、孔叢二卷、新語二卷、新書十卷、新序十卷、説苑二十卷)

500000－8703－0002720　2721
讀畫齋叢書　(清)顧修輯　清刻本　八册　存五種十二卷(吹劍錄一卷、宣和北苑貢茶錄一卷、北苑别錄一卷、月滿樓詩别集八卷、優古堂詩話一卷)

500000－8703－0002721　2722
槐廬叢書　(清)朱記榮輯　清光緒十三年(1887)朱氏家塾刻本　三十九册　存二十種七十九卷(爾雅漢注三卷、歷代帝王宅京記二十卷、求古錄一卷、漢魏六朝墓銘纂例四卷、補寰宇訪碑錄五卷失編一卷附刊誤一卷、圖畫精意識一卷、玉溪生詩説二卷、論語孔注辨僞二卷、營平二州地名記一卷、明季實錄一卷、金石稱例四卷續一卷)

500000－8703－0002722　2723
校經山房叢書　(清)朱記榮輯　清光緒三十年(1904)刻本　三十一册　存二十七種一百十二卷(傳經表一卷通經表一卷、古易音訓二卷、春秋夏正二卷、家語疏證六卷、漢書西域傳補注二卷、晉書地理志新補正五卷、乾道臨安志缺四至十五附劄記一卷、弟子職集解一卷、吕子校補二卷、疑年表一卷太歲超辰表三卷、竹汀先生日記鈔三卷、鍾山劄記四卷、龍城劄記三卷、銅熨斗齋隨筆八卷、癖談六卷、知聖道齋讀書跋二卷、曝書雜記三卷、經籍跋文一卷附對策六卷、拜經樓藏書題跋記五卷附錄一卷、廉石居臧書記二卷、平津館鑒藏記書籍三卷補遺一卷續編一卷、志銘廣例二卷、金石例補二卷、元魏熒陽鄭文公摩崖碑跋一卷、溉亭述古錄二卷、後甲集二卷、晚學集八卷)

500000－8703－0002723　2724
滂喜齋叢書　(清)潘祖蔭輯　清光緒九年(1883)刻本　二十八册　存二十種四十七卷(京畿金石考二卷、止觀輔行傳宏決一卷、炳燭編四卷、蕙西先生遺稿一卷、張文節公遺集二卷、亢藝堂集三卷、纂喜堂詩稿一卷、青芙館詞鈔一卷、二非室詩餘别集一卷、卦本圖考一卷、春秋左氏古義六卷、鹽法議略一卷、黄帝内經素問校義一卷、藝芸書舍宋元本書目二卷、癸酉消夏詩一卷、沈四山人詩錄六卷附錄一卷、吳郡金石目一卷、稽瑞樓書目四卷、懷舊集二卷、劉貴陽説經殘稿一卷、萬卷書屋詩存一卷、楙花盦詩二卷附錄一卷外集一卷、聽雨樓詩一卷、葵青居詩錄一卷附夢蹀草一卷、小草庵詩鈔一卷)

500000－8703－0002724　2725
滂喜齋叢書　(清)潘祖蔭輯　清同治十一年(1872)潘氏八喜齋刻本　二十二册　存三十四種七十一卷(虞氏易消息圖説初稿一卷、大誓答問一卷、求古錄禮説補遺一卷續一卷、公羊逸禮考徵一卷、橋西雜記一卷、蕙西先生遺稿一卷、張文節公遺集二卷、亢藝堂集三卷、西鳧草一卷、纂喜堂詩稿一卷、青芙館詞鈔一卷、二非室詩餘别集一卷、啖敢覽館稿一卷、壬申消夏詩一卷、卦本圖考一卷、尚書序錄一卷、春秋左氏古義六卷、説文管見三卷、古韻論三卷、鹽法議略一卷、黄帝内經素問校義一卷、藝芸書舍宋元本書目二卷、玉井山館筆記一卷舊遊日記一卷、宋四家詞選一卷、癸酉消夏詩一卷、南苑唱和詩一卷、别雅訂五卷、許印林遺著一卷、非石日記鈔一卷、鈕非石遺文一卷、炳燭室雜文一卷、天馬山房詩别録一卷、沈四山人詩録六卷附録一卷、吴郡金石目一卷、稽瑞樓書目四卷、懷舊集二卷、愛吾廬文鈔一卷、炳燭編三至四)

500000－8703－0002725　2726

讀書雜志　(清)王念孫撰　清同治九年(1870)金陵書局刻本　二十一册　存十一種七十三卷(逸周書雜志四卷,戰國策雜志三卷,史記雜志六卷,漢書雜志十六卷,管子雜志十二卷,晏子春秋雜志二卷,墨子雜志六卷,荀子雜志八卷補遺一卷,淮南子内篇雜志一至十一、二十二、補遺一卷,漢書拾遺一卷、餘編上)

500000－8703－0002726　2727

唐人五十家小集　清光緒二十一年(1895)元和江氏靈鶼閣刻本　十五册　存四十五種六十六卷(王勃集二卷、楊炯集二卷、盧照鄰集二卷、駱賓王集二卷、文明詩集二卷、李端詩集三卷、耿湋詩集一卷、嚴維詩集一卷、唐皎然詩集一卷、華陽真逸詩二卷、戎昱詩集一卷、戴叔倫集二卷、權德輿集二卷、羊士諤詩集一卷、吕衡州詩集一卷、朱慶餘詩集一卷、劉滄詩集一卷、盧仝詩集三卷、喻鳧詩集一卷、項斯詩集一卷、劉駕詩集一卷、唐李推官披沙集六卷、劉叉詩集三卷、蘇拯詩集一卷、章孝標詩集一卷、于濆詩集一卷、李丞相詩集二卷、唐女郎魚玄機詩一卷、唐貫休詩集一卷、唐齊己詩集一卷、僧無可詩集二卷、劉兼詩集一卷、王周詩集一卷、儲嗣宗詩集一卷、章碣詩集一卷、李遠詩集一卷、會昌進士詩集一卷、林寬詩集一卷、羅鄴詩集一卷、秦韜玉詩集一卷、殷文珪詩集一卷、唐尚顔詩集一卷、于武陵詩集一卷、無名氏詩集一卷、張司業樂府集一卷)

500000－8703－0002727　2728

粤雅堂叢書　清刻本　七十九册　存五十八種三百〇二卷(南部新書十卷、焦氏筆乘六卷續一至八、芻蕘奥論二卷、西洋朝貢典録三卷,易圖明辨十卷、四書逸箋六卷、古韻標準四卷及四聲切韻表一卷、緒言三卷、聲類四卷、宋遼金元四史朔閏考二卷、國朝經籍志五卷附録一卷、文史通義八卷校讐通義一至三、經義考補正十二卷及小石帆亭五言詩續鈔一至八首一、石洲詩話八卷、北江詩話六卷、玉山草堂續集六卷、虎鈐經二十卷、草廬經畧十二卷、字觽六卷、今世説八卷、飲水詩集一卷詞集一卷、雙溪集十五卷、瑟譜六卷、秋笳集三卷西曹雜詩一卷前集一卷雜體詩一卷後集一卷雜著一卷、絳雲樓書目四卷、古堂藏書目四卷、林屋唱酬録一卷附録一卷、十三經音略九至十二附録一、新校鄭志三卷附録一卷、葉氏菉竹堂書目六卷、葉氏菉竹堂碑目六卷、勝飲編三至十八、采硫日記三卷、蘇米齋蘭亭考八卷、石渠隨筆八卷、周官新義十六卷附二卷、爾雅新義二十卷、孫氏周易集解十卷、春秋穀梁傳時月日書法釋例一卷、羣經音辨七卷、國策地名考十四至二十、儀禮石經校勘記四卷、隸經文四卷、國朝宋學淵源記二卷附記一卷、顧亭林先生年譜四卷、南雷文定三集三卷附録一卷、吕衡州集十卷、鄂州小集六卷、揅經室詩録五卷、兒易外儀一至七、馭交紀三至四、孝肅包公奏議十卷、漢唐事箋後集八卷、西域釋地一卷、西陲要畧四卷、羣英書義二卷、寶刻類編一至四、續世説十二卷)

500000－8703－0002728　2729

康熙字典十二集檢字一卷備考一卷等韻二卷補遺一卷　(清)張玉書等撰　清刻本　四十册　存十二集二卷(子、丑、寅、卯、辰、巳、午、未、申、酉、戌中下、亥,補遺一,備考一)

500000－8703－0002729　2730

通志二百卷　(宋)鄭樵撰　清末鉛印本　四册　存二十四卷(四十四至五十七、六十三至七十二)

500000－8703－0002730　2731

通志二百卷　(宋)鄭樵撰　清石印本　四册　存十七卷(六至九、八十五至八十九、九十四至九十七、一百五十一至一百五十四)

500000－8703－0002731　2732

名賢手劄不分卷　(清)曾國藩等撰　清光緒

十年(1884)湘陰郭氏岵瞻堂刻本　三冊　存五卷(駱文忠公手劄一、曾文正公手劄一、左恪靖侯手劄一、彭大司馬手劄一、曾威毅伯手劄一)

500000－8703－0002732　2733

翁松禪手劄七卷　(清)翁松禪撰　清宣統三年(1911)影印本　二冊　存二卷(三、七)

500000－8703－0002733　2734

龔定盦全集不分卷　(清)龔自珍撰　清宣統元年(1909)上海國學扶輪社鉛印本　二冊　存二卷(定盦文拾遺不分卷、附錄定盦時文兩篇)

500000－8703－0002734　2735

石笥山房文集五卷補遺一卷　(清)胡天游撰　清末國學扶輪社鉛印本　一冊　存二卷(一至二)

500000－8703－0002735　2736

皇朝五經彙解七十卷　(□)□□纂　清末石印本　六冊　存五十一卷(二十四至三十二、六十二至七十一、一百〇七至一百十七、二百二十二至二百二十四、二百五十四至二百六十三、三百三十八至三百四十五)

500000－8703－0002736　2737

漢魏六朝文集　(明)張溥輯　明末刻本　三冊　存十二種十二卷(陳孔璋集一卷、王仲宣集一卷、劉公幹集一卷、阮元瑜集一卷、鍾士季集一卷、曹大家集一卷、崔亭伯集一卷、忠經一卷、昌言一卷、新書一卷、武侯集一卷、曹孟德集一卷)

500000－8703－0002737　2738

南宋雜事詩七卷　(清)沈嘉轍等撰　清同治十一年(1872)淮南書局刻本　二冊

500000－8703－0002738　2739

任中丞集一卷　(南朝梁)任昉撰　清壽考堂刻本　一冊

重慶市秀山縣圖書館古籍普查登記目録

全國古籍普查登記目録

國家圖書館出版社
National Library of China Publishing House

500000－8704－0000001　A12/2540
周易四卷　(宋)朱熹撰　清刻本　一册　存一卷(一)

500000－8704－0000002　A12/2747
寄傲山房塾課纂輯御案易經備旨七卷　(清)鄒聖脈輯　(清)鄒廷猷編　清刻本　三册

500000－8704－0000003　A12/4032
易經體註大全合參四卷　(清)李兆賢撰　清刻本　一册　存二卷(三至四)

500000－8704－0000004　A12/4441
新刊增訂太史仇滄柱先生家傳周易備旨□□卷　(清)黄九石撰　清刻本　二册　存四卷(四)

500000－8704－0000005　A12/5082
來瞿唐先生易註十五卷首一卷末一卷　(明)來知德註　清刻本　二十册

500000－8704－0000006　A13/1748
新刻書經備旨善本輯要六卷　(清)馬大猷輯　清刻本　五册

500000－8704－0000007　A13/1748－1
新刻書經備旨善本輯要六卷　(清)馬大猷輯　清刻本　三册　存三卷(四至六)

500000－8704－0000008　A13/1748－2
新刻書經備旨善本輯要六卷　(清)馬大猷輯　清刻本　一册　存一卷(五)

500000－8704－0000009　A13/4434
書經體註□□卷　(清)蔡沈集傳　清刻本　一册　存一卷(三)

500000－8704－0000010　A13/4434
書經體註六卷　(清)蔡沈集傳　清道光二十年(1840)古香書屋刻本　一册　存一卷(三)

500000－8704－0000011　A13/8705
尚書註疏二十卷　(漢)孔安國撰　(唐)陸德明音義　清刻本　二册　存七卷(十至十三、十七至十九)

500000－8704－0000012　A14/2540
詩八卷　(宋)朱熹集傳　清刻本　四册　存七卷(一至三、五至八)

500000－8704－0000013　A14/2540－1
詩經八卷　(宋)朱熹集傳　清刻本　一册　存一卷(三)

500000－8704－0000014　A14/2540－2
詩經增訂旁訓三卷　(宋)朱熹撰　清刻本　二册　存二卷(一、三)

500000－8704－0000015　A14/2717
新增詩經補注附考備旨八卷　(清)鄒聖脈撰　清刻本　四册

500000－8704－0000016　A14/2717－1
新增詩經補注附考備旨八卷　(清)鄒聖脈撰　清刻本　一册　存三卷(六至八)

500000－8704－0000017　A14/4711
毛詩後箋三十卷　(清)胡承珙撰　清道光十七年(1837)刻本　十三册　存二十二卷(一至七、十一至十二、十六至十八、二十一至三十)

500000－8704－0000018　A14/7427
詩毛氏傳疏三十卷　(清)陳奂撰　清刻本　七册　存二十二卷(五至二十六)

500000－8704－0000019　A151/7444
周禮精華六卷　(清)陳龍標編　清刻本　五册　存五卷(一至二、四至六)

500000－8704－0000020　A151/8705
周禮鄭註六卷　(漢)鄭玄註　(唐)陸德明音義　清刻本　五册　存五卷(一至二、四至六)

500000－8704－0000021　A152/6012
儀禮章句十七卷　(清)吴廷華章句　清刻本　二册　存八卷(一至五、十一至十三)

500000－8704－0000022　A153/2813
全本禮記體註大全合參十卷　(清)徐旦輯　(清)徐瑄補輯　清刻本　七册　存七卷(一至四、六至八)

500000－8704－0000023　A153/2813－1
全本禮記體註大全合參十卷　(清)徐旦輯

（清）徐瑄補輯　清刻本　七冊　存七卷（一至四、六至八）

500000－8704－0000024　A153/4042

李聚堂重訂禮記正文□□卷　（清）李希賢校　清刻本　二冊　存二卷（三、六）

500000－8704－0000025　A153/7431

禮記十卷　（宋）陳澔撰　清刻本　一冊　存一卷（二）

500000－8704－0000026　A153/7434

禮記十卷　（宋）陳澔撰　清宏道堂刻本　九冊　存九卷（一至二、四至十）

500000－8704－0000027　A153/7434－1

禮記十卷　（宋）陳澔撰　清宏道堂刻本　六冊　存六卷（一、三至七）

500000－8704－0000028　A161/1980

重訂批點綱目左傳詳節句解三十五卷　（明）孫鑛批點　明末刻本　七冊　存三十卷（一至二十、二十六至三十五）

500000－8704－0000029　A161/4076

國語二十一卷　（三國吳）韋昭解　**校刊明道本韋氏解國語札記一卷**　（清）黄丕烈撰　**考異四卷**　（清）汪遠孫撰　清刻本　五冊

500000－8704－0000030　A161/4411

春秋左傳五十卷　（晉）杜預注　（宋）林堯叟補注　清宏道堂刻本　九冊　存三十八卷（一至十七、二十一至二十四、二十八至四十四）

500000－8704－0000031　A161/4474

春秋經傳集解三十卷春秋年表一卷春秋名號歸一圖二卷附考證　（晉）杜預注　（宋）林堯叟補注　清刻本　二十九冊

500000－8704－0000032　A161/4544

評點春秋綱目左傳句解彙雋四卷　（清）韓菼重訂　清刻本　二冊　存一卷（一）

500000－8704－0000033　A162/2124

春秋公羊傳十二卷　（漢）何休撰　（唐）陸德明音義　清刻本　五冊　存十卷（一至二、四至十一）

500000－8704－0000034　A162/2124－1

春秋公羊傳十二卷　（漢）何休撰　（唐）陸德明音義　清刻本　四冊

500000－8704－0000035　A162/4430

春秋穀梁傳十二卷　（晉）范甯集解　（唐）陸德明音義　清光緒十二年（1886）星沙文昌書局刻本　四冊

500000－8704－0000036　A163/3702

春秋穀梁傳十二卷　（明）閔齊伋撰　明末閔氏刻本　四冊

500000－8704－0000037　A164/2747

寄傲山房塾課纂輯春秋備旨十二卷　（清）鄒聖脈輯　清刻本　四冊

500000－8704－0000038　A181/4580

論語筆解二卷　（唐）韓愈　（唐）李翺撰　（明）范欽訂　明嘉靖范欽刻本　一冊

500000－8704－0000039　A185/1744

新訂四書補註備旨十卷　（明）鄧林撰　（清）杜定基增訂　清光緒二十年（1894）刻本　四冊

500000－8704－0000040　A185/2540

正蒙四書十九卷　（宋）朱熹注　清道光八年（1828）令德堂刻本　六冊　存十九卷（大學一、中庸一、論語一至十、孟子一至七）

500000－8704－0000041　A185/2540－1

四書撮言□□卷　（宋）朱熹章句　（清）紀昀鑒定　清刻本　十七冊　存三十五卷（大學一，中庸一至二，論語一至二十，孟子一至四、七至十四）

500000－8704－0000042　A185/2540－2

四書正本十九卷首一卷　（清）童棫校輯　清同治六年（1867）刻本　十二冊　存十五卷（大學一，中庸一，論語四至五、八至十，孟子一至七，首一）

500000－8704－0000043　A185/2540－3

四書正本十九卷　（清）童棫校輯　清同治六

年(1867)刻本　十三冊　存二十卷(圖一,句辨一,大學一,中庸一,論語一至十,孟子一至二、四至七)

500000－8704－0000044　A185/4074

四書大成直講二十卷　(清)李錫書撰　清刻本　十五冊　存十五卷(三、六至九、十一至二十)

500000－8704－0000045　A185/4447

四書異同商□□卷　(清)黃鶴撰　清光緒二十年(1894)澹雅書局刻本　三冊　存三卷(學庸、上論、下論)

500000－8704－0000046　A185/8790

四書翼注論文十二卷　(清)鄭獻甫撰　清光緒五年(1879)黔南節署刻本　十二冊

500000－8704－0000047　A19/1024

皇清經解分經匯編十六卷　題(清)船山主人輯　清光緒二十一年(1895)上海鴻寶齋石印本　二十五冊

500000－8704－0000048　A19/1045

五經集解三十三卷石經考辨二卷耕餘瑣錄十二卷　(清)馮世瀛輯　清同治八年(1869)刻本　十八冊

500000－8704－0000049　A19/1045－1

五經集解三十三卷石經考辨二卷耕餘瑣錄十二卷　(清)馮世瀛輯　清同治八年(1869)刻本　三十冊　存三十四卷(一至六、十、十四至十六、十八至三十三,耕餘瑣錄一至二、七至十二)

500000－8704－0000050　A19/1727

正蒙字韻經書□□卷　(清)□□撰　清道光三十年(1850)刻本　二十五冊　存二十五卷(易經一至三、書經一至四、詩經國風一至二、詩經頌五、詩經大雅四、四書讀本一至七、禮記一至六、春秋下)

500000－8704－0000051　A19/2527

仿宋相臺五經六十四卷　(清)孔氏撰　清刻本　十七冊　存四十八卷(易一至十,書五至八,詩一至三、八至二十,禮記一至十八)

500000－8704－0000052　A19/4025

五經體註大全　(清)蔡沈撰　清道光二十年(1840)古香書屋刻本　二十冊　存五種七十二卷(易經一至四、書經一至六、詩經一至八、禮記一至四、春秋一至五十)

500000－8704－0000053　A19/4414

十一經初學讀本　(清)萬廷蘭編　清光緒二年(1876)四川學院衙門刻本　十三冊

500000－8704－0000054　A19/4442

四經精華□□卷　(清)魏朝俊輯　清同治三年(1864)刻本　三冊　存四卷(易一至三、書四)

500000－8704－0000055　A19/7110

宋本十三經注疏　(唐)孔穎達疏　**校勘記**　(清)阮元撰　清光緒十三年(1887)脈望仙館石印本　五冊　存三種一百〇九卷(周禮注疏三十四至四十二、宋本儀禮注疏一至二十四、校勘記一至五十,附釋音禮記注疏一至二十六)

500000－8704－0000056　A19/7110－1

十三經注疏　(唐)孔穎達疏　**校勘記**　(清)阮元撰　清光緒二十四年(1898)影印本　二十四冊　存十三種五十八卷(易經一至四、尚書一至四、周禮一至六、禮記一至十二、春秋左傳一至十二、春秋公羊傳一至四、春秋穀梁傳一至四、論語一至四、孝經一至二、爾雅一至二、孟子一至四)

500000－8704－0000057　A202/0028

康熙字典十二集總目一卷檢字一卷辨似一卷等韻一卷備考一卷補遺一卷　(清)張玉書等纂　(清)奕繪重修　清道光七年(1827)刻本　四十冊

500000－8704－0000058　A202/1215

康熙字典十二集總目一卷檢字一卷辨似一卷等韻一卷備考一卷補遺一卷　(清)張玉書等纂　清刻本　二十九冊

500000－8704－0000059　A202/2768

增廣華英字典不分卷　(□)□□編　清光緒

二十七年(1901)上海美華石印本　一冊

500000－8704－0000060　A202/3702
六書通十卷　(清)畢弘述篆　清末民初石印本　二冊　存四卷(五至八)

500000－8704－0000061　A202/4034
十三經集字一卷　(清)李鴻藻輯　清光緒十二年(1886)刻本　一冊

500000－8704－0000062　A202/7714
說文解字注三十卷六書音韻表二卷部目分韻一卷　(清)段玉裁注　清同治湖北崇文書局刻本　十四冊　存二十五卷(說文解字注一至十、十八至三十,六書音韻表三十一、三十二)

500000－8704－0000063　A203/1042
新刊校正增補圓機詩韻活法全書十四卷　(明)王世貞增校　(清)蔣先庚重訂　清刻本　四冊　存十一卷(一至八、十一至十三)

500000－8704－0000064　A203/1042－1
新刊校正圓機活法詩學全書二十四卷　(明)王世貞增校　(清)蔣先庚重訂　清刻本　九冊　存十六卷(三、八至二十、二十三至二十四)

500000－8704－0000065　A203/3703
詩韻合璧五卷　(清)湯文潞編　清末民初石印本　四冊　存三卷(一、四至五)

500000－8704－0000066　B12/1211
史記一百三十卷　(漢)司馬遷撰　(南朝宋)裴駰集解　清同治十一年(1872)成都書局刻本　二十六冊

500000－8704－0000067　B12/1713
史記一百三十卷　(漢)司馬遷撰　(南朝宋)裴駰集解　清光緒十年(1884)上海同文書局石印本　三十冊

500000－8704－0000068　B12/1713－1
校刊史記集解索隱正義札記五卷　(清)張文虎撰　清同治十一年(1872)金陵書局刻本　二冊

500000－8704－0000069　B12/1713－2
史記集解一百三十卷　(漢)司馬遷撰　(南朝宋)裴駰集解　清光緒四年(1878)金陵書局刻本　十六冊

500000－8704－0000070　B12/2767
欽定續通志六百四十卷　(清)紀昀等校訂　清光緒二十七年(1901)上海圖書集成局石印本　六十冊

500000－8704－0000071　B121/2631
海國圖志一百卷首一卷　(清)魏源撰　清光緒二年(1876)涇固道署刻本　四十冊

500000－8704－0000072　B121/2631－1
海國圖志一百卷首一卷　(清)魏源撰　清光緒二十二年(1896)石印本　八冊　存五十六卷(一至五十六)

500000－8704－0000073　B121/2743
皇朝中外一統輿圖中一卷南十卷北二十卷首一卷　(清)鄒世詒等編　清同治二年(1863)湖北撫署刻本　二十七冊

500000－8704－0000074　B121/3414
萬國通鑑四卷　(美國)謝衛樓撰　(清)張之洞校　清光緒八年(1882)尊經閣刻本　五冊

500000－8704－0000075　B121/7132
方輿紀要簡覽三十四卷附驛站路程一卷　(清)顧祖禹撰　(清)潘鐸木輯　清光緒二十八年(1902)經元書室刻本　十三冊

500000－8704－0000076　B121/7707
中外地輿圖說集成一百三十卷首三卷　(清)同康廬編　清光緒二十年(1894)上海積山書局石印本　二十冊

500000－8704－0000077　B121/7752
萬國史記二十卷　(日本)岡本監輔撰　清光緒二十四年(1898)讀有用書齋刻本　八冊

500000－8704－0000078　B122/1054
[光緒]秀山縣志十四卷首一卷　(清)王壽松修　(清)李稽勳等纂　清光緒十七年(1891)刻本　四冊

500000－8704－0000079　B122/1054－1
[光緒]秀山縣志十四卷首一卷　(清)王壽松修　(清)李稽勳等纂　清光緒十七年(1891)刻本　三册　存十三卷(一至二、五至十四,首一)

500000－8704－0000080　B123.1/6021
宸垣識畧十六卷　(清)吳長元輯　清刻本　四册　存八卷(三至八、十一至十二)

500000－8704－0000081　B123/1207
六朝事迹編類十四卷　(宋)張敦頤撰　清光緒十三年(1887)仿宋刻本　四册

500000－8704－0000082　B124.2/0014
水道提綱二十八卷　(清)齊召南編　清光緒二十四年(1898)新化三味書室刻本　六册

500000－8704－0000083　B13/1160－1
前漢書九十九卷　(漢)班固撰　(唐)顔師古注　清同治十年(1871)成都書局刻本　八册　存二十卷(十五至十六、二十至二十二、二十五至三十、六十九至七十五、九十八至九十九)

500000－8704－0000084　B13/4494
後漢書一百二十卷　(南朝宋)范曄撰　(南朝梁)劉昭補志　(唐)李賢注　清同治十年(1871)成都書局刻本　二十八册

500000－8704－0000085　B13/4494－1
後漢書一百二十卷　(南朝宋)范曄撰　(南朝梁)劉昭補志　(唐)李賢注　清同治十年(1871)上海同文書局石印本　三十册

500000－8704－0000086　B13/7450
三國志六十五卷　(晉)陳壽撰　(南朝宋)裴松之注　清同治十年(1871)成都書局刻本　十四册

500000－8704－0000087　B13/7450－1
三國志六十五卷　(晉)陳壽撰　(南朝宋)裴松之注　清同治十年(1871)成都書局刻本　十四册

500000－8704－0000088　B13/8042
欽定二十四史　清光緒三十三年(1907)上海華商集成圖書公司石印本　三百五十八册　存二十三種二千三百三十八卷(史記一至四、十一至三十,前漢書一至十四、十八至十九、二十一至九十七,後漢書七至三十一、四十六至一百二十,三國志一至六十五,晉書一至六、八十一至一百十三、一百三十至一百三十四,宋書一至一百,南齊書一至九、十五至十九,梁書十二至五十六,陳書一至三十六,周書一至五十,隋書一至十六、二十至三十、三十六至六十六、七十六至八十五,魏書一至七上、十五至一百十四,南史一至二十二、三十至五十二、六十一至八十,北史一至一百,舊唐書一至三十八、四十一至二百,舊五代史八至一百四十三,唐書一至二百二十五,五代史一至七十四,宋史一至三百四十七、三百五十八至四百九十六,遼史九十五至一百,金史一至十九、二十五至一百三十五,元史八至一百十三、一百二十四至一百九十、二百〇二至二百十,明史一至八十一、九十一至一百二十三、一百四十九至二百九十七、三百〇六至三百三十二)

500000－8704－0000089　B131/3423
劉氏聚學軒重刊金石圖說四卷　(清)褚峻摹　(清)牛運震集說　清光緒二十年(1894)貴池劉世珩刻本　二册

500000－8704－0000090　B131/5047
漢隸字源五卷碑目一卷　(宋)婁機撰　明末汲古閣刻本　四册

500000－8704－0000091　B132/3107
鐘鼎字源五卷　(清)汪立民輯　清末民初掃葉山房石印本　三册

500000－8704－0000092　B141/1293
校讎通義三卷　(清)章學誠撰　清光緒四年(1878)刻本　一册

500000－8704－0000093　B21/1073
增評加批歷史綱鑑補三十九卷首一卷　(清)□□輯　清末民初廣益書局石印本　八册　存十九卷(一至十六、二十至二十一,首一)

500000－8704－0000094　B21/1121

御撰資治通鑑綱目三編二十卷　(清)張廷玉等編　清光緒二十五年(1899)上海久敬齋石印本　二册

500000－8704－0000095　B21/1121－1

御撰資治通鑑綱目三編二十卷　(清)張廷玉等編　清末民初石印本　一册

500000－8704－0000096　B21/2540

御批資治通鑑綱目全書一百〇九卷　(清)傅恒等編　清末民初石印本　二十二册　存一百〇三卷(綱目一至五十九、首一,續綱目一至二十七,前編三至十八)

500000－8704－0000097　B21/2591

御撰歷代通鑑輯覽一百二十卷　(清)傅恒等編　清光緒三十年(1904)上海商務印書館鉛印本　二十四册

500000－8704－0000098　B21/2800

竹書紀年十二卷前編一卷雜述一卷　(南朝梁)沈約注　(清)徐文靖箋　清光緒三年(1877)浙江書局刻本　一册　存四卷(一至三、前編一)

500000－8704－0000099　B21/4044

新刊趙田了凡袁先生編纂古本歷史大方綱鑑補卷三十九卷首一卷　(明)袁黄纂　清光緒六年(1880)星沙奎光樓刻本　三十六册

500000－8704－0000100　B21/4044－1

新刊趙田了凡袁先生編纂古本歷史大方綱鑑補卷三十九卷首一卷　(明)袁黄纂　清末民初石印本　三册　存十六卷(六至十一、十八至二十二、二十九至三十三)

500000－8704－0000101　B21/4044－2

鼎鍥趙田了凡袁先生編纂古本歷史大方綱鑑□□卷　(明)袁黄纂　清刻本　九册　存十九卷(四至五、八至十一、十六至二十五、二十八至三十)

500000－8704－0000102　B21/6041

尺木堂綱鑑易知錄九十二卷　(清)吴乘權等輯　清光緒二十四年(1898)上海宏文閣鉛印本　十册　存六十四卷(一至四、十二至十八、二十六至三十二、四十至六十六、七十四至九十二)

500000－8704－0000103　B21/6041－1

尺木堂綱鑑易知錄九十二卷　(清)吴乘權等輯　清光緒二十四年(1898)鉛印本　一册　存九卷(七至十五)

500000－8704－0000104　B22/1023

東華續錄道光六十卷嘉慶五十卷　王先謙編　清末民初石印本　十六册

500000－8704－0000105　B22/8346

錢氏後漢書補表八卷　(清)錢大昭撰　清刻本　四册

500000－8704－0000106　B3/7426

九朝紀事本末　題(□)慎記主人輯　清光緒二十八年(1902)上海書局石印本　四十八册　存八種五百七十八卷(通鑑紀事本末一至一百四十二、一百五十五至二百三十九,宋史紀事本末一至一百〇九,遼史紀事本末一至四十,金史紀事本末一至二十六、四十至五十二,西夏紀事本末一至三十六,元史紀事本末十三至二十七,明史紀事本末一至八十,三藩紀事本末一至二十二)

500000－8704－0000107　B4/4492

平定粤匪紀略十八卷附記四卷　(清)杜文瀾輯　清同治十年(1871)京都聚珍齋刻本　八册

500000－8704－0000108　B4/4917

二十二史劄記三十六卷補遺一卷　(清)趙翼撰　清光緒二十五年(1899)湖南書局刻本　十四册

500000－8704－0000109　B4/7721

五代史補五卷闕文一卷　(宋)陶岳撰　明末毛氏汲古閣刻本　一册

500000－8704－0000110　B52/8012

拿破侖本紀四十二章　(英國)洛加德撰　(清)魏易　林紓譯　清光緒三十一年(1905)鉛印本　四册

500000－8704－0000111　B59/2540
朱子原訂近思錄十四卷　（宋）朱熹訂　（清）江永集　清同治七年（1868）楚北崇文書局刻本　六册

500000－8704－0000112　B59/2543
歷代名儒傳八卷歷代名臣傳三十五卷續編五卷歷代循吏傳八卷　（清）朱軾　（清）蔡梁村編　清同治三年（1864）刻本　十七册　存三十七卷（名儒傳一至八，名臣傳一至九、十六至十七、二十三至二十四、三十三至三十五，續編一至五，循吏一至八）

500000－8704－0000113　B59/2591
歷代名臣言行錄二十四卷　（清）朱桓編　清刻本　二十五册　存十九卷（三至五、七至二十、二十二至二十三）

500000－8704－0000114　B59/3734
中國六大政治家□□篇　梁啟超撰　清光緒三十四年（1908）鉛印本　一册　存一篇（五）

500000－8704－0000115　B59/4224
泰西政治學者列傳一卷　（日本）杉三藤次郎編　（清）廣東青年述譯　清光緒二十九年（1903）正蒙社售書處刻本　一册

500000－8704－0000116　B59/4224－1
泰西政治學者列傳一卷　（日本）杉三藤次郎編　（清）廣東青年述譯　清光緒二十九年（1903）正蒙社售書處刻本　一册

500000－8704－0000117　B59/4439
大清搢紳全書二卷　（□）□□撰　清光緒十四年（1888）榮錄堂刻本　二册

500000－8704－0000118　B7/0093
文史通義内篇五卷外篇三卷　（清）章學誠撰　清刻本　四册

500000－8704－0000119　B7/1053
讀通鑑論十六卷附宋論十五卷　（清）王夫之撰　清光緒三十一年（1905）上海商務印書館鉛印船山遺書本　十册

500000－8704－0000120　B7/1053－1
讀通鑑論十六卷附宋論十五卷　（清）王夫之撰　清光緒三十一年（1905）上海商務印書館鉛印船山遺書本　九册　存三十卷（讀通鑑論一至十三、十五至十六，附宋論一至十五）

500000－8704－0000121　B7/1233
歷代史論二十卷　（清）□□輯　清刻本　八册　存十七卷（左傳一至二、歷代史論六至十二、宋史論十三至十五、元史論十六、明史論十七至二十）

500000－8704－0000122　B7/1712
史記索隱三十卷　（唐）司馬貞撰　明末清初毛氏汲古閣刻本　三册

500000－8704－0000123　B7/2267
史通削繁四卷　（清）紀昀撰　清光緒八年（1882）善化章氏刻本　四册

500000－8704－0000124　B81/4409
廣治平略三十六卷　（清）蔡方炳訂　清同治十年（1871）文昌眾會刻本　六册

500000－8704－0000125　B81/4409－1
廣治平略三十六卷　（清）蔡方炳訂　清同治十年（1871）文昌眾會刻本　四册

500000－8704－0000126　B81/4713
歷代政要表二卷　（清）胡子清編　清光緒二十九年（1903）長沙刻本　一册　存一卷（一）

500000－8704－0000127　B82
訓苗譜規婚喪禮節一卷　（□）□□輯　清刻本　一册

500000－8704－0000128　B82/2337
欽定大清會典一百卷　（清）文保等纂修　清刻本　八册　存五十二卷（一至五十二）

500000－8704－0000129　B82－1
訓苗譜規婚喪禮節一卷　（□）□□輯　清刻本　一册

500000－8704－0000130　B82－2
訓苗譜規婚喪禮節一卷　（□）□□輯　清刻本　一册

500000－8704－0000131　B82－3

訓苗譜規婚喪禮節一卷　(□)□□輯　清刻本　一冊

500000－8704－0000132　B82－4

訓苗譜規婚喪禮節一卷　(□)□□輯　清刻本　一冊

500000－8704－0000133　B82－5

訓苗譜規婚喪禮節一卷　(□)□□輯　清刻本　一冊

500000－8704－0000134　B82－6

訓苗譜規婚喪禮節一卷　(□)□□輯　清刻本　一冊

500000－8704－0000135　B82－7

訓苗譜規婚喪禮節一卷　(□)□□輯　清刻本　一冊

500000－8704－0000136　B82－8

訓苗譜規婚喪禮節一卷　(□)□□輯　清刻本　一冊

500000－8704－0000137　B82－9

訓苗譜規婚喪禮節一卷　(□)□□輯　清刻本　一冊

500000－8704－0000138　B84/4053

泰西新史攬要二十四卷　(英國)馬懇西撰　(英國)李提摩太譯　清刻本　二冊　存六卷(十四至十九)

500000－8704－0000139　B84/4053－1

節本泰西新史攬要八卷　(英國)李提摩太譯　(清)周慶雲錄　清光緒二十八年(1902)太和書室刻本　二冊

500000－8704－0000140　B84/4231

原富五卷　(英國)斯密亞丹撰　嚴復譯　清光緒二十七年(1901)南洋公學譯書院刻本　七冊

500000－8704－0000141　B84/4334

列國政要一百三十二卷附譯名對照表一卷　(清)戴鴻慈　(清)端方輯　清光緒三十三年(1907)上海商務印書館石印本　三十二冊

500000－8704－0000142　B85/0143

約章成案滙覧甲篇十卷乙篇四十二卷　(清)北洋洋務局輯　清光緒三十一年(1905)上海點石齋石印本　四十五冊　存五十一卷(甲篇一、三至十,乙篇一至四十二)

500000－8704－0000143　B85/0143

光緒乙巳年交涉要覧上篇二卷下篇三卷　(清)北洋洋務局輯　清末北洋官報局鉛印本　五冊

500000－8704－0000144　B85/4437

出使英法義比四國日記六卷　(清)薛福成撰　清光緒十七年(1891)新學書局刻本　四冊　存四卷(二、四至六)

500000－8704－0000145　B88/3434

大清律例增修統纂集成四十卷　(清)陶駿輯　(清)陶念霖增修　清刻本　五冊　存八卷(二十六至三十二、三十五)

500000－8704－0000146　B88/4432

處分則例圖要六卷　(清)蔡逢年撰　清同治十一年(1872)封增修刻本　二冊

500000－8704－0000147　B88/4475

欽定學政全書八十六卷首一卷　(清)童璜撰　(清)汪梅鼎等修　清嘉慶十七年(1812)刻本　十五冊　存七十九卷(一至六十九、七十八至八十六,首一)

500000－8704－0000148　B9/

歷代名臣政治策論二十卷　題(□)恥不逮齋主人編　清光緒二十八年(1902)群賢講舍刻本　四冊　存十五卷(一至五、十一至二十)

500000－8704－0000149　C/0027

戰國策三十三篇札記三卷　(漢)高誘注　清光緒二年(1876)尊經書院刻本　五冊

500000－8704－0000150　C1/3705

二十五子彙函　(清)鴻文書局輯　清光緒十九年(1893)鴻文書局石印本　五冊　存十種一百〇一卷(老子道德經上下,莊子一至十,孫子一至十三,晏子春秋一至六,列子一至

八,墨子一至十五,荀子一至二十,尸子上下,揚子法言一至十三,文子纘義一至十二)

500000－8704－0000151　C72/1032
補注黄帝内經素問二十四卷遺篇一卷靈樞十二卷　(唐)王冰注　清光緒三年(1877)浙江書局刻本　九册

500000－8704－0000152　C72/5048
圖註八十一難經辨眞四卷　(戰國)秦越人撰　(明)張世賢註　清善成堂刻本　一册　存二卷(一至二)

500000－8704－0000153　C73/0797
本草三家合註六卷　(清)郭汝驄註　**神農本草經百種錄一卷**　(清)徐大椿撰　清刻本　四册

500000－8704－0000154　C74/3480
刪註脈訣規正二卷　(清)沈鏡刪註　清善成堂刻本　二册

500000－8704－0000155　C74/3480－1
刪註脈訣規正二卷附彙攷歷代明醫姓一卷難經彙攷一卷　(清)沈鏡刪註　(清)徐良臣補　清康熙友于堂刻本　一册

500000－8704－0000156　C77/6043
温病條辨六卷首一卷　(清)吳瑭撰　清寧波群玉山房刻本　四册

500000－8704－0000157　C77/6840
尚論篇二卷後篇四卷　(清)喻昌撰　清善成堂刻本　四册

500000－8704－0000158　C793/0044
釐正按摩要術四卷附鬻嬰提要説一卷痧喉正義一卷　(清)張振鋆輯　清光緒三十三年(1907)瀘州文匯堂刻本　三册　存三卷(釐正按摩要術一、三,鬻嬰提要説一)

500000－8704－0000159　C8/0094
御製曆象考成上編十六卷下編十卷表十六卷　(清)聖祖玄燁撰　清雍正二年(1724)内府刻本　十二册　存十六卷(上編三至十六、下編三至四)

500000－8704－0000160　C911/7420
紉齋畫賸不分卷　(清)陳允升撰　清光緒二年(1876)刻本　二册

500000－8704－0000161　C93/1000
困學紀聞集證六卷　(宋)王應麟撰　(清)萬蔚亭輯　清嘉慶八年(1803)刻本　四册

500000－8704－0000162　C93/8022
賦學指南十六卷　(清)余丙照編　(清)余榮耀等注　清道光二十三年(1843)刻本　四册　存十卷(一至五、十至十四)

500000－8704－0000163　C932/
古今僞書考二卷　(清)姚際恆撰　清光緒三年(1877)刻本　二册

500000－8704－0000164　C933/2118
竹汀先生日記鈔三卷　(清)錢大昕撰　(清)何元錫編　清刻本　一册　存二卷(一至二)

500000－8704－0000165　C935/4711
化學鑒原二卷　(英國)韋而司撰　(英國)傅蘭雅口譯　(清)徐壽筆述　清刻本　一册

500000－8704－0000166　C942/0712
山海經十八卷　(晉)郭璞傳　清寶華樓刻本　二册　存五卷(一至五)

500000－8704－0000167　C951/4940
改正代數備旨補草十三卷　(美國)狄考文譯　(清)彭致君補　清光緒二十九年(1903)刻本　六册　存九卷(一至六、十一至十三)

500000－8704－0000168　C957/4443
天元五歌闡義五卷附元空秘旨一卷　(清)蔣大鴻撰　題(清)無心道人注　清刻本　一册

500000－8704－0000169　C957/4443
地理辨正五卷　(清)蔣平階補傳　(清)姜垚辨正　題(清)無心道人增補　清道光三年(1823)經元堂刻本　一册　存二卷(一至二)

500000－8704－0000170　C961.1/3533
佛説阿彌陀經疏鈔四卷　(明)釋袾宏撰　清刻本　一册　存一卷(三)

500000－8704－0000171　C97/1215

佩文韻府一百○六卷拾遺一百○六卷 （清）張玉書等撰 清光緒八年（1882）上海點石齋石印本 十冊

500000－8704－0000172 C97/2527
國朝名人書札三卷 （清）□□輯 清宣統三年（1911）上海文明書局鉛印本 三冊

500000－8704－0000173 C97/7748
憑山閣增輯留青新集三十卷 （清）陳枚輯（清）陳德裕增輯 清康熙四十七年（1708）刻本 十六冊 存十五卷（二至四、八至十、十五至十六、二十二至二十八）

500000－8704－0000174 C97/8012
駢字摘豔五卷 （清）任科職撰 清刻本 三冊 存三卷（二至三、五）

500000－8704－0000175 C97/9044
群玉閣彙刊類書十二種 （清）小嫏嬛山館增定 清同治六年（1867）刻本 十四冊 存十二種二十三卷（經腴類纂一至二、歷代史腴一至二、左氏蒙求註一、左傳紺珠一至二、爾雅貫珠一、六書蒙求一、十七史蒙求一、均藻一至五、謝華啟秀一至四、文選集腋一至二、山海經腴一、竹書紀年雋一）

500000－8704－0000176 D11/1029
重訂文選集評十五卷 （南朝梁）蕭統輯（唐）李善等注 （清）于光華編次 清咸豐八年（1858）刻本 十六冊

500000－8704－0000177 D11/1092
重訂文選集評九卷 （清）于光華編次 清咸豐八年（1858）刻本 八冊 存八卷（二至九）

500000－8704－0000178 D11/1272
姚選古文真本五色標記表十五卷首一卷 （清）張剛編纂 清宣統二年（1910）刻本 二冊 存八卷（三至五、十一至十五）

500000－8704－0000179 D11/3742
文選六十卷 （南朝梁）蕭統輯 （唐）李善注 （清）何焯點評 清刻本 十冊

500000－8704－0000180 D11/3766
文選六十卷 （南朝梁）蕭統輯 （唐）李善注 （清）何焯點評 清乾隆三十七年（1772）刻本 十冊

500000－8704－0000181 D11/3766－1
文選五卷首一卷考異一卷 （南朝梁）蕭統輯 （唐）李善等注 清光緒十四年（1888）石印本 六冊

500000－8704－0000182 D11/4041
分類文腋八卷 （清）李楨注 清嘉慶二十五年（1820）刻本 六冊

500000－8704－0000183 D11/4427
林嚴文鈔四卷 林紓 嚴復撰 清宣統元年（1909）鉛印本 三冊 存三卷（二至四）

500000－8704－0000184 D11/4443
古文雅正十四卷 （清）蔡世遠選評 清儒林堂刻本 八冊

500000－8704－0000185 D11/6041
八銘塾鈔初集四卷二集四卷 （清）吳懋政編 清光緒刻本 八冊

500000－8704－0000186 D11/6041－1
八銘塾鈔初集四卷二集四卷 （清）吳懋政編 清末刻本 六冊

500000－8704－0000187 D11/8033
古文釋義八卷 （清）余誠評注 清光緒二十年（1894）維新書局刻本 八冊

500000－8704－0000188 D12/3423
唐宋八家文讀本三十卷 （清）沈德潛評點 清嘉慶十八年（1813）刻本 十二冊

500000－8704－0000189 D13/8097
國朝駢體正宗十二卷 （清）曾燠輯 清光緒五年（1879）刻本 四冊

500000－8704－0000190 D13/8842
十家文鈔十卷 （清）管韞山等撰 清光緒十一年（1885）刻本 四冊

500000－8704－0000191 D2/0227
楚辭章句十七卷 （漢）劉向集 （漢）王逸注 清光緒九年（1883）長沙書堂館聚德堂

刻本　六冊

500000－8704－0000192　D2/4412
楚辭燈四卷　(清)林雲銘撰　清康熙三十六年(1697)刻本　二冊

500000－8704－0000193　D3/1053
船山遺書五十六種附校勘記二卷　(清)王夫之撰　清同治四年(1865)湘鄉曾氏金陵節署刻本　六冊　存五種十五卷(尚書引義一至二,莊子解十四至十九,周易外傳五,讀通鑑論四至五、二十三至二十四,落花詩一至二)

500000－8704－0000194　D3/1240
聰訓齋語二卷　(清)張英撰　清光緒九年(1883)資州寶硯齋刻本　一冊

500000－8704－0000195　D31/1031
西漚外集八卷　(清)李惺撰　清同治七年(1868)刻本　八冊

500000－8704－0000196　D31/6033
徐孝穆全集六卷　(南朝陳)徐陵撰　(清)吳兆宜箋　清吳江吳氏原本善化經濟書堂刻本　四冊

500000－8704－0000197　D32/2540
御纂朱子全書六十六卷　(宋)朱熹撰　(清)李光地等纂修　清同治八年(1869)刻本　三十冊　存六十三卷(一至十三、十六至六十五)

500000－8704－0000198　D32/4027
李太白文集三十六卷　(唐)李白撰　(清)王琦輯注　清乾隆二十四年(1759)聚錦堂刻本　十六冊

500000－8704－0000199　D32/4580
新刊五百家註音辯昌黎先生文集四十卷　(唐)韓愈撰　清乾隆刻本　九冊

500000－8704－0000200　D33/6033
東萊博議四卷　(宋)呂祖謙撰　清光緒二十九年(1903)裕美書局刻本　四冊

500000－8704－0000201　D33/6033－1
東萊博議四卷　(宋)呂祖謙撰　清刻本　一冊　存一卷(二)

500000－8704－0000202　D33/6033－2
東萊博議四卷　(宋)呂祖謙撰　清刻本　一冊　存一卷(二)

500000－8704－0000203　D36/4061
二曲集二十八卷首一卷　(清)李顒撰　清光緒九年(1883)刻本　五冊　存二十六卷(一至十九、二十三至二十八,首一)

500000－8704－0000204　D36/4061－1
歷年紀略一卷　(清)惠靇嗣撰　清末刻本　一冊

500000－8704－0000205　D36/4061－2
四書反身錄十二卷　(清)李顒撰　(清)王心敬錄　清末刻本　三冊

500000－8704－0000206　D36/4061－3
二曲集二十六卷首一卷　(清)李顒撰　清末刻本　五冊　存二十三卷(一至十三、十八至二十六,首一)

500000－8704－0000207　D37/0040
夢研齋遺稿八卷附昭忠錄一卷　(清)唐樹義撰　清同治四年(1865)綏定郡齋刻本　八冊　存八卷(一至八)

500000－8704－0000208　D37/1204
祈園憶錄不分卷　(清)張廣枏撰　清宣統二年(1910)倪榮巘署檢刻本　一冊

500000－8704－0000209　D37/1204－1
祈園憶錄不分卷　(清)張廣枏撰　清宣統二年(1910)倪榮巘署檢刻本　一冊

500000－8704－0000210　D37/1204－2
祈園憶錄不分卷　(清)張廣枏撰　清宣統二年(1910)倪榮巘署檢刻本　一冊

500000－8704－0000211　D37/1237
船山詩草二十卷　(清)張問陶撰　清刻本　三冊　存十五卷(六至二十)

500000－8704－0000212　D37/3734
飲冰室壬寅文集十八卷　梁啟超撰　清光緒二十九年(1903)上海維新學社石印本　九冊

存十二卷(一、三、五、九至十二、十四至十八)

500000－8704－0000213　D37/3734－1

飲冰室壬寅文集十八卷　梁啟超撰　清光緒二十九年(1903)上海維新學社石印本　三册　存四卷(九上、十至十二)

500000－8704－0000214　D37/3777

海秋後集不分卷　(清)湯鵬撰　清刻本　二册

500000－8704－0000215　D37/4283

漱六山房文稿初集四卷次集三卷　(清)彭潤芳撰　清同治五年(1866)通津書院刻本　七册

500000－8704－0000216　D37/7422

陳檢討集二十卷　(清)陳維崧撰　(清)程師恭注　清道光二年(1822)金閶步月樓刻本　六册

500000－8704－0000217　D37/8700

胡文忠公遺集八十六卷首一卷　(清)鄭敦謹編　(清)曾國荃輯　清同治六年(1867)刻本　十八册　存七十三卷(一至六十六、八十一至八十六,首一)

500000－8704－0000218　D61/2534

繪圖今古奇觀六卷四十回　題(明)抱甕老人編　清宣統二年(1910)上海普新端記石印書局石印本　二册

500000－8704－0000219　D63/4410

東周列國全志二十三卷一百〇八回　(清)蔡元放評點　清乾隆十七年(1752)刻本　十二册

500000－8704－0000220　D7/0081

試帖紫雲仙舘初集八卷二集八卷三集八卷　(清)高敏輯　清嘉慶二十五年(1820)令德堂刻本　三册　存六卷(初集一至二、二集五至六、三集三至四)

500000－8704－0000221　D7/1273

七家詩七卷　(清)張熙宇輯　清刻朱墨套印本　四册

500000－8704－0000222　D7/1273－1

七家試帖輯註彙鈔不分卷　(清)王廷紹等撰　(清)張熙宇輯評　(清)王植桂註　清同治九年(1870)刻本　九册

500000－8704－0000223　D7/2992

讀書延年堂試帖輯註四卷　(清)熊少牧撰　清末刻本　一册　存一卷(四)

500000－8704－0000224　D7/3024

燕蘭小譜五卷附海鷗小譜　題(清)安樂山樵吟　清宣統三年(1911)刻本　一册

500000－8704－0000225　D7/3102

唐四家詩八卷　(清)汪立名編　清康熙三十四年(1695)刻本　五册　存七卷(王右丞詩集一、韋蘇州詩集一至二、孟襄陽詩集一至二、柳河東詩集一至二)

500000－8704－0000226　D7/3493

目耕齋全集三種　(清)沈叔眉編　(清)徐楷評注　清光緒十四年(1888)刻本　七册　存三種(初刻學庸、上論、孟子,二刻學庸、上論、下論、孟子,小題學庸、上論、下論、上孟、下孟)

500000－8704－0000227　D7/3813

養雲山館試帖約選二卷　(清)許球撰　(清)王榮紱注　清光緒十三年(1887)蒲圻但氏刻本　二册

500000－8704－0000228　D7/3813－1

養雲山館試帖四卷　(清)許球撰　(清)王榮紱注　清道光二十七年(1847)刻本　四册

500000－8704－0000229　D7/4314

館課賦鈔十八卷　(清)林召棠等撰　清道光小蓬萊山舘刻本　十五册　存十五卷(一至三、五至七、九至十二、十四至十八)

500000－8704－0000230　D7/4314－1

館課詩鈔九卷　(清)林召棠等撰　清道光小蓬萊山舘刻本　九册

500000－8704－0000231　D7/4414

青樓集一卷　(清)黄雪蓑等撰　**板橋雜記一卷**　(清)余懷著　**吴門畫舫錄一卷**　題(清)西溪山人編　清光緒三十四年(1908)長沙葉氏郎園刻雙楳景闇叢書本　一册

500000－8704－0000232　D7/5063
館律分韻初編六卷　題(清)春暉閣主人輯　清光緒十四年(1888)上海鴻寶齋石印本　三册　存四卷(一至四)

500000－8704－0000233　D7/7167
宋詩紀事一百卷　(清)厲鶚輯　清刻本　十五册　存七十九卷(二十二至一百)

500000－8704－0000234　D7/8043
觀劇絶句三卷　(清)金德瑛撰　清光緒三十四年(1908)刻本　一册

500000－8704－0000235　D7/8720
乾嘉詩壇點將錄一卷　(清)舒位撰　**東林點將錄一卷**　(明)王紹徽撰　**秦雲擷英小譜一卷**　(清)王昶輯　清光緒三十三年(1907)長沙葉氏郎園刻雙楳景闇叢書本　一册

500000－8704－0000236　D82/2337
欽定大清會典一百三十二卷　(清)慶桂等撰　清刻本　三册　存十八卷(三十五至五十二)

500000－8704－0000237　E1/2189
漢魏叢書八十六種　(明)何鏜輯　(清)王謨重編　清乾隆五十六年(1791)刻本　五十六册

500000－8704－0000238　GA185/1743
四書引解□□卷　(清)鄧柱瀾輯　清刻本　八册　存十卷(四、八、十、十二至十四、十七、二十至二十二)

500000－8704－0000239　GB122/1211
御撰資治通鑑綱目三編二十卷　(清)□□撰　清刻本　四册

500000－8704－0000240　GB17/3427/24
漢書評林一百卷　(明)凌稚隆輯　清末刻本　二十四册　存七十三卷(一至二、七至二十六、三十二至五十一、五十四至五十八、六十三至六十九、七十二至八十五、九十一至九十五)

500000－8704－0000241　GB189/2361
清國行政法四編　(日本)織田萬撰　(清)鄭篪等譯　清光緒三十二年(1906)上海廣智書局鉛印本　一册

500000－8704－0000242　GD7/4048
隨園三十種　(清)袁枚撰　清同治五年(1866)刻本　三十九册　存十八種(小倉山房文集、小倉山房詩集、袁太史稿、隨園詩話、補遺、隨園隨筆、新齊諧、續新齊諧、隨園食單、女弟子詩、捧月樓詞、飲水詞鈔、箏船詞、緑秋草堂詞、玉山堂詞、崇睦山房詞、過雲精舍詞、碧梧山館詞)

500000－8704－0000243　GD7/4048－1
小倉山房尺牘八卷　(清)袁枚撰　清道光二十八年(1848)刻本　二册

500000－8704－0000244　GD7/4048－2
小倉山房詩集三十一卷補遺一卷附錄一卷　(清)袁枚撰　清道光二十八年(1848)啟元堂刻本　四册

500000－8704－0000245　GD7/4048－3
小倉山房文集不分卷　(清)袁枚撰　清啟元堂刻本　二册

500000－8704－0000246　GD7/4486
古詩源十四卷　(清)沈德潛撰　清康熙刻本　四册

500000－8704－0000247　GD7/4721
忠雅堂詩集二十七卷補遺二卷詞集二卷　(清)蔣士銓撰　清益州薇署刻本　六册

重慶市奉節縣圖書館古籍普查登記目録

全國古籍普查登記目録

國家圖書館出版社
National Library of China Publishing House

500000－8705－0000001　001

文選六十卷　(南朝梁)蕭統輯　(唐)李善注　(清)何焯評點　清乾隆三十七年(1772)海錄軒刻朱墨套印本　十三冊

500000－8705－0000002　002

文選六十卷　(南朝梁)蕭統輯　(唐)李善注　(清)何焯評點　清乾隆三十七年(1772)海錄軒刻本　五冊　存二十九卷(一至五、十三至十八、三十一至四十二、四十九至五十四)

500000－8705－0000003　003

[道光]夔州府志三十六卷首一卷　(清)恩成修　(清)劉德銓纂　清道光七年(1827)夔州府署刻本　二十四冊　存三十二卷(一至十六、十八至十九、二十三至三十六)

500000－8705－0000004　004

[道光]夔州府志三十六卷首一卷　(清)恩成修　(清)劉德銓纂　清道光七年(1827)夔州府署刻本　十五冊　存三十二卷(五至三十六)

500000－8705－0000005　005

後漢書九十卷　(南朝宋)范曄撰　(唐)李賢注　**志三十卷**　(晉)司馬彪撰　(南朝梁)劉昭注　清末金陵書局刻本　十一冊　存五十八卷(四至十四、二十七至四十一、四十八至五十四、六十六至九十)

500000－8705－0000006　006

後漢書九十卷　(南朝宋)范曄撰　(唐)李賢注　**志三十卷**　(晉)司馬彪撰　(南朝梁)劉昭注　明末清初毛氏汲古閣刻本　十八冊　存一百〇八卷(一至十六、二十四至三十四、四十下至九十、志一至三十)

500000－8705－0000007　007

雪心賦正解五卷　(唐)卜應天撰　(清)孟浩注　清德順堂刻本　一冊　存二卷(一至二)

500000－8705－0000008　008

雪心賦正解五卷　(唐)卜應天撰　(清)孟浩注　清刻本　一冊　存二卷(一至二)

500000－8705－0000009　009

御批歷代通鑑輯覽一百二十卷　(清)傅恆等纂　清刻本　二十八冊　存五十六卷(四至十一、十四至十五、二十至二十一、二十六至二十九、三十二至三十三、三十八至四十三、四十六至四十七、五十至五十五、六十二至六十五、六十八至七十三、七十六至七十九、八十四至八十五、九十二至九十七、一百〇八至一百〇九)

500000－8705－0000010　010

新刊趙田了凡袁先生編纂古本歷史大方綱鑑補三十八卷首一卷　(明)袁黃編纂　清同治五年(1866)刻本　二十七冊　存三十六卷(一至十四、十六至三十七)

500000－8705－0000011　011

附釋音毛詩注疏二十卷　(漢)毛亨傳　(漢)鄭玄箋　(唐)孔穎達疏　**校勘記**　(清)阮元撰　清道光五年(1825)南昌府學刻本　十八冊　存十九卷(一至十三、十五至二十)

500000－8705－0000012　012

楚辭補注十七卷　(宋)洪興祖撰　清光緒九年(1883)長沙書堂山館刻本　六冊

500000－8705－0000013　013

[光緒]巫山縣志三十二卷首一卷　(清)連山　(清)白曾煦修　(清)李友梁纂　清光緒十九年(1893)縣署刻本　八冊

500000－8705－0000014　014

庾子山集十六卷年譜一卷世系圖一卷本傳一卷原序一卷總釋一卷　(北周)庾信撰　(清)倪璠注釋　清刻本　九冊　存十八卷(三至十二、十四至十六,年譜一,世系圖一,本傳一,原序一,總釋一)

500000－8705－0000015　015

杜詩詳註二十五卷首一卷附論二卷　(唐)杜甫撰　(清)仇兆鰲輯註　清康熙三十二年(1693)刻本　十三冊　存二十四卷(一、四至二十五,首一)

500000－8705－0000016　016

漢魏六朝百三名家集　(明)張溥輯　清光緒

三年(1877)滇南唐氏刻本　一百二十册　存一百○一種(漢褚先生集一卷、王諫議集一卷、漢劉中壘集一卷、揚侍郎集一卷、漢劉子駿集一卷、馮曲陽集一卷、班蘭臺集一卷、東漢崔亭伯集一卷、張河間集二卷、漢蘭臺令李伯仁集一卷、東漢馬季長集一卷、東漢荀侍中集一卷、蔡中郎集二卷、東漢王叔師集一卷、孔少府集一卷、諸葛丞相集一卷、魏武帝集一卷、魏文帝集二卷、陳思王集二卷、陳記室集一卷、王侍中集一卷、魏阮元瑜集二卷、魏劉公幹集一卷、魏應德璉集一卷、魏應休璉集一卷、阮步兵集一卷、嵇中散集一卷、魏鍾司徒集一卷、晉杜征南集一卷、魏荀公曾集一卷、傅鶉觚集一卷、晉張司空集一卷、孫馮翊集一卷、晉摯太常集一卷、晉東廣微集一卷、夏侯常侍集一卷、潘黃門集一卷、傅中丞集一卷、潘太常集一卷、陸平原集二卷、陸清河集二卷、晉成公子安集一卷、晉張孟陽集一卷、晉張景陽集一卷、晉劉越石集一卷、郭弘農集二卷、晉王右軍集二卷、晉王大令集一卷、孫廷尉集一卷、陶彭澤集一卷、宋何衡陽集一卷、宋傅光祿集一卷、謝康樂集二卷、顔光祿集一卷、鮑參軍集二卷、宋袁陽源集一卷、謝法曹集一卷、謝光祿集一卷、南齊竟陵王集二卷、王文憲集一卷、王寧朔集一卷、謝宣城集一卷、齊張長史集一卷、南齊孔詹事集一卷、梁武帝御製集一卷、梁蕭統集一卷、梁簡文帝御製集二卷、梁元帝集一卷、江醴陵集二卷、陶隱居集一卷、梁丘司空集一卷、任中丞集一卷、陸太常集一卷、劉戶曹集一卷、王詹事集一卷、劉秘書集一卷、劉豫章集一卷、劉庶子集一卷、庾度支集一卷、何記室集一卷、吳朝請集一卷、陳後主集一卷、徐僕射集一卷、沈侍中集一卷、江令君集一卷、陳張散騎集一卷、高令公集一卷、温侍讀集一卷、邢特進集一卷、魏特進集一卷、庾開府集二卷、王司空集一卷、隋煬帝集一卷、盧武陽集一卷、李懷州集一卷、牛奇章集一卷、薛司隸集一卷、賈長沙集不分卷、司馬文園集不分卷、董膠西集不分卷、東方大中集不分卷)

500000－8705－0000017　017

歷代循吏傳八卷　(清)朱軾　(清)蔡世遠輯　(清)張福昶纂　清康熙乾隆刻朱文端公藏書本　一册　存一卷(六)

500000－8705－0000018　018

歷代名臣傳三十五卷　(清)朱軾　(清)蔡世遠輯　(清)張福昶纂　清康熙乾隆刻朱文端公藏書本　三册　存八卷(九至十一、十五至十六、二十三至二十五)

500000－8705－0000019　019

春秋左傳詁二十卷　(清)洪亮吉撰　清光緒四年(1878)刻洪北江全集本　七册　存十四卷(七至二十)

500000－8705－0000020　020

韓非子二十卷　(戰國)韓非撰　明萬曆十年(1582)吳郡趙用賢刻本　八册　存十六卷(一、六至二十)

500000－8705－0000021　021

後漢書九十卷　(南朝宋)范曄撰　(唐)李賢注　**志三十卷**　(晉)司馬彪撰　(南朝梁)劉昭補志　(唐)李賢注　清同治十年(1871)成都書局刻二十一史本　十二册　存五十卷(六十六至八十八、九十二至一百○八、一百十一至一百二十)

500000－8705－0000022　022

後漢書九十卷　(南朝宋)范曄撰　(唐)李賢注　**志三十卷**　(晉)司馬彪撰　(南朝梁)劉昭補志　(唐)李賢注　清同治十年(1871)成都書局刻二十一史本　十三册　存五十八卷(一至二、十至十八、二十六至五十一、五十六至五十九、六十九至七十六、九十至九十八)

500000－8705－0000023　023

杜詩詳註二十五卷首一卷附論二卷　(唐)杜甫撰　(清)仇兆鰲輯註　清康熙三十二年(1693)刻本　四册　存四卷(十、十二,附論一至二)

500000－8705－0000024　024

文選六十卷　(南朝梁)蕭統輯　(唐)李善注　(清)何焯評點　清同治八年(1869)湖北崇

文書局刻本　九冊　存二十六卷(一至五、十八至二十三、三十至四十一、五十五至五十七)

500000－8705－0000025　025
文選六十卷　(南朝梁)蕭統輯　(唐)李善注　(清)何焯評點　清刻本　五冊　存二十五卷(五至九、十五至十九、二十五至三十、三十六至四十四)

500000－8705－0000026　026
重訂文選集評十五卷首一卷末一卷　(清)于光華集評　清乾隆四十六年(1781)心簡齋刻本　一冊　存一卷(首一)

500000－8705－0000027　027
文選六十卷　(南朝梁)蕭統輯　(唐)李善注　(清)何焯評點　清乾隆三十七年(1772)海錄軒刻朱墨套印本　十二冊

500000－8705－0000028　028
御批歷代通鑑輯覽一百二十卷　(清)傅恆等纂　清三味堂刻本　五十二冊　存一百〇五卷(二至十二、二十一至二十四、二十七至三十六、四十一至一百二十)

500000－8705－0000029　029
思綺堂文集十卷　(清)章藻功撰　清康熙六十一年(1722)刻本　十冊

500000－8705－0000030　030
思綺堂文集十卷　(清)章藻功撰　清刻本　三冊　存三卷(一至三)

500000－8705－0000031　031
慎子一卷　(戰國)慎到撰　清光緒十五年(1889)影印本　一冊

500000－8705－0000032　032
尹文子一卷　(戰國)尹文撰　明萬曆四年(1576)刻本　一冊

500000－8705－0000033　034
更生齋集三十卷　(清)洪亮吉撰　清光緒三年(1877)刻洪北江全集本　十三冊　存二十二卷(文甲集一至四、文乙集一至四、詩集一至二、文續集一至二、詩續集三至十、詩餘一至二)

500000－8705－0000034　035
卷施閣集四十卷　(清)洪亮吉撰　清光緒三年(1877)刻洪北江全集本　十四冊

500000－8705－0000035　036
課蒙舉隅二卷　(清)杜成章編輯　清光緒二十六年(1900)渝南輔仁講舍刻本　二冊

500000－8705－0000036　037
課蒙舉隅二卷　(清)杜成章編輯　清光緒二十六年(1900)渝南輔仁講舍刻本　二冊

500000－8705－0000037　038
課蒙舉隅二卷　(清)杜成章編輯　清光緒二十六年(1900)渝南輔仁講舍刻本　二冊

500000－8705－0000038　039
課蒙舉隅二卷　(清)杜成章編輯　清光緒二十六年(1900)渝南輔仁講舍刻本　二冊

500000－8705－0000039　040
課蒙舉隅二卷　(清)杜成章編輯　清光緒二十六年(1900)渝南輔仁講舍刻本　二冊

500000－8705－0000040　041
課蒙舉隅二卷　(清)杜成章編輯　清光緒二十六年(1900)渝南輔仁講舍刻本　二冊

500000－8705－0000041　042
課蒙舉隅二卷　(清)杜成章編輯　清光緒二十六年(1900)渝南輔仁講舍刻本　二冊

500000－8705－0000042　043
課蒙舉隅二卷　(清)杜成章編輯　清光緒二十六年(1900)渝南輔仁講舍刻本　二冊

500000－8705－0000043　044
課蒙舉隅二卷　(清)杜成章編輯　清光緒二十六年(1900)渝南輔仁講舍刻本　一冊　存一卷(一)

500000－8705－0000044　045
課蒙舉隅二卷　(清)杜成章編輯　清光緒二十六年(1900)渝南輔仁講舍刻本　一冊　存一卷(一)

500000－8705－0000045　046

欽定春秋傳說彙纂三十八卷　（清）王掞等纂　清刻本　十八册　存三十二卷（一至十二、十九至三十八）

500000－8705－0000046　047

欽定詩經傳說彙纂二十一卷首二卷詩序二卷　（清）王鴻緒等撰　清光緒十九年（1893）湖南省城漱芳閣刻本　十六册

500000－8705－0000047　048

欽定詩經傳說彙纂二十一卷首二卷詩序二卷　（清）王鴻緒等撰　清刻本　四册　存六卷（八至九、十二至十三、十九至二十）

500000－8705－0000048　049

二十二史劄記三十六卷補遺一卷　（清）趙翼撰　清光緒二十五年（1899）湖南書局刻本　十二册

500000－8705－0000049　050

唐詩三百首註釋六卷　題（清）蘅塘退士編　清光緒十年（1884）湖南經濟書局刻本　二册　存四卷（一至四）

500000－8705－0000050　051

韓非子二十卷　（戰國）韓非撰　明天啓五年（1625）刻本　五册

500000－8705－0000051　052

韓非子二十卷　（戰國）韓非撰　清光緒元年（1875）湖北崇文書局刻本　四册

500000－8705－0000052　053

韓非子二十卷　（戰國）韓非撰　清刻本　四册

500000－8705－0000053　054

韓非子二十卷　（戰國）韓非撰　（清）吳汝綸點勘　清宣統二年（1910）鉛印本　二册

500000－8705－0000054　055

陳伯玉文集三卷詩集二卷首一卷　（唐）陳子昂撰　清咸豐四年（1854）刻本　四册

500000－8705－0000055　056

杜詩鏡銓二十卷附錄一卷　（清）楊倫編輯　清刻本　八册

500000－8705－0000056　057

昌黎先生詩集注十一卷昌黎先生年譜一卷　（唐）韓愈撰　（清）朱彝尊　（清）何焯評　（清）顧嗣立刪補　清道光二十五年（1845）應德堂刻朱墨套印本　四册

500000－8705－0000057　058

古文辭類纂七十五卷　（清）姚鼐編　清刻本　八册　存三十四卷（論辨類四至五、序跋類一至三、奏議類上編三至十、奏議類下編一至三、書說類一至七、贈序類一至三、詔令類一至三、碑誌類下編一至五）

500000－8705－0000058　059

續古文辭類纂三十四卷　王先謙纂　清光緒八年（1882）長沙王氏刻本　八册

500000－8705－0000059　060

人鏡類纂四十六卷　（清）程之楨輯　清同治十二年（1873）刻本　十六册

500000－8705－0000060　061

資治通鑑綱目前編二十五卷正編五十九卷續編二十七卷末一卷三編二十卷　（明）陳仁錫評閱　清光緒二十九年（1903）善成堂刻本　九十册　存一百十二卷（前編一至九、十五至十九、二十三至二十五，正編一、三至十二、十四至十五、十七至四十五、四十七至五十九，續編一至七、九至二十三、二十五至二十七、末一，三編一至二十）

500000－8705－0000061　062

資治通鑑綱目前編二十五卷正編五十九卷續編二十七卷末一卷三編二十卷　（明）陳仁錫評閱　清刻本　七十一册　存七十七卷（前編二至四、七至十二、十六至十八、二十四至二十五，正編一至五、十一至十三、十六至十八、二十、二十六至二十七、二十九至三十、三十二、三十四、三十六至三十九、四十一、四十三至四十六、四十八、五十、五十二至五十五、五十七至五十八，續編一、五至七、九至十一、十六至十七、十九至二十、二十四、二十六、末一，三編一至十四）

500000－8705－0000062　063

資治通鑑綱目前編二十五卷正編五十九卷續編二十七卷末一卷三編二十卷　(明)陳仁錫評閲　清刻本　三十二册　存二十九卷(正編三、五、十五至十六、二十、二十二至二十三、二十五至二十七、二十九至三十一、三十五、三十七、四十二、四十四至四十五、四十七至四十八、五十至五十四,續編一、十、十六、二十六)

500000－8705－0000063　064

新刊瑯琊王世貞先生編纂古本歷史大方綱鑑補□□卷　(明)王世貞編　清刻本　十二册　存十七卷(三、六至八、十、十二至十四、二十二至二十六、三十一至三十二、三十五至三十六)

500000－8705－0000064　065

新刊趙田了凡袁先生編纂古本歷史大方綱鑑補三十九卷首一卷　(明)袁黄纂　清刻本　二册　存二卷(二十七、三十四)

500000－8705－0000065　066

御批了凡綱鑑補四十卷首一卷　(明)袁黄纂　清刻本　二十八册　存三十四卷(七至四十)

500000－8705－0000066　067

御批增補了凡綱鑑四十卷首一卷　(明)袁黄纂　清刻本　三册　存八卷(二至三、六、十六至二十)

500000－8705－0000067　068

重訂選擇集要七卷　(明)黄一鳳編　清善成堂刻本　一册　存四卷(一至四)

500000－8705－0000068　069

御纂詩義折中二十卷　(清)傅恆等撰　清刻本　二册　存四卷(十六至十七、十九至二十)

500000－8705－0000069　070

賦話十卷　(清)李調元撰　清淪雅齋刻本　二册　存四卷(七至十)

500000－8705－0000070　071

温疫論二卷　(清)吴有性撰　清刻本　一册　存一卷(下)

500000－8705－0000071　072

新鍥雲林神彀四卷　(清)龔廷賢編撰　清刻本　一册　存一卷(四)

500000－8705－0000072　073

增訂本草備要四卷附經絡歌訣一卷　(清)汪昂編　清巴川興龍堂刻本　三册　存四卷(一、三至四,歌訣一)

500000－8705－0000073　074

御纂金鏡錄一卷　(□)□□撰　清道光十五年(1835)宏道堂刻本　一册

500000－8705－0000074　075

傷寒真方歌括六卷　(清)陳念祖撰　清咸豐九年(1859)刻本　一册　存一卷(一)

500000－8705－0000075　076

家藏心典□□卷　(□)□□撰　清刻本　一册　存二卷(一、二上)

500000－8705－0000076　077

御纂資治通鑑綱目三編二十卷　(清)張廷玉等撰　清光緒二十八年(1902)刻本　四册

500000－8705－0000077　078

御纂資治通鑑綱目三編二十卷　(清)張廷玉等撰　清刻本　三册

500000－8705－0000078　079

御纂資治通鑑綱目三編二十卷　(清)張廷玉等撰　清刻本　一册　存四卷(六至九)

500000－8705－0000079　080

新增幼學故事瓊林四卷　(清)程允升撰　(清)鄒聖脈增補　清刻本　二册　存二卷(三至四)

500000－8705－0000080　081

欽定周官義疏四十八卷首一卷　(清)鄂爾泰等纂修　清光緒十九年(1893)湖南潄芳閣刻御製三禮義疏本　十八册　存三十四卷(一至三十三、首一卷)

500000－8705－0000081　082

欽定禮記義疏八十二卷首一卷　（清）鄂爾泰等纂修　清光緒十九年（1893）湖南漱芳閣刻御製三禮義疏本　四十冊

500000－8705－0000082　083
前漢書一百卷　（漢）班固撰　（唐）顏師古注　清末金陵書局刻本　十一冊　存六十卷（六至十三、四十九至一百）

500000－8705－0000083　084
前漢書一百卷　（漢）班固撰　（唐）顏師古注　清同治十年（1871）成都書局刻二十一史本　二十六冊　存七十八卷（一、三至七、十三至十五、十七至五十一、五十七至六十一、六十六至七十八、八十五至一百）

500000－8705－0000084　085
前漢書一百卷　（漢）班固撰　（唐）顏師古注　清刻本　二十一冊　存七十八卷（一至六、八至十、十五、二十三、二十七至二十八、三十一至六十、六十六至一百）

500000－8705－0000085　086
前漢書一百卷　（漢）班固撰　（唐）顏師古注　清同治十年（1871）成都書局刻二十一史本　二十九冊　存九十四卷（一至十八、二十至六十二、六十七至九十九）

500000－8705－0000086　087
史記一百三十卷　（漢）司馬遷撰　（南朝宋）裴駰集解　（唐）司馬貞索隱　清同治十年（1871）成都書局刻二十一史本　二十二冊　存一百十五卷（一至五、八至十八、二十五至一百十七、一百二十七至一百三十，目錄考證一，正義論例一）

500000－8705－0000087　088
史記一百三十卷　（漢）司馬遷撰　（南朝宋）裴駰集解　（唐）司馬貞索隱　清同治十年（1871）成都書局刻二十一史本　十六冊　存八十一卷（十三至二十、二十五至二十七、三十二至六十四、八十一至一百、一百十六至一百三十，正義論例一，補史記一）

500000－8705－0000088　089
五代史七十四卷　（宋）歐陽修撰　清光緒元年（1875）成都書局刻二十一史本　八冊

500000－8705－0000089　090
三國志六十五卷目錄考證一卷　（晉）陳壽撰　（南朝宋）裴松之注　清同治十年（1871）成都書局刻二十一史本　十一冊　存五十四卷（魏志一至十三、十八至二十二，蜀志一至十五，吳志一至二十，目錄考證一）

500000－8705－0000090　091
三國志六十五卷目錄考證一卷　（晉）陳壽撰　（南朝宋）裴松之注　清末成都書局刻二十一史本　十五冊　存六十三卷（魏志一至十二、十六至三十，蜀志一至十五，吳志一至二十，目錄考證一）

500000－8705－0000091　092
隋書八十五卷　（唐）魏徵等撰　明末清初汲古閣刻十七史本　十六冊

500000－8705－0000092　093
陳書三十六卷　（唐）姚思廉撰　明崇禎十年（1637）汲古閣刻十七史本　一冊　存十一卷（七至十七）

500000－8705－0000093　094
南齊書五十九卷　（南朝梁）蕭子顯撰　明崇禎十年（1637）汲古閣刻十七史本　三冊　存十九卷（一至七、十三至十七、五十二至五十八）

500000－8705－0000094　095
周書五十卷　（唐）令狐德棻撰　明末清初汲古閣刻十七史本　三冊　存二十四卷（一至十六、四十三至五十）

500000－8705－0000095　096
說文解字十五卷汲古閣說文訂一卷六書音韻表一卷　（清）段玉裁注　清嘉慶二年（1797）刻本　二十八冊　存十六卷（二至九上、十下至十五，說文訂一卷，六書音韻表一卷）

500000－8705－0000096　097
續漢書八志三十卷　（晉）司馬彪撰　（南朝梁）劉昭注　清末金陵書局刻本　三冊

500000－8705－0000097　098
管子二十四卷　(唐)房玄齡注　清光緒五年(1879)刻本　四冊

500000－8705－0000098　099
管子義證八卷　(清)洪頤煊撰　清刻本　四冊

500000－8705－0000099　100
管子義證八卷　(清)洪頤煊撰　清光緒十五年(1889)徐氏積餘枝刻本　二冊

500000－8705－0000100　101
比雅十卷　(清)洪亮吉撰　清光緒五年(1879)授經堂刻本　二冊

500000－8705－0000101　102
古文觀止十二卷　(清)吳乘權編　清明德堂刻本　三冊　存六卷(一至四、九至十)

500000－8705－0000102　103
古文觀止十二卷　(清)吳乘權編　清明德堂刻本　三冊　存六卷(一至二、五至八)

500000－8705－0000103　104
論語注疏解經二十卷　(三國魏)何晏集解　(宋)邢昺疏　**校勘記**　(清)阮元撰　清道光六年(1826)刻南昌府學重刊宋本十三經注疏本　四冊

500000－8705－0000104　105
孟子注疏解經十四卷　(漢)趙岐注　(宋)孫奭疏　**校勘記十四卷**　(清)阮元撰　清道光六年(1826)刻南昌府學重刊宋本十三經注疏本　三冊　存六卷(一至六)

500000－8705－0000105　106
欽定春秋傳說彙纂三十八卷　(清)王掞等纂修　清刻欽定七經彙纂本　四冊　存六卷(十三至十八)

500000－8705－0000106　107
欽定書經傳說彙纂二十卷首二卷書序一卷　(清)王頊齡等纂　清刻欽定七經彙纂本　十六冊

500000－8705－0000107　108
御製五經萃室記□□卷　(宋)岳珂編　清仿宋刻本　九冊　存三十八卷(周易一至十、尚書一至八、毛詩一至二十)

500000－8705－0000108　110
勸學篇二卷　(清)張之洞撰　清光緒二十四年(1898)刻湘西邑齋刻本　二冊

500000－8705－0000109　111
漁洋山人精華錄箋注十二卷　(清)王士禛撰　(清)徐淮纂輯　(清)金榮箋注　清刻廣注四部精華本　四冊　存八卷(一至八)

500000－8705－0000110　112
讀左隨筆四卷　(清)楊在寅著　清同治元年(1862)刻本　二冊

500000－8705－0000111　113
綱鑑總論二卷　(明)顧充著　清光緒二十八年(1902)巴蜀善成堂刻本　二冊

500000－8705－0000112　114
綱鑑總論二卷　(明)顧充著　清光緒二十八年(1902)巴蜀善成堂刻本　二冊

500000－8705－0000113　115
漱芳軒合纂禮記體註四卷　(清)范翔參訂　清刻本　二冊　存二卷(一、三)

500000－8705－0000114　116
禮記旁訓辨體合訂六卷　(清)徐立綱輯　清懋德堂刻本　六冊

500000－8705－0000115　117
儀禮□□卷　(漢)鄭玄注　(清)張爾岐句讀　清刻本　二冊　存六卷(九至十四)

500000－8705－0000116　118
禮記□□卷　(清)陳澔集說　清刻本　四冊　存四卷(二至五)

500000－8705－0000117　119
全本禮記體註十卷　(清)范翔定　(清)徐旦參訂　(清)徐瑄補輯　清刻本　十冊

500000－8705－0000118　120
西堂全集　(清)尤侗撰　清刻本　二十冊　存九種五十卷(西堂雜俎初集一至四、二集八卷、三集八卷、看雲草堂集八卷、述祖詩一卷、于京集五卷、哀絃集一、擬明史樂府一卷、百末詞六卷、性理吟一卷、後性理吟一卷、湘中草六卷)

500000－8705－0000119 121
通鑑紀事本末二百三十九卷 (宋)袁樞編 (明)張溥論正 清光緒十四年(1888)上洋書業公所崇德堂鉛印本 四册 存四十三卷(一至三十、四十九至六十一)

500000－8705－0000120 122
惜抱軒尺牘八卷 (清)姚鼐撰 清宣統二年(1910)國學扶輪社鉛印本 一册 存四卷(一至四)

500000－8705－0000121 123
管子二十四卷 (唐)房玄齡注 清宣統二年(1910)本衍星社鉛印本 二册

500000－8705－0000122 124
從政遺規二卷 (清)陳弘謀編輯 清乾隆三十七年(1772)刻本 二册

500000－8705－0000123 125
地理小補一卷 (清)劉傑撰 清光緒九年(1883)刻朱墨套印本 一册

500000－8705－0000124 126
監本春秋公羊注疏二十八卷附校勘記 (漢)何休學 清刻宋本十三經注疏本 一册 存三卷(十二至十四)

500000－8705－0000125 127
唐詩三百首續選一卷 (清)于慶元編 清經濟堂刻本 一册

500000－8705－0000126 128
古文筆法百篇二十卷 (清)李扶九編 清刻本 三册 存十七卷(四至二十)

500000－8705－0000127 129
古文辭類纂七十五卷 (清)姚鼐輯 清刻本 五册 存二十九卷(四十七至七十五)

500000－8705－0000128 130
古文析義六卷二編八卷 (清)林雲銘評注 清刻本 二册 存二卷(六、二編四)

500000－8705－0000129 131
乾隆府廳州縣圖志五十卷 (清)洪亮吉撰 清光緒五年(1879)授經堂刻洪北江全集本 三十五册 存四十二卷(一至九、十四至三十四、三十九至五十)

500000－8705－0000130 132
洪北江先生年譜一卷 (清)呂培等編 清光緒三年(1877)授經堂刻洪北江全集本 一册

500000－8705－0000131 133
鮚軒詩八卷 (清)洪亮吉撰 清光緒三年(1877)授經堂刻洪北江全集本 二册

500000－8705－0000132 134
擬兩晉南北史樂府二卷唐宋小樂府一卷 (清)洪亮吉撰 清光緒三至四年(1877－1878)授經堂刻洪北江全集本 一册

500000－8705－0000133 135
曉讀書齋雜錄八卷 (清)洪亮吉撰 清光緒三年(1877)授經堂刻洪北江全集本 二册

500000－8705－0000134 136
漢魏音四卷 (清)洪亮吉撰 清光緒三年(1877)授經堂刻洪北江全集本 一册

500000－8705－0000135 137
補三國疆域志二卷 (清)洪亮吉撰 清光緒四年(1878)授經堂刻洪北江全集本 一册

500000－8705－0000136 138
東晉疆域志四卷 (清)洪亮吉撰 清光緒四年(1878)授經堂刻洪北江全集本 二册

500000－8705－0000137 139
十六國疆域志十六卷 (清)洪亮吉撰 清光緒四年(1878)授經堂刻洪北江全集本 六册

500000－8705－0000138 140
伊犁日記一卷天山客話一卷外家紀聞一卷 (清)洪亮吉撰 清光緒四年(1878)授經堂刻洪北江全集本 一册

500000－8705－0000139 141
增訂漢魏叢書八十六種 (清)盧秉鈞輯 清

同治十二年至光緒三年(1873－1877)蜀南馬湖紅杏山房刻本　四十六冊　存三十一種二百〇九卷(焦氏易林一至三,詩傳孔氏傳一卷,韓詩外傳十卷,毛詩草木鳥獸蟲魚疏二卷,大戴禮記十三卷,春秋繁露十七卷,白虎通德論四卷,獨斷一卷,忠經一卷,孝傳一卷,小爾雅一卷,方言十三卷,博雅十卷,釋名一至三,孔叢二卷,說苑二十卷,淮南鴻烈解一至十七,法言十卷,論衡一至十一、十七至二十五,潛夫論十卷,風俗通義十卷,顏氏家訓二卷,參同契一卷,白虎通德論四卷,申鑒五卷,中論二卷,人物志三卷,新論十卷,詰墨一卷,新語二卷,元經薛氏傳十卷)

500000－8705－0000140　142
康熙字典十二集等韻一卷　(清)張玉書等編　清刻本　十八冊　存八集一卷(子中下、丑上下、卯上下、辰中下、午、未中下、酉中、戌,等韻一)

500000－8705－0000141　143
史學提要箋釋四卷　(宋)黃繼善撰　(清)楊錫祐釋　清刻本　四冊

500000－8705－0000142　144
蜀鑑十卷札記一卷　(宋)郭允蹈撰　清光緒七年(1881)詒穀堂、存仁堂吳氏刻本　三冊　存七卷(五至十、札記一)

500000－8705－0000143　145
可鏡錄四卷　(清)楊在寅輯評　清同治十一年(1872)張美樞刻本　二冊

500000－8705－0000144　146
蘇文忠公詩集五十卷目錄二卷　(宋)蘇軾撰　(清)紀昀評點　清同治八年(1869)韞玉山房刻朱墨套印本　七冊　存四十五卷(一至三十六、四十四至五十,目錄一至二)

500000－8705－0000145　147
唐陸宣公集二十二卷附錄一卷　(唐)陸贄撰　清刻本　六冊

500000－8705－0000146　148
皇朝經世文編一百二十卷　(清)賀長齡輯　清光緒二十二年(1896)掃葉山房石印本　二十四冊

500000－8705－0000147　149
皇朝經世文統編一百〇七卷　(清)邵之棠編輯　清光緒二十七年(1901)上海寶善齋石印本　十八冊　存四十二卷(一至二十一、五十七至七十四、八十四至八十六)

500000－8705－0000148　150
隨園全集　(清)袁枚等撰　清咸豐八年(1858)刻本　二十二冊　存八種七十八卷(小倉山房文集一至二、八至十、二十三至二十五,小倉山房詩集十五至十七、二十二至二十八、三十一至三十七,小倉山房外集四至六,袁太史稿一卷,小倉山房尺牘十卷,隨園詩話一至三、九至十,隨園詩話補遺十卷,新齊諧二十四卷)

500000－8705－0000149　151
管子二十四卷　(唐)房玄齡注釋　(唐)劉績增注　(明)朱養和輯訂　清嘉慶九年(1804)刻本　七冊　存二十一卷(一至十九、二十三至二十四)

500000－8705－0000150　152
唐詩合解十二卷　(清)王堯衢注　清刻本　一冊　存二卷(八至九)

500000－8705－0000151　153
南華眞經解六卷外編□□卷　(清)宣穎撰　清刻本　二冊　存二卷(四、外編三)

500000－8705－0000152　154
孟子□□卷　(宋)朱熹集注　清刻本　一冊　存三卷(一至三)

500000－8705－0000153　155
孟子集註本義滙条十四卷首一卷　(清)王步青輯　清刻四書朱子本義滙条本　三冊　存三卷(三、六、十一)

500000－8705－0000154　156
論語集註本義滙条二十卷首一卷　(清)王步青輯　清刻四書朱子本義滙条本　六冊　存十三卷(一至四、七至十、十六至二十)

500000－8705－0000155　157

四書章句　(宋)朱熹撰　清刻本　一册　存二卷(大學章句一、中庸章句一)

500000－8705－0000156　158

顏魯公文集三十卷首一卷世系表一卷年譜一卷補遺一卷　(唐)顔眞卿撰　(清)黄本驥編訂　清刻本　六册　存十八卷(四至六、十四至十七、二十三至三十,世系表一,年譜一,補遺一)

500000－8705－0000157　159

周易傳義音訓八卷首一卷末一卷　(宋)程頤傳　(宋)朱熹本義　(宋)吕祖謙音訓　清同治六年(1867)望三益齋刻本　七册　存九卷(一至八、首一)

500000－8705－0000158　160

四書撮言三十七卷　(清)胡蓉芝輯　清刻本　五册　存十一卷(孟子一至四、七至八、十三至十四,論語十四至十六)

500000－8705－0000159　161

四書疏註撮言大全三十七卷　(清)紀昀鑒定　(清)胡蓉芝輯　清刻本　七册　存十七卷(大學一,孟子三至四、十一至十四,論語九至十、十三至二十)

500000－8705－0000160　162

小試新學準繩二卷首一卷　題(清)求是齋選輯　清光緒二十九年(1903)善成堂刻本　一册

500000－8705－0000161　163

新鐫陶節菴家藏秘授傷寒六書六卷　(明)陶華撰　清刻本　一册　存二卷(續編一至二)

500000－8705－0000162　164

四書異同商六卷　(清)黄鶴撰　清刻本　四册　存四卷(孟子上中下、論下)

500000－8705－0000163　165

江忠烈公遺書文録一卷文録補遺一卷詩録一卷行狀一卷附録一卷　(清)江忠源撰　清光緒十三年(1887)吳縣朱記榮行素草堂刻本　五册　存四卷(文録補遺一、詩録一、行狀一、附録一)

500000－8705－0000164　166

讀通鑑論三十卷末一卷　(清)王夫之撰　清刻船山遺書本　十二册　存二十六卷(四至二十、二十三至三十,末一)

500000－8705－0000165　167

困學紀聞二十卷首一卷　(宋)王應麟撰　清道光十二年(1832)長白鄂潤泉刻本　六册

500000－8705－0000166　168

文史通義八卷　(清)章學誠撰　清光緒二十四年(1898)長沙經文書局刻本　六册　存七卷(一至三、五至八)

500000－8705－0000167　169

春秋左傳□□卷　(□)□□撰　清刻本　四册　存四卷(五、七至八、十)

500000－8705－0000168　170

古文分編集評初集五卷二集五卷三集八卷四集四卷　(清)于在衡編　清刻本　二册　存二卷(初集一至二)

500000－8705－0000169　171

登秀堂重訂古文釋義新編八卷　(清)余誠評注　清刻本　三册　存六卷(一至四、七至八)

500000－8705－0000170　172

重訂古文釋義新編八卷　(清)余誠評注　清刻本　三册　存六卷(三至八)

500000－8705－0000171　173

正蒙字義二卷　題(清)重慶正蒙公塾輯　清刻本　一册　存一卷(二)

500000－8705－0000172　174

新增繪圖幼學故事瓊林四卷　(清)程允升撰　(清)鄒聖脈增補　清末上海鍊石局石印本　三册　存三卷(二至四)

500000－8705－0000173　175

千家詩注二卷　(清)黎恂編輯　清光緒十七年(1891)錦江書局刻本　一册

500000－8705－0000174　176

槐軒解湯海若先生纂輯名家詩三卷附一卷 (清)夏世欽訂 清善成堂刻本 一冊 存二卷(一、附一)

500000－8705－0000175 177

春秋左傳集解三十卷讀左巵言一卷 (晉)杜預注 (宋)林堯叟附注 (唐)陸德明音釋 清刻本 六冊 存十四卷(一、五至十三、十七至十九,巵言一)

500000－8705－0000176 178

近思錄十四卷 (宋)朱熹 (宋)呂祖謙撰 (清)江永集注 清刻本 三冊 存九卷(二至四、九至十四)

500000－8705－0000177 179

古今詩話八卷 題(清)稽留山樵輯 清刻本 八冊

500000－8705－0000178 180

重訂文選集評十五卷首一卷末一卷 (清)于光華編 清刻本 十五冊 存十五卷(二至十五、末一)

500000－8705－0000179 181

周官精義十二卷 (清)連斗山編 清道光二十九年(1849)刻本 四冊 存十卷(一至三、六至十二)

500000－8705－0000180 182

周易傳義音訓八卷首一卷朱子易學啟蒙一卷 (宋)程頤傳 (宋)朱熹本義 (宋)呂祖謙音訓 清同治六年(1867)望三益齋刻本 一冊 存一卷(易學啓蒙一)

500000－8705－0000181 183

李太白文集三十六卷 (唐)李白撰 (清)王琦輯注 清乾隆二十四年(1759)刻本 十五冊 存三十四卷(一至二十二、二十五至三十六)

500000－8705－0000182 184

四大奇書第一種六十卷 (明)羅貫中撰 (清)毛宗崗評 清刻本 一冊 存二卷(四十五至四十六)

500000－8705－0000183 185

太上感應篇圖說□□卷 (清)朱日豐輯 清刻本 一冊 存一卷(禮字號五)

500000－8705－0000184 186

精選長曆一卷 (清)董德彰撰 清光緒十五年(1889)刻本 一冊

500000－8705－0000185 187

說文解字三十二卷 (清)段玉裁注 清同治湖北崇文書局刻本 一冊 存一卷(一)

500000－8705－0000186 188

庸盦海外文編四卷 (清)薛福成撰 清光緒二十四年(1898)長沙鑄新齋刻本 一冊 存三卷(一至三)

500000－8705－0000187 189

庸盦文編四卷 (清)薛福成撰 清光緒二十四年(1898)長沙鑄新齋刻本 一冊 存二卷(一至二)

500000－8705－0000188 190

新增幼學故事瓊林四卷 (清)程允升撰 (清)鄒聖脈增補 清刻本 一冊 存一卷(三)

500000－8705－0000189 191

唐人萬首絕句選七卷 (宋)洪邁編 (清)王士禛選 清刻本 二冊

500000－8705－0000190 193

尸子二卷附存疑一卷 (清)汪繼培輯 清光緒三年(1877)浙江書局據湖海樓刻本 一冊

500000－8705－0000191 194

弟子職音誼一卷 (清)鍾廣纂 清光緒十六年(1890)石印本 一冊

500000－8705－0000192 195

牟氏族譜□□卷首一卷 (清)牟維升等撰 清光緒十六年(1890)刻本 一冊 存一卷(首一)

500000－8705－0000193 196

商子五卷 (秦)商鞅撰 清光緒元年(1875)湖北崇文書局刻本 一冊

500000－8705－0000194　197
孫子十家註十三卷　(春秋)孫武撰　清刻本　二冊　存五卷(九至十三)

500000－8705－0000195　198
四書反身錄八卷　(清)李顒撰　(清)王心敬輯　清末刻本　二冊　存五卷(一至五)

500000－8705－0000196　199
庚子銷夏記八卷　(清)孫承澤撰　清末影印本　二冊　存四卷(五至八)

500000－8705－0000197　200
補注黄帝内經素問二十四卷末一卷　(唐)王冰注　清末育文書局石印本　一冊　存四卷(二十二至二十四、末一)

500000－8705－0000198　201
施愚山先生學餘文集二十八卷　(清)施閏章撰　清宣統三年(1911)上海國學扶輪社影印本　六冊

500000－8705－0000199　202
施氏家風述略一卷續編一卷　(清)施閏章輯錄　清末國學扶輪社影印本　一冊

500000－8705－0000200　203
施愚山先生學餘詩集五十卷　(清)施閏章撰　清末國學扶輪社影印本　一冊　存六卷(四十五至五十)

500000－8705－0000201　204
惜抱軒尺牘八卷　(清)姚鼐撰　清宣統三年(1911)上海國學扶輪社鉛印本　一冊　存四卷(五至八)

500000－8705－0000202　205
白香山詩長慶集二十卷　(唐)白居易撰　(清)汪立名編　清末石印本　四冊　存十六卷(一至十六)

500000－8705－0000203　206
王子安集註二十卷首一卷末一卷　(唐)王勃撰　(清)蔣清翊註　清末上海鑄記書局石印本　六冊　存十卷(一至九、首一)

500000－8705－0000204　207
古文辭類纂十五卷續古文辭類纂十卷　(清)姚鼐編　王先謙纂　清光緒二十四年(1898)慎記書莊石印本　八冊

500000－8705－0000205　208
曾文正公全集　(清)曾國藩撰　清光緒二十九年(1903)鴻寶齋石印本　五冊　存十八卷(奏稿三至六、十五至二十二,家書五至十)

500000－8705－0000206　209
欽定續文獻通考二百五十卷　(清)嵇璜等撰　清光緒石印本　二冊　存十二卷(三十至三十三、二百二十九至二百三十六)

500000－8705－0000207　210
御選唐宋文醇五十八卷詩醇四十七卷　(清)高宗弘曆選　清末石印本　四冊　存一百〇二卷(四至一百〇五)

500000－8705－0000208　211
讀史方輿紀要一百三十卷　(清)顧祖禹輯　清末石印本　十五冊　存三十二卷(八至三十、三十八至四十六)

500000－8705－0000209　212
增訂漢魏叢書　(清)楊廷瑞撰　清光緒湖南藝文書局刻本　八十三冊　存八十五種四百二十二卷(焦氏易林四卷、易傳三卷、關氏易傳一卷、周易略例一卷、古三墳一卷、汲塚周書十卷、詩傳孔氏傳一卷、詩說一卷、韓詩外傳十卷、毛詩草木鳥獸蟲魚疏二卷、大戴禮記十三卷、春秋繁露十七卷、白虎通德論四卷、獨斷一卷、忠經一卷、孝傳一卷、方言十三卷、小爾雅一卷、博雅十卷、釋名四卷、竹書紀年二卷、穆天子傳六卷、越絕書十五卷、吳越春秋六卷、西京雜記六卷、漢武帝内傳一卷、飛燕外傳一卷、雜事秘辛一卷、華陽國志一至十、十六國春秋六至十五、元經薛氏傳十卷、群輔錄一卷、英雄記鈔一卷、高士傳三卷、蓮社高賢傳一卷、神仙傳五至十、孔叢二卷附詰墨一卷、新語一卷、新書十卷、新序十卷、說苑二十卷、淮南鴻烈解二十一卷、鹽鐵論一至十、法言十卷、申鑒五卷、論衡三十卷、潛夫論十卷、中論二卷、中說二卷、人物志三卷、新論十卷、顏氏家訓二卷、參同契一卷、陰符經一卷、風后握奇經一卷、素書一卷、心書一卷、古今注三卷、博物志十卷、文心雕龍十卷、詩品三卷、書品一卷、尤射一卷、拾遺記十卷、述異記二卷、續齊諧記一卷、搜神記八卷、還冤記一卷、神異經一卷、十洲記一卷、洞冥記四卷、枕中書一卷、佛國記一卷、伽藍記五卷、三輔黃圖六卷、水經二卷、星經二卷、荆楚歲時記一卷、南方草木狀三卷、竹譜一卷、禽經一卷、刀劍錄一卷、鼎錄一卷、天祿閣外史八卷)

500000－8705－0000210　213
詩經　(宋)朱熹集傳　清末刻本　一冊　存三卷(六至八)

500000－8705－0000211　214
國語二十一卷　(三國吳)韋昭解　(宋)宋庠補音　清末刻本　五冊　存十七卷(一至十七)

500000－8705－0000212　215
魏志三十卷附校勘記　(晉)陳壽撰　(南朝宋)裴松之注　清刻本　十三冊　存二十六卷(五至三十)

500000－8705－0000213　216
小石山房印譜六卷　(清)顧浩輯　清宣統三年(1911)影印道光海虞顧氏鈐印本　六冊

500000－8705－0000214　217
繡像三國演義六卷　(明)羅貫中撰　題(清)陳氏尺蠖齋評釋　清光緒十九年(1893)上海廣益書局石印本　一冊

500000－8705－0000215　218
六書通十卷續集十卷　(明)閔齊伋撰　(清)畢弘述篆訂　清光緒二十一年(1895)上海鴻寶齋石印本　五冊

500000－8705－0000216　219
詩韻合璧五卷附虛字韻藪一卷　(清)潘維城輯　清光緒七年(1881)上海淞隱閣仿聚珍版鉛印本　五冊

500000－8705－0000217　220
史記選六卷　(清)儲欣評　清刻本　一冊　存一卷(五)

500000－8705－0000218　221
校讎通義三卷　(清)章學誠撰　清光緒二十四年(1898)長沙經文書局刻本　一冊

500000－8705－0000219　222
新訂四書補註備旨十卷　(明)鄧林撰　清刻本　二冊　存四卷(上孟一至二、下孟三至四)

500000－8705－0000220　223
四書集註正本十二卷圖一卷疑字辨一卷辨似字一卷　(宋)朱熹集註　清光緒十七年(1891)新都墨耕堂刻本　五冊　存九卷(一至二、六至七、十一至十二,圖一,疑字辨一,辨似字一)

500000－8705－0000221　224
二曲集四十六卷　(清)李顒撰　清刻本　六冊　存二十三卷(一至二十三)

500000－8705－0000222　225
四書反身錄八卷　(清)李顒口授　(清)王心敬錄　清刻本　一冊　存五卷(六至十)

500000－8705－0000223　226
史記一百三十卷　(漢)司馬遷撰　(南朝宋)裴駰集解　(唐)司馬貞索隱　(唐)張守節正義　清光緒十三年(1887)蒲圻但氏縮刻二十一史本　九冊　存二十四卷(一至二、六、十至十二、二十至二十二、二十五至二十六、三十四至三十七、四十至四十二、六十八至七十三)

500000－8705－0000224　227
三通考輯要七十六卷　(清)湯壽潛編　清光緒刻本　二十三冊　存四十七卷(文獻通考輯要九至十四、十六至二十四,續文獻通考輯要十七至二十六,皇朝文獻通考輯要二至十七、二十一至二十六)

500000－8705－0000225　228
鑄史駢言十二卷　(清)孫玉田撰　清末刻本　一冊　存四卷(九至十二)

500000－8705－0000226　229

戰國策三十三卷　(□)□□輯　清末刻本　三册　存四卷(三、六、九至十)

500000－8705－0000227　230

皇華草箋注三卷　(清)陶澍撰　(清)鄭際昌箋釋　(清)謝元淮補注　(清)趙宜梅補箋　清刻本　一册　存一卷(中)

500000－8705－0000228　231

佩文韻府一百○六卷韻府拾遺一百○六卷　(清)張玉書等編　清末石印本　十五册　存四十二卷(五至六、八至十五、二十七至三十八、四十三至四十五、六十三、六十七、七十一至七十五,韻府拾遺六至十五)

500000－8705－0000229　232

聊齋志異新評十六卷　(清)蒲松齡撰　(清)王士正評　(清)但明倫新評　清咸豐九年(1859)刻朱墨套印本　九册　存九卷(一、三至四、七至九、十一至十二、十五)

500000－8705－0000230　233

施註蘇詩四十二卷　(宋)蘇軾撰　(宋)施元之註　(清)顧嗣立等刪補　清刻本　四册　存二十卷(八至十七、三十三至四十二)

500000－8705－0000231　234

陸放翁劍南詩鈔六卷　(宋)陸游撰　(清)朱陖選定　清道光二年(1822)刻本　四册　存四卷(二至五)

500000－8705－0000232　235

子書　(清)高宗弘曆選　清光緒二十二年(1896)上海圖書集成局石印本　十册　存九種九十九卷(淮南子一至十一、十七至二十一,文中子中說十卷,晏子春秋七卷附音義二卷校勘記二卷,賈子新書十卷,董子春秋繁露十七卷附錄一卷,竹書紀年統箋十二卷前編一卷雜述一卷,尸子二卷存疑一卷,商君書五卷附考一卷,山海經十八卷)

500000－8705－0000233　236

皇朝政典挈要八卷　(日本)增田貢撰　(清)毛淦補編　清光緒二十八年(1902)鉛印本　四册

500000－8705－0000234　237

國朝先生正事略六十卷首一卷　(清)李元度纂　清光緒十二年(1886)鉛印本　十册

500000－8705－0000235　238

國朝先生正事略六十卷首一卷　(清)李元度纂　清光緒十二年(1886)鉛印本　五册　存二十四卷(五至七、十六至三十六)

500000－8705－0000236　239

御纂七經　(清)李光地等編　清光緒二十九年(1903)鑄記書局石印本　十八册　存六十九卷(御纂周易折中一至九,欽定書經傳說彙纂一,欽定詩經傳說彙纂十二至二十一,詩序一至二,欽定春秋傳說彙纂一至八、十八至三十八、首一至二,欽定周官義疏一,欽定儀禮義疏二十四至三十七,欽定禮記義疏一)

500000－8705－0000237　240

皇朝通志一百二十六卷　(清)嵇璜　(清)曹仁虎等撰　清光緒石印本　二册　存十八卷(十八至二十三、一百十五至一百二十六)

500000－8705－0000238　241

新鐫曆法總覽合節鼇頭通書大全十卷　(清)熊宗立纂輯　清末石印本　二册　存二卷(一、九)

500000－8705－0000239　242

曾文正公全集　(清)曾國藩撰　清末石印本　五册　存十四卷(家訓一至二、大事記一至三、榮哀錄一、家書三至十)

500000－8705－0000240　243

御批歷代通鑑輯覽一百二十卷　(清)傅恆等撰　清光緒二十九年(1903)上海通元書局石印本　二十一册　存一百○四卷(一至三十三、三十八至八十五、九十一至一百十三)

500000－8705－0000241　244

重編留青新集二十四卷　(清)馮善長編　清光緒三十三年(1907)上海廣益書局石印本　十一册　存二十二卷(三至二十四)

500000－8705－0000242　245

欽定續文獻通考輯要二十六卷　(清)湯壽潛

輯　清末石印本　三冊　存十卷(一至四、九至十一、十八至二十)

500000－8705－0000243　246
皇朝文獻通考輯要二十六卷　(清)湯壽潛輯　清末石印本　五冊　存十九卷(一至三、八至二十三)

500000－8705－0000244　247
文獻通考輯要二十四卷　(清)湯壽潛輯　清末石印本　四冊　存十六卷(六至十、十四至二十四)

500000－8705－0000245　248
新鐫校正詳註分類百子金丹全書十卷　(明)郭偉選撰　(明)李調元撰　清光緒二十一年(1895)石印本　一冊　存二卷(三至四)

500000－8705－0000246　249
重訂王世貞先生綱鑑會纂四十六卷　(明)王世貞撰　清末石印本　二冊　存十卷(七至十一、三十三至三十七)

500000－8705－0000247　250
說鈴三十四卷後二十一卷　(清)吳震方輯　清末刻本　七冊　存十七種十六卷(十三、十六至十七、二十三至二十四、三十至三十四,後集一、六至七、十九至二十一)

500000－8705－0000248　251
秘傳花鏡六卷圖一卷　(清)陳淏輯　清刻本　二冊

500000－8705－0000249　252
子史精華一百六十卷　(清)聖祖玄燁編　清刻本　五冊　存十九卷(一至四、二十一至二十四、三十至三十二、三十七至四十、四十五至四十八)

500000－8705－0000250　253
國朝古文選二卷　(清)孫澍輯　清光緒二十七年(1901)叢文精舍刻本　二冊

500000－8705－0000251　254
黃山谷集内集二十卷外集十七卷別集二卷　(宋)黃庭堅撰　清宣統二年(1910)湖北黃岡陶子麟刻本　十冊　存二十九卷(内集三至十一、十五至二十,外集一至八、十二至十七)

500000－8705－0000252　255
國朝名人著述叢編十三種　(清)□□輯　清光緒五年(1879)上海淞隱閣刻本　四冊　存八種(救文格論、金石要例、師友詩傳錄續錄、論學三說、詞統源流、說詩晬語二、唐人試律說、讀賦卮言)

500000－8705－0000253　256
[光緒]奉節縣志三十六卷首一卷圖一卷　(清)曾秀翹等纂修　清光緒十九年(1893)刻本　七冊　存十九卷(一至十二、十五至二十,首一)

500000－8705－0000254　257
[光緒]奉節縣志三十六卷首一卷圖一卷　(清)曾秀翹等纂修　清光緒十九年(1893)刻本　七冊

500000－8705－0000255　258
欽定四庫全書簡明目錄二十卷　(清)紀昀等編　清末石印本　四冊　存六卷(一至四、十五、十八)

500000－8705－0000256　259
日知錄三十二卷首一卷　(清)顧炎武撰　(清)黃汝成集釋　清光緒二十一年(1895)上海點石齋石印本　一冊　存四卷(一至四)

500000－8705－0000257　260
四憶堂詩集六卷遺稿一卷　(清)侯方域撰　(清)賈開宗等選注　清宣統元年(1909)上海掃葉山房石印本　二冊

500000－8705－0000258　261
四憶堂詩集六卷遺稿一卷　(清)侯方域撰　(清)賈開宗等選注　清宣統元年(1909)上海掃葉山房石印本　一冊　存四卷(四至六、遺稿一)

500000－8705－0000259　262
八家四六文註八卷　(清)許貞幹註　清光緒上海掃葉山房石印本　七冊

500000－8705－0000260　263

孟子□□卷　（宋）朱熹集注　清宣統二年（1910）上海章福記書局石印本　一册　存二卷（四至五）

500000－8705－0000261　264

説文解字三十二卷　（清）段玉裁注　清光緒十二年（1886）上海點石齋石印本　一册　存六卷（一至六）

500000－8705－0000262　265

春在堂尺牘六卷　（清）俞樾撰　清光緒三十四年（1908）上海文瑞樓石印本　二册　存四卷（一至四）

500000－8705－0000263　266

萬國史記二十卷　（日本）岡本監輔撰　清光緒二十七年（1901）上海書局石印本　三册　存九卷（一至三、七至十二）

500000－8705－0000264　267

歷朝紀事本末　（清）朱記榮輯　清光緒十四年（1888）上海書業公所鉛印本　二十册　存九種二百七十八卷（左傳紀事本末二十六至五十三，通鑑紀事本末二百二十五至二百三十九，宋史紀事本末一百〇九卷，遼史紀事本末六至四十，金史紀事本末一至二十五，西夏紀事本末一至十六、首一至二，元史紀事本末十三至二十七，明史紀事本末一至十一，三藩紀事本末一至二十二）

500000－8705－0000265　268

尚論張仲景傷寒論重編三百九十七法二卷首一卷後篇四卷　（清）喻昌嘉撰　清刻本　二册　存四卷（一、後篇一至二、首一）

500000－8705－0000266　269

新鐫碎玉剖秘地理不求人龍法五卷撼龍經一卷　（清）吳以炌撰　清刻本　二册　存二卷（地理不求人一、撼龍經一）

500000－8705－0000267　270

增註分類尺牘□□卷　（□）□□輯　清末石印本　四册　存十五卷（三至五、九至十、十三至二十二）

500000－8705－0000268　271

文選六十卷　（南朝梁）蕭統輯　清末上海錦章書局石印本　三册　存十一卷（一至三、二十二至二十五、三十九至四十二）

500000－8705－0000269　272

文選六十卷　（南朝梁）蕭統輯　**考異十卷**　（清）胡克家撰　清末上海鴻文書局石印本　十册

500000－8705－0000270　273

重訂選擇集要七卷　（明）黄一鳳編集　清刻本　二册　存四卷（一至四）

500000－8705－0000271　274

壯悔堂文集十卷　（清）侯方域撰　（清）徐隣唐　（清）宋犖評點　清宣統二年（1910）上海掃葉山房石印本　一册　存二卷（一至二）

500000－8705－0000272　275

可之先生文集二卷　（唐）孫可之撰　清宣統二年（1910）上海會文堂粹記石印本　一册

500000－8705－0000273　276

曾南豐文集四卷　（宋）曾鞏撰　清宣統二年（1910）上海會文堂書局石印本　二册

500000－8705－0000274　277

康熙字典十二集檢字一卷辨似一卷等韻一卷備考一卷補遺一卷　（清）張玉書等編　清刻本　十三册　存八集一卷（卯上、辰上、巳、午下、未上下、申上、戌中、亥中下，等韻一）

500000－8705－0000275　278

康熙字典十二集　（清）張玉書等編　清刻本　四册　存三集（辰中、巳中下、午上）

500000－8705－0000276　279

康熙字典十二集檢字一卷辨似一卷等韻一卷備考一卷補遺一卷　（清）張玉書等編　清光緒二十年（1894）上海點石齋石印本　二册　存三集五卷（子、丑、亥，檢字一，辨似一，等韻一，備考一，補遺一）

500000－8705－0000277　280

康熙字典十二集檢字一卷辨似一卷等韻一卷

備考一卷補遺一卷　(清)張玉書等編　清宣統元年(1909)上海育文書局石印本　六冊

500000－8705－0000278　281
康熙字典十二集檢字一卷辨似一卷等韻一卷備考一卷補遺一卷　(清)張玉書等編　清石印本　三冊　存五集三卷(子、卯、辰、未、申,檢字一,辨似一,等韻一)

500000－8705－0000279　282
地理小補三卷續編一卷　(清)劉傑撰　清同治九年(1870)刻本　一冊

500000－8705－0000280　283
漁洋山人精華錄箋注十二卷補注一卷　(清)王士禛撰　(清)金榮箋注　清刻本　一冊　存二卷(十二、補注一)

500000－8705－0000281　284
康熙字典十二集檢字一卷辨似一卷等韻一卷備考一卷補遺一卷　(清)張玉書等編　清石印本　四冊　存九集(寅、卯、辰、巳、午、未、申、酉、戌)

500000－8705－0000282　285
康熙字典十二集檢字一卷辨似一卷等韻一卷備考一卷補遺一卷　(清)張玉書等編　清石印本　一冊　存二集(未、申)

500000－8705－0000283　286
四書辨真十六章　(□)□□撰　清末刻本　一冊　存一卷(上論一)

500000－8705－0000284　287
四書辨真十六章　(□)□□撰　清末刻本　一冊　存一卷(上論一)

500000－8705－0000285　288
四書辨真十六章　(□)□□撰　清末刻本　一冊　存一卷(上論一)

500000－8705－0000286　289
四書辨真十六章　(□)□□撰　清末刻本　一冊　存一卷(上論一)

500000－8705－0000287　290
四書辨真十六章　(□)□□撰　清末刻本　一冊　存一卷(上論一)

500000－8705－0000288　291
四書辨真十六章　(□)□□撰　清末刻本　一冊　存一卷(上論一)

500000－8705－0000289　292
四書辨真十六章　(□)□□撰　清末刻本　一冊　存一卷(上論一)

500000－8705－0000290　293
四書辨真十六章　(□)□□撰　清末刻本　一冊　存一卷(上論一)

500000－8705－0000291　294
七家詩詳註七卷　(清)張熙宇評選　清刻本　二冊　存二卷(二、六)

500000－8705－0000292　295
四書疏註撮言大全三十七卷　(清)紀昀鑒定　(清)胡蓉芝輯　清刻本　十冊　存十二卷(大學一,中庸一,孟子一、四、十一至十三,論語一至二、十一至十三)

500000－8705－0000293　296
四書撮言三十七卷　(清)胡蓉芝輯　清刻本　三冊　存四卷(孟子二、八,論語十九至二十)

重慶市涪陵區少年兒童圖書館古籍普查登記目録

全國古籍普查登記目録

國家圖書館出版社
National Library of China Publishing House

500000－8706－0000001　02/025
蜀學編二卷　(清)方守道　(清)高賡恩輯　清光緒二十七年(1901)錦江書局刻本　二册

500000－8706－0000002　09/196
淵鑒齋御纂朱子全書六十六卷　(宋)朱熹撰　(清)李光地等纂修　清同治八年(1869)成都書局刻本　三十册

500000－8706－0000003　03/034
四書味根錄三十七卷　(清)金徵輯　清道光二十二年(1842)粲花吟館刻本　十二册

500000－8706－0000004　02/026
御批資治通鑑綱目前編十八卷首一卷舉要三卷正編五十九卷首一卷　(宋)金履祥　(宋)朱熹撰　**續編二十七卷**　(明)商輅撰　清光緒二十八年(1902)上海經香閣石印本　十六册

500000－8706－0000005　08/144
壇經一卷附六祖大師事略一卷　(唐)釋慧能說　(唐)釋法海錄　清同治十一年(1872)如皋刻經處刻本　一册

500000－8706－0000006　04/061
北史一百卷　(唐)李延壽撰　清同治十二年(1873)金陵書局刻本　二十八册

500000－8706－0000007　04/056
前漢書一百二十卷　(漢)班固撰　清光緒十三年(1887)金陵書局刻本　二十六册

500000－8706－0000008　03/028
尚書離句六卷　(清)錢在培輯解　清刻本　四册

500000－8706－0000009　04/060
三國志六十五卷　(晉)陳壽撰　(南朝宋)裴松之注　清光緒十三年(1887)江南書局刻本　十二册

500000－8706－0000010　03/039
欽定續文獻通考二百五十卷　(清)嵇璜等撰　清光緒二十七至二十八年(1901－1902)上海圖書集成局鉛印本　三十六册

500000－8706－0000011　03/029
東萊博議四卷　(宋)吕祖謙撰　清末刻本　二册　存二卷(三至四)

500000－8706－0000012　03/030
鼎鐫趙田了凡袁先生編纂古本歷史大方綱鑑補三十九卷首一卷　(明)袁黄撰　清末刻本　一册　存一卷(二十九)

500000－8706－0000013　01/001
皇清經解一千四百〇八卷首一卷　(清)阮元編　清道光九年(1829)廣東學海堂刻咸豐十年(1860)補刻本　三百六十册

500000－8706－0000014　02/005
周官註釋十二卷　(清)鮑梁纂輯　清乾隆四十一年(1776)刻本　四册

500000－8706－0000015　03/035
春秋公羊傳不分卷　(清)楊國楨撰　清刻本　二册

500000－8706－0000016　03/036
大智度論一百卷　(印度)釋龍樹造　(後秦)釋鳩摩羅什譯　清刻本　二十五册

500000－8706－0000017　11/253
皇朝經世文三編八十卷　(清)陳忠倚輯　清光緒二十七年(1901)上海書局石印本　十六册　存七十五卷(一至七十五)

500000－8706－0000018　11/254
皇朝經世文續編一百二十卷　(清)葛士濬輯　清光緒二十二年(1896)上海寶善書局石印本　二十册

500000－8706－0000019　11/255
皇朝經世文新編二十一卷　(清)麥仲華輯　清光緒二十七年(1901)上海寶善書局石印本　十六册

500000－8706－0000020　08/140
菩薩戒本經箋要不分卷　(北涼)釋曇無讖譯　(明)釋智旭注　清光緒六年(1880)刻本　一册

500000－8706－0000021　03/048

易經音訓不分卷　(清)楊國楨撰　清光緒三年(1877)湖北崇文書局刻十一經音訓本　二冊

500000－8706－0000022　08/167

大乘起信論直解二卷附法相圖　(明)釋德清述　清光緒十六年(1890)金陵刻經處刻本　一冊

500000－8706－0000023　08/168

大方廣圓覺脩多羅了義經近釋六卷　(明)釋通潤述　清光緒十二年(1886)金陵刻經處刻本　二冊

500000－8706－0000024　08/137

金鏡録不分卷　(元)敖繼翁撰　清道光十五年(1835)刻本　一冊

500000－8706－0000025　08/138

藥師琉璃光如來本願功德經直解二卷　(清)釋靈耀撰　清宣統二年(1910)常州天寧寺刻本　一冊

500000－8706－0000026　03/027

新鐫曆法便覽象吉備要通書大全二十九卷　(清)魏鑑彙述　清刻本　一冊　存七卷(一至七)

500000－8706－0000027　02/012

海山存稿二十卷　(清)周煌撰　清嘉慶元年(1796)刻本　六冊

500000－8706－0000028　03/031

詩傳八卷　(宋)朱熹集傳　清刻本　四冊

500000－8706－0000029　03/032

寄傲山房塾課新增幼學故事瓊林四卷　(清)程允升編　(清)鄒聖脈增補　清末刻本　二冊　存二卷(三至四)

500000－8706－0000030　03/033

大方廣佛華嚴經疏論纂要懸示一百二十卷　(唐)釋澄觀撰　(唐)李通玄論　(清)釋道霈纂要　清光緒元年(1875)刻本　四十八冊

500000－8706－0000031　08/174

護法論不分卷　(宋)張商英述　清光緒二年(1876)常熟刻經處刻本　一冊

500000－8706－0000032　08/162

頓悟入道要門論一卷諸方門人參問語錄一卷附方聚成禪師語錄禪淨合要　(唐)釋慧海撰　清宣統二年(1910)常州天寧寺刻本　一冊

500000－8706－0000033　08/156

續原教論二卷　(明)沈士榮撰　清光緒元年(1875)金陵刻經處刻本　一冊

500000－8706－0000034　08/157

續原教論二卷　(明)沈士榮撰　清光緒元年(1875)金陵刻經處刻本　一冊

500000－8706－0000035　08/175

護法論不分卷　(宋)張商英述　清光緒二年(1876)常熟刻經處刻本　一冊

500000－8706－0000036　08/158

筠州黃檗山斷際禪師傳心法要一卷黃檗斷際禪師宛陵錄一卷　(唐)裴休集　清光緒十年(1884)金陵刻經處刻本　一冊

500000－8706－0000037　08/147

佛遺教經解不分卷　(明)釋蕅益撰　(明)釋智旭述　清光緒十一年(1885)金陵刻經處刻本　一冊

500000－8706－0000038　08/141

壇經一卷附六祖大師事略一卷　(唐)釋惠能說　(唐)釋法海錄　清同治十一年(1872)如皋刻經處刻本　一冊

500000－8706－0000039　03/040

子書百家七十六種　(清)崇文書局輯　清光緒元年(1875)湖北崇文書局刻本　八十六冊

存七十七種三百九十八卷(孔子家語十卷、孔子集語二卷、荀子三卷、孔叢子二卷、新語二卷、忠經一卷、新書十卷存一至四卷、新序十卷、說苑二十卷、揚子法言一卷、方言十三卷、潛夫論十卷、申鑒五卷、中論二卷、傅子一卷、續孟子二卷、胡子知言六卷附錄一卷、疑義一卷、薛子道論三卷、風后握奇經一卷附握奇經續圖一卷、八陣總述一卷、六韜三卷、孫子三卷、吳子二卷、司馬法一卷、尉繚子二卷、素書一卷、心書一卷、何博士備論二卷、李忠定公輔政本末一卷、管子二十四卷、晏子春秋八卷、商子五卷、鄧子一卷、尸子二卷、韓非子一至五、齊民要術十卷雜説一卷、太玄經十卷、焦氏易林四卷、鬻子一卷補一卷、計倪子一卷、於陵子一卷、子華子二卷、墨子十六卷、尹文子一卷、慎子一卷、公孫龍子一卷、鬼谷子一卷、鶡冠子三卷、呂氏春秋二十六卷、淮南鴻烈解二十一卷、金樓子六卷、劉子二卷、顏氏家訓二卷、獨斷一卷、論衡三十卷、白虎通德論四卷、風俗通義十卷、牟子一卷、古今注三卷、聱隅子二卷、懶真子五卷、叔苴子内篇六卷外篇二卷、郁離子一卷、空洞子一卷、海沂子五卷、燕丹子三卷、玉泉子一卷、金華子雜編二卷、山海經十八卷、山海經圖贊一卷、山海經補注一卷、拾遺記十卷、博物志十卷、續博物志十卷、述異記二卷、陰符經一卷、關尹子一卷、老子道德經二卷)

500000－8706－0000040　08/139
大乘起信論纂注二卷　(南朝梁)釋真諦譯　(明)釋真界纂注　清光緒十一年(1885)金陵刻經處刻本　一册

500000－8706－0000041　08/160
筠州黄檗山斷際禪師傳心法要一卷黄檗斷際禪師宛陵録一卷　(唐)裴休集　清光緒十年(1884)金陵刻經處刻本　一册

500000－8706－0000042　08/161
筠州黄檗山斷際禪師傳心法要一卷黄檗斷際禪師宛陵録一卷　(唐)裴休集　清光緒十年(1884)金陵刻經處刻本　一册

500000－8706－0000043　08/159
筠州黄檗山斷際禪師傳心法要一卷黄檗斷際禪師宛陵録一卷　(唐)裴休集　清光緒十年(1884)金陵刻經處刻本　一册

500000－8706－0000044　08/163
頓悟入道要門論一卷諸方門人參問語録一卷附方聚成禪師語録禪淨合要　(唐)釋慧海撰　清宣統二年(1910)常州天寧寺刻本　一册

500000－8706－0000045　08/164
頓悟入道要門論一卷諸方門人參問語録一卷附方聚成禪師語録禪淨合要　(唐)釋慧海撰　清宣統二年(1910)常熟天寧寺刻本　一册

500000－8706－0000046　08/165
頓悟入道要門論一卷諸方門人參問語録一卷附方聚成禪師語録禪淨合要　(唐)釋慧海撰　清宣統二年(1910)常熟天寧寺刻本　一册

500000－8706－0000047　08/143
菩薩戒本經箋要一卷　(北涼)釋曇無讖譯　(明)釋智旭注　清光緒六年(1880)刻本　一册

500000－8706－0000048　03/038
實字彙釋八卷　(清)袁培福輯　清宣統元年(1909)刻本　六册

500000－8706－0000049　08/142
佛説阿彌陀經要解不分卷　(後秦)釋鳩摩羅什譯　(明)釋智旭解　清光緒十一年(1885)金陵刻經處刻本　一册

500000－8706－0000050　06/078
史記一百三十卷首一卷　(漢)司馬遷撰　(南朝宋)裴駰注　清光緒四年(1878)金陵書局刻本　十六册

500000－8706－0000051　09/207
漢學商兑三卷　(清)方東樹撰　清光緒十五年(1889)刻本　四册

500000－8706－0000052　11/268
欽定古今圖書集成一萬卷目録三十二卷　(清)陳夢雷等編　清光緒三十年(1904)上海圖書集成印書局鉛印本　一千五百三十册　存六種九千五十九卷(目録一至三十二;曆象彙乾象典,歲功典,曆法典,庶徵典;方輿彙坤輿典,職方典一至八百五十、八百五十四至一千十一、一千一百五十七至一千四百十四,山川典一至一百〇六、一百十三至三百二十,邊裔典;明倫彙皇極典,宮闈典,官常典一至二百六十五、二百七十三至四百三十七、四百七十四至五百五十五、五百六十至八百,家範典,交誼典,氏族典,人事典,閨媛典;博物彙藝術典一至二百十一、二百十四至二百二十、五百二十三至八百二十四,神異典一至七十、七十五至三百二十,禽蟲典,草木典;禮學彙經籍典,學行典一至一百五十五、一百六十二至一百九十四,文學典一至一百〇九、二百十一至二百十七,字學典;經濟彙選舉典,銓衡典,食貨典六至十、二十九至三百六十,禮儀典一至六、十一至二十二、二十九至一百五十一、一百五十八至三百四十八,樂律典,戎政典,祥刑典,考工典)

500000－8706－0000053　11/262
增補醫方一盤珠全集十卷　(清)洪金鼎訂　清刻本　一冊　存二卷(一至二)

500000－8706－0000054　11/263
欽定協紀辨方書三十六卷　(清)洪金鼎訂　清刻本　五冊　存十三卷(十一至十三、十六至十九、二十三至二十八)

500000－8706－0000055　08/145
佛說阿彌陀經要解不分卷　(後秦)釋鳩摩羅什譯　清光緒十一年(1885)金陵刻經處刻本　一冊

500000－8706－0000056　04/058
晉書一百三十卷　(唐)房玄齡等纂　清同治十年(1871)金陵書局刻本　二十八冊

500000－8706－0000057　04/059
魏書一百十四卷　(北齊)魏收撰　清同治十二年(1873)金陵書局刻本　二十四冊

500000－8706－0000058　02/014
函史上編八十一卷下編二十一卷　(明)鄧元錫纂　清康熙二十年(1681)刻本　八十冊

500000－8706－0000059　03/037
相宗八要解八卷　(唐)釋玄奘譯　(明)釋明昱集解　清光緒二十八年(1902)金陵刻經處刻本　三冊

500000－8706－0000060　04/062
南史八十卷　(唐)李延壽撰　清同治十二年(1873)金陵書局刻本　十八冊

500000－8706－0000061　11/265
新刊良朋彙集六卷　(清)孫偉輯　清刻本　六冊

500000－8706－0000062　08/169
維摩詰所說經三卷　(後秦)釋鳩摩羅什譯　清同治九年(1870)金陵刻經處刻本　一冊

500000－8706－0000063　07/091
世補齋醫書六種三十三卷　(清)陸懋修撰　清光緒十年(1884)刻本　八冊

500000－8706－0000064　08/146
大方廣圓覺脩多羅了義經近釋六卷　(明)釋通潤述　清光緒十二年(1886)金陵刻經處刻本　二冊

500000－8706－0000065　02/008
再重訂傷寒集注十卷附五卷　(清)舒詔撰　清文勝堂刻本　四冊

500000－8706－0000066　02/007
三農記十卷　(清)張宗法撰　清刻本　九冊

500000－8706－0000067　02/013
宋黃文節公文集二十四卷首一卷　(宋)黃庭堅撰　清乾隆三十年(1765)刻本　六冊

500000－8706－0000068　02/010
李太白文集三十六卷附錄六卷　(唐)李白撰　(清)王琦注　清乾隆二十四年(1759)刻本　十二冊

500000－8706－0000069　02/004
活幼心法大全九卷　(明)聶尚恆撰　(清)黃光會校勘　清乾隆四十六年(1781)刻本　二冊

500000－8706－0000070　02/003
丹臺玉案六卷　(明)孫文胤撰　清順治十七年(1660)刻本　四冊

500000－8706－0000071　02/006
新刊增補萬病回春原本八卷　(明)龔廷賢編　清刻本　八冊

500000－8706－0000072　02/002
丹臺玉案六卷　(明)孫文胤撰　清順治十七

年(1660)刻本　四冊　存五卷(一至三、五至六)

500000－8706－0000073　02/009

瘡瘍經驗全書十三卷　(宋)竇漢卿輯　清康熙五十六年(1717)浩然樓刻本　六冊　存五卷(一至五)

500000－8706－0000074　08/147

佛說四十二章經不分卷　(明)釋智旭撰　(漢)釋安世高譯　(明)釋智旭解　清光緒十一年(1885)金陵刻經處刻本　一冊

500000－8706－0000075　02/011

吳詩集覽二十卷附錄談藪一卷　(清)吳偉業撰　(清)靳榮藩輯　清乾隆四十年(1775)刻本　十六冊

500000－8706－0000076　08/148

般若波羅蜜多心經注解不分卷　(唐)釋玄奘譯　(明)釋宗泐注　(明)釋如玘注　**金剛般若波羅蜜經注解不分卷**　(後秦)釋鳩摩羅什譯　清光緒二年(1876)長沙刻經處刻本　一冊

500000－8706－0000077　08/149

佛說觀無量壽佛經疏四卷　(唐)法聰撰　(唐)釋善導集記　清光緒二十年(1894)金陵刻經處刻本　二冊

500000－8706－0000078　08/150

大佛頂如來密因修證了義諸菩薩萬行首楞嚴經纂注十卷首一卷末一卷　(唐)釋般剌密帝譯　(明)釋真界纂注　清光緒三十四年(1908)金陵刻經處刻本　五冊

500000－8706－0000079　08/151

維摩詰所說經注八卷　(後秦)釋鳩摩羅什集釋　(晉)釋僧肇注　清光緒十三年(1887)金陵刻經處刻本　二冊

500000－8706－0000080　08/152

觀楞伽阿跋多羅寶經記十八卷補遺一卷　(宋)釋求那跋陀羅譯　(明)釋德清記　清咸豐四年(1854)金陵刻經處刻本　六冊

500000－8706－0000081　08/153

妙法蓮華經通義二十卷　(明)釋德清述　清光緒三十四年(1908)金陵刻經處刻本　五冊

500000－8706－0000082　02/015

水道提綱二十八卷　(清)齊召南編錄　清光緒二十四年(1898)三味書室刻本　六冊

500000－8706－0000083　02/016

靈峰蕅益大師選定淨土十要十卷　(清)釋成時評點　清光緒三十四年(1908)刻本　四冊

500000－8706－0000084　02/017

御纂周易折中二十二卷首一卷　(清)李光地等撰　清同治十年(1871)湖北崇文書局刻本　十二冊

500000－8706－0000085　02/019

重校拜經樓叢書十種　(清)朱記榮輯　清光緒二十年(1894)吳縣朱氏校經堂刻本　十冊

500000－8706－0000086　02/018

說文解字注三十卷六書音韻表二卷部目分韻一卷　(清)段玉裁注　清光緒三年(1877)成都尊經書院刻本　十六冊

500000－8706－0000087　02/020

說文釋例二十卷　(清)王筠撰　清光緒九年(1883)秋成都御風樓刻本　二十冊

500000－8706－0000088　00/023

說文解字句讀三十卷　(清)王筠撰　清光緒八年(1882)四川尊經書局刻本　十四冊

500000－8706－0000089　02/021

欽定續通典一百五十卷　(清)嵇璜等纂　清光緒二十七年(1901)上海圖書集成局鉛印本　十六冊

500000－8706－0000090　02/022

說文逸字辨證二卷　(清)鄭珍撰　(清)李楨辨證　清光緒十一年(1885)畹蘭室刻本　二冊

500000－8706－0000091　02/024

說文解字義證五十卷　(清)桂馥撰　清同治九年(1870)湖北崇文書局刻本　十六冊　存

二十一卷(一至二十一)

500000－8706－0000092　05/072
五代史七十四卷　(宋)歐陽修撰　(宋)徐無黨注　清同治十一年(1872)湖北崇文書局刻本　八册

500000－8706－0000093　05/073
宋史四百九十六卷目錄三卷　(元)脱脱等修　清光緒元年(1875)浙江書局刻本　一百二十册

500000－8706－0000094　03/041
碑版文廣例十卷　(清)王芑孫輯　清道光二十一年(1841)刻本　四册

500000－8706－0000095　03/042
墓銘舉例四卷金石要例一卷　(明)王行輯　清光緒四年(1878)朱墨套印本　二册

500000－8706－0000096　03/043
誌銘廣例二卷　(清)梁玉繩輯　清光緒三年(1877)吳縣朱氏槐廬家塾刻槐廬叢書本　一册

500000－8706－0000097　03/044
漢石例六卷　(清)劉寶楠錄　清光緒吳縣朱氏槐廬家塾刻槐廬叢書本　三册

500000－8706－0000098　03/045
金石例補二卷　(清)郭麐輯　清光緒三年(1877)吳縣朱氏槐廬家塾刻槐廬叢書本　一册

500000－8706－0000099　03/046
漢魏六朝墓銘纂例四卷　(清)李富孫撰　清光緒十三年(1887)吳縣朱氏槐廬家塾刻槐廬叢書本　一册

500000－8706－0000100　03/047
金石綜例四卷　(清)馮登府撰　清光緒十三年(1887)吳縣朱氏槐廬家塾刻槐廬叢書本　一册

500000－8706－0000101　03/049
金石稱例四卷續一卷石經閣金石跋文一卷　(清)梁廷枏纂　清光緒十三年(1887)吳縣朱氏槐廬家塾刻槐廬叢書本　一册

500000－8706－0000102　03/050
金石例十卷　(元)潘昂霄撰　清光緒刻朱墨套印本　二册

500000－8706－0000103　03/051
古文辭類纂七十五卷　(清)姚鼐撰　清光緒二十七年(1901)滁州李氏求要堂刻本　十二册

500000－8706－0000104　03/052
增删卜易六卷　題(清)野鶴老人撰　(清)李文輝增删　清咸豐十年(1860)宏道堂刻本　一册　存三卷(一至三)

500000－8706－0000105　03/053
寄傲山房塾課纂輯禮記全文備旨十卷　(清)陳澔集說　(清)鄒聖脈纂輯　清末刻本　二册　存五卷(五至六、九至十一)

500000－8706－0000106　03/054
本草從新六卷藥性總義一卷　(清)吳儀洛撰　清末善成堂刻吳氏醫學述本　一册　存二卷(一、藥性總義一)

500000－8706－0000107　03/055
史通削繁四卷　(唐)劉知幾撰　(清)紀昀削繁　清光緒元年(1875)凱江李氏家刻本　四册

500000－8706－0000108　04/057
後漢書九十卷　(南朝宋)范曄撰　(唐)李賢注　**續漢書志三十卷**　(晉)司馬彪撰　(南朝梁)劉昭注　清光緒十三年(1887)金陵書局刻本　二十二册

500000－8706－0000109　04/063
隋書八十五卷　(唐)魏徵等撰　清同治十年(1871)淮南書局刻本　十六册

500000－8706－0000110　04/064
陳書三十六卷　(唐)姚思廉撰　清同治十二年(1873)金陵書局刻本　四册

500000－8706－0000111　04/065
北齊書五十卷　(唐)李百藥撰　清同治十三年(1874)金陵書局刻本　六册

500000－8706－0000112　04/066

南齊書五十九卷　(南朝梁)蕭子顯撰　清同治十三年(1874)金陵書局刻本　八册

500000－8706－0000113　04/067

梁書五十六卷　(唐)姚思廉撰　清同治十三年(1874)金陵書局刻本　八册

500000－8706－0000114　04/068

唐書二百二十五卷　(宋)歐陽修等撰　清同治十二年(1873)浙江書局刻本　四十九册　存二百二十三卷(一至二百〇七、二百十至二百二十五)

500000－8706－0000115　04/069

舊五代史一百五十卷目録二卷　(宋)薛居正等撰　(清)邵晉涵等輯　清同治十一年(1872)湖北崇文書局刻本　十六册

500000－8706－0000116　05/070

舊唐書二百卷　(後晉)劉昫撰　清同治十一年(1872)浙江書局刻本　五十册

500000－8706－0000117　05/071

宋書一百卷　(南朝梁)沈約撰　清同治十二年(1873)金陵書局刻本　二十册

500000－8706－0000118　08/116

實字彙釋□□卷　(清)袁培福輯　清宣統元年(1909)刻本　五册　存七卷(二至八)

500000－8706－0000119　05/074

遼史一百十五卷　(元)脱脱等撰　清同治十二年(1873)江蘇書局刻本　十六册

500000－8706－0000120　05/075

金史一百三十五卷　(元)脱脱等修　清同治十三年(1874)江蘇書局刻本　二十六册

500000－8706－0000121　05/076

元史二百十卷目録二卷　(明)宋濂等修　清同治十三年(1874)江蘇書局刻本　四十八册

500000－8706－0000122　06/077

明史三百三十二卷目録四卷　(清)張廷玉等撰　清光緒三年(1877)湖北崇文書局刻本　八十册

500000－8706－0000123　06/079

欽定授時通考七十八卷　(清)張廷玉等撰　清道光六年(1826)刻本　二十四册

500000－8706－0000124　06/080

史記一百三十卷首一卷　(漢)司馬遷撰　(明)徐孚遠　(明)陳子龍測議　清刻本　三十八册　存一百十二卷(一至四十、四十三至八十四、八十八至九十二、一百〇一至一百二十四,首一)

500000－8706－0000125　06/081

史記一百三十卷首一卷　(漢)司馬遷撰　(明)徐孚遠　(明)陳子龍測議　清刻本　三十七册　存一百二十六卷(一至三、六至八十三、八十七至一百三十,首一)

500000－8706－0000126　06/082

史畧八十七卷　(清)朱筠如輯　清光緒二十六年(1900)刻本　九册　存八十三卷(一至八十三)

500000－8706－0000127　06/083

蜀故二十七卷　(清)彭遵泗纂　清光緒二十四年(1898)玉元堂刻本　六册

500000－8706－0000128　06/084

[同治]重修涪州志十六卷首一卷附涪州義勇彙編一卷典禮備要八卷　(清)吕紹衣等修　(清)王應元等總纂　清同治八年(1869)刻本　十册

500000－8706－0000129　06/085

高安三傳合編　(清)朱軾　(清)蔡世遠輯　清光緒二十年(1894)江蘇書局刻本　二十四册　存三種五十一卷(歷代名臣傳三十五卷、歷代名儒傳八卷、歷代循吏傳八卷)

500000－8706－0000130　06/086

廣博物志五十卷　(明)董斯張纂　清光緒五年(1879)刻本　四十册

500000－8706－0000131　06/088

居士傳不分卷　(清)釋知歸子撰　清刻本　八册

500000－8706－0000132　07/089
[光緒]富順縣志五卷首一卷　(清)段玉裁纂輯　清光緒八年(1882)刻本　五册

500000－8706－0000133　07/090
[嘉慶]四川通志二百〇四卷首二十二卷　(清)常明修　(清)楊芳燦　(清)譚光祜纂　清嘉慶二十年(1815)刻本　十四册　存二十二卷(首一至二十二)

500000－8706－0000134　07/092
通典二百卷　(唐)杜佑纂　清光緒二十七年(1901)上海圖書集成局鉛印本　十五册

500000－8706－0000135　07/093－098
宜稼堂叢書七種　(清)郁松年輯　清道光二十一年(1841)刻本　三十二册　存五種(剡源集三十卷劄記一卷、清容居士集五十卷劄記一卷、楊輝演算法六卷劄記一卷、詳解九章演算法一卷纂類一卷劄記一卷、數書九章十八卷劄記四卷)

500000－8706－0000136　07/099
[光緒]重修彭縣志十三卷首一卷末一卷　(清)張龍甲總纂　清光緒四年(1878)刻本　八册

500000－8706－0000137　07/100
左文襄公全集六十四卷　(清)左宗棠纂　清光緒十六年(1890)刻本　六十四册

500000－8706－0000138　07/101
笠翁一家言全集十六卷　(清)李漁撰　清光緒二十三年(1897)刻本　三册

500000－8706－0000139　07/102
較正醫林狀元壽世保元十卷　(明)龔廷賢撰　清嘉慶二十二年(1817)書林廣順堂刻本　十册

500000－8706－0000140　07/103
張大司馬奏稿四卷　(清)張亮基撰　清光緒十七年(1891)刻本　四册

500000－8706－0000141　07/104
痘科類編釋意三卷末一卷　(清)翟良輯　清光緒十年(1884)刻本　四册

500000－8706－0000142　07/105
千金翼方三十卷　(唐)孫思邈輯　(宋)林億等校　清光緒三十四年(1908)上海久敬齋書莊鉛印本　三册

500000－8706－0000143　07/106
釐正按摩要術四卷附刻二卷　(清)張振鋆輯　清光緒三十三年(1907)瀘州文滙堂刻本　六册

500000－8706－0000144　07/107
引痘略合編不分卷　(清)邱熺輯　清光緒二十一年(1895)刻本　一册

500000－8706－0000145　07/108
蘇沈良方八卷　(宋)蘇軾　(宋)沈括撰　清宣統二年(1910)刻本　二册

500000－8706－0000146　07/109
活人書二十卷　(清)朱肱撰　清光緒二十三年(1897)刻本　四册

500000－8706－0000147　07/110
外科大成四卷　(清)祁廣輯注　清善成堂刻本　六册

500000－8706－0000148　07/111
元亨療牛集二卷　(明)喻本元　(明)喻本亨撰　清刻本　一册

500000－8706－0000149　07/112
綱鑑正史約三十六卷甲子紀元一卷　(明)顧錫疇原編　(清)陳弘謀增訂　清光緒三十年(1904)渝州會文書局刻本　二十四册

500000－8706－0000150　07/113
駱文忠公奏稿十卷　(清)駱秉章撰　清光緒十七年(1891)刻本　十册

500000－8706－0000151　08/115
書經六卷書序傳一卷　(宋)蔡沈集傳　清光緒三十一年(1905)涪州小學堂刻本　六册

500000－8706－0000152　08/114
西方確指一卷　(清)釋常攝集　清光緒五年(1879)刻本　一册

500000－8706－0000153　08/117
蕺山先生人譜一卷人譜類記二卷　(明)劉宗周撰　清教忠堂家刻本　二册

500000－8706－0000154　08/118
金匱要略淺注十卷附讀法　(清)陳念祖集注　清光緒三十一年(1905)蜀東信義書局刻本　三册

500000－8706－0000155　08/119
新刻繡像療牛馬經五卷　(明)喻本元　(明)喻本亨著　清末刻本　三册

500000－8706－0000156　08/120
祝由科□□卷　(□)□□輯　清刻朱墨套印本　一册　存二卷(一至二)

500000－8706－0000157　08/121
佛説梵網經二卷　(後秦)釋鳩摩羅什譯　清光緒十年(1884)金陵刻經處刻本　一册

500000－8706－0000158　08/122
張仲景傷寒論原文淺注六卷　(清)陳念祖撰　清光緒三十一年(1905)蜀東信義書局刻本　三册

500000－8706－0000159　08/123
傷寒來蘇全集八卷　(清)柯琴編定　清宣統元年(1909)同文會刻本　四册

500000－8706－0000160　08/124
醫法圓通四卷　(清)鄭壽全撰　清光緒二十九年(1903)刻本　一册　存一卷(一)

500000－8706－0000161　08/125
經絡歌訣一卷醫方湯歌括一卷　(清)汪昂撰　清末刻本　一册

500000－8706－0000162　08/126
本草從新六卷首一卷　(清)吳儀洛撰　清刻吳氏醫學述本　五册　存五卷(二至六)

500000－8706－0000163　08/127
藥要便蒙二卷　(清)談鴻鋆撰　清光緒京都刻本　二册

500000－8706－0000164　08/128
洴澼百金方十四卷首一卷　(清)惠麓酒民編　清刻本　一册　存三卷(四至六)

500000－8706－0000165　08/129
李笠翁全集十六卷　(清)李漁撰　清刻本　十三册　存十四卷(笠翁文集二卷、笠翁詩集三卷、笠翁餘集一卷、笠翁别集二卷、笠翁偶集六卷)

500000－8706－0000166　08/130
寶綸堂詩稿四卷　(清)李鴻鈞撰　(清)李鴻藻選　清光緒十八年(1892)刻本　四册

500000－8706－0000167　08/131
靈素提要淺注十二卷　(清)陳念祖集注　清光緒三十一年(1905)蜀東信義書局刻本　三册　存九卷(一至六、十至十二)

500000－8706－0000168　08/132
仲景存真集二卷　(清)陳念祖著　清宣統三年(1911)刻本　一册　存一卷(一)

500000－8706－0000169　08/133
壽世醫鑒三卷　(清)王文選編輯　清光緒十年(1884)刻本　三册

500000－8706－0000170　08/134
黄帝内經素問九卷　(清)張志聰集註　清光緒三年(1877)刻本　十册

500000－8706－0000171　08/135
靈樞經十卷　(清)張志聰集註　清末刻本　十册

500000－8706－0000172　08/136
濟陰綱目十四卷目錄一卷保生碎事一卷　(明)武之望輯　(清)汪淇評　清刻本　六册　存八卷(七至十四)

500000－8706－0000173　08/154
佛説無量壽經義疏六卷　(三國魏)釋康僧鎧譯　(隋)釋慧遠撰疏　清光緒二十年(1894)金陵刻經處刻本　二册

500000－8706－0000174　08/155
佛説梵網經菩薩心地品全注七卷玄義一卷　(後秦)釋鳩摩羅什譯　(明)釋智旭注釋　同治十三年(1874)金陵刻經處刻本　四册

500000－8706－0000175　08/166

淨土聖賢錄九卷　(清)彭希涑編　**續錄四卷**　(清)蓮歸居士輯　**種蓮集一卷**　(清)陳本仁輯　清刻本　五冊　存十二卷(淨土聖賢錄一至九、續錄三至四、種蓮集一)

500000－8706－0000176　08/170

大慈恩寺三藏法師傳　(唐)釋慧立本釋(唐)釋彥悰箋　清宣統元年(1909)常州天寧寺刻本　三冊　存十卷(一至十)

500000－8706－0000177　08/171

大唐西域記十二卷　(唐)釋玄奘譯　(唐)釋辯機撰　清宣統元年(1909)常州天寧寺刻本　四冊

500000－8706－0000178　08/172

靈峰蕅益大師梵室偶談一卷徹悟禪師語錄二卷　(明)釋智旭撰　清同治十年(1871)金陵刻本　一冊

500000－8706－0000179　08/173

靈峰蕅益大師梵室偶談一卷徹悟禪師語錄二卷　(明)釋智旭撰　清同治十年(1871)金陵刻本　一冊

500000－8706－0000180　08/176

御選雲棲蓮池袾大師語錄□□卷　(□)□□輯　清刻本　一冊　存一卷(十三)

500000－8706－0000181　08/177

四書小參不分卷問答一卷　(明)朱斯行編　清光緒三年(1877)姑蘇刻經處刻本　一冊

500000－8706－0000182　08/178

龐居士語錄一卷龐居士詩頌二卷　(唐)于頔編　清咸豐元年(1851)姑蘇刻本　一冊

500000－8706－0000183　08/179

雲棲大師山房雜錄二卷　(明)釋袾宏錄　清光緒二十五年(1899)金陵刻經處刻雲棲法彙本　二冊

500000－8706－0000184　08/180

佛教初學課本一卷佛教初學課本註一卷　(清)楊文會述　清光緒三十二年(1906)金陵刻經處刻本　一冊

500000－8706－0000185　08/181

佛教初學課本一卷佛教初學課本註一卷　(清)楊文會述　清光緒三十二年(1906)金陵刻經處刻本　一冊

500000－8706－0000186　08/182

重訂西方公據二卷　(清)彭際清集　清光緒四年(1878)金陵刻經處刻本　一冊

500000－8706－0000187　08/183

修西定課不分卷　(清)鄭澄德撰　(清)鄭澄源撰　清光緒二十四年(1898)金陵刻經處刻本　一冊

500000－8706－0000188　08/184

西歸直指四卷首一卷　(清)周夢顏彙輯　清光緒十二年(1886)金陵刻經處刻本　一冊

500000－8706－0000189　08/185

無量壽經優婆提舍願生偈注二卷略論安樂淨土義一卷讚阿彌陀佛偈一卷　(北魏)釋曇鸞注解　清光緒十九年(1893)金陵刻經處刻本　一冊

500000－8706－0000190　08/186

大清重刻龍藏彙記　(清)釋超盛等輯　清同治九年(1870)金陵刻經處刻本　一冊

500000－8706－0000191　08/187

阿毗達磨俱舍論三十卷　(唐)釋玄奘譯　清宣統三年(1911)常州刻本　六冊

500000－8706－0000192　08/188

醫方集解三卷　(清)汪昂撰　清末文星堂刻本　三冊

500000－8706－0000193　08/189

秘傳眼科龍木醫書總論十卷首一卷　(明)葆光道人撰　清刻本　四冊

500000－8706－0000194　08/190

傅氏眼科審視瑤函六卷首一卷　(明)傅仁宇纂輯　(明)林長生校補　(明)傅維藩編集　清刻本　四冊

500000－8706－0000195　08/191

銀海精微四卷　（唐）孫思邈輯　（清）龔雲林編　清刻本　二冊

500000－8706－0000196　08/192
東垣十書十二種　（清）王宇泰訂正　清光緒三十四年（1908）肇經堂刻本　十六冊

500000－8706－0000197　08/193
中西匯通醫書五種　（清）唐宗海撰　清光緒三十二年（1906）刻本　十冊

500000－8706－0000198　08/194
瘍醫大全四十卷　（清）顧世澄撰　清光緒二十年（1894）刻本　十三冊　存十三卷（一至二、四至六、八至十二、十七、十九至二十）

500000－8706－0000199　09/197
醫學心悟五卷華佗外科十法一卷　（清）程國彭撰　清光緒三十四年（1908）渝城善成書莊刻本　四冊

500000－8706－0000200　09/195
景岳全書六十四卷　（明）張介賓撰　清刻本　二十四冊

500000－8706－0000201　09/198
嵩厓尊生書十五卷　（□）景冬陽撰　清刻本　六冊

500000－8706－0000202　09/199
馮氏錦囊秘録雜症大小合參二十卷首二卷馮氏錦囊秘録痘症全集十五卷馮氏錦囊秘録雜症痘疹藥性主治合參十二卷首一卷　（清）馮兆張纂輯　清刻本　四十冊

500000－8706－0000203　09/200
馮氏錦囊秘録雜症大小合參二十卷首二卷馮氏錦囊秘録痘症全集十五卷馮氏錦囊秘録雜症痘疹藥性主治合參十二卷首一卷　（清）馮兆張纂輯　清刻本　十六冊　存三十四卷（雜症二至二十，痘疹全集一至十、十二至十五）

500000－8706－0000204　09/201
瘟疫論二卷　（明）吳有性撰　清同治元年（1862）刻本　二冊

500000－8706－0000205　09/202
新刻校正圓機活法詩學全書□□卷　（明）王世貞撰　清刻本　一冊　存一卷（二）

500000－8706－0000206　09/203
成都志古堂校刊各書目一卷　（清）成都志古堂編　清末刻本　一冊

500000－8706－0000207　09/204
鍼灸大成十卷　（清）章廷珪重修　咸豐二年（1852）刻本　十冊

500000－8706－0000208　09/205
中西醫刊二卷　（清）唐宗海撰　咸豐六年（1856）善成堂刻本　一冊

500000－8706－0000209　09/206
徐靈胎十二種全集　（清）徐大椿撰　清同治三年（1864）彭樹萱善成堂刻本　十六冊

500000－8706－0000210　09/208
四書旁音□□卷　（□）□□輯　清刻本　一冊　存一卷（下孟下）

500000－8706－0000211　09/209
御纂醫宗金鑑□□卷　（□）□□輯　清刻本　一冊　存一卷（六十五）

500000－8706－0000212　09/210
古文觀止十二卷　（清）吳乘權　（清）吳大職輯　清刻本　四冊　存八卷（三至八、十一至十二）

500000－8706－0000213　09/211
破迷宗旨一卷元宗合要一卷　（清）儒童老人撰　清同治十二年（1873）刻本有抄補　一冊

500000－8706－0000214　09/212
易筋經二卷洗髓經一卷　（唐）釋般剌密帝譯義　清道光三年（1823）刻本　一冊

500000－8706－0000215　09/213
外科切要不分卷　（清）王錫鑫編輯　清道光二十七年（1847）刻本　一冊

500000－8706－0000216　09/215
金匱方歌括六卷　（清）陳念祖撰　清光緒二十一年（1895）宏道堂刻本　一冊　存三卷（一至三）

500000－8706－0000217　09/216

太上感應篇註解旁訓一卷文昌帝群廣訓陰隲文註解一卷關聖帝君覺世真經註解一卷　(□)□□輯　一册

500000－8706－0000218　09/217

寄岳雲齋試體詩選詳注四卷　(清)張蘇撰　清光緒十七年(1891)刻本　二册

500000－8706－0000219　09/218

正蒙一得不分卷　(□)□□撰　清光緒三十年(1904)刻本　一册

500000－8706－0000220　09/219

如西所刻諸名家評點春秋綱目左傳句解彙雋六卷　(清)韓菼重訂　清末刻本　一册　存四卷(一至四)

500000－8706－0000221　09/220

新訂詩經附考備旨八卷圖説一卷　(清)陳百先輯解　(清)汪敬堂增評　清道光三年(1823)刻本　四册

500000－8706－0000222　09/221

附鮚軒詩八卷　(清)洪亮吉撰　清光緒三年(1877)授經堂刻本　一册　存三卷(一至三)

500000－8706－0000223　09/222

歷代輿地沿革險要圖不分卷　楊守敬　饒敦秩撰　清光緒五年(1879)東湖饒氏刻三色套印本　一册

500000－8706－0000224　10/223

東坡集八十四卷目錄二卷　(宋)蘇軾撰　清道光十二年(1832)刻本　四十五册

500000－8706－0000225　10/224

新刊校正增補圓機活法詩學全書二十四卷　(明)王世貞撰　清刻本　一册　存一卷(十四)

500000－8706－0000226　10/225

鄒叔子遺書七種　(清)鄒漢勳撰　清光緒新化鄒氏刻本　十六册　存六種二十八卷(讀書偶識十卷附一卷、五均論二卷、顓頊曆考二卷、南高平物產記二卷、斅藝齋文存八卷、學藝齋詩存二卷附錄紅崖碑釋文一卷)

500000－8706－0000227　10/226

嘉祐集二十卷　(宋)蘇洵撰　清道光十三年(1833)刻三蘇全集本　四册

500000－8706－0000228　10/227

孫淵如先生全集二十一卷長離閣集一卷　(清)孫星衍　(清)王薇撰　清光緒二十年(1894)湖南思賢書局刻本　十二册　存一卷(長離閣集一)

500000－8706－0000229　10/228

常熟翁相國手札八集　(清)翁同龢撰　清光緒三十四年至民國四年(1908－1915)上海有正書局影印本　二册　存二集(一、七)

500000－8706－0000230　10/229

斜川集六卷　(宋)蘇過撰　清道光六年(1826)刻本　四册

500000－8706－0000231　10/230

李義山詩集三卷附諸家詩評李義山詩譜舊唐書本傳　(唐)李商隱撰　清同治九年(1870)廣州倅署刻四色套印本　二册

500000－8706－0000232　10/231

西漚全集十卷外集八卷　(清)李惺撰　(清)章棫等編輯　清同治七年(1868)刻本　十六册

500000－8706－0000233　10/232

欒城集四十八卷目錄二卷　(宋)蘇轍撰　清道光十二年(1832)刻本　二十七册

500000－8706－0000234　10/233

公餘醫錄三十二種全集　(清)陳念祖撰　清光緒二十一年(1895)南雅書屋刻本　十七册　存十六種(神農本草經續一至二,金匱要略淺注一至七,傷寒醫訣串解六卷,靈素提要淺注一至五、九至十二,張仲景傷寒論原文淺注一至四,景岳新方砭四卷,傷寒真方歌括六卷,金匱歌括四至六,醫學從眾錄一至五,醫學實在易三至五,春温三字訣一卷,養生鏡一卷,十藥神書解一卷,急救奇痧方一卷,經驗百病内外一卷,霍亂轉筋二卷)

500000－8706－0000235　10/234
蜀秀集九卷　(清)譚宗浚編　清光緒五年(1879)成都試院刻本　八冊

500000－8706－0000236　10/235
南菁書院叢書四十一種　王先謙　繆荃孫輯　清光緒十四年(1888)江陰南菁書院刻本　四十冊

500000－8706－0000237　10/236
何氏公羊春秋解詁三卷　廖平撰　清宣統三年(1911)國學扶輪社鉛印張氏適園叢書本　一冊

500000－8706－0000238　10/237
修習止觀坐禪法要二卷六妙法門一卷　(隋)釋智顗述　清光緒二十九年(1903)金陵刻經處刻本　一冊

500000－8706－0000239　10/238
詩品三卷書品一卷尤射一卷　(南朝梁)鍾嶸撰　清刻增訂漢魏叢書本　一冊

500000－8706－0000240　10/239
聊齋文集二卷　(清)蒲松齡撰　清宣統元年(1909)國學扶輪社鉛印本　二冊

500000－8706－0000241　10/240
成唯識論述記二十卷　(唐)釋窺基撰　清光緒二十七年(1901)金陵刻經處刻本　二十冊

500000－8706－0000242　10/241
胡文忠公全集八十六卷首一卷　(清)曾國荃纂輯　(清)胡鳳丹重編　清光緒二十七年(1901)上海圖書集成印書局鉛印本　八冊

500000－8706－0000243　10/242
李忠武公遺書四卷　(清)李續賓撰　清光緒甌江巡署刻本　四冊

500000－8706－0000244　10/243
卜筮正宗十四卷　(清)王維德註　清末刻本　一冊　存四卷(四至七)

500000－8706－0000245　10/244
四音釋義十二集　(清)鄭長庚輯　清道光十一年(1831)刻本　六冊

500000－8706－0000246　10/245
瘧疾論三卷　(清)陳念祖撰　清刻本　一冊

500000－8706－0000247　10/246
五字鑑畧新讀本二卷　(□)□□撰　光緒三十四年(1908)刻本　一冊

500000－8706－0000248　10/247
鄒孝廉詩集不分卷　(清)鄒吉增撰　稿本　一冊

500000－8706－0000249　10/248
尹和靖集一卷　(宋)尹焞撰　(清)張伯行重訂　同治五年(1866)正誼書局刻正誼堂全書本　二冊

500000－8706－0000250　11/249
洪北江全集二百二十二卷　(清)洪亮吉撰　清光緒三年(1877)授經堂刻本　八十冊　存二十四種二百二十五卷(洪北江先生年譜一卷附行狀,卷施閣文甲集十卷續一卷補遺一卷、文乙集八卷續編一卷、詩二十卷,更生齋文甲集四卷、文乙集四卷、文續集二卷、詩八卷、詩續集十卷文甲集乙集詩,附鮚軒詩八卷,更生齋詩餘二卷,擬兩晉南北史樂府二卷,附鮚軒外集唐宋小樂府一卷,北江詩話六卷,曉讀書齋初錄二卷、二錄二卷、三錄二卷、四錄二卷,傳經表二卷,通經表四卷,六書轉注錄十卷,弟子職箋釋一卷,史目表二卷,春秋左傳詁二十卷,漢魏音四卷,比雅十卷,乾隆府廳州縣圖志五十卷,補三國疆域志二卷,東晉疆域志四卷,十六國疆域志十六卷,遣戍伊犁日記一卷,天山客語一卷,外家紀聞一卷)

500000－8706－0000251　11/250
四聲切韻一卷校刊記一卷　(清)江永編　清末刻本　一冊

500000－8706－0000252　11/251
醫理真傳四卷　(清)鄭壽全撰　清刻本　一冊　存一卷(四)

500000－8706－0000253　11/252
康熙字典十二集檢字一卷辨似一卷等韻一卷

備考一卷補遺一卷　(清)張玉書等纂　(清)奕繪等重修　清刻本(子集上係抄配)　十二冊　存八卷(子、未上、申中、酉中下、戌、亥上中,補遺一)

500000－8706－0000254　11/256

文選六十卷　(南朝梁)蕭統選　(唐)李善注　清光緒元年(1875)尊經書院刻本　十一冊　存五十五卷(一至二十五、三十一至六十)

500000－8706－0000255　11/257

文選六十卷　(南朝梁)蕭統選　(唐)李善注　清光緒元年(1875)尊經書院刻本　十冊　存五十六卷(一至十、十五至六十)

500000－8706－0000256　11/258

繪圖四書速成新體讀本　(清)王有宗等校訂　清光緒三十一年(1905)重慶正蒙社刻本　二十四冊　存四種十九卷(大學一、中庸一至二、孟子二至七、論語一至十)

500000－8706－0000257　11/259

宜稼堂叢書十一種　(清)郁松年輯　清道光二十一年(1841)刻本　三十二冊

500000－8706－0000258　11/260

玉函山房輯佚書　(清)馬國翰輯　清光緒十年(1884)楚南湘遠堂刻本　四十冊　存一百六十八種(連山一卷附諸家論說,歸藏一卷附諸家論說,周易子夏傳二卷,周易薛氏記一卷,蔡氏易說一卷,周易丁氏傳二卷,周易韓氏傳二卷,周易古五子傳一卷,周易淮南九師道訓一卷,周易施氏章句一卷,周易孟氏章句二卷,周易梁丘氏章句一卷,周易京氏章句一卷,費氏易一卷,費氏易林一卷,周易分野一卷,周易馬氏傳三卷,周易劉氏章句一卷,周易宋氏注一卷,周易陸氏述三卷,周易王氏注二卷,周易王氏音一卷,周易何氏解一卷,周易董氏章句一卷,周易姚氏注一卷,周易侯氏注三卷,周易探元三卷,周易元義一卷,周易新論傳疏一卷,周易新義一卷,易纂一卷,今文尚書一卷,古文尚書三卷,魯詩故三卷,齊詩傳二卷,毛詩義駁一卷,毛詩異同評三卷,周禮鄭大夫解詁一卷,周禮鄭司農解詁六卷,禮記馬氏注一卷,禮記盧氏注一卷,禮傳一卷,月令章句一卷,月令問答一卷,禮記王氏注二卷,禮記孫氏注一卷,禮記音義隱一卷,禮記范氏音一卷,禮記徐氏音三卷,春秋大傳一卷,春秋決事一卷,公羊嚴氏春秋一卷,春秋公羊顏氏記一卷,春秋穀梁傳章句一卷,春秋穀梁傳說一卷,春秋左氏傳章句一卷,春秋牒例章句一卷,春秋左氏長經章句一卷,春秋三傳異同說一卷,解疑論一卷,春秋文諡例一卷,春秋左氏傳解誼四卷,春秋穀梁傳徐氏注一卷,春秋土地名一卷,春秋穀梁傳注義一卷,春秋徐氏音一卷,春秋左氏傳述義二卷,春秋集傳一卷,春秋闡微纂類義統一卷,春秋通例一卷,春秋折衷論一卷,孝經傳一卷,孝經后氏說一卷,孝經安昌侯說一卷,孝經長孫氏說一卷,孝經王氏解一卷,孝經解贊一卷,孝經殷氏注一卷,集解孝經一卷,齊永明諸王孝經講義一卷,孝經劉氏說一卷,孝經義疏一卷,孝經嚴氏注一卷,孝經皇氏義疏一卷,古文孝經述義一卷,御注孝經疏一卷,孝經訓注一卷,論語孔氏訓解十一卷,論語包氏章句二卷,論語周氏章句一卷,論語馬氏訓說二卷,論語欒氏釋疑一卷,論語虞氏贊注一卷,論語庾氏釋一卷,論語李氏集注二卷,論語范氏注一卷,論語孫氏集解一卷,論語梁氏注釋一卷,論語袁氏注一卷,論語江氏集解二卷,論語殷氏解一卷,論語張氏注一卷,論語蔡氏注一卷,論語顏氏說一卷,論語琳公說一卷,語沈氏訓注一卷,論語顧氏注一卷,論語梁武帝注一卷,論語太史氏集解一卷,論語褚氏義疏一卷,論語沈氏說一卷,論語熊氏說一卷,論語隱義注一卷,孟子劉氏注一卷,孟子鄭氏注一卷,孟子綦毋氏注一卷,孟子陸氏注一卷,孟子張氏音義一卷,孟子丁氏手音一卷,爾雅犍為文學注三卷,爾雅劉氏注一卷,爾雅樊氏注一卷,爾雅孫氏注三卷,爾雅孫氏音一卷,爾雅音義一卷,爾雅圖贊一卷,集注爾雅一卷,爾雅施氏音一卷,爾雅謝氏音一卷,爾雅顧氏音一卷,爾雅裴氏注一卷,神農書一卷,野老書一卷,范子計然三卷養魚經一卷,尹都尉書一卷,氾勝之書二卷,蔡癸書一卷,養羊法一卷,家政法一卷,博物記一卷,伏侯古今注一卷,蔣子萬機論一卷,篤論一卷,鄒子一卷,諸葛子一卷,默記一卷,裴氏新言一卷,新義一卷,秦子一卷,析言論一卷,時務論一卷,廣志二卷,陸氏要覽一卷,古今善言一卷,文釋一卷,要雅一卷,俗說一卷,青史子一卷,宋子一卷,裴子語林二卷,天鏡一卷,地鏡一卷,地鏡圖一卷,夢雋一卷,雜五行書一卷,請雨止雨書一卷,易洞林三卷補遺一卷,藝經一卷,投壺變一卷,目耕帖五至六、八、十五至十八)

500000－8706－0000259　11/261

湖北叢書　(清)趙尚輔輯　清光緒十七年(1891)三餘草堂刻本　九十九册　存三十種二百八十卷(御定易經通注四卷、易領四卷、周易集解纂疏十卷、易筮遺占一卷、易象通義六卷、尚書辨解十卷、毛詩原解三十六卷、詩傳名物集覽十二卷、春秋非左二卷、論語類考二十卷、四書逸箋六卷、孟子雜記四卷、輯孟子要略五卷、陳氏孔子家語疏證十卷、仲顧一卷、史懷二十卷、讀史剩言四卷、學統五十三卷、江漢叢談二卷、雲杜故事一卷、導江三議一卷、姓觿十卷、姓觿栞誤一卷、名疑四卷、繹志十九卷、讀書說四卷、蠕範八卷、平書八卷、樞言一卷、楚辭章句十七卷)

500000－8706－0000260　11/264

仙拈集四卷　(清)李煥章纂　清刻本　四册

500000－8706－0000261　11/266

黔語二卷　(清)吳振棫撰　清光緒貴陽陳矩刻靈風草堂叢書本　一册

500000－8706－0000262　11/267

御製圓明園圖咏二卷　(清)高宗弘曆撰　(清)鄂爾泰等注　清光緒十三年(1887)天津石印書屋石印本　一册　存一卷(一)

500000－8706－0000263　11/269

奇方纂要不分卷　(清)王錫鑫編輯　清道光二十七年(1847)刻本　一册

重慶市渝中區圖書館古籍普查登記目録

全國古籍普查登記目録

國家圖書館出版社
National Library of China Publishing House

500000－8707－0000001　Z3

周易闡真四卷首一卷孔易闡真二卷　(清)劉一明述註　清嘉慶二十四年(1819)常郡護國庵刻本　六冊

500000－8707－0000002　X6

[光緒]秀山縣志十四卷首一卷　(清)王壽松修　(清)李稽勳纂　(清)謝初旭繪　清光緒十七年(1891)刻本　一冊

500000－8707－0000003　Z11

朱子論語集註訓詁攷二卷　(清)潘衍桐輯　清光緒十七年(1891)浙江書局刻本　一冊

500000－8707－0000004　Q2

欽定書經傳說彙纂二十一卷首二卷書序一卷　(清)王頊齡撰　清道光十八年(1838)刻本　十二冊

500000－8707－0000005　F1

方氏易學五書五卷　(清)方申撰　清光緒十四年(1888)江陰南菁書院刻本　五冊

500000－8707－0000006　X3

孝經註疏九卷　(宋)邢昺校　明崇禎二年(1629)毛氏汲古閣刻十三經註疏本　一冊

500000－8707－0000007　T1

太上道德經述義二卷道德經經問一卷　(清)張燦撰　清光緒六年(1880)刻本　一冊

500000－8707－0000008　D3

道德真經註四卷　(元)吳澄撰　清乾隆三年(1738)刻本　四冊

500000－8707－0000009　C1

茶香室經説十六卷　(清)俞樾撰　清光緒十八年(1892)廣東學院刻本　四冊

500000－8707－0000010　D4

地球韻言四卷　(清)張士瀛撰　**天文歌略一卷**　(清)葉瀾撰　清光緒二十七年(1901)信義書局刻本　二冊

500000－8707－0000011　S5

四書典林三十卷　(清)江永編　清雍正十三年(1735)蚺城汪氏鋤經齋刻本　十六冊

500000－8707－0000012　R2

日知錄三十二卷日知錄之餘四卷目錄一卷　(清)顧炎武撰　清乾隆六十年(1795)刻本　二十四冊

500000－8707－0000013　L7

林和靖詩集四卷拾遺一卷諸家詩話一卷酬唱題詠附錄一卷　(宋)林逋撰　清同治十二年(1873)長洲朱氏依抱經堂刻本　一冊

500000－8707－0000014　M1

毛詩要義二十卷　(宋)魏了翁撰　清光緒八年(1882)上海影宋刻本　十二冊

500000－8707－0000015　K1

康熙字典十二集等韻一卷備考一卷補遺一卷　(清)張玉書等纂　清宣統元年(1909)上海久敬齋石印本　三冊　存十二集二卷(一至十二集、備考一、補遺一)

500000－8707－0000016　D5

地學淺釋三十八卷　(英國)雷俠兒撰　(美國)瑪高温口譯　(清)華蘅芳筆述　清光緒二十二年(1896)小倉山房石印富強叢書本　一冊　存十四卷(一至十四)

500000－8707－0000017　S1

三國志六十五卷　(晉)陳壽撰　(南朝宋)裴松之注　清同治十年(1871)成都書局刻本　十三冊　存五十八卷(魏志一至三十、吳志一至二十、蜀志一至八)

500000－8707－0000018　Q1

前漢書一百卷　(漢)班固撰　(唐)顔師古注　清同治十年(1871)成都書局刻本　二十九冊　存九十五卷(帝紀一至十二,表一至八,志一至八,列傳一至六十四、六十七至六十九上)

500000－8707－0000019　S11

素問靈樞類纂約註三卷　(清)汪昂纂輯　清光緒六年(1880)刻本　四冊

500000－8707－0000020　S13

雙楳景闇叢書十六種　葉德輝輯　清光緒至宣統長沙葉氏郎園刻本　二冊　存四種十一

卷(燕蘭小譜五卷、海鷗小譜一卷、觀劇絕句三卷、木皮散人鼓詞一卷附萬古愁曲一卷)

500000－8707－0000021　T5
天演論二卷　(英國)赫胥黎撰　嚴復譯　清光緒二十九年(1903)刻本　二冊

500000－8707－0000022　H3
後漢書一百二十卷　(南朝宋)范曄撰　(南朝梁)劉昭補志　(唐)李賢註　清同治十年(1871)成都書局刻本　二十六冊

500000－8707－0000023　Y4
禹貢會箋十二卷山水總目一卷圖一卷　(清)徐文靖箋　清同治十三年(1874)慈谿何氏刻本　一冊　存二卷(禹貢山水總目一、禹貢會箋圖一)

500000－8707－0000024　C3
池北偶談二十六卷　(清)王士禛撰　清光緒二十二年(1896)上海慎記書莊石印本　五冊　存二十一卷(一至五、十一至二十六)

500000－8707－0000025　Y3
易象數理分解八卷　(清)謝維嶽纂輯　清宣統三年(1911)中道齋刻本　四冊

500000－8707－0000026　C2
尺牘初桄二卷附二卷　(清)子虛氏輯　清光緒九年(1883)申報館刻本　一冊

500000－8707－0000027　L8
六朝唐賦讀本四卷　(清)馬傳庚選註　清光緒六年(1880)味蘭齋刻本　四冊

500000－8707－0000028　T6
通志堂經解一百四十種　(清)納蘭性德編　清同治十二年(1873)粵東書局刻本　四百八十冊

500000－8707－0000029　T7
圖註八十一難經辨真四卷　(戰國)秦越人撰　(明)張世賢圖　**刪註脈訣規正二卷**　(清)沈鏡刪註　清光緒二十年(1894)維新書局刻本　四冊

500000－8707－0000030　L4
禮記訓纂四十九卷　(清)朱彬輯　清宣統元年(1909)學部圖書局石印本　十冊

500000－8707－0000031　S7
時務通攷三十一卷首一卷　(清)杞廬主人撰　清光緒二十三年(1897)點石齋石印本　二十二冊　存三十卷(一、二、五至三十一,首一)

500000－8707－0000032　D7
東塾集六卷申范一卷　(清)陳澧撰　清光緒十八年(1892)刻本　三冊

500000－8707－0000033　G3
古文析義六卷二編八卷　(清)林雲銘評注　清光緒二十四年(1898)漢文書局刻本　十四冊

500000－8707－0000034　S6
四書經史摘證七卷　(清)宋繼種輯　清道光二十四年(1844)刻本　四冊

500000－8707－0000035　S4
詩毛氏傳疏三十卷釋毛詩音四卷毛詩說一卷毛詩傳義類一卷鄭氏箋考徵一卷　(清)陳奐撰　清光緒九年(1883)刻本　十二冊

500000－8707－0000036　J3
經典釋文三十卷　(唐)陸德明撰　清同治十年(1871)粵秀山文瀾閣刻本　十二冊

500000－8707－0000037　L2
老子道德經解二卷首一卷觀老莊影響論一卷　(明)釋德清撰　清光緒十二年(1886)金陵刻經處刻本　二冊

500000－8707－0000038　D1
道德經釋義二卷古今本考證二卷　(唐)純陽真人釋義　(清)牟目源訂　**道德經轉語二卷**　(元)陳觀吾撰　**金玉經一卷**　(唐)純陽真人撰　(清)牟目源訂　**常清靜經一卷**　(清)牟目源訂　清嘉慶十四年(1809)刻本　二冊

500000－8707－0000039　C4
船山遺書五十七種　(清)王夫之撰　清同治四年(1865)湘鄉曾國荃金陵刻本　七冊　存

五種十三卷(周易稗疏二卷、詩經稗疏四卷、書經稗疏四卷、春秋稗疏二卷、四書稗疏一卷)

500000－8707－0000040　H5
皇清經解一千四百〇八卷　(清)阮元編　清道光九年(1829)廣東學海堂刻咸豐十年(1860)補刻本　十六册　存十一種七十七卷(羣經補義五卷、撫本禮記鄭注考異二卷、易章句十二卷、易通釋二十卷、易圖略八卷、周易虞氏義九卷、周易虞氏消息二卷、虞氏易禮二卷、周易鄭氏義二卷、周易荀氏九家義一卷、易義别錄十四卷)

500000－8707－0000041　L3
歷朝紀事本末九種　(清)陳如升　(清)朱記榮輯　清光緒二十五年(1899)上海慎記書莊石印本　四十二册　存五種四百七十五卷(左傳紀事本末五十三卷、通鑑紀事本末二百三十九卷、宋史紀事本末一百〇九卷、遼史紀事本末四十卷、金史紀事本末一至三十四)

500000－8707－0000042　P2
平津館叢書三十八種　(清)孫星衍輯　清嘉慶中蘭陵孫氏刻本　二十七册　存十三種一百八十四卷(寰宇訪碑錄四至十二、古刻叢鈔一卷、建立伏博士始末二卷、三輔黄圖一卷、說文解字十五卷、渚宫舊事五卷附補遺一卷、孔子集語十七卷、尚書考異六卷、續古文苑二十卷、抱朴子内篇二十卷外篇五十卷、尚書古今文注疏三十卷、芳茂山人詩錄九卷、長離閣詩集一卷)

500000－8707－0000043　S2
三蘇文集三種　(清)邵希雍輯　清宣統元年(1909)上海會文學社石印本　八册

500000－8707－0000044　T2
唐人說薈一百六十四種　(清)陳世熙輯　清宣統三年(1911)掃葉山房石印本　六册　存六十一種六十五卷(隋唐嘉話一卷、朝野僉載一卷、尚書故實一卷、中朝故事一卷、金鑾密記一卷、杜陽雜編三卷、幽閒鼓吹一卷、桂苑叢談一卷、劉賓客嘉話錄一卷、松窗雜記一卷、次柳氏舊聞一卷、大唐傳載一卷、開元天寶遺事一卷、廣陵妖亂志一卷、周秦行紀一卷、梅妃傳一卷、楊太真外傳二卷、長恨歌傳一卷、紅線傳一卷、劉無雙傳一卷、霍小玉傳一卷、牛應貞傳一卷、謝小娥傳一卷、李娃傳一卷、楊娼傳一卷、章臺柳傳一卷、非煙傳一卷、揚州夢記一卷、杜秋傳一卷、龍女傳一卷、妙女傳一卷、神女傳一卷、雷民傳一卷、會真記一卷、黑心符一卷、南柯記一卷、枕中記一卷、酉陽雜俎二卷、壠上記一卷、志怪錄一卷、集異記一卷、博異志一卷、幽怪錄一卷、續幽怪錄一卷、聞奇錄一卷、靈應錄一卷、鬼冢志一卷、妖妄傳一卷、東陽夜怪錄一卷、靈鬼志一卷、物怪錄一卷、靈怪錄一卷、人虎傳一卷、白猿傳一卷、獵狐記一卷、任氏傳一卷、袁氏傳一卷、夜義傳一卷、金剛經鳩異一卷、鸜鵒舍利塔記一卷、劍俠傳一卷)

500000－8707－0000045　W1
萬充宗先生經學五書五種　(清)萬斯大撰　清嘉慶元年(1796)刻本　六册

500000－8707－0000046　Y6
粵雅堂叢書一百八十五種　(清)伍崇曜輯　清道光至光緒南海伍氏刻本　二百三十册　存一百二十三種七百八十一卷(南部新書十卷、中吳紀聞六卷、志雅堂雜鈔二卷、焦氏筆乘六卷續八卷、東城雜記二卷、奉天錄四卷、咸淳遺事二卷、昭忠錄一卷、月泉吟社一卷、谷音二卷、河汾諸老詩集八卷、揭文安公文粹二卷、玉笥集十卷、潞水客談一卷附錄一卷、陶庵夢憶八卷、天香閣隨筆二卷、天香閣集一卷、芻蕘奥論二卷、唐史論斷三卷、叔苴子内篇六卷外篇二卷、西洋朝貢典錄三卷、五代詩話十卷、易圖明辨十卷、四書逸箋六卷、古韻標準四卷首一卷、詩韻舉例一卷、四聲切韻表一卷凡例一卷、緒言三卷、聲類四卷、宋遼金元四史朔閏考二卷、國史經籍志五卷附錄一卷、文史通義八卷、校讎通義三卷、經義考補正十二卷、小石帆亭五言詩續鈔八卷首一卷、蘇詩補注八卷、志道集一卷、石洲詩話八卷、北江詩話六卷、玉山草堂續集六卷、虎鈐經二十卷、打馬圖經一卷、敘古千文一卷、草廬經略十二卷、字觸六卷、今世說八卷、飲水詩集一卷詞集一卷、雙溪集十五卷附遺言一卷、日湖漁唱一卷補遺一卷續補遺一卷、瑟譜六卷、秋笳集八卷附錄一卷、燕樂考原六卷、絳雲樓書目四卷、述古堂藏書目四卷宋板書目一卷、石柱記箋釋五卷、林屋唱酬錄一卷、焦山紀遊集一卷、沙河逸老小稿六卷嶰谷詞一卷、南齋集六卷詞二卷、九國志十二卷、胡子知言六卷疑義一卷附錄一卷、蒿庵閒話二卷、後漢書補注二十四卷、後漢書補表八卷、詩書古訓六卷、十三經音略十三卷附錄一卷、說文聲系十四卷、鄭志三卷附錄一卷、文館詞林四卷、兩京新記一卷、新譯大方廣佛華嚴經音義四卷、道德真經注四卷、太上感應篇注二卷、歷代帝王年表三卷、紀元編三卷卷末一卷、中興禦侮錄二卷、襄陽守城錄一卷、宋季三朝政要五卷附錄一卷、詞源二卷、精選名儒草堂詩餘三卷、樓山堂集二十七卷、朱子年譜四卷考異四卷附朱子論學切要語二卷、韓柳年譜八卷、疑年錄四卷、續疑年錄四卷、米海嶽年譜一卷、元遺山先生年譜三卷附墓圖記略一卷、崇文總目五卷補遺一卷附錄一卷、菉竹堂書目六卷、菉竹堂碑目六卷、寒山堂金石林時地考二卷、勝飲編十八卷、采硫日記三卷、嵩洛訪碑日記一卷、通志堂經解目錄一卷、蘇米齋蘭亭考八卷、石渠隨筆八卷、周官新義十六卷附考工記解二卷、爾雅新義二十卷附敘錄一卷、孫氏周易集解十卷、春秋穀梁傳時月日書法釋例四卷、羣經音辨七卷、相臺書塾刊正九經三傳沿革例一卷、九經補韻一卷附錄一卷、詞林韻釋二卷、漢書地理志稽疑六卷、國策地名考二十卷首一卷、儀禮石經校勘記四卷、隸經文四卷、樂縣考二卷、國朝漢學師承記八卷附國朝經師經義目錄一卷國朝宋學淵源記二卷附記一卷、顧亭林先生年譜四卷附錄一卷、閻潛邱先生年譜四卷、秋園雜佩一卷、倪文正公年譜四卷、南雷文定前集十一卷後集四卷三集三卷詩曆四卷世譜一卷附錄一卷、程侍郎遺集十卷附錄一卷、李元賓文集文編三卷外編二卷續編一卷、呂衡州集十卷附考證一卷、西崑酬唱集二卷、羅鄂州小集六卷附羅郢州遺文一卷、樂府雅詞六卷拾遺二卷、陽春白雪八卷外集一卷、羣經室詩錄五卷）

500000－8707－0000047　Y5

粵十三家集十三種　（清）伍元薇輯　清道光二十年（1840）南海伍氏詩雪軒校刻本　三十六冊

500000－8707－0000048　S12

雙楳景闇叢書十六種　葉德輝輯　清光緒至宣統長沙葉氏郎園刻本　三冊　存八種十五卷（燕蘭小譜五卷、海鷗小譜一卷、觀劇絕句三卷、木皮散人鼓詞一卷附萬古愁曲一卷、乾嘉詩壇點將錄序一卷、東林點將錄一卷、重刻足本乾嘉詩壇點將錄一卷、秦雲擷英小譜一卷）

500000－8707－0000049　G4

古香齋新刻袖珍淵鑑類函四百五十卷目錄四卷　（清）張英　（清）王士正編　清光緒刻本　一百四十四冊　存四百〇二卷（一至二百十九、二百二十三至二百二十五、二百四十四至二百四十六、二百五十九至二百九十八、三百〇五至三百〇六、三百十三至三百七十七、三百八十一至四百五十）

500000－8707－0000050　H1

漢魏二十一家易注二十一種　（清）孫堂輯　清嘉慶四年（1799）平湖孫氏映雪草堂刻本　五冊

500000－8707－0000051　P1

番禺陳氏東塾叢書五種　（清）陳澧撰　清咸豐至光緒刻本　九冊

500000－8707－0000052　N1

南海桂氏經學叢書八種　（清）桂文燦撰　清咸豐至光緒刻本　五冊

500000－8707－0000053　F4

［乾隆］富順縣志五卷　（清）段玉裁纂修　清光緒八年（1882）刻本　五冊

500000－8707－0000054　G2

古經解彙函十六種小學彙函十四種續附十二種　（清）鍾謙鈞輯　清光緒十四年（1888）上

海蜚英館石印本　二十冊

500000－8707－0000055　H2

漢溪書法通解八卷　（清）戈守智撰　（清）陸培參　（清）陸聲鏜編　清乾隆刻本　一冊　存四卷（五至八）

500000－8707－0000056　H4

皇清經解分經合纂十六卷首一卷　（清）阮元編　清光緒二十一年（1895）上洋鴻寶齋石印本　二十四冊　存九卷（一至五、八、十四至十六）

500000－8707－0000057　H6

皇清經解續編一千四百三十卷　王先謙輯　清光緒十四年（1888）南菁書院刻本　二十冊　存四十種一百四十一卷（易圖明辨十卷、易例二卷、易漢學八卷、卦氣解一卷、周官記五卷、周官說二卷、周易述補五卷、易圖條辨一卷、虞氏易事二卷、虞氏易言二卷、虞氏易候一卷、儀禮圖卷一至二、尚書今古文集解三十卷附校勘記二十四至三十校勘記一卷、卦本圖攷一卷、說文聲類十六卷聲類出入表一卷、周易攷異二卷、尚書略說二卷、尚書譜一卷、易經異文釋六卷、周易虞氏略例一卷、論語孔注辨僞二卷、國語發正二十一卷、周易姚氏學十六卷、春秋公羊傳曆譜一至三、虞氏易消息圖說一卷、大誓答問一卷、春秋決事比一卷、輪輿私箋二卷附圖一卷、周易舊疏考正一卷、尚書舊疏考正一卷、讀易漢學私記一卷、孟子音義攷證二卷、達齋叢說一卷、周易互體徵一卷、九族考一卷、詩名物證古一卷、古書疑義舉例七、禹貢說一卷、周易釋爻例一卷、尚書厤譜二卷）

500000－8707－0000058　J4

經史百家雜鈔二十六卷首一卷　（清）曾國藩纂　清光緒三十二年（1906）上海商務印書館排印本　十二冊

500000－8707－0000059　L9

劉氏春秋意林二卷　（宋）劉敞撰　清同治十二年（1873）粵東書局刻通志堂經解本　一冊

500000－8707－0000060　R3

融堂書解二十卷　（宋）錢時撰　清乾隆三十九年（1774）武英殿聚珍版印本　四冊

500000－8707－0000061　D2

道德經註釋八十一章　（唐）呂純陽點評　（清）李涵虛註　清道光刻本　一冊

500000－8707－0000062　S9

拾餘四種四卷　（清）劉沅撰　清光緒二十七年（1901）刻本　一冊　存一種一卷（恆言）

500000－8707－0000063　W2

魏叔子文集外篇二十二卷　（清）魏禧撰　（清）魏世傑編次　清刻本　十六冊

500000－8707－0000064　W7

文學興國策二卷　（美國）林樂知譯　清光緒二十二年（1896）圖書集成局鉛印本　一冊

500000－8707－0000065　X1

西河詩話一卷西河詞話一卷西河襍箋一卷　（清）毛奇齡撰　清宣統三年（1911）上海文瑞樓石印本　一冊

500000－8707－0000066　X4

新鐫易經家訓四卷　（明）王納諫撰　明孫承義刻本　四冊

500000－8707－0000067　X5

新民叢報彙編不分卷　清光緒三十二年（1906）東京譯新書社石印本　四冊

500000－8707－0000068　Z10

周易四卷筮儀一卷周易本義卦歌一卷易圖一卷　（宋）朱熹集注　清光緒七年（1881）刻本　二冊

500000－8707－0000069　Y1

易經揆一十四卷易學啓蒙補二卷　（清）梁錫璵集傳　清乾隆刻本　十冊

500000－8707－0000070　Y2

易說十二卷易說便錄一卷　（清）郝懿行撰　清光緒八年（1882）東路廳署刻郝氏遺書本　四冊

500000－8707－0000071　L1

來瞿唐先生易註十五卷首一卷末一卷圖像一

卷　（明）來知德註　清嘉慶十四年（1809）寧陵符永培刻本　二十冊

500000－8707－0000072　Z4
周易觀象十二卷　（清）李光地撰　清嘉慶梅照壁刻本　十二冊

500000－8707－0000073　Z7
周易圖說□□卷　（□）詹元懋撰　清榮興堂刻本　七冊　存十四卷（二至十五）

500000－8707－0000074　X7
續刊青城山記二卷　（清）彭洵編　清光緒三十二年（1906）成都二仙庵刻道藏輯要本　一冊

500000－8707－0000075　T4
天下名山記不分卷　（清）吳秋士選　清光緒三十二年（1906）成都二仙庵刻道藏輯要本　四冊

500000－8707－0000076　L6
[光緒]梁山縣志十卷首一卷　（清）符永培纂修　（清）艾鉽增修　（清）朱言詩續修　清光緒二十年（1894）刻民國二十四年（1935）石印本　三冊

500000－8707－0000077　X2
詳註聊齋志異圖詠十六卷　（清）蒲松齡撰　（清）呂湛恩註　清光緒石印本　一冊　存二卷（九至十）

500000－8707－0000078　M3
牡丹亭還魂記二卷　（明）湯顯祖撰　（清）唐在田編　清光緒石印本　一冊

500000－8707－0000079　R1
日講四書解義二十六卷　（清）喇沙里　（清）陳廷敬撰　清初刻本　九冊　存二十五卷（二至二十六）

500000－8707－0000080　N2
廿一史約編八卷首一卷　（清）鄭元慶撰　清康熙刻本　一冊　存一卷（首一）

500000－8707－0000081　Z1
張子全書十五卷　（宋）張載撰　（宋）朱熹註　（清）朱軾校　清中期刻本　三冊　存十一卷（一至十一）

500000－8707－0000082　C5
春秋辨疑四卷　（宋）蕭楚撰　清乾隆三十八年（1773）武英殿聚珍版刻本　二冊

500000－8707－0000083　S8
史學提要箋釋五卷　（宋）黃繼善撰　（清）楊錫祐釋　清光緒游鑒洋刻本　五冊

500000－8707－0000084　L5
李氏易解賸義三卷　（清）李富孫輯　**尚書蔡註考誤一卷**　（明）袁仁註　清光緒新會劉氏藏修書屋刻藏修堂叢書本　二冊

500000－8707－0000085　Z9
周禮註疏四十二卷　（漢）鄭玄註　（唐）賈公彥疏　明崇禎元年（1628）毛氏汲古閣刻十三經註疏本　二十冊

500000－8707－0000086　C7
春秋公羊註疏二十八卷　（漢）何休撰　明崇禎七年（1634）毛氏汲古閣刻十三經註疏本　十冊

500000－8707－0000087　S3
三元堂新訂增刪易經彙纂詳解六卷　（清）仇兆鰲鑒定　清刻本　六冊

500000－8707－0000088　Z5
周易恆解五卷首一卷　（清）劉沅註釋　清刻本　六冊

500000－8707－0000089　G1
國朝漢學師承記八卷　（清）江藩撰　清咸豐四年（1854）刻粵雅堂叢書本　一冊　存三卷（一至三）

500000－8707－0000090　X8
學統五十三卷　（清）熊賜履編　清康熙二十五年（1686）刻本　十二冊

500000－8707－0000091　C6
春秋穀梁傳十二卷　（晉）范甯集解　（唐）陸德明音義　清刻本　一冊　存三卷（七至九）

500000－8707－0000092　T3

桃花扇二卷 (清)雲亭山人編 清末校夢鳳樓暖紅室石印本 一册 存一卷(二)

500000－8707－0000093 Z2

字彙十二卷首一卷末一卷韻法直圖一卷韻法橫圖一卷 (明)梅膺祚音釋 清善成堂刻本 十三册

500000－8707－0000094 J1

集虚齋四書口義十卷 (清)方桑如撰 (清)于光華編 清乾隆五十三年(1788)刻本 七册 存九卷(一至九)

500000－8707－0000095 J2

集虚齋四書口義十卷 (清)方桑如撰 (清)于光華編 清刻本 一册 存二卷(七至八)

500000－8707－0000096 S10

書目答問四卷 (清)張之洞撰 清末刻本 一册

500000－8707－0000097 F2

分部配合法一卷全字結構舉例一卷重定九宫格一卷學書要論一卷 (清)王澍 (清)蔣衡撰 清寫刻本 一册

500000－8707－0000098 J5

經傳釋詞十卷 (清)王引之撰 清嘉慶二十四年(1819)刻本 六册

500000－8707－0000099 Z6

周易述四十卷 (清)惠棟集注並疏 清乾隆雅雨堂刻本 八册

500000－8707－0000100 Z8

周易象意□□卷 (清)王世業輯述 清刻本 五册 存十七卷(十四至三十)

500000－8707－0000101 F3

[光緒]豐都縣志四卷首一卷附典禮備考八卷 (清)田秀栗 (清)徐濬鏞修 (清)徐昌緒纂 (清)蔣履泰續纂 清光緒刻本 一册 存一卷(二)

500000－8707－0000102 M2

毛詩鄭箋改字說四卷 (清)陳喬樅撰 清光緒刻本 一册

500000－8707－0000103 D8

東塾遺書九卷 (清)陳澧撰 清光緒廣雅書局叢書彙編重印本 二册

500000－8707－0000104 D6

東塾讀書記二十五卷 (清)陳澧撰 清光緒刻本 四册

500000－8707－0000105 W5

文選六十卷 (南朝梁)蕭統選 清宣統三年(1911)上海會文堂石印本 十四册

500000－8707－0000106 W6

文選六十卷 (南朝梁)蕭統選 清宣統三年(1911)上海會文堂粹記石印本 十册 存四十二卷(一至八、十三至二十四、三十四至三十八、四十四至六十)

500000－8707－0000107 W3

文選考異十卷 (清)胡克家撰 清宣統三年(1911)上海會文堂石印本 二册

500000－8707－0000108 W4

文選考異十卷 (清)胡克家撰 清宣統三年(1911)上海會文堂石印本 二册

500000－8707－0000109 K2

客窗閒話八卷 (清)吳熾昌撰 清光緒刻本 一册 存二卷(三至四)

重慶市南岸區圖書館古籍普查登記目録

全國古籍普查登記目録

國家圖書館出版社
National Library of China Publishing House

500000－8708－0000001　1

說文解字通釋四十卷附校勘記三卷　(南唐)徐鍇撰　(五代)朱翺注　清光緒九年(1883)江蘇書局刻本　一冊　存四卷(一至四)

500000－8708－0000002　6

資治通鑑綱目前編二十五卷　(明)南軒撰　(明)陳仁錫評閱　清光緒二十九年(1903)善成堂刻本　八冊　存十七卷(一至四、八至二十)

500000－8708－0000003　2

說文解字十五卷　(漢)許慎撰　清虞山王氏汲古閣刻本　一冊　存二卷(十二至十三)

500000－8708－0000004　3

說文解字十五卷　(漢)許慎撰　(清)段玉裁注　清刻本　六冊　存六卷(三、五、七至九、十四)

500000－8708－0000005　4

潛書二卷　(清)唐甄撰　(清)王聞遠編　清光緒三十二年(1906)鄧氏刻本　四冊　存二卷(一至二)

500000－8708－0000006　5

後漢書一百三十卷　(南朝宋)范曄撰　(唐)李賢注　清同治十年(1871)成都書局刻本　五冊　存十九卷(一至十二、十九至二十五)

500000－8708－0000007　7

資治通鑑綱目五十九卷　(宋)朱熹撰　(明)陳仁錫評閱　清刻本　三十九冊　存三十四卷(二、三、五至十一、十四至十五、十七、十九至二十、二十六至四十五)

500000－8708－0000008　8

御撰資治通鑑綱目三編四十卷　(清)張廷玉撰　清刻本　三冊　存十五卷(六至二十)

500000－8708－0000009　9

續資治通鑑綱目二十七卷　(明)陳仁錫評閱　清刻本　十七冊　存十七卷(八至二十四)

500000－8708－0000010　10

說文通檢十四卷首一卷末一卷　(清)黎永椿編　清光緒二年(1876)崇文書局刻本　一冊　存七卷(一至六、首一)

500000－8708－0000011　11

說文通訓定聲十八卷分部檢韻一卷　(清)朱駿聲撰　清刻本　六冊　存八卷(一至二、五、十一、十五至十七,分部一)

500000－8708－0000012　12

五代史七十四卷　(宋)歐陽修撰　清光緒二十八年(1902)史學會社石印本　一冊　存四十卷(一至四十)

500000－8708－0000013　13

通鑑論三卷　(漢)司馬光撰　清光緒二十四年(1898)菁華閣刻本　一冊　存一卷(一)

重慶市巴南區圖書館古籍普查登記目録

全國古籍普查登記目録

國家圖書館出版社
National Library of China Publishing House

500000 - 8709 - 0000001　1

禮記精華十卷　(清)江永編　清光緒十九年(1893)善成堂刻本　三册　存七卷(一至四、八至十)

500000 - 8709 - 0000002　2

前漢書一百卷　(漢)班固撰　(唐)顏師古注　清光緒三十一年(1905)上海久敬齋石印本　十二册

500000 - 8709 - 0000003　3

東塾讀書記二十五卷　(清)陳澧撰　清末掃葉山房石印本　一册　存三卷(七至九)

500000 - 8709 - 0000004　4

唐四家詩　(唐)孟浩然等撰　清末掃葉山房石印本　四册　存四種十五卷(王右丞集一至四、韋蘇州集一至五、孟襄陽集一至二、柳河東集一至四)

500000 - 8709 - 0000005　5

杜工部集二十卷　(唐)杜甫撰　清光緒二年(1876)粵東翰墨園刻五色套印本　十册

500000 - 8709 - 0000006　6

疑雨集四卷　(明)王彥泓撰　清末上海掃葉山房石印本　一册　存二卷(三至四)

500000 - 8709 - 0000007　7

新編經驗奇方全集一卷　(□)□□輯　清光緒十四年(1888)刻本　一册

500000 - 8709 - 0000008　9

讀史方輿紀要一百三十卷　(清)顧祖禹輯　清光緒五年(1879)蜀南薛氏桐華書屋刻本　七十册

500000 - 8709 - 0000009　10

文獻通考□□卷　(元)馬端臨撰　清末石印本　二册　存十七卷(二百七十八至二百九十四)

500000 - 8709 - 0000010　11

文選考異四卷　(清)胡克家撰　清末石印本　一册

500000 - 8709 - 0000011　12

欽定四庫全書簡明目錄二十卷首一卷　(清)紀昀等撰　清光緒二年(1876)刻本　十六册

500000 - 8709 - 0000012　13

史記一百三十卷　(漢)司馬遷撰　(南朝宋)裴駰集解　(唐)司馬貞索隱　(唐)張守節正義　清光緒圖書集成局鉛印本　一册　存九卷(三十三至四十一)

500000 - 8709 - 0000013　14

晉書一百三十卷　(唐)太宗李世民撰　**附音義三卷**　(唐)何超撰　清光緒圖書集成局鉛印本　二册　存十六卷(二十至二十六、三十四至四十二)

500000 - 8709 - 0000014　15

魏書一百十四卷　(北齊)魏收撰　清光緒圖書集成局鉛印本　一册　存七卷(十五至二十一)

500000 - 8709 - 0000015　16

北齊書五十卷　(唐)李百藥撰　清光緒圖書集成局鉛印本　二册　存十七卷(十七至三十三)

500000 - 8709 - 0000016　17

北史一百卷　(唐)李延壽撰　清光緒圖書集成局鉛印本　二册　存十四卷(五十八至六十四、八十至八十六)

500000 - 8709 - 0000017　18

宋史四百九十六卷　(元)脱脱等撰　清光緒圖書集成局鉛印本　三册　存二十七卷(五十五至六十二、一百八十五至一百九十二、三百八十七至三百九十七)

500000 - 8709 - 0000018　19

金史一百三十五卷　(元)脱脱等撰　清光緒圖書集成局鉛印本　一册　存七卷(五至十一)

500000 - 8709 - 0000019　20

元史二百十卷　(明)宋濂　(明)王褘等撰　清光緒圖書集成局鉛印本　一册　存九卷(九十五至一百〇三)

500000－8709－0000020　21

明史三百三十二卷　(清)張廷玉等撰　清光緒圖書集成局鉛印本　二冊　存二十卷(一百二十四至一百三十五、二百八十一至二百八十八)

500000－8709－0000021　22

皇清經解依經分訂十六卷　(清)祝崧年編　清光緒十六年(1890)寶慶嶦雅書局印船山書局刻本　三百五十七冊　存十三卷(一至十一、十四至十五)

500000－8709－0000022　23

韓非子集解二十卷首一卷　(戰國)韓非撰　(清)王先慎集解　王先謙注　清光緒掃葉山房石印本　三冊　存十卷(一至五、十七至二十,首一)

500000－8709－0000023　24

江左十五子詩選十五卷　(清)宋犖選　清末掃葉山房石印本　一冊　存三卷(十三至十五)

500000－8709－0000024　25

醫學五則五集　(清)廖雲溪輯　清光緒十五年(1889)宏道堂刻本　一冊　存二集(一至二)

500000－8709－0000025　26

御製天機秘訣不分卷　(□)□□輯　清刻本　一冊

重慶市江津區圖書館古籍普查登記目録

全國古籍普查登記目録

國家圖書館出版社
National Library of China Publishing House

500000－8710－0000001　1－1－001
十三經註疏附校勘記四百十六卷　(清)阮元輯　清光緒十八年(1892)湖南寶慶務本書局刻重刊宋本十三經註疏本　一百十五册　存十種三百〇六卷(禮記正義一至六十三,周禮一至二,尚書註疏三至四、七至八、十一至十四,公羊註疏一至二十八,儀禮註疏四至五十,孟子註疏一至十四,毛詩註疏一至四十,周禮註疏三至五、八至四十二,春秋穀梁註疏一至二十,春秋左傳註疏十五至六十)

500000－8710－0000002　1－2－002
詩經恆解六卷　(清)劉沅輯注　清宣統元年(1909)刻本　五册

500000－8710－0000003　6－3－003
評點春秋綱目左傳句解彙雋六卷　(清)韓菼訂　清光緒文林堂刻本　一册　存一卷(一)

500000－8710－0000004　6－3－004
評點春秋綱目左傳句解彙雋六卷　(清)韓菼訂　清光緒文林堂刻本　四册　存四卷(一、三至五)

500000－8710－0000005　1－2－005
易經精華六卷首一卷末一卷　(清)薛嘉穎撰　清光緒十六年(1890)宏道堂刻四經精華本　三册

500000－8710－0000006　1－2－006
春秋左傳五十卷　(晉)杜預　(宋)林堯叟注釋　(唐)陸元朗音義　清刻本　七册　存二十一卷(九至十七、二十五至三十三、四十一至四十三)

500000－8710－0000007　6－3－007
來瞿唐先生易註十五卷首一卷末一卷　(明)來知德註　清嘉慶十四年(1809)寧遠堂刻本　六册　存十一卷(一至八、十二至十三、末一)

500000－8710－0000008　1－3－008
文選六十卷　(南朝梁)蕭統撰　(唐)李善注　清末上海著易堂石印本　十四册

500000－8710－0000009　1－3－009
周禮精華六卷首一卷　(清)陳龍標撰　清嘉慶十一年(1805)古香閣刻本　四册

500000－8710－0000010　1－3－010
周易正義九卷　(唐)孔穎達撰　清光緒十八年(1892)刻重刊宋本十三經註疏本　一册　存一卷(二)

500000－8710－0000011　1－3－011
十三經札記　(清)朱亦棟撰　清光緒四年(1878)武林竹簡齋刻本　十二册　存十三種三十八卷(易經札記一至三、尚書札記一至二、禮記札記一至二、左傳札記一至二、孟子札記一至二、爾雅札記一、公穀札記一、孝經札記一、論語札記一至三、詩經札記一至二、周禮札記一至二、儀禮札記一、群書札記一至十六)

500000－8710－0000012　2－1－013
振振堂詩稿三卷　(清)鍾祖芬撰　(清)鄭壎輯注　清末刻本　四册　存二卷(上三、下)

500000－8710－0000013　2－1－014
六書音韻表五卷　(清)段玉裁撰　清光緒八年(1882)刻本　一册　存二卷(四至五)

500000－8710－0000014　2－1－015
東湖草堂賦鈔二集四卷　(清)程祥棟撰　清同治六年(1867)刻本　一册　存三卷(一至三)

500000－8710－0000015　2－2－016
春秋恆解八卷　(清)劉沅輯注　清光緒三十一年(1905)致福樓刻本　八册

500000－8710－0000016　2－2－017
詩經精華十卷首一卷　(清)薛嘉穎撰　清古香閣刻本　四册

500000－8710－0000017　2－1－019
康熙字典十二集總目一卷檢字一卷辨似一卷等韻一卷備考一卷補遺一卷　(清)張玉書等撰　清光緒二十年(1894)上海鴻寶齋書局石印本　三册　存六集二卷(寅至午、亥,補遺,備考)

500000－8710－0000018　2－1－020

欠愁集一卷　(清)史震林撰　清宣統元年(1909)番禺沈氏石印香豔小品本　一冊

500000－8710－0000019　2－1－021

說文解字十五卷　(漢)許慎撰　(清)徐鉉校定　清末刻本　一冊　存三卷(三至五)

500000－8710－0000020　2－1－022

重編留青新集二十四卷　(清)陳枚輯　清末石印本　十一冊　存二十二卷(三至二十四)

500000－8710－0000021　2－2－023

春秋經傳集解三十卷　(晉)杜預撰　(宋)林堯叟附注　(唐)陸元朗音釋　清刻本　十三冊　存二十五卷(四至二十四、二十七至三十)

500000－8710－0000022　2－1－024

增補齊省堂儒林外史六十回　(清)吳敬梓撰　光緒三十二年(1906)上海海左書局石印本　三冊　存三十四回(十一至二十四、三十一至四十、五十一至六十)

500000－8710－0000023　2－2－025

春秋經傳集解三十卷　(晉)杜預撰　(宋)林堯叟附注　(唐)陸元朗音釋　清刻本　四冊　存十卷(十三至十五、十九至二十二、二十六至二十八)

500000－8710－0000024　2－3－026

春秋經傳集解三十卷　(晉)杜預注　清刻本　十五冊

500000－8710－0000025　2－3－027

四書恆解十卷　(清)劉沅輯注　清光緒十年(1884)豫誠堂刻本　十冊　存四種十卷(論語一、孟子一至七、大學一、中庸一)

500000－8710－0000026　2－3－028

書經恆解六卷　(清)劉沅輯注　清光緒十年(1884)豫誠堂刻本　六冊

500000－8710－0000027　2－3－029

群經平議三十五卷　(清)俞樾撰　清刻本　九冊　存二十卷(十至十一、十四至三十一)

500000－8710－0000028　2－3－030

周官恆解六卷　(清)劉沅輯注　清光緒三十一年(1905)刻本　六冊

500000－8710－0000029　2－2－031

繡像繪圖正兒女英雄全傳八卷四十回　(清)文康撰　清末上海廣益書局石印本　二冊　存二卷十回[二(七至十三回)、八(三十八至四十回)]

500000－8710－0000030　3－1－032

經義述聞三十二卷　(清)王引之撰　清刻本　十冊　存二十卷(十一至三十)

500000－8710－0000031　3－1－033

周易兼義九卷附校勘記　(唐)孔穎達正義　(三國魏)王弼注　清刻本　三冊　存三卷(三至五)

500000－8710－0000032　3－1－034

毛詩□□卷考證□□卷　(漢)鄭玄箋　清刻本　二冊　存九卷(十二至二十)

500000－8710－0000033　3－1－035

王文成公全書三十八卷　(明)王守仁撰　清末民初石印本　二冊　存六卷(三十三至三十八)

500000－8710－0000034　3－1－036

十三經註疏附校勘記四百十六卷　(唐)孔穎達疏　清光緒十三年(1887)脈望仙館石印本　三十九冊

500000－8710－0000035　3－1－037

皇清經解一千四百七十八卷首一卷　(清)阮元輯　清道光九年(1829)廣東學海堂刻咸豐十年(1860)刻本　三百〇五冊　存一千二百〇五卷(一至十、十八至五十九、九十至一百八十三、一百九十四至二百、二百〇三至二百十三、二百十七至二百二十三、二百二十八至二百六十三、二百七十七至二百八十七、二百九十七至三百〇九、三百十三至三百十九、三百三十至三百三十四、三百四十至三百五十八、三百六十六至四百六十七、四百七十四至五百七十、五百九十六至六百二十九、六百三十四至六百六十九、六百七十二下至七百十、七百十七至七百二十、七百二十七至一千三十一、一千三十四至一千一百〇二、一千一百〇九至一千一百八十四、一千一百九十五至一千一百九十八、一千二百〇一至一千二百十二、一千二百十八至一千三百二十二、一千三百二十八至一千三百三十、一千三百三十六至一千三百三十九、一千三百四十六至一千三百四十九、一千三百五十五至一千四百〇一、一千四百〇七至一千四百〇八)

500000－8710－0000036　7－1－038
春秋左傳五十卷　(晉)杜預注釋　(宋)林堯叟注釋　(唐)陸元朗音釋　清學源堂刻本　七册　存二十四卷(一至八、十八至二十一、三十四至三十八、四十四至五十)

500000－8710－0000037　7－1－039
書經精華十卷首一卷　(唐)孔穎達撰　清刻本　四册　存十一卷

500000－8710－0000038　7－1－040
大學古本質言不分卷　(清)劉沅撰　清光緒三十一年(1905)致福樓刻本　一册

500000－8710－0000039　7－1－041
春秋名號歸一圖二卷附考證　(五代)馮繼先撰　清刻本　一册

500000－8710－0000040　8－1－042
歷代通鑑輯覽一百二十卷　(清)傅恆等輯　清末石印本　十四册　存六十六卷(十四至四十五、五十一至五十八、六十四至七十一、七十六至八十四、九十至九十八)

500000－8710－0000041　8－1－043
皇朝經世文編一百二十卷　(清)賀長齡輯　清末鉛印本　十九册　存九十八卷(十至二十五、三十至三十四、四十一至一百〇二、一百〇六至一百二十)

500000－8710－0000042　8－1－044
文選六十卷　(南朝梁)蕭統撰　(唐)李善注　清末民初錦章書局石印本　十册　存四十四卷(四至十二、二十二至四十二、四十七至六十)

500000－8710－0000043　8－1－045
陰符經註一卷　(清)李光地註　清光緒刻勵志齋叢書本　一册

500000－8710－0000044　7－2－046
汲古閣說文訂不分卷　(清)段玉裁撰　清光緒元年(1875)湖北崇文書局刻本　一册

500000－8710－0000045　7－2－047
說文解字十五卷分韻一卷　(清)段玉裁注　清刻本　十五册

500000－8710－0000046　7－3－048
儀禮識誤三卷　(宋)張淳撰　清刻本　一册

500000－8710－0000047　7－3－049
禮記約編十卷　(清)汪基鈔譔　(清)江永校纂　清宣統二年(1910)上海文盛堂石印本　六册

500000－8710－0000048　7－3－050
本韻一得二十卷　(清)龍為霖撰　清道光三十年(1850)刻本　四册　存十二卷(一至六、十三至十八)

500000－8710－0000049　7－3－051
曲江書屋新訂批註左傳快讀十八卷首一卷　(清)李紹崧選訂　清末廣益書局石印本　十册　存十三卷(六至十八)

500000－8710－0000050　7－3－052
群經平議十三卷　(清)俞樾撰　清刻本　五册　存十一卷(一至九、十二至十三)

500000－8710－0000051　7－3－053
新刻來瞿唐先生易註十五卷首一卷末一卷圖像一卷圖像補遺一卷　(明)來知德撰　清末上海江東茂記書局石印本　八册

500000－8710－0000052　8－1－054
康熙字典十二集檢字一卷辨似一卷等韻一卷補遺一卷備考一卷　(清)張玉書等撰　(清)淩紹雯等纂修　清刻本　四十九册　存十一集五卷(子集,丑集上二、下,卯集中二、下,辰集,巳集上下,午集,未集上二、下,申集,酉集,戌集,亥集,檢字一,辨似一,等韻一,備考

一,補遺一)

500000－8710－0000053　9－1－055

漢書一百卷　(唐)顏師古注　清光緒十二年(1886)金陵書局仿汲古閣刻本　二十八册　存九十八卷(三至一百)

500000－8710－0000054　9－1－056

鄉黨應酬六卷　(清)鄧炳震輯　清光緒刻本　一册　存二卷(二至三)

500000－8710－0000055　9－1－057

新鐫曆法便覽象吉備要通書大全二十九卷　(清)魏鑑彙撰　清末錦章書局石印本　六册

500000－8710－0000056　9－1－058

史記一百三十卷　(漢)司馬遷撰　清光緒四年(1878)金陵書局刻本　九册　存三十九卷(一至三十九)

500000－8710－0000057　9－2－059

御批歷代通鑑輯覽一百二十卷　(清)傅恆等輯　清刻本　十册　存二十卷(九十七至一百十六)

500000－8710－0000058　9－2－060

三國志六十五卷　(晉)陳壽撰　清光緒十三年(1887)江南書局刻本　十二册

500000－8710－0000059　9－2－061

史記一百三十卷　(漢)司馬遷撰　(南朝宋)裴駰集解　(唐)司馬貞索隱　(唐)張守節正義　清光緒二十五年(1899)慎記書莊石印本　四册　存五十二卷(一至三十、九十一至一百十二)

500000－8710－0000060　9－2－062

瀛環志畧十卷　(清)徐繼畬撰　清光緒二十四年(1898)新化三味書室刻本　八册

500000－8710－0000061　9－2－063

後漢書鈔二卷　(清)高梅亭集評　清乾隆五十三年(1788)刻本　二册

500000－8710－0000062　9－2－064

御批歷代通鑑輯覽一百二十卷御批通鑑綱目恭錄八卷　(清)傅恆等撰　清光緒二十五年(1899)新化三味堂刻本　四十二册　存九十四卷(一至六、九至四十四、五十九至六十、六十三至六十八、七十九至一百十四,恭錄一至八)

500000－8710－0000063　10－1－065

鼎鍥趙田了凡袁先生編纂古本大方綱鑑補三十九卷首一卷　(宋)司馬光通鑑　(宋)朱熹綱目　(明)袁黄編纂　清刻本　九册　存九卷(十至十八)

500000－8710－0000064　10－1－066

御撰資治通鑑綱目三編二十卷　(清)張廷玉等撰　清刻本　二册　存十卷(一至五、十一至十五)

500000－8710－0000065　10－1－067

御撰資治通鑑綱目三編二十卷　(清)張廷玉等撰　清光緒二十八年(1902)刻本　二册　存十卷(一至十)

500000－8710－0000066　10－1－068

拙軒集六卷　(金)王寂撰　清刻本　一册　存四卷(三至六)

500000－8710－0000067　10－1－069

後漢書九十卷　(唐)李賢注　**續漢志三十卷**　(南朝宋)司馬彪撰　(南朝梁)劉昭補注　清光緒十三年(1887)金陵書局刻本　十七册

500000－8710－0000068　10－2－070

寒碧孤吟一卷集美人名詩一卷蘭言一卷岕茶彙鈔一卷　(清)冒襄撰　清末石印本　一册

500000－8710－0000069　10－2－071

御批增補了凡綱鑑四十卷首一卷　(明)袁黄纂　清光緒二十八年(1902)玉尺山房刻本　三十六册　存三十六卷(一至六、八至十七、二十一至四十)

500000－8710－0000070　10－3－072

海國圖志續集二十五卷　(英國)麥高爾撰　(美國)林樂知　(清)瞿昂來譯　清光緒二十八年(1902)文賢閣石印本　二册

500000－8710－0000071　10－3－073

海國圖志一百卷首一卷　(清)魏源撰　清光緒二十八年(1902)文賢閣石印本　十四冊

500000－8710－0000072　10－3－074
新刊趙田了凡袁先生編纂古本歷史大方綱鑑補四十卷　(明)袁黄編纂　清刻本　三十冊　存三十三卷(二至三、六至八、十一至二十、二十二至三十九)

500000－8710－0000073　11－1－075
中東戰紀本末續編四卷首一卷末一卷　(清)蔡爾康纂輯　清光緒二十三年(1897)圖書集成局鉛印本　四冊

500000－8710－0000074　11－1－076
中東戰紀本末八卷首一卷末一卷　(清)蔡爾康纂輯　清光緒二十三年(1897)圖書集成局鉛印本　七冊

500000－8710－0000075　11－1－077
尺木堂綱鑑易知錄九十二卷　(清)吳乘權等輯　清刻本　二十五冊　存六十卷(一至十二、十九至二十一、二十五至二十六、三十三至三十五、三十九至五十七、六十一至七十四、七十九至八十一、八十四至八十五、八十九至九十)

500000－8710－0000076　11－2－079
十朝東華錄　王先謙編　清光緒二十五年(1899)石印本　五十五冊　存六種四百四十九卷(康熙朝一至一百十,雍正朝一至二十六,乾隆朝一至五十七、七十五至一百二十,嘉慶朝一至五十,道光朝一至六十,咸豐朝一至一百)

500000－8710－0000077　11－2－083
東華續錄同治朝一百卷　王先謙編　清光緒二十五年(1899)石印本　八冊　存七十六卷(七至二十三、二十八至三十八、四十四至九十一)

500000－8710－0000078　11－3－084
史記一百三十卷　(漢)司馬遷撰　(南朝宋)裴駰集解　(唐)司馬貞索隱　(唐)張守節正義　清末石印本　四冊　存七十八卷(三十一至九十、一百十三至一百三十)

500000－8710－0000079　11－3－085
史記一百三十卷　(漢)司馬遷撰　(南朝宋)裴駰集解　(唐)司馬貞索隱　(唐)張守節正義　清末石印本　二冊　存十五卷(一百十六至一百三十)

500000－8710－0000080　11－3－086
最近支那史二卷　(日本)河野通之　(日本)石村貞一輯　清末鉛印本　三冊　存二卷(一下至二)

500000－8710－0000081　11－3－089
西夏紀事本末三十六卷首二卷　(清)張鑑春撰　清光緒十四年(1888)上海書業公所崇德堂鉛印本　一冊　存十九卷(一至十七、首一至二)

500000－8710－0000082　11－3－090
遼史紀事本末四十卷首一卷　(清)李有棠撰　清光緒十四年(1888)上海書業公所崇德堂鉛印本　二冊

500000－8710－0000083　11－3－091
金史紀事本末五十二卷首一卷　(清)李有棠撰　清光緒十四年(1888)上海著易堂書局鉛印本　四冊　存五十二卷(一至五十二)

500000－8710－0000084　11－3－092
漢書藝文志考證十卷　(清)王應麟撰　清光緒十年(1884)成都志古堂刻本　三冊

500000－8710－0000085　11－3－093
左傳紀事本末五十三卷　(清)高士奇撰　清光緒十四年(1888)崇德堂鉛印本　一冊　存十四卷(十二至二十五)

500000－8710－0000086　11－3－094
宋史紀事本末一百〇九卷　(明)馮琦撰　清光緒十四年(1888)崇德堂鉛印本　四冊　存四十九卷(二十至四十一、七十一至八十、九十三至一百〇九)

500000－8710－0000087　11－3－096
前漢書鈔四卷　(清)高嵣撰　清乾隆五十三

年(1788)刻本　四冊

500000－8710－0000088　11－3－097
通鑑紀事本末二百三十九卷　(宋)袁樞輯　清光緒十四年(1888)崇德堂鉛印本　十五冊　存一百五十三卷(一至二十、四十三至四十八、六十二至八十四、九十三至一百十、一百二十三至一百九十一、二百至二百〇九、二百二十五至二百三十一)

500000－8710－0000089　12－1－098
漢州志四十卷末一卷　(清)張懷泗撰　清刻本　八冊　存二十二卷(二十至四十、末一)

500000－8710－0000090　12－1－3－099
[嘉慶]四川通志二百〇四卷首二十二卷　(清)常明等修　清嘉慶二十一年(1816)刻本　一百〇七冊　存一百八十四卷(一至四十五、四十七至九十七、九十九至一百四十、一百八十一至二百〇四,首一至二十二)

500000－8710－0000091　13－1－100
袁王綱鑑合編三十九卷　(明)袁黃輯　(明)王世貞編　清末鉛印本　十二冊　存三十五卷(二至三十三、三十七至三十九)

500000－8710－0000092　13－1－101
御撰明紀綱目二十卷　(清)張廷玉等編　清光緒三十年(1904)上海商務印書館鉛印本　二冊

500000－8710－0000093　13－1－102
增評歷史綱鑑補三十九卷首一卷御撰資治通鑑綱目三編六卷　(明)袁黃輯　(明)王世貞編　清光緒二十八年(1902)上海富強齋石印本　七冊　存十七卷(二十四至二十六、二十九至三十六,御撰資治通鑑綱目三編六卷)

500000－8710－0000094　13－1－103
史論正鵠初集四卷二集四卷三集四卷四集四卷　(清)王樹敏點評　清光緒二十九年至三十年(1903－1904)刻本　十一冊　存十五卷(初集二至四、二集一至四、三集一至四、四集一至四)

500000－8710－0000095　13－1－104
養正遺規二卷　(清)陳弘謀輯　清乾隆四年(1739)刻本　一冊

500000－8710－0000096　13－2－106
御批歷代通鑑輯覽一百二十卷　(清)傅恆輯　清光緒十年(1884)上海商務印書館鉛印本　二十四冊　存一百十五卷(一至八十、八十六至一百二十)

500000－8710－0000097　13－2－107
墨子十六卷　(清)吳汝綸點勘　清宣統二年(1910)桐城吳先生點勘諸子鉛印本　二冊

500000－8710－0000098　13－3－108
泰西十八周史攬要十八卷　(英國)雅各偉德撰　光緒二十九年(1903)上海廣學會鉛印本　六冊

500000－8710－0000099　14－1－109
憲廟硃批諭旨十八函　(清)鄂爾泰編　(清)張廷玉等編　清光緒十三年(1887)上海廣百宋齋刻朱墨套印本　五十六冊

500000－8710－0000100　15－1－110
金匱要略淺註方論合編十卷　(清)陳念祖撰　清宣統元年(1909)渭南嚴氏刻本　九冊

500000－8710－0000101　15－1－111
增補本草備要八卷附湯頭歌訣一卷　(清)汪昂輯　清光緒三十年(1904)上海章福記書局石印本　四冊

500000－8710－0000102　15－1－112
胎產秘書三卷首一卷附保嬰要訣一卷　(清)龔雲林撰　清宣統三年(1911)成都蔣氏刻本　二冊

500000－8710－0000103　15－1－113
胎產秘書三卷首一卷附保嬰要訣一卷　(清)龔雲林撰　清宣統三年(1911)成都蔣氏刻本　二冊

500000－8710－0000104　15－1－114
韓非子十卷　(清)吳汝綸點勘　清宣統二年(1910)桐城吳先生點勘諸子鉛印本　一冊

500000－8710－0000105　15－1－115

太玄十卷　(清)吴汝綸點勘　宣統二年(1910)桐城吴先生點勘諸子鉛印本　一冊

500000－8710－0000106　15－1－116

瘟疫明辨三卷附瘟病提要一卷　(清)鄭奠一撰　清光緒二十六年(1900)江津施氏刻本　一冊

500000－8710－0000107　15－1－117

時病論八卷　(清)雷豐注　清光緒八年(1882)石印本　六冊

500000－8710－0000108　15－1－118

痧喉證治匯言不分卷　(清)施猷輯　清同治十一年(1872)鉛印本　一冊

500000－8710－0000109　15－1－119

醫效秘傳三卷　(清)葉桂撰　(清)吴金壽音校　清道光十一年(1831)刻本　三冊

500000－8710－0000110　15－1－120

本經逢原四卷　(清)張璐纂　清光緒三十四年(1908)成都嚴氏刻本　七冊

500000－8710－0000111　15－1－121

温熱經緯四卷　(清)王士雄纂　清光緒八年(1882)刻本　二冊　存三卷(一至二、四)

500000－8710－0000112　15－1－122

温病條辨六卷首一卷　(清)吴瑭撰　清宣統元年(1909)渭南嚴氏刻本　四冊

500000－8710－0000113　15－2－123

傷寒論條辨八卷　(明)方有執撰　清乾隆十一年(1746)渭南嚴氏孝義家塾刻本　四冊

500000－8710－0000114　15－2－124

第一才子繡像三國演義六十卷　(元)羅貫中撰　清光緒三十年(1904)上海商務書館鉛印本　六冊　存四十六卷(一至二十二、三十一至四十六、五十三至六十)

500000－8710－0000115　15－2－125

御纂天機秘訣不分卷　(□)□□撰　清光緒二十一年(1895)刻本　一冊　(序)

500000－8710－0000116　15－2－126

韓非子二十卷　(戰國)韓非撰　**識誤三卷**　(清)顧廣圻撰　清嘉慶二十一年(1816)掃葉山房石印本　五冊　存十九卷(五至二十、識誤一至三)

500000－8710－0000117　15－2－128

神農本草經百種錄不分卷　(清)徐大椿撰　清末刻本　一冊

500000－8710－0000118　15－2－129

新刊註釋素問玄機原病式二卷素問病機氣宜保命集三卷　(金)劉完素撰　(元)薛時平注釋　清光緒石印本　一冊　存三卷(原病式一至二、保命集一)

500000－8710－0000119　15－2－130

河間劉完素傷寒論方□□卷　(金)劉完素撰　(元)葛雝編　清末石印本　一冊　存一卷(下)

500000－8710－0000120　15－2－131

温病條辨六卷　(清)吴瑭撰　清光緒石印本　一冊　存三卷(四至六)

500000－8710－0000121　15－2－132

景岳全書發揮四卷　(清)葉桂撰　清光緒石印本　一冊　存一卷(四)

500000－8710－0000122　15－2－133

温熱經緯五卷　(清)王士雄撰　清光緒石印本　一冊　存一卷(五)

500000－8710－0000123　15－2－134

管子二十四卷　(唐)房玄齡注　清宣統二年(1910)鉛印本　二冊

500000－8710－0000124　15－2－135

荀子二十卷　(唐)楊倞注　清宣統二年(1910)鉛印本　二冊

500000－8710－0000125　15－3－136

聊齋志異十六卷　(清)蒲松齡撰　清道光二十二年(1842)鉛印本　八冊

500000－8710－0000126　15－3－138

頂批金丹真傳一卷　(明)孫汝忠撰　**附試金石一卷入藥鏡注一卷邵子詩注一卷呂祖沁園春注一卷**　(清)傅金銓撰　清刻本　一冊

500000－8710－0000127　15－3－139
繡像永慶昇平四卷　(清)姜振名演說　清光緒二十九年(1903)上海簡青齋石印本　一冊　存一卷(一)

500000－8710－0000128　15－3－140
老子一卷　(戰國)李耳撰　清宣統二年(1910)鉛印本　一冊

500000－8710－0000129　15－3－141
西遊原旨二十四卷　(明)吳承恩撰　清刻本　十六冊　存十六卷(四至六、十一至十三、十五至二十四)

500000－8710－0000130　15－3－142
第一才子書六十卷　(元)羅貫中撰　清末刻本　十一冊　存三十五卷(一至二、二十八至六十)

500000－8710－0000131　16－1－143
淵鑑類函四百五十卷目錄四卷　(清)張英等纂　清刻本　七十三冊　存二百三十六卷(一至十九、二十七至二十九、三十至三十三、三十七至四十二、五十九至八十九、九十三至九十八、一百〇二至一百〇五、一百三十至一百三十四、一百三十八至一百四十一、一百五十四至一百五十八、一百六十二至一百六十九、一百七十七至一百九十六、二百〇一至二百〇六、二百十三至二百十六、二百三十四至二百三十七、二百四十二至二百四十五、二百五十至二百五十三、二百六十二至二百六十四、二百七十一至二百七十六、二百八十至二百八十五、二百九十九至三百〇二、三百〇六至三百〇七、三百〇八至三百十一、三百二十四至三百二十九、三百三十三至三百三十八、三百四十三至三百五十五、三百五十九至三百七十、三百八十至三百八十五、三百九十一至三百九十六、四百〇一至四百十六、四百三十八至四百四十六)

500000－8710－0000132　16－3－144
黄帝内經素問九卷　(清)張志聰集注　清刻本　七冊

500000－8710－0000133　17－1－149
繡像野叟曝言二十卷　(清)夏敬渠撰　清末石印本　五冊

500000－8710－0000134　17－1－150
諸子平議三十五卷　(清)俞樾撰　清刻本　五冊　存十六卷(一至十六)

500000－8710－0000135　17－1－151
本草從新十八卷藥性總義一卷　(清)吳儀洛撰　清末上海校經山房石印本　四冊

500000－8710－0000136　17－1－152
情天寶鑑二十四卷首一卷　(明)馮夢龍編撰　清末石印本　一冊　存五卷(一至四、首一)

500000－8710－0000137　17－1－153
情天寶鑑二十四卷首一卷　(明)馮夢龍編撰　清末石印本　三冊　存十五卷(四至十八)

500000－8710－0000138　17－2－154
安瀾紀要二卷　(清)徐端撰　清道光刻本　二冊

500000－8710－0000139　17－2－157
增訂格物入門七卷　(美國)丁韙良撰　清光緒十五年(1889)同文館刻本　三冊　存三卷(五至七)

500000－8710－0000140　17－2－158
吳醫彙講十一卷附傷寒辨症歌一卷周身經絡總訣一卷　(清)唐大烈輯　清宣統二年(1910)掃葉山房石印本　一冊　存五卷(一至五)

500000－8710－0000141　17－2－159
靈樞經十卷　(清)張志聰注　清末石印本　一冊　存一卷(一)

500000－8710－0000142　17－2－160
算學筆談十二卷　(清)華蘅芳撰　清光緒石印行素軒算學全書本　二冊

500000－8710－0000143　17－2－161
引痘略一卷　(清)邱熺撰　清刻本　一冊

500000－8710－0000144　17－2－162
咽喉脈證通論一卷　(清)姚覲元輯　清光緒

歸安姚氏刻咫進齋叢書本　一冊

500000－8710－0000145　17－2－163
素問靈樞類纂約註三卷　(清)汪昂撰　清刻本　一冊　存一卷(二)

500000－8710－0000146　17－3－164
增評補像全圖金玉緣十六卷一百二十回　(清)曹霑撰　清末石印本　一冊　存一卷(四(十九至二十六回)

500000－8710－0000147　17－3－165
蠶桑萃編十五卷首一卷　(清)衛傑撰　清光緒二十五年(1899)刻本　五冊

500000－8710－0000148　17－3－167
三農紀十卷　(清)張宗法撰　清刻本　八冊　存八卷(一至二、四至八、十)

500000－8710－0000149　18－1－169
從政遺規二卷　(清)陳弘謀輯　清光緒三十二年(1906)刻本　二冊

500000－8710－0000150　18－1－170
訓俗遺規四卷　(清)陳弘謀輯　清光緒三十二年(1906)刻本　四冊

500000－8710－0000151　18－1－171
玉機微義五十卷目錄一卷　(明)徐用誠撰　(明)劉純續增　明刻本　十六冊

500000－8710－0000152　18－1－172
靈樞經十卷　(清)張志聰集注　清刻本　八冊

500000－8710－0000153　18－2－173
新演秘藏珍珠□□卷　(□)□□撰　清末刻本　二冊　存二部(貞部五、乾部)

500000－8710－0000154　18－2－174
痧症全書三卷　(清)林森撰　清道光二年(1822)刻本　二冊

500000－8710－0000155　18－2－175
瘟熱暑疫全書四卷　(清)周揚俊輯　清光緒十五年(1889)掃葉山房刻本　二冊

500000－8710－0000156　18－2－176
瘟疫論二卷　(明)吳有性撰　清同治元年(1862)刻本　二冊

500000－8710－0000157　18－2－178
武備輯要六卷續編十二卷　(清)許乃釗輯　清道光二十三年(1843)刻本　五冊　存十六卷(一至六、續編一至十)

500000－8710－0000158　18－3－179
三家醫案合刻三卷　(清)吳金壽纂　清刻本　二冊

500000－8710－0000159　18－3－180
傷寒指掌四卷　(□)□□撰　清道光二十四年(1844)刻本　四冊

500000－8710－0000160　18－2－181
紀效新書十八卷首一卷　(明)戚繼光撰　清道光二十三年(1843)刻本　六冊

500000－8710－0000161　18－2－182
四元玉鑑細草三卷　(元)朱世傑撰　清末石印本　六冊

500000－8710－0000162　18－2－183
荒政輯要九卷首一卷　(清)汪志伊纂　清嘉慶十一年(1806)蘇州節署刻本　三冊

500000－8710－0000163　18－2－184
練兵實紀九卷雜集六卷　(明)戚繼光撰　清道光二十三年(1843)刻本　五冊

500000－8710－0000164　18－3－186
傷寒論淺註方論合編六卷　(清)陳念祖撰　清宣統元年(1909)渭南嚴氏刻本　三冊

500000－8710－0000165　18－3－187
醫方捷徑指南全書二卷　(明)王宗顯輯　清刻本　一冊

500000－8710－0000166　18－3－189
產孕集二卷　(清)張仲遠撰　清同治七年(1868)刻本　一冊

500000－8710－0000167　18－3－190
較正醫林狀元壽世保元十卷　(明)龔廷賢撰　清宣統元年(1909)刻本　六冊　存八卷(一至四、六至七、九至十)

500000－8710－0000168　18－3－191
御製曆象考成後編十卷　（清）允祿　（清）弘晝編　清乾隆刻本　十四冊

500000－8710－0000169　19－1－192
佩文齋廣群芳譜一百卷目錄二卷　（清）劉灝等撰　清同治七年(1868)刻本　三十四冊　存九十六卷(一至七十八、八十五至一百，目錄一至二)

500000－8710－0000170　19－2－193
有正味齋駢文箋註十六卷　（清）吳錫麒撰　（清）葉聯芬箋註　清刻本　五冊　存十一卷(六至十六)

500000－8710－0000171　19－2－194
新訂同善錄十卷　（清）劉沅校正　清刻本　三冊　存三卷(二至四)

500000－8710－0000172　19－2－195
重訂痘疹定論一卷痘麻秘傳一卷　（清）朱純瑕輯　清同治五年(1866)刻本　二冊

500000－8710－0000173　19－2－196
積古齋鐘鼎彝器款識十卷　（清）阮元撰　清末石印本　五冊

500000－8710－0000174　19－2－197
繡像東周列國志二十七卷一百〇八回　（清）蔡元放評點　清光緒三十年(1904)上海商務印書館鉛印本　十二冊

500000－8710－0000175　19－2－198
陶齋吉金錄八卷　（清）端方輯　清光緒三十四年(1908)上海有正書局石印本　八冊

500000－8710－0000176　19－3－199
子史精華一百六十卷　（清）吳襄纂修　清刻本　五十冊

500000－8710－0000177　20－1－200
佩文韻府一百六卷　（清）孫致彌等纂修　清光緒十八年(1892)上海鴻寶齋石印本　一百七十七冊　存一百〇五卷(一至六十八、七十至一百〇六)

500000－8710－0000178　20－1－201
韻府拾遺一百〇六卷　（清）汪灝等纂修　清光緒十八年(1892)上海鴻寶齋石印本　二十冊

500000－8710－0000179　20－3－202
子史精華一百六十卷　（清）吳襄纂修　清宣統元年(1909)上海圖書集成公司石印本　八冊

500000－8710－0000180　21－1－205
欒城集四十八卷目錄二卷後集二十四卷三集十卷應詔集十二卷　（宋）蘇轍撰　清道光十二年(1832)眉州三蘇祠刻本　二十七冊

500000－8710－0000181　21－1－206
嘉祐集二十卷　（宋）蘇洵撰　清道光十二年(1832)眉州三蘇祠刻本　四冊

500000－8710－0000182　21－1－207
斜川集六卷　（宋）蘇過撰　清道光六年(1826)刻本　三冊

500000－8710－0000183　21－2－208
漢魏六朝百三名家集　（明）張溥輯　清光緒三年(1877)滇南唐氏壽考堂刻本　九十九冊　存八十五種九十五卷(司馬文園集一、董膠西集一、東方大中集一、褚先生集一、王諫議集一、劉中壘集一、楊侍郎集一、劉子俊集一、馮曲陽集一、班蘭臺集一、崔亭伯集一、張河間集二、李蘭臺集一、馬季長集一、荀侍中集一、蔡中郎集二、王叔師集一、孔少府集一、諸葛丞相集一、魏武帝集一、魏文帝集一至二、陳思王集一、陳記室集一、王侍中集一、阮元瑜集一、劉公幹集一、應德璉集一、應休璉集一、阮步兵集一、嵇中散集一、鍾司徒集一、杜紀南集一、荀公曾集一、傅鶉觚集一、張司空集一、孫馮翌集一、摯太常集一、束廣微集一、夏侯常侍集一、潘黃門集一、傅中丞集一、潘太常集一、陸平原集一至二、成公子安集一、陸清河集一至二、張孟陽集一、劉越石集一、郭弘農集一至二、王右軍集一至二、顏光祿集一、鮑參軍集一至二、袁陽源集一、謝法曹集一、謝光祿集一、竟陵王集一、王文憲集一、王大令集一、孫廷尉集一、陶彭澤集一、何衡陽集一、傅光祿集一、謝康樂集一至二、王詹事集一、劉秘書集一、劉豫章集一、劉庶子集一、庾度支集一、何記室集一、吳朝請集一、陳後主集一、徐僕射集一、沈侍中集一、江令君集一、張散騎集一、高令公集一、温侍讀集一、邢特進集一、魏特進集一、庾開府集一至二、王司空集一、隋煬帝集一、盧武陽集一、李懷州集一、牛奇章集一、薛司隸集一)

500000－8710－0000184　23－1－209
南齊竟陵王集二卷　(南朝齊)蕭子良撰　清刻漢魏六朝百三名家集本　一冊

500000－8710－0000185　23－1－210
謝光祿集一卷　(宋)謝莊撰　清刻漢魏六朝百三名家集本　一冊

500000－8710－0000186　23－1－211
梁元帝集一卷　(南朝梁)蕭繹撰　清刻漢魏六朝百三名家集本　一冊

500000－8710－0000187　23－1－212
宋傅光祿集一卷　(宋)傅亮撰　清刻漢魏六朝百三名家集本　一冊

500000－8710－0000188　23－1－213
呂叔簡全集　(明)呂坤撰　清道光七年(1827)開封府署刻本　二十四冊

500000－8710－0000189　23－2－214
納書楹曲譜正集四卷續集四卷外集二卷補遺四卷牡丹亭二卷紫釵記二卷邯鄲記二卷南柯記二卷　(清)葉堂訂　清道光二十八年(1848)刻本　二十冊

500000－8710－0000190　23－2－215
鳴原堂論文二卷　(清)曾國藩撰　清同治十二年(1873)成都志古堂刻本　二冊

500000－8710－0000191　23－2－216
彙纂詩法度針八集三十三卷首一卷　(清)徐文弼撰　清刻本　七冊　存三十三卷(一至九、十一至三十三,首一)

500000－8710－0000192　23－2－217
高給諫日記八卷　(清)高枬撰　清光緒三十年(1904)清翰堂刻本　四冊　存四卷(一、四至五、八)

500000－8710－0000193　23－2－218
高給諫奏稿一卷補遺一卷　(清)高枬撰　清光緒清翰堂刻本　一冊

500000－8710－0000194　23－2－219
高給諫詩鈔三卷　(清)高枬撰　清光緒三十年(1904)清翰堂刻本　二冊　存二卷(二至三)

500000－8710－0000195　23－2－220
文選六十卷　(南朝梁)蕭統撰　(唐)李善注　清光緒元年(1875)本刻　九冊　存五十四卷(一至五十四)

500000－8710－0000196　23－2－221
宏文堂唐詩合解古詩四卷唐詩十二卷　(清)王堯衢注　清末刻本　六冊

500000－8710－0000197　23－3－222
文心雕龍十卷　(南朝梁)劉勰撰　(清)黄叔琳注　(清)紀昀評　清光緒二十一年(1895)學庫山房刻本　四冊

500000－8710－0000198　23－3－223
胡文忠公遺集十卷首一卷　(清)胡林翼撰　(清)閻敬銘編　清同治七年(1868)醉六堂刻本　六冊　存八卷(四至十、首一)

500000－8710－0000199　23－3－224
批點唐宋八家鈔八卷　(清)高梅亭集評　清道光十五年(1835)刻本　七冊　存七卷(一至六、八)

500000－8710－0000200　23－3－225
曾文正公文集三卷　(清)曾國藩撰　清光緒二十九年(1903)鴻寶書局石印曾國藩全集本　三冊

500000－8710－0000201　23－3－226
曾文正公詩集三卷　(清)曾國藩撰　清光緒二十九年(1903)鴻寶書局石印曾國藩全集本　一冊

500000－8710－0000202　23－3－227

淮南鴻烈解二十一卷　（漢）劉安撰　（漢）高誘注　清刻本　三册　存十卷（十二至二十一）

500000－8710－0000203　23－3－228

楚辭十七卷　（戰國）屈原撰　清同治十一年（1872）金陵書局刻本　四册

500000－8710－0000204　24－1－229

涵芬樓古今文鈔一百卷　吳曾祺纂　清宣統二年（1910）商務印書館鉛印本　九十七册　存九十七卷（二至十二、十四至六十五、六十七至一百）

500000－8710－0000205　24－2－230

古文淵鑒六十四卷　（清）徐乾學等編注　清光緒二十九年（1903）蜚英分局石印本　十六册

500000－8710－0000206　24－2－231

曾文正公全集十五種九十四卷　（清）曾國藩撰　清光緒二十九年（1903）鴻寶書局石印本　二十五册　存七種九十四卷（經史百家雜鈔一至二十六、十八家詩鈔九至二十八、求闕齋日記類鈔一至二、曾文正公雜著一至二、曾文正公書札一至三十三、曾文正公家書一至七、曾文正公奏稿二十七至三十）

500000－8710－0000207　24－3－232

皇朝經世文編一百二十卷　（清）賀長齡輯　清末石印本　二十册　存一百〇一卷（十五至一百十五）

500000－8710－0000208　24－3－233

皇朝經世文續編一百二十卷　（清）葛士濬輯　清末石印本　十九册　存一百十四卷（七至一百二十）

500000－8710－0000209　24－3－234

經史百家雜鈔二十六卷首一卷　（清）曾國藩纂　清光緒三十二年（1906）商務印書館鉛印本　五册　存十一卷（一至十、首一）

500000－8710－0000210　24－3－235

吳摯甫文集四卷　（清）吳汝綸撰　清宣統元年（1909）國學扶輪社石印本　四册

500000－8710－0000211　24－3－236

八代詩選二十卷　王闓運撰　清光緒七年（1881）四川尊經書局刻本　六册

500000－8710－0000212　25－1－237

王船山先生經史論八種七十三卷　（清）王夫之撰　清光緒二十五年（1899）慎記書莊石印本　十二册　五種五十五卷（周易外傳一至七、詩廣傳一至五、春秋家說一至三、讀通鑑論六至三十、宋論一至十五）

500000－8710－0000213　25－1－238

楊忠烈公文集五卷　（明）楊漣撰　清宣統三年（1911）文盛書局石印本　一册　存一卷（一）

500000－8710－0000214　25－1－239

河東先生文集六卷　（唐）柳宗元撰　清宣統二年（1910）上海會文堂書局石印本　五册

500000－8710－0000215　25－1－240

百大家批評文選□□卷　（明）沈一貫輯　清末石印本　九册　存九卷（二至七、九、十一至十二）

500000－8710－0000216　25－1－241

楚槖爐餘草一卷　（清）卞士撰　清布政司榮陞齋抄本　一册

500000－8710－0000217　25－1－242

重訂文選集評十五卷首一卷末一卷　（清）于光華撰　清刻本　八册　存八卷（八至十五）

500000－8710－0000218　25－1－243

文選考異十卷　（清）胡克家撰　清末石印本　二册

500000－8710－0000219　25－1－244

文選考異十卷　（清）胡克家撰　清末石印本　二册

500000－8710－0000220　25－1－245

文選李善注六十卷　（南朝梁）蕭統撰　（唐）李善注　清宣統三年（1911）上海會文堂書局石印本　一册　存四卷（一至四）

500000－8710－0000221　25－1－246

文選李善注六十卷　(南朝梁)蕭統撰　(唐)李善注　清宣統三年(1911)上海會文堂書局石印本　十四册

500000－8710－0000222　25－2－247
東坡集八十四卷目錄二卷　(宋)蘇軾撰　清道光十二年(1832)刻三蘇全集本　四十五册　存八十五卷(一至八十四、目錄一)

500000－8710－0000223　26－1－248
觀劇絕句三卷　(清)金德英撰　清光緒三十四年(1908)鉛印本　一册

500000－8710－0000224　26－1－249
陸象山先生全集三十六卷　(宋)陸九淵撰　清宣統二年(1910)江左書林鉛印本　八册

500000－8710－0000225　26－1－250
山谷詩集注二十卷外集詩注十七卷别集詩注二卷　(宋)黄庭堅撰　清光緒二十一年至宣統二年(1895－1910)刻本　十六册

500000－8710－0000226　27－1－251
欽定四庫全書總目二百卷首四卷總目一卷　(清)紀昀等編　清粤東富文齋、萃文堂、聚珍堂刻本　九十二册　存一百九十二卷(一至三十六、四十五至四十七、五十至七十六、七十九至二百,首一至四)

500000－8710－0000227　27－1－252
第一樓叢書九種二十九卷　(清)俞樾撰　清同治十年(1871)刻本　八册

500000－8710－0000228　27－1－253
玉燭寶典十二卷　(隋)杜臺卿撰　清光緒遵義黎氏刻古逸叢書本　二册

500000－8710－0000229　27－1－254
原本玉篇一卷　(南朝梁)顧野王撰　清光緒遵義黎氏刻古逸叢書本　一册

500000－8710－0000230　27－1－255
文館詞林十四卷　(唐)許敬宗等撰　清光緒遵義黎氏刻古逸叢書本　一册　存七卷(四百五十九、六百六十五至六百六十七、六百七十、六百九十一、六百九十九)

500000－8710－0000231　27－1－256
廣韻五卷校札一卷　(宋)陳彭年等重修　(清)黎庶昌撰校札　清光緒遵義黎氏刻古逸叢書本　一册　存三卷(四至五、校札一)

500000－8710－0000232　27－1－257
廣韻五卷　(宋)陳彭年等重修　清光緒遵義黎氏刻古逸叢書本　二册

500000－8710－0000233　27－1－258
漢魏叢書九十六種四百二十九卷　(漢)焦贛等撰　清末上海大通書局石印本　三十二册

500000－8710－0000234　27－1－260
春在堂襍文二卷續編五卷　(清)俞樾撰　清光緒二十五年(1899)刻春在堂全書本　三册

500000－8710－0000235　27－1－261
賓萌外集四卷　(清)俞樾撰　清光緒二十五年(1899)刻春在堂全書本　一册

500000－8710－0000236　28－1－262
古文辭類纂七十四卷　(清)姚鼐纂　清光緒三十三年(1907)上海商務印書館鉛印本　四册　存三十四卷(一至十、二十一至三十、六十一至七十四)

500000－8710－0000237　28－1－263
續古文辭類纂三十四卷　王先謙纂　清光緒三十三年(1907)上海商務印書館鉛印本　三册　存二十三卷(一至二十三)

500000－8710－0000238　28－1－264
板橋雜記一卷附錄一卷　(清)余懷撰　清末石印本　一册

500000－8710－0000239　28－1－265
板橋雜記三卷吴門畫舫錄一卷　(清)余懷撰　清末鉛印本　一册

500000－8710－0000240　28－1－266
續古文辭類纂三十四卷　王先謙纂　清末錦章圖書局石印本　六册　存十卷(一至十)

500000－8710－0000241　28－1－267
素問病機氣宜保命集三卷　(金)劉完素撰

清宣統元年(1909)上海千頃堂石印本　三冊

500000－8710－0000242　28－1－268
楚辭十七卷　(漢)劉向撰　(漢)王逸章句　清末上海會文堂石印本　四冊

500000－8710－0000243　28－1－269
荆駝逸史十八卷　(清)陳湖逸士編　清末上海錦章書局石印本　三冊

500000－8710－0000244　28－1－270
歸硯錄□□卷　(清)王世雄撰　清末石印潛齋醫學叢書本　一冊　存二卷(三至四)

500000－8710－0000245　28－1－271
廿四雲堂詩賦□□卷　(清)楊曇撰　清同治刻本　四冊　存八種九卷(酬世集一至二、棲霞集一、還山集一、丙戌出山集一、詠史詩一、廿四雲堂賦草一、廿四雲堂試帖一、詠古二十四孝試帖一)

500000－8710－0000246　28－1－272
莊子十卷　(戰國)莊周撰　清末鉛印本　二冊

500000－8710－0000247　28－1－273
揚子法言十三卷音義一卷　(隋)李軌注　**新語二卷**　(漢)陸賈撰　清末掃葉山房石印本　一冊

500000－8710－0000248　28－1－274
重鐫官板地理天機會元正篇體用括要三十五卷　(唐)卜則巍撰　(唐)顧乃德集　(明)徐之鏌補編　清末上海校經山房石印本　十六冊

500000－8710－0000249　28－1－275
御選唐宋詩醇四十七卷目錄二卷　(清)高宗弘曆選　清末上海九思齋石印本　八冊

500000－8710－0000250　28－1－276
御選唐宋詩醇四十七卷目錄二卷　(清)高宗弘曆選　清末上海九思齋石印本　二冊　存十一卷(十一至十六、三十二至三十六)

500000－8710－0000251　28－1－277
震川大全三十卷　(明)歸有光撰　清宣統二年(1910)國學扶輪社石印本　六冊　存二十四卷(一至二十四)

500000－8710－0000252　28－2－278
史記一百三十卷附桐城吴先生史記初校本點識一卷彙錄各家史記評語一卷　(漢)司馬遷撰　(清)吳汝綸點勘　清末石印本　十一冊　存一百二十二卷(九至十二、十五至一百三十,點識一,評語一)

500000－8710－0000253　28－2－279
御批歷代通鑑輯覽一百二十卷　(清)傅恆等纂修　清末石印本　五冊　存二十八卷(六至二十八、六十七至七十一)

500000－8710－0000254　28－2－280
國學萃編□□期　沈宗畸輯　清光緒、宣統鉛印晨風閣叢書本　八冊　存八期(三、二十一、二十七、三十七、四十二、四十七至四十八、五十)

500000－8710－0000255　28－2－281
痛史　題樂天居士輯　清宣統、民國上海商務印書館鉛印本　十四冊　存九種十八卷(第一種福王登極實録一卷、第二種哭廟記略一卷、第三種丁酉北闈大獄記略一卷、第四種莊氏史案一卷、第五種研堂見聞雜記一卷、第十三種啟禎記聞録八卷、第十四種海上見聞録二卷、第十五種蜀記一卷、第十六種鹿樵紀聞二卷)

500000－8710－0000256　28－2－282
世說新語六卷　(南朝宋)劉義慶撰　(南朝梁)劉孝標注　清末石印本　六冊

500000－8710－0000257　28－2－283
御批歷代通鑑輯覽一百二十卷　(清)傅恆等纂修　清光緒二十八年(1902)重慶廣益書局石印本　十五冊　存七十五卷(一至十一、十八至二十八、四十至四十九、七十二至八十三、九十至一百二十)

500000－8710－0000258　28－2－284
中國魂二卷　(清)飲冰室主人撰　清光緒二十八年(1902)上海益智書局鉛印本　一冊

500000－8710－0000259　28－3－285

國朝駢體正宗十二卷　(清)曾燠輯　清末上海文淵山房石印本　四冊　存八卷(一至二、五至六、九至十二)

500000－8710－0000260　28－3－286

靈樞經合纂十卷　(清)張志聰　(清)馬元臺注　清末上海掃葉山房石印本　七冊　存九卷(二至十)

500000－8710－0000261　28－3－287

素問病機氣宜保命集三卷　(金)劉完素撰　清末石印本　一冊　存一卷(中)

500000－8710－0000262　28－3－288

大字斷句湯頭歌訣不分卷　(清)汪昂輯　清末上海廣益書局石印本　一冊

500000－8710－0000263　28－3－289

南華真經十卷　(晉)郭象注　清世德堂刻本　一冊　存八卷(三至十)

500000－8710－0000264　28－3－290

新齊諧初集四卷　(清)袁枚撰　清末石印本　一冊　存一卷(三)

500000－8710－0000265　28－3－291

新訂四書補註備旨十卷　(明)鄧林撰　(清)鄧煜編次　清末上海廣益書局石印本　六冊　存八卷(上孟一至二、下孟三,上論一至二、下論三,大學一,中庸一)

500000－8710－0000266　28－3－292

甕牖閒評八卷　(宋)袁文撰　清刻本　一冊　存四卷(五至八)

500000－8710－0000267　28－3－293

國朝駢體正宗十二卷　(清)曾燠輯　清末刻本　一冊　存二卷(三至四)

重慶市綦江縣圖書館古籍普查登記目録

全國古籍普查登記目録

國家圖書館出版社
National Library of China Publishing House

500000－8712－0000001　001

寶綸堂外集十二卷　(清)齊召南撰　(清)齊毓川輯　清宣統三年(1911)掃葉山房石印本　二冊

500000－8712－0000002　002

蘇學士文集十六卷　(宋)蘇舜欽撰　清宣統三年(1911)北京龍文閣書局石印本　六冊

500000－8712－0000003　003

唐人說薈一百六十四種　(清)陳世熙纂　清宣統三年(1911)掃葉山房石印本　七冊　存六十一種(隋唐嘉話一卷、朝野僉載一卷、尚書故實一卷、中朝故事一卷、金鑾密記一卷、杜陽雜編三卷、幽閒鼓吹一卷、桂苑叢談一卷、劉賓客嘉話錄一卷、松窗雜記一卷、次柳氏舊聞一卷、大唐傳載一卷、開元天寶遺事一卷、開天傳信記一卷、大唐新語一卷、明皇雜錄一卷、常侍言旨一卷、雲溪友議一卷、國史補一卷、因話錄一卷、瀟湘錄一卷、小說舊聞記一卷、摭言一卷、記事珠一卷、諧噱錄一卷、義山雜纂一卷、龍城錄一卷、嶺表錄異一卷、來南錄一卷、平泉山居草木記一卷、北戶錄一卷、終南十志一卷、洞天福地記一卷、北里志一卷、迷樓記一卷、海山記一卷、開河記一卷、吳地記一卷、南部煙花記一卷、洛中九老會一卷、教坊記一卷、湘中怨詞一卷、二十四詩品一卷、本事詩一卷、比紅兒詩一卷、貞娘墓詩一卷、書法一卷、畫學秘訣一卷、續畫品錄一卷、貞觀公私畫史一卷、歌者葉記一卷、嘯旨一卷、李謩吹笛記一卷、衛公故物記一卷、茶經三卷、十六湯品一卷、煎茶水記一卷、食譜一卷、醉鄉日月一卷、花九錫一卷、妝樓記一卷)

500000－8712－0000004　004

增補事類統編九十三卷首一卷　(清)黃葆真輯　清光緒十四年(1888)上海積山書局石印本　十二冊

500000－8712－0000005　005

夷牢溪廬文鈔六卷　(清)黎汝謙撰　清光緒二十七年(1901)羊城刻本　二冊

500000－8712－0000006　006

隸辨八卷　(清)顧藹吉編　清同治十二年(1873)刻本　八冊

500000－8712－0000007　007

明儒學案六十二卷　(清)黃宗羲著　清光緒十四年(1888)刻本　四十冊

500000－8712－0000008　008

孟浩然集四卷　(唐)孟浩然撰　(唐)王士源輯　清光緒十年(1884)上海同文書局石印本　四冊

500000－8712－0000009　009

國朝畫徵錄三卷　(清)張庚撰　清刻本　二冊　存二卷(一、三)

500000－8712－0000010　010

搜神記二十卷　(晉)干寶撰　**搜神後記十卷**　(晉)陶潛撰　清光緒元年(1875)湖北崇文書局刻本　六冊

500000－8712－0000011　011

史記一百三十卷　(漢)司馬遷撰　(南朝宋)裴駰集解　清光緒四年(1878)金陵書局刻二十一史本　三冊　存十卷(八至十七)

500000－8712－0000012　012

宋書一百卷　(南朝梁)沈約撰　清同治十二年(1873)江蘇金陵書局刻二十一史本　二冊　存十七卷(四十八至五十七、六十七至七十三)

500000－8712－0000013　013

漢書一百二十卷　(漢)班固撰　清同治八年(1869)南京金陵書局刻二十一史本　三冊　存二十一卷(十九至二十、五十五至六十三、七十三至八十二)

500000－8712－0000014　014

漢書一百二十卷　(漢)班固撰　清光緒三年(1877)韓江書局刻二十一史本　五冊　存三十五卷(五十八至六十四、七十三至一百)

500000－8712－0000015　015

陳書三十六卷　(唐)姚思廉撰　清同治十一

年(1872)南京金陵書局刻二十一史本　一册　存十一卷(十八至二十八)

500000－8712－0000016　016
梁書五十六卷　(唐)姚思廉撰　清同治十三年(1874)南京金陵書局刻二十一史本　一册　存十一卷(十九至二十九)

500000－8712－0000017　017
金史□□卷附考證　(元)脱脱等撰　清同治至光緒刻本　一册　存四卷(十二至十五)

500000－8712－0000018　018
遼史□□卷附考證　(元)脱脱等撰　清同治至光緒刻本　一册　存六卷(三十七至四十二)

500000－8712－0000019　019
宋史四百九十六卷　(元)脱脱等撰　清同治至光緒刻本　十四册　存八十二卷(六十二至七十二、二百五十七至三百十三、三百二十一至三百二十六、三百五十七至三百六十四)

500000－8712－0000020　020
明史四百十六卷　(清)張廷玉等撰　清同治至光緒刻本　六册　存二十九卷(八十二至八十四、一百二十九至一百四十、一百四十八至一百五十四、一百九十九至二百〇二、三百十九至三百二十一)

500000－8712－0000021　021
元史二百十卷附考證　(明)宋濂等撰　清同治至光緒刻本　七册　存二十五卷(十四至十七、四十五至五十七、八十三至八十五、一百五十九至一百六十三)

500000－8712－0000022　022
船山詩註二十卷　(清)張問陶撰　(清)李岑註　清同治九年(1870)席珍山館刻本　八册

500000－8712－0000023　023
四川鹽法志四十卷首一卷　(清)丁寶楨總纂　(清)羅文彬輯　清光緒八年(1882)刻本　十九册　存三十八卷(一至二、四至十四、十七至四十,首一)

500000－8712－0000024　024
四川鹽法志四十卷首一卷　(清)丁寶楨總纂　(清)羅文彬輯　清光緒八年(1882)刻本　一册　存一卷(十三)

500000－8712－0000025　025
曾文正公家書十卷家訓大事記榮哀錄　(清)曾國藩撰　清宣統元年(1909)章福記書局石印本　二册　存四卷(一至二、五至六)

500000－8712－0000026　026
文選六十卷　(南朝梁)蕭統輯　清光緒元年(1875)刻本　五册　存二十九卷(一至四、十二至三十、五十五至六十)

500000－8712－0000027　027
儀禮疏五十卷　(唐)賈公彦撰　**附校勘記**　(清)阮元撰　清嘉慶二十一年(1816)南昌府學刻本　二册　存五卷(四十六至五十)

500000－8712－0000028　028
韻辨附文五卷　(清)沈兆霖撰　清同治十二年(1873)刻本　一册

500000－8712－0000029　029
汲古閣説文訂不分卷　(清)段玉裁撰　清嘉慶二年(1797)刻本　一册

500000－8712－0000030　030
管窺輯要八十卷　(清)黄鼎撰　清順治十年(1653)刻本　一册　存目錄

500000－8712－0000031　031
前漢書一百卷附考證　(漢)班固撰　(唐)顔師古註　清刻本　二册　存八卷(三十一至三十四、八十二至八十五)

500000－8712－0000032　032
説文解字十五卷　(清)段玉裁註　清嘉慶刻本　二十三册　存十五卷(一下至十五)

500000－8712－0000033　033
善宗鑑八卷　(□)□□撰　清道光二十年(1840)刻光緒二十六年(1900)涪州長邑修補　八册　存七卷(一至三、五至八)

500000－8712－0000034　034
林和靖詩集四卷拾遺一卷酬唱題詠附錄一卷

諸家詩話一卷　(宋)林逋撰　清同治十二年(1873)長洲朱氏依抱經堂本刻　二册

500000－8712－0000035　035
唐詩金粉十卷　(清)沈炳震輯　清光緒七年(1881)八杉齋刻本　四册

500000－8712－0000036　036
唐宋八家鈔八卷　(清)高塘輯　清光緒二十六年(1900)成都書局刻本　八册

500000－8712－0000037　037
針灸大成十卷　(清)章廷珪修　清道光十四年(1834)刻本　十册

500000－8712－0000038　038
敬竈章不分卷　(□)□□撰　清光緒刻本　一册

500000－8712－0000039　039
國語二十卷　(三國吳)韋昭注　**攷異四卷**　(清)汪遠孫撰　**札記一卷**　(清)黄丕烈撰　清光緒二年(1876)尊經書院刻本　五册

500000－8712－0000040　040
戰國策三十三卷附札記三卷　(漢)高誘注　清光緒二年(1876)尊經書院刻本　五册

500000－8712－0000041　041
二論詳解四卷　(清)劉忠輯　清末刻本　二册

500000－8712－0000042　042
聲律啟蒙撮要□□卷　(清)車萬育著　(清)夏大觀箋　清宣統元年(1909)刻本　二册　存一卷(一至二)

500000－8712－0000044　044
晉書一百三十卷　(唐)太宗李世民撰　清金陵書局刻本　七册　存五十卷(六十至八十九、九十六至一百十五)

500000－8712－0000045　045
魏書一百十四卷　(北齊)魏收撰　清金陵書局刻本　七册　存六十一卷(三十一至五十八、七十三至一百〇五)

500000－8712－0000046　046
隸篇十五卷續十五卷再續十五卷　(清)翟云升撰　清道光十七至十八年(1837－1838)刻本　九册　存四十二卷(一至二、六至十五,續一至十五,再續一至十五)

500000－8712－0000047　047
蜀龜鑑七卷首一卷　(清)劉景伯輯　清咸豐八年(1858)刻本　二册

500000－8712－0000048　048
東萊博議四卷　(宋)吕祖謙撰　清光緒八年(1882)崇明馮泰松刻本　四册

500000－8712－0000049　049
附釋音禮記註疏六十三卷附校勘記　(漢)鄭玄註　(唐)孔穎達疏　**校勘記**　(清)阮元撰　(清)盧宣旬摘錄　清嘉慶二十年(1815)江西南昌學府刻本　五册　存九卷(十八至十九、三十九至四十五)

500000－8712－0000050　050
附釋音周禮註疏四十二卷附校勘記　(漢)鄭玄註　(唐)賈公彦疏　**校勘記**　(清)阮元撰　(清)盧宣旬摘錄　清嘉慶二十年(1815)江西南昌學府刻本　二册　存六卷(三十至三十二、三十六至三十八)

500000－8712－0000051　051
漢魏六朝賦摘艷譜說四卷　(清)戴綸喆稿　清光緒七年(1881)瀛山書院刻本　二册

500000－8712－0000052　052
康熙字典十二集檢字一卷辨似一卷等韻一卷補遺一卷備考一卷　(清)張玉書等撰　清道光七年(1827)刻本　三十七册　存十二集五卷(子、丑、寅、卯、辰、巳中下、午、未、申、酉上中、戌上下、亥,檢字一,辨似一,等韻一,補遺一,備考一)

500000－8712－0000053　053
字彙十二集　(明)梅膺祚音釋　清刻本　五册　存五集(巳、午、未、申、酉)

500000－8712－0000054　054
佩文韻府一百〇六卷　(清)張玉書等撰　清

刻本　六冊　存七卷(七十、九十下、九十一、九十四至九十五、一百上、一百〇六)

500000－8712－0000055　055

春秋穀梁傳音訓不分卷　(清)楊國楨撰　清道光十年(1830)刻本　一冊

500000－8712－0000056　056

增訂四書旁訓□□卷　(清)李希賢較訂　清刻本　一冊　存一卷(下孟上)

500000－8712－0000057　057

康熙字典十二集檢字一卷辨似一卷等韻一卷補遺一卷備考一卷　(清)張玉書等撰　清刻本　一冊　存一集(巳中)

500000－8712－0000058　057

六書音均表五卷　(清)段玉裁撰　清刻本　一冊　存三卷(表三至五)

500000－8712－0000060　060

佩文韻府一百〇六卷韻府拾遺一百〇六卷　(清)張玉書等撰　清光緒十二年(1886)上海同文書局石印本　五十四冊　存一百九十八卷(一至七十、八十五至一百〇六,韻府拾遺一至一百〇六)

500000－8712－0000061　061

[道光]綦江縣志十二卷首一卷　(清)宋灝總修　(清)羅星輯　清刻本　七冊　存七卷(三、六至十一)

500000－8712－0000062　062

後漢書一百二十卷附考證　(南朝宋)范曄撰　(唐)李賢注　清同治十年(1871)成都書局刻本　十七冊　存六十四卷(一、十三至三十三、四十八至五十一、六十八至九十九、一百〇七至一百〇九、一百十五至一百十七)

500000－8712－0000063　063

續古文辭類纂二十八卷　(清)黎庶昌纂　清光緒十六年(1890)金陵書局刻本　八冊

500000－8712－0000064　064

附釋音春秋左傳注疏六十卷　(晉)杜預注　(唐)孔穎達疏　**附校勘記六十卷**　(清)阮元撰　清刻本　五冊　存十八卷(二十七至二十八、五十四至六十,校勘記二十七至二十八、五十四至六十)

500000－8712－0000065　065

附釋音尚書注疏二十卷　(漢)孔安國注　(唐)孔穎達疏　**附校勘記六十卷**　(清)阮元撰　清刻本　五冊　存二十八卷(三至十六、校勘記三至十六)

500000－8712－0000066　066

新訂孔塘易經□□卷　(清)李習三校　清末刻本　一冊　存二卷(三、四)

500000－8712－0000067　067

御批增補了凡綱鑑三十九卷　(元)陳桱通鑑　(明)袁黄輯　(明)商輅綱目　清上海著易堂石印本　一冊　存三卷(二十九至三十一)

500000－8712－0000068　068

大清歷朝聖訓(太祖至穆宗)□□卷　(清)□□輯　清刻本　六冊　存二十三卷(四十一至四十二、一百〇六至一百十四、一百二十九至一百三十二、一百七十八至一百八十一、二百三十二至二百三十五)

500000－8712－0000069　069

史記一百三十卷　(漢)司馬遷撰　清刻本　二冊　存五卷(五至七、十八至十九)

500000－8712－0000070　070

通志二百卷　(宋)鄭樵撰　清乾隆十二年(1747)刻本　二十九冊　存四十八卷(一至五、十三至十四、十七至十八、五十五至六十六、六十九至七十、八十、八十三至八十四、九十八至九十九、一百十至一百十一、一百二十七至一百二十八、一百三十、一百三十三至一百四十、一百四十九至一百五十、一百九十一至一百九十五)

500000－8712－0000071　071

通典二百卷　(唐)杜佑纂　清乾隆十二年(1747)刻本　四冊　存二十二卷(六至十、四十一至四十五、一百五十七至一百六十二、一百七十五至一百八十)

500000－8712－0000072　072
文獻通考三百四十八卷　(元)馬端臨著　清乾隆十二年(1747)刻本　四册　存十五卷(一百二十四至一百二十七、二百六十至二百六十二、二百七十八至二百八十五)

500000－8712－0000073　073
四書恆解十四卷　(清)劉沅輯注　清刻本　六册　存九卷(中庸,論語,孟子梁惠王、公孫丑、滕文公、離婁、萬章、告子、盡心)

500000－8712－0000074　074
南軒文集四十四卷南軒先生論語解十卷南軒先生孟子説七卷　(宋)張栻撰　清咸豐四年(1854)綿邑南軒祠刻本　十一册　存五十一卷(文集一至九、二十至四十四,論語解一至十,孟子説一至七)

500000－8712－0000075　075
[嘉慶]四川通志二百〇四卷首二十二卷　(清)常明修　清嘉慶二十一年(1816)刻本　七册　存十一卷(六十三至六十四、六十八至六十九、九十六至九十七、一百二十五、一百四十二至一百四十三、一百八十七、二百〇二)

500000－8712－0000076　076
對牀夜話五卷　(宋)范晞文撰　清乾隆刻知不足齋叢書本　二册

500000－8712－0000077　077
附釋音毛詩注疏二十卷附校勘記二十卷　(漢)鄭玄箋　(唐)孔穎達疏　清石印本　四册　存二十六卷(五至十八、校勘記九至二十)

500000－8712－0000078　078
皇朝文獻通考三百卷　(清)嵇璜纂　清光緒八年(1882)浙江書局刻本　四册　存六卷(一百〇九、二百二十九至二百三十二、二百四十)

500000－8712－0000079　079
欽定續通志六百四十卷　(清)嵇璜等撰　清光緒十二年(1886)浙江書局刻本　二册　存九卷(二百八十六至二百九十一、三百六十四至三百六十六)

500000－8712－0000080　080
巢經巢詩鈔九卷　(清)鄭珍撰　清刻本　一册　存三卷(四至六)

500000－8712－0000081　081
張河間集二卷　(漢)張衡著　清刻本　一册　存一卷(二)

500000－8712－0000082　082
牛氏家言二卷感遇錄一卷　(清)牛愚山撰　清道光至光緒刻本　一册

500000－8712－0000083　083
綱鑑總論二卷　(清)□□撰　清末石印本　一册　存一卷(一)

500000－8712－0000084　084
袁王綱鑑合編三十九卷　(明)袁黄輯　(明)王世貞編　清末石印本　一册　存四卷(十七至二十)

500000－8712－0000085　085
讀史方輿紀要一百三十卷　(清)顧祖禹輯　清光緒二十五年(1899)石印本　一册　存一卷(一)

500000－8712－0000086　086
芥子園畫傳四集　(清)王概等摹　(清)丁皋著　清末刻本　三册　存三卷(人物畫一、花鳥畫一、寫真秘訣一)

500000－8712－0000087　087
文昌帝君血盆報恩真經不分卷　(□)□□撰　清光緒二年(1876)刻本　一册

500000－8712－0000088　088
選時造命四卷　(清)魏青江輯　清刻本　一册　存一卷(一)

500000－8712－0000089　089
御批歷代通鑑輯覽一百二十卷　(清)傅恆編纂　清刻本　一册　存二卷(七至八)

500000－8712－0000090　090
聲律啓蒙撮要二卷　(清)車萬育著　(清)蔣

太史鑒定　清光緒八年(1882)誠道堂刻本　一册　存一卷(一)

500000－8712－0000091　091
說文解字十五卷　(漢)許慎記　(宋)徐鉉校定　清刻本　六册

500000－8712－0000092　092
文選五卷首一卷文選考異一卷　(南朝梁)蕭統輯　(唐)李善注　清光緒十四年(1888)同文書局石印本　二册　存三卷(四、首一、考異一)

500000－8712－0000093　093
四書恆解十四卷　(清)劉沅輯注　清刻本　一册　存一卷(中庸一)

500000－8712－0000094　094
太上洞玄靈寶高上玉皇本行集經注解三卷首一卷　(□)□□撰　清刻本　三册

500000－8712－0000095　095
漢魏六朝百三名家集　(明)張溥輯　清光緒三年(1877)壽考堂刻本　八十五册　存三十三種三十四卷(沈侍中集一卷、高令公集一卷、温侍讀集一卷、邢特進集一卷、魏特進集一卷、庾開府集二卷、隋煬帝集一卷、李懷州集一卷、薛司隸集一卷、揚侍郎集選一卷、劉子駿集選一卷、陳思王集選一卷、阮步兵集選一卷、傅鶉觚集選一卷、郭弘農集選一卷、孫廷尉集選一卷、謝康樂集選一卷、鮑參軍集選一卷、袁陽源集選一卷、梁昭明集選一卷、梁元帝集選一卷、丘司空集選一卷、陸太常集選一卷、劉秘書集選一卷、劉庶子集選一卷、庾度支集選一卷、何記室集選一卷、陳後主集選一卷、江令君集選一卷、王司空集選一卷、盧武陽集選一卷、牛奇章集選一卷、漢褚先生集一卷)

重慶市榮昌縣圖書館古籍普查登記目録

全國古籍普查登記目録

國家圖書館出版社
National Library of China Publishing House

500000－8713－0000001　00001
古文淵鑒六十四卷　（清）徐乾學編　清康熙二十四年（1685）五色套印本　三十八册　存六十一卷（一至五十、五十二至六十二）

500000－8713－0000002　00002
樂府傳聲不分卷　（清）徐大椿撰　清乾隆刻本　一册

500000－8713－0000003　00003
御批歷代通鑑輯覽一百二十卷　（清）傅恆纂　清乾隆三十二年（1767）刻本　四十九册　存九十六卷（一至五、十四至三十一、三十八至六十一、六十四至八十八、九十二至一百十五）

500000－8713－0000004　00004
廿一史彈詞四卷　（明）楊慎撰　（清）張三異輯　清刻本　二册

500000－8713－0000005　00005
史學提要箋釋五卷　（宋）黄繼善撰　（清）楊錫祐箋　清白巖書院刻本　五册

500000－8713－0000006　00006
越南地輿圖説六卷　（清）盛慶紱撰　清光緒九年（1883）刻本　二册

500000－8713－0000007　00007
唐人萬首絶句選七卷　（宋）洪邁撰　（清）王士禛編　清刻本　二册

500000－8713－0000008　00008
御定全唐詩錄一百卷　（清）徐倬校　清康熙刻本　二十九册　存九十二卷（三至五、十至十二、十五至一百）

500000－8713－0000009　00012
昌黎先生集四十卷外集十卷遺文一卷朱子校昌黎先生集傳一卷韓集點勘四卷　（唐）韓愈撰　清同治八年（1869）刻本　十一册

500000－8713－0000010　00014
輶軒語不分卷　（清）張之洞撰　清光緒三年（1877）刻本　一册

500000－8713－0000011　00015
五朝詩鐸三十一卷　（清）李壽萱編　（清）孫暄校　清光緒十四年（1888）刻本　五册　存二十卷（七至二十六）

500000－8713－0000012　00016
説文解字注三十二卷　（清）段玉裁注　清光緒三年（1877）刻本　十六册

500000－8713－0000013　00017
讀史兵略續編十卷　（清）胡林翼纂　清光緒二十八年（1902）刻本　十册

500000－8713－0000014　00018
八代詩選二十卷　王闓運撰　清光緒十六年（1890）江蘇書局刻本　八册

500000－8713－0000015　00025
九通全書二千三百十四卷　清光緒二十八年（1902）刻本　一百六十册　存一千二百三十一卷（通典一至二百，通志十七至十八、二十一至九十七、一百二十二至一百二十四、一百八十八至二百，文獻通考一百二十八至三百四十八，續通典一至一百五十，續通志一百五十二至一百六十三、二百八十至二百九十六、三百〇七至三百十七、三百三十三至三百四十八，續文獻通考六十五至二百五十，皇朝通典一至一百，皇朝通志一至五十五，皇朝文獻通考六十三至九十、一百六十一至三百）

500000－8713－0000016　00026
東華錄詳節二十四卷　（清）鄔樹庭編　清光緒二十六年（1900）刻本　十六册

500000－8713－0000017　00027
廿一史約編八卷首一卷後編一卷　（清）鄭元慶編　（清）陳瞿石箋　清末刻本　四册　存五卷（金、石、竹、絲，首一）

500000－8713－0000018　00028
皇朝經世文編一百二十卷　（清）賀長齡輯　（清）張爾岐　（清）魏源編　（清）曹堉校　清道光刻本　十二册

500000－8713－0000019　00029
皇朝經世文統編一百〇七卷　（清）邵之棠輯　清末刻本　二十一册　存九十二卷（九至

四十七、四十九至五十三、五十六至九十、九十五至一百〇七)

500000－8713－0000020　00030
論語注疏解經二十卷　(宋)邢昺注　(三國魏)何晏集釋　清嘉慶二十年(1815)刻本　五冊　存十六卷(一至十六)

500000－8713－0000021　00032
金石萃編一百六十卷　(清)王昶編　清光緒十九年(1893)石印本　十八冊

500000－8713－0000022　00033
一笠菴北詞廣正譜不分卷　(明)徐于室原稿　(明)李玄玉更定　(清)鈕少雅樂句　(清)朱素臣閱　清青蓮書屋刻本　六冊

500000－8713－0000023　00034
唐詩金粉十卷　(清)沈炳震撰　清刻本　四冊

500000－8713－0000024　00035
杜詩詳註三十一卷首一卷杜詩補註一卷　(清)仇兆鰲編　清刻本　二十七冊　存二十八卷(二至二十五、諸家論杜下、諸家詠杜附錄上、首一,杜詩補註一)

500000－8713－0000025　00036
孟子注疏解經十四卷附校勘記　(漢)趙岐注　(宋)孫奭疏　清嘉慶二十年(1815)刻本　九冊

500000－8713－0000026　00038
佩文韻府一百〇六卷　(清)張玉書等輯　清光緒二十二年(1896)石印本　四十冊　存八十八卷(一至十八、三十七至一百〇六)

500000－8713－0000027　00040
金石續編二十一卷首一卷　(清)陸耀遹撰　清光緒十九年(1893)石印本　六冊

500000－8713－0000028　00041
清朝駢體正宗評本十二卷　(清)曾燠等撰　清末石印本　四冊

500000－8713－0000029　00042
詳註分類詠物詩選八卷　(明)俞琰輯　(清)易開繙　(清)孫溶鳴註　清刻本　六冊

500000－8713－0000030　00043
芥子園畫傳□□卷　(清)李漁撰　清末影印本　一冊　存一卷(一)

500000－8713－0000031　00045
大英國志八卷　(英國)慕維廉輯　清光緒二十三年(1897)刻本　五冊

500000－8713－0000032　00046
法蘭西志六卷　(日本)高橋二郎輯　清光緒二十二年(1896)刻本　二冊

500000－8713－0000033　00047
繙譯米利堅志四卷　(日本)岡千仞　(日本)河野通之撰　清光緒二十二年(1896)刻本　二冊

500000－8713－0000034　00048
俄史輯譯四卷　(清)徐景羅輯　清光緒二十三年(1897)刻本　七冊

500000－8713－0000035　00049
易經恆解五卷首一卷　(清)劉沅注　清末刻本　六冊

500000－8713－0000036　00050
爾雅注疏十一卷　(晉)郭璞注　(宋)邢昺疏　清光緒二十一年(1895)刻本　三冊

500000－8713－0000037　00051
爾雅注疏十一卷　(晉)郭璞注　(宋)邢昺疏　清光緒二十一年(1895)刻本　五冊

500000－8713－0000038　00052
廣廣事類賦三十二卷　(清)吳世旃注　(清)吳修源考訂　清刻本　四冊

500000－8713－0000039　00053
古文苑二十一卷　(宋)章樵注　(清)曾培　(清)黃加焜校　清刻本　六冊

500000－8713－0000040　00060
泰西新史攬要二十四卷　(英國)馬懇西撰　(英國)李提摩太輯　(清)蔡爾康評述　清光緒二十八年(1902)鉛印本　六冊

500000－8713－0000041　00061

象山先生文集三十六卷　（宋）陸九淵撰　（清）李紱批點　（清）周毓齡校　清宣統二年（1910）石印本　八册　存三十三卷（一至三十、三十四至三十六）

500000－8713－0000042　00062

瀛環志畧十卷　（清）徐繼畬撰　清光緒二十四年（1898）石印本　四册

500000－8713－0000043　00063

瀛環志畧續編五卷補遺一卷　（清）徐繼畬撰　清光緒二十四年（1898）石印本　二册

500000－8713－0000044　00064

增廣尚友錄統編二十二卷　應祖錫編　清光緒二十八年（1902）石印本　十二册

500000－8713－0000045　00065

義門先生集十二卷附錄一卷　（清）何焯撰　（清）吴雲等輯　清宣統三年（1911）影印本　四册

500000－8713－0000046　00066

無邪堂答問五卷　（清）朱一新撰　清光緒二十八年（1902）刻本　五册

500000－8713－0000047　00068

儒門事親十五卷　（金）張從政撰　（明）吴勉學校　清宣統二年（1910）石印本　六册

500000－8713－0000048　00069

萬國史記二十卷　（日本）岡本監輔編　清光緒二十七年（1901）石印本　六册

500000－8713－0000049　00071

四史附考證四種　（漢）班固等撰　（唐）顔師古等注　清同治十年（1871）刻本　七十八册　存四種三百三十二卷（前漢書一至十九、二十一至五十八、六十四至六十六、七十一至八十、九十四、九十七至九十九上，後漢書一至一百十三，史記十八至五十七、六十八至八十七、九十六至一百十五，三國志魏志一至二十七，蜀志一至十五、二十八至三十，吴志一至二十）

500000－8713－0000050　00072

墨林今話十八卷續一卷　（清）蔣寶齡　（清）蔣茝生撰　清宣統三年（1911）石印本　六册

500000－8713－0000051　00073

資治通鑑二百九十四卷辨誤十二卷　（宋）司馬光編　（元）胡三省注　清嘉慶二十一年（1816）刻本　十八册　存四十七卷（二百五十六至二百九十四、辨誤一至八）

500000－8713－0000052　00074

萬國史綱目八卷　（日本）重野安繹撰　清光緒三十一年（1905）刻本　七册　存七卷（二至八）

500000－8713－0000053　00075

曾文正公全集一百八十一卷首一卷　（清）曾國藩撰　（清）李瀚章輯　清光緒二十九年（1903）鴻寶書局石印本　四十八册

500000－8713－0000054　00076

杜詩鏡銓二十卷　（唐）杜甫撰　清光緒十八年（1892）刻本　三册　存十一卷（一至十一）

500000－8713－0000055　00077

十國宫詞一百首不分卷　（清）吴省蘭輯　清末石印本　一册

500000－8713－0000056　00078

先正讀書訣不分卷　（清）周永年輯　（清）周兆慶校　清光緒四年（1878）刻本　一册

500000－8713－0000057　00079

述學内篇三卷補遺一卷外篇一卷别錄一卷附錄一卷校勘記一卷　（清）汪中撰　清同治八年（1869）刻本　二册

500000－8713－0000058　00080

欽定古今圖書集成一萬卷目錄三十二卷　（清）陳夢雷等編　清光緒十年（1884）鉛印本　一千三百八十七册　存八千五百二十五卷（目錄一至三十二，乾象典一至一百，歲功典一至一百十六，曆法典一至一百四十，庶徵典一至一百八十八，坤輿典一至一百四十，職方典一至一千五百四十四，山川典一至二百七十五、二百八十四至三百二十，邊裔典一至一百四十，皇極典一至一百四十，宮闈典一至一百四十，官常典一至三百三十一、三百四十至四百五十二、四百六十至四百七十三、五百八十六至六百三十八、七百四十七至八百，家範典七至十八、八十四至一百十六，交誼典一至六十、九十八至一百二十，氏族典一至六百四十，人事典一至一百十二，閨媛典一至三百七十六，藝術典一至二十八、六百七十八至六百九十一、六百九十七至七百二十六、七百九十八至八百〇四，神異典一至一百十八、一百三十六至二百二十六、二百九十三至三百二十，禽蟲典一至十七、六十一至一百〇九、一百二十三至一百九十二，草木典一至八十二、八十九至二百八十四、二百九十一至三百二十，經籍彙編一至一百〇九、一百三十至四百〇六、四百十三至五百，學行典一至三百，文學典一至一百〇一、一百〇七至二百二十五、二百三十三至二百六十，字學典一至四十一、四十八至一百六十，選舉典一至一百三十六，銓衡典一至一百二十，食貨典一至二百七十八、二百八十六至三百六十，禮儀典一至一百七十三、二百十一至二百二十二、二百二十九至三百二十八、三百四十二至二百四十八，樂律典一至一百三十六，戎政典一至三百，祥刑典一至一百八十，考工典一至一百九十八、二百〇三至二百三十一、二百四十二至二百五十二）

500000－8713－0000059　00082

聲律啟蒙撮要二卷　（清）車萬育撰　（清）夏大觀箋　（清）聶銑敏考訂　清光緒十八年(1892)刻本　二冊

500000－8713－0000060　00088

吳京卿節本天演論不分卷　（英國）赫胥黎撰　嚴復譯　（清）吳汝綸輯　光緒二十九年(1903)鉛印本　一冊

500000－8713－0000061　00009

榆園叢刻　（清）許增輯　清同治十一年至光緒十五年(1872－1889)刻本　十三冊　存六十八卷

500000－8713－0000062　00089

欽定大清會典一百卷　（清）允祹撰　清刻本　二十三冊　存九十八卷(卷三至一百)

500000－8713－0000063　00094

韻府拾遺一百〇六卷　（清）張廷玉撰　清光緒石印本　十冊

重慶市梁平縣圖書館古籍普查登記目録

全國古籍普查登記目録

國家圖書館出版社
National Library of China Publishing House

500000－8714－0000001　001

續資治通鑑二百二十卷　(清)畢沅編　清同治刻本　六十册

500000－8714－0000002　002

資治通鑑釋例一卷　(宋)司馬光釋　**資治通鑑問疑一卷**　(宋)劉義仲纂集　**資治通鑑釋文三十卷**　(宋)史炤撰　清光緒四年至五年(1878－1879)刻本　十一册　存三十一卷(釋例一、問疑一、釋文一至二十九)

500000－8714－0000003　003

日知録集釋三十二卷刊誤二卷續刊誤二卷　(清)顧炎武撰　(清)黄汝成集釋　清光緒元年(1875)湖北崇文書局刻本　十五册　存三十二卷(一至三十二)

500000－8714－0000004　004

古文觀止十二卷　(清)吴乘權編　清末刻本　三册　存六卷(一至六)

500000－8714－0000005　005

包孝肅公奏議集十卷遺事一卷包公祠堂記一卷包馬二公祠記包孝肅公奠文一卷孝肅包公墓記一卷　(宋)包拯撰　清嘉慶包大鵬刻本　二册

500000－8714－0000006　006

札迻十二卷　(清)孫詒讓撰　清光緒二十一年(1895)刻本　四册

500000－8714－0000007　007

大佛頂如來密因修證了義諸菩薩萬行首楞嚴經纂註十卷首一卷末一卷　(唐)釋般剌密帝　(唐)釋彌伽釋迦譯　(明)真界撰　清光緒刻本　五册

500000－8714－0000008　008

十駕齋養新録二十卷餘録三卷錢辛楣先生年譜一卷續編一卷　(清)錢大昕撰　清光緒二年(1876)浙江書局刻本　五册　存十四卷(一至十四)

500000－8714－0000009　009

莊子集釋十卷　(清)郭慶藩注釋　清光緒湖南思賢講舍刻本　八册

500000－8714－0000010　010

正譌八卷　(清)劉沅撰　清咸豐四年(1854)豫誠堂刻本　四册

500000－8714－0000011　011

讀禮條考二十卷　(清)王曜南撰　清光緒二十三年(1897)杭州武林尚友齋石印本　六册

500000－8714－0000012　012

庾子山集十六卷年譜一卷總釋一卷　(北周)庾信撰　(清)倪璠註釋　清光緒十六年(1890)成都試院刻本　十二册

500000－8714－0000013　013

讀史大畧六十卷附刊一卷　(清)沙張白撰　清咸豐七年(1857)恭壽堂刻本　十册　存五十七卷(一至五十七)

500000－8714－0000014　014

南齊書五十九卷　(南朝梁)蕭子顯撰　清刻本　十册　存五十八卷(一至五十八)

500000－8714－0000015　015

日知録集釋三十二卷刊誤二卷續刊誤二卷　(清)顧炎武撰　(清)黄汝成集釋　清末上海錦章圖書局石印本　六册

500000－8714－0000016　016

兩般秋雨盦隨筆八卷　(清)梁紹壬撰　清崇儒堂刻本　八册

500000－8714－0000017　017

文選筆記八卷　(清)許巽行撰　清光緒五年至十年(1879－1884)華亭許嘉德刻本　八册

500000－8714－0000018　018

王臨川全集二十四卷　(宋)王安石撰　清宣統三年(1911)掃葉山房石印本　十二册

500000－8714－0000019　019

章實齋先生文史通義八卷附校讐通義三卷　(清)章學誠撰　清光緒二十八年(1902)寶慶仁記書局刻本　八册

500000－8714－0000020　020

校漢書八表八卷　(清)夏燮撰　清光緒十六年(1890)江城公所刻本　十册

500000－8714－0000021　021

通鑑釋文辯誤十二卷　(元)胡三省輯　清鉛印本　四册

500000－8714－0000022　022

荀子二十卷校勘補遺二十卷　(唐)楊倞注　清光緒二年(1876)浙江書局刻本　四册

500000－8714－0000023　023

香研居詞塵五卷　(清)方成培撰　清光緒二年(1876)刻本　二册

500000－8714－0000024　024

吴聖徵祭酒尺牘二卷　(清)吴錫麒撰　清石印本　二册

500000－8714－0000025　025

永嘉先生八面鋒十三卷　(宋)陳傅良撰　清嘉慶十八年(1813)蕭山陳氏湖海樓刻本　二册

500000－8714－0000026　026

湖海文傳七十五卷　(清)王昶輯　清刻本　十九册　存七十卷(一至二、八至七十五)

500000－8714－0000027　027

義門先生集十二卷附録一卷　(清)何焯撰　(清)吴雲等輯　清宣統三年(1911)中華圖書館影印本　二册

500000－8714－0000028　028

王文成公全書三十八卷　(明)王守仁撰　清刻本　二十四册

500000－8714－0000029　029

容齋隨筆十六卷續筆十六卷三筆十六卷四筆十六卷五筆十卷　(宋)洪邁撰　清光緒二十年(1894)衣江官署刻本　十八册

500000－8714－0000030　030

吴摯甫尺牘五卷補遺一卷論兒書一卷　(清)吴汝綸撰　清宣統二年(1910)國學扶輪社石印本　十二册

500000－8714－0000031　031

淮南子二十一卷　(漢)高誘注　清末上海廣益書局石印本　四册

500000－8714－0000032　032

歸愚餘集八卷　(清)沈德潛撰　清乾隆刻沈歸愚詩文全集本　四册　存七卷(一至七)

500000－8714－0000033　033

惲子居文鈔四卷　(清)任啓運撰　(清)任翔注　清宣統二年(1910)國學扶輪社石印本　四册

500000－8714－0000034　034

蜀典十二卷　(清)張澍編撰　清光緒二年(1876)尊經書館刻本　四册

500000－8714－0000035　035

讀書叢録二十四卷　(清)洪頤煊撰　清道光元年(1821)刻本　六册

500000－8714－0000036　036

蠕範八卷　(清)李元撰　清刻本　二册

500000－8714－0000037　037

李恕谷先生年譜五卷　(清)馮辰纂　清道光六年(1826)孫鍇刻本　四册

500000－8714－0000038　038

蜀遊詩鈔六卷　(清)陸炳輯　清刻本　二册

500000－8714－0000039　039

抱朴子内篇二十卷外篇五十卷　(晉)葛洪撰　清冶城山館刻本　四册

500000－8714－0000040　040

一規八棱硯齋詩鈔六卷類鈔一卷詩文一卷詞鈔一卷文鈔一卷　(清)徐廷華撰　清光緒九年(1883)武昌寓齋刻本　四册

500000－8714－0000041　041

李太白文集三十六卷　(唐)李白撰　清刻本　十二册

500000－8714－0000042　042

荀子二十卷首一卷　(唐)楊倞注　王先謙集解　清光緒十七年(1891)刻本　八册

500000－8714－0000043　043

亭林文集六卷餘集一卷　(清)顧炎武撰　清宣統二年(1910)掃葉山房石印本　四册

500000－8714－0000044　044

童山文集二十卷附童山自記一卷　(清)李調元撰　清刻本　三冊　存二十卷(一至二十)

500000－8714－0000045　046

船山詩草二十卷　(清)張問陶編　清刻本　六冊

500000－8714－0000046　047

漢學商兑三卷　(清)方東樹撰　清光緒二十六年(1900)浙江書局刻本　四冊

500000－8714－0000047　048

新爾雅十四卷　(清)汪榮寶　(清)葉瀾纂　清光緒三十年(1904)刻本　二冊

500000－8714－0000048　049

唯識二十論述記四卷　(唐)釋玄奘譯　清宣統二年(1910)江西刻經處刻本　二冊

500000－8714－0000049　050

四書反身錄十二卷　(清)李顒撰　清同治六年(1867)刻本　四冊

500000－8714－0000050　051

論衡三十卷　(漢)王充撰　清光緒元年(1875)湖北崇文書局刻本　六冊　存三十卷(一至三十)

500000－8714－0000051　052

曾文正公奏稿三十六卷　(清)曾國藩撰　清光緒二年(1876)傳忠書局刻本　三十冊　存三十卷(一至三十)

500000－8714－0000052　053

曾文正公文集四卷　(清)曾國藩撰　清同治十三年(1874)傳忠書局刻本　四冊

500000－8714－0000053　054

經義述聞三十二卷　(清)王引之撰　清末上海鴻章書局石印本　二十冊

500000－8714－0000054　055

求闕齋日記類鈔二卷　(清)曾國藩撰　清光緒傳忠書局刻本　二冊

500000－8714－0000055　056

曾文正公批牘六卷　(清)曾國藩撰　清光緒二年(1876)傳忠書局刻本　六冊

500000－8714－0000056　057

陳檢討集二十卷　(清)陳維崧撰　(清)程師恭注　清道光二年(1822)刻本　三冊

500000－8714－0000057　058

奇門遁甲大全十六卷　(明)劉基撰　清光緒二十六年(1900)文昌書局刻本　五冊

500000－8714－0000058　059

龍文鞭影四卷　(明)蕭良有撰　(明)楊臣諍增訂　清光緒十六年(1890)刻本　二冊

500000－8714－0000059　060

歸安前邱吴氏詩存二十一卷　(清)吳啓褒編　清嘉慶十五年(1810)刻本　四冊

500000－8714－0000060　061

唐陸宣公奏議讀本四卷首一卷　(唐)陸贄撰　(清)汪銘謙編　(清)馬傳庚評點　清光緒影印本　二冊

500000－8714－0000061　062

受祺堂文集四卷　(清)李因篤撰　(清)馮雲杏編　清刻本　四冊

500000－8714－0000062　063

養源山房詩鈔六卷　(清)徐士霖撰　清光緒三十四年(1908)武林刻本　二冊

500000－8714－0000063　064

養源山房詩鈔六卷　(清)徐士霖撰　清光緒三十四年(1908)武林刻本　一冊　存一卷(一)

500000－8714－0000064　065

駢體文鈔三十一卷　(清)李兆洛編　清光緒三十四年(1908)合河康氏刻本　八冊

500000－8714－0000065　066

古微堂外集八卷　(清)魏源撰　清宣統元年(1909)上海國學扶輪社鉛印本　六冊

500000－8714－0000066　067

陳伯玉文集三卷詩集二卷首一卷附錄一卷　(唐)陳子昂撰　清咸豐四年(1854)刻本　四冊

500000－8714－0000067　068

弘明集十四卷　(南朝梁)釋僧佑撰　清光緒二十二年(1896)金陵刻經處刻本　四冊

500000－8714－0000068　069

篆學叢書三十種　(清)顧湘輯　清刻本　四冊　存十一種十二卷(續學古編一至二、印學管見一、輪印絕句一、印章集說一、古印考略一、續三十五舉一、再續三十五舉一、印說一、印言一、續三十五舉跋一、重定再續三十五舉一)

500000－8714－0000069　070

題鳳館稿八卷詞稿一卷文稿一卷　(清)朱鑒成撰　清刻本　六冊

500000－8714－0000070　071

經史百家雜鈔二十六卷　(清)曾國藩纂　清光緒二年(1876)傳忠書局刻本　二十六冊

500000－8714－0000071　072

八代詩選二十卷　王闓運輯　清光緒七年(1881)四川尊經書局刻本　八冊

500000－8714－0000072　073

章太炎文鈔四卷譚復生文鈔二卷　(清)章炳麟　(清)譚嗣同撰　清宣統二年(1910)國學扶輪社石印本　五冊

500000－8714－0000073　074

有學集五十卷補遺三卷投筆集一卷　(清)錢謙益撰　(清)錢曾箋注　清宣統二年(1910)邃漢齋鉛印本　十六冊

500000－8714－0000074　075

宋本十三經注疏附校勘記　(清)阮元輯　清光緒十三年(1887)脈望仙館石印本　十冊　存五種一百三十一卷(周禮注疏一至四十二、論語注疏一至二十、孝經注疏一至九、儀禮注疏一至五十、爾雅注疏一至十)

500000－8714－0000075　076

時務撮要四卷　(清)徐繼畬等撰　清光緒二十二年(1896)刻本　四冊

500000－8714－0000076　078

四書疏註撮言大全三十七卷　(清)胡蓉芝撰　清刻本　三冊　存十卷(論語一至十)

500000－8714－0000077　079

莊子集解八卷　王先謙集解　清宣統元年(1909)思賢書局刻本　四冊

500000－8714－0000078　080

槐軒雜著四卷　(清)劉沅撰　清光緒二十七年(1901)刻本　四冊

500000－8714－0000079　081

退菴隨筆二十二卷年譜一卷　(清)梁章鉅編　清光緒三十年(1904)刻本　八冊

500000－8714－0000080　082

春秋例表不分卷　(清)王代豐撰　清光緒七年(1881)四川尊經書院刻本　一冊

500000－8714－0000081　083

忠雅堂文集十二卷　(清)蔣士銓撰　清道光刻本　十冊

500000－8714－0000082　084

古文尚書考二卷　(清)惠棟撰　清刻本　一冊

500000－8714－0000083　085

望溪先生文集十八卷集外文十卷集外文補遺二卷年譜二卷　(清)方苞撰　(清)戴鈞衡編　清咸豐元年(1851)刻本　十二冊

500000－8714－0000084　086

駱臨海集十卷本傳一卷附錄一卷補傳一卷　(唐)駱賓王撰　(清)趙忠補輯　清刻本　二冊

500000－8714－0000085　087

紅遲詞不分卷　(晉)旭紅遲撰　清刻本　一冊

500000－8714－0000086　088

增廣留青新集二十四卷　(□)□□輯　清上海源記書局石印本　十二冊

500000－8714－0000087　089

白鶴堂詩文稿十卷　(清)彭端淑撰　清同治六年(1867)彭效宗刻本　二冊　存一卷(一)

500000－8714－0000088　090
格言聯璧不分卷　(清)金蘭生輯　清同治六年(1867)刻本　一册

500000－8714－0000089　091
經史百家簡編二卷　(清)曾國藩纂　(清)曾國荃訂　清同治十三年(1874)傳忠書局刻本　二册

500000－8714－0000090　092
翫春黄閣詩集四卷文集六卷　(清)陳崇哲撰　清光緒二十三年(1897)刻本　一册

500000－8714－0000091　093
歷代名人小簡二卷　吳曾祺編　清宣統元年(1909)商務印書館鉛印本　二册

500000－8714－0000092　094
資治通鑑外紀十卷目錄二卷　(宋)劉恕編　清末石印本　十册

500000－8714－0000093　095
維摩詰所説經註八卷　(後秦)釋鳩摩羅什譯　清光緒十三年(1887)金陵刻經處刻本　二册

500000－8714－0000094　096
印人傳三卷　(清)周亮工撰　清刻本　一册

500000－8714－0000095　097
大方廣佛華嚴經六十八卷　(唐)釋實义難陀譯　清刻本　七册

500000－8714－0000096　098
六祖大師法寶壇經一卷　(唐)釋法海編集　(明)釋德清勘校　清刻本　一册

500000－8714－0000097　099
國朝漢學師承記八卷附經師經義一卷　(清)江藩纂　清光緒二十二年(1896)刻本　三册

500000－8714－0000098　100
爾雅郭注義疏二十卷　(清)郝懿行撰　清光緒十三年(1887)湖北官書處刻本　八册

500000－8714－0000099　101
詩疑二卷　(宋)王柏撰　清同治八年(1869)胡鳳丹刻本　二册

500000－8714－0000100　102
呂半隱先生詩集不分卷　(清)呂潛撰　清光緒十五年(1889)歐陽紹刻本　一册

500000－8714－0000101　103
鐵樹堂詩鈔四卷　(清)李光昭撰　(清)黄喬松編　清刻本　二册

500000－8714－0000102　104
説文引經攷異十六卷　(清)柳榮宗撰　清咸豐二年(1852)刻本　四册

500000－8714－0000103　105
吳摯甫詩集一卷　(清)吳汝綸撰　清宣統二年(1910)國學扶輪社石印本　一册

500000－8714－0000104　106
述學内篇三卷外篇一卷補遺一卷別錄一卷校勘記一卷附錄一卷　(清)汪中撰　清同治八年(1869)揚州書局刻本　二册

500000－8714－0000105　107
輶軒使者絕代語釋別國方言十三卷附校勘記　(晉)郭璞撰　清光緒十六年(1890)廣雅書局刻本　四册

500000－8714－0000106　108
春秋恆解八卷　(清)劉沅輯注　清光緒三十一年(1905)四川刻本　八册

500000－8714－0000107　109
説文引經攷二卷補遺一卷　(清)吳玉搢撰　清光緒九年(1883)刻咫進齋叢書本　二册

500000－8714－0000108　110
潛書二編　(清)唐甄撰　(清)王聞遠編　清光緒三十二年(1906)鄧氏刻本　四册

500000－8714－0000109　111
東井詩鈔四卷　(清)黄定文撰　**石軒詩鈔二卷**　(清)黄定衡撰　清嘉慶十一年(1806)刻本　一册

500000－8714－0000110　112
大乘起信論直解二卷　(明)釋德清撰　清光緒十六年(1890)金陵刻經處刻本　一册

500000－8714－0000111　113

儒門語要六卷　(清)倪元坦輯　清光緒三十四年(1908)鉛印本　一冊

500000－8714－0000112　114
念二史詠史詩註二卷　(清)孫殿雲撰　清刻本　二冊

500000－8714－0000113　115
曾文正公年譜十二卷　(清)黎庶昌輯　清光緒二年(1876)傳忠書局刻本　九冊

500000－8714－0000114　116
篤素堂集鈔二種　(清)張英撰　清光緒十四年(1888)蔣氏求實齋刻本　一冊

500000－8714－0000115　117
黃山遊草一卷臺山遊草一卷南巡詩一卷浙江通省志圖說一卷說詩二卷　(清)沈德潛撰　清乾隆刻沈歸愚詩文全集本　一冊

500000－8714－0000116　118
樂余靜廉齋詩稿二集　(清)顧復初撰　清同治六年(1867)刻本　一冊

500000－8714－0000117　119
大日本維新史二卷　(日本)重野安繹著　清末上海商務印書館刻本　一冊

500000－8714－0000118　120
煙霞萬古樓文集八卷　(清)王曇撰　清道光十八年(1838)刻本　二冊

500000－8714－0000119　121
說文諧聲孳生述八部不分卷　(清)陳立撰　清光緒徐氏積學齋刻本　一冊

500000－8714－0000120　122
求真是齋詩草二卷　(清)恩華撰　清咸豐十一年(1861)刻本　一冊

500000－8714－0000121　123
隷通二卷　(清)錢慶曾撰　清徐乃昌刻本　一冊

500000－8714－0000122　124
唐折衝府考四卷　(清)勞經原撰　清道光二十一年(1841)刻艶齋叢書本　三冊

500000－8714－0000123　125
樂志堂文略四卷　(清)譚瑩撰　清光緒刻本　二冊

500000－8714－0000124　126
宋詩略十八卷　(清)汪景龍　(清)姚壎輯　清刻本　一冊　存九卷(一至九)

500000－8714－0000125　127
公羊傳初學讀本不分卷　(清)□□編　清光緒二年(1876)四川學院衙門刻本　一冊

500000－8714－0000126　128
諸葛忠武侯行兵遁甲金函玉鏡六卷首一卷　(□)□□撰　清朱墨套印活字本　三冊

500000－8714－0000127　129
諸葛忠武侯行兵遁甲金函玉鏡六卷首一卷　(□)□□撰　清朱墨套印活字本　一冊　存五卷(一至四、首一)

500000－8714－0000128　130
劉蕺山先生人譜節本一卷　(清)四川學務處編譯所節錄　清光緒二十九年(1903)成都官書局鉛印本　一冊

500000－8714－0000129　131
御纂資治通鑑綱目三編二十卷末一卷　(清)張廷玉等纂　清光緒二十五年(1899)刻本　四冊

500000－8714－0000130　132
杭氏七種　(清)杭世駿撰　清刻本　四冊

500000－8714－0000131　133
宋黃山谷先生全集□□卷　(宋)黃庭堅撰　清乾隆三十年(1765)江右寧州緝香堂刻本　二十八冊　存八十三卷(正集一至三十二、首一至四,外集一至二十四、首一,別集一至十九、首一,伐檀集一至二)

500000－8714－0000132　134
歸愚詩鈔二十卷　(清)沈德潛撰　清乾隆刻沈歸愚詩文全集本　五冊

500000－8714－0000133　135
歸愚詩鈔餘集八卷　(清)沈德潛撰　清乾隆

刻沈歸愚詩文全集本　二冊

500000－8714－0000134　136
蜀詩十五卷　(明)費經虞輯　清道光鵝溪孫氏刻古棠書屋叢書本　一冊

500000－8714－0000135　137
下學芙城録一卷　(清)楊甲仁撰　清赤城葉光宇刻本　一冊

500000－8714－0000136　138
文選六十卷附考異十卷　(南朝梁)蕭統輯　(唐)李善注　清同治八年(1869)湖北崇文書局刻本　二十二冊　存六十二卷(三至四十一、四十五至六十,考異一至七)

500000－8714－0000137　139
新刊趙田了凡袁先生編纂古本歷史大方綱鑑補三十九卷首一卷　(明)袁黄撰　清刻本　十六冊　存十七卷(五、七、二十四至二十七、二十九至三十九)

500000－8714－0000138　140
資治通鑑二百九十四卷　(宋)司馬光撰　(元)胡三省注　清同治刻本　四十三冊　存一百二十一卷(五十五至九十、二百十至二百九十四)

500000－8714－0000139　141
國朝全蜀詩鈔六十四卷　(清)孫桐生輯　清光緒五年(1879)刻本　十冊　存四十六卷(一至四十六)

500000－8714－0000140　142
國朝全蜀詩鈔六十四卷　(清)孫桐生輯　清光緒五年(1879)刻本　四冊　存十四卷(一至八、十八至二十、五十二至五十四)

500000－8714－0000141　143
小學類編七種　(清)李祖望輯　清咸豐二年(1852)李氏半畝園刻本　七冊　存四種(惠氏讀說文記一至十五,說文校議一至七、十二至十五,說文答問,說文釋例一至二)

500000－8714－0000142　144
分類文武合編校補百子金丹十卷　(明)郭偉選注　清刻本　五冊　存五卷(一至五)

500000－8714－0000143　145
[嘉慶]四川通志二百〇四卷首二十二卷　(清)常明修　(清)楊芳燦　(清)譚光祜纂　清嘉慶二十一年(1816)刻本　四十七冊　存七十一卷(三十一至三十七、四十四至四十七、四十九至五十五、五十九、一百〇四、一百三十一至一百三十五、一百三十七至一百四十二、一百七十一至一百七十二、一百七十四至一百七十九、一百八十三至一百九十六,首一至十五、二十至二十二)

500000－8714－0000144　146
四書人物類典串珠四十卷　(清)臧志仁纂　清宏道堂刻本　八冊

500000－8714－0000145　147
戰國策校注三十三卷　(宋)鮑彪校注　清光緒二十二年(1896)刻惜陰軒叢書本　七冊　存八卷(一至八)

500000－8714－0000146　148
明詩綜一百卷　(清)朱彝尊輯　清康熙乾隆刻本　二十四冊　存八十八卷(一至二十四、二十八至三十、三十七至七十五、七十九至一百)

500000－8714－0000147　149
十六國春秋十六種一百卷　(北魏)崔鴻撰　清乾隆四十六年(1781)仁和汪氏刻本　九冊　存三十五卷(一至十三、二十二至三十九、四十三至四十六)

500000－8714－0000148　150
海虞三陶先生集合刻　(清)楊沂孫輯　清光緒七年(1881)海虞楊同福貴池縣署刻本　四冊　存四種十三卷(陶子師先生集四卷首一卷末一卷、南崖集四卷、陶退菴先生集二卷首一卷)

500000－8714－0000149　151
太史升菴全集八十一卷目録二卷　(明)楊慎撰　清乾隆六十年(1795)新都周参元刻本　二十冊　存五十四卷(一至八、十五至二十

九、三十四至四十七、五十至五十七、六十三至六十六、七十九至八十一，目錄一至二）

500000－8714－0000150　152
太史升菴遺集二十六卷　（明）楊慎著　（清）楊金吾輯　清道光二十四年（1844）影明刻本　二冊　存十一卷（一至三、十九至二十六）

500000－8714－0000151　153
太史升菴外集一百卷　（明）楊慎著　（清）焦竑編　清道光二十四年（1844）影明刻本　十冊　存三十一卷（二十三至二十四、二十九至三十一、三十六至三十八、四十三至四十五、五十五至六十二、八十一至八十六、九十五至一百）

500000－8714－0000152　154
近事新聞六卷四錄六卷續六卷　（清）梁恭辰撰　清刻本　五冊　存十五卷（一至六、四錄四至六、續一至六）

500000－8714－0000153　155
尚書後案三十卷後辨一卷　（清）王鳴盛撰　清刻本　十冊　存二十九卷（三至三十、辨後一）

500000－8714－0000154　156
御選唐宋文醇五十八卷　（清）高宗弘曆選　清光緒三年（1877）浙江刻本　二十五冊　存四十六卷（一至五、七至三十二、三十五至四十四、四十七至四十九、五十七至五十八）

500000－8714－0000155　157
詩韻合璧五卷汪立名論古韻通轉一卷　（清）湯文潞編　清末刻本　三冊　存三卷（一、三至四）

500000－8714－0000156　158
孫真人千金方衍義三十卷　（清）張璐撰　清嘉慶五年（1800）刻本　二十四冊　存二十二卷（一至八、十至二十三）

500000－8714－0000157　159
漢書補注一百卷首一卷　（漢）班固撰　（唐）顔師古注　王先謙補注　清光緒二十六年（1900）長沙王氏刻本　二十冊　存三十一卷（一至三十、首一）

500000－8714－0000158　160
經典釋文三十卷　（唐）陸德明撰　清同治八年（1869）湖北崇文書局刻本　九冊　存二十六卷（一至十三、十八至三十）

500000－8714－0000159　161
佩文韻府一百〇六卷　（清）張玉書等撰　清刻本　四十七冊　存二十六卷（二至八、十至十一、十三至二十六、二十八至三十）

500000－8714－0000160　162
周易實事十五卷　（清）文嗣馨撰　清刻本　八冊　存十一卷（五至十五）

500000－8714－0000161　163
石遺室叢書　（清）陳衍撰　清光緒至民國刻本　十冊　存八種（石遺室文集、石遺室文續集、石遺室詩集、石遺室詩續集、朱絲詞上下、石遺室詩集補遺、木庵文集）

500000－8714－0000162　164
佩文韻府一百〇六卷韻府拾遺一百〇六卷　（清）張玉書等撰　清刻本　六十冊　存八十二卷（一至二、四至十、十三至十四、二十、二十二至二十三、二十六至二十七、二十九、三十四至三十七、四十一、四十六、四十九至五十、七十五、七十七至八十、九十一至九十五、九十八至九十九，拾遺八至十二、二十二至二十八、四十至六十六、七十八至八十三）

500000－8714－0000163　165
宋本十三經注疏附校勘記　（清）阮元輯　清光緒十三年（1887）脈望仙館石印本　三十冊

500000－8714－0000164　166
古文辭類纂七十五卷續十卷　（清）姚鼐輯　清光緒十六年（1890）上海文瑞樓石印本　七冊　存十七卷（三至十五、續一至四）

500000－8714－0000165　167
三通序　（唐）杜佑等撰　（清）蔣德鈞輯　清光緒十四年（1888）蔣氏求實齋刻本　二冊　存三卷（通典總序一、通志總序一、文獻通考總序一）

500000－8714－0000166　168

說文解字義證五十卷　(清)桂馥撰　清同治九年(1870)湖北崇文書局刻本　二十四冊　存三十五卷(一至三、六至十、十三至十四、十七至十八、二十一至二十四、二十七至四十五)

500000－8714－0000167　169

昌黎先生集四十卷外集十卷遺文一卷韓集點勘四卷　(唐)韓愈撰　清同治八年(1869)江蘇書局影明萬曆東雅堂刻本　九冊　存四十九卷(三至十二、十七至四十,外集一至十,遺文一,韓集點勘一至四)

500000－8714－0000168　170

湖海詩傳四十六卷　(清)王昶輯　清刻本　八冊　存二十一卷(十二至二十八、三十六至三十九)

500000－8714－0000169　171

仿宋相臺五經附攷證　(元)岳浚輯　清賀長齡刻本　十八冊

500000－8714－0000170　172

仿宋相臺五經附攷證　(元)岳浚輯　清刻本　二十五冊　存七種(春秋、歸一圖、禮記、詩、書、周易、尚書)

500000－8714－0000171　173

謫麐堂遺集不分卷　(清)戴望撰　清刻本　二冊

500000－8714－0000172　174

六壬摘要六卷　(清)李洄纂　清刻游萟錄第三卷本　五冊　存四卷(二至三、四、六)

500000－8714－0000173　175

綱鑑易知錄九十二卷　(清)吳乘權輯　清刻本　十六冊　存三十六卷(五至十四、十七至二十、二十三至二十五、五十三至五十四、六十二至六十四、七十九至九十二)

500000－8714－0000174　176

曾文正公書札三十三卷　(清)曾國藩撰　(清)李瀚章編纂　清光緒二年(1876)傳忠書局刻本　二十五冊　存二十五卷(一至十一、十三至十六、十八至二十一、二十八至三十三)

500000－8714－0000175　177

廣潛研堂說文答問疏證八卷　(清)承培元撰　清光緒十八年(1892)廣雅書局刻本　二冊

500000－8714－0000176　178

潛揅堂說文答問疏證六卷　(清)薛傳均撰　清廣雅書局刻本　一冊

500000－8714－0000177　179

御選唐宋文醇五十八卷　(清)高宗弘曆選　清浙江書局刻本　十二冊　存三十六卷(二至八、十五至二十六、三十至四十二、五十五至五十八)

500000－8714－0000178　180

子史精華一百六十卷　(清)聖祖玄燁輯　清刻本　二十六冊　存九十七卷(三十三至四十九、五十四至六十二、六十六至七十、七十五至一百十二、一百十六至一百四十三)

500000－8714－0000179　181

盛世危言五卷　(清)鄭觀應撰　清光緒二十年(1894)刻本　二冊　存二卷(一至二)

500000－8714－0000180　182

樵說續十二卷　題(清)蜀西樵也撰　清光緒二十七年(1901)成都聊園刻本　三冊　存九卷(四至十二)

500000－8714－0000181　183

古文辭類纂七十五卷　(清)姚鼐輯　清五色古文山房刻本　二十冊

500000－8714－0000182　184

姚選古文真本五色標記表五卷首一卷　(清)吳汝綸撰　(清)張剛纂　清五色古文山房刻本　二冊

500000－8714－0000183　185

鄦齋叢書　徐乃昌編　清光緒二十六年(1900)南陵徐乃昌刻本　二冊　存四種(中州金石目錄、讀書小記一、漢氾勝之遺書、焦里堂先生軼文)

500000－8714－0000184　186

奇門遁甲大全三十卷　（明）劉基訂　清刻本　十二册　存二十八卷（三至三十）

500000－8714－0000185　187

資治通鑑考異三十卷　（宋）司馬光纂　清刻本　八册　存二十三卷（三至五、九至二十五、二十八至三十）

500000－8714－0000186　188

船山遺書六十三種　（清）王夫之撰　清同治四年（1865）湘鄉曾氏金陵節署刻本　五册　存十三種（夕堂永日緒論、南窗漫記引、校勘記自序、王船山叢書校勘記、龍源夜話卷、憶得卷、莊子解卷、莊子通、屈原列傳、愚鼓詞、楚辭通釋、薑齋詩賸稿、薑齋詩編年藁一）

500000－8714－0000187　189

船山詩草補遺六卷　（清）張問陶輯　清道光二十九年（1849）刻本　一册

500000－8714－0000188　190

西湖志纂十五卷首一卷　（清）沈德潛　（清）傅王露輯　（清）梁詩正纂　清乾隆二十年（1755）刻本　四册　存七卷（一至二、五至七、十五，首一）

500000－8714－0000189　191

韓昌黎詩集編年箋注十二卷　（清）方世舉撰　清乾隆雅雨堂刻本　三册　存六卷（三至六、九至十）

500000－8714－0000190　192

衆妙集一卷　（宋）趙師秀編　明天啓毛氏汲古閣刻本　一册

500000－8714－0000191　193

唐宋八大家文分體讀本三集二十四卷附録一卷　（清）汪份輯　清康熙五十八年（1719）遄喜齋刻本　二十五册　存十八卷（一集一至八、二集一至七、三集七至八，附録）

500000－8714－0000192　194

孟子讀法附記十四卷　（清）周人麒撰　清乾隆四十九年（1784）刻本　三册　存十卷（五至十四）

500000－8714－0000193　195

甬上耆舊詩三十卷　（清）胡文學輯　（清）李善嗣傳　清康熙十四年（1675）敬義堂刻本　五册　存十六卷（一至二、九至十二、二十一至三十）

500000－8714－0000194　196

宋詩紀事一百卷　（清）厲鶚輯　清乾隆刻本　八册　存二十三卷（九至十四、三十至四十六）

500000－8714－0000195　197

［嘉慶］崇寧縣志四卷　（清）劉壇等纂修　清嘉慶十八年（1813）刻本　三册

500000－8714－0000196　198

東漢會要四十卷　（宋）徐天麟撰　清光緒五年（1879）嶺南學海堂刻本　六册　存二十九卷（一至十八、二十三至三十三）

500000－8714－0000197　199

西漢會要七十卷　（宋）徐天麟撰　清光緒五年（1879）嶺南學海堂刻本　七册　存六十二卷（一至六、十五至七十）

500000－8714－0000198　200

綱鑑擇語十卷　（清）司徒修選輯　清刻本　四册　存七卷（二至五、八至十）

500000－8714－0000199　201

［正德］武功縣誌三卷首一卷　（明）康海撰　（清）孫景烈評注　清同治十二年（1873）湖北崇文書局刻本　一册

500000－8714－0000200　202

康熙字典十二集備考一卷等韻一卷補遺一卷　（清）張玉書等撰　清刻本　三十四册　存十二集三卷（子，丑，寅上中、卯上下、辰，巳中下、午，未，申，酉中下、戌，亥上中，備考一卷，等韻一卷，補遺一卷）

500000－8714－0000201　203

孟子讀法附記十四卷　（清）周人麒撰　清刻本　一册　存四卷（一至四）

500000－8714－0000202　204

[嘉慶]金堂縣誌九卷首一卷末一卷　(清)謝惟傑修　清嘉慶十六年(1811)金堂縣署刻本　七冊　存八卷(一至七、首一卷)

500000－8714－0000203　205
[同治]續金堂縣誌八卷首一卷末一卷　(清)王樹桐修　(清)徐璞玉修　(清)米繪裳纂　清同治六年(1867)刻本　二冊

500000－8714－0000204　206
[咸豐]雲陽縣誌十二卷　(清)江錫麟修　(清)陳昆纂　清咸豐刻本　三冊　存三卷(五、七至八)

500000－8714－0000205　207
[嘉慶]羅江縣誌十卷　(清)李調元纂修　清刻本　二冊

500000－8714－0000206　208
恩科四川鄉試闈墨不分卷(清光緒二十九年)　(清)□□編　清光緒刻本　二冊

500000－8714－0000207　209
[咸豐]開縣誌二十七卷首一卷　(清)李肇奎等修　(清)陳崑纂　清咸豐三年(1853)刻本　五冊　存二十一卷(一至四、十二至二十七、首一)

500000－8714－0000208　210
禹貢班義述三卷　(清)成蓉鏡撰　清光緒十四年(1888)廣雅書局刻本　一冊

500000－8714－0000209　211
龔定盦先生集□□卷　(清)龔自珍撰　清光緒三十四年(1908)成都官書局刻本　六冊　存十六卷(文集一至三,續集一至二、三至四,補續錄一至二,補雜詩一,補詞選一,文集補編一至四)

重慶市雲陽縣圖書館古籍普查登記目録

全國古籍普查登記目録

國家圖書館出版社
National Library of China Publishing House

500000－8715－0000001　001

康熙字典十二集檢字一卷辨似一卷等韻一卷總目一卷備考一卷補遺一卷字母切韻要法一卷　(清)張玉書等撰　清刻本　十九册　存六集三卷(子上下、丑、寅上中、卯、辰、巳,補遺一,總目一,字母切韻要法一)

500000－8715－0000002　002

東萊博議四卷　(宋)吕祖謙撰　清光緒二十五年(1899)浙江書局刻本　四册

500000－8715－0000003　003

資治明紀綱目二十卷附明紀福唐桂三王本末一卷　(清)張廷玉等編　清末上海廣益書局石印本　二册

500000－8715－0000004　004

春秋左傳五十卷　(晉)杜預注　(宋)林堯叟注釋　清末上海廣益書局石印本　十二册

500000－8715－0000005　005

重訂文選集評十五卷首一卷末一卷　(南朝梁)蕭統輯　(清)于光華編　清刻本　十六册

500000－8715－0000006　006

增評加批歷史綱鑑補三十九卷首一卷　(宋)司馬光撰　(宋)朱熹綱目　(明)王世貞　(明)袁黄編纂　清末上海廣益書局石印本　十六册

500000－8715－0000007　007

御批歷代通鑑輯覽一百二十卷　(清)傅恆等纂　清光緒石印本　十四册　存六十八卷(五十三至一百二十)

500000－8715－0000008　008

欽定二十四史　清光緒石印本　十八册　存七種七十八卷(宋書三十至三十七、四十一至四十三,魏書一百〇八至一百十,北史九十六,舊唐書三十八至三十九、一百十至一百十七,五代史五十八至六十,宋史一百七十七至一百八十一、三百五十五至三百五十九、三百七十五至三百七十九、三百八十四至三百八十八、四百二十一至四百二十五、四百三十二至四百三十八、四百六十六至四百七十,明史七十七至七十九)

重慶市彭水縣圖書館古籍普查登記目録

全國古籍普查登記目録

國家圖書館出版社
National Library of China Publishing House

500000－8716－0000001　001
熊文便讀四卷　(清)熊伯龍撰　(清)韓起芝編　清英德堂刻本　四册

500000－8716－0000002　002
新刻增定邵康節先生梅花觀梅拆字數全集五卷　(宋)邵雍撰　清善成堂刻本　一册

500000－8716－0000003　003
三農紀二十四卷　(清)張宗法撰　(清)陶朱公評定　清青藜閣刻本　六册

500000－8716－0000004　004
三農紀二十四卷　(清)張宗法撰　(清)陶朱公評定　清青藜閣刻本　一册　存三卷(八至十)

500000－8716－0000005　005
重訂批點春秋左傳詳節句解三十五卷　(宋)朱申注　清刻本　五册　存五卷(二至六)

500000－8716－0000006　006
書經六卷　(宋)蔡沈集傳　清道光二十一年(1841)學源堂刻本　三册　存四卷(一至四)

500000－8716－0000007　007
四川闈墨一卷　(清)陶慶鑒定　清光緒二年(1876)刻本　一册

500000－8716－0000008　008
金石存十五卷　(清)趙搢編　清刻本　三册

500000－8716－0000009　009
春秋左傳分類賦四卷　(清)夏大觀編　(清)夏大鼎箋注　清書業堂刻本　四册

500000－8716－0000010　010
史記□□卷　(漢)司馬遷撰　(明)陳子龍(明)徐孚遠測議　清刻本　六册　存二十二卷(八至二十二、三十一至三十七)

500000－8716－0000011　011
文光堂增定課兒鑑畧妥註善本五卷　(明)李廷機撰　(明)張瑞圖校正　(清)鄒聖脈訂　清道光十二年(1832)刻本　三册

500000－8716－0000012　012
說左約箋二卷　(清)馮李驊編　(清)夏大觀箋注　清刻本　一册　存一卷(一)

500000－8716－0000013　013
五言排律依永集八卷　(清)張九鉞箋釋　清刻本　一册　存二卷(四至五)

500000－8716－0000014　014
庚辰集五卷　(清)紀昀編　清刻本　一册　存一卷(四)

500000－8716－0000015　015
四書闡註　(宋)朱熹集註　(清)浦泰纂輯　清刻本　二册　存一種七卷(孟子一至七)

500000－8716－0000016　016
詩集傳八卷　(宋)朱熹集傳　清光緒李光明莊刻本　二册　存五卷(三至四、六至八)

500000－8716－0000017　017
新訂詩經備旨附考八卷　(□)□□撰　清刻本　三册　存六卷(三至八)

500000－8716－0000018　018
精刻書經翼□□卷　(清)張明先撰　清刻本　二册　存七卷(一至七)

500000－8716－0000019　019
貫華堂第六才子書八卷　(元)王實甫撰　清刻本　一册　存四卷(一至四)

500000－8716－0000020　020
學源堂銅板四書體註□□卷　(清)范翔撰　清銅板印本　一册　存一卷(大學一卷)

500000－8716－0000021　021
通俗編三十八卷　(清)翟灝撰　(清)李調元輯　清刻本　二册　存九卷(一至九)

500000－8716－0000022　022
新刊校正增補圓機詩韻活法全書十四卷　(明)王世貞增校　清刻本　六册

500000－8716－0000023　023
玉帝慈恩纂載通行世間男婦改悔前非準贖罪惡玉曆一卷　(□)□□撰　清道光十七年(1837)刻本　一册

500000－8716－0000024　024

增補地理直指原真三卷 題(清)釋如玉徹瑩撰輯 清刻本 二冊 存二卷(中上、下上)

500000－8716－0000025 025
賦話六卷 (清)李調元撰 清刻本 一冊

500000－8716－0000026 026
蒲編堂訓蒙草一卷 (□)□□編 清道光二十四年(1844)來鹿堂刻本 一冊

500000－8716－0000027 027
註釋八銘塾鈔初集不分卷 (清)吳懋政編 清道光二十年(1840)集成堂刻本 一冊

500000－8716－0000028 028
註釋八銘塾鈔二集不分卷 (清)吳懋政編 清道光二十年(1840)集益堂刻本 四冊

500000－8716－0000029 029
註釋八銘塾鈔初集不分卷二集不分卷 (清)吳懋政輯 清令德堂刻本 一冊

500000－8716－0000030 030
分國左傳十八卷纂要一卷 (清)曹基編 清刻本 五冊

500000－8716－0000031 031
春秋三十卷列國圖說一卷諸國興廢一卷提要一卷 (宋)胡安國傳 (宋)林堯叟音注 清刻本 五冊

500000－8716－0000032 032
懷山園增訂綱鑑武科策題會纂六卷 (清)朱堪輯 清懷山園刻本 一冊

500000－8716－0000033 033
張太史塾課文選詳批一卷附刻諸家法題一卷 (清)張江撰 (清)張翮騫評選 清道光二十四年(1844)刻本 一冊

500000－8716－0000034 034
張太史塾課一卷 (□)□□編 清刻本 一冊

500000－8716－0000035 035
警化天書四卷 (□)□□編 清同治四年(1865)刻本 一冊

500000－8716－0000036 036
試帖百篇最豁解二卷 (清)王澤泩評注 清刻本 一冊

500000－8716－0000037 037
讀墨簡練百篇不分卷 (□)□□編 清刻本 一冊

500000－8716－0000038 038
誠意集□□卷 (□)□□撰 清刻本 一冊 存一卷(二)

500000－8716－0000039 039
楚辭評註十卷 (清)王萌評註 (清)王遠攷音 清刻本 一冊 存七卷(四至十)

500000－8716－0000040 040
新增四書備旨靈捷解□□卷 (清)張素存撰 (清)鄒蒼厓增補 清刻本 三冊 存三卷(三、七至八)

500000－8716－0000041 041
禮記述解闡備匯參十五卷 (元)陳澔集注 清刻本 八冊

500000－8716－0000042 042
全本禮記體註大全合參十卷 (元)陳澔集說 清刻本 九冊 存六卷(五至十)

500000－8716－0000043 043
全本禮記體註十卷 (元)陳澔集說 清刻本 六冊 存六卷(五至十)

500000－8716－0000044 044
春秋經傳集解三十卷 (晉)杜預注 清刻本 六冊 存十九卷(十二至三十)

500000－8716－0000045 045
春秋經傳集解三十卷 (晉)杜預注 清刻本 三冊 存八卷(五至十二)

500000－8716－0000046 046
有正味齋試帖詩註前集五卷二集六卷 (清)吳錫麒撰 清道光十五年至十六年(1835－1836)同人堂刻本 四冊

500000－8716－0000047 047
路史前紀九卷後紀十四卷國名紀十一卷發揮

六卷餘論十卷　(宋)羅泌撰　明天啓六年(1626)五桂堂刻本　六册　存二十八卷(前紀一至九、後紀一至十三下、發揮一至六)

500000－8716－0000048　048
明文明不分卷　(清)路德注釋　清刻本　二册

500000－8716－0000049　049
暗室燈二卷　題(清)深山居士輯　清道光十二年(1832)刻本　一册

500000－8716－0000050　050
刻天仙正理直論增註不分卷　(明)伍守陽撰　(明)伍守虛註　清乾隆二十九年(1764)刻本　一册

500000－8716－0000051　051
槐軒要語一卷　(清)劉沅撰　清嘉慶十二年(1807)刻本　一册

500000－8716－0000052　052
賦學仙丹不分卷　(清)徐斗光編　清刻本　一册

500000－8716－0000053　053
寄傲山房塾課新增幼學故事瓊林四卷首一卷　(清)程允升撰　(清)鄒聖脈增補　清刻本　二册　存二卷(二、四)

500000－8716－0000054　054
文昌孝經註不分卷　(□)□□撰　清刻本　一册

500000－8716－0000055　055
詩經增訂旁訓四卷　(清)徐立綱撰　清刻本　一册

500000－8716－0000056　056
說左約箋二卷　(清)夏大觀撰　清刻本　一册　存一卷(二)

500000－8716－0000057　057
孔氏家語十卷　(三國魏)王肅注　清刻本　一册　存四卷(七至十)

500000－8716－0000058　058
東萊博議四卷備考一卷　(宋)呂祖謙撰　(清)張執升評選　清刻本　一册　存二卷(四、備考一)

500000－8716－0000059　059
左繡三十卷首一卷　(清)馮李驊評輯　(清)陸浩評輯　清華川書屋刻本　一册　存一卷(首一卷)

500000－8716－0000060　060
雲路初基原編一卷續編一卷　(清)范繼昌輯　清道光七年(1827)集賢堂刻本　一册

500000－8716－0000061　061
父師善誘法二卷讀書作文譜十二卷　(清)唐翼修輯　清刻本　三册　存十一卷(誘法一至二,作文譜一至六、十至十二)

重慶市涪陵區圖書館古籍普查登記目録

全國古籍普查登記目録

國家圖書館出版社
National Library of China Publishing House

500000－8717－0000001　01
[同治]重修成都縣志十六卷首一卷　(清)羅廷權修　(清)衷興鑑纂　清同治十二年(1873)刻本　十六册

500000－8717－0000002　02
[道光]忠州直隸州志八卷　(清)吳友篪修　清道光六年(1826)刻本　八册

500000－8717－0000003　03
[光緒]奉節縣志三十六卷首一卷　(清)曾秀翹修　(清)楊德坤纂　清光緒十九年(1893)刻本　八册

500000－8717－0000004　04
[雍正]四川通志四十七卷首一卷　(清)查郎阿等修　(清)張晉生等纂　清雍正十一年至乾隆元年(1733－1736)刻本(有抄補)　四十九册

重慶市九龍坡區圖書館古籍普查登記目録

全國古籍普查登記目録

國家圖書館出版社
National Library of China Publishing House

500000－8721－0000001　1
鳳儀詩經正韻旁音□□卷　(清)唐廉介考證　清萬財堂刻本　三冊　存五卷(國風一至三、小雅四至五)

500000－8721－0000002　2
鳳儀詩經正韻旁音□□卷　(□)□□纂　清大酉堂刻本　一冊　存二卷(大雅六至七)

500000－8721－0000003　3
太上老君清靜圖經一卷　題(春秋)太上老君撰　(□)水經子批注　(□)混沌子圖　清同治十一年(1872)刻本　一冊

500000－8721－0000004　4
四書旁音□□卷　(□)□□纂　清末刻本　二冊　存二卷(下孟上、下孟下)

500000－8721－0000005　5
救世針砭不分卷　(清)爕元子撰　清光緒十六年(1890)刻本　一冊

500000－8721－0000006　6
孔聖枕中秘記真本一卷　(清)雲水道人編　清光緒元年(1875)刻本　一冊

500000－8721－0000007　7
銅板四書旁音□□卷　(□)□□纂　清宣統元年(1909)文林堂刻本　六冊　存七卷(大學一、中庸一、孟子一至四、論語一)

500000－8721－0000008　8
詩經正韻□□卷　(□)□□纂　清同治十年(1871)津邑酉餘堂刻本　二冊　存二卷(國風一、小雅三)

500000－8721－0000009　9
書經旁音正文□□卷　(□)□□纂　清末古渝善成堂刻本　一冊　存三卷(四至六)

500000－8721－0000010　10
鳳儀詩經正韻旁音□□卷　(□)□□纂　清末古渝善成堂刻本　一冊　存五卷(四至八)

500000－8721－0000011　11
鳳儀詩經正韻旁音八卷　(□)□□纂　清光緒十九年(1893)巴川珍儒堂刻本　三冊　存七卷(一至二、四至八)

500000－8721－0000012　12
新訂四書補注備旨中庸卷　(明)鄧林撰　(清)孫熤編　(清)杜定基增訂　清末刻本　一冊　存一卷(一)

500000－8721－0000013　13
省身指掌九卷　(□)□□纂　清光緒三十四年(1908)上海美華書館鉛印本　九冊

500000－8721－0000014　14
急救應驗良方不分卷　(清)徐幹選　(清)費山壽纂輯　清光緒七年(1881)江右德書屋刻本　三冊

500000－8721－0000015　15
急救應驗良方不分卷　(清)徐幹選　(清)費山壽纂輯　清光緒七年(1881)江右德書屋刻本　三冊

500000－8721－0000016　16
三字經批註備旨二卷　(宋)王應麟撰　(清)賀興思批註　清刻本　二冊

500000－8721－0000017　17
新鐫神峯張先生通考辟謬命理正宗六卷　(清)張楠撰　清藝林四知館刻本　一冊　存一卷(一)

500000－8721－0000018　18
水滸後傳四十回　(□)□□纂　清末刻本　二冊　存九回(十二至二十回)

500000－8721－0000019　19
四書旁音□□卷　(□)□□纂　清末刻本　一冊　存一卷(下論下)

500000－8721－0000020　20
論語二十卷　(宋)朱熹集註　清末刻本　一冊　存五卷(六至十)

500000－8721－0000021　21
新刻傳家雜字一卷　(□)□□纂　清末永川榮義堂刻本　一冊

500000－8721－0000022　22
春秋左傳五十卷　(晉)杜預注　(宋)林堯叟

注　(唐)陸德明音義　(明)鍾惺　(明)孫鑛評點　清末民初石印本　一册　存五卷(四十六至五十)

500000－8721－0000023　23
仁壽鏡□□卷　(□)□□纂　清末刻本　一册　存一卷(二)

500000－8721－0000024　24
復古救刼録四卷　(□)□□纂　清末刻本　四册　存三卷(一、三至四)

500000－8721－0000025　25
寄傲山房塾課新增幼學故事瓊林□□卷　(清)程允升撰　(清)鄒聖脈增補　清末刻本　一册　存一卷(四)

500000－8721－0000026　26
集字便覽摘要□□卷　(□)□□纂　清末刻本　一册　存二卷(下平、入聲)

重慶市黔江區圖書館古籍普查登記目録

全國古籍普查登記目録

國家圖書館出版社
National Library of China Publishing House

500000－8725－0000001　1

經解入門八卷　(清)江藩撰　清刻本　一冊　存四卷(五至八)

500000－8725－0000002　2

小學六卷　(明)陳選集註　(清)高愈纂註　清同治四年(1865)刻本　二冊

500000－8725－0000003　4

經傳釋詞十卷補一卷再補一卷　(清)王引之撰　(清)孫經世補　清同治七年(1868)成都書局刻本　四冊　存十卷(一至十)

500000－8725－0000004　5

六書轉注録十卷　(清)洪亮吉撰　清光緒四年(1878)授經堂刻本　四冊

500000－8725－0000005　6

詩韻集成題考合刻十卷　(清)余照輯　(清)一適主人編次　清光緒十四年(1888)刻本　四冊　存八卷(一至四、七至十)

500000－8725－0000006　8

漢魏音四卷　(清)洪亮吉撰　清光緒三年(1877)刻本　一冊

500000－8725－0000007　10

說文解字句讀三十卷附句讀補正　(清)王筠撰　清光緒八年(1882)刻本　一冊　存二卷(二十七至二十八)

500000－8725－0000008　11

說文解字注十五卷附六書音韻表二卷說文部目分韻一卷　(清)段玉裁撰　清光緒十四年(1888)石印本　三冊　存五卷(五至八、十五)

500000－8725－0000009　12

說文解字十五卷　(漢)許慎撰　清乾隆三十八年(1773)大興朱筠影宋刻本　六冊　存十二卷(二至十三)

500000－8725－0000010　14

廣雅疏證十卷　(清)王念孫撰　清末石印本　九冊　存七卷(一至二、五上、六、七上、八上、十)

500000－8725－0000011　15

詩韻合璧大全五卷　(清)湯文潞輯　清末上海廣益書局石印本　三冊

500000－8725－0000012　17

音學五書三十八卷　(清)顧炎武撰　清末上海文瑞樓石印本　四冊　存八卷(五至六、十三至十八)

500000－8725－0000013　18

字匯十二集首一卷附韻法直圖一卷　(明)梅膺祚撰　清嘉慶五年(1800)崇道堂刻本　六冊　存六集一卷(申、酉、戌、亥,韻法直圖一)

500000－8725－0000014　19

字匯十二集首一卷　(明)梅膺祚撰　清刻本　四冊　存四集(子、丑、午、未)

500000－8725－0000015　21

文字存真二種十五卷　(清)饒炯撰　清光緒三十年(1904)達古軒刻本　三冊　存九卷(六書例說一,說文解字部首一至二、六至八、十二至十四)

500000－8725－0000016　23

爾雅三卷　(晉)郭璞注　(唐)陸德明音釋　清光緒八年(1882)刻本　三冊

500000－8725－0000017　25

詩韻集成十八卷　(清)余照輯　清道光十八年(1838)刻本　二冊　存十卷(一至十)

500000－8725－0000018　26

詩韻集成十八卷　(清)余照輯　清道光十八年(1838)刻本　一冊　存四卷(一至四)

500000－8725－0000019　27

爾雅注疏十一卷　(晉)郭璞注　(宋)邢昺疏　明末刻本　三冊　存六卷(二至七)

500000－8725－0000020　28

爾雅注疏十卷校勘十卷　(晉)郭璞注　(宋)邢昺疏　清嘉慶二十年(1815)刻十三經注疏本　三冊　存十二卷(一至二、七至十,校勘一至二、七至十)

500000－8725－0000021　29

小爾雅疏八卷 （清）王煦撰　清光緒刻邵武徐氏叢書本　一冊　存三卷（一至三）

500000－8725－0000022　30
爾雅郭注義疏三卷 （清）郝懿行撰　清光緒刻本　三冊　存二卷（一、三）

500000－8725－0000023　31
新爾雅十四卷 （清）汪榮寶　（清）葉瀾編纂　清光緒三十年（1904）刻本　二冊

500000－8725－0000024　32
比雅十卷 （清）洪亮吉撰　清光緒五年（1879）授經堂刻本　二冊

500000－8725－0000025　33
如西所刻諸名家評點春秋綱目左傳句解彙雋六卷 （清）韓菼重訂　清光緒刻本　十一冊

500000－8725－0000026　34
批點春秋左傳綱目句解彙鐫六卷 （清）韓菼重訂　清刻本　七冊　存四卷（二、四至六）

500000－8725－0000027　35
評點春秋綱目左傳句解彙鐫六卷 （清）韓菼重訂　清涪陵登海堂刻本　六冊　存五卷（一至五）

500000－8725－0000028　36
春秋全經左傳句解□□卷 （□）□□撰　清刻本　一冊　存一卷（六）

500000－8725－0000029　37
批點春秋左傳綱目句解彙鐫六卷 （清）韓菼重訂　清刻本　一冊　存一卷（二）

500000－8725－0000030　38
書經恆解六卷 （清）劉沅輯註　清光緒三十一年（1905）豫誠堂刻本　二冊　存二卷（一至二）

500000－8725－0000031　39
陸氏音義書經正文六卷 （唐）陸德明撰　清刻本　二冊　存二卷（二至三）

500000－8725－0000032　40
書經正文□□卷 （□）□□輯　清刻本　一冊　存一卷（五）

500000－8725－0000033　41
新鐫遵注旁音書經正文□□卷 （□）□□輯　清刻本　一冊　存一卷（四）

500000－8725－0000034　42
附釋音尚書註疏二十卷附校勘二十卷 （唐）孔穎達疏　清嘉慶二十年（1815）刻本　五冊　存十二卷（三至五、八至十一、十六至二十）

500000－8725－0000035　43
書經六卷 （宋）蔡沈集傳　清刻本　三冊　存三卷（二至三、五）

500000－8725－0000036　44
新刻書經備旨善本輯要六卷 （清）馬大猷輯　清光緒刻本　五冊

500000－8725－0000037　45
新刻書經備旨善本輯要六卷 （清）馬大猷輯　清光緒刻本　一冊　存一卷（四）

500000－8725－0000038　46
新刻書經備旨善本輯要六卷 （清）馬大猷輯　清光緒刻本　四冊　存五卷（二至六）

500000－8725－0000039　47
尚書八卷 （漢）孔安國傳　清光緒二十九年（1903）刻本　三冊

500000－8725－0000040　48
欽定書經圖說五十卷 （清）孫家鼐等撰　清光緒三十一年（1905）石印本　十三冊　存三十六卷（一至二、十四至二十、二十四至五十）

500000－8725－0000041　49
書經精華十卷首一卷 （清）王巨源編　清光緒刻本　六冊

500000－8725－0000042　50
書經精華十卷首一卷 （清）王巨源編　清光緒十一年（1885）刻魏氏古香閣四經精華本　二冊　存四卷（二至三、九至十）

500000－8725－0000043　51
書經增訂旁訓四卷 （清）周尊栢輯　清咸豐三年（1853）刻本　二冊

500000－8725－0000044　52

批點書經旁音□□卷　(南朝梁)周吉成藏　(清)張鑒訂　清光緒十一年(1885)刻本　三冊　存六卷(一至六)

500000－8725－0000045　53
宏道堂新鐫書經旁音正文□□卷　(□)□□輯　清刻本　一冊　存一卷(三)

500000－8725－0000046　54
書經正文□□卷　(□)□□輯　清刻本　一冊　存一卷(三)

500000－8725－0000047　55
監本書經六卷　(宋)蔡沈集傳　清同治十年(1871)刻本　四冊

500000－8725－0000048　56
重校十三經集字　(清)彭玉雯輯　清光緒刻本　一冊　存一卷(上)

500000－8725－0000049　57
春秋公羊傳讀本十一卷　(清)周尊楣輯　清咸豐三年(1853)刻本　二冊　存四卷(一至四)

500000－8725－0000050　58
春秋公羊傳十一卷　(漢)何休注　(唐)陸德明音義　清光緒八年(1882)刻本　一冊　存三卷(一至三)

500000－8725－0000051　59
春秋公羊傳十一卷　(漢)何休注　(唐)陸德明音義　清光緒十二年(1886)刻本　一冊　存三卷(一至三)

500000－8725－0000052　60
春秋左傳綱目杜林詳註十四卷　(明)張岐然輯　清三讓堂刻本　一冊　存二卷(六至七)

500000－8725－0000053　61
春秋穀梁傳十二卷　(晉)范甯集解　(唐)陸德明音義　清光緒十二年(1886)刻本　四冊

500000－8725－0000054　62
春秋左傳讀本十八卷　(清)周尊楣輯　清咸豐三年(1853)刻本　八冊　存十七卷(一至九、十一至十八)

500000－8725－0000055　63
春秋左傳讀本十八卷　(清)周尊楣輯　清咸豐三年(1853)刻本　一冊　存三卷(四至六)

500000－8725－0000056　64
春秋左傳旁訓十八卷　(□)□□撰　清刻本　三冊　存三卷(三、十、十八)

500000－8725－0000057　65
春秋穀梁傳讀本四卷　(晉)范甯集解　(唐)陸德明音義　清咸豐三年(1853)刻本　二冊　存四卷

500000－8725－0000058　66
春秋穀梁傳讀本四卷　(晉)范甯集解　(唐)陸德明音義　清咸豐三年(1853)刻本　二冊

500000－8725－0000059　68
春秋穀梁傳讀本四卷　(晉)范甯集解　(唐)陸德明音義　清咸豐三年(1853)刻本　一冊

500000－8725－0000060　69
春秋左傳五十卷　(晉)杜預集解　(唐)陸德明音義　(宋)林堯叟注釋　清刻本　一冊　存三卷(四十五至四十七)

500000－8725－0000061　70
春秋經傳集解三十卷年表一卷歸一圖二卷　(晉)杜預集解　清刻本　七冊　存十八卷(六至十七、二十至二十二,年表一,歸一圖一至二)

500000－8725－0000062　71
春秋經傳集解三十卷年表一卷歸一圖二卷　(晉)杜預集解　清刻本　十四冊

500000－8725－0000063　72
春秋左傳三十卷　(晉)杜預集解　(唐)陸德明音義　(宋)林堯叟注釋　清光緒十二年(1886)刻本　九冊　存十八卷(一、三、六、十四至二十八)

500000－8725－0000064　73
春秋左傳五十卷　(晉)杜預集解　(唐)陸德明音義　(宋)林堯叟注釋　清光緒刻本　九冊　存二十九卷(七至十一、二十四至三十

六、四十至五十)

500000－8725－0000065　74
春秋左傳五十卷　(晉)杜預集解　(唐)陸德明音義　(宋)林堯叟注釋　清光緒刻本　一冊　存三卷(三十四至三十六)

500000－8725－0000066　75
春秋左氏傳賈服注輯録二十卷　(清)李貽德輯　清光緒八年(1882)刻本　五冊　存十六卷(一至十三、十八至二十)

500000－8725－0000067　76
戰國策三十三卷　(漢)高誘注　清末刻本　一冊　存十卷(八至十七)

500000－8725－0000068　77
春秋家説三卷　(清)王夫之撰　清光緒二十五年(1899)慎記書莊石印本　一冊

500000－8725－0000069　78
左傳評十卷　(清)王源撰　清宣統二年(1910)鉛印啓渝叢書本　一冊　存一卷(一)

500000－8725－0000070　79
重訂批點春秋左傳詳節句解六卷首一卷　(□)□□輯　清刻本　一冊　存二卷(一、首一)

500000－8725－0000071　80
批點春秋左傳綱目句解彙鐫六卷　(清)韓菼重訂　清刻本　二冊　存二卷(二、六)

500000－8725－0000072　81
評點春秋綱目左傳句解彙鐫六卷　(清)韓菼重訂　清刻本　二冊　存二卷(二至三)

500000－8725－0000073　82
評點春秋綱目左傳句解彙鐫六卷　(清)韓菼重訂　清刻本　三冊　存三卷(三至五)

500000－8725－0000074　83
評點春秋綱目左傳句解彙鐫六卷　(清)韓菼重訂　清刻本　一冊　存一卷(四)

500000－8725－0000075　84
御案春秋左傳經解備旨十二卷　(宋)蔡沈撰　(清)寄傲山房輯　清刻五經備旨本　三冊　存五卷(七至八、十至十二)

500000－8725－0000076　85
曲江書屋新訂批註左傳快讀十八卷首一卷　(清)李紹崧輯　清末刻本　一冊　存一卷(十四)

500000－8725－0000077　86
曲江書屋新訂批註左傳快讀十八卷首一卷　(清)李紹崧輯　清末刻本　六冊　存七卷(四至五、七、十、十四至十六)

500000－8725－0000078　88
康熙字典十二集　(清)張玉書等編　清刻本　十八冊　存十集(子中下、丑中下、寅、巳上中、午下、未下、申中、酉上、戌中、亥中)

500000－8725－0000079　89
尖達塔度三卷　(□)□□輯　清抄本　一冊　存一卷(三)

500000－8725－0000080　90
康熙字典十二集檢字一卷等韻三卷　(清)淩紹雯編　清道光七年(1827)刻本　二十七冊　存十二集四卷(子上下、丑上中、寅、卯上、辰中下、巳中下、午上中、未中、申、酉、戌、亥，檢字一，等韻一至三)

500000－8725－0000081　91
康熙字典十二集　(清)淩紹雯編　清刻本　二十一冊　存十一集(子下、丑上、寅上中、卯、辰、巳上、未中、申、酉上中、戌、亥中)

500000－8725－0000082　92
康熙字典十二集　(清)淩紹雯編　清刻本　十冊　存六集(子、丑上中、寅中下、卯上、申上、戌上)

500000－8725－0000083　93
康熙字典十二集附檢字一卷備考一卷等韻一卷補遺一卷字典考證一卷　(清)淩紹雯編　清道光七年(1827)宏道堂刻本　四十二冊

500000－8725－0000084　94
康熙字典十二集附檢字一卷備考一卷等韻一卷　(清)淩紹雯編　清刻本　三十八冊　存

十二集三卷(子、丑、寅、卯、辰、巳、午、未、申、酉、戌上中、亥,檢字一,等韻一,備考一)

500000－8725－0000085　95

康熙字典十二集檢字一卷備考一卷補遺一卷　(清)淩紹雯編　清刻本　二十九册　存十一集三卷(子中下、丑中下、寅上中下、卯上中下、辰下、巳上中下、午中下、未中下、申上中下、酉上下、亥上中下,檢字一,備考一,補遺一)

500000－8725－0000086　96

康熙字典十二集補遺一卷　(清)淩紹雯編　清刻本　六册　存四集一卷(子中、寅下、巳上、未上中,補遺一)

500000－8725－0000087　97

周易本義四卷附周易本義算歌　(宋)朱熹撰　清光緒二十二年(1896)新化三味堂刻本　二册　存四卷

500000－8725－0000088　98

周易十卷　(三國魏)王弼注　清刻仿宋相臺五經本　三册

500000－8725－0000089　99

來瞿唐先生易註十五卷首一卷末一卷　(明)來知德註　清嘉慶十四年(1809)刻本(卷十四系補配)　九册　存十四卷(四至十五、首一、末一)

500000－8725－0000090　100

寄傲山房塾課纂輯御案易經備旨七卷　(清)鄒聖脈纂輯　清刻本　四册　存五卷(三至七)

500000－8725－0000091　101

易經離句解□□卷　(□)□□撰　清刻本　二册　存二卷(二至三)

500000－8725－0000092　102

周易參同契分章註解三卷　(漢)魏伯陽撰　清咸豐九年(1859)藜照書屋刻本　一册　存三卷

500000－8725－0000093　103

來瞿唐先生易註十五卷首一卷末一卷　(明)來知德註　清嘉慶十四年(1809)刻本　一册　存三卷(九至十一)

500000－8725－0000094　104

易經題解旁訓□□卷　(□)□□輯　清刻本　一册　存二卷(二至三)

500000－8725－0000095　105

周易十卷　(三國魏)王弼注　清刻仿宋相臺五經本　一册　存二卷(三至四)

500000－8725－0000096　106

儀禮十七卷　(漢)鄭玄注　(唐)陸德明音義　清刻本　三册　存十二卷(六至十七)

500000－8725－0000097　107

禮記十卷　(元)陳澔撰　清刻本　五册　存五卷(三至五、八至九)

500000－8725－0000098　108

周禮□□卷　(□)□□輯　清光緒十二年(1886)湖北官書處刻本　二册　存四卷(一至四)

500000－8725－0000099　109

周禮精華六卷　(清)陳龍標輯　清刻本　四册　存四卷(二至五)

500000－8725－0000100　110

周禮精華六卷　(清)陳龍標輯　清光緒刻本　二册　存三卷(二、五至六)

500000－8725－0000101　111

周官恆解六卷　(清)劉沅輯注　清道光元年(1821)刻本　六册

500000－8725－0000102　112

禮記讀本六卷　(清)徐立綱撰　(清)周樽楣訂　清咸豐三年(1853)刻本　六册

500000－8725－0000103　113

禮記二十卷　(漢)鄭玄註　清刻仿宋相臺五經本　五册　存十七卷(一至九、十三至二十)

500000－8725－0000104　114

禮記□□卷　(□)□□輯　清刻本　三册

存九卷(七至八、十一至十三、十七至二十)

500000－8725－0000105　115
禮記□□卷　(□)□□輯　清刻本　二册　存四卷(七至八、十七至十八)

500000－8725－0000106　116
全本禮記體註大全合參十卷　(元)陳澔集說　清文光堂刻本　九册　存九卷(一至五、七至十)

500000－8725－0000107　117
全本禮記體註十卷　(□)□□輯　清刻本　九册　存九卷(二至十)

500000－8725－0000108　118
敷芳軒合纂禮記體註四卷　(清)范翔參訂　清刻本　一册　存一卷(四)

500000－8725－0000109　119
漱芳軒合纂禮記體註四卷　(清)范翔參訂　清道光二十年(1840)刻本　一册　存二卷(一至二)

500000－8725－0000110　120
附釋音周禮注疏四十二卷　(漢)鄭玄注　(唐)賈公彦疏　(唐)陸德明音義　清刻本　二册　存四卷(七至八、三十七至三十八)

500000－8725－0000111　121
儀禮十七卷　(清)吴廷華章句　清刻本　一册　存三卷(六至八)

500000－8725－0000112　122
儀禮讀本十七卷首一卷　(□)□□輯　清咸豐三年(1853)刻本　一册　存六卷(一至五、首一)

500000－8725－0000113　123
周禮□□卷　(□)□□輯　清刻本　四册　存八卷(五至十二)

500000－8725－0000114　124
周禮讀本六卷　(□)□□輯　清咸豐三年(1853)刻本　二册

500000－8725－0000115　125
禮記旁訓六卷　(□)□□輯　清光緒十年(1884)刻本　三册　存三卷(一至三)

500000－8725－0000116　126
禮經箋十七卷　王闓運注　清光緒十一年(1885)成都尊經書局刻本　一册　存四卷(一至四)

500000－8725－0000117　127
周禮折衷四卷　(宋)魏了翁撰　清刻本　一册　存一卷(三)

500000－8725－0000118　128
周禮政要二卷　(清)孫詒讓撰　清光緒三十年(1904)實雅書局鉛印本　二册　存二卷

500000－8725－0000119　129
周禮易讀□□卷　(□)□□輯　清刻本　二册　存二卷(四、六)

500000－8725－0000120　130
周禮讀本六卷　(□)□□輯　清咸豐三年(1853)刻本　二册　存六卷

500000－8725－0000121　131
禮記初學讀本四十九卷　(□)□□輯　清刻本　二册　存三十卷(一至六、二十六至四十九)

500000－8725－0000122　132
儀禮初學讀本十七卷　(□)□□輯　(清)萬廷蘭校　清刻本　二册　存十七卷

500000－8725－0000123　133
儀禮初學讀本十七卷　(□)□□輯　清刻本　一册　存九卷(九至十七)

500000－8725－0000124　134
經餘必讀八卷二編八卷三編四卷　(清)雷琳　(清)曉峰輯　清光緒二年(1876)退補齋刻本　四册　存七卷(一編一至六、三編一)

500000－8725－0000125　135
經餘必讀八卷二編八卷三編四卷　(清)雷琳輯　清光緒二年(1876)退補齋刻本　九册

500000－8725－0000126　136
經餘必讀八卷二編八卷三編四卷　(清)雷琳輯　清光緒二年(1876)退補齋刻本　十册

500000－8725－0000127　137

傳經表四卷　（清）畢沅撰　清光緒五年(1879)授經堂刻本　二冊

500000－8725－0000128　138

四書疏註撮言大全□□卷　（清）胡蓉芝輯　清刻本　十八冊　存四種

500000－8725－0000129　139

四書疏註撮言□□卷　（清）胡蓉芝輯　（清）紀昀鑒定　（清）吳冠山校正　清刻本　二十冊　存三種二十六卷（中庸一至二、孟子一至十四、論語一至二十）

500000－8725－0000130　140

四書疏註撮言□□卷　（清）胡蓉芝輯　清刻本　十冊　存三種二十卷（論語八至二十，中庸一至三，孟子三至四、九至十）

500000－8725－0000131　141

四書疏註撮言□□卷　（清）胡蓉芝輯　清刻本　十三冊　存三種二十七卷（中庸二至三，論語一至二、六至二十，孟子一至四、十一至十四）

500000－8725－0000132　142

四書疏註撮言□□卷　（清）胡蓉芝輯　清刻本　十八冊　存三種三十三卷（中庸一至三，論語一至十五、十七至十九，孟子一至八、十一至十四）

500000－8725－0000133　143

四書疏註撮言□□卷　（清）胡蓉芝輯　清刻本　四冊　存三種九卷（中庸二至三，論語十一至十二、十七至二十，孟子十四）

500000－8725－0000134　144

新訂四書補註備旨十卷　（明）鄧林撰　清薈玉堂刻本　二冊　存四卷（孟子一至四）

500000－8725－0000135　145

新增四書備旨靈傑解□□卷　（清）張素存撰　（清）鄒蒼崖增補　清刻本　一冊　存一種一卷（下孟八）

500000－8725－0000136　146

四書正文□□卷　（□）□□輯　清刻本　五冊　存三種（大學、論語、下孟上下）

500000－8725－0000137　147

德信義增訂四書旁訓□□卷　（□）□□輯　清刻本　一冊　存一種（上孟）

500000－8725－0000138　148

宏發堂增訂四書正文□□卷　（□）□□輯　清刻本　一冊　存一種（上孟）

500000－8725－0000139　149

四書正文旁音□□卷　（□）□□輯　清刻本　三冊　存二種（下論、下孟上下）

500000－8725－0000140　150

四書朱子本義匯參四十三卷首四卷　（清）王步青輯　清乾隆十年(1745)刻本　十三冊　存十九卷（孟子集注一至三、七至八，論語七至十、十二、十七至二十，大學二，中庸一至二、五至六）

500000－8725－0000141　151

四書集注十九卷　（宋）朱熹集傳　清刻本　十三冊　存四種十七卷（大學一，中庸一，論語一至十，孟子一、三至五、七）

500000－8725－0000142　152

圈點四書旁訓□□卷　（□）□□輯　清咸豐元年(1851)刻本　六冊　存四種（大學、中庸、論語、孟子）

500000－8725－0000143　153

孟子注疏解經十四卷　（□）□□輯　清刻本　一冊　存二卷（一至二）

500000－8725－0000144　154

四書大注匯參合講題鏡合纂□□卷　（□）□□輯　清刻本　一冊　存一卷（三論語雍也篇）

500000－8725－0000145　155

繪圖四書便蒙課本不分卷　（清）汪士基編　清光緒三十二年(1906)南洋官書局石印本　五冊　存四種（大學，中庸，論語泰伯至子路，孟子公孫丑、萬章上下、告子上下、盡心上下）

500000－8725－0000146　156

四書集註□□卷　（宋）朱熹集註　清刻本　四册　存二種四卷（論語上下，孟子上下）

500000－8725－0000147　157

詩經增訂旁訓□□卷　（清）王翼軒參閲　清咸豐三年（1853）刻本　三册　存二卷（一至二）

500000－8725－0000148　158

孔聖孝經一卷　（清）周尊楣輯　（清）王翼軒參閲　清咸豐三年（1853）竹橋齋刻本　一册

500000－8725－0000149　159

三家詩拾遺十卷　（清）范家相撰　清嘉慶十五年（1810）古趣亭刻本　一册　存二卷（一至二）

500000－8725－0000150　160

初刻黄維章先生詩經嫏嬛體註八卷　（清）范紫登參訂　清光緒十六年（1890）刻本　四册

500000－8725－0000151　161

詩經精華十卷　（清）薛嘉穎撰　清道光五年（1825）刻本　五册

500000－8725－0000152　162

詩經精華十卷　（清）薛嘉穎撰　清魏氏古香閣刻本　二册　存四卷（五至六、九至十）

500000－8725－0000153　163

詩經精華十卷　（清）薛嘉穎撰　清魏氏古香閣刻本　二册　存四卷（七至十）

500000－8725－0000154　164

詩經體註大全合參八卷　（清）沈世楷輯　（清）高朝瓔撰　清道光二十四年（1844）刻本　五册

500000－8725－0000155　165

詩傳名物集覽十二卷　（清）陳大章撰　清光緒十七年（1891）刻湖北叢書本　五册

500000－8725－0000156　166

詩經正文□□卷　佚名輯　清刻本　四册　存三卷（一、三至四）

500000－8725－0000157　167

鳳儀詩經正韻旁音□□卷　佚名輯　清刻本　一册　存一卷（小雅四）

500000－8725－0000158　168

詩經體註大全合參八卷　（清）沈世楷　（清）高朝瓔撰　清道光二十四年（1844）刻本　一册　存二卷（三至四）

500000－8725－0000159　169

詩經幼學讀本□□卷　（□）□□輯　清刻本　一册　存鄭風至豳風

500000－8725－0000160　170

詩經□□卷　（□）□□輯　清刻本　一册　存鄭風至豳風

500000－8725－0000161　171

寄傲山房塾課纂輯禮記全文備旨十一卷　（清）鄒聖脈纂輯　（清）鄒廷猷編　清光緒十三年（1887）刻本　三册　存八卷（四至十一）

500000－8725－0000162　172

寄傲山房塾課纂輯書經備旨蔡注捷録七卷　（清）鄒聖脈輯　（清）鄒廷猷編　清光緒十三年（1887）刻本　二册

500000－8725－0000163　173

御案春秋左傳經解備旨十二卷　（清）寄傲山房輯　清光緒十三年（1887）刻本　一册　存二卷（八至九）

500000－8725－0000164　174

御案詩經備旨八卷　（清）鄒聖脈輯　（清）鄒廷猷編　清光緒十三年（1887）刻本　一册　存二卷（一至二）

500000－8725－0000165　175

毛詩二十卷　（□）□□輯　清刻本　二册　存九卷（十二至二十）

500000－8725－0000166　176

毛詩二十卷　（□）□□輯　清刻仿宋相臺五經本　二册　存十卷（一至三、九至十五）

500000－8725－0000167　177

詩經□□卷　（宋）朱熹集傳　清刻本　一册　存二卷（四至五）

500000－8725－0000168　178

詩經正文□□卷　(□)□□輯　清刻本　一冊　存一卷(一)

500000－8725－0000169　179

東塾讀書記二十五卷　(清)陳澧撰　清刻本　一冊　存五卷(一至五)

500000－8725－0000170　180

經文戛造不分卷　(□)□□輯　清光緒十九年(1893)上海積山書局石印本　三冊　存三種(易經、詩經、禮記)

500000－8725－0000171　181

御纂五經五種一百九十二卷　(清)□□輯　清光緒二十八年(1902)積山書局石印本　四冊　存四種(書經、易經、禮記、春秋)

500000－8725－0000172　182

五經集解三十三卷附石經考辨二卷　(清)馮世瀛輯　清同治八年(1869)刻本　二十五冊　存二十五卷(一、三、四至七、九、十一至二十一、二十三、二十五至二十六、二十八至二十九、三十一、三十三)

500000－8725－0000173　185

地理五訣八卷　(清)趙廷棟等撰　清乾隆刻本　一冊　存二卷(七至八)

500000－8725－0000174　186

古詩源十四卷　(清)沈德潛選　清刻本　一冊　存四卷(八至十一)

500000－8725－0000175　188

繡像說唐小英雄傳□□卷　(□)□□輯　清末民初石印本　一冊　存一卷(首一)

500000－8725－0000176　189

景岳新方砭四卷　(清)陳念祖撰　清光緒二十九年(1903)蜀東信義書局刻本　一冊　存四卷

500000－8725－0000177　190

中國地名韻語新讀本□□卷　(清)陳樹鏞纂　(清)韓名基補　清光緒三十年(1904)西溪書局刻本　一冊　存一卷(上)

500000－8725－0000178　191

[光緒]黔江縣志五卷首一卷　(清)張九章纂修　清光緒二十年(1894)刻本　五冊

500000－8725－0000179　192

黔江縣志□□卷　(□)□□輯　清刻本　二冊　存二卷(二至三)

500000－8725－0000180　193

黔江縣志□□卷　(□)□□輯　清刻本　一冊　存一卷(三)

500000－8725－0000181　194

黔江縣志□□卷　(□)□□撰　清刻本　一冊　存一卷(三)

500000－8725－0000182　195

[光緒]黔江縣志五卷首一卷　(清)張九章纂修　清光緒二十年(1894)刻本　一冊　存一卷(四)

500000－8725－0000183　196

[嘉慶]四川通志二百〇四卷首二十二卷　(清)常明修　(清)楊芳燦等纂　清嘉慶二十一年(1816)刻本　十三冊　存十八卷(十一、三十九至四十、四十六至四十七、一百二十四、一百二十八至一百二十九、一百三十六、一百五十一、一百八十、一百八十三、一百九十三至一百九十六,首二十至二十一)

500000－8725－0000184　197

補三國疆域志二卷　(清)洪亮吉撰　清光緒四年(1878)授經堂刻本　一冊

500000－8725－0000185　198

十六國疆域志十六卷　(清)洪亮吉撰　清光緒四年(1878)授經堂刻本　五冊

500000－8725－0000186　199

地理初階九章　(□)□□輯　清光緒二十七年(1901)刻本　一冊

500000－8725－0000187　200

東晉疆域志四卷　(清)洪亮吉撰　清光緒四年(1878)授經堂刻本　一冊　存二卷(一至二)

500000－8725－0000188　204

宋元學案一百卷首一卷考略一卷　(清)黄宗羲撰　清光緒五年(1879)長沙寄廬刻本　四十册　存九十四卷(一至九、十一至八十五、八十八至九十一、九十三至九十四、九十八至一百,首一)

500000－8725－0000189　205

試律大觀三十二卷　(清)竹屏居士輯　清咸豐三年(1853)刻本　一册　存五卷(九至十三)

500000－8725－0000190　206

通鑑答問五卷　(宋)王應麟撰　清刻本　一册　存二卷(四至五)

500000－8725－0000191　207

史略十三卷　(清)朱坤輯　清光緒二十八年(1902)心壽堂鉛印本　一册　存一卷(一)

500000－8725－0000192　208

東周列國全志二十三卷一百〇八回　(清)蔡元放評　清刻本　一册　存二卷(十八至十九)

500000－8725－0000193　209

東周列國志□□卷　(清)蔡元放評　清刻朱墨套印本　一册　存一卷(十六)

500000－8725－0000194　210

東周列國志二十七卷一百〇八回　(清)蔡元放評　清刻本　一册　存二卷(四至五)

500000－8725－0000195　211

國語二十一卷　(三國吳)韋昭注　清刻本　二册　存十卷(四至七、十三至十八)

500000－8725－0000196　212

歷代史案二十卷　(清)洪亮吉編　(清)紀昀考訂　清刻本　五册

500000－8725－0000197　213

王先生十七史蒙求十六卷　(宋)王令撰　清刻本　一册　存八卷(一至八)

500000－8725－0000198　214

貳臣傳□□卷　(清)國史館編　清刻本　一册　存二卷(三至四)

500000－8725－0000199　215

歷代史論□□卷　(明)張溥　(清)谷應泰論證　清末民初掃葉山房石印本　一册　存五卷(元史論一、明史論一至四)

500000－8725－0000200　216

宋史論三卷　(明)張溥論正　清刻本　一册　存二卷(一至二)

500000－8725－0000201　217

元史紀事本末二十七卷　(明)陳邦瞻撰　(明)張溥論證　清刻本　一册　存八卷(十四至二十一)

500000－8725－0000202　218

史通削繁四卷　(唐)劉知幾撰　清刻本　二册　存二卷(三至四)

500000－8725－0000203　219

擬兩晉南北史樂府二卷　(清)洪亮吉撰　清光緒三十三年(1907)授經堂刻本　一册

500000－8725－0000204　220

弟子職箋釋一卷史目表二卷　(清)洪亮吉撰　清光緒三年(1877)授經堂刻本　一册

500000－8725－0000205　221

制義叢話二十四卷　(清)梁章鉅撰　清光緒七年(1881)刻本　六册　存十八卷(一至九、十三至十八、二十二至二十四)

500000－8725－0000206　222

日知錄三十二卷　(清)顧炎武撰　清刻本　六册　存十三卷(二至五、八至九、十四至十八、二十二至二十三)

500000－8725－0000207　223

前漢書一百卷　(漢)班固撰　(唐)顔師古注　清同治十年(1871)成都書局刻本　二十九册

500000－8725－0000208　224

前漢書一百卷　(漢)班固撰　(唐)顔師古注　清同治十年(1871)成都書局刻本　三十册　存八十三卷(一至八、十五至十七、二十至

三十四、四十至六十五、七十至一百）

500000－8725－0000209　225

前漢書一百卷　（漢）班固撰　（唐）顔師古注　清同治十年（1871）成都書局刻本　二十七册　存七十五卷（一至八、十五至二十、二十三至三十六、四十九至七十五、八十一至一百）

500000－8725－0000210　226

前漢書一百卷　（漢）班固撰　（唐）顔師古注　清同治十年（1871）成都書局刻本　六册　存四十三卷（二十八至三十、三十六至四十、四十九至六十三）

500000－8725－0000211　227

漢書一百二十卷　（漢）班固撰　（唐）顔師古注　清光緒二十四年（1898）上海祥記書莊石印本　一册　存八卷（一至八）

500000－8725－0000212　228

後漢書一百二十卷　（南朝宋）范曄撰　（唐）李賢注　清同治十年（1871）成都書局刻本　二十七册

500000－8725－0000213　229

後漢書一百二十卷　（南朝宋）范曄撰　（唐）李賢注　清同治十年（1871）成都書局刻本　二十一册　存八十九卷（七至十五、二十五至四十、四十五至六十五、七十至一百〇四、一百〇九至一百十三、一百十八至一百二十）

500000－8725－0000214　230

資治通鑑目錄三十卷　（宋）司馬光撰　清末民初石印本　十册　存十四卷（一、三至四、八、十至十二、十五至十六、二十至二十一、二十八）

500000－8725－0000215　231

資治通鑑二百九十四卷　（宋）司馬光撰　（元）胡三省音注　清末民初石印本　七册　存十四卷（一百〇三至一百〇四、一百三十至一百三十一、一百五十六至一百五十七、一百七十五至一百七十六、一百八十三至一百八十六、二百七十至二百七十一）

500000－8725－0000216　232

續資治通鑑綱目二十七卷　（明）陳仁錫評閲　清刻本　三册　存三卷（五、十二、十四）

500000－8725－0000217　233

資治通鑑綱目五十九卷　（明）陳仁錫評閲　清刻本　七册　存七卷（二十八至二十九、三十一、三十六、三十九、四十七、五十）

500000－8725－0000218　234

史記一百三十卷　（漢）司馬遷撰　（南朝宋）裴駰集釋　清同治十一年（1872）成都書局摹刻武英殿本　二十六册

500000－8725－0000219　235

史記一百三十卷　（漢）司馬遷撰　清同治十一年（1872）成都書局刻本　九册　存五十三卷（四十九至六十七、七十九至九十二、九十九至一百十五、一百二十八至一百三十）

500000－8725－0000220　236

史記一百三十卷　（漢）司馬遷撰　（清）徐孚遠　（清）陳子龍測議　清刻本　五册　存二十卷（二十八至二十九、四十二至四十三、七十八至八十二、一百至一百〇五、一百十八至一百二十二）

500000－8725－0000221　237

御批了凡綱鑑補四十卷　（明）袁黄編纂　清同心書局刻本　二十七册

500000－8725－0000222　238

鼎鍥趙田了凡袁先生編纂古本歷史大方綱鑑補三十九卷首一卷　（明）袁黄編纂　清刻本　二十四册

500000－8725－0000223　239

鼎鍥趙田了凡袁先生編纂古本歷史大方綱鑑補三十九卷首一卷　（明）袁黄編纂　清刻本　十一册　存十五卷（三至四、七至九、十一、十六至二十二、二十九至三十）

500000－8725－0000224　240

御批歷代通鑑輯覽一百二十卷　（清）傅恒纂　清光緒二十年（1894）湖南澹雅書局刻本　一册　存二卷（一至二）

500000－8725－0000225　241

新刊趙田了凡袁先生編纂古本歷史大方綱鑑補三十九卷　(明)袁黄編纂　清刻本　二十一册　存十九卷(三至四、八至十二、十五至二十、二十二、二十六、二十八、三十至三十一、三十四)

500000－8725－0000226　242

新刊趙田了凡袁先生編纂古本歷史大方綱鑑補三十九卷　(明)袁黄編纂　清刻本　一册　存一卷(二十二)

500000－8725－0000227　243

新刊趙田了凡袁先生編纂古本歷史大方綱鑑補三十九卷　(明)袁黄編纂　清刻本　二十一册　存二十六卷(二至十、十二至十五、十九至二十、二十八至二十九、三十一至三十九)

500000－8725－0000228　244

新刊趙田了凡袁先生編纂古本歷史大方綱鑑補三十九卷　(明)袁黄編纂　清刻本　三册　存三卷(三十二、三十四、三十七)

500000－8725－0000229　245

御撰資治通鑑綱目三編二十卷　(清)張廷玉撰　清刻本　一册　存十卷(十一至二十)

500000－8725－0000230　246

御撰資治通鑑綱目三編二十卷　(清)張廷玉撰　清刻本　一册　存四卷(一至四)

500000－8725－0000231　247

了凡綱鑑補三十九卷　(明)袁黄編纂　清刻本(有補配)　十三册　存十四卷(三至四、六至八、十八、二十二、二十六、三十至三十二、三十四至三十五、三十八)

500000－8725－0000232　248

鼎鍥趙田了凡袁先生編纂古本歷史大方綱鑑補三十九卷　(明)袁黄編纂　清刻本　一册　存二卷(十一至十二)

500000－8725－0000233　249

增補歷史綱鑑□□卷　(明)袁黄編纂　清刻本　一册　存二卷(六至七)

500000－8725－0000234　250

御批增補了凡綱鑑三十九卷　(明)袁黄編纂　清末民初石印本　一册　存三卷(三十七至三十九)

500000－8725－0000235　251

鼎鍥趙田了凡袁先生編纂古本歷史大方綱鑑補三十九卷　(明)袁黄編纂　清刻本　二册　存二卷(三十一、三十四)

500000－8725－0000236　252

鼎鍥趙田了凡袁先生編纂古本歷史大方綱鑑補三十九卷　(明)袁黄編纂　清刻本　一册　存一卷(三十四)

500000－8725－0000237　253

御批歷代通鑑輯覽一百二十卷　(清)傅恒撰　清光緒二十四年(1898)湖北書局刻本　五十一册　存一百〇二卷(一至二、五至三十四、三十七至三十八、四十一至五十八、六十一至七十二、七十七至九十、九十三至一百〇二、一百〇五至一百〇六、一百〇九至一百二十)

500000－8725－0000238　254

論語最豁集四卷　(清)劉珍輯　清光緒三十三年(1907)上海萃文齋石印本　四册

500000－8725－0000239　255

御批歷代通鑑輯覽一百二十卷　(清)傅恒纂　清刻本　五十二册　存九十四卷(三至八、十五至十六、十九至二十、二十三至二十四、三十七至一百〇六、一百〇九至一百二十)

500000－8725－0000240　256

東華續錄六十九卷　(清)潘頤福編　(清)盧秉政校　清光緒二十五年(1899)上海書局石印本　十五册　存六十三卷(一至四十二、四十九至六十九)

500000－8725－0000241　257

御批歷代通鑑輯覽一百二十卷　(清)傅恒纂　清末民初上海掃葉山房石印本　十七册　存一百〇二卷(七至十四、二十一至一百、一百〇七至一百二十)

500000－8725－0000242　258

同治東華續録一百卷　王先謙編　(清)張式校　清光緒二十四年(1898)文瀾書局石印本　二十册　存八十四卷(四至十七、二十一至八十六、九十二至九十五)

500000－8725－0000243　259

御批歷代通鑑輯覽一百二十卷　(清)傅恆纂　清末民初石印本　五册　存三十三卷(二十九至四十一、七十九至九十、一百十三至一百二十)

500000－8725－0000244　260

御批歷代通鑑輯覽一百二十卷　(清)傅恆纂　清末民初石印本　十二册　存七十三卷(七至十四、三十四至五十二、五十八至七十三、八十五至一百〇六、一百十三至一百二十)

500000－8725－0000245　261

御批歷代通鑑輯覽一百二十卷　(清)傅恆纂　清末民初石印本　二册　存九卷(二十至二十四、五十九至六十二)

500000－8725－0000246　262

御批歷代通鑑輯覽一百二十卷　(清)傅恆纂　清末民初石印本　一册　存六卷(一百〇一至一百〇六)

500000－8725－0000247　263

三通考輯要三種七十六卷　(清)湯壽潛輯　清光緒二十八年(1902)蜀東善成堂刻本　二十五册　存六十二卷(文獻通考輯要一至二、四至七、八至九、十一、十四至十五、二十二至二十四,欽定續文獻通考輯要二至二十六,皇朝文獻通考輯要一至九、十三至二十六)

500000－8725－0000248　264

文獻通考詳節二十四卷　(元)馬端臨撰　清刻本　二册　存八卷(一至五、十八至二十)

500000－8725－0000249　265

三通考輯要三種七十六卷　(清)湯壽潛輯　清光緒二十八年(1902)蜀東善成堂刻本　十七册　存三十九卷(文獻通考輯要一至十、十二至二十,續文獻通考輯要一至四、八至九、十七至二十四,皇朝文獻通考一至四、八至九)

500000－8725－0000250　266

三通考輯要三種七十六卷　(清)湯壽潛輯　清光緒二十七年(1901)成都三合精舍刻本　十六册　存四十卷(文獻通考輯要一至七、九至十三、十六至十八、二十一至二十三,續文獻通考輯要六至十、十二至十六、二十一至二十六,皇朝文獻通考七至八、十一至十二、十七至十八)

500000－8725－0000251　268

路史四十七卷　(宋)羅泌撰　(明)喬可校傳　(明)賦秋山彙評　清嘉慶十二年(1807)刻本　六册　存十卷(一至五、七至十一)

500000－8725－0000252　269

宋史論三卷　(明)張溥論正　清刻本　一册　存二卷(一至二)

500000－8725－0000253　270

歷代史論十六卷　(明)張溥論正　清刻本　一册　存二卷(九至十)

500000－8725－0000254　271

歷代史論二十卷　(明)張溥論正　清刻本　一册　存三卷(十八至二十)

500000－8725－0000255　272

歷代史論二十卷　(明)張溥論正　清刻朱墨套印本　二册　存五卷(十一至十五)

500000－8725－0000256　273

歷代史論二十卷　(明)張溥論正　清刻朱墨套印本　四册　存十卷(七至十六)

500000－8725－0000257　274

歷代史論二十卷　(明)張溥論正　清刻朱墨套印本　一册　存三卷(九至十一)

500000－8725－0000258　275

大清律例統纂集成四十卷附督捕則例二卷　(清)刑部製訂　(清)沈之奇纂　(清)陶東皋　(清)陶曉篔增修　清光緒二十一年(1895)刻本　十六册　存二十九卷(一至十

九、二十一至二十四、二十六至三十一)

500000－8725－0000259　276
大清律例統纂集成四十卷附督捕則例二卷　(清)刑部製訂　(清)沈之奇纂　(清)陶東皋　(清)陶曉篔增修　清光緒二十一年(1895)刻本　三十二冊

500000－8725－0000260　277
資治通鑑綱目五十九卷　(宋)朱熹撰　(明)陳仁錫評閱　清末刻本　六十八冊　存五十三卷(一至二十、二十二至三十七、三十九至四十六、五十、五十二至五十九)

500000－8725－0000261　278
資治通鑑綱目前編二十五卷　(明)陳仁錫評閱　清醉經文刻本　十一冊

500000－8725－0000262　279
御撰資治通鑑綱目三編二十卷　(清)張廷玉撰　清末刻本　四冊

500000－8725－0000263　280
續資治通鑑綱目二十七卷　(明)陳仁錫評閱　清刻本　二十七冊　存二十五卷(二至二十六)

500000－8725－0000264　281
資治通鑑綱目前編二十五卷　(明)陳仁錫評閱　清春明堂刻本　八冊

500000－8725－0000265　282
御撰資治通鑑綱目三編二十卷　(清)張廷玉撰　清末刻本　一冊　存五卷(一至五)

500000－8725－0000266　283
御撰資治通鑑綱目三編二十卷　(清)張廷玉撰　清末刻本　四冊

500000－8725－0000267　284
資治通鑑綱目五十九卷首一卷　(宋)朱熹撰　(明)陳仁錫評閱　清末刻本　六十二冊　存四十三卷(一至五、二十至二十三、二十六至三十二、三十四至五十九,首一)

500000－8725－0000268　285
續資治通鑑綱目二十七卷　(明)陳仁錫評閱　清刻本　二十七冊

500000－8725－0000269　286
御撰資治通鑑綱目三編二十卷　(清)張廷玉撰　清光緒刻本　一冊　存六卷(一至六)

500000－8725－0000270　287
御撰資治通鑑綱目三編二十卷　(清)張廷玉撰　清末刻本　一冊　存四卷(五至八)

500000－8725－0000271　288
御撰資治通鑑綱目三編二十卷　(清)張廷玉撰　清光緒二十五年(1899)刻本　一冊　存五卷(一至五)

500000－8725－0000272　289
資治通鑑綱目續編□□卷　(明)陳仁錫評閱　清末刻本　一冊　存一卷(末一卷)

500000－8725－0000273　290
方望溪文鈔六卷　(清)方苞撰　清宣統二年(1910)刻本　三冊　存三卷(一至三)

500000－8725－0000274　291
從政遺規二卷　(清)陳弘謀輯　清咸豐六年(1856)刻本　二冊

500000－8725－0000275　292
增訂畊餘瑣録十二卷　(清)雪樵甫輯　(清)董叔純鑒　清同治八年(1869)刻本　三冊　存六卷(一至二、七至十)

500000－8725－0000276　294
卷施閣文甲集十卷乙集十卷卷施閣詩二十卷　(清)洪亮吉撰　清光緒三年(1877)刻本　九冊　存二十八卷(甲集一至三、乙集一至八、詩集四至二十)

500000－8725－0000277　295
卷施閣文乙集續編不分卷　(清)洪亮吉撰　清光緒五年(1879)刻本　一冊

500000－8725－0000278　296
御選唐宋詩醇四十七卷目錄二卷　(清)高宗弘曆選　清光緒三年(1877)刻本　二十一冊　存四十四卷(一至十七、二十至二十一、二十四至四十七,目錄上)

500000－8725－0000279　297

隨園隨筆二十八卷　(清)袁枚撰　清咸豐八年(1858)刻本　六冊　存十四卷(一至三、七至十二、十五至十六、十九至二十一)

500000－8725－0000280　298

學源堂古文□□卷　(清)吳秉權　(清)吳大職輯　清末刻本　一冊　存二卷(七至八)

500000－8725－0000281　299

文匯堂古文□□卷　(清)吳秉權　(清)吳大職輯　清末刻本　一冊　存二卷(三至四)

500000－8725－0000282　300

六書舊義不分卷　廖平撰　清光緒十三年(1887)刻新訂六譯館本　一冊

500000－8725－0000283　301

古文辭類纂七十四卷　(清)姚鼐撰　清光緒二十年(1894)虛受堂刻本　八冊　存二十卷(五至二十四)

500000－8725－0000284　302

續古文辭類纂三十四卷　王先謙纂　清光緒虛受堂刻本　五冊　存三十卷(五至三十四)

500000－8725－0000285　303

李太白文集三十六卷　(唐)李白撰　(清)王琦輯注　清乾隆二十四年(1759)刻本　六冊　存十四卷(一、四至九、二十三至二十六、三十四至三十六)

500000－8725－0000286　304

李太白全集□□卷　(清)李調元　(清)鄧在珩編訂　清刻本　一冊　存三卷(八至十)

500000－8725－0000287　305

南華真經解内篇六卷外篇□□卷　(清)宣穎撰　清康熙六十年(1721)刻本　六冊　存六卷(内篇一、三至六,外篇三)

500000－8725－0000288　306

漁洋山人精華錄箋注十二卷補一卷　(清)王士禎撰　(清)金榮箋注　(清)徐淮輯　清康熙刻本　五冊　存十二卷(二至十二、補一)

500000－8725－0000289　307

吳詩集覽二十卷吳詩談藪一卷　(清)吳偉業撰　(清)靳榮藩注　清乾隆四十年(1775)凌雲亭刻本　十四冊　存十八卷(三至六上、七下至十五上、十六下至十七、十九至二十,吳詩談藪一)

500000－8725－0000290　308

重訂昭明文選集評十五卷首一卷末一卷　(清)于光華編　清乾隆四十三年(1778)刻本　十冊　存十一卷(四、六、九至十五,首一,末一)

500000－8725－0000291　309

重刊五百家註音辯昌黎先生文集四十卷　(宋)魏仲舉編　清末民初文瑞樓石印本　八冊　存二十六卷(一至四、八至十九、二十六至三十二、三十八至四十)

500000－8725－0000292　310

續廣事類賦三十卷　(清)王鳳喈撰注　清刻本　二冊　存四卷(一至三、十七)

500000－8725－0000293　311

重訂事類賦三十卷　(宋)吳淑撰注　清嘉慶十八年(1813)刻本　四冊　存二十二卷(一至八、十七至三十)

500000－8725－0000294　312

重訂事類賦三十卷　(宋)吳淑撰注　清光緒二年(1876)宏道堂刻本　二冊　存十三卷(一至六、十八至二十四)

500000－8725－0000295　313

事類賦補遺十四卷　(清)張均編撰　清刻本　四冊　存十一卷(一至八、十二至十四)

500000－8725－0000296　314

續廣事類賦三十卷　(清)王鳳喈撰注　清刻本　一冊　存二卷(十七至十八)

500000－8725－0000297　315

續古文辭類纂二十八卷　王先謙纂　清光緒二十一年(1895)金陵狀元閣刻本　八冊　存十八卷(一至八、十二至十五、二十至二十一、二十五至二十八)

500000－8725－0000298　316

古文辭類纂七十五卷　（清）姚鼐纂集　清同治八年（1869）刻本　二册　存四卷（一至四）

500000－8725－0000299　317

古文辭類纂七十五卷校勘記一卷　（清）姚鼐纂集　清光緒刻本　十册　存六十八卷（四至二十六、三十二至七十五，校勘記一）

500000－8725－0000300　318

續古文辭類纂二十八卷　王先謙纂　清刻本　一册　存二卷（九至十）

500000－8725－0000301　319

欽定四書文選　（清）方苞編選　清光緒二年（1876）崇文書局刻本　四册　存八卷（啟禎中庸一、孟子一至三、隆萬大學一、論語一至二、本朝大學一）

500000－8725－0000302　320

李義山詩集三卷附錄諸家詩評一卷李義山詩譜一卷　（唐）李商隱撰　（清）朱鶴齡箋注　清順治十六年（1659）懷德堂刻本　三册

500000－8725－0000303　321

舉業新模八卷首一卷末一卷續舉業新模八卷末一卷　（清）周百順撰　清道光十六年（1836）刻本　一册　存一卷（一）

500000－8725－0000304　322

疊岫樓詩草不分卷　（清）陳景星撰　清末民初鉛印本　三册

500000－8725－0000305　323

文心雕龍十卷　（南朝梁）劉勰撰　（清）黃叔琳注　（清）紀昀評述　清末刻本　四册

500000－8725－0000306　324

欽定四庫全書簡明目錄二十卷首一卷　（清）紀昀等編　清刻本　七册　存十三卷（三至八、十二至十三、十六至二十）

500000－8725－0000307　325

唐宋四家詩鈔□□卷　（唐）杜甫等撰　清刻本　一册　存三卷（四至六）

500000－8725－0000308　326

四書文選　□□卷　（清）方苞選評　清乾隆刻本　六册　存十四卷（啟禎中庸一、孟子一至二、隆萬中庸一、孟子一至二、化治大學一、論語一至二、中庸一、孟子一至二、本朝大學一、論語一）

500000－8725－0000309　327

隨園三十種　（清）袁枚撰　清刻本　十六册　存七種

500000－8725－0000310　328

小倉山房詩集三十一卷補遺一卷附錄一卷　（清）袁枚撰　清刻隨園三十種本　四册　存十八卷（一至十五、二十九至三十一）

500000－8725－0000311　329

小倉山房詩集三十一卷補遺一卷附錄一卷　（清）袁枚撰　清刻隨園三十種本　一册　存五卷（八至十二）

500000－8725－0000312　330

古文辭類纂七十四卷續三十四卷　（清）姚鼐纂集　清光緒二十年（1894）湖南書局刻本　二十五册　存一百〇五卷（一至七十四，續三至六、八至三十四）

500000－8725－0000313　331

重訂廣事類賦四十卷　（清）華希閔撰　清嘉慶十八年（1813）務本堂刻本　七册　存二十九卷（一至十五、十九至二十八、三十七至四十）

500000－8725－0000314　332

重訂廣事類賦四十卷　（清）華希閔撰　清刻本　三册　存二十四卷（十七至四十）

500000－8725－0000315　333

重訂廣事類賦四十卷　（清）華希閔撰　清刻本　三册　存十二卷（四至八、二十一至二十七）

500000－8725－0000316　334

廣廣事類賦四十卷　（清）吳世旃撰　清刻本　三册　存十四卷（七至十三、十七至二十三）

500000－8725－0000317　335
廣廣事類賦四十卷　（清）吳世旃撰　清刻本　一册　存七卷（十九至二十五）

500000－8725－0000318　336
還原引不分卷　（□）□□撰　清道光二十年（1840）刻本　一册

500000－8725－0000319　337
道德經不分卷　（春秋）老聃撰　清光緒十三年（1887）刻本　一册

500000－8725－0000320　338
因明入正理論疏八卷　（唐）釋窺基撰　清光緒二十二年（1896）金陵刻經處刻本　一册　存四卷（五至八）

500000－8725－0000321　339
悟真篇三註三卷外集一卷　（宋）張伯端撰（宋）薛道光等註　清刻本　一册　存三卷（二、三，外集一）

500000－8725－0000322　340
京華百二竹枝詞一卷　（清）憂患生著　清宣統二年（1910）鉛印本　一册

500000－8725－0000323　342
今古學考二卷　廖平述　清光緒十二年（1886）刻本　一册

500000－8725－0000324　343
曉讀書齋雜錄八卷　（清）洪亮吉撰　清光緒三年（1877）授經堂刻本　二册　存三卷（初錄上下，三錄上）

500000－8725－0000325　344
中西新學大全十九卷九十一種　（清）梅文鼎撰　清光緒二十三年（1897）上海鴻文書局石印本　一册　存十種（五星管見、天文要訣、儀銘補注、天元一、句股六術圖解、弧角拾遺、釋算學初集第九種、衍元要義、弧田問率、直積回求）

500000－8725－0000326　345
醫易通說二卷　（清）唐宗海撰　清鉛印本　一册　存一卷（二）

500000－8725－0000327　346
地理正宗十二卷　（清）蔣國　（清）蔣平階輯　清嘉慶十九年（1814）刻本　二册　存三卷（一至三）

500000－8725－0000328　347
宅譜修方卻病□□卷　（清）青江子纂訂（清）汪僋爵編　清刻本　一册　存一卷（五上下）

500000－8725－0000329　348
宅譜指要四卷　（清）魏青江撰　清刻本　一册　存一卷（三）

500000－8725－0000330　349
奇門遁甲統宗十二卷　（三國蜀）諸葛亮撰　清刻本　三册

500000－8725－0000331　350
奇門遁甲秘笈大全□□卷　（明）劉基校訂　清刻本　四册　存十卷（十三至十六、十九至二十四）

500000－8725－0000332　351
時方歌括□□卷　（清）陳念祖撰　清光緒二十七年（1901）倣南雅書屋刻本　一册　存一卷（上）

500000－8725－0000333　352
神農本草經讀四卷附錄一卷　（清）陳念祖撰　清宏道堂刻南雅堂公餘十六種醫學全書本　一册

500000－8725－0000334　353
廣達生編不分卷　（清）冉榮撰　清同治四年（1865）冉氏刻本　一册

500000－8725－0000335　354
新訂王氏羅經透解二卷　（清）王道亨輯　清道光三年（1823）刻本　一册　存一卷（二）

500000－8725－0000336　355
大乘起信論直解二卷　（明）釋德清撰　清光緒三十三年（1907）刻本　一册

500000－8725－0000337　356
感應篇引經箋註一卷　（清）惠棟箋註　清同

治五年(1866)刻本　一册　存一卷

500000－8725－0000338　357

欽定協紀辨方全書三十六卷　(清)胤祿等編　清乾隆六年(1741)刻朱墨套印本　二十四册

500000－8725－0000339　358

袁文箋正十六卷　(清)袁枚撰　(清)石韞玉箋　清刻本　一册　存二卷(九至十)

500000－8725－0000340　359

女四書□□卷　(唐)宋若昭撰　清光緒二年(1876)鄭漢濯刻本　一册　存一卷(下)

500000－8725－0000341　360

韓文玉後八仙圖□□卷　(□)□□撰　清光緒十六年(1890)萬邑三元堂刻本　一册　存一卷(一)

500000－8725－0000342　361

四種遺規□□卷　(清)陳弘謀輯　清咸豐六年(1856)刻本　一册　存一種一卷(訓俗遺規一)

500000－8725－0000343　362

宣講課本不分卷　(清)黄尚毅撰　清光緒三十四年(1908)綿竹縣署刻本　一册

500000－8725－0000344　363

暗室燈二卷附經驗秘方一卷題　(清)深山居士撰　清嘉慶二十年(1815)刻本　一册　存一卷(二)

500000－8725－0000345　364

山海經四卷　(晉)郭璞注　(清)吴志伊注　清咸豐五年(1855)海清樓刻本　一册　存二卷(三至四)

500000－8725－0000346　365

文腋類編十卷　(清)劉燕輯　(清)周岱鑒定　清光緒十四年(1888)三友書室刻本　一册　存二卷(一至二)

500000－8725－0000347　366

巧搭分品不分卷　題(□)鑑子衡氏撰　清道光二十六年(1846)刻本　一册

500000－8725－0000348　367

簡易格致課本四十課　(清)杜亞泉編纂　清光緒三十二年(1906)鉛印本　一册

500000－8725－0000349　368

聖諭像解二十卷　(清)梁延年編輯　清光緒二十九年(1903)石印本　一册　存二卷(一至二)

500000－8725－0000350　369

困學紀聞注二十卷首一卷　(宋)王應麟撰　(清)翁元圻輯注　(清)廖玉湘編　清光緒八年(1882)新都廖氏家塾刻本　八册　存十三卷(一、五、七至十二、十七至二十,首一)

500000－8725－0000351　370

困學紀聞二十卷　(宋)王應麟撰　清長白鄂山潤泉刻本　一册　存二卷(九至十)

500000－8725－0000352　371

日知録三十二卷　(清)顧炎武撰　清長白鄂山潤泉刻本　二册　存六卷(六至八、二十八至三十)

500000－8725－0000353　372

濟陰綱目十四卷目録一卷附保生碎事一卷　(明)武之望輯　(清)汪淇箋　清雍正六年(1728)天德堂刻本　十册

500000－8725－0000354　373

策海□□卷　(□)□□輯　清刻本　十一册　存三十二卷(三至八、十一至十二、二十五至二十六、三十一至三十七、五十二至五十三、六十至七十二)

500000－8725－0000355　374

適軒尺牘八卷　(清)徐菊生撰　(清)孫震咸注　清刻本　一册　存四卷(二至五)

500000－8725－0000356　375

湘綺樓箋啟八卷　王闓運撰　清刻本　一册　存二卷(三至四)

500000－8725－0000357　376

月令粹編　(清)秦嘉謨編　清嘉慶十七年(1812)琳琅仙館刻本　一册　存四卷(十四

至十七)

500000－8725－0000358　377
時務經濟策論統宗二十四卷　題(清)秀湖漁隱等編輯　清末民初石印本　一册　存二卷(七至八)

500000－8725－0000359　378
兩般秋雨盦隨筆八卷　(清)梁紹壬撰　清刻本　一册　存一卷(四)

500000－8725－0000360　379
唐宋八家文讀本三十卷　(清)沈德潛評點　清末民初石印本　一册　存四卷(十九至二十二)

500000－8725－0000361　380
靈樞經十卷　(清)張志聰集註　清光緒三年(1877)刻本　三册　存三卷(一、二、七)

500000－8725－0000362　381
靈樞經十卷　(清)張志聰集註　清光緒三年(1877)刻本　一册　存一卷(一)

500000－8725－0000363　382
朱子原訂近思錄十四卷　(清)江永集註　清刻本　一册　存五卷(四至八)

500000－8725－0000364　383
文公家禮儀節八卷　(明)丘浚撰　清刻本　二册　存五卷(三至七)

500000－8725－0000365　384
朱子古文讀本六卷　(清)周大璋編次　清道光十五年(1835)寶研齋刻本　二册　存二卷(一至二)

500000－8725－0000366　386
批點聊齋志異□□卷　(清)蒲松齡撰　(清)王士正評　(清)何守奇批點　清刻本　二册　存二卷(三、九)

500000－8725－0000367　387
洞天奥旨十六卷　(清)陳士鐸撰　(清)陶式玉評　清乾隆五十五年(1790)陳鳳輝刻本　一册　存四卷(一至四)

500000－8725－0000368　388
天地歌括啓蒙第一書不分卷　(清)葉瀚　(清)葉瀾撰　(清)葉思孝補注　清光緒二十四年(1898)葉子義鴻章堂刻本　一册

500000－8725－0000369　389
聲律啓蒙撮要二卷　(清)車萬育撰　(清)夏大觀箋　(清)聶銑敏對校　清刻本　二册

500000－8725－0000370　390
聲律啓蒙撮要□□卷　(清)車萬育撰　清刻本　一册　存一卷(二)

500000－8725－0000371　391
增訂音義聲律啓蒙撮要□□卷　(清)車萬育撰　清刻本　一册　存一卷(下)

500000－8725－0000372　392
御纂醫宗金鑑全書九十卷首一卷　(清)吴謙等纂　清光緒二十九年(1903)上海經香閣石印本　十六册

500000－8725－0000373　393
讀史兵略四十六卷　(清)胡林翼撰　清麗峰書屋刻本　五册　存十四卷(八至二十一)

500000－8725－0000374　394
醫門法律六卷寓意草一卷尚論篇四卷首一卷尚論後篇四卷　(清)喻昌撰　清光緒二十六年(1900)校經山房石印本　六册

500000－8725－0000375　395
御纂醫宗金鑑全書九十卷首一卷　(清)吴謙等纂修　清末民初石印本　一册　存十二卷(十八至二十九)

500000－8725－0000376　396
更生齋詩集八卷　(清)洪亮吉撰　清乾隆嘉慶刻洪北江全集本　四册

500000－8725－0000377　397
西堂全集十七種六十一卷　(清)尤侗撰　清康熙刻本(有補配)　七册　存十七卷(西堂雜俎一集一至二、四至六,二集三至四、七至八,三集七至八,小草一,論語詩一,右北平集一,述祖詩一,于京集一至二)

500000－8725－0000378　398

分類詩腋八卷　(清)李楨編　清嘉慶二十二年(1817)刻本　一册　存五卷(一至五)

500000－8725－0000379　399

韻府約編二十四卷　(清)鄧愷輯　清刻本　二册　存二卷(二、七)

500000－8725－0000380　400

評選古詩源十六卷　(清)沈德潛選　清末民初石印本　一册　存四卷(四至七)

500000－8725－0000381　401

楚辭十卷　(戰國)屈原撰　(清)胡濬源增注　清嘉慶二十五年(1820)刻本　一册　存七卷(四至十)

500000－8725－0000382　402

詩學含英十四卷　(清)劉文蔚輯　清乾隆三十七年(1772)刻本　一册

500000－8725－0000383　403

新政應試必讀□□卷　(清)劉善涵撰　清末民初石印本　六册　存四卷(一下、二下、三下、六)

500000－8725－0000384　404

九響毛瑟鎗分類圖説一卷　(清)柴作舟撰　清光緒二十九年(1903)刻本　一册

500000－8725－0000385　405

制義靈樞二編不分卷　(清)周銘恩撰　清光緒刻本　一册

500000－8725－0000386　406

古唐詩合解四卷　(清)王堯衢注　清刻本　二册

500000－8725－0000387　407

古唐詩合解四卷　(清)王堯衢注　清刻本　一册　存二卷(一至二)

500000－8725－0000388　408

古唐詩合解十二卷　(清)王堯衢注　清刻本　三册　存六卷(一至六)

500000－8725－0000389　409

古唐詩合解四卷　(清)王堯衢注　清刻本　一册

500000－8725－0000390　410

古唐詩合解四卷　(清)王堯衢注　清刻本　一册　存三卷(二至四)

500000－8725－0000391　411

古唐詩合解十二卷　(清)王堯衢注　清刻本　一册　存二卷(三至四)

500000－8725－0000392　412

古唐詩合解十二卷　(清)王堯衢注　清刻本　一册　存二卷(三至四)

500000－8725－0000393　413

古唐詩合解十二卷　(清)王堯衢注　清刻本　二册　存五卷(一至三、十一至十二)

500000－8725－0000394　414

唐詩合解十二卷　(清)王堯衢注　清刻本　一册　存二卷(八至九)

500000－8725－0000395　415

唐詩合解十二卷　(清)王堯衢注　清刻本　一册　存二卷(九至十)

500000－8725－0000396　416

宏文堂唐詩合解十二卷　(清)王堯衢注　清刻本　二册　存七卷(一至四、十至十二)

500000－8725－0000397　417

古詩合解四卷　(清)王堯衢注　清末民初上海廣益書局石印本　一册　存二卷(一至二)

500000－8725－0000398　418

古文析義六卷古文析義二編八卷　(清)林雲銘評注　清康熙二十一年至二十六年(1682－1687)刻本　十册　存十卷(古文析義一至三、五,古文析義二編一至五、八)

500000－8725－0000399　419

海國尚友錄八卷　(清)吳佐清輯　清光緒二十九年(1903)成都鉛印本　一册　存二卷(一至二)

500000－8725－0000400　420

史漢合鈔十卷　(清)高梅亭集評　清乾隆五十三年(1788)郁文堂刻本　五册　存六卷(史記鈔一、三,前漢書鈔二至四,後漢書鈔下)

500000－8725－0000401　421
史記鈔四卷　(清)高梅亭集評　清乾隆五十三年(1788)郁文堂刻史漢合鈔本　二冊　存二卷(一、三)

500000－8725－0000402　422
盛世危言全編十四卷　(清)鄭觀應撰　清光緒二十一年(1895)刻本　七冊

500000－8725－0000403　423
盛世危言五卷　(清)鄭觀應撰　清光緒二十年(1894)刻本　四冊　存四卷(一、三至五)

500000－8725－0000404　424
核訂現行刑律不分卷　(清)奕劻　沈家本編　清宣統元年(1909)鉛印本　一冊

500000－8725－0000405　425
南史八十卷　(唐)李延壽撰　清刻本　六冊　存二十九卷(四至十三、四十一至四十六、五十三至五十七、六十四至七十一)

500000－8725－0000406　426
廿一史約編不分卷　(清)鄭元慶撰　清刻本　二冊　存四種(後編、遼、宋、五代史)

500000－8725－0000407　427
法律名辭通釋十卷　(清)劉天佑編　清光緒三十四年(1908)刻本　一冊　存一卷(一)

500000－8725－0000408　428
大清律例新增統纂集成四十卷附洗冤錄　(清)姚潤纂輯　(清)沈之奇注　清刻本　十三冊　存二十三卷(一至四、六至十一、十四至十七、二十五至二十八、三十一至三十四、四十)

500000－8725－0000409　429
大清律例新增統纂集成四十卷附洗冤錄　(清)姚潤纂輯　(清)沈之奇注　清刻本　十一冊　存十九卷(四、六至十、十三至十五、二十至二十五、三十一至三十二、三十六至三十七)

500000－8725－0000410　430
牧令書二十三卷　(清)徐棟輯　清同治四年(1865)刻本　十三冊　存十四卷(一至二、九、十一至二十一)

500000－8725－0000411　431
國語二十一卷　(三國吳)韋昭解　(宋)宋庠補音　清同治九年(1870)經綸堂刻本　二冊　存九卷(一至四、十至十四)

500000－8725－0000412　432
戰國策三十三卷　(漢)高誘注　清刻本　一冊　存一卷(四)

500000－8725－0000413　433
大清律例集解四十卷　(清)沈之奇注　(清)姚潤纂輯　(清)胡煕等增輯　清道光八年(1828)刻本　十五冊　存二十二卷(二、五至八、十六至二十四、二十六、二十九至三十二、三十五至三十七)

500000－8725－0000414　434
讀通鑑論三十卷　(清)王夫之撰　清光緒二十四年(1898)慎記書莊石印本　七冊

500000－8725－0000415　435
資治通鑑外紀十卷目錄五卷　(宋)劉恕編集　清末刻本　八冊　存十三卷(一至二、四、六至十,目錄一至五)

500000－8725－0000416　436
北史一百卷　(唐)李延壽撰　清刻本　八冊　存四十卷(十七至二十五、五十二至七十四、八十一至八十八)

500000－8725－0000417　437
二十四史約編不分卷　(清)鄭元慶撰　清末刻本　五冊

500000－8725－0000418　438
西學通攷三十六卷　(清)胡兆鸞輯　清刻本　二冊　存六卷(二十至二十二、三十一至三十三)

500000－8725－0000419　439
西學通攷三十六卷　(清)胡兆鸞輯　清光緒二十七年(1901)上海書局石印本　二冊　存四卷(一至二、二十四至二十五)

500000－8725－0000420　440

歷代名儒傳八卷首一卷　(清)朱軾等編纂　清同治三年(1864)刻本　一册　存二卷(一、首一)

500000－8725－0000421　441

東萊博議四卷　(宋)吕祖謙撰　(清)張文炳評點　清刻本　一册　存一卷(三)

500000－8725－0000422　442

史記菁華録六卷　(清)姚苧田編　清刻本　一册　存一卷(三)

500000－8725－0000423　443

節本泰西新史攬要八卷　(英國)李提摩太譯　(清)周慶雲輯　清光緒二十八年(1902)上海書局石印西學新政叢書本　一册

500000－8725－0000424　444

太西教育史二篇九章　(日本)能勢榮撰　葉瀚譯　清光緒二十七年(1901)金粟齋刻本　一册　存六章(上篇一至六)

500000－8725－0000425　445

新刊通鑑輯要□□卷　(□)□□輯　清末刻本　二册　存二卷(十三、二十八)

500000－8725－0000426　446

[嘉慶]内江縣志五十四卷　(清)羅文黻纂　清嘉慶四年(1799)修嘉慶刻本　一册　存二卷(八至九)

500000－8725－0000427　447

[嘉慶]成都縣志六卷首一卷　(清)王泰雲等纂修　清嘉慶二十一年(1816)刻本　二册　存二卷(二、六)

500000－8725－0000428　448

綱鑑擇語十卷　(清)司徒修撰　清刻本　一册　存二卷(七至八)

500000－8725－0000429　449

史記一百三十卷　(漢)司馬遷撰　清刻本　二册　存二卷(二、四)

500000－8725－0000430　450

節本泰西新史攬要八卷　(英國)李提摩太譯　(清)周慶雲節錄　清光緒三十年(1904)西溪書局刻本　一册　存四卷(一至四)

500000－8725－0000431　451

節本泰西新史攬要八卷　(英國)李提摩太譯　(清)周慶雲節錄　清刻本　一册　存三卷(四至六)

500000－8725－0000432　452

史傳三編初續不分卷　題(清)天眉編　清光緒二十九年(1903)鉛印本　三册

500000－8725－0000433　453

東萊博議四卷　(宋)吕祖謙撰　(清)孫執升評選　清末刻本　一册　存一卷(一)

500000－8725－0000434　454

增批輯註東萊博議四卷　(宋)吕祖謙撰　清宣統三年(1911)上海會文堂書局石印本　二册　存二卷(二、四)

500000－8725－0000435　455

東萊博議四卷　(宋)吕祖謙撰　(清)何稷坰評定　清光緒二十四年(1898)銀杏山房刻本　四册

500000－8725－0000436　456

增批東萊博議四卷附虚字註釋六卷　(宋)吕祖謙撰　(清)孫執升　(清)張明德評選　清光緒二十四年(1898)古果祥順書坊刻本　四册　存十卷

500000－8725－0000437　457

歸方評點史記合筆六卷附例意　(清)王拯撰　清光緒元年(1875)錦城節署刻本　四册

500000－8725－0000438　458

[光緒]秀山縣志十四卷首一卷　(清)王壽松纂修　清光緒十七年(1891)刻本　三册　存九卷(一至九)

500000－8725－0000439　459

通鑑釋文辯誤十二卷　(元)胡三省撰　清刻本　三册　存九卷(一至九)

500000－8725－0000440　460

讀通鑑論十六卷附宋論十五卷　(清)王夫之

撰　清光緒三十年(1904)上海商務印書館鉛印本　四冊　存八卷(讀通鑑論一至二、五至八、十一至十二)

500000－8725－0000441　461
聖武記十四卷　(清)魏源撰　清末刻本　九冊　存十三卷(一至六、八至十四)

500000－8725－0000442　462
通鑑總論一卷　(明)諸燮輯　清刻本　一冊　存一卷(下)

500000－8725－0000443　463
司馬温公通鑑論不分卷　(宋)司馬光撰　清刻本　一冊

500000－8725－0000444　464
讀通鑑論三十卷　(清)王夫之撰　清光緒二十四年(1898)慎記書莊石印本　一冊　存四卷(七至十)

500000－8725－0000445　465
讀通鑑論三十卷　(清)王夫之撰　清光緒二十七年(1901)簡青齋書局石印本　三冊　存十六卷(一至十一、二十一至二十五)

500000－8725－0000446　466
宋論十五卷　(清)王夫之撰　清光緒二十七年(1901)簡青書局石印本　一冊　存六卷(一至六)

500000－8725－0000447　467
欽定學政全書八十六卷首一卷　(清)童璜編纂　清刻本　十九冊　存八十二卷(一至四十二、四十八至八十六,首一)

500000－8725－0000448　468
三國志六十五卷目錄考證一卷　(晉)陳壽撰　(南朝宋)裴松之注　清刻本　八冊　存三十一卷(魏志一至三、七至十三、十八至三十,吳志一至八)

500000－8725－0000449　469
聖武記十四卷　(清)魏源譔　清末刻本　四冊　存八卷(二至六、十一至十三)

500000－8725－0000450　470
聖武記十四卷　(清)魏源譔　清末刻本　六冊　存七卷(一至五、八、十)

500000－8725－0000451　471
涪雅堂詩草二卷　(清)吳朝品撰　清末刻本　一冊　存一卷(一)

500000－8725－0000452　472
從政遺規二卷　(清)陳弘謀編輯　清刻本　一冊　存一卷(下)

500000－8725－0000453　473
北江詩話六卷　(清)洪亮吉撰　清光緒三年(1877)授經堂刻本　一冊　存六卷

500000－8725－0000454　474
勸學篇二卷　(清)張之洞撰　清光緒二十四年(1898)刻本　一冊

500000－8725－0000455　475
豹皮詩集□□卷　(清)秦鍾嶽撰　清光緒末刻本　一冊　存一卷(下)

500000－8725－0000456　480
王船山經史論八種　(清)王夫之譔　清光緒二十五年(1899)慎記書莊石印本　六冊　存五種(續春秋左氏傳博議上下、宋論一至十四、詩廣傳一至五、尚書引義一至六、春秋世論一至五)

500000－8725－0000457　481
七家詩詳註七卷　(清)張熙宇評選　(清)石暉甲箋註　清光緒二十三年(1897)二酉山房刻本　二冊　存二卷(一、五)

500000－8725－0000458　482
七家詩選七卷　(清)張熙宇輯評　清光緒十六年(1890)刻本　一冊　存三卷(一至三)

500000－8725－0000459　483
七家詩選七卷　(清)張熙宇輯評　清末刻本　一冊　存二卷(四至五)

500000－8725－0000460　484
皇朝經世文編一百二十卷　(清)賀長齡輯　清光緒石印本　三冊　存十五卷(十一至十五、三十一至三十五、六十六至七十)

500000－8725－0000461　485

皇朝經世文續編一百二十卷　(清)葛士濬輯　清光緒刻本　二十五册　存一百〇五卷(一、四至十、十五至二十三、二十七至四十九、五十二至七十三、七十六至七十七、七十九至八十二、八十四至一百二十)

500000－8725－0000462　486

皇朝經世文編一百二十卷　(清)賀長齡輯　(清)魏源編次　清光緒刻本　一册　存一卷(五十八)

500000－8725－0000463　487

皇朝經世文續編一百二十卷　(清)葛士濬輯　清光緒二十四年(1898)慎記書莊石印本　十七册　存八十五卷(一至五、二十五至三十九、五十六至一百二十)

500000－8725－0000464　488

憑山閣增輯留青新集三十卷　(清)陳枚選　(清)陳德裕增輯　清刻本　二册　存二卷(十四、二十四)

500000－8725－0000465　489

經濟文章三卷　(清)顧炎武等撰　(清)亦可齋主人編　清光緒刻本　一册　存一卷(一)

500000－8725－0000466　490

八代詩選二十卷　王闓運撰　清光緒刻本　一册　存四卷(五至八)

500000－8725－0000467　491

劍南詩鈔不分卷　(宋)陸游撰　(清)楊大鶴選　清刻本　四册

500000－8725－0000468　492

重訂古文釋義新編八卷　(清)余誠評注　清末石印本　一册　存三卷(一至三)

500000－8725－0000469　493

大文堂重訂古文釋義新編八卷　(清)余誠評注　清刻本　五册　存七卷(一至五、七至八)

500000－8725－0000470　494

安定堂重訂古文釋義新編八卷　(清)余誠評注　清刻本　一册　存一卷(四)

500000－8725－0000471　495

皇朝經世文續新編三十卷　(清)儲桂山輯　清末石印本　十一册　存二十六卷(一至二十一、二十六至三十)

500000－8725－0000472　496

駢體文鈔三十一卷　(清)李兆洛編選　清刻本　三册　存八卷(十七至十九、二十一至二十五)

500000－8725－0000473　497

古文辭類纂七十五卷　(清)姚鼐纂集　清刻本　一册　存五卷(六至十)

500000－8725－0000474　498

古文辭類纂七十五卷　(清)姚鼐纂集　清光緒十九年(1893)刻本　一册　存二卷(一至二)

500000－8725－0000475　499

古文辭類纂七十五卷　(清)姚鼐纂集　清刻本　一册　存七卷(三十五至四十一)

500000－8725－0000476　500

帶經堂詩話三十卷首一卷　(清)王士禛撰　清刻本　三册　存八卷(十至十七)

500000－8725－0000477　501

增像全圖三國演義十六卷　(明)羅貫中撰　清石印本　一册　存二卷(十一至十二)

500000－8725－0000478　502

舉業墨模全集□□卷　(清)周百順編　清道光十五年(1835)四友堂刻本　二册　存十一卷(前模一至五、新模五續一至六)

500000－8725－0000479　503

桐雲閣試帖輯註二卷　(清)楊庚撰　(清)張熙宇輯評　(清)王植桂輯註　清刻本　一册　存一卷(上)

500000－8725－0000480　504

船山詩草二十卷　(清)張問陶撰　清刻本　一册　存四卷(七至十)

500000－8725－0000481　505

香屑集十八卷首一卷末一卷 (清)黄之雋撰 (清)陳邦直校注 清刻本 一册 存六卷(一至五、首一)

500000－8725－0000482 506
訓俗遺規四卷 (清)陳弘謀輯 清刻本 二册 存二卷(二至三)

500000－8725－0000483 507
養正遺規二卷補編一卷 (清)陳弘謀輯 清咸豐六年(1856)萬縣公樂堂刻本 一册

500000－8725－0000484 508
新鍥葛稚川内篇四卷外篇四卷 (晉)葛洪撰 清刻本 五册 存五卷(内篇二至三,外篇一至二、四)

500000－8725－0000485 509
更生齋文甲集四卷乙集四卷詩集八卷詩餘二卷 (清)洪亮吉撰 清光緒三年(1877)授經堂刻本 二册 存六卷(文甲集一至四、詩餘一至二)

500000－8725－0000486 510
文選六十卷考異十卷 (南朝梁)蕭統 (唐)李善注 清湖北崇文書局刻本 二十一册 存三十八卷(文選一至十三、十七至三十九、四十二至四十三、四十六至五十、五十六至六十)

500000－8725－0000487 511
文選六十卷 (南朝梁)蕭統編 (唐)李善注 清刻本 十三册 存四十一卷(三至十二、十六至十八、二十二至二十四、二十八至四十、四十四至四十六、五十至五十八)

500000－8725－0000488 512
文選六十卷 (南朝梁)蕭統編 (唐)李善注 (清)葉樹藩參訂 清光緒元年(1875)尊經書院刻本 九册 存五十三卷(一至十、十八至六十)

500000－8725－0000489 513
文選六十卷考異十卷 (南朝梁)蕭統編 (唐)李善注 清湖北崇文書局刻本 二十五册 存六十卷(文選一至六十)

500000－8725－0000490 514
文選六十卷 (南朝梁)蕭統編 (唐)李善注 清光緒元年(1875)尊經書院刻本 十册 存四十九卷(一至二十三、二十九至五十四)

500000－8725－0000491 515
重訂文選集評十五卷 (清)于光華編 清刻本 六册 存六卷(一、三、十、十二、十四至十五)

500000－8725－0000492 516
中庸□□卷 (□)□□撰 清末刻本 一册 存三卷(一至三)

500000－8725－0000493 517
師範講義四章 (清)馬毓福等編 清光緒三十年(1904)石印本 一册

500000－8725－0000494 518
館課賦鈔□□卷 (清)吳鐘駿等輯 清刻本 一册 存一卷(八)

500000－8725－0000495 519
四聲切韻表一卷附校刊記 一卷 (清)江永編 清刻本 一册

500000－8725－0000496 520
湘綺樓自定本十四卷 王闓運撰 清刻本 一册 存四卷(一至四)

500000－8725－0000497 521
文選六十卷 (南朝梁)蕭統編 (唐)李善注 清刻本 二册 存十卷(二十六至三十、三十六至四十)

500000－8725－0000498 522
文選六十卷 (南朝梁)蕭統編 (唐)李善注 清刻本 四册 存三十三卷(八至十六、二十三至三十八、四十七至五十四)

500000－8725－0000499 523
重訂文選集評十五卷 (清)于光華編 清刻本 三册 存三卷(九至十、十二)

500000－8725－0000500 524
七言今體詩鈔九卷 (清)姚鼐輯 清刻本 一册

500000－8725－0000501　525
唐詩三百首不分卷　題(清)蘅塘退士編　清崇文堂刻本　二册

500000－8725－0000502　526
尊經書院初集十二卷　王闓運撰　清光緒刻本　十册　存十卷(二、四至十二)

500000－8725－0000503　527
彙纂詩法度鍼三十三卷　(清)徐文弼增釋　清刻本　六册　存三十卷(二至二十九、三十二至三十三)

500000－8725－0000504　528
彙纂詩法度鍼三十三卷　(清)徐文弼增釋　清刻本　一册　存七卷(四至十)

500000－8725－0000505　529
文選考異十卷　(清)胡克家撰　清同治八年(1869)湖北崇文書局刻本　六册

500000－8725－0000506　530
文選考異十卷　(清)胡克家撰　清同治八年(1869)湖北崇文書局刻本　四册

500000－8725－0000507　531
文選考異十卷　(清)胡克家撰　清同治八年(1869)湖北崇文書局刻本　三册　存七卷(一至四、八至十)

500000－8725－0000508　533
國朝先正事略六十卷　(清)李元度撰　清刻本　五册　存十五卷(十四至十六、二十二至二十三、二十六至二十七、三十二至三十四、三十八至四十二)

500000－8725－0000509　534
學案小識十四卷首一卷末一卷　(清)唐鑑輯　清光緒十年(1884)黄膺刻本　六册　存十卷(一至五、十二至十四,首一,末一)

500000－8725－0000510　535
庾子山集十六卷年譜一卷　(北周)庾信撰　(清)倪璠編注　清刻本　十二册

500000－8725－0000511　536
庾子山集十六卷　(北周)庾信撰　(清)倪璠注釋　清刻本　八册　存十一卷(一至六、十至十二、十四至十五)

500000－8725－0000512　537
庾子山集十六卷　(北周)庾信撰　(清)倪璠注釋　清刻本　七册　存十卷(一、四、九至十六)

500000－8725－0000513　538
簡易明經通譜不分卷　(清)□□撰　清宣統二年(1910)北京琉璃廠刻本　三册

500000－8725－0000514　539
小題正鵠初集不分卷二集不分卷三集不分卷　(清)李元度輯　清同治十二年(1873)刻本　四册

500000－8725－0000515　540
唐詩三百首續選一卷　(清)于慶元編　清經濟堂刻本　一册

500000－8725－0000516　541
唐詩三百首續選一卷姓氏小傳一卷　(清)于慶元編　清道光十四年(1834)宏道堂刻本　一册

500000－8725－0000517　542
唐詩三百首續選不分卷　(清)于慶元編　清刻本　一册

500000－8725－0000518　543
唐詩三百首註釋六卷　題(清)蘅塘退士編　(清)章燮註　清光緒十三年(1887)經濟堂刻本　二册　存三卷(一、五至六)

500000－8725－0000519　544
唐詩三百首註釋六卷　題(清)蘅塘退士編　(清)章燮註　清宏道堂刻本　二册　存三卷(四至六)

500000－8725－0000520　545
唐詩三百首註疏六卷　題(清)蘅塘退士編　(清)章燮註　清刻本　二册　存四卷(三至六)

500000－8725－0000521　546
蘇詩全集百五十卷　(清)李調元校定　清刻

本　一册　存八卷(三十三至四十)

500000－8725－0000522　547

附鮚軒詩集八卷　(清)洪亮吉撰　清光緒二十九年(1903)刻本　二册

500000－8725－0000523　548

曾文正公家書十卷　(清)曾國藩撰　清末鉛印本　一册　存一卷(四)

500000－8725－0000524　549

御選唐宋文醇五十八卷　(清)高宗弘曆選　清刻本　十七册　存三十一卷(一、四至十六、二十至二十三、二十六至三十一、三十五至三十六、四十至四十二、四十五至四十六)

500000－8725－0000525　550

御選唐宋文醇五十八卷　(清)高宗弘曆選　清刻本　一册　存四卷(三十二至三十五)

500000－8725－0000526　551

漁洋山人古詩選五言詩十七卷七言詩十五卷　(清)王士禎選　清同治七年(1868)湘鄉曾氏刻本　五册

500000－8725－0000527　552

鏡滄軒詩草四卷雜詠補遺六卷首一卷　(□)□□撰　清光緒二年(1876)木活字印本　四册　存十卷(詩草一至四、雜詠補遺一至六)

500000－8725－0000528　553

唐詩合選詳解十二卷　(清)劉文蔚註釋　清刻本　四册　存九卷(二至八、十一至十二)

500000－8725－0000529　554

隨園續同人集十四類　(清)袁枚輯　清末刻隨園三十種本　四册　存六類(過訪類、投贈類、題圖類、送行留别類、慶賀類、文類)

500000－8725－0000530　555

楹聯叢話五種　(清)梁章鉅輯　清道光二十年(1840)刻本　五册　存十四卷(叢話一至十二、續話一至二)

500000－8725－0000531　556

來瞿唐先生日録内篇六卷外篇七卷　(明)來知德撰　清咸豐元年(1851)刻本　九册　存八卷(内篇一至五,外篇一、三、五)

500000－8725－0000532　557

唐陸宣公集二十二卷　(唐)陸贄撰　清光緒三年(1877)刻本　六册　存二十二卷

500000－8725－0000533　558

錦江時務課藝不分卷　(清)洪子英等撰　清刻本　二册

500000－8725－0000534　559

國朝駢體正宗十二卷　(清)曾燠輯　清同治十三年(1874)刻本　六册

500000－8725－0000535　560

柳文四十三卷别集二卷外集二卷附録一卷　(唐)劉禹錫編　(宋)穆脩訂　清刻本　六册　存三十五卷(一至五、十三至三十二、三十九至四十三,别集一至二,外集一至二,附録一)

500000－8725－0000536　561

百子金丹十卷　(明)郭偉選　(明)郭中吉編　清刻本　三册　存三卷(二、五、十)

500000－8725－0000537　562

唐陸宣公集二十二卷　(唐)陸贄撰　清刻本　四册　存十六卷(一至十六)

500000－8725－0000538　563

左繡三十卷首一卷　(清)馮李驊　(清)陸浩評輯　清康熙五十九年(1720)刻本(有補配)　十六册

500000－8725－0000539　564

左繡三十卷首一卷　(清)馮李驊　(清)陸浩評輯　清刻本(有補配)　十一册　存二十七卷(二至三、五至二十九)

500000－8725－0000540　565

左繡三十卷首一卷　(清)馮李驊　(清)陸浩評輯　清刻本(有補配)　七册　存十四卷(八至九、十三、十六至十七、二十至二十八)

500000－8725－0000541　566

左繡三十卷首一卷　(清)馮李驊　(清)陸浩評輯　清刻本(有補配)　十册　存十七卷

（五、八至九、十二至二十五）

500000－8725－0000542　567

左繡三十卷首一卷　（清）馮李驊　（清）陸浩評輯　清刻本　一冊　存一卷（十六）

500000－8725－0000543　568

新纂氏族箋釋八卷　（清）熊峻運撰　（清）楊煌義編　清刻本　三冊

500000－8725－0000544　569

寄傲山房塾課新增幼學故事瓊林四卷首一卷　（清）程允升撰　（清）鄒聖脈增補　清刻本　二冊　存二卷（一、四）

500000－8725－0000545　570

寄傲山房塾課新增幼學故事瓊林四卷首一卷　（清）程允升撰　（清）鄒聖脈增補　清刻本　四冊

500000－8725－0000546　571

新增幼學故事瓊林四卷　（清）程允升撰　（清）鄒聖脈增補　清古香閣刻本　一冊　存一卷（四）

500000－8725－0000547　572

新增繪圖幼學故事瓊林四卷　（清）程允升撰　（清）鄒聖脈增補　清上海章福記石印本　一冊　存一卷（四）

500000－8725－0000548　573

八銘塾鈔初集不分卷二集不分卷　（清）吳懋政編　清刻朱墨套印本　七冊　存二集（初集四冊、二集三冊）

500000－8725－0000549　574

八銘塾鈔初集不分卷二集不分卷　（清）吳懋政編　清刻本　二冊

500000－8725－0000550　575

易經備旨圖攷大全六卷　（清）黄九石撰　清乾隆五十五年（1790）刻本　三冊　存三卷（一、三至四）

500000－8725－0000551　576

新鐫徐氏家藏羅經頂門針二卷鄙言一卷簡易圖解一卷　（明）徐之鏌撰　清刻本　一冊　存三卷（一至二、鄙言一）

500000－8725－0000552　532

韓詩外傳十卷附校註拾遺一卷補逸一卷　（漢）韓嬰撰　清刻本　二冊　存五卷（六至十）

500000－8725－0000553　7

詩韻集成題攷合刻十卷首一卷　（清）余春亭輯　題（清）一適主人編次　清光緒十四年（1888）古香閣刻本　二冊　存五卷（一至二、九至十，首一）

500000－8725－0000554　9

小學集註□□卷　清刻本　一冊　存一卷（五）

500000－8725－0000555　13

説文解字十五卷　（漢）許慎撰　清刻本　一冊　存二卷（三至四）

500000－8725－0000556　24

爾雅三卷　（晉）郭璞注　清光緒十二年（1886）刻本　二冊

500000－8725－0000557　22

爾雅旁訓□□卷　（晉）郭璞注　清咸豐三年（1853）竹橋齋刻本　一冊　存四卷（一至四）

500000－8725－0000558　20

説文解字部首十四章　（漢）許慎撰　清光緒刻本　一冊

重慶市長壽區圖書館古籍普查登記目録

全國古籍普查登記目録

國家圖書館出版社
National Library of China Publishing House

500000－8726－0000001　001
三通序不分卷　（清）蔣德鈞輯　清刻本　三冊

500000－8726－0000002　002
奉聖回劫二卷首一卷末一卷　（清）鄧厚菴撰　清同治刻本　一冊

500000－8726－0000003　003
周禮精華六卷首一卷　（清）陳龍標輯　清刻本　六冊

500000－8726－0000004　004
金匱要畧淺注十卷　（漢）張仲景撰　（清）陳念祖集注　清光緒三十三年（1907）巴蜀善成堂刻本　四冊

500000－8726－0000005　005
高等學堂章程一卷　（清）張百熙等輯　清光緒三十年（1904）成都官報書局鉛印本　一冊

500000－8726－0000006　006
學務綱要一卷　（清）張百熙等輯　清光緒三十年（1904）成都官報書局鉛印本　一冊

500000－8726－0000007　007
濟陰綱目十四卷　（明）武之望撰　（清）汪淇箋釋　**附保嬰經驗方一卷**　（清）汪淇撰　清天德堂宏道堂刻本　八冊

500000－8726－0000008　008
嘉祐集二十卷　（宋）蘇洵撰　清道光十二年（1832）刻三蘇全集本　二冊　存九卷（一至九）

500000－8726－0000009　009
斜川集六卷　（宋）蘇過撰　清道光十二年（1832）刻三蘇全集本　一冊　存二卷（三至四）

500000－8726－0000010　010
書經精華十卷　（清）王巨源編　清古香閣刻本　三冊　存七卷（一至七）

500000－8726－0000011　011
東坡集八十四卷目錄一卷　（宋）蘇軾撰　清道光十二年（1832）眉州刻三蘇全集本　三十四冊　存五十九卷（一、四至八、十至十二、十五至十七、十九至四十一、四十四至五十一、五十六至五十九、六十二至七十、八十三至八十四，目錄一）

500000－8726－0000012　012
欒城集四十八卷目錄二卷後集二十四卷三集十卷應詔集十二卷　（宋）蘇轍撰　清道光十二年（1832）眉州刻三蘇全集本　十八冊　存七十四卷（一至三、八至二十四、三十一至三十三、四十二至四十四，目錄一至二，後集一至二十四，第三集一至十，應詔集一至十二）

500000－8726－0000013　013
無量壽經優婆提舍願生偈一卷注解二卷　（北魏）釋菩提留支譯　（北魏）釋曇鸞注解　**略論安樂淨土義一卷**　（北魏）釋曇鸞撰　**讚阿彌陀佛偈一卷**　（北魏）釋曇鸞撰　清光緒十九年（1893）金陵刻經處刻本　一冊

500000－8726－0000015　014
法華龍女成佛權實義一卷　（宋）釋源清撰　清光緒二十三年（1897）金陵刻經處刻本　一冊

500000－8726－0000014　014
法華經安樂行義一卷　（南朝陳）釋慧思撰　清光緒三年（1877）江北刻經處刻本　一冊

500000－8726－0000016　015
醫學實在易八卷　（清）陳念祖撰　清刻本　三冊

500000－8726－0000017　016
尚論篇□□卷　（清）喻昌撰　清刻本　一冊　存一卷（一）

500000－8726－0000018　017
張仲景傷寒論原文淺注六卷　（清）陳念祖集注　清光緒三十三年（1907）善成堂刻本　二冊　存四卷（一至四）

500000－8726－0000019　018
鼎鍥幼幼集成六卷　（清）陳復正輯　清刻本　四冊　存四卷（三至六）

500000－8726－0000020　019
五種遺規　(清)陳弘謀編　清光緒三十二年(1906)維新書局刻本　三冊　存三種(訓俗遺規摘鈔一至二、在官法戒録遺規三至四、從政遺規摘鈔下)

500000－8726－0000021　021
康熙字典十二集　(清)張玉書等撰　清刻本　二十一冊　存十集(丑中下、寅上下、卯上、辰中、午上下、未中下、申中下、酉上中下、戌上中下、亥上中下)

500000－8726－0000022　022
康熙字典十二集等韻一卷補遺一卷　(清)張玉書等撰　清刻本　二十八冊　存十二集二卷(子中下、丑上中下、寅上中下、卯上、辰上、巳下、午中、未中下、申上中下、酉上中下、戌上中下、亥上中下,等韻一,補遺一)

500000－8726－0000023　023
新刊瑯琊王世貞先生編纂古本歷史大方綱鑑補三十九卷　(明)王世貞編　清刻本　三十二冊　存三十五卷(二、六至三十九)

500000－8726－0000024　024
御撰資治通鑑綱目三編二十卷　(清)張廷玉等　(清)王汾等輯　清刻本　四冊

500000－8726－0000025　025
靈樞經十卷　(清)張志聰集注　清刻本　十三冊

500000－8726－0000026　026
黄帝内經素問九卷　(清)張志聰集注　清光緒三年(1877)刻本　十冊　存八卷(一至二、四至九)

500000－8726－0000027　027
靈素提要淺注十二卷　(清)陳念祖集注　清光緒三十三年(1907)巴蜀善成堂刻本　一冊　存四卷(一至四)

500000－8726－0000028　028
歷代帝王法帖釋文十卷　(清)徐朝弼集釋　清嘉慶十七年(1812)刻本　一冊

500000－8726－0000029　029
古文快筆貫通解四卷　(清)杭永年解　清刻本　一冊　存一卷(四)

500000－8726－0000030　030
船山詩草二十卷補遺六卷　(清)張問陶編　清刻本　三冊　存十二卷(一至六、補遺一至六)

500000－8726－0000031　031
四書説約三十三卷　(明)鹿善繼撰　清刻本　一冊　存一卷(一)

500000－8726－0000032　032
古詩源十四卷　(清)沈德潛輯　清刻本　一冊　存四卷(四至七)

500000－8726－0000033　033
白鶴堂文稿不分卷　(清)彭端淑撰　清刻本　一冊

500000－8726－0000034　034
[道光]重慶府志九卷　(清)王夢庚修　清道光刻本　二冊　存二卷(輿地志、人物志)

500000－8726－0000035　035
二十四史　清光緒三十一年(1905)武林竹簡齋石印本　六十八冊　存十四種九百九十二卷(前漢書九十一至一百,晉書三至一百三十、音義一至三,宋書四十一至六十、八十一至一百,梁書一至二十五,陳書一至三十五,魏書六十五至一百十四,北齊書一至二十二,周書一至四十九,舊唐書二十至二十五、二十八至七十七、九十八至一百十七、一百三十六至一百六十四、一百七十一至一百八十二,五代史一至七十一,宋史一至一百七十二、三百〇三至四百十五,金史一百三十五,元史一至一百四十三,明史一百九十二至二百〇四)

重慶市南川區圖書館古籍普查登記目録

全國古籍普查登記目録

國家圖書館出版社
National Library of China Publishing House

500000－8728－0000001　001

景岳新方砭四卷　(清)陳念祖撰　清嘉慶七年(1802)刻本　一冊

500000－8728－0000002　003

泰西新史攬要二十四卷　(清)蔡爾康撰　清光緒二十八年(1902)刻本　二冊　存九卷(六至十四)

500000－8728－0000003　004

羅馬史要十三卷　(英國)艾約瑟原譯　(清)華南圭重譯　清光緒二十八年(1902)上海點石齋石印本　二冊

500000－8728－0000004　005

易經□□卷　(□)□□撰　清宏道堂刻本　二冊　存二卷(二至三)

500000－8728－0000005　006

急救奇痧方附内外經驗百病一卷霍亂論二卷　(清)王士雄撰　清道光十八年(1838)刻本　一冊

500000－8728－0000006　007

諸葛忠武侯兵法六卷忠武侯諸葛孔明先生火攻□□卷首一卷　(清)張澍撰　清刻本　一冊　存五卷(兵法四至六、火攻心法上、首一卷)

500000－8728－0000007　008

說文解字十五卷　(漢)許慎撰　清末刻本　一冊　存一卷(十四)

500000－8728－0000008　009

新刊通鑑輯要□□卷　(□)□□輯　**新刊趙田了凡袁先生編纂古本歷史大方綱鑑補三十九卷**　(宋)司馬光通鑑　(宋)朱熹綱目　(明)袁黄編纂　清末刻本　二冊　存四卷(通鑑輯要四,大方綱鑑補五、三十八至三十九)

500000－8728－0000009　010

諸葛忠武侯行兵遁甲金函玉鏡海底眼六卷首一卷　(清)劉士偉撰　清刻本　三冊

500000－8728－0000010　011

御批歷代通鑑輯覽一百二十卷　(清)傅恆等纂　清末石印本　七冊　存四十二卷(一至十四、四十七至五十七、六十八至七十二、七十八至八十三、一百〇七至一百十二)

500000－8728－0000011　012

泰西新史攬要二十四卷　(英國)馬懇西撰　(英國)李提摩太譯　清末刻本　一冊　存四卷(十七至二十)

500000－8728－0000012　013

古文辭類纂七十五卷　(清)姚鼐纂　清刻本　十一冊　存七十二卷(四至七十五)

500000－8728－0000013　014

萬國史記二十卷　(日本)岡本監輔撰　清光緒二十六年(1900)華國堂刻本　四冊

500000－8728－0000014　015

新刊趙田了凡袁先生編纂古本歷史大方綱鑑補三十九卷　(明)袁黄撰　清刻本　十九冊　存二十七卷(六至十一、十六至二十七、二十九至三十七)

500000－8728－0000015　016

重訂文選集評十五卷首一卷末一卷　(清)于光華撰　清刻本　三冊　存五卷(二至五、八)

500000－8728－0000016　017

御纂醫宗金鑑九十卷　(清)吳謙等纂　清末上海啓新書局石印本　二十五冊　存六十四卷(内科三至三十八、四十二至五十七、六十四至六十七,外科一至五、十一、十五至十六)

500000－8728－0000017　018

御纂詩義折中二十卷　(清)傅恆等纂　清刻本　二冊　存三卷(十六至十八)

500000－8728－0000018　019

咸豐東華續錄六十九卷　(清)潘頤福編　清光緒十八年(1892)上海圖書集成印書局石印本　十六冊

500000－8728－0000019　020

道光東華續錄六十卷　王先謙編　清光緒十

七年(1891)上海廣百宋齋石印本　八册

500000－8728－0000020　021

史記一百三十卷方望溪評點史記四卷　(漢)司馬遷撰　(明)歸有光　(清)方苞評點　清光緒二年(1876)武昌張氏刻本　二十册　存一百三十一卷(一至五十九、六十三至一百三十,評點一至四)

500000－8728－0000021　022

御纂周易述義十卷　(清)傅恒等撰　清刻本　四册　存六卷(三至八)

500000－8728－0000022　023

四書大全摘要四種　(清)李武纂輯　清刻本　七册　存二種九卷(論語五至七、孟子二至七)

500000－8728－0000023　024

天下郡國利病書一百二十卷　(清)顧炎武輯　清道光三年(1823)成都龍萬育燮堂刻本　六十九册　存一百〇三卷(一至四十七、六十二至八十四、八十六至一百十八)

500000－8728－0000024　025

周禮註疏刪翼三十卷　(明)王志長撰　(明)葉培恕定　清乾隆六十年(1795)刻本　七册　存十八卷(一至十、二十至二十一、二十五至三十)

500000－8728－0000025　026

新刊趙田了凡袁先生編纂古本歷史大方綱鑑補三十九卷　(明)袁黄撰　(清)張廷玉等纂　清善成堂刻本　三十二册　存三十四卷(一至四、七至八、十二至三十九)

500000－8728－0000026　027

春秋經傳集解三十卷　(晉)杜預撰　清刻本　十一册　存二十二卷(一至二十二)

500000－8728－0000027　028

子書二十八種　(清)文瑞樓編　清末鉛印本　四册　存四種三十三卷(吕氏春秋十五至十九、淮南子十五至二十一、補注黄帝内經十三至十九、山海經五至十八)

500000－8728－0000028　029

孔子集語十七卷　(宋)薛據纂　(清)孫星衍輯　清光緒十九年(1893)上海鴻文書局石印二十五子匯函本　一册

500000－8728－0000029　030

讀史方輿紀要一百三十卷輿圖要覽四卷　(清)顧祖禹撰　清道光三年(1823)刻本　六十八册　存一百十六卷(一至九、二十一至七十九、八十五至一百十二、一百十五至一百三十,輿圖要覽一至四)

500000－8728－0000030　031

通志二百卷附考證三卷　(宋)鄭樵撰　清光緒二十七年(1901)上海圖書集成局鉛印本　四十七册　存一百九十三卷(一至五十七、六十八至二百,考證一至三)

500000－8728－0000031　032

通志二百卷附考證三卷　(宋)鄭樵撰　清光緒二十七年(1901)上海圖書集成局鉛印本　四十三册　存一百四十三卷(一至二十二、三十八至四十三、五十一至五十七、六十八至七十二、八十至八十七、九十四至九十九、一百〇二至一百〇七、一百十七至一百九十九)

500000－8728－0000032　033

皇朝通志一百二十六卷　(清)嵇璜等纂修　清光緒二十七年(1901)上海圖書集成局鉛印本　十一册　存一百十八卷(一至四十七、五十六至一百二十六)

500000－8728－0000033　034

通志二百卷附考證三卷　(宋)鄭樵撰　清光緒二十七年(1901)上海圖書集成局鉛印本　七册　存二十二卷(一百四十二至一百四十八、一百五十一至一百五十二、一百六十至一百六十一、一百七十七至一百八十七)

500000－8728－0000034　035

欽定續通志六百四十卷　(清)曹仁虎等纂修　清光緒二十七年(1901)上海圖書集成局鉛印本　二十四册　存二百六十二卷(一至十、二十五至三十三、四十七至五十六、九十三至九十六、一百十至一百十八、一百五十二至一

百五十八、二百三十一至三百二十五、三百三十三至三百五十六、四百〇七至五百)

500000－8728－0000035　036

欽定續通志六百四十卷　(清)曹仁虎等纂修　清光緒二十七年(1901)上海圖書集成局鉛印本　五十五册　存五百八十八卷(一至八十、九十三至一百九十、二百三十一至六百四十)

500000－8728－0000036　037

皇朝通典一百卷　(清)嵇璜等纂修　清光緒二十七年(1901)上海圖書集成局鉛印本　九册　存七十九卷(一至七十九)

500000－8728－0000037　038

欽定續通典一百五十卷　(清)嵇璜等纂修　清光緒二十七年(1901)上海圖書集成局鉛印本　七册　存八十一卷(十三至五十四、八十一至九十一、一百〇七至一百三十四)

500000－8728－0000038　039

文獻通考三百四十八卷附考證三卷　(元)馬端臨撰　清光緒二十七年(1901)上海圖書集成局鉛印本　三十七册　存二百九十九卷(五至十九、二十八至三十三、四十至八十三、八十五至九十七、一百〇六至一百四十八、一百五十七至一百六十四、一百七十四至三百三十八、三百四十七至三百四十八,考證一至三)

500000－8728－0000039　040

皇朝文獻通考三百卷　(清)嵇璜等纂　清光緒二十七年(1901)上海圖書集成局鉛印本　四十五册　存二百七十八卷(六至一百五十八、一百六十四至二百〇四、二百〇九至二百九十二)

500000－8728－0000040　041

御批歷代通鑑輯覽一百二十卷　(清)傅恒撰　清三味堂刻本　五十二册　存一百〇二卷(三至二十八、三十一至四十六、五十五至五十八、六十三至一百十八)

500000－8728－0000041　042

廿一史約編八卷首一卷　(清)鄭元慶撰　清刻本　八册

500000－8728－0000042　043

御纂周易折中二十二卷首一卷　(清)李光地等纂　清刻本　八册　存十四卷(一至四、七至十四、二十一至二十二)

500000－8728－0000043　044

禮記十卷　(清)陳澔集說　清宏道堂刻本　九册　存九卷(一至三、五至十)

500000－8728－0000044　045

通典二百卷附考證一卷　(唐)杜佑纂　清光緒二十七年(1901)上海圖書集成局鉛印本　十一册　存一百四十卷(二十六至八十、九十四至一百四十七、一百七十一至二百,考證一)

500000－8728－0000045　046

毛詩二十卷考證二十卷　(漢)毛亨傳　清末刻本　五册　存二十六卷(八至二十、考證八至二十)

500000－8728－0000046　047

同治東華續錄一百卷　王先謙編　清光緒二十四年(1898)文瀾書局石印本　七册　存三十一卷(一至三、十一至十四、三十二至三十四、五十八至六十二、七十六至八十六、九十六至一百)

500000－8728－0000047　048

嘉慶東華續錄五十卷　王先謙編　清光緒十七年(1891)上海廣百宋齋石印本　五册　存三十三卷(一至七、十二至二十、二十七至三十二、四十至五十)

500000－8728－0000048　049

乾隆東華續錄一百二十卷　王先謙編　清光緒十七年(1891)上海廣百宋齋石印本　二十七册　存一百十四卷(一至四十八、五十五至一百二十)

500000－8728－0000049　050

雍正東華錄二十六卷　王先謙編　清光緒十七年(1891)上海廣百宋齋石印本　十册

500000－8728－0000050　051
順治東華録三十六卷　王先謙編　清光緒石印本　三册　存二十九卷(八至十七、十八至二十五、二十六至三十六)

500000－8728－0000051　052
康熙東華録一百十卷　王先謙編　清光緒十七年(1891)上海廣百宋齋石印本　十四册

500000－8728－0000052　053
後漢書一百二十卷　(南朝宋)范曄撰　(唐)李賢注　清石印本　二册　存二十六卷(十四至三十三、五十五至六十)

500000－8728－0000053　054
古今圖書集成一萬卷目録三十二卷　(清)陳夢雷等編　清末石印本　一册　存五卷(坤輿典十二至十六)

重慶市豐都縣圖書館古籍普查登記目録

全國古籍普查登記目録

國家圖書館出版社
National Library of China Publishing House

500000－8734－0000001　001

史畧八十七卷　(清)朱堃輯　清同治五年(1866)皖南朱氏刻本　十二册　存五十一卷(一至三十五、四十六至四十九、六十至六十三、七十至七十三、七十七至八十)

500000－8734－0000002　002

古文析義六卷　(清)林雲銘評注　清光緒刻本　四册　存五卷(一至四、六)

500000－8734－0000003　003

古文觀止十二卷　(清)吳乘權編　清末刻本　四册　存八卷(一至二、五至十)

500000－8734－0000004　004

古文觀止十二卷　(清)吳乘權編　清岷峨書局鉛印本　六册

500000－8734－0000005　005

史記一百三十卷　(漢)司馬遷撰　清同治十一年(1872)成都書局刻二十一史本　二十四册　存一百十八卷(一至九十七、一百〇六至一百二十六)

500000－8734－0000006　006

史記一百三十卷　(漢)司馬遷撰　清同治十一年(1872)成都書局刻二十一史本　二十三册　存一百十卷(一至九十五、一百十六至一百三十)

500000－8734－0000007　007

昌黎先生集四十卷朱子校昌黎先生集傳一卷外集十卷遺文一卷韓集點勘四卷　(唐)韓愈撰　(清)李漢編　清宣統三年(1911)上海鴻文書局千頃堂書局石印本　十册

500000－8734－0000008　008

昌黎先生集四十卷朱子校昌黎先生集傳一卷外集十卷遺文一卷韓集點勘四卷　(唐)韓愈撰　(清)李漢編　清宣統三年(1911)上海鴻文書局千頃堂書局石印本　十册　存五十四卷(一至三十三、三十六至四十,朱子校昌黎先生集傳一,外集一至十,遺文一,韓集點勘一至四)

500000－8734－0000009　009

五百家註音辯昌黎先生文集四十卷　(唐)韓愈撰　清末刻本　五册　存二十三卷(三至五、十四至二十七、三十四至三十九)

500000－8734－0000010　010

日知錄集釋三十二卷首一卷　(清)顧炎武撰　(清)黄汝成集釋　清末上海錦章書局石印本　五册

500000－8734－0000011　011

隋書八十五卷　(唐)魏徵撰　清光緒二十八年(1902)史學會社石印二十四史本　六册

500000－8734－0000012　012

舊唐書二百卷　(後晉)劉昫撰　清光緒二十八年(1902)史學會社石印二十四史本　七册　存七十九卷(一至二、二十至三十七、四十二至六十三、七十九至九十七、一百十八至一百三十五)

500000－8734－0000013　013

宋書一百卷　(南朝梁)沈約撰　清光緒二十八年(1902)史學會社石印二十四史本　六册

500000－8734－0000014　014

金史一百三十五卷　(元)脱脱等修　清光緒二十八年(1902)史學會社石印二十四史本　八册　存一百三十四卷(一至一百十六、一百十八至一百三十五)

500000－8734－0000015　015

南史八十卷　(唐)李延壽撰　清光緒二十八年(1902)史學會社石印二十四史本　六册

500000－8734－0000016　016

元史二百十卷　(明)宋濂等修　清光緒二十八年(1902)史學會社石印二十四史本　五册　存七十五卷(一至十三、十五至二十八、九十三至一百〇五、一百七十三至一百八十六、一百八十九至二百〇九)

500000－8734－0000017　017

陳書三十六卷　(唐)姚思廉撰　清光緒二十八年(1902)史學會社石印二十四史本　一册

500000－8734－0000018　018

遼史一百十六卷 (元)脱脱等修 清光緒二十八年(1902)史學會社石印二十四史本 三冊 存一百十四卷(一至二十九、三十二至一百十六)

500000－8734－0000019 019

明史三百三十二卷 (清)張廷玉等修 清光緒二十八年(1902)史學會社石印二十四史本 十四冊 存一百九十九卷(一至二十三、二十六至三十八、四十至七十六、七十八至一百九十、一百九十二至二百〇四)

500000－8734－0000020 020

晉書一百三十卷 (唐)太宗李世民撰 清光緒二十八年(1902)史學會社石印二十四史本 三冊 存四十四卷(一至二十五、三十九至五十七)

500000－8734－0000021 021

周書五十卷 (唐)令狐德棻等撰 清光緒二十八年(1902)史學會社石印二十四史本 二冊

500000－8734－0000022 022

魏書一百十四卷 (北齊)魏收撰 清光緒二十八年(1902)史學會社石印二十四史本 七冊 存一百〇二卷(十三至一百十四)

500000－8734－0000023 023

三國志六十五卷 (晉)陳壽撰 清光緒十四年(1888)上海圖書集成印書局石印本 五冊 存五十卷(魏志一至三十、吴志一至二十)

500000－8734－0000024 024

史記一百三十卷 (漢)司馬遷撰 (南朝宋)裴駰集解 (唐)司馬貞索隱 (唐)張守節正義 清光緒二十五年(1899)慎記書莊石印本 五冊 存八十八卷(一至三十、四十三至六十、九十一至一百三十)

500000－8734－0000025 025

史記一百三十卷 (漢)司馬遷撰 (南朝宋)裴駰集解 (唐)司馬貞索隱 (唐)張守節正義 清光緒三十四年(1908)上海集成圖書公司鉛印本 十六冊

500000－8734－0000026 026

史記一百三十卷 (漢)司馬遷撰 (南朝宋)裴駰集解 (唐)司馬貞索隱 (唐)張守節正義 清末石印本 十三冊 存一百二十五卷(六至一百三十)

500000－8734－0000027 027

後漢書一百三十卷 (南朝宋)范曄撰 清末石印本 六冊 存五十六卷(六十五至一百二十)

500000－8734－0000028 028

後漢書一百三十卷 (南朝宋)范曄撰 清末石印本 一冊 存十三卷(九十七至一百〇九)

500000－8734－0000029 029

三國志六十五卷 (晉)陳壽撰 清末石印本 一冊 存十卷(吴志十一至二十)

500000－8734－0000030 030

九通二百四十八卷 (清)劉可毅輯 清光緒二十八年(1902)武進劉氏石印本 二十冊 存七十四卷(一百〇七至一百二十二、一百四十八至二百〇五)

500000－8734－0000031 031

函海 (清)李調元輯 清光緒七年至八年(1881－1882)廣漢鍾登甲樂道齋刻本 六十九冊 存八十一種二百三十一卷(華陽國志一至十二、長短經一至九、續孟子一至二、伸蒙子一至三、廣成子解一、蜀檮杌一至二、金華子雜編一至二、心要經一、寶藏論一、敷文鄭氏書說一、洪範統一一、孟子外書四篇一至四、韓氏山水純全集一、月波洞中記一、采石瓜州斃亮記一、產育寶慶集一至二、芻言一至三、常談一、淳熙薦士錄一、江南餘載一至二、江淮異人錄一至二、青溪弄兵錄一、張氏可書一、珍席放談一至二、鶴山筆錄一、三國雜事一至二、鳴鶴餘音一、吴中舊事一、卮辭一、大學古本旁注一、中麓畫品一、升庵經說一至十四、山海經補注一、莊子闕誤一、轉注古音略一至五、古音後語一、古音叢目一至五、古音獵要一至五、古音附錄一、古音餘一至五、奇字韻一至五、古音略例一、古音駢字一至五、古音複字一至五、詞品一至六、拾遺一、書品一、麗情集一、□麗情集一、墐戶錄一、世說舊注一、古文韻語一、風雅逸篇一至十、古今風謠一、古今諺一、異魚圖贊一至四、異魚圖贊補一至三、閏集一、雲南山川志一、滇載記一、玉名詁一、俗言一、升庵先生年譜一、粵風一至四、易古文一至三、尚書古字辨異一、童山詩音說一至四、左傳官名考一至二、春秋三傳比一至二、春秋左傳會要一至四、周禮摘箋一至五、儀禮古今考一至二、禮記補注一至四、月令氣候圖說一、夏小正箋一、逸孟子一、十三經注疏錦字一至四、出口程記一、南越筆記一至十六、賦話一至十、雨村詞話一至四、雨村曲話一至二、樂府侍兒小名錄一至二、方言藻一至二、羅江縣志一至十）

500000－8734－0000032　032

海國圖志一百卷　（清）魏源撰　清末石印本　二冊　存十三卷（八十八至一百）

500000－8734－0000033　033

讀史方輿紀要一百三十卷　（清）顧祖禹輯　清光緒二十五年（1899）慎記書莊石印本　十二冊　存四十卷（一至十八、二十五至二十九、五十五至五十九、七十五至八十二、一百二十至一百二十三）

500000－8734－0000034　034

春秋全經左傳句解八卷　（宋）朱申注釋　（明）孫鑛批點　清刻本　五冊　存五卷（四至八）

500000－8734－0000035　035

御纂朱子全書六十六卷　（清）李光地等編　清淵鑒齋刻本　九冊　存十四卷（二十一至二十二、三十至三十八、四十至四十二）

500000－8734－0000036　036

明臣奏議十二卷　（清）孫桐生輯　清刻本　三冊　存四卷（七至九、十二）

500000－8734－0000037　037

小爾雅疏證五卷　（清）葛其仁撰　清刻咫進齋叢書本　一冊　存二卷（一至二）

500000－8734－0000038　038

詩經精華十卷首一卷　（清）薛嘉穎撰　清刻本　四冊

500000－8734－0000039　039

重刊宋本十三經注疏附校勘記　清嘉慶二十一年（1816）南昌府學刻本　六冊　存三種十六卷（附釋音周禮注疏三十七至三十八，儀禮疏十八至二十六、三十三至三十五，附釋音禮記注疏二）

500000－8734－0000040　040

嘉祐集二十卷　（宋）蘇洵撰　清刻本　二冊　存十二卷（九至二十）

500000－8734－0000041　041

周禮折衷四卷師友雅言一卷　（宋）魏了翁撰　清同治十三年（1874）望三益齋刻本　二冊

500000－8734－0000042　042

鶴山文鈔三十二卷　（宋）魏了翁撰　清同治十三年（1874）望三益齋刻本　五冊　存十六卷（一至二、十至十六、二十三至二十九）

500000－8734－0000043　043

來瞿唐先生易註十五卷　（明）來知德撰　清寧遠堂世興堂刻本　六冊　存十二卷（二至十三）

500000－8734－0000044　044

附釋音春秋左傳注疏六十卷校勘記六十卷　（晉）杜預注　（唐）陸德明音義　（唐）孔穎達疏　清光緒十三年（1887）上海脈望仙館石印重刊宋本十三經注疏附校勘記本　八冊

500000－8734－0000045　045

資治通鑑綱目五十九卷首一卷　（宋）朱熹撰　（明）陳仁錫評閱　清光緒十四年（1888）上海大同書局石印本　十六冊　存五十八卷（一至二十六、二十九至五十九，首一）

500000－8734－0000046　046

資治通鑑綱目前編二十五卷首一卷　（明）南軒撰　（明）陳仁錫評閱　清光緒十四年（1888）上海大同書局石印本　二冊

500000－8734－0000047　047

續資治通鑑綱目前編二十七卷首一卷　(明)陳仁錫評閲　清光緒十四年(1888)上海大同書局石印本　六册

500000－8734－0000048　048

天下郡國利病書一百二十卷　(清)顧炎武撰　清末成都龍萬育燮堂石印本　八册　存三十八卷(二十二至二十六、五十八至六十四、七十六至八十六、九十至一百〇四)

500000－8734－0000049　049

讀通鑑論二十一卷　(清)王夫之撰　清光緒二十七年(1901)簡青齋書局石印本　四册　存四卷(一、三至四、六)

500000－8734－0000050　050

復初齋詩集七十卷　(清)翁方綱撰　清末石印本　二册　存八卷(二十三至三十)

500000－8734－0000051　051

望溪先生文集十八卷集外文十卷補遺二卷年譜一卷年譜附録一卷　(清)方苞著　清末刻本　五册　存十一卷(文集十四至十七,集外文三至五、七至十)

500000－8734－0000052　052

文選六十卷　(南朝梁)蕭統輯　(唐)李善注　清末上海錦章書局石印本　八册　存三十三卷(一至三十三)

500000－8734－0000053　053

[道光]樂至縣志十六卷首一卷　(清)裴顯忠編　(清)劉孟輿等纂修　清道光二十年(1840)刻本　一册　存六卷(一至五、首一)

500000－8734－0000054　054

四書補註備旨十二卷　(明)鄧林著　(清)杜定基增訂　清光緒魏氏古香閣刻本　三册　存三卷(六、八至九)

500000－8734－0000055　055

漢魏六朝百三名家集　(明)張溥輯　清光緒三年(1877)唐氏壽考堂刻本　三十一册　存二十種二十九卷(沈隱侯集一至二卷、晉杜征南集一、東方大中集一、陸平原集一至二、陸清河集一至二、高令公集一、江醴陵集一至二、庾開府集一至二、陳思王集一至二、梁元帝集一、徐僕射集一、陶隱居集一、梁簡文帝集一至二、郭弘農集一至二、鮑条軍集一至二、梁武帝集一、崔亭伯集一、沈侍中集一、庾度支集一、諸葛丞相集一)

500000－8734－0000056　056

五代史七十四卷附考證　(宋)歐陽修撰　清同治十年(1871)成都書局刻二十一史本　二册　存十四卷(四十四至五十、六十八至七十四)

500000－8734－0000057　057

蜀志十五卷附考證　(晉)陳壽撰　(南朝宋)裴松之注　清同治十年(1871)成都書局刻二十一史本　一册　存五卷(一至五)

500000－8734－0000058　058

吴志二十卷附考證　(晉)陳壽撰　(南朝宋)裴松之注　清同治十年(1871)成都書局刻二十一史本　一册　存三卷(十三至十五)

500000－8734－0000059　059

魏志三十卷附考證　(晉)陳壽撰　(南朝宋)裴松之注　清同治十年(1871)成都書局刻二十一史本　五册　存十卷(二至五、十七至二十二)

500000－8734－0000060　061

通鑑紀事本末二百三十九卷　(宋)袁樞編輯　(明)張溥論正　清光緒二十九年(1903)上海文盛書局石印九朝紀事本末本　十六册　存一百九十卷(一至一百五十六、一百七十三至一百七十八、二百十二至二百三十九)

500000－8734－0000061　062

爾雅注疏十一卷　(晉)郭璞注　(宋)邢昺疏　清刻本　三册　存九卷(三至十一)

500000－8734－0000062　063

增補綱鑑輯要四十卷首一卷　(明)袁黄編纂　清刻本　二十二册

500000－8734－0000063　064

增補綱鑑輯要四十卷首一卷　(明)袁黄編纂

清刻本　二十一冊　存三十一卷(一、四至十、十二至二十八、三十二至三十六,首一)

500000－8734－0000064　065
水經□□卷　(漢)桑欽撰　(北魏)酈道元注　清刻本　一冊　存二卷(五至六)

500000－8734－0000065　066
歐陽文忠公全集一百五十三卷首一卷附錄五卷　(宋)歐陽修撰　清嘉慶二十四年(1819)歐陽衡刻本　一冊　存五卷(八十八至九十二)

500000－8734－0000066　067
粵東皇華集四卷　(清)李調元撰　清光緒八年(1882)樂道齋刻本　一冊

500000－8734－0000067　068
忠武志八卷　(清)張鵬翮輯　清康熙四十四年(1705)刻本　八冊

500000－8734－0000068　069
重訂文選集評十五卷首一卷末一卷　(清)于光華編　清刻本　五冊　存六卷(二至四、十二,首一,末一)

500000－8734－0000069　070
通典二百卷附欽定通典考證　(唐)杜佑纂　清光緒二十七年(1901)上海圖書集成局石印本　三冊　存二十八卷(一百五十九至一百七十、一百八十五至二百)

500000－8734－0000070　071
南齊書五十九卷　(南朝梁)蕭子顯撰　清光緒二十八年(1902)史學會社石印二十四史本　二冊

500000－8734－0000071　072
北齊書五十卷　(唐)李百藥撰　清光緒二十八年(1902)史學會社石印二十四史本　二冊　存四十九卷(一至四十九)

500000－8734－0000072　073
增補綱鑑輯要四十卷首一卷　(明)袁黄編纂　清刻本　四冊　存四卷(十三、二十一、二十七、首一)

500000－8734－0000073　074
同治東華續錄一百卷　王先謙編　清末石印本　二冊　存九卷(六十三至七十一)

500000－8734－0000074　075
增註秋水軒尺牘四卷　(清)許思湄撰　(清)婁世瑞註　清末上海錦章書局石印本　二冊

500000－8734－0000075　076
新式標點白話詳註小倉山房尺牘八卷　(清)袁枚撰　(清)許家恩點註　清末上海群學社石印本　三冊　存六卷(三至八)

500000－8734－0000076　077
蜀志十五卷考證十五卷　(晉)陳壽撰　(南朝宋)裴松之注　清末石印本　二冊

500000－8734－0000077　078
御選資治通鑑三編二十卷末一卷　(□)□□編　清末刻本　二冊　存三卷(十九至二十、末一)

500000－8734－0000078　079
疑雨集二卷　(清)王彥泓撰　清宣統二年(1910)上海掃葉山房石印本　一冊

500000－8734－0000079　080
明史三百三十二卷　(清)張廷玉等修　清末刻本　二冊　存六卷(二百十一至二百十三、二百四十二至二百四十四)

500000－8734－0000080　081
國語二十一卷　(三國吳)韋昭注　清上海會文堂書局影印本　一冊　存四卷(十六至十九)

500000－8734－0000081　082
春秋全經左傳句解□□卷　(□)□□纂　清刻本　一冊　存一卷(二)

500000－8734－0000082　083
唐宋八家文讀本三十卷　(清)沈德潛評點　清末石印本　四冊　存十九卷(五至二十三)

重慶市墊江縣圖書館古籍普查登記目録

全國古籍普查登記目録

國家圖書館出版社
National Library of China Publishing House

500000－8735－0000001　001

康熙字典十二集檢字一卷辨似一卷備考一卷補遺一卷等韻切音指南一卷　(清)張玉書等纂修　清道光七年(1827)刻本　三十六冊　存十二集五卷(子、丑、寅、卯、辰、巳、午上中、未上下、申上下、酉中下、戌、亥,檢字一,辨似一,備考一,補遺一,等韻一)

500000－8735－0000002　002

康熙字典十二集檢字一卷辨似一卷備考一卷補遺一卷等韻二卷　(清)張玉書等纂修　清道光七年(1827)刻本　三十八冊　存十二集六卷(子、丑、寅、卯、辰中下、巳、午、未上中、申、酉、戌、亥,檢字一,辨似一,備考一,補遺一,等韻一至二)

重慶市武隆縣圖書館古籍普查登記目錄

全國古籍普查登記目錄

國家圖書館出版社
National Library of China Publishing House

500000－8736－0000001　001

史記一百三十卷　(漢)司馬遷撰　(南朝宋)裴駰集解　(唐)司馬貞索隱　(唐)張守節正義　**史記正義論例一卷**　(唐)張守節撰　**補史記一卷附考證**　(唐)司馬貞撰並注　清同治十一年(1872)成都書局刻二十四史本　二十六册　存一百二十八卷(一至七十三、七十六至一百三十)

500000－8736－0000002　002

三國志六十五卷　(晉)陳壽撰　(南朝宋)裴松之注　清同治十年(1871)成都書局刻二十四史本　十六册

500000－8736－0000003　003

文選六十卷　(南朝梁)蕭統輯　(唐)李善注　清光緒元年(1875)海錄軒刻本　十册

500000－8736－0000004　004

文選六十卷　(南朝梁)蕭統輯　(唐)李善注　清光緒元年(1875)海錄軒刻本　十册

500000－8736－0000005　005

後漢書一百二十卷附考證　(南朝宋)范曄撰　(南朝梁)劉昭補志　(唐)李賢注　清同治十一年(1872)成都書局刻二十四史本　二十六册

500000－8736－0000006　006

前漢書一百卷附考證　(漢)班固撰　(唐)顔師古注　清同治十一年(1872)成都書局刻二十四史本　三十二册

500000－8736－0000007　007

康熙字典十二集檢字一卷辨似一卷補遺一卷備考一卷　(清)張玉書等撰　清刻本　十九册　存十集四卷(子中下、卯上中、辰中、巳中下、午上中、未下、申上、酉下、戌上中、亥上中,檢字一,辨似一,補遺一,備考一)

500000－8736－0000008　010

御纂醫宗金鑑七十四卷雜症治法十六卷首一卷　(漢)張仲景等撰　(清)吳謙纂修　清刻本　二册　存八卷(一至二、三十九至四十三,首一)

500000－8736－0000009　011

呂氏春秋二十六卷　(秦)呂不韋撰　(漢)高誘注　清光緒元年(1875)浙江書局刻二十二子本　八册

500000－8736－0000010　012

禮記全文備旨十一卷　(清)鄒聖脈纂輯　清刻本　十一册

500000－8736－0000011　013

如西所刻諸名家評點春秋綱目左傳句解彙雋六卷　(清)韓菼重訂　清光緒刻本　六册

500000－8736－0000012　014

廿二史劄記三十六卷補遺一卷　(清)趙翼撰　清刻本　十二册

500000－8736－0000013　015

荀子二十卷附校勘補遺一卷　(唐)楊倞注　清光緒二年(1876)浙江書局刻二十二子本　六册　存二十卷

500000－8736－0000014　016

三農記十卷　(清)張宗法撰　清刻本　四册　存八卷(一至六、九至十)

500000－8736－0000015　017

增注賦學正鵠十一卷　(清)成□□注　清末刻本　二册　存五卷(三至四、九至十一)

500000－8736－0000016　018

七言歌行三卷　王闓運撰　清刻本　一册

500000－8736－0000017　019

御撰資治通鑑綱目三編二十卷末一卷　(清)張廷玉等編　清末刻本　一册　存九卷(十三至二十、末一)

500000－8736－0000018　021

王文成公全書三十八卷　(明)王守仁撰　清刻本　六册　存二十卷(四至七、十九至三十二、三十七至三十八)

500000－8736－0000019　023

說文解字十五卷　(清)段玉裁注　清嘉慶二十年(1815)刻本　十四册　存十四卷(二至十五)

500000－8736－0000020　024

綱鑑總論二卷　（明）顧充撰　清光緒二十八年(1902)巴蜀善成堂刻本　二册

500000－8736－0000021　025

新鍥趙田了凡袁先生編纂古本歷史大方綱鑑補三十九卷首一卷　（宋）司馬光通鑑　（宋）朱熹綱目　（明）袁黄編纂　清末刻本　九册　存十三卷(九至十一、十五至十六、十九至二十一、二十八、三十三至三十四、三十六至三十七)

500000－8736－0000022　031

唐詩三百首注釋六卷　（清）蘅塘退士編　（清）章燮注　**續選一卷**　（清）于慶元編　清光緒宏道堂刻本　三册　存五卷(一至二、五至六,續選一)

500000－8736－0000023　032

古唐詩合解十二卷　（清）王堯衢注　清刻本　十册　存十卷(一、三至七、九至十二)

500000－8736－0000024　033

唐宋八家鈔八卷　（清）高嵣集評　清刻本　三册　存三卷(六至八)

500000－8736－0000025　034

晉書一百三十卷　（唐）太宗李世民撰　清光緒三十四年(1908)上海集成圖書公司鉛印本　三十册

500000－8736－0000026　035

齊民要術十卷　（北魏）賈思勰撰　清光緒刻本　二册　存四卷(一至二、九至十)

500000－8736－0000027　036

詩經精義四卷首一卷末一卷　（清）黄淦纂　清刻七經精義本　一册

500000－8736－0000028　037

禮儀精義一卷首一卷補編一卷　（清）黄淦纂　清刻七經精義本　一册

500000－8736－0000029　038

春秋精義四卷首一卷　（清）黄淦纂　清刻七經精義本　一册

500000－8736－0000030　039

萬斛珠類編八卷　（明）王世貞撰　清刻本　二册　存二卷(二、七)

500000－8736－0000031　040

古文觀止十二卷　（清）吳楚才　（清）吳調侯錄　清刻本　一册　存二卷(十一至十二)

500000－8736－0000032　041

重訂廣事類賦四十卷　（清）華希閔撰　清刻本　二册　存九卷(四至七、十二至十六)

500000－8736－0000033　042

重訂事類賦三十卷　（宋）吳淑撰注　清刻本　一册　存九卷(二十二至三十)

500000－8736－0000034　022

六朝四家全集五種　（清）胡鳳丹輯　清同治九年(1870)退補齋刻本　六册

500000－8736－0000035　044

阮本十三經注疏附校勘記　（清）阮元撰　清光緒二十四年(1898)點石齋石印本　二十二册　存十種五十五卷(周易兼義一至四、釋文一卷、附釋音尚書注疏一至四、附釋音毛詩注疏一至八、儀禮疏一至八、附釋音禮記注疏一至十二、監本附音春秋公羊注疏一至四、監本附音春秋穀梁注疏一至四、論語注疏一至四、孝經注疏一至二、孟子注疏一至四)

重慶市巫山縣圖書館古籍普查登記目録

全國古籍普查登記目録

國家圖書館出版社
National Library of China Publishing House

500000－8737－0000001　001

漱芳軒合纂禮記體注四卷　(清)范翔參訂　清刻本　二冊　存二卷(三至四)

500000－8737－0000002　002

漱芳軒合纂禮記體注四卷　(清)范翔參訂　清刻本　一冊　存一卷(三)

500000－8737－0000003　003

庸盦海外文編四卷　(清)薛福成撰　清光緒二十四年(1898)長沙鑄新齋刻庸盦全集本　一冊　存二卷(一至二)

500000－8737－0000004　004

周易□□卷　(宋)朱熹集注　清刻本　一冊　存一卷(二)

500000－8737－0000005　005

古文析義六卷二編八卷　(清)林雲銘評注　清刻本　十二冊

500000－8737－0000006　006

皇朝經濟文新編　題(清)宜今室主人輯　清末石印本　六冊　存十五種二十九卷(籌洋一至二、西醫通論一、吏治一至三、商務一至八、鐵路一至二、電報各論一、礦務一至二、工藝一至二、外史一、泰西律例一至二、製造一、火器要言一、船政紀要一、商輪說略一、各國交涉一至二)

500000－8737－0000007　007

寄傲山房塾課新增幼學故事瓊林四卷　(清)程允升撰　(清)鄒聖脈增補　清刻本　二冊　存二卷(二、四)

500000－8737－0000008　008

劍南詩鈔　(宋)陸游撰　(清)楊大鶴選　清刻本　一冊　存一種(七言古詩)

500000－8737－0000009　009

書經六卷　(宋)蔡沈集傳　清刻本　三冊　存四卷(三至六)

500000－8737－0000010　010

書經六卷　(宋)蔡沈集傳　清刻本　一冊　存二卷(五至六)

500000－8737－0000011　011

温飛卿詩集九卷　(唐)温庭筠撰　(明)曾益注　清宣統廣益書局影印本　一冊　存一卷(一)

500000－8737－0000012　012

欽定續通典一百五十卷　(清)嵇璜等纂　清光緒二十七年(1901)上海圖書集成局鉛印本　一冊　存一百〇四卷(二十三至六十七、九十二至一百五十)

500000－8737－0000013　013

熙朝紀政八卷　(清)湯壽潛撰　清光緒二十八年(1902)上海書局鉛印本　二冊　存四卷(一至二、七至八)

500000－8737－0000014　014

御撰資治通鑑綱目三編二十卷　(清)張廷玉等撰　清刻本　三冊　存十五卷(一至四、十至二十)

500000－8737－0000015　015

綱鑑會纂三十九卷首一卷　(明)王世貞撰　清刻本　三冊　存四卷(二十八、三十六、三十八至三十九)

500000－8737－0000016　016

詩經□□卷　(宋)朱熹集傳　清文光堂刻本　一冊　存二卷(四至五)

500000－8737－0000017　017

詩經□□卷　(宋)朱熹集傳　清慎詒堂刻本　三冊　存四卷(五至八)

500000－8737－0000018　018

詩經□□卷　(宋)朱熹集傳　清刻本　二冊　存四卷(三、六至八)

500000－8737－0000019　019

新訂四書補註備旨六卷　(明)鄧林撰　清宏道堂刻本　五冊

500000－8737－0000020　020

皇朝經世文編一百二十卷　(清)賀長齡輯　清光緒十三年(1887)上海點石齋石印本　二冊　存十九卷(一至十九)

500000－8737－0000021　021

皇朝經世文三編八十卷　(清)陳忠倚輯　清末石印本　八册　存四十四卷(六至十、十六至二十、二十六至三十五、四十六至四十九、五十六至六十、六十六至八十)

500000－8737－0000022　022

皇朝經世文四編五十二卷　(清)何良棟輯　清光緒二十七年(1901)上海書局石印本　七册　存三十七卷(一至十九、三十五至五十二)

500000－8737－0000023　023

皇朝經世文續編一百二十卷　(清)葛士濬輯　清末鉛印本　七册　存二十五卷(二十五至三十一、四十四至五十一、八十三至八十六、一百十至一百十五)

500000－8737－0000024　025

新刻書經備旨善本輯要六卷　(清)馬大猷輯　清經國堂刻本　六册

500000－8737－0000025　026

暗室燈二卷　題(清)深山居士輯　清刻本　一册　存一卷(二)

500000－8737－0000026　027

曲江書屋新訂批註左傳快讀十八卷　(晉)杜預註　(唐)陸德明音義　(宋)林堯叟　(宋)朱申註參　(清)馮李驊　(清)陸浩批評　(清)李紹崧訂　清刻本　三册　存四卷(八至十、十三)

500000－8737－0000027　028

庸盦文外編四卷　(清)薛福成撰　清光緒二十四年(1898)長沙鑄新齋刻庸盦全集本　一册　存一卷(三)

500000－8737－0000028　029

皇朝輿地畧不分卷　(清)六承如編　清刻本　一册

500000－8737－0000029　030

新增經史百家序錄　(清)邵伯蘋輯　(清)開智書局增輯　清末瀘州開智書局鉛印本　七册　存四種七卷(十三經序錄一,二十四史序錄三、六,九通序錄二至四,讀史方輿紀要序錄一)

500000－8737－0000030　031

三讓堂四書遵註合講　(清)翁復編　清酌雅齋刻本　三册　存三種十三卷(大學一卷、中庸一卷、論語一至十、四書人物備考一卷)

重慶市巫溪縣圖書館古籍普查登記目録

全國古籍普查登記目録

國家圖書館出版社
National Library of China Publishing House

500000－8738－0000001　001

春秋經傳集解三十卷考證三十卷年表一卷春秋名號歸一圖二卷　(晉)杜預撰　清光緒十年(1884)刻本　四册　存十三卷(二十六至三十、考證二十六至三十、年表一、歸一圖一至二)

500000－8738－0000002　002

禮記二十卷考證二十卷　(漢)鄭玄注　清光緒十年(1884)刻本　六册　存二十卷(一至八,考證一至八、十三至十六)

500000－8738－0000003　003

旁註訓女四言一卷附婦科方一卷　(□)□□撰　清末刻本　一册

500000－8738－0000004　004

滴血成珠一卷　(□)□□撰　清羅萬順堂刻本　一册

500000－8738－0000005　005

前漢書一百卷　(漢)班固撰　(唐)顔師古注　清光緒十三年(1887)金陵書局仿汲古閣刻十七史本　十一册　存六十三卷(一至四十四、六十四至七十一、八十六至九十、九十二至九十七)

500000－8738－0000006　006

李太白文集三十卷　(唐)李白撰　清末影印本　六册　存二十四卷(三至十、十五至三十)

500000－8738－0000007　007

舉業前模□□卷　(清)周百順編　清刻本　一册　存三卷(四至六)

500000－8738－0000008　008

鼎鍥趙田了凡袁先生編纂古本歷史大方綱鑑補□□卷　(明)袁黄纂　清刻本　一册　存一卷(四)

500000－8738－0000009　009

增補了凡綱鑑□□卷　(明)袁黄纂　清刻本　一册　存一卷(三)

500000－8738－0000010　010

鼎鐫趙田了凡袁先生編纂古本歷史大方綱鑑補□□卷御撰資治通鑑綱目三編□□卷　(明)袁黄纂　(明)王世貞纂　清光緒三十一年(1905)宏文閣書局石印本　八册　存五卷(補七至九、三編一至二)

500000－8738－0000011　011

杜工部集二十卷附録一卷唱酬題詠附録一卷諸家詩話一卷　(清)錢謙益箋注　清宣統二年(1910)上海國光印刷所鉛印本　八册

500000－8738－0000012　012

牧令書二十三卷　(清)徐棟輯　清道光二十八年(1848)刻本　十六册

500000－8738－0000013　013

後漢書一百卷　(南朝宋)范曄撰　(唐)李賢注　(南朝梁)劉昭注　清光緒十三年(1887)金陵書局刻十七史本　十二册　存七十八卷(一至十、十八至八十五)

重慶市酉陽土家族苗族自治縣圖書館古籍普查登記目録

全國古籍普查登記目録

國家圖書館出版社
National Library of China Publishing House

500000－8740－0000001　001
康熙字典十二集目錄一卷補遺一卷備考一卷字母切韻要法一卷　(清)張玉書等撰　清道光七年(1827)刻本　四十册

500000－8740－0000002　002
康熙字典十二集目錄一卷補遺一卷備考一卷字母切韻要法一卷　(清)張玉書等撰　清道光七年(1827)刻本　十一册　存七集三卷(寅下、戌下、申下、丑上、巳上、未上、酉上中,總目一,備考一,等韻一)

500000－8740－0000003　003
康熙字典十二集目錄一卷補遺一卷備考一卷字母切韻要法一卷　(清)張玉書等撰　清末刻本　二册　存二集(戌中、未下)

500000－8740－0000004　004
康熙字典十二集目錄一卷補遺一卷備考一卷字母切韻要法一卷　(清)張玉書等撰　清末石印本　一册　存一集(未、申)

500000－8740－0000005　005
康熙字典十二集目錄一卷補遺一卷備考一卷字母切韻要法一卷　(清)張玉書等撰　清末刻本　十三册　存五集(卯、寅、丑、亥上下、戌上下)

500000－8740－0000006　006
康熙字典十二集目錄一卷補遺一卷備考一卷字母切韻要法一卷　(清)張玉書等撰　清末刻本　七册　存三集(子中下、亥、巳中下)

500000－8740－0000007　007
康熙字典十二集目錄一卷補遺一卷備考一卷字母切韻要法一卷　(清)張玉書等撰　清末刻本　七册　存五集(丑上中、寅中、巳上、戌上、亥上)

500000－8740－0000008　008
康熙字典十二集目錄一卷補遺一卷備考一卷字母切韻要法一卷　(清)張玉書等撰　清末刻本　二册　存二集(申上、巳中)

500000－8740－0000009　009
康熙字典十二集目錄一卷補遺一卷備考一卷字母切韻要法一卷　(清)張玉書等撰　清末刻本　五册　存三集(酉上中、申中下、亥中)

500000－8740－0000010　010
康熙字典十二集目錄一卷補遺一卷備考一卷字母切韻要法一卷　(清)張玉書等撰　清末刻本　十册　存四集一卷(丑中下、寅上中、午上中、戌上,補遺一卷)

500000－8740－0000011　011
皇朝駢文類苑十四卷首一卷　(清)姚燮撰　清末刻本　十二册

500000－8740－0000012　012
重訂古文釋義新編八卷　(清)余誠評注　清末刻本　五册　存五卷(一、三至四、六、八)

500000－8740－0000013　013
皇清經解縮版編目十六卷　(清)陶治元編　清光緒十七年(1891)鴻寶齋鉛印本　一册　存八卷(一至八)

500000－8740－0000014　014
六朝四家全集十九卷　(清)胡鳳丹輯　清末刻本　五册　存五種十七卷(陶彭澤集一至六、謝宣城集一至五、鮑參軍集一至二、庾開府集一至二、採集歷朝詩話一、附辨訛考異一)

500000－8740－0000015　015
四書集註□□卷　(宋)朱熹集註　清末刻本　六册　存十八卷(大學一、中庸一、論語一至十、孟子二至七)

500000－8740－0000016　016
岳忠武王文集八卷首一卷末一卷　(清)黄邦寧纂修　清刻本　二册　存五卷(一至四、首一卷)

500000－8740－0000017　017
寄傲山房塾課新增幼學故事瓊林四卷首一卷　(清)程允升撰　(清)鄒聖脈增補　清刻本(卷一補配)　八册

500000－8740－0000018　018

繡像反唐全傳九卷一百回　題(清)如蓮居士編　清刻本　一冊　存二卷(一至二)

500000－8740－0000019　019
詩學含英十四卷　(清)劉文尉輯　清刻本　一冊

500000－8740－0000020　020
善成堂新鐫遵註旁音書經□□卷　(清)王篇象考訂　清光緒十五年(1889)古渝善成堂刻本　二冊　存二卷(一、三)

500000－8740－0000021　021
槐軒解湯海若先生纂輯名家詩□□卷　(清)夏世欽訂　清刻本　一冊　存一卷(上)

500000－8740－0000022　022
陳修園醫書四十八種　(清)陳念祖輯　清光緒三十四年(1908)上海章福記石印本　一冊　存七種七卷(醫經溯洄集一、海藏瘢論萃英一、醫案三十一條一、脈訣一、太乙神針方一、救迷良方一、福幼編一)

500000－8740－0000023　023
靈素提要淺註十二卷　(清)陳念祖集註　清光緒十八年(1892)上海圖書集成石印本　二冊

500000－8740－0000024　024
陳修園醫書四十八種　(清)陳念祖輯　清上海錦章書局石印南雅堂醫書外集本　一冊　存十種十卷(局方發揮一、醫壘元戎一、醫法心傳一、古今醫論一、刺疔捷法一、肺癆病養法一、傳染病四要抉微一、驗方必要一、保嬰秘言一、最近經驗方十二種一)

500000－8740－0000025　025
陳修園醫書五十種　(清)陳念祖集註　清光緒三十一年(1905)商務印書館鉛印本　四冊　存三種十四卷(傷寒論淺註一至六、醫學實在易五至七、金匱要畧淺註六至十)

500000－8740－0000026　026
新鐫曆法便覽象吉備要通書大全二十九卷　(清)魏鑑彙述　清宏道堂刻本　十一冊　存二十二卷(一至八、十一至十三、十五至二十五)

500000－8740－0000027　027
新鐫曆法便覽象吉備要通書大全二十九卷　(清)魏鑑彙述　清刻本　五冊　存十三卷(一、六至九、十二至十三、十五至二十)

500000－8740－0000028　028
新鐫曆法便覽象吉備要通書大全二十九卷　(清)魏鑑彙述　清刻本　一冊　存一卷(一)

500000－8740－0000029　029
新演速登舟三卷　(清)□□撰　清咸豐十一年(1861)刻本　一冊

500000－8740－0000030　030
四書旁音六卷　(□)□□撰　清末刻本　六冊　存五卷(上論、上孟、下孟、中庸、大學)

500000－8740－0000031　031
四書旁音六卷　(□)□□撰　清末刻本　一冊　存一卷(上孟)

500000－8740－0000032　032
四書旁音六卷　(□)□□撰　清末刻本　三冊　存二卷(上孟、下孟)

500000－8740－0000033　033
四書旁音六卷　(□)□□撰　清末刻本　一冊　存一卷(上孟)

500000－8740－0000034　034
四書旁音六卷　(□)□□撰　清末刻本　三冊　存二卷(上孟、下孟)

500000－8740－0000035　035
四書旁音六卷　(□)□□撰　清末刻本　三冊　存二卷(上孟、下孟)

500000－8740－0000036　036
四書旁音六卷　(□)□□撰　清末刻本　二冊　存一卷(下孟)

500000－8740－0000037　037
四書晢真六卷　(□)□□撰　清末刻本　二冊　存二卷(上論、下孟)

500000－8740－0000038　038
四書辨真六卷　(□)□□撰　清末刻本　三冊　存二卷(上論、大學)

500000－8740－0000039　039
四書辨真六卷　(□)□□撰　清末刻本　二冊　存二卷(上論、大學)

500000－8740－0000040　040
四書旁音六卷　(□)□□撰　清末刻本　一冊　存一卷(大學)

500000－8740－0000041　041
圈點詩經旁音□□卷　(□)□□撰　清末刻本　一冊　存一卷(三)

500000－8740－0000042　042
尚書離句六卷　(清)錢在培輯解　清末刻本　一冊　存一卷(五)

500000－8740－0000043　043
大字書經□□卷　(□)□□撰　清末刻本　一冊　存一卷(三)

500000－8740－0000044　044
協律詩經正韻大雅□□卷　(□)□□撰　清末刻本　一冊　存一卷(六)

500000－8740－0000045　045
協律詩經正韻國風□□卷　(□)□□撰　清末刻本　一冊　存一卷(三)

500000－8740－0000046　046
大字四書增補圈點旁訓□□卷　(□)□□撰　清末刻本　一冊　存一卷(上孟)

500000－8740－0000047　047
四書旁音六卷　(□)□□撰　清末成德堂刻本　一冊　存一卷(下孟)

500000－8740－0000048　048
詩經正文□□卷　(□)□□撰　清末江陵源泰榮刻本　三冊　存三卷(一、三至四)

500000－8740－0000049　049
源泰榮增訂四書旁訓□□卷　(清)李希賢校訂　清末刻本　一冊　存一卷(下孟)

500000－8740－0000050　050
經榮堂旁訓詩經國風□□卷　(□)□□撰　清末刻本　一冊　存一卷(一)

500000－8740－0000051　051
字彙十二集　(明)梅膺祚音釋　清刻本　十一冊　存十一集(子、丑、寅、卯、辰、巳、午、申、酉、戌、亥)

500000－8740－0000052　052
字彙十二集　(明)梅膺祚音釋　清刻本　八冊　存八集(子、卯、巳、午、未、申、酉、亥)

500000－8740－0000053　053
字彙十二集　(明)梅膺祚音釋　清刻本　六冊　存六集(子、寅、午、未、酉、戌)

500000－8740－0000054　054
字彙十二集　(明)梅膺祚音釋　清刻本　一冊　存一集(子)

500000－8740－0000055　055
字彙十二集　(明)梅膺祚音釋　清刻本　一冊　存一集(亥)

500000－8740－0000056　056
五經集解□□卷　(清)雪樵輯　清刻本　五冊　存五卷(周易集解四,詩經集解二、四,春秋集解五,禮記集解二)

500000－8740－0000057　057
慎詒堂四書　(宋)朱熹集注　清大興堂主人刻本　六冊　存七卷(大學一,中庸一,論語六、八至十,孟子一)

500000－8740－0000058　058
韻法直圖一卷橫圖一卷　(明)梅膺祚音釋　清刻本　一冊

500000－8740－0000059　059
分韻撮要字彙四集　(清)温儀鳳編　清刻本　二冊　存二集(二至三)

500000－8740－0000060　060
四書人物類典串珠四十卷　(清)臧志仁編　清嘉慶四年(1799)上元臧氏治城書屋刻本　二冊　存九卷(一至九)

500000－8740－0000061　061
酬世錦囊　(清)鄒景揚輯　清刻本　一冊　存二卷(一至二)

500000－8740－0000062　062
詩學含英十四卷　(清)劉文蔚輯　清刻本　一冊　存六卷(一至六)

500000－8740－0000063　063
小學韻語一卷　(清)羅澤南撰　清刻本　一冊

500000－8740－0000064　064
寄傲山房塾課新增幼學故事瓊林四卷　(清)程允升撰　(清)鄒聖脈增補　清重慶巴縣尊古堂刻本　二冊　存二卷(二、四)

500000－8740－0000065　065
寄傲山房塾課新增幼學故事瓊林四卷　(清)程允升撰　(清)鄒聖脈增補　清刻本　一冊　存一卷(二)

500000－8740－0000066　066
經國堂新訂增補合節鼇頭通書大全十卷　(明)熊宗立纂輯　(清)熊月疇重訂　清經國堂刻本　九冊　存九卷(一至九)

500000－8740－0000067　067
新鐫曆法總覽鼇頭通書大全十卷　(明)熊宗立纂輯　(清)熊月疇重訂　清刻本　一冊　存一卷(十)

500000－8740－0000068　068
新鐫曆法總覽鼇頭通書大全十卷　(明)熊宗立纂輯　(清)熊月疇重訂　清刻本　一冊　存一卷(十)

500000－8740－0000069　069
詩經正文□□卷　(□)□□撰　清刻本　二冊　存二卷(三至四)

500000－8740－0000070　070
旁音詩經□□卷　(□)□□撰　清刻本　一冊　存一卷(小雅五)

500000－8740－0000071　071
詩經旁音□□卷　(□)□□撰　清刻本　一冊　存一卷(小雅三)

500000－8740－0000072　072
圈點詩經旁音□□卷　(□)□□撰　清刻本　一冊　存一卷(大雅四)

500000－8740－0000073　073
詩經旁音□□卷　(□)□□撰　清刻本　一冊　存一卷(大雅四)

500000－8740－0000074　074
信友堂增訂四書旁訓□□卷　(清)李希賢校　清刻本　一冊　存一卷(下孟)

500000－8740－0000075　075
四書正文□□卷　(□)□□撰　清刻本　四冊　存一卷(下孟上下)

500000－8740－0000076　076
四書正文□□卷　(□)□□撰　清刻本　一冊　存一卷(下論)

500000－8740－0000077　077
考訂四書正文□□卷　(□)□□撰　清刻本　二冊　存二卷(孟子上下)

500000－8740－0000078　078
四書旁音□□卷　(□)□□撰　清刻本　一冊　存一卷(上孟)

500000－8740－0000079　079
經國堂考訂四書正文□□卷　(□)□□撰　清刻本　二冊　存一卷(孟子上中)

500000－8740－0000080　080
琢玉樓四書正文□□卷　(□)□□撰　清刻本　一冊　存一卷(上孟)

500000－8740－0000081　081
詩經正文□□卷　(□)□□撰　清刻本　六冊　存四卷(一至四)

500000－8740－0000082　082
增訂四書旁訓□□卷　(清)李希賢校　清刻本　一冊　存一卷(大學)

500000－8740－0000083　083
增訂四書旁訓□□卷　(清)李希賢校　清刻

本　一册　存一卷(上論)

500000－8740－0000084　084

增訂四書旁訓□□卷　(清)李希賢校　清刻本　二册　存二卷(中庸、上論)

500000－8740－0000085　085

源泰全增訂四書旁訓□□卷　(清)李希賢校　清光緒刻本　三册　存三卷(大學、中庸、下論)

500000－8740－0000086　086

蘭臺詩經□□卷　(□)□□撰　清刻本　一册　存一卷(三)

500000－8740－0000087　087

山左邢退菴先生課□二十藝真本不分卷　(清)邢日玫撰　清嘉慶五年(1800)刻本　一册

500000－8740－0000088　088

蘭臺詩經正韻國風□□卷　(□)□□撰　清咸豐十年(1860)文林堂刻本　一册　存二卷(一至二)

500000－8740－0000089　089

十歲能文式不分卷　(□)□□撰　清刻本　一册

500000－8740－0000090　090

新增詩經補註附考備旨八卷　(清)鄒聖脈纂　清刻本　一册　存一卷(五)

500000－8740－0000091　091

書經正文□□卷　(□)□□撰　清末刻本　一册　存一卷(三)

500000－8740－0000092　092

正蒙四書辨句□□卷　(□)□□撰　清末大興堂刻本　四册　存三卷(大學、中庸、孟子)

500000－8740－0000093　093

四音辨要□□卷　(□)□□撰　清末刻本　一册　存四卷(八至十一)

500000－8740－0000094　094

時行課幼大全雜字　(□)□□撰　清末刻本　一册

500000－8740－0000095　095

課蒙舉隅三卷　(□)□□撰　清末刻本　一册　存一卷(下)

500000－8740－0000096　096

詩經旁音國風□□卷　(□)□□撰　清末刻本　一册　存一卷(三)

500000－8740－0000097　097

新增詩經補註附考備旨八卷　(清)鄒聖脈纂　清末刻本　一册　存一卷(七)

500000－8740－0000098　098

三字經一卷　(□)□□編　清末德信茂刻本　一册

500000－8740－0000099　099

三字經一卷　(□)□□編　清末黄信友刻本　一册

500000－8740－0000100　100

陳修園醫書四十種　(清)陳念祖集註　清末商務印書館鉛印本　二册　存八種十二卷(十藥神書註解一,急救異痧經驗奇方一,瘟疫明辨一至四、末一,春温三字訣一,痢症三字訣一,增廣保嬰要旨一,引痘畧一,濕熱條辨一)

500000－8740－0000101　101

徐氏醫學十六種　(清)徐大椿撰　清光緒三十三年(1907)上海醫學社石印本　五册　存三種十卷(蘭臺軌範一至八、慎疾芻言一、女科醫案一)

500000－8740－0000102　102

醫學集成四卷　(清)劉仕廉纂輯　清李仲元刻本　三册　存三卷(二至四)

500000－8740－0000103　103

傷寒説意十卷首一卷　(清)黄元御撰　清刻本　一册

500000－8740－0000104　104

歷代地理志韻編今釋二十卷　(清)李兆洛輯　(清)六嚴等編集　清刻本　六册　存十二卷(二至八、十至十一、十五至十七)

500000－8740－0000105　105

詩傳□□卷　（宋）朱熹集傳　清慎詒堂刻本　一册　存二卷（一至二）

500000－8740－0000106　106

候蟲吟草□□卷續草□□卷　（清）馮世瀛撰　清惜餘山房刻本　四册　存八卷（三至五、續草一至五）

500000－8740－0000107　107

雲林别墅纂輯酧世錦囊對聯雋句續編五卷二集□□卷　（清）謝梅林纂輯　（清）鄒可庭纂輯　清末刻本　一册　存七卷（續編一至五、二集六至七）

500000－8740－0000108　108

寄傲山房塾課御案春秋左傳經解備旨□□卷　（清）鄒聖脈纂輯　（清）鄒可庭編　清末刻本　一册　存二卷（七至八）

500000－8740－0000109　109

四書旁音□□卷　（□）□□纂　清末刻本　一册　存一卷（中庸）

500000－8740－0000110　111

集字便覽摘要不分卷　（□）□□編　清末刻本　二册

500000－8740－0000111　112

詩經□□卷　（宋）朱熹集傳　清末刻本　一册　存一卷（五）

500000－8740－0000112　113

詩經□□卷　（宋）朱熹集傳　清末刻本　一册　存一卷（五）

500000－8740－0000113　114

塾課小題正鵠三卷　（清）李元度編　（清）李傳敏鑒定　清末刻本　一册　存一卷（初）

500000－8740－0000114　115

四書集註七卷　（宋）朱熹集註　清末刻本　二册

500000－8740－0000115　116

左傳句解彙雋六卷　（清）韓菼撰　清末刻本　一册　存一卷（一）

500000－8740－0000116　117

四書辨真□□卷　（□）□□撰　清末刻本　一册　存一卷（下孟）

500000－8740－0000117　118

救生船四卷　題（清）空靈子編　清末刻本　一册　存一卷（二）

500000－8740－0000118　119

地理五訣八卷　（清）趙廷棟撰　（清）王庸弼　（清）張含章撰　清末刻本　一册　存二卷（七至八）

500000－8740－0000119　120

詩韻集成十卷　（清）余照輯　清末刻本　一册　存六卷（五至十）

500000－8740－0000120　131

信和堂新鐫遵旁訓音韻禮記正文□□卷　（□）□□撰　清刻本　一册　存一卷（二）

500000－8740－0000121　132

協律詩經正韻大雅□□卷　（□）□□撰　清刻本　一册　存三卷（六至八）

500000－8740－0000122　133

詩韻集成十卷　（清）余照輯　清刻本　一册　存六卷（五至十）

500000－8740－0000123　134

增像全圖三國演義□□卷□□回　（明）羅貫中撰　清末廣益書局石印本　四册　存八卷（七至十四）

500000－8740－0000124　135

合刻註釋張子房解學士千家詩講讀二卷　（明）湯顯祖校釋　清末秀山黃信友刻本　一册

500000－8740－0000125　136

刊刻註釋張子房解學士千家詩二卷　（明）湯顯祖校釋　清末刻本　一册

500000－8740－0000126　137

選擇辨正□□卷　題（清）一園主人輯　清末刻本　一册　存四卷（五至八）

500000－8740－0000127　138

增像全圖三國演義□□卷□□回　(明)羅貫中撰　清末商務印書館石印本　一冊　存二卷(十五至十六)

500000－8740－0000128　139

繪圖三國志演義□□卷□□回　(明)羅貫中撰　清末天寶書局石印本　一冊　存二卷(七至八)

重慶市忠縣圖書館古籍普查登記目錄

全國古籍普查登記目錄

國家圖書館出版社
National Library of China Publishing House

500000－8771－0000001　001

鄉黨圖考十卷　（清）江永撰　清乾隆二十一年（1756）刻本　四册

500000－8771－0000002　002

五子近思錄發明十四卷　（清）施璜纂注　清康熙四十四年（1705）刻本　八册

500000－8771－0000003　003

易經離句解四卷　（清）李盤輯撰　清乾隆二十五年（1760）寄傲山房刻本　一册

500000－8771－0000004　004

周易正義十卷附校勘記　（三國魏）王弼注　（晉）韓康伯注　（唐）孔穎達疏　（清）阮元校勘　（清）盧宣旬摘錄　**經典釋文一卷附釋文校勘**　（唐）陸德明撰　清嘉慶二十至二十一年（1815－1816）刻本　五册

500000－8771－0000005　005

附釋音春秋左傳注疏六十卷附校勘記　（晉）杜預注　（清）阮元摘錄　清道光江西南昌府學刻本　三十五册　存五十九卷（二至六十）

500000－8771－0000006　006

書經精華六卷　（清）薛嘉穎撰　清道光七年（1827）刻本　三册

500000－8771－0000007　007

五經集解三十四卷　（清）馮世瀛輯　清同治八年（1869）味無味齋刻本　三十册　存三十卷（一至二十二、二十四至三十、三十二）

500000－8771－0000008　008

儀禮疏五十卷附校勘記　（唐）賈公彥等撰　清嘉慶二十一年（1816）刻本　二十四册

500000－8771－0000009　009

知不足齋叢書　（清）鮑廷博輯　清同治十一年（1872）補刻本　二百三十六册　存一百八十七種七百十八卷（古文孝經孔氏傳一，孝經鄭氏解一，詩傳注疏一至三，顔氏家訓一至七、附考證一，伯牙琴一、續補一，洞霄詩集一至十四，石湖詞一、補遺一、附和石湖詞一，花外集一，梧溪集一至七、補遺一，全唐詩逸一至三，畫梅題記一，百正集一至三，克庵先生尊德性齋小集一至三、補遺一，中吳紀聞一至六，北軒筆記一，廣釋名一至二，今水經一，表一，澠水燕談錄一至十，夢粱錄一至二十，讀易別錄一至三，朝野類要一至五，古今僞書考一，皇宋書錄一至三，佐治藥言一，書佐治藥言後一，畫筌一，龔安節先生畫訣一，墨史一至三，雲林石譜一至三、附竊雲石圖記一，論語集解義疏一至十卷，續孟子二卷，伸蒙子三卷，責備餘談二卷附錄一卷，蘭亭考十二卷附群公帖跋一卷，蘭亭續考二卷，萬柳溪邊舊話一卷，江西詩社宗派圖錄一卷附江西詩派小序一卷，黄山領要錄二卷，麈史三卷，五總志一，餘姚兩孝子萬里尋親記一，書學捷要一至二，鑒誡錄一至十，七頌堂識小錄一，涉史隨筆一，客杭日記一，竹譜詳錄一至七，鄭所南先生文集一，畫墁集一至八、補遺一，松窗百說一，滇黔土司婚禮記一，侯鯖錄一至三，湛淵遺稿一至三、補一，三山鄭菊山先生清雋集一，先君菊山翁家傳一，所南翁一百二十圖詩集一，錦錢餘笑一、附錄一，粤行紀事一至三，宋遺民錄一至十五，黄氏日抄古今紀要逸編一，靜春堂詩集一至四、附錄一至三、附紅蕙山房吟稿一、附錄一，貞居詞一、補遺一，張子野詞一至二、補遺一至二，石刻鋪敘一至二附錄一，草窗詞一至二、補一至二，世善堂藏書目錄一至二，江南餘載一至二，五國故事一至二，故宮遺錄一，酒經一至三，慶元黨禁一，江淮異人錄一，離騷集傳一，碧血錄一至二、附周端孝先生血疏貼黄冊一，猗覺寮雜記一至二，歸田詩話一至三，對床夜話一至五，南濠詩話一，麓堂詩話一，韻石齋筆談一至二，榕城詩話一至三，鬼董一至五，諸史然疑一，經筵玉音問答一，梁溪漫志一至十、附錄一，赤雅一至三，䂬溪詩話六至十、石墨鐫華一至八，釣磯立談一、附錄一，洛陽搢紳舊聞記一至五，金石史一至二，閑者軒貼考一，庶齋老學叢談一，聞見近錄一，甲申雜記一，道命錄一至十，曲洧舊聞一至十，緝古算經細草一至三，字通一，續古摘奇演算法一，丁巨演算法一，獨醒雜誌一至十、附錄一，五行大義一至五，桂海虞衡志一，北行日錄一至二，放翁家訓一，灤京雜詠一至二，攬轡錄一，驂鸞錄一、附趙待制遺稿一，王國器詞一，昌武段氏詩義指南一，古刻叢鈔一，負暄野錄一至二，隨手雜錄一，補漢兵志一，清虛雜著一至三、補闕一，透簾細草一，梅花喜神譜一至二，斜川集一至六、附錄二、訂誤一，宣和奉使高麗圖經一至四十、附錄一，山居新話一，五曹算經一至五、逍遙集一，四朝聞見錄一至五、附錄一，浦陽人物記一至二，新唐書糾謬一至六，集事詩鑒一，謦隅子歔欷瑣微論一至二，世緯一、附錄一，臨漢隱居詩話一，滹南詩話一至三，蘇沈内翰良方一至十，五代史纂誤一至三，五代史記纂誤補一至四，嶺外代答一至十，頤庵居士集一至二，南窗紀談一，西塘集耆舊續聞一至十，清波雜志一至十二、別志一至三，文苑英華辨證一至十，灊山集一至三、補遺一、附錄一，吳船錄一至二，湛淵靜語一，鐵圍山叢談一至四，麟角集一、附錄一，金樓子一至六，蛻巖詞一至二，樂府補題一，霽山集一至五、首一、拾遺一，歸潛志一至十四、附錄一，愧郯錄一至十五，游宦紀聞一至十，蘋洲漁笛譜一至二，緝古算經一，張丘建算經一，南湖集一至十、附錄一至三，離騷草木疏一至四，默記一，兩漢刻本誤補遺一至十、附錄一，農書一至三，於潛令樓公進耕織二圖詩一、附錄一，錢塘先賢傳贊一、附錄一，元真子一至三，相臺書塾刊正九經三傳沿革例一，入蜀記一至六，武林舊事一至十、附錄一，翰苑群書一至二，洞霄圖志一至六，詩紀匡謬一，宜州家乘一，山房隨筆一，清波雜志一至十二，澹生堂藏書約一，流通古書約一，苦瓜和尚畫語錄一，潛虛一，補漢兵志一，袁氏世範一至三，天水冰山錄不分卷、附錄一，履齋示兒編一至二十三、附校補一、覆校一，鈐山堂書畫記一，御覽闕史一至二，山靜居畫論一至二、後敘一，藏海詩話一，吳禮部詩話一，茗香詩論一，公是先生弟子記一，寓簡一至十、附錄一，蘆浦筆記一至十，丙寅北行日譜一，碧雞漫志一至五）

500000－8771－0000010　010

任氏述記四卷　（清）任兆麟撰　清光緒十年(1884)蜀西廖氏刻本　四冊

500000－8771－0000011　011

詩韻合璧五卷　（清）汪慕杜編　**虛字韻藪一卷**　（清）潘維城撰　清末排印本　五冊　存六卷

500000－8771－0000012　012

四書摭遺說論語二卷大學一卷中庸一卷孟子二卷　（清）曹之升輯　清道光十二年(1832)刻本　四冊

500000－8771－0000013　013

周禮精華六卷　（清）陳龍標輯　清道光元年(1821)光韙堂刻本　三冊　存四卷(一至四)

500000－8771－0000014　014

附釋音周禮注疏四十二卷　（漢）鄭玄注　（唐）賈公彥等疏　**附校勘記**　（清）阮元校勘　（清）盧宣旬摘錄　清嘉慶二十一年(1816)江西南昌府刻本　二十二冊

500000－8771－0000015　015

古書疑義舉例七卷　（清）俞樾撰　清宏達堂刻本　二冊

500000－8771－0000016　016

全史宮詞二十卷　（清）史夢蘭撰　清咸豐六年(1856)刻本　四冊　存十七卷(一至六、十至二十)

500000－8771－0000017　017

詩經恆解六卷　（清）劉沅輯注　清嘉慶十年(1805)刻本　六冊

500000－8771－0000018　018

監本附音春秋公羊注疏二十八卷附校勘記　（□）□□輯　清嘉慶二十年(1815)刻本　十三冊

500000－8771－0000019　019

周易問津八卷　（清）羅歸德纂　清同治七年(1868)羅鍾衛刻本　八冊

500000－8771－0000020　020

易經精華六卷末一卷　（清）薛嘉穎輯　清道光七年(1827)刻本　三冊

500000－8771－0000021　021

經史百家雜鈔二十六卷　(清)曾國藩纂　清光緒三十二年(1906)商務印書館鉛印本　十冊　存二十二卷(三至十五、十八至二十六)

500000－8771－0000022　022

制義叢話二十五卷　(清)梁章鉅撰　清同治九年(1870)蓉城魏氏刻知足知不足齋本　七冊

500000－8771－0000023　023

韞山堂詩文全集不分卷　(清)管世銘撰　清同治四年(1865)刻本　六冊

500000－8771－0000024　024

廣平治略三十六卷　(清)蔡方炳輯　清同治十年(1871)刻本　六冊

500000－8771－0000025　025

新刻陳搏象棋譜二卷　(宋)陳搏撰　清同治十年(1871)游心齋刻本　二冊

500000－8771－0000026　026

爾雅疏十卷附校勘記　(宋)邢昺撰　清嘉慶二十年(1815)江西南昌府學刻本　四冊　存八卷(一至八)

500000－8771－0000027　027

監本附音春秋穀梁注疏二十卷附校勘記　(晉)范甯集解　(唐)楊士勛疏　清嘉慶二十年(1815)刻本　七冊

500000－8771－0000028　028

增補事類統編九十三卷首一卷　(清)黄葆真輯　清三讓堂刻本　三十一冊　存九十一卷(一至四十四、四十八至九十三,首一)

500000－8771－0000029　029

稗海七十種　(明)商濬輯　清刻本　七十二冊　存六十二種三百十卷(摭言一,小名錄一至二,雲溪友議一至十二,杜陽雜編一至三,東觀奏記一至三,大唐新語一至十三,因話錄一至六,玉泉子一,樂善錄一至二,蠡海集一,過庭錄一,泊宅編一至三,閑窗括異志一,搜採異聞錄一至五,東軒筆錄一至十五,青箱雜記一至十,蒙齋筆談一至二,晝墁錄一,游宦紀聞一至十,夢溪筆談一至二十六、補筆談一,學齋占畢纂一,袪疑說纂一,墨莊漫錄一至十,侍兒小名錄拾遺一,補侍兒小名錄一,續補侍兒小名錄一,嬾真子一至五,歸田錄一至二,東坡先生志林一至十二,蘇黃門龍川別志一至二,澠水燕談錄一至十,冷齋夜話一至十,老學庵筆記一至十,雲麓漫抄一至四,石林燕語一至十,避暑錄話一至二,清波雜志一至三,墨客揮犀一至十,異聞總錄一至四,遂昌雜錄一,酉陽雜俎一至二十,河東先生龍城錄一至二,鶴林玉露一至十六、補遺一,儒林公議一至二,侯鯖錄一至八,睽車志一至六,江聆幾雜志一,桯史一至十五,隨隱漫錄一至五,楓窗小牘一至二,耕祿藁一,厚德錄一至四,西溪叢語一至二,野客叢書一至三十、附錄一,螢雪叢說一至二,孫公談圃一至三,許彥周詩話一,後山居士詩話一,齊東野語一至二十,山房隨筆一,癸辛雜識前集一、後集一、續集一至二、別集一至二,宣室志一至十、補遺一)

500000－8771－0000030　030

儒門語要六卷　(清)倪元坦輯　清光緒三十四年(1908)鉛印本　一冊

500000－8771－0000031　031

正蒙字義二卷　(清)重慶正蒙公塾輯　清光緒刻本　一冊　存一卷(二)

500000－8771－0000032　032

人物四書旁訓三辨五卷　(清)南洪雅撰　清同治善成堂刻本　四冊　存五卷(上論、下論、大學、中庸、孟子)

500000－8771－0000033　033

類賦玉盆珠五卷　(清)梁樹輯　清同治十二年(1873)掃葉山房刻本　五冊

500000－8771－0000034　034

新訂四書補注備旨□□卷　(明)鄧林撰　(清)杜定基增訂　清刻本　三冊　存五卷(上論二卷、上孟二卷、下孟一卷)

500000－8771－0000035　035

書經正文六卷　(清)□□輯　清光緒十年

(1884)刻本　二冊　存三卷(一至二、五)

500000－8771－0000036　036

說文部首直音一卷說文解字部首一卷　(清)嘯雲主人撰　清刻本　一冊

500000－8771－0000037　037

忠雅堂評選四六法海八卷　(清)蔣士詮輯　清光緒元年(1875)刻本　八冊

500000－8771－0000038　038

文選補遺四十卷　(宋)陳仁子輯　清同治十年(1871)刻本　十二冊

500000－8771－0000039　039

欽定國朝詩別裁三十二卷　(清)沈德潛纂　清乾隆二十六年(1761)刻本(卷三至六清光緒四年秦光宇抄配)　十六冊

500000－8771－0000040　040

賦學正鵠十卷　(清)李元度輯　清同治十年(1871)爽谿書院刻本　六冊

500000－8771－0000041　041

七言詩歌行鈔十五卷　(清)王士禛選　清刻本　四冊

500000－8771－0000042　042

日知錄集釋三十二卷勘誤二卷　(清)顧炎武撰　(清)黃汝城集釋　清刻本　十八冊

500000－8771－0000043　043

漁洋山人精華錄訓纂十卷目錄二卷附錄一卷　(清)惠棟撰　清光緒十七年(1891)南皮張氏刻本　十冊　存九卷(一至四、六至十)

500000－8771－0000044　044

毛詩注疏二十卷附校勘記　(唐)孔穎達撰　清嘉慶二十年(1815)刻本　二十六冊

500000－8771－0000045　045

雨村詩話十六卷　(清)李調元撰　清刻本　四冊

500000－8771－0000046　046

夏節愍全集十卷首一卷末一卷補遺一卷續補遺一卷　(清)莊師洛輯　清光緒二十九年(1903)刻本　二冊

500000－8771－0000047　047

國朝舉業正軌一卷　(清)陳耀庚輯　清刻本　四冊

500000－8771－0000048　048

八代詩選二十卷　王闓運撰　清刻本　七冊　存十六卷(五至二十)

500000－8771－0000049　049

詩韻集成十卷　(清)余照撰　清刻本　二冊

500000－8771－0000050　050

國朝漢學師承記八卷　(清)江藩撰　清光緒六年(1880)成都志古堂刻本　三冊

500000－8771－0000051　051

香屑集十八卷首一卷　(清)黃之雋輯　清光緒五年(1879)刻本　四冊

500000－8771－0000052　052

小嫏嬛山館彙刊類書　(清)小嫏嬛山館增訂　清同治六年(1867)錦文堂刻本　十六冊　存二十種三十八卷(均藻五卷、謝華啓秀四卷、經腴類纂二卷、歷代史腴二卷、左氏蒙求註一卷、左傳紺珠二卷、六經蒙求一卷、十七史蒙求一卷、爾雅貫珠一卷、山海經腴詞一卷、竹書紀年雋句一卷、文選集腋二卷、續方言二卷、石經考異二卷、諸史然疑一卷、漢書蒙拾一卷、後漢書蒙拾一卷、晉書補傳贊一卷、文選課虛四卷、榕城詩話三卷)

500000－8771－0000053　053

繪圖增像第五才子書水滸傳八卷七十回　(明)施耐菴撰　清末石印本　一冊　存六卷四十二回(一至六)

500000－8771－0000054　054

新刻對聯不俗二卷　(□)□□輯　清道光十二年(1832)金谿胡為高聚奎堂刻本　一冊

500000－8771－0000055　055

在陸草堂史記選八卷　(清)儲欣選　(清)李敬躋增訂　清乾隆十六年(1751)刻本　二冊　存四卷(一至二、五至六)

500000－8771－0000056　056

樊川詩集四卷外集一卷別集一卷　（唐）杜牧撰　（清）馮梧注　清光緒十六年（1890）湘南書局刻本　六冊

500000－8771－0000057　057
帶經堂詩話三十卷首一卷　（清）王士禛撰　清光緒元年（1875）刻本　六冊

500000－8771－0000058　058
船山遺書七十種　（清）王夫之撰　清同治四年（1865）金陵湘鄉曾國荃刻本　七冊　存四種三十六卷（老子衍一、莊子解一至三十三、莊子通一、愚鼓詞一）

500000－8771－0000059　059
杜詩詳注三十一卷首一卷　（唐）杜甫撰（清）仇兆鰲輯　清康熙三十二年（1693）刻本　十六冊　存二十八卷（一至二十五、二十七至二十八，首一）

500000－8771－0000060　060
訟過齋日記六卷　（清）毛輝鳳撰　清光緒九年（1883）眉州署刻本　一冊

500000－8771－0000061　061
駢體文鈔三十一卷　（清）李兆洛輯　清同治六年（1867）合河康氏刻本　八冊

500000－8771－0000062　062
賦學正鵠十卷　（清）李元度編　清同治十年（1871）刻本　六冊

500000－8771－0000063　063
桃花扇四卷　（清）孔尚任撰　清西園刻本　四冊

500000－8771－0000064　064
最新楹聯新譜二卷　（清）□□輯　清宣統二年（1910）恆新書社刻本　一冊

500000－8771－0000065　065
二十四史　清同治光緒金陵書局刻本　三百六十三冊

500000－8771－0000066　66
漢魏叢書九十八種　（明）程榮　（清）王謨輯　清光緒三年（1877）紅杏山房刻本　一百冊　存八十七種四百四十卷（焦氏易林四卷、易傳三卷、關氏易傳一卷、周易略例一卷、古三墳一卷、汲塚周書十卷、詩傳孔氏傳一卷、詩說一卷、韓詩外傳十卷、毛詩草木鳥獸蟲魚疏二卷、大戴禮記十三卷、春秋繁露十七卷、白虎通德論四卷、獨斷一卷、忠經一卷、孝傳一卷、小爾雅一卷、方言十三卷、博雅十卷、釋名四卷、竹書紀年二卷、穆天子傳四卷、越絕書十五卷、吳越春秋六卷、西京雜記六卷、漢武帝內傳一卷、飛燕外傳一卷、雜事秘辛一卷、華陽國志十四卷、十六國春秋十六卷、元經薛氏傳十卷、群輔錄一卷、英雄記鈔一卷、高士傳三卷、蓮社高賢傳一卷、神仙傳十卷、孔叢二卷附詰墨一卷、新語二卷、新書十卷、新序十卷、說苑二十卷、淮南鴻烈解二十一卷、鹽鐵論十二卷、法言十卷、申鑒五卷、論衡三十卷、潛夫論十卷、中論二卷、中說二卷、風俗通義十卷、人物志三卷、新論十卷、顏氏家訓二卷、參同契一卷、陰符經一卷、風后握奇經一卷、素書一卷、心書一卷、古今注三卷、博物志十卷、文心雕龍十卷、詩品三卷、書品一卷、尤射一卷、拾遺記十卷、述異記二卷、續齊諧記一卷、搜神記八卷、搜神後記二卷、還冤記一卷、神異經一卷、海內十洲記一卷、別國洞冥記四卷、枕中書一卷、佛國記一卷、伽藍記五卷、三輔黃圖六卷、水經二卷、星經二卷、荊楚歲時記一卷、南方草木狀三卷、竹譜一卷、禽經一卷、古今刀劍錄一卷、鼎錄一卷、天祿閣外史八卷）

500000－8771－0000067　067
道藏輯要　（唐）呂輯覺源等編　清嘉慶十年（1805）刻本　一百九十八冊　存二百七十一種（道藏輯要總目一卷、元始無量度人上品妙經六十一卷、太上洞玄靈寶無量度人上品妙經注三卷、元始無量度人上品經法五卷、元始天尊說無上內秘真藏經一卷、元始說先天道德經注解一卷、元始大洞玉經三卷大洞仙經觀想要訣一卷洞經示讀三卷、元始大洞玉經一至二、洞玉經疏要十二義一卷大洞玉經壇儀一卷總論一卷、大乘妙林經一卷、太上升玄說消災護命妙經注一卷、元始天尊說生天得道經一卷、元始天尊說得道了身經一卷、元始上帝毗盧遮耶說大洞救劫尊經一卷、元始天尊說藥王救八十一難真經一卷、元始消劫梓潼本願真經一卷、元始天尊說東嶽化身濟生拔罪保命妙經一卷、碧霞元君護國庇民普濟保生妙經一卷、太上大道玉清經不分卷、太上中道妙法蓮華經一卷、洞玄靈寶自然九天生神章經解義四卷、洞玄靈寶自然九天生神王章經解三卷、洞玄靈寶自然九天生神章經注三卷附音釋、太上洞玄靈寶天尊說救苦妙經一卷、洞玄靈寶八仙王教誡經一卷、太上洞玄靈寶國王行道經一卷、太上金匱玉鏡修真指玄妙經一卷、太上洞玄靈寶福日妙經一卷、太上靈寶天尊說禳災度厄經一卷、太上神咒延壽妙經一卷、太上洞淵說請雨龍王經一卷、太上洞玄寶元上經一名自然經一卷、太上洞玄靈寶淨供妙經一卷、太上靈寶洪福滅罪像名經一卷、太上洞淵三昧帝心光明正印太極紫微伏魔制鬼拯救惡道集福吉祥神咒一卷、洞玄靈寶定觀經注一卷、太上洞玄靈寶開演秘密藏經一卷、洞玄靈寶諸天世界造化經一卷、太上洞玄靈寶十號功德因緣妙經一卷、太上洞玄靈寶真文要解上經一卷、太上洞玄靈寶業報因緣經一卷、太上洞玄靈寶出家因緣經一卷、太上洞玄靈寶法燭經一卷、太上靈寶智慧觀身經一卷、太一救苦護身妙經一卷、太上玄元道德經解一卷、太上道德真經四子古道集解一卷、太上道德寶章翼二卷、太上道德真經章句訓頌一卷、太上道德真經集注不分卷釋文一卷雜說一卷、道德上經釋辭一卷下經釋辭一卷旨意總論一卷、道德真經注四卷、太上老君說常清靜真經一卷太上老君說常清靜經注一卷、太清中黃真經一卷、太上赤文洞古經注一卷、太上大通經注一卷、太上老君內日用妙經一卷、太上老君外日用妙經一卷、老子說五廚經注一卷、太上老君內觀經一卷、太上老君說了心經一卷、太上內丹守一真定經一卷、太上說轉輪五道宿命因緣經一卷、太上老君內丹經一卷、太上妙始經一卷、太上浩元經一卷、太上無極大道自然真一五稱符上經一卷下經一卷、枕中經一卷、太清元道真經三卷別錄一卷、太上老君太素經一卷、太上黃庭內景玉經三卷、黃庭內景經一卷、黃庭外景經三卷、太上黃庭內景玉經一卷、太上黃庭外景經一卷、太上黃庭中景經一卷、太上洞真賢門經一卷、太上感應篇一卷首一卷、太上感應篇集注一卷、猶龍傳一卷、西升經一卷、太上老君年譜要略一卷、太上混元聖紀九卷、高上玉皇本行集經三卷、高上玉皇本行集經三卷、高上玉皇本行集經注解三卷附諸義考目一卷、太上洞玄靈寶紫微金格高上玉皇本行集經闡微三卷、高上玉皇心印妙經一卷、終南八祖說心印妙經解一卷、高上玉皇心印經注一卷、玉皇心印經一卷、胎息經注一卷、玉皇宥罪錫福寶懺一卷、玉皇十七慈光燈儀一卷、先天斗帝敕演無上玄功靈妙真經疏解一卷、九皇斗姥戒殺延生真經一卷、九皇新經注解三卷、玄宗正旨一卷、浮黎鼻祖金華秘訣一卷、金碧古文龍虎上經一至三、解唱道真言五卷、黃帝陰符經十真集解三卷、黃帝陰符經一卷、陰符玄解一卷、洞真太上太霄琅書一卷、高上神霄玉清真王紫書大法不分卷、洞真太上三元流珠經一卷、長生胎元神用經一卷、洞真西王母寶神起居經一卷、洞真上清青要紫書金根眾經一卷、七元真人說神真靈符經一卷、太上紫微中天七元真經一卷、中天紫微星真寶懺一卷、玉樞寶經一卷、五百靈官爵位姓氏總錄一卷、南華真經不分卷、南華真經不分卷、文始真經不分卷、沖虛至德真經不分卷、通玄真經不分卷、洞靈真經不分卷、太極葛仙公傳一卷、參同契闡幽三卷、參同契分章注三卷、參同契三卷、入藥鏡一卷、淮南鴻烈解不分卷、抱朴子不分卷、葛仙翁肘後備急方八卷、靈寶畢法一卷、鍾呂傳道集一卷、銅符鐵券一卷、石函記一卷、太上靈寶淨明宗教錄一卷、化書不分卷、葛仙翁太極沖玄至道心傳一卷、素書一卷、劉子一卷、玄真子一卷、天隱子一卷、十六品經三卷、八品經一卷、五品經一卷、三品經一卷、金華宗旨一卷金華宗旨闡幽問答一卷、同參經三卷、五經合編、呂帝文集一卷詩集二卷、易說上經一卷下經一卷圖解一卷、孚佑上帝語錄大觀七卷附孚佑帝君正教編一卷、三寶心鐙一卷、微言摘要一卷、呂帝聖跡紀要一卷、天仙金丹心法二卷、至真歌一卷、玉清金笥青華秘文金寶内煉丹法一卷、悟真篇三卷、悟真篇拾遺一卷、悟真篇直指詳説一卷、金丹四百字注一卷、石橋歌一卷、悟真篇闡幽三卷、還源篇一卷、還丹復命篇一卷、泥洹集一卷附析疑指迷論一卷、瓊琯真人集不分卷、海瓊白真君語録一卷、重陽全真集三卷、重陽教化集一卷、分梨十化集一卷、立教十五論一卷附陰符經一卷五篇靈文一卷磻溪集一卷、長春真人西遊記一卷附録一卷、仙樂集一卷、無為清静長生真人至真語録一卷、水雲集一卷、洞玄金玉集二卷、漸悟集一卷、丹陽神光燦一卷、丹陽真人語録一卷、太古集一卷、雲光集一卷、葆光集一卷、金液還丹印證圖詩一卷、金丹大要三卷、金丹大成一卷、規中指南一卷、太玄寶典一卷、坐忘論一卷、悟玄篇一卷、太虚心淵篇一卷、丹房奥論一卷、道法心傳一卷、橐龠子一卷、雲山集二卷、草堂集一卷、自然集一卷、鳴真集一卷、西雲集一卷、中和集六卷、晉真人語録一卷、虚静沖和先生徐神翁語録一卷、盤山棲雲王真人語録一卷、清和真人北游語録一卷、仙佛合宗語録不分卷、天仙正理直論增注一卷、金丹要訣一卷、伍真人丹道九篇一卷、張三豐先生全集不分卷、真誥不分卷、道樞不分卷、洞玄靈寶真靈位業圖一卷、鳴鶴餘音一卷、養真集二卷、雲笈七簽不分卷、玉詮五卷、真詮三卷、心傳述證録一卷、懺法大觀六卷、漢丞相諸葛忠武侯集二十一卷、太極圖説一卷、通書一卷、皇極經世書一卷、擊壤集一卷、文昌孝經一卷、元皇大道真君救劫寶經一卷、文昌應化元皇大道真君説注生延嗣妙應真經一卷、陰騭文注一卷、三界伏魔關聖帝君忠孝忠義真經一卷、道門功課一卷、太上老君戒經一卷、太上洞真智慧上品大誡一卷、三洞衆戒文二卷、太微靈書紫文仙忌真記上經一卷、虚皇天尊初真十戒文一卷、太上九真妙戒金籙度命拔罪妙經一卷、太上十二上品飛天法輪勸戒妙經一卷、太極真人説二十四門戒經一卷、全真清規一卷、三洞修道儀一卷、十戒功過格一卷、警世功過格一卷、要修科儀戒律鈔四卷、無上黄籙大齋立成儀一卷、紫皇鏈度玄科一卷、神功妙濟真君禮文一卷、三壇圓滿天仙大戒略説一卷、初真戒律一卷、中極戒一卷、上清三尊譜録一卷、終南山祖庭仙真内傳一卷、終南山説經臺歷代真仙碑記一卷、西川青羊宫碑銘一卷、玄元十子圖一卷、甘水仙源録十卷、三洞群仙録不分卷、華蓋山三仙真經一卷、華蓋山三仙事實一卷、漢天師世家九卷、三十代天師虚靖真君語録一卷、金蓮正宗記一卷、金蓮正宗仙源像傳一卷、七真年譜一卷、洞天福地嶽瀆名山記一卷、南嶽總勝集一卷、梅仙觀記一卷、西山群仙會真記一卷、天下名山記不分卷)

500000－8771－0000068　068

删註脈訣規正二卷　(清)沈鏡註　清刻本　一册

500000－8771－0000069　069

本草求真主治二卷　(清)黄宫繡輯　清刻本　一册

500000－8771－0000070　070

劍南詩鈔六卷　(宋)陸游撰　清康熙二十四年(1685)刻本　六册

500000－8771－0000071　071

新鐫曆法便覽象吉備要通書大全二十九卷　(清)魏鑑纂　清刻本　一册　存六卷(一至六)

500000－8771－0000072　072

王子安集十六卷　(唐)王勃撰　清光緒五年(1879)華陽醉經堂刻本　三册

500000－8771－0000073　073

管窺輯要八十卷天文大成步天歌要訣一卷　(清)黄鼎纂　清順治十年(1653)刻本　三十六册

500000－8771－0000074　074

九峯草堂制藝不分卷　(清)羅春堂撰　清道光二十一年(1841)綦江縣刻本　四册

500000－8771－0000075　075

甌北集五十三卷　(清)趙翼撰　清乾隆五十年(1785)刻本　十六册　存三十五卷(一至三十五)

500000－8771－0000076　076
東萊先生音註唐鑑二十四卷　(宋)范祖禹撰　(宋)呂祖謙註　清同治十三年(1874)蓉城尊經書院刻本　六册

500000－8771－0000077　077
西堂全集六十八卷　(清)尤侗撰　清順治刻本　二十册　存三種六十二卷(西堂文集二十四卷、詩集三十二卷、附湘中草六卷)

500000－8771－0000078　078
西堂全集六十八卷　(清)尤侗撰　清順治刻本　二十册　存三種六十二卷(西堂文集二十四卷、詩集三十二卷、附湘中草六卷)

500000－8771－0000079　079
圖注八十一難經辨真四卷　(戰國)秦越人撰　(清)張世賢圖注　清刻本　二册

500000－8771－0000080　080
圖注八十一難經辨真四卷　(戰國)秦越人撰　(清)張世賢圖注　清刻本　二册

500000－8771－0000081　081
圖注八十一難經辨真四卷　(戰國)秦越人撰　(清)張世賢圖注　清刻本　二册

500000－8771－0000082　082
詩經精華□□卷　(清)□□輯　清刻本　三册　存八卷(三至十)

500000－8771－0000083　083
經驗良方□□卷　(清)□□撰　清刻本　一册　存一卷(下)

500000－8771－0000084　084
景岳心方砭四卷　(清)陳念祖撰　清瀛洲書屋刻本　一册

500000－8771－0000085　085
傷寒論淺注補正七卷首一卷　(清)陳念祖淺注　(清)唐宗海補正　清光緒三十四年(1908)千頃堂書局石印本　四册

500000－8771－0000086　086
醫生方集解□□卷　(清)汪昂輯　清刻本　四册　存四卷(三、五至六、八)

500000－8771－0000087　087
元亨療牛集二卷　(明)喻本元輯　(明)喻本亨輯　清刻本　一册

500000－8771－0000088　088
醫學從眾□□卷　(清)□□撰　**時方妙用四卷**　(清)陳念祖撰　清刻本　一册　存六卷(從眾五至六、妙用一至四)

500000－8771－0000089　089
時方歌括二卷　(清)陳念祖撰　清光緒十八年(1892)上海圖書集成印書局鉛印本　一册

500000－8771－0000090　090
字彙□□集　(明)梅鼎祚音釋　清刻本　一册　存一集(酉集)

500000－8771－0000091　091
五言詩十七卷　(清)王士禛編　清同治五年(1866)金陵書局刻本　四册

500000－8771－0000092　092
文選六十卷　(唐)李善注　清刻雙色套印本　十二册

500000－8771－0000093　093
望溪先生文集十八卷集外文十卷外文補遺一卷年譜一卷年譜附錄一卷　(清)方苞撰　清咸豐九年(1859)刻本　十四册

500000－8771－0000094　094
詩經正文四卷　(□)□□輯　清光緒十九年(1893)刻本　二册

500000－8771－0000095　095
論語注疏解經二十卷　(三國魏)何晏集解　清刻本　六册

500000－8771－0000096　096
明史稿三百十卷　(清)王鴻緒撰　清雍正敬慎堂刻本　九十六册

500000－8771－0000097　097

醫學集成四卷　(清)劉仕廉輯　清同治十三年(1874)刻本　二冊　存二卷(一、四)

500000－8771－0000098　098
重鐫本草醫方合編六卷　(清)汪昂撰輯　清乾隆五年(1740)繡谷胡學峰刻本　五冊　存五卷(一至四、六)

500000－8771－0000099　099
黄帝内經素問九卷　(清)張志聰集注　清光緒三年(1877)刻本　十冊

500000－8771－0000100　100
注補續漢書八志三十卷　(南朝梁)劉昭注　清金陵書局刻本　二冊

500000－8771－0000101　101
二十四史劄記三十六卷補遺一卷　(清)趙翼撰　清刻本　八冊　存二十四卷(一至九、十四至二十三、二十九至三十、三十五至三十六,補遺一)

500000－8771－0000102　102
紀元總載三卷末一卷　(清)李兆洛撰　(清)六承如輯　清光緒十八年(1892)長沙竹素書局刻本　三冊

500000－8771－0000103　103
宋遼金元四史二百九十九卷　(清)席世臣輯　清嘉慶三年(1798)掃葉山房刻本　十六冊

500000－8771－0000104　104
仲景存真集二卷　(清)吳蓬萊編　清同治五年(1866)合州懷德堂刻本　一冊　存一卷(上)

500000－8771－0000105　105
馮氏錦囊秘錄痘疹全集十五卷　(清)馮兆張輯　清刻本　一冊　存四卷(十至十三)

500000－8771－0000106　106
御纂醫宗金鑑九十卷首一卷　(清)吳謙等纂　清刻本　二冊　存七卷(五至七、三十一至三十四)

500000－8771－0000107　107
附釋音尚書注疏二十卷尚書注疏校勘記　(漢)孔安國撰　(唐)陸德明音義　(唐)孔穎達疏　清嘉慶二十年(1815)江西南昌府刻本　十冊

500000－8771－0000108　108
齊氏醫案崇正辨訛六卷　(清)齊秉慧撰　清嘉慶十一年(1806)刻本　一冊　存一卷(一)

500000－8771－0000109　109
本草綱目五十二卷　(明)李時珍撰　清芥子園刻本　一冊　存一卷(四十三鱗部)

500000－8771－0000110　110
嵩厓尊生書□□卷　(清)岳生堂注　清刻本　一冊　存二卷(十四至十五)

500000－8771－0000111　111
時方妙用四卷　(清)陳念祖撰　清嘉慶八年(1803)刻本　一冊　存二卷(一至二)

500000－8771－0000112　112
金匱要略淺註補正九卷　(漢)張仲景撰　(清)陳念祖淺註　(清)唐宗海補正　清光緒千頃堂書局石印本　二冊　存六卷(一至六)

500000－8771－0000113　113
御纂醫宗金鑑九十卷首一卷　(清)吳謙等纂　清刻本　十二冊　存三十一卷(一、五至七、十二至十八、二十至二十八、三十二至三十六、四十至四十五)

500000－8771－0000114　114
景岳全書六十四卷　(明)張介賓撰　清刻本　二冊　存七卷(十三至十五、二十二至二十五)

500000－8771－0000115　115
御批歷代通鑑輯覽一百二十卷　(清)傅恆等撰　清末鉛印本　一冊　存三卷(二十七至二十九)

500000－8771－0000116　116
新纂氏族箋釋八卷　(清)熊峻運撰　清雍正二年(1724)刻本　七冊　存七卷(一至七)

500000－8771－0000117　117
春秋左傳集解三十卷　(晉)杜預注　(唐)陸

德明音釋　清宏道堂刻本　十四冊　存二十七卷(一至六、九至二十八、三十)

500000－8771－0000118　118
船山詩草二十卷　(清)張問陶撰　清刻本　一冊　存四卷(十七至二十)

500000－8771－0000119　119
筠石山房詩話鈔六卷　(清)楊霈輯　清道光二十七年(1847)粵東糧道署刻本　六冊

500000－8771－0000120　120
冰壺山館詩鈔一百三十二卷　(清)王夢庚撰　清道光七年(1827)刻本　二十九冊　存一百十六卷(九至二十四、三十三至一百三十二)

500000－8771－0000121　121
新刊校正增補圓機詩韻活法全書十四卷新刻重校增補圓機活法詩學全書二十四卷　(明)王世貞增校　清嘉慶三年(1798)䔥州天元堂王道南補刻本　十六冊

500000－8771－0000122　122
康熙字典十二集備考一卷補遺一卷　(清)張玉書編　清石印本　二冊　存三集二卷(巳、午、亥,備考一,補遺一)

500000－8771－0000123　123
康熙字典十二集備考一卷補遺一卷　(清)張玉書編　清上海鴻寶書局石印本　五冊　存十集二卷(子、丑、寅、卯、辰、巳、午、未、申、亥,備考一卷,補遺一卷)

500000－8771－0000124　124
廿二史言行略四十二卷　(清)過元眆輯　清嘉慶四年(1799)刻本　十六冊

500000－8771－0000125　125
喚醒圖三卷　(□)□□輯　清刻本　一冊　存一卷(三)

500000－8771－0000126　126
傷寒瘟疫條辨□□卷　(清)楊璿撰　清光緒三十三年(1907)刻本　一冊　存一卷(上)

500000－8771－0000127　127
幼科鐵鏡六卷　(明)夏鼎撰　清刻本　一冊　存三卷(四至六)

500000－8771－0000128　128
三農紀二十四卷　(清)張宗法撰　清刻本　一冊　存三卷(十八至二十)

500000－8771－0000129　129
瘡瘍經驗全書六卷　(宋)竇漢卿輯　清刻本　一冊　存一卷(六)

500000－8771－0000130　130
新刊醫林狀元壽世保元癸集十卷　(明)龔廷賢編　清刻本　一冊　存一卷(十)

500000－8771－0000131　131
金匱方歌括六卷　(清)陳念祖撰　清刻本　一冊　存三卷(四至六)

500000－8771－0000132　132
寄傲山房塾課新增幼學故事瓊林四卷　(清)程允升撰　清刻本　一冊　存一卷(二)

500000－8771－0000133　133
扁鵲新書三卷首一卷　(宋)竇材集　清刻本　一冊　存一卷(上)

500000－8771－0000134　134
康熙字典十二集備考一卷補遺一卷檢字一卷辨似一卷等韻二卷　(清)張玉書　(清)淩紹雯編　清道光七年(1827)刻本　三十八冊　存十二集六卷(子中下、丑、寅、卯、辰中下、巳、午、未、申、酉、戌、亥,備考一,補遺一,檢字一,辨似一,等韻一至二)

500000－8771－0000135　135
康熙字典十二集備考一卷補遺一卷檢字一卷辨似一卷等韻一卷　(清)張玉書　(清)淩紹雯編　清道光七年(1827)刻本　三十一冊　存十二集四卷(子、丑、寅中下、卯上、辰下、巳、午上下、未中下、申上中、酉、戌、亥,備考一,檢字一,辨似一,等韻一)

500000－8771－0000136　136
附釋音禮記注疏六十三卷附校勘記　(漢)鄭玄注　(唐)孔穎達疏　(唐)陸德明音義

(清)阮元撰校勘 (清)盧宣旬摘錄 清嘉慶二十年(1815)刻本 三十六冊

500000－8771－0000137 137
爾雅疏十卷 (晉)郭璞注 **附校勘記** (清)阮元撰 (清)盧宣旬摘錄 清嘉慶二十年(1815)刻本 一冊 存二卷(九至十)

500000－8771－0000138 149
十朝聖訓十種九百二十二卷 (清)太祖努爾哈赤等撰 清石印本 九十八冊 存九種(太宗文皇帝聖訓一至六、世祖章皇帝聖訓一至六、聖祖仁皇帝聖訓一至六十、世宗憲皇帝聖訓一至三十六、高宗純皇帝聖訓一至三百、仁宗睿皇帝聖訓一至一百十、宣宗一至九十、九十七至一百三十、文宗顯皇帝聖訓一至一百十、穆宗毅皇帝聖訓一至一百六十)

500000－8771－0000139 138
三省邊防備覽十八卷 (清)嚴如熤輯 清道光十年(1830)刻本 十冊

500000－8771－0000140 139
蜀典十二卷 (清)張澍輯 清光緒二年(1876)尊經書院刻本 四冊

500000－8771－0000141 140
南唐書十八卷音釋一卷家世舊聞一卷齋居紀事一卷 (宋)陸游撰 (元)戚光音釋 明汲古閣刻本 三冊

500000－8771－0000142 141
三蘇全集一百二十二卷 (宋)蘇軾等撰 清刻本 八冊 存二十一卷(四十五至四十六、四十九至五十二、六十一至六十二、六十六、六十九至七十二、七十七至八十四)

500000－8771－0000143 142
南宋書六十八卷 (明)錢士升撰 清嘉慶二年(1797)掃葉山房刻本 十冊

500000－8771－0000144 143
御批歷代通鑑輯覽一百二十卷 (清)傅恆等編 清三味堂刻本 六十冊

500000－8771－0000145 144
十國春秋一百十六卷 (清)吳任臣撰 清康熙十一年(1672)刻本 二十冊

500000－8771－0000146 145
史記一百三十卷附考證史記補一卷史記正義論例一卷 (漢)司馬遷撰 (唐)司馬貞補 (唐)張守節正義 清同治十年(1871)成都書局刻本 三十六冊 存一百三十一卷(二至一百三十、史記補一、史記正義論例一)

500000－8771－0000147 146
後漢書一百三十卷附考證 (南朝宋)范曄撰 (南朝梁)劉昭志補 (唐)李賢注 清同治十年(1871)成都書局刻本 二十八冊

500000－8771－0000148 147
前漢書一百二十卷附考證 (漢)班固撰 (唐)顏師古注 清同治十年(1871)成都書局刻本 三十六冊

500000－8771－0000149 148
東華錄擥要一百十四卷 (清)汪文安輯 清光緒二十九年(1903)商務印書館鉛印本 二十二冊 存八十八卷(十一至十八、二十三至三十八、四十七至一百〇六、一百十一至一百十四)

500000－8771－0000150 150
子史精華一百六十卷 (清)吳襄等纂修 清刻本 二十三冊 存一百三十九卷(一至五十二、五十六至七十一、七十五至九十二、九十七至一百〇八、一百十二至一百六十)

500000－8771－0000151 151
雲水遊集□□卷 (清)程其芝纂 清刻本 一冊 存三卷(十一至十三)

500000－8771－0000152 152
温病條辨六卷首一卷 (清)吳瑭撰 清末上海廣益書局石印本 一冊 存二卷(一、首一)

重慶市開縣圖書館古籍普查登記目録

全國古籍普查登記目録

國家圖書館出版社
National Library of China Publishing House

500000－8772－0000001　1
四書疏註撮言　(宋)朱熹章句　(清)胡蓉芝輯　清尚德堂刻本　十六冊　存四種(大學,中庸上下,上論上中下、下論上中下,上孟上中下、中孟上下、下孟上下)

500000－8772－0000002　2
開縣李尚書政書八卷首一卷　(清)李宗羲撰　清光緒十一年(1885)刻本　五冊

500000－8772－0000003　3
開縣李尚書政書八卷首一卷　(清)李宗羲撰　清光緒十一年(1885)刻本　五冊

500000－8772－0000004　4
[咸豐]開縣志二十七卷首一卷　(清)李肇奎等撰　清咸豐三年(1853)刻本　六冊

500000－8772－0000005　5
書經六卷　(宋)蔡沈集傳　清光裕堂刻本　五冊

500000－8772－0000006　6
李文忠公海軍函稿四卷　(清)李鴻章　(清)吳汝綸撰　清光緒二十八年(1902)蓮池書社石印本　一冊

500000－8772－0000007　7
子史精華一百六十卷　(清)允禄等纂　清刻本　九冊　存三十一卷(十七至二十四、三十至五十二)

500000－8772－0000008　8
來瞿唐先生易註十五卷首一卷末一卷圖像一卷　(明)來知德撰　清嘉慶十四年(1809)刻本　八冊　存十五卷(一至十三、首一、圖像一)

500000－8772－0000009　9
附釋音尚書注疏二十卷附校勘記　(唐)孔穎達撰　清嘉慶二十年(1815)江西南昌府刻本　十冊

500000－8772－0000010　10
周易十二卷本義考一卷　(宋)朱熹本義　清光緒三十一年(1905)涪州小學堂刻本　二冊

500000－8772－0000011　11
周易十二卷本義考一卷　(宋)朱熹本義　清光緒三十一年(1905)涪州小學堂刻本　二冊

500000－8772－0000012　12
詩經八卷　(宋)朱熹集傳　清光緒十一年(1885)湖北官書處刻本　四冊

500000－8772－0000013　13
書經六卷附書序　(宋)蔡沈集傳　清光緒三十一年(1905)涪州小學堂刻本　六冊

500000－8772－0000014　14
書經六卷附書序　(宋)蔡沈集傳　清光緒三十一年(1905)涪州小學堂刻本　六冊

500000－8772－0000015　15
七經精義　(清)黄淦纂　清嘉慶十二年(1807)刻本　四冊　存四種二十四卷(周易精義一至四、首一,書經精義一至四、首一、末一,詩經精義一至四、首一、末一,周禮精義一至六、首一)

500000－8772－0000016　16
詩經八卷首一卷附詩序一卷考異一卷　(宋)朱熹集傳　清光緒三十一年(1905)涪州小學堂刻本　五冊

500000－8772－0000017　17
詩經八卷首一卷附詩序一卷考異一卷　(宋)朱熹集傳　清光緒三十一年(1905)涪州小學堂刻本　五冊

500000－8772－0000018　18
春秋左傳五十卷　(晉)杜預注　(唐)陸德明音釋　(清)馮李驊集解　清刻本　十冊　存二十五卷(三至五、九至二十六、二十九至三十、三十七至三十八)

500000－8772－0000019　19
左繡三十卷首一卷　(唐)陸德明音釋　(宋)林堯叟附注　(清)馮李驊增訂　清光緒二年(1876)刻本　十二冊

500000－8772－0000020　20
説文解字十五卷　(漢)許慎撰　清嘉慶十四

年(1809)刻本　八冊

500000－8772－0000021　21
來瞿唐先生易註十五卷首一卷末一卷　(明)來知德撰　清世興堂刻本　十冊

500000－8772－0000022　22
來瞿唐先生易註十五卷首一卷末一卷　(明)來知德撰　清刻本　二冊　存三卷(十四至十五、末一卷)

500000－8772－0000023　23
莊子王氏註雜篇一卷內篇二卷　王闓運註　清同治八年(1869)長沙王氏刻本　二冊

500000－8772－0000024　24
莊子十卷　(晉)郭象注　(唐)陸德明音義　清光緒二年(1876)浙江書局刻本　五冊

500000－8772－0000025　25
周官註釋十二卷　(清)鮑梁纂　清宏道堂刻本　四冊

500000－8772－0000026　26
寄傲山房塾課纂輯五經備旨　(清)鄒聖脈纂　清寄傲山房刻本　十八冊　存三種二十八卷(春秋備旨三至十二、禮記備旨一至十一、易經備旨一至七)

500000－8772－0000027　27
中庸一卷　(宋)朱熹章句　清刻本　一冊

500000－8772－0000028　28
孟子□□卷　(宋)朱熹集注　清忠恕堂童氏刻本　六冊　存七卷(一至七)

500000－8772－0000029　29
論語□□卷　(宋)朱熹集注　清刻本　四冊　存十卷(一至十)

500000－8772－0000030　30
鼎鍥趙田了凡袁先生編纂古本歷史大方綱鑑三十九卷首一卷　(明)袁黃撰　清怡古堂刻本　二冊　存三卷(一、三,首一)

500000－8772－0000031　31
新刊趙田了凡袁先生編纂古本歷史大方綱鑑補三十九卷首一卷　(宋)司馬光通鑑　(宋)朱熹綱目　(明)袁黃撰　清刻本　三十一冊　存三十三卷(二、四至十二、十四、十六至十九、二十一至二十三、二十五至三十九)

500000－8772－0000032　32
御撰資治通鑑綱目三編二十卷　(清)張廷玉等編　清光緒二十九年(1903)京都琉璃廠刻本　三冊　存十七卷(一至十七)

500000－8772－0000033　33
御纂周易述義十卷　(清)傅恆等撰　清刻本　六冊

500000－8772－0000034　34
春秋左傳分類賦四卷　(清)夏大觀撰　清咸豐元年(1851)刻本　四冊

500000－8772－0000035　35
爾雅郭註義疏二十卷　(清)郝懿行撰　清光緒十年(1884)蜀南閣刻本　十冊

500000－8772－0000036　36
皇朝經世文正編一百二十卷姓名總目二卷　(清)賀長齡輯　清光緒十四年(1888)上海廣百宋齋石印本　二十四冊

500000－8772－0000037　37
皇朝經世文續編一百二十卷　(清)葛士濬輯　清光緒十四年(1888)圖書集成局石印本　三十二冊

500000－8772－0000038　38
皇朝經世文新編二十一卷　(清)麥仲華輯　清光緒二十四年(1898)上海譯書局石印本　二十四冊

500000－8772－0000039　39
本草萬方鍼線八卷　(清)蔡烈先輯　清光緒春明堂刻本　三冊

500000－8772－0000040　40
本草綱目圖三卷　(□)□□圖　清刻本　三冊

500000－8772－0000041　41
春秋鈔十卷首一卷　(清)朱軾輯　清光緒刻本　二冊

500000－8772－0000042　42
周易四卷筮儀一卷本義卦歌一卷圖說一卷新增圖說一卷　(宋)朱熹本義　清光緒十二年(1886)湖北官書處刻本　二冊

500000－8772－0000043　43
孟子要略五卷　(宋)朱熹撰　清道光二十九年(1849)漢陽劉氏刻本　一冊

500000－8772－0000044　44
新訂四書補註備旨十卷　(清)鄧林撰　(清)杜定基增訂　清光緒十四年(1888)刻本　一冊　存二卷(大學一、中庸一)

500000－8772－0000045　45
讀尚書記一卷讀周易記六卷讀大學記一卷讀中庸記一卷讀孝經記一卷　(清)范泰衡撰　清光緒十二年(1886)刻本　五冊　存六卷(尚書一、大學一、中庸一、周易四至六)

500000－8772－0000046　46
莊子集解八卷　王先謙輯　清宣統元年(1909)上海掃葉山房石印本　四冊

500000－8772－0000047　47
國朝宋學淵源記二卷附記一卷國朝經師經義一卷　(清)江藩輯　清道光二年(1822)刻本　一冊

500000－8772－0000048　48
策學全璧八卷附錄一卷　(清)劉之屏輯　清光緒二年(1876)刻本　三冊　存六卷(一至六)

500000－8772－0000049　49
新輯志士文錄二十四卷　梁啟超等撰　清光緒二十七年(1901)上海中西譯書會石印本　四冊

500000－8772－0000050　50
詩韻題考十二卷　題(清)一適主人編　清刻本　二冊

500000－8772－0000051　51
韻典集成十七卷　(清)余照輯　清光緒二年(1876)刻本　二冊　存十卷(一至十)

500000－8772－0000052　52
韻典集成十七卷　(清)余照輯　清光緒二年(1876)刻本　二冊　存十卷(一至十)

500000－8772－0000053　53
四書五經義經義式二卷　(清)學翼齋輯　清光緒二十四年(1898)學翼齋刻本　二冊

500000－8772－0000054　54
上天梯□□卷　(□)□□輯　清刻本　五冊　存五卷(二至六)

500000－8772－0000055　55
古文辭類纂七十五卷　(清)姚鼐撰　清同治八年(1869)刻本　十六冊

500000－8772－0000056　56
御撰資治通鑑綱目三編二十卷　(清)張廷玉等撰　清光緒二十三年(1897)成都書局刻本　三冊　存十五卷(一至十、十六至二十)

500000－8772－0000057　57
御撰資治通鑑綱目三編二十卷　(清)張廷玉等撰　清光緒刻本　四冊

500000－8772－0000058　58
御撰資治通鑑綱目三編二十卷　(清)張廷玉等撰　清光緒刻本　一冊　存六卷(十二至十七)

500000－8772－0000059　59
御撰資治通鑑綱目三編二十卷末一卷　(清)張廷玉等撰　清光緒二十五年(1899)刻本　四冊

500000－8772－0000060　60
新刊通鑑輯要三十九卷首一卷　(□)□□撰　清光緒刻本　四冊　存七卷(一至二、四至五、十三至十四,首一)

500000－8772－0000061　61
增補了凡綱鑑三十九卷　(明)袁黄撰　清光緒刻本　七冊　存七卷(五至七、十八至十九、二十七至二十八)

500000－8772－0000062　62
鼎鍥趙田了凡袁先生編纂古本歷史大方綱鑑

補三十九卷首一卷　(宋)司馬光通鑑　(宋)朱熹綱目　(明)袁黄撰　清刻本　十六册　存十六卷(二、四、十至十二、十六至十七、二十二、二十四、二十六、二十九至三十三、三十五)

500000－8772－0000063　63

增補綱鑑輯要□□卷　(明)袁黄撰　清刻本　一册　存一卷(二十五)

500000－8772－0000064　64

新鍥趙田了凡袁先生編纂古本歷史大方綱鑑補□□卷　(明)袁黄撰　清刻本　三册　存三卷(九、十五、二十三)

500000－8772－0000065　65

新刊趙田了凡袁先生編纂古本歷史大方綱鑑補□□卷　(明)袁黄撰　清刻本　一册　存二卷(十三至十四)

500000－8772－0000066　66

增補歷史資治綱鑑□□卷　(明)袁黄撰　清刻本　六册　存六卷(二十、三十四、三十六、三十八至四十)

500000－8772－0000067　67

增補了凡袁先生編纂古本歷史大方綱鑑補□□卷　(明)袁黄撰　清刻本　一册　存一卷(二十一)

500000－8772－0000068　68

新刊瑯琊王世貞先生編纂古本歷史大方綱鑑補□□卷　(明)王世貞纂　清刻本　一册　存二卷(三十八、三十九)

500000－8772－0000069　69

子史精華一百六十卷　(清)允禄等纂　清聚錦堂刻本　三十八册　存一百二十四卷(一至十六、五十三至一百六十)

500000－8772－0000070　70

叢書雜義十二卷續集八卷三集六卷四集四卷　(清)鍾琦撰　清光緒二十八年(1902)刻本　六册　存二十三卷(一至十一、續集三至八、三集一至六)

500000－8772－0000071　71

文史通義八卷校讐通義三卷　(清)章學誠撰　清光緒二十五年(1899)三味堂刻本　七册　存九卷(文史三至八、校讎一至三)

500000－8772－0000072　72

説文管見三卷　(清)胡秉虔撰　清漢州張氏刻授經堂叢書本　一册

500000－8772－0000073　73

古文讀本一卷　山東大學輯　清光緒二十九年(1903)重慶廣益書局鉛印本　一册

500000－8772－0000074　74

廣雅堂詩集不分卷　(清)張之洞撰　清末石印本　一册

500000－8772－0000075　75

四家賦鈔　(清)景其濬輯　清光緒二十二年(1896)思賢書局刻本　四册　存四種(有正味齋賦不分卷、覺生賦鈔不分卷、蘭修館賦不分卷、簡學齋賦鈔不分卷)

500000－8772－0000076　76

春秋比二卷　(清)郝懿行輯　清光緒八年(1882)崇寧譚明經刻郝氏遺書本　一册

500000－8772－0000077　77

子史輯要詩賦題解四卷續編四卷　(清)胡本淵編　清刻本　二册

500000－8772－0000078　78

國朝漢學師承記八卷　(清)江藩纂　清咸豐四年(1854)刻本　三册

500000－8772－0000079　79

山海經四卷　(晉)郭璞傳　(清)吳志伊注　清咸豐五年(1855)海清樓刻本　三册

500000－8772－0000080　80

救生船四卷　(清)空靈子編　清同治三年(1864)刻本　四册

500000－8772－0000081　81

救生船四卷　(清)空靈子編　清同治三年(1864)刻本　三册　存三卷(二至四)

500000－8772－0000082　82

欽定春秋傳説彙纂三十八卷首二卷　（清）王掞等纂修　清同治九年（1870）刻本　二十冊

500000－8772－0000083　83

義門讀書記五十八卷　（清）何焯撰　清刻本　十冊　存四十六卷（一至四十六）

500000－8772－0000084　84

禮記體註四卷　（清）范翔參訂　清刻本　四冊

500000－8772－0000085　85

周易傳義合訂圖義十二卷　（清）朱軾校輯　清刻本　四冊

500000－8772－0000086　86

禮記揭要六卷　（清）周蕙田輯　清乾隆五十四年（1789）刻五經揭要本　四冊

500000－8772－0000087　87

張太史塾課三卷　（清）□□撰　清刻本　二冊　存三卷（一至三）

500000－8772－0000088　88

寄傲山房塾課纂輯禮記備旨十一卷　（清）鄒聖脈纂　（清）鄒可庭編　清刻本　十一冊

500000－8772－0000089　89

新刊校正增補圓機詩韻活法全集□□卷　（明）王世貞增補　清嘉慶三年（1798）啟元堂刻本　三冊　存十二卷（一至三、六至十四）

500000－8772－0000090　90

困學紀聞註二十卷首一卷　（清）翁元圻撰　清光緒八年（1882）新都廖氏家塾刻本　九冊　存十二卷（一至五、九至十、十七至二十，首一）

500000－8772－0000091　91

聲律啟蒙撮要二卷　（清）車萬育撰　清光緒十五年（1889）刻本　一冊

500000－8772－0000092　92

廣輿記二十四卷　（清）蔡方炳輯　清刻本　三冊　存十卷（四至九、三十一至三十四）

500000－8772－0000093　93

新刻重校增補圓機活法詩學全書二十四卷　（明）王世貞校　（清）蔣先庚重訂　清啟元堂刻本　五冊　存二十一卷（一至十、十三至二十一、二十三至二十四）

500000－8772－0000094　94

道生堂小題初集二卷二集二卷三集一卷　（清）鍾聲撰　清光緒六年（1880）刻本　二冊　存三卷（二集一至二、三集一）

500000－8772－0000095　95

地理正義鉛彈子砂水要訣□□卷　（清）張鳳藻撰　清刻本　二冊　存五卷（三至七）

500000－8772－0000096　96

江漢炳靈集二卷　（清）張之洞輯　清同治九年（1870）刻本　四冊

500000－8772－0000097　97

呻吟語六卷　（明）呂坤著　清道光成都羅氏刻本　六冊

500000－8772－0000098　98

精選蒙學課本一卷　四川省垣文倫書局編　清光緒二十九年（1903）四川省垣文倫書局鉛印本　一冊

500000－8772－0000099　99

昌黎先生詩集註十一卷　（唐）韓愈撰　清光緒二十四年（1898）膺德堂刻本　四冊

500000－8772－0000100　100

康熙字典十二集檢字一卷辨似一卷備考一卷補遺一卷切韻要法一卷　（清）張玉書等撰　清刻本　三十七冊　存十二集二卷（子、丑、寅、卯上中、辰、巳、午、未、申、酉、戌、亥，補遺一，等韻一）

500000－8772－0000101　101

康熙字典十二集檢字一卷辨似一卷備考一卷補遺一卷切韻要法一卷　（清）張玉書等撰　清刻本　一冊　存一集（丑下）

500000－8772－0000102　102

舉業要言三卷墨選觀止不分卷　（清）梁葆慶輯　清道光刻本　四冊

500000－8772－0000103　103

日省録三卷補遺一卷　(清)梁文科輯　清光緒十七年(1891)江南榷署強恕齋刻本　一册

500000－8772－0000104　104

新編楊會地理家傳心法捷訣一貫堪輿八卷　(清)唐世友撰　清嘉慶二十年(1815)刻本　八册

500000－8772－0000105　105

增補氏族箋釋八卷　(清)熊峻運撰　清刻本　八册

500000－8772－0000106　106

新鐫玉堂名選各體應制古學指南要覽四卷　(清)王道升撰　清嘉慶十八年(1813)刻本　二册

500000－8772－0000107　107

文祖正訂傷寒瘟疫條辨三十九卷　(清)陳鳳鳴撰　清宣統二年(1910)刻本　二册　存二卷(九至十)

500000－8772－0000108　108

甌北詩話十卷續二卷　(清)趙翼撰　清光緒三十四年(1908)上海掃葉山房石印本　三册

500000－8772－0000109　109

船山遺書　(清)王夫之撰　清刻本　三册　存三種(宋論七至十五、春秋世論一至五、續春秋左氏傳博議一至二)

500000－8772－0000110　110

六朝文絜四卷　(清)許槤評選　清光緒四年(1878)刻本　一册

500000－8772－0000111　111

皇朝經世文編初續一百二十卷姓名總目二卷　(清)□□輯　清刻本　三十七册　存一百二十卷(一至一百二十)

500000－8772－0000112　112

皇朝經世文編一百二十卷　(清)賀長齡輯　清光緒十七年(1891)刻本　二十二册　存三十七卷(一至十二、三十一至三十五、六十九至八十八)

500000－8772－0000113　113

小題四集枲變二卷五集精詣二卷六集大觀二卷七集老境二卷八集别情二卷　(清)王步青輯　清刻本　二册　存九卷(四集二、五集一至二、六集一至二、七集一至二、八集一至二)

500000－8772－0000114　114

墨卷精鋭不分卷　(□)□□輯　清刻本　一册

500000－8772－0000115　115

四川鄉試闈墨不分卷　(□)□□輯　清刻本　一册

500000－8772－0000116　116

悟真篇三註三卷外集一卷　(宋)張伯端撰
頂批金丹真傳註疏六卷　(明)孫汝忠著　清道光三十年(1850)刻本　一册　存十卷(悟真篇三註一至三、外集一、頂批金丹真傳註疏卷一至六)

500000－8772－0000117　117

賦學正鵠十卷　(清)李元度編　清刻本　四册　存八卷(一至二、五至十)

500000－8772－0000118　118

毛詩古音攷四卷　(明)陳第撰　清同治十三年(1874)雙流黄氏濟忠堂刻本　四册

500000－8772－0000119　119

屈宋古音義三卷　(明)陳第撰　清同治十三年(1874)雙流黄氏濟忠堂刻本　二册

500000－8772－0000120　120

字學舉隅四卷　(清)龍啟瑞輯　清光緒十二年(1886)榆蔭書屋刻本　一册

500000－8772－0000121　121

御纂性理精義十二卷　(清)李光地等輯　清末刻本　一册　存五卷(八至十二)

500000－8772－0000122　122

千百年眼十二卷　(明)張燧纂　清光緒二十九年(1903)成都三鶴山房刻本　一册　存二卷(一至二)

500000－8772－0000123　123

左傳紀事本末五十三卷　(清)高士奇編　清

光緒二十四年(1898)湖南思賢書局刻本　十六册

500000－8772－0000124　124
萬氏家傳片玉心書五卷　(明)萬全撰　(清)張伯琮校定　清刻本　一册　存一卷(五)

500000－8772－0000125　125
萬氏家傳廣嗣紀要十六卷　(明)萬全撰　(清)張伯琮校定　清刻本　一册　存七卷(十至十六)

500000－8772－0000126　126
較正醫林狀元壽世保元十卷　(明)龔廷賢撰　清刻本　一册　存一卷(七)

500000－8772－0000127　127
三字經註解備要二卷　(宋)王應麟撰　(清)賀興思註解　清刻本　一册　存一卷(二)

500000－8772－0000128　128
許水南詩集二卷　(清)許儒龍撰　清道光孫氏刻古棠書屋叢書本　一册

500000－8772－0000129　129
何竹有詩集二卷　(清)何竹有撰　清道光孫氏刻古棠書屋叢書本　一册

500000－8772－0000130　130
葛仙翁肘後備急方八卷　(晉)葛洪撰　清刻道藏輯要本　一册　存四卷(一至四)

500000－8772－0000131　131
孫真人備急千金要方三十卷　(唐)孫思邈撰　清刻道藏輯要本　一册　存四卷(一至四)

500000－8772－0000132　132
聲調三譜五種　(清)王祖源輯　清光緒四川成都存古書局刻福山王氏天壤閣叢書本　二册

500000－8772－0000133　133
二如亭群芳譜二十九卷首一卷　(明)王象晉輯　清刻本(有抄配)　二十册

500000－8772－0000134　134
明丹寶鑑二十四卷　(明)張遠天鑒定　清咸豐六年(1856)湄邑永興德化寺刻本　二十四册

500000－8772－0000135　135
說文句讀三十卷　(清)王筠撰　清光緒八年(1882)刻本　十四册

500000－8772－0000136　136
鼎鍥趙田了凡袁先生編纂古本歷史大方綱鑑補三十九卷首一卷　(宋)司馬光通鑑　(宋)朱熹綱目　(明)袁黃撰　清刻本　三十五册

500000－8772－0000137　137
御撰資治通鑑綱目三編二十卷　(清)張廷玉等編　清岳邑桂林堂刻本　三册　存十六卷(一至十六)

500000－8772－0000138　138
宋史紀事本末一百〇九卷　(明)馮琦編　清光緒二十四年(1898)湖南思賢書局刻本　二十四册

500000－8772－0000139　139
春秋經傳集解三十卷　(晉)杜預撰　清刻本　十六册

500000－8772－0000140　140
明史紀事本末八十卷　(清)谷應泰撰　清光緒二十四年(1898)湖南思賢書局刻本　二十四册

500000－8772－0000141　141
大佛頂如來密因修證了義諸菩薩萬行首楞嚴經合轍十卷　(明)釋通潤撰　清刻本　十册

500000－8772－0000142　142
經史百家雜鈔二十六卷首一卷　(清)曾國藩纂　清光緒二年(1876)傳忠書局刻本　二十六册

500000－8772－0000143　143
經史百家簡編二卷　(清)曾國藩纂　清刻本　一册　存一卷(二)

500000－8772－0000144　144
校刊資治通鑑全書八種　(清)胡元常輯　清光緒十四年(1888)刻本　一百十册　存七種(資治通鑑一至二百九十四、考異一至三十、釋例一、疑一、釋文一至三十、釋文辯誤一至

十二、新校資治通鑑敘錄一至三)

500000－8772－0000145　145

康熙字典十二集檢字一卷辨似一卷備考一卷補遺一卷切韻要法一卷　(清)張玉書等撰　清道光七年(1827)刻本　四十冊

500000－8772－0000146　146

康熙字典十二集檢字一卷辨似一卷備考一卷補遺一卷切韻要法一卷　(清)張玉書等撰　清刻本　三十四冊　存十二集二卷(子、丑、寅、卯、巳上下、午、未、申、酉、戌、亥,備考一,等韻一)

500000－8772－0000147　147

康熙字典十二集檢字一卷辨似一卷備考一卷補遺一卷切韻要法一卷　(清)張玉書等撰　清同文書局石印本　二冊　存三集二卷(未、申、亥,備考一,補遺一)

500000－8772－0000148　148

康熙字典十二集檢字一卷辨似一卷備考一卷補遺一卷切韻要法一卷　(清)張玉書等撰　清刻本　三十八冊　存十二集二卷(子、丑、寅、卯、辰、巳、午、未、申、酉、戌、亥,備考一,補遺一)

500000－8772－0000149　149

新刊趙田了凡袁先生編纂古本歷史大方綱鑑補三十九卷首一卷　(宋)司馬光通鑑　(宋)朱熹綱目　(明)袁黃撰　清刻本　二十五冊　存三十四卷(三、五至十二、十五至三十九)

500000－8772－0000150　150

新刊趙田了凡袁先生編纂古本歷史大方綱鑑補三十九卷首一卷　(宋)司馬光通鑑　(宋)朱熹綱目　(明)袁黃撰　清光緒二十三年(1897)成都書局刻本　二十七冊　存三十六卷(一至四、六至十二、十五至三十八,首一)

500000－8772－0000151　151

李太白全集十六卷　(清)李調元編　清乾隆二十九年(1764)清廉學舍刻本　六冊

500000－8772－0000152　152

綱鑑擇語十卷　(清)司徒修輯　清咸豐三年(1853)學德堂刻本　四冊

500000－8772－0000153　153

近思錄十四卷　(清)江永集注　清咸豐三年(1853)刻本　四冊

500000－8772－0000154　154

資治通鑑目錄三十卷　(宋)司馬光編　清光緒十四年(1888)長沙楊氏刻本　六冊　存十九卷(十二至三十)

500000－8772－0000155　155

三通考輯要七十六卷附刊誤一卷　(清)湯壽潛輯　清光緒二十七年(1901)三合山房精校刻本　三十五冊　存七十六卷(文獻通考一至二十四,續文獻通考一至十六、十八至二十六,皇朝文獻通考一至二十六,刊誤一)

500000－8772－0000156　156

三通考輯要七十六卷　(清)湯壽潛輯　清光緒二十五年(1899)圖書集成局鉛印本　三十冊

500000－8772－0000157　157

三通考輯要七十六卷　(清)湯壽潛輯　清光緒二十七年(1901)三合山房刻本　二十二冊　存五十卷(續文獻通考一至二十五、皇朝文獻通考二至二十六)

500000－8772－0000158　158

富文堂綱鑑易知錄九十二卷　(清)吳乘權等輯　清刻本　三十一冊　存七十八卷(三至五十一、六十一至七十二、七十六至九十二)

500000－8772－0000159　159

續春秋左氏傳博議二卷　(清)王夫之撰　清光緒二十五年(1899)慎記書莊石印本　一冊

500000－8772－0000160　160

春秋世論五卷　(清)王夫之撰　清光緒二十五年(1899)慎記書莊石印本　一冊

500000－8772－0000161　161

讀通鑑論三十卷　(清)王夫之撰　清光緒二十五年(1899)公記書莊石印本　四冊　存十九卷(一至十九)

500000－8772－0000162　162
春秋家說三卷　(清)王夫之撰　清光緒二十五年(1899)慎記書莊石印本　一册

500000－8772－0000163　163
閲微草堂筆記二十四卷　(清)紀昀撰　清刻本　二册　存三卷(三至五)

500000－8772－0000164　164
皇朝瑣屑錄四十四卷　(清)鍾琦撰　清光緒二十三年(1897)刻本　七册　存三十卷(十三至四十二)

500000－8772－0000165　165
欽定春秋傳說彙纂三十八卷首二卷　(清)王掞等纂修　清刻本　二十一册　存三十七卷(一至十七、十九至三十八)

500000－8772－0000166　166
元史紀事本末二十七卷　(明)陳邦瞻撰　清光緒二十四年(1898)湖南思賢書局刻本　四册

500000－8772－0000167　167
子問二卷　(清)劉沅撰　清咸豐二年(1852)豫誠堂刻本　一册　存一卷(一)

500000－8772－0000168　168
禮記十卷　(宋)陳澔撰　清光緒十二年(1886)湖北官書處刻本　十册

500000－8772－0000169　169
朝考卷一卷　(□)□□輯　清刻本　一册

500000－8772－0000170　170
探杏譜不分卷　(清)張端卿等撰　清光緒十一年(1885)刻本　一册

500000－8772－0000171　171
翰林要訣不分卷　(清)祁世長撰　清光緒十二年(1886)刻本　一册

500000－8772－0000172　172
重校十三經不二字一卷　(清)李鴻藻輯　清光緒十二年(1886)刻本　一册

500000－8772－0000173　173
萃林詩賦不分卷　(清)張端卿等撰　清光緒十二年(1886)刻本　一册

500000－8772－0000174　174
春秋例表一卷　(清)王代豐撰　清光緒七年(1881)尊經書院刻本　一册

500000－8772－0000175　175
御定七政四餘萬年書一卷(乾隆五十六年至同治二年)　(清)欽天監編　清末欽天監刻本　四册

500000－8772－0000176　176
歷代循吏傳八卷　(清)朱軾撰　清刻本　四册

500000－8772－0000177　177
文選六十卷　(南朝梁)蕭統輯　清海錄軒朱墨套印本　八册　存四十卷(十五至四十八、五十五至六十)

500000－8772－0000178　178
大悲神咒一卷　(唐)釋伽梵達摩譯　清光緒二十六年(1900)刻本　一册

500000－8772－0000179　179
小學纂註六卷後編一卷　(清)高愈纂註　清同治七年(1868)刻本　四册

500000－8772－0000180　180
小蓬萊□□卷　(□)□□輯　清同治三年(1864)刻本　二册　存二卷(一至二)

500000－8772－0000181　181
小蓬萊□□卷　(□)□□輯　清同治三年(1864)刻本　四册　存四卷(一至四)

500000－8772－0000182　182
靈山大路三卷　題(□)樂善居士編　清宣統元年(1909)本立堂刻本　一册

500000－8772－0000183　183
鄉黨圖考十卷　(清)江永編　清道光五年(1825)刻本　四册

500000－8772－0000184　184
[咸豐]開縣志二十七卷　(清)李肇奎修　清咸豐三年(1853)本署刻本　三册　存十九卷(一至五、十二至二十四、二十六)

500000－8772－0000185　185
御批歷代通鑑輯覽一百二十卷　(清)傅恆等撰　清三味堂刻本　五十八册

500000－8772－0000186　186
對聯匯海十四卷　(清)邱日虹輯　清刻本　四册

500000－8772－0000187　187
觀善堂課藝初集□□卷二集一卷　(□)□□輯　清刻本　二册　存一卷(二集一)

500000－8772－0000188　188
觀善堂課藝初集□□卷二集一卷　(□)□□輯　清刻本　三册　存二卷(初集下、二集一)

500000－8772－0000189　189
觀善堂課藝初集□□卷二集一卷　(□)□□輯　清刻本　四册　存二卷(初集下、二集一)

500000－8772－0000190　190
觀善堂課藝初集□□卷二集一卷　(□)□□輯　清刻本　三册　存二卷(初集下、二集一)

500000－8772－0000191　191
儒門語要六卷　(清)倪元坦輯　清光緒三十四年(1908)石印本　一册

500000－8772－0000192　192
欽定七政四餘萬年書一卷(乾隆元年至道光九年)　(清)欽天監編　清末欽天監刻本　一册

500000－8772－0000193　193
三農紀十卷　(清)張宗法撰　清刻本　三册　存八卷(一至二、五至十)

500000－8772－0000194　194
書目答問不分卷　(清)張之洞撰　清刻本　一册

500000－8772－0000195　195
拾餘四種不分卷　(清)劉沅撰　清光緒二十七年(1901)刻本　一册

500000－8772－0000196　196
三通序不分卷　(唐)杜佑撰　清光緒二十七年(1901)成都書局刻本　一册

500000－8772－0000197　197
管窺輯要八十卷　(清)黄鼎纂　清順治刻本　四十册

500000－8772－0000198　198
通鑑紀事本末二百三十九卷　(宋)袁樞撰　(明)張溥論正　清光緒二十四年(1898)湖南思賢書局刻本　八十册

500000－8772－0000199　199
紀元編三卷末一卷　(清)李兆洛撰　清刻粤雅堂叢書本　三册

500000－8772－0000200　200
南華真經解三卷　(清)宣穎撰　清刻本　五册

500000－8772－0000201　201
孔氏家語十卷　(三國魏)王肅注　清刻本　四册

500000－8772－0000202　202
顧學堂課藝不分卷　(□)□□輯　清光緒元年(1875)鎔經閣刻本　二册

500000－8772－0000203　203
課藝歸源二卷　(□)□□輯　清光緒五年(1879)刻本　二册

500000－8772－0000204　204
楹聯叢話十二卷續話四卷賸話一卷巧對錄八卷巧對補錄一卷　(清)梁章鉅輯　清刻本　七册　存二十二卷(叢話一至六、十一至十二,續話一至四,賸話一,巧對錄一至八,續錄一)

500000－8772－0000205　205
庾子山集十六卷附總釋一卷　(北周)庾信撰　(清)倪璠注釋　清刻本　七册

500000－8772－0000206　206
寄傲山房塾課纂輯春秋恪旨十二卷　(清)鄒聖脈纂　(清)鄒可庭編　清刻本　一册　存

二卷(一至二)

500000－8772－0000207　207

南華真經解六卷　(清)宣穎撰　清嘉慶刻本　六冊　存五卷(一至二、四至六)

500000－8772－0000208　208

古詩源十四卷　(清)沈德潛選　清刻本　三冊　存十一卷(四至十四)

500000－8772－0000209　209

分類分韻試帖詩選五卷　(清)蕭錦忠輯　清刻本　二冊

500000－8772－0000210　210

增批直省闈墨不分卷　(清)馮一梅　(清)劉鯤校訂　清光緒三十年(1904)上海書局石印本　七冊

500000－8772－0000211　211

湘中草六卷　(清)湯傳楹撰　清康熙二十四年(1685)刻本　二冊

500000－8772－0000212　212

明文明初集一卷二集四卷　(清)路德注釋　清咸豐元年(1851)來鹿堂刻本　四冊

500000－8772－0000213　213

王先生十七史蒙求十六卷　(宋)王令撰　清道光二十八年(1848)大文堂刻本　四冊

500000－8772－0000214　214

蒙學十種八卷　(清)李本方編　清光緒二十八年(1902)開縣文倫書局鉛印本　四冊

500000－8772－0000215　215

子史精華一百六十卷　(清)允祿等撰　清雍正五年(1727)武英殿刻本　四十冊

500000－8772－0000216　216

試律大觀三十二卷　題(清)竹屏居士輯　清刻本　六冊　存三十一卷(一至三十一)

500000－8772－0000217　217

試律大觀三十二卷　題(清)竹屏居士輯　清刻本　六冊　存三十一卷(一至三十一)

500000－8772－0000218　218

時方妙用四卷　(清)陳念祖撰　清刻本　一冊

500000－8772－0000219　219

醫學實在易八卷附女科一卷　(清)陳念祖撰　清恆文堂刻本　一冊　存二卷(一至二)

500000－8772－0000220　220

女科要旨四卷　(清)陳念祖撰　清刻本　一冊

500000－8772－0000221　221

醫方辨難大成三集二百〇六卷首一卷　(□)文昌帝君飛鸞降撰　清刻本　二十二冊　存九十八卷(上集一至九十八)

500000－8772－0000222　222

宋史論三卷　(明)張溥撰　清刻朱墨套印本　二冊

500000－8772－0000223　223

圖註八十一難經辨真四卷　(戰國)秦越人撰　清刻本　一冊　存二卷(三至四)

500000－8772－0000224　224

三國志六十五卷　(晉)陳壽撰　(南朝宋)裴松之注　清刻本　十冊　存四十六卷(蜀志九至十五,魏志四至十、十四至十七、二十三至三十,吳志一至二十)

500000－8772－0000225　225

國朝先正事略六十卷　(清)李元度纂　清光緒二十八年(1902)上海天章書局石印本　八冊

500000－8772－0000226　226

鼎鍥趙田了凡袁先生編纂古本歷史大方綱鑑補三十九卷首一卷　(明)袁黃撰　清光緒二十八年(1902)鑄易書局石印本　十一冊

500000－8772－0000227　227

題體會通四編　(清)廖玉湘撰　清光緒八年(1882)翠柏書屋刻本　八冊

500000－8772－0000228　228

後漢書一百二十卷　(南朝宋)范曄撰　清同治十年(1871)成都書局刻本　二十八冊

500000－8772－0000229　229

五代史七十四卷　(宋)歐陽修撰　清光緒元年(1875)成都書局刻本　十册

500000－8772－0000230　230

五代史記纂誤續補六卷　(清)吴光耀撰　清光緒十四年(1888)江夏吴氏刻本　六册

500000－8772－0000231　231

前漢書一百二十卷　(漢)班固撰　清同治十年(1871)成都書局刻本　二十四册　存八十二卷(一至十八、二十八至五十二、五十七至七十、七十六至一百)

500000－8772－0000232　232

史記一百三十卷　(漢)司馬遷撰　(南朝宋)裴駰集解　清光緒三十一年(1905)武林竹簡齋石印本　八册

500000－8772－0000233　233

御批歷代通鑑輯覽一百二十卷　(清)傅恒等撰　清光緒二十四年(1898)上洋圖書集成局石印本　二十二册　存一百十卷(一至一百、一百十一至一百二十)

500000－8772－0000234　234

歷代史論十二卷　(明)張溥撰　清光緒九年(1883)都城蒼松山房刻朱墨套印本　五册

500000－8772－0000235　235

南史八十卷　(唐)李延壽撰　清光緒六年(1880)四川尊經書局刻本　十一册　存五十五卷(一至十三、十九至五十一、六十三至七十一)

500000－8772－0000236　236

梁書五十六卷　(唐)姚思廉撰　清同治十三年(1874)金陵書局刻本　八册

500000－8772－0000237　237

北史一百卷　(唐)李延壽撰　清光緒六年(1880)四川尊經書局刻本　二十册　存八十四卷(一至十九、二十四至三十一、三十二至四十六、五十一至六十、六十五至九十二、九十七至一百)

500000－8772－0000238　238

史記菁華録六卷　(清)姚苧田編　清刻本　四册　存四卷(一至四)

500000－8772－0000239　239

廿二史劄記三十六卷附補遺一卷　(清)趙翼撰　清光緒二十五年(1899)湖南書局刻本　十四册

500000－8772－0000240　240

二十四史　清光緒十八年(1892)武林竹簡齋刻本　一百二十九册　存十種二千七十卷(晉書一至一百三十、附音義一至三,舊唐書一至二百,唐書一至二百二十五,舊五代史一至一百五十、附考證,五代史一至七十四,宋史一至四百九十六,遼史一至一百十六、附考證,金史一至一百三十五、附考證,元史一至二百〇九,明史一至三百三十二)

500000－8772－0000241　241

國朝先正事略六十卷　(清)李元度纂　清同治八年(1869)循陔草堂刻本　十六册　存四十五卷(一、六至七、十二至十三、十六至十七、二十至二十一、二十三至三十四、三十七至六十)

500000－8772－0000242　242

史記菁華録六卷　(清)姚苧田輯　清道光四年(1824)吴興姚氏扶荔山房刻本　六册

500000－8772－0000243　243

新增說文韻府羣玉二十卷　(元)陰時夫撰　(元)陰中夫注　明末刻本　二十册

500000－8772－0000244　244

讀史大略六十卷附小沙子史略一卷　(清)沙張白撰　清道光二十五年(1845)刻本　十册

500000－8772－0000245　245

歷代史論二十二卷　(明)張溥撰　清浙江書局刻朱墨套印本　十册

500000－8772－0000246　246

聖武記十四卷　(清)魏源撰　清刻本　七册　存十三卷(二至十四)

500000－8772－0000247　247
歷代帝王年表三卷　(清)齊召南編　清刻粵雅堂叢書本　三册

500000－8772－0000248　248
能自彊齋制藝一卷　(清)汪明鑾撰　**劍虹居制藝一卷**　(清)秦煥撰　清光緒六年(1880)刻本　一册

500000－8772－0000249　249
文心雕龍十卷　(南朝梁)劉勰撰　(清)黄叔琳注　(清)紀昀評　清光緒十四年(1888)兩廣節署刻本　四册

500000－8772－0000250　250
史通削繁四卷　(清)紀昀撰　清光緒元年(1875)刻本　四册

500000－8772－0000251　251
十七史商榷一百卷　(清)王鳴盛撰　清光緒六年(1880)太原王氏刻本　二十册

500000－8772－0000252　252
仁在堂全集　(清)路德輯　清道光刻本　二十三册　存十二種(仁在堂時藝核、時藝核續編、仁在堂時藝綜、關中書院賦課、關中書院續課律賦、時藝階、關中書院詩課、仁在堂時藝課、時藝辨、時藝話、文藝金針、時藝引)

500000－8772－0000253　253
醫方辨難大成□□卷　(□)□□輯　清刻本　二册　存二卷(中集六、□集十)

500000－8772－0000254　254
諸葛丞相集四卷　(三國蜀)諸葛亮撰　(清)朱璘纂輯　清康熙三十七年(1698)萬卷堂刻本　四册

500000－8772－0000255　255
廣輿記二十四卷　(清)蔡方炳輯　清嘉慶七年(1802)刻本　五册　存十二卷(一至三、十至十一、十四至二十)

500000－8772－0000256　256
重訂文選集評十五卷首一卷末一卷　(清)于光華編　清咸豐九年(1859)刻本　十二册　存十三卷(一至七、十二至十五,首一,末一)

500000－8772－0000257　257
長沙方歌括六卷　(清)陳念祖撰　清刻本　一册　存二卷(一至二)

500000－8772－0000258　258
張仲景傷寒論原文淺註六卷　(清)陳念祖集註　清刻本　三册　存五卷(二至六)

500000－8772－0000259　259
靈素提要淺註十二卷　(清)陳念祖集註　清光緒元年(1875)善成堂刻本　五册　存十卷(一至二、五至十二)

500000－8772－0000260　260
吴梅村詞一卷　(清)吴偉業撰　清宣統二年(1910)石印本　一册

500000－8772－0000261　261
分類詩腋八卷　(清)李楨編　清刻本　四册

500000－8772－0000262　262
杜詩詳註二十五卷首一卷　(清)仇兆鰲輯註　清刻本　二册　存三卷(六、十六,首一)

500000－8772－0000263　263
長沙藥解四卷　(清)黄元御撰　清刻本　一册

500000－8772－0000264　264
金匱方歌括六卷　(清)陳念祖撰　清刻本　一册　存二卷(三至四)

500000－8772－0000265　265
萬氏家傳幼科發揮二卷　(明)萬全撰　清視履堂刻本　一册　存一卷(一)

500000－8772－0000266　266
曾文正公大事記四卷　(清)王定安撰　清光緒二年(1876)傳忠書局刻本　二册

500000－8772－0000267　267
八銘堂塾鈔初集六卷二集六卷　(清)吴懋政編　清刻本　八册

500000－8772－0000268　268
閱微草堂擷鈔音釋五卷　(清)紀昀撰　清光

緒十四年(1888)刻本　二冊　存二卷(一至二)

500000－8772－0000269　269
有正味齋試帖詩註初集五卷二集六卷　(清)吳錫麒撰　清道光十五年(1835)鹿鶴堂刻本　四冊

500000－8772－0000270　270
元史二百十卷目錄二卷　(明)宋濂等修　清同治十二年(1873)江蘇書局刻本　十冊　存五十二卷(一至五十二)

500000－8772－0000271　271
續古文辭類纂三十四卷　王先謙纂　清光緒八年(1882)王氏刻本　八冊

500000－8772－0000272　272
古文辭類纂七十四卷　(清)姚鼐纂　清光緒十九年(1893)思賢講舍刻本　十二冊

500000－8772－0000273　273
古文辭類纂七十五卷　(清)姚鼐纂　清同治八年(1869)問竹軒刻本　十五冊

500000－8772－0000274　274
御纂詩義折中二十卷　(清)傅恒等撰　清文光堂刻本　八冊

500000－8772－0000275　275
御纂性理精義十二卷　(清)李光地等撰　清刻本　六冊

500000－8772－0000276　276
讀詩鈔說四卷　(清)張澍撰　清光緒十三年(1887)蓉城刻本　二冊

500000－8772－0000277　277
杜詩鏡銓二十卷　(清)楊倫撰　清同治十一年(1872)望三益齋刻本　十冊

500000－8772－0000278　278
御纂朱子全書六十六卷　(清)李光地等編　清同治八年(1869)四川刻本　三十冊

500000－8772－0000279　279
淵鑒齋御纂朱子全書六十六卷　(清)李光地等編　清康熙刻本　三十九冊　存四十九卷(一至六、十一至三十六、三十八至四十四、五十七至六十六)

500000－8772－0000280　280
說文解字十五卷　(漢)許慎記　(宋)徐鉉等校定　**說文通檢十四卷首一卷末一卷說文校字記一卷**　(清)黎永椿編　清同治十二年(1873)番禺陳氏刻本　四冊　存十一卷(六至七、十至十五,通檢一,首一,校字記一)

500000－8772－0000281　281
說文通檢十四卷首一卷末一卷　(清)黎永椿編　清光緒二年(1876)崇文書局刻本　二冊

500000－8772－0000282　282
盛世危言全編□□卷　(清)鄭觀應撰　清光緒二十三年(1897)劍南同德會刻本　八冊　存十四卷(一至十四)

500000－8772－0000283　283
東萊先生左氏博議二十五卷　(宋)呂祖謙撰　清同治七年(1868)永康胡氏退補齋刻本　四冊

500000－8772－0000284　284
東萊博議四卷　(宋)呂祖謙撰　清光緒八年(1882)崇明馮泰松雲伯刻本　二冊　存三卷(一至三)

500000－8772－0000285　285
全五代詩一百卷補遺一卷　(清)李調元輯　清乾隆刻本　二十四冊

500000－8772－0000286　286
全五代詩一百卷補遺一卷　(清)李調元編　清乾隆刻本　一冊　存五卷(五十七至六十一)

500000－8772－0000287　287
張楊園先生全集六卷　(清)李文耕輯　清同治元年(1862)刻本　四冊

500000－8772－0000288　288
文選六十卷　(南朝梁)蕭統輯　(唐)李善注　清光緒十八年(1892)京都琉璃廠刻雙色套印本　十冊

500000－8772－0000289　289

說文解字十五卷附說文部目分韻一卷六書音均表五卷　(清)段玉裁註　清刻本　二十五冊　存二十卷(二至十五、部目分韻一、六書音均表一至五)

500000－8772－0000290　290

曾文正公全集　(清)曾國藩撰　清同治光緒傳忠書局刻本　一百十六冊　存十種一百〇六卷(十八家詩鈔一至十六、十八至二十八、首一,曾文正公雜著一至二、首一,求闕齋日記類鈔一至二,求闕齋讀書録一至十,曾文正公年譜一至十二,曾文正公批牘一至六,曾文正公書札一至三十三、首一,曾文正公詩集一至三、文集一至三、首一,鳴原堂論文二卷,經史百家簡編二卷)

500000－8772－0000291　291

聊齋志異詳註十六卷　(清)蒲松齡撰　(清)王士正評　(清)呂湛恩註　清道光二十六年(1846)刻本　十六冊

500000－8772－0000292　292

隨園三十八種　(清)袁枚撰　清光緒倉山舊主石印本　二十三冊　存二十五種二百三十四卷(小倉山房文集一至三十五、外集一至八、詩集一至三十七補遺一至二、袁太史稿一、小倉山房尺牘一至十、新齊諧一至二十四續一至九、隨園隨筆一至二十七、隨園詩話一至九、箏船詞一、捧月樓詞一至二、綠秋草堂詞選一、玉山堂詞一、過雲精舍詞一至二、碧梧山館詞一至二、繡餘吟稿一、盈書閣遺稿一、樓居小草一、隨園鎖記一至二、湘痕閣詩稿一至二詞稿一、瑤華閣詩草一、詞鈔一補遺一、涉洋管見一至二、閩南雜咏一、隨園女弟子詩選一至六、飲水詞鈔一至二、碧腴齋詩存一至八、南園詩選一至二、筱雲詩集一至二、隨園食單一、隨園八十壽言一、續同人集送行留別類一、慶賀類一、答謝類一、閨秀類一、文類一至四、過訪類一、投贈類一、宴集類一、放燈類一、寄懷類一、生挽類一、紅豆村人詩稿一至十二)

500000－8772－0000293　293

東塾讀書記二十五卷　(清)陳澧撰　清光緒二十四年(1898)紉蘭書館刻本　四冊　存十五卷(一至十二、十五至十六、二十一)

500000－8772－0000294　294

唐詩三百首註釋六卷姓氏小傳一卷　(清)蘅塘退士編　(清)章燮等註　清光緒十年(1884)湖南經濟書局刻本　四冊

500000－8772－0000295　295

西堂全集　(清)尤侗撰　清刻本　十二冊　存十一種集(西堂雜俎一集八卷、西堂雜俎二集八卷、西堂雜俎三集八卷、西堂秋夢錄一卷、西堂剩稿二卷、看雲草堂集八卷、述祖詩一卷、于京集五卷、哀絃集二卷、擬明史樂府一卷、外國竹枝詞一卷)

500000－8772－0000296　296

雪堂詩集四卷　(清)傅作輯撰　清乾隆五十九年(1794)刻本　三冊　存三卷(燕山集一、西征集一、南行集一)

500000－8772－0000297　297

本草綱目五十二卷　(明)李時珍撰　清同治十一年(1872)芥子園刻本　三十八冊

500000－8772－0000298　298

斯文精萃不分卷　(清)尹繼善輯　清乾隆刻本　十冊

500000－8772－0000299　299

洪北江詩話六卷　(清)洪亮吉撰　清宣統元年(1909)掃葉山房石印本　二冊

500000－8772－0000300　300

曾惠敏公遺集　(清)曾紀澤著　清末鉛印本　四冊　存四種十七卷(奏疏一至六,文集一至五,日記一至二,歸樸齋詩鈔戊集一至二、己集一至二)

500000－8772－0000301　301

常惺惺齋文集十卷詩集十一卷　(清)李炳奎撰　(清)陳偉勛選　清宣統二年(1910)鉛印本　五冊

500000－8772－0000302　302

古文分編集評二十二卷　(清)于光華撰　清刻本　十九册　存二十卷(初集上一至二、下一至三,二集上一至三、下一至二,三集一至二、五至八,四集一至四)

500000－8772－0000303　303
白香山詩集長慶集二十卷後集十七卷别集一卷補遺二卷　(唐)白居易撰　清康熙四十一年(1702)汪氏一隅草堂刻本　九册

500000－8772－0000304　304
道古堂文集四十八卷詩集二十六卷集外文一卷集外詩一卷軼事一卷　(清)杭世駿撰　清乾隆刻本　八册　存三十八卷(文集四十至四十八、詩集一至二十六、集外文一、集外詩一、軼事一)

500000－8772－0000305　305
御選唐宋文醇五十八卷　(清)高宗弘曆選　清光緒三年(1877)浙江書局刻本(六至九抄補)　二十四册

500000－8772－0000306　306
東湖草堂賦鈔初集二卷賦論一卷二集四卷三集四卷四集四卷　(清)程祥棟編輯　清光緒三年(1877)刻本　十册

500000－8772－0000307　307
童山詩集四十二卷附二卷　(清)李調元撰　清乾隆中綿州李氏刻本　十册

500000－8772－0000308　308
詳註分韻試帖青雲集四卷　(清)楊逢春等輯　(清)沈品金註　清刻本　三册　存三卷(一至三)

500000－8772－0000309　309
韞山堂時文初集一卷二集二卷三集一卷　(清)管世銘撰　清光緒六年(1880)湖南書局刻本　四册

500000－8772－0000310　310
船山詩草補遺六卷　(清)張問陶撰　清道光二十九年(1849)刻本　一册

500000－8772－0000311　311
船山詩草二十卷　(清)張問陶撰　清光緒十八年(1892)宏道堂刻本　五册

500000－8772－0000312　312
八銘堂塾鈔初集六卷二集六卷　(清)吳懋政編　清刻本　八册

500000－8772－0000313　313
庸庵文編二十一卷　(清)薛福成撰　清光緒二十三年(1897)上海醉六堂石印本　十一册

500000－8772－0000314　314
四書大全摘要　(清)李武輯　清刻本　十二册

500000－8772－0000315　315
隨園叢書　(清)袁枚撰　清道光五年(1825)刻本　九册　存三種(隨園詩話一至十六、補遺一至三、增補一至十六、補遺一至十)

500000－8772－0000316　316
歷代史論二卷　(明)顧允撰　清光緒十二年(1886)刻本　一册

500000－8772－0000317　317
七十家賦鈔六卷　(清)張惠言輯　清光緒四年(1878)大成會刻本　三册

500000－8772－0000318　318
袁文箋正十六卷　(清)袁枚撰　(清)石韞玉箋　清光緒八年(1882)汗青簃刻本　八册

500000－8772－0000319　319
皇朝經世文編一百二十卷　(清)賀長齡輯　清刻本　五十八册　存八十六卷(十二至三十一、三十六至六十九、八十九至一百二十)

500000－8772－0000320　320
丁文誠公奏稿二十六卷首一卷　(清)丁寶楨撰　清光緒二十二年(1896)南海羅氏成都刻本　十五册　存二十五卷(二至二十六)

500000－8772－0000321　321
史記一百三十卷　(漢)司馬遷撰　(南朝宋)裴駰集解　(唐)司馬貞索隱　清同治成都書局刻本　十二册　存五十五卷(六至七、十三至十六、二十八至三十六、四十一至四十三、

四十八至五十五、九十二至九十九、一百十至一百三十)

500000－8772－0000322　322
續資治通鑑二百二十卷　(清)畢沅撰　清光緒二十六年(1900)上海圖書集成局鉛印本　二十六冊　存二百〇五卷(一至五十二、六十八至二百二十)

500000－8772－0000323　323
鼎鍥趙田了凡袁先生編纂古本歷史大方綱鑑補四十卷首一卷　(明)袁黄編纂　**御撰資治通鑑綱目三編二十卷**　(清)張廷玉等編　清刻本　三十二冊　存五十九卷(二至四十、御撰資治通鑑綱目三編一至二十)

500000－8772－0000324　324
增訂漢魏叢書　(清)王謨輯　清刻本　五十六冊　存七十八種四百二十卷(焦氏易林一至四、易傳一至三、關氏易傳一、周易略例一、古三墳一、汲塚周書一至十、詩傳孔氏傳一、詩説一、韓詩外傳一至十、毛詩草木鳥獸蟲魚疏一至二、大戴禮記一至十三、春秋繁露一至十七、白虎通德論一至四、獨斷一、忠經一、孝傳一、小爾雅一、方言一至十三、博雅一至十、釋名一至四、十六國春秋一至十六、元經薛氏傳一至十、群輔錄一、英雄記鈔一、高士傳一至二、蓮社高賢傳一、神仙傳一至十、孔叢二卷一至二、新語一至二、新書一至十、新序一至十、説苑一至二十、淮南鴻烈解一至二十一、鹽鐵論一至十二、法言一至十、申鑒一至五、論衡一至三十、潛夫論一至十、中論一至二、中説一至二、風俗通義一至十、人物志一至三、新論一至十、顔氏家訓一至二、參同契一、陰符經一、風后握奇經一附握奇經續圖一、素書一、心書一、古今註一至三、博物志一至十、文心雕龍一至十、詩品一至三、書品一、尤射一、拾遺記一至十、述異記一至二、續齊諧記一、搜神記一至八、搜神後記一至二、還冤記一、神異經一、海内十洲記一、别國洞冥記一至四、枕中書一、佛國記一、伽藍記一至五、三輔黄圖一至六、水經一至二、星經一至二、荆楚歲時記一、南方草木狀一至三、竹譜一、禽經一、古今刀劍錄一、鼎錄一、天禄閣外史一至八、華陽國志四至十四)

500000－8772－0000325　325
後漢書一百二十卷　(南朝宋)范曄撰　(唐)李賢注　清光緒十五年(1889)武林竹簡齋石印本　二十冊

500000－8772－0000326　326
亞美利加洲通史十編　(清)戴彬編譯　清光緒二十八年(1902)商務印書館鉛印本　二冊

500000－8772－0000327　327
資治通鑑二百九十四卷　(宋)司馬光編　清光緒二十六年(1900)上海圖書集成局鉛印本　十八冊　存一百二十三卷(二至三十、一百十二至一百六十一、一百九十八至二百二十八、二百六十六至二百七十八)

500000－8772－0000328　328
經義述聞三十二卷　(清)王引之撰　清末民初上海文瑞樓石印本　十九冊　存三十一卷(一至三十一)

500000－8772－0000329　329
淵鑑類函十冊　(清)張英等纂　清光緒二十三年(1897)上海點石齋石印本　九冊　存九冊

500000－8772－0000330　330
淵鑑類函十冊　(清)張英等纂　清光緒二十三年(1897)上海點石齋石印本　三冊　存三冊(四禮儀、五文學、九珍寶)

500000－8772－0000331　331
中興名臣事略八卷　(清)朱孔彰撰　清石印本　二冊

500000－8772－0000332　332
歷代名臣言行錄二十四卷　(清)朱桓撰　清末上海文盛書局石印本　八冊

500000－8772－0000333　333
資治通鑑二百九十四卷　(宋)司馬光撰　清光緒二十六年(1900)上海圖書集成局鉛印本　二十冊　存一百四十二卷(四至一百十、一

百六十二至一百九十六)

500000－8772－0000334　334
御撰資治通鑑綱目三編二十卷　(清)張廷玉撰　清咸豐五年(1855)刻本　四册

500000－8772－0000335　335
輶軒語不分卷　(清)張之洞撰　清末成都三餘堂韓氏刻本　一册

500000－8772－0000336　336
十三經注疏并校勘記　清光緒二十三年(1897)點石齋石印本　二十八册

500000－8772－0000337　337
佩文韻府一百〇六卷拾遺一百〇六卷　(清)孫致彌纂修　清光緒十三年(1887)上海點石齋石印本　六十一册

500000－8772－0000338　338
鼎鍥趙田了凡袁先生編纂古本歷史大方綱鑑補三十九卷首一卷　(明)袁黄撰　**御撰資治通鑑綱目三編二十卷**　(清)張廷玉等編　清刻本　三十二册

500000－8772－0000339　339
左繡三十卷　(晉)杜預原本　(宋)林堯叟註　(唐)陸德明音義　(清)馮李驊增訂　清宣統三年(1911)上海會文堂石印本　十四册　存二十七卷(一至十六、十九至二十九)

500000－8772－0000340　340
選註六朝唐賦二卷　(清)馬傳庚註　清光緒十三年(1887)上海點石齋影印京都王燕書巢本　二册

500000－8772－0000341　341
御批歷代通鑑輯覽一百二十卷　(清)傅恒等撰　清石印本　十六册　存七十八卷(二十至二十四、三十至五十四、五十九至七十一、七十六至七十九、八十五至一百〇八、一百十四至一百二十)

500000－8772－0000342　342
歷代通鑑輯覽一百二十卷　(清)傅恒等撰　清石印本　三册　存十四卷(六十八至七十五、一百〇三至一百〇八)

500000－8772－0000343　343
地方自治淺説不分卷　(清)孟森撰　清宣統元年(1909)鉛印本　一册

500000－8772－0000344　344
有正味齋駢體文二十四卷　(清)吳錫麒撰　(清)王廣業箋　(清)葉聯芬注　清光緒十五年(1889)蜚英館石印本　四册

500000－8772－0000345　345
荀子二十卷首一卷　(唐)楊倞注　清光緒十七年(1891)長沙王氏刻本　六册

500000－8772－0000346　346
讀書雜志八十二卷餘編二卷　(清)王念孫撰　清末民初上海文瑞樓石印本　二十四册

500000－8772－0000347　347
廣雅疏證十卷　(清)王念孫撰　清末民初上海文瑞樓石印本　八册　存六卷(一至六)

500000－8772－0000348　348
御案詩經備旨八卷　(清)鄒聖脈纂輯　清刻本　四册

500000－8772－0000349　349
左傳紀事本末五十三卷　(清)高士奇撰　清石印本　三册　存三十五卷(十二至二十五、三十三至五十三)

500000－8772－0000350　350
寄傲山房塾課纂輯春秋備旨十二卷　(清)鄒聖脈纂　清刻本　四册　存七卷(四至十)

500000－8772－0000351　351
左傳史論二卷　(清)高士奇論正　清刻本　一册

500000－8772－0000352　352
明史論四卷　(清)谷應泰論正　清刻本　二册

500000－8772－0000353　353
重訂文選集評十五卷首一卷末一卷　(清)于光華編　清末民初上海掃葉山房石印本　十六册

500000－8772－0000354　354
前漢書一百卷　(漢)班固撰　(唐)顏師古注　清末上掃葉山房石印本　八冊　存四十卷(二十五至六十四上)

500000－8772－0000355　355
點評春秋綱目左傳句解彙雋六卷　(清)韓菼重訂　清末廣益書局石印本　三冊　存三卷(一、二、五)

500000－8772－0000356　356
日知錄集釋三十二卷首一卷刊誤二卷　(清)顧炎武撰　(清)黄汝成集釋　清末民初上海錦章書局石印本　六冊

500000－8772－0000357　357
史記菁華錄六卷　(清)姚苧田輯　清末石印本　五冊　存五卷(一至五)

500000－8772－0000358　358
增像全圖三國演義六十卷一百二十回　(清)毛宗崗評　清末石印本　六冊

500000－8772－0000359　359
第一才子書十六卷一百二十回　(清)毛宗崗評　清末廣益書局鉛印本　十二冊　存十二卷(五至十六卷)

500000－8772－0000360　360
三通考輯要七十六卷　(清)湯壽潛輯　清光緒石印本　二十冊　存七十五卷(文獻通考一至二十四,續文獻通考一至十八、二十至二十六,皇朝文獻通考輯要一至二十六)

500000－8772－0000361　361
御批歷代通鑑輯覽一百二十卷　(清)傅恆等撰　清光緒十三年(1887)上海同文書局石印本　二十冊

500000－8772－0000362　362
古今圖書集成一萬卷目錄四十卷　清光緒上海圖書集成局鉛印本　十冊　存五十三卷(藝術典八十八至九十一、一百十六至一百四十、一百七十七至一百八十二、二百十四至二百二十、二百二十七至二百三十一、二百五十七至二百六十二)

500000－8772－0000363　363
文字發凡四卷　(清)龍志澤輯　清光緒三十二年(1906)上海廣智書局鉛印本　二冊

500000－8772－0000364　364
左繡三十卷　(晉)杜預原本　(宋)林堯叟附註　(唐)陸德明音義　(清)馮李驊增訂　清末民初上海廣益書局石印本　十二冊

500000－8772－0000365　365
新刻黄掌綸先生評訂神仙鑑首集二十二卷　(清)徐道述撰　清末民初上海江東茂記書局石印本　二十四冊

500000－8772－0000366　366
增評加批歷史綱鑑補三十九卷首一卷　(宋)司馬光通鑑　(宋)朱熹綱目　(明)袁黄　(明)王世貞編纂　清末民初上海廣益書局石印本　九冊　存二十二卷(一至二十一、首一卷)

500000－8772－0000367　367
重鐫地理天機會元正篇體用括要□□卷　(宋)廖瑀撰　清末民初上海廣益書局石印本　五冊　存十四卷(六至十九)

500000－8772－0000368　368
皇朝經世文編一百二十卷　(清)賀長齡輯　清光緒二十四年(1898)上海宏文閣石印本　二十四冊

500000－8772－0000369　369
皇朝經世文編一百二十卷　(清)賀長齡輯　清光緒十三年(1887)上海點石齋石印本　十二冊

500000－8772－0000370　370
皇朝經世文三編八十卷　(清)陳忠倚輯　清光緒二十七年(1901)上海書局石印本　十六冊

500000－8772－0000371　371
皇朝經世文新編二十一卷　(清)麥仲華輯　清末石印本　十五冊　存十九卷(三至二十一)

500000－8772－0000372　372

史略提綱註釋六卷　(清)羅繡文撰　清刻本　一冊　存二卷(二至三)

500000－8772－0000373　373

詩經二十卷　(宋)朱熹集傳　清刻本　一冊　存三卷(六至八)

500000－8772－0000374　374

書業堂新訂千家詩二卷　(清)李希賢訂　清咸豐十年(1860)書業堂刻本　一冊

500000－8772－0000375　375

分體利試文□□卷　(□)□□撰　清忠恕堂刻本　二冊　存一卷(中)

500000－8772－0000376　376

皇朝經世文三編八十卷　(清)陳忠倚輯　清末石印本　一冊　存五卷(三十一至三十五)

500000－8772－0000377　377

四書正本十九卷　(宋)朱熹章句　清同治四年(1865)忠恕堂刻本　一冊　存一卷(大學一)

500000－8772－0000378　378

御撰通鑑綱目三編二十卷末一卷　(□)□□撰　清刻本　一冊　存四卷(十八至二十、末一)

500000－8772－0000379　379

詩毛氏傳疏三十卷　(清)陳奐撰　清末民初文瑞樓石印本　一冊　存二卷(十六至十七)

500000－8772－0000380　380

大體觀海初集二集　(□)□□撰　清末石印本　四十七冊

重慶師範大學圖書館古籍普查登記目録

全國古籍普查登記目録

國家圖書館出版社
National Library of China Publishing House

500000－8742－0000001　T1.1/1
欽定四庫全書簡明目錄二十卷首一卷　(清)紀昀等編　清同治六年(1867)刻本　十六冊

500000－8742－0000002　T1.1/2
彙刻書目不分卷　(清)顧修編　清光緒十五年(1889)刻本　十七冊

500000－8742－0000003　T1.1/5
欽定四庫全書總目提要二百卷　(清)紀昀等編　清宣統二年(1910)石印本　三十二冊

500000－8742－0000004　T1.1/8
後漢書藝文志考證十卷　(宋)王應麟著　清光緒十年(1884)刻本　四冊

500000－8742－0000005　T1.1/9
補續漢書藝文志一卷　(清)錢大昭撰　清光緒十四年(1888)刻本　一冊

500000－8742－0000006　T1.1/10
補元史藝文志四卷　(清)錢大昕撰　清光緒十九年(1893)刻本　一冊

500000－8742－0000007　T1.1/12
歐鉢羅室書畫過目考四卷　(清)李玉棻編　清光緒二十三年(1897)刻本　四冊

500000－8742－0000008　T1.1/13
八史經籍志八種　(日本)□□輯　清光緒九年(1883)刻本　十六冊

500000－8742－0000009　T1.1/16
補晉書藝文志四卷　(清)丁國鈞撰　清刻本　一冊　存二卷(三至四)

500000－8742－0000010　T1.1/17
元史藝文志四卷元史氏族表三卷　(清)錢大昕補撰　清嘉慶五年(1800)刻本　三冊

500000－8742－0000011　T1.2/2
訂訛雜錄十卷　(清)胡鳴玉撰　清嘉慶十八年(1813)蕭山陳氏湖海樓刻本　二冊

500000－8742－0000012　T1.2/3
校讎述林四卷　(清)劉咸炘撰　清光緒二年(1876)刻本　二冊　存二卷(一至二)

500000－8742－0000013　T1.3/1
康熙字典十二集總目一卷檢字一卷辨似一卷等韻一卷補遺一卷　(清)張玉書等纂　清道光十七年(1837)刻本　六冊

500000－8742－0000014　T1.3/6
康熙字典十二集總目一卷檢字一卷辨似一卷等韻一卷補遺一卷　(清)張玉書等纂　清道光七年(1827)刻本　四十冊

500000－8742－0000015　T1.4/3
淵鑑類函四百五十卷目錄四卷　(清)張英等纂　清光緒十三年(1887)刻本　四十八冊

500000－8742－0000016　T1.4/5
太平御覽一千卷　(宋)李昉等纂　清嘉慶十二年至十七年(1807－1812)刻本　九十六冊

500000－8742－0000017　T1.4/10
藝文類聚一百卷　(唐)歐陽詢撰　(明)王元貞校勘　清光緒五年(1879)華陽宏達堂刻本　四十冊

500000－8742－0000018　T1.4/12
增廣尚友錄統編二十四卷　題(清)錢湖釣徒編　清刻本　十六冊

500000－8742－0000019　T1.4/14
佩文韻府一百〇六卷　(清)張玉書等撰　清光緒二十一年(1895)刻本　二十四冊

500000－8742－0000020　T1.4/15
御定駢字類編二百四十卷　(清)聖祖玄燁纂　清光緒十三年(1887)上海同文書局石印本　四十八冊

500000－8742－0000021　T1.4/17
皇朝詞林典故六十四卷　(清)朱珪等編　清宣統元年(1909)石印本　三十四冊

500000－8742－0000022　T1.4/27
北堂書鈔一百六十卷首一卷　(唐)虞世南輯　清光緒十四年(1888)南海孔廣陶三十有三萬卷堂刻本　二十冊

500000－8742－0000023　T1.4/29
增廣留青新集二十四卷　(清)上海源記書局

輯　清光緒二十五年(1899)石印本　十二册

500000－8742－0000024　T1.4/31

清異錄二卷　(宋)陶穀撰　清光緒二十五年(1899)刻本　二册

500000－8742－0000025　T1.4/34

玉海二百〇四卷　(宋)王應麟撰　清嘉慶十一年(1806)合河康氏刻本　一百二十一册

500000－8742－0000026　T1.6/4

通雅五十二卷首三卷刊誤一卷　(明)方以智撰　清光緒六年(1880)刻本　十册

500000－8742－0000027　T1.6/10

龍文鞭影二卷　(明)蕭良有撰　(明)楊臣諍增訂　清光緒二十五年(1899)刻本　二册

500000－8742－0000028　T1.7/8(2)

古逸叢書二十六種　(清)黎庶昌輯　楊守敬輯　清光緒十年(1884)刻本　四十九册

500000－8742－0000029　T1.7/21

平津館叢書四十三種　(清)孫星衍輯　清光緒十一年(1885)吳縣朱氏槐廬家塾刻本　二十册　存二十二種(魏武帝注孫子三卷、吳子二卷、司馬瀍三卷、尸子二卷、燕丹子三卷、牟子一卷、漢禮器制度一卷、漢官一卷、漢官解詁一卷、漢舊儀二卷附補遺二卷、漢官儀二卷、漢官典職儀式選用一卷、魏三體石經遺字考一卷、琴操二卷附補遺一卷、穆天子傳六卷附錄一卷、竹書紀年二卷、古刻叢鈔一卷、渚宮舊事五卷附補遺一卷、三輔黄圖一卷、孔子集語十七卷、尚書考異六卷、續古文苑二十卷)

500000－8742－0000030　T1.7/22

觀古堂彙刻書三十七種　葉德輝輯　清光緒二十一年至三十四年(1895－1908)長沙葉氏觀古堂刻本　三十二册

500000－8742－0000031　T1.7/23

漢魏遺書鈔一百〇七種　(清)王謨輯　清嘉慶三年(1798)刻本　十六册　存五十六種(經翼第一册歸藏一卷附連山易一卷、九家易解一卷、周易章句一卷、易傳一卷、易飛候一卷、周易洞林一卷、元包一卷、尚書大傳二卷、尚書注一卷、今文尚書說一卷、古文尚書疏一卷、洪範五行傳二卷、尚書中候一卷、百兩篇一卷、韓詩内傳一卷、韓詩翼要一卷、魯詩傳一卷、鄭氏詩譜一卷、毛詩譜注一卷、毛詩異同評一卷、毛詩序義一卷、毛詩答雜問一卷、毛詩箋音義證一卷、毛詩義疏一卷,第二册三禮目錄一卷、三禮義宗一卷、三禮圖一卷、五禮駁一卷、周官傳一卷、周官禮注一卷、喪服經傳一卷、喪服變除一卷、喪服變除圖一卷、喪服要記一卷、喪服經傳略注一卷、喪服釋疑一卷、小戴禮記注一卷、禮記音義隱一卷、月令章句一卷、明堂月令論一卷、四民月令一卷、魯禮禘祫志一卷、禮統一卷、石渠禮論一卷、漢禮器制度一卷附胡廣漢制度一卷、問禮俗一卷、皇覽逸禮一卷附中霤禮、王度記一卷附三正記、謚法一卷、樂經一卷、樂元語一卷、古今樂錄一卷、樂論一卷、鐘律書一卷、琴清英一卷、琴操一卷、歌錄一卷)

500000－8742－0000032　T1.7/24

積學齋叢書二十種　徐乃昌輯　清光緒中南陵徐氏刻本　十册

500000－8742－0000033　T1.7/25

湖海樓叢書十二種　(清)陳春輯　清嘉慶二十四年(1819)刻本　三十二册

500000－8742－0000034　T1.7/27

儆季襍著二十一卷附四卷七種　(清)黄以周撰　清光緒二十年至二十一年(1894－1895)江蘇南菁講舍刻本　十册

500000－8742－0000035　T1.7/29

拜經樓叢書七種二十三卷　(清)吳騫輯　清光緒十一年(1885)刻本　八册

500000－8742－0000036　T1.7/30

浦城遺書十五種　(清)祝昌泰輯　清嘉慶十六年(1811)浦城周氏留香室刻本　十五册　存九種(春渚紀聞十卷、何博士備論一卷、西昆酬唱集二卷、武夷新集二十卷、楊仲宏集八卷、西山文鈔八卷、真山民集一卷、忘筌書十卷、春秋四傳私考二卷)

500000－8742－0000037　T1.7/34
琳琅秘室叢書四集三十種　（清）胡珽輯　清光緒十四年（1888）活字本　二十六冊　缺一種（密齋筆記五卷續筆記一卷附校訛二卷續校一卷）

500000－8742－0000038　T1.7/40
古經解彙函二十四種小學彙函十四種　（清）鍾謙鈞等輯　清同治十二年（1873）粵東書局刻本　八十冊

500000－8742－0000039　T1.7/42
風雨樓叢書二十六種　鄧實輯　清宣統二年（1910）風雨樓鉛印本　三十一冊　存十八種（日知錄之餘四卷、容甫先生遺詩五卷補遺一卷附錄一卷、信摭一卷、讀畫錄四卷、定盦詩集定本二卷、松圓偈庵集二卷、天遊閣集五卷詩補一卷附錄一卷、謫麐堂遺集文二卷詩二卷補遺一卷、庚子銷夏記八卷閒者軒帖考一卷、南雷餘集一卷、秋笳集八卷補遺一卷、錢牧齋尺牘三卷補遺一卷、投筆集箋注二卷、帶經堂書目四卷、乙卯劄記一卷、丙辰劄記一卷、清暉閣贈貽尺牘二卷、清暉贈言十卷）

500000－8742－0000040　T1.7/44
正誼堂全書六十三種　（清）張伯行輯　（清）楊浚重輯　清同治五年（1866）刻本　十四冊　存七種（讀禮志疑六卷、讀朱隨筆四卷、魏莊渠先生集二卷、湯潛庵先生集二卷、朱子語類輯略八卷、困學錄集萃八卷、小學集解六卷）

500000－8742－0000041　T1.7/46
榆園叢刻十六種　（清）許增輯　清同治光緒刻本　十六冊

500000－8742－0000042　T1.7/49
粵雅堂叢書初編十集二編十集三編十集　（清）伍崇曜輯　（清）譚瑩校勘　清道光至光緒南海伍氏粵雅堂刻本　一百二十八冊　存十二集（初編一至十、二編十一至十二）

500000－8742－0000043　T1.7/51
十萬卷樓叢書初編　（清）陸心源輯　清光緒五年（1879）歸安陸心源十萬卷樓刻本　二十四冊

500000－8742－0000044　T1.7/53
靈鶼閣叢書六集五十六種　（清）江標輯　清光緒元和江氏湖南使院刻本　三十七冊　缺四種（第一集先正讀書訣、第二集士禮居藏書題跋記續二卷、第五集藏書紀事詩六卷、第六集黃蕘圃先生年譜二卷）

500000－8742－0000045　T1.7/61
玉函山房輯佚書五百九十四種　（清）馬國翰輯　清光緒九年（1883）長沙嫏嬛館刻本　九十六冊

500000－8742－0000046　T1.7/63
娛園叢刻十二種　（清）許增輯　清刻本　四冊

500000－8742－0000047　T1.7/81
硯雲甲編八種乙編八種　（清）金忠淳輯　清光緒申報館鉛印本　四冊　存四種（甲編南中紀聞一卷、耳新八卷、夢憶一卷，乙編汴京勼異記一至六）

500000－8742－0000048　T1.7/87
述古叢鈔四集二十九種　（清）劉晚榮撰　清同治十年（1871）刻本　二十冊　缺十二種（經絡歌訣一卷、傷寒六經定法一卷，第三集，第四集）

500000－8742－0000049　T5.10/2
震澤紀聞二卷　（明）王鏊撰　明嘉靖刻本　一冊

500000－8742－0000050　T5.3/17
古文淵鑒五十四卷　（清）徐乾學編注　清康熙內府刻四色套印本　三十六冊

500000－8742－0000051　T4.1/8
莊子南華經五卷　（戰國）莊周著　（晉）向秀（晉）郭子元評注　明刻清修本　十冊

500000－8742－0000052　T1.4/4
淵鑑類函四百五十卷　（清）張英等纂　清康熙四十九年（1710）內府刻本　一百四十冊

500000－8742－0000053　T3.5/29
宋本韓柳二先生年譜八卷　（清）馬曰琯輯

清雍正七年(1729)小玲瓏山館刻本　一册

500000－8742－0000054　T5.2/17(1)
陶淵明集八卷首一卷末一卷　(晉)陶潛撰　(南朝梁)蕭統輯　清光緒六年(1880)刻三色套印本　二册

500000－8742－0000055　T1.8/3
邵武徐氏叢書　(清)徐幹輯　清刻本　十八册

500000－8742－0000056　T5.3/99
欽定國朝詩別裁集三十二卷　(清)沈德潛纂評　清乾隆二十六年(1761)内府刻本　十二册

500000－8742－0000057　T5.4/30
文心雕龍十卷　(南朝梁)劉勰撰　(清)黄叔琳注　(清)紀昀評　清乾隆刻朱墨套印本　四册

500000－8742－0000058　T5.10/3
震澤長語二卷　(明)王鏊撰　明嘉靖刻本　一册

500000－8742－0000059　T4.4/1
學林十卷　(宋)王觀國撰　(清)紀昀纂　清乾隆刻木活字武英殿聚珍版本　十册

500000－8742－0000060　T3.10/33
重修宣和博古圖録三十卷　(宋)王黼等撰　明萬曆二十七年(1599)于承祖刻崇禎九年(1636)于道南重修本　十八册　存二十七卷(一至十八、二十至二十二、二十五至三十)

500000－8742－0000061　T1.8/1
杭氏七種　(清)杭世駿撰　清咸豐元年(1851)長沙小嫏嬛山館刻本　四册

500000－8742－0000062　T5.6/41
貫華堂第六才子書西廂記八卷　(元)王實甫撰　(清)金人瑞評注　清康熙刻本　八册

500000－8742－0000063　T1.8/16(1)
槐軒全書一百七十八卷　(清)劉沅輯注　清光緒成都守經堂刻本　一百〇七册

500000－8742－0000064　T1.8/4
邵武徐氏叢書二集五十八卷　(清)徐幹撰　清光緒刻本　二十册

500000－8742－0000065　T1.8/16(4)
槐軒全書二十二種　(清)劉沅撰　清咸豐光緒刻本　四十册　存十七種(四書恆解十一卷、易經恆解五卷首一卷、周官恆解六卷、禮記恆解四十九卷、儀禮恆解十六卷、孝經直解一卷、明良志略一卷、大學古本質言一卷、正譌八卷、子問二卷、又問一卷、拾餘四種、槐軒約言一卷、槐軒俗言一卷、尋常語一卷、戒淫寶訓一卷、易知錄一卷)

500000－8742－0000066　T1.8/7
新增都門紀略六卷　(清)楊靜亭編　清宣統刻本　四册

500000－8742－0000067　T1.8/29
番禺陳氏東塾叢書三十四卷　(清)陳澧撰　清光緒刻本　七册

500000－8742－0000068　T1.8/31
頤志齋叢書二十一種　(清)丁晏撰　清道光至同治山陽丁氏六藝堂刻本　二十四册　缺一種(讀經説一卷)

500000－8742－0000069　T1.8/39
春在堂全書五百四十五卷　(清)俞樾撰　清光緒二十三年(1897)石印本　三十二册

500000－8742－0000070　T1.8/46
胡文忠公遺集八十六卷首一卷　(清)胡林翼撰　(清)鄭敦謹　(清)曾國荃編　清同治六年(1867)刻本　三十二册

500000－8742－0000071　T1.8/47
□□山房詩集十四卷　(清)趙樹吉撰　清光緒汗青簃刻本　五册

500000－8742－0000072　T2.1/15
皇清經解一百七十八種一千四百〇八卷　(清)阮元輯　清道光九年(1829)廣東學海堂刻咸豐十年(1860)補刻本　三百六十册

500000－8742－0000073　T2.1/19－31
十三經注疏四百十六卷附校勘記　(清)阮元

輯並撰校勘記　清嘉慶二十年(1815)江西南昌府學刻本　一百五十八冊

500000－8742－0000074　T2.1/17
皇清經解續編一千四百三十卷　王先謙編　清光緒十二年(1886)江蘇南菁書院刻本　三百二十冊

500000－8742－0000075　T2.1/32
十三經注疏四百十六卷附校勘記　(清)阮元輯並撰校勘記　清光緒三十年(1904)點石齋石印本　三十一冊

500000－8742－0000076　T2.1/40－43
相臺五經□□卷　(宋)岳珂編　清光緒十年(1884)刻本　二十四冊　存六十三卷(一至六十三)

500000－8742－0000077　T2.1/45
易經程傳八卷　(宋)程頤傳　清光緒九年(1883)江南書局刻本　三冊

500000－8742－0000078　T2.1/46
欽定書經圖說五十卷　(清)孫家鼐等輯　清光緒三十一年(1905)石印本　十六冊

500000－8742－0000079　T2.1/49
詩毛氏傳疏不分卷　(清)陳奐撰　清光緒七年(1881)刻本　十二冊

500000－8742－0000080　T2.1/54
春秋穀梁傳十二卷　(晉)范甯集解　(唐)陸德明音義　清光緒二十五年(1899)寶慶益元堂刻本　六冊

500000－8742－0000081　T2.1/56
春秋經傳集解三十卷　(晉)杜預集解　清光緒二十九年(1903)刻本　十六冊

500000－8742－0000082　T2.1/67
四書章句集注二十六卷附考四卷　(宋)朱熹撰　清光緒七年(1881)淮南書局刻本　六冊

500000－8742－0000083　T21./68
四書集疏附正二十二卷附論語緒言一卷　(清)張秉直撰　(清)張南雅等編　清光緒十二年(1886)劉傳經堂刻本　一百〇一冊

500000－8742－0000084　T2.1/69(1)
大學直解二卷　(清)王建常撰　清同治刻本　二冊

500000－8742－0000085　T2.1/70
爾雅郭注義疏十九卷　(清)郝懿行撰　清光緒十三年(1887)湖北官書局刻本　八冊

500000－8742－0000086　T2.1/69(2)
小學句讀記六卷　(清)王建常記　清同治七年(1868)刻本　五冊

500000－8742－0000087　T2.1/72
分撰兩戴記章句一卷　廖平撰　清光緒刻本　一冊

500000－8742－0000088　T2.1/73
春秋釋四卷　(清)黃式三撰　清同治光緒刻本　一冊

500000－8742－0000089　T2.1/74(2)
經傳釋詞補一卷　(清)孫經世撰　清光緒十四年(1888)長洲蔣氏心矩齋刻本　一冊

500000－8742－0000090　T2.1/79
周易正義九卷音義一卷附校勘記　(唐)孔穎達正義　(三國魏)王弼注　清光緒十八年(1892)湖南寶慶務本書局刻本　五冊

500000－8742－0000091　T2.1/80
爾雅注疏十一卷　(晉)郭璞注　清咸豐四年(1854)天德堂刻本　二冊

500000－8742－0000092　T2.1/83
來瞿唐先生易註十五卷首一卷末一卷　(明)來知德撰　清嘉慶十四年(1809)刻本　十二冊

500000－8742－0000093　T2.1/82
大戴禮記補注十三卷序錄一卷　(清)孔廣森撰　清同治十三年(1874)淮南書局刻本　四冊

500000－8742－0000094　T2.1/85
書經六卷　(宋)蔡沈撰　清同治五年(1866)金陵書局刻本　四冊

500000－8742－0000095　T2.2/2

四書考異七十二卷 (清)翟灝撰 清乾隆刻本 十册

500000-8742-0000096 T2.1/87
董子春秋繁露十七卷 (漢)董仲舒撰 清光緒二年(1876)刻本 二册

500000-8742-0000097 T2.1/89
四書味根錄□□卷 (清)金澂撰 清光緒五年(1879)刻本 一册 存一卷(大學一)

500000-8742-0000098 T2.1/86
欽定周官義疏四十八卷首一卷 (清)鄂爾泰等撰 清乾隆十三年(1748)刻本 三十一册

500000-8742-0000099 T2.2/5
禮書通故不分卷 (清)黄以周撰 清光緒十九年(1893)刻本 三十二册

500000-8742-0000100 T2.2/10
十三經札記三十八卷 (清)朱芹撰 清光緒四年(1878)武林竹簡斎刻本 十六册

500000-8742-0000101 T2.2/11
經義述聞三十二卷 (清)王引之撰 清道光七年(1827)刻本 十六册

500000-8742-0000102 T2.2/12(13、14)
漢學商兑四卷 (清)方東樹撰 清光緒二十六年(1900)浙江書局刻本 四册

500000-8742-0000103 T2.2/15
東萊博議四卷 (宋)吕祖謙撰 清光緒二十四年(1898)海文樓石印本 四册

500000-8742-0000104 T2.3/3
說文解字注三十二卷 (清)段玉裁注 清光緒三年(1877)成都尊經書院刻本 十六册

500000-8742-0000105 T2.3/8(1)
說文解字句讀三十卷 (清)王筠撰 清光緒八年(1882)刻本 十四册

500000-8742-0000106 T2.3/8(2)
說文解字句讀三十卷 (清)王筠撰 清光緒八年(1882)刻本 十四册

500000-8742-0000107 T2.3/10(1)
說文通訓定聲十八卷 (清)朱駿聲撰 清咸豐刻本 二十四册

500000-8742-0000108 T2.3/10(2)
說文通訓定聲十八卷 (清)朱駿聲撰 清同治九年(1870)刻本 二十四册

500000-8742-0000109 T2.3/10(3)
說文通訓定聲十八卷 (清)朱駿聲撰 清咸豐刻本 二十四册

500000-8742-0000110 T2.3/15
說文解字十五卷 (漢)許慎撰 清同治十年(1871)刻本 八册

500000-8742-0000111 T2.3/17
說文解字義證五十卷 (清)桂馥撰 清同治湖北崇文書局刻本 三十二册

500000-8742-0000112 T2.3/18
說文解字繫傳四十卷 (南唐)徐鍇撰 清光緒九年(1883)江蘇書局刻本 八册

500000-8742-0000113 T2.3/23
說文釋例二十卷 (清)王筠撰 清同治刻本 二十册

500000-8742-0000114 T2.3/26
說文新附考六卷 (清)鄭珍撰 清光緒七年(1881)刻本 三册

500000-8742-0000115 T2.3/55
小學考五十卷 (清)謝啓昆撰 清光緒十四年(1888)刻本 二十册

500000-8742-0000116 T2.3/42
復古篇二卷 (宋)張有撰 清光緒淮南書局刻本 二册

500000-8742-0000117 T2.3/27
說文部首不分卷 (□)□□撰 清刻本 一册

500000-8742-0000118 T2.3/38
字學舉隅不分卷 (清)龍啓瑞撰 清同治二年(1863)刻本 一册

500000-8742-0000119 T2.3/70

玉篇三十卷 (南朝梁)顧野王撰 清道光三十年(1850)刻本 四冊

500000－8742－0000120 T2.3/56
隸辨八卷 (清)顧藹吉撰 清光緒十三年(1887)上海蜚英館石印本 八冊

500000－8742－0000121 T2.3/30
仿唐寫本說文解字木部箋異不分卷 (清)莫友芝撰 清同治刻本 一冊

500000－8742－0000122 T2.3/31
類篇十五卷 (宋)司馬光等撰 清光緒刻本 十五冊

500000－8742－0000123 T2.4/2
經韻集字析解二卷 (清)熊守謙撰 清道光刻本 六冊

500000－8742－0000124 T2.4/5
集韻八卷 (宋)丁度撰 清光緒二年(1876)刻本 十冊

500000－8742－0000125 T2.4/7
古今韻會舉要三十卷 (元)黃公紹撰 清光緒淮南書局刻本 十冊

500000－8742－0000126 T2.4/8
佩文詩韻釋要五卷 (清)周蓮塘撰 清宣統三年(1911)上海商務印書館石印本 二冊

500000－8742－0000127 T1.8/17
顧亭林先生遺書十種二十七卷 (清)顧炎武撰 清光緒十一年(1885)刻本 八冊

500000－8742－0000128 T2.4/9
古韻通說二十卷 (清)龍啓瑞撰 清光緒九年(1883)四川尊經書局刻本 三冊

500000－8742－0000129 T2.4/10
附釋文互注禮部韻略五卷 (宋)丁度撰 清光緒二年(1876)川東官舍刻本 五冊

500000－8742－0000130 T2.4/21
音學五書三十八卷 (清)顧炎武撰 清光緒十六年(1890)刻本 十六冊

500000－8742－0000131 T2.4/30
聲調譜三卷 (清)趙執信撰 清光緒刻本 二冊

500000－8742－0000132 T2.4/11
隸韻十卷碑目一卷 (宋)劉球撰 **考證一卷** (清)翁方綱撰 清嘉慶十五年(1810)江都秦恩復刻本 六冊

500000－8742－0000133 T2.4/13
句餘土音三卷 (清)全祖望撰 清宣統三年(1911)鉛印本 一冊

500000－8742－0000134 T2.4/14
爾雅直音二卷 (清)孫偘輯 清光緒九年(1883)刻本 二冊

500000－8742－0000135 T2.4/16
四聲切韻表不分卷 (清)江永編 清同治十一年(1872)刻本 一冊

500000－8742－0000136 T2.4/17
音韻闡微十八卷 (清)王蘭生纂 清光緒七年(1881)淮南書局刻本 五冊

500000－8742－0000137 T2.4/18
音學五書三十八卷 (清)顧炎武撰 清光緒思賢講舍刻本 十二冊

500000－8742－0000138 T2.4/45
六書通不分卷 (明)閔齊伋撰 清光緒刻本 六冊

500000－8742－0000139 T2.4/34
五音集字不分卷 (清)汪朝恩輯 清同治十三年(1874)刻本 十二冊

500000－8742－0000140 T2.4/37
韻補五卷 (宋)吳棫撰 清光緒九年(1883)刻本 二冊

500000－8742－0000141 T2.5/38
韻詁六卷 (清)方濬頤輯 清光緒淮南書局刻本 六冊

500000－8742－0000142 T2.4/44
六書音韻表五卷 (清)段玉裁撰 清光緒刻本 一冊

500000－8742－0000143　T2.5/1

廣雅疏證十卷　(清)王念孫撰　清光緒淮南書局刻本　八冊

500000－8742－0000144　T2.5/2

方言箋疏十三卷　(清)錢繹撰　清光緒刻本　六冊

500000－8742－0000145　T2.5/9

駢雅訓纂十六卷首一卷序目一卷駢雅七卷　(明)朱謀㙔撰　(清)魏茂林纂　清咸豐元年(1851)有不為齋刻本　四冊

500000－8742－0000146　T2.5/45

六書通不分卷　(清)畢弘述撰　清光緒刻本　六冊

500000－8742－0000147　T3.1/1

二十四史　清光緒二十九年(1903)石印本　六百九十二冊

500000－8742－0000148　T3.1/2

二十四史　清光緒影印本　五百十四冊

500000－8742－0000149　T3.1/4(1)

史記一百三十卷　(漢)司馬遷撰　清光緒金陵書局刻本　十六冊

500000－8742－0000150　T3.1/4(2)

史記一百三十卷　(漢)司馬遷撰　清光緒武昌張氏刻本　二十冊

500000－8742－0000151　T3.1/6

後漢書一百二十卷　(南朝宋)范曄撰　清光緒十三年(1887)金陵書局刻本　十四冊

500000－8742－0000152　T3.1/5

前漢書一百卷　(漢)班固撰　清光緒十三年(1887)金陵書局刻本　十六冊

500000－8742－0000153　T3.1/7

晉書一百三十三卷　(唐)太宗李世民撰　清同治十一年(1872)刻本　二十四冊

500000－8742－0000154　T2.5/8

輶軒使者絕代語釋別國方言箋疏十三卷附校勘記一卷　(清)錢繹撰　清光緒廣雅書局刻本　三冊

500000－8742－0000155　T2.4/39

群經韻讀不分卷　(清)江有誥撰　清嘉慶二十二年(1817)刻本　一冊

500000－8742－0000156　T2.4/40

廣韻五卷　(宋)陳彭年撰　清刻本　四冊

500000－8742－0000157　T3.1/10

漢書評林一百卷　(明)淩稚隆輯　清光緒十年(1884)刻本　二十六冊

500000－8742－0000158　T3.1/11

續漢書八志三十卷　(南朝梁)劉昭注補　清同治九年(1870)金陵書局刻本　二冊

500000－8742－0000159　T3.1/12

續漢書八志三十卷　(南朝梁)劉昭注補　清同治九年(1870)金陵書局刻本　二冊

500000－8742－0000160　T3.1/31

史記志疑三十六卷　(清)梁玉繩撰　清光緒十三年(1887)廣雅書局刻本　二十冊

500000－8742－0000161　T3.1/15

史記菁華錄六卷　(清)姚苧田撰　清同治紅杏山房刻本　六冊

500000－8742－0000162　T3.1//17

元書一百〇二卷首一卷　(清)曾廉撰　清宣統三年(1911)刻本　二十冊

500000－8742－0000163　T3.1/18

續弘簡錄元史類編四十二卷　(清)邵遠平撰　清康熙刻本　十六冊

500000－8742－0000164　T3.1/9

後漢書補注二十四卷　(清)惠棟撰　清光緒二十年(1894)廣雅書局刻本　十三冊

500000－8742－0000165　T3.1/19

晉書輯本　(清)湯球輯　清光緒刻本　六冊

500000－8742－0000166　T3.1/20

五代史七十四卷　(宋)歐陽修撰　(宋)徐無黨注　清同治十一年(1872)湖北崇文書局刻本　十冊

500000－8742－0000167　T3.1/22

南史八十卷　(唐)李延壽撰　清光緒三十四年(1908)上海集成圖書局刻本　十二冊

500000 - 8742 - 0000168　T3.1/29
宋書一百卷　(南朝梁)沈約撰　清光緒二十八年(1902)史學會社石印本　六冊

500000 - 8742 - 0000169　T3.1/35
三國志六十五卷　(晉)陳壽撰　(南朝宋)裴松之注　清同治十年(1871)成都書局刻本　十四冊

500000 - 8742 - 0000170　T3.1/37
史記一百三十卷附攷證　(漢)司馬遷撰　(南朝宋)裴駰集解　清同治十一年(1872)成都書局刻本　二十六冊

500000 - 8742 - 0000171　T3.6/3
史通削繁四卷　(唐)劉知幾撰　(清)紀昀削繁　(清)浦起龍注　清道光十三年(1833)兩廣節署刻朱墨套印本　四冊

500000 - 8742 - 0000172　T3.1/16/1
史記集解索隱正義一百三十卷　(漢)司馬遷撰　(南朝宋)裴駰集解　(唐)司馬貞索隱　(唐)張守節正義　清同治五年(1866)金陵書局刻本　二十冊

500000 - 8742 - 0000173　T3.1/16/2
前漢書一百卷　(漢)班固撰　(唐)顏師古注　清同治八年(1869)刻本　十六冊

500000 - 8742 - 0000174　T3.1/16/3
三國志六十五卷　(晉)陳壽撰　(南朝宋)裴松之注　清同治九年(1870)金陵書局刻本　八冊

500000 - 8742 - 0000175　T3.1/16/4
後漢書九十卷　(南朝宋)范曄撰　(唐)李賢注　**志三十卷**　(晉)司馬彪撰　(南朝梁)劉昭補注　清同治八年(1869)金陵書局刻本　十四冊

500000 - 8742 - 0000176　T3.2/3
資治通鑑二百九十四卷　(宋)司馬光撰　清光緒十七年(1891)刻本　一百二十四冊

500000 - 8742 - 0000177　T3.2/6
資治通鑑目錄三十卷　(宋)司馬光撰　清光緒二十七年(1901)刻本　十一冊

500000 - 8742 - 0000178　T3.2/4
資治通鑑釋文三十卷辨誤十卷　(宋)史炤撰　清光緒十四年(1888)刻本　十一冊

500000 - 8742 - 0000179　T3.2/5
資治通鑑考異三十卷　(宋)司馬光編　清光緒二十七年(1901)刻本　十四冊

500000 - 8742 - 0000180　T3.2/7
續資治通鑑二百二十卷　(清)畢沅編　清光緒二十九年(1903)珠江同馨書局刻本　一百〇五冊

500000 - 8742 - 0000181　T3.2/8
明通鑑九十卷前編四卷附編六卷　(清)夏燮編　清光緒三十二年(1906)珠江同馨書局刻本　五十五冊

500000 - 8742 - 0000182　T3.2/13
兩朝御批資治通鑑二百九十四卷　(宋)司馬光撰　(元)胡三省音注　清光緒二十九年(1903)重慶廣學書局刻本　五十冊

500000 - 8742 - 0000183　T3.3/1
通鑑紀事本末二百三十九卷　(宋)袁樞編　(明)張溥論正　清同治十二年(1873)江西書局刻本　八十冊

500000 - 8742 - 0000184　T3.2/15
竹書紀年統箋十二卷前編一卷雜述一卷　(南朝梁)沈約注　(清)徐文靖箋　清光緒三年(1877)浙江書局刻本　四冊

500000 - 8742 - 0000185　T3.2/16
唐鑑二十四卷　(宋)范祖禹撰　(宋)呂祖謙注　清同治十三年(1874)刻本　四冊

500000 - 8742 - 0000186　T3.3/2
歷朝紀事本末六種五百六十六卷　(清)陳如升　(清)朱記榮編　清光緒十四年(1888)上海書業公所崇德堂鉛印本　四十八冊

500000 - 8742 - 0000187　T3.3/3

宋史紀事本末一百〇九卷　(明)馮琦編　(明)陳邦瞻增訂　(明)張溥論正　清同治十三年(1874)江西書局刻本　二十册

500000－8742－0000188　T3.3/4
元史紀事本末二十七卷　(明)陳邦瞻編　(明)張溥論正　清同治十三年(1874)江西書局刻本　四册

500000－8742－0000189　T3.3/5
明史紀事本末八十卷　(清)谷應泰撰　清同治十三年(1874)江西書局刻本　二十册

500000－8742－0000190　T3.3/6
左傳紀事本末五十三卷　(清)高士奇撰　清同治十二年(1873)江西書局刻本　十二册

500000－8742－0000191　T3.4/15
蜀典十二卷　(清)張澍編　清光緒二年(1876)尊經書院刻本　四册

500000－8742－0000192　T3.4/14
華陽國志十二卷　(晉)常璩撰　清嘉慶十九年(1814)金陵劉氏刻本　四册

500000－8742－0000193　T3.4/16
晉略六十四卷　(清)周濟撰　清道光二十三年(1843)刻本　十册

500000－8742－0000194　T3.4/17
蒙古史二卷　(日本)河野元三撰　歐陽瑞驊譯　清宣統三年(1911)江南圖書館鉛印本　二册

500000－8742－0000195　T3.4/29(1)
明季稗史十七卷　題(清)留雲居士輯　清刻本　十二册

500000－8742－0000196　T3.4/20
三朝北盟會編二百五十卷附校勘記　(宋)徐夢莘撰　清光緒刻本　四十册

500000－8742－0000197　T3.9/29(2)
明季裨史彙編二十八卷　題(清)留雲居士輯　清都城琉璃廠留雲居士鉛印本　十二册

500000－8742－0000198　T3.4/30
明季北略二十四卷　(清)計六奇編　清琉璃廠半松居士刻本　十册

500000－8742－0000199　T3.4/36
皇朝藩部要略十八卷附表四卷　(清)祁韻士撰　清光緒十年(1884)浙江書局刻本　八册

500000－8742－0000200　T3.4/31
明季南略十八卷　(清)計六奇輯　清琉璃廠半松居士刻本　十二册

500000－8742－0000201　T3.4/42
亞美利加洲通史十卷　(清)戴彬編譯　清光緒二十八年(1902)商務印書館鉛印本　二册

500000－8742－0000202　T3.4/45
拳匪紀略八卷前編二卷後編二卷　(清)余氏輯　清光緒二十九年(1903)石印本　五册

500000－8742－0000203　T3.4/46
湘軍記二十卷　(清)王定安撰　清光緒十五年(1889)江南書局刻本　八册

500000－8742－0000204　T3.4/47
湘軍志十六卷　王闓運撰　清光緒十二年(1886)成都墨香書屋刻本　四册

500000－8742－0000205　T3.4/47
湘軍志十六卷　王闓運撰　清光緒十二年(1886)成都墨香書屋刻本　四册

500000－8742－0000206　T3.4/48(1)
蜀龜鑑七卷首一卷　(清)劉景伯撰　清宣統裴氏刻本　四册　存五卷(一至五)

500000－8742－0000207　T3.4/48(2)
蜀龜鑑七卷首一卷　(清)劉景伯撰　清宣統裴氏刻本　四册

500000－8742－0000208　T3.4/53
南宋雜事詩七卷　(清)沈嘉轍等撰　清乾隆漢鎮森寶齋書局刻本　四册

500000－8742－0000209　T3.4/57(2)
京師大學堂講義　(清)屠寄撰　(清)陳黻宸撰　清光緒鉛印本　二册

500000－8742－0000210　T3.4/66
明宮史八卷　(明)劉若愚編　清宣統國學扶

輪社鉛印本　二册

500000－8742－0000211　T3.4/70
逆黨禍蜀記二卷　（清）汪堃撰　清同治五年(1866)抄本　二册

500000－8742－0000212　T3.4/83－2
京師大學堂中國通史講義二編　（清）王舟瑶撰　清末鉛印本　一册　存一編（第一編論讀史法七章）

500000－8742－0000213　T3.4/79
石林燕語十卷　（宋）葉夢得撰　（宋）宇文紹奕考　清光緒業氏觀古堂刻本　三册

500000－8742－0000214　T3.9/93
泰西十八周史攬要十八卷　（英國）雅各偉德撰　（英國）季里斐成章譯　（清）李鼎星述　清光緒二十八年(1902)玉樞閣鉛印本　七册

500000－8742－0000215　T3.4/95
普天忠憤全集十四卷　（清）魯陽生編　清光緒二十一年(1895)石印本　十一册

500000－8742－0000216　T3.5/7
歷代名儒傳八卷　（清）朱軾　（清）蔡世遠輯　（清）李清植纂　清刻本　二十四册

500000－8742－0000217　T3.4/96
支那教學史略三卷　（日本）狩野良知撰　清光緒二十八年(1902)上海商務印書館鉛印本　一册

500000－8742－0000218　T3.4/97
幸存錄二卷　（明）夏允彝撰　**續幸存錄一卷**　（明）夏完淳撰　清刻本　一册

500000－8742－0000219　T3.5/5
先聖生卒年月日考二卷　（清）孔廣牧撰　清光緒十九年(1893)浙江書局刻本　一册

500000－8742－0000220　T3.5/6
歷代名人年譜十卷附一卷　（清）朱軾　（清）蔡世遠輯　（清）李清植纂　清刻本　十册

500000－8742－0000221　T3.5/7
歷代名儒傳八卷　（清）朱軾輯　（清）蔡世遠輯　清同治三年(1864)刻本　二十四册

500000－8742－0000222　T3.5/8
列女傳八卷　（漢）劉向撰　清道光刻本　四册

500000－8742－0000223　T3.5/9
宋名臣言行錄五集七十五卷　（宋）朱熹　（宋）李幼武撰　清光緒刻本　二十四册

500000－8742－0000224　T3.5/9(2)
宋名臣言行錄五集七十五卷　（宋）朱熹　（宋）李幼武撰　清光緒刻本　二十四册

500000－8742－0000225　T3.5/10
皇朝道學名臣言行錄十七卷　（宋）李幼武撰　清刻本　二十册

500000－8742－0000226　T3.5/10－2
皇朝道學名臣言行錄十七卷　（宋）李幼武撰　清刻本　三册

500000－8742－0000227　T3.5/11
前明忠義别傳三十二卷　（清）汪有典撰　清同治刻本　八册

500000－8742－0000228　T3.5/12
續碑傳集八十六卷首二卷　繆荃孫撰　清宣統二年(1910)江楚編譯書局刻本　二十四册

500000－8742－0000229　T3.5/14
疇人傳四十六卷　（清）阮元撰　清嘉慶四年(1799)揚州阮氏琅嬛仙館刻本　十册

500000－8742－0000230　T1.4/2
淵鑑類函四百五十卷目錄四卷　（清）張英編　（清）王士禛編　清康熙高士奇清吟堂刻本　二百册

500000－8742－0000231　T3.6/5
歷代帝王年表三卷　（清）齊召南編　清光緒二十九年(1903)刻粤雅堂叢書本　三册

500000－8742－0000232　T4.8/18
戒條合解不分卷　（□）□□撰　清刻本　一册

500000－8742－0000233　T1.4/6
潛確居類書一百二十卷　（明）陳仁錫纂輯　明崇禎刻本　六十四册

500000－8742－0000234　T1.4/9
博物典彙二十卷　(明)黄道周纂　明崇禎八年(1635)大雅堂刻本　十册

500000－8742－0000235　T4.1/(2)
韓非子集解二十卷首一卷　(戰國)韓非撰　(清)王先慎集解　王先謙注　清光緒二十二年(1896)刻本　五册

500000－8742－0000236　T4.1/23
定本墨子閒詁十五卷目録一卷附録一卷後語二卷　(清)孫詒讓撰　清木活字印本　七册

500000－8742－0000237　T4.1/33(1)
白虎通疏證十二卷　(漢)班固撰　(清)陳立疏證　清光緒元年(1875)淮南書局刻本　六册

500000－8742－0000238　T4.1/33(2)
白虎通疏證十二卷　(漢)班固撰　(清)陳立疏證　清刻本　三册　存九卷(四至十二)

500000－8742－0000239　T4.1/47
文子纘義十二卷　(宋)杜道堅撰　清光緒三年(1877)浙江書局刻本　二册

500000－8742－0000240　T4.1/49
韓非子二十卷　(戰國)韓非子撰　(清)顧廣圻勘誤　清光緒元年(1875)浙江書局刻本　六册

500000－8742－0000241　T4.1/50
淮南子二十一卷　(漢)劉安撰　(漢)高誘注　清光緒二年(1876)浙江書局刻本　六册

500000－8742－0000242　T4.1/51
新書十卷　(漢)賈誼撰　清光緒元年(1875)浙江書局刻本　二册

500000－8742－0000243　T4.1/52
文中子中説十卷　(隋)王通撰　(宋)阮逸注　清光緒二年(1876)浙江書局刻本　二册

500000－8742－0000244　T4.1/53
墨子十六卷　(戰國)墨翟撰　(清)畢沅校注　清光緒二年(1876)浙江書局刻本　四册

500000－8742－0000245　T4.1/54
孫子十家注十三卷附敘録一卷遺説一卷　(春秋)孫武撰　(宋)吉天寶輯　(清)孫星衍校　清光緒三年(1877)浙江書局刻本　六册

500000－8742－0000246　T5.2/91
陵川集一卷　(元)郝經撰　清嘉慶三年(1798)刻本　十册

500000－8742－0000247　T5.2/97
滄溟詩集十四卷　(明)李攀龍撰　清光緒三十三年(1907)刻本　四册

500000－8742－0000248　T1.4/24
經典釋文三十卷　(唐)陸德明撰　(清)納蘭性德訂校　清通志堂刻本　十册

500000－8742－0000249　T5.2/99
梅村詩集二十卷文集二十卷　(清)吳偉業撰　清康熙七年(1668)顧湄等刻乾隆補刻本　六册

500000－8742－0000250　T5.2/100
吳梅村家藏稿　(清)吳偉業撰　清宣統三年(1911)刻本　八册

500000－8742－0000251　T3.6/6(1)
紀元編三卷補韻一卷　(清)李兆洛撰　清咸豐五年(1855)刻粤雅堂叢書本　三册

500000－8742－0000252　T4.1/55
荀子二十卷附校勘補遺一卷　(戰國)荀況撰　(唐)楊倞注　清嘉慶九年(1804)刻本　三册

500000－8742－0000253　T3.6/6(2)
紀元編三卷補韻一卷　(清)李兆洛撰　清咸豐五年(1855)刻粤雅堂叢書本　三册

500000－8742－0000254　T3.6/8
史表功比説一卷　(清)張錫瑜撰　清光緒十四年(1888)廣雅書局刻本　一册

500000－8742－0000255　T3.6/12
兩漢刊誤補遺十卷　(宋)吳仁傑撰　清同治七年(1868)廣雅書局刻本　二册

500000－8742－0000256　T5.2/78

李氏焚書六卷 (明)李贄撰　清成都渭南嚴氏刻本　八冊

500000－8742－0000257　T5.2/85
咏懷堂詩集四卷詩外集甲部乙部丙子詩一卷戊寅詩一卷辛巳詩二卷 (明)阮大鋮撰　清刻本　四冊

500000－8742－0000258　T5.2/95
宋明兩大忠集合編二種 (□)□□編　清蜀官書局鉛印本　六冊

500000－8742－0000259　T5.2/96(1)
陵陽先生詩四卷 (宋)韓駒撰　清刻本　一冊

500000－8742－0000260　T5.2/96(2)
陵陽先生詩四卷 (宋)韓駒撰　清刻本　一冊

500000－8742－0000261　T5.2/101
梅村詩集箋注十八卷 (清)吳偉業撰　清光緒二十二年(1896)刻本　十二冊

500000－8742－0000262　T5.2/102
吳詩集覽二十卷目錄一卷談藪二卷補注二十卷 (清)吳偉業撰　(清)靳榮藩輯　清乾隆四十年(1775)刻本　十六冊

500000－8742－0000263　T5.2/103
二許先生集八卷 (清)許鑾撰　清光緒十四年(1888)刻本　三冊

500000－8742－0000264　T5.2/104
錢牧齋詩集二十卷 (清)錢謙益撰　清宣統三年(1911)刻本　十二冊

500000－8742－0000265　T4.1/55
荀子二十卷校勘補遺一卷 (戰國)荀況撰　(唐)楊倞注　清嘉慶九年(1804)嘉善謝氏刻本　三冊

500000－8742－0000266　T5.2/105
施愚山先生全集九十卷 (清)施閏章撰　清康熙四十七年(1708)曹寅楝亭刻乾隆施企曾等續刻本　十六冊

500000－8742－0000267　T5.2/106
曝書亭詩集二十二卷 (清)朱彝尊撰　清刻本　十冊

500000－8742－0000268　T4.1/57
莊子約解四卷外附一卷 (戰國)莊周撰　(清)劉鴻典輯注　清同治五年(1866)刻本　四冊

500000－8742－0000269　T5.2/107
鳴鶴堂文集十卷詩集十一卷 (清)任源祥撰　清光緒十五年(1889)刻本　六冊

500000－8742－0000270　T4.1/58
韓非子二十卷 (戰國)韓非子撰　**識誤三卷** (清)顧廣圻撰　清光緒元年(1875)浙江書局刻本　六冊

500000－8742－0000271　T4.1/61
兵書十二種 (清)□□撰　清光緒二十四年(1898)杭省衢博局石印本　一冊

500000－8742－0000272　T4.2/1(1)
二曲集二十六卷附歷年紀略潛確錄一卷 (清)李顒撰　清同治五年(1866)刻本　十二冊

500000－8742－0000273　T4.2/2
河南程氏遺書二十五卷附錄一卷外書十二卷二程粹言二卷河南程氏經說八卷伊川文集八卷附錄一卷明道文集五卷伊川易傳四卷 (宋)程顥　(宋)程頤撰　清光緒三十四年(1908)澹雅書局刻本　二十冊

500000－8742－0000274　T4.2/4
近思錄集注十四卷 (宋)朱熹　(宋)呂祖謙　(清)江永撰　清光緒十一年(1885)刻本　四冊

500000－8742－0000275　T4.2/5(1)
呻吟語六卷附錄一卷 (明)呂坤撰　清道光二年(1822)成都冬青寄廬刻本　四冊

500000－8742－0000276　T4.2/5(2)
呻吟語六卷附錄一卷 (明)呂坤撰　清乾隆三年(1738)成都冬青寄廬刻本　六冊

500000－8742－0000277　T5.2/108(1)

堯峰文鈔五十卷 (清)汪琬撰 (清)林佶編 清康熙三十二年(1693)刻本 八册

500000－8742－0000278 T4.2/6

陽明先生集要三編年譜一卷理學集四卷經濟集七卷文章集四卷 (明)王守仁撰 清光緒五年(1879)黔南刻本 十四册

500000－8742－0000279 T5.2/108(2)

堯峰文鈔五十卷 (清)汪琬撰 (清)林佶編 清康熙三十二年(1693)刻本 五册

500000－8742－0000280 T5.2/109

敬業堂集五十卷 (清)查慎行撰 清康熙五十八年(1719)刻本 十二册

500000－8742－0000281 T4.2/7

人譜正編一卷續編一卷三編一卷人譜類記六卷 (明)劉宗周撰 清光緒三年(1877)湖北崇文書局刻本 二册

500000－8742－0000282 T5.2/110

煙霞萬古樓全集 (清)王曇撰 清道光二十年(1840)鉛印本 四册

500000－8742－0000283 T5.2/112

儆居集二十二卷 (清)黄式三撰 清光緒十四年(1888)刻本 八册

500000－8742－0000284 T5.2/113

劉端臨遺書八卷附兩世鄉賢錄一卷 (清)劉台拱撰 清嘉慶二十一年(1816)刻本 四册

500000－8742－0000285 T5.2/114

養一齋文集二十六卷 (清)李兆洛撰 清咸豐二年(1852)刻本 八册

500000－8742－0000286 T5.2/115

東塾集六卷 (清)陳澧撰 清光緒十年(1884)刻本 三册

500000－8742－0000287 T5.2/116

孫淵如先生全集二十二卷 (清)孫星衍撰 清光緒十一年(1885)刻本 十二册

500000－8742－0000288 T5.2/117(1)

戴東原集十二卷 (清)戴震撰 清宣統二年(1910)成都渭南嚴氏刻本 六册

500000－8742－0000289 T5.2/117(2)

戴東原集十二卷 (清)戴震撰 清宣統二年(1910)刻本 六册

500000－8742－0000290 T4.2/20

人譜正編一卷續編一卷三編一卷人譜類記六卷 (明)劉宗周撰 清同治七年(1868)吳興丁氏濟南文友堂刻本 一册

500000－8742－0000291 T5.2/118

隨園詩艸八卷禪家公案一卷 (清)邊連寶撰 清乾隆四十年(1775)刻本 四册

500000－8742－0000292 T5.2/119

勉行堂詩集二十四卷首一卷文集六卷 (清)程晉芳撰 清嘉慶二十三年(1818)刻本 十二册

500000－8742－0000293 T5.2/120

袁文箋正十六卷補注一卷 (清)袁枚撰 (清)石韞玉箋 清嘉慶十七年(1812)刻本 八册

500000－8742－0000294 T5.2/121

漁洋山人精華錄箋注十二卷補注一卷 (清)王士禛撰 (清)金榮箋注 (清)徐淮輯 清康熙刻本 十册

500000－8742－0000295 T5.2/122

漁洋山人近體詩 (清)王士禛撰 清抄本 二册

500000－8742－0000296 T5.2/123

帶經堂全集九十二卷 (清)王士禛撰 清康熙刻乾隆十二年(1747)修補本 六册 存三十五卷(一至三十五)

500000－8742－0000297 T5.2/124

補校袁文箋正八卷首一卷 (清)袁枚撰 (清)周紱堂補校 (清)石韞玉箋 清道光三年(1823)刻本 十册

500000－8742－0000298 T5.2/125

鮚埼亭詩集十卷 (清)全祖望撰 清末刻本 四册

500000－8742－0000299 T1.4/25

廣博物志五十卷 (明)董斯張撰 (明)楊鶴訂 明萬曆高暉堂刻本 二十四册

500000－8742－0000300 T1.4/30
韻府群玉二十卷 (元)陰時夫輯 明文光堂刻本 二十册

500000－8742－0000301 T1.6/12
通雅五十二卷首三卷 (清)方以智撰 (清)姚文燮校訂 清康熙五年(1666)浮山此藏軒刻本 二十册

500000－8742－0000302 T1.7/26(2)
貸園叢書初集十五種四十九卷 (清)周永年輯 清乾隆五十四年(1789)歷城周氏竹西書屋刻本 十六册

500000－8742－0000303 T1.7/50
龍威秘書一百六十八種三百十四卷 (清)馬俊良輯 清乾隆五十九年(1794)大酉山房刻本 八十册

500000－8742－0000304 T2.1/1－14
十三經註疏四百十六卷附校勘記 (清)阮元輯并撰校勘記 明崇禎元年至十二年(1628－1639)毛氏汲古閣刻本 一百二十册

500000－8742－0000305 T2.3/61
六書故三十三卷通釋一卷 (元)戴侗撰 (清)李鼎元校勘 清乾隆刻本 十六册

500000－8742－0000306 T2.5/3
釋名疏證八卷補遺一卷續釋名一卷 (漢)劉熙撰 (清)畢沅撰 清乾隆五十五年(1790)刻本 四册

500000－8742－0000307 T3.4/11
國語解二十一卷 (三國吳)韋昭注 **補音三卷** (宋)宋庠補音 明萬曆張一鯤刻本 四册

500000－8742－0000308 T3.4/18
東都事略一百三十卷 (宋)王偁撰 清乾隆六十年(1795)掃葉山房刻本 十二册

500000－8742－0000309 T3.4/50
東華錄十六卷 (清)蔣良騏編 清抄本 八册

500000－8742－0000310 T3.5/13(1)
關帝志四卷 (清)張鎮輯 清乾隆二十一年(1756)刻本 四册

500000－8742－0000311 T3.5/13(2)
關帝志四卷 (清)張鎮輯 清乾隆二十一年(1756)刻本 四册

500000－8742－0000312 T3.8/15
通鑑綱目釋地糾謬六卷補注六卷 (清)張庚撰 (清)杭世駿参訂 清乾隆五年(1740)強恕齋刻本 二册

500000－8742－0000313 T3.9/17
[乾隆]福建通志七十八卷首一卷 (清)郝玉麟等修 (清)謝道承 (清)劉敬與纂 清乾隆二年(1737)刻本 六十三册

500000－8742－0000314 T3.9/17
[乾隆]福建續志九十二卷首一卷 (清)楊廷璋修 (清)沈廷芳 (清)吳嗣富纂 清乾隆三十四年(1769)刻本 三十七册

500000－8742－0000315 T3.9/44
[乾隆]潼川府志十二卷首一卷 (清)張松孫等纂修 清乾隆五十一年(1786)刻本 十册

500000－8742－0000316 T3.10/33
重修宣和博古圖錄三十卷 (宋)王黼等撰 明萬曆二十七年(1599)于承祖刻崇禎九年(1636)于道南重修本 十八册 存二十七卷(一至十八、二十至二十二、二十五至三十)

500000－8742－0000317 T3.10/43
兩漢金石記二十二卷 (清)翁方綱撰 清乾隆五十四年(1789)翁氏刻本 六册

500000－8742－0000318 T4.1/2
容齋隨筆十六卷續筆十六卷三筆十六卷四筆十六卷五筆十卷 (宋)洪邁撰 清康熙三十九年(1700)洪璟刻本 二十四册

500000－8742－0000319 T5.1/1
七十二家評注楚辭十九卷條例一卷附錄一卷 (明)陸時雍疏 (清)周拱辰別注 清康熙四十四年(1705)有文堂刻本 二册

500000－8742－0000320　T5.2/29
讀杜心解六卷首二卷　(唐)杜甫撰　(清)浦起龍解　清雍正二年至三年(1724－1725)浦氏寧我齋刻本　八册

500000－8742－0000321　T5.2/32
新刊五百家註音辨昌黎先生集四十卷　(宋)魏仲舉輯　清乾隆四十九年(1784)刻本　十二册

500000－8742－0000322　T5.2/33
新刊五百家註音辨昌黎先生集四十卷　(唐)柳宗元撰　(宋)魏仲舉輯　清乾隆四十九年(1784)體仁閣刻本　十二册

500000－8742－0000323　T5.2/53
東坡先生全集七十五卷　(宋)蘇軾撰　(明)陳明卿訂　明崇禎項煜刻清文盛堂修補印本　三十八册

500000－8742－0000324　T5.2/57
施註蘇詩四十二卷目錄二卷　(宋)蘇軾撰　(宋)施元之　(宋)顧禧注　清刻本　二十册

500000－8742－0000325　T5.2/79
徐文長集三十卷　(明)徐渭撰　(明)袁宏道評點　明天啓杭州書林段景亭讀書坊刻本　八册

500000－8742－0000326　T5.2/89
陳檢討集二十卷　(清)陳維崧撰　(清)程師恭注　清康熙有養堂刻本　六册

500000－8742－0000327　T5.2/90
玉茗堂全集四十六卷　(明)湯顯祖撰　明天啓元年(1621)韓敬刻本　二十册

500000－8742－0000328　T5.2/118
隨園詩艸八卷禪家公案一卷　(清)邊連寶撰　清乾隆四十年(1775)刻本　四册

500000－8742－0000329　T5.2/121
漁洋山人精華錄箋注十二卷補一卷　(清)王士禛撰　(清)金榮箋注　(清)徐淮輯　清初鳳翙堂刻本　十册

500000－8742－0000330　T5.2/123
帶經堂全集九十二卷　(清)王士禛撰　(清)程哲編　清康熙刻乾隆十二年(1747)補刻本　六册

500000－8742－0000331　T5.2/128
飴山詩集二十卷　(清)趙執信撰　清乾隆十七年(1752)因園刻本　六册

500000－8742－0000332　T5.2/147
九畹古文十卷　(清)劉紹攽撰　清乾隆八年(1743)劉傳經堂刻本　十册

500000－8742－0000333　T5.2/221
林蕙堂文集十二卷續集六卷藝香詞鈔四卷亭皋詩鈔四卷　(清)吳綺撰　清乾隆三十九年至四十一年(1774－1776)衷白堂刻本　十册

500000－8742－0000334　T5.3/4
宋金元詩選六卷　(清)吳翌鳳輯　清乾隆五十八年(1793)斯雅堂刻本　二册

500000－8742－0000335　T5.3/8
梁昭明文選二十四卷　(南朝梁)蕭統編　(明)張鳳翼注　(明)盧之頤重訂　明萬曆八年(1580)刻本　二十四册

500000－8742－0000336　T5.3/37
唐宋八大家文鈔一百四十四卷　(明)茅坤編　明崇禎四年(1631)茅著刻本　四十册

500000－8742－0000337　T5.3/50
中晚唐詩叩彈集十二卷續集三卷　(清)杜詔　(清)杜庭珠輯　清康熙四十三年(1704)采山亭刻本　六册

500000－8742－0000338　T5.3/51
東岩草堂評訂唐詩鼓吹十卷　(金)元好問輯　(元)郝天挺注　(明)廖文炳補注　(清)朱三錫評　清康熙五十八年(1719)古講堂修補印本　四册

500000－8742－0000339　T5.3/68
四六法海十二卷　(明)王志堅輯　明天啓七年(1627)刻清載德堂印本　十二册　存十卷(一至十)

500000－8742－0000340　T5.3/76

古詩箋三十二卷　(清)王士禛選　(清)聞人倓箋注　清乾隆三十一年(1766)芷蘭堂刻本　八册

500000－8742－0000341　T5.3/84
御定全唐詩錄一百卷　(清)徐倬輯　清康熙四十五年(1706)揚州詩局刻本　四十八册

500000－8742－0000342　T5.3/91
漢魏詩乘二十卷　(明)梅鼎祚輯　明萬曆十一年(1583)刻本　十册　存二十卷(一至二十)

500000－8742－0000343　T5.3/93
元詩選十集首一卷　(清)顧嗣立輯　清康熙三十三年(1694)長洲顧氏秀野草堂刻本　三十册

500000－8742－0000344　T5.3/94
元詩選十集首一卷　(清)顧嗣立輯　清康熙三十三年(1694)長洲顧氏秀野草堂刻本　三十六册

500000－8742－0000345　T5.3/95
明詩綜一百卷　(清)朱彝尊輯　清康熙刻乾隆吳氏清來堂印本　二十四册

500000－8742－0000346　T5.3/97(1)
篋衍集十二卷　(清)陳維崧輯　清乾隆二十六年(1761)華綺校刻本　八册

500000－8742－0000347　T5.3/97(2)
篋衍集十二卷　(清)陳維崧輯　(清)蔣國祥校訂　清康熙三十六年(1697)蔣國祥刻本　二册　存六卷(一至六)

500000－8742－0000348　T5.3/99
欽定國朝詩別裁集三十二卷　(清)沈德潛輯評　清乾隆二十六年(1761)内府刻本　十二册

500000－8742－0000349　T5.3/99(2)
欽定國朝詩別裁集三十二卷　(清)沈德潛輯評　清乾隆刻本　十二册

500000－8742－0000350　T5.3/121
全五代詩一百卷附諱譜一卷補遺一卷　(清)李調元輯　清乾隆李調元刻本　二十四册

500000－8742－0000351　T5.4/8
宋詩紀事一百卷　(清)厲鶚　(清)馬曰琯輯　清乾隆十一年(1746)樊榭山房刻本　二十册

500000－8742－0000352　T5.4/27
彙纂詩法度鍼三十三卷首一卷　(清)徐文弼輯　清乾隆二十四年(1759)刻本　十二册

500000－8742－0000353　T5.4/39
帶經堂詩話三十卷首一卷　(清)王士禛撰　(清)張宗柟輯　清乾隆二十七年(1762)南曲舊葉堂刻本　八册

500000－8742－0000354　T5.5/17
詞學叢書二十三卷　(清)秦恩復輯　清嘉慶道光江都秦氏享帚精舍刻本　十六册

500000－8742－0000355　T5.5/36
昭代詞選三十八卷　(清)蔣重光輯　清乾隆三十二年(1767)經鉏堂刻本　六册

500000－8742－0000356　T5.5/42
詞苑叢談十二卷　(清)徐釚撰　清康熙二十七年(1688)刻本　六册

500000－8742－0000357　T5.6/38
納書楹曲譜正集四卷續集四卷補遺四卷外集二卷納書楹玉茗堂四夢曲譜八卷　(清)葉懷庭撰　清乾隆五十七年(1792)刻本　十八册

500000－8742－0000358　T5.6/40
納書楹曲譜正集四卷續集四卷補遺四卷外集二卷納書楹玉茗堂四夢曲譜八卷　(清)葉堂訂譜　清乾隆五十七年(1792)刻本　二十二册

500000－8742－0000359　T5.6/41
貫華堂第六才子書西廂記八卷附圖　(元)王實甫撰　(清)金人瑞評　清康熙貫華堂刻本　七册

500000－8742－0000360　T5.6/47
吟香堂曲譜二種四卷　(清)馮起鳳輯　清乾隆五十四年(1789)吟香堂刻本　四册　存二卷(牡丹亭一至二)

500000－8742－0000361　T5.6/49

吴吴山三婦合評牡丹亭還魂記二卷附錄一卷或問一卷　(明)湯顯祖撰　(清)陳同等評點　清康熙刻本　六冊

500000－8742－0000362　T5.6/78

笠翁十種曲二十卷　(清)李漁撰　清康熙五十七年(1718)世德堂刻本　二十冊

500000－8742－0000363　T5.6/82(1)

藏園九種曲十三卷　(清)蔣士銓撰　清乾隆刻本　七冊

500000－8742－0000364　T5.6/82(2)

清容外集十三卷　(清)蔣士銓撰　清乾隆三十九年(1774)刻本　八冊

500000－8742－0000365　T5.6/99

桃花扇傳奇四卷四十齣續一齣　(清)孔尚任撰　清乾隆西園刻本　四冊

500000－8742－0000366　T5.8 / 1(2)

廿十一史彈詞注十卷明史二卷　(明)楊慎撰　(清)張三異增訂　(清)張仲璜注　清乾隆五十一年(1786)刻本　八冊

500000－8742－0000367　T5.9 / 11

聊齋志異新評十六卷　(清)蒲松齡撰　(清)但明倫新評　清道光二十二年(1842)廣順但氏刻朱墨套印本　十六冊

500000－8742－0000368　T5.9 / 25

新刻異說南唐演義全傳十卷　題(清)如蓮居士編　清乾隆桂芳齋刻本　十冊

500000－8742－0000369　T5.10/8

慈溪黃氏日抄分類九十七卷附古今紀要十九卷　(宋)黃震輯　清乾隆三十二年(1767)新安汪佩鍔刻本　二十四冊

500000－8742－0000370　T5.10 / 19

世說新語補二十卷　(南朝宋)劉義慶撰　(南朝梁)劉孝標注　(清)黃汝琳補訂　(清)何良俊增　(明)王世貞刪　清乾隆二十七年(1762)茂清書屋版刻本　八冊

500000－8742－0000371　T5.10 / 37(1)

池北偶談二十六卷　(清)王士禛撰　清刻本　八冊

500000－8742－0000372　T5.10 / 37(2)

池北偶談二十六卷　(清)王士禛撰　(清)王廷掄校　清康熙四十年(1701)刻本　八冊

500000－8742－0000373　T6/240

清河書畫舫十二卷　(明)張丑撰　清乾隆二十八年(1763)池北草堂刻本　十二冊

500000－8742－0000374　經6/3427

春秋左傳評林測義三十卷　(明)淩稚隆撰　明萬曆四年(1576)刻本　八冊

500000－8742－0000375　史4/1718

函史上編八十一卷下編二十一卷　(明)鄧元錫撰　清順治十五年(1658)刻本　五十七冊

500000－8742－0000376　史4/4047

藏書六十八卷　(明)李贄撰　(明)陳仁錫評　明萬曆三年(1575)刻本　二十冊

500000－8742－0000377　史4/4047/2

續藏書二十七卷　(明)李贄撰　明刻本　六冊

500000－8742－0000378　史6/0023

荆川先生右編四十卷　(明)唐順之編　(明)劉日寧補遺　明萬曆三十三年(1605)刻本　三十二冊

500000－8742－0000379　史7/2050

高士傳三卷　(晉)皇甫謐撰　清咸豐刻本　六冊

500000－8742－0000380　史7/4233

蜀碧四卷　(清)彭遵泗撰　清乾隆二十八年(1763)刻本　四冊

500000－8742－0000381　史8/0023

歷代史纂左編一百二十四卷　(明)唐順之編　明萬曆四十年(1612)刻本　八十冊

500000－8742－0000382　子7/1280

書畫跋跋三卷續三卷　(明)孫鑛撰　清乾隆五年(1740)刻本　六冊

500000－8742－0000383　子 9/6037

廣事類賦四十卷　(宋)吳淑撰　(清)華希閎重訂　清乾隆二十九年(1764)刻本　五冊

500000－8742－0000384　子 10 / 7528

奇賞齋古文彙編二百三十六卷　(明)陳仁錫編　明刻本　一百六十冊

500000－8742－0000385　集 1 / 4232

松風餘韻五十卷末一卷　(清)姚宏緒編　清乾隆九年(1744)刻本　十二冊

500000－8742－0000386　集 1 / 4694

翰苑瓊琚十二卷　(明)楊慎選　(明)孫鑛評　明天啓元年(1621)刻本　六冊

500000－8742－0000387　集 1 / 7528

明文奇賞四十卷　(明)陳仁錫評選　明天啓三年(1623)刻本　十九冊　存三十八卷(一至二十六、二十九至四十)

500000－8742－0000388　T3.6/13

漢書人表考補一卷校補一卷　(清)梁玉繩撰　(清)蔡雲校補　清光緒十年(1884)廣雅書局刻本　一冊

500000－8742－0000389　T3.6/14

人表考九卷　(清)梁玉繩撰　清光緒十四年(1888)廣雅書局刻本　四冊

500000－8742－0000390　T3.6/15

晉宋書故一卷　(清)郝懿行撰　清光緒十七年(1891)廣雅書局刻本　一冊

500000－8742－0000391　T3.6/17

紀元編三卷補韻一卷　(清)李兆洛撰　清光緒十八年(1892)長沙竹素書局刻本　二冊

500000－8742－0000392　T3.6/18

南北史補志十四卷　(清)汪士鐸撰　清光緒四年(1878)淮南書局刻本　十冊

500000－8742－0000393　T3.6/19

南北史識小錄十四卷　(清)沈名蓀撰　(清)朱昆田原輯　(清)張應昌補正　清同治十年(1871)武林吳氏清來堂刻本　十二冊

500000－8742－0000394　T3.6/19(2)－2

北史識小錄十四卷　(清)沈名蓀撰　(清)朱昆田原輯　(清)張應昌補正　清同治十年(1871)武林吳氏清來堂刻本　六冊

500000－8742－0000395　T3.6/21

漢書注校補五十六卷　(清)周壽昌撰　清光緒十七年(1891)廣雅書局刻本　十冊

500000－8742－0000396　T3.6/22

漢書辨疑二十二卷　(清)錢大昭撰　清光緒十三年(1887)廣雅書局刻本　五冊

500000－8742－0000397　T3.6/23

後漢書辨疑十一卷　(清)錢大昭撰　清光緒十四年(1888)廣雅書局刻本　二冊

500000－8742－0000398　T3.6/24

續漢書辨疑九卷　(清)錢大昭撰　清光緒十四年(1888)廣雅書局刻本　一冊

500000－8742－0000399　T3.6/25

晉書校勘記五卷　(清)周家祿撰　清光緒十四年(1888)廣雅書局刻本　一冊

500000－8742－0000400　T3.6/26(1)

廿二史劄記三十六卷補遺一卷　(清)趙翼撰　清光緒二十六年(1900)新化西畬山館刻本　十六冊

500000－8742－0000401　T3.6/26(2)

廿二史劄記三十六卷補遺一卷　(清)趙翼撰　清光緒二十五年(1899)益元書局刻本　十六冊

500000－8742－0000402　T3.6/37

歷代史案二十卷　(清)吳垂玉　(清)洪亮吉編　清咸豐刻本　六冊　存十八卷(一至十八)

500000－8742－0000403　T3.6/38

宋遼金元菁華錄十二卷　(清)納蘭常安選評　清光緒二十六年(1900)上海書局石印本　四冊

500000－8742－0000404　T3.6/40

史論五種　(清)李祖陶撰　清同治十年(1871)敖陽李氏尚友樓刻本　四冊　存八卷

（前漢書細讀三至四、後漢書贅語一至三、讀三國志書後一、補尚史論贊一至二）

500000－8742－0000405　T3.6/41
宋史論三卷　（明）張溥撰　清光緒刻本　二册

500000－8742－0000406　T3.6/42
歷代史論一編四卷　（明）張溥撰　清光緒二十八年（1902）成都四文會刻本　四册

500000－8742－0000407　T3.7/3
通典二百卷　（唐）杜佑撰　清光緒二十二年（1896）浙江書局刻本　一千册

500000－8742－0000408　T3.7/6
東漢會要四十卷　（宋）徐天麟撰　清光緒十年（1884）江蘇書局刻本　八册

500000－8742－0000409　T3.7/7
五代會要三十卷　（宋）王溥撰　清道光十一年（1831）刻本　六册

500000－8742－0000410　T3.7/8
欽定大清會典一百卷　（清）允裪等纂修　清末江南省刻本　二十四册

500000－8742－0000411　T3.7/9
李文忠公全書一百六十五卷　（清）李鴻章撰（清）吳汝綸編　清光緒三十四年（1908）刻本　一百册

500000－8742－0000412　T3.7/19
歷代職官表六卷　（清）黄本驥撰　清光緒六年（1880）膺詁齋刻本　三册

500000－8742－0000413　T3.7/20
在官法戒録四卷　（清）陳宏謀編　清道光六年（1826）維新書局刻本　一册

500000－8742－0000414　T3.7/21
牧令書二十三卷　（清）徐棟輯　清同治四年（1865）成都刻本　十六册　存二十二卷（一至十九、二十一至二十三）

500000－8742－0000415　T3.7/23
新譯日本法規大全二十五類一百二十五章　南洋公學譯書院譯　商務印書館補譯　清光緒三十三年（1907）商務印書館鉛印本　六十二册

500000－8742－0000416　T3.7/24
大清律例彙集便覽四十卷　（清）三泰等撰（清）□□輯　清刻本　八册

500000－8742－0000417　T3.7/24－2
大清律例彙集便覽四十卷　（清）三泰等撰（清）□□輯　清刻本　一册

500000－8742－0000418　T3.7/26
光緒財政通纂五十四卷　（清）杜翰藩編　清光緒成都文倫書局鉛印本　十七册　存四十八卷（一至五、九至四十四、四十八至五十四）

500000－8742－0000419　T3.7/27
大清律例新增統纂集成四十卷附二卷　（清）姚雨薌纂修　（清）胡仰山增修　清同治四年（1865）刻本　九册　存十二卷（九至十二、十七至十八、二十一至二十二、二十六、三十八至四十）

500000－8742－0000420　T3.8/2
水經注四十卷　（北魏）酈道元撰　清光緒十八年（1892）思賢講舍刻本　十六册

500000－8742－0000421　T3.8/3
水經注四十卷　（北魏）酈道元撰　清光緒十八年（1892）思賢講舍刻本　二十册

500000－8742－0000422　T3.8/4
讀史方輿紀要一百三十卷　（清）顧祖禹撰（清）彭元校定　清光緒五年（1879）蜀南書屋薛氏家塾刻本　八十册　存一百二十二卷（一至一百二十二）

500000－8742－0000423　T3.8/5
小方壺齋輿地叢鈔十二帙　（清）王錫祺撰　清光緒十七年（1891）上海著易堂鉛印本　六十三册

500000－8742－0000424　T3.8/5(2)
小方壺齋輿地叢鈔十二帙　（清）王錫祺撰　清光緒十七年（1891）上海著易堂鉛印本　六十四册

500000－8742－0000425　T3.8/6
天下郡國利病書一百二十卷　(清)顧炎武輯　清光緒五年(1879)蜀南桐華書屋薛氏家塾刻本　八十册

500000－8742－0000426　T3.8/8
山海經箋疏十八卷圖讚一卷訂論一卷續錄一卷　(晉)郭璞傳　(清)郝懿行疏　清光緒二十一年(1895)上海書局石印本　二册　存八卷(一至二、十三至十八)

500000－8742－0000427　T3.8/9
三省邊防備覽十八卷　(清)嚴如熤輯　(清)張鵬翂續輯　清道光劍州衛氏蜀雅堂刻本　九册

500000－8742－0000428　T3.8/10
歷代地理志韻編今釋二十卷附皇朝輿地韻編二卷增補一卷　(清)李兆洛輯　清光緒十八年(1892)長沙竹素書局刻本　十六册

500000－8742－0000429　T3.8/11
李氏五種合刊五種二十七卷　(清)李兆洛輯　清光緒十八年(1892)長沙竹素書局刻本　十二册

500000－8742－0000430　T3.8/12
皇朝輿地韻編二卷　(清)李兆洛輯　清光緒十八年(1892)長沙竹素書局刻本　二册

500000－8742－0000431　T3.8/16
輿地紀勝二百卷首一卷　(宋)王象之撰　清咸豐五年(1855)粤雅堂刻本　四十八册

500000－8742－0000432　T3.8/17
歷代輿地沿革險要圖六十八幅　楊守敬　饒敦秩撰　清光緒五年(1879)東湖饒氏刻本　一册

500000－8742－0000433　T3.8/22
水經注圖說殘稾四卷　(清)董祐誠撰　清光緒六年(1880)會稽章氏刻本　一册

500000－8742－0000434　T3.8/30
海國圖志一百卷　(清)魏源撰　清光緒二十八年(1902)文賢閣石印本　十四册

500000－8742－0000435　T3.8/30－2
海國圖志續集二十五卷首一卷　(英國)麥高爾等輯　(美國)林樂知　(清)瞿昂來　(英國)傅蘭雅等譯　清光緒二十四年(1898)文賢閣石印本　二册

500000－8742－0000436　T3.8/30/(2)
海國圖志一百卷　(清)魏源撰　清光緒六年(1880)邵陽急富務齋刻本　二十三册

500000－8742－0000437　T3.8/31
長白山錄一卷補遺一卷　(清)王士禛撰　清刻本　一册

500000－8742－0000438　T3.8/32
五洲圖考五卷　(清)龔柴　(清)許彬等編譯　清光緒二十四年(1898)上海徐家匯印書館鉛印本　三册

500000－8742－0000439　T3.8/33
歷代地理志韻編今釋二十卷　(清)李兆洛輯　清光緒上海蜚英館石印本　五册

500000－8742－0000440　T3.8/34
歷代地理志韻編今釋二十卷　(清)李兆洛輯　清光緒十四年(1888)上海掃葉山房刻本　十册

500000－8742－0000441　T3.8/35
山海經十八卷　(晉)郭璞傳　(清)畢沅校　清光緒三年(1877)浙江書局刻本　三册

500000－8742－0000442　T3.8/36
山海經十八卷　(晉)郭璞傳　(清)畢沅校　清光緒二十三年(1897)新化三味書局刻本　三册

500000－8742－0000443　T3.9/6
平山堂圖志十卷首一卷　(清)趙之壁編　清光緒九年(1883)歐陽利見刻本　四册

500000－8742－0000444　T3.9/18
[嘉慶]**廣西通志二百七十九卷首一卷**　(清)謝啓昆修　(清)胡虔纂　清光緒十七年(1891)桂垣書局補刻本　八十册

500000－8742－0000445　T3.9/21

[光緒]洪雅縣志十二卷首一卷　(清)郭世棻修　(清)郭敏修等纂　清光緒十年(1884)刻本　三冊　存八卷(一至五、七、十一至十二)

500000－8742－0000446　T3.9/27
[光緒]新都縣誌十八卷首一卷　(清)張奉書等纂修　清道光二十四年(1844)刻本　十二冊

500000－8742－0000447　T3.9/37
續刊青城山記二卷　(清)彭洵纂修　清光緒刻本　一冊

500000－8742－0000448　T3.9/43
[雍正]西湖志四十八卷　(清)李衛修　(清)傅王露等纂　清光緒四年(1878)浙江書局刻本　二十冊

500000－8742－0000449　T3.9/48
華嶽志八卷首一卷　(清)李榕纂修　清光緒九年(1883)玉泉院刻本　四冊

500000－8742－0000450　T3.9/52
[乾隆]巴縣志十七卷　(清)王爾鑑纂修　清光緒刻本　八冊　存十四卷(四至十七)

500000－8742－0000451　T3.9/76
華陽國志十四卷　(晉)常璩撰　清嘉慶十九年(1814)刻本　四冊　存十二卷(一至九、十上、十一至十二)

500000－8742－0000452　T3.9/82
[光緒]威遠縣志四卷　(清)吳曾輝修　(清)吳容等纂　清光緒三年(1877)刻本　四冊

500000－8742－0000453　T3.10/17
歷代鐘鼎彝器欵識法帖二十卷　(清)阮元編　清嘉慶二年(1797)鉛印本　四冊

500000－8742－0000454　T3.10/21
寰宇訪碑錄十卷　(清)孫星衍　(清)邢澍撰　清光緒九年(1883)江蘇書局刻本　四冊

500000－8742－0000455　T3.10/22(1)
鐘鼎字源五卷　(清)汪立名編　清光緒二年(1876)刻本　二冊

500000－8742－0000456　T3.10/24
汗簡箋正七卷目錄一卷　(宋)郭忠恕撰　(清)鄭珍箋正　清光緒十五年(1889)廣雅書局刻本　四冊

500000－8742－0000457　T3.10/25
金石索十二卷首一卷　(清)馮雲鵬　(清)馮雲鵷編　清光緒三十二年(1906)上海文新局石印本　二十四冊

500000－8742－0000458　T3.10/30
錢志新編二十卷　(清)張崇懿輯　清道光六年(1826)刻本　六冊

500000－8742－0000459　T3.10/31
續泉匯十六卷　(清)康子年等編　清光緒二十五年(1899)刻本　二十冊

500000－8742－0000460　T3.10/32
匋齋臧石記四十四卷首一卷臧甎記二卷　(清)端方撰　清宣統元年(1909)石印本　十二冊

500000－8742－0000461　T3.10/34
西清古鑑四十卷附錢錄十六卷　(清)梁詩正等纂修　清光緒三十四年(1908)集成圖書公司刻本　二十四冊

500000－8742－0000462　T3.10/35
西清續鑑甲編二十卷附錄一卷　(清)王傑等編修　清宣統二年(1910)涵芬樓影印本　四十二冊

500000－8742－0000463　T3.10/40
蜀石經殘字不分卷　(清)陳宗彝輯　清道光六年(1826)三山陳氏刻本　一冊

500000－8742－0000464　T3.10/44
隨軒金石文字不分卷　(清)徐渭仁鈎摹　**建昭鴈足鐙考二卷**　(清)徐渭仁撰　清道光十七年至二十三年(1837－1843)刻本　四冊

500000－8742－0000465　T3.10/45
關中金石記八卷　(清)畢沅撰　清光緒三十四年(1908)成都渭南嚴氏刻本　四冊

500000－8742－0000466　T3.10/47

吉金所見錄十六卷首一卷末一卷　(清)初尚齡輯　清道光七年(1827)刻本　四册

500000－8742－0000467　T3.10/50
金石索十二卷首一卷　(清)馮雲鵬　(清)馮雲鵷編輯　清光緒十九年(1893)上海積山書局石印本　二十一册　存十二卷(金索一至六,石索一下、二上、三、四下、五至六)

500000－8742－0000468　T3.10/51
金石萃編一百六十卷　(清)王昶撰　清刻本　三十九册　存八十三卷(一至七、十至十一、十六至二十四、二十八至三十、三十七至四十二、四十六至五十七、五十九至六十一、七十一至八十、八十四至八十六、九十至九十二、九十四至一百〇一、一百十九至一百三十一、一百三十四、一百四十七至一百四十九)

500000－8742－0000469　T4.1/1(1)－T4.1/1(22)
二十二子二十二種　(清)浙江書局輯　清光緒元年(1875)浙江書局刻本　八十二册

500000－8742－0000470　T4.1/12(1)
莊子集釋十卷　(戰國)莊周撰　(清)郭慶藩輯　清光緒思賢講舍刻本　八册

500000－8742－0000471　T4.1/12(2)
莊子集釋十卷　(戰國)莊周撰　(清)郭慶藩輯　清思賢講舍刻本　十册

500000－8742－0000472　T4.1/17(2)
荀子集釋二十卷　(戰國)荀況撰　(唐)楊倞注　清光緒十七年(1891)刻本　六册

500000－8742－0000473　T4.2/22
養正遺規二卷補編一卷　(清)陳宏謀編　清同治培遠堂劉定雲刻本　二册

500000－8742－0000474　T4.2/24
三魚堂賸言十二卷　(清)陸隴其撰　清同治七年(1868)武林薇署刻本　一册

500000－8742－0000475　T4.3/1
宋元學案一百卷首一卷　(清)黄宗羲撰　(清)全祖望修訂　**考略一卷**　(清)王梓材　(清)馮雲濠校並輯考略　清光緒刻本　四十册

500000－8742－0000476　T4.3/7
學統五十三卷　(清)熊賜履撰　清光緒十七年(1891)刻本　十册

500000－8742－0000477　T4.3/8
儒林宗派十六卷　(清)萬斯同撰　(清)王梓材增注　清宣統三年(1911)浙江書局刻本　二册

500000－8742－0000478　T4.3/9
理學宗傳二十六卷　(清)孫奇逢輯　清光緒六年(1880)浙江書局刻本　十二册

500000－8742－0000479　T4.4/3
野客叢書三十卷附錄一卷　(宋)王楙撰　清嘉慶道光刻本　六册

500000－8742－0000480　T4.4/4
困學紀聞二十卷　(宋)王應麟撰　清同治九年(1870)揚州書局刻本　四册

500000－8742－0000481　T4.4/5
日知錄集釋三十二卷　(清)顧炎武撰　(清)黄汝成集釋　清光緒元年(1875)湖北崇文書局刻本　十六册

500000－8742－0000482　T4.4/6
日知錄三十二卷　(清)顧炎武撰　清道光十二年(1832)刻本　十六册

500000－8742－0000483　T4.4/7
十駕齋養新錄二十卷餘錄三卷　(清)錢大昕撰　清光緒二年(1876)浙江書局刻本　八册

500000－8742－0000484　T4.4/8
十駕齋養新錄二十卷餘錄三卷　(清)錢大昕撰　清光緒二年(1876)浙江書局刻本　八册

500000－8742－0000485　T4.4/9
癸巳類稿十五卷　(清)俞正爕撰　清光緒五年(1879)會稽章氏刻本　八册

500000－8742－0000486　T4.4/10
癸巳存稿十五卷　(清)俞正爕撰　清光緒十年(1884)會稽章氏刻本　六册

500000－8742－0000487　T4.4/11(1)
讀書雜志八十二卷餘編二卷　(清)王念孫撰　清同治九年(1870)金陵書局刻本　二十四册

500000－8742－0000488　T4.4/11(2)
讀書雜志八十二卷餘編二卷　(清)王念孫撰　清同治九年(1870)金陵書局刻本　二十四册

500000－8742－0000489　T4.4/13
群書拾補不分卷　(清)盧文弨撰　清光緒十三年(1887)上海蜚英館影印本　八册

500000－8742－0000490　T4.4/14(1)
札迻十二卷　(清)孫詒讓撰　清光緒二十年(1894)刻本　四册

500000－8742－0000491　T4.4/14(2)
札迻十二卷　(清)孫詒讓撰　清刻本　四册

500000－8742－0000492　T4.4/16
東塾讀書記十二卷又三卷　(清)陳澧撰　清光緒二十四年(1898)紉蘭書館刻本　六册

500000－8742－0000493　T4.4/18
東塾讀書記十二卷又三卷　(清)陳澧撰　清刻本　七册

500000－8742－0000494　T4.5/1
陳修園醫書五十種一百十三卷　(清)陳念祖撰　清光緒三十一年(1905)上海商務印書館鉛印本　二十八册

500000－8742－0000495　T4.5/3
陳修園先生醫書新增七十二種　(清)陳念祖撰　清光緒錦章圖書局石印本　二十八册

500000－8742－0000496　T4.5/4
神農本草經讀四卷附一卷　(清)陳念祖撰　清光緒三十四年(1908)寶慶經元書局刻本　二册

500000－8742－0000497　T4.5/5
增訂本草備要目錄四卷增附經洛湯頭歌訣一卷　(清)汪昂輯　清末巴川興龍堂書局刻本　五册

500000－8742－0000498　T4.5/10
外科正宗十二卷附錄一卷　(明)陳實功撰　(清)徐大椿評　清光緒三十一年(1905)上洋海左書局石印本　四册

500000－8742－0000499　T4.5/11
長沙藥解四卷　(清)黃元御撰　清長沙徐樹銘刻本　一册

500000－8742－0000500　T4.6/2
焦氏易林四卷　(漢)焦贛撰　清光緒元年(1875)湖北崇文書局刻本　四册

500000－8742－0000501　T4.6/4
測地志要四卷　(清)黃炳垕撰　清同治六年(1867)刻本　一册

500000－8742－0000502　T4.7/2(1)
法苑珠林一百卷　(唐)釋道世撰　清道光七年(1827)刻本　三十二册

500000－8742－0000503　T4.7/2(2)
法苑珠林一百卷　(唐)釋道世撰　清釋藏刻本　三十册

500000－8742－0000504　T4.7/9(1)
首楞嚴經疏二十卷　(宋)釋子璿撰　清同治元年(1862)刻本　四册

500000－8742－0000505　T4.7/9(2)
首楞嚴經疏二十卷　(宋)釋子璿撰　清同治元年(1862)刻本　四册

500000－8742－0000506　T4.7/10
楞伽阿跋多羅寶經義疏四卷　(□)□□撰　**華嚴經音義一卷**　(唐)釋慧苑撰　清宣統元年(1909)刻本　五册

500000－8742－0000507　T4.7/15(1)
一切經音義二十五卷　(唐)釋玄應撰　清同治八年(1869)武林張氏寶晉齋刻本　四册

500000－8742－0000508　T4.7/15(2)
一切經音義二十五卷附華嚴經音義一卷　(唐)釋玄應撰　清同治八年(1869)武林張氏寶晉齋刻本　四册

500000－8742－0000509　T4.7/25

相宗八要解八種　(唐)釋玄奘撰　(明)釋明昱輯　清光緒二十八年(1902)刻本　三冊

500000－8742－0000510　T4.7/26

三論玄義二卷　(隋)釋吉藏撰　清光緒二十五年(1899)刻本　一冊

500000－8742－0000511　T4.7/28

般若燈論十五卷　(唐)波羅頗蜜多羅譯　清光緒二十四年(1898)金陵刻經處刻本　三冊

500000－8742－0000512　T4.7/32

折疑論集註二卷　(金)釋子成撰　(元)師子註　清光緒三十四年(1908)刻本　一冊

500000－8742－0000513　T4.7/42

成唯識論述記六十卷　(唐)釋窺基撰　清光緒二十七年(1901)金陵刻本　二十冊

500000－8742－0000514　T4.7/45

指月錄三十二卷　(明)瞿汝稷撰　清同治六年(1867)刻本　十六冊

500000－8742－0000515　T4.7/46

經懺集成五卷　(清)師正唐撰　清同治十一年(1872)刻本　六冊

500000－8742－0000516　T4.7/47

感應篇註釋四卷　(清)□□撰　清咸豐八年(1858)刻本　四冊

500000－8742－0000517　T4.7/48

感應篇俗解不分卷　(清)□□撰　清光緒二十六年(1900)刻本　一冊

500000－8742－0000518　T4.7/51

大方廣佛華嚴經八十一卷　(唐)釋實义難陀譯　清刻本　一冊　存五卷(二十一至二十四)

500000－8742－0000519　T4.8/2

教女遺規三卷　(清)陳宏謀撰　清乾隆七年(1742)刻本　一冊

500000－8742－0000520　T4.8/4

小學纂注六卷　(清)高愈撰　清刻本　四冊

500000－8742－0000521　T4.8/5

朱子小學正文四卷　(清)高愈撰　清刻本　二冊

500000－8742－0000522　T4.8/12(1)

京師大學堂中國通史講義二編　(日本)服部宇之吉講述　清京師大學鉛印本　一冊　存一編(第一編論讀史法一至三章)

500000－8742－0000523　T4.8/14

群學肄言十六卷　(英國)斯賓塞爾撰　嚴復譯　清光緒二十九年(1903)上海文明編譯書局鉛印本　四冊

500000－8742－0000524　T4.8/19

關聖帝君戒士子文□□卷　(□)□□輯　**註證□□卷**　(清)邵希曾纂輯　清光緒袁宋先刻本　一冊　存三卷(關聖帝君戒士子文一、戒士子文注證凡例一、靈驗證一)

500000－8742－0000525　T4.8/20

蒙養約編十則　(清)顏厚庵輯　清同治二年(1863)刻本　一冊

500000－8742－0000526　T5.1/8

楚辭十七卷　(戰國)屈原撰　(漢)王逸章句　(宋)洪興祖補注　清同治十一年(1872)金陵書局刻本　四冊

500000－8742－0000527　T5.2/2

石笥山房文集十二卷　(清)胡天游撰　清宣統二年(1910)上海國學扶輪社石印本　十冊

500000－8742－0000528　T5.2/3

梨洲遺著彙刻三十二種　(清)黃宗羲撰　(清)薛鳳昌編　清宣統二年(1910)上海時中書局鉛印本　二十冊

500000－8742－0000529　T5.2/5

邱邦士文集十七卷　(清)邱維屏撰　清刻本　八冊

500000－8742－0000530　T5.2/8

岳忠武王文集八卷首一卷末一卷　(宋)岳飛撰　(清)黃邦寧纂　清乾隆刻本　四冊

500000－8742－0000531　T5.2/9

楊忠愍公全集四卷　(明)楊繼盛撰　(清)毛

大可鑒定　(清)章鈺輯　清道光八年(1828)侯氏刻本　二册

500000－8742－0000532　T5.2/12

黄漳浦集五十卷首一卷　(明)黄道周撰　**年譜二卷**　(清)莊起儔編　清末鉛印本　十六册

500000－8742－0000533　T5.2/13

初月樓文鈔十卷續鈔八卷詩鈔四卷　(清)吴德旋撰　(清)康兆晉　(清)康侯原編　**古文緒論**　(清)吕璜輯　**程子香文鈔二卷**　(清)程德賓撰　清光緒八年(1882)初月樓刻本　八册

500000－8742－0000534　T5.2/15

諸葛忠武侯集四卷　(漢)諸葛武侯　(清)張澍編輯　清光緒三十四年(1908)金谿周氏刻本　六册

500000－8742－0000535　T5.2/17(2)

陶靖節集八卷附録一卷末一卷　(晉)陶潛撰　清光緒五年(1879)傳忠書舍刻本　二册

500000－8742－0000536　T5.2/19(1)

庾子山集十六卷　(北周)庾信撰　清道光十九年(1839)善成堂刻本　十二册

500000－8742－0000537　T5.2/19(2)

庾子山集十六卷　(北周)庾信撰　清道光十九年(1839)善成堂刻本　十二册

500000－8742－0000538　T5.2/20

徐孝穆集六卷附陳書本傳一卷備考一卷　(南朝陳)徐陵撰　(清)吴兆宜箋注　徐文炳補輯　清善化經濟書堂刻本　六册

500000－8742－0000539　T5.2/22

陳伯玉文集三卷詩集二卷首一卷附録一卷　(唐)陳子昂撰　清刻本　四册

500000－8742－0000540　T5.2/24

杜工部集二十卷首一卷　(唐)杜甫撰　(清)盧坤編　清道光十四年(1834)芸葉盦刻五色套印本　八册

500000－8742－0000541　T5.2/25

杜工部草堂詩箋四十卷詩話二卷詩史補遺十卷外集一卷　(唐)杜甫撰　(宋)魯訔編　(宋)蔡夢弼　(宋)朱會箋　**年譜二卷**　清遵義黎氏校麻沙刻本　八册

500000－8742－0000542　T5.2/26

杜詩鏡詮二十卷附録一卷年譜一卷　(唐)杜甫撰　(清)楊倫編　**讀書堂杜工部文注解**　(清)張溍注　清同治十一年(1872)望三益齋刻本　八册

500000－8742－0000543　T5.2/27

杜詩鏡詮二十卷附録一卷年譜一卷　(唐)杜甫撰　(清)楊倫編　**讀書堂杜工部文注解**　(清)張溍注　清同治十一年(1872)望三益齋刻本　十册

500000－8742－0000544　T5.2/28

讀杜心解六卷首二卷　(清)浦起龍撰　清刻本　十二册

500000－8742－0000545　T5.2/31

昌黎先生集四十卷外集十卷遺文一卷集傳一卷　(唐)韓愈撰　清初刻本　十一册

500000－8742－0000546　T5.2/35

李長吉集四卷外集一卷　(唐)李賀撰　(明)黄淳耀評　(清)黎二蕳評點　清光緒十八年(1892)刻朱墨套印本　二册

500000－8742－0000547　T5.2/37

玉溪生詩意七卷　(唐)李商隱注　(清)屈復箋注　清道光十年(1830)刻本　六册

500000－8742－0000548　T5.2/38

李義山詩集三卷　(唐)李商隱撰　(清)朱鶴齡箋注　(清)沈厚塽輯評　清同治九年(1870)廣東倅署刻本　四册

500000－8742－0000549　T5.2/39

李義山詩集三卷　(唐)李商隱撰　(清)朱鶴齡箋注　(清)沈厚塽輯評　清同治九年(1870)廣東倅署刻三色套印本　四册

500000－8742－0000550　T5.2/40

唐陸宣公集二十二卷首一卷附録一卷　(唐)

陸贄撰　清光緒二年(1876)江蘇書局刻本　六冊

500000-8742-0000551　T5.2/41
温飛卿詩集七卷别集一卷集外詩一卷　(唐)温庭筠撰　(明)曾益注　(清)顧予咸補注　清光緒八年(1882)刻本　二冊

500000-8742-0000552　T5.2/47
寇忠愍公詩集三卷　(宋)寇準撰　清宣統三年(1911)中華圖書局影印本　一冊

500000-8742-0000553　T5.2/49
郘亭詩文鈔不分卷　(清)莫友芝撰　清咸豐二年(1852)刻本　三冊

500000-8742-0000554　T5.2/51
歐陽文忠公全集一百五十三卷附錄五卷　(宋)歐陽修撰　**年譜一卷**　(清)楊希閔撰　清刻本　三十二冊

500000-8742-0000555　T5.2/52
三蘇全集二百〇四卷　(宋)蘇軾　(宋)蘇轍　(宋)蘇洵撰　清道光十二年(1832)刻本　八十冊

500000-8742-0000556　T5.2/53
蘇東坡全集一百十卷　(宋)蘇軾撰　明末文盛堂刻清初印本　三十八冊

500000-8742-0000557　T5.2/54
蘇東坡全集四十卷　(宋)蘇軾撰　清光緒三十四年(1908)刻本　四十八冊

500000-8742-0000558　T5.2/55
蘇文忠公詩編註集成四十六卷總案四十五卷雜綴酌存一卷識餘四卷箋詩圖一卷　(宋)蘇軾撰　(清)王文誥輯　**韻山堂詩集七卷**　(清)王文誥撰　清光緒十四年(1888)刻本　二十二冊

500000-8742-0000559　T5.2/56
蘇文忠公詩集五十卷　(宋)蘇軾撰　(清)紀昀評點　清同治八年(1869)刻朱墨套印本　六冊

500000-8742-0000560　T5.2/59
劍南詩抄不分卷　(宋)陸游撰　清光緒五年(1879)刻本　八冊

500000-8742-0000561　T5.2/61
山谷内集詩注二十卷　(宋)任淵撰　清光緒二年(1876)刻本　二十冊

500000-8742-0000562　T5.2/62
元豐類稿五十卷　(宋)曾鞏撰　清光緒十六年(1890)慈利漁浦書院刻本　十冊

500000-8742-0000563　T5.2/64
廬陵宋丞相信國公文忠烈先生全集十六卷　(宋)文天祥撰　(清)文有焕等重輯　清道光二十五年(1845)刻本　十二冊

500000-8742-0000564　T5.2/65
道鄉先生文集四十卷補遺一卷　(宋)鄒浩撰　**附錄一卷年譜一卷**　(清)李兆洛撰　清同治九年(1870)刻本　八冊

500000-8742-0000565　T5.2/73
正誼堂文集四十卷首一卷　(清)張伯行撰　清光緒二年(1876)刻本　二十冊

500000-8742-0000566　T5.2/74(1)
空同詩集二十九卷　(明)李夢陽撰　清刻本　六冊

500000-8742-0000567　T5.2/74(2)
空同詩集三十四卷　(明)李夢陽撰　清光緒十五年(1889)成都渭南嚴氏刻本　六冊

500000-8742-0000568　T5.2/75
滄溟詩集十四卷　(明)李攀龍撰　清光緒三十三年(1907)成都渭南嚴氏刻本　四冊

500000-8742-0000569　T5.2./76
信陽詩集二十六卷　(明)向景明撰　清光緒三十三年(1907)成都渭南嚴氏刻本　四冊

500000-8742-0000570　T5.2/77
弇州詩集五十二卷　(明)王世貞撰　清光緒三十三年(1907)成都渭南嚴氏刻本　十六冊

500000-8742-0000571　T5.2/82
返生香一卷疏香閣附集一卷窈聞一卷窈續一卷　(明)葉小鸞撰　清光緒二十三年(1897)

刻本　二册

500000－8742－0000572　T5.2/84(2)
太史升菴全集八十一卷目錄二卷　(明)楊慎撰　清刻本　十二册

500000－8742－0000573　T5.2/86
樓山堂集二十七卷　(明)吴應箕撰　清同治六年(1867)刻本　六册

500000－8742－0000574　T5.2/87
霜紅龕集四十卷附録三卷　(清)傅山撰　**年譜一卷**　(清)丁寶銓編　清宣統三年(1911)丁氏刻本　十二册

500000－8742－0000575　T5.2/98
梅村文集二十卷　(清)吴偉業撰　清宣統二年(1910)石印本　四册

500000－8742－0000576　T5.2/100
梅村家藏稿五十八卷補遺一卷　(清)吴偉業撰　清宣統三年(1911)武進董氏誦芬室刻本　八册

500000－8742－0000577　T5.2/126
羅忠節公遺集六種附一種　(清)羅澤南撰　清咸豐同治刻本　八册

500000－8742－0000578　T5.2/127
道古堂全集二種　(清)杭世駿撰　清光緒十四年(1888)刻本　二十册　存二種(道古堂文集、道古堂詩集)

500000－8742－0000579　T5.2/128
飴山詩集二十卷　(清)趙執信撰　清乾隆十七年(1752)刻本　六册

500000－8742－0000580　T5.2/129
二林居集二十四卷　(清)彭紹升撰　清光緒七年(1881)刻本　六册

500000－8742－0000581　T5.2/130
方望溪全集三十二卷　(清)方苞撰　清刻本　十四册

500000－8742－0000582　T5.2/131
方望溪文鈔六卷　(清)方苞撰　清宣統二年(1910)上海國學扶輪社鉛印本　五册

500000－8742－0000583　T5.2/132
錢牧齋全集一百六十三卷　(清)錢謙益撰　(清)錢曾箋注　清宣統二年(1910)邃漢齋鉛印本　十六册　存五十三卷(有學集一至五十、補遺一至二、投筆集一)

500000－8742－0000584　T5.2/134(1)
忠雅堂文集二十七卷補遺二卷銅絃詞二卷　(清)蔣士銓撰　清嘉慶二十二年(1817)刻本　六册

500000－8742－0000585　T5.2/134(2)
忠雅堂詩集二十七卷詞集二卷補遺二卷　(清)蔣士銓撰　清刻本　十二册

500000－8742－0000586　T5.2/136
鐵橋漫稿八卷　(清)嚴可均撰　清光緒十一年(1885)刻本　四册

500000－8742－0000587　T5.2/138
陶廬文集四卷　王樹枏撰　清光緒十八年(1892)刻本　二册

500000－8742－0000588　T5.2/139
兩當軒全集二十二卷考異二卷附録二卷　(清)黄景仁撰　清光緒二年(1876)黄氏家塾刻本　六册

500000－8742－0000589　T5.2/145
有正味齋駢體文二十四卷　(清)吴錫麒撰　(清)王廣業箋　清咸豐九年(1859)刻本　八册

500000－8742－0000590　T5.2/146
小謨觴館全集二十五卷　(清)彭兆蓀撰　(清)孫元培注　清嘉慶十一年(1806)刻本　十二册

500000－8742－0000591　T5.2/149
聽松廬詩鈔十一卷　(清)張維屏撰　清嘉慶十八年(1813)刻本　三册

500000－8742－0000592　T5.2/150
述學六卷校勘記一卷附録一卷遺文一卷年譜一卷　(清)汪中撰　清同治六年(1867)成都志古堂刻本　二册

500000－8742－0000593　T5.2/151

船山詩草二十卷　(清)張問陶撰　清嘉慶二十年(1815)刻本　六册

500000－8742－0000594　T5.2/152

石笥山房文集五卷補遺一卷　(清)胡天游撰　清宣統元年(1909)上海國學扶輪社鉛印本　四册

500000－8742－0000595　T5.2/153

柈湖文集十二卷　(清)吳敏樹撰　清光緒十九年(1893)思賢講舍刻本　四册

500000－8742－0000596　T5.2/154－1

巢經巢詩集九卷　(清)鄭珍撰　清刻本　三册

500000－8742－0000597　T5.2/154－2

巢經巢詩後集四卷　(清)鄭珍撰　清刻本　二册

500000－8742－0000598　T5.2/157

大雲山房文稿初集四卷二集四卷　(清)惲敬撰　清光緒十四年(1888)刻本　八册

500000－8742－0000599　T5.2/158

定盦文集三卷　(清)龔自珍撰　清光緒二十三年(1897)刻本　六册

500000－8742－0000600　T5.2/159

東洲草堂詩鈔三十卷　(清)何紹基撰　清同治六年(1867)長沙無園刻本　十册

500000－8742－0000601　T5.2/160

槐軒雜著四卷　(清)劉沅撰　清咸豐二年(1852)刻本　四册

500000－8742－0000602　T5.2/161

淵雅堂全集六十一卷　(清)王芑孫等撰　清嘉慶八年至九年(1803－1804)刻本　二十四册

500000－8742－0000603　T5.2/163

板橋集六卷　(清)鄭燮撰　清刻本　四册

500000－8742－0000604　T5.2/163－2

板橋集六卷　(清)鄭燮撰　清清暉書屋刻本　一册　存一種(板橋詩鈔一)

500000－8742－0000605　T5.2/164

白香亭詩三卷　(清)鄧輔綸撰　清光緒十九年(1893)東河督署刻本　二册

500000－8742－0000606　T5.2/165

曾文正公家書十卷　(清)曾國藩撰　清光緒五年(1879)傳忠書局刻本　十册

500000－8742－0000607　T5.2/166

桐鳳集二卷　(清)曾彦撰　清光緒鉛印本　一册　存一卷(一)

500000－8742－0000608　T5.2/167

湘綺樓詩集十四卷　王闓運撰　清光緒三十三年(1907)東洲講舍刻本　四册

500000－8742－0000609　T5.2/169

湘綺樓文集八卷　王闓運撰　清光緒二十六年(1900)刻本　四册

500000－8742－0000610　T5.2/170

湘綺樓文集八卷　王闓運撰　清光緒三十三年(1907)刻本　八册

500000－8742－0000611　T5.2/171

湘綺樓箋啟八卷　王闓運撰　清宣統三年(1911)志古堂刻本　四册

500000－8742－0000612　T5.2/172

吳學士文集四卷吳學士詩集五卷　(清)吳山尊撰　(清)梁肇煌　(清)薛時雨輯　清光緒八年(1882)江寧藩屬刻本　六册　存八卷(文集一至四、詩集一至四)

500000－8742－0000613　T5.2/174

章實齋先生遺書六卷附録一卷　(清)章學誠撰　清宣統二年(1910)鉛印本　四册

500000－8742－0000614　T5.2/175

章氏遺書二十四卷　(清)章學誠撰　清宣統二年(1910)鉛印本　十三册

500000－8742－0000615　T5.2/177(1)

桐城吳先生文集四卷　(清)吳汝綸撰　(清)吳闓生編　清光緒三十年(1904)鉛印本　八册

500000－8742－0000616　T5.2/177(2)

桐城吴先生文集四卷 （清）吳汝綸撰 （清）吳闓生編 清光緒三十年（1904）鉛印本 五冊

500000－8742－0000617 T5.2/178

濂亭文集十三卷 （清）張裕釗撰 （清）查燕緒編 清光緒八年（1882）蘇州查氏木漸齋刻本 四冊

500000－8742－0000618 T5.2/179

句溪襍著六卷 （清）陳立撰 清刻本 二冊

500000－8742－0000619 T5.2/192

亭林詩集五卷 （清）顧炎武撰 清光緒三年（1877）湖南書局刻本 二冊

500000－8742－0000620 T5.2/193

梅村詩集箋注十八卷 （清）吳偉業撰 （清）吳翌鳳撰 清嘉慶十九年（1814）滄浪吟榭刻本 十六冊

500000－8742－0000621 T5.2/193(2)

梅村詩集箋注十八卷 （清）吳偉業撰 （清）吳翌鳳箋注 清嘉慶十九年（1814）刻本 十二冊

500000－8742－0000622 T5.2/197

香屑集十八卷首一卷末一卷 （清）黃之雋撰 （清）唐古愚校注 清宣統二年（1910）上海掃葉山房石印本 四冊

500000－8742－0000623 T5.2/198

湘綺樓詩集十四卷 王闓運撰 清光緒三十三年（1907）長沙刻本 四冊

500000－8742－0000624 T5.2/199

南山全集十六卷 （清）戴潛虛撰 清宣統二年（1910）秀野軒刻本 八冊

500000－8742－0000625 T5.2/200

古微堂内集二卷古微堂外集八卷 （清）魏源撰 清宣統元年（1909）國學扶輪社鉛印本 六冊

500000－8742－0000626 T5.2/211

二李唱和詩一卷 （宋）李昉撰 （宋）李至撰 清影寫本 一冊

500000－8742－0000627 T5.2/214

黃葉村莊詩集八卷續集一卷後集一卷 （清）吳之振編 清光緒四年（1878）刻本 四冊

500000－8742－0000628 T5.2/220

角山樓蘇詩評注彙鈔二十卷附錄三卷 （清）趙克宜輯 清咸豐二年（1852）刻本 八冊

500000－8742－0000629 T5.2/222

浮邱子十二卷 （清）湯鵬撰 清末刻本 四冊

500000－8742－0000630 T5.2/225

冬心先生集四卷 （清）金農撰 清宣統二年（1910）書業公司石印本 四冊

500000－8742－0000631 T5.2/227

抱經室詩文初編詩六卷文二卷 （清）呂傳愷撰 清光緒三十一年（1905）抱經堂刻本 一冊 存二種（歲寒草一至四、勞生草一至二）

500000－8742－0000632 T5.2/230

椒園詩鈔四卷 （清）黎庶蕃撰 清光緒十五年（1889）遵義黎庶昌日本使署刻本 二冊

500000－8742－0000633 T5.2/231

謝疊山先生文章軌範七卷 （宋）謝枋得輯 清光緒二十一年（1895）湖北官書處刻朱墨藍三色套印本 二冊

500000－8742－0000634 T5.2/232

宋宗簡公文集四卷首一卷補遺一卷附錄一卷 （宋）宗澤撰 清同治十二年（1873）三原劉氏述荆堂刻本 二冊

500000－8742－0000635 T5.2/238

謫麐堂遺集四卷 （清）戴望撰 清刻本 二冊

500000－8742－0000636 T5.2/239

陳臥子先生安雅堂稿十八卷 （明）陳子龍撰 **陳臥子先生傳一卷** （清）高燮撰 清宣統二年（1910）上海時中書局鉛印本 八冊

500000－8742－0000637 T5.2/240

才調集補註十卷 （後蜀）韋縠輯 （清）殷元勳箋註 （清）宋邦綏補註 清光緒二十年

(1894)江蘇書局刻本　四册

500000－8742－0000638　T5.2/241
味靈華館詩四卷　(清)商廷焕撰　清宣統二年(1910)刻本　一册

500000－8742－0000639　T5.2/243
呂晚村東莊吟稿不分卷　(清)呂留良撰　清宣統三年(1911)風雨樓鉛印本　一册

500000－8742－0000640　T5.2/244
哀怨集一卷附一卷　(清)宋育仁撰　清宣統二年(1910)鉛印本　一册

500000－8742－0000641　T5.2/246
瀛奎律髓刊誤四十九卷　(元)方回輯　(清)紀昀批點　清光緒刻本　十四册

500000－8742－0000642　T5.2/251
元遺山先生集四十卷首一卷附錄一卷補載一卷新樂府四卷續夷堅志四卷　(金)元好問撰　**凌輯年譜三卷翁輯年譜一卷施輯年譜一卷**　(清)張穆編　清光緒七年(1881)刻本　十七册

500000－8742－0000643　T5.2/252
劉孟塗集四十四卷　(清)劉開撰　清道光六年(1826)里桐城姚氏檗山草堂刻本　十六册

500000－8742－0000644　T5.2/263
李申夫尺牘四卷　(清)李榕撰　清刻本　三册

500000－8742－0000645　T5.2/273
陶淵明集十卷　(晉)陶潛撰　清寫刻本　三册

500000－8742－0000646　T5.2/275
春暉小草不分卷　(清)傅光弼撰　清光緒十一年(1885)刻本　一册

500000－8742－0000647　T5.2/276
澹園文集不分卷　(清)傅光弼撰　清光緒三十四年(1908)鄂渚書局刻本　一册

500000－8742－0000648　T5.2/282
春華集二卷　(清)龍元任撰　清刻本　一册

500000－8742－0000649　T5.2/283
蕉雨軒稿一卷　(清)龍唫薌撰　清光緒三十四年(1908)刻本　一册

500000－8742－0000650　T5.2/294
南沙先生文集八卷　(明)熊過撰　清同治刻本　四册

500000－8742－0000651　T5.2/295
陳伯玉文集三卷詩集二卷首一卷附錄一卷　(唐)陳子昂撰　清道光二十三年(1843)尊德堂刻本　四册

500000－8742－0000652　T5.2/296
熊勿軒先生文集六卷　(宋)熊禾撰　清同治五年(1866)福州正誼書局刻本　二册

500000－8742－0000653　T5.2/297
袁文箋正十六卷　(清)袁枚撰　(清)石韞玉箋　清光緒八年(1882)長夏汗青簃刻本　六册　存十二卷(一至十二)

500000－8742－0000654　T5.2/302
歐陽文忠公全集一百五十三卷首一卷附錄五卷　(宋)歐陽修撰　**盧陵歐陽文忠公年譜一卷**　(宋)胡柯編　清嘉慶二十四年(1819)歐陽衡刻本　四十册

500000－8742－0000655　T5.2/304
疑雨集四卷　(明)王彦泓撰　清宣統二年(1910)上海掃葉山房石印本　二册

500000－8742－0000656　T5.2/305
壯悔堂文集十卷　(清)侯方域撰　(清)賈開宗等評點　清宣統元年(1909)上海掃葉山房石印本　三册

500000－8742－0000657　T5.2/307
弇州山人詩集五十二卷目錄八卷　(明)王世貞撰　清光緒三十三年(1907)渭南嚴氏刻本(二十四至二十八係另一版本配補)　十五册　存四十九卷(一至二十八、三十二至五十二)

500000－8742－0000658　T5.2/308
濂亭文集八卷　(清)張裕釗撰　清宣統三年

(1911)上海掃葉山房石印本　二册

500000－8742－0000659　T5.2/311
山谷詩外集補四卷　(宋)黄庭堅撰　(清)謝啟昆輯　清乾隆武英殿刻本　二册

500000－8742－0000660　T5.2/312
李義山詩集三卷　(唐)李商隱撰　(清)朱鶴齡箋注　(清)何焯評點　清同治九年(1870)廣州倅署刻三色套印本　二册　存二卷(一至二)

500000－8742－0000661　T5.2/313
昌黎先生集四十卷遺文一卷　(唐)韓愈撰　(唐)李漢編　**韓集點勘四卷**　(清)陳景雲撰　清同治八年(1869)江蘇書局刻本　十册

500000－8742－0000662　T5.2/314
白香山詩長慶集二十卷詩後集十七卷年譜一卷白文公年譜一卷　(唐)白居易撰　(清)汪立名編　清刻本　十一册

500000－8742－0000663　T5.2/315
靈峰草堂集四卷　(清)陳矩撰　清光緒貴陽陳氏刻本　一册

500000－8742－0000664　T5.2/316
庾子山集十六卷首一卷附總釋十六卷　(北周)庾信撰　(清)倪璠注　清同治八年(1869)刻本　十册

500000－8742－0000665　T5.2/324－326
欒城初集四十八卷後集二十四卷三集十卷　(宋)蘇轍撰　清道光十二年(1832)眉州三蘇祠刻本　二十一册

500000－8742－0000666　T5.2/327
欒城應詔集十二卷　(宋)蘇轍撰　清道光十二年(1832)眉州三蘇祠刻本　二册

500000－8742－0000667　T5.2/328
壯悔堂集十卷遺稿一卷　(清)侯方域撰　**年譜一卷**　(清)侯洵撰　清康熙刻本　四册

500000－8742－0000668　T5.3/1
國朝詩人徵略六十卷二編六十四卷　(清)張維屏輯　清道光刻本　十六册

500000－8742－0000669　T5.3/2
國朝蜀詩略十二卷　(清)張沆輯　(清)蔡壽祺刪訂　清咸豐九年(1859)刻本　六册

500000－8742－0000670　T5.3/5
國朝全蜀詩鈔六十四卷　(清)孫桐生輯　清光緒五年(1879)長沙刻本　十二册

500000－8742－0000671　T5.3/6
文選六十卷　(南朝梁)蕭統選　(唐)李善等注　清光緒元年(1875)尊經書院刻本　八册

500000－8742－0000672　T5.3/7
昭明文選六十卷　(南朝梁)蕭統選　(唐)李善等注　清嘉慶十二年(1807)湖北崇文書局刻本　二十册

500000－8742－0000673　T5.3/9
文選旁證四十六卷　(清)梁章鉅撰　清光緒八年(1882)吳克家刻本　十二册

500000－8742－0000674　T5.3/10
文選補遺四十卷　(宋)陳仁子輯　(宋)譚紹烈纂類　清道光二十五年(1845)湖南小嫏嬛山館刻本　十册

500000－8742－0000675　T5.3/12
古文苑二十一卷　(宋)章樵注　清光緒十二年(1886)江蘇書局刻本　四册

500000－8742－0000676　T5.3/12(2)
古文苑二十一卷　(宋)章樵注　清光緒十二年(1886)江蘇書局刻本　四册

500000－8742－0000677　T5.3/13
古文苑二十一卷　(宋)章樵注　清光緒十二年(1886)長沙刻本　六册

500000－8742－0000678　T5.3/14
續古文苑二十卷　(清)孫星衍輯　清光緒十一年(1885)刻本　二十册

500000－8742－0000679　T5.3/15
御定全唐詩十二函　(清)聖祖玄燁選　清雙峰書局刻本(有補配)　十七册　存四函(三函九至十册,四函五至八册、十册,六函十册,十函二至十册)

500000－8742－0000680　T5.3/16
續古文苑二十卷　(清)孫星衍輯　清光緒九年(1883)江蘇書局刻本　六冊

500000－8742－0000681　T5.3/18
古文眉詮七十九卷　(清)浦起龍編　清光緒二十四年(1898)刻本　三十二冊

500000－8742－0000682　T5.3/19
漢魏六朝女子文選不分卷　(清)張維選　清宣統三年(1911)刻本　一冊

500000－8742－0000683　T5.3/20
漢魏六朝百三家集　(明)張溥輯　清光緒三年(1877)滇南唐氏刻本　一百二十冊

500000－8742－0000684　T5.3/21
涵芬樓古今文鈔一百卷　吳曾祺纂　清宣統二年(1910)上海商務印書館鉛印本　一百冊

500000－8742－0000685　T5.3/28
古文約選不分卷　(清)允禮選　清同治八年(1869)刻本　十六冊

500000－8742－0000686　T5.3/30
四忠集　(清)劉峙輯　清光緒二十三年(1897)湘南書局刻本　二十四冊

500000－8742－0000687　T5.3/31
唐文粹一百卷　(宋)姚鉉輯　清光緒九年(1883)江蘇書局刻本　十六冊

500000－8742－0000688　T5.3/34
唐人三家集二十六卷　(清)秦恩復輯　清宣統三年(1911)藏古圖書館影印本　八冊

500000－8742－0000689　T5.3/35
御選唐宋文醇五十八卷　(清)高宗弘曆選輯　清光緒三年(1877)浙江書局刻本　二十冊

500000－8742－0000690　T5.3/36
批點唐宋八家鈔八卷　(清)高嵣集評　清道光十五年(1835)刻本　八冊

500000－8742－0000691　T5.3/41
南宋文範七十卷　(清)莊仲方編　清光緒十四年(1888)江蘇書局刻本　十六冊

500000－8742－0000692　T5.3/42
金文雅十六卷　(清)莊仲方編　清光緒十七年(1891)江蘇書局刻本　四冊

500000－8742－0000693　T5.3/42(2)
金文雅十六卷　(清)莊仲方編　清光緒十七年(1891)江蘇書局刻本　四冊

500000－8742－0000694　T5.3/44
元文類七十卷　(元)蘇天爵撰　清光緒十五年(1889)江蘇書局刻本　十冊

500000－8742－0000695　T5.3/45(1)
明文在一百卷　(清)薛熙撰　(清)何潔輯　清光緒十五年(1889)江蘇書局刻本　十冊

500000－8742－0000696　T5.3/45(2)
明文在一百卷　(清)薛熙撰　(清)何潔輯　清光緒十五年(1889)江蘇書局刻本　十冊

500000－8742－0000697　T5.3/47
全蜀藝文志六十四卷　(明)楊慎輯　清光緒十五年(1889)雨餘山房刻本　十二冊

500000－8742－0000698　T5.3/49
全上古三代秦漢三國六朝文七百四十六卷附梅鼎祚文紀一卷　(清)嚴可均校輯　清光緒二十年(1894)黃岡王氏刻本　一百冊

500000－8742－0000699　T5.3/53(1)
國朝文匯甲前集二十卷　國學扶輪社編　清宣統元年(1909)上海國學扶輪社石印本　十冊

500000－8742－0000700　T5.3/53(2)
國朝文匯甲集六十卷　國學扶輪社編　清宣統元年(1909)上海國學扶輪社石印本　三十冊

500000－8742－0000701　T5.3/54(1)
國朝文匯乙集七十卷　國學扶輪社編　清宣統元年(1909)上海國學扶輪社石印本　三十五冊

500000－8742－0000702　T5.3/54(2)
國朝文錄八十二卷　(清)姚椿輯　清光緒二十六年(1900)上海掃葉山房石印本　十六冊

500000－8742－0000703　T5.3/57
湖海文傳七十五卷　(清)王昶輯　清道光十七年(1837)刻本　二十册

500000－8742－0000704　T5.3/64
清朝駢體正宗十二卷　(清)曾燠輯　清刻本　六册

500000－8742－0000705　T5.3/65
有正味齋駢體文二十四卷　(清)吳錫麒撰　清刻本　二十册

500000－8742－0000706　T5.3/66
駢體文鈔三十一卷　(清)李兆洛編　清道光合河康氏登雲閣刻本　十二册

500000－8742－0000707　T5.3/67(1)
忠雅堂評選四六法海八卷　(清)蔣士銓撰　清同治步月山房刻朱墨套印本　八册

500000－8742－0000708　T5.3/67(2)
忠雅堂評選四六法海八卷　(清)蔣士銓撰　清刻本　七册　存七卷(一至三、五至八)

500000－8742－0000709　T5.3/69
七十家賦鈔六卷　(清)張惠言編　(清)林頤山校讀　清光緒二十三年(1897)江蘇書局刻本　五册

500000－8742－0000710　T5.3/70
國朝十家四六文鈔十卷　王先謙輯　清光緒十五年(1889)長沙王氏刻本　四册

500000－8742－0000711　T5.3/72(1)
樂府詩集一百卷目錄二卷　(宋)郭茂倩輯　清同治十三年(1874)湖北崇文書局刻本　十六册

500000－8742－0000712　T5.3/73
歷朝詩約選九十三卷　(清)劉大櫆輯　清光緒二十一年(1895)文徵閣刻本　二十二册

500000－8742－0000713　T5.3/75
古詩選十五卷　(明)曹學佺輯　清同治五年(1866)金陵書局刻本　八册

500000－8742－0000714　T5.3/81
五七言今體詩鈔十八卷　(清)姚鼐輯　清同治五年(1866)金陵書局刻本　二册

500000－8742－0000715　T5.3/82
瀛奎律髓刊誤四十九卷　(元)方回輯　(清)紀昀評點　清嘉慶五年(1800)李氏刻本　十二册

500000－8742－0000716　T5.3/83(1)
欽定全唐詩三十二卷　(清)聖祖玄燁編　清光緒十三年(1887)上海同文書局石印本　三十二册

500000－8742－0000717　T5.3/83(2)
欽定全唐詩三十二卷　(清)聖祖玄燁編　清光緒十三年(1887)上海同文書局石印本　三十二册

500000－8742－0000718　T5.3/86
御選唐宋詩醇四十七卷　(清)高宗弘曆編　清浙江譚鐘麟刻本　二十册

500000－8742－0000719　T5.3/96(1)
明三十家詩選初集八卷二集八卷　(清)汪端輯　清同治十二年(1873)蘊蘭吟館刻本　八册

500000－8742－0000720　T5.3/96(2)
明三十家詩選初集八卷二集八卷　(清)汪端輯　清同治十二年(1873)蘊蘭吟館刻本　八册

500000－8742－0000721　T5.3/96(3－1)
明三十家詩選初集八卷　(清)汪端輯　清同治十二年(1873)蘊蘭吟館刻本　二册　存三卷(三至五)

500000－8742－0000722　T5.3/96(3－2)
明三十家詩選二集八卷　(清)汪端輯　清同治十二年(1873)蘊蘭吟館刻本　一册　存二卷(一至二)

500000－8742－0000723　T5.3/98
國朝六家詩鈔八卷　(清)劉執玉選　清光緒十三年(1887)成都刻本　八册

500000－8742－0000724　T5.3/100(1)
湖海詩傳四十二卷　(清)王昶輯　清同治四

年(1865)蘇州綠蔭堂刻本　十六冊

500000－8742－0000725　T5.3/100(2)
湖海詩傳四十二卷　(清)王昶輯　清同治四年(1865)蘇州綠蔭堂刻本　十二冊

500000－8742－0000726　T5.3/102
湘綺樓八代詩選二十卷　王闓運撰　清光緒七年(1881)四川尊經堂刻本　六冊

500000－8742－0000727　T5.3/106
文選六十卷　(南朝梁)蕭統選　(唐)李善等注　清光緒十一年(1885)上海同文書局石印本　十冊

500000－8742－0000728　T5.3/122
蜀詩十五卷　(明)費經虞輯　(清)孫澍校訂　清道光二十四年(1844)古棠書屋刻本　四冊

500000－8742－0000729　T5.3/123
南宋文錄錄二十四卷　(清)董兆熊輯　清光緒十七年(1891)蘇州書局刻本　六冊

500000－8742－0000730　T5.3/125(1)
皇朝經世文編一百二十卷　(清)賀長齡輯　清刻本　一百冊

500000－8742－0000731　T5.3/125(2)
皇朝經世文續編一百二十卷增附時事洋務　(清)葛士濬輯　清光緒二十三年(1897)掃葉山房刻本　三十冊

500000－8742－0000732　T5.3/125(3)
皇朝經世文三編八十卷　(清)陳忠倚輯　清光緒二十七年(1901)上海書局石印本　十六冊

500000－8742－0000733　T5.3/134
八家四六文注八卷首一卷　(清)吳鼒撰　**補注一卷**　(清)陳衍注　清光緒十八年(1892)上海集成印書局鉛印本　八冊

500000－8742－0000734　T5.3/137
駢體文鈔三十一卷　(清)李兆洛編　清光緒七年(1881)四川尊經書局刻本　九冊

500000－8742－0000735　T5.3/140
初唐四傑集三十七卷　(清)項家達輯　清同治十二年(1873)星渚項氏刻本　四冊　存二十三卷(王子安集一至十六、盧昇之集一至七)

500000－8742－0000736　T5.3/141
古文詞略三十卷　(清)梅曾亮輯　清光緒二十五年(1899)成都志古堂刊本　五冊

500000－8742－0000737　T5.3/142
歷朝名媛詩詞十二卷　(清)陸昶輯　清末上海掃葉山房石印本　三冊　存十卷(三至十二)

500000－8742－0000738　T5.3/144
七家詩選七卷　(清)張熙宇輯評　清刻朱墨套印本　三冊　存五卷(一至二、五至七)

500000－8742－0000739　T5.3/145
七家詩選七卷　(清)張熙宇輯評　(清)石暉甲注　清刻本　六冊

500000－8742－0000740　T5.3/145－6(2)
七家詩選七卷　(清)張熙宇輯評　(清)石暉甲注　清刻朱墨套印本　一冊　存一卷(四)

500000－8742－0000741　T5.3/146
八代文粹二百二十卷目錄十八卷　(清)簡槃　(清)陳崇哲編　清光緒十一年(1885)四川富順考雋堂刻本　六十冊　存二百二十卷(一至二百二十)

500000－8742－0000742　T5.3/149
宋四六選二十四卷　(清)彭元瑞輯　(清)曹振鏞編　清同治四年(1865)刻本　四冊　存十七卷(一至十、十四至二十)

500000－8742－0000743　T5.3/150
宋四六選二十四卷　(清)彭元瑞輯　(清)曹振鏞編　清末民國鉛印本　六冊　存十六卷(五至八、十一至二十二)

500000－8742－0000744　T5.4/2
重訂全唐詩話八卷　(宋)尤袤輯　(清)孫濤訂　清宣統三年(1911)三樂堂石印本　四冊

500000－8742－0000745　T5.4/5

文則二卷　(宋)陳騤撰　清嘉慶二十二年(1817)臨海宋氏刻本　一册

500000－8742－0000746　T5.4/9
宋詩紀事補遺一百卷　(清)陸心源輯　清光緒十九年(1893)刻本　二十四册

500000－8742－0000747　T5.4/11
眉山詩案廣證六卷　(清)張鑒撰　清光緒十年(1884)江蘇書局刻本　二册

500000－8742－0000748　T5.4/23
四六叢話三十三卷　(清)孫梅輯　清光緒七年(1881)吳下刻本　十二册

500000－8742－0000749　T5.4/41
金源紀事詩八卷　(清)湯運泰撰　清同治十二年(1873)淮南書局刻本　四册

500000－8742－0000750　T5.4/49
洪北江詩話六卷　(清)洪亮吉撰　清宣統元年(1909)上海掃葉山房石印本　二册

500000－8742－0000751　T5.5/6
詞學集成八卷　(清)江順詒輯　清光緒七年(1881)刻本　一册

500000－8742－0000752　T5.5/14
二家宮詞二卷　(明)毛晉輯　清授經堂刻本　一册

500000－8742－0000753　T5.5/24
四印齋所刻詞　(清)王鵬運輯　清光緒十四年(1888)臨桂王氏家塾刻本　十四册　存二十一種(東坡樂府一至二,稼軒長短句一至十二,白石道人詞集一至三、别集一,山中白雲詞一至二、補錄一至二、續補一,詞旨一,花外集一,漱玉詞一、補遺一、附錄一,詞林正韻一至三、發凡一,陽春集一、補遺一,東山寓聲樂府一,梅溪詞一,斷腸詞一,樂府指迷一,東山寓聲樂府補鈔一,南來四名臣詞集一,天籟集一至二,蟻術詞選一至四,花間集一至十,精選名賢詞話草堂詩餘一至二,清真集一至二,集外詞一,蕭閑老人明秀集注一至六,樵歌詞一)

500000－8742－0000754　T5.5/25
花間集十卷　(五代)趙崇祚輯　清光緒十四年(1888)邵武徐氏刻本　二册

500000－8742－0000755　T5.5/33(1)
安陸集一卷增樂軒稿一卷復古編二卷　(宋)張先撰　清刻本　一册

500000－8742－0000756　T5.5/33(2)
安陸集一卷增樂軒稿一卷復古編二卷　(宋)張先撰　清刻本　一册

500000－8742－0000757　T5.5/34
名家詞十卷　(清)侯文燦輯　清刻本　四册

500000－8742－0000758　T5.5/38
詞律二十卷　(清)萬樹撰　**拾遺八卷補遺一卷**　(清)徐本立撰　清光緒二年(1876)刻本　十一册

500000－8742－0000759　T5.5/39
詞律拾遺八卷　(清)徐本立撰　清同治十二年(1873)刻本　五册

500000－8742－0000760　T5.5/52
詞徵六卷　(清)張德瀛撰　清刻本　二册

500000－8742－0000761　T5.5/59
檗隖詞存十二卷别集五卷　(清)王以敏撰　清光緒刻本　四册

500000－8742－0000762　T5.5/64
水雲樓詞二卷續一卷　(清)蔣春霖撰　清光緒湖南思賢書局刻本　一册

500000－8742－0000763　T5.6/10
賈鳧西鼓詞一卷　(明)賈鳧西撰　清光緒十四年(1888)蒲圻但氏刻本　一册

500000－8742－0000764　T5.6/11
漢鐃歌十八曲集解一卷　(清)譚儀撰　清仁和江氏刻本　一册

500000－8742－0000765　T5.6/13
精刻桃花扇二卷　(清)孔尚任撰　清康熙夢鳳樓刻本　二册

500000－8742－0000766　T5.6/14

鼓詞一卷　(□)□□撰　清刻本　一册

500000 - 8742 - 0000767　T5.6/20
燕子箋四卷　(明)阮大鋮撰　清石印本　一册

500000 - 8742 - 0000768　T5.6/24
杜牧之詩酒揚州夢雜劇一卷　(元)喬吉撰　清刻本　一册

500000 - 8742 - 0000769　T5.6/39
納書楹曲譜正集四卷續集四卷外集二卷補遺四卷四夢各二卷　(清)葉堂撰　清道光二十八年(1848)刻本　二十册　存十二卷

500000 - 8742 - 0000770　T5.6/63
南曲譜二十二卷　(明)沈璟撰　清末民國石印本　二册

500000 - 8742 - 0000771　T5.6/69
揚州夢十六齣　(清)嵇永仁撰　清末民國影印本　一册

500000 - 8742 - 0000772　T5.6/75
碧聲吟館叢書　(清)許善長撰　清光緒三年(1877)碧聲吟館刻本　十二册

500000 - 8742 - 0000773　T5.6/81
藏園九種曲十三卷　(清)蔣士銓撰　清經綸堂刻本　八册

500000 - 8742 - 0000774　T5.6/83
鉼笙館修簫譜不分卷　(清)舒位撰　清道光十三年(1833)刻本　二册

500000 - 8742 - 0000775　T5.6/84
紅樓夢曲譜不分卷　(清)吳鎬撰　清蟾波閣石印本　六册

500000 - 8742 - 0000776　T5.6/85
桃谿雪一卷　(清)吳廷康撰　清光緒元年(1875)雲鶴仙館刻本　一册

500000 - 8742 - 0000777　T5.6/86
風箏誤一卷　(清)李漁撰　清刻本　二册

500000 - 8742 - 0000778　T5.6/87
玉獅堂傳奇十種曲　(清)陳烺撰　清末北京圖書出版社鉛印本　十四册

500000 - 8742 - 0000779　T5.8 / 1(1)
廿十一史彈詞注十二卷　(明)楊慎編　清道光十二年(1832)楊浚刻本　八册

500000 - 8742 - 0000780　T5.8 / 3
娱萱草彈詞三十二卷　(清)橘道人撰　清光緒木活字本　三册　存十七卷(五至十五、二十一至二十六)

500000 - 8742 - 0000781　T5.9 / 3
東周列國全志二十三卷一百〇八回　(清)蔡元放評點　清咸豐四年(1854)成山房刻朱墨套印本　二十四册

500000 - 8742 - 0000782　T5.9 / 5
第一才子書三國演義六十卷一百二十回　(明)羅貫中撰　(清)毛宗崗評　清咸豐三年(1853)善成堂刻本　二十四册

500000 - 8742 - 0000783　T5.9 / 7
評論出像水滸傳二十卷七十回　(明)施耐庵撰　(清)金人瑞評　清刻本　十六册

500000 - 8742 - 0000784　T5.9 / 8
第五才子書水滸全傳八卷七十回　(明)施耐庵撰　(清)金人瑞評　清光緒十四年(1888)上海大同書局石印本　八册

500000 - 8742 - 0000785　T5.9 / 13
新鐫重訂出像通俗演義東西兩晉志傳東晉志傳八卷西晉志傳四卷紀元一卷　(明)楊爾增撰　清周氏文光堂刻本　四册

500000 - 8742 - 0000786　T5.9 / 14
野記四卷　(明)祝允明撰　清光緒四年(1878)申報館鉛印本　二册

500000 - 8742 - 0000787　T5.9 / 16
女仙外史七卷　(清)呂熊等編　清宣統元年(1909)上海章福記石印本　八册

500000 - 8742 - 0000788　T5.9 / 17
燼餘錄三種　(清)張烺撰　清刻本　一册

500000 - 8742 - 0000789　T5.9 / 24
南北宋志傳二十卷　題(清)如蓮居士編　清

同治十一年(1872)經綸堂刻本　十冊

500000－8742－0000790　T5.9 / 29
繡像説唐前傳十卷　題(清)如蓮居士編　清末石印本　六冊

500000－8742－0000791　T5.9 / 30
繡像征東全傳四卷　題(清)如蓮居士編　清上海章福記書局石印本　四冊

500000－8742－0000792　T5.9 / 31
繡像説唐征西全傳六卷　(□)□□撰　清上海章福記書局石印本　六冊

500000－8742－0000793　T5.9 / 35
野叟曝言二十卷　(清)夏敬渠撰　清光緒三十一年(1905)廣東石印書局石印本　九冊　存十八卷(一至十八)

500000－8742－0000794　T5.9 / 36
繡像洪秀全演義二卷　(清)嵎世次郎撰　清石印本　八冊

500000－8742－0000795　T5.10 / 4
蓄德識聞四卷　(清)李心衡輯　清道光刻本　二冊

500000－8742－0000796　T5.10 / 5
通俗編三十八卷　(清)翟灝撰　清乾隆十六年(1751)無不宜齋刻本　十二冊

500000－8742－0000797　T5.10 / 12
唐人説薈二十卷　題(清)蓮塘居士輯　(清)陳世熙輯　清乾隆五十七年(1792)刻本　二十冊

500000－8742－0000798　T5.10 / 16(1)
宋稗類鈔三十五卷　(清)潘永因編　清宣統三年(1911)石印本　十二冊

500000－8742－0000799　T5.10 / 16(2)
宋稗類鈔八卷　(清)潘永因編　清刻本　八冊

500000－8742－0000800　T5.10 / 24
涑水記聞十六卷　(宋)司馬光撰　(清)陸錫熊編　清乾隆刻木活字武英殿聚珍版叢書本　四冊

500000－8742－0000801　T5.10 / 25
涑水記聞十二卷　(宋)司馬光撰　清光緒三年(1877)湖北崇文書局刻本　四冊

500000－8742－0000802　T5.10 / 27
西青散記八卷　(清)史震林撰　清末鉛印本　四冊

500000－8742－0000803　T5.10 / 28
剪燈新話三卷　(明)瞿佑撰　清刻本　二冊

500000－8742－0000804　T5.10 / 29
三水小牘二卷　(唐)皇甫枚撰　清乾隆五十七年(1792)抱經堂刻本　一冊

500000－8742－0000805　T5.10 / 30
辯誣二卷　(清)張定鋆輯　清刻本　一冊

500000－8742－0000806　T5.10 / 33
復堂日記八卷　(清)譚獻撰　清光緒十三年(1887)刻本　二冊

500000－8742－0000807　T5.10 / 40
閲微草堂筆記六卷　(清)紀昀撰　清嘉慶五年(1800)北平盛氏刻本　十冊

500000－8742－0000808　T5.10 / 41
讀書叢録二十四卷　(清)洪頤煊撰　清道光元年(1821)刻本　六冊

500000－8742－0000809　T5.10 / 43
定香亭筆談四卷　(清)阮元撰　清光緒二十五年(1899)浙江書局刻本　四冊

500000－8742－0000810　T5.10 / 47
稽瑞一卷　(清)劉賡輯　清道光十四年(1834)刻本　一冊

500000－8742－0000811　T5.10 / 48
山家清事一卷　(宋)林洪撰　清道光十四年(1834)刻本　一冊

500000－8742－0000812　T5.10 / 49
異號類編二十卷　(清)史夢蘭輯　清道光十四年(1834)刻本　四冊

500000－8742－0000813　T5.10 / 55
藴龕東游記一卷　樓黎然撰　清光緒三十三

年(1907)鉛印本　一冊

500000－8742－0000814　T5.10 / 57
宦游紀略二卷　(清)高廷瑤撰　清同治成都刻本　一冊

500000－8742－0000815　T5.10 / 60
識者豪傑一卷　(□)□□撰　清末手抄本　一冊

500000－8742－0000816　T5.10 / 71
曾文正公手書日記(清道光二十一年至同治十一年)　(清)曾國藩撰　清宣統元年(1909)石印本　四冊　存(道光二十三年正月正日至二十五年八月二十三日、同治元年正月初一日至六月初四日、同治六年九月初一日至同治七年正月初十日)

500000－8742－0000817　T5.10 / 73
板橋雜記三卷　(清)余懷撰　清上海掃葉山房石印本　一冊

500000－8742－0000818　T6 / 74
戲鴻堂法書八卷　(明)董其昌撰　清宣統二年(1910)上海華新印刷局影印本　四冊　存七卷(一至三、五至八)

500000－8742－0000819　T6 / 104
吴越所見書畫錄六卷　(清)陸時化編　清宣統二年(1910)風雨樓鉛印本　六冊

500000－8742－0000820　T6 / 146
十三經集字摹本不分卷　(清)彭玉雯輯　清道光三十年(1850)刻本　八冊

500000－8742－0000821　T6 / 146(2)
十三經集字摹本不分卷　(清)彭玉雯輯　清同治八年(1869)刻本　九冊

500000－8742－0000822　T6/208
欽定三希堂法帖不分卷　(□)□□撰　清宣統元年(1909)刻本　三十六冊

500000－8742－0000823　T6/237
梅花喜神譜二卷　(宋)宋伯仁撰　清長塘鮑氏刻知不足齋叢書本　一冊

500000－8742－0000824　T6/238
歐鉢羅室書畫過目攷四卷　(清)李玉棻撰　清上海江南圖書館石印本　四冊

500000－8742－0000825　T6/239
桐陰論畫二卷首一卷附一卷　(清)秦祖永撰　清同治三年(1864)刻朱墨套印本　二冊

500000－8742－0000826　T6/239
桐陰論畫二編二卷三編二卷　(清)秦祖永撰　清光緒八年(1882)刻朱墨套印本　二冊

500000－8742－0000827　T6/241
美術叢書十集　鄧實輯　清宣統三年(1911)上海神州國光社鉛印本　十三冊　存二十八種(初集第一輯書筏一、畫筌一、龔安節先生畫訣一、苦瓜和尚畫語錄一、賜硯齋題畫偶錄一、草心樓讀畫集一、七頌堂詞繹一、七頌堂識小錄一,第二輯裝潢志一、端溪硯坑記一、玉紀一、玉紀補一、金粟詞話一卷、製曲枝語一、前塵夢影錄二,第三輯勇盧閑詰一、勇盧閑詰評語一,四輯荀勖笛律圖注一、書影擇錄一;二集第六輯唐朝名畫錄一、鈐山堂書畫記一、金粟箋說一、墨法集要一,第七輯林泉高致一、傳神秘要一、陶說一至六、繡譜一、談石一)

500000－8742－0000828　T6/243
歷代畫史彙傳七十二卷首一卷附錄二卷　(清)邱步洲輯　清同治十三年(1874)三楚畊餘堂邱氏刻本　二十九冊

500000－8742－0000829　經 1/2528
經義考三百卷　(清)朱彝尊撰　清光緒二十三年(1897)浙江書局刻本　五十冊　存二百九十八卷(一至二百九十八)

500000－8742－0000830　經 1/2629
經學輯要二十四卷　(唐)李鼎祚集解　(清)吴熲炎輯　清光緒十九年(1893)點石齋石印本　三十二冊

500000－8742－0000831　經 1/4081
皮氏經學叢書十種　(清)皮錫瑞撰　清光緒二十五年至三十四年(1899－1908)思賢書局刻本　六冊　存二種六卷(經學歷史一、經學

通論一至五）

500000－8742－0000832　經 1/5045
易大義一卷　（清）惠棟撰　**尚書註考一卷**　（明）陳泰交撰　**讀詩拙言一卷**　（明）陳弟撰　清刻海山仙館叢書本　一冊

500000－8742－0000833　經 1/7110/1
周易兼義九卷附音義一卷　（三國魏）王弼注　（晉）韓康伯注　（唐）孔穎達正義　（唐）陸德明音義　**校勘記九卷**　（清）阮元撰　清光緒十三年（1887）脈望仙館石印十三經注疏本　一冊

500000－8742－0000834　經 1/7110/2
尚書注疏二十卷　（漢）孔安國傳　（唐）陸德明音義　（唐）孔穎達疏　**校勘記二十卷**　（清）阮元撰　清光緒十三年（1887）脈望仙館石印十三經注疏本　二冊

500000－8742－0000835　經 1/7110/3
毛詩注疏二十卷　（漢）毛亨傳　（漢）鄭玄箋　（唐）陸德明音義　（唐）孔穎達疏　**校勘記二十卷**　（清）阮元撰　清光緒十三年（1887）脈望仙館石印十三經注疏本　六冊

500000－8742－0000836　經 1/7110/4
周禮注疏四十二卷　（漢）鄭玄注　（唐）陸德明音義　（唐）賈公彦疏　**校勘記四十二卷**　（清）阮元撰　清光緒十三年（1887）脈望仙館石印十三經注疏本　四冊

500000－8742－0000837　經 1/7110/5
儀禮注疏五十卷　（漢）鄭玄注　（唐）陸德明音義　（唐）賈公彦疏　**校勘記五十卷**　（清）阮元撰　清光緒十三年（1887）脈望仙館石印十三經注疏本　三冊

500000－8742－0000838　經 1/7110/6
禮記注疏六十三卷　（漢）鄭玄注　（唐）陸德明音義　（唐）孔穎達疏　**校勘記六十三卷**　（清）阮元撰　清光緒十三年（1887）脈望仙館石印十三經注疏本　七冊

500000－8742－0000839　經 1/7110/7
春秋左傳注疏六十卷　（晉）杜預注　（唐）陸德明音義　（唐）孔穎達疏　**校勘記六十卷**　（清）阮元撰　清光緒十三年（1887）脈望仙館石印十三經注疏本　八冊

500000－8742－0000840　經 1/7110/8
春秋公羊傳注疏二十八卷　（漢）何休撰　（唐）陸德明音義　（唐）徐彦疏　**校勘記二十八卷**　（清）阮元撰　清光緒十三年（1887）脈望仙館石印十三經注疏本　三冊

500000－8742－0000841　經 1/7110/9
春秋穀梁傳注疏二十卷　（晉）范甯集解　（唐）陸德明音義　（唐）楊士勛疏　**校勘記二十卷**　（清）阮元撰　清光緒十三年（1887）脈望仙館石印十三經注疏本　一冊

500000－8742－0000842　經 1/7110/10
論語注疏解經二十卷　（三國魏）何晏集解　（宋）邢昺疏　**校勘記二十卷**　（清）阮元撰　清光緒十三年（1887）脈望仙館石印十三經注疏本　一冊

500000－8742－0000843　經 1/7110/11
孟子注疏解經十四卷　（漢）趙岐注　（宋）孫奭疏　**校勘記十四卷**　（清）阮元撰　清光緒十三年（1887）脈望仙館石印十三經注疏本　二冊

500000－8742－0000844　經 1/7426/2
經典釋文三十卷序錄一卷　（唐）陸德明撰　清刻本　十二冊　存二十九卷（二至三十）

500000－8742－0000845　經 1/7534
經咫一卷　（清）陳祖范撰　清廣雅書局刻本　一冊

500000－8742－0000846　經 2/0077
御纂周易折中十八卷首一卷　（清）李光地撰　清光緒十四年（1888）江南書局刻本　十冊

500000－8742－0000847　經 3/1012
欽定書經傳説彙纂二十卷首二卷書序一卷　（清）王頊齡等輯　清光緒十四年（1888）江南書局刻本　十二冊

500000－8742－0000848　經 3/1223

尚書注疏二十卷 （漢）孔安國傳 （唐）陸德明音義 （唐）孔穎達疏 清刻本 十冊

500000－8742－0000849 經 4/0142

詩本誼不分卷 （清）龔橙撰 清光緒十五年(1889)刻半厂叢書本 一冊

500000－8742－0000850 經 4/1223

毛詩注疏二十卷 （唐）孔穎達疏 清道光六年(1826)南昌府學刻本 二十四冊

500000－8742－0000851 經 4/1223(2)

毛詩注疏二十卷 （漢）毛亨傳 （漢）鄭玄箋疏 （唐）孔穎達疏 清道光六年(1826)南昌府學刻本 四冊 存四卷(一至四)

500000－8742－0000852 經 4/4611

詩經觸義六卷 （清）賀貽孫撰 清咸豐二年(1852)刻本 六冊

500000－8742－0000853 經 5/1080/2(2)

儀禮注疏五十卷 （漢）鄭玄注 （唐）陸德明音義 （唐）賈公彥疏 清刻本 十六冊

500000－8742－0000854 經 5/1080/2(3)

儀禮注疏五十卷 （漢）鄭玄注 （唐）陸德明音義 （唐）賈公彥疏 **校勘記五十卷** （清）阮元撰 清嘉慶二十年(1815)南昌府學刻本 十六冊

500000－8742－0000855 經 6/2800

春秋公羊傳注疏二十八卷 （漢）何休解詁 （唐）徐彥疏 清道光六年(1826)南昌府學刻本 八冊

500000－8742－0000856 經 6/4411(2)

春秋左傳集解三十卷 （晉）杜預註 清刻本 十六冊

500000－8742－0000857 經 6/4646

春秋穀梁傳疏二十卷 （晉）范甯集解 （唐）陸德明音義 （唐）楊士勛疏 清刻本 六冊

500000－8742－0000858 經 7/1241

孟子注疏解經十四卷 （漢）趙岐注 （宋）孫奭疏 **校勘記十四卷** （清）阮元撰 清道光六年(1826)南昌府學刻本 八冊

500000－8742－0000859 經 7/1760

論語注疏解經二十卷 （三國魏）何晏集解 （宋）邢昺疏 **校勘記二十卷** （清）阮元撰 清道光六年(1826)南昌府學刻本 五冊

500000－8742－0000860 經 7/2645

四書逸箋六卷 （清）程大中撰 清道光刻海山仙館叢書本 一冊

500000－8742－0000861 經 8/1760

孝經注疏九卷 （唐）玄宗李隆基注 （宋）邢昺疏 **校勘記九卷** （清）阮元撰 清道光六年(1826)南昌府學刻本 一冊

500000－8742－0000862 經 10/0436

小學考五十卷 （清）謝啟昆撰 清光緒十四年(1888)浙江書局刻本 二十冊

500000－8742－0000863 經 10/0860

詩韻合璧五卷 （清）許時庚編 清上海廣百宋齋石印本 四冊 存四卷(二至五)

500000－8742－0000864 經 10/1760

爾雅注疏十卷 （晉）郭璞注 （宋）邢昺疏 **校勘記十卷** （清）阮元撰 清道光六年(1826)南昌府學刻本 四冊

500000－8742－0000865 經 10/2734

說文通檢十四卷首一卷末一卷 （清）黎永椿編 清光緒五年(1879)商務印書館鉛印本 二冊

500000－8742－0000866 經 10/4106

說文校議十五卷 （清）姚文田撰 （清）嚴可均撰 清同治十三年(1874)歸安姚氏刻本 五冊

500000－8742－0000867 經 10/7714

說文解字注三十二卷 （清）段玉裁注 清光緒三年(1877)成都尊經書院刻本 十六冊

500000－8742－0000868 經 10/8711

說文逸字二卷 （清）鄭珍撰 **附錄一卷** （清）鄭知同撰 清咸豐刻本 一冊

500000－8742－0000869 史 1/1020

漢書補注一百卷 （漢）班固撰 （唐）顏師古

注　王先謙補注　清末上海鴻章書局石印本　四十册

500000－8742－0000870　史1/1773/2
史記一百三十卷　(漢)司馬遷撰　(南朝宋)裴駰集解　清同治十一年(1872)成都書局刻本　二十六册

500000－8742－0000871　史2/2800
竹書紀年統箋十二卷　(清)徐文靖撰　**前編一卷**　(清)徐文靖補箋　**雜述一卷**　(清)徐文靖輯　清光緒三年(1877)浙江書局刻本　四册

500000－8742－0000872　史2/3186
綱鑑正史約三十六卷　(明)顧錫疇撰　(清)陳宏謀增訂　清同治八年(1869)浙江書局刻本　二十册

500000－8742－0000873　史2/5226
播變紀略一卷　題(清)碧山野史撰　清光緒二十年(1894)川東道署刻本　一册

500000－8742－0000874　史2/7246/3
資治通鑑外紀十卷目錄五卷　(宋)劉恕編　(清)胡克家注補　清同治十年(1871)江蘇書局刻本　十二册

500000－8742－0000875　史2/8022
資治通鑑前編十八卷舉要三卷首一卷　(宋)金履祥編　清刻本　十四册

500000－8742－0000876　史3/1185
西夏紀事本末三十六卷首二卷　(清)張鑑編　清光緒十一年(1885)金陵刻本　三册

500000－8742－0000877　史3/3228
古史輯要六卷　(清)□□輯　清刻海山仙館叢書本　三册

500000－8742－0000878　史3/4433
日本國志四十卷首一卷　(清)黄遵憲撰　清光緒十六年(1890)羊城富文齋刻本　十册

500000－8742－0000879　史3/7175
繹史一百六十卷世系圖一卷年表一卷　(清)馬驌撰　清光緒十五年(1889)金匱浦氏刻本　三十二册

500000－8742－0000880　史4/4447
歷代史表五十九卷　(清)萬斯同撰　清光緒十五年(1889)廣雅書局刻本　六册

500000－8742－0000881　史4/6633
路史四十七卷　(宋)羅泌撰　清刻本　二十册

500000－8742－0000882　史5/3144
國朝漢學師承記八卷　(清)江藩撰　清刻本　三册

500000－8742－0000883　史5/3244/6
國朝宋學淵源記二卷附記一卷　(清)江藩撰　清刻本　一册

500000－8742－0000884　史5/4299
東槎紀略五卷　(清)姚瑩撰　清同治刻本　一册

500000－8742－0000885　史5/4421
庚申外史二卷　(明)權衡撰　清道光二十七年(1847)刻海山仙館叢書本　一册

500000－8742－0000886　史5/4439
明夷待訪錄不分卷　(清)黄宗羲撰　清道光二十七年(1847)刻海山仙館叢書本　一册

500000－8742－0000887　史5/7246
酌中志二十四卷　(明)劉若愚撰　清道光二十七年(1847)刻海山仙館叢書本　四册

500000－8742－0000888　史6/0724
郭侍郎奏疏十二卷　(清)郭嵩燾撰　清光緒十八年(1892)刻本　十二册

500000－8742－0000889　史6/1133
南皮張宫保政書奏議初編十二卷　(清)張之洞撰　清光緒二十七年(1901)上海圖書集成印書局鉛印本　四册

500000－8742－0000890　史6/1133/2
自強軍創製公言二卷　(清)張之洞等撰　沈敦和編　清光緒石印本　二册

500000－8742－0000891　史6/2744

黎文肅公遺書不分卷　(清)黎培敬撰　清光緒十七年(1891)湘潭黎氏刻本　七冊

500000－8742－0000892　史 6/2834
教務輯要四卷　(清)徐家幹編　清光緒二十四年(1898)湖北官書局刻本　四冊

500000－8742－0000893　史 6/3435
大清現行刑律案語不分卷　沈家本撰　(清)俞廉三修訂　清宣統元年(1909)法律館刻本　十九冊

500000－8742－0000894　史 6/3444
沈文肅公政書七卷　(清)沈葆楨撰　清光緒六年(1880)吳門節署刻本　七冊

500000－8742－0000895　史 6/4023
李忠武公遺書四卷　(清)李續賓撰　清光緒十七年(1891)甌江巡署刻本　四冊

500000－8742－0000896　史 6/4038
開縣李尚書政書八卷首一卷　(清)李宗羲撰　清光緒十一年(1885)武昌刻本　五冊

500000－8742－0000897　史 6/4041
寶韋齋類稿八十二卷　(清)李桓撰　清光緒刻本　十六冊

500000－8742－0000898　史 6/4210
彭剛直公奏稿八卷　(清)彭玉麟撰　清光緒十七年(1891)吳下刻本　八冊

500000－8742－0000899　史 6/4299
東溟奏稿四卷　(清)姚瑩撰　清同治刻本　二冊

500000－8742－0000900　史 6/4462
林文忠公政書三集三十七卷　(清)林則徐撰　清末刻本　十四冊

500000－8742－0000901　史 6/5268
援黔錄十二卷　(清)唐炯撰　清同治刻本　四冊　存十一卷(一至十一)

500000－8742－0000902　史 7/1028
於越先賢像傳讚二卷　(清)王齡撰　(清)任熊繪圖　清咸豐六年(1856)刻本　二冊

500000－8742－0000903　史 7/1033
曾忠襄公年譜四卷　(清)王定安撰　(清)蕭榮爵增訂　清光緒二十九年(1903)刻本　二冊

500000－8742－0000904　史 7/1043
南來志北歸志二卷　(清)王士禛撰　清刻本　一冊

500000－8742－0000905　史 7/2846
大清畿輔先哲傳四十卷　徐世昌撰　清刻本　二十二冊

500000－8742－0000906　史 7/3145
外史八卷　(清)江有典撰　清刻本　八冊

500000－8742－0000907　史 7/4007
錢塘先賢傳讚一卷　(宋)袁韶撰　清光緒四年(1878)泉唐丁氏刻本　一冊

500000－8742－0000908　史 7/7714
楚寶四十卷外篇五卷　(明)周聖楷撰　清道光九年(1829)刻本　二十四冊

500000－8742－0000909　史 8/4301
新鐫增訂評注批點便蒙通鑑八卷　(宋)南宮靖一撰　(明)孫鑛批閱　(明)錢允治評注　清刻本　八冊

500000－8742－0000910　史 8/4445
歐陽文忠公五代史鈔二十卷新唐書鈔二卷　(明)茅坤評點　清刻本　四冊

500000－8742－0000911　史 8/4741
讀史兵略四十六卷　(清)胡林翼撰　清光緒儷峯書屋刻本　十六冊

500000－8742－0000912　史 8/7577
二十四史論贊七十八卷　(清)陳闡編輯　清光緒刻本　十六冊

500000－8742－0000913　史 9/2631/2
聖武記十四卷　(清)魏源撰　清道光二十年(1840)古微堂刻本　十二冊

500000－8742－0000914　史 9/6751
九國志十二卷　(宋)路振撰　(宋)張唐英補　清道光二十七年(1847)刻海山仙館叢書本　二冊

500000－8742－0000915　史 9/7210
蜀龜鑑七卷首一卷　(清)劉景伯撰　清宣統三年(1911)刻本　四册

500000－8742－0000916　史 11/1043
浯溪考二卷　(清)王士禛撰　清刻本　一册

500000－8742－0000917　史 11/1043/2
長白山錄一卷補遺一卷　(清)王士禛撰　清刻本　一册

500000－8742－0000918　史 11/1083
小方壺齋輿地叢鈔續編十二帙五十八種　(清)王錫祺輯　清光緒十七年(1891)上海著易堂鉛印本　二十册

500000－8742－0000919　史 11/1144
新釋地理備考全書十卷　(葡萄牙)瑪吉士輯譯　清道光二十七年(1847)刻海山仙館叢書本　五册

500000－8742－0000920　史 11/2641
海國圖志一百卷　(清)魏源撰　清光緒二年(1876)平慶涇固道署刻本　三十二册

500000－8742－0000921　史 11/3149
七國地理考七卷附國策編年一卷　(清)顧觀光撰　清刻本　四册

500000－8742－0000922　史 11/3161
峽江圖考不分卷　(清)江國璋編　清刻本　一册

500000－8742－0000923　史 11/4033
李氏五種合刊二十七卷　(清)李兆洛撰　(清)六嚴等編　清光緒十四年(1888)掃葉山房刻本　十六册

500000－8742－0000924　史 11/4041
洛陽名園記一卷　(宋)李格非撰　**靖康傳信錄三卷**　(宋)李綱撰　清道光二十六年(1846)刻海山仙館叢書本　一册

500000－8742－0000925　史 11/4233
蜀故二十七卷　(清)彭遵泗撰　清光緒二十四年(1898)至元堂刻本　六册

500000－8742－0000926　史 11/4299
康輶紀行十六卷　(清)姚瑩撰　清刻本　五册

500000－8742－0000927　史 11/4634
晦明軒稿二卷　楊守敬撰　清光緒二十七年(1901)刻本　二册

500000－8742－0000928　史 11/4694
海錄一卷　(清)楊炳南撰　清咸豐元年(1851)刻海山仙館叢書本　一册

500000－8742－0000929　史 11/5022
太平寰宇記二百卷目錄二卷　(宋)樂史撰　清刻本　四十七册　存一百九十一卷(三至一百十二、一百二十至二百)

500000－8742－0000930　史 12/4877
皇朝詞林典故六十四卷　(清)朱珪對等編　清光緒十三年(1887)刻本　三十四册

500000－8742－0000931　史 13/1043
國朝謚法考不分卷　(清)王士禛編　清刻本　一册

500000－8742－0000932　史 13/4672
皇朝經世文編一百二十卷　(清)賀長齡輯　清光緒十三年(1887)上海點石齋石印本　十二册

500000－8742－0000933　史 13/4672/2
皇朝經世文編一百二十卷　(清)賀長齡輯　清石印本　四册　存二十卷(七十至八十九)

500000－8742－0000934　史 13/5300
皇朝經世文續編一百二十卷　(清)葛士濬輯　清光緒二十三年(1897)刻本　八十册

500000－8742－0000935　史 13/8334
欽定通考考證三卷通志考證三卷通典考證三卷　(清)弘晝等纂　清浙江書局刻本　六册

500000－8742－0000936　史 14/1034
竹雲題跋四卷　(清)王澍撰　清道光二十七年(1847)刻海山仙館叢書本　一册

500000－8742－0000937　史 14/4429
觀古堂書目五十卷　葉德輝撰　清光緒二十九年(1903)葉氏觀古堂刻本　十三册

500000－8742－0000938　史14/7522
茶董補二卷　(明)陳繼儒輯　清道光二十七年(1847)刻海山仙館叢書本　一册

500000－8742－0000939　史14/7551
直齋書録解題二十二卷　(宋)陳振孫撰　清光緒九年(1883)江蘇書局刻本　六册

500000－8742－0000940　史14/8079
無邪堂問答五卷　(清)朱一新撰　清光緒二十一年(1895)廣雅書局刻本　五册

500000－8742－0000941　史15/4037
後漢書贅語三卷讀三國志書存一卷　(清)李祖陶撰　清刻本　一册

500000－8742－0000942　子1/0054
漢學商兑四卷　(清)方東樹撰　清光緒二十六年(1900)浙江書局刻本　四册

500000－8742－0000943　子1/0110
存治編一卷附存人編四卷　(清)顏元撰　清四存堂刻本　一册

500000－8742－0000944　子1/0444
幼學瓊林四卷　(清)程允升撰　清光緒二十九年(1903)新都墨耕堂刻本　四册

500000－8742－0000945　子1/1262
孔子集語十七卷　(清)孫星衍撰　清光緒三年(1877)浙江書局刻本　四册

500000－8742－0000946　子1/2300
傅子一卷　(晉)傅玄撰　**續孟子二卷**　(唐)林慎思撰　清光緒元年(1875)湖北崇文書局刻本　一册

500000－8742－0000947　子1/4420(5)
文選六十卷　(南朝梁)蕭統撰　(唐)李善等注　清刻本　十册

500000－8742－0000948　子1/4496
伸蒙子三卷　(唐)林慎思撰　**素履子三卷**　(唐)張弧撰　清光緒元年(1875)湖北崇文書局刻本　一册

500000－8742－0000949　子1/4730
胡子知言六卷附録五卷疑義八卷　(宋)胡宏撰　**薛子道論三卷**　(明)薛瑄撰　**海樵子一卷**　(明)王崇慶撰　清光緒元年(1875)湖北崇文書局刻本　一册

500000－8742－0000950　子1/7410/2
新語二卷　(漢)陸賈撰　**忠經一卷**　(漢)馬融撰　(漢)鄭玄注　清光緒元年(1875)湖北崇文書局刻本　一册

500000－8742－0000951　子1/7535/2
東塾讀書記十五卷　(清)陳澧撰　清光緒二十七年(1901)邵州勸學書舍刻本　六册

500000－8742－0000952　子2/2141
何博士備論二卷　(宋)何去非撰　**李忠定公輔政本末一卷**　(清)李綱撰　清光緒元年(1875)湖北崇文書局刻本　一册

500000－8742－0000953　子2/7710
廣名將傳二十卷　(明)黄道周注　清道光五年(1825)刻海山仙館叢書本　六册

500000－8742－0000954　子3/3044
補注洗冤録集證四卷附作吏要言一卷　(宋)宋慈撰　(清)童濂補注　清刻本　二册

500000－8742－0000955　子3/4464
聱隅子二卷　(宋)黄晞撰　**嬾真子五卷**　(宋)馬永卿撰　清光緒元年(1875)湖北崇文書局刻本　一册

500000－8742－0000956　子5/1035(2)
補注黄帝内經素問二十四卷補遺一卷　(唐)王冰撰　清光緒三年(1877)浙江書局刻本　八册

500000－8742－0000957　子5/8020
全體新論十卷　(英國)合信撰　清咸豐元年(1851)刻海山仙館叢書本　二册

500000－8742－0000958　子6/2213/1
同文算指前編二卷　(意大利)利瑪竇撰　(明)李之藻編　清道光二十九年(1849)刻海山仙館叢書本　一册

500000－8742－0000959　子6/2213/2
同文算指前編二卷　(意大利)利瑪竇撰

(明)李之藻編　清道光二十九年(1849)刻海山仙館叢書本　一冊

500000－8742－0000960　子6/2213/1
同文算指通編八卷　(意大利)利瑪竇撰　(明)李之藻編　清道光二十九年(1849)刻海山仙館叢書本　四冊

500000－8742－0000961　子6/2213/2
同文算指通編八卷　(意大利)利瑪竇撰　(明)李之藻編　清道光二十九年(1849)刻海山仙館叢書本　四冊

500000－8742－0000962　子6/2213/3
幾何原本六卷　(意大利)利瑪竇口譯　(明)徐光啟筆授　清道光二十九年(1849)刻海山仙館叢書本　四冊

500000－8742－0000963　子6/2213/4
圜容較義一卷測量法義一卷　(意大利)利瑪竇撰　(明)徐光啟錄　**測量異同一卷勾股義一卷**　(明)徐光啟撰　清道光二十九年(1849)刻海山仙館叢書本　一冊

500000－8742－0000964　子6/2722
御製數理精蘊二編四十五卷表八卷　(清)何國宗等彙編　清光緒八年(1882)刻本　四十冊

500000－8742－0000965　子6/3130.1
翼梅八卷　(清)江永撰　清道光二十七年(1847)刻海山仙館叢書本　三冊

500000－8742－0000966　子6/3130.2
翼梅八卷　(清)江永撰　清道光二十七年(1847)刻海山仙館叢書本　三冊

500000－8742－0000967　子7/3241
須靜齋雲煙過眼錄一卷　(清)潘世璜撰　(清)潘遵祁編　清宣統刻本　一冊

500000－8742－0000968　子7/7522.2
奇觚室樂石文述不分卷　(清)劉心源撰　清刻本　二冊

500000－8742－0000969　子8/0292
調燮類編四卷　(宋)趙希鵠撰　清道光二十七年(1847)刻海山仙館叢書本　一冊

500000－8742－0000970　子8/1021
群芳譜三十卷　(明)王象晉撰　清同治七年(1868)刻本　四十冊

500000－8742－0000971　子9/1043
分甘餘話四卷　(清)王士禛撰　清刻本　一冊

500000－8742－0000972　子9/1043/2
香祖筆記十二卷　(清)王士禛撰　清刻本　四冊

500000－8742－0000973　子9/1136
雲谷雜記四卷首一卷末一卷　(宋)張淏撰　清道光二十九年(1849)刻海山仙館叢書本　一冊

500000－8742－0000974　子9/1700
尹文子一卷　(戰國)尹文撰　**公孫龍子一卷**　(戰國)公孫龍撰　**慎子一卷**　(戰國)慎到撰　**鬼谷子一卷**　(戰國)鬼谷子撰　清光緒元年(1875)湖北崇文書局刻本　一冊

500000－8742－0000975　子9/1721
鬻子一卷　(西周)鬻熊撰　**計倪子一卷**　(戰國)計然撰　**於陵子一卷**　(戰國)陳仲子撰　**子華子二卷**　(戰國)程本撰　清光緒元年(1875)湖北崇文書局刻本　一冊

500000－8742－0000976　子9/2315
牟子一卷古今注三卷　(漢)牟融撰　(晉)崔豹撰　清光緒元年(1875)湖北崇文書局刻本　一冊

500000－8742－0000977　子9/4033(1)
敬齋古今注八卷　(元)李冶撰　清道光二十九年(1849)刻海山仙館叢書本　二冊

500000－8742－0000978　子9/4033(2)
敬齋古今注八卷　(元)李冶撰　清道光二十九年(1849)刻海山仙館叢書本　二冊

500000－8742－0000979　子9/4120
金樓子六卷　(南朝梁)元帝蕭繹撰　清光緒元年(1875)湖北崇文書局刻本　二冊

500000－8742－0000980　子9/4299
識小録八卷　(清)姚瑩撰　清刻本　二册

500000－8742－0000981　子9/4417
叔苴子内篇六卷外篇二卷　(明)莊元臣撰　清光緒元年(1875)湖北崇文書局刻本　二册

500000－8742－0000982　子9/4422
獨斷不分卷　(漢)蔡邕撰　清光緒元年(1875)湖北崇文書局刻本　一册

500000－8742－0000983　子9/4440
考古質疑六卷　(宋)葉大慶撰　清光緒十一年(1885)刻海山仙館叢書本　一册

500000－8742－0000984　子9/4942
洞天清録集不分卷　(宋)趙希鵠撰　清道光二十九年(1849)刻海山仙館叢書本　一册

500000－8742－0000985　子9/6017/6
墨子閒詁十五卷附録一卷後語二卷　(戰國)墨翟撰　(清)孫詒讓撰　清掃葉山房石印本　八册　存十五卷(一至三、六至十七)

500000－8742－0000986　子9/7225
劉氏遺書八卷　(清)劉台拱撰　清光緒十五年(1889)廣雅書局刻本　二册

500000－8742－0000987　子9/7242(2)
隱居通義三十一卷　(元)劉壎撰　清道光二十九年(1849)刻海山仙館叢書本　五册

500000－8742－0000988　子9/7244
郁離子一卷　(明)劉基撰　**空同子一卷**　(明)李夢陽撰　**海沂子一卷**　(明)王文禄撰　清光緒元年(1875)湖北崇文書局刻本　一册

500000－8742－0000989　子9/7250
劉子二卷　(北齊)劉晝撰　清光緒元年(1875)湖北崇文書局刻本　一册

500000－8742－0000990　子9/7534
掌録二卷　(清)陳祖范撰　清光緒十七年(1891)廣雅書局刻本　一册

500000－8742－0000991　子9/7732
説郛一百卷　(明)陶宗儀編　清刻本　四十册

500000－8742－0000992　子9/8346
十駕齋養新録二十卷餘録三卷　(清)錢大昕撰　清光緒二年(1876)浙江書局刻本　八册

500000－8742－0000993　子10／0077
韻府拾遺一百十二卷　(清)張廷玉等編　清石印本　十册　存一百〇五卷(一至一百〇五)

500000－8742－0000994　子10／1192
蔆園叢書九種　(清)張慎儀撰　清光緒民國刻本　十六册

500000－8742－0000995　子10／1262
平津館叢書十集四十三種　(清)孫星衍編　清光緒十一年(1885)刻本　五十册　缺三種(秘授清寧丸方、古刻叢鈔、建立伏博士始末)

500000－8742－0000996　子10／1368
嘯園叢書六十種　(清)葛元煦輯　清光緒九年(1883)序仁和葛氏刻本　三十五册　缺二種(理虚元鑑、保生胎養良方)

500000－8742－0000997　子10／1630
求益齋全集二十卷　(清)強汝詢撰　清光緒二十四年(1898)江蘇書局刻本　七册

500000－8742－0000998　子10／2471
武英殿聚珍版書六十二種　清同治十三年(1874)江西書局刻本　一百二十八册

500000－8742－0000999　子10／3135
湖北叢書三十一種　(清)趙尚輔輯　清光緒十七年(1891)三餘草堂刻本　一百册　存二十八種(御定易經通注,楚辭,詩傳名物集覽一至七、九至十二,易領,周易集解纂疏,易筮遺占,易象通義,繹志,讀書説,蠕範,平書,樞言續樞言,春秋非左,論語類考,四書逸箋,孟子雜記,江漢叢談,雲杜故事,姓觿,名疑集,尚書辨解,毛詩原解一至四、十一至三十六,孟子要略,陳氏孔子家語疏證,仲顧,史懷,讀史賸言,學統)

500000－8742－0001000　子10／3172
經濟類攷二卷　(清)顧九錫撰　清光緒十五年(1889)上海鴻文書局石印本　二册

500000－8742－0001001　子10／3191
亭林遺書四十五卷　(清)顧炎武撰　(清)黄汝成集釋　清上海文瑞樓石印本　八册

500000－8742－0001002　子10／3308
二思堂叢書六種　(清)梁章鉅編　清光緒元年(1875)刻本　十六册　存六種(退菴自定年譜,退菴隨筆一至十、十四至二十二,南省公餘錄,古格言,閩川閨秀詩話,農候雜占)

500000－8742－0001003　子10／3340
釀密集四卷　(清)浦起龍撰　清光緒二十七年(1901)刻本　四册

500000－8742－0001004　子10／3825
海嶽軒叢刻九種　(清)杜俞撰　清光緒三十三年(1907)蘇省印刷總局刻本　八册

500000－8742－0001005　子10／4060
太平御覽一千卷　(宋)李昉等撰　清刻本　一百二十册

500000－8742－0001006　子10／4094
榕村全書三十八種一百八十九卷附錄十種四十九卷　(清)李光地撰　清刻本　五十五册

500000－8742－0001007　子10／4297
寸陰叢錄四卷　(清)姚瑩撰　清刻本　一册

500000－8742－0001008　子10／4917
甌北全集五十卷　(清)趙翼撰　清嘉慶十七年(1812)申壽堂刻本　六十册

500000－8742－0001009　子10／5339
常州先哲遺書四十四種　盛宣懷編　清光緒二十一年(1895)武進盛化刻本　五十九册　存二十種(詩傳旁通,三續千字文注,崇禎朝記事,陳定生遺書三種秋園雜佩、山陽錄、書事七則,吳中水利書,遂初堂書目,得月樓書目,景仰撮書,宜齋野乘,梁谿漫志,萬柳溪邊舊話,陽羡茗壺系附洞山岕茶系,落落齋遺集,金忠潔公文集,薛堆山先生前集鈔,韻語陽秋,存餘堂詩話,留溪外傳一至五)

500000－8742－0001010　子10／6525
古今圖書集成一萬卷目錄四十卷　(清)陳夢雷等編　清光緒十年(1884)上海圖書集成印書局鉛印本　八百二十二册

500000－8742－0001011　子10／7110
皇清經解一千四百○八卷首一卷　(清)阮元編　清咸豐十年(1860)刻本　三百五十四册

500000－8742－0001012　子11／1000
一切經音義二十五卷　(唐)釋玄應撰　清道光二十五年(1845)刻海山仙館叢書本　六册

500000－8742－0001013　子11／1031
至游子二卷　(明)□□撰　清光緒元年(1875)湖北崇文書局刻本　一册

500000－8742－0001014　子11／1041
亢倉子一卷　(戰國)庚桑楚撰　**玄真子一卷**　(唐)張志和撰　**天隱子一卷**　(唐)司馬承禎撰　**無能子三卷**　(唐)□□撰　**胎息經一卷**　(□)幻真先生注　清光緒元年(1875)湖北崇文書局刻本　一册

500000－8742－0001015　子11／1130
陰符經一卷　(漢)張良撰　**關尹子一卷**　(西周)尹喜撰　清光緒元年(1875)湖北崇文堂刻本　一册

500000－8742－0001016　子11／1223(2)
列子八卷　(西周)列禦寇撰　(晉)張湛注　清光緒二年(1876)浙江書局刻本　二册

500000－8742－0001017　子11／1822
憨山夢遊集五十五卷　(明)釋德清撰　清刻本　二十册

500000－8742－0001018　子11／2014
易林四卷　(漢)焦贛撰　清掃葉山房石印本　四册

500000－8742－0001019　子11／4010.8
老子道德經二卷　(西周)李耳撰　(三國魏)王弼注　**道德真經注四卷**　(清)吳澄述　清光緒元年(1875)湖北崇文書局刻本　二册

500000－8742－0001020　子11／4222
一行居集八卷　(清)彭紹升撰　清刻本　四册

500000－8742－0001021　子11／4243
二十二史感應録二卷　（清）彭希涑撰　清道光五年（1825）刻海山仙館叢書本　一册

500000－8742－0001022　子11／4423
大佛頂首楞嚴經疏解蒙鈔六十卷　（清）錢謙益述　清光緒十五年（1889）刻本　二十册

500000－8742－0001023　子11／4477－2
莊子集解八卷　（戰國）莊周撰　王先謙集解　清宣統元年（1909）思賢書局刻本　三册

500000－8742－0001024　子11／4477.7
莊子南華經三卷　（戰國）莊周撰　**莊子闕誤一卷**　（明）楊慎撰　清光緒元年（1875）湖北崇文堂刻本　二册

500000－8742－0001025　子11／4622
楊仁山居士遺著二十三卷　（清）楊文會撰　清刻本　十一册

500000－8742－0001026　子11／5337
楞嚴貫珠集十卷　（明）釋戒潤述　清刻本　五册

500000－8742－0001027　子11／5520
高僧傳十三卷　（南朝梁）釋慧皎撰　清道光二十七年（1847）刻海山仙館叢書本　四册

500000－8742－0001028　子12／0712(2)
山海經十八卷　（晉）郭璞輯　清光緒三年（1877）浙江書局刻本　三册

500000－8742－0001029　子12／0712(3)
山海經十八卷　（晉）郭璞傳　**山海經圖讚一卷**　（晉）郭璞輯　**山海經補注一卷**　（明）楊慎補注　清光緒元年（1875）湖北崇文書局刻本　三册

500000－8742－0001030　子12／1021
剪桐載筆不分卷　（明）王象晉撰　清刻本　一册

500000－8742－0001031　子12／1040
拾遺記十卷　（晉）王嘉撰　（南朝梁）蕭綺録　清光緒元年（1875）湖北崇文書局刻本　一册

500000－8742－0001032　子12／1043
隴屬餘聞不分卷　（清）王士禛撰　清刻本　一册

500000－8742－0001033　子12／1137
幽夢影二卷　（清）張潮撰　清同治十三年（1874）遲雲樓刻本　二册

500000－8742－0001034　子12／1144
續博物志十卷　（宋）李石撰　清上海文瑞樓石印本　二册

500000－8742－0001035　子12/1144(1)
博物志十卷　（晉）張華撰　清光緒元年（1875）湖北崇文書局刻本　一册

500000－8742－0001036　子12／1144(2)
續博物志十卷　（宋）李石撰　清光緒元年（1875）湖北崇文書局刻本　一册

500000－8742－0001037　子12／1262
燕丹子三卷　（清）孫星衍輯　**玉泉子一卷**　（唐）□□撰　**金華子二卷**　（南唐）劉崇遠等撰　清光緒元年（1875）湖北崇文書局刻本　一册

500000－8742－0001038　子12／2260
述異記二卷　（南朝梁）任昉撰　清光緒元年（1875）湖北崇文書局刻本　一册

500000－8742－0001039　子12／2767
閱微草堂筆記二十四卷　（清）紀昀撰　清道光十五年（1835）刻本　十册

500000－8742－0001040　子12／5008
神異經一卷海内十洲記一卷　（漢）東方朔撰　**洞冥記四卷**　（漢）郭憲撰　**穆天子傳六卷**　（晉）郭璞注　清光緒元年（1875）湖北崇文書局刻本　一册

500000－8742－0001041　子12／7731
搜神後記十卷　（晉）陶潛撰　清光緒元年（1875）湖北崇文書局刻本　一册

500000－8742－0001042　集1／0013
宋明兩大忠集合編二十卷　（宋）文天祥（明）史可法撰　清四川官印局石印本　六册

500000－8742－0001043　集1 / 0020
明文鈔初編不分卷　(清)高嵣輯　清刻本　十六冊

500000－8742－0001044　集1 / 0132.1
顔氏家藏尺牘四卷　(清)顔光敏輯　清道光二十七年(1847)刻海山仙館叢書本　四冊

500000－8742－0001045　集1 / 0132.2
顔氏家藏尺牘姓氏考不分卷　(清)顔光敏輯　清道光二十七年(1847)刻海山仙館叢書本　一冊

500000－8742－0001046　集1 / 0843
翰林學士集一卷　(唐)許敬宗等撰　清貴陽陳氏刻本　一冊

500000－8742－0001047　集1 / 1036
胡海文傳七十五卷　(清)王昶輯　清道光二十七年(1847)經訓堂刻本　十六冊

500000－8742－0001048　集1 / 1073
八代詩選二十卷　王闓運撰　清光緒七年(1881)四川尊經書局刻本　六冊

500000－8742－0001049　集1 / 1073.0
唐詩選九卷　王闓運撰　清光緒二年(1876)成都尊經書局刻本　六冊

500000－8742－0001050　經1/7425
國語補音三卷　(宋)宋庠撰　清光緒二年(1876)成都吳氏尊經書院刻本　一冊

500000－8742－0001051　T1.4/7－2/1－1
古今圖書集成一萬卷目錄四十卷　(清)陳夢雷等編　清光緒十四年(1888)鉛印本　一千二十七冊　存五千七百〇九卷(曆象彙編乾象典一至一百,歲功典一至一百十六,曆法典一至六十七、七十三至八十九、九十八至一百四十,庶征典一至一百八十八;方輿彙編職方典八十三至一百七十七、一百八十五至一千二百二十六、一千二百三十九至一千五百四十四,山川典二十三至二十七、三十四至三十五、五十二至五十七、五十九至六十二、一百至一百〇六、一百三十八至一百四十三、一百八十九至一百九十五、二百四十五至二百五十、二百七十至二百七十五、二百八十七至二百八十九;明倫彙編皇極典一百八十六至三百,官常典一至五百三十三、五百四十七至七百四十一、七百四十七至七百九十五,家範典一至一百十,氏族典一百〇二至一百十三、一百二十一至二百四十六、二百五十四至六百二十六、六百二十八至六百四十,人事典一至六十二、六十四至一百十二,閨媛典七至十六、二十三至三百六十八;博物彙編草木典一至八十一、八十三至一百二十四、一百三十二至一百三十八、一百五十三至一百八十七、一百九十五至三百〇二、三百〇九至三百二十;理學彙編文學典十七至二百六十;經濟彙編選舉典一至一百三十六,銓衡典一至一百二十,禮儀典一至四十五、五十二至一百七十三、一百八十一至三百四十一,樂律典一至九、二十至二十四、三十至三十五、四十三至七十三、八十至九十九、一百〇六至一百三十六,戎政典一至三百,祥刑典一至一百八十)

500000－8742－0001052　史5/3244/7
國朝宋學淵源記二卷附記一卷　(清)江藩撰　清刻本　一冊

500000－8742－0001053　集1 / 1094
古文分編集評四集　(清)于光華編　清乾隆五十二年(1787)刻本　二十四冊

500000－8742－0001054　集1 / 1262
續古文苑二十卷　(清)孫星衍撰　清光緒九年(1883)江蘇書局刻本　六冊

500000－8742－0001055　集1 / 2647
增注八銘塾鈔二集　(清)吳懋政編　(清)李文山注釋　清光緒善成堂刻本　二冊

500000－8742－0001056　集1 / 2661
二程全書六十四卷附錄三卷　(宋)程顥　(宋)程頤撰　(宋)朱熹編輯　清刻本　十九冊

500000－8742－0001057　集1 / 2671
寧都三魏全集七十二卷　(清)林時益輯　清刻本　四十八冊

500000－8742－0001058　集1 / 3434

賦海大觀三十二卷　（清）鴻寶齋主人編　清光緒二十年（1894）鴻寶齋刻石印本　二十七冊

500000－8742－0001059　集1 / 4004

古文苑二十一卷　（宋）章樵注　清光緒十二年（1886）江蘇書局刻本　四冊

500000－8742－0001060　集1 / 4037

國朝文錄初編八十二卷續編六十三卷邁堂文畧四卷　（清）李祖陶輯　清道光十九年（1839）瑞州府鳳儀書院刻本　七十五冊

500000－8742－0001061　集1 / 4037.8

金元明八大家古文選五十三卷　（清）李祖陶評選　清道光二十五年（1845）刻本　二十四冊

500000－8742－0001062　集1 / 4254

國朝文錄八十二卷　（清）姚椿輯　清光緒二十六年（1900）掃葉山房刻本　十六冊

500000－8742－0001063　集1 / 4420.3(1)

重訂文選集評十五卷末一卷　（南朝梁）蕭統編　清同治十一年（1872）江蘇書局刻本　十六冊

500000－8742－0001064　集1 / 4420.3(2)

重訂文選集評十五卷末一卷　（南朝梁）蕭統編　清同治十一年（1872）江蘇書局刻本　十六冊

500000－8742－0001065　集1 / 4420(4)

文選六十卷　（南朝梁）蕭統編　（唐）李善注　清刻本　十六冊

500000－8742－0001066　集1 / 4437

三蘇全集四種一百五十八卷　（宋）蘇洵等撰　清道光十二年（1832）眉州三蘇祠刻本　七十八冊　存一百五十三卷（嘉祐集一至二十，東坡集一至二十四、二十七至八十四，欒城集一至四十五，斜川集一至六）

500000－8742－0001067　集1 / 4743

江右文鈔七十五卷　（清）胡大鴻輯　清光緒元年（1875）廬陵胡氏存心書屋刻本　十六冊

500000－8742－0001068　集1 / 4877

御選唐宋文醇五十八卷　（清）允祿等輯　清刻三色套印本　三十冊

500000－8742－0001069　集1 / 6031

宋文鑑一百五十卷　（宋）呂祖謙輯　清刻本　五冊　存三十六卷（五十二至五十七、六十三至七十、七十一至七十八、七十九至八十四、九十三至一百）

500000－8742－0001070　集1 / 7232

元明八大家古文十三卷　（清）劉肇虞選　清刻本　六冊

500000－8742－0001071　集1 / 7722

全蜀藝文志六十四卷　（明）楊慎編　清嘉慶二十二年（1817）刻本　二十冊

500000－8742－0001072　集1 / 7743

重刻賴古堂尺牘新鈔三選結鄰集十六卷　（清）周在浚等輯　清道光十九年（1839）賴古堂刻本　六冊

500000－8742－0001073　集1 / 7743.5

重刻賴古堂尺牘新鈔二選藏弆集十六卷　（清）周在浚等輯　清賴古堂刻本　六冊

500000－8742－0001074　集1 / 8096

國朝駢體正宗十二卷　（清）曾燠輯　清光緒十三年（1887）上海蜚英館石印本　六冊

500000－8742－0001075　集2 / 1032

楚辭十七卷　（漢）劉向編集　（漢）王逸章句　清上海文會堂書局石印本　四冊

500000－8742－0001076　集31 / 7731.4

陶淵明集八卷首一卷末一卷　（晉）陶潛撰　清光緒五年（1879）廣州翰墨園刻本　二冊

500000－8742－0001077　集32 / 1044

王子安集註二十卷　（唐）王勃撰　（清）蔣清翊註　清光緒九年（1883）吳縣蔣氏雙唐碑館刻本　八冊

500000－8742－0001078　集32 / 2213

桂苑筆耕集二十卷　（唐）崔致遠撰　清道光

二十七年(1847)刻海山仙館叢書本　四冊

500000－8742－0001079　集32 / 4026(2)
李太白文集三十卷附錄六卷　(唐)李白撰　(清)王琦輯注　清刻本　十二冊

500000－8742－0001080　集32 / 4453.0
讀杜心解六卷　(唐)杜甫撰　(清)浦起龍解　清刻本　十冊

500000－8742－0001081　集32 / 4480.3
五百家註音辯昌黎先生全集四十卷　(唐)韓愈撰　清刻本　十六冊

500000－8742－0001082　集33 / 2618.4
鶴山文鈔三十二卷附周禮折中四卷師友雅言一卷　(宋)魏了翁撰　清同治十三年(1874)三益齋刻本　十六冊

500000－8742－0001083　集33 / 2734
道鄉先生文集四十卷補遺一卷年譜一卷附錄一卷　(宋)鄒浩撰　清刻本　八冊

500000－8742－0001084　集33 / 4428.3
滄浪集鈔一卷　(宋)蘇舜欽撰　□崖詩鈔一卷　(宋)張詠撰　清刻宋詩鈔初集本　一冊

500000－8742－0001085　集33 / 4430.2
水心文鈔十卷　(宋)葉適撰　(清)方槷如選　清希古堂刻本　六冊

500000－8742－0001086　集33 / 4437－2(2)
嘉祐集二十卷　(宋)蘇洵撰　清道光十二年(1832)刻三蘇全集本　三冊

500000－8742－0001087　集33 / 4453.5
東坡全集八十四卷　(宋)蘇軾撰　清道光十二年(1832)刻三蘇全集本　三十四冊

500000－8742－0001088　集33 / 4472
川陽集二十四卷　(宋)葛勝仲撰　清光緒文瀾閣刻本　三冊

500000－8742－0001089　集33 / 4847.3
宛陵詩鈔不分卷　(宋)梅堯臣撰　清刻本　一冊

500000－8742－0001090　集33 / 6033.2
晁具茨先生詩集十五卷　(宋)晁沖之撰　清道光二十七年(1847)刻海山仙館叢書本　一冊

500000－8742－0001091　集33 / 7438.4
劍南詩鈔不分卷　(宋)陸游撰　清刻本　一冊

500000－8742－0001092　集33 / 8017.2
宋大家曾文定公文鈔十卷　(宋)曾鞏撰　(明)茅坤批評　清刻本　五冊

500000－8742－0001093　集34 / 5624
揭曼碩詩集三卷　(元)揭傒斯撰　清道光二十七年(1847)刻海山仙館叢書本　一冊

500000－8742－0001094　集35 / 0023(2)
重刊校正荊川先生文集十七卷　(明)唐順之撰　清江南書局刻本　十冊

500000－8742－0001095　集35 / 0026
甫田集三十六卷　(明)文徵明撰　清宣統三年(1911)上海千頃堂書莊鉛印本　十二冊

500000－8742－0001096　集35 / 1072
隴首集不分卷　(明)王與胤撰　(清)王士禛校　清刻本　一冊

500000－8742－0001097　集35 / 1162
張忠敏公遺集十卷附錄六卷　(明)張國維撰　清光緒五年(1879)江蘇書局刻本　六冊

500000－8742－0001098　集35 / 2122
汲古堂集二十八卷　(明)何白撰　清溫州維新書局刻本　十二冊

500000－8742－0001099　集35 / 2141
紫栢老人集二十九卷　(明)釋真可撰　清刻本　十冊

500000－8742－0001100　集35 / 2836
徐文長文集三十卷　(明)徐渭撰　清道光二十六年(1846)刻海山仙館叢書本　六冊

500000－8742－0001101　集35 / 3610
華泉先生集選四卷　(明)邊貢撰　(清)王士禛選　清刻本　一冊

500000－8742－0001102　集35 / 4033
瓶花齋集十卷　（明）袁宏道撰　清宣統三年(1911)抱殘守缺齋石印本　四册

500000－8742－0001103　集35 / 4047
空同集三十四卷　（明）李夢陽撰　清光緒二十六年(1900)渭南嚴氏刻本　六册

500000－8742－0001104　集35 / 4074
李文莊公全集十卷　（明）李騰芳撰　清光緒二年(1876)刻本　十册

500000－8742－0001105　集35 / 4428
堵文忠公集十卷年譜一卷附録一卷　（明）堵允錫撰　清光緒十三年(1887)刻本　十二册

500000－8742－0001106　集35 / 4946
味檗齋文集十五卷　（明）趙南星撰　清光緒五年(1879)定州王氏謙德堂刻畿輔叢書本　十册

500000－8742－0001107　集36 / 0043
陸塘初稿一卷　（清）方式濟撰　清刻本　一册

500000－8742－0001108　集36 / 0122
合肥三家詩録二卷附待文堂一卷池上小集題名一卷　（清）譚獻輯　清光緒十二年(1886)刻本　一册

500000－8742－0001109　集36 / 0724.2
雲臥山莊詩集八卷　（清）郭崑燾撰　清光緒十一年(1885)刻本　四册

500000－8742－0001110　集36 / 1020
虚受堂書札二卷　王先謙撰　（清）潘頤福編　清光緒三十三年(1907)刻本　二册

500000－8742－0001111　集36 / 1041
淵雅堂編年詩藁二十卷外集二卷續編一卷　（清）王芑孫撰　清嘉慶八年(1803)刻本　十册

500000－8742－0001112　集36 / 1041.9
惕甫未定藁二十六卷　（清）王芑孫撰　清嘉慶九年(1804)刻本　十三册

500000－8742－0001113　集36 / 1043
漁洋山人精華録箋注十二卷　（清）王士禛撰　（清）金榮箋注　（清）徐淮輯　清刻本　六册

500000－8742－0001114　集36 / 1043(2)
漁洋山人精華録十卷　（清）王士禛撰　清刻本　四册

500000－8742－0001115　集36 / 1043.4
考功集選四卷　（清）王士禄撰　（清）王士禛批點　清刻本　二册

500000－8742－0001116　集36 / 1043.4
南海集二卷　（清）王士禛撰　清刻本　一册

500000－8742－0001117　集36 / 1043.5
抱山集選不分卷　（清）王士禧　（清）王士祜撰　（清）王士禛批點　清刻本　一册

500000－8742－0001118　集36 / 1073
湘綺樓詩集八卷　王闓運撰　清光緒二十六年(1900)東洲講舍刻本　四册

500000－8742－0001119　集36 / 1137
蘭亭詩選六卷　（清）張實居撰　清刻本　二册

500000－8742－0001120　集36 / 1145
倚雲閣詩存三卷　（清）張友書撰　清光緒十二年(1886)刻本　一册

500000－8742－0001121　集36 / 1148
陶園全集三十四卷附六如亭傳奇　（清）張九鉞撰　清道光二十三年(1843)賜錦樓刻本　十四册

500000－8742－0001122　集36 / 1742
抱翺山房詩稿七卷　（清）尹恭保撰　清光緒刻本　四册

500000－8742－0001123　集36 / 1742.4
抱翺山房散體文三卷　（清）尹恭保撰　清光緒刻本　二册

500000－8742－0001124　集36 / 1742.5
抱翺山房駢體文二卷續稿二卷　（清）尹恭保撰　清光緒刻本　三册

500000－8742－0001125　集36／2174

得天居士集六集　(清)張照撰　清道光二十八年(1848)刻本　二冊

500000－8742－0001126　集36／2400

儲遯菴文集十二卷　(清)儲方慶撰　清光緒二年(1876)刻本　四冊

500000－8742－0001127　集36／2623.4

梅村詩集箋注十八卷　(清)吳偉業撰　(清)吳翌鳳箋注　清光緒十年(1884)湖北官書處刻本　十二冊

500000－8742－0001128　集36／2642

三恥齋初稿十二卷　(清)吳坤修撰　清同治四年(1865)刻本　四冊

500000－8742－0001129　集36／2643

吳詩集覽二十卷　(清)吳偉業撰　(清)靳榮藩輯　清刻本　十六冊

500000－8742－0001130　集36／2644

澤古齋詩鈔一卷文鈔三卷附文鈔補遺一卷語錄一卷　(清)吳士模撰　清光緒十九年(1893)刻本　六冊

500000－8742－0001131　集36／2736

鄒叔續集不分卷　(清)鄒漢勛撰　清刻本　十六冊

500000－8742－0001132　集36／3027

躬恥齋集四十六卷　(清)宗稷長撰　清刻本　三十一冊　存四十五卷(詩鈔一至十四、詩鈔後編一至四、文鈔一至二十、文鈔後編一至六、制義一)

500000－8742－0001133　集36／3040

莘齋詩鈔七卷　(清)宦懋庸撰　清光緒二十年(1894)川東道署刻本　一冊

500000－8742－0001134　集36／3040.4

莘齋文鈔四卷　(清)宦懋庸撰　清光緒二十年(1894)川東道署刻本　二冊

500000－8742－0001135　集36／3099

西陂類稿五十卷　(清)宋犖撰　清刻本　二十冊

500000－8742－0001136　集36／3113

鈍翁文錄十六卷　(清)汪琬撰　清光緒十三年(1887)刻本　六冊

500000－8742－0001137　集36／3125

樂余靜廉齋集不分卷　(清)顧復初撰　清同治四年(1865)成都刻本　四冊

500000－8742－0001138　集36／3153

江忠烈公遺集二卷附錄一卷行狀一卷　(清)江忠源撰　清同治三年(1864)四川藩署刻本　一冊

500000－8742－0001139　集36／3643

與竹居棄稿五十首一卷　(清)湯荀業撰　清嘉慶十八年(1813)刻本　四冊

500000－8742－0001140　集36／4010

天岳山館文鈔四十卷　(清)李元度撰　清刻本　十二冊

500000－8742－0001141　集36／4043

十三峰書屋書劄四卷　(清)李榕撰　清宣統三年(1911)志古堂刻本　二冊

500000－8742－0001142　集36／4030

十三峰書屋全集八卷　(清)李榕撰　清光緒二十五年(1899)刻本　四冊

500000－8742－0001143　集36／4061

二曲集三十卷　(清)李顒撰　清刻本　五冊　存二十卷(十一至二十六、歷年紀略一、潛確錄一、四書反射錄一至二)

500000－8742－0001144　集36／4210

彭剛直公詩集八卷　(清)彭玉麟撰　(清)俞樾輯　清光緒十七年(1891)刻本　二冊

500000－8742－0001145　集36／4235

古香山館存稿十六卷　(清)彭洋中撰　清同治十三年(1874)湘鄉彭氏刻本　六冊

500000－8742－0001146　集36／4240

歸樸龕叢稿十二卷續編四卷　(清)彭蘊章撰　清刻本　四冊

500000－8742－0001147　集36／4434

甘莊恪公全集十六卷　(清)甘汝來撰　清賜

福堂刻本　四冊

500000－8742－0001148　集36／4446
虛一齋集五卷　(清)莊培因撰　清光緒九年(1883)刻本　二冊

500000－8742－0001149　集36／4661
水田居士文集五卷　(清)賀貽孫撰　清刻本　六冊

500000－8742－0001150　集36／6034
羅山遺集十三卷　(清)羅澤南撰　清刻本　八冊

500000－8742－0001151　集36／6039
綠漪草堂文集三十卷詩集二十卷別集二卷　(清)羅汝懷撰　清光緒九年(1883)湖南省城刻本　十五冊

500000－8742－0001152　集36／7260
醒予山房文存十一卷　(清)劉愚撰　清同治四年(1865)刻本　四冊

500000－8742－0001153　集36／7506
心潛書屋遺稿不分卷　(清)陳亮疇撰　清光緒三十二年(1906)杭州刻本　一冊

500000－8742－0001154　集36／7530
培遠堂手札節存三卷　(清)陳宏謀撰　清光緒二十五年(1899)浙江官書局刻本　三冊

500000－8742－0001155　集36／7542
晴漪閣詩六卷　(清)陳洋劬撰　清刻本　一冊　存三卷(四至六)

500000－8742－0001156　集36／7549
藤花館詩二卷　(清)陳克常撰　清光緒十三年(1887)刻本　一冊

500000－8742－0001157　集36／8013
湛園未定藁六卷　(清)姜宸英撰　清宣統二年(1910)石印本　二冊

500000－8742－0001158　集36／8064
曾文忠襄公文集二卷書札十九卷　(清)曾國荃撰　(清)肅榮爵編　清光緒二十九年(1903)刻本　二十一冊

500000－8742－0001159　集36／8337
述古堂文集十二卷　(清)錢兆鵬撰　清光緒七年(1881)刻本　四冊

500000－8742－0001160　集4／1043
帶經堂詩話三十卷首一卷　(清)王士禛撰　清同治十二年(1873)刻本　十冊

500000－8742－0001161　集4／4211
宋四六話十二卷　(清)彭元瑞撰　清道光二十六年(1846)刻海山仙館叢書本　四冊

500000－8742－0001162　集4／4727
苕溪漁隱叢話前集六十卷後集四十卷　(宋)胡仔撰　清道光二十六年(1846)刻海山仙館叢書本　九冊　存八十四卷(前集一至六十、後集十七至四十)

500000－8742－0001163　集5／0123
篋中詞六卷續四卷　(清)譚獻輯　清光緒八年(1882)刻半厂叢書初編本　三冊

500000－8742－0001164　集5／1150
詞選二卷續詞選二卷附錄一卷　(清)張惠言輯　清刻本　二冊

500000－8742－0001165　集5／2528
詞綜三十四卷　(清)朱彝尊編　清松江文萃堂刻本　二十冊

500000－8742－0001166　集5／3123
屬桐絃詞不分卷　(清)顧復初撰　清刻本　一冊

500000－8742－0001167　集5／3167
蜀十五家詞十七卷　(清)馮煦輯　清宣統二年(1910)石印本　四冊

500000－8742－0001168　集5／4022
左庵詩餘不分卷　(清)李佳撰　清光緒刻本　四冊

500000－8742－0001169　集5／5330
唐五代詞選三卷　(清)成肇麐輯　清刻本　一冊

500000－8742－0001170　集5／6039
研華館詞三卷　(清)羅汝懷撰　清光緒九年(1883)湖南省城刻本　一冊

500000－8742－0001171　集5 / 7542

紅豆廉琴意不分卷　(清)陳克劬撰　清光緒十三年(1887)刻本　一册

500000－8742－0001172　集5 / 7730.3

宋四家詞選不分卷　(清)周濟編　清刻本　二册

500000－8742－0001173　0001

重刊宋本十三經注疏附校勘記　(清)阮元撰　校勘記　(清)盧宣旬摘録　清光緒十八年(1892)湖南寶慶務本書局刻本　一百二十二册　存九種(禮記注疏一至六十三、儀禮注疏一至九、論語注疏一至二十、公羊注疏一至二十八、春秋穀梁傳注疏一至十七、孟子注疏一至十四、春秋左傳注疏一至六十、毛詩注疏一至十九)

500000－8742－0001174　0002

重刊宋本十三經注疏附校勘記　(清)阮元撰　校勘記　(清)盧宣旬摘録　清光緒十八年(1892)湖南寶慶務本書局刻本　四册　存二種四十卷(監本附音春秋穀梁注疏一至二十、附春秋穀梁注疏校勘記一至二十)

500000－8742－0001175　0003

重刊宋本十三經注疏附校勘記　(清)阮元撰　校勘記　(清)盧宣旬摘録　清嘉慶二十年(1815)南昌府學刻本　十册　存四種六十卷(周易兼義一至十、周易注疏校勘記一至十、附釋音尚書注疏一至二十、附尚書注疏校勘記一至二十)

500000－8742－0001176　0004

重刊宋本十三經注疏附校勘記　(清)阮元撰　校勘記　(清)盧宣旬摘録　清光緒二十三年(1897)上海點石齋石印本　一册　存二種(論語注疏解經一至四附校勘記、孝經注疏一至二附校勘記)

500000－8742－0001177　0005

重刊宋本十三經注疏附校勘記　(清)阮元撰　校勘記　(清)盧宣旬摘録　清光緒十三年(1887)上海脈望仙館石印本　十四册　存六種(禮記注疏一至六十三附校勘記一至三十五、周禮注疏一至十六、春秋穀梁傳注疏一至二十附校勘記一至二十、毛詩注疏十五至二十附校勘記一至二十四、春秋左傳注疏三十一至六十附校勘記一至三十、春秋公羊傳注疏一至十四)

500000－8742－0001178　0006

九經古義十六卷　(清)惠棟撰　清刻本　一册　存五卷(一至五)

500000－8742－0001179　0007

春秋合纂大成十六卷　同文書局輯　清石印本　四册

500000－8742－0001180　0008

大成易旨四卷　(明)崔師訓撰　清嘉慶十一年(1806)存澤堂刻本　三册　存三卷(二下至四)

500000－8742－0001181　0009

書經六卷　(宋)蔡沈集傳　清慎詒堂刻本　四册　存四卷(一至二、五至六)

500000－8742－0001182　0010

書經精華十卷首一卷　(清)王巨源選編　清古香閣刻本　六册　存五卷(一至四、首一)

500000－8742－0001183　0011

書古微十二卷　(清)魏源撰　清光緒四年(1878)淮南書局刻本　一册　存二卷(七至八)

500000－8742－0001184　0012

毛詩注疏二十卷　(漢)毛亨傳　(漢)鄭玄箋　(唐)陸德明音義　(唐)孔穎達疏　清刻本　二十一册

500000－8742－0001185　0013

毛詩注疏二十卷　(漢)毛亨傳　(漢)鄭玄箋　(唐)陸德明音義　(唐)孔穎達疏　清嘉慶三年(1798)金閶書業堂刻本　一册　存一卷(二十)

500000－8742－0001186　0014

周禮註疏四十二卷　(漢)鄭玄註　(唐)賈公彦疏　清嘉慶十八年(1813)四友堂刻本　九

册　存四十二卷(一至四十二)

500000－8742－0001187　0015
儀禮石經校勘記四卷　(清)阮元撰　清元尚居刻本　一册　存四卷(一至四)

500000－8742－0001188　0016
鄉黨圖考十卷　(清)江永撰　清刻本　一册　存一卷(六)

500000－8742－0001189　0017
禮記增訂旁訓六卷　(元)陳澔撰　清江南城李光明莊刻本　六册　存六卷(一至六)

500000－8742－0001190　0018
欽定禮記義疏八十二卷首一卷　(清)允祿等撰　清光緒十四年(1888)江南書局刻本　十七册　存三十五卷(二十九至三十六、四十五至五十二、六十一至七十九)

500000－8742－0001191　0019
欽定禮記義疏八十二卷首一卷　(清)允祿等撰　清刻本　十一册　存二十五卷(一、十一至二十一、四十一至四十三、五十五至六十一、八十一至八十二,首一)

500000－8742－0001192　0020
欽定禮記義疏八十二卷首一卷　(清)允祿等撰　清刻本　十一册　存二十九卷(二至十一、二十一至二十八、三十七至四十四、五十二至五十四)

500000－8742－0001193　0021
五禮通考二百六十二卷　(清)秦蕙田編輯　清大本堂刻本　九册　存二十三卷(二十七至二十九、四十五至四十八、九十三至九十七、一百〇八至一百十三、一百二十二至一百二十六)

500000－8742－0001194　0022
五禮通考二百六十二卷首四卷　(清)徐乾學撰　(清)秦蕙田編輯　清刻本　四十七册　存一百二十三卷(一至二十七、三十一至四十五、四十九至九十三、九十七至一百〇八、一百十二至一百二十二、一百二十五至一百三十三,首一至四)

500000－8742－0001195　0023
五禮通考二百六十二卷　(清)秦蕙田編輯　清光緒二十八年(1902)刻本　五十册　存一百三十卷(一百三十三至二百六十二)

500000－8742－0001196　0024
春秋左傳三十卷首一卷　(晉)杜預注　(宋)林堯叟補注　(唐)陸德明音義　(清)馮李驊集解　清同治七年(1868)湖北崇文書局刻本　十册　存二十七卷(一至二十一、二十四至二十六、二十九至三十,首一)

500000－8742－0001197　0025
左傳紀事本末五十三卷　(清)高士奇撰　清光緒二十四年(1898)湖南思賢書局刻本　十二册

500000－8742－0001198　0026
分國左傳十八卷　(清)曹基輯　清聚古堂刻本　二册　存九卷(四至七、十四至十八)

500000－8742－0001199　0027
東萊博議四卷附虛字註釋備考六卷　(宋)呂祖謙撰　清光緒三十年(1904)古香閣墨耕堂刻本　一册　存七卷(東萊博議一、虛字註釋備考一至六)

500000－8742－0001200　0028
東萊博議四卷　(宋)呂祖謙撰　(清)張文炳評點　清光緒刻本　四册

500000－8742－0001201　0029
公穀選□□卷　(清)儲欣評　清乾隆四十九年(1784)刻本　一册　存二十二卷(公羊傳選一至十二、穀梁傳選一至十)

500000－8742－0001202　0030
公穀選□□卷　(清)儲欣評　清刻本　一册　存十二卷(公羊傳選一至十二)

500000－8742－0001203　0031
公穀選□□卷　(清)儲欣評　清乾隆五十年(1785)二南堂刻本　一册　存四卷(公羊傳選一至二、穀梁傳選一至二)

500000－8742－0001204　0032

春秋大事表五十卷附春秋輿圖一卷附錄一卷　（清）楊繩武　（清）顧棟高撰　清光緒十四年（1888）陝西求友齋刻本　十六册　存四十一卷（春秋大事表一至三十九、春秋輿圖一卷、附錄一）

500000－8742－0001205　0033

春秋繁露十七卷白虎通德論四卷　（漢）董仲舒　（漢）班固撰　清上海育文書局石印漢魏叢書本　一册

500000－8742－0001206　0034

大學衍義四十三卷　（宋）真德秀撰　清石印本　二册　存十六卷（二十四至三十九）

500000－8742－0001207　0035

四書改錯二十二卷　（清）毛奇齡稿　（清）陳元龍較　清石印本　一册　存七卷（十六至二十二）

500000－8742－0001208　0036

四書正文四種　（□）□□編　清末刻本　四册　存二種（孟子、中庸）

500000－8742－0001209　0037

五經圖十二卷　（明）盧謙訂正　（清）盧雲英重編錄　清刻本　二册　存四卷（尚書三至四、周禮九至十）

500000－8742－0001210　0038

日知錄集釋三十二卷　（清）顧炎武撰　（清）黄汝成集釋　清光緒元年（1875）湖北崇文書局刻本　十四册　存三十卷（一至二十一、二十四至三十二）

500000－8742－0001211　0039

日知錄集釋三十二卷　（清）顧炎武撰　（清）黄汝成集釋　清同治八年（1869）刻本　二册　存五卷（十二至十六）

500000－8742－0001212　0040

日知錄刊誤二卷續刊誤二卷　（清）黄汝成撰　清光緒元年（1875）湖北崇文書局刻本　一册

500000－8742－0001213　0041

日知錄刊誤二卷續刊誤二卷　（清）黄汝成撰　清同治十一年（1872）湖北崇文書局刻本　一册

500000－8742－0001214　0042

日知錄刊誤二卷續刊誤二卷　（清）黄汝成撰　清道光十四年（1834）嘉定黄氏西溪草廬刻本　一册

500000－8742－0001215　0043

經義述聞三十二卷　（清）王引之撰　清道光七年（1827）京師壽藤書屋刻本　十四册　存二十一卷（一至三、六、八至十、十三至十四、十六至十九、二十二至二十九）

500000－8742－0001216　0044

說文廣義三卷　（清）王夫之撰　清同治四年（1865）湘鄉曾氏刻本　一册　存一卷（一）

500000－8742－0001217　0045

小學六卷　（宋）朱熹章句　（清）高愈纂注　清光緒二十年（1894）刻本　三册　存五卷（二至六）

500000－8742－0001218　0046

小學集結□□卷　（清）張伯行輯注　清刻本　二册　存三卷（三至四、六）

500000－8742－0001219　0047

小學纂注六卷　（清）高愈撰　清乾隆十七年（1752）刻本　一册　存二卷（一至二）

500000－8742－0001220　0048

漢儒傳經記□□卷　（清）趙繼序撰　清刻本　一册　存一卷（下）

500000－8742－0001221　0049

經字異同四十八卷　（清）張維屏輯　清刻本　一册　存十二卷（十九至三十）

500000－8742－0001222　0050

廣韻五卷首一卷　（宋）陳彭年撰　清刻本　五册

500000－8742－0001223　0051

澄衷蒙學堂字課圖說四卷　（清）劉樹屏撰　清石印本　三册　存三卷（二至四）

500000－8742－0001224　0052

六書通十卷　(明)閔齊伋撰　(清)畢弘述篆訂　清石印本　一册　存二卷(七至八)

500000－8742－0001225　0053

釋名疏證補八卷補附一卷續釋名一卷釋名補遺一卷　(漢)劉熙撰　王先謙輯　清光緒二十二年(1896)刻本　二册　存七卷(釋名疏證補五至八、釋名疏證補附一、續釋名一、釋名補遺一)

500000－8742－0001226　0054

養蒙針度五卷　(清)潘子聲撰　清光緒六年(1880)刻本　三册　存四卷(二至五)

500000－8742－0001227　0055

隸辨八卷　(清)顧藹吉撰　清同治十二年(1873)刻本　五册　存五卷(二、五至八)

500000－8742－0001228　0056

今古學攷二卷附唐尊卑表一卷　廖平撰　清刻本　一册　存一卷(下、附唐尊卑表)

500000－8742－0001229　0058

史記一百三十卷　(漢)司馬遷撰　(南朝宋)裴駰集解　(唐)司馬貞索隱　(唐)張守節正義　清光緒三十年(1904)武林竹簡齋石印本　一册　存六卷(一至六)

500000－8742－0001230　0059

史記一百三十卷　(漢)司馬遷撰　(南朝宋)裴駰集解　(唐)司馬貞索隱　(唐)張守節正義　清刻本　十七册　存九十六卷(二至十二、四十三至一百二十七)

500000－8742－0001231　0060

漢書一百卷　(漢)班固撰　(唐)顏師古注　清金陵書局刻本　十六册　存一百卷(一至一百)

500000－8742－0001232　0061

漢書一百卷　(漢)班固撰　(唐)顏師古注　清影印本　十册　存十卷(二十一至二十二、二十五、二十八、三十至三十一、三十六、四十一、五十五、九十五)

500000－8742－0001233　0062

漢書一百卷　(漢)班固撰　(唐)顏師古注　王先謙補注　清末盧受堂鉛印本　八册　存三十二卷(五十一至五十四、五十八至六十四、七十三至九十三)

500000－8742－0001234　0063

三國志六十五卷　(晉)陳壽撰　(南朝宋)裴松之注　(清)毛宗崗評　清刻本　十一册　存十卷(一至三、五至六、八、十至十二、十九)

500000－8742－0001235　0064

十六國春秋一百卷　(北魏)崔鴻撰　清光緒十二年(1886)湖北官書處刻本　十六册　存九十三卷(一至八十、八十八至一百)

500000－8742－0001236　0065

後漢書一百二十卷漢書補注三十卷　(南朝宋)范曄撰　(唐)李賢注　清光緒十三年(1887)金陵書局刻本　三十册

500000－8742－0001237　0066

金軺籌筆四卷　(清)□□撰　清光緒九年(1883)挹秀山房刻本　二册　存二卷(一、四)

500000－8742－0001238　0067

欽定隋書八十五卷　(唐)魏徵撰　清鉛印本　十一册　存七十九卷(七至八十五)

500000－8742－0001239　0068

晉書一百三十卷　(唐)太宗李世民撰　清四川成都局刻本　二十四册　存一百三十卷(一至一百三十)

500000－8742－0001240　0069

南史八十卷　(唐)李延壽撰　清光緒二十八年(1902)史學會社石印本　六册　存八十卷(一至八十)

500000－8742－0001241　0070

南史八十卷　(唐)李延壽撰　清光緒六年(1880)四川尊經書局校刻本　十七册　存八十卷(一至四、九至十三、十至八十)

500000－8742－0001242　0071

陳書三十六卷　(唐)姚思廉撰　清同治十一

年(1872)金陵書局刻本　七册

500000－8742－0001243　0072
南齊書五十九卷　(南朝梁)蕭子顯撰　清同治十三年(1874)金陵書局刻本　六册

500000－8742－0001244　0073
宋書一百卷　(南朝梁)沈約撰　清同治十一年(1872)金陵書局刻本　二十册

500000－8742－0001245　0074
欽定唐書二百二十五卷　(宋)歐陽修撰　清鉛印本　三十二册

500000－8742－0001246　0075
遼史拾遺二十四卷　(清)厲鶚撰　清道光元年(1821)錢塘汪氏振綺堂刻本　五册　存十四卷(十一至二十四)

500000－8742－0001247　0076
金史一百三十五卷目錄二卷　(元)脱脱等修　清光緒三十四年(1908)上海集成圖書公司鉛印本　六册　存七十六卷(一至七十四、目錄一至二)

500000－8742－0001248　0077
欽定五代史七十四卷　(宋)歐陽修撰　清鉛印本　二册　存二十三卷(一百十三至一百三十五)

500000－8742－0001249　0078
舊五代史一百五十卷　(宋)薛居正等撰　清同治十一年(1872)湖北崇文書局刻本　八册　存七十四卷(一至七十四)

500000－8742－0001250　0079
舊五代史一百五十卷　(宋)薛居正等撰　清刻本　八册　存七十六卷(七十五至一百五十)

500000－8742－0001251　0080
宋史四百九十六卷目錄六卷　(元)脱脱等撰　清末石印本　七册　存一百〇三卷(四十八至六十、九十一至一百七十二、二百二十至二百二十七)

500000－8742－0001252　0081
欽定宋史四百九十六卷目錄六卷　(元)脱脱等撰　清鉛印本　十六册　存一百三十五卷(三十七至四十七、六十三至九十四、一百七十一至一百八十四、二百二十二至二百二十五、二百四十二至二百五十一、三百二十九至三百五十四、三百五十八至三百八十六、四百〇九至四百十七)

500000－8742－0001253　0082
資治通鑑目錄三十卷　(宋)司馬光撰　清刻本　二册　存二卷(一至二)

500000－8742－0001254　0083
資治通鑑綱目五十九卷　(宋)朱熹撰　(明)陳仁錫評閲　清刻本　三十五册　存二十七卷(一至二十七)

500000－8742－0001255　0084
資治通鑑綱目五十九卷　(宋)朱熹撰　(明)陳仁錫評閲　清刻本　十四册　存十二卷(四十七至五十八)

500000－8742－0001256　0085
資治通鑑二百九十四卷　(宋)司馬光撰　**附通鑑釋文辯誤十二卷**　(元)胡三省撰　清光緒三十一年(1905)成都官書局石印本　二册　存四卷(一至三、目錄一)

500000－8742－0001257　0086
續資治通鑑綱目二十七卷　(明)商輅等撰　(明)陳仁錫評閲　清初刻本　十二册　存十卷(二至十一)

500000－8742－0001258　0087
資治通鑑考異三十卷通鑑釋文辯誤十二卷　(宋)司馬光撰　清光緒十四年(1888)長沙楊氏刻本　九册　存三十卷(考異四至二十三、辯誤三至十二)

500000－8742－0001259　0088
續資治通鑑二百二十卷　(清)畢沅撰　清光緒二十八年(1902)上海積山書局石印本　二十二册　存二百十卷(一至二百十)

500000－8742－0001260　0089
資治通鑑二百九十四卷　(宋)司馬光撰　**附**

通鑑釋文辯誤十二卷 (元)胡三省撰 清光緒二十三年(1897)上海積山書局石印本 一冊 存十卷(二百三十一至二百四十)

500000－8742－0001261 0090

資治通鑑二百九十四卷 (宋)司馬光撰 **附通鑑釋文辯誤十二卷** (元)胡三省撰 清光緒三十一年(1905)成都官書局石印本 一百二十三冊 存三百〇五卷(一至一百六十四、一百六十六至二百九十四,辯誤一至十二)

500000－8742－0001262 0091

資治通鑑外紀十卷 (宋)劉恕撰 清刻本 六冊 存八卷(一至八)

500000－8742－0001263 0092

資治通鑑外紀十卷目錄五卷 (宋)劉恕撰 清刻本 三冊 存三卷(三至五)

500000－8742－0001264 0093

兩朝御批資治通鑑二百九十四卷敘錄三卷 (宋)司馬光撰 (元)胡三省音注 清光緒二十九年(1903)重慶廣學書局刻本 一百冊

500000－8742－0001265 0094

續資治通鑑二百二十卷 (清)畢沅撰 清同治六年(1867)刻本 四十九冊 存一百八十四卷(一至十一、十六至一百六十二、一百六十九至一百九十四)

500000－8742－0001266 0095

資治通鑑綱目前編二十五卷 (明)陳仁錫評閱 清刻本 十二冊 存二十五卷(一至二十五)

500000－8742－0001267 0096

通鑑綱目輯要□□卷 (清)姚培謙撰 (清)張景星輯 清石印本 一冊 存七卷(二至八)

500000－8742－0001268 0097

尺木堂綱鑑易知錄九十二卷 (清)吳乘權等輯 清刻本 二冊 存六卷(四至九)

500000－8742－0001269 0098

尺木堂綱鑑易知錄九十二卷 (清)吳乘權等輯 清尺木堂刻本 二十六冊 存八十六卷(一至三、十至九十二)

500000－8742－0001270 0099

明通鑑九十卷前編四卷附編六卷 (清)夏燮輯 清鉛印本 八冊 存五十卷(二十三至六十五、七十二至七十八)

500000－8742－0001271 0100

明通鑑九十卷前編四卷附編六卷 (清)夏燮輯 清光緒二十六年(1900)上海掃葉山房石印本 四冊 存二十四卷(一至二十、前編一至四)

500000－8742－0001272 0101

明通鑑九十卷前編四卷附編六卷 (清)夏燮輯 清同治十二年(1873)刻本 二十四冊 存四十七卷(十六至六十二)

500000－8742－0001273 0102

明紀六十卷 (明)陳鶴撰 清光緒二十八年(1902)上海積山書局石印本 六冊 存六十卷(一至六十)

500000－8742－0001274 0103

新刊趙田了凡袁先生編纂古本歷史大方綱鑑補三十九卷首一卷御撰資治通鑑綱目三編二十卷 (明)袁黄編 清刻本 二十三冊 存四十卷(五至十、十二至二十六、二十八、三十、三十三至三十九,御撰資治通鑑綱目三編六至九、十五至二十)

500000－8742－0001275 0104

新鐫趙田了凡袁先生編纂古本歷史大方綱鑑補三十九卷首一卷 (明)袁黄編 清刻本 十八冊 存二十六卷(十四至三十九)

500000－8742－0001276 0106

御批通鑑輯覽一百二十卷 (清)傅恆等撰 清石印本 一冊 存五卷(四十九至五十三)

500000－8742－0001277 0107

御批歷代通鑑輯覽一百二十卷 (清)傅恆等撰 清夢孔山房石印本 四冊 存九卷(一至三、五至十)

500000－8742－0001278　0108
御批歷代通鑑輯覽一百二十卷　(清)傅恒等撰　清光緒二十五年(1899)石印本　一冊　存七卷(十五至二十一)

500000－8742－0001279　0109
御批歷代通鑑輯覽一百二十卷　(清)傅恒等撰　清石印本　五冊　存二十九卷(二十八至四十、五十三至六十八)

500000－8742－0001280　0110
御批歷代通鑑輯覽一百二十卷　(清)傅恒等撰　清光緒三十年(1904)石印本　三冊　存十六卷(七十六至七十九、一百〇九至一百二十)

500000－8742－0001281　0111
御批歷代通鑑輯覽一百二十卷　(清)傅恒等撰　清光緒三十一年(1905)上海商務印書館鉛印本　二冊　存十一卷(一至六、十一至十五)

500000－8742－0001282　0112
御批歷代通鑑輯覽一百二十卷　(清)傅恒等撰　清刻本　十三冊　存四十一卷(四至三十二、三十九至五十)

500000－8742－0001283　0113
御批歷代通鑑輯覽一百二十卷　(清)傅恒等撰　清刻本　五十三冊　存一百〇六卷(一至二、四至十四、二十三至八十二、八十八至一百二十)

500000－8742－0001284　0114
增批歷代通鑑輯覽一百二十卷　(清)傅恒等撰　清光緒上海錦章圖書局石印本　三十七冊　存一百十五卷(一至十六、二十二至一百二十)

500000－8742－0001285　0115
兩朝御批歷代通鑑輯覽一百二十卷　(清)傅恒等撰　清石印本　二冊　存四卷(八十五至八十八)

500000－8742－0001286　0116
御批歷代通鑑輯覽一百二十卷　(清)傅恒等撰　清刻本　四冊　存八卷(十五至二十二)

500000－8742－0001287　0117
御批歷代通鑑輯覽一百二十卷　(清)傅恒等撰　清鉛印本　一冊　存九卷(一百十二至一百二十)

500000－8742－0001288　0118
資治通鑑目錄三十卷　(宋)司馬光撰　清光緒二十七年(1901)刻本　八冊　存三十卷(一至三十)

500000－8742－0001289　0119
東華錄一百九十五卷續二百三十卷　王先謙編　清鉛印本　七冊　存二十二卷(五至二十六)

500000－8742－0001290　0120
資治通鑑釋文三十卷　(宋)史炤撰　**附通鑑釋文辯誤**　(元)胡三省撰　清光緒十五年(1889)刻本　七冊

500000－8742－0001291　0121
東華錄一百九十五卷續二百三十卷　王先謙編　清光緒二十五年(1899)石印本　二十二冊　存一百四十七卷(天命朝一至三,天聰朝一至十一,崇德朝一至八,順治朝一至三十六,咸豐朝一至八十二、八十七至九十、九十八至一百)

500000－8742－0001292　0122
東華錄三十二卷　(清)蔣良騏編　清刻本　七冊　存七卷(二至八)

500000－8742－0001293　0123
東華錄三十二卷　(清)蔣良騏編　清刻本　五冊　存六卷(三至八)

500000－8742－0001294　0124
東華錄三十二卷　(清)蔣良騏編　清刻本　九冊　存十八卷(五至十二、十七至二十六)

500000－8742－0001295　0125
東華全錄一百九十五卷續二百三十卷　王先謙編　清光緒十三年(1887)刻本　一冊　存二卷(一至二)

500000 - 8742 - 0001296　0126
東華全錄一百九十五卷續二百三十卷　王先謙編　清光緒十三年(1887)刻本　五册　存九卷(四十四至五十二)

500000 - 8742 - 0001297　0127
東華全錄一百九十五卷續二百三十卷　王先謙編　清光緒刻本　八十七册　存二百三十五卷(天命朝三至四,天聰朝一至十,崇德朝三至八,順治朝一至三十六,康熙朝一至一百〇九,雍正朝三至十一、十四至二十六,乾隆朝一至四十三,嘉慶朝十至十四、十九至二十)

500000 - 8742 - 0001298　0128
東華錄一百二十卷　王先謙編　清光緒石印本　十册　存二十一卷(康熙朝一至二十一)

500000 - 8742 - 0001299　0129
東華錄一百卷　王先謙編　清光緒二十五年(1899)石印本　二十八册　存二百二十九卷(乾隆朝一至一百二十、嘉慶朝一至五十、道光朝一至五十九)

500000 - 8742 - 0001300　0130
東華錄一百卷　王先謙編　清石印本　四册　存十八卷(康熙朝一,乾隆朝一百〇八至一百十三,咸豐朝三十一至三十五、四十二至四十七)

500000 - 8742 - 0001301　0131
東華續錄一百卷　王先謙編　清石印本　二册　存二卷(九十九至一百)

500000 - 8742 - 0001302　0132
東華續錄一百卷　王先謙編　清宣統元年(1909)上海集成圖書公司鉛印本　十一册　存九十九卷(嘉慶朝一至五十,道光朝一至三十七、四十九至六十)

500000 - 8742 - 0001303　0133
東華續錄一百卷　王先謙編　清鉛印本　九册　存三十五卷(同治朝十六至二十、二十八至四十三、六十三至七十一、八十二至八十六)

500000 - 8742 - 0001304　0134
資治通鑑考異三十卷附通鑑釋例一卷問疑一卷　(宋)司馬光編集　(清)胡元常審校　清光緒二十七年(1901)刻本　四册　存十二卷(考異一至三、二十四至三十,通鑑釋例一,問疑一)

500000 - 8742 - 0001305　0135
東華續錄一百卷　王先謙編　清鉛印本　二册　存十二卷(咸豐朝三十七至四十八)

500000 - 8742 - 0001306　0136
東華續錄一百卷　王先謙編　清石印本　四十五册　存六十四卷(天命朝三至四,順治朝三至四、十七至十九、二十二至二十四、三十一至三十六,乾隆朝二十六至二十七、四十至四十三、六十七至七十四、八十三至一百〇八、一百十三至一百二十)

500000 - 8742 - 0001307　0137
東華續錄一百二十卷　王先謙編　清刻本　二十四册

500000 - 8742 - 0001308　0138
東華錄擥要一百十四卷　(清)汪文安撰　清光緒二十九年(1903)上海商務印書館鉛印本　二十五册　存一百〇六卷(一至十八、二十三至四十六、五十一至一百十四)

500000 - 8742 - 0001309　0139
東華錄詳節二十四卷　(清)鄔樹庭撰　清光緒二十六年(1900)上海東文學堂石印本　十六册　存二十五卷(一至二十五)

500000 - 8742 - 0001310　0140
東華錄詳節二十四卷　(清)鄔樹庭撰　清光緒二十六年(1900)上海東文學堂石印本　十五册　存二十三卷(一至七、九至二十四)

500000 - 8742 - 0001311　0141
聖武記十四卷　(清)魏源撰　清刻本　一册　存二卷(二至三)

500000 - 8742 - 0001312　0142
聖武記十四卷　(清)魏源撰　清刻本　二册　存二卷(十、十四)

500000－8742－0001313　0143

蜀龜鑑七卷首一卷　(清)劉景伯撰　清刻本　三冊　存六卷(二至七)

500000－8742－0001314　0144

蜀龜鑑七卷首一卷　(清)劉景伯撰　清刻本　一冊　存三卷(一至二、首一)

500000－8742－0001315　0145

宋史紀事本末一百〇九卷　(明)馮琦撰　(明)陳邦瞻增訂　(明)張溥論正　清光緒二十四年(1898)湖南思賢書局刻本　二十冊　存九十七卷(一至十五、二十八至一百〇九)

500000－8742－0001316　0146

元史紀事本末二十七卷　(明)陳邦瞻撰　(明)臧懋循補輯　(明)張溥論正　清光緒二十四年(1898)湖南思賢書局刻本　四冊

500000－8742－0001317　0147

明史紀事本末八十卷　(清)谷應泰撰　清同治十三年(1874)江西書局刻本　二十冊

500000－8742－0001318　0148

續明紀事本末十八卷　(清)倪在田輯　清光緒鉛印本　二冊　存六卷(八至十、十六至十八)

500000－8742－0001319　0149

明史紀事本末八十卷　(清)谷應泰撰　清刻本　九冊　存六十二卷(八至三十七、四十六至五十一、五十五至八十)

500000－8742－0001320　0150

明史紀事本末八十卷　(清)谷應泰撰　清刻本　十一冊　存三十卷(一至二、七至十、三十六至四十七、五十一至五十五、六十九至七十五)

500000－8742－0001321　0151

平定粵匪紀略十八卷附記四卷　(清)杜文瀾撰　清同治十年(1871)京都聚珍齋木活字本　六冊　存十七卷(一至十、十六至十八,附記一至四)

500000－8742－0001322　0152

邊事彙鈔十二卷　(清)朱克敬編輯　(清)劉韞齋鑒定　清光緒六年(1880)刻本　五冊　存十卷(三至十二)

500000－8742－0001323　0153

熙朝新語十六卷　(清)余金輯　清嘉慶二十三年(1818)刻本　一冊　存四卷(一至四)

500000－8742－0001324　0154

半窻史略四十二卷　(清)龍體剛撰　清雍正刻本　九冊　存三十一卷(三至十五、二十三至三十六、三十九至四十二)

500000－8742－0001325　0155

春秋大事表摘要四卷　(清)顧棟高輯　清光緒二十九年(1903)曉雲山房刻本　三冊　存三卷(二至四)

500000－8742－0001326　0156

南北史識小錄兩種二十八卷　(清)沈名蓀等輯　清同治十年(1871)武林吳氏清來堂刻本　四冊　存九卷(一至九)

500000－8742－0001327　0157

國語補音三卷孟子音義二卷　(宋)宋庠撰　清刻本　一冊　存三卷(國語補音三、孟子音義一至二)

500000－8742－0001328　0158

戰國策三十三卷　(漢)高誘注　清石印本　一冊　存十卷(八至十七)

500000－8742－0001329　0159

國語二十一卷　(三國吳)韋昭解　(宋)宋庠補音　清嘉慶十二年(1807)刻本　三冊　存十六卷(一至三、九至二十一)

500000－8742－0001330　0160

湘軍志十六卷　王闓運撰　清光緒二十八年(1902)富記書局刻本　一冊　存三卷(一至三)

500000－8742－0001331　0161

中外紀年通表五卷　(清)齊召南編　清光緒二十三年(1897)上海著易堂石印本　一冊　存一卷(一)

500000－8742－0001332　0162

漢書評林一百卷　(漢)班固撰　(明)淩稚隆輯校　清刻本　九冊　存二十六卷(二至十九、二十一至二十二、七十三至七十六、九十六至九十七)

500000－8742－0001333　0163

方望溪平點史記四卷　(清)方苞撰　清石印本　一冊　存四卷(一至四)

500000－8742－0001334　164

文史通義八卷　(清)章學誠撰　清刻本　二冊　存四卷(四至七)

500000－8742－0001335　165

南宋雜事詩七卷　(清)沈嘉轍撰　清同治十一年(1872)淮南書局刻本　二冊　存四卷(四至七)

500000－8742－0001336　166

東周列國□□卷　(明)馮夢龍編　(清)蔡元放評　清咸豐四年(1854)書成山房刻朱墨套印本　八冊　存十四卷(八至九、十二至二十三)

500000－8742－0001337　167

歷代史論二十二卷　(明)張溥撰　清刻本　一冊　存二卷(六至七)

500000－8742－0001338　168

歷代史論二十二卷　(明)張溥撰　清刻本　一冊　存一卷(下)

500000－8742－0001339　169

歷代史論二十二卷　(明)張溥撰　清刻本　一冊　存一卷(下)

500000－8742－0001340　170

歷代史論二十二卷　(明)張溥撰　清刻朱墨印本　五冊　存十三卷(一至五、七至十四)

500000－8742－0001341　171

歷代史論二十二卷　(明)張溥撰　清刻本　十冊　存十九卷(一至三、六至十、十二至二十二)

500000－8742－0001342　172

歷代史論二十二卷　(明)張溥撰　清刻本　一冊　存二卷(十五至十六)

500000－8742－0001343　173

歷代史論二十二卷　(明)張溥撰　清刻朱墨套印本　一冊　存二卷(四至五)

500000－8742－0001344　174

元史論十六卷　(明)張溥撰　清刻本　一冊　存一卷(一)

500000－8742－0001345　175

史論五種　(清)李祖陶撰　清同治十年(1871)尚友樓刻本　一冊　存一種二卷(前漢書細讀一至二)

500000－8742－0001346　176

評定史論啓蒙不分卷　(清)周雪樵評選　清刻本　一冊

500000－8742－0001347　177

讀通鑑論十六卷　(清)王夫之撰　清光緒二十七年(1901)簡青書局石印本　六冊　存六卷(一至六)

500000－8742－0001348　178

明史論四卷　(清)谷應泰撰　清光緒五年(1879)刻本　一冊　存二卷(三至四)

500000－8742－0001349　179

逆臣傳四卷　(清)國史館編　清道光都城琉璃廠半松居士活字本　一冊

500000－8742－0001350　180

宋元學案一百卷首一卷　(清)黄宗羲撰　(清)黄百家纂輯　(清)全祖望修定　(清)馮雲濠等校正　清道光刻本　三十六冊　存九十一卷(十至一百)

500000－8742－0001351　181

宋元學案一百卷首一卷　(清)黄宗羲撰　(清)黄百家纂輯　(清)全祖望修定　(清)馮雲濠等校正　清光緒五年(1879)上海文瑞樓石印本　二十四冊　存七十八卷(一至五十、七十四至一百,首一)

500000－8742－0001352　182

宋元學案一百卷首一卷　(清)黄宗羲撰　(清)黄百家纂輯　(清)全祖望修定　(清)馮雲濠等校正　清刻本　一册　存十三卷(一至十二、首一)

500000－8742－0001353　183
國朝先正事略六十卷　(清)李元度撰　清同治五年(1866)循陔草堂刻本　二十四册

500000－8742－0001354　184
貳臣傳十二卷　(清)國史館編　清刻本　五册　存十二卷(一至十二)

500000－8742－0001355　185
滿洲名臣傳四十八卷　(清)國史館編　清刻本　十册　存十卷(四十六、四十一至四十四、十九至二十、八至十)

500000－8742－0001356　186
漢名臣傳三十二卷　(清)國史館編　清刻本　十五册　存十五卷(五、八至十、十二至十六、十八至二十三)

500000－8742－0001357　187
欽定宗室王公功績表傳十二卷　(清)國史館編　清刻本　一册　存二卷(四至五)

500000－8742－0001358　188
學案小識十四卷首一卷末一卷　(清)唐鑑撰　清光緒刻本　十二册

500000－8742－0001359　189
歷代名儒傳八卷　(清)朱軾　(清)蔡世遠輯　清同治三年(1864)刻本　三册　存六卷(一至六)

500000－8742－0001360　190
校正尚友録統編二十四卷　題(清)錢湖釣徒編　清光緒二十八年(1902)鴻寶齋石印本　四册　存八卷(三至四、十一至十四、二十三至二十四)

500000－8742－0001361　191
歷代名臣言行録二十四卷　(清)朱桓編輯　(清)潘永季校定　(清)許時庚重校　清刻本　二册　存二卷(二下、三上)

500000－8742－0001362　192
歷代名臣言行録二十四卷　(清)朱桓編輯　(清)潘永季校定　(清)許時庚重校　清光緒二十六年(1900)湖南書局刻本　二十三册

500000－8742－0001363　193
歷代名臣言行録二十四卷　(清)朱桓編輯　(清)沈維育重校　清石印本　四册　存十一卷(十一至十三、十七至二十四)

500000－8742－0001364　194
歷代名臣言行録二十四卷　(清)朱桓編輯　(清)沈維育重校　清朱氏煥文書局石印本　二册　存六卷(十三至十八)

500000－8742－0001365　195
增批歷代名臣言行録二十四卷　(清)朱桓編輯　(清)潘永季校定　(清)許時庚重校　清石印本　三册　存九卷(十三至二十一)

500000－8742－0001366　196
罪惟録九十卷　(清)查繼佐撰　清石印本　五十七册　存八十二卷(紀二至二十一,志一至三十二,傳四、八至三十六)

500000－8742－0001367　197
增廣尚友録統編二十二卷　(清)應祖錫編輯　清光緒二十八年(1902)鴻寶齋石印本　五册　存九卷(一至二、二十一至二十二、十二至十六)

500000－8742－0001368　198
高士傳三卷　(晉)皇甫謐撰　清刻本　一册

500000－8742－0001369　199
國朝詩人徵略二編　(清)張維屏輯　清刻本　九册　存六十二卷(一至六十二)

500000－8742－0001370　200
地球一百名人傳三卷　(英國)李提摩太譯　清宣統元年(1909)上海廣學會鉛印本　一册　存一卷(二)

500000－8742－0001371　201
國朝先正事略續編三十卷　(清)朱孔彰撰　清光緒二十六年(1900)石印本　一册　存四

卷(一至四)

500000－8742－0001372　202
曾文正公年譜十二卷　(清)黎庶昌編輯　清鉛印本　四册

500000－8742－0001373　203
曾文正公大事記四卷　(清)王定安撰　(清)曾國荃　(清)李鴻章審定　清光緒二年(1876)傳忠書局刻本　二册

500000－8742－0001374　204
歷代名人年譜十卷　(清)吳榮光撰　(清)瞿樹辰　(清)吳彌光編校　清光緒元年(1875)刻本　六册　存七卷(一、三、五至九)

500000－8742－0001375　205
濂洛關閩六先生傳不分卷　(清)羅惇衍輯　清刻本　一册

500000－8742－0001376　206
蓮社高賢傳三卷　(晉)□□撰　清刻本　一册　存一卷(一)

500000－8742－0001377　207
關氏易傳一卷　(北魏)關朗撰　(唐)趙蕤注　清刻本　一册

500000－8742－0001378　208
三輔黃圖□□卷　(漢)無名氏撰　清刻本　一册　存六卷(一至六)

500000－8742－0001379　209
大清律例通纂四十卷　(清)姚潤纂輯　(清)沈之奇注　(清)胡肇楷　(清)周孟鄰增輯　清刻本　十一册　存十七卷(十三至十九、二十二至二十三、二十六至三十、三十三至三十四、三十八)

500000－8742－0001380　210
大清律例刑案彙纂集成四十卷附督捕則例附纂二卷　(清)陶駿增修　清刻本　十九册

500000－8742－0001381　211
萬國公法四卷首一卷　(美國)惠頓撰　(美國)丁韙良譯　清光緒二十四年(1898)上海書局刻本　一册　存一卷(三)

500000－8742－0001382　212
萬國公法四卷首一卷　(美國)惠頓撰　(美國)丁韙良譯　清光緒二十四年(1898)上海書局刻本　三册　存四卷(一、三至四,首一)

500000－8742－0001383　213
東漢會要四十卷　(宋)徐天麟撰　清光緒十年(1884)江蘇書局刻本　七册　存三十六卷(一至三十六)

500000－8742－0001384　214
大清通禮五十四卷　(清)來保等修　(清)李玉鳴等纂　(清)穆克登額等續修　(清)恆泰等續纂　清刻本　一册　存七卷(二十二至二十八)

500000－8742－0001385　215
大清通禮五十四卷　(清)來保等修　(清)李玉鳴等纂　(清)穆克登額等續修　(清)恆泰等續纂　清刻本　一册　存一卷(一)

500000－8742－0001386　216
大清通禮五十四卷　(清)來保等修　(清)李玉鳴等纂　(清)穆克登額等續修　(清)恆泰等續纂　清光緒九年(1883)江蘇書局刻本　八册　存三十八卷(四至十二、十九至二十五、二十九至五十)

500000－8742－0001387　217
文獻通考輯要二十四卷　(元)馬端臨撰　(清)湯壽潛輯　清末鉛印本　一册　存二卷(二十三至二十四)

500000－8742－0001388　218
文獻通考三百四十八卷　(元)馬端臨撰　清咸豐九年(1859)崇仁謝氏刻本　六十九册　存一百九十四卷(一至一百四十三、一百四十七至一百六十七、一百八十至二百〇九)

500000－8742－0001389　219
欽定續文獻通考二百五十卷　(清)嵇璜等撰　清光緒二十七年(1901)上海圖書集成局石印本　三十四册　存二百三十四卷(七至一百二十、一百三十至二百十五、二百十七至二百五十)

500000－8742－0001390　220
欽定續文獻通考二百五十卷附考證　(清)嵇璜等撰　清光緒二十八年(1902)貫吾齋石印本　三冊　存四十六卷(一至四十六)

500000－8742－0001391　221
文獻通考輯要二十四卷欽定續文獻通考輯要二十六卷皇朝文獻通考輯要二十六卷　(清)嵇璜等撰　(清)湯壽潛編　清刻本　十九冊　存四十七卷(文獻通考輯要五至九、十四至二十一,續編二至五、九至十七、二十至二十六,皇朝二至五、十至十一、十六至十九、二十一至二十四)

500000－8742－0001392　222
欽定續通志六百四十卷　(清)嵇璜等撰　清光緒上海圖書集成公司鉛印本　十五冊　存二百〇九卷(四十一至七十、四百四十七至六百二十五)

500000－8742－0001393　223
欽定續通志六百四十卷　(清)嵇璜等撰　清石印本　二十四冊　存六百三十四卷(一至四百十八、四百二十五至六百四十)

500000－8742－0001394　224
欽定續通志六百四十卷　(清)嵇璜等撰　清光緒二十八年(1902)上海鴻寶書局石印本　三十冊　存四百三十八卷(一至四十二、六十六至四百六十一)

500000－8742－0001395　225
通志二百卷　(宋)鄭樵撰　清光緒二十七年(1901)上海圖書集成局石印本　六十冊

500000－8742－0001396　226
通志二百卷　(宋)鄭樵撰　清光緒二十八年(1902)貫吾齋石印本　二十四冊

500000－8742－0001397　227
通志二百卷首二卷　(宋)鄭樵撰　清咸豐九年(1859)崇仁謝氏刻本　一百〇三冊　存一百六十四卷(一、四至六十六、六十九至八十三、一百〇四至一百〇五、一百二十至二百,首一至二)

500000－8742－0001398　228
欽定通典考證一卷通志考證三卷通考考證三卷　(清)弘晝等纂　清光緒二十八年(1902)貫吾齋石印本　一冊

500000－8742－0001399　229
欽定通典考證一卷通志考證三卷通考考證三卷　(清)弘晝等纂　清石印本　一冊

500000－8742－0001400　231
通典二百卷　(唐)杜佑撰　清崇仁謝氏刻本　四十七冊　存一百九十八卷(一至六、九至二百)

500000－8742－0001401　232
通典二百卷　(唐)杜佑撰　清光緒二十八年(1902)貫吾齋石印本　八冊

500000－8742－0001402　233
欽定續通典一百五十卷　(清)嵇璜等撰　清光緒二十八年(1902)貫吾齋石印本　六冊

500000－8742－0001403　234
皇朝通典一百卷　(清)嵇璜等撰　清光緒二十八年(1902)貫吾齋石印本　六冊

500000－8742－0001404　235
欽定大清會典一百卷　(清)昆岡等撰　清光緒元年(1875)石印本　六冊

500000－8742－0001405　236
建炎以來朝野雜記甲集二十卷乙集二十卷　(宋)李心傳撰　清刻本　八冊　存三十四卷(甲集一至十一、十八至二十,乙集一至二十)

500000－8742－0001406　237
重刊補注洗冤錄集證六卷　(清)王又槐輯　(清)李觀瀾補輯　(清)阮其新補注　清道光二十四年(1844)刻四色套印本　四冊　存五卷(一至五)

500000－8742－0001407　238
重刊補注洗冤錄集證六卷　(清)王又槐輯　(清)李觀瀾補輯　(清)阮其新補注　清道光二十四年(1844)刻四色套印本　一冊　存一卷(二)

500000－8742－0001408　239

洗冤錄詳義四卷　(清)許槤編校　清光緒十六年(1890)湖北官書處刻本　一册　存一卷(一)

500000－8742－0001409　240

四川官運鹽案類編八十卷首一卷　(清)唐炯編　清光緒刻本　九册　存三十六卷(十一至十三、十七至十九、二十九至三十二、五十六至五十九、六十四至八十二、八十八至九十)

500000－8742－0001410　241

四川鹽法志四十卷首一卷　(清)丁寶楨總纂　(清)羅文彬編輯　清刻本　十一册　存二十一卷(二、四至十五、十八至二十五)

500000－8742－0001411　242

皇朝通志一百二十六卷　(清)嵇璜等纂修　清鉛印本　十册　存一百〇四卷(一至一百〇四)

500000－8742－0001412　243

古今法制表十六卷　(清)孫榮編著　清同治三年(1864)刻本　九册　存十三卷(一至五、九至十六)

500000－8742－0001413　244

盛世危言十四卷　(清)鄭觀應撰　清光緒三十二年(1906)刻本　四册　存四卷(一、三、七至八)

500000－8742－0001414　245

增訂盛世危言新編十四卷　(清)鄭觀應撰　清光緒二十一年(1895)鉛印本　八册　存十二卷(二至十二、十四)

500000－8742－0001415　246

盛世危言全編十四卷　(清)鄭觀應撰　清光緒二十一年(1895)鉛印本　一册　存二卷(十二至十三)

500000－8742－0001416　247

東周列國志□□卷一百〇八回　(明)馮夢龍撰　(清)蔡元放評　清刻本　五册　存八卷(二至七、十至十一)

500000－8742－0001417　248

大清律例增修統纂集成四十卷　(清)沈之奇等纂　(清)陶駿增修　清宣統二年(1910)上海文瑞樓石印本　十八册　存三十卷(一至三十)

500000－8742－0001418　249

大清現行刑律三十六卷首一卷附禁煙條例秋審條款　沈家本等編　清宣統二年(1910)仿聚珍版鉛印本　十七册　存三十四卷(一至二、六至三十六,首一)

500000－8742－0001419　250

通行章程五卷　(清)王汝礪輯　清光緒二十八年(1902)刻本　一册　存一卷(一)

500000－8742－0001420　251

新編吏治懸鏡八卷　(清)徐文弼輯　清刻本　一册　存一卷(七)

500000－8742－0001421　252

明臣奏議十二卷　(清)孫桐生編輯　清光緒十七年(1891)刻本　四册　存八卷(一至八)

500000－8742－0001422　253

硃批諭旨三百六十卷　(清)世宗胤禛撰　清乾隆三年(1738)内府刻朱墨套印本　二册　存三卷(批嵇會筠奏旨、批朱綱旨、批馬會伯旨)

500000－8742－0001423　254

李文忠公奏議二十卷　(清)李鴻章撰　(清)章洪鈞　(清)吳汝綸輯　清光緒蓮池書院石印本　六册　存七卷(二至三、七至九、十二至十三)

500000－8742－0001424　255

雍正硃批諭旨不分卷　(清)鄂爾泰編　清刻朱墨套印本　四十一册

500000－8742－0001425　256

仁宗睿皇帝聖訓一百十卷　(清)仁宗顒琰撰　清光緒活字本　三十八册　存一百〇五卷(一至九十、九十四至一百〇八)

500000－8742－0001426　257

唐陸宣公奏議讀本四卷首一卷　(唐)陸贄撰　(清)汪銘謙編　(清)馬傳庚評點　清刻本　二册　存二卷(二、四)

500000－8742－0001427　258
唐陸宣公奏議讀本四卷首一卷　(唐)陸贄撰　(清)汪銘謙編　(清)馬傳庚評點　清光緒影印本　一册　存二卷(三至四)

500000－8742－0001428　259
皇清奏議六十八卷　(清)琴川居士輯　清光緒二十八年(1902)雲間麗澤學會石印本　一册　存九卷(六至十四)

500000－8742－0001429　260
曾文正公奏稿三十六卷　(清)曾國藩撰　(清)李鴻章編錄　清鉛印本　九册

500000－8742－0001430　261
曾文正公奏稿三十六卷　(清)曾國藩撰　清光緒二年(1876)傳忠書局刻本　三十六册

500000－8742－0001431　262
曾文正公批牘六卷　(清)曾國藩撰　清鉛印本　一册　存二卷(一至二)

500000－8742－0001432　263
中外地輿圖說集成一百三十卷　(清)俞正燮撰　清光緒二十年(1894)上海順成書局石印本　一册　存六卷(一至六)

500000－8742－0001433　264
中外地輿圖說集成一百三十卷首二卷皇輿全圖一卷　(清)俞正燮撰　清光緒二十年(1894)上海順成書局石印本　二十三册

500000－8742－0001434　265
漢西域圖考七卷首一卷　(清)李光廷撰　清光緒八年(1882)陽湖趙氏壽諼草堂木活字本　一册　存三卷(三至五)

500000－8742－0001435　266
地球韻言四卷　(清)張士瀛撰　清光緒二十五年(1899)刻本　一册　存二卷(一至二)

500000－8742－0001436　267
大清一統志五百卷附大清一統輿圖中一卷南八卷北二十卷　(清)熊家彦修　清刻本　五十八册　存四百十一卷(十至三百九十五、四百〇四至四百二十四,大清一統輿圖北一至四)

500000－8742－0001437　268
大清一統志表不分卷　(清)穆彰阿　(清)潘錫恩纂修　清刻本　七册

500000－8742－0001438　269
大清一統志表不分卷　(清)穆彰阿　(清)潘錫恩纂修　清刻本　四册

500000－8742－0001439　270
水經注疏要删四十卷補遺一卷　楊守敬撰　清末金溪趙承恩紅杏山房刻本　三册　存二十一卷(二十至四十)

500000－8742－0001440　271
水經注四十卷　(北魏)酈道元撰　清宣統元年(1909)宜都楊守敬觀海堂刻本　三册　存八卷(四至五、二十二至二十四、三十八至四十)

500000－8742－0001441　272
[光緒]巴縣志十七卷　(清)王爾鑑纂修　清光緒二十一年(1895)福建刻本　二册　存二卷(一中下、四下)

500000－8742－0001442　273
太平寰宇記二百卷目錄二卷　(宋)樂史撰　清光緒八年(1882)金陵書局刻本　十八册　存四十四卷(十二至十三、二十至二十一、二十五至二十九、三十八至三十九、四十五至五十二、五十六至五十八、六十四至六十九、七十二至七十三、七十七至七十九、九十至九十三、九十八至一百、一百〇六、一百四十三至一百四十五)

500000－8742－0001443　274
瀛環志畧十卷　(清)徐繼畬撰　清光緒二十五年(1899)宏道堂刻本　六册　存八卷(三至十)

500000－8742－0001444　275
湖山便覽十二卷　(清)翟灝　(清)翟瀚輯

清刻本　四冊　存九卷(二至十)

500000－8742－0001445　276

元和郡縣志四十卷　(唐)李吉甫撰　清刻本　十冊　存三十六卷(五至四十)

500000－8742－0001446　277

皇朝輿地畧不分卷　(清)六承如等撰　清光緒刻本　一冊

500000－8742－0001447　278

皇朝輿地韻編二卷　(清)李兆洛輯　清光緒刻本　一冊　存一卷(上)

500000－8742－0001448　279

水道提綱二十八卷　(清)齊召南輯　清湖南新化陳氏三味堂刻書　四冊　存二十二卷(七至二十八)

500000－8742－0001449　280

歷代地理志韻編今釋二十卷　(清)李兆洛輯　清上海蜚英館石印本　四冊

500000－8742－0001450　281

十六國疆域志十六卷　(清)洪亮吉撰　清嘉慶三年(1798)刻本　三冊　存十卷(一至四、十一至十六)

500000－8742－0001451　282

金石萃編一百六十卷　(清)王昶撰　清光緒十九年(1893)上海寶善書局石印本　七冊　存六十四卷(一至六十四)

500000－8742－0001452　283

金石萃編一百六十卷　(清)王昶編　清同治十一年(1872)刻本　二十四冊　存三十六卷(一百〇二至一百〇三、一百〇八至一百十八、一百三十五至一百四十六、一百五十至一百六十)

500000－8742－0001453　284

石經考文提要十三卷　(清)彭元瑞撰　清光緒九年(1883)華陽王秉恩元尚居刻本　二冊　存五卷(一至五)

500000－8742－0001454　285

墓銘舉例四卷　(明)王行撰　**金石例十卷**　(元)潘昂霄撰　清光緒四年(1878)南海馮氏刻朱墨套印本　二冊　存六卷(一至二、七至十)

500000－8742－0001455　286

匋齋臧石記四十四卷附匋齋臧甎記二卷　(清)端方撰　清宣統元年(1909)石印本　八冊　存二十九卷(四至十五、二十至二十三、二十八至三十八,匋齋臧甎記上下)

500000－8742－0001456　287

歷代鐘鼎彝器款識法帖二十卷　(宋)薛尚功撰　清嘉慶二年(1797)刻本　三冊　存十五卷(一至十五)

500000－8742－0001457　288

省軒考古類編十二卷　(清)柴紹炳撰　(清)姚培謙評　清乾隆刻本　八冊　存八卷(二、四至七、十至十二)

500000－8742－0001458　289

積古齋鐘鼎彝器款識十卷　(清)阮元編錄　清末影印本　一冊　存二卷(九至十)

500000－8742－0001459　290

潛研堂金石文跋尾續七卷　(清)錢大昕撰　清刻本　一冊　存六卷(一至六)

500000－8742－0001460　291

欽定四庫全書總目二百卷首一卷　(清)紀昀等纂　清同治七年(1868)廣東書局刻本　五冊　存七卷(一至二、四十四至四十七,首一)

500000－8742－0001461　292

欽定四庫全書總目二百卷　(清)紀昀等纂　清刻本　九十冊　存一百七十二卷(二至三十七、四十至一百、一百〇九至一百四十八、一百五十七至一百七十六、一百八十六至二百)

500000－8742－0001462　293

欽定四庫全書總目二百卷　(清)紀昀等纂　清刻本　九冊　存十五卷(一百五十至一百五十七、一百七十七至一百八十一、一百八十四至一百八十五)

500000－8742－0001463　294
欽定四庫全書總目二百卷　（清）紀昀等纂　清刻本　一册　存二卷（一百四十九至一百五十）

500000－8742－0001464　295
欽定四庫全書總目二百卷　（清）紀昀等纂　清刻本　五册　存十卷（一百〇一至一百〇八、一百八十二至一百八十三）

500000－8742－0001465　296
欽定四庫全書考證一百卷　（清）王太岳等纂輯　清光緒活字本　四十六册　存五十卷（一、三至三十七、七十八、八十七至九十九）

500000－8742－0001466　297
善本書室藏書志四十卷附録一卷　（清）丁丙輯　清光緒二十七年（1901）錢塘丁丙刻本　一册　存二卷（三十七至三十八）

500000－8742－0001467　298
校讎通義三卷　（清）章學誠撰　清光緒二十四年（1898）長沙經文書局刻本　一册　存三卷（一至三）

500000－8742－0001468　299
泰西新史攬要二十四卷　（英國）馬懇西撰　（英國）李提摩太譯　（清）蔡爾康述稿　清光緒二十八年（1902）上海美華書館鉛印本　七册　存十九卷（一至十九）

500000－8742－0001469　300
蜀道驛程記二卷　（清）王士禛撰　清刻本　一册　存二卷（上下）

500000－8742－0001470　301
通志二百卷附考證三卷　（宋）鄭樵撰　清鉛印本　三十册　存一百四十七卷（通志五十一至一百十、一百十七至二百，考證一至三）

500000－8742－0001471　303
十子全書十種　（清）王子興輯　清嘉慶九年（1804）刻本　十一册　存五種四十七卷（淮南子九至十二、讀鶡冠子一至三、列子箋釋一至八、莊子評注一至八、管子評注一至二十四）

500000－8742－0001472　304
孔子家語十卷　（三國魏）王肅注　清刻本　二册　存四卷（一至二、九至十）

500000－8742－0001473　305
荀子二十卷附校勘補遺二十卷　（戰國）荀況撰　（唐）楊倞注　清光緒二年（1876）浙江書局刻本　四册　存十四卷（一至十四）

500000－8742－0001474　306
黄書七卷　（清）王夫之撰　清刻本　一册　存七卷（一至七）

500000－8742－0001475　307
皇朝經世文編一百二十卷　（清）賀長齡輯　清光緒二十四年（1898）鉛印本　二十四册

500000－8742－0001476　308
皇朝經世文續編一百二十卷　（清）葛士濬輯　清光緒二十二年（1896）上海賓善書局石印本　二册　存十三卷（一至六、十一至十七）

500000－8742－0001477　309
皇朝經世文續編一百二十卷　（清）葛士濬輯　清末鉛印本　三册　存三十五卷（十一至三十七、一百〇一至一百〇八）

500000－8742－0001478　310
皇朝經世文續編一百二十卷　（清）葛士濬輯　清鉛印本　二册　存九卷（五十六至六十一、八十八至九十）

500000－8742－0001479　311
皇朝經世文續編一百二十卷　（清）盛康輯　清光緒二十三年（1897）刻本　四十册　存六十卷（五至七、九、二十一至二十六、三十、三十三至五十三、六十一至六十三、七十一至七十二、七十九至八十、八十三至九十九、一百十一至一百十二、一百十九至一百二十）

500000－8742－0001480　312
皇朝經世文續編一百二十卷　（清）盛康輯　清刻本　十册　存十三卷（六十四至七十、七十三至七十八）

500000－8742－0001481　313

皇朝經世文續編一百二十卷　（清）葛士濬輯　清光緒十四年（1888）上海圖書集成局鉛印本　二十六冊　存一百〇一卷（一至二十七、三十六至一百〇一、一百〇七至一百〇九、一百十六至一百二十）

500000－8742－0001482　314

皇朝經世文續編一百二十卷　（清）葛士濬輯　清光緒十四年（1888）上海圖書集成局鉛印本　二冊　存九卷（一至五、十五至十八）

500000－8742－0001483　315

皇朝經世文續編一百二十卷　（清）葛士濬輯　清石印本　一冊　存七卷（十七至二十三）

500000－8742－0001484　316

皇朝經世文續編一百二十卷　（清）葛士濬輯　清鉛印本　二冊　存十卷（五至十四）

500000－8742－0001485　317

皇朝經世文續編一百二十卷　（清）葛士濬輯　清石印本　一冊　存四卷（八至十一）

500000－8742－0001486　318

皇朝經世文三編八十卷　（清）陳忠倚輯　清光緒宣統浙省書局石印本　一冊　存五卷（四十一至四十五）

500000－8742－0001487　319

皇朝經世文三編八十卷　（清）陳忠倚輯　清光緒二十七年（1901）上海書局石印本　七冊　存七十卷（一至四十、五十一至八十）

500000－8742－0001488　320

皇朝經世文三編八十卷　（清）陳忠倚輯　清末鉛印本　一冊　存六卷（四十六至五十一）

500000－8742－0001489　321

皇朝經世文四編五十二卷　（清）何良棟輯　清光緒二十八年（1902）上海書局石印本　二冊　存九卷（一至四、四十八至五十二）

500000－8742－0001490　322

皇朝經世文四編五十二卷　（清）何良棟輯　清光緒二十八年（1902）上海鴻寶書局石印本　十冊　存四十六卷（四至四十九）

500000－8742－0001491　323

晏子春秋七卷音義二卷校勘記二卷　（春秋）晏嬰撰　（清）孫星衍校並音義　（清）黃以周校勘記　清光緒元年（1875）浙江書局刻本　四冊

500000－8742－0001492　324

晏子春秋七卷音義二卷校勘記二卷　（春秋）晏嬰撰　（清）孫星衍校並音義　（清）黃以周校勘記　清光緒二十三年（1897）湖南新化三味書屋校刻本　四冊

500000－8742－0001493　325

女子必讀六卷　（□）□□撰　清光緒二十四年（1898）刻本　二冊　存四卷（一至二、五至六）

500000－8742－0001494　326

人範六卷　（清）蔣元輯　清刻本　一冊　存三卷（四至六）

500000－8742－0001495　327

五種遺規五種　（清）陳宏謀撰　清道光十八年（1838）大文堂刻本　十一冊　存五種（訓俗遺規補、從政遺規、在官法戒錄、養正遺規補、教女遺規）

500000－8742－0001496　328

近思續錄十四卷　（清）劉源淥編　清光緒十七年（1891）刻本　十冊　存九卷（一至三、八、十至十四）

500000－8742－0001497　329

法言十卷　（漢）揚雄撰　清刻本　一冊　存十卷（一至十）

500000－8742－0001498　330

二曲集二十六卷首一卷　（清）李顒撰　清刻本　二冊　存九卷（一至五、二十至二十三，首一）

500000－8742－0001499　331

二曲集二十六卷首一卷　（清）李顒撰　（清）王心敬輯　清刻本　一冊　存二卷（十八至十九）

500000－8742－0001500　332

二曲集二十六卷首一卷　(清)李顒撰　清刻本　一冊　存二卷(二十四至二十五)

500000－8742－0001501　333
漢學商兑四卷　(清)方東樹撰　清光緒二十六年(1900)浙江書局刻本　二冊　存二卷(中下)

500000－8742－0001502　334
臣鑒錄二十卷目錄一卷　(清)蔣伊輯　清同治九年(1870)刻本　一冊　存三卷(一至二、目錄一)

500000－8742－0001503　335
南華真經十卷　(戰國)莊周撰　(晉)郭象注　(唐)陸德明音義　清嘉慶九年(1804)刻本　五冊　存九卷(一至七、九至十)

500000－8742－0001504　336
抱朴子内篇二十卷　(晉)葛洪撰　清刻本　二冊　存二卷(三至四)

500000－8742－0001505　337
新鋟葛稚川外篇四卷　(晉)葛洪撰　(明)盧舜治校　(明)慎懋官閲　清刻本　二冊　存二卷(三至四)

500000－8742－0001506　338
文子纘義十二卷　(宋)杜道堅撰　清刻本　三冊　存八卷(一至八)

500000－8742－0001507　339
文子纘義十二卷　(宋)杜道堅撰　清刻本　一冊　存四卷(九至十二)

500000－8742－0001508　340
經濟尋源九卷後集三卷　(□)□□撰　清刻本　三冊　存三卷(經濟尋源三、五,後集二)

500000－8742－0001509　341
墨子閒詁十五卷目一卷附錄一卷後語二卷　(戰國)墨翟撰　(清)孫詒讓輯　清刻本　二冊　存五卷(十五、目錄一、附錄一、後語一至二)

500000－8742－0001510　342
墨子十六卷附篇目考一卷　(清)畢沅撰　清光緒二年(1876)浙江書局刻本　四冊　存十六卷(一至十五、篇目考一)

500000－8742－0001511　343
軍器學課程五編　(清)北洋武備研究所編　清光緒三十二年(1906)北洋武備研究所影印本　一冊　存三編(一至三)

500000－8742－0001512　344
孫子十家注十三卷　(春秋)孫武撰　(宋)吉天寶輯　清光緒刻本　一冊　存四卷(三至六)

500000－8742－0001513　345
紀效新書十八卷　(明)戚繼光撰　清刻本　三冊　存十三卷(四至十六)

500000－8742－0001514　346
紀效新書十八卷　(明)戚繼光撰　清道光二十一年(1841)刻本　二冊　存十卷(一至十)

500000－8742－0001515　347
守城要覽四卷　(明)宋祖舜編　清道光九年(1829)刻本　三冊　存三卷(二至四)

500000－8742－0001516　348
欽定授時通考七十八卷　(清)鄂爾泰等纂　清乾隆刻本　十冊　存三十二卷(一、二十八至四十一、四十七至四十九、六十一至七十四)

500000－8742－0001517　349
秘傳花鏡六卷　(清)陳淏子輯　清善成堂刻本　一冊　存二卷(二至三)

500000－8742－0001518　350
農政全書六十卷　(明)徐光啟撰　清宣統元年(1909)上海求學齋石印本　六冊　存四十四卷(一至七、十六至二十三、三十二至六十)

500000－8742－0001519　351
花卉園藝學附木本花卉栽培一覽表□□編　(清)章君瑜編　清末抄本　一冊　存一編(第五編)

500000－8742－0001520　352
木棉考八卷附木棉考中西文合璧表美國種棉

述要十四卷通屬種棉述畧十四卷勸種洋棉説一卷山東試種洋棉簡法十三卷植美棉簡法八卷植漆法十五卷煉樟圖説五卷植三椏樹法十卷加非考九卷附錄一卷種拉美草法十二卷種煙葉法八卷黔蜀種鴉片法十一卷藝菊法八卷荷蘭牧牛篇十卷牧豬法十卷烘雞鴨法九卷農學報目錄一卷東文學社社章一卷農會續題名一卷農會第二次報銷清冊一卷　（清）朱祖榮等撰　清石印本　一冊　存一百六十二卷（木棉考一至八附木棉考中西文合璧表、美國種棉述要一至十四、通屬種棉述畧一至十四、勸種洋棉説一、山東試種洋棉簡法一至十三、植美棉簡法一至八、植漆法一至十五、煉樟圖説一至五、植三椏樹法一至十、加非考一至九附錄一、種拉美草法一至十二、種煙葉法一至八、黔蜀種鴉片法一至十一、藝菊法一至八、荷蘭牧牛篇一至十、牧豬法一至九、烘雞鴨法一至九、農學報目錄一、東文學社社章一、農會續題名一、農會第二次報銷清冊一）

500000－8742－0001521　353
甘氏奇門一得二卷　（明）甘霖撰　清刻本　二冊

500000－8742－0001522　354
食物本草會纂十二卷　（清）沈李龍撰　清刻本　四冊　存九卷（一至九）

500000－8742－0001523　355
醫林指月十二種　（清）王琦輯　清光緒二十二年（1896）上海圖書集成印書局鉛印本　八冊

500000－8742－0001524　356
痧癥指微□□卷　（□）□□撰　清光緒十三年（1887）鴻文齋刻本　一冊　存一卷（上）

500000－8742－0001525　357
嵩厓尊生書十五卷　（清）景日昣撰　清六也樓刻本　五冊　存十三卷（一至五、八至十五）

500000－8742－0001526　358
嵩厓尊生全書十五卷　（清）景日昣撰　清刻本　七冊　存十三卷（一至六、九至十五）

500000－8742－0001527　359
時方妙用四卷　（清）陳念祖撰　清光緒三十四年（1908）寶慶經元書局刻本　二冊　存四卷（一至四）

500000－8742－0001528　360
景岳新方砭四卷　（清）陳念祖撰　清光緒三十四年（1908）寶慶經元書局刻本　一冊　存四卷（一至四）

500000－8742－0001529　361
鍼灸大全十卷　（明）徐鳳撰　（清）章廷珪重修　清咸豐十年（1860）刻本　七冊　存七卷（一至六、九）

500000－8742－0001530　362
本草問答二卷　（清）唐宗海撰　（清）張士讓參　清光緒三十二年（1906）鉛印本　一冊

500000－8742－0001531　363
本草叢新六卷　（清）吳儀洛輯　清刻本　一冊　存三卷（一至三）

500000－8742－0001532　364
本草叢新六卷　（清）吳儀洛輯　清刻本　四冊　存四卷（三至六）

500000－8742－0001533　365
本草綱目拾遺十卷首一卷　（清）趙學敏輯　清同治十年（1871）刻本　八冊　存十卷（一至七、九至十、首一）

500000－8742－0001534　366
本草求真九卷　（清）黃宮繡撰　清綠圃齋刻本　二冊　存二卷（二、四）

500000－8742－0001535　367
本草述三十二卷　（清）劉若金撰　清嘉慶十五年（1810）刻本　一冊　存二卷（二十八至二十九）

500000－8742－0001536　368
本草備要醫方集解二種　（清）汪昂撰　清刻本　一冊

500000－8742－0001537　369
增廣本草綱目三種五十二卷　（明）李時珍編

輯　（清）蔡烈先輯　清光緒三十三年（1907）上海華商集成圖書公司鉛印本　十五册　存三種五十一卷（本草綱目四至九、十三至三十、四十三至五十，本草綱目拾遺一至十，首一，本草萬方鍼線一至八）

500000－8742－0001538　370

本草綱目五十二卷圖三卷　（明）李時珍撰　清光緒十四年（1888）鴻寶齋石印本　二册　存九卷（三十一至三十五，附瀕湖脈學一、奇經八脈考一、脈訣考證一、本草綱目圖上）

500000－8742－0001539　371

本草綱目五十二卷圖三卷　（明）李時珍撰　（清）吳毓昌校訂　清刻本　三十七册　存五十三卷（一、三至五十二，圖中下）

500000－8742－0001540　372

徐靈胎醫書二十二種　（清）徐大椿撰　清石印本　一册　存二種（内經詮釋、泗溪脈學）

500000－8742－0001541　373

靈素集注節要十二卷　（清）陳念祖撰　清光緒三十四年（1908）寶慶經元書局刻本　二册　存五卷（一至五）

500000－8742－0001542　374

靈素集注節要十二卷　（清）陳念祖撰　清光緒二十一年（1895）長樂書局刻本　一册　存三卷（一至三）

500000－8742－0001543　375

傷寒論淺註六卷　（清）陳念祖撰　清光緒三十四年（1908）寶慶經元書局刻本　一册　存一卷（一）

500000－8742－0001544　376

自驗錄要□□卷　（清）楊甲仁撰　清刻本　一册　存一卷（上）

500000－8742－0001545　377

新增醫書七種　（清）陳念祖撰　清光緒三十二年（1906）刻本　一册

500000－8742－0001546　378

金匱要略淺註補正九卷　（漢）張仲景撰　（清）陳念祖淺註　（清）唐宗海補正　清光緒三十二年（1906）鉛印本　一册　存二卷（一至二）

500000－8742－0001547　379

金匱要略淺註十卷　（漢）張仲景撰　（清）陳念祖集註　清光緒二十四年（1898）刻本　一册　存四卷（一至四）

500000－8742－0001548　380

驗方新編十八卷　（清）鮑相璈輯　（清）張紹棠增輯　清光緒七年（1881）合肥味古齋刻本　一册　存二卷（三至四）

500000－8742－0001549　381

洴澼百金方十四卷首一卷　（清）袁宮桂編　（清）惠麓酒民輯　（清）福康安鑒定　清乾隆刻本　五册　存十二卷（一至三、六至十四）

500000－8742－0001550　382

洴澼百金方十四卷首一卷　（清）惠麓酒民輯　清刻本　一册　存一卷（四）

500000－8742－0001551　383

洴澼百金方十四卷首一卷　（清）惠麓酒民輯　清刻本　一册　存四卷（五至八）

500000－8742－0001552　384

唐王燾先生外臺秘要方四十卷　（唐）王燾撰　（清）陸心源輯　清光緒二十四年（1898）上海圖書印書局鉛印本　二册　存六卷（二至七）

500000－8742－0001553　385

九丹全集□□卷　（□）□□撰　清光緒三年（1877）石印本　一册

500000－8742－0001554　386

醫學心悟五卷　（清）程國彭撰　清刻本　三册　存四卷（二至五）

500000－8742－0001555　387

合鐫增補士材三書四種　（明）李中梓撰　（清）尤乘增補　清刻本　二册　存二種四卷（診家正眼一至二、本草通元一至二）

500000－8742－0001556　388

傷寒醫訣串解六卷　(清)陳念祖撰　清光緒宏道堂刻本　一冊

500000－8742－0001557　389
醫宗說約六卷　(清)蔣示吉輯　清刻本　一冊　存二卷(二至三)

500000－8742－0001558　390
醫宗說約六卷　(清)蔣示吉輯　清刻本　二冊　存三卷(三至四、六)

500000－8742－0001559　391
醫方集解三卷　(清)汪昂輯　清刻本　三冊

500000－8742－0001560　392
醫方集解三卷　(清)汪昂輯　清光緒十三年(1887)姑蘇掃葉山房刻本　四冊　存十六卷(二至十七)

500000－8742－0001561　393
新刻校正大字李東垣先生珍珠囊二卷　(明)李東垣撰　(明)羅必煒參訂　清刻本　一冊　存一卷(三)

500000－8742－0001562　394
醫方捷徑指南全書一卷　(清)王宗顯輯　(明)羅必煒參訂　清刻本　一冊　存一卷(下)

500000－8742－0001563　395
本草醫方合編二種　(清)汪昂輯　清刻本　二冊　存二種十二卷(增訂本草備要一至二、四至十一,醫方集解上下)

500000－8742－0001564　396
醫貫砭二卷　(清)徐大椿撰　清刻本　一冊

500000－8742－0001565　397
局方發揮一卷外科精義二卷　(元)朱震亨　(元)齊德之撰　清雲林閣刻本　一冊　存二卷(局方發揮一、外科精義上)

500000－8742－0001566　398
醫學從眾錄八卷　(清)陳念祖撰　清刻本　二冊　存六卷(三至八)

500000－8742－0001567　399
醫學三字經四卷　(清)陳念祖撰　清光緒三十四年(1908)寶慶經元書局刻本　一冊　存二卷(一至二)

500000－8742－0001568　400
醫學實在易八卷目錄一卷　(清)陳念祖撰　清光緒三十三年(1907)善成堂校刻本　二冊　存六卷(一至五、目錄一)

500000－8742－0001569　401
醫書滙条輯成二十四卷首一卷　(清)蔡宗玉輯　(清)王聲遠校閱　清道光十九年(1839)刻本　一冊　存二卷(一、首一)

500000－8742－0001570　402
刪註脈訣規正二卷　(清)沈鏡刪註　清光緒八年(1882)刻本　二冊

500000－8742－0001571　403
增補脈訣一卷　(清)廖雲溪撰　清光緒六年(1880)刻本　一冊

500000－8742－0001572　404
醫學集成四卷　(清)劉仕廉纂輯　(清)李培郁校正　清同治十二年(1873)刻本　一冊　存一卷(三)

500000－8742－0001573　405
長沙方歌括六卷　(清)陳念祖撰　清光緒二十一年(1895)刻本　一冊　存三卷(一至三)

500000－8742－0001574　406
公餘十六種　(清)陳念祖撰　清光緒十三年(1887)刻本　四冊　存三種八卷(張仲景傷寒論原文淺註四、靈素節要淺註四至八、醫學三字經一至二)

500000－8742－0001575　407
養生脩要□□卷　(□)□□撰　清刻本　一冊　存一卷(五)

500000－8742－0001576　408
普濟應驗良方八卷補遺一卷續補遺一卷　(清)德軒氏撰　清咸豐四年(1854)刻本　一冊　存四卷(一至四)

500000－8742－0001577　409
御纂醫宗金鑑九十卷　(清)吳謙等撰　清刻

本　一冊　存一卷(三十五)

500000－8742－0001578　410
御纂醫宗金鑑九十卷　(清)吴謙等撰　清刻本　一冊　存一卷(一)

500000－8742－0001579　411
御纂醫宗金鑑九十卷　(清)吴謙等撰　清刻本　五冊　存十卷(二十三至二十五、三十八至四十四)

500000－8742－0001580　412
傷寒論淺註補正七卷首一卷　(漢)張仲景撰　(清)陳念祖淺註　(清)唐宗海補正　清光緒三十四年(1908)上海千頃堂書局石印本　三冊　存四卷(一、五至七)

500000－8742－0001581　413
傷寒論淺註補正七卷首一卷　(漢)張仲景撰　(清)陳念祖淺註　(清)唐宗海補正　清石印本　一冊　存三卷(五至七)

500000－8742－0001582　414
傷寒真方歌括六卷　(清)陳念祖撰　清咸豐九年(1859)刻本　一冊

500000－8742－0001583　415
張仲景傷寒論原文淺注六卷　(漢)張仲景撰　(清)陳念祖集注　清光緒善成堂刻本　一冊　存二卷(二至三)

500000－8742－0001584　416
格致餘論一卷局方發揮一卷外科精義二卷　(元)朱震亨撰　(明)吴中珩校　清石印本　一冊　存三卷(格致餘論一、局方發揮一、外科精義上)

500000－8742－0001585　417
呂氏春秋二十六卷　(漢)高誘注　(清)畢沅輯校　清光緒元年(1875)浙江書局刻本　五冊　存二十三卷(一至十七、二十一至二十六)

500000－8742－0001586　418
定香亭筆談四卷　(清)阮元撰　(清)吴文溥錄　清光緒二十五年(1899)浙江書局刻本　一冊　存一卷(四)

500000－8742－0001587　419
七略別錄一卷日知錄三十二卷　(漢)劉向撰　(清)顧炎武撰　清刻本　一冊　存三卷(七略別錄一、日知錄一至二)

500000－8742－0001588　420
日知錄三十二卷日知錄之餘四卷　(清)顧炎武撰　清刻本　六冊　存十八卷(日知錄一至二、二十至三十二,日知錄之餘一至三)

500000－8742－0001589　421
日知錄三十二卷　(清)顧炎武撰　清刻本　七冊　存十九卷(二至二十)

500000－8742－0001590　422
困學紀聞二十卷　(宋)王應麟撰　清刻本　一冊　存二卷(十七至十八)

500000－8742－0001591　423
困學紀聞注二十卷　(宋)王應麟撰　(清)翁元圻輯　清刻本　十一冊　存十九卷(二至二十)

500000－8742－0001592　424
困學紀聞二十卷　(宋)王應麟撰　清刻本　一冊　存二卷(十九至二十)

500000－8742－0001593　425
校訂困學紀聞三箋二十卷　(宋)王應麟撰　(清)閻若璩等注　清刻本　四冊　存九卷(一至九)

500000－8742－0001594　426
校訂困學紀聞三箋二十卷　(宋)王應麟撰　(清)閻若璩等箋　清刻本　一冊　存五卷(十二至十六)

500000－8742－0001595　427
癸巳類稿十五卷　(清)俞正燮撰　清光緒五年(1879)刻本　四冊　存十卷(一至二、八至十五)

500000－8742－0001596　428
智囊補二十八卷　(明)馮夢龍輯　清刻本　三冊　存六卷(五至十)

500000－8742－0001597　429

莊諧選錄十二卷　(清)汪康年撰　清光緒三十年(1904)鉛印本　一冊　存一卷(十一)

500000－8742－0001598　430

無邪堂答問五卷　(清)朱一新撰　清光緒二十八年(1902)刻本　一冊　存三卷(一至三)

500000－8742－0001599　431

龍文鞭影二卷　(明)蕭良有撰　(明)楊臣諍增訂　清刻本　一冊

500000－8742－0001600　432

增補萬寶全書三十卷　(明)陳繼儒輯　(清)毛煥文補輯　清乾隆刻本　三冊　存十七卷(四至二十)

500000－8742－0001601　433

竹葉亭雜記八卷　(清)姚元之撰　清宣統二年(1910)上海掃葉山房石印本　一冊　存二卷(一至二)

500000－8742－0001602　434

隨園隨筆二十八卷　(清)袁枚撰　清咸豐八年(1858)刻本　五冊　存二十四卷(一至十、十五至二十八)

500000－8742－0001603　435

退菴隨筆二十二卷　(清)梁章鉅編　清道光十七年(1837)刻本　一冊　存三卷(十一至十三)

500000－8742－0001604　436

池北偶談二十六卷　(清)王士禛撰　清刻本　五冊　存二十二卷(一至四、九至二十六)

500000－8742－0001605　437

池北偶談二十六卷　(清)王士禛撰　清刻本　一冊　存二卷(十至十一)

500000－8742－0001606　438

池北偶談二十六卷　(清)王士禛撰　清宣統二年(1910)石印本　一冊　存五卷(六至十)

500000－8742－0001607　439

十駕齋養新錄二十卷餘錄三卷附年譜一卷續年譜一卷　(清)錢大昕撰　清嘉慶刻本　一冊　存四卷(十三至十六)

500000－8742－0001608　440

十駕齋養新錄二十卷餘錄三卷附年譜一卷續年譜一卷　(清)錢大昕撰　清光緒二年(1876)刻本　六冊　存十九卷(十駕齋養新錄一至十四、附竹汀居士年譜續一、慶曾述附錢辛楣先生年譜一,餘錄一至三)

500000－8742－0001609　441

容齋隨筆十六卷續筆十六卷　(宋)洪邁撰　清刻本　二冊　存八卷(隨筆九至十二、續筆一至四)

500000－8742－0001610　442

容齋隨筆十六卷續筆十六卷　(宋)洪邁撰　清刻本　一冊　存五卷(隨筆十二至十六)

500000－8742－0001611　443

陔餘叢考四十三卷　(清)趙翼撰　清刻本　二冊　存七卷(十七至二十三)

500000－8742－0001612　444

陔餘叢考四十三卷　(清)趙翼撰　清乾隆五十五年(1790)刻本　十三冊　存三十六卷(一至十六、二十四至四十三)

500000－8742－0001613　445

世說新語三卷　(南朝宋)劉義慶撰　(南朝梁)劉孝標注　(清)李錫齡輯　清刻本　三冊　存二卷(一至二)

500000－8742－0001614　446

世說新語注引用書目一卷世說新語佚文一卷校勘小識一卷校勘小識補一卷世說新語考證一卷　(南朝宋)劉義慶撰　清刻本　一冊

500000－8742－0001615　447

淮南子二十一卷　(漢)劉安撰　(漢)高誘注　清光緒二年(1876)刻本　六冊　存十六卷(一至十六)

500000－8742－0001616　448

淮南子二十一卷　(漢)劉安撰　(漢)高誘注　清光緒二年(1876)刻本　五冊　存十七卷(一至七、十二至二十一)

500000－8742－0001617　449

潛邱劄記六卷　(清)閻若璩撰　清刻本　十三冊　存五卷(二至六)

500000－8742－0001618　450

因樹屋書影十卷　(清)周亮工撰　清石印本　五冊　存九卷(一至九)

500000－8742－0001619　451

義門讀書記五十八卷　(清)何焯輯　清刻本　三冊　存十一卷(文選一至五、陶靖節詩一、杜工部集一至五)

500000－8742－0001620　452

寄園寄所寄十二卷　(清)趙吉士輯　清刻本　九冊　存八卷(二至四、六至十)

500000－8742－0001621　453

里乘八卷　(清)許奉恩撰　清石印本　一冊　存二卷(五至六)

500000－8742－0001622　454

新齊諧二十四卷　(清)袁枚撰　清咸豐八年(1858)刻本　六冊　存二十一卷(四至二十四)

500000－8742－0001623　455

神仙傳十卷　(晉)葛洪撰　清乾隆五十九年(1794)刻本　一冊

500000－8742－0001624　456

述異記二卷　(南朝梁)任昉撰　清刻本　一冊

500000－8742－0001625　457

閱微草堂筆記二十四卷　(清)紀昀撰　清刻本　一冊　存二卷(十五至十六)

500000－8742－0001626　458

閱微草堂筆記二十四卷　(清)紀昀撰　清嘉慶二十一年(1816)北平盛氏刻本　五冊　存十二卷(一至三、七至八、十一至十四、十九至二十一)

500000－8742－0001627　459

大千圖說三卷　(清)江希張撰　清石印本　一冊　存一卷(中)

500000－8742－0001628　460

月令粹編二十四卷圖說一卷　(清)秦嘉謨撰　清嘉慶十七年(1812)刻本　二冊　存八卷(五至十二)

500000－8742－0001629　461

益古演段三卷　(元)李冶撰　清刻本　一冊　存一卷(下)

500000－8742－0001630　462

御製曆象考成後編十卷　(清)允祿纂　清光緒二十二年(1896)刻本　八冊　存八卷(一至六、八、十)

500000－8742－0001631　463

御製曆象考成上編十六卷下編十卷　(清)何國宗　(清)梅瑴成彙編　清光緒刻本　十四冊　存二十四卷(上編三至十六、下編一至十)

500000－8742－0001632　464

御製曆象考成二編二十六卷後編十卷　(清)何國宗　(清)梅瑴成彙編　清光緒二十四年(1898)富強齋刻本　十四冊　存二十五卷(上編一至二、八至十六,下編一至三、八至十,後編一、四至十)

500000－8742－0001633　465

管窺輯要八十卷　(清)黃鼎輯　清順治刻本　二冊　存一卷(一)

500000－8742－0001634　466

衡齋算學七卷　(清)汪萊撰　清刻本　一冊　存七卷(一至七)

500000－8742－0001635　467

形學備旨十卷開端一卷　(美國)狄考文選譯　(清)鄒立文筆述　清光緒二十三年(1897)刻本　二冊　存五卷(一至二、五至六,開端一)

500000－8742－0001636　468

奇門遁甲統宗十二卷　(三國蜀)諸葛亮撰　清上海江東書局石印本　二冊　存六卷(一至六)

500000－8742－0001637　469
御製數理精藴表八卷　(清)允祉等撰　清刻本　一册　存一卷(七)

500000－8742－0001638　470
御製數理精藴二編四十五卷表八卷　(清)允祉等撰　清光緒八年(1882)刻本　三十五册　存四十五卷(上編一至五,下編一至二十九、三十七至四十,表一至六、八)

500000－8742－0001639　471
篆林肆考十五卷　(明)鄭大郁撰　明刻本　一册　存五卷(十一至十五)

500000－8742－0001640　472
五知齋琴譜八卷　(清)徐祺撰　(清)周魯封輯　清乾隆十一年(1746)刻本　一册　存二卷(一至二)

500000－8742－0001641　473
通藝錄不分卷　(清)程瑤田撰　清刻本　一册

500000－8742－0001642　474
桐陰論畫二卷首一卷附錄一卷桐陰畫訣一卷　(清)秦祖永撰輯　清同治三年(1864)刻朱墨套印本　四册

500000－8742－0001643　475
江邨銷夏錄三卷　(清)高士奇撰　清康熙刻本　六册

500000－8742－0001644　476
士師記註釋□□章　(美國)杜步西註　清光緒二十九年(1903)上海商務印書館鉛印本　一册　存二十一章(一至二十一)

500000－8742－0001645　477
大方廣佛華嚴經八十一卷　(唐)釋實义難陀譯　清刻本　一册　存四卷(二十五至二十八)

500000－8742－0001646　478
指月錄三十二卷　(明)瞿汝稷撰　清刻本　九册　存三十卷(三至三十二)

500000－8742－0001647　479
太上寶筏圖說不分卷　(清)黄正元撰　清光緒上海錦章圖書局石印本　一册

500000－8742－0001648　480
五子近思錄十四卷　(宋)朱熹撰　(清)施璜注　清刻本　五册　存九卷(一至二、四至八、十三至十四)

500000－8742－0001649　481
張子全書十五卷　(宋)張載撰　(宋)朱熹注　清同治九年(1870)刻本　三册　存四卷(一至二、九至十)

500000－8742－0001650　482
文中子中説十卷　(隋)王通撰　(宋)阮逸註　清光緒二十三年(1897)圖書集成局鉛印本　一册

500000－8742－0001651　483
起黄二卷　(清)吴光耀撰　清宣統元年(1909)刻本　一册　存一卷(一)

500000－8742－0001652　484
外科□□卷　(□)□□撰　清刻本　一册　存一卷(四)

500000－8742－0001653　485
西清散記四卷　(清)史震林撰　清石印本　二册　存二卷(二至三)

500000－8742－0001654　844
頌主聖詩附編六十篇　(英國)理約翰　(英國)艾約瑟譯　清宣統二年(1910)成都華英書局鉛印本　一册

500000－8742－0001655　486
藝苑名言八卷　(清)蔣一瀾輯　清刻本　一册

500000－8742－0001656　487
鳴原堂論文二卷　(清)曾國藩撰　(清)曾國荃審訂　清同治十二年(1873)刻本　二册　存七卷

500000－8742－0001657　488
元遺山先生文選七卷　(金)元好問撰　清道光二十五年(1845)刻本　三册　存五卷(三至七)

500000－8742－0001658　489
元遺山先生集四十卷　(金)元好問撰　清陽泉山莊刻本　一册

500000－8742－0001659　490
温飛卿詩集九卷　(唐)温庭筠撰　(明)曾益謙注　(清)顧予咸補注　清秀野草堂刻本　一册

500000－8742－0001660　491
南雷文約四卷　(清)黄宗羲撰　清宣統二年(1910)上海時中書局鉛印本　三册

500000－8742－0001661　492
祠部集三十五卷　(宋)强至撰　清光緒二十一年(1895)福建刻本　一册　存四卷(三十二至三十五)

500000－8742－0001662　493
賦學正鵠十一卷　(清)李元度編　清光緒九年(1883)善成堂刻本　四册

500000－8742－0001663　494
賦學正鵠十一卷　(清)李元度編　清文餘堂刻本　三册　存三卷(一、四、五)

500000－8742－0001664　495
味經得雋齋律賦不分卷　(清)薛春黎撰　清刻本　一册

500000－8742－0001665　496
春在堂楹聯録存三卷　(清)俞樾撰　清光緒九年(1883)刻本　一册　存二卷(二至三)

500000－8742－0001666　497
孟浩然集四卷　(唐)孟浩然撰　清光緒十年(1884)上海同文書局石印本　一册　存一卷(二)

500000－8742－0001667　498
王摩詰集十卷　(唐)王維撰　清光緒十年(1884)上海同文書局石印本　二册

500000－8742－0001668　499
岑嘉州集八卷　(唐)岑參撰　清光緒十年(1884)上海同文書局石印本　一册

500000－8742－0001669　500
高常侍集十卷　(唐)高適撰　清光緒十年(1884)上海同文書局石印本　一册　存五卷(六至十)

500000－8742－0001670　501
宋王忠文公文集五十卷　(宋)王十朋撰　(清)唐傳鉎編　清刻本　一册　存三卷(八至十)

500000－8742－0001671　502
山谷題跋四卷　(宋)黄庭堅撰　清影印本　二册

500000－8742－0001672　503
山谷題跋四卷　(宋)黄庭堅撰　清石印本　一册

500000－8742－0001673　504
李太白文集三十六卷　(唐)李白撰　清康熙五十六年(1717)吳門繆氏家塾刻本　二册

500000－8742－0001674　505
問字堂集六卷　(清)孫星衍輯　清刻本　二册

500000－8742－0001675　506
唐陸宣公集二十二卷　(唐)陸贄撰　清刻本　一册

500000－8742－0001676　507
躬恥齋文鈔後編四卷　(清)谷稷辰撰　清越峴山館刻本　十册

500000－8742－0001677　508
陳定齋先生醒心集□卷　(清)陳法撰　清嘉慶十七年(1812)刻本　一册　存一卷(上)

500000－8742－0001678　509
王子安集註二十卷　(唐)王勃撰　(清)蔣清翊註　清光緒九年(1883)吳縣蔣氏雙唐碑館刻本　二册　存四卷(一至三、首一)

500000－8742－0001679　510
江忠烈公遺集二卷附録一卷行狀一卷　(清)江忠源撰　清行素草堂刻本　一册

500000－8742－0001680　511
陳檢討集二十卷　(清)陳維崧撰　(清)程師恭注　清道光二年(1822)刻本　九册

500000－8742－0001681　512
湘綺樓箋啟八卷　王闓運撰　清宣統三年(1911)志古堂刻本　一冊

500000－8742－0001682　513
虞文靖公道園全集詩八卷遺稿詩八卷文四十四卷　(元)虞集撰　清光緒元年(1875)陵陽書局刻本　十一冊

500000－8742－0001683　514
虞道園先生文選八卷　(元)虞集撰　清道光二十五年(1845)刻本　二冊

500000－8742－0001684　515
紅豆村人詩稿十四卷　(清)袁樹撰　(清)袁枚輯　清光緒鉛印本　一冊　存七卷(八至十四)

500000－8742－0001685　516
隨園詩話補遺十卷　(清)袁枚撰　清末上海文明書局石印本　二冊

500000－8742－0001686　517
有正味齋駢體文箋注二十四卷　(清)吳錫麒撰　(清)王廣業箋　(清)葉聯芬注　清光緒十五年(1889)上海蜚英館石印本　一冊

500000－8742－0001687　518
林嚴文鈔四卷　林紓撰　清宣統三年(1911)國學扶輪社鉛印本　三冊

500000－8742－0001688　519
李習之先生文集二卷　(唐)李翱撰　清宣統三年(1911)上海會文堂書局石印本　一冊　存一卷(一)

500000－8742－0001689　520
牧齋全集一百六十三卷　(清)錢謙益撰　清宣統二年(1910)邃漢齋鉛印本　十二冊

500000－8742－0001690　521
杜詩詳註三十一卷首一卷　(唐)杜甫撰　(清)仇兆鰲輯註　清刻本　十四冊　存二十五卷(一至二十五)

500000－8742－0001691　522
杜詩詳註□□卷　(唐)杜甫撰　(清)仇兆鰲輯註　清刻本　二冊　存二十五卷(諸家詠杜附錄上、杜詩補註一至二十三、諸家論杜一)

500000－8742－0001692　523
杜詩詳註二十五卷首一卷附錄二卷　(唐)杜甫撰　(清)仇兆鰲輯註　清刻本　一冊

500000－8742－0001693　524
杜詩鏡銓二十卷附錄一卷年譜一卷讀書堂杜工部文集註解二卷　(唐)杜甫撰　(清)楊倫輯註　清光緒十八年(1892)鉛印本　一冊

500000－8742－0001694　525
杜詩鏡銓二十卷附錄一卷年譜一卷讀書堂杜工部文集註解二卷　(唐)杜甫撰　(清)楊倫輯註　清同治十一年(1872)望三益齋刻本　一冊　存十五卷(杜詩鏡銓九至二十、附錄一、註解一至二)

500000－8742－0001695　526
杜詩鏡銓二十卷附錄一卷年譜一卷讀書堂杜工部文集註解二卷　(唐)杜甫撰　(清)楊倫輯註　清同治十一年(1872)望三益齋刻本　十一冊

500000－8742－0001696　527
王文成公全書三十八卷　(明)王守仁撰　清刻本　一冊

500000－8742－0001697　528
柳文惠公全集四十三卷附錄一卷別集二卷年譜一卷外集二卷　(唐)柳宗元撰　(唐)劉禹錫編　清刻本　五冊　存三十七卷(九至四十三、附錄一、柳文別集二)

500000－8742－0001698　529
薛司隸集一卷　(隋)薛道衡撰　清壽考堂刻本　一冊

500000－8742－0001699　530
施註蘇詩四十二卷總目二卷　(宋)蘇軾撰　(宋)施元之註　(清)顧嗣立等刪補　清刻本　五冊

500000－8742－0001700　531

蘇文忠公詩集註不分卷 （宋）蘇軾撰 （清）王文誥註 清同治十年(1871)刻本 一册

500000－8742－0001701 532
三蘇全集□□卷 （宋）蘇洵等撰 清道光十二年(1832)刻本 三十三册 存一百〇四卷(嘉祐集一至二十、東坡集一至八十四)

500000－8742－0001702 533
三蘇全集斜川集六卷 （宋）蘇過撰 清道光七年(1827)眉州三蘇祠刻本 四册

500000－8742－0001703 534
蘇文忠公詩編註集成一百〇三卷 （宋）蘇軾撰 （清）王文誥輯 清嘉慶二十四年(1819)刻本 十九册

500000－8742－0001704 535
東坡集八十四卷目録二卷年譜一卷本傳一卷賦一卷 （宋）蘇軾撰 清道光十二年(1832)刻本 四十四册

500000－8742－0001705 536
駱丞集四卷 （唐）駱賓王撰 清同治十二年(1873)刻本 一册 存二卷(一至二)

500000－8742－0001706 537
南雷文定三集 （清）黄宗羲撰 清宣統二年(1910)上海時中書局鉛印本 一册

500000－8742－0001707 538
甌北詩鈔二十卷 （清）趙翼撰 清宣統三年(1911)掃葉山房石印本 三册

500000－8742－0001708 539
甌北詩鈔二十卷 （清）趙翼撰 清光緒三年(1877)刻本 二册

500000－8742－0001709 540
甌北詩鈔二十卷 （清）趙翼撰 清刻本 二册

500000－8742－0001710 541
甌北詩鈔二十卷 （清）趙翼撰 清刻本 一册

500000－8742－0001711 542
陽明先生集要三編十五卷 （明）王守仁撰 （明）施四明評輯 清光緒五年(1879)刻本 七册

500000－8742－0001712 543
陽明先生集要十五卷 （明）王守仁撰 （明）施四明評輯 清刻本 三册 存三卷(四至六)

500000－8742－0001713 544
陽明先生集要十五卷 （明）王守仁撰 （明）施四明評輯 清鉛印本 三册 存二卷(一、三)

500000－8742－0001714 545
學齋詩集四卷 （清）喬崇烈撰 清刻本 三册 存三卷(一至三)

500000－8742－0001715 546
明賢遺翰二卷 （清）謝恭銘輯 清光緒刻本 一册

500000－8742－0001716 547
袁陽源集不分卷 （南朝宋）袁淑撰 清光緒十八年(1892)善化章經濟堂刻本 一册

500000－8742－0001717 548
江文通集四卷 （南朝梁）江淹撰 清石印本 一册

500000－8742－0001718 549
潛研堂文集五十卷 （清）錢大昕撰 清嘉慶十一年(1806)刻本 十五册

500000－8742－0001719 550
拙尊園叢稿六卷 （清）黎庶昌撰 清光緒十三年(1887)上海醉六堂石印本 一册 存三卷(一至三)

500000－8742－0001720 551
十三峯書屋書札四卷 （清）李榕撰 清刻本 一册 存一卷(三)

500000－8742－0001721 552
楊園先生全集五十四卷 （清）張履祥撰 （清）姚璉輯 清刻本 十册 存三十三卷(三至十一、三十一至五十四)

500000－8742－0001722 553

潛菴先生全集五卷疏稿一卷年譜一卷困學録一卷 （清）湯斌撰 （清）閻興邦評 清同治十二年（1873）刻本 一册

500000－8742－0001723 554
韓昌黎詩集編年箋注十二卷 （唐）韓愈撰 （清）方世舉考訂 清宣統二年（1910）石印本 一册

500000－8742－0001724 555
昌黎先生集四十卷外集十卷遺文一卷集傳一卷集點勘四卷 （唐）韓愈撰 （唐）李漢編 清宣統二年（1910）上海埽葉山房石印本 四册

500000－8742－0001725 556
五百家註音辯昌黎先生文集四十卷 （唐）韓愈撰 （宋）魏仲舉編 清石印本 一册

500000－8742－0001726 557
五百家註釋韓昌黎全集□□卷 （唐）韓愈撰 清石印本 二册 存八卷（詩集二至四、文集六至十）

500000－8742－0001727 558
五百家註音辯昌黎先生文集四十卷 （唐）韓愈撰 （宋）魏仲舉編 清乾隆四十九年（1784）刻本 十册

500000－8742－0001728 559
曾文正公全集□□卷 （清）曾國藩撰 清光緒二年（1876）傳忠書局刻本 十五册 存十六卷（十八家詩鈔三至十、批牘一至六、求闕齋日記類鈔一至二）

500000－8742－0001729 560
曾文正公全集□□卷 （清）曾國藩撰 清刻本 四册 存四卷（雜著一至四）

500000－8742－0001730 561
曾文正公全集□□卷 （清）曾國藩撰 清光緒二年（1876）傳忠書局刻本 四册 存四卷（雜著一至二、經史百家雜鈔二十三至二十四）

500000－8742－0001731 562
曾文正公全集□□卷 （清）曾國藩撰 清道光二十九年（1849）刻本 四册 存十九卷（經史百家雜鈔二十五至二十六、孟子要略一至五、年譜一至十二）

500000－8742－0001732 563
曾文正公全集□□卷 （清）曾國藩撰 清光緒二年（1876）傳忠書局刻本 四册 存十卷（求闕齋讀書録一至十）

500000－8742－0001733 564
曾文正公全集□□卷 （清）曾國藩撰 清刻本 四册 存十一卷（年譜四至十二、書札三十二至三十三）

500000－8742－0001734 565
曾文正公全集□□卷 （清）曾國藩撰 清同治十三年（1874）傳忠書局刻本 二册 存二卷（經史百家簡編上下）

500000－8742－0001735 566
曾文正公全集□□卷 （清）曾國藩撰 清刻本 九册 存九卷（家書二至十）

500000－8742－0001736 567
曾文正公全集□□卷 （清）曾國藩撰 清光緒十三年（1887）蔣氏求實齋刻本 二册 存二卷（經史百家簡編一至二）

500000－8742－0001737 568
曾文正公全集□□卷 （清）曾國藩撰 清同治十二年（1873）刻本 二册 存二卷（鳴原堂論文一至二）

500000－8742－0001738 569
曾文正公全集□□卷 （清）曾國藩撰 清光緒二年（1876）傳忠書局刻本 四册 存六卷（文集一至三、詩集一至三）

500000－8742－0001739 570
曾文正公全集□□卷 （清）曾國藩撰 （清）王啓原輯 清光緒十四年（1888）鴻文書局鉛印本 一册 存五卷（六至十）

500000－8742－0001740 571
曾文正公家訓二卷 （清）曾國藩撰 清光緒

上海申報館鉛印本　一冊

500000－8742－0001741　572
曾文正公家訓二卷　（清）曾國藩撰　清光緒上海申報館鉛印本　一冊

500000－8742－0001742　573
曾文正公雜著四卷　（清）曾國藩撰　清光緒上海申報館鉛印本　一冊　存二卷（一至二）

500000－8742－0001743　574
曾文正公書札三十三卷　（清）曾國藩撰　清鉛印本　十二冊

500000－8742－0001744　575
曾文正公家書□□卷　（清）曾國藩撰　（清）李瀚章輯　清鑄記書局石印本　一冊　存二卷（九至十）

500000－8742－0001745　576
曾文正公全集一百七十卷首一卷　（清）曾國藩撰　清鉛印本　一冊　存一卷（首一）

500000－8742－0001746　577
曾文正公書札三十三卷　（清）曾國藩撰　清光緒二年（1876）傳忠書局刻本　十五冊

500000－8742－0001747　578
曾文正公詩集四卷　（清）曾國藩撰　清鉛印本　一冊　存三卷（一至三）

500000－8742－0001748　579
李文忠公朋僚函稿二十四卷　（清）李鴻章撰　（清）吳汝綸輯　清刻本　一冊

500000－8742－0001749　580
呂語集粹四卷首一卷　（明）呂坤撰　（清）陳弘謀評　清宣統元年（1909）上海文瑞樓石印本　一冊　存二卷（三至四）

500000－8742－0001750　581
青邱高季迪先生遺詩一卷詩集十八卷　（明）高啟撰　（清）金檀輯注　清桐鄉金氏文瑞樓影印本　四冊　存七卷（遺詩一、詩集十三至十八）

500000－8742－0001751　582
弇州山人詩集五十二卷　（明）王世貞撰　清光緒三十三年（1907）刻本　一冊　存三卷（二十一至二十三）

500000－8742－0001752　583
蒼莨詩初集十卷　（清）孫鼎臣撰　清咸豐刻本　二冊

500000－8742－0001753　584
胡文忠公遺集八十六卷　（清）胡林翼撰　（清）鄭敦謹　（清）曾國荃輯　清同治六年（1867）刻本　九冊

500000－8742－0001754　585
胡文忠公遺集八十六卷　（清）胡林翼撰　（清）厲雲官等輯　清同治七年（1868）刻本　四冊

500000－8742－0001755　586
陳檢討集二十卷　（清）陳維崧撰　（清）程師恭注　清刻本　一冊

500000－8742－0001756　587
王臨川全集一百卷　（宋）王安石撰　清宣統三年（1911）掃葉山房石印本　三冊

500000－8742－0001757　588
養雲山館試帖四卷　（清）許球撰　（清）王榮紱注釋　清刻本　二冊

500000－8742－0001758　589
二林居文錄二卷　（清）彭紹升撰　（清）李祖陶輯　清道光十九年（1839）瑞州府鳳儀書院刻本　四冊

500000－8742－0001759　590
張子全書十四卷　（宋）張載撰　（宋）朱熹注釋　清刻本　二冊　存二卷（十一、十五）

500000－8742－0001760　591
李長吉歌詩四卷外集一卷首一卷　（唐）李賀撰　（清）王琦彙解　清光緒四年（1878）宏達堂刻本　一冊

500000－8742－0001761　592
樓山詩集六卷　（清）王昶撰　清光緒十九年（1893）刻本　一冊

500000－8742－0001762　593

漁洋山人精華錄訓纂十卷首二卷末二卷
(清)惠棟撰　清光緒紅豆齋刻本　七册

500000－8742－0001763　594
漁洋山人精華錄箋注十二卷補一卷年譜一卷附錄一卷　(清)王士禛撰　(清)金榮箋注　(清)徐淮纂輯　清刻本　六册

500000－8742－0001764　595
漁洋山人精華錄箋注十二卷補一卷年譜一卷附錄一卷　(清)王士禛撰　(清)金榮箋注　(清)徐淮纂輯　清刻本　七册　存十卷(一至八、十一至十二)

500000－8742－0001765　596
漁洋山人精華錄箋注十二卷補一卷年譜一卷附錄一卷　(清)王士禛撰　(清)金榮箋注　(清)徐淮纂輯　清刻本　一册　存一卷(十二)

500000－8742－0001766　597
漁洋山人精華錄十卷　(清)王士禛撰　(清)林佶編　清康熙三十九年(1700)刻本　三册

500000－8742－0001767　598
有正味齋駢文箋注十六卷　(清)吳錫麒撰　(清)葉聯芬箋注　清光緒二十年(1894)蜀東宏道堂刻本　三册

500000－8742－0001768　599
有正味齋全集六十一卷　(清)吳錫麒撰　清嘉慶刻本　三册

500000－8742－0001769　600
西漚試律詳註□□卷　(清)李惺撰　(清)張熙宇評　清刻本　一册　存一卷(六)

500000－8742－0001770　601
揅經室集二卷　(清)阮元撰　清光緒十四年(1888)上海書局影印本　六册

500000－8742－0001771　602
定盦續集四卷　(清)龔自珍撰　清宣統二年(1910)上海掃葉山房石印本　一册

500000－8742－0001772　603
唐陸宣公集二十二卷　(唐)陸贄撰　清刻本　一册　存四卷(十七至二十)

500000－8742－0001773　604
陳檢討四六箋注二十卷　(清)陳維崧撰　(清)程師恭注　清上海文瑞樓石印本　五册

500000－8742－0001774　605
船山詩草二十卷　(清)張問陶撰　清宣統二年(1910)掃葉山房石印本　一册

500000－8742－0001775　606
史忠正公集五卷　(明)史可法撰　(明)史山清輯　清刻本　一册　存三卷(一至三)

500000－8742－0001776　607
魏阮元瑜集不分卷　(三國魏)阮瑀撰　(明)張溥閱　清光緒十八年(1892)善化章經濟堂刻本　一册

500000－8742－0001777　608
李懷州集不分卷　(隋)李德林撰　(明)張溥閱　清光緒十八年(1892)善化章經濟堂刻本　一册

500000－8742－0001778　609
柏梘山房文集三十一卷　(清)梅曾亮撰　清刻本　七册

500000－8742－0001779　610
震川先生集三十卷別集十卷附錄一卷　(明)歸有光撰　清刻本　八册

500000－8742－0001780　611
震川先生集三十卷別集十卷附錄一卷　(明)歸有光撰　清刻本　一册

500000－8742－0001781　612
歸震川先生全集三十卷別集十卷　(明)歸有光撰　清光緒六年(1880)常熟歸氏刻本　七册　存十四卷(一、八至九、二十至二十三,別集一至七)

500000－8742－0001782　613
歸震川先生全集三十卷別集十卷　(明)歸有光撰　清刻本　八册　存二十四卷(二至九、十二至二十七)

500000－8742－0001783　614

翁山詩外二十卷　(清)屈大均撰　清宣統二年(1910)上海國學扶輪社鉛印本　十冊

500000－8742－0001784　615
二林居集二十四卷　(清)彭紹升撰　清光緒七年(1881)刻本　四冊

500000－8742－0001785　616
明三十家詩選初集八卷二集八卷　(清)汪端輯　清同治十二年(1873)藴蘭吟館刻本　一冊

500000－8742－0001786　617
思綺堂文集十卷　(清)章藻功撰　清康熙刻本　三冊

500000－8742－0001787　618
浮玉山房賦鈔不分卷　(清)丁紹周撰　清同治刻本　一冊

500000－8742－0001788　619
浮玉山房詩文鈔不分卷　(清)丁紹周撰　清同治刻本　一冊

500000－8742－0001789　620
江左校士錄四卷　(清)黃體芳輯　清刻本　一冊

500000－8742－0001790　621
邁堂文畧四卷　(清)李祖陶輯　清同治七年(1868)敖陽尚友樓刻本　五冊

500000－8742－0001791　622
七言詩歌行鈔十五卷　(清)王士禛選　清刻本　一冊

500000－8742－0001792　623
陽明先生集要三編十五卷附年譜一卷　(明)王守仁撰　(清)施邦曜輯評　清影印本　一冊

500000－8742－0001793　624
胡文忠公遺集□□卷　(清)胡林翼撰　(清)鄭敦謹　(清)曾國荃輯　清刻本　二十一冊　存五十五卷(三十二至八十六)

500000－8742－0001794　625
胡文忠公遺集八十六卷　(清)胡林翼撰　(清)鄭敦謹　(清)曾國荃輯　清刻本　一冊

500000－8742－0001795　626
小倉山房文集三十五卷　(清)袁枚撰　清刻本　十六冊

500000－8742－0001796　627
小倉山房尺牘詳註八卷　(清)袁枚撰　清同治二年(1863)文光堂刻本　三冊　存五卷(一至三、集五至六)

500000－8742－0001797　628
小倉山房詩集三十七卷　(清)袁枚撰　清末上海校經山房成記書局石印本　九冊

500000－8742－0001798　629
求闕齋日記類鈔二卷　(清)曾國藩撰　(清)王啓原校編　清鉛印本　四冊

500000－8742－0001799　630
求闕齋日記類鈔二卷　(清)曾國藩撰　(清)王啓原校編　清光緒十四年(1888)鴻文書局鉛印本　一冊

500000－8742－0001800　631
賦鈔六卷　(清)張惠言輯　清刻本　一冊　存二卷(二至三)

500000－8742－0001801　632
戴東原集十二卷附年譜一卷札記一卷　(清)戴震撰　清宣統二年(1910)刻本　四冊

500000－8742－0001802　633
費氏詩鈔四卷　(清)釋含澈輯　清咸豐六年(1856)刻本　一冊　存四卷(一至四)

500000－8742－0001803　634
三魚堂外集六卷　(清)陸隴其撰　清刻本　一冊　存四卷(一至四)

500000－8742－0001804　635
吳梅村詩集箋注十八卷目錄一卷　(清)吳偉業撰　清光緒十年(1884)湖北官書處刻本　一冊　存一卷(目一)

500000－8742－0001805　636
覆瓿集卅前詩錄□□卷　(清)張文虎撰　清手抄印本　一冊　存二集(一至二)

500000－8742－0001806　637
朱文公書剳十四卷　（宋）朱熹撰　清雍正八年（1730）紫陽書堂刻本　五册

500000－8742－0001807　638
阮步兵集一卷　（三國魏）阮籍撰　清光緒十八年（1892）善化章經濟堂刻本　一册

500000－8742－0001808　639
樊南文集箋注八卷首一卷　（唐）李商隱撰（清）馮浩注　清石印本　三册

500000－8742－0001809　640
湘綺樓箋啟八卷　王闓運撰　清宣統二年（1910）上海國學扶輪社石印本　四册

500000－8742－0001810　641
鮚埼亭集三十八卷　（清）全祖望撰　清刻本　七册　存二十八卷（八至三十一、外編四十三至四十六）

500000－8742－0001811　642
水心文集二十九卷　（宋）葉適撰　清刻本　四册

500000－8742－0001812　643
施愚山先生學餘詩集五十卷　（清）施閏章撰　清康熙四十七年（1708）刻本　一册　存五卷（四十六至五十）

500000－8742－0001813　644
孫文恭公遺書□□卷　（明）孫應鼇撰　清宣統二年（1910）石印本　一册　存四卷（一至四）

500000－8742－0001814　645
歐陽文忠公全集一百五十三卷年譜一卷附錄五卷　（宋）歐陽修撰　清上海錦章圖書局石印本　十三册

500000－8742－0001815　646
班孟堅集三卷　（漢）班固撰　**王叔師集一卷**（漢）王逸撰　**鄭康成集一卷**　（漢）鄭玄撰　清宣統三年（1911）上海文明書局鉛印本　一册

500000－8742－0001816　647
忠雅堂詩集二十七卷補遺二卷詞集二卷（清）蔣士銓輯　清嘉慶三年（1798）揚州刻本　六册

500000－8742－0001817　648
潛菴先生全集五卷　（清）湯斌撰　清同治刻本　四册

500000－8742－0001818　649
蜀秀集九卷　（清）譚宗浚編　清光緒五年（1879）刻本　七册

500000－8742－0001819　650
思綺堂文集十卷　（清）章藻功撰　清刻本　六册

500000－8742－0001820　651
養晦堂文集十卷詩集二卷　（清）劉蓉撰　清光緒三年（1877）刻本　二册　存四卷（七至十）

500000－8742－0001821　652
少嵒詩稿□□卷　（清）夏思恬撰　清刻本　三册　存十三卷（一至四、十六至二十三，另一）

500000－8742－0001822　653
王陽明先生文選七卷　（明）王守仁撰　（清）李祖陶評點　清刻本　四册

500000－8742－0001823　654
五色批杜工部集□□卷　（唐）杜甫撰　清刻本　一册　存二卷（十五至十六）

500000－8742－0001824　655
切問齋文鈔三十卷　（清）陸燿輯　清道光五年（1825）刻本　二册　存六卷（一至二、二十七至三十）

500000－8742－0001825　656
汪梅村先生集十二卷外集一卷　（清）汪士鐸撰　清光緒七年（1881）刻本　四册

500000－8742－0001826　657
岱南閣集二卷　（清）孫星衍撰　清光緒十一年（1885）刻本　一册　存二卷（一至二）

500000－8742－0001827　658

大雲山房文槀初集四卷二集四卷　(清)惲敬撰　清光緒十四年(1888)刻本　八册　存八集(初集一至四、二集一至四)

500000－8742－0001828　659
新編分類飲冰室文集全編二十卷　梁啟超撰　清光緒二十八年(1902)上海廣益書局石印本　二册　存二卷(一、三)

500000－8742－0001829　660
全三國文七十五卷　(清)嚴可均輯　清刻本　二册　存十六卷(十六至三十一)

500000－8742－0001830　661
小倉山房尺牘十卷　(清)袁枚撰　清光緒鉛印本　一册　存五卷(六至十)

500000－8742－0001831　662
瀛奎律髓刊誤四十九卷　(元)方回輯　(清)紀昀批點　清刻本　一册　存三卷(十七至十九)

500000－8742－0001832　663
瀛奎律髓刊誤四十九卷　(元)方回選　清光緒刻本　二册　存五卷(十九至二十三)

500000－8742－0001833　664
隨園女弟子詩六卷　(清)袁枚輯　清嘉慶元年(1796)刻本　一册

500000－8742－0001834　665
三家詩拾遺十卷　(清)范家相輯　清光緒十三年(1887)刻本　一册

500000－8742－0001835　666
硃批七家詩選註釋六卷　(清)張熙宇輯　(清)張昶註釋　清道光十二年(1832)刻朱墨套印本　一册　存二卷(一至二)

500000－8742－0001836　667
古文苑二十一卷　(宋)章樵注　清刻本　一册

500000－8742－0001837　669
望溪先生全集三十卷　(清)方苞撰　(清)戴鈞衡編　清咸豐元年(1851)刻本　十二册　存二十九卷(二至十八、集外一至十、補遺一至二)

500000－8742－0001838　670
滄溟詩集十四卷附錄一卷　(明)李攀龍撰　清光緒三十三年(1907)刻本　四册

500000－8742－0001839　671
山曉閣選古文全集三十二卷　(清)孫琮輯　清刻本　一册

500000－8742－0001840　672
經史百家雜鈔二十六卷　(清)曾國藩編　清光緒三十二年(1906)商務印書館鉛印本　八册　存二卷(十八至十九)

500000－8742－0001841　673
經史百家雜鈔二十六卷　(清)曾國藩編　清鉛印本　三册

500000－8742－0001842　674
經史百家雜鈔二十六卷　(清)曾國藩編　清光緒三十二年(1906)上海商務印書館鉛印本　五册　存八卷(一至四、九至十二)

500000－8742－0001843　675
經史百家雜鈔二十六卷　(清)曾國藩編　清光緒二年(1876)傳忠書局刻本　二十一册　存二十二卷(一至二十二)

500000－8742－0001844　676
南宋文範七十卷　(清)莊仲方編　清光緒十四年(1888)江蘇書局刻本　一册　存四卷(四至七)

500000－8742－0001845　677
南宋文範七十卷　(清)莊仲方編　清光緒二十八年(1902)刻本　八册

500000－8742－0001846　678
湖海文傳七十五卷　(清)王昶輯　清道光十七年(1837)刻本　十册

500000－8742－0001847　679
唐詩三百首註釋六卷　(清)孫洙編　(清)章燮註　清光緒刻本　一册　存一卷(四)

500000－8742－0001848　680
唐詩三百首註釋六卷　(清)孫洙編　(清)章燮註　清刻本　一册　存二卷(五至六)

500000－8742－0001849　681

唐詩三百首注疏六卷　(清)孫洙編　(清)章燮注　清刻本　一冊　存二卷(三至四)

500000－8742－0001850　682

唐詩三百首注疏集評六卷　(清)章燮注　清江右同文堂刻本　二冊　存四卷(一至四)

500000－8742－0001851　683

全唐詩九百卷　(清)曹寅等纂　清刻本　二冊

500000－8742－0001852　684

全唐詩九百卷　(清)曹寅等纂　清石印本　三冊　存三卷(一至二、八)

500000－8742－0001853　685

全唐詩九百卷　(清)曹寅等纂　清鉛印本　一冊　存一卷(二十七)

500000－8742－0001854　686

全唐詩九百卷　(清)曹寅等纂　清雙峰書屋刻本　三冊　存二十五卷(李白卷一至二十五)

500000－8742－0001855　687

全唐詩三十二卷　(清)曹寅等纂　清光緒十三年(1887)上海同文書局石印本　四冊　存四卷(二十六、二十八至三十)

500000－8742－0001856　688

明詩綜一百卷　(清)朱彝尊撰　(清)汪森評　清乾隆刻本　二十七冊

500000－8742－0001857　689

宋四名家詩二十七卷　(清)周之鱗編　(清)柴升選　清光緒元年(1875)湘西章氏刻本　一冊　存一卷(一)

500000－8742－0001858　690

滇南壯游集文稿一卷　(清)熊賓撰　清宣統三年(1911)鉛印本　一冊

500000－8742－0001859　691

漢魏六朝百三家集一百十八卷　(明)張溥輯　清光緒五年(1879)信述堂刻本　四十八冊　存四十三卷(諸葛丞相集一、梁昭明集一、梁簡文帝集一至二、徐僕射集一、沈侍中集一、盧武陽集一、李懷州集一、王詹事集一、江令君集一、梁元帝集一、梁武帝集一、江醴陵集一至二、沈隱侯集一至二、劉秘書集一、張散騎集一、竟陵王集一至二、劉豫章集一、高令公集一、王文憲集一、温侍讀集一、王甯朔集一、陶隱居集一、庾度支集一、邢特進集一、成公子安集一、謝宣城集一、丘司空集一、魏特進集一、何記室集一、張長史集一、吳朝請集一、庾開府集一至二、張景陽集一、王左丞集一、陳後主集一、王司空集一、陸太常集一、隋煬帝集一)

500000－8742－0001860　692

賦學正鵠集釋十一卷　(清)李元度輯　清光緒七年(1881)長沙奎光樓刻本　七冊　存九卷(一至三、五至十)

500000－8742－0001861　693

尊經書院初集十二卷　王闓運輯　清光緒十四年(1888)刻本　一冊　存一卷(七)

500000－8742－0001862　694

春芥山房詩集二卷　(清)楊道南撰　清刻本　一冊　存一卷(二)

500000－8742－0001863　695

古詩源十四卷　(清)沈德潛選　清刻本　一冊　存八卷(一至八)

500000－8742－0001864　696

東湖草堂賦鈔初集二卷　(清)程祥棟編　清光緒三年(1877)刻本　一冊　存一卷(風賦、擣素賦、鸚鵡賦、文賦、籍田賦、射雉賦、閑情賦、雪賦、月賦、無城賦、無鶴賦、赭白馬賦、箏賦、高松賦、赤虹賦、學梁王兔園賦、恨賦)

500000－8742－0001865　697

金文最一百二十卷首一卷　(清)張金吾輯　清光緒二十一年(1895)刻本　一冊　存四卷(二十至二十三)

500000－8742－0001866　698

重刻賴古堂尺牘新鈔三選結隣集十六卷　(清)周在浚等輯　清道光六年(1826)刻本

一冊　存二卷(十五至十六)

500000－8742－0001867　699
桐城吴先生文集四卷　(清)吴汝綸撰　清光緒三十年(1904)桐城吴氏刻本　一册　存一卷(一)

500000－8742－0001868　700
古文析義十六卷　(清)林雲銘評注　清刻本　十册　存九卷(一、三至六、十、十四至十六)

500000－8742－0001869　701
古文淵鑒六十四卷　(清)徐乾學等編注　清内府刻五色套印本　三十四册　存五十六卷(五至六十)

500000－8742－0001870　702
古文觀止十二卷　(清)吴乘權　(清)吴大職輯　清光緒二十五年(1899)刻本　二册　存四卷(一至四)

500000－8742－0001871　703
古文觀止十二卷　(清)吴乘權　(清)吴大職輯　清刻本　四册　存八卷(五至十二)

500000－8742－0001872　704
古文辭類纂七十四卷　(清)姚鼐編　清光緒商務印書館石印本　一册　存七卷(六十八至七十四)

500000－8742－0001873　705
古文辭類纂七十四卷　(清)姚鼐編　清刻本　十二册　存五十六卷(九至五十五、六十二至七十)

500000－8742－0001874　706
續古文辭類纂三十四卷　王先謙纂　清光緒十六年(1890)金陵書局刻本　三册　存十一卷(六至十六)

500000－8742－0001875　707
續古文辭類纂二十八卷　(清)黎庶昌纂　清鉛印本　一册　存三卷(十三至十五)

500000－8742－0001876　708
續古文辭類纂三十四卷　王先謙纂　清刻本　二册　存七卷(十七至二十三)

500000－8742－0001877　709
本朝十二家精選十二集　(清)何飛鳳輯　清乾隆三十六年(1771)耕心堂刻本　六册　存六卷(一、四至六、十一至十二)

500000－8742－0001878　710
本朝十二家精選十二集　(清)何飛鳳輯　清耕心堂刻本　一册　存一卷(三)

500000－8742－0001879　711
國朝文録八十二卷　(清)姚椿輯　清刻本　十二册　存二十六卷(張文貞公文録一至二、帶經堂文録一至二、邵青門文録一至三、朱文端公文集一至二、孫文定公文録一至二、希堂文録一至二、忠雅堂文集一至二、林居文録一至二、厚崗先生文録一至三、陶士升先生萸江文録一、劉寄庵先生文録一至二、知恥齋文録一、愓園初稾文録一至二)

500000－8742－0001880　712
國朝文録八十二卷　(清)姚椿輯　清同治七年(1868)刻本　十四册　存三十一卷(紀文達公一至二、鄭静菴一、榕村一至二、西陂一、湛園一至三、居業齋一、白鶴堂一、南莊類一至二、海峯一至二、潛研堂一至二、惜抱軒一至二、清獻堂一至二、鮚埼亭一至四、紫竹山房一至三、鹿洲一至三)

500000－8742－0001881　713
國朝文録續編六十九卷　(清)李祖陶輯　清同治七年(1868)刻本　二十七册　存六十四卷(姚端恪公文録一至二、變雅堂文録一、白茅堂文録一至二、砥齋文録一、聰山文録一、改亭文録一至三、魏伯子文録一、河東文録一、榆溪文録一、庸書文録一、白石山房文録一、三魚堂文録一、蒼硯山人文録一、儋園文録一至二、百尺梧桐閣文録一、飴山文録一、可儀堂文録一、趙忠毅公文録一至二、白田草堂文録一、梅莊文録一、海崖文録一、梅崖文録一至二、四知堂文録一至二、孺廬文録一、雙桂堂文録一至二、松泉文録一、集虚齋文録一、歸愚文録一、果堂文録一、培遠堂文録一、香國集文錄一、小倉山房文錄一、尊聞居士文錄二、叢桂堂文錄一、切問齋文錄一至二、經韻樓文錄一至二、更生齋文錄一、頤綵堂文錄一、韞山堂文錄一、竹香齋文錄一、養一齋文錄一、鑑止水齋文錄一、雀硯齋文錄一、雕菰集文錄一至二、崇百藥齋文錄一、學福齋文錄一至二、左海文錄一至二、吾文錄一至二、邃雅堂文錄一)

500000－8742－0001882　714
國朝文錄續編六十七卷　(清)李祖陶輯　清同治七年(1868)刻本　十五册　存二十卷(聰山文一、改亭文一至三、魏伯子文一、河東文一、榆溪文一、庸書文一、白石山房文一、趙忠毅公文一至二、白田草堂文一、梅莊文一、培遠堂文一、香國集文一、經韻樓文一至二、更生齋文一、學福齋文一至二)

500000－8742－0001883　715
國朝文匯五集二百卷　(清)沈粹芬等輯　清宣統元年(1909)上海國學扶輪社石印本　七册　存十四卷(甲集三至四、九至十、二十三至二十四、三十三至三十四、四十三至四十六、五十九至六十)

500000－8742－0001884　716
國朝六家詩鈔八卷　(清)劉執玉輯　清宣統二年(1910)石印本　五册　存七卷(一至三、五至八)

500000－8742－0001885　717
國朝十家四六文鈔不分卷　王先謙輯　清光緒十五年(1889)刻本　一册

500000－8742－0001886　718
國朝二十四家文鈔二十四卷　(清)徐斐然輯　清道光十年(1830)刻本　一册　存五卷(六至十)

500000－8742－0001887　719
重訂七種古文選左傳選十四卷　(清)儲欣評　清乾隆四十九年(1784)刻本　五册　存十卷(一至十)

500000－8742－0001888　720
南軒先生文集四十四卷　(宋)張栻撰　清刻本　七册　存三十七卷(三至十八、二十四至四十四)

500000－8742－0001889　721
南軒先生孟子説七卷　(宋)張栻撰　清刻本　七册

500000－8742－0001890　722
南軒先生論語解十卷　(宋)張栻撰　清刻本　四册

500000－8742－0001891　723
春在堂尺牘五卷　(清)俞樾撰　清光緒十年(1884)刻本　三册　存四卷(一至四)

500000－8742－0001892　724
嶺南三大家詩選二十四卷　(清)王隼選　清同治七年(1868)刻本　三册　存十二卷(一至七、二十至二十四)

500000－8742－0001893　725
弢園尺牘十二卷　(清)王韜撰　清光緒十九年(1893)鉛印本　二册　存六卷(四至九)

500000－8742－0001894　726
升菴全蜀秇文志六十四卷首一卷　(明)楊慎輯　清嘉慶二十二年(1817)刻本　一册　存六卷(十二至十七)

500000－8742－0001895　727
十八家詩鈔二十八卷　(清)曾國藩輯　(清)李鴻章審定　清鉛印本　十九册

500000－8742－0001896　728
十八家詩鈔二十八卷　(清)曾國藩輯　(清)李鴻章審定　清光緒十四年(1888)上海鴻文書局鉛印本　三册　存六卷(七至十二)

500000－8742－0001897　729
十八家詩鈔二十八卷　(清)曾國藩輯　(清)李鴻章審定　清刻本　四册　存四卷(五至六、九、十七)

500000－8742－0001898　730
十八家詩鈔二十八卷　(清)曾國藩輯　(清)李鴻章審定　清同治十三年(1874)傳忠書局

刻本　十九册　存二十卷(一至二、十一至二十八)

500000－8742－0001899　731

古詩箋三十二卷　(清)王士禛輯　清乾隆三十一年(1766)芷蘭堂刻本　四册　存十一卷(五至十五)

500000－8742－0001900　732

古詩箋三十二卷　(清)王士禛輯　清芷蘭堂刻本　一册　存四卷(一至四)

500000－8742－0001901　733

古文筆法二十卷　(清)李扶九輯　清末石印本　三册　存七卷(四至十)

500000－8742－0001902　734

古文筆法百篇二十卷　(清)李扶九輯　(清)黄仁黼輯　清光緒八年(1882)黄氏刻本　五册　存十七卷(一至二、六至二十)

500000－8742－0001903　735

曾文正公批牘六卷　(清)曾國藩撰　清鉛印本　一册　存一卷(六)

500000－8742－0001904　736

樂府侍兒小名二卷通詁二卷剿説四卷　(清)李調元撰　清嘉慶十四年(1809)刻本　一册

500000－8742－0001905　737

養一齋詩話十卷　(清)潘德輿撰　清光緒二年(1876)席樹聲刻本　三册　存十卷(一至十)

500000－8742－0001906　738

國朝古文雅正十六卷　(清)林有席輯　清嘉慶刻本　十一册　存十五卷(二至十六)

500000－8742－0001907　739

列朝詩集乾集二卷甲集前編十一卷甲集二十二卷乙集八卷丙集十六卷丁集十六卷閏集六卷　(清)錢謙益輯　清宣統二年(1910)鉛印本　二册　存二卷(丁集十二、十五)

500000－8742－0001908　740

帶經堂詩話三十卷首一卷　(清)王士禛選　清刻本　四册　存十六(四至十五、二十七至三十)

500000－8742－0001909　741

古文詞略二十四卷　(清)梅曾亮編　清刻本　一册　存四卷(二十一至二十四)

500000－8742－0001910　742

絶妙好詞箋七卷續鈔二卷　(宋)周密輯　(清)查為仁　(清)厲鶚箋　清刻本　一册　存三卷(七、續鈔一至二)

500000－8742－0001911　743

憑山閣增輯留青新集三十卷　(清)陳枚選　(清)陳德裕增輯　清康熙刻本　七册　存十四卷(六至十九)

500000－8742－0001912　744

牡丹亭還魂記二卷　(明)湯顯祖撰　清刻本　一册　存一卷(下)

500000－8742－0001913　745

評注圖像水滸傳三十五卷七十回　(元)施耐庵撰　(清)金人瑞評　清上海會文堂鉛印本　六册　存十九卷(十七至三十五)

500000－8742－0001914　746

增像全圖三國演義六十卷一百二十回　(明)羅貫中撰　(清)毛宗崗評　清光緒上海錦章書局石印本　三册　存八卷(二至九)

500000－8742－0001915　747

增像全圖西漢演義四卷一百回　(明)甄偉撰　清光緒石印本　二册　存二卷(三至四)

500000－8742－0001916　748

李長吉歌詩四卷　(唐)李賀撰　(清)王琦彙解　清掃葉山房石印本　一册　存一卷(三)

500000－8742－0001917　749

牛奇章集一卷　(隋)牛弘撰　(明)張溥閲　清刻本　一册

500000－8742－0001918　750

分類字錦六十四卷　(清)何焯等輯　清康熙六十一年(1722)武英殿刻本　六十一册　存六十一卷(一、四至十一、十三至六十四)

500000－8742－0001919　751

古今圖書集成一萬卷目録四十卷　(清)陳夢

雷等編　清光緒鉛印本　一百十四冊　存七百三十五卷（理學彙編經籍典五百卷一至七十四、八十至五百，方輿彙編職方典九至六十三，明倫彙編皇極典一至一百八十五）

500000－8742－0001920　752

古今圖書集成一萬卷目錄四十卷　（清）陳夢雷等編　清光緒鉛印本　一百六十一冊　存九百九十九卷（目錄七至十二、十九至二十七，博物彙編禽蟲典三十五至四十、一百八十七至一百九十二，方輿彙編坤輿典一至五、十二至三十二、三十八至四十九、五十八至六十九、八十三至九十四、九十九至一百〇三、一百〇九至一百十九、一百三十一至一百三十五，方輿彙編職方典一百二十五至一百二十八、一百三十二至一百三十八、一百六十二至一百六十九、二百二十六至二百三十三、二百六十九至二百七十六、九百三十七至九百九十六、一千十二至一千十九、一千七十一至一千八十三、一千九十一至一千一百〇九、一千一百五十一至一千一百五十六、一千一百七十至一千一百九十五、一千三百十五至一千三百二十、一千三百四十一至一千三百四十七、一千三百五十五至一千三百六十九、一千四百九十九至一千五百〇七、一千五百三十九至一千五百四十四，明倫彙編宮闈典六十二至六十七、八十九至一百〇二、一百十至一百二十二，理學彙編學行典七至十二、三十二至三十七、四十四至五十、一百十至一百十五、一百二十二至一百二十八、一百五十六至一百六十八、二百八十至二百八十七、二百九十五至三百，經濟彙編食貨典三十四至三十九、明倫彙編氏族典八十三至一百〇一、一百〇八至一百十三、一百二十一至一百三十一、一百三十八至一百四十四、一百五十二至一百六十、二百六十六至二百七十三、三百二十一至三百二十七、三百四十一至三百六十一、四百十二至四百十八、五百〇八至五百十五、五百五十至五百六十八、五百七十九至六百〇二、六百十五至六百二十，明倫彙編官常典十三至十七、二十五至七十一、七十八至一百〇一、一百〇九至一百十五、一百二十八至一百四十一、一百四十九至一百六十二、一百七十至一百七十七、一百八十三至一百九十五、二百十七至二百二十三、二百三十一至二百三十六、三百四十七至三百五十三、三百六十至三百七十三、三百八十一至三百八十七、四百三十一至四百四十五、五百十六至五百二十、五百二十七至五百三十三、五百四十六至五百七十二、五百八十至五百九十八、六百〇五至六百十、六百十二至六百二十五、六百三十九至六百五十一、六百七十九至六百八十四、七百二十四至七百三十五、七百六十四至七百六十八，明倫彙編家範典三十一至三十六、四十四至六十六、一百〇六至一百十，博物彙編草木典五十五至五十九、六十六至七十、一百〇七至一百十八、一百二十五至一百三十一、二百三十三至二百三十八、三百〇九至三百十四、方輿彙編山川典二百六十三至二百六十九，曆象彙編乾象典五至十、二十二至二十七、七十二至七十八，經濟彙編樂律典六十至六十六、七十四至七十九、一百至一百〇五，經濟彙編考工典一百六十三至一百六十九）

500000－8742－0001921　753

古今圖書集成一萬卷目錄四十卷　（清）陳夢雷等編　清光緒鉛印本　一百四十冊　存八百十一卷（方輿彙編坤輿典一至一百四十，方輿彙編職方典一至五十八、六十四至八十二，博物彙編神異典一至二百九十八、三百十三至三百二十，明倫彙編宮闈典一至八十一、八十六至一百四十，經濟彙編食貨典二百〇三至二百〇九、一百八十至一百八十四、三百五十五至三百六十、二百三十四至二百三十九，方輿彙編邊裔典一至五十一、五十九至八十六、九十二至一百四十）

500000－8742－0001922　754

古今圖書集成一萬卷目錄四十卷　（清）陳夢雷等編　清光緒鉛印本　一冊　存六卷（博物彙編禽蟲典一百八十七至一百九十二）

500000－8742－0001923　755

古今圖書集成一萬卷目錄四十卷　（清）陳夢

雷等編　清光緒鉛印本　二百〇四册　存一千一百二十六卷(博物彙編禽蟲典一至一百九十二,方輿彙編職方典一千二百二十七至一千二百三十二,博物彙編神異典七十六至八十、一百七十至一百七十五、一百八十九至一百九十三、二百八十一至二百八十六,理學彙編字學典一至一百〇九、一百五十三至一百六十,明倫彙編交誼典一至四十八、五十至一百二十,理學彙編學行典一至四十三、五十一至一百〇九、一百十六至一百二十一、一百二十九至一百六十一、一百六十九至二百九十四,經濟彙編食貨典一至三百六十,明倫彙編氏族典一至一百〇一,博物彙編藝術典二百十四至二百二十、五百九十八至六百〇二、七百七十三至七百七十九,經濟彙編禮儀典一百七十四至一百八十,理學彙編文學典一至十六)

500000－8742－0001924　756

古事比五十二卷　(清)方中德輯　清影印本　二册　存十卷(三十一至三十五、四十九至五十三)

500000－8742－0001925　757

古事比五十二卷　(清)方中德輯　清光緒十三年(1887)點石齋石印本　三册　存二十六卷(二十七至五十二)

500000－8742－0001926　758

古香齋新刻袖珍淵鑑類函四百五十卷目録四卷　(清)張英　(清)王士禛撰　清光緒古香齋影印本　一百十六册　存三百三十三卷(六十一至八十一、一百〇七至一百十三、一百二十二至一百三十七、一百四十五至二百四十二、二百四十四至三百〇八、三百十一至三百四十九、三百五十八至四百十五、四百十九至四百二十四、四百二十八至四百五十)

500000－8742－0001927　759

古香齋新刻袖珍淵鑑類函四百五十卷目録四卷　(清)張英　(清)王士禛撰　清光緒古香齋影印本　二十四册　存七十七卷(一至四十八、五十一至六十、八十二至九十、三百五十五至三百五十八、四百十八至四百二十、四百二十五至四百二十七)

500000－8742－0001928　760

韻海大全角山樓類腋六十七卷　(清)姚培謙輯　(清)趙克宜增輯　清光緒十二年(1886)文瑞樓石印本　一册　存一卷(一)

500000－8742－0001929　761

角山樓增補類腋六十七卷　(清)姚培謙輯　(清)趙克宜增輯　清影印本　二册　存十二卷(天部一至八、物部九至十二)

500000－8742－0001930　762

精選故事黄眉十卷　(明)鄧志謨輯　清刻本　一册　存二卷(七至八)

500000－8742－0001931　763

蘭雪堂古事苑十二卷　(明)鄧志謨輯　清蘭雪堂刻本　三册　存六卷(五至八、十一至十二)

500000－8742－0001932　764

蘭雪堂古事苑十二卷　(明)鄧志謨輯　清蘭雪堂刻本　三册　存五卷(五至九)

500000－8742－0001933　765

蘭雪堂古事苑十二卷　(明)鄧志謨輯　清蘭雪堂刻本　三册　存六卷(六至七、九至十二)

500000－8742－0001934　766

佩文韻府一百〇六卷　(清)張玉書等撰　清刻本　二册　存一卷(一)

500000－8742－0001935　767

續廣事類賦三十卷　(清)王鳳喈撰注　(清)王世偉校録　清刻本　四册　存十六卷(十五至三十)

500000－8742－0001936　768

續廣事類賦三十卷　(清)王鳳喈撰注　(清)王世偉校録　清道光十九年(1839)刻本　十一册

500000－8742－0001937　769

重訂事類賦三十卷　(宋)吳淑撰注　清道光二十七年(1847)刻本　四册

500000－8742－0001938　770

重訂廣事類賦四十卷　(清)華希閔撰　(清)華希閔訂　清道光二十七年(1847)刻本　八册

500000－8742－0001939　771

淵鑑類函四百五十卷目錄四卷　(清)張英(清)王士禛撰　清刻本　六十一册　存一百四十八卷(九十三至一百五十六、二百二十一至二百八十七、二百九十至三百〇一、三百六十三至三百六十七)

500000－8742－0001940　772

淵鑑類函四百五十卷目錄四卷　(清)張英(清)王士禛撰　清刻本　三十一册　存八十九卷(一百七十四至二百二十二、三百〇一至三百二十七、二百八十五至二百九十、三百九十八至四百〇四)

500000－8742－0001941　773

淵鑑類函四百五十卷目錄四卷　(清)張英(清)王士禛撰　清刻本　二十册　存五十六卷(一至八、十三至四十六、五十一至六十四)

500000－8742－0001942　774

淵鑑類函四百五十卷目錄四卷　(清)張英(清)王士禛撰　清刻本　一册　存四卷(八至十一)

500000－8742－0001943　775

淵鑑類函四百五十卷目錄四卷　(清)張英(清)王士禛撰　清刻本　八册　存二十三卷(七十九至八十三、一百九十一至一百九十二、三百三十七至三百三十九、三百四十六至三百四十八、三百七十八至三百八十、四百十一至四百十二、四百三十三至四百三十五、四百四十六至四百四十七)

500000－8742－0001944　776

淵鑑類函四百五十卷目錄四卷　(清)張英(清)王士禛撰　清刻本　十五册　存五十卷(十二至十四、四十七至五十二、三百〇五至三百〇六、三百三十九至三百四十六、三百五十至三百五十二、三百五十六至三百六十二、三百七十一至三百七十六、四百二十一至四百二十四、四百二十六至四百二十八、四百三十五至四百四十二)

500000－8742－0001945　777

增補事類統編九十三卷　(清)黄葆真增輯　清刻本　三册　存七卷(四十六至五十、六十三至六十四)

500000－8742－0001946　778

增補事類統編九十三卷　(清)黄葆真增輯　清文選樓刻本　二十二册　存五十二卷(十八至十九、二十一至二十八、三十至四十四、五十四至六十三、七十五至七十七、八十至九十三)

500000－8742－0001947　779

增補事類統編九十三卷　(清)黄葆真增輯　清鉛印本　一册　存九卷(六十七至七十五)

500000－8742－0001948　780

王先生十七史蒙求十六卷　(宋)王令撰　清刻本　一册　存五卷(八至十二)

500000－8742－0001949　781

增訂漢魏叢書八十六種　(清)王謨輯　清光緒二年(1876)刻本　六十八册　存六十四種(易林一至四,易傳一至三,古三墳,周書一至五十,詩傳,詩說,毛詩草木鳥獸蟲魚疏一至二,大戴禮記一至十二,春秋繁露一至十七,白虎通一至四,獨斷,忠經,小爾雅,方言一至十三,博雅一至十,釋名一至四,孔叢一至二,詰墨,新語一至二,竹書紀年一至二,穆天子傳一至六,越絕書一至十四,吳越春秋一至六,西京雜記一至六,華陽國志,十六國春秋,元經薛氏傳一至十,群輔錄,英雄記鈔,新書一至十,新序一至十,說苑一至二十,淮南子十七至二十一,鹽鐵論一至十二,論衡三至八、十六至三十,潛夫論一至十,中論一至二,風俗通義一至四、七至十,人物志一至三,新論一至十,顏氏家訓一至十,參同契,陰符經風后握奇經,素書,心書,古今注,博物志,文心雕龍一至十,詩品一至三,書品,尤射,拾遺記一至十,海内十洲記,洞冥記一至四,枕中書,佛國記,伽藍記一至五,水經一至二,星經

一至二,竹譜,禽經,古今刀劍録,鼎録,天禄閣外史一至二、六至八)

500000－8742－0001950　782
增訂漢魏叢書八十六種　(清)王謨輯　清刻本　三册　存二種(論衡八至十、十三至十五,新論六至十)

500000－8742－0001951　783
增訂漢魏叢書八十六種　(清)王謨輯　清刻本　三册　存二種(韓詩外傳、毛詩草木鳥獸蟲魚疏)

500000－8742－0001952　784
重刊船山遺書七十種二百八十八卷附校勘記二卷　(清)王夫之撰　清同治四年(1865)湘鄉曾氏刻本　一百五十八册　存五十九種(周易内傳六卷附發例,周易大象解,周易稗疏四卷附考異,周易外傳一至三、五至七,書經稗疏,尚書引義,詩經稗疏,詩經考異,詩經葉韻辨,詩廣傳一、四至五,禮記章句,春秋稗疏,春秋家説,春秋世論,續春秋左氏傳博議,四書稗疏,四書考異,讀四書大全説,讀通鑑論,楚辭通釋十四卷末一卷,莊子内篇外篇雜篇三十三卷附莊子通目次一卷愚鼓詞一卷,經義,夕堂永日緒論外編,南窗漫記,龍舟會雜劇,和梅花百詠詩,洞庭秋詩,雁字詩,倣體詩,嶽餘集,鼓棹初集,鼓棹二集,思問録内篇外篇,噩夢,俟解,宋論,瀟湘怨詞,詩釋,夕堂永日緒論内編,五十自定稿,六十自定稿,七十自定稿,永曆實録,張子正蒙注,柳岸吟,落花詩,遣興詩,連峰志,説文廣義二至三,薑齋文集,薑齋文集補遺,老子衍,黄書,識小録,薑齋詩編年藁,薑齋詩分體藁,薑齋詩賸稿,龍源夜話,憶得)

500000－8742－0001953　785
重刊船山遺書七十種二百八十八卷附校勘記二卷　(清)王夫之撰　清刻本　四册　存十卷(薑齋詩賸稿一、龍源夜話一、憶得一、詩廣傳一至三、詩經稗疏一、夕堂永日緒論外編一、南窗漫記一、龍舟會雜劇一)

500000－8742－0001954　786
黄梨洲遺書十種　(清)黄宗羲撰　清光緒石印本　九册

500000－8742－0001955　787
古今注三卷　(晉)崔豹撰　**三墳一卷**　(晉)阮咸注　**風俗通四卷**　(漢)應劭撰　清刻本　一册

500000－8742－0001956　788
灤陽消夏録六卷　(清)紀昀撰　清閱微草堂刻本　二册　存四卷(三至六)

500000－8742－0001957　789
欽定四庫全書考證一百卷　(清)王太岳等撰　清光緒二十五年(1899)廣雅書局刻本　五册　存七卷(經部二,集部八十、八十二至八十五、一百)

500000－8742－0001958　790
太史升菴全集八十一卷目録二卷　(明)楊慎撰　清道光二十八年(1848)刻本　八册　存四十七卷(一至四十、四十三至四十五、七十四至七十七)

500000－8742－0001959　791
王文成公全書三十八卷　(明)王守仁撰　(明)謝廷傑輯　清光緒刻本　二十一册　存三十五卷(二至二十九、三十二至三十八)

500000－8742－0001960　792
西漚全集十卷外集八卷補一卷　(清)李惺撰　(清)童棫等編輯　清同治七年(1868)刻本　九册　存十卷(一至三、五至十,補一卷)

500000－8742－0001961　793
西漚外集八卷　(清)李惺撰　(清)童棫等編輯　清刻本　六册　存六卷(一至三、五、七至八)

500000－8742－0001962　794
惜抱軒全集十四種　(清)姚鼐撰　清同治五年(1866)刻本　十三册　存十二種(文集一至十六、文後集一至十、詩集一至十、詩後集一、詩外集一、法帖題跋一至三、左傳補注一、公羊補注一、穀梁補注一、國語補注一、筆記一至八、九經説一至十五)

500000－8742－0001963　795

校訂定盦全集十卷附定盦年譜藁本　(清)龔自珍撰　清宣統元年(1909)邃漢齋活字本　二册　存四卷(四、九至十,定盦年譜藁本)

500000－8742－0001964　796

養正遺規補編二卷補編一卷　(清)陳宏謀編　清刻本　一册

500000－8742－0001965　797

王先生十七史蒙求十六卷　(宋)王令撰　附**李氏蒙求補注六卷**　(清)金三俊輯　清光緒二年(1876)刻本　二册　存十一卷(一至八、李氏蒙求補注一至三)

500000－8742－0001966　798

最近支那史二卷　(日本)河野通之　(日本)石村貞一輯　清光緒二十五年(1899)上海振東室學社鉛印本　一册　存一卷(一上)

500000－8742－0001967　799

續支那通史二卷　(日本)藤田久道編　清光緒三十一年(1905)石印本　一册　存一卷(一)

500000－8742－0001968　800

支那最近史六卷　(日本)增田貢撰　清光緒二十八年(1902)上海書局石印本　二册　存四卷(一至四)

500000－8742－0001969　801

支那通史四卷　(日本)那珂通世編　清鉛印本　二册　存一卷(三)

500000－8742－0001970　802

中東戰紀本末三編四卷附續編四卷　(美國)林樂知譯撰　(清)蔡爾康輯　清光緒二十六年(1900)鉛印本　一册　存二卷(三編二、續編二下)

500000－8742－0001971　803

中東戰紀本末八卷　(美國)林樂知譯撰　(清)蔡爾康等輯　清光緒二十三年(1897)上海圖書集成局鉛印本　七册　存七卷(二至八)

500000－8742－0001972　804

歐洲列國戰事本末二十二卷　王樹枬撰　清光緒鉛印本　五册　存十九卷(四至二十二)

500000－8742－0001973　805

歐羅巴通史四部　(日本)箕作元八　(日本)峰岸米造撰　(清)徐有成等譯　清光緒二十七年(1901)鉛印本　一册　存二部(一至二)

500000－8742－0001974　806

歐羅巴通史四卷　(日本)箕作元八　(日本)峰岸米造撰　(清)徐有成等譯　清光緒鉛印本　一册　存五章(一至五)

500000－8742－0001975　807

日本全史二十二卷　(□)□□撰　清石印本　四册　存六卷(七至十二)

500000－8742－0001976　808

日本國志四十卷首一卷中東年表一卷　(清)黄遵憲編　清光緒二十八年(1902)蔚華書局刻本　十册　存三十四卷(一、六至二十八、三十二至四十,首一)

500000－8742－0001977　809

萬國史記二十卷　(日本)岡本監輔撰　(日本)中村正直閲　清光緒石印本　三册　存十四卷(一至五、十一至十九)

500000－8742－0001978　810

西國近事彙編二十八卷　(美國)金楷理口譯　(清)姚棻筆述　清光緒十二年(1886)上海機器製造局鉛印本　一册　存一卷(一)

500000－8742－0001979　811

西政叢書三十一種　梁啟超輯　清光緒二十三年(1897)慎記書莊石印本　一册　存二種(羅馬志略一至十三、德國合盟紀事本末一)

500000－8742－0001980　812

原富五部　(英國)斯密亞丹撰　嚴復譯　清光緒二十八年(1902)南洋公學譯書院鉛印本　一册　存二部四卷(丁部上下、戊部上下)

500000－8742－0001981　813

原富五部　(英國)斯密亞丹撰　嚴復譯　清

鉛印本　三冊　存三部(甲、乙、丙)

500000－8742－0001982　814
公法會通十卷首一卷　(瑞士)步倫撰　(美國)丁韙良譯　清光緒二十四年(1898)刻本　三冊　存五卷(一至四、首一)

500000－8742－0001983　815
十九世紀列國政治文編十四卷　(清)邵羲輯　清光緒二十九年(1903)鉛印本　十冊　存十一卷(一、三至九、十二至十四)

500000－8742－0001984　816
奏定學堂章程不分卷　(清)張之洞等撰　清光緒三十年(1904)刻本　四冊

500000－8742－0001985　817
美國憲法纂釋二十一卷附憲法續增一卷　(美國)海麗生撰　(清)舒高第譯　清光緒三十三年(1907)刻本　一冊　存二十一卷

500000－8742－0001986　818
法律名辭通釋十卷　何道貞編　清光緒三十四年(1908)鉛印本　一冊　存一卷(四)

500000－8742－0001987　819
中俄國際約注五卷　(清)施紹常編　清光緒三十一年(1905)上海商務印書館鉛印本　一冊　存三卷(三至五)

500000－8742－0001988　820
增訂教案彙編六卷首一卷　(清)程宗裕輯　清光緒鉛印本　一冊　存二卷(二、首一)

500000－8742－0001989　821
江南陸師學堂武備課程八種二十七卷附内篇　(清)錢德培輯　清光緒二十五年(1899)刻本　十冊　存六種(兵法學一至二、九至十二,行營橋梁學七段,地勢學一至二,軍器學,營壘學首一,内編)

500000－8742－0001990　822
考察日本學校記十六卷　(清)李宗棠編譯　清光緒二十八年(1902)石印本　一冊　存一卷(五)

500000－8742－0001991　823
重刊官話合聲字母序例及關係論說不分卷　(清)何鳳華輯　清光緒二十九年(1903)刻本　一冊

500000－8742－0001992　824
行軍鐵路工程二卷　(英國)傅蘭雅　(清)汪振聲譯　清光緒江南製造總局鉛印本　一冊

500000－8742－0001993　825
汽機學十二卷首一卷附一卷　(清)張蔭桓輯　清光緒二十二年(1896)小倉山房鉛印本　二冊

500000－8742－0001994　826
西學格致十二種　(清)王韜等撰　清光緒二十四年(1898)刻本　一冊　存二種(西學圖說、西學源流考)

500000－8742－0001995　827
格致須知二集□□卷　(英國)傅蘭雅輯　清光緒二十三年(1897)刻本　一冊　存二種(廣學須知、算法須知)

500000－8742－0001996　828
格致書院課藝三卷　(清)王韜編　清光緒二十四年(1898)上海圖書集成印書局鉛印本　十四冊

500000－8742－0001997　829
格物學□□卷　(英國)司都藿撰　(美國)林樂知等譯　清刻本　一冊　存二卷(一至二)

500000－8742－0001998　830
小引天文□□卷　(英國)駱克優撰　(美國)林樂知　(清)鄭昌棪譯　清末影印本　一冊　存一卷(三)

500000－8742－0001999　831
小引天文地理□□卷　(英國)駱克優撰　(美國)林樂知　(清)鄭昌棪譯　清影印本　二冊　存二卷(三至四)

500000－8742－0002000　832
地理問答二卷　(清)王亨統撰　清光緒二十九年(1903)刻本　四冊　存四卷(上一、三、下二、三)

500000－8742－0002001　833
世界地理統計表二卷　(清)鄒興覺編　清宣統元年(1909)刻本　一册　存一卷(下)

500000－8742－0002002　834
中國歷史地理大辭典不分卷　(□)□□撰　清末國學扶輪社鉛印本　一册　存(分類目録)

500000－8742－0002003　835
人譜類記二卷　(明)劉宗周撰　清末石印本　一册　存一卷(上)

500000－8742－0002004　836
寄生蟲學五章冥蟲驅除法□卷　(日本)生駒藤太郎　(日本)小林傅四郎撰　(清)樊炳清譯　清光緒二十九年(1903)石印本　一册

500000－8742－0002005　837
德國武備體操法五卷　(德國)瑞乃爾口譯　(清)蕭誦芬筆述　清光緒二十六年(1900)刻本　一册

500000－8742－0002006　838
黑奴籲天録四卷　(美國)斯土活撰　林紓(清)魏易譯　清光緒三十一年(1905)刻本　三册　存三卷(一至三)

500000－8742－0002007　839
木納記□□卷　題(□)死灰居士撰　清成都佛化新聞報社鉛印本　一册　存一卷(四)

500000－8742－0002008　840
和文譯翼□□篇　(清)沈銓撰　清光緒三十一年(1905)石印本　一册　存三篇(字母假名、譯訣、譯文篇)

500000－8742－0002009　841
西學啓蒙十六種　(英國)艾約瑟譯　清光緒二十四年(1898)上海圖書集成印書局鉛印本　十二册　存十二種(西學略述、地志啓蒙、地理質學啓蒙、地學啓蒙、格致質學啓蒙、身理啓蒙、動物學啓蒙、化學啓蒙、植物學啓蒙、天文學啓蒙、富國養民策、格致總學啓蒙)

500000－8742－0002010　842
普通百科新大詞典補遺不分卷　(清)黄摩西編　清宣統三年(1911)鉛印本　一册

500000－8742－0002011　843
星軺改轍各國鐵路大輪車圖考四卷　(清)劉啟彤譯述　清鉛印本　三册　存二卷(各國鐵路圖考三至四)

500000－8742－0002012　845
中東戰記本末續編四卷首一卷末一卷　(美國)林樂知譯撰　(清)蔡爾康等輯　清光緒二十三年(1897)上海圖書集成局鉛印本　四册

西南政法大學圖書館古籍普查登記目録

全國古籍普查登記目録

國家圖書館出版社
National Library of China Publishing House

500000－8745－0000001　T2392/7227
劉向說苑二十卷新序十卷　(漢)劉向撰　明嘉靖二十六年(1547)東海何良俊刻本　十冊

500000－8745－0000002　T101135/4002
韋蘇州集十卷拾遺一卷　(唐)韋應物撰　明刻朱墨套印本　四冊

500000－8745－0000003　T611.1/1
大清律集解附例三十卷總類六卷　(清)朱軾纂修　清雍正三年(1725)武英殿刻本　二十冊

500000－8745－0000004　T△611.11－317.4237－8
大清律例四十七卷　(清)三泰纂修　清乾隆五年(1740)武英殿刻本　十八冊

500000－8745－0000005　T 3510－312/1033－2
五代會要三十卷　(宋)王溥撰　清乾隆三十九年(1774)武英殿活字印本　十六冊

500000－8745－0000006　T△611.11－317.4237－9(2)
大清律纂修條例不分卷　(清)刑部纂修　清乾隆武英殿刻本　二冊

500000－8745－0000007　T2392/5640
揚子法言十三卷附音義一卷　(漢)揚雄撰　(晉)李軌注　清嘉慶二十四年(1819)秦氏石研齋影宋刻本　二冊

500000－8745－0000008　T2395/2450
淵鑒齋御纂朱子全書六十六卷　(宋)朱熹撰　(清)李光地編校　清康熙五十三年(1714)武英殿刻本　三十冊

500000－8745－0000009　T2395/2661
河南二程全書六十七卷　(宋)程顥　(宋)程頤撰　(宋)朱熹輯　清康熙呂氏寶誥堂刻本　二十冊

500000－8745－0000010　T△23911/7231
大學衍義補一百六十卷　(明)丘濬撰　(明)陳仁錫評閱　明萬曆三十三年(1605)内府刻本　四十冊

500000－8745－0000011　T23911/7234
四書考輯要二十卷　(清)陳宏謀輯　(清)孫蘭森編校　清乾隆三十四年(1769)培遠堂刻本　十冊

500000－8745－0000012　T23915/8825(2)
管子二十四卷　(唐)房玄齡注釋　(唐)劉績增注　(明)朱長春通演　(明)沈鼎新　(明)朱養純參評　(明)朱養和輯訂　明天啓五年(1625)華齋刻本　十二冊

500000－8745－0000013　T△23918/2681
鬼谷子三卷　(南朝梁)陶弘景注　(清)秦恩復校勘　清乾隆五十四年(1789)江都秦氏石研齋刻本　三冊

500000－8745－0000014　T3510－317.7530
在官法戒錄四卷　(清)陳宏謀編輯　(清)葛正笏　(清)張鳳孫訂　(清)李安民參校　清乾隆八年(1743)培遠堂刻本　二冊

500000－8745－0000015　T△6(3)173/4443
律例圖說十卷　(清)萬維翰撰　(清)諸霖等參閱　(清)萬學升校　清乾隆五十一年(1786)刻本　七冊

500000－8745－0000016　T△6(3)173/4443(2)
律例圖說十卷　(清)萬維翰撰　(清)諸霖等參閱　(清)萬學升校　清乾隆三十九年(1774)蕓暉堂刻本　十一冊

500000－8745－0000017　T△6(3)173/4443－2
律例圖說辯訛十卷　(清)萬維翰撰　(清)諸霖參閱　(清)萬學升校　清乾隆三十二年(1767)蕓暉堂刻本　八冊

500000－8745－0000018　T△6(3)173/4443－2(2)
律例圖說辯訛十卷　(清)萬維翰撰　(清)諸霖參閱　(清)萬學升校　清乾隆二十八年(1763)蕓暉堂刻本　四冊

500000－8745－0000019　T△6(3)173/8092
律表三十八卷　(清)曾恆德編　清刻本　五冊

500000－8745－0000020　T△69117/5232

刺字條款一卷　（清）□□撰　清抄本　一冊

500000－8745－0000021　T△610318/4830

增補註釋蕭曹遺筆四卷　（明）竹林浪叟輯（明）臥雲散人校　清抄本　二冊

500000－8745－0000022　T△611.11－317.4237(2)

名例律例編八十二卷　（清）□□抄　清乾隆抄本　十一冊

500000－8745－0000023　T10(8)11 17

離騷集傳一卷　（清）錢杲之撰　清光緒三年(1877)湖北崇文書局刻本　一冊

500000－8745－0000024　T△6102123 2936

秋審略例十二卷　（清）□□輯　清道光抄本　十冊

500000－8745－0000025　T6104/2528

律例館校正洗冤錄四卷　（清）□□撰　清內府律例館刻本　二冊

500000－8745－0000026　T△611.11－317.4237－10

大清律纂修條例二卷　（清）刑部纂修　清乾隆抄本　一冊

500000－8745－0000027　T△611.11－317/4443

律例圖說正編十卷附幕學舉要一卷　（清）萬維翰撰　清乾隆三十九年(1774)芸暉堂刻本　八冊

500000－8745－0000028　T 10(8)11/16

楚辭箋注十七卷　（漢）劉向編　（漢）王逸章句　（明）馮紹祖校正　明萬曆十四年(1586)三樂齋刻本　五冊　存十五卷(一至十五)

500000－8745－0000029　T 10(8)11 33

楚辭新注八卷末二卷　（清）屈復注　（清）屈啟賢編　（清）屈來泰錄　（清）王垣校　清乾隆三年(1738)刻本　四冊

500000－8745－0000030　T 10(8)11 34

莊騷讀本不分卷　（清）方人傑評輯　（清）錢樹本參訂　清乾隆三十七年(1772)刻本　二冊

500000－8745－0000031　T 10(8)11 37

楚辭約注不分卷　（清）高秋月刪定　（清）曹同春纂述　（清）曹家擁　（清）曹鳳采重訂　清康熙二十八年(1689)刻本　二冊

500000－8745－0000032　T 10(8)11 6

七十二家評注楚辭十九卷　（明）陸時庸疏　**屈原列傳一卷**　（漢）司馬遷撰　（明）張煥如閱　**楚辭條例一卷雜論一卷讀楚辭語一卷**　（明）陸時庸識　清康熙四十四年(1705)有文堂刻本　四冊

500000－8745－0000033　T△101133 2540(2)

楚辭集注八卷　（宋）朱熹集注　**屈原外傳一卷楚辭總評一卷**　（唐）沈亞之撰　清乾隆聽雨齋刻朱墨套印本　四冊

500000－8745－0000034　T101133/7

屈子章句七卷　（清）劉夢鵬考訂　清乾隆五十四年(1789)刻本　二冊

500000－8745－0000035　T101133/10

楚辭八卷　（戰國）屈原撰　（宋）朱熹注（明）蔣之翹評述　明天啓六年(1626)刻本　四冊

500000－8745－0000036　T101133/11

楚辭八卷　（戰國）屈原撰　（宋）朱熹注　**屈原列傳一卷**　（漢）司馬遷撰　**楚辭總評一卷**　（明）古與堂訂輯　明崇禎十年(1637)刻本　二冊

500000－8745－0000037　T 101133/13

離騷節解一卷附正音一卷本韻一卷節指一卷　（清）張德純節解　清康熙五十三年(1714)刻本　一冊

500000－8745－0000038　T 101133/18

楚辭燈四卷楚懷襄二王在位事蹟一卷　（清）林雲銘論述　**屈原列傳一卷**　（漢）司馬遷撰　清康熙三十六年(1697)晉安林氏挹奎樓刻本　八冊

500000－8745－0000039　T 101135 4480－2
昌黎先生詩集注十一卷舊唐書本傳一卷昌黎先生年譜一卷　（清）顧嗣立刪補　清康熙三十八年（1699）顧氏秀野草堂刻本　四册

500000－8745－0000040　T 101137 4444
詞律二十卷　（清）萬樹撰　清康熙二十六年（1687）堆絮園刻本　十二册

500000－8745－0000041　T 10413 7754
酉陽雜俎二十卷　（唐）段成式撰　（明）汪士賢校　明刻本　六册

500000－8745－0000042　T 10911/4453
杜工部集二十卷諸家詩話一卷唱酬題詠附錄一卷　（唐）杜甫撰　（明）錢謙益箋注　清初刻本　六册

500000－8745－0000043　T 10911－317/4047
道古堂外集十九卷　（清）杭世駿撰　清抄本　四册

500000－8745－0000044　T△10912/7548
憑山閣增輯留青新集三十卷　（清）陳枚輯　（清）陳德裕增輯　（清）張國泰訂　（清）朱從儀參閱　清康熙四十七年（1708）文光堂刻本　二十四册

500000－8745－0000045　T 10913/4280
唐文粹一百卷　（宋）姚鉉撰　明刻本　二十册

500000－8745－0000046　T△11.3/2540
資治通鑑綱目前編二十五卷　（明）南軒撰　（明）陳仁錫評閱　**資治通鑑綱目正編五十九卷**　（宋）朱熹撰　（明）陳仁錫評閱　**資治通鑑綱目續編二十七卷**　（明）商輅等撰　**拾遺一卷**　（明）陳樫撰　（明）陳仁錫評閱　清初刻本　一百二十八册

500000－8745－0000047　T 11.3411/4694
增訂南詔野史二卷　（明）楊慎輯　（清）胡蔚考訂　清初刻本　二册

500000－8745－0000048　T 11.3413/3236
宋稗類鈔八卷　（清）潘永因編輯　清康熙八年（1669）刻本　八册

500000－8745－0000049　T 11.37/2818
玉芝堂談薈三十六卷　（明）徐應秋輯　清初刻本　十八册

500000－8745－0000050　T 11.37－311/7444
唐陸宣公集二十二卷　（唐）陸贄撰　（清）年羹堯重訂　清雍正元年（1723）刻本　八册

500000－8745－0000051　T 11.37－316.7533
荆駝逸史五十二種　（清）陳湖逸士輯　清初活字印本　三十四册

500000－8745－0000052　T 11.8/3077
尚友錄二十二卷　（明）廖用賢撰　明天啓元年（1621）刻本　二十册

500000－8745－0000053　T 11.103/3130
鄉黨圖考十卷　（清）江永撰　清乾隆三十九年（1774）潛德堂刻本　四册

500000－8745－0000054　T 17.10/6
白田草堂存稿二十四卷附崇祀鄉賢祠錄一卷行狀一卷　（清）王宏懋撰　清乾隆刻本　六册

500000－8745－0000055　K892.9
禮記易讀旁訓四卷　（清）□□撰　清宣統二年（1910）銅邑文林堂刻本　四册

500000－8745－0000056　Z121.5
寄傲山房塾課纂輯書經備旨蔡傳捷錄七卷　（清）鄒聖脈纂輯　（清）鄒廷猷編次　（清）鄒景鴻等訂　清末會文堂書局石印本　三册　存六卷（二至七）

500000－8745－0000057　B222.1
中庸本義官話一卷　（德國）安保羅撰　清光緒三十年（1904）上海美華圖書館鉛印本　一册

500000－8745－0000058　B235.7
抱朴子内篇四卷外篇四卷　（晉）葛洪撰　清光緒元年（1875）湖北崇文書局刻子書百家本　一册　存二卷（内篇一至二）

500000－8745－0000059　B234.2

新書十卷　(漢)賈誼撰　(清)盧文弨輯　清光緒元年(1875)浙江書局刻本　二冊

500000－8745－0000060　B249.9
文學興國策二卷附廣學會記　(美國)林樂知譯　(清)蔡爾康校　清光緒二十三年(1897)圖書集成局鉛印本　一冊

500000－8745－0000061　K892.9－64
節本禮記十卷　(清)汪基鈔譔　(清)江永校纂　(清)叔熙閱訂　清宣統二年(1910)上海文盛堂鉛印本　六冊

500000－8745－0000062　D(9)09.2
折獄龜鑒八卷首一卷　(宋)鄭克撰　(清)饒玉成校　清光緒二年(1876)刻本　三冊

500000－8745－0000063　D(9)09.249
大清現行刑律案語不分卷　沈家本編　清宣統元年(1909)法律館鉛印本　三十二冊

500000－8745－0000064　B222.1/64
四書十七卷　(宋)朱熹集注　清光緒浙江書局刻本　六冊

500000－8745－0000065　D(9)09.2/1
寄簃文存八卷　沈家本撰　清末修訂法律館鉛印本　一冊　存四卷(五至八)

500000－8745－0000066　Z121.6
述學內篇三卷補遺一卷外篇一卷別錄一卷　(清)汪中撰　清同治八年(1869)刻本　一冊　存五卷(內篇一至三、補遺一、外篇一)

500000－8745－0000067　T△23911/1037
中庸衍義十七卷　(明)夏良勝撰　清同治十年(1871)曾國藩刻本　十二冊

500000－8745－0000068　T△23911/1038
論語經正錄二十卷　(清)王肇晉撰　清光緒二十年(1894)刻本　十冊

500000－8745－0000069　T△23911/2663
四書經注集證十九卷　(清)吳昌宗輯　清嘉慶三年(1798)刻本　十六冊

500000－8745－0000070　T△23911/6052
四書經注詳讀不分卷　(清)何焯訂　清光緒二年(1876)刻本　六冊

500000－8745－0000071　T23911/7231(2)
大學衍義補輯要十二卷首一卷　(明)丘濬撰　(清)陳宏謀輯　清道光二十二年(1842)寶恕堂刻本　十二冊

500000－8745－0000072　T△23911/7234
論語正義二十四卷　(清)劉寶楠撰　清同治五年(1866)刻本　六冊

500000－8745－0000073　T23912/3844
重刊道藏輯要二十八集五百七十二卷　(清)彭定求輯　(清)閻永和增輯　清光緒十三年(1887)成都二仙庵刻本　二百三十五冊

500000－8745－0000074　T23912/4010
老子章義二卷　(清)姚鼐撰　清同治九年(1870)桐城吳氏刻本　一冊

500000－8745－0000075　T23912/4471
莊子集釋十卷　(清)郭慶藩輯　清光緒二十年(1894)思賢講舍刻本　八冊

500000－8745－0000076　T△23919/3191
日知錄策學纂要合編五十二卷首一卷　(清)顧炎武等撰　清光緒十三年(1887)上海大同書局石印本　四冊

500000－8745－0000077　T2393/0135
顏氏家訓二卷　(北齊)顏之推撰　清光緒元年(1875)湖北崇文書局刻本　一冊

500000－8745－0000078　T2395 1032
王陽明先生全集十六卷首一卷　(明)王守仁撰　(清)王天鈞等輯　(清)陶潯霍批註　清道光六年(1826)刻本　十八冊

500000－8745－0000079　T2395/4435
明儒學案六十二卷師說一卷　(清)黃宗羲撰　清光緒十四年(1888)刻本　四十冊

500000－8745－0000080　T2396/0088
學案小識十五卷首一卷　(清)唐鑑纂修　(清)黃膺校勘　清光緒三十二年(1906)刻本　十二冊

500000－8745－0000081　T△2397/7442

思辨錄輯要二十二卷後集十三卷　(明)陸世儀撰　清光緒江蘇書局刻本　八冊

500000－8745－0000082　T101133/10
楚辭辯證二卷　(□)□□撰　明天啓六年(1626)刻本　一冊

500000－8745－0000083　T101133/10
楚辭後語八卷　(宋)朱熹輯　明天啓六年(1626)蔣之翹刻本　二冊

500000－8745－0000084　T23912/4471－2
莊子集釋十卷　(清)郭慶藩輯　清光緒二十年(1894)思賢講舍刻本　八冊

500000－8745－0000085　T3(4)3/3144
校邠廬抗議一卷　(清)馮桂芬撰　(清)劉莊校　清咸豐十一年(1861)廣仁堂刻本　二冊

500000－8745－0000086　T3(4)3－4/8740
盛世危言十六卷二編四卷三編六卷　(清)鄭觀應撰　(清)吳廣霈　(清)楊毓煇校　清光緒二十四年(1898)圖書集成局鉛印本　六冊

500000－8745－0000087　T3(4)3－4/8740(2)
盛世危言五卷　(清)鄭觀應撰　(清)吳廣霈　(清)楊毓煇校　清末鉛印本　五冊

500000－8745－0000088　T3(4)3－4/8740－2
盛世危言十六卷二編四卷三編六卷　(清)鄭觀應撰　(清)吳廣霈　(清)楊毓煇校　清光緒二十四年(1898)圖書集成局鉛印本　六冊

500000－8745－0000089　T35423/4307
求治管見二卷　(清)戴肇辰撰　清光緒七年(1881)刻本　一冊

500000－8745－0000090　T35423/4343
敬簡堂學治雜錄四卷　(清)戴傑撰　清光緒十六年(1890)刻本　四冊

500000－8745－0000091　T△3510－315.7107
文獻通考二十四卷首一卷　(元)馬端臨撰　清光緒十一年(1885)上海點石齋石印本　二十冊

500000－8745－0000092　T△3510－316.1042
欽定續文獻通考二百五十卷　(清)嵇璜　(清)曹仁虎纂　清光緒石印本　二十四冊

500000－8745－0000093　T△3510－317.1035
皇朝蓄艾文編八十卷　(清)于寶軒輯　(清)王尚清編　(清)吳寶澄校勘　清光緒二十九年(1903)上海官書局鉛印本　四十冊

500000－8745－0000094　T△3510－317.1114
問心齋學治續錄四卷　(清)張聯桂撰　清光緒十一年(1885)刻本　四冊

500000－8745－0000095　T3510－317.2277
欽定大清會典一百卷首一卷　(清)崑岡修　清光緒二十五年(1899)京師官書局刻本　二十四冊

500000－8745－0000096　T3510－317.2277(2)
欽定大清會典一百卷首一卷　(清)崑岡修　清光緒二十五年(1899)京師官書局刻本　二十四冊

500000－8745－0000097　T3510－317.2277(3)
欽定大清會典一百卷　(清)允祹修　清光緒二十七年(1901)上海文林石印本　六冊

500000－8745－0000098　T△3510－317.2699
吾學錄初編二十四卷　(清)吳榮光撰　(清)黄本驥編　(清)陳傳均　(清)吳彌光校　清道光二十九年(1849)刻本　八冊

500000－8745－0000099　T△3510－317.2699(2)
吾學錄初編二十四卷　(清)吳榮光撰　(清)黄本驥編　(清)陳傳均　(清)吳彌光校　清同治九年(1870)江蘇書局刻本　六冊

500000－8745－0000100　T△3510－317.2845
牧令書輯要十卷　(清)徐棟編　(清)丁日昌選評　清同治七年(1868)江蘇書局刻本　十冊

500000－8745－0000101　T△6(3)173 4701
續增刑部律例館說帖揭要十七卷　(清)胡調元輯　(清)吳魯堂參訂　清道光十三年

(1833)張曾霈等刻本　四冊

500000－8745－0000102　T△6(3)173 4984
提牢備考四卷　(清)趙舒翹輯　清光緒十九年(1893)東甌官舍刻本　二冊

500000－8745－0000103　T△6(3)173/4422
讀例存疑五十四卷　(清)薛允升撰　(清)許世英校　清光緒三十二年(1906)北京琉璃廠翰茂齋刻本　四十冊

500000－8745－0000104　T△6(3)173 6046
律法須知二卷　(清)呂芝田撰　清光緒九年(1883)貴州臬署刻本　二冊

500000－8745－0000105　T6(3)173 7221
讀律心得不分卷　(清)劉衡輯　清光緒六年(1880)戴傑刻本　一冊

500000－8745－0000106　T△6(3)173 7734
新輯刑案彙編十六卷　(清)周守赤編　清光緒二十三年(1897)圖書集成局鉛印本　七冊　存十四卷(三至十六)

500000－8745－0000107　T△3510－317.2845(2)
牧令書輯要十卷　(清)徐棟編　(清)丁日昌選評　清同治七年(1868)江蘇書局刻本　十冊

500000－8745－0000108　T△3510－317.3193
佐治藥言一卷續一卷　(清)汪輝祖撰　(清)陳金詔校　清末刻本　一冊

500000－8745－0000109　T△6(3)173 8043
駁案彙編三十七卷　(清)朱梅臣輯　清光緒九年(1883)圖書集成局鉛印本　十一冊

500000－8745－0000110　T△3510－317.3193
學治臆說二卷學說一卷說贅一卷　(清)汪輝祖撰　(清)陳金詔校　清末刻本　一冊

500000－8745－0000111　T△6(3)173 8734
欽定大清商律不分卷　(清)商部編　清光緒鉛印本　一冊

500000－8745－0000112　T△62120 8735
欽定吏部處分則例五十二卷　(清)吏部編　清刻本　二十冊

500000－8745－0000113　T11.3417.8735
欽定吏部銓選滿洲官員品級考四卷則例五卷　(清)吏部纂修　清光緒十二年(1886)刻本　七冊

500000－8745－0000114　T△62120 3722
通行條例不分卷　(清)□□撰　清光緒十四年(1888)江蘇書局刻本　四冊

500000－8745－0000115　T△614－711 4037
新譯日本法規大全不分卷　(清)南洋公學譯書院譯　(清)商務印書館編譯所補譯兼校訂　清宣統三年(1911)鉛印本　七十六冊　存二十四類(一至二、四至二十五)

500000－8745－0000116　T△3510－317.3653
三通考輯要七十六卷　(清)湯壽潛編　清光緒二十五年(1899)圖書集成局鉛印本　三十冊

500000－8745－0000117　T△6(3)173 2124
新增刑案匯覽十六卷　(清)潘文舫輯　清光緒十二年(1886)聚文堂刻本　八冊

500000－8745－0000118　T△3510－317.3653－2
三通考輯要七十六卷　(清)湯壽潛編　清光緒二十五年(1899)圖書集成局鉛印本　三十冊

500000－8745－0000119　T3510－317.4000
欽定大清會典八十卷　(清)托津修　清嘉慶二十三年(1818)刻本　四十冊

500000－8745－0000120　T6(3)173 1(2)
續增刑案匯覽十六卷　(清)祝慶祺編　清道光二十年(1840)棠樾慎思堂刻本　十六冊

500000－8745－0000121　T3510－317.4000－2
欽定大清會典事例九百二十卷目錄八卷　(清)托津等修　清嘉慶二十三年(1818)武英殿刻本　三百四十四冊　存八百八十七卷(一至五百八十三、六百十七至九百二十)

500000－8745－0000122　T3510－317.4000－3
欽定大清會典圖一百三十二卷目錄二卷

(清)慶桂修　清嘉慶刻本　四十冊

500000－8745－0000123　T△3510－317.4033
圖民錄四卷　(清)袁守定撰　清光緒五年(1879)江蘇書局刻本　二冊

500000－8745－0000124　T6(3)173 2124－2
續增刑案匯覽十六卷　(清)祝慶祺編　清道光刻本　十六冊

500000－8745－0000125　T△3510－317.4041
十朝聖訓九百二十二卷　(清)佚名輯　清刻本　三百九十冊　存七百六十二卷(一至七百六十二)

500000－8745－0000126　T3510－317.4672
皇朝經世文編一百二十卷附姓名總目三卷　(清)賀長齡輯　(清)魏源　(清)曹堉校勘　清光緒十二年(1886)思補樓石印本　六十冊

500000－8745－0000127　T3510－317.4672－2
皇朝經世文續編一百二十卷　(清)盛康輯　清光緒二十三年(1897)思補樓刻本　八十冊

500000－8745－0000128　T3510－317.4838
九通二千三百十四卷　(清)□□輯　清光緒二十八年(1902)上海圖書集成局鉛印本　二百九十二冊

500000－8745－0000129　T△3510－317.4861
皇朝政典挈要八卷　(日本)增田貢撰　(清)毛淦補編　(清)汪厚昌　(清)顧梓田訂正　(清)湯聘伊校　清光緒二十七年(1901)知新書局石印本　四冊

500000－8745－0000130　T△3510－317.4861(2)
皇朝政典挈要八卷　(日本)增田貢撰　(清)毛淦補編　(清)汪厚昌　(清)顧梓田訂正　清光緒二十八年(1902)上海書局石印本　四冊

500000－8745－0000131　T△6(3)173 2754
刑案匯覽六十卷拾遺備考一卷　(清)鮑書蕓　(清)祝慶祺編　清道光十四年(1834)棠樾慎思堂刻本　六十四冊

500000－8745－0000132　T△6(3)173 2764
學案初模續編二十卷　(清)伊里布編　清刻本　八冊

500000－8745－0000133　T△6(3)173 2831
重修名法指掌圖四卷　(清)沈心田編　(清)徐灝重訂　清同治九年(1870)崇文書局刻本　四冊

500000－8745－0000134　T6(3)173 3012(3)
大清現行刑律三十六卷首一卷　沈家本編　清宣統二年(1910)鉛印本　十一冊

500000－8745－0000135　T6(3)173 3012(2)
大清現行刑律三十六卷首一卷　沈家本編　清宣統二年(1910)鉛印本　七冊

500000－8745－0000136　T3510－317.5046
五禮通考二百六十二卷總目二卷首四卷　(清)秦蕙田輯　(清)方觀承訂　(清)吳鼎　(清)宋宗元參校　清光緒六年(1880)江蘇書局刻本　一百冊

500000－8745－0000137　T△3510－317.7207
牧令須知六卷　(清)剛毅撰　(清)葛上達編訂　清末刻本　二冊

500000－8745－0000138　T△38－7222.2460
德國議院章程一卷德國合盟紀事本末一卷　(清)徐建寅譯述　清光緒石印本　一冊

500000－8745－0000139　T△38/3177
政藝策論撰新二十五卷　(清)上海蒙學報館編　清光緒上海蒙學報館石印本　十冊

500000－8745－0000140　T△6(3)173 3024
讀律一得歌四卷　(清)宗繼增編　清光緒十六年(1890)江蘇書局刻本　二冊

500000－8745－0000141　T6(3)173 4073
大清現行刑律講義八卷　(清)吉同均撰　清宣統二年(1910)法部律學館石印本　八冊

500000－8745－0000142　T△6(3)173 3052
祥刑古鑒二卷　(清)宋邦僡編　清光緒四年(1878)錢湖水隱盦刻本　二冊

500000－8745－0000143　T△6(3)173 3149
江蘇省例四編不分卷　(清)□□編　清光緒十六年(1890)江蘇書局刻本　四册

500000－8745－0000144　T△6(3)173 3406
名法指掌增訂二卷錢穀刑名便覽一卷　(清)沈辛田　(清)董南厚輯　清同治三年(1864)經綸堂刻本　四册

500000－8745－0000145　T△6(3)173 3720
通行章程四卷　(清)□□編　清光緒刻本　四册

500000－8745－0000146　T△6(3)173 3720(2)
刑部通行章程六卷　(清)□□編　清光緒三十三年(1907)刻本　八册

500000－8745－0000147　T△6(3)173 3720(3)
刑部通行章程六卷　(清)□□編　清光緒三十年(1904)刻本　六册

500000－8745－0000148　T6(3)173 3012(4)
大清現行刑律三十六卷首一卷附秋審條款禁煙條款　沈家本編　清宣統二年(1910)鉛印本　八册

500000－8745－0000149　T△6(3)172 4692
讀律提綱一卷　(清)楊榮緒撰　清光緒刻本　一册

500000－8745－0000150　T6(3)172 5
大清律例通纂四十卷　(清)□□編　清刻本　四册　存九卷(十三至二十一)

500000－8745－0000151　T△6(3)172 7118－2
故唐律疏義三十卷附音譯一卷洗冤錄五卷　(唐)長孫無忌撰　(元)王元亮釋義　清光緒刻本　二册　存六卷(一至六)

500000－8745－0000152　T△38/4338
列國政要一百三十二卷首一卷附譯名對照表　(清)戴鴻慈　(清)端方輯　清光緒三十三年(1907)上海商務印書館石印本　三十二册

500000－8745－0000153　T△38/4338　(2)
列國政要一百三十二卷首一卷附譯名對照表　(清)戴鴻慈　(清)端方輯　清光緒三十三年(1907)上海商務印書館石印本　三十二册

500000－8745－0000154　T△38/4338－2
列國政要續編九十四卷首一卷　(清)戴鴻慈　(清)端方輯　清宣統三年(1911)上海商務印書館石印本　十七册

500000－8745－0000155　T△38/4338－2(2)
列國政要續編九十四卷首一卷　(清)戴鴻慈　(清)端方輯　清宣統三年(1911)上海商務印書館石印本　三十二册

500000－8745－0000156　T11.346 8324
三國志證聞三卷　(清)錢儀吉撰　清光緒二十四年(1898)江蘇書局刻本　二册

500000－8745－0000157　T△6104 0845(2)
洗冤錄詳義四卷附摭遺二卷摭遺補一卷　(清)許槤編　清光緒十三年(1887)京都琉璃廠榮祿堂刻本　六册

500000－8745－0000158　T△6104 0845(3)
洗冤錄詳義四卷首一卷　(清)許槤編　清光緒二年(1876)吳縣潘祖蔭滂喜齋刻本　四册

500000－8745－0000159　T△6104 0845(3)－2
洗冤錄詳義四卷首一卷　(清)許槤編　清光緒二年(1876)吳縣潘祖蔭滂喜齋刻本　四册

500000－8745－0000160　T△6104 0845(4)
洗冤錄詳義四卷首一卷　(清)許槤編　清光緒二年(1876)葛氏嘯園刻本　四册

500000－8745－0000161　T△38/8397
五洲各國政治考九卷五洲地圖考一卷　(清)錢恂輯　清光緒二十九年(1903)石印本　六册

500000－8745－0000162　T39143/4419
約章分類輯要三十八卷首一卷　(清)蔡乃煌撰　(清)羅維翰　(清)王士芬編纂　清光緒二十七年(1901)上海緯文閣石印本　三十二册

500000－8745－0000163　T39143/4419(2)
約章分類輯要三十八卷首一卷　(清)蔡乃煌

撰　(清)羅維翰　(清)王士芬編校　清光緒二十六年(1900)湖南商務局刻本　三十冊

500000－8745－0000164　T426－317.7767
租覈一卷　(清)陶煦撰　清光緒二十一年(1895)活字印本　一冊

500000－8745－0000165　T39221/8042
各國交涉公法論十六卷　(英國)費利摩羅巴德撰　(英國)傅蘭雅口譯　(清)俞世爵筆述　(清)汪振聲校　(清)錢國祥覆校　清光緒二十二年(1896)上海小倉山房石印本　八冊

500000－8745－0000166　T△3931/0032
交涉約案摘要七卷附編一卷　(清)王鵬九編　清光緒刻本　四冊

500000－8745－0000167　T4759/3142
荒政輯要九卷首一卷　(清)汪志伊撰　清同治八年(1869)楚北崇文書局刻本　二冊

500000－8745－0000168　T△3931/1031
公法便覽四卷續一卷　(美國)丁韙良譯　清光緒廣東省十八甫森寶閣機器書局鉛印本　四冊

500000－8745－0000169　T△3931/5057
萬國公法四卷　(美國)惠頓撰　(美國)丁韙良譯　清同治三年(1864)京都崇實館刻本　四冊

500000－8745－0000170　T△3931/8038
公法會通十卷　(瑞士)步倫撰　(美國)丁韙良譯　清光緒六年(1880)樂善堂鉛印本　五冊

500000－8745－0000171　T△3931/8038(2)
公法會通十卷　(瑞士)步倫撰　(美國)丁韙良譯　清光緒二十四年(1898)北洋書局鉛印本　五冊

500000－8745－0000172　T4759/3142－2
荒政輯要九卷首一卷　(清)汪志伊撰　清同治八年(1869)楚北崇文書局刻本　二冊

500000－8745－0000173　T△4759/4496
重刊救荒補遺書二卷　(宋)董煟撰　(元)張光大新增　(明)朱熊補遺　(明)王崇慶釋斷　(明)顧雲程校閲　清同治八年(1869)楚北崇文書局刻本　二冊

500000－8745－0000174　T10(8)11 1－2
屈辭精義六卷　(清)陳本禮箋訂　清嘉慶十六年(1811)刻本　四冊

500000－8745－0000175　T5110－317/1033
湘軍記二十卷　(清)王定安撰　(清)黄學濂　(清)范德培校　清光緒十五年(1889)江南書局刻本　十二冊

500000－8745－0000176　T5110－317.2612
蕩平髮逆圖記二十二卷首一卷　(清)白雲山人輯繪　清光緒十四年(1888)石印本　四冊

500000－8745－0000177　T△7(8)/1117
奏定學堂章程不分卷　(清)張百熙等撰　清光緒三十年(1904)上海鴻寶齋鉛印本　五冊

500000－8745－0000178　T△7416－16/2622
新增幼學故事瓊林四卷　(清)程允升撰　(清)鄒聖脈增補　(清)謝梅林　(清)鄒可庭參訂　清古香閣魏氏刻本　三冊　存三卷(二至四)

500000－8745－0000179　T8326/7566
篆刻鍼度八卷　(清)陳克恕撰　清末石印本　二冊

500000－8745－0000180　T8611/1
無弦琴譜二卷　(元)仇遠撰　(清)孫爾準　(清)陸我嵩校　清光緒十一年(1885)刻本　一冊

500000－8745－0000181　T91314/9470
增廣詩韻全璧五卷　(清)奕詢編　清光緒十七年(1891)上海錦章書局石印本　六冊

500000－8745－0000182　T91322/4742
爾雅郭注義疏二十卷　(晉)郭璞注　(清)郝懿行義疏　(清)郝聯蓀等校　清同治四年(1865)歷邑中和堂鮑連元刻本　八冊

500000－8745－0000183　T91322/4742(2)
爾雅郭注義疏二十卷　(晉)郭璞注　(清)郝

懿行義疏　（清）郝聯蓀　（清）郝聯薇校　（清）黄茂校勘　清光緒十年（1884）滎縣蜀南閣刻本　八冊

500000－8745－0000184　T△91326/0712
爾雅注疏十卷　（晉）郭璞注　（宋）邢昺疏　**附校勘記十卷**　（清）阮元撰　（清）盧宣旬摘錄　（清）王銘校　清嘉慶二十一年（1816）江西南昌府學刻本　二冊

500000－8745－0000185　T△91326/0712（2）
爾雅注疏十一卷　（晉）郭璞注　（宋）邢昺疏　清嘉慶七年（1802）據汲古閣本刻本　四冊

500000－8745－0000186　T△91326/0712（3）
爾雅注疏十一卷　（晉）郭璞注　（宋）邢昺疏　清光緒八年（1882）刻本　六冊

500000－8745－0000188　T91342/1088－2
説文釋例二十卷　（清）王筠撰　清光緒十三年（1887）上海積山書局石印本　六冊

500000－8745－0000189　T91342/2574
説文通訓定聲十八卷附補遺十八卷　（清）朱駿聲紀錄　（清）朱鏡蓉參訂　清光緒上海鴻文書局石印本　十冊

500000－8745－0000190　T10（8）1/7701
因樹屋書影十卷　（清）周亮工撰　（清）吳冠五校訂　清刻本　四冊　存八卷（一至八）

500000－8745－0000191　T10（8）11 3
詞辯二卷　（清）潘曾瑋編　清道光二十七年（1847）刻本　一冊

500000－8745－0000192　T10（8）11/14
楚辭評注十卷　（戰國）屈原撰　（清）王萌評注　（清）王遠攷音　（清）朱軾校訂　清刻本　三冊

500000－8745－0000193　T10（8）11 4
詞源斠律二卷　（清）鄭文焯撰　清光緒書帶草堂刻本　一冊

500000－8745－0000194　T10（8）11 15
楚辭釋十一卷　（漢）王逸章句　王闓運注　清光緒二十七年（1901）刻本　一冊

500000－8745－0000195　T10（8）11 15－2
楚辭釋十一卷　（漢）王逸章句　王闓運注　清光緒二十一年（1895）儀徵李氏刻朱印本　一冊

500000－8745－0000196　T△6104 1074
重刊補注洗冤錄集證六卷　（宋）宋慈撰　（清）王又槐增輯　（清）李觀瀾補輯　（清）孫光烈參閲　（清）阮其新補注　（清）王又梧校訂　清光緒五年（1879）浙江書局刻張錫蕃四色套印本　五冊

500000－8745－0000197　T△6104 3787
檢驗集證合參二卷　（清）郎錦騏輯　清道光十六年（1836）刻本　四冊

500000－8745－0000198　T△6104 4416
洗冤錄摭遺二卷　（清）葛元煦編　清光緒二年（1876）刻本　一冊

500000－8745－0000199　T△6104 4416（2）
洗冤錄摭遺二卷　（清）葛元煦編　清光緒二年（1876）刻本　一冊

500000－8745－0000200　T△6104 7140（2）
重刊補注洗冤錄五卷附寶鑒編一卷石香秘錄一卷洗冤錄解一卷洗冤錄辨證一卷檢驗合參一卷　（清）王又槐增輯　（清）李觀瀾補輯　（清）孫光烈參閲　（清）阮其新補注　（清）王又梧校訂　清光緒十七年（1891）刻張錫蕃五色套印本　六冊

500000－8745－0000201　T△6104 7140（3）
重刊補注洗冤錄集證六卷　（宋）宋慈撰　（清）王又槐增輯　（清）李觀瀾補輯　（清）孫光烈參閲　（清）阮其新補注　（清）王又梧校訂　清道光二十四年（1844）刻張錫蕃四色套印本　五冊

500000－8745－0000202　T△6104 7140（4）
補注洗冤錄集證四卷附作吏要言一卷　（宋）宋慈撰　（清）王又槐集證　清道光鍾淮刻三色套印本　二冊

500000－8745－0000203　T△6104 7140
重刊補注洗冤錄集證五卷附石香秘錄一卷

（宋）宋慈撰　（清）王又槐增輯　（清）李觀瀾補輯　（清）孫光烈參閱　（清）阮其新補注　（清）王又梧校訂　清刻張錫蕃四色套印本　四册

500000－8745－0000204　T10(8)11 17－2
離騷集傳一卷　（清）錢杲之撰　清光緒三年(1877)湖北崇文書局刻本　一册

500000－8745－0000205　T10(8)11 21
白雨齋詞話八卷附詞存一卷詩鈔一卷　（清）陳廷焯撰　清光緒二十年(1894)刻本　三册

500000－8745－0000206　T10(8)11/23－2
離騷箋二卷　（清）龔景瀚撰　清光緒三年(1877)湖北崇文書局刻本　一册

500000－8745－0000207　T10(8)11 24
楚辭辯證二卷　（宋）朱熹集注　清光緒三年(1877)湖北崇文書局刻本　一册

500000－8745－0000208　T10(8)11 28
屈原賦戴氏注七卷附通釋二卷音譯三卷　（清）戴震注　清光緒二十年(1894)廣雅書局刻本　二册

500000－8745－0000209　T11.3 4917
二十二史劄記三十六卷補遺一卷　（清）趙翼撰　清光緒二十六年(1900)新化西畲山館刻本　十二册

500000－8745－0000210　T10(8)11 30
楚辭天問箋一卷　（清）丁晏撰　清光緒廣雅書局刻本　一册

500000－8745－0000211　T10(8)11 31
離騷經正義一卷　（清）方苞撰　清初刻本　一册

500000－8745－0000212　T10(8)11 32
離騷分段約説一卷　（清）黄恩彤撰　清刻本　一册

500000－8745－0000213　T△6104 7140(5)
補注洗冤録集證四卷附作吏要言一卷　（宋）宋慈撰　（清）王又槐集證　清道光鍾淮刻三色套印本　四册

500000－8745－0000214　T10(8)11/35
離騷經訂注一卷　（明）趙南星撰　清末刻本　一册

500000－8745－0000215　T10(8)11 36
莊屈合詁不分卷　（清）錢澄之撰　清初刻本　二册

500000－8745－0000216　T10(8)11 39
離騷注一卷　王樹枏注　清光緒文莫室刻本　一册

500000－8745－0000217　T10(8)11 39－2
離騷注一卷　王樹枏注　清光緒文莫室刻本　一册

500000－8745－0000218　T10314 4442－8
詳注聊齋志異圖詠十六卷　（清）蒲松齡撰　（清）呂湛恩注　清光緒十二年(1886)上海同文書局石印本　八册

500000－8745－0000219　T101133 9
離騷草木疏四卷　（清）吳仁傑撰　清光緒三年(1877)湖北崇文書局刻本　一册

500000－8745－0000220　T△6104 7207
洗冤録義證四卷附經驗方一卷歌訣一卷　（清）剛毅輯　清光緒十七年(1891)江蘇書局諸可寶刻本　四册　存四卷(一至四)

500000－8745－0000221　T10(8)11/7－2
楚辭十七卷　（戰國）屈原撰　（漢）劉向集　（漢）王逸章句　（宋）洪興祖補注　清末上海文瑞樓石印本　四册

500000－8745－0000222　T10113/11
晞髪集十卷附遺集二卷遺集補一卷附天地間集一卷登西臺慟哭記注一卷冬青引注一卷　（宋）謝翱撰　（清）郭觀光等校　清光緒二年(1876)刻本　四册

500000－8745－0000223　T△6104 8230
補注洗冤録集證四卷附作吏要言一卷　（宋）宋慈撰　（清）王又槐集證　清道光鍾淮三色套印本　四册

500000－8745－0000224　T△611.11－317.0020

欽定六部處分則例五十二卷 (清)清平等纂修 (清)堵煥辰校勘 清光緒十三年(1887)刻本 二十四册

500000－8745－0000225 T△611.11－317.0020(3)
欽定六部處分則例五十二卷 (清)清平等纂修 (清)堵煥辰校勘 清光緒十八年(1892)上海圖書集成局石印本 八册

500000－8745－0000226 T101133/1053
楚辭通釋十四卷末一卷 (清)王夫之撰 清同治四年(1865)湘鄉曾國荃金陵刻本 三册

500000－8745－0000227 T101133/1053－2
楚辭通釋十四卷末一卷 (清)王夫之撰 清同治四年(1865)湘鄉曾國荃金陵刻本 三册

500000－8745－0000228 T101133 15
天問補注一卷 (清)毛奇齡撰 清康熙刻本 一册

500000－8745－0000229 T101133 16－2
屈賦微二卷 馬其昶撰 清光緒三十二年(1906)集虚草堂刻本 一册

500000－8745－0000230 T101133 17
離騷經一卷 (清)李光地注 清道光李維迪刻本 一册

500000－8745－0000231 T101135 4453
蘇文忠公詩合注五十卷首一卷目錄一卷 (宋)蘇軾撰 (清)馮應榴輯 清同治九年(1870)刻本 二十册

500000－8745－0000232 T101135 4462
兩當軒集二十卷附考異二卷附錄六卷 (清)黄景仁撰 清同治十二年(1873)集珍齋活字印本 八册

500000－8745－0000233 T1011362 2
兩當軒詩鈔十四卷附悔存詩鈔二卷 (清)黄景仁撰 清嘉慶二十二年(1817)趙希璜刻本 四册

500000－8745－0000234 T101134/1
屈賦微二卷 馬其昶撰 清光緒三十二年(1906)集虚草堂李國松刻本 二册

500000－8745－0000235 T△611.11－317.0020(2)
欽定六部處分則例五十二卷 (清)吏部纂修 (清)堵煥晨校勘 清道光十八年(1838)刻本 二十四册

500000－8745－0000236 T△611.11－317 2722
(乾隆二十一年至嘉慶十七年)頒發條例不分卷 (清)□□輯 清嘉慶刻本 八十三册

500000－8745－0000237 T611.11－317.3424
則例便覽四十九卷 (清)沈書城編 清嘉慶八年(1803)刻本 十册

500000－8745－0000238 T△611.11－317.3435
大清現行刑律案語不分卷 (清)修訂法律館編訂 清宣統元年(1909)法律館鉛印本 二十册

500000－8745－0000239 T101135/1047
元遺山詩集箋注十四卷首一卷元遺山全集附錄一卷 (金)元好問撰 (元)張德輝類次 (清)施國祁箋 (元)蔣炳校 (明)儲巏輯 (清)華希閔增 清道光二年(1822)刻本 四册

500000－8745－0000240 T101135/2623
梅村詩集箋注十八卷 (清)吳翌鳳撰 (清)滄浪吟榭校定 清光緒二十二年(1896)新化三味堂刻本 十二册

500000－8745－0000241 T△611.11－317.4032
大清律例彙輯便覽四十卷附督捕則例二卷五軍道里表一卷三流道里表一卷 (清)刑部訂 (清)湖北讞局彙集 清同治十一年(1872)湖北讞局刻本 三十二册

500000－8745－0000242 T△611.11－317.4032(2)
大清律例彙輯便覽四十卷附督捕則例二卷五軍道里表一卷三流道里表一卷 (清)刑部訂 (清)湖北讞局彙集 清同治十一年(1872)湖北讞局刻本 三十二册

500000－8745－0000243　T10411/8019
癸巳類稿十五卷　（清）俞正燮撰　（清）朱良泗覆校　清光緒五年（1879）會稽章氏刻本　八册

500000－8745－0000244　T△611.11－317.4032.1
大清律纂修條例不分卷　（清）刑部編　清道光武英殿刻本　二册

500000－8745－0000245　T△611.11－317.4032－2
大清律例總類不分卷　（清）□□輯　清光緒十五年（1889）江蘇書局刻本　四册

500000－8745－0000246　T△10413/4407
山谷老人刀筆二十卷　（宋）黄庭堅撰　清末鉛印本　四册

500000－8745－0000247　T△611.11－317.4032－3
大清律例總類不分卷附例限彙編一卷　（清）刑部修　（清）郎汝琳增輯　（清）陳瑞茹等校訂　清光緒九年（1883）臬署補刻雁門郎氏本　九册

500000－8745－0000248　T10911/1143
張子全書十五卷　（宋）張載撰　（宋）朱熹注　清同治九年（1870）刻本　八册

500000－8745－0000249　T10911/3193
汪龍莊先生遺書八種　（清）汪輝祖撰　清光緒八年至十二年（1882－1886）山東書局刻本　六册

500000－8745－0000250　T10911/3193（2）
汪龍莊先生遺書八種　（清）汪輝祖撰　清同治元年（1862）吳棠望三益齋刻本　八册

500000－8745－0000251　T10911/8023
曾惠敏公遺集十七卷　（清）曾紀澤撰　清光緒十九年（1893）江南製造總局刻本　八册

500000－8745－0000252　T△62120 8735（2）
欽定吏部處分則例五十二卷　（清）吏部纂修　清刻本　二十册

500000－8745－0000253　T△6（3）172 1171
漢律類纂不分卷　（清）張鵬一撰　清光緒三十三年（1907）奉天小南關格致學堂鉛印本　一册

500000－8745－0000254　T△611.11－317.4237－5
大清律例增修統纂集成四十卷附纂督捕則例二卷　（清）刑部修　（清）陶東皋　（清）陶曉篔增修　清光緒二十六年（1900）刻本　二十四册

500000－8745－0000255　T△611.11－317.4033
大清法規大全一百五十九卷附核定現行刑律一卷　（清）政學社編　清宣統政學社石印本　四十六册　存一百五十九卷（一至一百五十九）

500000－8745－0000256　T△611.11－317.4237
大清律例增修統纂集成四十卷　（清）刑部修　（清）姚雨薌纂輯　（清）胡仰山增修　清光緒二十一年（1895）刻本　二十七册

500000－8745－0000257　T△611.11－317.4237－5（3）
大清律例增修統纂集成四十卷附纂督捕則例二卷　（清）刑部修　（清）陶東皋　（清）陶曉篔增修　清光緒二十七年（1901）鉛印本　二十四册

500000－8745－0000258　T△611.11－317.4237（3）
大清律例增修統纂集成四十卷附纂督捕則例二卷　（清）刑部修　（清）姚雨薌纂輯　（清）胡仰山增修　清光緒二十一年（1895）刻本　三十四册

500000－8745－0000259　T△611.11－317.4237－5（4）
大清律例增修統纂集成四十卷附纂督捕則例二卷　（清）刑部修　（清）陶東皋　（清）陶曉篔增修　清光緒九年（1883）刻本　二十四册

500000－8745－0000260　T△611.11－317.4237－4
大清律例增修統纂集成四十卷附纂督捕則例

二卷　(清)刑部修　(清)陶東臯　(清)陶曉篔增修　清光緒十六年(1890)刻本　二十四册

500000－8745－0000261　T11.103 2847
讀禮通考一百二十卷　(清)徐乾學撰　清光緒七年(1881)江蘇書局刻本　三十二册

500000－8745－0000262　T11.231 4460
萬國新史大事考十八卷　(清)張之洞輯　清光緒二十七年(1901)鉛印本　十六册

500000－8745－0000263　T11.3－14 7175
繹史一百六十卷世系圖一卷年表一卷　(清)馬驌編　清光緒三十年(1904)刻本　五十册

500000－8745－0000264　T11.3－17 3404
歷朝史案二十卷　(清)洪亮吉　(清)吳裕垂編　清刻本　三册

500000－8745－0000265　T11.3 0044
九朝紀事本末九種六百五十八卷　(清)朱記榮輯　(清)吳榮補輯　清宣統二年(1910)上海文盛書局石印本　四十册

500000－8745－0000266　T11.3 7774
歷代疆域表三卷　(清)段長基撰　清偃師段氏味古山房刻本　五册

500000－8745－0000267　T11.34－316.3603
潛庵先生擬明史稿二十卷乾坤兩卦解一卷洛學編五卷　(清)湯斌撰　(清)田蘭芳評　清同治九年(1870)刻本　十四册

500000－8745－0000268　T11.34 2230
史記探源八卷　(清)崔適撰　清宣統二年(1910)刻本　四册

500000－8745－0000269　T11.34 4441
周季編略九卷　(清)黄式三撰　清同治十二年(1873)浙江書局刻本　四册

500000－8745－0000270　T11.34 4441－2
周季編略九卷　(清)黄式三撰　清同治十二年(1873)浙江書局刻本　四册

500000－8745－0000271　T11.34 4878
御批歷代通鑑輯覽一百二十卷　(清)傅恒等撰　清同治十年(1871)浙江書局刻朱墨套印本　四十八册

500000－8745－0000272　T11.34 4878(2)
御批歷代通鑑輯覽一百二十卷　(清)傅恒等撰　清光緒三十年(1904)上海通元書局石印本　二十四册

500000－8745－0000273　T11.3412 4471
舊五代史一百五十卷　(宋)薛居正等撰　清同治十一年(1872)湖北崇文書局刻本　十六册

500000－8745－0000274　T11.3415.4006
元朝秘史十五卷　(元)忙豁侖紐察修　(元)脱察安纂　(清)李文田注　清光緒二十二年(1896)通隱堂刻本　四册

500000－8745－0000275　T11.3416.0404
明季北略二十四卷南略十八卷　(清)計六奇編　清都城琉璃廠半松居士木活字印本　十八册

500000－8745－0000276　T23911 0042
孔子改制攷二十一卷　康有為撰　清光緒上海大同書局石印本　十册

500000－8745－0000277　T11.3416 1099
明通鑑九十卷首一卷附編六卷　(清)夏燮輯　清光緒三十一年(1905)四川珠江同馨書局刻本　四十册

500000－8745－0000278　T11.3416.6722
明季稗史彙編二十七卷　(清)留雲居士輯　清光緒二十二年(1896)上海圖書集成印書局鉛印本　六册

500000－8745－0000279　T11.3417.0143(2)
約章成案匯覽甲編十卷乙編四十二卷　(清)顔世清編　清光緒三十一年(1905)上海點石齋石印本　四十六册

500000－8745－0000280　T11.3417.0143
約章成案匯覽甲編十卷乙編四十二卷　(清)顔世清編　清光緒三十一年(1905)上海點石齋石印本　四十六册

500000－8745－0000281　T11.3417.1
欽定總管内務府現行則例四卷　(清)内務府編　清道光内府刻本　四册

500000－8745－0000282　T11.3417.1060
撫吴公牘五十卷附曾胡批牘二卷　(清)丁日昌撰　(清)沈葆楨評選　清宣統元年(1909)南洋官書局石印本　十四册

500000－8745－0000283　T11.3417.1092
聖諭十六條附律易解一卷　(清)聖祖玄燁撰　(清)夏炘注　清同治刻本　一册

500000－8745－0000284　T11.3417.3722
通行條例不分卷　(清)刑部編　清光緒十四年(1888)江蘇書局刻本　四册

500000－8745－0000285　T11.3417.4030
通商章程成案彙編三十卷　(清)李鴻章編　清光緒十二年(1886)鉛印本　十二册

500000－8745－0000286　T11.3417 4030－2
通商約章類纂三十五卷　(清)李鴻章等輯　清光緒十二年(1886)天津官書局刻本　二十册

500000－8745－0000287　T11.3417.4416
函牘舉隅十卷　(清)黄伯録輯　(清)蔣超凡校　清光緒三十年(1904)上海慈母堂鉛印本　十册

500000－8745－0000288　T11.3417.4434
東華録四百二十五卷　王先謙編　(清)周蕃校　清光緒十三年(1887)上海圖書集成局鉛印本　六十四册

500000－8745－0000289　T11.3417 6045
實政録七卷　(明)吕坤編　清同治十一年(1872)浙江書局刻本　六册

500000－8745－0000290　T11.3417.6045(2)
實政録七卷　(明)吕坤編　清同治八年(1869)刻本　六册

500000－8745－0000291　T11.3417.8720(2)
皇朝謚法考九卷　(清)鮑康輯　清光緒十五年(1889)成都志古堂刻本　二册

500000－8745－0000292　T11.3417 8735(2)
欽定吏部則例□□卷首一卷　(清)吏部修　清刻本　七册　存十五卷(一至十四、首一)

500000－8745－0000293　T11.342 4076
國語校注本三種二十九卷　(清)汪遠孫輯　清道光二十六年(1846)汪氏振綺堂刻本　五册

500000－8745－0000294　D691
學治續説一卷附説贅一卷　(清)汪輝祖撰　清光緒十六年(1890)成都志古堂刻本　一册

500000－8745－0000295　T17.11/0054
漢學商兑四卷　(清)方東樹撰　(清)鄒在寅等校　清浙江書局刻本　四册

500000－8745－0000296　T17.11/5028
經義考三百卷　(清)朱彝尊撰　(清)李濤校　**目録二卷**　(清)盧見曾編　清光緒二十三年(1897)浙江書局刻本　五十册

500000－8745－0000297　T17.1512/0033
隋經籍志考證十三卷　(清)章宗源撰　清光緒三年(1877)湖北崇文書局刻本　四册

500000－8745－0000298　T17.15103/6081
昭德先生郡齋讀書志二十卷附志二卷　(宋)晁公武撰　(宋)姚應績編　清光緒十年(1884)長沙王氏刻本　十册

500000－8745－0000299　T17.2/1081
讀書雜志八十二卷餘編二卷　(清)王念孫撰　清同治九年(1870)金陵書局刻本　二十四册

500000－8745－0000300　T17.2/1081－2
讀書雜志八十二卷餘編二卷　(清)王念孫撰　清同治九年(1870)金陵書局刻本　十五册　存五十一卷(一至五十一)

500000－8745－0000301　T17.2/1081(2)
讀書雜志八十二卷餘編二卷　(清)王念孫撰　清同治九年(1870)金陵書局刻本　二十四册

500000－8745－0000302　T17.2/1200
札迻十二卷　(清)孫詒讓撰　清光緒二十一

年(1895)刻本　四冊

500000－8745－0000303　T17.2/2101
群書拾補三十七種　(清)盧文弨校補　清光緒十三年(1887)上海蜚英館石印本　八冊

500000－8745－0000304　T17.311－35/1160
白虎通德論二卷　(漢)班固撰　(明)俞元符校　清末文益堂刻本　二冊

500000－8745－0000305　T17.41/0077(6)
康熙字典十二集三十六卷　(清)張玉書　(清)陳廷敬編　(清)奕繪纂修　清道光七年(1827)刻本　四十冊

500000－8745－0000306　T17.8/1004
增訂漢魏叢書九十六種　(清)王謨輯　清宣統三年(1911)上海大通書局石印本　三十二冊

500000－8745－0000307　T17.81/2877
初學記三十卷附校勘記三十卷　(唐)徐堅撰　清光緒十四年(1888)蘊石齋黃加焜刻本　十六冊

500000－8745－0000308　T△17.81/3191
學仕錄十六卷　(清)戴肇辰輯　清同治六年(1867)刻本　八冊

500000－8745－0000309　T17.83－317.1053
船山遺書二百九十六卷　(清)王夫之撰　清同治四年(1865)湘鄉曾國荃金陵節署刻本　一百四十八冊　存二百七十八卷(一至四十一、四十三至四十九、五十一至九十二、九十六至一百、一百〇三至二百六十三、二百七十四至二百九十三、二百九十五至二百九十六)

500000－8745－0000310　T17.83－317.1262
平津館叢書四十三種二百五十四卷　(清)孫星衍輯　清光緒十一年(1885)吳縣朱氏槐廬家塾刻本　四十八冊

500000－8745－0000311　T17.83－317.2126
粵雅堂叢書二十集　(清)伍崇曜輯　(清)譚瑩編訂　清末譚瑩刻本　二百四十冊

500000－8745－0000312　T17.83－317.2731
知不足齋叢書三十集　(清)鮑廷博輯　清同治十一年(1872)刻本　二百四十冊

500000－8745－0000313　T17.83－317.4005
李文忠公全集六種一百六十五卷首一卷　(清)李鴻章撰　(清)吳汝綸編錄　清光緒三十四年(1908)刻本　一百冊

500000－8745－0000314　T17.83－317.8373
守山閣叢書四集一百十種　(清)錢熙祚輯　清光緒十五年(1889)鴻文書局石印本　一百冊

500000－8745－0000315　T17.10/2
札迻十二卷　(清)孫詒讓撰　清光緒二十一年(1895)刻本　六冊

500000－8745－0000316　T17.10/4
屈子雜文不分卷　(戰國)屈原撰　(清)王邦采輯　(清)蕭鶴祥初校　(清)陳名慎覆校　清末廣雅書局刻本　一冊

500000－8745－0000317　T17.10/4917
陔餘叢考四十三卷　(清)趙翼撰　(清)張選青校正　(清)唐友忠參閱　清光緒壽考堂刻本　十四冊

500000－8745－0000318　T17.10/5
志雅堂雜鈔二卷　(宋)周密撰　(清)譚瑩覆校　清末刻本　一冊

500000－8745－0000319　T17.10/7
考工釋車一卷　(清)張象津輯　**離騷經章句義疏一卷等韻簡明指掌圖一卷**　(清)張象津撰　(清)呂娗等校　清刻本　一冊

500000－8745－0000320　T17.41/0077(2)
康熙字典十二集　(清)張玉書　(清)陳廷敬編　(清)奕繪纂修　清末上海鴻寶書局石印本　一冊　存二集(子集、丑集)

500000－8745－0000322　T17.10/8
巾經纂二十卷　(清)宋宗元撰　清刻本　一冊　存四卷(十七至二十)

500000－8745－0000323　T17.11/1143
無邪堂答問五卷　(清)朱一新撰　清光緒二

十年(1894)廣雅書局刻本　五册

500000－8745－0000324　T△17.11.1/4434
書經六卷附書序一卷　(宋)蔡沈集傳　清光緒十三年(1887)三原劉氏刻本　四册

500000－8745－0000325　T△17.11.1 6640
皇清經解一千四百卷首一卷　(清)阮元　(清)嚴傑編　清道光九年(1829)廣東學海堂刻本　三百四十册

500000－8745－0000326　T17.11.2/1200
周書斠補四卷　(清)孫詒讓輯　清光緒二十六年(1900)刻本　二册

500000－8745－0000327　T17.11.28/1
曾文正公批牘六卷　(清)曾國藩撰　清光緒二年(1876)傳忠書局刻本　六册

500000－8745－0000328　T17.11.4/1200
周禮政要二卷　(清)孫詒讓撰　清末刻本　二册

500000－8745－0000329　T17.11.4/1200－2
周禮政要二卷　(清)孫詒讓撰　清光緒二十八年(1902)瑞安普通學堂刻本　二册

500000－8745－0000330　T17.11.4/1200－2(2)
周禮政要二卷　(清)孫詒讓撰　清光緒二十八年(1902)瑞安普通學堂刻本　二册

500000－8745－0000331　T△17.11.4/2830
儀禮讀本十七卷首一卷　(清)周樽眉輯　(清)王翼軒參閲　(清)賈聘矦校對　清咸豐三年(1853)竹橋齋刻本　三册

500000－8745－0000332　T△17.11.4/3500
禮記讀本六卷　(清)周樽眉訂　(清)王翼軒參閲　(清)賈聘矦校對　清咸豐三年(1853)竹橋齋刻本　三册

500000－8745－0000333　T17.11.4/4427
禮書通故五十卷　(清)黄以周撰　(清)馮銘　(清)黄家辰校　清光緒十九年(1893)黄氏試館刻本　三十二册

500000－8745－0000334　T17.11.4/4440
周官心解二十八卷　(清)蔣載康撰　清嘉慶十一年(1806)經篚堂刻本　八册

500000－8745－0000335　T17.11.5/3147
左繡三十卷首一卷　(晉)杜預撰　(清)馮李驊　(清)陸浩增訂　清道光十二年(1832)綠蔭堂刻本　十六册

500000－8745－0000336　T11.356 4428
中東戰紀本末八卷　(美國)林樂知譯　(清)蔡爾康輯　清光緒二十二年(1896)上海圖書集成局鉛印本　八册

500000－8745－0000337　T11.356 4428(2)
中東戰紀本末續編四卷　(美國)林樂知譯　(清)蔡爾康輯　清光緒上海廣學會鉛印本　四册

500000－8745－0000338　T11.37－314.1021
東都事略一百三十卷　(宋)王偁撰　清嘉慶三年(1798)刻本　十六册

500000－8745－0000339　T11.37－316.2623
綏寇紀略十二卷補遺三卷　(清)吳偉業撰　(清)張海鵬增訂　清嘉慶九年(1804)照曠閣刻本　五册

500000－8745－0000340　T11.37－318.3000
平定粵匪紀略十八卷附記四卷　(清)杜文瀾撰　清同治十年(1871)京都聚珍齋木活字印本　八册

500000－8745－0000341　T11.37 3143
三史同名錄四十卷　(清)汪輝祖輯　(清)汪繼培補　清光緒廣東廣雅書局刻本　六册

500000－8745－0000342　T11.347 7730
晉略六十六卷　(清)周濟撰　清光緒二年(1876)味雋齋刻本　十册

500000－8745－0000343　T11.37－317.4435
浙東籌防錄四卷　(清)薛福成撰　清光緒刻本　四册

500000－8745－0000344　T11.6－711 4443
日本國志四十卷中東年表一卷　(清)黄遵憲編　清光緒二十四年(1898)圖書集成局

鉛印本　十冊

500000－8745－0000345　T11.8－4 3

疑年錄四卷　(清)錢大昕撰　(清)吳修編　清道光刻本　一冊

500000－8745－0000346　T11.8－4 3－2

續疑年錄四卷　(清)吳修編　清嘉慶刻本　一冊

500000－8745－0000347　T11.95 7

古籀拾遺三卷附宋政和禮器文字考一卷　(清)孫詒讓撰　清刻本　二冊

500000－8745－0000348　T12.2 8341

新斠注地理志十六卷　(清)錢坫撰　(清)徐松集釋　清同治十三年(1874)會稽章氏刻本　八冊

500000－8745－0000349　T12.22 3152(2)

讀史方輿紀要一百三十卷附地圖總說一卷　(清)顧祖禹撰　清光緒二十五年(1899)圖書集成局石印本　二十八冊

500000－8745－0000350　T12.221 3191(2)

天下郡國利病書一百二十卷　(清)顧炎武輯　清光緒二十五年(1899)上海二林齋石印本　二十八冊

500000－8745－0000351　T12.221 3191

天下郡國利病書一百二十卷　(清)顧炎武輯　清光緒五年(1879)薛氏家塾刻本　五十冊

500000－8745－0000352　T12.213 1731.4

水經註釋四十卷首一卷附錄二卷水經註箋刊誤十二卷　(清)趙一清撰　清光緒六年(1880)蛟川花雨樓張氏刻本　十六冊

500000－8745－0000353　T12.121 7774

歷代沿革表三卷　(清)段長基輯　清味古山房刻本　五冊

500000－8745－0000354　T11.37－317.4435－2

庸庵全集六種二十一卷　(清)薛福成撰　清光緒石印本　九冊　存六種十六卷(文編二至四、續編一至二、外編一至四、海外文編一至四、籌洋芻議一、出使英法意比四國日記一至二)

500000－8745－0000355　T12.1 2631

海國圖志一百卷　(清)魏源撰　**續集二十五卷**　(美國)林樂知　(清)瞿昂來譯　清光緒二十四年(1898)文賢閣石印本　十六冊

500000－8745－0000356　T1011362 8

梅苑十卷　(宋)黃大輿編　清康熙四十五年(1706)揚州詩局刻本　一冊

500000－8745－0000357　T101137 2

山中白雲詞八卷　(宋)張炎撰　清宣統三年(1911)龍文閣書莊石印本　四冊

500000－8745－0000358　T101137 3

彊邨詞四卷　(清)朱祖謀撰　清光緒三十一年(1905)刻本　一冊

500000－8745－0000359　T101137 4

水雲樓詞二卷詞續一卷　(清)蔣春霖撰　清湖南思賢書局刻本　二冊

500000－8745－0000360　T101137 5

吳梅邨詞不分卷　(清)吳偉業撰　清光緒十六年(1890)湖北官書局刻本　一冊

500000－8745－0000361　T101137 6

宋四家詞選一卷　(清)周濟輯　清光緒三十四年(1908)鉛印本　一冊

500000－8745－0000362　T101137 7

詞源二卷詞旨一卷樂府指迷一卷　(宋)張炎編　清道光刻本　一冊

500000－8745－0000363　T101137 7－2

詞源二卷　(宋)張炎撰　清道光刻本　一冊

500000－8745－0000364　T101137 8

貞居詞一卷　(元)張天雨撰　**柘軒詞一卷**　(明)淩雲翰著　清光緒十三年(1887)刻本　一冊

500000－8745－0000365　T101137 9

片玉詞二卷　(宋)周邦彥撰　清光緒十一年(1885)刻本　一冊

500000－8745－0000366　T101137 11

宋七家詞選七卷　(清)戈載輯　清宣統三年(1911)掃葉山房石印本　三冊

500000－8745－0000367　T101133 14

離騷彙訂六卷　(清)王邦采輯　清光緒二十六年(1900)廣雅書局刻本　二冊

500000－8745－0000368　T101137 36

蟻術詞選四卷　(元)邵亨貞撰　(明)汪稷校　清光緒影印本　一冊

500000－8745－0000369　T101137 37

弟一生修梅花館詞九卷　(清)況周儀撰　清光緒十八年(1892)刻本　一冊

500000－8745－0000370　T6103 8740

折獄龜鑒八卷　(宋)鄭克撰　清光緒八年(1882)刻本　二冊

500000－8745－0000371　T6103 8740(2)

折獄龜鑒八卷　(宋)鄭克撰　清光緒二十二年(1896)刻本　二冊

500000－8745－0000372　T6103 8740(3)

折獄龜鑒八卷　(宋)鄭克撰　清光緒十四年(1888)四川臬署刻本　二冊

500000－8745－0000373　T6103 4449

棠陰比事不分卷　(宋)桂萬榮撰　清同治十三年(1874)海昌陳錫麒刻本　一冊

500000－8745－0000374　T6103 4449(3)

棠陰比事一卷　(宋)桂萬榮撰　清同治六年(1867)木樨山房活字印本　一冊

500000－8745－0000375　T6103 4438

秋審實緩比較成案二十四卷　(清)英祥輯　清同治十二年(1873)四川臬署刻本　二十四冊

500000－8745－0000376　T6103 4204

審看擬式四卷首一卷末一卷　(清)剛毅輯　清光緒刻本　二冊

500000－8745－0000377　T6103 3413

秋讞輯要六卷　(清)剛毅輯　清光緒十五年(1889)江蘇書局刻本　八冊

500000－8745－0000378　T6103 2626

不用刑審判書六卷　(清)魏息園撰　清光緒三十三年(1907)商務印書館鉛印本　二冊

500000－8745－0000379　T6103 1759(2)

秋審實緩比較彙案新編二卷　(清)桑春榮輯　清末上海圖書集成局鉛印本　一冊

500000－8745－0000380　T6103 1759

秋審實緩比較彙案十六卷首一卷　(清)桑春榮輯　清光緒十二年(1886)聚文堂鉛印本　十冊

500000－8745－0000381　T6103 1737

秋讞輯要六卷　(清)子良氏輯　清光緒十年(1884)刻本　八冊

500000－8745－0000382　T6103 1723

讀法圖存四卷　(清)紹繩清撰　(清)黃杏川鑒定　清道光二十六年(1846)刻本　四冊

500000－8745－0000383　T6102123 4475

汝東判語六卷　(清)董沛輯　清光緒十三年(1887)刻本　二冊

500000－8745－0000384　T6102123 4475(2)

汝東判語六卷　(清)董沛輯　清光緒十三年(1887)刻本　二冊

500000－8745－0000385　T6102123 4443－7

樊山批判十四卷　(清)樊增祥撰　清光緒二十三年(1897)刻本　六冊

500000－8745－0000386　T610117 4443－8

樊山批判十四卷　(清)樊增祥撰　清光緒二十三年(1897)刻本　九冊

500000－8745－0000387　T6102123 4443(2)

樊山公牘三卷　(清)樊增祥撰　清光緒二十年(1894)刻本　二冊

500000－8745－0000388　T69117 4031

大清刑律草案第一編不分卷　(清)法律館編　清光緒三十三年(1907)法律館鉛印本　一冊

500000－8745－0000389　T69117 3052

祥刑古鑒二卷附編一卷　(清)宋邦僡編　清同治二年(1863)刻本　二冊

500000－8745－0000390　T64115 3710

湖北調查局調查問題不分卷　(清)□□撰

清光緒三十四年(1908)成都印書館鉛印本 一册

500000-8745-0000391 T611.11-317.4237-7

大清律例增修統纂集成四十卷 (清)姚潤纂修 清同治七年(1868)刻本 二十四册

500000-8745-0000392 T611.11-317.4237-7(2)

大清律例增修統纂集成四十卷 (清)姚潤纂修 清咸豐九年(1859)刻本 二十四册

500000-8745-0000393 T611.11-317.8730

欽定六部處分則例五十二卷 (清)吏部纂修 清光緒十三年(1887)上海集成圖書公司鉛印本 八册

500000-8745-0000394 T611.11-317.8730(2)

欽定六部處分則例五十二卷 (清)吏部纂修 清光緒三年(1877)金東書行刻本 二十四册

500000-8745-0000395 T62120 8735(4)

欽定吏部處分則例五十二卷 (清)吏部纂修 清末鉛印本 二十册

500000-8745-0000396 T611.11-317.4237-9

大清律纂修條例三十九卷附督捕則例二卷三流道里表一卷 (清)律例館纂修 清道光武英殿刻本 二十一册

500000-8745-0000397 T611.11-317.4237-8

大清律纂修條例不分卷 (清)吏部纂修 清道光武英殿刻本 一册

500000-8745-0000398 T691 1723

讀法圖存四卷 (清)邵繩清撰 (清)黄杏川鑒定 (清)劉從善等校正 清道光十六年(1836)刻本 四册

500000-8745-0000399 T61011 3472

法政學堂講義不分卷 (清)□□撰 清末抄本 一册

500000-8745-0000400 K24

二十四史三千一百十六卷 清同治至光緒刻本 五百六十四册

500000-8745-0000401 T17.11.5/8

求闕齋讀書録十卷 (清)曾國藩撰 (清)王定安編輯 清光緒二年(1876)刻本 四册

500000-8745-0000402 T11.3413.4049

遼金史紀事本末九十二卷 (清)李有棠編纂 清光緒十九年(1893)李移鄂樓刻本 十册

500000-8745-0000403 T11.3417.8720

皇朝謚法考五卷續編一卷補編一卷續補編一卷 (清)鮑康輯 清同治十一年(1872)刻本 一册

500000-8745-0000404 T11.3461 7550

三國志六十五卷 (晉)陳壽撰 (南朝宋)裴松之注 清同治十年(1871)成都書局刻本 十册

500000-8745-0000405 T11.37-317.4435-3

庸盦先生七種二十五卷 (清)薛福成撰 清光緒二十四年(1898)傳經樓刻本 十五册

存五種十五卷(文編一至四、續編一至二、海外文編一至四、外編一至四、籌洋芻議一)

500000-8745-0000406 T17.11.7/1272

論語後案二十卷 (清)黄式三撰 清光緒九年(1883)浙江書局刻本 十册

500000-8745-0000407 T3931 2544

五大洲圖説簡明國際公法不分卷 (□)□□輯 **各國路程日記一卷** (清)李圭著 **括地略一卷** (□)□□著 **萬國公法一卷** (清)劉韞齋鑒定 (清)朱克敬著 (清)左宜參 清末石印本 一册

500000-8745-0000408 T6-111.3422

法律名辭通釋十卷 (清)□□編 清光緒鉛印本 九册

500000-8745-0000409 T△611.11-317.4032-4

大清律例總類不分卷 清光緒十年(1884)剛毅刻本 八册

500000-8745-0000410 T△6(3)173 0074

核定現行刑律不分卷 (清)奕劻修 清宣統

元年(1909)鉛印本　二冊

500000－8745－0000411　T6(3)173 1

刑案匯覽六十卷首一卷末一卷拾遺備攷一卷　(清)祝慶祺編　(清)鮑書芸參訂　清咸豐二年(1852)刻本　六十四冊

500000－8745－0000412　T△6(3)172 1171(2)

漢律類纂不分卷　(清)張鵬一撰　清光緒三十三年(1907)奉天小南關格致學堂鉛印本　一冊

500000－8745－0000413　T101137 48

雙白詞八卷山中白雲詞續補一卷　(宋)姜夔　(宋)張炎撰　(清)王鵬運輯　**詞旨一卷**　(元)陸輔之撰　清光緒十四年(1888)四印齋刻本　一冊

500000－8745－0000414　T101137 47

左庵詞話不分卷　(清)李佳撰　清末刻本　一冊

500000－8745－0000415　T101137 46

心日齋十六家詞錄二卷　(清)周之琦輯　清道光刻本　二冊

500000－8745－0000416　T101137 43

宋七家詞選七卷　(清)戈載輯　(清)杜文瀾校注　清光緒十一年(1885)曼陀羅華閣刻本　四冊

500000－8745－0000417　T101137 41

漱玉詞一卷　(宋)李清照撰　清光緒七年(1881)四印齋刻本　一冊

500000－8745－0000418　T103337 42

宋元名家詞十七卷　(清)江標輯　清光緒二十一年(1895)湖南思賢書局刻本　一冊

500000－8745－0000419　T101137 39

夢窗詞四卷補遺一卷續補遺一卷　(宋)吳文英撰　清咸豐十一年(1861)曼陀羅華閣刻本　二冊

500000－8745－0000420　T101137 39－2

夢窗詞四卷補遺一卷劄記一卷　(宋)吳文英撰　清光緒四印齋刻本　二冊

500000－8745－0000421　T△10113 2540(3)

楚辭集注八卷　(宋)朱熹集注　清光緒三年(1877)湖北崇文書局刻本　二冊

500000－8745－0000422　T10413 7503

郎潛紀聞十四卷　(清)陳康祺撰　清光緒六年(1880)琴川刻本　四冊

500000－8745－0000423　T101137 54

草窗詞二卷補二卷　(宋)周密撰　清咸豐十一年(1861)曼陀羅華閣刻本　二冊

500000－8745－0000424　T101137 54(2)

草窗詞二卷補二卷　(宋)周密撰　清咸豐十一年(1861)曼陀羅華閣刻本　二冊

500000－8745－0000425　T101137 53

宋四家詞選不分卷　(清)周濟輯　清道光刻本　一冊

500000－8745－0000426　T10413 3308

歸田瑣記八卷　(清)梁章鉅撰　清道光二十五年(1845)梁氏北東園刻本　四冊

500000－8745－0000427　T10213 1

日湖漁唱一卷補遺一卷續補遺一卷　(宋)陳允平撰　清道光享帚精舍刻本　一冊

500000－8745－0000428　T101137 54－2

草窗詞二卷補二卷　(宋)周密撰　清光緒二十六年(1900)無著盦刻本　一冊

500000－8745－0000429　T10413 4435

出使日記續刻十卷　(清)薛福成撰　清光緒二十四年(1898)傳經樓刻本　十冊

500000－8745－0000430　T10413 4435－2

出使英法義比四國日記六卷　(清)薛福成撰　清光緒石印本　二冊　存四卷(三至六)

500000－8745－0000431　T10413 4435－3

出使英法義比四國日記六卷　(清)薛福成撰　清光緒十七年(1891)刻本　六冊

500000－8745－0000432　T6104 3080

重刊補注洗冤錄五卷增刊刑部題定檢骨圖格原奏一卷　(清)王又槐增輯　(清)李觀瀾補輯　(清)孫光烈參閱　(清)阮其新補注

(清)王又梧校訂　清道光刻張錫蕃四色套印本　三册　存四卷(一至二、五,增刊一)

500000－8745－0000433　T10911－317.7474
陸子全書六十一卷　(清)陸隴其撰　清光緒刻本　二十册

500000－8745－0000434　T10912 0724
宣講集要十五卷首一卷　(清)吳莘民輯　清光緒三十二年(1906)吳經元堂刻本　十六册

500000－8745－0000435　T10911 3444
沈文肅公政書七卷首一卷　(清)沈葆楨撰　清光緒二十六年(1900)吳門節署刻本　七册

500000－8745－0000436　T10911 4480
昌黎先生集四十卷外集十卷遺文一卷　(唐)韓愈撰　**朱子校昌黎先生集傳一卷**　(宋)朱熹撰　**韓集點勘四卷**　(清)陳景雲撰　清宣統二年(1910)掃葉山房石印本　十二册

500000－8745－0000437　T10911 4741
胡文忠公遺集八十六卷首一卷　(清)胡林翼撰　(清)曾國荃輯　清光緒二十七年(1901)上海圖書集成局鉛印本　八册

500000－8745－0000438　T10912－317.3603
湯子遺書十卷首一卷續編二卷　(清)湯斌撰　(清)王廷璨輯　清同治九年(1870)刻本　十八册

500000－8745－0000439　T10911 8043
春在堂全書三十四種四百二十五卷　(清)俞樾撰　清光緒二十三年(1897)石印本　三十二册

500000－8745－0000440　T10911－313 4423
范文正公集二十卷别集四卷政府奏議二卷尺牘三卷年譜一卷年譜補遺一卷言行拾遺事錄四卷鄱陽遺事錄一卷遺蹟一卷義莊規矩一卷褒賢集五卷　(宋)范仲淹撰　清道光十年(1830)刻本　十册

500000－8745－0000441　T10911/0724
養知書屋文集二十八卷養知書屋詩集十五卷　(清)郭嵩燾撰　清光緒十八年(1892)刻本　十六册

500000－8745－0000442　T10911 211
熊襄湣公集十卷首一卷末一卷　(清)熊廷弼撰　清同治十一年(1872)廈門寶華齋刻本　十册

500000－8745－0000443　T△6104 0845(4)－2
洗冤録詳義四卷首一卷　(清)許槤編校　清光緒二年(1876)葛氏嘯園刻本　四册

500000－8745－0000444　T△6(3)172 7118
唐律疏議三十卷　(唐)長孫無忌　(元)王元亮等撰　**律音義一卷**　(宋)孫奭等撰　**宋提刑洗冤集錄五卷**　(宋)宋慈編　清光緒十七年(1891)刻本　八册

500000－8745－0000445　T△6(3)172 7118(2)
唐律疏議三十卷　(唐)長孫無忌　(元)王元亮等撰　**律音義一卷**　(宋)孫奭等撰　**宋提刑洗冤集錄五卷**　(宋)宋慈編　清光緒十七年(1891)刻本　八册　存六卷(一至六)

500000－8745－0000446　T11.811－316.1372
貳臣傳十二卷逆臣傳四卷　(清)□□編　清刻本　十二册

重慶三峽學院圖書館古籍普查登記目録

全國古籍普查登記目録

國家圖書館出版社
National Library of China Publishing House

500000－8749－0000001　6A10101

十三經注疏附考證　清同治十年(1871)廣東書局刻本　一百二十册

500000－8749－0000002　6A10301

重栞宋本十三經注疏四百十六卷附校勘記四百十六卷　清光緒十八年(1892)湖南寶慶務本書局刻本　一百五十四册　存八百〇四卷(周易兼義,附釋音尚書注疏一至十、十三至十六,附釋音毛詩注疏一至四、六、十至十九,附釋音周禮注疏,儀禮注疏一至二十三、二十六至四十、四十五、四十六,附釋音禮記注疏,附釋音春秋左傳注疏二、七至十一、十三至二十二、三十、三十一、三十四、三十五、三十九、四十、四十二至四十五、四十八至六十,監本附音春秋公羊注疏三至十、十三至十五、二十、二十一,監本附音春秋穀梁注疏三至二十,論語注疏解經一至三、六至八、十一至十三、十八至二十,孝經注疏,爾雅注疏一、二、四至十,孟子注疏解經一至七)

500000－8749－0000003　6A10505

御纂周易折中二十二卷首一卷　(清)李光地等撰　清同治六年(1867)浙江巡撫馬新貽刻本　十册

500000－8749－0000004　6A10601

書古微十二卷首一卷　(清)魏源撰　清光緒四年(1878)淮南書局刻本　四册

500000－8749－0000005　6A10602

書經恆解六卷書序辨正一卷　(清)劉沅輯注　清同治十一年(1872)刻本　六册

500000－8749－0000006　10A10101

尚書後案三十卷尚書後辨附一卷　(清)王鳴盛撰　清乾隆四十五年(1780)禮堂刻頤志堂印本　八册

500000－8749－0000007　10A40203

東坡全集一百十五卷目錄七卷　(宋)蘇軾撰　**宋史本傳一卷**　(元)脱脱等撰　**東坡先生年譜一卷**　(宋)王宗稷撰　**東坡先生墓誌銘一卷**　(宋)蘇轍撰　明成化、弘治刻本　四十八册

500000－8749－0000008　6A10603

寄傲山房塾課纂輯書經備旨蔡註捷錄七卷　(清)鄒聖脈輯　清光緒三十年(1904)上海文盛書局石印本　四册

500000－8749－0000009　10A10103

御案詩經備旨八卷　(清)鄒聖脈纂輯　(清)鄒廷猷編次　清宏道堂刻本　四册

500000－8749－0000010　10A10104

新增詩經補註附考備旨八卷　(清)鄒聖脈纂輯　(清)鄒廷猷編次　清聚文堂刻本　四册

500000－8749－0000011　10A10201

重刻徐筆峒先生遵註參訂詩經八卷棣鄂堂詩義纂要八卷詩經圖考一卷詩經人物考一卷　(清)周疆等輯　清康熙十九年(1680)棣鄂堂刻本　四册

500000－8749－0000012　6A10604

遵註義釋詩經離句襯解八卷　(清)朱榛撰　清咸豐七年(1857)刻本　四册

500000－8749－0000013　6A20101

儀禮鄭註句讀十七卷附儀禮監本正誤一卷儀禮石本誤字一卷　(漢)鄭玄註　(清)張爾岐句讀　清同治七年(1868)金陵書局刻本　四册

500000－8749－0000014　6A20102

禮記撮要三卷　(清)李芝撰　清雷翀雨文光堂刻本　三册

500000－8749－0000015　10A10202

漱芳軒合纂禮記體註四卷　(清)范翔訂　清康熙五十二年(1713)漱芳軒刻本　四册

500000－8749－0000016　6A20104

禮記節本二卷　(□)□□輯　清正蒙社刻宣統二年(1910)重慶梓潼會補印本　二册

500000－8749－0000017　10A10601

左繡三十卷首一卷　(清)馮李驊　(清)陸浩輯　清同文堂刻本　十七册

500000－8749－0000018　6A20105

左繡三十卷首一卷　(清)馮李驊　(清)陸浩

輯　清宣統三年(1911)上海會文堂刻本　十六冊

500000－8749－0000019　6A20202

春秋左傳三十卷首一卷　(晉)杜預注　(唐)陸德明音釋　(宋)林堯叟附注　(清)馮李驊集解　清同治七年(1868)湖北崇文書局刻本　十二冊

500000－8749－0000020　6A20203

春秋左傳五十卷春秋列國圖說一卷春秋提要一卷　(晉)杜預　(宋)林堯叟注釋　(唐)陸德明音義　(明)鍾惺等評點　清光緒三十一年(1905)直隸官書局刻本　八冊

500000－8749－0000021　6A20205

評點春秋綱目左傳句解彙雋六卷　(清)韓菼重訂　清同治九年(1870)義成堂刻本　六冊

500000－8749－0000022　6A20303

監本附音春秋公羊注疏二十八卷　(漢)何休解詁　(唐)徐彥疏　清光緒十三年(1887)脈望仙館石印本　一冊　存十八卷(一至十八)

500000－8749－0000023　6A20304

春秋董氏學八卷史記儒林列傳一卷　康有爲撰　清光緒十九年(1893)萬木草堂叢書刻本　四冊

500000－8749－0000024　6A20305

孝經注疏九卷校勘記九卷　(唐)玄宗李隆基注　(宋)邢昺疏　清嘉慶二十年(1815)江西南昌府刻本　二冊

500000－8749－0000025　6A20401

四書典故覈七卷清故國子監生淩君墓表一卷　(清)淩曙輯　清嘉慶十三年(1808)蜚雲閣刻本　二冊

500000－8749－0000026　10A10203

四書朱子本義匯祭四十七卷　(清)王步青輯　(清)王士鼇編　清乾隆十年(1745)敦復堂刻本　二十四冊

500000－8749－0000027　10A10204

四書考輯要二十卷　(清)陳弘謀輯　清乾隆三十六年(1771)陳氏培遠堂刻本　八冊

500000－8749－0000028　10A10301

增補四書精繡圖像人物備考十二卷圖一卷　(明)薛應旂匯輯　(清)陳仁錫增定　清康熙三十四年(1695)刻乾隆三十九年(1774)敬思堂印本　四冊

500000－8749－0000029　6A30102

四書疏註撮言大全三十七卷　(宋)朱熹註　(清)胡蓉芝輯　清乾隆文光堂刻本　七冊　存十四卷(孟子一至十四)

500000－8749－0000030　6A20503

各省課藝匯海不分卷　(清)擷雲腴山館主人輯　清光緒十一年(1885)選青書屋銅版印本　四冊

500000－8749－0000031　6A20504

大學古本質言一卷附正文便讀一卷國史館本傳一卷　(清)劉沅撰　清咸豐二年(1852)豫誠堂刻光緒三十一年(1905)劉梖文印本　一冊

500000－8749－0000032　6A20601

論語注疏解經二十卷校勘記二十卷　(三國魏)何晏集解　(宋)邢昺疏　清嘉慶二十年(1815)江西南昌府刻本　五冊

500000－8749－0000033　6A20602

論語後案二十卷　(清)黃式三撰　清光緒九年(1883)浙江書局刻儆居遺書本　十冊

500000－8749－0000034　6A20603

增補蘇批孟子二卷孟子年譜一卷　(宋)蘇洵原本　(清)趙大浣增補　清咸豐六年(1856)雙門底刻朱墨套印本　二冊

500000－8749－0000035　6A20605

孟子注疏解經十四卷校勘記十四卷　(漢)趙岐注　(宋)孫奭疏　清嘉慶二十年(1815)江西南昌府刻本　八冊

500000－8749－0000036　6A30101

孟子注疏十四卷校勘記十四卷　(清)阮元撰　(清)盧宣旬摘錄　**十三經注疏校勘記識語**

四卷　(清)汪文臺撰　清光緒十三年(1887)脈望仙館石印本　一冊　存十八卷(校勘記十四卷、十三經注疏校勘記識語四卷)

500000－8749－0000037　10A10302
六經圖二十四卷　(清)鄭之僑輯　清乾隆九年(1744)鵝湖鄭氏述堂刻本　十二冊

500000－8749－0000038　6A30103
十一經音訓不分卷　(清)楊國楨撰　清光緒三年(1877)湖北崇文書局刻本　二十六冊

500000－8749－0000039　6A30104
古經解鉤沉三十卷　(清)余蕭客撰　清乾隆六十年(1795)刻道光二十年(1840)丹徒魯慶恩印本　十冊

500000－8749－0000040　6A40404
十三經集字摹本不分卷　(清)彭玉雯撰　清道光二十九年(1849)江右彭玉雯刻本　八冊

500000－8749－0000041　6A30202
經義述聞三十二卷　(清)王引之撰　清道光七年(1827)京師西江米巷壽藤書屋刻本　十六冊

500000－8749－0000042　6A30304
經傳攷證八卷　(清)朱彬撰　清道光十六年(1836)宜祿堂刻本　二冊

500000－8749－0000043　10A10303
經典釋文三十卷　(唐)陸德明撰　清康熙成德刻通志堂經解本　十冊

500000－8749－0000044　6A30303
精選歷代名儒四書義三卷精選歷代名儒五經義三卷　(清)潘祖光輯　清光緒二十七年(1901)上海榮記石印本　五冊　存五卷(精選歷代名儒四書義一至三,五經義一、三)

500000－8749－0000045　6A30404
説文解字十五卷　(漢)許慎撰　(宋)徐鉉校定　清大興朱筠刻本　十二冊

500000－8749－0000046　6A30503
説文解字注三十二卷　(漢)許慎撰　(清)段玉裁注　清光緒十二年(1886)上海點石齋石印本　八冊

500000－8749－0000047　6A30403
倉頡篇三卷　(清)孫星衍撰　**續一卷補二卷**　(清)任大椿撰　**續補一卷**　(清)陶方琦撰　清光緒二十三年(1897)成都龔氏裦馨精舍刻本　一冊

500000－8749－0000048　6A40301
康熙字典十二集三十六卷總目一卷檢字一卷辨似一卷等韻一卷補遺一卷備考一卷　(清)張玉書等編纂　清光緒元年(1875)湖北崇文書局刻本　四十冊

500000－8749－0000049　6A40203
康熙字典十二集三十六卷總目一卷檢字一卷辨似一卷等韻一卷補遺一卷備考一卷　(清)張玉書等編纂　清光緒十年(1884)上海點石齋石印本　六冊

500000－8749－0000050　6A40302
字典攷證十二集三十六卷　(清)王引之撰　清光緒二年(1876)湖北崇文書局刻本　六冊

500000－8749－0000051　6A40402
埱經三十六卷　(清)杜大恆編　清光緒二十二年(1896)儷峯書屋刻本　六冊

500000－8749－0000052　6A40403
隸篇十五卷續十五卷再續十五卷　(清)翟云升撰　清道光十七年至十八年(1837－1838)東萊翟氏五經歲徧齋刻本　十冊

500000－8749－0000053　10A10401
六書通十卷　(明)閔齊伋輯　(清)畢弘述篆訂　清康熙五十九年(1720)基聞堂刻本　十冊

500000－8749－0000054　10A10402
六書通十卷　(明)閔齊伋輯　(清)畢弘述篆訂　清乾隆六十年(1795)刻本　八冊

500000－8749－0000055　10A10403
廣韻五卷　(宋)陳彭年等撰　清康熙四十三年(1704)張士俊影宋刻本　二冊

500000－8749－0000056　10A10404

四聲韻譜二百六十一卷　(南朝梁)沈約撰　(清)楊錫震集注　清康熙二十九年(1690)抄本　九冊　存七十一卷(平聲三十二襛至五十七幽、上聲一董至四十五馬)

500000－8749－0000057　6B10101
古韻標準四卷首一卷　(清)江永撰　(清)戴震参定　清嘉慶鄭炳文刻本　二冊

500000－8749－0000058　6B10102
古韻通說二十卷　(清)龍啟瑞撰　清光緒九年(1883)四川尊經書局刻本　二冊

500000－8749－0000059　10A10501
古今韻略五卷　(清)邵長蘅撰　(清)陳守誠重訂　清乾隆十八年(1753)陳守誠恕堂刻本　五冊

500000－8749－0000060　6B10204
佩文詩韻釋要五卷　(清)周兆基撰　**辯正一卷**　(清)陳倬撰　清光緒三年(1877)粵東使署刻本　二冊

500000－8749－0000061　6B10503
音學五書三十八卷　(清)顧炎武撰　清光緒十六年(1890)思賢講舍刻本　十二冊

500000－8749－0000062　6B10504
音學五書三十八卷　(清)顧炎武撰　清光緒十一年(1885)四明觀稼樓刻本　十二冊

500000－8749－0000063　6B10605
五方元音十二卷　(清)樊騰鳳撰　(清)年希堯增補　清光緒三十四年(1908)章福書局刻本　四冊

500000－8749－0000064　6A30305
爾雅二卷　(清)張孝楷　(清)袁登穀校定　清光緒六年(1880)成都書局刻本　一冊

500000－8749－0000065　6A30302
爾雅郭注義疏二十卷　(清)郝懿行疏　清光緒十年(1884)榮縣蜀南閣刻本　八冊

500000－8749－0000066　10A10304
爾雅正義二十卷爾雅釋文三卷　(清)邵晉涵撰　(唐)陸德明釋文　清乾隆五十三年(1788)餘姚邵氏面水層軒家塾刻本　八冊

500000－8749－0000067　6A30402
駢雅七卷訓纂十六卷序目一卷　(明)朱謀㙔撰　(清)魏茂林訓纂　清光緒七年(1881)成都淪雅齋刻本　八冊

500000－8749－0000068　6B20101
四史　清同治十年至十一年(1871－1872)成都書局刻本　一百〇七冊

500000－8749－0000069　6B20303
二十四史　清光緒十四年(1888)上海圖書集成印書局鉛印本　三百九十冊　存三千二百〇五卷(史記,前漢書,後漢書,三國志,晉書,宋書,齊書,梁書,陳書,魏書,北齊書,周書,隋書,南史,北史,舊唐書,唐書一至二十二、二十九至二百二十五,舊五代史,五代史,宋史,遼史,金史,元史一至五十八、六十五至二百十,明史)

500000－8749－0000070　6B30203
史記一百三十卷史記補一卷圖一卷史記正義列國分野一卷　(漢)司馬遷撰　(南朝宋)裴駰集解　清道光十四年(1834)三元堂刻本　二十四冊

500000－8749－0000071　10A20102
前漢書一百卷　(漢)班固撰　(唐)顏師古注　明崇禎十五年(1642)毛氏汲古閣刻本　三十冊

500000－8749－0000072　10A20103
前漢書一百卷　(漢)班固撰　(唐)顏師古注　明崇禎十五年(1642)毛氏汲古閣刻本　二十七冊　存九十九卷(一至九十九)

500000－8749－0000073　6B30401
前漢書補注一百卷首一卷　王先謙補注　清光緒二十六年(1900)王先謙虛受堂刻本　三十二冊

500000－8749－0000074　10A20201
後漢書九十卷　(南朝宋)范曄撰　(唐)李賢注　**志三十卷**　(晉)司馬彪撰　(南朝梁)劉昭注　明崇禎十六年(1643)毛氏汲古

閣刻本　十八冊

500000－8749－0000075　10A20202
後漢書九十卷　(南朝宋)范曄撰　(唐)李賢注　**志三十卷**　(晉)司馬彪撰　(南朝梁)劉昭注　(南朝梁)秦肅三批注　明崇禎十六年(1643)毛氏汲古閣刻本　二十冊

500000－8749－0000076　6B20302
三國志六十五卷　(晉)陳壽撰　(南朝宋)裴松之注　(清)李龍官考證　清同治十一年(1872)成都書局刻本　十四冊

500000－8749－0000077　10A20302
逸周書十卷校正補遺一卷附録一卷　(晉)孔晁注　清乾隆五十一年(1786)盧文弨抱經堂刻本　二冊

500000－8749－0000078　7A40203
通志二百卷　(宋)鄭樵撰　清咸豐九年(1859)崇仁謝氏刻本　一百五十七冊　存一百九十七卷(一至四十六、四十九至一百〇一、一百〇二下至一百〇七、一百〇九至二百)

500000－8749－0000079　10A20101
通志略五十二卷　(宋)鄭樵撰　清乾隆十三年(1748)于敏中刻本　十五冊　缺三卷(校讎略一卷、圖譜略一卷、金石略一卷)

500000－8749－0000080　10A10502
弘簡録二百五十四卷　(明)邵經邦撰　清康熙二十七年(1688)邵遠平刻本　八十冊

500000－8749－0000081　6B30601
貳臣傳十二卷　(清)國史館纂修　清道光都城琉璃廠半松居士木活字本　六冊

500000－8749－0000082　6B30602
逆臣傳四卷　(清)國史館纂修　清道光都城琉璃廠半松居士木活字印本　二冊

500000－8749－0000083　6B40102
資治通鑑二百九十四卷　(宋)司馬光撰　清光緒十四年(1888)上海蜚英館石印本　三冊　存二十五卷(七十六至九十三、二百八十八至二百九十四)

500000－8749－0000084　Mux0001
資治通鑑二百九十四卷目録三十卷資治通鑑　(宋)司馬光撰　(元)胡三省音注　**外紀十卷目録五卷**　(宋)劉恕撰　**通鑑釋文辯誤十二卷**　(元)胡三省撰　清光緒三十一年(1905)成都官書局石印本　一百六十冊

500000－8749－0000085　6B40201
錢陟園考訂資治通鑑綱目全書五十九卷　(宋)司馬光撰　(清)錢選枚考訂　**續資治通鑑綱目二十七卷**　(明)商輅　(明)萬安等撰　清光緒八年(1882)惜物軒刻本　八十四冊

500000－8749－0000086　10A20204
司馬温公稽古録二十卷　(宋)司馬光撰　明刻本　三冊

500000－8749－0000087　6B40301
重訂王世貞先生綱鑑會纂四十六卷續宋元二十三卷　(明)王世貞撰　(明)陳仁錫訂　**御撰資治通鑑綱目三編二十卷**　(清)張廷玉等編次　清道光十七年(1837)遂寧務本堂刻本　五十六冊

500000－8749－0000088　6B40302
兩漢紀六十卷　(漢)荀悦　(晉)袁宏撰　**校記二卷**　(清)陳璞撰　清光緒二年(1876)嶺南學海堂刻本　十三冊　存五十六卷(前漢紀一至二十、二十七至三十,後漢紀一至三十,兩漢紀校記一至二)

500000－8749－0000089　10A20301
東華録三十二卷　(清)蔣良騏編　清乾隆三十年(1765)刻本　八冊

500000－8749－0000090　6B40401
東華録一百九十五卷續録二百三十卷　王先謙編　清光緒十三年(1887)廣百宋齋刻本　七十六冊

500000－8749－0000091　6B40402
東華録一百九十五卷續録二百三十卷　王先謙編　清光緒十三年(1887)上海圖書集成印書局鉛印本　六十四冊

500000－8749－0000092　6B40502

咸豐東華續錄六十九卷　（清）潘頤福編　清光緒二十五年（1899）上海書局石印本　十六冊

500000－8749－0000093　6B40503

同治東華續錄一百卷　王先謙編　清光緒二十四年（1898）文瀾書局石印本　二十三冊　存九十四卷（一至七十五、八十二至一百）

500000－8749－0000094　7A10103

繹史一百六十卷　（清）馬驌撰　清光緒三十年（1904）浙江書局刻本　五十冊

500000－8749－0000095　6B40602

九朝紀事本末六百五十八卷　（清）陳同升（清）朱記榮輯　（清）慎記主人增輯　清光緒二十九年（1903）上海文盛書局石印本　三十九冊　存八種五百八十五卷（左傳紀事本末，通鑑紀事本末，宋史紀事本末一至三十九、七十六至一百〇九，遼史紀事本末，金史紀事本末，元史紀事本末，明史紀事本末，三藩紀事本末）

500000－8749－0000096　6B40604

元史紀事本末二十七卷　（明）陳邦瞻撰（明）臧懋循補　（明）張溥論正　清光緒二十四年（1898）湖南思賢書局刻本　四冊

500000－8749－0000097　7A10101

鹿樵紀聞三卷　（清）吳偉業撰　清宣統三年（1911）商務印書館鉛印痛史本　三冊

500000－8749－0000098　7A10202

平定粵匪紀略十八卷附記四卷　（清）杜文瀾撰　清同治十年（1871）京都聚珍齋木活字印本　八冊

500000－8749－0000099　7A10204

國語二十一卷　（三國吳）韋昭注　**校刊明道本韋氏解國語劄記一卷**　（清）黄丕烈撰　**國語明道本攷異四卷**　（清）汪遠孫撰　**戰國策三十三卷**　（漢）高誘注　（宋）姚宏校正　**重刻剡川姚氏本戰國策劄記三卷**　（清）黄丕烈撰　清同治八年（1869）湖北崇文書局刻本　十冊

500000－8749－0000100　7A10203

國語二十一卷　（三國吳）韋昭注　**攷異四卷**　（清）汪遠孫撰　**劄記一卷**　（清）黄丕烈撰　清光緒二年（1876）尊經書院刻本　五冊

500000－8749－0000101　10A20304

明季北略二十四卷　（清）計六奇撰　清都城琉璃廠半松居士刻本　十六冊

500000－8749－0000102　10A20402

明季南略十八卷　（清）計六奇撰　清都城琉璃廠半松居士刻本　十二冊

500000－8749－0000103　7A10409

湘軍志十六卷　王闓運撰　清光緒十二年（1886）成都墨香書屋刻本　四冊

500000－8749－0000104　7A10602

痛史　（清）樂天居士輯　清宣統三年至民國三年（1911－1914）商務印書館鉛印本　三十一冊

500000－8749－0000105　7A10408

十國春秋一百十六卷拾遺備考補一卷　（清）吳任臣　（清）周昂撰　清乾隆五十八年（1793）周昂此宜閣刻光緒十二年（1886）海虞陳氏印本　二十四冊

500000－8749－0000106　10A20303

十六國春秋一百卷　（北魏）崔鴻撰　清乾隆四十六年（1781）仁和汪日桂欣托山房刻本　十六冊

500000－8749－0000107　10A20203

南唐書十八卷　（宋）陸游撰　**焚椒錄一卷**（遼）王鼎撰　明崇禎三年（1630）毛氏汲古閣刻陸放翁全集本　四冊

500000－8749－0000108　10A20401

二十一史論贊輯要三十六卷　（明）彭以明輯　明萬曆三十七年（1609）彭惟成、彭惟直刻本　十冊

500000－8749－0000109　10A20404

十七史商榷一百卷　（清）王鳴盛撰　清乾隆五十二年（1787）洞涇草堂刻本　二十四冊

500000－8749－0000110　7B20402

廿二史劄記三十六卷補遺一卷　(清)趙翼撰　清光緒二十六年(1900)新化西畬山館刻本　十六册

500000－8749－0000111　7B20403

歷代史論二十二卷　(明)張溥等撰　清光緒二年(1876)梓州龍翼堂刻朱墨套印本　十册

500000－8749－0000112　7B20404

歷代史案二十卷首一卷　(清)吳裕垂撰　(清)洪亮吉編　清咸豐京都聚奎閣刻本　六册

500000－8749－0000113　7B20501

讀通鑑論十卷末一卷宋論五卷　(清)王夫之撰　清光緒二十六年(1900)山西書業昌書莊石印本　八册

500000－8749－0000114　7A10604

碧血録五卷　(清)莊仲方撰　(清)夏鸞翔繪圖　清光緒八年(1882)上海同文書局石印本　六册

500000－8749－0000115　7A10605

歷代名儒傳八卷　(清)朱軾　(清)蔡世遠輯　(清)李清植分纂　清同治三年(1864)刻本　四册

500000－8749－0000116　7A20101

國朝先正事略六十卷　(清)李元度撰　**中興名臣事略八卷**　(清)朱孔彰撰　清光緒二十五年(1899)上海圖書集成印書局鉛印本　十二册

500000－8749－0000117　7A20104

增廣尚友録統編二十二卷　(明)廖用賢撰　清光緒二十八年(1902)鴻寶齋石印本　十册

500000－8749－0000118　7A20105

疇人傳四十六卷續六卷三編七卷　(清)阮元等撰　清光緒二十二年(1896)上海璣衡堂刻本　六册

500000－8749－0000119　7A20303

元和姓纂十卷　(唐)林寶撰　清嘉慶七年(1802)古歙洪瑩刻光緒六年(1880)金陵書局印本　四册

500000－8749－0000120　7A40102

通典二百卷　(唐)杜佑撰　清同治十年(1871)學海堂刻本　四十册

500000－8749－0000121　7A40202

欽定續通典一百五十卷　(清)嵇璜等纂修　清浙江書局刻本　四十册

500000－8749－0000122　7A40602

皇朝通典一百卷　(清)嵇璜等纂修　清光緒二十七年(1901)上海圖書集成局鉛印本　十二册

500000－8749－0000123　7A40402

文獻通考三百四十八卷　(元)馬端臨撰　清咸豐九年(1859)崇仁謝氏刻本　一百二十册

500000－8749－0000124　7A40604

欽定續文獻通考二百五十卷　(清)嵇璜等纂修　清光緒二十七年(1901)上海圖書集成局鉛印本　三十五册　存二百四十五卷(一至七十四、八十至二百五十)

500000－8749－0000125　7B10101

皇朝文獻通考三百卷　(清)嵇璜等纂修　清光緒二十七年(1901)上海圖書集成局鉛印本　四十册

500000－8749－0000126　7B10102

欽定大清會典一百卷首一卷　(清)崑岡等纂修　清光緒二十七年(1901)上海圖書集成局鉛印本　一百六十册

500000－8749－0000127　7B10103

欽定大清會典事例一千二百二十卷目録八卷首一卷　(清)崑岡等纂修　清光緒二十七年(1901)上海圖書集成局鉛印本　一百六十册

500000－8749－0000128　7A40603

皇朝通志一百二十六卷　(清)嵇璜等纂修　清光緒二十七年(1901)上海圖書集成局鉛印本　十一册　存一百〇四卷(一至二十三、三十六至四十七、五十至六十三、七十二至一百二十六)

500000－8749－0000129　7B10202

南巡盛典一百二十卷　(清)高晉等纂修　清光緒八年(1882)上海點石齋石印本　八冊

500000－8749－0000130　7B10301

大清律例匯輯便覽四十卷附督捕則例二卷五軍道里表一卷三流道里表一卷秋審實緩比較匯案一卷　(清)三泰等纂　(清)高澍等匯輯　清光緒九年(1883)京都刻本　三十三冊

500000－8749－0000131　7A40101

欽定歷代職官表七十二卷首一卷　(清)永瑢等撰　清光緒二十二年(1896)廣雅書局刻本　二十二冊

500000－8749－0000132　7A20304

歷代地理志韻編今釋二十卷皇朝輿地韻編二卷　(清)李兆洛撰　清上海蜚英館石印本　四冊

500000－8749－0000133　7A20401

歷代輿地沿革險要圖一卷　楊守敬　饒敦秩撰　清光緒五年(1879)饒敦秩刻朱墨套印本　一冊

500000－8749－0000134　7A20402

大清一統輿圖三十一卷首一卷　(清)胡林翼撰　清同治二年(1863)湖北景桓樓刻本　六冊

500000－8749－0000135　7A20403

讀史方輿紀要一百三十卷方輿全圖總說四卷　(清)顧祖禹撰　清光緒二十九年(1903)上海益吾齋石印本　十四冊

500000－8749－0000136　7A20404

讀史方輿紀要一百三十卷方輿全圖總說五卷　(清)顧祖禹撰　清光緒二十七年(1901)圖書集成局鉛印本　三十二冊

500000－8749－0000137　7A20501

天下郡國利病書一百二十卷　(清)顧炎武撰　清光緒二十九年(1903)上海益吾齋石印本　二十四冊

500000－8749－0000138　7A20502

[嘉慶]四川通志二百〇四卷首二十二卷　(清)常明等纂修　清嘉慶二十一年(1816)刻本　二百三十一冊　存一百五十五卷(一至十六、三十六至六十、六十二、六十三、六十八至七十一、七十四至一百六十六、一百六十九至一百八十三)

500000－8749－0000139　7A20602

蜀故二十七卷　(清)彭遵泗撰　清光緒二十八年(1902)白鶴堂刻本　六冊

500000－8749－0000140　7A30101

[道光]重慶府志九卷　(清)王夢庚等纂修　清道光二十三年(1843)闔郡刻本　十二冊

500000－8749－0000141　7A30103

[同治]增修萬縣志三十六卷首一卷　(清)王玉鯨　(清)張琴　(清)范泰衡纂修　清同治五年(1866)萬川書院刻本　八冊

500000－8749－0000142　7A30301

蜀典十二卷　(清)張澍撰　清光緒二年(1876)尊經書院刻本　四冊

500000－8749－0000143　7A30303

揚州畫舫錄十八卷　(清)李斗撰　清乾隆六十年(1795)李斗自然庵刻同治十一年(1872)方浚頤印本　四冊

500000－8749－0000144　7A30402

水經注四十卷首一卷　(北魏)酈道元撰　清光緒三年(1877)湖北崇文書局刻本　十二冊

500000－8749－0000145　7A30403

水經注四十卷首一卷附錄二卷　(北魏)酈道元撰　(清)趙一清附錄　清光緒二十年(1894)寶善書局石印本　二十冊

500000－8749－0000146　7A30404

水經注圖一卷漢志釋地略一卷　(清)汪士鐸撰　清咸豐十一年(1861)胡林翼刻本　一冊

500000－8749－0000147　7A30501

水經注釋四十卷首一卷附錄二卷水經注箋刊誤十二卷　(清)趙一清撰　清光緒六年(1880)蛟川張氏花雨樓刻本　二十四冊

500000－8749－0000148　7A30502
水經注箋刊誤十二卷　（清）趙一清撰　清光緒六年（1880）蛟川花雨樓刻本　八冊

500000－8749－0000149　7A30503
長江圖説十二卷首一卷　（清）馬徵麟撰　清同治十年（1871）湖北崇文書局刻本　五冊

500000－8749－0000150　7A30601
海國圖志一百卷首一卷　（清）魏源撰　**海國圖志續集二十五卷首一卷**　（英國）麥高爾等撰　（美國）林樂知　（清）瞿昂來譯　清光緒二十四年（1898）文賢閣石印本　十六冊

500000－8749－0000151　7A30602
蒙古游牧記十六卷　（清）張穆撰　（清）何秋濤校　清同治六年（1867）壽陽祁氏刻本　四冊

500000－8749－0000152　Mux0002
金石索十二卷首一卷　（清）馮雲鵬　（清）馮雲鵷輯　清光緒三十二年（1906）上海文新局石印本　二十四冊

500000－8749－0000153　7B20301
清儀閣題跋不分卷　（清）張廷濟撰　清光緒刻本　四冊

500000－8749－0000154　8A40201
西清古鑑四十卷錢錄十六卷　（清）梁詩正等撰繪　清光緒十四年（1888）邁宋書館在日本銅版印本　二十四冊

500000－8749－0000155　8A30602
古泉叢話三卷附一卷　（清）戴熙撰　清同治十一年（1872）潘祖蔭滂喜齋刻本　一冊

500000－8749－0000156　8A40101
錢志新編二十卷首一卷　（清）張崇懿撰　清道光十年（1830）尹氏酌春堂刻本　四冊

500000－8749－0000157　7B20103
士禮居藏書題跋記六卷　（清）黄丕烈撰　（清）潘祖蔭輯　清光緒八年（1882）潘祖蔭滂喜齋刻本　四冊

500000－8749－0000158　7B20104
書目答問四卷叢書目一卷別錄目一卷國朝著述諸家姓名略一卷　（清）張之洞撰　清光緒二年（1876）刻本　二冊

500000－8749－0000159　7B20201
帶經堂書目四卷附錄一卷　（清）陳徵芝撰　（清）孫樹杓編次　清宣統鄧氏風雨樓刻本　三冊

500000－8749－0000160　10A20501
荀子二十卷校勘補遺一卷　（戰國）荀況撰　（唐）楊倞注　清光緒二年（1876）浙江書局刻本（謝善詒校跋）　六冊

500000－8749－0000161　7B30201
新書十卷　（漢）賈誼撰　清光緒元年（1875）浙江書局刻本　二冊

500000－8749－0000162　7B30202
揚子法言十三卷音義一卷　（漢）揚雄撰　（晉）李軌注　清嘉慶二十三年（1818）秦氏石研齋刻本　二冊

500000－8749－0000163　7B30204
文中子中説十卷　（隋）王通撰　（宋）阮逸注　清光緒二年（1876）浙江書局刻本　一冊　存六卷（一至六）

500000－8749－0000164　7B30101
大學衍義四十三卷　（宋）真德秀彙輯　（明）陳仁錫評閱　清同治十三年（1874）夔州府雲邑郭氏家塾刻本　十二冊

500000－8749－0000165　7B30102
大學衍義四十三卷　（宋）真德秀彙輯　（明）陳仁錫評閱　清同治十三年（1874）夔州府雲邑郭氏家塾刻本　八冊

500000－8749－0000166　10A20502
御纂性理精義十二卷　（清）李光地等撰　清康熙五十六年（1717）内府刻本　五冊

500000－8749－0000167　7B30302
五種遺規十六卷　（清）陳弘謀撰　清光緒二十一年（1895）浙江書局刻本　十冊

500000－8749－0000168　7B30401

莊子十卷　（戰國）莊周撰　（晉）郭象注　（唐）陸德明音義　清光緒二年（1876）浙江書局刻本　四册

500000－8749－0000169　10A20503
莊子因六卷　（清）林雲銘撰　清康熙二十七年（1688）白雲精舍刻本　四册

500000－8749－0000170　7B30402
莊子集釋十卷　（戰國）莊周撰　（清）郭慶藩輯　清光緒二十年（1894）思賢講舍刻本　八册

500000－8749－0000171　7B30501
莊子集解八卷　王先謙撰　清宣統元年（1909）湖南思賢書局刻本　四册

500000－8749－0000172　7B40101
孫子十家註十三卷遺說一卷敘錄一卷　（春秋）孫武撰　（三國魏）曹操等註　清光緒三年（1877）浙江書局刻本　六册

500000－8749－0000173　7B30604
韓非子二十卷　（戰國）韓非撰　清刻本　一册　存四卷（五至八）

500000－8749－0000174　8A30601
植物名實圖考三十八卷長編二十二卷　（清）吴其濬撰　清光緒六年（1880）陸應穀刻民國八年（1919）山西官書局印本　六十册

500000－8749－0000175　10A30101
淮南子二十一卷　（漢）劉安撰　（漢）高誘注　清乾隆五十三年（1788）武進莊逵吉刻本　四册

500000－8749－0000176　8A40302
浮邱子十二卷　（清）湯鵬撰　清宣統二年（1910）掃葉山房石印本　五册

500000－8749－0000177　8A40303
日知錄集釋三十二卷首一卷　（清）顧炎武撰　（清）黄汝成集釋　**日知錄刊誤二卷續刊誤二卷**　（清）黄汝成撰　清光緒十二年（1886）上海點石齋石印本　四册

500000－8749－0000178　10A30102
義門讀書記五十八卷行狀一卷　（清）何焯撰　（清）蔣維鈞編　清乾隆三十四年（1769）石香齋刻本　十四册

500000－8749－0000179　8A40401
讀書雜志八十二卷餘編二卷　（清）王念孫撰　清同治九年（1870）金陵書局刻本　二十四册

500000－8749－0000180　8A40402
讀書雜志八十二卷餘編二卷　（清）王念孫撰　清同治九年（1870）金陵書局刻本　二十四册

500000－8749－0000181　8B10303
閲微草堂筆記二十四卷　（清）紀昀撰　清嘉慶五年（1800）北平盛時彦刻本　十二册

500000－8749－0000182　8B10304
兩般秋雨庵隨筆八卷　（清）梁紹壬撰　清道光十七年（1837）錢唐汪氏振綺堂刻本　八册

500000－8749－0000183　7B40203
算學啟蒙述義三卷總括一卷　（元）朱世傑撰　（清）王鑒注　清光緒十年（1884）刻本　三册

500000－8749－0000184　7B40204
新編算學啟蒙三卷總括一卷識誤一卷　（元）朱世傑撰　（清）羅士琳識誤　清光緒十五年（1889）成都志古堂刻本　三册

500000－8749－0000185　7B40205
御製數理精蘊上下編四十五表八卷　（清）聖祖玄燁撰　清光緒十四年（1888）上海慎記書局石印本　二十四册

500000－8749－0000186　8A30102
賞奇軒四種合編　（清）□□輯　清刻本　三册　存三種（南陵無雙譜、官子譜、二妙）

500000－8749－0000187　8A30202
詩畫舫不分卷　（明）唐寅等繪　清光緒三十年（1904）上海點石齋石印本　六册

500000－8749－0000188　8A30204
芥子園畫傳十七卷　（清）王安節摹　清光緒

三十四年(1908)章福記書局石印本　十二冊

500000－8749－0000189　8A30501

吴聖俞先生印譜不分卷　(清)吴咨篆　清宣統三年(1911)鈐印本　二冊

500000－8749－0000190　10A20504

五知齋琴譜八卷　(清)周魯封輯　清乾隆二年(1737)紅杏山房刻本　六冊

500000－8749－0000191　8A30504

弈理指歸圖三卷　(清)施定庵撰　(清)錢長澤繪圖　清乾隆三十六年(1771)笙雅堂刻光緒七年(1881)印本　六冊

500000－8749－0000192　8B10401

法苑珠林一百卷附音釋　(唐)釋道世撰　清道光七年(1827)燕園蔣氏刻光緒三年(1877)常熟三峯寺印本　二十四冊

500000－8749－0000193　9A30103

楚辭釋十一卷　(漢)王逸章句　王闓運注　清光緒十二年(1886)成都方守道遵經書院刻本　二冊

500000－8749－0000194　9A30104

楚辭釋十一卷　(漢)王逸章句　王闓運注　清光緒十二年(1886)成都方守道遵經書院刻本　二冊

500000－8749－0000195　9A9A30205

陶淵明集十卷　(晉)陶潛撰　清宣統元年(1909)著易堂石印本　四冊

500000－8749－0000196　9A30304

杜詩鏡銓二十卷舊唐書文苑本傳一卷新唐書本傳一卷杜工部年譜一卷唐故檢校工部員外郎杜君墓系銘一卷諸家論杜一卷讀書堂杜工部文集註解二卷　(唐)杜甫撰　(清)楊倫輯　(清)張溍註解　清同治十一年(1872)望三益齋刻本　十冊

500000－8749－0000197　Zhi001

杜詩詳註二十五卷首一卷附編二卷　(唐)杜甫撰　(清)仇兆鰲評註　清刻本　二十八冊

500000－8749－0000198　10A40202

唐陸宣公集二十二卷　(唐)陸贄撰　清雍正元年(1723)年龔堯刻本　六冊

500000－8749－0000199　10A40201

白香山詩長慶集二十卷後集十七卷別集一卷補遺二卷　(唐)白居易撰　**舊唐書本傳一卷**　(宋)歐陽修　(宋)宋祁等撰　**白香山年譜舊本一卷**　(宋)陳振孫撰　**白香山年譜一卷**　(清)汪立名撰　清康熙四十一年至四十二年(1702－1703)汪立名一隅草堂刻本　八冊

500000－8749－0000200　9A30402

重刊五百家註音辯昌黎先生文集四十卷諸儒名氏一卷　(唐)韓愈撰　(宋)魏仲舉編　清刻本　十二冊

500000－8749－0000201　9A40101

宋黄文節公全集八十五卷首四卷黄青社先生伐檀集二卷　(宋)黄庭堅撰　(宋)黄庶撰　清光緒二十年(1894)義寧州署刻本　二十八冊

500000－8749－0000202　9A30102

欒城集九十四卷　(宋)蘇轍撰　清道光十二年(1832)眉州三蘇祠刻本　二十六冊

500000－8749－0000203　10A40301

蘇學士文集十六卷　(宋)蘇舜欽撰　清康熙三十七年(1698)震澤徐氏白華書屋刻本　八冊

500000－8749－0000204　9A40203

劍南詩鈔不分卷　(宋)陸游撰　(清)楊大鶴選　清光緒八年(1882)文苑山房刻本　八冊

500000－8749－0000205　9A40501

文徵明京師懷歸詩一卷　(明)文徵明撰　清光緒三十四年(1908)上海點石齋影印本　一冊

500000－8749－0000206　9A40502

梅村詩集箋注十八卷　(清)吴偉業撰　(清)吴翌鳳箋注　清嘉慶十九年(1814)滄浪吟榭刻本　八冊

500000－8749－0000207　9A40503

梅村詩集箋注十八卷　(清)吳偉業撰　(清)吳翌鳳箋注　清嘉慶十九年(1814)滄浪吟榭刻本　八册

500000－8749－0000208　9A40504
梅村詩集箋注十八卷吳梅村詞一卷　(清)吳偉業撰　(清)吳翌鳳箋注　清光緒十年(1884)湖北官書處刻本　十二册

500000－8749－0000209　9A40601
梅村家藏藁五十八卷補一卷年譜四卷　(清)吳偉業撰　清宣統三年(1911)武進董康誦芬室刻本　八册

500000－8749－0000210　10A40302
漁洋山人精華錄十卷　(清)王士禛撰　(清)林佶編　清康熙三十九年(1700)林佶寫刻本　四册

500000－8749－0000211　9B10206
柏梘山房文集十六卷文續集一卷詩集十卷詩續集二卷駢體文二卷　(清)梅曾亮撰　清咸豐六年(1856)楊以增刻本　六册

500000－8749－0000212　9B10207
湘綺樓詩集八卷夜雪集一卷夜雪後集一卷　王闓運撰　清光緒二十六年(1900)東州講舍刻本　四册

500000－8749－0000213　9B10301
錢牧齋文鈔不分卷　(清)錢謙益撰　清宣統元年(1909)國學扶輪社印本　四册

500000－8749－0000214　9A10103
文選六十卷　(南朝梁)蕭統選　(唐)李善注　(清)何焯評點　清乾隆三十七年(1772)葉氏海錄軒刻光緒十八年(1892)京都琉璃廠朱墨套印本　十六册

500000－8749－0000215　9A10104
文選六十卷　(南朝梁)蕭統選　(唐)李善注　(清)何焯評點　清同治八年(1869)金陵書局刻本　十册

500000－8749－0000216　9A10201
文選六十卷　(南朝梁)蕭統選　(唐)李善注　(清)何焯評點　清光緒十一年(1885)上海同文書局石印本　十册

500000－8749－0000217　9A10202
文選六十卷考異十卷　(南朝梁)蕭統選　(唐)李善注　(清)胡克家考異　清同治八年(1869)湖北崇文書局刻本　三十二册

500000－8749－0000218　9A10301
文選古字通疏證六卷　(清)薛傳均撰　清道光二十年(1840)迪志齋刻本　一册

500000－8749－0000219　9A10402
批點唐宋八家鈔八卷　(清)高塘集評　清道光十五年(1835)江津楊燦崑刻本　八册

500000－8749－0000220　9A10403
批點唐宋八家鈔八卷　(清)高塘集評　清道光十五年(1835)江津楊燦崑刻雙河堂印本　八册

500000－8749－0000221　9A10404
批點唐宋八家鈔八卷　(清)高塘集評　清道光十五年(1835)江津楊燦崑刻雙河堂印本　八册

500000－8749－0000222　9A10304
唐宋大家全集錄五十二卷首一卷　(清)儲欣輯　清光緒八年(1882)江蘇書局刻本　三十二册

500000－8749－0000223　10A30503
詩林韶濩二十卷　(清)顧嗣立輯　清康熙四十四年(1705)顧氏秀野草堂刻本　八册

500000－8749－0000224　10A30502
瀛奎律髓四十九卷　(元)方回編　清康熙五十一年(1712)吳寶芝黄葉邨莊刻本　十册

500000－8749－0000225　10A40504
七言詩歌行鈔十五卷　(清)王士禛輯　清刻本　六册

500000－8749－0000226　9B30501
東萊先生古文關鍵二卷　(宋)吕祖謙輯評　(宋)蔡文子注　(清)徐樹屏考異　清光緒二十四年(1898)江蘇書局刻本　二册

500000－8749－0000227　9A10601

古文觀止十二卷　(清)吳乘權　(清)吳調侯編　清光緒十九年(1893)古香閣魏氏刻本　六冊

500000－8749－0000228　9A10603

古文辭類纂七十四卷　(清)姚鼐編　清光緒十九年(1893)善成堂刻本　十六冊

500000－8749－0000229　9B30603

忠雅堂評選四六法海八卷　(清)蔣士銓評選　清光緒元年(1875)刻本　八冊

500000－8749－0000230　9A20202

初唐四傑集三十七卷　(清)項家達輯　清同治十二年(1873)鄒氏叢雅居刻本　八冊

500000－8749－0000231　9A20303

唐賢三昧集三卷　(清)王士禛編　(清)吳煊　(清)胡堂箋注　(清)黃培芳評　清光緒九年(1883)翰墨園刻朱墨套印本　二冊　存二卷(一、三)

500000－8749－0000232　9A20304

唐人三家集二十六卷　(清)秦恩復輯　清宣統三年(1911)藏古圖書館影印本　八冊

500000－8749－0000233　9A20401

古唐詩合解十二卷附古歌四卷　(清)王堯衢注　清咸豐二年(1852)海清樓刻本　六冊

500000－8749－0000234　9A20403

文粹一百卷補遺二十六卷　(宋)姚鉉編　(清)郭麟補遺　清光緒十六年(1890)杭州許氏榆園刻本　二十冊

500000－8749－0000235　10A30501

才調集十卷　(後蜀)韋縠輯　明崇禎元年(1628)毛晉汲古閣刻本　六冊

500000－8749－0000236　9A20404

宋文鑒一百五十卷　(宋)呂祖謙輯　清光緒十二年(1886)江蘇書局刻本　二十四冊

500000－8749－0000237　10A40101

宋詩鈔初集九十五卷　(清)呂留良　(清)吳之振　(清)吳爾堯輯　清康熙十年(1671)吳氏鑑古堂刻本　五十八冊

500000－8749－0000238　10A40102

南宋雜事詩七卷　(清)沈嘉轍等撰　清康熙武林芹香齋刻本　四冊

500000－8749－0000239　9A20503

欽定熙朝雅頌集一百〇六卷首集二十六卷餘集二卷　(清)鐵保等編　清嘉慶九年(1804)內府刻本　二十四冊

500000－8749－0000240　9A30102

國朝全蜀詩鈔六十三卷　(清)孫桐生輯　清光緒五年(1879)宜賓李廉刻本　十九冊　存六十卷(一至十五、十九至六十三)

500000－8749－0000241　10A40503

帶經堂詩話三十卷首一卷　(清)王士禛撰　(清)張宗柟輯　**倉廣先生墓誌銘一卷**　(清)陸以謙撰　清乾隆紹興李宏德刻本　八冊

500000－8749－0000242　9B30601

本事詩十二卷　(清)徐釚輯　清光緒十四年(1888)邵武徐榦刻本　六冊

500000－8749－0000243　9B30602

制義叢話二十四卷題名一卷　(清)梁章鉅撰　清咸豐九年(1859)知足知不足齋刻本　八冊

500000－8749－0000244　9B20101

歷朝詞綜一百〇六卷詞綜發凡一卷　(清)朱彝尊　(清)王昶輯　清光緒二十八年(1902)綠蔭堂福記刻本　二十四冊

500000－8749－0000245　10A40303

草堂詩餘五卷目錄一卷　(明)楊慎批點　(明)閔暎璧校訂　明吳興閔暎璧刻朱墨套印本　五冊

500000－8749－0000246　9B20105

曝書亭集詞註七卷　(清)朱彝尊撰　(清)李富孫註　清嘉慶十九年(1814)校經廎刻道光九年(1829)印本　四冊

500000－8749－0000247　10A40304

浙西六家詞十卷　(清)龔翔麟輯　清康熙錢

塘龔氏玉玲瓏閣刻本　四册

500000－8749－0000248　10A40502
笠翁十種二十卷　(清)李漁撰　清藻文堂刻本　二十册

500000－8749－0000249　10A40501
紅雪樓九種曲(清容外集)十三卷　(清)蔣士銓撰　清乾隆蔣氏紅雪樓刻本　十二册

500000－8749－0000250　10A40402
藏園九種曲十三卷　(清)蔣士銓撰　清乾隆經綸堂刻本　十二册

500000－8749－0000251　10A40401
納書楹曲譜正集四卷續集四卷外集二卷補遺四卷納書楹玉名堂四夢全譜八卷　(清)葉堂撰　清乾隆五十七年(1792)葉氏納書楹刻本　二十二册

500000－8749－0000252　9B20302
遏雲閣曲譜不分卷學曲例言一卷　(清)王錫純輯　清同治九年(1870)刻本　十三册

500000－8749－0000253　9B30302
增評補像全圖金玉緣一百二十回　(清)曹雪芹　(清)高鶚撰　清光緒三十四年(1908)求不負齋石印本　十六册

500000－8749－0000254　9B20602
楹聯叢話十二卷　(清)梁章鉅撰　清道光二十年(1840)桂林署齋刻本　四册

500000－8749－0000255　9B20603
楹聯續話四卷　(清)梁章鉅撰　清道光二十三年(1843)南浦寓齋刻本　二册

500000－8749－0000256　9B20604
楹聯集錦八卷　(清)胡鳳丹輯　清光緒五年(1879)刻本　一册

500000－8749－0000257　8B10501
玉海二百卷辭學指南四卷詩攷一卷詩地理攷六卷漢藝文志攷證十卷通鑑地理通釋十四卷周書王會補注一卷漢制攷四卷踐阼篇集解一卷急就篇補注四卷姓氏急就篇二卷小學紺珠十卷六經天文編二卷周易鄭康成注一卷通鑑答問五卷　(宋)王應麟撰　元至元三年(1337)慶元路儒學刻元明清遞修清嘉慶十一年(1806)江寧藩署印本　一百二十二册　存二百五十八卷(玉海一至七十四、八十二至二百,辭學指南四卷,詩攷一卷,詩地理攷六卷,漢藝文志攷證十卷,通鑑地理通釋十四卷,周書王會補注一卷,漢制攷四卷,踐阼篇集解一卷,急就篇補注四卷,姓氏急就篇二卷,小學紺珠十卷,六經天文編二卷,周易鄭康成注一卷,通鑑答問五卷)

500000－8749－0000258　Mux0003
古今圖書集成一萬卷目錄三十二卷　(清)陳夢雷等編　(清)蔣廷錫校　清光緒十年(1884)上海圖書集成印書局鉛印本　一千六百〇八册　缺一百卷(藝術典一百十至一百十五、一百七十七至一百八十九、二百五十七至二百六十八、二百九十三至二百九十八、三百二十四至三百二十八、三百四十至三百四十四、三百九十一至三百九十六、八百〇一至八百二十四,學行典一百四十三至一百六十一、一百六十九至二百十六,禮儀典二百二十九至二百三十四)

500000－8749－0000259　8B30102
古今圖書集成一萬卷目錄三十二卷　(清)陳夢雷等編　(清)蔣廷錫校　清光緒十年(1884)上海圖書集成印書局鉛印本　四百十六册　存二千五百四十三卷(目錄六至十八、二十二至二十七,乾象典十六至二十一、三十九至五十六、七十二至八十四,曆法典一至五、十二至十九、三十至四十、四十六至五十、五十五至六十七、七十九至八十四、九十八至一百〇三、一百十至一百十九、一百三十四至一百四十,坤輿典一至十一、十七至二十六、三十三至六十三、七十至一百四十,職方典十至二十八、四十至五十一、六十四至六十九、八十三至九十、一百十至一百二十四、一百三十二至一百三十八、一百六十二至一百八十五、一百九十二至二百〇四、二百十八至二百四十七、二百六十一至二百七十六、三百十二至三百十八、三百三十二至三百五十五、三百七十一至三百七十七、三百八十六至三百九

十一、四百二十七至四百六十二、四百七十七至四百八十四、五百二十二至五百四十一、五百四十九至五百五十五、五百六十三至五百七十六、五百八十三至五百八十八、五百九十六至六百〇一、六百十六至六百二十八、六百三十六至六百五十、八百四十至八百五十二、八百六十七至七百八十三、八百八十一至八百八十八、九百三十七至九百四十二、九百四十九至九百六十二、九百七十九至九百九十六、一千四至一千十九、一千二十七至一千四十二、一千五十至一千五十五、一千六十四至一千七十、一千九十一至一千一百二十一、一千一百二十七至一千一百三十二、一千一百三十九至一千一百五十六、一千一百七十至一千一百七十五、一千一百八十九至一千二百〇一、一千二百〇九至一千二百十五、一千二百二十二至一千二百二十六、一千二百五十三至一千二百六十五、一千二百七十三至一千二百七十九、一千二百九十四至一千三百二十、一千三百三十五至一千三百四十、一千三百四十八至一千三百六十二、一千三百七十至一千三百八十四、一千三百九十三至一千四百十四、一千四百二十八至一千四百三十四、一千四百五十三至一千四百五十九、一千四百六十六至一千四百七十一、一千四百七十九至一千四百九十二、一千五百至一千五百〇七、一千五百十五至一千五百三十、一千五百三十九至一千五百四十四,皇極典二十三至二十七、五十六至六十二、一百五十二至一百五十八、二百〇六至二百十九、二百六十四至二百七十二、二百八十九至三百,宮闈典一至十、二十三至九十五、一百〇三至一百〇九、一百十七至一百二十二、一百二十八至一百四十,官常典二百八十七至二百九十三、五百二十一至五百三十三、六百十二至六百二十五、六百六十六至六百七十八,氏族典十四至二十七、七十一至八十二、九十五至一百〇七、一百三十八至一百四十四、一百六十一至一百七十四、二百〇九至二百十四、二百三十至二百三十九、二百八十一至二百八十六、三百〇一至三百二十七、四百四十二至四百五十五、六百十五至六百四十,人事典一至十六、二十七至七十八、一百〇一至一百〇五,閨媛典一至四十五、五十二至五十八、七十六至八十五、九十二至九十八、一百〇六至一百十三、一百三十九至一百五十八、一百七十一至一百八十二、二百〇三至二百十五、二百五十七至三百二十五,神異典一至十一、二十二至二十七、三十五至四十八、五十四至一百十三、一百二十五至一百五十九、一百七十一至一百七十六、一百八十三至一百九十三、二百至二百十二、二百二十七至二百四十四、二百八十一至二百九十八、三百十三至三百二十,學行典二百九十五至三百,選舉典一至十八、四十四至四十九、五十五至六十、七十八至八十三、一百〇一至一百〇六,銓衡典十八至二十二、九十至九十六,食貨典一至十、二十三至三十三、五十二至六十三、七十七至八十二、一百〇一至一百〇五、一百十八至一百三十三、二百〇三至二百二十一、二百二十八至二百四十四、二百六十一至二百七十二、二百八十六至二百九十九、三百十五至三百二十一、三百三十七至三百四十三、三百五十五至三百六十,禮儀典一至六十三、七十至七十四、九十六至一百五十一、一百五十八至一百八十、一百九十三至二百二十八、二百四十一至二百五十三、二百六十八至二百九十三、三百至三百二十一、三百三十五至三百四十八,樂律典一至九、二十五至三十五、四十三至四十八、六十至六十六、一百〇六至一百二十八,戎政典七至二十二、二十八至三十二、七十四至七十九、一百〇九至一百二十六、一百三十三至一百四十五、一百八十二至一百九十二、二百〇三至二百〇七、二百十三至二百十七、二百二十八至二百六十七,祥刑典六至四十一、五十七至九十六、一百〇七至一百十六、一百二十二至一百二十六、一百三十九至一百五十二、一百六十至一百六十五,考工典八十六至九十八、一百七十至一百八十)

500000－8749－0000260　10A30103

新增説文韻府羣玉二十卷　(元)陰時夫輯　(元)陰中夫注　(明)王元貞校正　明萬曆十

八年(1590)聚錦堂、文秀堂刻本　二十册

500000－8749－0000261　10A30104

韻府約編二十四卷　(清)鄧愷輯　清乾隆二十四年(1759)綰秀閣刻本　十四册

500000－8749－0000262　8B10402

韻海大全五卷　(清)仁壽室主人輯　清光緒十三年(1887)上海積山書局石印本　六册

500000－8749－0000263　10A30201

佩文韻府一百○六卷　(清)張玉書　(清)蔡升元等編　清康熙五十年(1711)内府刻本　九十五册

500000－8749－0000264　8B20301

佩文韻府一百○六卷拾遺一百○六卷　(清)張玉書　(清)蔡升元等編　(清)汪灝拾遺　清光緒二十年(1894)上海點石齋石印本　六十册

500000－8749－0000265　10A30401

韻府拾遺一百○六卷　(清)汪灝　(清)何焯等輯　清刻本　二十四册

500000－8749－0000266　10A30402

事類賦三十卷　(宋)吳淑撰並注　清乾隆五十八年(1793)劍光閣刻本　四册

500000－8749－0000267　10A30403

廣事類賦四十卷　(清)華希閔撰　清乾隆五十九年(1794)劍光閣刻本　六册

500000－8749－0000268　10A30404

格致鏡原一百卷　(清)陳元龍輯　清康熙五十六年(1717)海寧陳氏家刻雍正十三年(1735)印本　二十册

500000－8749－0000269　10A30405

王先生十七史蒙求十六卷李氏蒙求補注六卷　(宋)王令撰　(唐)李瀚補注　(清)金三俊輯注　清乾隆四十八年(1783)刻本　六册

500000－8749－0000270　10A30504

唐詩金粉十卷　(清)沈炳震纂輯　清雍正二年(1724)冬讀書齋刻本　四册

500000－8749－0000271　8B30101

淵鑑類函四百五十卷目録四卷　(清)張英等撰　清光緒十三年(1887)上海同文書局石印本　四十八册

500000－8749－0000272　3A20102

增訂漢魏叢書四百六十卷　(清)王謨輯　清光緒二年(1876)紅杏山房刻民國四年(1915)蜀南馬湖盧樹柟印本　八十册　缺八卷(白虎通德論二卷、三國志辨誤一卷、孫子二卷、中華古今注三卷)

500000－8749－0000273　3A30301

正誼堂全書五百二十六卷　(清)張伯行輯　(清)楊浚重輯　清同治五年至九年(1866－1870)福州正誼書院刻本　一百六十册

500000－8749－0000274　9B40401

函海八百七十五卷　(清)李調元輯　清乾隆中綿州李氏萬卷樓刻道光五年(1825)李朝夔印本　一百五十九册　缺四卷(升庵經説四卷)

500000－8749－0000275　3A20302

士禮居黄氏叢書一百九十七卷　(清)黄丕烈輯　清光緒十三年(1887)上海蜚英館石印本　三十册

500000－8749－0000276　3A20301

宜稼堂叢書二百五十六卷　(清)郁松年輯　清道光二十年至二十六年(1840－1846)上海郁氏刻本　六十九册

500000－8749－0000277　3A20202

功順堂叢書八十一卷　(清)潘祖蔭輯　清光緒吳縣潘氏刻本　四十册

500000－8749－0000278　3A20401

粤雅堂叢書一千三百二十八卷　(清)伍崇曜輯　清道光三十年至光緒元年(1850－1875)南海伍氏刻本　四百○一册　缺四卷(續黔書四卷)

500000－8749－0000279　3A30101

玉函山房輯佚書七百四十九卷　(清)馬國翰輯　清光緒九年(1883)長沙嫏嬛館刻本　一百册　缺六卷(周禮劉氏音一卷、禮記徐氏音

二卷、孝經緯援神契一卷、仲長子昌言一卷、勝之書一卷）

500000－8749－0000280　5A40602

古經解彙函二百八十三卷　（清）鍾謙鈞等輯　清光緒十四年（1888）上海蜚英館石印本　二十冊

500000－8749－0000281　5A40501

皇清經解一百九十卷　（清）阮元輯　清光緒十八年（1892）上海古香閣石印本　六十六冊　存一百六十四種一百七十八卷（十二至一百五十五、一百五十七至一百九十）

500000－8749－0000282　5A40502

皇清經解一百九十卷正訛記一卷　（清）阮元輯　清光緒十七年（1891）上海鴻寶齋石印本　二十四冊

500000－8749－0000283　9B40502

古今說部叢書二百六十九種　國學扶輪社輯　清宣統二年至民國二年（1910－1913）上海國學扶輪社鉛印本　六十冊

500000－8749－0000284　3A10203

景刊宋金元明本詞四十種　吳昌綬輯　陶湘續輯　清宣統三年至民國六年（1911－1917）仁和吳氏雙照樓刻民國六年至十二年（1917－1923）武進陶氏涉園續刻本　三十二冊

500000－8749－0000285　5B40601

小檀欒室彙刻閨秀詞十集　徐乃昌輯　清光緒二十一年至二十二年（1895－1896）南陵徐氏小檀欒室刻本　二十冊

500000－8749－0000286　5B20402

庸庵全集四十七卷　（清）薛福成撰　清光緒無錫薛氏刻本　四十四冊

重慶華巖寺圖書館古籍普查登記目録

全國古籍普查登記目録

國家圖書館出版社
National Library of China Publishing House

500000－8793－0000001　001

徑山藏六千九百五十六卷續藏十九函又續藏四十三函　明萬曆至清康熙五臺、嘉興、徑山等刻本　一千七百九十七册　存五千八百三十六卷

500000－8793－0000002　002

直指玉鑰匙門法一卷　（明）釋真空撰　明正德八年(1513)抄本　一册

500000－8793－0000003　003

佩文韻府一百〇六卷　（清）蔡升元等纂　清刻本　三十册　存十七卷(一、五至七、二十一至二十六、三十四、四十四、五十一至五十二、六十三、六十六至六十七)

500000－8793－0000004　004

廣輿記二十四卷　（明）陸應陽輯　清初刻本　二册　存八卷(四至五、十九至二十四)

500000－8793－0000005　005

釐正按摩要術四卷　（清）張振鋆撰　清刻本　一册

500000－8793－0000006　006

繪圖針灸大成十七卷　章廷珪修　清光緒三十四年(1908)上海章福記書局石印本　十七册

500000－8793－0000007　007

唐王燾先生外臺秘要方四十卷　（宋）林億等纂　清光緒鉛印本　七册　存十九卷(八至十、十九至二十一、二十四至二十九、三十二至三十八)

500000－8793－0000008　008

校正圖註八十一難經四卷　（戰國）秦越人撰　（明）張世賢註　清末石印本　一册　存二卷(三至四)

500000－8793－0000009　009

臨證指南醫案十卷　（清）葉桂撰　清刻本　一册　存一卷(七)

500000－8793－0000010　010

資治通鑑綱目正編五十九卷前編二十五卷續資治通鑑綱目二十七卷　（明）陳仁錫評閱　清嘉慶九年(1804)姑蘇聚文堂刻本　二十八册　存七十五卷(正編二、四至六、十至十一、十三至十四、十六至二十八、三十至三十二、三十四、四十二至四十四、四十七至四十八、五十二至五十七，前編一至二十五，續二至九、十二至十五、十八至十九)

500000－8793－0000011　011

登壇必究四十卷　（明）王鳴鶴編輯　（明）袁世忠校正　明刻本　三十四册　存三十三卷(七至二十三、二十五至四十)

500000－8793－0000012　012

登壇必究四十卷　（明）王鳴鶴編輯　（明）袁世忠校正　明刻本　二册　存二卷(二十八、三十六)

500000－8793－0000013　013

登壇必究玉眉□□卷　（明）王鳴鶴編輯　（明）袁世忠校正　清刻本　一册　存一卷(二)

500000－8793－0000014　014

資治通鑑二百九十四卷目錄三十卷　（宋）司馬光撰　**外紀十卷目錄五卷**　（宋）劉恕撰　**釋文辯誤十二卷**　（元）胡三省撰　清光緒三十一年(1905)成都官書局石印本　六十三册　存一百十七卷(三至四、十二至十三、二十四至二十五、三十五至三十六、四十一至四十四、四十八至四十九、五十三至五十四、五十六至六十一、六十四至六十八、八十三至八十四、八十七至九十、九十四、一百〇五至一百〇六、一百十七至百十八、一百四十三至一百四十五、一百四十八至一百六十五、一百七十至一百七十四、一百七十九至一百八十、二百〇五、二百十七至二百十八、二百四十七至二百四十九、二百八十二至二百八十六、二百九十至二百九十四；目錄一至四、七至九、十一至十二、十四至十九、二十至二十七；外紀一、四，外紀目錄三；釋文辯誤一至九)

500000－8793－0000015　015

阿育王傳五卷　（晉）釋安法欽譯　**釋迦譜五**

卷　（南朝齊）釋僧祐撰　清刻光緒十年(1884)印本　二册

500000－8793－0000016　016

阿育王傳五卷　（晉）釋安法欽譯　**釋迦譜五卷**　（南朝齊）釋僧祐撰　清刻光緒十年(1884)印本　一册

500000－8793－0000017　017

阿育王傳五卷　（晉）釋安法欽譯　**釋迦譜五卷**　（南朝齊）釋僧祐撰　清刻光緒十年(1884)印本　二册

500000－8793－0000018　018

登壇必究四十卷　（明）王鳴鶴編輯　（明）袁世忠校正　明萬曆二十七年(1599)刻本　三十九册　存三十九卷(一、三至四十)

500000－8793－0000019　019

鼎鍥幼幼集成六卷　（清）陳復正輯訂　清刻本　一册　存一卷(四)

500000－8793－0000020　020

嶺南逸史二十八回　（清）花溪逸士編　清末刻本　一册　存四回(十四至十七)

500000－8793－0000021　021

本草備要四卷醫方集解三卷　（清）汪昂撰　清刻本　一册　存二卷(本草備要二、醫方集解一)

500000－8793－0000022　022

景岳全書六十四卷　（明）張介賓撰　清刻本　十四册　存四十二卷(三至十二、十六至十八、三十至五十七、六十四)

500000－8793－0000023　023

葉選醫術□□卷　（清）葉桂選定　清末石印本　一册　存一卷(下)

500000－8793－0000024　024

四診抉微八卷　（清）林之翰纂　清末石印本　一册　存二卷(三至四)

500000－8793－0000025　025

本經逢原四卷　（清）張璐纂撰　清末石印本　一册　存一卷(一)

500000－8793－0000026　026

時方妙用四卷　（清）陳念祖撰　清末親睦會刻本　一册

500000－8793－0000027　027

增圖本草從新十八卷　（清）吳儀洛撰　清末上海廣益書局石印本　一册　存二卷(二至三)

500000－8793－0000028　028

喉科杓指四卷　（清）包永泰撰　清刻本　一册　存二卷(三至四)

500000－8793－0000029　029

太醫院補遺本草歌訣雷公炮製八卷　（清）余應奎補遺　清刻本　二册　存五卷(二至六)

500000－8793－0000030　030

醫學心悟六卷　（清）程國彭撰　清末鉛印本　一册　存一卷(三)

500000－8793－0000031　031

歷代神仙通鑑三集二十二卷　（清）徐道纂　（清）程毓奇纂　清刻本　一册　存一卷(二十一)

500000－8793－0000032　032

正蒙節本一卷　（□）□□纂　清宣統二年(1910)津邑昌明書社刻本　一册

500000－8793－0000033　033

巴縣鄉土志二卷　巴縣勸學所編　清光緒三十三年(1907)巴縣勸學所鉛印本　一册　存一卷(二)

500000－8793－0000034　034

[龍介珊詩]不分卷　（清）龍介珊撰　（清）龍有暉輯　清咸豐二年(1852)刻本　一册

500000－8793－0000035　035

無量壽經一卷　（□）□□輯　清末重慶華巖刻經處刻本　一册

500000－8793－0000036　036

大佛頂首楞嚴經文句一卷大佛頂如來秘因修證了義諸菩薩萬行首楞嚴經玄義二卷　（明）釋智旭撰　（明）釋道昉參訂　清嘉慶十二年

(1807)刻本　二册

500000－8793－0000037　037
證治要訣類方四卷　(清)戴元禮輯　清二酉堂刻本　一册

500000－8793－0000038　038
御纂醫宗金鑑九十卷　(清)吳謙等輯　清刻本　十六册　存三十一卷(八至九、十七至二十四、二十七至四十三、五十七至六十)

500000－8793－0000039　039
佛説梵網經二卷　(後秦)釋鳩摩羅什譯　清刻本　一册

500000－8793－0000040　040
浄土聖賢録□□卷　(□)□□撰　清刻本　一册　存三卷(五至七)

500000－8793－0000041　041
佛説梵網經二卷　(後秦)釋鳩摩羅什譯　清光緒二十五年(1899)巴縣華巖寺刻本　一册

500000－8793－0000042　042
佛説梵網經二卷　(後秦)釋鳩摩羅什譯　清光緒二十五年(1899)巴縣華巖寺刻本　一册

500000－8793－0000043　043
佛説梵網經二卷　(後秦)釋鳩摩羅什譯　清光緒二十五年(1899)巴縣華巖寺刻本　一册

500000－8793－0000044　044
阿毗達磨俱舍論二十卷　(唐)釋玄奘譯　清湖北刻本　三册　存十五卷(一至五、十一至二十)

500000－8793－0000045　045
大覺普濟能仁國師年譜二卷　(清)釋孫超琦輯録　清刻本　一册

500000－8793－0000046　046
西方合論引□□卷　(清)釋石頭撰　清刻本　一册　存五卷(一至五)

500007－8793－0000047　047
無量義經一卷　(南朝齊)釋曇摩伽陀耶舍譯　清光緒三年(1877)江北刻經處刻本　一册

500000－8793－0000048　048
禪林僧寶傳三十卷　(宋)釋惠洪撰　清初刻本　三册

500000－8793－0000049　049
三農紀□□卷　(清)張宗法撰　清刻本　六册　存六卷(三至八)

500000－8793－0000050　050
般舟三昧經三卷　(後漢)釋支婁迦讖譯　明末清初刻本　一册

500000－8793－0000051　051
般舟三昧經三卷　(後漢)釋支婁迦讖譯　明末清初刻本　一册

500000－8793－0000052　052
大佛頂如來密因修證了義諸菩薩萬行首楞嚴經文句十卷　(唐)釋般剌密諦譯　(明)釋智旭文句　(明)釋道昉參訂　明末清初刻本　一册

500000－8793－0000053　053
鬼董五卷　(宋)佚名撰　清末四川存古書局刻知不足齋本　一册

500000－8793－0000054　054
時方歌括二卷景岳新方砭四卷　(清)陳念祖撰　清光緒三十年(1904)上海經香閣書莊石印本　一册

500000－8793－0000055　055
傷寒温病條辨六卷　(清)楊璿撰　清刻本　一册　存一卷(二)

500000－8793－0000056　056
臨證指南醫案十卷　(清)葉桂撰　清刻本　一册　存一卷(五)

500000－8793－0000057　057
盤珠大全□□卷　(清)洪金鼎纂　清刻本　一册　存二卷(增訂洪氏小兒二、增訂洪氏眼科一)

500000－8793－0000058　058
林蕙堂文集十二卷　(清)吳綺撰　清末石印本　二册　存六卷(四至九)

500000－8793－0000059　059

詩韻集成十卷　(清)余照輯　清刻本　一册　存六卷(五至十)

500000－8793－0000060　060

石室秘錄六卷　(清)陳士鐸習　清刻本　一册　存二卷(四至五)

500000－8793－0000061　061

皇清經解一千四百卷　(清)阮元輯　清刻本　二册　存二卷(八百四十三至八百四十四)

500000－8793－0000062　062

雜阿含經論四十卷　(唐)釋玄奘譯　清刻本　三册　存十五卷(一至五、十一至十五、二十六至三十)

500000－8793－0000063　063

雜阿含經論四十卷　(唐)釋玄奘譯　清刻本　一册　存五卷(十一至十五)

500000－8793－0000064　064

字彙十二集　(明)梅膺祚音釋　清刻本　十二册

500000－8793－0000065　065

梁皇懺法十卷　(□)□□撰　清武攸端峯禪院刻本　五册

500000－8793－0000066　066

梁皇懺法十卷　(□)□□撰　清武攸端峯禪院刻本　一册　存二卷(三至四)

500000－8793－0000067　067

醫學實在易八卷　(清)陳念祖撰　清刻本　三册　存七卷(二至八)

500000－8793－0000068　068

新刻黄掌綸先生評訂神仙鑑首集八卷新刻六直汪舜儀評訂神仙鑑二集八卷新刻陳衷一先生評訂神仙鑑三集六卷　(清)徐衢撰　(清)程毓奇續　(清)李理　(清)王大素贊　清刻本　十五册　存十五卷(七、九至二十二)

500000－8793－0000069　069

增補綱鑑輯要四十卷首一卷三編二十卷末一卷　(明)袁黄編纂　清同心書□刻本　三十册　存四十卷(一、四至六、十一至十五、十七至十九、二十二至四十,首一,三編十四至二十,末一)

500000－8793－0000070　070

淵鑒齋御纂朱子全書六十六卷　(宋)朱熹撰　(清)熊賜履等修　清康熙五十三年(1714)武英殿刻本　三十一册　存六十四卷(一至三十、三十三至六十六)

500000－8793－0000071　072

臥龍崗志二卷　(清)羅景輯　清康熙五十一年(1712)刻本　二册

500000－8793－0000072　073

忠武誌八卷　(清)張鵬翮輯　清康熙四十四年(1705)刻同治八年(1869)補刻本　八册

500000－8793－0000073　074

華巖鏡山元和尚訪談錄二卷　(清)釋如寶等編　清道光九年(1829)刻本　一册

500000－8793－0000074　075

增補珍珠囊藥性全書十卷　(明)羅必煒参訂　清楊能儒刻本　四册

500000－8793－0000075　076

萬氏婦人科三卷附保産良方一卷　(□)□□撰　清西昌裘琅玉聲氏文奎堂刻本　一册

500000－8793－0000076　077

御纂醫宗金鑑九十卷外科金鑑十六卷續編□□卷　(清)吳謙等輯　清刻本　十四册　存四十一卷(十三至十六、四十四至五十六,外科一至十,續十至十四)

500000－8793－0000077　078

指月錄三十二卷　(明)瞿汝稷撰　清刻本　五册　存十六卷(四至六、十至十三、二十四至三十二)

500000－8793－0000078　079

指月錄三十二卷　(明)瞿汝稷撰　清刻本　五册　存十六卷(十至十三、十八至二十、二十四至三十二)

500000－8793－0000079　080

渝西大老山華巖寺自耑隱和尚語錄一卷　(□)釋隆惠　(□)釋海元等編　清刻本　一册

500000－8793－0000080　081
渝西大老山華巖寺自耑隱和尚語錄一卷　(□)釋隆惠　(□)釋海元等編　清刻本　一册

500000－8793－0000081　082
渝西大老山華巖寺自耑隱和尚語錄一卷　(□)釋隆惠　(□)釋海元等編　清刻本　一册

500000－8793－0000082　083
月天和尚語錄二卷　(□)釋智永等編　清刻本　一册

500000－8793－0000083　084
坐禪三昧法門經二卷　(晉)釋羅什譯　清末金陵刻經處刻本　一册

500000－8793－0000084　085
千巖長禪師語錄一卷雪巖欽禪師語錄一卷　(□)德玉輯　清刻本　一册

500000－8793－0000085　086
慶忠集二卷　(清)釋慧機撰　清刻本　一册

500000－8793－0000086　087
千佛寶懺三卷　(□)□□撰　清刻本　一册

500000－8793－0000087　088
千佛寶懺三卷　(□)□□撰　清刻本　一册

500000－8793－0000088　089
志公傳一卷　(□)□□撰　清光緒十八年(1892)重慶府龍王廟治古堂刻本　一册

500000－8793－0000089　090
產科心法二集　(清)汪樸齋撰　清光緒巴邑楊東海刻本　一册

500000－8793－0000090　091
宗鏡錄一百卷　(宋)釋延壽集　清同治十二年(1873)刻本　一册　存五卷(一至五)

500000－8793－0000091　092
杜工部集二十卷　(唐)杜甫撰　清刻本　七册　存十四卷(三至十二、十七至二十)

500000－8793－0000092　093
改併五音類聚四聲篇十五卷　(明)韓道昭改併重編　明正德十年(1515)刻本　五册

500000－8793－0000093　094
藝風藏書記八卷續記八卷　(清)繆荃孫撰　清光緒二十七年至民國二年(1901－1913)刻本　五册

500000－8793－0000094　095
八識規矩頌一卷大乘百法明門論一卷　(明)釋廣益纂釋　清光緒四年(1878)刻本　一册

500000－8793－0000095　096
移芝室古文讀本十三卷首一卷　(清)楊彝珍撰　清光緒二十二年(1896)刻本　六册

500000－8793－0000096　097
本草醫方合編三種　(清)汪昂著輯　清文淵堂刻本　六册

500000－8793－0000097　098
史筌五卷首一卷　(清)楊銘柱纂　清咸豐元年(1851)刻本　一册　存三卷(一至二、首一)

500000－8793－0000098　099
改併五音集韻十五卷　(明)韓道昭改併重編　明成化至萬曆刻本　六册

500000－8793－0000099　100
泉布統誌九卷首一卷　(清)孟麟輯　清道光十三年(1833)刻本　二十七册　存八卷(一、三至八,首一)

重慶中國三峽博物館古籍普查登記目録

全國古籍普查登記目録

國家圖書館出版社
National Library of China Publishing House

500000 - 8781 - 0000001　103/4434

書經六卷　(宋)蔡沈集傳　清明善堂刻本　三冊

500000 - 8781 - 0000002　104/2540

詩經八卷　(宋)朱熹集傳　清明善堂刻本　四冊

500000 - 8781 - 0000003　104/7588

毛詩古音考四卷附讀詩拙言一卷　(明)陳第輯　(清)焦竑訂正　清同治二年(1863)古潭余氏明辨齋刻本　四冊

500000 - 8781 - 0000004　104/8700

影北宋鈔本毛詩三卷　(清)陳田鉅輯　清光緒二十四年(1898)貴陽陳氏據北宋鈔本影刻本　一冊

500000 - 8781 - 0000005　104/8700 - 1

影北宋鈔本毛詩三卷　(清)陳田鉅輯　清光緒二十四年(1898)貴陽陳氏據北宋鈔本影刻本　一冊

500000 - 8781 - 0000006　108.5/1171

四書集註闡微直解二十七卷　(明)張居正撰　清康熙十六年(1677)八旗經正書院刻本　十二冊

500000 - 8781 - 0000007　109.1/6614

唐石經校文十卷　(清)嚴可均纂　清嘉慶九年(1804)元尚居刻本　四冊

500000 - 8781 - 0000008　109/0010

今古學攷二卷附尊卑表一卷儀注表一卷　廖平撰　清光緒十二年(1886)刻本　一冊

500000 - 8781 - 0000009　109/1073

尊經書院初集十二卷　王闓運編　清光緒十年(1884)四川省城刻本　一冊　存一卷(一)

500000 - 8781 - 0000010　109/1247

古微書三十六卷　(明)孫穀輯錄　清嘉慶十七(1812)年對山問月樓刻本　六冊

500000 - 8781 - 0000011　109/7110

皇清經解一千四百卷續刻八卷首一卷　(清)阮元輯　清道光九年(1829)廣東學海堂刻咸豐十一年(1861)補刻本　三百二十冊

500000 - 8781 - 0000012　109/7110:2

皇清經解續編一千四百三十卷　王先謙編　清光緒十四年(1888)南菁書院刻本　三百二十冊

500000 - 8781 - 0000013　109/7234

助字辨略四卷　(清)劉淇撰　清咸豐五年至六年(1855 - 1856)聊城楊氏海源閣刻本　五冊

500000 - 8781 - 0000014　109/8043

古經解鉤沉三十卷　(清)余蕭客撰　清刻本　八冊

500000 - 8781 - 0000015　109/8208

古經解彙函附小學彙函續附十種　(清)鍾謙鈞等輯　清光緒十四年(1888)上海蜚英館石印本　二十冊　存十種(吳經異義疏證三卷、尚書馬鄭注十卷附尚書逸文二卷、魯詩故三卷、齊詩傳二卷、韓詩故二卷附韓詩内傳、薛君韓詩章句二卷、月令章句一卷、字林攷逸八卷、倉頡篇三、原本玉篇一卷)

500000 - 8781 - 0000016　110.1/7531

六一山房重校石印考正字彙二卷　(清)陳淏子撰　(清)李節齋考訂　清光緒三十三年(1907)文成堂石印本　一冊

500000 - 8781 - 0000017　110.2/0467

選集漢印分韻二卷續集二卷　(清)袁日省撰　(清)謝景卿摹錄　清嘉慶二年至八年(1797 - 1803)謝氏漱藝堂刻本　四冊

500000 - 8781 - 0000018　110.2/0467:2

續集漢印分韻二卷　(清)袁日省撰　(清)謝景卿摹錄　清嘉慶八年(1803)謝氏漱藝堂刻本　三冊

500000 - 8781 - 0000019　110.2/0894

說文解字三十卷　(漢)許慎撰　(宋)徐鉉校定　清嘉慶十二年(1807)刻本　二冊

500000 - 8781 - 0000020　110.2/0894 - 2

說文解字三十卷部目分韻一卷六書音均表五

卷 (清)段玉裁注 清嘉慶十三年(1808)刻本 二十四冊

500000－8781－0000021 110.2/0894－3
說文解字十五卷 (清)段玉裁注 清刻本 一冊 存一卷(十五)

500000－8781－0000022 110.2/0894－5
說文解字注三十卷附六書音均表五卷 (清)段玉裁注 **說文通檢十四卷** (清)黎永椿編 **說文解字注匡謬八卷** (清)徐永慶撰 清光緒三十四年(1908)上海江左書林鉛印本宣統二年(1910)再版 八冊

500000－8781－0000023 110.2/0894－5(I)
說文解字注三十卷附六書音均表五卷 (清)段玉裁注 **說文通檢十四卷** (清)黎永椿編 **說文解字注匡謬八卷** (清)徐永慶撰 清光緒三十四年(1908)上海江左書林鉛印本宣統二年(1910)再版 八冊

500000－8781－0000024 110.2/1115
康熙字典十二集檢字一卷辨似一卷等韻一卷備考一卷補遺一卷 (清)張玉書等編 清康熙五十五年(1716)刻本 五十六冊

500000－8781－0000025 110.2/1115
康熙字典十二集等韻一卷備考一卷補遺一卷 (清)張玉書等編 清康熙五十五年(1716)内府刻本 五十六冊

500000－8781－0000026 110.2/2874
從古堂款識學十六卷 (清)徐同柏撰 清光緒三十二年(1906)蒙學報館石印本 八冊

500000－8781－0000027 110.2/3144
隸辨八卷 (清)顧藹吉撰 清光緒十三年(1887)上海蜚英館石印本 八冊

500000－8781－0000028 110.2/3144－4
隸辨八卷 (清)顧藹吉撰 清乾隆八年(1743)江寧甘瑞祥家刻本 十六冊

500000－8781－0000029 110.2/4047
增廣蒙學字課圖說補遺□□卷 (□)□□編 清刻本 一冊 存一卷(二)

500000－8781－0000030 110.2/4428
繆篆分韻五卷補一卷 (清)桂馥編 清歸安姚覲元川東道署刻本 二冊

500000－8781－0000031 110.2/4444
仿唐寫本說文解字木部一卷箋異一卷 (漢)許慎撰 (清)莫友芝箋 清末石印本 一冊

500000－8781－0000032 110.2/4491－10
歷代鐘鼎彝器款識法帖二十卷附札記一卷 (宋)薛尚功撰 清宣統元年(1909)錫福堂影印本 四冊

500000－8781－0000033 110.2/4491－9
歷代鐘鼎彝器款識法帖二十卷附札記一卷 (宋)薛尚功撰 清宣統元年(1909)錫福堂影印本 四冊

500000－8781－0000034 110.2/4687
增廣鐘鼎篆韻七卷 (元)楊銁撰 清抄本 五冊

500000－8781－0000035 110.2/5042
漢隸字源五卷碑目一卷 (宋)婁機撰 清光緒三年(1877)歸安姚氏川東官舍刻本 六冊

500000－8781－0000036 110.2/7110
積古斎鐘鼎彝器款識十卷附商周銅器說二卷兵器說一卷 (清)阮元編錄 清光緒三十三年(1907)上海醉六堂石印本 五冊

500000－8781－0000037 110.2/7110－2
積古齋鐘鼎彝器款識十卷 (清)阮元編錄 清光緒五年(1879)武昌紅杏山房刻本 六冊

500000－8781－0000038 110.2/7110－3
積古斎鐘鼎彝器欵識稿本四卷附一卷 (清)朱弼撰 (清)阮元編 清光緒三十二年(1906)休寧朱氏影印本 三冊

500000－8781－0000039 110.2/7110－4
積古斎鐘鼎彝器款識十卷附商周銅器說二卷兵器說一卷 (清)阮元編錄 清嘉慶九年(1804)揚州阮氏刻本 二冊 存四卷(一至四)

500000－8781－0000040 110.2/7213

隸韻十卷　(宋)劉球纂　**考證二卷碑目考證一卷**　(清)翁方綱撰　清嘉慶十五年(1810)刻本　六冊

500000－8781－0000041　110.2/7213
隸韻十卷　(宋)劉球纂　**考證二卷碑目考證一卷**　(清)翁方綱撰　清嘉慶十五年(1810)刻本　十冊

500000－8781－0000042　110.2/7702
六書通十卷　(明)閔齊伋撰　(清)畢弘述篆訂　清光緒四年(1878)繡谷三餘堂刻本　十冊

500000－8781－0000043　110.2/7702－2
六書通十卷首一卷附百體福壽全圖　(明)閔齊伋撰　(清)畢弘述篆訂　清光緒十九年(1893)上海書局石印本　五冊

500000－8781－0000044　110.3/0044
欽定同文韻統六卷　(清)允祿等監纂　(清)章嘉胡土克圖纂修　清宣統二年(1910)理藩部仿殿本刻本　五冊

500000－8781－0000045　110/7164
玉函山房輯佚書　(清)馬國翰輯　清光緒十年(1884)楚南書局刻本　三冊　存四十九種

500000－8781－0000046　201.334/1160
漢書一百卷　(漢)班固撰　(唐)顏師古注　明末清初毛氏汲古閣刻本　十八冊　存八十八卷(六至八十七、九十五至一百)

500000－8781－0000047　201.334/1160－5
漢書一百卷　(漢)班固撰　(唐)顏師古注　清刻本　二十四冊　存八十卷(二至十六、二十至二十八、四十一至九十二、九十五至九十六、九十九至一百)

500000－8781－0000048　201.334/4464
後漢書一百二十卷　(南朝宋)范曄撰　(唐)李賢注　清同治十年(1871)成都書局刻本　十九冊　存八十八卷(六至八十七、九十五至九十九)

500000－8781－0000049　201.343/7727－4
五代史記七十四卷　(宋)歐陽修撰　(宋)徐無黨原注　(清)彭元瑞注　清道光八年(1828)海昌楊氏刻本　四十冊

500000－8781－0000050　202.1/2800
竹書紀年統箋十二卷雜述一卷前編一卷　(南朝梁)沈約注　(清)徐文靖箋　清乾隆十五年(1750)刻本　四冊

500000－8781－0000051　202.2/2547
光緒朝東華續錄二百二十卷　(清)朱壽朋編　清宣統元年(1909)上海集成圖書公司鉛印本　六十四冊

500000－8781－0000052　203/2172
中國歷史戰争形勢圖說附論二卷　盧彤著　清宣統二年(1910)武昌集文印書館鉛印本　一冊

500000－8781－0000053　203/2509
歷朝紀事本末七種五百六十六卷　(清)朱記榮輯　清光緒二十一年(1895)上海積山書局石印本　五十冊

500000－8781－0000054　203/7175
繹史一百六十卷　(清)馬驌撰　清同治七年(1868)刻本　四十四冊　存一百四十二卷(十九至一百六十)

500000－8781－0000055　204.1/1021
東都事略一百三十卷　(宋)王偁撰　清光緒九年(1883)淮南書局刻本　八冊

500000－8781－0000056　204.1/1731
元史類編四十二卷　(清)邵遠平撰　清乾隆六十年(1795)南沙席世臣掃葉山房刻本　十六冊

500000－8781－0000057　204.1/4045
李氏藏書六十八卷　(明)李贄撰　明萬曆二十七年(1599)焦竑刻本　十六冊　存六十四卷(藏書世紀一至八,列傳一至四、九至六十八)

500000－8781－0000058　204.2/2623
鹿樵紀聞三卷　(清)吳偉業撰　清宣統三年

(1911)商務印書館鉛印本　二册　存二卷(一至二)

500000－8781－0000059　204/4067
國語二十一卷　(三國吳)韋昭注　**札記一卷**　(清)黄丕烈撰　**攷異四卷**　(清)汪遠孫撰　**戰國策三十三卷札記三卷**　(漢)高誘注　清同治八年(1869)湖北崇文書局刻本　十册

500000－8781－0000060　204/7262
蜀龜金鑒七卷首一卷　(清)劉景伯撰　清宣統三年(1911)刻本　四册

500000－8781－0000061　205.1/3131
吳郡名賢圖傳贊二十卷　(清)顔沅輯　(清)孔繼垚繪圖　清道光九年(1829)長洲顧氏刻本　八册

500000 － 8781 － 0000062　205. 1/8034
書8024
蜀燹述畧六卷　(清)余鴻觀輯　清光緒二十七年(1901)濦江學署刻本　四册

500000－8781－0000063　205.2/0400
忠武誌十卷　(清)張鵬翮輯　清康熙四十四年(1705)刻本　六册

500000－8781－0000064　205.3/2699
歷代名人年譜十卷存疑及生卒年月無攷一卷　(清)吳榮光撰　清光緒元年(1875)南海張蔭桓刻本　十册

500000－8781－0000065　205.4/7734
蜀輶日記四卷　(清)陶澍撰　清道光七年(1827)白門吳儀董刻本　四册

500000－8781－0000066　206/6027
十國春秋一百十四卷　(清)吳任臣撰　清康熙十一年(1672)彙賢齋刻本　十四册

500000－8781－0000067　206/6084
峋嶁鑑撮四卷　(清)曠敏本編　清嘉慶二十三年(1818)新城楊迦懌刻本　四册

500000－8781－0000068　208.1/1033
五代會要三十卷　(宋)王溥撰　清光緒十二年(1886)江蘇書局刻本　六册

500000－8781－0000069　208.1/1371
皇朝通志一百二十六卷　(清)嵇璜等纂修　清光緒二十七年(1901)上海圖書集成局據武英殿聚珍版鉛印皇朝三通本　十一册

500000－8781－0000070　208.1/2670
欽定大清會典八十卷　(清)朱鴻等纂修　清嘉慶二十三年(1818)刻本　四十册

500000－8781－0000071　208.1/2670.2
欽定大清會典圖一百三十二卷目錄二卷　(清)慶桂等纂修　清嘉慶十六年(1811)刻本　四十二册

500000－8781－0000072　208.1/2670.3
欽定大清會典事例九百二十卷目錄八卷　(清)王傑等纂修　清嘉慶二十三年(1818)武英殿刻本　三百六十九册

500000－8781－0000073　208.1/4420
紀元通攷十二卷　(清)葉維庚撰　清同治十一年(1872)秀水葉氏刻本　四册

500000－8781－0000074　208.11/4033－3
紀元編三卷末一卷　(清)李兆洛編　清道光十一年(1831)輩學齋刻本　三册

500000－8781－0000075　208.3/1262
漢官七種　(清)孫星衍輯　清末成都尊經書局刻本　二册

500000－8781－0000076　208.3/2130
漢舊儀二卷補遺二卷　(漢)衛宏撰　清刻本　一册　存三卷(一至二、補遺一)

500000－8781－0000077　208.4/1034
四川鹽法志四十卷首一卷　(清)丁寶楨纂　(清)羅文彬等輯　清光緒八年(1882)刻本　二十册

500000－8781－0000078　208.5/4419
約章分類輯要三十八卷首一卷　(清)蔡乃煌纂　清光緒二十六年(1900)湖南商務局刻本　三十册

500000－8781－0000079　208.5/5339
中日通商行船條約續約不分卷　(清)□□輯

清光緒三十年(1904)湖南洋務局刻本 一册

500000-8781-0000080 208.5/6033
中美續議通商行船條約不分卷 (清)□□輯 清光緒三十年(1904)湖南洋務局刻本 一册

500000-8781-0000081 208.5/6033-4
英國議定商約更定實抽税則合刊不分卷 (清)□□輯 清光緒二十九年(1903)湖南洋務局刻本 一册

500000-8781-0000082 208.62/6649
洋防輯要二十四卷 (清)嚴如熤輯 清道光十八年(1838)來鹿堂刻本 十二册

500000-8781-0000083 208.8/0007
欽定大清商律 (清)商部訂 清末鉛印本 一册

500000-8781-0000084 208.8/0007-5
奏定商會簡明章程 (清)商部訂 清光緒三十年(1904)湖南洋務局刻本 一册

500000-8781-0000085 208.8/3407
京師高等以下各級審判廳試辦章程 (清)法部擬定 清光緒三十三年(1907)鉛印本 一册

500000-8781-0000086 208.8/4490
土司例纂不分卷 (清)黄炳堃輯 清光緒十七年(1891)刻本 一册

500000-8781-0000087 208.8/4683
萬國公法四卷 (美國)惠頓撰 (美國)丁韙良譯 清光緒二十七年(1901)鑄記書莊鉛印本 一册

500000-8781-0000088 209.1/2231
聖諭廣訓十六條 (清)聖祖玄燁撰 清光緒三十三年(1907)安縣李氏刻朱墨套印本 一册

500000-8781-0000089 209.2/3416
經略洪承疇奏對筆記二卷 (清)洪承疇撰 清抄本 二册

500000-8781-0000090 209/3318
聖諭像解二十卷 (清)梁延年編 清光緒二十九年(1903)安徽撫署石印本 十册

500000-8781-0000091 209/6715
硃批諭旨不分卷 (清)鄂爾泰等編 清光緒十三年(1887)上海點石齋雙色石印本 六十册

500000-8781-0000092 210/2317
金石識别十二卷 (美國)代那撰 (美國)瑪高温譯 (清)華蘅芳筆述 清江南製造總局刻本 六册

500000-8781-0000093 210/2341
格致彙編第七年四卷 (英國)傅蘭雅輯 清光緒二年至十八年(1876-1892)上海格致書室刻本 四册

500000-8781-0000094 210/3021
求礦指南十卷 (英國)安德孫撰 (清)潘松 (英國)傅蘭雅譯 清光緒二十五年(1899)江南製造總局刻本 一册

500000-8781-0000095 210/3021-1
探礦取金六卷續編一卷附編一卷 (英國)密拉撰 (清)舒高第譯 (清)汪振聲述 清光緒三十年(1904)江南製造局譯書館刻本 一册 存五卷(四至六、續編一、附編一)

500000-8781-0000096 210/5514
寶藏興焉十二卷 (英國)費而奔撰 (英國)傅蘭雅譯 (清)徐壽筆述 清江南製造總局刻本 十六册

500000-8781-0000097 211/7515
歲時廣記四十卷首一卷末一卷 (宋)陳元靚纂 清刻本 八册

500000-8781-0000098 212.1/1023
輿地紀勝二百卷首一卷 (宋)王象之撰 清咸豐五年(1855)南海伍氏粤雅堂刻本 二十四册

500000-8781-0000099 212.1/1040
元豐九域志十卷 (宋)王存等撰 清刻本 六册

500000－8781－0000100　212.1/2211
輿地紀勝補闕十卷　(清)岑建功輯　清道光二十九年(1849)甘泉岑氏懼盈齋刻本　二册

500000－8781－0000101　212.1/2250
太平寰宇記二百卷補闕七卷　(宋)樂史撰　清刻本　二十六册

500000－8781－0000102　212.1/2674
資治通鑑地理今釋十六卷　(清)吳熙載撰　清光緒二十三年(1897)廣東經史閣刻本　四册

500000－8781－0000103　212.1/3132
讀史方輿紀要序二卷　(清)顧祖禹撰　清尊經廣業書局刻本　一册

500000－8781－0000104　212.1/3132－1
讀史方輿紀要一百三十卷輿圖要覽四卷　(清)顧祖禹輯　清嘉慶中成都龍氏敷文閣刻清光緒五年(1879)蜀南桐華書屋修補本　七十册

500000－8781－0000105　212.1/3191
天下郡國利病書一百二十卷　(清)顧炎武輯　清道光刻光緒五年(1879)蜀南桐華書屋薛氏家塾修補本　五十册

500000－8781－0000106　212.1/4033
李氏五種合刊　(清)李兆洛撰　清光緒二十四年(1898)上海掃葉山房石印本　八册

500000－8781－0000107　212.1/4033－2
皇朝一統輿地全圖　(清)李兆洛編　清同治四年(1865)金陵徑香閣刻朱墨套印本　一册

500000－8781－0000108　212.1/4045
元和郡縣圖志四十卷逸文一卷　(唐)李吉甫撰　**補志九卷**　(清)嚴觀輯　清光緒六年至八年(1880－1882)金陵書局刻本　八册

500000－8781－0000109　212.1/4045.2
元和郡縣補志九卷　(清)嚴觀輯　清光緒八年(1882)金陵書局刻本　二册

500000－8781－0000110　212.1/4064
輿圖摘要十五卷　(明)李日華纂輯　明末潭陽余應灝刻本　四册

500000－8781－0000111　212.1/4634
歷代輿地沿革險要圖一卷　楊守敬　饒敦秩撰　清光緒五年(1879)東湖饒氏刻朱墨套印本　一册

500000－8781－0000112　212.1/6007
古史釋地三卷諸子釋地一卷　(清)呂調陽撰　清光緒十四年(1888)葉長高刻觀象廬叢書本　一册

500000－8781－0000113　212.1/6649
三省邊防備覽十四卷　(清)嚴如熤輯　清道光二年(1822)刻本　八册

500000－8781－0000114　212.1/7120
歷代地理沿革圖一卷　(清)馬徵麟編　清同治十一年(1872)金陵懷寧馬氏刻本　一册

500000－8781－0000115　212.1/7770
輿地廣記三十八卷　(宋)歐陽忞撰　**校勘輿地廣記札記二卷**　(清)黄丕烈撰　清光緒六年(1880)金陵書局刻本　四册

500000－8781－0000116　212.11/2211
輿地紀勝補闕十卷　(清)岑建功輯　清道光二十八年(1848)甘泉岑氏懼盈齋刻本　二册

500000－8781－0000117　212.226/4440
蒙古游牧記十六卷　(清)張穆撰　清同治六年(1867)壽陽祁氏刻本　四册

500000－8781－0000118　212.24033－4
李氏五種合刊　(清)李兆洛輯　清光緒十八年(1892)金陵書局刻本　十六册

500000－8781－0000119　212.241/1316
[正德]武功縣志三卷首一卷　(明)康海纂修　(清)孫景烈評注　清乾隆二十六年(1761)刻本　一册

500000－8781－0000120　212.241/1316－7
[正德]武功縣志三卷首一卷　(明)康海纂修　(清)孫景烈評注　清同治十二年(1873)湖北崇文書局刻本　一册

500000－8781－0000121　212.241/2426

[光緒]岐山縣志八卷 (清)胡昇猷修 (清)張殿元編 清光緒十年(1884)刻本 四冊

500000－8781－0000122 212.245/7732
異域瑣談四卷 題(清)椿園七十一撰 (清)周宅仁編 清嘉慶二十三年(1818)刻本 一冊

500000－8781－0000123 212.271/0036
[嘉慶]漢州志四十卷首一卷末一卷 (清)劉長庚修 (清)侯肇元等纂 清嘉慶二十二年(1817)刻本 十二冊

500000－8781－0000124 212.271/0036:2
[同治]續漢州志二十四卷首一卷補遺一卷 (清)張超等修 清同治八年(1869)刻本 八冊

500000－8781－0000125 212.271/0266
[同治]彰明縣志五十七卷首二卷 (清)何慶恩修 (清)李朝棟等纂 清同治十二年(1873)刻本 十冊

500000－8781－0000126 212.271/1037
[光緒]雷波廳志三十六卷首一卷 (清)秦雲龍修 (清)萬科進纂 清光緒十九年(1893)刻本 六冊

500000－8781－0000127 212.271/2000
[道光]重慶府志九卷 (清)王夢庚修 (清)寇宗纂 清道光二十三年(1843)刻本 七冊 存八卷(一至八)

500000－8781－0000128 212.271/2026
[光緒]秀山縣志十四卷首一卷 (清)王壽松修 清光緒十七年(1891)刻本 四冊

500000－8781－0000129 212.271/2216
[道光]樂至縣志十六卷首一卷 (清)裴顯忠修 (清)劉碩輔纂 清道光二十年(1840)刻同治八年(1869)補刻本 四冊

500000－8781－0000130 212.271/2376
[嘉慶]峩眉縣志十卷首一卷 (清)王燮纂修 (清)張希縉 (清)張希珝編 清嘉慶十八年(1813)刻宣統三年(1911)補刻本 四冊

500000－8781－0000131 212.271/2436
[光緒]射洪縣志十八卷 (清)黃允钦等修 (清)陳一津 (清)劉碩輔纂 清光緒十一年(1885)修民國中補修本 九冊

500000－8781－0000132 212.271/2476
[道光]德陽縣新志十二卷首一卷末一卷 (清)裴顯忠修 清道光十七年(1837)刻本 五冊

500000－8781－0000133 212.271/2476(I)
[道光]德陽縣新志十二卷首一卷末一卷 (清)裴顯忠修 清道光十七年(1837)刻本 五冊

500000－8781－0000134 212.271/2476:2
[光緒]德陽縣新志續編十卷末一卷 (清)李炳靈纂輯 清光緒三十一年(1905)下浣德邑宏道閣公書局刻本 三冊

500000－8781－0000135 212.271/3022
[光緒]新修潼川府志三十卷 (清)阿麟纂 (清)王龍勳等修 清光緒二十三年(1897)刻本 二十冊

500000－8781－0000136 212.271/3026
[乾隆]富順縣志五卷首一卷 (清)段玉裁等修 (清)李芝等纂 清光緒八年(1882)刻本 五冊

500000－8781－0000137 212.271/3076
[道光]安岳縣志十六卷首一卷 (清)濮瑗修 (清)周國頤纂 清道光十六年(1836)刻本 八冊

500000－8781－0000138 212.271/3076:2
[道光]續修安岳縣志四卷 (清)鄒宗垣修 (清)謝世珍等纂 清光緒二十三年(1897)刻本 八冊

500000－8781－0000139 212.271/3136－1
[光緒]江油縣志二十四卷 (清)武丕文修 (清)陳志喆等纂 清光緒二十九年(1903)刻本 六冊

500000－8781－0000140　212.271/3136－4
[光緒]江油縣志二十四卷　(清)武丕文修　(清)陳志喆等纂　清光緒二十九年(1903)刻本　四册

500000－8781－0000141　212.271/3411－2
[光緒]灌縣鄉土志二卷　(清)徐昱輯　(清)高履和協纂　清光緒三十三年(1907)刻本　二册

500000－8781－0000142　212.271/3411－2/(Ⅰ)
[光緒]灌縣鄉土志二卷　(清)徐昱輯　(清)高履和協纂　清光緒三十三年(1907)刻本　二册

500000－8781－0000143　212.271/3476
[嘉慶]洪雅縣志二十五卷首一卷　(清)王好音纂修　(清)張柱等輯　清嘉慶十八年(1813)刻本　八册

500000－8781－0000144　212.271/3476:2
[光緒]洪雅縣志十二卷首一卷　(清)郭世棻纂修　(清)鄧敏修輯　清光緒十年(1884)刻本　六册

500000－8781－0000145　212.271/3732
[光緒]資州直隸州志三十卷首一卷　(清)劉炯纂修　(清)張懷渭輯　清光緒二年(1876)刻本　二十册

500000－8781－0000146　212.271/3776
[咸豐]資陽縣志四十八卷首二卷　(清)范涞清修　(清)何華元纂　清咸豐十年(1860)刻本　二册　存十卷(五至十四)

500000－8781－0000147　212.271/4026－9
[光緒]增修南川縣志十二卷　(清)黄際飛等修　(清)周厚光等纂　清刻本　十册　存十卷(三至十二)

500000－8781－0000148　212.271/4036
[咸豐]重修梓潼縣志六卷　(清)張香海修　(清)楊曦等纂　清咸豐八年(1858)刻本　六册

500000－8781－0000149　212.271/4432－3
[光緒]蓬州志十五卷　(清)方旭修　(清)張禮傑等纂　清光緒二十三年(1897)刻本　四册

500000－8781－0000150　212.271/4432－4
[道光]茂州志四卷首一卷　(清)楊迦懌修　(清)劉輔廷纂　清道光十一年(1831)刻本　四册

500000－8781－0000151　212.271/4436－3
[光緒]蓬溪縣續志四卷　(清)周學銘纂　(清)熊祥謙等輯　清光緒二十五年(1899)刻本　四册

500000－8781－0000152　212.271/5336
[嘉慶]威遠縣志六卷　(清)陳汝秋纂修　清乾隆四十年(1775)刻嘉慶十八年(1813)補修本(有抄補)　六册

500000－8781－0000153　212.271/5336－9
[光緒]威遠縣志三編四卷　(清)吳增輝修　清光緒三年(1877)刻本　四册

500000－8781－0000154　212.271/5340
成都通覽不分卷　(清)傅崇榘編　清宣統元年至二年(1909－1910)成都通俗報社石印本　八册

500000－8781－0000155　212.271/5516
光緒井研志四十二卷　(清)高承瀛修　(清)吳嘉謨　(清)龔煦春纂　清光緒二十六年(1900)刻本　十二册

500000－8781－0000156　212.271/602
蜀故二十七卷　(清)彭遵泗纂　清光緒二年(1876)讀書堂刻本　六册

500000－8781－0000157　212.271/602
[嘉慶]四川通志二百〇四卷首二十二卷　(清)常明等修　(清)楊芳燦　(清)譚光祜編　清嘉慶二十一年(1816)刻本　七十九册　存二百二十二卷(一至二百、首一至二十二)

500000－8781－0000158　212.271/602
四川省各府直隸廳州圖　(清)□□編　清末

石印本　一册

500000－8781－0000159　212.271/602－1
[嘉慶]四川通志二百〇四卷首二十二卷　(清)常明等修　(清)楊芳燦　(清)譚光祜輯　清嘉慶二十一年(1816)刻本　一百二十册

500000－8781－0000160　212.271/602－5
蜀典十二卷　(清)張澍編輯　清光緒二年(1876)尊經書院刻本　四册

500000－8781－0000161　212.271/602－6
蜀故二十七卷　(清)彭遵泗纂　清光緒二十四年(1898)至元堂刻本　四册

500000－8781－0000162　212.271/6036
[嘉慶]羅江縣志三十六卷　(清)李桂林纂　清同治四年(1865)刻本　四册

500000－8781－0000163　212.271/6036:2
[同治]續修羅江縣志二十四卷　(清)馬傳業纂　(清)劉正慧等修　清同治四年(1865)刻本　二册

500000－8781－0000164　212.271/7726－4
[乾隆]屏山縣志八卷首一卷　(清)張曾敏修　(清)陳琦纂　清乾隆四十三年(1778)刻本　四册

500000－8781－0000165　212.271/7726－4:3
[光緒]屏山縣續志二卷首一卷　(清)張九章修　(清)陳藩垣等纂　清光緒二十四年(1898)刻本　二册

500000－8781－0000166　212.271/7726－4:3/(1)
[光緒]屏山縣續志二卷首一卷　(清)張九章修　(清)陳藩垣等纂　清光緒二十四年(1898)刻本　二册

500000－8781－0000167　212.271/7762
[同治]巴縣志四卷　(清)霍為棻等修　(清)熊家彦等纂　清同治六年(1867)刻本　六册

500000－8781－0000168　212.271/7762－1
[乾隆]巴縣志十七卷首一卷　(清)王爾鑒等纂　清嘉慶二十五年(1820)刻本　十册　存十五卷(一至十三、十五、十七)

500000－8781－0000169　212.271/7762－1/(1)
[乾隆]巴縣志十七卷首一卷　(清)王爾鑒等纂　清嘉慶二十五年(1820)刻本　一册　存一卷(十七)

500000－8781－0000170　212.271/7762－7
[咸豐]開縣志二十七卷首一卷　(清)李肇奎等纂　(清)譚天錦　(清)蕭炳然輯　清咸豐三年(1853)刻本　六册

500000－8781－0000171　212.271/8276－4
[雍正]劍州志二十四卷圖一卷　(清)李梅賓修　(清)楊端編輯　清雍正五年(1727)刻本　四册

500000－8781－0000172　212.271/9926－6
[同治]營山縣志三十卷　(清)翁道均纂修　清同治九年(1870)經費公局刻本　二册　存七卷(一、二十二至二十七)

500000－8781－0000173　212.273/2196
[光緒]增修仁懷廳志八卷首一卷　(清)張正奎等纂　清刻本　一册　存一卷(六)

500000－8781－0000174　212.273/3880
[道光]遵義府志四十八卷首一卷　(清)鄭珍　(清)莫友芝纂輯　清道光二十一年(1841)刻本　二十册

500000－8781－0000175　212.273/503
[乾隆]貴州通志四十六卷首一卷　(清)鄂爾泰修　清乾隆六年(1741)刻本　二十四册

500000－8781－0000176　212.273/8030
[光緒]普安直隸廳志二十二卷　(清)曹昌祺等修　(清)覃夢榕等纂　清光緒十五年(1889)刻本　八册

500000－8781－0000177　212.274/104
[道光]雲南通志稿二百十六卷首三卷　(清)王崧　(清)李誠纂修　清道光十五年(1835)刻本　一百十二册

500000－8781－0000178　212.274/1083

[光緒]霑益州志六卷　(清)李景賢修　(清)陳燕纂　(清)韓寶琛訂　清光緒十一年(1885)刻本　六冊

500000－8781－0000179　212.274/3017
[光緒]續修永北直隸廳志十卷首一卷　(清)葉如桐等修　清刻本　一冊　存一卷(九)

500000－8781－0000180　212.274/3060
[光緒]永昌府志六十六卷首一卷　(清)劉毓珂等纂修　清道光十一年(1831)刻本　十四冊

500000－8781－0000181　212.274/6016
[光緒]呈貢縣志八卷　(清)朱若功修　(清)戴天賜編　(清)李明鍪續修　(清)李蔚文等續編　清光緒十一年(1885)刻本　八冊

500000－8781－0000182　212.274/6066
[道光]昆明縣志十卷　(清)戴絅孫輯　清光緒三十年(1904)刻本　六冊

500000－8781－0000183　212.274/7720
[道光]開化府志十卷　(清)何懷道　(清)周炳纂修　清道光九年(1829)刻本　七冊

500000－8781－0000184　212.274/7940
[光緒]騰越廳志稿二十卷首一卷　(清)陳宗海　(清)趙端禮纂修　清光緒十三年(1887)刻本　十二冊

500000－8781－0000185　212.274/7947
新續騰越廳志□□卷　(清)陳宗海修　清刻本　三冊　存三卷(五至六、九)

500000－8781－0000186　212.275/1044－1
西藏通覽二編　(日本)山縣初男撰　清光緒三十四年(1908)鉛印本　四冊

500000－8781－0000187　212.275/1044－2
衛藏通志十六卷首一卷　(清)和琳纂修　清光緒二十二年(1896)漸西村舍刻本　八冊

500000－8781－0000188　212.275/1044－5
西招圖略一卷圖說一卷附前藏至西寧路程　(清)松筠撰　清道光二十七年(1847)刻本　二冊

500000－8781－0000189　212.275/1044－6
西藏圖考八卷首一卷　(清)黃沛翹輯　清光緒十二年(1886)刻本　四冊

500000－8781－0000190　212.38/1107
六朝事迹編類十四卷　(宋)張敦頤撰　清光緒十三年(1887)刻本　四冊

500000－8781－0000191　212.38/4034
揚州畫舫錄十八卷　(清)李斗撰　清同治十一年(1872)刻本　六冊

500000－8781－0000192　212.3874/4649－6
增訂南詔野史二卷　(明)楊慎輯　(清)胡蔚訂　清刻本　二冊

500000－8781－0000193　212.3874/4694
南詔備考四卷　(明)楊慎輯　清嘉慶七年(1802)刻本　四冊

500000－8781－0000194　212.3874/4694－6
增訂南詔野史二卷　(明)楊慎輯　(清)胡蔚訂　清刻本　二冊

500000－8781－0000195　212.3874/4694－6(I)
增訂南詔野史二卷　(明)楊慎輯　(清)胡蔚訂　清刻本　二冊

500000－8781－0000196　212.41/2062
雞足山志十卷首一卷　(清)范承勳纂修　清刻本　五冊　存八卷(二至八、十)

500000－8781－0000197　212.42/1731
岷江源委三卷　(漢)桑欽撰　(北魏)酈道元注　**春秋提要一卷**　(清)張璞撰　清光緒十五年(1889)廣漢鍾氏樂道齋刻本　一冊

500000－8781－0000198　212.42/1731－1
岷江源委三卷　(漢)桑欽撰　(北魏)酈道元注　**春秋提要一卷**　(清)張璞撰　清光緒十五年(1889)廣漢鍾氏樂道齋刻本　一冊

500000－8781－0000199　212.42/8344
歷代都江堰功小傳二卷　錢茂等編　清宣統三年(1911)刻本　一冊

500000－8781－0000200　212.43/1012

海塘新志六卷　(清)琅玕等纂　清刻本　四冊

500000－8781－0000201　212.6/3143
島夷誌略不分卷　(元)汪大淵撰　清光緒十八年(1892)順德龍氏知服齋刻本　一冊

500000－8781－0000202　212.6/4061
使琉球記六卷　(清)李鼎元撰　清同治五年(1866)刻本　二冊

500000－8781－0000203　212.6/4433
日本國志四十卷首一卷　(清)黃遵憲編纂　清光緒二十四年(1898)上海圖書集成印書局鉛印本　十冊

500000－8781－0000204　212.6/7529
海國聞見錄三卷　(清)陳倫炯撰　清刻本　一冊

500000－8781－0000205　212/3312
皇朝藩屬輿地叢書六集二十八種　(清)文瑞樓主人輯　清光緒二十九年(1903)金匱浦氏靜寄東軒石印本　四十八冊

500000－8781－0000206　213.1/1123
二銘艸堂金石聚十六卷首一卷　(清)張德容撰　清同治十一年(1872)衢縣聚秀堂刻本　十六冊

500000－8781－0000207　213.1/1125－2
張叔未解元所藏金石文字一卷　(清)張叔未藏　清光緒十年(1884)四會嚴氏鶴緣齋影印本　二冊

500000－8781－0000208　213.1/1146
重定金石契不分卷　(清)張燕昌撰　清光緒二十二年(1896)劉氏聚學軒刻朱印本　四冊

500000－8781－0000209　213.1/1320
安陽縣金石錄十二卷　(清)武億　(清)趙希璜纂　清嘉慶四年(1799)刻本　四冊

500000－8781－0000210　213.1/2547
古金待問錄五卷補遺一卷　(清)朱楓輯　清光緒十六年(1890)常熟鮑氏後知不足齋刻本　一冊

500000－8781－0000211　213.1/2767
金石屑四卷附編一卷　(清)張廷濟藏　(清)鮑昌熙摹　清光緒二年至三年(1876－1877)刻本　四冊

500000－8781－0000212　213.1/2832
隨軒金石文字不分卷　(清)徐渭仁摹撰　清道光十七年(1837)上海徐氏刻本　四冊

500000－8781－0000213　213.1/4404
金石錄補二十七卷　(清)葉奕苞撰　清光緒十三年(1887)吳縣朱氏刻槐廬叢書本　四冊

500000－8781－0000214　213.1/4460
小蓬萊閣金石文字不分卷　(清)黃易輯　清嘉慶五年(1800)刻本　五冊

500000－8781－0000215　213.1/4688
山右金石記十卷　(清)楊篤等編纂　清光緒十五年(1889)刻本　十冊

500000－8781－0000216　213.1/6031
中州金石記五卷　(清)畢沅撰　清乾隆四十一年(1776)刻本　四冊

500000－8781－0000217　213.1/6031－1
關中金石記八卷目錄一卷附記一卷　(清)畢沅撰　清光緒三十四年(1908)渭南嚴氏刻本　四冊

500000－8781－0000218　213.1/6031－2
關中金石記八卷目錄一卷附記一卷　(清)畢沅撰　清光緒三十四年(1908)渭南嚴氏成都刻本　四冊

500000－8781－0000219　213.1/6031－3
關中金石記八卷目錄一卷附記一卷　(清)畢沅撰　清光緒三十四年(1908)渭南嚴氏刻本　四冊

500000－8781－0000220　213.1/6646
江寧金石記八卷附待訪錄二卷　(清)嚴觀輯　清宣統二年(1910)江楚編譯書局刻本　二冊

500000－8781－0000221　213.1/7243
金石苑三巴漢石紀存不分卷　(清)劉喜海輯

清道光二十六年(1846)劉氏來鳳堂刻本　八冊

500000－8781－0000222　213.1/8002
兩漢金石記二十二卷　(清)翁方綱撰　清乾隆五十四年(1789)南昌使院刻本　六冊

500000－8781－0000223　213.1/8002/(1)
兩漢金石記二十二卷　(清)翁方綱撰　清乾隆五十四年(1789)南昌使院刻本　十冊

500000－8781－0000224　213.1/8737－2
金石古文攷一卷　(清)鄭業斆撰　清光緒二十三年(1897)金陵宜春閣石印本　一冊

500000－8781－0000225　213.3/0200
匋齋藏石記四十四卷首一卷　(清)端方編　清宣統元年(1909)石印本　十二冊

500000－8781－0000226　213.3/0200
匋齋藏石記四十四卷附匋齋藏磚記二卷　(清)端方編　清宣統元年(1909)石印本　十二冊

500000－8781－0000227　213.3/0200/(1)
匋齋藏石記四十四卷附匋齋藏磚記二卷　(清)端方編　清宣統元年(1909)石印本　十二冊

500000－8781－0000228　213.3/1023
蜀碑記十卷　(宋)王象之撰　**蜀碑記補十卷**　(清)李調元撰　清光緒八年(1882)廣漢鍾登甲樂道齋刻函海叢書本　一冊

500000－8781－0000229　213.3/1040－12
石鼓然疑一卷　(清)莊述祖撰　清光緒八年(1882)循陔堂刻本　一冊

500000－8781－0000230　213.3/1040－14
石鼓文釋存十卷補注一卷　(清)張燕昌撰　清光緒二十八年(1902)刻本　一冊

500000－8781－0000231　213.3/1040－22
石鼓文一卷　(清)任兆麟集釋　清刻本　一冊

500000－8781－0000232　213.3/1040－49
石鼓文音釋三卷附錄一卷　(明)楊慎撰　清光緒八年(1882)刻本　一冊

500000－8781－0000233　213.3/1041
碑版文廣例十卷　(清)王芑孫輯　清道光二十一年(1841)刻本　六冊

500000－8781－0000234　213.3/1188
墨妙亭碑目攷二卷附攷一卷　(清)張鑑撰　清光緒十年(1884)江蘇書局刻本　二冊

500000－8781－0000235　213.3/1262
寰宇訪碑錄十二卷　(清)孫星衍　(清)邢澍撰　清嘉慶七年(1802)刻本　六冊

500000－8781－0000236　213.3/2741
藝風堂金石文字目十八卷　繆荃孫藏編　清刻本　七冊　存十六卷(三至十八)

500000－8781－0000237　213.5/1084
錢制紀略一卷　(清)王正綬輯　清光緒二十年(1894)四明王氏搜吉齋刻本　一冊

500000－8781－0000238　213.5/1724
錢志新編二十卷　(清)張崇懿輯　清咸豐五年(1855)刻本　三冊

500000－8781－0000239　213.5/1724/(I)
錢志新編二十卷　(清)張崇懿輯　清咸豐五年(1855)刻本　三冊

500000－8781－0000240　213.5/2547
古今待問錄五卷補遺一卷　(清)朱楓輯　清光緒十六年(1890)常熟鮑氏後知不足齋刻本　一冊

500000－8781－0000241　213.5/2672
遯盦古泉存　吳隱藏編　清宣統元年(1909)杭州西泠印社拓本　八冊

500000－8781－0000242　213.5/2672－1
遯盦古泉存　吳隱藏編　清宣統元年(1909)杭州西泠印社拓本　八冊

500000－8781－0000243　213.5/2700
觀古閣叢刻　(清)鮑康撰　清同治十二年至光緒三年(1873－1877)歙鮑氏刻本　六冊　存四種九卷

500000－8781－0000244　213.5/2700－3
觀古閣叢稿三編二卷　(清)鮑康撰　清同治十二年(1873)歙鮑氏刻觀古閣叢刻本　二冊

500000－8781－0000245　213.5/3033
泉志十五卷　(宋)洪遵撰　清同治十三年(1874)隸釋齋刻本　四冊

500000－8781－0000246　213.5/3792
吉金所見錄十六卷首一卷末一卷　(清)初尚齡纂　清道光七年(1827)刻本　四冊

500000－8781－0000247　213.5/4027
古泉匯首集四卷元集十四卷亨集十四卷利集十八卷貞集十四卷　(清)李佐賢輯　清同治三年(1864)利津李氏刻石泉書屋全集本　二十五冊

500000－8781－0000248　213.5/4027/(I)
古泉匯首集四卷元集十四卷亨集十四卷利集十八卷貞集十四卷　(清)李佐賢輯　清同治三年(1864)利津李氏刻石泉書屋全集本　七冊　存二十九卷(利集一至十八、貞集一至十一)

500000－8781－0000249　213.5/4027:2
續泉匯首集一卷元集三卷亨集三卷利集三卷貞集五卷補遺二卷　(清)李佐賢輯　(清)鮑康編　清光緒元年(1875)歙縣鮑氏刻本　七冊

500000－8781－0000250　213.5/4027:2/(I)
續泉匯首集一卷元集三卷亨集三卷利集三卷貞集五卷補遺二卷　(清)李佐賢輯　(清)鮑康編　清光緒元年(1875)歙縣鮑氏刻本　一冊　存五卷(亨集一至三、利集一至二)

500000－8781－0000251　213.5/4377－7
古泉叢話不分卷　(清)戴熙撰　清同治十一年(1872)滂喜齋刻本　一冊

500000－8781－0000252　213.5/4377－7/(1)
古泉叢話不分卷　(清)戴熙撰　清同治十一年(1872)滂喜齋刻本　一冊

500000－8781－0000253　213.5/4429
古泉雜詠四卷　(清)葉德輝撰　清光緒二十七年(1901)長沙葉氏刻本　二冊

500000－8781－0000254　213.5/7243－4
嘉蔭簃論泉截句二卷　(清)劉喜海撰　清咸豐五年(1855)古滇趙鈁刻本　一冊

500000－8781－0000255　213.5/8042
泉志校誤四卷　(清)金嘉采撰　清光緒石棣徐氏刻本　一冊

500000－8781－0000256　213.6/138
瞻麓齋古印徵不分卷　(清)龔心劍藏編　清光緒十九年(1893)合肥龔氏鈐印本　八冊

500000－8781－0000257　213.6/3133
集古印存三十二卷　(清)汪紹增藏　(清)汪啟淑鑒定　清嘉慶九年(1804)汪紹增鈐印本　三十二冊

500000－8781－0000258　213.6/4021
榴雲石室印存不分卷　(清)李重瑶藏　清宣統元年(1909)鈐印本　一冊

500000－8781－0000259　213.6/4474
歷朝史印十卷　(清)黃學圯篆　(清)吳叔元等釋　清道光九年(1829)如皋黃氏楚橋書屋鈐印本　六冊

500000－8781－0000260　213.6/4474－1
歷朝史印十卷　(清)黃學圯篆　(清)吳叔元等釋　清道光九年(1829)如皋黃氏楚橋書屋鈐印本　六冊

500000－8781－0000261　213.6/7548
周秦古璽　西泠印社集　清光緒二十一年(1895)鈐印本　二冊

500000－8781－0000262　213.6/7583－4
封泥攷略十卷　(清)吳式芬　(清)陳介祺輯　清光緒三十年(1904)滬上石印本　十冊

500000－8781－0000263　213.7/6051
殷商貞卜文字考一卷　羅振玉撰　清宣統二年(1910)玉簡齋石印蟫隱廬叢書本　一冊

500000－8781－0000264　213/1000
金石萃編補略二卷　(清)王言撰　清光緒八

年(1882)刻本　四册

500000－8781－0000265　213/2168

金石例十卷　(元)潘昂霄撰　**墓銘舉例四卷**　(清)王行撰　**金石要例一卷**　(清)黄宗羲撰　清光緒四年(1878)讀有用書齋刻朱墨套印本　四册

500000－8781－0000266　213/2509

孫谿朱氏金石叢書　(清)朱記榮輯　清光緒十一年至十四年(1885－1888)吴縣朱氏匯印本　十四册　存五種

500000－8781－0000267　213/2699

筠清館金石文字五卷　(清)吴榮光撰　清道光二十三年(1843)南海吴氏刻本　五册

500000－8781－0000268　213/3423

金石圖不分卷　(清)褚峻摹　(清)牛運震撰　清乾隆十年(1745)拓印剪裱本　三册

500000－8781－0000269　213/6015

金石存十五卷　(清)吴玉搢纂　清嘉慶二十四年(1819)聞妙香室刻本　六册

500000－8781－0000270　213/7110

兩浙金石志十八卷補遺一卷　(清)阮元編　清光緒十六年(1890)浙江書局刻本　十二册

500000－8781－0000271　213/7743－2

海東金石苑一卷　(清)劉喜海撰　清同治十二年(1873)歙鮑氏觀古閣刻本　一册

500000－8781－0000272　214.1/8052

八史經籍志二十八卷　(清)張壽榮纂　清光緒九年(1883)刻本　十七册

500000－8781－0000273　214.4/1371

禁書總目一卷　(清)姚覲元輯　清光緒八年(1882)歸安姚氏刻咫進齋叢書本　二册

500000－8781－0000274　214.4/1371－3

違礙書目一卷　(清)姚覲元輯　清光緒歸安姚氏刻咫進齋叢書本　一册

500000－8781－0000275　214.4/1371－8

銷燬抽燬書目一卷　(清)姚覲元輯　清光緒十年(1884)歸安姚氏刻咫進齋叢書本　一册

500000－8781－0000276　214.4/4469

藏書紀事詩七卷　葉昌熾撰　清宣統二年(1910)長洲葉氏刻本　六册

500000－8781－0000277　302/1171

帝鑑圖說不分卷圖說後一卷　(明)張居正撰　清刻本　四册

500000－8781－0000278　302/4436

荀子二十卷首一卷　(唐)楊倞注　王先謙集解　清光緒十七年(1891)刻本　六册

500000－8781－0000279　303/0014

百子全書　清光緒元年(1875)湖北崇文書局刻本　一册　存十三種二十三卷

500000－8781－0000280　303/0081

合刻五家言道言十二卷　(周)辛鈃著　(明)鍾惺評　明刻本　二册

500000－8781－0000281　303/4010－3

老子翼八卷　(明)焦竑輯　清光緒二十一年(1895)漸西村舍刻本　四册

500000－8781－0000282　303/4477－6

莊子南華真經四卷附音義　(周)莊周撰　明西吴閔齊伋朱墨套印本　四册　存三卷(二至四)

500000－8781－0000283　304/1014

重刊補注洗冤録集證五卷附急救方一卷檢骨圖格一卷寶鑑編一卷石香秘録一卷　(宋)宋慈撰　(清)王又槐增輯　(清)李觀瀾補輯　(清)阮其新補注　清道光二十二年(1842)刻朱墨套印本　四册

500000－8781－0000284　304/1014－3

重刊補注洗冤録集證六卷　(宋)宋慈撰　(清)王又槐增輯　(清)李觀瀾補輯　(清)阮其新補注　清道光二十七年(1847)刻朱墨藍三色套印本　五册

500000－8781－0000285　305/4027

金湯借箸十二籌十二卷　(明)李盤撰　清琉璃廠刻本　十册

500000－8781－0000286　306/1133

三農紀二十四卷 （清）張宗法撰 清青黎閣刻本 十冊

500000－8781－0000287 307.2/1032
補注黃帝内經素問二十四卷素問遺篇一卷黃帝内經靈樞十二卷 （唐）王冰注 清光緒三年（1877）浙江書局刻本 十冊

500000－8781－0000288 307.3/4061
本草綱目五十二卷圖三卷附萬方鍼線八卷脈訣攷證一卷奇經八脉攷一卷 （明）李時珍撰 清同治十一年（1872）刻本 四十七冊

500000－8781－0000289 307.5/0117
新刊醫林狀元壽世保元十卷 （清）龔廷賢撰 清刻本 八冊 存八卷（丙集至癸集）

500000－8781－0000290 307.5/1040
唐王燾先生外臺秘要方四十卷 （唐）王燾撰 明崇禎十三年（1640）新安程衍道經餘居刻本 二十四冊

500000－8781－0000291 307.5/1142
仲景全書五種二十卷 （漢）張仲景等撰 清光緒二十年（1894）成都鄧氏崇文齋刻本 十冊

500000－8781－0000292 307.5/1263
孫真人備急千金要方九十三卷 （唐）孫思邈撰 清刻本 二十二冊 存九十卷（一至九十）

500000－8781－0000293 308.1/4172
天文圖說四卷 （英國）柯雅各撰 （美國）摩嘉立 （美國）薛承思譯 清光緒九年（1883）益智書會刻本 一冊

500000－8781－0000294 309.11/0044－2
江邨銷夏錄三卷 （清）高士奇輯 清康熙三十二年（1693）刻本 三冊

500000－8781－0000295 309.11/1038
芥子園畫傳三集 （清）王槩摹輯 清光緒十四年（1888）鴻文書局石印本 三冊 存四卷（一集四、二集一至二、三集六）

500000－8781－0000296 309.11/1100
國朝畫徵錄三卷附錄二卷 （清）張庚撰 清乾隆四年（1739）刻本 一冊

500000－8781－0000297 309.11/1117
清河書畫舫十二卷 （明）張丑撰 清光緒元年（1875）刻本 十二冊

500000－8781－0000298 309.11/1117－2
清河書畫舫十二卷 （明）張丑撰 清乾隆二十八年（1763）池北草堂刻本 十二冊

500000－8781－0000299 309.11/1133
重刊四銅鼓齋論畫集刻十二種 （清）張祥河輯 清宣統元年（1909）刻本 四冊

500000－8781－0000300 309.11/1207
嶽雪樓書畫錄五卷 （清）孔廣陶編 清光緒十五年至三十三年（1889－1907）萬卷堂刻本 五冊

500000－8781－0000301 309.11/1207－1
嶽雪樓書畫錄五卷 （清）孔廣陶編 清光緒十五年至三十三年（1889－1907）萬卷堂刻本 五冊

500000－8781－0000302 309.11/1278
佩文齋書畫譜一百卷 （清）孫岳頒等輯 清康熙四十八年（1709）靜永堂刻本 四十八冊

500000－8781－0000303 309.11/1278－9
佩文齋書畫譜一百卷 （清）孫岳頒等纂 清光緒九年（1883）上海同文書局石印本 十六冊

500000－8781－0000304 309.11/1280
書畫跋跋三卷續三卷 （明）孫鑛撰 清乾隆五年（1740）刻本 二冊

500000－8781－0000305 309.11/2699
辛丑銷夏記五卷 （清）吳榮光撰 清光緒三十一年（1905）長沙葉德輝郎園刻本 五冊

500000－8781－0000306 309.11/2773
宋元以來畫人姓氏錄三十六卷首一卷 （清）魯駿編 清道光十年（1830）刻本 二十冊

500000－8781－0000307 309.11/3024
墨緣彙觀二種四卷 （清）松泉老人撰 清光

緒二十六年(1900)鉛印本　六册

500000－8781－0000308　309.11/3084
國朝書畫家筆錄四卷　(清)竇鎮輯　清宣統三年(1911)蘇州文學山房刻本　八册

500000－8781－0000309　309.11/3084/(1)
國朝書畫家筆錄四卷　(清)竇鎮輯　清宣統三年(1911)蘇州文學山房刻本　四册

500000－8781－0000310　309.11/3136
歷代名媛圖說二卷　(明)汪道昆編輯　清光緒五年(1879)上海點石齋石印本　四册

500000－8781－0000311　309.11/3182
國朝畫識十七卷墨香居畫識三卷　(清)馮金伯纂輯　清嘉慶二年(1797)刻清道光十一年(1831)增補本　六册

500000－8781－0000312　309.11/3182－2
墨香居畫識十卷　(清)馮金伯撰　清刻本　四册

500000－8781－0000313　309.11/4001
諸家藏畫簿十卷　(清)李調元輯　清光緒八年(1882)廣漢鍾登甲樂道齋刻函海叢書本　二册

500000－8781－0000314　309.11/4013/(I)
甌鉢羅室書畫過目攷四卷首一卷附錄一卷　(清)李玉棻輯　清光緒二十三年(1897)京都琉璃廠西頭路北興盛齋刻字局刻本　四册

500000－8781－0000315　309.11/4013－2
甌鉢羅室書畫過目攷四卷首一卷附錄一卷　(清)李玉棻輯　清光緒二十三年(1897)刻本　四册

500000－8781－0000316　309.11/4013－3
甌鉢羅室書畫過目攷四卷首一卷附錄一卷　(清)李玉棻輯　清光緒二十三年(1897)京都琉璃廠西頭路北興盛齋刻字局刻本　四册

500000－8781－0000317　309.11/4027
書畫鑑影二十四卷　(清)李佐賢輯　清同治十年(1871)利津李氏刻石泉書屋全集本　十二册

500000－8781－0000318　309.11/4027(I)
書畫鑑影二十四卷　(清)李佐賢輯　清同治十年(1871)利津李氏刻石泉書屋全集本　十二册

500000－8781－0000319　309.11/4241
歷代畫史彙傳七十二卷首一卷書目一卷目錄三卷附錄二卷　(清)彭蘊燦編　清光緒五年(1879)京都善成堂刻本　十六册

500000－8781－0000320　309.11/4377
習苦齋畫絮十卷　(清)戴熙醕記　(清)谷惠年輯　清光緒十九年(1893)刻本　四册

500000－8781－0000321　309.11/4432
墨林今話十八卷續一卷　(清)蔣寶齡撰　清宣統三年(1911)上海掃業山房石印本　六册

500000－8781－0000322　309.11/4432－2
墨林今話十八卷續一卷　(清)蔣寶齡撰　清咸豐二年(1852)刻本　六册

500000－8781－0000323　309.11/4487
國朝畫家書小傳四卷附荔香室小傳一卷　(清)葉銘輯　清宣統元年(1909)西泠印社鉛印本　一册

500000－8781－0000324　309.11/5033
畫學心印八卷　(清)秦祖永評輯　清光緒五年(1879)刻朱墨套印本　八册

500000－8781－0000325　309.11/5033－2
桐陰論畫二卷首一卷續一卷畫訣一卷二編二卷三編二卷　(清)秦祖永撰　清同治三年至清光緒八年(1864－1882)梁溪秦氏刻朱墨套印本　四册

500000－8781－0000326　309.11/5033－3
桐陰論畫二卷首一卷畫訣一卷續一卷　(清)秦祖永撰　清同治三年(1864)梁溪秦氏刻朱墨套印本　四册

500000－8781－0000327　309.11/5033－3/(I)
桐陰論畫二卷首一卷畫訣一卷續一卷　(清)秦祖永撰　清同治三年(1864)梁溪秦氏刻朱墨套印本　四册

500000－8781－0000328　309.11/5033－4

桐陰論畫二卷首一卷續一卷畫訣一卷桐陰論畫二編二卷三編二卷　(清)秦祖永撰　清宣統二年(1910)上海中國書畫會石印本　六冊

500000－8781－0000329　309.11/5033－4/(I)

桐陰論畫二卷首一卷續一卷畫訣一卷桐陰論畫二編二卷三編二卷　(清)秦祖永撰　清宣統二年(1910)上海中國書畫會石印本　六冊

500000－8781－0000330　309.11/7167

南宋院畫錄八卷首一卷　(清)厲鶚輯　清光緒十年(1884)錢塘丁氏竹書堂刻本　四冊

500000－8781－0000331　309.11/7167(I)

南宋院畫錄八卷首一卷　(清)厲鶚輯　清光緒十年(1884)錢塘丁氏竹書堂刻本　四冊

500000－8781－0000332　309.11/7433－2

穰梨館過眼錄四十卷續錄十六卷　(清)陸心源編　清光緒十七年(1891)吳興陸氏家塾刻本　二十冊

500000－8781－0000333　309.11/7433－2/(I)

穰梨館過眼錄四十卷續錄十六卷　(清)陸心源編　清光緒十七年(1891)吳興陸氏家塾刻本　十六冊

500000－8781－0000334　309.11/7462

吴越所見書畫錄六卷書畫説一卷　(清)陸時化輯　清光緒五年(1879)懷煙閣活字印本　十二冊

500000－8781－0000335　309.11/7550

御定歷代題畫詩類一百二十卷　(清)陳邦彦輯　清康熙四十六年(1707)刻本　四十冊

500000－8781－0000336　309.11/7701

讀畫錄四卷　(清)周亮工撰　清康熙十二年(1673)梨莊廬舍刻本　二冊

500000－8781－0000337　309.11/7730

雲烟過眼錄二卷　(宋)周密撰　**續集一卷**　(清)湯允謨撰　清光緒十三年(1887)陸氏十萬卷樓刻本　二冊

500000－8781－0000338　309.11/8344

松壺畫贅二卷畫憶二卷　(清)錢杜撰　清光緒六年(1880)八喜齋刻本　二冊

500000－8781－0000339　309.13/1110

項孔彰劉立暉合冊　鄧秋枚集　清宣統元年(1909)上海神州國光社影印本　一冊

500000－8781－0000340　309.13/1800

百美新詠一卷附圖傳一卷　(清)鑑塘主人撰　清嘉慶十年(1805)刻本　一冊

500000－8781－0000341　309.13/2683

畫家三昧八卷　(清)釋竹禪繪　清安禪堂刻本　三冊　存六卷(一至四、七至八)

500000－8781－0000342　309.13/4307

戴子高夢隱圖　鄧秋枚集　清宣統元年(1909)上海神州國光社影印本　一冊

500000－8781－0000343　309.13/4710－2

十竹齋書畫譜　(明)胡正言輯　清光緒五年(1879)元和邱瑞麟刻本　八冊

500000－8781－0000344　309.13/4830

歷朝名畫共賞集第一集　槎客編　清宣統元年(1909)上海世界社影印本　一冊

500000－8781－0000345　309.13/4835－4

梅瞿山黄山勝蹟圖冊　(清)梅清繪　清宣統二年(1910)上海文明書局影印本　一冊

500000－8781－0000346　309.13/8020

翁小海花鳥草蟲冊　(清)翁雒繪　清末上海文明書局影印本　一冊

500000－8781－0000347　309.2/1149

琴鶴堂印譜一卷　(清)繼良輯　清光緒二十七年(1901)鈐印本　一冊

500000－8781－0000348　309.2/1292

聖門樂至一卷　(清)孔尚任纂　(清)孔憲穀錄　清光緒十三年(1887)刻本　一冊

500000－8781－0000349　309.2/2343

西泠六家印存六卷　(清)丁敬藏　(清)傅栻編　清光緒十八年(1892)朱藍套印鈐印本　三冊

500000－8781－0000350　309.2/2527
印典八卷　(清)朱象賢編　清康熙六十一年(1722)就閒堂寫刻本　二册

500000－8781－0000351　309.2/2644
古蝸篆居印述四卷　(清)程邃篆　(清)程芝華摹　清道光四年(1824)程氏鈐印本　四册

500000－8781－0000352　309.2/3136
小石山房印譜四卷集名刻一卷集金玉晶石銅牙瓷竹木類印一卷　(清)顧湘　(清)顧浩編　清道光八年(1828)海虞顧氏鈐印本　五册

500000－8781－0000353　309.2/4922
紅樓夢人名西廂記詞句印玩不分卷　(清)趙仲穆刻　(清)季厚熹編　清光緒三十年(1904)江陰季氏鈐印本　四册

500000－8781－0000354　309.4/1718
弈潛齋集譜初編十七卷　(清)鄧元鏸編　清光緒無錫鄧元鏸弈潛齋刻本　八册

500000－8781－0000355　309/2800
前塵夢影錄二卷　(清)徐康撰　清光緒二十三年(1897)元和江氏刻本　一册

500000－8781－0000356　310.3/0028
文房肆攷圖説八卷　(清)唐秉鈞纂　清乾隆四十三年(1778)唐氏竹映山莊刻本　五册　存五卷(四至八)

500000－8781－0000357　310.3/0200
陶齋吉金錄八卷　(清)端方輯　清光緒三十四年(1908)上海有正書局影印本　八册

500000－8781－0000358　310.3/0200(I)
陶齋吉金錄八卷　(清)端方輯　清光緒三十四年(1908)上海有正書局影印本　八册

500000－8781－0000359　310.3/0200:2
陶齋吉金續錄二卷　(清)端方輯　清宣統元年(1909)金陵石印本　二册

500000－8781－0000360　310.3/1033
東書堂重修宣和博古圖三十卷　(宋)王黼撰　**亦政堂重修考古圖十卷**　(宋)呂大臨撰　**亦政堂重修古玉圖二卷**　(元)朱德潤撰　清乾隆十七年(1752)亦政堂刻本　十二册

500000－8781－0000361　310.3/1371
西清續鑑甲編二十卷附錄一卷　(清)王傑等編　清宣統二年(1910)涵芬樓影印本　四十二册

500000－8781－0000362　310.3/2643
恆軒所見所藏吉金錄不分卷　(清)吳大澂輯　清光緒十一年(1885)吳縣吳氏刻本　三册　存三册(一、三至四)

500000－8781－0000363　310.3/3117
金石索十二卷首一卷　(清)馮雲鵬　(清)馮雲鵷輯　清道光元年(1821)刻本　十二册

500000－8781－0000364　310.3/3117－1
金石索十二卷首一卷　(清)馮雲鵬　(清)馮雲鵷輯　清光緒十九年(1893)上海積山書局石印本　二十二册　存十二卷(金索一至六,石索一至二、四至六,首一)

500000－8781－0000365　310.3/3117－1/(I)
金石索十二卷首一卷　(清)馮雲鵬　(清)馮雲鵷輯　清光緒十九年(1893)上海積山書局石印本　十二册

500000－8781－0000366　310.3/3301
西清古鑑四十卷附錢錄十六卷　(清)梁詩正等纂　清光緒十四年(1888)邁宋書館日本銅版印本　二十四册

500000－8781－0000367　310.3/4912
靈石記不分卷　(清)趙爾豐撰　清宣統二年(1910)石印本　一册

500000－8781－0000368　310.3/7521
求古精舍金石圖四卷　(清)陳經輯　清嘉慶二十三年(1818)烏程陳氏説劍樓刻本　四册

500000－8781－0000369　310.3/7521－1
求古精舍金石圖四卷　(清)陳經撰　清嘉慶十八年(1813)烏程陳氏説劍樓刻本　四册

500000－8781－0000370　310.3/7743－2
長安獲古編二卷補一卷　(清)劉喜海輯　清光緒三十一年(1905)東武劉氏刻本　二册

500000－8781－0000371　310.5/3022
梅花喜神譜二卷　(宋)宋伯仁編　清刻本　二册

500000－8781－0000372　310.5/3131
佩文齋廣群芳譜一百卷　(清)汪灝等編纂　清同治七年(1868)刻本　三十二册

500000－8781－0000373　311.1/3452
夢溪筆談二十六卷　(宋)沈括撰　清光緒二十八年(1902)大關唐氏成都刻本　二册　存十八卷(一至十八)

500000－8781－0000374　311.1/7522
寶顏堂增訂讀書鏡十卷　(明)陳繼儒撰　明刻本　一册

500000－8781－0000375　311.2/1027
地學淺釋三十八卷　(英國)雷俠兒撰　(美國)瑪高温口譯　(清)華蘅芳筆述　清江南機器製造總局刻本　八册

500000－8781－0000376　311.2/1200
札迻十二卷　(清)孫詒讓撰　清光緒二十年(1894)瑞安孫氏籀膏刻本　四册

500000－8781－0000377　311.2/1200(I)
札迻十二卷　(清)孫詒讓撰　清光緒二十年(1894)瑞安孫氏籀膏刻本　四册

500000－8781－0000378　311.2/3191
日知錄集釋三十二卷刊誤二卷續刊誤二卷　(清)顧炎武撰　(清)黄汝成集釋　清同治十一年(1872)湖北崇文書局刻本　二十册

500000－8781－0000379　311.2/3434－2
容齋隨筆十六卷續筆十六卷三筆十六卷四筆十六卷五筆十卷　(宋)洪邁撰　清同治十一年(1872)刻光緒元年(1875)印本　十四册

500000－8781－0000380　311.2/4428
札樸十卷　(清)桂馥撰　清光緒七年(1881)刻本　五册

500000－8781－0000381　311.4/0010
長物志十二卷　(明)文震亨撰　清刻粵雅堂叢書本　一册　存七卷(一至七)

500000－8781－0000382　311.5/2702
增廣留青新集二十四卷　(清)陳枚輯　清光緒二十五年(1899)石印本　十二册

500000－8781－0000383　312.2/0712
山海經十八卷圖讃一卷　(晉)郭璞傳　(清)郝懿行疏　**訂譌一卷**　(清)郝懿行撰　清嘉慶十四年(1809)阮氏琅嬛仙館刻本　四册

500000－8781－0000384　312/0031
稗海全書七十四種　(明)商濬　(清)李穆堂輯　明萬曆刻本　八十册

500000－8781－0000385　314.1/2231
重訂教乘法數十二卷　(清)釋超海撰　清光緒三十四年(1908)常州天寧寺刻本　六册

500000－8781－0000386　314.11/2630
佛説樓炭經六卷　(晉)釋法立　(晉)釋法炬譯　明萬曆三十七年(1609)徑山寂照庵刻本　一册　存五卷(一至五)

500000－8781－0000387　314.11/2634
佛説四十二章經　(漢)釋迦葉摩騰　(漢)釋竺法蘭譯　(宋)真宗趙恆注釋　清同治三年(1864)刻本　一册

500000－8781－0000388　314.11/2634－8
佛説四十二章經解一卷佛遺教經解一卷八大人覺經略解一卷　(明)釋智旭著　清光緒十一年(1885)金陵刻經處刻本　一册

500000－8781－0000389　314.11/2640－1
維摩詰所説經三卷　(後秦)釋鳩摩羅什譯　清順治十八年(1661)嘉興楞嚴寺刻本　一册

500000－8781－0000390　314.12/8610
蔗菴范禪師語錄二十卷　(清)釋智璋錄　清康熙十六年(1677)嘉興資福寺釋智頫等捐資刻本　一册　存五卷(一至五)

500000－8781－0000391　314.13/2602
大慈恩寺三藏法師傳十卷　(唐)釋慧立撰　(唐)釋彦悰箋　明崇禎八年(1635)徑山化城寺刻本　二册

500000－8781－0000392　315/1000

玉海二百卷辭學指南四卷附十三種　(宋)王應麟撰　清光緒十年(1884)成都志古堂刻本　一百二十册

500000－8781－0000393　315/1076
事類統編九十三卷　(清)林意誠輯　清林氏味經堂刻本　十五册　存三十六卷(一至四、八至十、十四至十七、二十至三十二、七十八至七十九)

500000－8781－0000394　315/1115
佩文韻府一百○六卷拾遺一百○六卷　(清)張玉書等纂　清光緒十二年(1886)上海同文書局石印本　六十册

500000－8781－0000395　315/2622
壹是紀始二十二卷補遺一卷　(清)魏崧撰　清光緒十七年(1891)刻本　六册

500000－8781－0000396　315/4060
太平御覽一千卷目錄十五卷　(宋)李昉等撰　清嘉慶十二年至十七年(1807－1812)歙縣鮑氏刻本　九十六册

500000－8781－0000397　315/4418
欽定古今圖書集成一萬卷目錄三十二卷　(清)蔣廷錫等編　清光緒十年(1884)上海圖書集成鉛版印書局鉛印本　一千五百九十册

500000－8781－0000398　315/7562
廣宜雜字二卷　(清)陳晴山撰　清末榮昌同文堂刻本　一册

500000－8781－0000399　401.2/1042
文蔚堂古唐詩合解十二卷古歌四卷　(清)王堯衢注　清内江文蔚堂刻本　五册　存十四卷(三至十二、古歌一至四)

500000－8781－0000400　401.2/1043
漁洋先生五七言詩鈔三十二卷　(清)王士禛輯　(清)翁方綱訂　清嘉慶十一年(1806)南海葉氏刻本　四册

500000－8781－0000401　401.2/1073
八代詩選二十卷　王闓運撰　清光緒七年(1881)四川尊經書局刻本　六册

500000－8781－0000402　401.2/1114
漢魏六朝百三家集　(明)張溥輯　清光緒五年(1879)彭懋謙信述堂刻本　九十七册　缺五種五卷(褚先生集一卷、王諫議集一卷、杜征南集一卷、荀公曾集一卷、傅鶉觚集一卷)

500000－8781－0000403　401.2/3423
古詩源十四卷　(清)沈德潛選　清光緒十七年(1891)湖南思賢書局刻本　四册

500000－8781－0000404　401.2/3634
合刻註釋張子房解學士千家詩講讀二卷　(清)湯海若校釋　清刻本　一册

500000－8781－0000405　401.2/6073
晚邨精選八大家古文不分卷　(清)呂葆中點勘　清康熙四十三年(1704)呂氏家塾刻本　四册

500000－8781－0000406　401.2/6614
全上古三代秦漢三國六朝文七百四十六卷　(清)嚴可均輯　清光緒二十年(1894)黃岡王氏刻本　一百册

500000－8781－0000407　401.3/0094
全唐詩三十二卷　(清)聖祖玄燁選　清光緒十三年(1887)上海同文書局石印本　三十二册

500000－8781－0000408　401.3/0133
蜀秀集九卷　(清)譚宗浚編　清光緒五年(1879)成都試院刻本　十册

500000－8781－0000409　401.3/1043
唐人萬首絕句選七卷　(宋)洪邁纂　(清)王士禛輯　清康熙刻本　二册　存四卷(一至二、六至七)

500000－8781－0000410　401.3/1043－7
唐賢三昧集三卷　(清)王士禛編　清康熙刻本　一册　存一卷(三)

500000－8781－0000411　401.3/1044
清代名人手札　(清)聶澐等書　清手稿本　四册

500000－8781－0000412　401.3/2124

遺民詩十六卷附近青堂詩一卷 (清)卓爾堪輯 清末上海有正書局石印本 八册

500000－8781－0000413 401.32/4047
才調集十卷 (唐)韋縠撰 明汲古閣刻唐人選唐詩本 六册

500000－8781－0000414 401.37/0704
八賢手札 (清)郭慶藩輯 清末石印本 四册

500000－8781－0000415 401.4/4005
明滇南詩略十卷首一卷國朝滇南詩略二十二卷國朝滇南流寓詩略二卷滇南明詩略續刻十卷 (清)袁文典 (清)袁文揆輯 清光緒二十六年(1900)五華書院刻本 二十二册

500000－8781－0000416 401.4/4444
黔詩紀略三十三卷 (清)唐樹義審例 (清)黎兆熏採詩 (清)莫友芝傳證 清同治十二年(1873)遵義唐氏夢研齋金陵刻本 十册

500000－8781－0000417 401.4/4694
升菴全蜀藝文志六十四卷首一卷 (明)楊慎編 清嘉慶二十二年(1817)讀月草堂刻本 十册

500000－8781－0000418 401.5/4063
梧笙唱和初集二卷 (清)李星沅 (清)郭潤玉撰 清道光十七年(1837)刻本 一册 存一卷(一)

500000－8781－0000419 401.5/5524
費氏詩鈔四卷 (清)費經虞撰 (清)釋含澈輯 清咸豐六年(1856)綠天蘭若刻本 一册

500000－8781－0000420 401/1261
戊子重九讌集編一卷附枕流館雅集編一卷 (清)孫點編 清末鉛印本 一册

500000－8781－0000421 403.1/7731
陶淵明集十卷 (晉)陶潛撰 清光緒五年(1879)湘潭胡氏據汲古閣影宋刻本 三册

500000－8781－0000422 403.1/7731－1
箋註陶淵明集十卷補註陶淵明集總論一卷 (晉)陶潛撰 清宣統三年(1911)貴池劉氏影刻本 四册

500000－8781－0000423 403.2/2676－3
白香山詩長慶集二十卷後集十七卷別集一卷補遺二卷目錄一卷 (唐)白居易撰 (清)汪立名編 清康熙四十二年(1703)一隅草堂刻本 九册 存三十六卷(白香山詩長慶集六至二十、後集卷一至十七、別集一、補遺一至二、目錄一)

500000－8781－0000424 403.2/4007
重訂李義山詩集箋注三卷集外詩箋注一卷 (唐)李商隱撰 (清)朱鶴齡注 清乾隆十一年(1746)東柯草堂刻本 三册 存三卷(中下,集外詩箋注一)

500000－8781－0000425 403.2/4007－7
玉谿生詩詳註三卷首一卷樊南文集詳註八卷 (唐)李商隱撰 (清)馮浩集註 清乾隆四十五年(1780)桐鄉馮氏刻同治七年(1868)修補本 八册

500000－8781－0000426 403.2/4453－4
杜工部集二十卷 (唐)杜甫撰 清道光十四年(1834)盧坤芸葉盒五色套印本 七册 存十八卷(三至二十)

500000－8781－0000427 403.2/4480
朱文公校昌黎先生文集四十卷外集十卷傳一卷遺文一卷 (唐)韓愈撰 (宋)朱熹考異 明萬曆三十三年(1605)婺源朱崇沐刻本 十册

500000－8781－0000428 403.2/6022
呂祖全書詩文集六卷 (唐)呂嵓撰 清貴州大定莫毓文刻本 一册

500000－8781－0000429 403.3/4453
角山樓蘇詩評註彙鈔二十卷附錄三卷目錄三卷 (宋)蘇軾撰 (清)趙克宜輯 清咸豐二年(1852)丹徒趙氏刻本 八册

500000－8781－0000430 403.3/4453－4
東坡先生編年詩五十卷 (宋)蘇軾撰 (清)查慎行補注 清乾隆二十六年(1761)香雨齋刻本 十二册

500000－8781－0000431　403.3/4453－5

重刊明成化本東坡七集一百十卷　(宋)蘇軾撰　清光緒三十四年至宣統元年(1908－1909)石印本　四十八册

500000－8781－0000432　403.3/7438

陸放翁全集兩種　(宋)陸游撰　明末毛氏汲古閣刻本　四十册

500000－8781－0000433　403.3/7538

放翁逸稾二卷附南唐書十八卷音釋一卷家世舊聞一卷齋居紀事一卷　(宋)陸游撰　明末清初海虞毛氏汲古閣刻本　四册

500000－8781－0000434　403.6/0026

甫田集三十六卷　(明)文徵明撰　清宣統三年(1911)上海千頃堂書莊鉛印本　十二册

500000－8781－0000435　403.6/2749

歸震川先生尺牘二卷錢牧齋先生尺牘三卷　(明)歸有光　(清)錢謙益撰　清康熙三十八年(1699)虞山顧氏如月樓刻本　三册

500000－8781－0000436　403.6/4694

太史升菴遺集二十六卷　(明)楊慎撰　清道光二十四年(1844)景清堂影明板刻本　四册

500000－8781－0000437　403.6/4694－4

太史升菴全集八十一卷目録二卷　(明)楊慎撰　清乾隆六十年(1795)刻本　二十册

500000－8781－0000438　403.6/7532

寶綸堂集十卷拾遺一卷　(明)陳洪綬撰　清光緒十四年(1888)會稽董氏取斯堂活字本　六册

500000－8781－0000439　403.7/0043

南海先生詩集四卷　康有為撰　梁啟超書　清宣統三年(1911)影印本　一册

500000－8781－0000440　403.7/0731

簪花閣遺稾一卷　(清)郭潤玉撰　**紅薇吟館遺草一卷**　(清)郭秉慧撰　清道光二十四年(1844)刻國朝閨閣詩鈔本　一册

500000－8781－0000441　403.7/1024

敏求齋詩一卷　(清)王繼藻撰　清道光二十四年(1844)刻國朝閨閣詩鈔本　一册

500000－8781－0000442　403.7/1173

亥白詩草八卷　(清)張問安撰　清光緒七年(1881)刻本　三册

500000－8781－0000443　403.7/1177－2

船山詩草二十卷補遺六卷　(清)張問陶撰　清光緒十八年(1892)宏道堂刻本　八册

500000－8781－0000444　403.7/2700

觀古閣詩鈔八卷　(清)鮑康撰　清光緒二十一年(1895)鮑氏刻本　一册　存四卷(五至八)

500000－8781－0000445　403.7/2706

拙尊園叢稿六卷　(清)黎庶昌撰　清光緒十九年(1893)上海醉六堂石印本　二册

500000－8781－0000446　403.7/3161

夢甦齋詩集六卷　(清)江國霖撰　清咸豐十年(1860)刻本　一册　存三卷(一至三)

500000－8781－0000447　403.7/3427

註釋目耕齋初集不分卷二集不分卷三集不分卷　(清)沈叔眉輯　(清)徐楷原評　清末石印本　一册

500000－8781－0000448　403.7/4043

十三峯書屋文稿一卷詩集一卷書札四卷批牘二卷　(清)李榕撰　清光緒二十五年(1899)袖海山房石印本　四册

500000－8781－0000449　403.7/4092

敬業堂詩集五十卷　(清)查慎行撰　清康熙五十八年(1719)刻本　十册　存二十三卷(一至十三、四十一至五十)

500000－8781－0000450　403.7/8064

曾文正公全集一百六十五卷首一卷　(清)曾國藩撰　(清)李瀚章輯　清同治光緒傳忠書局刻本　一百二十五册　存一百六十四卷(奏稿一至三十六,十八家詩鈔一至十六、十八至二十七,經史百家雜鈔一至二十六,經史百家簡編一至二,鳴原堂一至二,詩一至三,文一至三,書札一至三十三,批牘一至六,雜

著一至二,讀書錄一至十,日記一至二,年譜一至十二,首一)

500000－8781－0000451　403.7/8718
巢經巢遺文五卷附蒬氏為鍾圖說一卷　(清)鄭珍撰　清光緒十九年(1893)資州貴築高氏刻本　三冊

500000－8781－0000452　404.2/3124
草堂詩餘正集六卷　(明)顧從敬輯　(明)沈際飛評　**續集二卷**　題(明)天羽居士箋集　**新集五卷**　(明)錢允治輯　明末刻本　四冊

500000－8781－0000453　405.5/7734
繪圖筆生花十六卷　(清)邱心如撰　清光緒二十年(1894)上海書局石印本　十六冊

500000－8781－0000454　406.3/4442
聊齋志異十六卷　(清)蒲松齡撰　(清)何垠注釋　清道光二十三年(1843)刻本　十六冊

500000－8781－0000455　406.4/0810－3
第五才子書水滸傳七十五卷附人物圖　(元)施耐庵撰　清乾隆十二年(1747)貫華堂刻本　二十冊

500000－8781－0000456　406.4/0814
繪圖增像第五才子書水滸傳十卷　(元)施耐庵撰　(清)金聖嘆評　清光緒二十二年(1896)上海圖書集成局石印本　十冊

500000－8781－0000457　406.4/5510
紅樓夢一百二十回　(清)曹雪芹撰　(清)王希廉評　清道光十二年(1832)刻本　三十一冊

500000－8781－0000458　406.4/6075－1
第一才子書六十卷一百二十回　(明)羅貫中撰　(清)毛宗崗評　清咸豐三年(1853)善成堂刻朱墨套印本　二十冊

500000－8781－0000459　406/0143
百美圖新詠一卷集詠一卷圖傳一卷　(清)顏希源輯　清同治九年(1870)三益堂刻本　一冊　存二卷(新詠一、圖傳一)

500000－8781－0000460　406/0143－7
百美圖新詠一卷集詠一卷圖傳一卷　(清)顏希源輯　清同治九年(1870)三益堂刻本　四冊

500000－8781－0000461　407/4001
雨村詩話十六卷　(清)李調元撰　清善成堂刻本　三冊　存十二卷(一至十二)

500000－8781－0000462　407/4727
漁隱叢話前集六十卷　(宋)胡仔纂輯　清初刻本　八冊

500000－8781－0000463　407/6617
滄浪詩話一卷　(宋)嚴羽撰　清乾隆欽定四庫全書底本抄本　一冊

500000－8781－0000464　407/7519
藝苑叢話十六卷　(清)陳琰輯　清宣統三年(1911)上海六藝書局石印本　二冊

500000－8781－0000465　407/7730
浩然齋雅談三卷　(宋)周密撰　清乾隆刻武英殿聚珍版本　一冊

500000－8781－0000466　501/0848
娛園叢刻十種　(清)許增輯　清光緒十五年(1889)刻本　十二冊

500000－8781－0000467　501/1020
南菁書院叢書八集　王先謙　繆荃孫輯　清光緒十四年(1888)刻本　三十二冊

500000－8781－0000468　501/1049
天壤閣叢書　(清)王懿榮輯　清同治光緒福山王氏刻本　二十冊

500000－8781－0000469　501/1134
二酉堂叢書三十六種　(清)張澍輯　清道光元年(1821)武威張氏二酉堂刻本　十二冊　存二十一種

500000－8781－0000470　501/1137－1
昭代叢書合刻　(清)張潮　(清)張漸輯　清光緒俞樾刻本　一百七十二冊

500000－8781－0000471　501/1262
平津館叢書十集三十八種　(清)孫星衍纂　清光緒十一年(1885)吳縣朱氏刻本　五十冊

500000－8781－0000472　501/2126

粤雅堂叢書　(清)伍崇曜輯　清道光光緒南海伍氏刻本　三百三十六冊

500000－8781－0000473　501/2310

籑喜廬叢書四種　(清)傅雲龍輯　清光緒十五年(1889)德清傅氏日本東京影刻本　六冊

500000－8781－0000474　501/2509

槐廬叢書　(清)朱記榮輯　清光緒吳縣朱氏槐刻本　十八冊　存十二種八十三卷

500000－8781－0000475　501/2706

古逸叢書　(清)黎庶昌輯　清光緒十年(1884)遵義黎氏日本東京使署影刻本　四十九冊

500000－8781－0000476　501/2741

雲自在龕叢書五集十九種　繆荃孫輯　清光緒二十五年(1899)江陰繆氏刻本　三十二冊

500000－8781－0000477　501/3136

小石山房叢書　(清)顧湘編輯　清同治十三年(1874)虞山顧氏刻本　二十冊　存三十八種六十二卷

500000－8781－0000478　501/3141

靈鶼閣叢書　(清)江標輯　清光緒二十三年(1897)元和江氏湖南使院刻本　四十八冊

500000－8781－0000479　501/3143

秘書二十一種　(清)汪士漢編　清康熙七年(1668)新安汪氏刻本　八冊　存十七種六十三卷

500000－8781－0000480　501/3225

海山仙館叢書　(清)潘仕成輯　清道光咸豐番禺潘氏刻光緒中補刻本　一百五十冊

500000－8781－0000481　501/3234

滂喜齋叢書　(清)潘祖蔭輯　清同治光緒吳縣潘氏京師刻本　三十二冊

500000－8781－0000482　501/4001

函海一百六十五種　(清)李調元輯　清刻本　一百六十八冊

500000－8781－0000483　501/4036

漸西村舍彙刊　(清)袁昶輯　清光緒中桐盧袁氏刻本　七十五冊

500000－8781－0000484　501/4251

咫進齋叢書　(清)姚覲元輯　清光緒九年(1883)歸安姚氏刻本　二十四冊

500000－8781－0000485　501/4429

雙梅景闇叢書　葉德輝輯　清光緒、宣統長沙葉氏郎園刻本　五冊　存十六種二十五卷

500000－8781－0000486　501/7269

述古叢鈔二十六種　(清)劉晚榮輯　清同治光緒劉氏藏修書屋刻本　三十冊　存二十二種百七十五卷

500000－8781－0000487　501/7550

湖海樓叢書十二種　(清)陳春輯　清嘉慶二十四年(1819)蕭山陳氏湖海樓刻本　十八冊

500000－8781－0000488　501/7732

說郛一百二十卷　(元)陶宗儀輯　清刻本　一冊　存九種九卷

500000－8781－0000489　504/1053

王船山先生經史論八種七十三卷　(清)王夫之撰　清光緒二十五年(1899)慎記書莊石印本　十六冊

重慶雙桂堂圖書館古籍普查登記目録

全國古籍普查登記目録

國家圖書館出版社
National Library of China Publishing House

500000－8794－0000001　001

無量壽經優婆提舍願生偈一卷　(北魏)釋菩提留支譯　**無量壽經優婆提舍願生偈注二卷**　(北魏)釋曇鸞注解　**略論安樂浄土義一卷　讚阿彌陀佛偈一卷**　(北魏)釋曇鸞撰　清光緒十九年(1893)金陵刻經處刻本　一册

500000－8794－0000002　002

修真因果傳一卷　(清)冉培賢撰　清刻本(有抄配)　三册

500000－8794－0000003　003

大佛頂如來密因修證了義諸菩薩萬行首楞嚴經十卷　(唐)釋般剌密帝譯　清宣統三年(1911)新都寶光寺刻本　三册

500000－8794－0000004　008

發菩提心論二卷　(後秦)釋鳩摩羅什譯　清光緒十四年(1888)江北刻經處刻本　一册

500000－8794－0000005　010

妙法蓮華經科註□□卷　(後秦)釋鳩摩羅什譯　清刻本　七册　存七卷(一至七)

500000－8794－0000006　013

勝天王般若波羅蜜經七卷　(南朝陳)釋首那譯　清刻本　一册　存三卷(一至三)

500000－8794－0000007　014

維摩詰所説經註八卷　(後秦)釋鳩摩羅什譯　(晉)僧肇註　清刻本　一册　存四卷(一至四)

500000－8794－0000008　017

龍舒浄土文十卷首一卷末一卷　(宋)王日休撰　清光緒九年(1883)金陵刻經處刻本　一册

500000－8794－0000009　023

四分戒本一卷　(晉)釋佛陀耶舍譯　(晉)釋竺佛念譯　(清)釋讀體重錄　**毗尼日用切要一卷**　(清)釋讀體彙集　清光緒十八年(1892)金陵刻經處刻本　一册

500000－8794－0000010　036

四分律藏六十卷　(晉)釋佛陀耶舍譯　(晉)釋竺佛念譯　清刻本　七册　存二十三卷(一至三、十至十八、二十二至二十七、四十至四十二)

500000－8794－0000011　037

佛説造像量度經一卷續補一卷　(清)工布查布譯　清同治十三年(1874)金陵刻經處刻本　一册

500000－8794－0000012　040

大方廣佛華嚴經八十卷附花嚴大部功德人名一卷　(唐)釋實义難陀譯　**大方廣佛華嚴經入不思議解脱境界普賢行願品卷第四十**　(唐)釋般若譯　清刻本　二十册

500000－8794－0000013　042

大乘起信論一卷　(南朝梁)釋真諦譯　清光緒二十四年(1898)金陵刻經處刻本　一册

500000－8794－0000014　043

諸經日誦集要二卷　(明)釋袾宏訂輯　清光緒二十四年(1898)金陵刻經處刻本　一册

500000－8794－0000015　044

佛遺教經論疏節要一卷　(後秦)釋鳩摩羅什譯　(宋)釋浄源節要　(明)釋袾宏補注　清光緒二十四年(1898)金陵刻經處刻本　一册

500000－8794－0000016　046

楞伽阿跋多羅寶經四卷　(宋)釋求那跋陀羅譯　**附楞伽經大乘性宗頓教四十一法門**　(清)釋續法撰　清同治九年(1870)金陵刻經處刻本　二册

500000－8794－0000017　049

修習止觀坐禪法要二卷　(隋)釋智顗撰　**六妙法門一卷**　(隋)釋智者大師撰　清光緒十八年(1892)金陵刻經處刻本　一册

500000－8794－0000018　050

雲棲大師遺稿三卷　(明)釋袾宏撰　清光緒二十五年(1899)金陵刻經處刻本　一册　存一卷(三)

500000－8794－0000019　051

大乘起信論一卷　(南朝梁)釋真諦譯　清光

緒二十四年(1898)金陵刻經處刻本　一册

500000－8794－0000020　053
大乘起信論直解二卷　(明)釋德清直解　清光緒二年(1876)湘東精舍刻本　一册

500000－8794－0000021　055
悲華經十卷　(北凉)釋曇無讖譯　清光緒四年(1878)金陵刻經處刻本　三册

500000－8794－0000022　058
毗尼日用切要一卷　(清)釋讀體彙集　**沙彌律儀要畧一卷**　(明)釋袾宏輯　清光緒十八年(1892)金陵刻經處刻本　一册

500000－8794－0000023　060
重訂教乘法數二十卷　(清)釋超海撰　清光緒四年(1878)刻本　五册　存十八卷(三至二十)

500000－8794－0000024　061
金剛經註解□□卷　(□)□□輯　清刻本　一册　存一卷(三)

500000－8794－0000025　063
佛説佛名經六卷　(北魏)釋菩提留支譯　清刻本　一册　存二卷(五至六)

500000－8794－0000026　064
佛説阿彌陀經義疏一卷　(宋)釋元照撰　清光緒二十四年(1898)金陵刻經處刻本　一册

500000－8794－0000027　066
註心賦四卷　(宋)釋延壽撰　清光緒三年(1877)金陵刻經處刻本　一册

500000－8794－0000028　068
宗鏡録一百卷　(宋)釋延壽集　明萬曆三十年(1602)徑山寂照庵刻本　二册　存九卷(十一至十四、十六至二十)

500000－8794－0000029　069
大乘本生心地觀經八卷　(唐)釋般若等譯　清刻本　一册　存四卷(五至八)

500000－8794－0000030　071
傳心法要二卷　(唐)裴休集　清光緒十年(1884)金陵刻經處刻本　一册

500000－8794－0000031　072
禪關策進二集　(明)釋袾宏輯　清同治十年(1871)刻本　一册

500000－8794－0000032　073
禪關策進二集　(明)釋袾宏輯　清光緒二十四年(1898)金陵刻經處刻本　一册

500000－8794－0000033　076
文殊師利所説摩訶波若波羅密經一卷　(南朝梁)釋曼陀羅仙譯　清光緒元年(1875)江北刻經處刻本　一册

500000－8794－0000034　077
勝天王般若波羅蜜經七卷　(南朝陳)釋首那譯　清光緒二年(1876)江北刻經處刻本　一册　存四卷(四至七)

500000－8794－0000035　078
佛説四諦經一卷佛説本相倚致經一卷　(漢)釋安世高譯　**佛説恒水經一卷佛説瞻婆比丘經一卷佛説頂生王故事經一卷**　(晉)釋法炬譯　**佛説緣本致經一卷**　(□)□□譯　**佛説文陀竭王經一卷**　(北凉)釋曇無讖譯　清光緒六年(1880)金陵刻經處刻本　一册

500000－8794－0000036　079
無量壽如來會二卷　(唐)釋菩提流支譯　**佛説大乘無量壽莊嚴經一卷**　(宋)釋法賢譯　(清)楊文會分章　清光緒二十二年(1896)金陵刻經處刻本　一册

500000－8794－0000037　080
永嘉真覺大師證道歌一卷　(宋)釋彦琪注　清光緒二十二年(1896)刻本　一册

500000－8794－0000038　081
閲藏知津四十四卷　(明)釋智旭彙輯　清光緒十八年(1892)金陵刻經處刻本　一册　存四卷(四十一至四十四)

500000－8794－0000039　082
雲棲大師塔銘一卷　(明)釋德清等撰　清光緒二十五年(1899)金陵刻經處刻本　一册

500000－8794－0000040　083

禪淨選要□□卷　(漢)釋迦葉摩騰譯　(漢)釋竺法蘭譯　清刻本　四冊　存四卷(一至四)

500000－8794－0000041　087
性相通說一卷　(明)釋德清撰　清同治十二年(1873)金陵刻經處刻本　一冊

500000－8794－0000042　088
萬善同歸六卷　(宋)釋延壽撰　清刻本　一冊

500000－8794－0000043　089
御選語錄十九卷　(清)世宗胤禛撰　清光緒四年(1878)金陵刻經處刻本　十四冊

500000－8794－0000044　090
楞嚴摸象記一卷　(明)釋袾宏撰　清光緒二十四年(1898)金陵刻經處刻本　一冊

500000－8794－0000045　091
大方廣佛華嚴經感應略記一卷戒殺放生文一卷　(明)釋袾宏輯錄並撰注　清光緒二十三年至二十五年(1897－1899)金陵刻經處刻本　一冊

500000－8794－0000046　092
無量壽經優婆提舍願生偈一卷　(北魏)菩提留支譯　**無量壽經優婆提舍願生偈注二卷略論安樂浄土義一卷讚阿彌陀佛偈一卷**　(北魏)釋曇鸞注解並撰　清光緒十九年(1893)金陵刻經處刻本　一冊

500000－8794－0000047　093
無量義經一卷　(南朝齊)釋曇摩伽陀耶舍譯　清刻本　一冊

500000－8794－0000048　094
念佛警策二卷　(清)彭際清纂　清光緒三十二年(1906)梁邑雙桂堂刻本　一冊

500000－8794－0000049　095
大方便佛報恩經七卷　(□)□□譯　清同治十一年(1872)金陵刻經處刻本　二冊

500000－8794－0000050　098
竹窗隨筆一卷　(明)釋袾宏撰　清光緒二十四年(1898)金陵刻經處刻本　一冊

500000－8794－0000051　099
瑜伽師地論菩薩地真實品　(□)□□譯　清刻本　一冊

500000－8794－0000052　100
十二門論一卷　(後秦)釋鳩摩羅什譯　清光緒二十一年(1895)金陵刻經處刻本　一冊

500000－8794－0000053　101
十二門論宗致義記三卷　(唐)釋法藏撰　清光緒二十一年(1895)金陵刻經處刻本　一冊

500000－8794－0000054　108
觀佛三昧海經十卷　(晉)釋陀跋陀羅譯　清光緒十七年(1891)金陵刻經處刻本　二冊

500000－8794－0000055　109
緇門崇行錄一卷自知錄二卷　(明)釋袾宏輯　清光緒二十五年(1899)金陵刻經處刻本　一冊

500000－8794－0000056　110
思益梵天所問經四卷　(後秦)釋鳩摩羅什譯　清光緒五年(1879)金陵刻經處刻本　一冊

500000－8794－0000057　116
金剛般若波羅密經一卷附金剛經啟請　(後秦)釋鳩摩羅什譯　清刻本　一冊

500000－8794－0000058　121
萬善先資集二卷　(清)周安士撰　清光緒二十四年(1898)萬縣彌陀院刻本　一冊

500000－8794－0000059　122
賢首五教儀開蒙一卷　(清)釋續法集　(清)釋證詢較　**法界宗五祖略記一卷**　(清)釋續法輯　清光緒二年(1876)長沙刻經處刻本　一冊

500000－8794－0000060　126
佛說佛名經六卷　(北魏)釋菩提留支譯　清刻本　一冊　存一卷(五)

500000－8794－0000061　127
傳心法要二卷　(唐)裴休集　清光緒十年(1884)金陵刻經處刻本　一冊

500000－8794－0000062　128

十二門論一卷　(後秦)釋鳩摩羅什譯　清光緒二十一年(1895)金陵刻經處刻本　一册

500000－8794－0000063　129

大方廣佛華嚴經著述集要　(唐)釋法藏等撰　清同治九年至光緒二十二年(1870－1896)金陵刻經處刻本　十二册　存二十種三十一卷(華嚴金師子章一卷、華嚴經明法品内立三寶章一卷、法界宗五祖略記一卷、賢首五教儀開蒙一卷、大華嚴經略策一卷、答順宗心要法門一卷、原人論一卷、華嚴念佛三昧論一卷、華嚴一乘教義分齊章四卷、大方廣佛華嚴經吞海集三卷、大方廣佛華嚴經要解一卷、華嚴經旨歸一卷、修華嚴奥旨妄盡還源觀一卷、華嚴義海百門一卷、解迷顯智成悲十明論一卷、略釋新華嚴經修行次第決疑論四卷、華嚴法界玄鏡三卷、注華嚴法界觀門一卷、華嚴一乘十玄門一卷、華嚴五十要問答二卷)

500000－8794－0000064　130

雲棲紀事一卷菜市橋重建孝義無礙庵記一卷　佚名輯　清光緒二十五年(1899)金陵刻經處刻本　一册

500000－8794－0000065　131

毗尼日用切要一卷　(清)釋讀體彙集　**沙彌律儀要畧一卷**　(明)釋袾宏輯　**四分戒本一卷**　(晉)釋佛陀耶舍　(晉)釋竺佛念譯　**梵網經二卷**　(後秦)釋鳩摩羅什譯　清刻本　一册

500000－8794－0000066　132

禪門日誦諸經不分卷　(□)□□譯　清光緒二十四年(1898)萬邑彌陀院刻本　一册

500000－8794－0000067　133

釋迦如來應化事跡不分卷　(清)永珊輯　清同治九年(1870)萬邑李桑亭刻本　四册

500000－8794－0000068　135

居士傳五十六卷附二林居唱和居一卷　(清)彭際清撰　清刻本　二册　存二十一卷(二十九至四十、四十八至五十六)

500000－8794－0000069　136

阿彌陀經疏鈔事義一卷問辨一卷續問答一卷答問一卷答浄土四十八問一卷浄土疑辨一卷　(明)釋袾宏撰　清光緒十八年(1892)金陵刻經處刻本　一册

500000－8794－0000070　137

佛説觀彌勒菩薩上生兜率陀天經一卷　(南朝宋)釋沮渠京聲譯　**佛説彌勒下生經一卷**　(後秦)釋鳩摩羅什譯　**佛説觀彌勒菩薩下生經一卷**　(晉)釋竺法護譯　**正訛集一卷直道錄一卷**　(明)釋袾宏撰　清光緒三年(1877)金陵刻經處刻本　一册

500000－8794－0000071　138

成唯識論十卷　(唐)釋玄奘譯　清光緒二十二年(1896)金陵刻經處刻本　一册　存五卷(六至十)

500000－8794－0000072　139

佛説阿彌陀經疏鈔四卷　(明)釋袾宏述　清刻本　三册　存三卷(二至四)

500000－8794－0000073　140

紫栢老人集二十九卷首一卷　(明)釋德清閲　清刻本　八册　存二十四卷(一至十一、十八至二十九、首一)

500000－8794－0000074　141

禪淨合編二卷　(宋)程輝編　清刻本　一册　存一卷(一)

500000－8794－0000075　142

賢愚因緣經十三卷　(北魏)釋慧覺譯　清刻本　三册　存十卷(一至十)

500000－8794－0000076　143

憨山老人夢遊集五十五卷　(明)福善錄　(明)通炯編輯　清刻本　十六册　存四十五卷(一至四十五)

500000－8794－0000077　144

破山明禪師語錄二十一卷　(清)印下等編　清刻本　六册

500000－8794－0000078　145

破山明禪師語錄二十一卷 （清）印下等編 清刻本 一冊 存五卷（一至五）

500000－8794－0000079 146

大佛頂如來密因修證了義諸菩薩萬行首楞嚴經十卷 （唐）釋般剌密帝譯 （唐）釋彌伽釋迦譯語 （唐）房融筆受 清宣統三年（1911）刻本 三冊

500000－8794－0000080 147

四分比丘尼戒本一卷 （晉）釋佛陀耶舍譯 （晉）釋竺佛念譯 清光緒二十一年（1895）金陵刻經處刻本 一冊

500000－8794－0000081 148

御製無量壽佛讚一卷 （□）□□撰 **稱讚淨土佛攝受經一卷** （唐）釋玄奘譯 **拔一切業障根本得生淨土神咒一卷** （南朝宋）釋求那跋陀羅譯 **後出阿彌陀佛偈經一卷** （五代）佚名譯 **阿彌陀鼓音聲王陀羅尼經一卷** （□）□□譯 **觀世音菩薩得大勢菩薩受記經一卷** （南朝宋）釋曇無竭譯 **無量壽經優波提舍一卷** （北魏）釋菩提流支譯 **佛說阿彌陀經疏一卷** （唐）釋元曉述 清同治十一年至光緒八年（1872－1882）金陵刻經處刻本 一冊

500000－8794－0000082 149

十二門論宗致義記二卷 （唐）釋法藏撰 清光緒二十一年（1895）金陵刻經處刻本 一冊

500000－8794－0000083 150

大佛頂如來密因修證了義諸菩薩萬行首楞嚴經十卷 （唐）釋般剌密帝譯 （唐）釋彌伽釋迦譯語 （唐）房融筆受 清光緒二十六年（1900）揚州藏經院刻本 三冊

500000－8794－0000084 s001

毗尼日用切要一卷 （清）釋讀體彙集 **沙彌律儀要畧一卷** （明）釋袾宏輯 清光緒二十四年（1898）四川萬縣彌陀院刻本 一冊

500000－8794－0000085 s005

六祖大師法寶壇經一卷 （唐）釋法海編集 清道光二十一年（1841）刻本 一冊

重慶大學圖書館古籍普查登記目録

全國古籍普查登記目録

國家圖書館出版社
National Library of China Publishing House

500000－8743－0000001　0001
欽定四庫全書考證一百卷　(清)王太岳等編　清道光十年(1830)刻本　九十册　存九十三卷(一至九十三)

500000－8743－0000002　0002
輿地沿革表四十卷首一卷　(清)楊丕復撰　清光緒十四年(1888)刻本　二十二册

500000－8743－0000003　0003
大清一統志四百二十四卷　(清)蔣廷錫撰　(清)王安國等撰　清光緒二十八年(1902)上海寶善齋石印本　六十册

500000－8743－0000004　0004
尚史七十一卷　(清)李鍇纂　清乾隆三十八年(1773)悦道樓刻本　三十二册

500000－8743－0000005　0005
日本國志四十卷首一卷　(清)黄遵憲纂　清光緒十六年(1890)羊城富文齋刻本　十二册

500000－8743－0000006　0006
史外八卷　(清)汪有典撰　清同治三年(1864)廬陵尋樂山房刻本　八册

500000－8743－0000007　0007
寶刻叢編二十卷　(宋)陳思纂　清海豐吳式芬刻本　八册

500000－8743－0000008　0008
明史紀事本末八十卷　(清)谷應泰編輯　清刻本　十三册　存五十一卷(三十至八十)

500000－8743－0000009　0009
藏書紀事詩七卷　葉昌熾撰　清宣統二年(1910)刻本　六册

500000－8743－0000010　0010
戰國策三十三卷　(漢)高誘注　**札記三卷**　(清)黄丕烈撰　清同治八年湖北崇文書局刻本　五册

500000－8743－0000011　0011
國語二十一卷　(三國吳)韋昭解　**札記一卷**　(清)黄丕烈撰　**攷異四卷**　(清)汪遠孫撰　清同治八年(1869)湖北崇文書局刻本　五册

500000－8743－0000012　0012
國語二十一卷　(三國吳)韋昭解　**校刊明道本韋氏解國語札記一卷**　(清)黄丕烈撰　清嘉慶五年(1800)吳門黄氏讀未見書齋影宋刻本　四册

500000－8743－0000013　0013
戰國策三十三卷　(漢)高誘注　**重刻剡川姚氏本戰國策札記三卷**　(清)黄丕烈撰　清嘉慶八年(1803)吳門黄氏讀未見書齋影宋刻本　六册

500000－8743－0000014　0014
隋經籍志考證十三卷　(清)章宗源撰　清光緒三年(1877)湖北崇文書局刻本　四册

500000－8743－0000015　0015
元史類編四十二卷　(清)邵遠平撰　清乾隆六十年(1795)席氏掃葉山房刻本　十六册

500000－8743－0000016　0016
故唐律疏議三十卷　(唐)長孫無忌等撰　**律音義一卷**　(宋)孫奭撰　**洗冤錄五卷**　(宋)宋慈編　清刻本　八册

500000－8743－0000017　0017
皇朝中外壹統輿圖三十卷首一卷中一卷南十卷北二十卷　(清)胡林翼等纂修　清同治二年(1863)湖北撫署刻本　十二册　存三十二卷(一至三十、首一、中一)

500000－8743－0000018　0018
通鑑紀事本末二百三十九卷　(宋)袁樞編輯　(明)張溥論證　清同治十二年(1873)江西書局刻本　八十册

500000－8743－0000019　0019
欽定四庫全書總目二百卷首一卷　(清)紀昀等纂　清刻本　一百〇四册

500000－8743－0000020　0020
左傳紀事本末五十三卷　(清)高士奇撰　清同治十二年(1873)江西書局刻本　十二册

500000－8743－0000021　0021
宋史紀事本末一百〇九卷　(明)馮琦編

(明)陳邦瞻增訂 (明)張溥論正 清同治十二年(1873)江西書局刻本 二十冊

500000-8743-0000022 0022
硃批諭旨不分卷 (清)世宗胤禛撰 清石印本 六十冊

500000-8743-0000023 0023
舊唐書二百十四卷 (後晉)劉昫等撰 清同治十一年(1872)浙江書局刻本 四十冊

500000-8743-0000024 0024
唐書二百二十五卷 (宋)歐陽修 (宋)宋祁撰 清同治十二年(1873)浙江書局刻本 四十冊

500000-8743-0000025 0025
二十四史 清光緒二十八年(1902)史學會社石印本 一百九十三冊 缺一種八十卷(南史八十卷)

500000-8743-0000026 0026
光緒東華續錄二百二十卷 (清)朱壽朋編 清宣統元年(1909)上海集成圖書公司鉛印本 六十三冊 存二百十六卷(光緒一至二百十六)

500000-8743-0000027 0027
東華錄一百九十四卷 王先謙輯 清光緒上海圖書集成局公司鉛印本 六十冊

500000-8743-0000028 0028
御批歷代通鑑輯覽一百二十卷附勘誤記一卷 清光緒三十三年(1907)鉛印本 四十冊

500000-8743-0000029 0029
九朝紀事本末 (清)陳如升 (清)朱記榮輯 清光緒二十一年(1895)上海積山書局石印本 五十三冊 存七種五百八十九卷(左傳紀事本末十二至二十五,通鑑紀事本末二十一至二百三十九,宋史紀事本末一至一百九十,西夏紀事本末一至三十六、首一,元史紀事本末一至二十七,明史紀事本末一至八十,三藩紀事本末一至二十二)

500000-8743-0000030 0030
金石萃編二十一卷 (清)王昶撰 清光緒十九年(1893)上海寶善書局石印本 二十四冊

500000-8743-0000031 0031
左文襄公奏疏初編三十八卷續編七十六卷三編六卷 (清)左宗棠撰 清光緒十六年(1890)上海圖書集成局鉛印本 二十冊 存一百十二卷(初編一至三十、續編一至七十六、三編一至六)

500000-8743-0000032 0032
同治東華續錄一百卷 王先謙編 清光緒二十四年(1898)文瀾書局石印本 二十四冊

500000-8743-0000033 0033
歷代帝王年表十四卷 (清)齊召南編 清光緒二十三年(1897)上海著易堂石印本 八冊 存六卷(一至六)

500000-8743-0000034 0034
漢官儀三卷 (宋)劉攽撰 清揚州穆西堂刻本 二冊

500000-8743-0000035 0035
康熙字典十二集檢字一卷辨似一卷等韻一卷補遺一卷 (清)張玉書撰 清光緒十六年(1890)上洋鴻寶齋石印本 六冊

500000-8743-0000036 0036
欽定滿洲源流考二十卷首一卷 (清)麟喜撰 清光緒十九年(1893)杭州便益書局石印本 四冊

500000-8743-0000037 0037
欽定皇輿西域圖志四十八卷首四卷天章總目一卷 (清)傅恆等修 清光緒十九年(1893)杭州便益書局石印本 十二冊

500000-8743-0000038 0038
皇朝掌故彙編外編六十卷首一卷外編四十卷首一卷 張壽鏞輯 清光緒二十八年(1902)求實書社石印本 六十冊

500000-8743-0000039 0039
彙刻書目十卷 (清)顧修撰 清嘉慶四年(1799)刻本 十冊

500000－8743－0000040　0040
欽定四庫全書簡明目錄二十卷　(清)紀昀等纂　清同治七年(1868)廣東書局刻本　十六冊

500000－8743－0000041　0041
歸震川先生年譜一卷　(清)孫岱編　清光緒六年(1880)嘉興金氏刻本　一冊

500000－8743－0000042　0042
朱柏廬先生編年毋欺錄三卷　(清)金吳瀾編　清光緒五年(1879)刻本　三冊

500000－8743－0000043　0043
南巡盛典一百二十卷　(清)高晉等撰　清光緒八年(1882)上海點石齋石印本　八冊

500000－8743－0000044　0044
史學叢書四十三種三百四十六卷　(清)張之洞編　清光緒二十八年(1902)煥文書局點石齋石印本　三十二冊

500000－8743－0000045　0045
疇人傳五十二卷　(清)阮元撰　清光緒八年(1882)海鹽張氏常惺齋刻本　十二冊

500000－8743－0000046　0046
疇人傳五十二卷　(清)阮元撰　清光緒八年(1882)海鹽張氏常惺齋刻本　十冊

500000－8743－0000047　0047
欽定四庫全書總目二百卷首一卷未收書目提要五卷簡明目錄二十卷　(清)紀昀等纂　清光緒二十年(1894)上海點石齋石印本　二十四冊

500000－8743－0000048　0048
國語二十一卷　(三國吳)韋昭解　**校刊明道本韋氏解國語札記一卷**　(清)黃丕烈撰　清刻本　三冊　存十九卷(四至二十一,札記一)

500000－8743－0000049　0049
水道提綱二十八卷　(清)齊召南編　清光緒七年(1881)上海文瑞樓鉛印本　八冊

500000－8743－0000050　0050
東華錄四十五卷　王先謙編　清末石印本　十四冊　存三十七卷(天命卷一,天聰卷一,順治一至七,康熙一至十三、十六至二十一,雍正三至五、八至十三)

500000－8743－0000051　0051
東華續錄七十五卷　王先謙編　清光緒五年(1879)石印本　三十一冊　存六十三卷(乾隆二至八、十至十五、二十至二十六、二十九至四十四、四十七至四十八,嘉慶一至六、九至十四,道光一至十三)

500000－8743－0000052　0052
製羼金法二卷　(日本)橋本奇策撰　(清)王季點譯　清光緒二十七年(1901)上海製造局刻本　二冊

500000－8743－0000053　0053
御覽闕史二卷　(唐)參寥子撰　清光緒三年(1877)湖北崇文書局刻本　一冊

500000－8743－0000054　0054
聖武記十四卷　(清)魏源撰　清道光二十二年(1842)刻本　九冊　存十三卷(一至八、十至十四)

500000－8743－0000055　0055
關中金石記八卷　(清)畢沅撰　清乾隆四十六年(1781)刻本　二冊

500000－8743－0000056　0056
契丹國志二十七卷　(宋)葉隆禮撰　清掃葉山房刻本　二冊

500000－8743－0000057　0057
契丹國志二十七卷　(宋)葉隆禮撰　清乾隆五十八年(1793)刻本　四冊

500000－8743－0000058　0058
東都事略一百三十卷　(宋)王偁撰　清乾隆六十年(1795)刻本　八冊

500000－8743－0000059　0059
水道提綱二十八卷　(清)齊召南撰　清光緒四年(1878)刻本　八冊

500000－8743－0000060　0060

國朝柔遠記二十卷　(清)王之春編　清光緒十七年(1891)廣雅書局刻本　六册

500000－8743－0000061　0061
明儒學案六十二卷　(清)黄宗羲撰　清雍正十三年至乾隆四十年(1735－1775)刻本　二十四册

500000－8743－0000062　0062
水經注四十卷　(北魏)酈道元撰　清光緒三年(1877)湖北崇文書局刻本　十二册

500000－8743－0000063　0063
今水經一卷　(清)黄宗羲撰　清光緒三年(1877)湖北崇文書局刻崇文書局叢書本　一册

500000－8743－0000064　0064
兩漢金石記二十二卷　(清)翁方綱撰　清乾隆五十四年(1789)南昌使院刻本　十册

500000－8743－0000065　0065
歷代史表五十九卷　(清)萬斯同撰　清康熙十五年(1676)刻本　八册

500000－8743－0000066　0066
大金國志四十卷　(宋)宇文懋昭撰　清乾隆掃葉山房刻本　四册

500000－8743－0000067　0067
三國職官表三卷　(清)洪飴孫撰　清光緒十七年(1891)廣雅書局刻本　三册

500000－8743－0000068　0068
人表攷九卷　(清)梁玉繩撰　**附録一卷**　(清)梁學昌輯　**校補一卷**　(清)蔡雲撰　清光緒十七年(1891)廣雅書局刻本　四册

500000－8743－0000069　0069
隋經籍志考證十一卷　(清)章宗源撰　清刻本　二册　存七卷(五至十一)

500000－8743－0000070　0070
隸釋二十七卷隸續二十一卷　(宋)洪适撰　**汪本隸釋刊誤一卷**　(清)黄丕烈撰　清同治十年(1871)皖南洪氏晦木齋據樓松書屋汪氏本摹刻本　七册　存四十一卷(一至二十七、隸續九至二十一、汪本隸釋刊誤一)

500000－8743－0000071　0071
史通通釋二十卷附録一卷　(唐)劉知幾撰　(清)浦起龍釋　清乾隆十七年(1752)求放心齋刻本　四册

500000－8743－0000072　0072
漢書地理志校本二卷　(清)汪遠孫撰　清道光二十八年(1848)振綺堂刻本　一册

500000－8743－0000073　0073
楚漢諸侯疆域志三卷　(清)劉文淇撰　清光緒十五年(1889)廣雅書局刻本　一册

500000－8743－0000074　0074
湘軍志十六卷　王闓運撰　清刻本　四册

500000－8743－0000075　0075
校漢書八表八卷　(清)夏燮撰　清光緒十六年(1890)當塗夏氏江城公所刻本　六册

500000－8743－0000076　0076
後漢書補表八卷　(清)錢大昭撰　清嘉慶三年(1798)秦鑑識刻本　四册

500000－8743－0000077　0077
臺灣輿圖不分卷　清光緒五年(1879)刻本　二册

500000－8743－0000078　0078
樞垣記略二十八卷　(清)梁章鉅撰　清光緒元年(1875)刻本　六册

500000－8743－0000079　0079
攈古録卷二十卷　(清)吳式芬撰　清宣統二年(1910)刻本　二十册

500000－8743－0000080　0080
欽定歷代職官表七十二卷　(清)永瑢等修　清光緒二十二年(1896)廣雅書局刻本　二十四册

500000－8743－0000081　0081
新斠注地理志十六卷　(清)錢坫撰　清嘉慶二年(1797)刻本　四册

500000－8743－0000082　0082

三國志證聞二卷 (清)錢儀吉撰 清光緒十一年(1885)江蘇書局刻本 二冊

500000－8743－0000083 0083
三國志辯疑三卷 (清)錢大昭撰 清光緒十五年(1889)廣雅書局刻本 一冊

500000－8743－0000084 0084
三國志攷證八卷 (清)潘眉撰 清光緒十五年(1889)廣雅書局刻本 二冊

500000－8743－0000085 0085
史記志疑三十六卷附錄三卷 (清)梁玉繩撰 清光緒十三年(1887)廣雅書局刻本 十六冊

500000－8743－0000086 0086
疇人傳四十六卷 (清)阮元撰 清嘉慶四年(1799)揚州阮氏琅嬛仙館刻本 八冊

500000－8743－0000087 0087
南疆繹史勘本五十八卷 (清)温睿臨原本 (清)李瑤勘定 清道光刻本 十六冊

500000－8743－0000088 0088
元史九十五卷附校勘節略一卷 (清)魏源撰 清光緒三十一年(1905)邵陽魏慎微堂刻本 三十二冊 存三十三卷(一至三十二、附錄一)

500000－8743－0000089 0089
五代史記七十四卷 (宋)歐陽修撰 (清)彭元瑞增注 清道光刻本 四十冊

500000－8743－0000090 0090
史存三十卷 (清)劉沅輯 清同治十一年(1872)刻本 二十四冊 存二十九卷(一至二十九)

500000－8743－0000091 0091
後漢書一百二十卷 (南朝宋)范曄撰 清同治十年(1871)成都書局刻本 二十六冊

500000－8743－0000092 0092
史記一百三十卷附考證 (漢)司馬遷撰 (南朝宋)裴駰集解 (唐)司馬貞索隱 (唐)張守節正義 **補史記一卷** (唐)司馬貞撰 清同治十一年(1872)成都書局刻本 二十六冊

500000－8743－0000093 0093
史記一百三十卷附考證 (漢)司馬遷撰 (南朝宋)裴駰集解 (唐)司馬貞索隱 (唐)張守節正義 **補史記一卷** (唐)司馬貞撰 清同治十一年(1872)成都書局刻本 二十六冊

500000－8743－0000094 0094
史記一百三十卷附考證 (漢)司馬遷撰 (南朝宋)裴駰集解 (唐)司馬貞索隱 (唐)張守節正義 **補史記一卷** (唐)司馬貞撰 清同治十一年(1872)成都書局刻本 二十六冊

500000－8743－0000095 0095
史記一百三十卷附考證 (漢)司馬遷撰 (南朝宋)裴駰集解 (唐)司馬貞索隱 (唐)張守節正義 **補史記一卷** (唐)司馬貞撰 清同治十一年(1872)成都書局刻本 二十六冊

500000－8743－0000096 0096
史記一百三十卷附考證 (漢)司馬遷撰 (南朝宋)裴駰集解 (唐)司馬貞索隱 (唐)張守節正義 **補史記一卷** (唐)司馬貞撰 清同治十一年(1872)成都書局刻本 二十六冊

500000－8743－0000097 0097
史記一百三十卷附考證 (漢)司馬遷撰 (南朝宋)裴駰集解 (唐)司馬貞索隱 (唐)張守節正義 **補史記一卷** (唐)司馬貞撰 清同治十一年(1872)成都書局刻本 二十六冊

500000－8743－0000098 0098
史記一百三十卷附考證 (漢)司馬遷撰 (南朝宋)裴駰集解 (唐)司馬貞索隱 (唐)張守節正義 **補史記一卷** (唐)司馬貞撰 清同治十一年(1872)成都書局摹殿本刻本 二十六冊

500000－8743－0000099　0099
史記一百三十卷附考證　(漢)司馬遷撰　(南朝宋)裴駰集解　(唐)司馬貞索隱　(唐)張守節正義　**補史記一卷**　(唐)司馬貞撰　清同治十一年(1872)成都書局摹殿本刻本　二十六册

500000－8743－0000100　0100
史記一百三十卷附考證　(漢)司馬遷撰　(南朝宋)裴駰集解　(唐)司馬貞索隱　(唐)張守節正義　**補史記一卷**　(唐)司馬貞撰　清同治十一年(1872)成都書局摹殿本刻本　二十六册

500000－8743－0000101　0101
史記一百三十卷附考證　(漢)司馬遷撰　(南朝宋)裴駰集解　(唐)司馬貞索隱　(唐)張守節正義　**補史記一卷**　(唐)司馬貞撰　清同治十一年(1872)成都書局摹殿本刻本　二十六册

500000－8743－0000102　0102
史記一百三十卷附考證　(漢)司馬遷撰　(南朝宋)裴駰集解　(唐)司馬貞索隱　(唐)張守節正義　**補史記一卷**　(唐)司馬貞撰　清同治十一年(1872)成都書局摹殿本刻本　二十一册　存七十九卷(四十四至八十七、九十六至一百三十)

500000－8743－0000103　0103
史記一百三十卷附考證　(漢)司馬遷撰　(南朝宋)裴駰集解　(唐)司馬貞索隱　(唐)張守節正義　**補史記一卷**　(唐)司馬貞撰　清同治十一年(1872)成都書局摹殿本刻本　十二册　存一百〇八卷(一至十二、二十七至三十三、四十至一百三十卷)

500000－8743－0000104　0104
史記一百三十卷附考證　(漢)司馬遷撰　(南朝宋)裴駰集解　(唐)司馬貞索隱　(唐)張守節正義　**補史記一卷**　(唐)司馬貞撰　清同治十一年(1872)成都書局摹殿本刻本　十一册　存七十二卷(四十四至七十四、八十二至八十七、九十六至一百三十)

500000－8743－0000105　0105
史記一百三十卷附考證　(漢)司馬遷撰　(南朝宋)裴駰集解　(唐)司馬貞索隱　(唐)張守節正義　**補史記一卷**　(唐)司馬貞撰　清同治十一年(1872)成都書局摹殿本刻本　十四册　存八十八卷(三至五、四十至一百二十、一百二十七至一百三十)

500000－8743－0000106　0106
史記一百三十卷附考證　(漢)司馬遷撰　(南朝宋)裴駰集解　(唐)司馬貞索隱　(唐)張守節正義　**補史記一卷**　(唐)司馬貞撰　清同治十一年(1872)成都書局摹殿本刻本　六册　存三十七卷(六十八至八十七、一百〇四至一百二十)

500000－8743－0000107　0107
十國春秋一百十四卷　(清)吳任臣撰　**拾遺一卷備考一卷**　(清)周昂輯　清乾隆五十八年(1793)刻本　十四册

500000－8743－0000108　0108
天下郡國利病書一百二十卷　(清)顧炎武輯　清光緒五年(1879)蜀南桐花書屋薛氏家塾修補刻本　五十册

500000－8743－0000109　0109
皕宋樓藏書志一百二十卷　(清)陸心源編　清刻本　二十五册　存九十七卷(四至三十六、四十二至五十二、五十七至六十、六十八至一百十六)

500000－8743－0000110　0110
宋元學案一百卷首一卷　(清)黄宗羲撰　清光緒五年(1879)長沙寄廬刻本　六十四册

500000－8743－0000111　0111
荆駝逸史五十一種　(清)陳湖逸士編　清道光中古槐山房木活字印本　四十八册

500000－8743－0000112　0112
碑傳集一百六十卷首二卷末二卷　(清)錢儀吉纂錄　清光緒十九年(1893)江蘇書局刻本　六十册

500000－8743－0000113　0113

碑傳集一百六十卷首二卷末二卷 （清）錢儀吉纂錄 清光緒十九年（1893）江蘇書局刻本 六十册

500000－8743－0000114 0114
漢書疏證三十六卷 （清）沈欽韓撰 清光緒二十六年（1900）浙江官書局刻本 二十四册

500000－8743－0000115 0115
金石萃編一百六十卷 （清）王昶撰 清嘉慶十年（1805）經訓堂刻本 六十册

500000－8743－0000116 0116
霞客遊記十卷補編一卷 （明）徐宏祖撰 清嘉慶十三年（1808）水心齋葉氏刻本 十册

500000－8743－0000117 0117
皇朝續文獻通考三百二十卷 （清）劉錦藻纂 清光緒三十一年（1905）堅匏盦鉛印本 八十七册 存三百十八卷（三至三百二十）

500000－8743－0000118 0118
開有益齋讀書志六卷 （清）朱緒曾撰 清光緒六年（1880）金陵翁氏茹古閣刻本 六册

500000－8743－0000119 0119
直齋書錄解題二十二卷 （宋）陳振孫撰 清光緒九年（1883）江蘇書局刻本 六册

500000－8743－0000120 0120
昭德先生郡齋讀書志二十卷附志二卷 （宋）晁公武撰 （宋）姚應績編 清光緒十年（1884）長沙王氏刻本 十册

500000－8743－0000121 0121
太平寰宇記二百卷目錄二卷 （宋）樂史撰 清光緒八年（1882）金陵書局刻本 三十四册 存一百九十六卷（一至三、五至一百七十六、一百八十二至二百、目錄一至二）

500000－8743－0000122 0122
元和郡縣圖志四十卷 （唐）李吉甫撰 **闕卷逸文一卷** 繆荃孫輯 **補志九卷** （清）嚴觀輯 清光緒六年（1880）金陵書局刻本 八册

500000－8743－0000123 0123
九域志十卷 （宋）王存等撰 清光緒八年（1882）金陵書局刻本 四册

500000－8743－0000124 0124
輿地廣記三十八卷 （宋）歐陽忞撰 **校勘輿地廣記札記二卷** （清）黄丕烈撰 清光緒六年（1880）金陵書局刻本 四册

500000－8743－0000125 0125
寰宇訪碑錄十二卷 （清）孫星衍撰 （清）邢澍撰 清光緒九年（1883）江蘇書局刻本 四册

500000－8743－0000126 0126
十國春秋一百十四卷 （清）吳任臣撰 **拾遺一卷備考一卷** （清）周昂輯 清乾隆五十八年（1793）刻本 十六册

500000－8743－0000127 0127
水經注釋四十卷首一卷附錄二卷水經注箋刊誤十二卷 （清）趙一清錄 清乾隆五十九年（1794）小山堂刻本 二十六册

500000－8743－0000128 0128
朱子年譜四卷考異四卷附錄二卷 （清）王懋竑編 清刻本 四册

500000－8743－0000129 0129
路史前紀九卷後紀十四卷國名紀八卷發揮六卷餘論十卷 （宋）羅泌撰 （宋）羅苹注 清乾隆元年（1736）刻本 十六册

500000－8743－0000130 0130
元祐黨人傳十卷 （清）陸心源纂 清刻本 四册

500000－8743－0000131 0131
甘泉鄉人稿二十四卷 （清）錢泰吉撰 清光緒十一年（1885）錢氏刻本 六册

500000－8743－0000132 0132
元朝秘史十卷續集二卷 （元）脱察安撰 清光緒三十四年（1908）葉氏觀古堂刻本 六册

500000－8743－0000133 0133
元朝秘史十五卷 （元）脱察安撰 （清）李文田注 清末石印本 二册

500000－8743－0000134 0134

觀古堂書目叢刊十五種　葉德輝輯　清光緒至民國湘潭葉氏刻本　十五册　存七種（百川書志二十卷、萬卷堂書目四卷、孝慈堂書目不分卷、佳趣堂書目不分卷、竹崦庵傳鈔書目一卷、結一廬書目四卷附錄一卷、求古居宋本書一卷附考證一卷）

500000－8743－0000135　0135
欽定天祿琳琅書目十卷　（清）于敏中等編　清光緒十年（1884）長沙王氏刻本　十册

500000－8743－0000136　0136
鐵琴銅劍樓藏書目錄二十四卷　（清）瞿鏞編　清咸豐刻本　十册

500000－8743－0000137　0137
天一閣書目四卷碑目一卷　（清）范邦甸等編　清嘉慶十三年（1808）刻本　十册

500000－8743－0000138　0138
滂喜齋藏書記三卷附錄一卷　（清）潘祖蔭撰　清宣統元年（1909）鉛印本　二册

500000－8743－0000139　0139
天一閣見存書目四卷首一卷末一卷　（清）薛福成編　清光緒十五年（1889）無錫薛氏刻本　四册

500000－8743－0000140　0140
南北史補志十四卷　（清）汪士鐸撰　清光緒四年（1878）淮南書局刻本　八册

500000－8743－0000141　0141
後漢書疏證三十卷　（清）沈欽韓撰　清光緒二十六年（1900）浙江官書局刻本　十六册

500000－8743－0000142　0142
李氏五種合刊二十七卷　（清）李兆洛輯（清）六承如等編集　清刻本　十二册

500000－8743－0000143　0143
李氏五種合刊二十七卷　（清）李兆洛輯（清）六承如等編集　清刻本　十二册

500000－8743－0000144　0144
史通通釋二十卷　（清）浦起龍釋　清翰墨園刻本　八册

500000－8743－0000145　0145
曾文正公年譜十二卷首一卷　（清）黎庶昌輯　清光緒二年（1876）傳忠書局刻本　六册

500000－8743－0000146　0146
蒙古遊牧記十六卷　（清）張穆撰　清同治六年（1867）壽陽祁氏刻本　八册

500000－8743－0000147　0147
郎潛紀聞十四卷二筆十六卷三筆十二卷　（清）陳康祺撰　清光緒六年至十一年（1880－1885）刻本　十二册

500000－8743－0000148　0148
吉金所見錄十六卷首一卷末一卷　（清）初尚齡纂輯　清道光七年（1827）刻本　四册

500000－8743－0000149　0149
歷代名人年譜十卷　（清）吳榮光撰　清刻本　十册

500000－8743－0000150　0150
元祕史山川地名攷十二卷　（清）施世傑撰　清光緒二十三年（1897）鄦鄭學廬刻本　二册

500000－8743－0000151　0151
大興徐氏三種八卷　（清）徐松撰　清道光三年至九年（1823－1829）刻本　八册

500000－8743－0000152　0152
繹史一百六十卷　（清）馬驌撰　清刻本　三十一册　存一百四十二卷（一至二十、二十四至一百四十三、一百四十六至一百四十七）

500000－8743－0000153　0153
宋元舊本書經眼錄三卷附錄二卷　（清）莫友芝撰　清刻本　二册

500000－8743－0000154　0154
宋元舊本書經眼錄三卷附錄二卷　（清）莫友芝撰　清刻本　二册

500000－8743－0000155　0155
周書十卷逸文一卷　（清）朱右曾校釋　清光緒三年（1877）湖北崇文書局刻崇文書局彙刻本　二册

500000－8743－0000156　0156

逸周書十卷 (晉)孔晁注 清順德龍氏知服齋刻本 二冊

500000－8743－0000157 0157
水經注圖一卷附錄一卷 (清)汪士鐸撰 清咸豐十一年(1861)刻本 一冊

500000－8743－0000158 0158
古列女傳八卷 (漢)劉向撰 清光緒三年(1877)湖北崇文書局刻崇文書局彙刻本 四冊

500000－8743－0000159 0159
南宋書六十八卷 (明)錢士升撰 清嘉慶二年(1797)掃葉山房刻本 八冊

500000－8743－0000160 0160
括地志八卷補遺一卷 (清)孫星衍輯 清光緒十二年(1886)吳縣朱氏刻本 二冊

500000－8743－0000161 0161
晉書地理志新補正五卷 (清)畢沅撰 清光緒十八年(1892)思賢講舍刻本 一冊

500000－8743－0000162 0162
廿二史劄記三十六卷補遺一卷 (清)趙翼撰 清嘉慶五年(1800)刻本 十二冊

500000－8743－0000163 0163
南唐書合刻四十八卷 (清)蔣國祥輯 清襄平蔣國祥刻本 十冊

500000－8743－0000164 0164
國朝先正事略六十卷 (清)李元度纂 清同治五年(1866)循陔草堂刻本 二十四冊

500000－8743－0000165 0165
廣陵通典十卷 (清)汪中撰 清同治七年(1868)揚州書局刻本 二冊

500000－8743－0000166 0166
集古錄跋尾十卷目錄五卷 (宋)歐陽修撰 清光緒十三年(1887)刻本 三冊 存十三卷(一至十、目錄三至五)

500000－8743－0000167 0167
湘軍記二十卷 (清)王定安撰 清光緒十五年(1889)江南書局刻本 八冊

500000－8743－0000168 0168
皇朝謚法考五卷續編一卷 (清)鮑康輯 續補編一卷 (清)徐士鑾輯 清同治三年(1864)趙之謙署檢刻本 二冊

500000－8743－0000169 0169
西魏書二十四卷 (清)謝啟昆撰 清乾隆六十年(1795)刻本 六冊

500000－8743－0000170 0170
古今紀要二十卷 (宋)黃震輯撰 清刻本 六冊

500000－8743－0000171 0171
中西紀事二十四卷首一卷 (清)江上蹇叟撰 清刻本 四冊 存十三卷(一至七、存十四之十七、二十四,首一)

500000－8743－0000172 0172
紀元通攷十二卷 (清)葉維庚撰 清道光八年(1828)刻本 四冊

500000－8743－0000173 0173
西藏圖考八卷首一卷 (清)黃佩翹輯 清光緒二十三年(1897)李氏刻本 四冊

500000－8743－0000174 0174
列女傳補注八卷敘錄一卷校正一卷 (清)王照圓撰 清光緒八年(1882)刻本 四冊

500000－8743－0000175 0175
列仙傳校正本二卷讚一卷夢書一卷 (清)王照圓撰 清刻本 一冊

500000－8743－0000176 0176
新編長江險要圖說五卷沿海險要圖說十六卷 (清)余宏淦撰 清鴻文書局石印本 四冊

500000－8743－0000177 0177
咸豐以來功臣別傳三十卷 (清)朱孔彰撰 清光緒二十四年(1898)漸學廬刻本 六冊

500000－8743－0000178 0178
酉陽雜俎二十卷續集十卷首一卷 (唐)段成式撰 清光緒三年(1877)湖北崇文書局刻崇文書局彙刻本 六冊

500000－8743－0000179 0179

史通削繁四卷　(清)紀昀撰　清光緒二十一年(1895)寶慶澹雅書局刻本　四冊

500000－8743－0000180　0181
十六國春秋輯補一百卷　(清)湯球撰　清光緒二十一年(1895)廣雅書局刻本　十冊

500000－8743－0000181　0182
明季南畧十八卷　(清)計六奇編　清末琉璃廠半松居士活字印本　八冊

500000－8743－0000182　0183
明季北畧二十四卷　(清)計六奇編　清末琉璃廠半松居士活字印本　十二冊

500000－8743－0000183　0184
西國近事彙編　(清)李嶽蘅等編輯　清末上海機器製造局鉛印本　八十四冊　存九十六卷(光緒己丑年四卷、光緒戊戌年四卷、光緒戊寅年四卷、光緒戊子年四卷、光緒丁亥年四卷、光緒丁酉年四卷、光緒丁丑年四卷、光緒辛巳年四卷、光緒庚辰年四卷、光緒辛卯年四卷、光緒壬辰年四卷、光緒壬午年四卷、光緒癸巳年四卷、光緒甲申年四卷、光緒乙未年四卷、光緒乙酉年四卷、光緒甲午年四卷、光緒丙子年四卷、光緒癸未年四卷、光緒丙戌年四卷、光緒丙申年四卷、光緒庚寅年四卷、光緒己卯年四卷、光緒己亥年四卷)

500000－8743－0000184　0185
西美戰史二卷　(法國)勃利德撰　(清)李景鎬譯　清光緒江南製造總局鉛印本　二冊

500000－8743－0000185　0186
工業與國政相關論二卷　(英國)司旦離遮風司撰　(美國)衛理譯　(清)王汝駢譯　清光緒二十六年(1900)製造局鉛印本　二冊

500000－8743－0000186　0187
英國水師考一卷　(英國)巴那比　(美國)克理撰　(英國)傅蘭雅　(清)鍾天緯譯　清末江南製造總局鉛印本　二冊

500000－8743－0000187　0188
美國水師考一卷　(英國)巴那比　(美國)克理撰　(英國)傅蘭雅　(清)鍾天緯譯　清末江南製造總局鉛印本　一冊

500000－8743－0000188　0189
俄國水師考一卷　(英國)百拉西撰　(英國)傅少蘭　(清)李嶽蘅譯　清末江南製造總局鉛印本　一冊

500000－8743－0000189　0190
各國交涉公法論十六卷　(英國)費利摩羅巴德撰　(英國)傅蘭雅譯　清光緒二十四年(1898)江南機器製造總局鉛印本　十六冊

500000－8743－0000190　0191
金石識別十二卷　(美國)代那撰　清末刻本　六冊

500000－8743－0000191　0192
和林金石錄一卷敦煌古寫本毛詩校記一卷帝範校補一卷宋槧文苑英華殘本校記一卷　(清)李文田撰　清光緒二十三年(1897)刻本　一冊

500000－8743－0000192　0193
船塢論略一卷　(英國)傅蘭雅輯譯　清末江南製造總局鉛印本　一冊

500000－8743－0000193　0194
水師章程十四卷續編六卷　(英國)英國水師兵部撰　清末江南製造總局鉛印本　十六冊

500000－8743－0000194　0195
海盜圖說十五卷附長江圖說一卷　(英國)金約翰輯　清刻本　八冊

500000－8743－0000195　0196
奏定印花税則章程文牘一卷　(清)□□編　清宣統元年(1909)刻本　一冊

500000－8743－0000196　0197
施府君事狀一卷　清末鉛印本　一冊

500000－8743－0000197　0198
高士傳三卷　(晉)皇甫謐撰　清光緒三年(1877)湖北崇文書局刻崇文書局彙刻本　一冊

500000－8743－0000198　0200

孔子編年四卷孟子編年四卷　(清)狄子奇編　清光緒十三年(1887)浙江書局刻本　二冊

500000－8743－0000199　0201

鑑誡錄十卷　(五代)何光遠編　清光緒三年(1877)湖北崇文書局刻崇文書局彙刻本　二冊

500000－8743－0000200　0202

說嵩三十二卷　(清)景日昣撰　清岳生堂刻本　十冊

500000－8743－0000201　0203

保甲書四卷　(清)徐棟輯　清刻本　三冊

500000－8743－0000202　0204

保甲書四卷末一卷　(清)徐棟輯　清刻本　三冊

500000－8743－0000203　0205

史記索隱三十卷　(唐)司馬貞撰　**五代史補五卷**　(宋)陶岳撰　**五代史闕文一卷**　(宋)王禹偁撰　明末清初毛氏汲古閣刻本　二冊

500000－8743－0000204　0206

東觀漢記二十四卷　(漢)劉珍等撰　清乾隆六十年(1795)刻武英殿聚珍版本　二冊

500000－8743－0000205　0207

文史通義五卷　(清)章學誠撰　清道光十二年至十三年(1832－1833)刻本　四冊

500000－8743－0000206　0208

新唐書糾謬二十卷　(宋)吳縝纂　清海虞趙開美刻本　一冊

500000－8743－0000207　0209

舊唐書二百卷　(後晉)劉昫等撰　**校勘記六十六卷逸文十二卷**　(清)岑建功輯　清同治十一年(1872)定遠方氏刻本　八十冊

500000－8743－0000208　0210

資治通鑑二百九十四卷釋文辯誤十二卷　(宋)司馬光編　(元)胡三省音注　清江蘇書局修補鄱陽胡氏仿元本刻本　一百冊

500000－8743－0000209　0211

續資治通鑑二百二十卷　(清)畢沅編　清刻本　五十九冊　存二百十七卷(四至二百二十)

500000－8743－0000210　0212

續資治通鑑長編五百二十卷目錄二卷　(宋)李燾撰　清光緒七年(1881)浙江書局刻本　一百十九冊　存五百十七卷(一至一百四十三、一百四十九至五百二十,目錄一至二)

500000－8743－0000211　0213

資治通鑑補二百九十四卷　(宋)司馬光編　(元)胡三省音注　(清)嚴衍補　清光緒二年(1876)思補樓刻本　八十冊

500000－8743－0000212　0214

明史藁三百十卷　(清)王鴻緒撰　清敬慎堂刻本　八十冊

500000－8743－0000213　0215

歷代地理沿革表四十七卷　(清)陳芳績撰　清光緒二十一年(1895)廣雅書局刻本　二十四冊

500000－8743－0000214　0216

廿二史考異一百卷　(清)錢大昕撰　清光緒二十年(1894)廣雅書局刻本　二十四冊

500000－8743－0000215　0217

廿二史考異一百卷　(清)錢大昕撰　清光緒二十年(1894)廣雅書局刻本　二十四冊

500000－8743－0000216　0218

諸史考異十八卷　(清)洪頤煊撰　清光緒十五年(1889)廣雅書局刻本　三冊

500000－8743－0000217　0219

廿二史劄記三十六卷補遺一卷　(清)趙翼撰　清光緒十年(1884)廣雅書局刻本　十冊

500000－8743－0000218　0220

廿一史四譜五十四卷　(清)沈炳震鈔　清刻本　十六冊

500000－8743－0000219　0221

建炎以來繫年要錄二百卷　(清)李心傳撰　清廣雅書局刻本　四十六冊

500000－8743－0000220　0222
萬國通鑑四卷地圖一卷　(美國)謝衛樓撰　清刻本　六册

500000－8743－0000221　0223
三國志補六十五卷　(清)趙一清撰　清廣雅書局刻本　十册

500000－8743－0000222　0224
三朝北盟會編二百五十卷校勘記二卷校勘記補遺一卷　(清)徐夢莘編　清光緒四年(1878)越東鉛印本　三十八册

500000－8743－0000223　0225
補三國疆域志二卷　(清)洪亮吉撰　清光緒十七年(1891)廣雅書局刻本　一册

500000－8743－0000224　0226
後漢書辨疑十一卷　(清)錢大昕撰　清光緒十四年(1888)廣雅書局刻本　二册

500000－8743－0000225　0227
元史氏族表三卷　(清)錢大昕撰　清嘉定錢氏補纂江蘇書局刻本　二册

500000－8743－0000226　0228
元史譯文證補三十卷　(清)洪鈞撰　清光緒二十三年(1897)刻本　二册

500000－8743－0000227　0229
西夏紀事本末三十六卷年表一卷　(清)張鑑撰　清光緒十年(1884)江蘇書局刻本　四册

500000－8743－0000228　0230
晋略六十六卷　(清)周濟撰　清光緒二年(1876)味雋齋刻本　十册

500000－8743－0000229　0231
前漢書一百卷　(漢)班固撰　(唐)顏師古注　清同治十年(1871)成都書局摹殿本刻本　三十二册

500000－8743－0000230　0232
遼史拾遺二十四卷　(清)厲鶚撰　清光緒十五年(1889)江蘇書局刻本　十册

500000－8743－0000231　0233
前漢書一百卷　(漢)班固撰　(唐)顏師古注　清同治十年(1871)成都書局摹殿本刻本　三十二册

500000－8743－0000232　0234
漢書辨疑二十二卷　(清)錢大昕撰　清光緒十三年(1887)廣雅書局刻本　五册

500000－8743－0000233　0235
金石索十二卷首一卷　(清)馮雲鵬等輯　清道光元年至四年(1821－1824)刻本　二十四册

500000－8743－0000234　0236
唐會要一百卷　(宋)王溥撰　清光緒十年(1884)江蘇書局刻武英殿聚珍版本　二十四册

500000－8743－0000235　0237
五代會要三十卷　(宋)王溥撰　清光緒十二年(1886)江蘇書局刻本　六册

500000－8743－0000236　0238
五代會要三十卷　(宋)王溥撰　清光緒十二年(1886)江蘇書局刻本　六册

500000－8743－0000237　0239
西漢會要七十卷　(宋)徐天麟撰　清光緒十年(1884)江蘇書局刻本　六册　存三十七卷(三十四至七十)

500000－8743－0000238　0240
西漢會要七十卷　(宋)徐天麟撰　清光緒十年(1884)江蘇書局刻本　十册

500000－8743－0000239　0241
東漢會要四十卷　(宋)徐天麟撰　清光緒十年(1884)江蘇書局刻本　八册

500000－8743－0000240　0242
東漢會要四十卷　(宋)徐天麟撰　清光緒十年(1884)江蘇書局刻本　十册

500000－8743－0000241　0243
朔方備乘六十八卷首十二卷　(清)何秋濤纂輯　清刻本　二十四册

500000－8743－0000242　0244
桐城吴先生全書　(清)吴汝綸撰　清吴氏家

刻本　二十一冊　存六種十八卷(易說二卷,尚書故三卷,夏小正私箋一卷,文集四卷、詩集一卷,尺牘五卷、補遺一卷,諭兒書一卷)

500000－8743－0000243　0245
十六國春秋一百卷　(北魏)崔鴻撰　清欣託山房刻本　二十冊

500000－8743－0000244　0246
十六國春秋一百卷　(北魏)崔鴻撰　清欣託山房刻本　十四冊　存七十一卷(一、一十三至三十四、四十二至六十五、七十三至七十六、八十一至一百)

500000－8743－0000245　0247
十七史商榷一百卷　(清)王鳴盛撰　清乾隆五十二年(1787)刻本　三十二冊

500000－8743－0000246　0248
十七史商榷一百卷　(清)王鳴盛撰　清乾隆五十二年(1787)刻本　二十四冊

500000－8743－0000247　0249
讀史方輿紀要一百三十卷輿圖要覽四卷　(清)顧祖禹著　清光緒五年(1879)蜀南桐花書屋薛氏家塾刻本　五十冊

500000－8743－0000248　0250
探礦取金六卷續編一卷附編一卷　(英國)密拉撰　(清)舒高第譯　清光緒三十年(1904)江南製造局譯書館刻本　二冊

500000－8743－0000249　0251
電氣鍍金法一卷　(英國)華特纂　(英國)傅蘭雅譯　清末江南製造總局刻本　一冊

500000－8743－0000250　0252
電氣鍍鎳一卷　(英國)傅蘭雅譯　清末江南製造總局刻本　一冊

500000－8743－0000251　0253
練金新語十章　(英國)奥斯呑撰　(清)舒高第譯　清末江南製造總局刻本　三冊

500000－8743－0000252　0254
行軍鐵路工程三卷　(英國)傅蘭雅撰　(清)汪振聲譯　清末江南製造總局鉛印本　一冊

500000－8743－0000253　0255
銀礦指南一卷　(美國)亞倫撰　(英國)傅蘭雅譯　清末江南製造總局刻本　一冊

500000－8743－0000254　0256
井礦工程三卷　(英國)白爾捺輯　(英國)傅蘭雅譯　清末江南製造總局刻本　二冊

500000－8743－0000255　0257
鑄錢工藝三卷　(英國)傅蘭雅　(清)鍾天緯譯　清末江南製造總局刻本　二冊

500000－8743－0000256　0258
取濾火油法一卷　(美國)日得烏特撰　(英國)秀耀春　(美國)衛理譯　清光緒二十六年(1900)製造總局刻本　一冊

500000－8743－0000257　0259
開地道轟藥法三卷　(英國)武備工程學堂編定　(英國)傅蘭雅譯　清末江南製造總局刻本　二冊

500000－8743－0000258　0260
無線電報　(英國)克爾撰　(英國)衛理譯　清光緒二十六年(1900)製造總局刻本　一冊

500000－8743－0000259　0261
鐵路紀要二卷　(美國)柯理集　(清)潘松譯　清末江南製造總局刻本　一冊

500000－8743－0000260　0262
通物電光四卷　(美國)莫耳登撰　(英國)傅蘭雅譯　清光緒二十五年(1899)江南製造局刻本　一冊

500000－8743－0000261　0263
金石表　(美國)代那撰　(英國)瑪高温譯　清末江南製造總局鉛印本　一冊

500000－8743－0000262　0264
鍊鋼要言附錄試驗各法　(清)徐家寶譯　清末江南製造總局刻本　一冊

500000－8743－0000263　0265
格致啟蒙四卷　(英國)羅斯古纂　(美國)林樂知　(清)鄭昌棪譯　清末江南製造總局刻本　四冊

500000－8743－0000264　0266
相地探金石法四卷　（英國）喝爾勃特喀格司撰　（清）王汝駢譯　清光緒二十九年（1903）江南製造局刻本　四册

500000－8743－0000265　0267
鍊石編三卷　（英國）亨利黎特撰　（清）舒高第譯　清末江南製造總局刻本　四册

500000－8743－0000266　0268
電學十卷首一卷　（英國）瑙挨德撰　（英國）傅蘭雅譯　清末江南機器製造總局刻本　六册

500000－8743－0000267　0269
高士傳三卷蓮社高賢傳一卷　（晉）皇甫謐撰　清刻本　一册

500000－8743－0000268　0270
群輔錄一卷　（晉）陶潛撰　**英雄記鈔一卷**（三國魏）王粲撰　清刻本　一册

500000－8743－0000269　0271
竹書紀年二卷　（南朝梁）沈約注　清刻本　一册

500000－8743－0000270　0272
吴越春秋六卷　（漢）趙曄撰　清刻本　二册

500000－8743－0000271　0273
越絕書十五卷　（□）□□撰　清刻本　二册

500000－8743－0000272　0274
十六國春秋不分卷　（北魏）崔鴻撰　清刻本　二册

500000－8743－0000273　0275
汲冢周書十卷　（晉）孔晁注　清刻本　二册

500000－8743－0000274　0276
水經二卷　（漢）桑欽撰　清刻本　一册

500000－8743－0000275　0277
三輔黃圖六卷　（漢）佚名撰　清刻本　一册

500000－8743－0000276　0278
佛國記一卷　（晉）釋法顯撰　**伽藍記五卷**（北魏）楊衒之撰　清刻本　二册

500000－8743－0000277　0279
元經薛氏傳九卷　（隋）王通撰　清刻本　三册

500000－8743－0000278　0280
列國歲計政要十二卷首一卷　（英國）麥丁富得力編纂　（英國）林樂知譯　清末江南製造總局刻本　七册

500000－8743－0000279　0281
日本學校源流一卷　（美國）路義思撰　（美國）衛理譯　清光緒二十五年（1899）江南製造局刻本　一册

500000－8743－0000280　0282
江南製造局記十卷首一卷附卷一卷　（清）魏允恭編　清光緒三十一年（1905）上海文寶書局石印本　十册

500000－8743－0000281　0283
英國定準軍藥書四卷附編一卷　（英國）陸軍水師部編纂　（清）舒高第譯　清末江南製造局刻本　二册

500000－8743－0000282　0284
行船免撞章程一卷附卷一卷　（英國）傅蘭雅（清）鍾天緯譯　清末江南製造總局刻本　一册

500000－8743－0000283　0285
美國憲法纂釋二十一卷附一卷　（美國）海麗生撰　（清）舒高第譯　清光緒十三年（1887）江南製造局刻本　二册

500000－8743－0000284　0286
英國水師律例四卷　（英國）德麟　（英國）極福德纂　（清）舒高第譯　清末江南製造局刻本　二册

500000－8743－0000285　0287
電學測算一卷　（清）徐兆熊譯　清末江南製造局刻本　一册

500000－8743－0000286　0288
御製圓明園圖詠不分卷　（清）清高宗弘曆等纂　清光緒十三年（1887）天津石印書屋石印本　二册

500000－8743－0000287　0289
中國江海險要圖誌二十二卷補編五卷圖五卷　(英國)海軍海圖官局編訂　(清)陳壽彭編譯　清光緒二十七年(1901)經世文社石印本　十五册

500000－8743－0000288　0290
史姓韻編六十四卷　(清)汪輝祖輯　清光緒十年(1884)慈溪耕餘樓鉛印本　十六册

500000－8743－0000289　0291
各國交涉便法論六卷　(英國)費利摩羅巴德撰　(英國)傅蘭雅譯　清末江南製造總局刻本　六册

500000－8743－0000290　0292
法國新志二卷　(英國)該勒低輯　(英國)傅紹蘭口譯　(清)潘松筆述　清光緒二十四年(1898)製造局刻本　一册

500000－8743－0000291　0293
鑄金論略六卷　(英國)司布勒村撰　(英國)傅蘭雅口譯　(清)汪振聲筆述　清光緒二十八年(1902)江南製造總局刻本　六册

500000－8743－0000292　0294
考工紀要十七卷　(英國)瑪體生撰　(英國)傅蘭雅　(清)鍾天緯同譯　清刻本　八册

500000－8743－0000293　0295
美國提煉煤油法一卷　(清)江南製造局編譯　清光緒三十一年(1905)江南製造局鉛印本　一册

500000－8743－0000294　0296
物理學上篇四卷中篇四卷下篇四卷　(日本)飯盛挺造編纂　(日本)藤田豐八譯　(清)王季烈編　清光緒二十六年(1900)製造局刻本　十二册

500000－8743－0000295　0297
地學淺釋三十八卷　(英國)雷俠兒撰　(美國)瑪高温口譯　(清)華蘅芳筆述　清末江南機器製造局刻本　八册

500000－8743－0000296　0298
保富述要一卷　(英國)布來德撰　(英國)傅蘭雅口譯　(清)徐家寶筆述　清末江南製造局刻本　二册

500000－8743－0000297　0299
洋槍淺言一卷　(清)顔邦固撰　清末上海江南機器製造局刻本　一册

500000－8743－0000298　0300
開礦器法十卷附圖　(美國)俺特累撰　(英國)傅蘭雅口譯　(清)王樹善筆述　清光緒二十五年(1899)江南製造局石印本　六册

500000－8743－0000299　0301
格致小引一卷　(英國)赫施賚撰　(英國)羅亨利　(清)瞿昂來譯　清刻本　一册

500000－8743－0000300　0302
英俄印度交涉書一卷續編一卷　(英國)馬文撰　(英國)羅亨利　(清)瞿昂來譯　清末江南製造局刻本　一册

500000－8743－0000301　0303
公法總論一卷　(英國)羅柏村撰　(英國)傅蘭雅　(清)汪振聲譯　清末江南製造局鉛印本　一册

500000－8743－0000302　0304
海塘輯要十卷首一卷附釋一卷　(英國)韋更斯撰　(英國)傅蘭雅口譯　(清)趙元益筆述　清末江南機器製造總局刻本　二册

500000－8743－0000303　0305
歐洲東方交涉記十二卷　(英國)麥高爾撰　(美國)林樂知譯　清末江南機器製造總局刻本　二册

500000－8743－0000304　0306
物體遇熱改易記四卷　(英國)瓦特斯輯　(英國)傅蘭雅口譯　(清)徐壽筆述　清光緒二十五年(1899)江南製造局刻本　二册

500000－8743－0000305　0307
德國陸軍考四卷　(法國)歐盟輯撰　(清)吳宗濂譯文　(清)潘元善執筆　清光緒二十七年(1901)江南製造局鉛印本　四册

500000－8743－0000306　0308

國政貿易相關書二卷　(英國)法拉撰　(清)徐家寶筆述　清光緒九年(1883)刻本　二冊

500000－8743－0000307　0309

顏料篇三卷　(日本)江守襄吉郎原　(清)汪振聲編　清末江南製造局刻本　二冊

500000－8743－0000308　0310

金石識别十二卷　(美國)代那撰　(美國)瑪高温口譯　(清)華蘅芳譯　清末江南機器製造總局刻本　六冊

500000－8743－0000309　0311

工程致富論略十三卷首一卷附圖　(英國)瑪體生撰　(英國)傅蘭雅　(清)鍾天緯譯　清光緒四年(1878)鉛印本　八冊

500000－8743－0000310　0312

新繪沿海長江險要圖二十七幅　(清)江震高等學堂編譯所編　清末上海鴻文書局刻本　一冊

500000－8743－0000311　0313

書林揚觶二卷　(清)方東樹撰　清同治十年(1871)望三益齋刻本　一冊

500000－8743－0000312　0314

讀書敏求記四卷　(清)錢曾撰　清乾隆十年(1745)刻本　三冊　存三卷(一、三至四)

500000－8743－0000313　0315

地學淺釋三十八卷　(英國)雷俠兒撰　(美國)瑪高温口譯　(清)華蘅芳筆述　清同治十二年(1873)江南製造局刻本　八冊

500000－8743－0000314　0316

佐治芻言一卷　(英國)傅蘭雅口譯　(清)應祖錫筆述　清末江南製造總局鉛印本　三冊

500000－8743－0000315　0317

航海章程一卷初議記錄一卷　(美國)費蘭克林纂　(清)鳳儀　(清)徐家寶譯述　清末江南製造總局刻本　一冊

500000－8743－0000316　0318

東方時局論略一卷　(清)鄧鏗撰　清光緒十五年(1889)鉛印本　一冊

500000－8743－0000317　0319

列國陸軍制一卷　(美國)歐潑登撰　(美國)林樂知　(清)瞿昂來同譯　清刻本　三冊

500000－8743－0000318　0320

俄國新志八卷　(英國)陔勒低撰　(英國)傅蘭雅　(清)潘松譯　清光緒二十四年(1898)上海製造總局刻本　三冊

500000－8743－0000319　0321

埏紘外臏二十五卷補遺一卷　(美國)林樂知　(清)嚴良勳譯　清光緒二十七年(1901)上海製造局刻本　八冊

500000－8743－0000320　0322

萬國憲法比較一卷　(日本)辰巳小二郎著　(清)戢翼翬譯　清光緒二十八年(1902)上海商務印書館鉛印本　一冊

500000－8743－0000321　0323

大清航海通書　(清)江南製造局譯改　清光緒至民國江南製造局鉛印本　十七冊　存十六年(同治十至十一、十三,光緒二十五至二十七、二十九至三十四,宣統一至三,民國一至二)

500000－8743－0000322　0324

校讎通義三卷　(清)章學誠撰　清道光十三年(1833)刻章氏遺書本　一冊

500000－8743－0000323　0325

四裔編年表四卷　(美國)林樂知譯　(清)嚴良勳譯　(清)李鳳苞彙編　清江南製造總局刻本　四冊

500000－8743－0000324　0326

遼史紀事本末四十卷首一卷金史紀事本末五十二卷首一卷　(清)李有棠纂　清光緒十九年(1893)同文書局石印本　五冊

500000－8743－0000325　0327

微積溯源八卷　(英國)華里司輯　(英國)傅蘭雅譯　清末江南機器製造總局刻本　六冊

500000－8743－0000326　0328

申鑒五卷　(漢)荀悦撰　清刻本　一册

500000－8743－0000327　0329

新編筭學啓蒙三卷　(清)朱世傑編撰　清末江南機器製造總局刻本　二册

500000－8743－0000328　0330

謝穀堂算學三種　(清)謝家禾撰　清末江南機器製造總局刻本　一册

500000－8743－0000329　0331

交食引蒙不分卷　(清)賈步緯述　清光緒二十年(1894)江南製造局刻本　一册

500000－8743－0000330　0332

躔離引蒙不分卷　(清)賈步緯述　清光緒十八年(1892)江南製造局刻本　二册

500000－8743－0000331　0333

航海簡法四卷　(英國)那麗撰　(美國)金楷理譯　(清)王德均述　清光緒上海江南機器製造總局刻本　二册

500000－8743－0000332　0334

礮法畫譜一卷　(清)丁乃文撰　清光緒十四年(1888)江南製造局刻本　一册

500000－8743－0000333　0335

化學工藝初集四卷附圖一卷二集四卷附圖一卷三集一卷附圖一卷　(英國)能智撰　(英國)傅蘭雅　(清)汪振聲譯　清光緒二十四年(1898)江南製造局刻本　十二册

500000－8743－0000334　0336

化學表一卷　(清)上海製造局翻譯館編譯　清光緒十年(1884)江南製造總局刻本　一册

500000－8743－0000335　0337

産科七十二章　(英國)密爾纂　(清)舒高第譯　(清)鄭昌棪筆述　清光緒江南機器製造總局刻本　四册

500000－8743－0000336　0338

一鐙精舍甲部藁五卷　(清)何秋濤撰　清光緒五年(1879)淮南書局刻本　一册

500000－8743－0000337　0339

日本東京大學規劃制攷畧不分卷　(清)廖傑哉譯　清光緒刻本　一册

500000－8743－0000338　0340

中論二卷　(漢)徐幹撰　清刻本　一册

500000－8743－0000339　0341

算式解法十四卷　(美國)好敦司　(美國)開奈利撰　(英國)傅蘭雅譯　清光緒二十五年(1899)江南製造局刻本　二册

500000－8743－0000340　0342

數學理九卷附一卷　(英國)棣麼甘撰　(英國)傅蘭雅譯　清末江南機器製造總局刻本　四册

500000－8743－0000341　0343

孔叢二卷詰墨一卷　(漢)孔鮒撰　清刻本　一册

500000－8743－0000342　0344

法言十卷　(漢)揚雄撰　清刻本　一册

500000－8743－0000343　0345

竹譜一卷　(晉)戴凱之撰　**禽經一卷**　(晉)張華注　**古今刀劍録一卷**　(南朝梁)陶宏景纂　**鼎録一卷**　(南朝梁)虞荔纂　清刻本　一册

500000－8743－0000344　0346

素書一卷　(漢)黄石公撰　**心書一卷**　(漢)諸葛亮撰　**古今注三卷**　(晉)崔豹撰　清刻本　一册

500000－8743－0000345　0347

新語二卷　(漢)陸賈撰　**新書十卷**　(漢)賈誼撰　清刻本　二册

500000－8743－0000346　0348

新序十卷　(漢)劉向撰　清刻本　二册

500000－8743－0000347　0349

説苑二十卷　(漢)劉向撰　清刻本　五册

500000－8743－0000348　0350

參同契一卷　(漢)魏伯陽撰　**陰符經一卷**　(漢)張良注　**風后握奇經一卷**　(漢)公孫宏解　清刻本　一册

500000－8743－0000349　0351
數理精蘊四卷　（清）聖祖玄燁撰　清末江南製造總局刻本　三冊

500000－8743－0000350　0352
三角數理十二卷　（英國）海麻士輯　（英國）傅蘭雅譯　清末江南製造總局刻本　六冊

500000－8743－0000351　0353
法律醫學二十四卷首一卷附一卷　（英國）該惠連　（英國）弗里愛撰　（英國）傅蘭雅譯　清光緒二十五年（1899）江南製造局刻本　八冊

500000－8743－0000352　0354
農學初集一卷　（英國）旦爾恆理撰　（英國）秀耀春譯　清光緒二十四年（1898）江南製造局刻本　一冊

500000－8743－0000353　0355
農務要書簡明目錄一卷　（英國）傅蘭雅譯　清光緒二十七年（1901）上海製造局刻本　一冊

500000－8743－0000354　0356
農務土質論三卷　（美國）習金福蘭格令希蘭撰　（美國）衛理譯　清光緒二十六年（1900）上海製造局刻本　三冊

500000－8743－0000355　0357
農務全書上編十六卷中編十六卷　（美國）施妥縷撰　（清）舒高第譯　清光緒三十三年至宣統元年（1907－1909）江南機器製造總局刻本　十六冊

500000－8743－0000356　0358
意大利蠶書一卷　（意大利）丹吐魯撰　（英國）傅蘭雅譯　清光緒二十四年（1898）江南製造局刻本　一冊

500000－8743－0000357　0359
農學津梁一卷　（英國）恆里湯納耳撰　清光緒二十八年（1902）江南製造局刻本　一冊

500000－8743－0000358　0360
農務化學簡法三卷　（美國）固來納撰　（英國）傅蘭雅譯　清光緒二十九年（1903）江南製造局刻本　一冊

500000－8743－0000359　0361
白虎通德論四卷　（漢）班固纂　清刻本　二冊

500000－8743－0000360　0362
獨斷一卷　（漢）蔡邕撰　**忠經一卷**　（漢）馬融撰　**孝敬一卷**　（晉）陶潛撰　**小爾雅一卷**　（漢）孔鮒撰　清刻本　一冊

500000－8743－0000361　0363
顏氏家訓二卷　（北齊）顏之推撰　清刻本　二冊

500000－8743－0000362　0364
博物志十卷　（晉）張華撰　清刻本　一冊

500000－8743－0000363　0365
潛夫論十卷　（漢）王符撰　清刻本　二冊

500000－8743－0000364　0366
神仙傳十卷　（晉）葛洪撰　清刻本　二冊

500000－8743－0000365　0367
婦科一卷　（美國）湯麥斯原撰　（清）舒高第　（清）鄭昌棪譯　清光緒二十六年（1900）製造局鉛印本　六冊

500000－8743－0000366　0368
御風要術三卷　（英國）白爾特撰　（德國）金楷理口譯　（清）華蘅芳筆述　清同治十二年（1873）江南製造總局刻本　二冊

500000－8743－0000367　0369
代數難題解法十六卷　（英國）倫德編輯　（英國）傅蘭雅口譯　（清）華蘅芳筆述　清江南製造總局刻本　六冊

500000－8743－0000368　0370
行海要術四卷　（美國）金楷理口譯　（清）李鳳苞筆述　清江南製造總局刻本　三冊

500000－8743－0000369　0371
克虜伯礮彈造法二卷附圖一卷餅藥造法一卷　（美國）金楷理譯　（清）李鳳苞筆述　清光緒江南製造總局刻本　三冊

500000－8743－0000370　0372
克虜伯礮説四卷操法四卷表一卷附圖一卷　(美國)金楷理譯　(清)李鳳苞筆述　清光緒江南機器製造總局刻本　二冊

500000－8743－0000371　0373
前敵須知四卷　(英國)克利賴撰　(清)舒高第　(清)鄭昌棪譯　清光緒江南製造總局刻本　四冊

500000－8743－0000372　0374
鐵甲叢譚五卷附圖一卷　(英國)黎特撰　(清)舒高第　(清)鄭昌棪譯　清光緒江南製造總局刻本　二冊

500000－8743－0000373　0375
格林礮操法一卷　(美國)傅蘭克令撰　(英國)傅蘭雅譯　(清)徐建寅筆述　清光緒江南製造總局刻本　一冊

500000－8743－0000374　0376
克虜伯礮準心法一卷　(美國)金楷理譯　(清)李鳳苞筆述　清光緒江南機器製造總局刻本　一冊

500000－8743－0000375　0377
礮乘新法三卷附圖一卷首一卷　(清)舒高第　(清)鄭昌棪譯　清光緒江南製造總局刻本　六冊

500000－8743－0000376　0378
營工要覽四卷　(英國)傅蘭雅　(清)汪振聲譯　清光緒江南製造總局刻本　二冊

500000－8743－0000377　0379
海軍調度要言三卷　(清)舒高第　(清)鄭昌棪譯　清光緒江南製造總局刻本　二冊

500000－8743－0000378　0380
測候叢談四卷　(美國)金楷理譯　(清)華蘅芳筆述　清光緒江南製造總局刻本　二冊

500000－8743－0000379　0381
農務化學問答二卷　(英國)仲斯敦撰　(英國)秀耀春譯　清末江南製造總局刻本　二冊

500000－8743－0000380　0382
喇叭吹法一卷　(美國)金楷理譯　清末江南製造總局刻本　一冊

500000－8743－0000381　0383
兵船礮法六卷　(美國)美國水師書院撰　(美國)金楷理譯　清末江南製造總局刻本　二冊　存四卷(三至六)

500000－8743－0000382　0384
簡易庵算稿四卷　(清)劉彝程撰　清光緒二十六年(1900)江南製造局刻本　四冊

500000－8743－0000383　0385
爆藥記要六卷　(美國)水雷局撰　(清)舒高第譯　清末江南製造總局刻本　一冊

500000－8743－0000384　0386
製火藥法三卷　(英國)利稼孫　(英國)華得利輯　(英國)傅蘭雅譯　清末江南製造總局刻本　一冊

500000－8743－0000385　0387
營壘圖説一卷　(比利時)伯里牙芒撰　(美國)金楷理譯　清末江南製造總局刻本　一冊

500000－8743－0000386　0388
攻守礮法一卷克虜伯腰箍礮説一卷克虜伯礮架説一卷克虜伯螺繩礮架説一卷　(美國)金楷理譯　清末江南製造總局刻本　一冊

500000－8743－0000387　0389
水師操練十八卷首一卷附一卷　(英國)英國戰船部原書撰　(英國)傅蘭雅譯　清末江南製造總局刻本　三冊

500000－8743－0000388　0390
營城揭要二卷　(英國)儲意比撰　(英國)傅蘭雅譯　清末江南製造總局刻本　二冊

500000－8743－0000389　0391
水師保身法一卷　(法國)勒羅阿撰　(英國)伯克雷譯　清末江南製造總局刻本　一冊

500000－8743－0000390　0392
化學鑑原六卷補編六卷附一卷　(英國)韋而

司撰　(英國)傅蘭雅譯　清末江南製造總局刻本　十册

500000－8743－0000391　0393
儒門醫學三卷　(英國)海得蘭撰　(英國)傅蘭雅譯　清末江南製造總局刻本　四册

500000－8743－0000392　0394
測繪海圖全法八卷附一卷　(英國)華爾敦撰　(英國)傅蘭雅譯　清光緒二十五年(1899)江南製造局刻本　六册

500000－8743－0000393　0395
美國鐵路彙考十三卷　(美國)柯理集　(英國)傅蘭雅譯　清光緒二十五年(1899)江南製造局刻本　二册

500000－8743－0000394　0396
開煤要法十二卷　(英國)士密德輯　(英國)傅蘭雅譯　清末江南製造總局刻本　二册

500000－8743－0000395　0397
製機理法八卷　(英國)覺顯禄撰　(英國)傅蘭雅譯　清光緒二十五年(1899)江南製造局刻本　四册

500000－8743－0000396　0398
汽機新制八卷　(英國)白爾格撰　(英國)傅蘭雅譯　清末江南製造總局刻本　二册

500000－8743－0000397　0399
談天十八卷首一卷附圖一卷　(英國)侯失勒撰　(英國)偉烈亞力譯　(清)李善蘭　(清)徐建寅述　清光緒江南製造總局刻本　四册

500000－8743－0000398　0400
代數術二十五卷首一卷　(英國)華里司輯　(英國)傅蘭雅口譯　(清)華蘅芳筆述　清江南製造總局刻本　六册

500000－8743－0000399　0401
算式集要四卷　(英國)哈司韋輯　(英國)傅蘭雅口譯　(清)江衡筆述　清江南製造總局刻本　二册

500000－8743－0000400　0402
繪地法原一卷附表一卷圖一卷　(美國)金楷理口譯　(清)王德均筆述　清江南機器製造總局刻本　一册

500000－8743－0000401　0403
光學二卷附視學諸器圖説一卷　(英國)田大里撰　(美國)金楷理口譯　(清)趙元益筆述　清江南機器製造總局刻本　二册

500000－8743－0000402　0404
聲學八卷　(英國)田大里撰　(英國)傅蘭雅口譯　(清)徐建寅筆述　清江南製造總局刻本　二册

500000－8743－0000403　0405
化學分原八卷　(英國)蒲陸山撰　(英國)傅蘭雅口譯　(清)徐建寅筆述　清江南製造總局刻本　二册

500000－8743－0000404　0406
增删算法統宗十一卷　(明)程大位編　**增删算法統宗校算記一卷**　(清)梅㲄成纂　清光緒三年(1877)江南製造總局刻本　四册

500000－8743－0000405　0407
割圜連比例術圖解三卷附三統術衍補一卷　(清)董祐誠撰　清江南製造總局刻本　一册

500000－8743－0000406　0408
九數外録一卷　(清)顧觀光撰　清江南機器製造總局刻本　一册

500000－8743－0000407　0409
勾股六術一卷　(清)項名達撰　清江南機器製造總局刻本　一册

500000－8743－0000408　0410
對數表四卷　(清)賈步緯譯　清末江南製造總局刻本　四册

500000－8743－0000409　0411
繙譯弦切對數表八卷　(清)賈步緯譯　清光緒二十六年(1900)江南製造局仿聚珍版刻本　八册

500000－8743－0000410　0412
步天歌一卷星經彙考一卷上元甲子恆星表一

卷　(清)江南製造總局編　清末江南製造總局刻本　一册

500000－8743－0000411　0413
八淺簡表不分卷　(清)江南製造總局編　清江南機器製造總局鉛印本　一册

500000－8743－0000412　0414
八線對數說不分卷　(清)賈步緯譯　清江南製造總局刻本　一册

500000－8743－0000413　0415
行軍測繪十卷首一卷　(英國)連提撰　(英國)傅蘭雅譯　(清)趙元益筆述　清光緒江南製造總局刻本　二册

500000－8743－0000414　0416
化學求數十五卷附表一卷　(德國)富里西尼烏司撰　(英國)傅蘭雅譯　(清)徐壽筆述　清光緒江南製造總局刻本　十四册

500000－8743－0000415　0417
濟急法一卷　(英國)舍白辣撰　(英國)秀耀春譯　(清)趙元益筆述　清光緒二十九年(1903)江南製造局刻本　一册

500000－8743－0000416　0418
西藥大成補編十卷首一卷　(英國)哈來撰　(英國)傅雅蘭譯　(清)趙元益筆述　清光緒三十年(1904)江南製造局刻本　六册

500000－8743－0000417　0419
西藥大成藥品中西名目表一卷　(英國)來拉輯　(清)江南製造總局翻譯館譯　清光緒江南製造總局刻本　一册

500000－8743－0000418　0420
臨陣傷科捷要四卷附圖一卷　(英國)帕脱編　(清)舒高第　(清)鄭昌棪譯　清光緒江南製造總局刻本　四册

500000－8743－0000419　0421
測地繪圖十一卷附一卷附圖一卷　(英國)富路瑪撰　(英國)傅蘭雅譯　(清)徐壽筆述　清光緒江南製造總局刻本　四册

500000－8743－0000420　0422
上鄂督張宫保手摺一卷　(清)廖正華撰　清刻本　一册

500000－8743－0000421　0426
倫敦鐵路公司章程一卷　(清)鄧廷鏗譯　(清)楊葆寅纂輯　清末石印本　一册

500000－8743－0000422　0427
湖北試辦學堂冠服章程一卷　(清)張之洞撰　清末鉛印本　一册

500000－8743－0000423　0428
先府君年譜一卷　(清)王孝箴等撰　**王篠泉先生行狀一卷**　(清)賀濤撰　清光緒二十年(1894)刻本　一册

500000－8743－0000424　0429
東城雜記二卷　(清)厲鶚撰　清嘉慶二十五年(1820)錢塘汪氏刻本　二册

500000－8743－0000425　0430
聖賢高士傳贊一卷　(三國魏)嵇康撰　清刻本　一册

500000－8743－0000426　0431
水經注圖四十卷補一卷　楊守敬撰　清光緒三十一年(1905)觀海樓刻朱墨套印本　八册

500000－8743－0000427　0432
韓文類譜七卷柳先生年譜一卷　(宋)魏仲舉輯　清雍正七年(1729)小玲瓏山館仿宋刻本　一册

500000－8743－0000428　0433
古經解彙函十六種小學彙函十四種　(清)馮端本輯　清同治十二年(1873)粵東書局刻本　六十六册

500000－8743－0000429　0434
通志堂經解一百四十種　(清)納蘭性德編　清同治十二年(1873)粵東書局刻本　四百八十册

500000－8743－0000430　0435
皇清經解續編二百〇九種千四百三十卷　(清)顧炎武等撰　清光緒十二年(1886)江蘇南菁書院刻本　三百二十册　缺三種十卷

（毛詩傳箋通釋二十四至二十五、孟子四考一至四、毛詩考證一至四）

500000－8743－0000431　0436
皇清經解一百八十七種一千四百〇八卷　（清）阮元輯　清光緒十三年（1887）上海書局石印本　六十四册

500000－8743－0000432　0437
皇清經解續編一千四百三十卷　王先謙輯　清光緒十五年（1889）上海蜚英館石印本　三十二册

500000－8743－0000433　0438
五禮通考二百六十二卷首四卷　（清）秦蕙田輯　清光緒六年（1880）江蘇書局刻本　七十二册

500000－8743－0000434　0439
欽定儀禮義疏四十八卷首二卷　（清）□□撰　清道光十八年（1838）刻三禮義疏本　三十八册

500000－8743－0000435　0440
集韻考正十卷　（清）方成珪撰　清光緒五年（1879）刻本　十册

500000－8743－0000436　0441
類篇四十五卷　（宋）司馬光等纂　清光緒二年（1876）川東官舍刻本　十五册

500000－8743－0000437　0442
重栞宋本十三經注疏附校勘記　清嘉慶二十年（1815）江西南昌府學刻本　一百七十八册　存十三種四百〇七卷（周易兼義九卷音義一卷釋文校勘記一卷、附釋音尚書注疏三至二十卷、附釋音毛詩注疏七十卷、附釋音周禮注疏四十二卷、儀禮注疏五十卷、附釋音禮記注疏六十三卷、附釋音春秋左傳注疏六十卷、監本附音春秋公羊注疏二十八卷、監本附音春秋穀梁注疏二十卷、論語注疏解經二十卷、孝經注疏九卷、爾雅注疏三至四卷、孟子注疏解經十四卷）

500000－8743－0000438　0443
集韻十卷　（宋）丁度等纂　清光緒二年（1876）川東官舍刻本　十册

500000－8743－0000439　0444
讀禮通考一百二十卷　（清）徐乾撰　清光緒七年（1881）江蘇書局刻本　二十八册

500000－8743－0000440　0445
雷刻八種三十三卷　（清）雷浚撰　清光緒八年至二十一年（1882－1895）刻本　十二册

500000－8743－0000441　0446
拾雅二十卷　（清）夏味堂撰　清嘉慶二十四年（1819）刻本　十册

500000－8743－0000442　0447
素行室經說二卷　（清）楊譽龍撰　清光緒二十三年（1897）刻本　二册

500000－8743－0000443　0448
禮記訓纂四十九卷　（清）朱彬輯　清刻本　十册

500000－8743－0000444　0449
十三經札記　（清）朱亦楝撰　清光緒四年（1878）武林竹簡齋刻本　六册　存十二種二十二卷（易經札記三卷、尚書札記二卷、詩經札記二卷、周禮札記二卷、儀禮札記一卷、禮記札記二卷、左傳札記二卷、公穀札記一卷、孝經札記一卷、論語札記三卷、孟子札記二卷、爾雅一卷）

500000－8743－0000445　0450
鄂宰四種　（清）王筠撰　清咸豐二年（1852）刻本　四册

500000－8743－0000446　0451
石經彙函十種　（清）嚴可均撰　清元尚居刻本　十六册

500000－8743－0000447　0452
埤雅二十卷　（宋）陸佃撰　清乾隆刻本　六册

500000－8743－0000448　0453
復古編二卷校正一卷　（宋）張有撰　清乾隆四十六年（1781）安邑葛氏刻本　四册

500000－8743－0000449　0454
詩經傳說彙纂二十一卷首二卷詩序二卷

（清）王鴻緒等纂　清道光十八年（1838）刻本　二十冊

500000－8743－0000450　0455
詩經甲義十卷　（清）吴士模撰　清光緒十七年（1891）刻本　四冊

500000－8743－0000451　0456
詩序廣義二十四卷　（清）姜炳璋輯　清嘉慶二十年（1815）刻本　十二冊

500000－8743－0000452　0457
誠齋易傳二十卷　（宋）楊萬里撰　清光緒二十一年（1895）湖北官書處刻本　八冊

500000－8743－0000453　0458
欽定周官義疏四十八卷首一卷　（清）鄂爾泰等撰　清道光十八年（1838）刻三禮義疏本　二十八冊

500000－8743－0000454　0459
尚書逸湯誓考六卷　（清）徐時棟撰　清同治十一年（1872）城西草堂刻本　二冊

500000－8743－0000455　0460
禮書綱目八十五卷首三卷　（清）江永撰　清光緒二十一年（1895）廣雅書局刻本　二十冊

500000－8743－0000456　0461
周易姚氏學十六卷首一卷　（清）姚配中撰　清光緒三年（1877）刻本　六冊

500000－8743－0000457　0462
左傳舊疏考正目録八卷　（清）劉文淇撰　清光緒三年（1877）刻本　四冊

500000－8743－0000458　0463
相臺書塾刊正九經三傳沿革例一卷　（宋）岳珂撰　清光緒三年（1877）刻本　一冊

500000－8743－0000459　0464
刊謬正俗八卷　（唐）顔師古撰　清光緒三年（1877）刻本　一冊

500000－8743－0000460　0465
儀禮古今文疏義十七卷　（清）胡承珙撰　清光緒三年（1877）刻本　四冊

500000－8743－0000461　0466
春秋繁露義證十七卷首一卷　（漢）董仲舒（清）蘇輿撰　清宣統二年（1910）刻本　四冊

500000－8743－0000462　0467
輶軒使者絕代語釋別國方言十三卷　（清）戴震疏證　**續方言二卷**　（清）杭世駿搜集　清刻本　二冊

500000－8743－0000463　0468
古微書三十六卷　（明）孫㲄輯　清嘉慶二十一年（1816）刻本　六冊

500000－8743－0000464　0469
禮經校釋二十二卷　（清）曹元弼撰　清光緒十八年（1892）刻本　十二冊

500000－8743－0000465　0470
尚書孔傳參正三十六卷　王先謙撰　清光緒三十年（1904）虛受堂刻本　六冊

500000－8743－0000466　0471
音學五書五種三十八卷　（清）顧炎武撰　清光緒十一年（1885）四明觀稼樓刻本　十二冊　存五種三十八卷（音論三卷、詩本音十卷、易音三卷、唐韻正二十卷、古音表二卷）

500000－8743－0000467　0472
澤存堂五種五十卷　（清）張士俊輯　清光緒十四年（1888）上海蜚英館石印本　八冊　存五種五十卷（羣經音辨七卷、大廣益會玉編三十卷、大宋重修廣韻五卷、佩觿三卷、字鑑五卷）

500000－8743－0000468　0473
四書恆解　（清）劉沅輯注　清光緒十年（1884）刻本　十冊　存四種十一卷（大學一卷、中庸一卷、論語二卷、孟子七卷）

500000－8743－0000469　0474
說文解字注三十二卷　（清）段玉裁注　清光緒三年（1877）成都尊經書院刻本　十六冊

500000－8743－0000470　0475
說文解字注三十二卷　（清）段玉裁注　清光緒三年（1877）成都尊經書院刻本　十六冊

500000－8743－0000471　0476

說文解字注三十二卷　（清）段玉裁注　清光緒三年(1877)成都尊經書院刻本　十六册

500000－8743－0000472　0477

說文解字注三十二卷　（清）段玉裁注　清光緒三年(1877)成都尊經書院刻本　十六册

500000－8743－0000473　0478

說文解字注三十二卷　（清）段玉裁注　清光緒三年(1877)成都尊經書院刻本　十六册

500000－8743－0000474　0479

駢雅七卷　（明）朱謀㙔撰　清光緒十二年(1886)知不足齋刻本　七册　存六卷(一至五、七)

500000－8743－0000475　0480

論語後案二十卷　（清）黄式三撰　清光緒二年(1876)浙江書局刻儆居遺書本　十册

500000－8743－0000476　0481

說文解字注三十二卷　（清）段玉裁注　清經韻樓刻本　十六册

500000－8743－0000477　0482

積古齋鐘鼎彝器款識十卷　（清）阮元編錄　清刻本　四册

500000－8743－0000478　0483

歷代鐘鼎彝器款識法帖二十卷　（宋）薛尚功撰　清嘉慶二年(1797)岳邑博文齋刻本　四册

500000－8743－0000479　0484

東萊吕先生左氏博議句解六卷　（清）瞿景淳選粹　清刻本　六册

500000－8743－0000480　0485

隸韻十卷碑目一卷　（宋）劉球纂　清刻本　六册

500000－8743－0000481　0486

續復古編四卷　（元）曹本撰　清光緒十二年(1886)歸安姚氏朱印本　四册

500000－8743－0000482　0487

春秋全經左傳句解八卷　（宋）朱申注釋　（明）孫鑛批點　清光緒三十年(1904)令德堂刻本　七册

500000－8743－0000483　0488

關氏易傳一卷　（北魏）關朗撰　**周易略例一卷**　（晉）王弼撰　**古三墳一卷**　（晉）阮咸注　清光緒二年(1876)刻漢魏叢書本　一册

500000－8743－0000484　0489

詩傳孔氏傳一卷　（北周）端木賜撰　**詩說一卷**　（漢）申培撰　清光緒二年(1876)刻漢魏叢書本　一册

500000－8743－0000485　0490

毛詩草木鳥獸蟲魚疏二卷　（三國吴）陸璣撰　清光緒二年(1876)刻漢魏叢書本　一册

500000－8743－0000486　0491

儀禮十七卷　（漢）鄭玄注　清同治九年(1870)楚北崇文書局刻本　二册

500000－8743－0000487　0492

儀禮十七卷　（漢）鄭玄注　清同治九年(1870)楚北崇文書局刻本　二册

500000－8743－0000488　0493

儀禮十七卷　（漢）鄭玄注　清同治九年(1870)楚北崇文書局刻本　二册

500000－8743－0000489　0494

儀禮十七卷　（漢）鄭玄注　清同治九年(1870)楚北崇文書局刻本　二册

500000－8743－0000490　0495

儀禮十七卷　（漢）鄭玄注　清同治九年(1870)楚北崇文書局刻本　二册

500000－8743－0000491　0496

儀禮十七卷　（漢）鄭玄注　清同治九年(1870)楚北崇文書局刻本　二册

500000－8743－0000492　0497

儀禮十七卷　（漢）鄭玄注　清同治九年(1870)楚北崇文書局刻本　二册

500000－8743－0000493　0498

儀禮十七卷　（漢）鄭玄注　清同治九年(1870)楚北崇文書局刻本　二册

500000－8743－0000494　0499
儀禮十七卷　(漢)鄭玄注　清同治九年(1870)楚北崇文書局刻本　二冊

500000－8743－0000495　0500
儀禮十七卷　(漢)鄭玄注　清同治九年(1870)楚北崇文書局刻本　二冊

500000－8743－0000496　0501
儀禮十七卷　(漢)鄭玄注　清同治九年(1870)楚北崇文書局刻本　二冊

500000－8743－0000497　0502
儀禮十七卷　(漢)鄭玄注　清同治九年(1870)楚北崇文書局刻本　二冊

500000－8743－0000498　0503
儀禮十七卷　(漢)鄭玄注　清同治九年(1870)楚北崇文書局刻本　二冊

500000－8743－0000499　0504
儀禮十七卷　(漢)鄭玄注　清同治九年(1870)楚北崇文書局刻本　二冊

500000－8743－0000500　0505
儀禮十七卷　(漢)鄭玄注　清同治九年(1870)楚北崇文書局刻本　二冊

500000－8743－0000501　0506
儀禮十七卷　(漢)鄭玄注　清同治九年(1870)楚北崇文書局刻本　二冊

500000－8743－0000502　0507
儀禮十七卷　(漢)鄭玄注　清同治九年(1870)楚北崇文書局刻本　二冊

500000－8743－0000503　0508
附釋文互註禮部韻略五卷　(宋)丁度撰　清光緒二年(1876)川東官舍刻本　三冊

500000－8743－0000504　0509
愚一錄十二卷　(清)鄭獻甫撰　清光緒二年(1876)黔南節署刻本　六冊

500000－8743－0000505　0510
南菁書院叢書八集四十一種　王先謙　繆荃孫輯　清光緒十四年(1888)江陰南菁書院刻本　四十冊

500000－8743－0000506　0511
番禺陳氏東塾叢書五種三十四卷　(清)陳澧撰　清廣東富文齋刻本　八冊

500000－8743－0000507　0512
少室山房筆叢四十八卷詩藪内編六卷外編四卷雜編六卷　(明)胡應麟撰　清光緒二十二年(1896)廣雅書局刻本　十六冊

500000－8743－0000508　0513
粵雅堂叢書三十集一百八十五種　(清)伍崇曜輯　清刻本　四百冊

500000－8743－0000509　0515
武英殿聚珍版叢書五十四種　清同治十三年(1874)江西書局刻本　一百二十八冊

500000－8743－0000510　0516
積學齋叢書二十種六十一卷　徐乃昌輯　清光緒十九年(1893)南陵徐氏刻本　十六冊

500000－8743－0000511　0517
二思堂叢書六種五十一卷　(清)梁章鉅編　清光緒元年(1875)刻本　十六冊

500000－8743－0000512　0518
世說新語六卷　(南朝宋)劉義慶撰　(南朝梁)劉孝標注　清光緒三年(1877)湖北崇文書局刻崇文書局彙刻本　四冊

500000－8743－0000513　0519
涑水記聞十二卷　(宋)司馬光撰　清光緒三年(1877)湖北崇文書局刻崇文書局彙刻本　二冊

500000－8743－0000514　0520
古經解鉤沉三十卷　(清)余蕭客撰　清刻本　九冊　存二十九卷(二至三十)

500000－8743－0000515　0521
引申義舉例二卷　(清)程先甲撰　清刻千一齋全書本　一冊

500000－8743－0000516　0522
孝經一卷　(漢)鄭玄注　(清)嚴可均輯　清光緒二十九年(1903)大關唐氏刻本　一冊

500000－8743－0000517　0523

匏瓜錄六卷 （清）芮長恤撰 清光緒十年(1884)昆陵懷永堂惲氏刻本 四冊

500000－8743－0000518 0524

說文解字句讀三十卷 （漢）許慎記 （清）王筠撰集 清光緒八年(1882)四川尊經書院刻本 十四冊

500000－8743－0000519 0525

韓詩外傳十卷 （漢）韓嬰撰 清光緒二年(1876)刻漢魏叢書本 二冊

500000－8743－0000520 0526

博雅十卷 （三國魏）張揖纂輯 清光緒二年(1876)刻漢魏叢書本 二冊

500000－8743－0000521 0527

方言十三卷 （漢）揚雄撰 清光緒二年(1876)刻漢魏叢書本 一冊

500000－8743－0000522 0528

釋名四卷 （漢）劉熙撰 清光緒二年(1876)刻漢魏叢書本 二冊

500000－8743－0000523 0529

春秋繁露十七卷 （漢）董仲舒撰 清光緒二年(1876)刻漢魏叢書本 一冊 存五卷(十三至十七)

500000－8743－0000524 0530

古籀餘論三卷 （清）孫詒讓記 清籀經樓校本 二冊

500000－8743－0000525 0531

小學鉤沈十九卷 （清）任大椿撰 清光緒十年(1884)龍氏刊本 四冊

500000－8743－0000526 0532

毛詩述正二十八卷首一卷 （清）張其煥撰 清光緒五年(1879)孫氏刻本 八冊

500000－8743－0000527 0533

欽定春秋傳說彙纂三十八卷首二卷 （清）王掞等纂 清道光十八年(1838)刻本 二十四冊

500000－8743－0000528 0534

雅雨堂叢書十二種附一種 （清）盧見曾輯 清乾隆二十一年(1756)刻本 二十冊 存十一種附一種一百二十二卷(李氏易傳十七卷附經典釋文一卷、鄭氏周易三卷、鄭司農集一卷、周易乾鑿度二卷、尚書大傳四卷補遺一卷續補遺一卷考異一卷、大戴禮記三十三卷、高氏戰國策十三卷、匡謬正俗八卷、封氏聞見記十卷、北夢瑣言二十卷、文昌雜錄六卷補遺一卷)

500000－8743－0000529 0535

湖海樓叢書十二種一百一卷 （清）陳春輯 清嘉慶蕭山陳氏湖海樓刻本 三十二冊

500000－8743－0000530 0536

風雨樓叢書三十二種一百五十七卷 鄧實輯 清宣統二年(1910)上海國光社鉛印本 五十四冊

500000－8743－0000531 0537

經詞衍釋十卷補遺一卷 （清）吳昌瑩撰 清光緒二年(1876)刻漢魏叢書本 四冊

500000－8743－0000532 0538

韓詩外傳十卷 （漢）韓嬰撰 清光緒三年(1877)湖北崇文書局刻崇文書局彙刻本 二冊

500000－8743－0000533 0539

春秋繁露十七卷 （漢）董仲舒撰 清光緒三年(1877)湖北崇文書局刻崇文書局彙刻本 二冊

500000－8743－0000534 0540

苗氏說文四種四十六卷 （清）苗夔撰 清道光咸豐祁氏漢專亭刻本 四冊

500000－8743－0000535 0541

老子道德經二篇 （晉）王弼注 清遵義黎氏刻本 一冊

500000－8743－0000536 0542

海山仙館叢書五十六種四百八十五卷 （清）潘仕成輯 清光緒中補刻清道光咸豐番禺潘氏刻本 一百十八冊 缺一種二卷(傅青主女科二卷)

500000－8743－0000537　0543

西學富強叢書八十八種　上海日新社輯　清光緒二十七年(1901)上海日新社石印本　六十四册

500000－8743－0000538　0544

平津館叢書　(清)孫星衍輯　清光緒十一年(1885)吴縣朱氏槐廬家塾刻本　五十册　存三十八種

500000－8743－0000539　0545

鄦齋叢書二十種附一種　徐乃昌編　清南陵徐氏刻本　十六册

500000－8743－0000540　0546

後知不足齋叢書五十六種一百七十七卷　(清)鮑廷爵輯　清光緒十年(1884)常熟鮑氏刻本　三十二册

500000－8743－0000541　0547

心矩齋叢書七種三十卷　(清)蔣鳳藻編　清光緒長洲蔣氏心矩齋刻民國十四年(1925)文學山房印本　十二册

500000－8743－0000542　0548

古桐書屋叢書六種二十五卷　(清)劉熙載輯　清刻本　八册

500000－8743－0000543　0549

晨風閣叢書二十五種附一種四十八卷　沈宗畸輯　清宣統元年(1909)沈氏刻本　十六册

500000－8743－0000544　0550

嘯園叢書六十種一百九十卷　(清)葛元煦輯　清光緒九年(1883)刻本　七十一册

500000－8743－0000545　0551

德清俞蔭甫所著書(一名春在堂全書)三十八種　(清)俞樾撰　清同治十年(1871)曾國藩署檢刻本　一百六十册

500000－8743－0000546　0552

玉函山房輯佚書　(清)馬國翰輯　清光緒九年(1883)長沙嫏嬛館刻本　一百册　存三十四種

500000－8743－0000547　0553

觀古閣叢刻　(清)鮑康撰　清同治十二年(1873)歙鮑氏刻本　八册

500000－8743－0000548　0554

春秋大事表五十卷　(清)顧復初輯　清乾隆十三年(1748)刻本　二十册

500000－8743－0000549　0555

論語經正錄二十卷　(清)王肇晉撰　清光緒二十年(1894)刻本　十册

500000－8743－0000550　0556

焦氏易林校略十六卷　(清)翟云升撰　清刻本　五册

500000－8743－0000551　0557

西學富強叢書八十一種　(清)富強齋主人輯　清光緒二十七年(1901)上海寶善齋石印本　六十四册

500000－8743－0000552　0558

觀古堂彙刻書一集十五種二集六種　葉德輝輯　清光緒二十八年(1902)湘潭葉氏刻本　十六册

500000－8743－0000553　0559

觀古堂所著書一集七種二集九種　葉德輝輯　清光緒二十八年(1902)湘潭葉氏刻本　十六册

500000－8743－0000554　0560

守山閣叢書一百十種六百六十七卷　(清)錢熙祚輯　清光緒十五年(1889)上海鴻文書局石印本　一百册

500000－8743－0000555　0561

藕香零拾三十九種九十卷　繆荃孫輯　清光緒至宣統刻本　十四册

500000－8743－0000556　0562

稗海七十種四百四十九卷　(明)商濬輯　清刻本　七十二册

500000－8743－0000557　0563

丹鉛總錄二十七卷　(明)楊慎撰集　明嘉靖二十一年(1542)刻本　十册

500000－8743－0000558　0564

錦繡萬花谷前集四十卷　(宋)佚名撰　明刻本　十六冊

500000－8743－0000559　0565
海錄碎事二十二卷　(宋)葉廷珪撰　明萬曆二十七年(1599)河南僉憲劉鳳刻本　二十六冊

500000－8743－0000560　0566
居易錄三十四卷　(清)王士禎撰　清刻本　八冊

500000－8743－0000561　0567
輟畊錄三十卷　(元)陶宗儀訂　清刻本　八冊

500000－8743－0000562　0568
讀史兵略四十六卷　(清)胡林翼纂　清咸豐十一年(1861)武昌刻本　十六冊

500000－8743－0000563　0569
尚書十三卷　清光緒二十九年(1903)刻本　二冊

500000－8743－0000564　0570
尚書十三卷　清光緒二十九年(1903)刻本　二冊

500000－8743－0000565　0571
尚書十三卷　清光緒二十九年(1903)刻本　二冊

500000－8743－0000566　0572
尚書十三卷　清光緒二十九年(1903)刻本　二冊

500000－8743－0000567　0573
尚書十三卷　清光緒二十九年(1903)刻本　二冊

500000－8743－0000568　0574
尚書十三卷　清光緒二十九年(1903)刻本　二冊

500000－8743－0000569　0575
尚書十三卷　清光緒二十九年(1903)刻本　二冊

500000－8743－0000570　0576
尚書十三卷　清光緒二十九年(1903)刻本　二冊

500000－8743－0000571　0577
尚書十三卷　清光緒二十九年(1903)刻本　二冊

500000－8743－0000572　0578
子書百家　清崇文書局輯　清光緒元年(1875)湖北崇文書局刻本　一百〇六冊　缺四種十八卷(握奇經一卷、六韜三卷、太元經十卷、道德真經注四卷)

500000－8743－0000573　0579
太平御覽一千卷目錄十五卷　(宋)李昉等纂　清嘉慶十二年至十七年(1807－1812)歙縣鮑氏仿宋刻本　一百冊

500000－8743－0000574　0580
欽定西清古鑑四十卷錢錄十六卷　(清)梁詩正等纂　清光緒十四年(1888)上海鴻文書局石印本　二十四冊

500000－8743－0000575　0581
北堂書鈔一百六十卷　(隋)虞世南撰　(清)孔廣陶校注　清光緒十四年(1888)南海孔氏三十有三萬卷堂刻本　二十冊

500000－8743－0000576　0582
日知錄集釋三十二卷刊誤二卷續刊誤二卷　(清)顧炎武撰　(清)黃汝成集釋　清同治十一年(1872)湖北崇文書局刻本　十六冊

500000－8743－0000577　0583
圖繪寶鑑八卷　(清)夏文彥纂　(清)吳麒錄　清借綠草堂刻本　二冊

500000－8743－0000578　0584
國朝畫徵錄三卷續錄二卷　(清)張庚撰　清乾隆四年(1739)刻本　二冊

500000－8743－0000579　0585
慈溪黃氏日抄九十七卷　(宋)黃震輯撰　清耕餘樓刻本　十八冊

500000－8743－0000580　0586

洴澼百金方十四卷首一卷 (清)惠麓酒民編 清乾隆五十三年(1788)刻本 十四冊

500000－8743－0000581 0587
日知錄集釋三十二卷刊誤二卷續刊誤二卷 (清)顧炎武撰 (清)黃汝成集釋 清刻本 十六冊

500000－8743－0000582 0588
漢學商兑三卷 (清)方東樹撰 清同治十年(1871)望三益齋刻本 四冊

500000－8743－0000583 0589
容齋隨筆十六卷續筆十六卷三筆十六卷四筆十六卷五筆十卷 (宋)洪邁撰 清光緒二十年(1894)皖南洪氏刻本 八冊

500000－8743－0000584 0590
野獲編三十卷補遺四卷 (清)沈德符撰 (清)錢枋輯 清道光七年(1827)錢唐姚氏刻本 二十冊

500000－8743－0000585 0591
玉海二百〇四卷附刻十三種六十三卷 (宋)王應麟撰 清光緒九年(1883)浙江書局刻本 一百二十冊

500000－8743－0000586 0592
全唐詩九百卷 (清)曹寅等編 清康熙四十六年(1707)刻本 一百二十冊

500000－8743－0000587 0593
紀效新書十八卷首一卷 (明)戚繼光撰 清道光二十一年(1841)刻本 六冊

500000－8743－0000588 0594
呻吟語六卷附錄一卷 (明)呂坤撰 清刻本 五冊 存六卷(二至六、附錄一)

500000－8743－0000589 0595
賴古堂別集印人傳三卷 (清)周亮工撰 (清)周在浚編 清刻本 二冊

500000－8743－0000590 0596
讀書脞錄七卷 (清)孫志祖撰 清光緒十三年(1887)醉六堂刻本 二冊

500000－8743－0000591 0597
國朝漢學師承記八卷京師經義一卷宋學淵源記二卷附記一卷 (清)江藩纂 清光緒十三年(1887)刻本 四冊

500000－8743－0000592 0599
佛説阿彌陀經一卷 (後秦)釋鳩摩羅什譯 清宣統二年(1910)石印本 一冊

500000－8743－0000593 0600
西藏源流考一卷 (清)張其勤輯 清宣統二年(1910)官書局鉛印本 一冊

500000－8743－0000594 0602
補注黃帝内經素問二十四卷 (清)高保衡等注 清光緒三年(1877)浙江書局刻本 八冊

500000－8743－0000595 0603
清河書畫舫十二卷補遺一卷 (明)張丑撰 清乾隆二十七年至二十八年(1762－1763)仁和吳氏池北草堂刻本 十二冊

500000－8743－0000596 0604
亦政堂重考古玉圖二卷 (宋)朱德潤撰 清刻本 一冊

500000－8743－0000597 0605
亦政堂重修考古圖十卷 (宋)呂大臨撰 清乾隆十八年(1753)刻本 五冊

500000－8743－0000598 0606
大唐開元占經一百二十卷 (唐)釋瞿曇修撰 清刻本 十六冊

500000－8743－0000599 0607
古香齋鑒賞袖珍春明夢餘錄七十卷 (清)孫承澤撰 清刻本 十八冊

500000－8743－0000600 0608
策府統宗六十五卷目錄二卷 (清)劉昌齡撰 清光緒十五年(1889)珍藝書局石印本 十七冊

500000－8743－0000601 0609
黃帝内經靈樞十二卷 (□)□□撰 清刻本 二冊

500000－8743－0000602 0610
泊如齋重修宣和博古圖錄三十卷 (清)丁南

羽繪圖　(清)劉季然書錄　清刻本　十四册

500000－8743－0000603　0611
山中學詩記五卷　(清)徐時棟撰　清光緒四年(1878)西河別墅葉氏刻本　二册

500000－8743－0000604　0612
東塾讀書記二十五卷　(清)陳澧撰　清末廣州林記書莊刻本　六册

500000－8743－0000605　0613
佩文齋書畫譜一百卷　(清)孫岳頒等撰　清刻本　六十四册

500000－8743－0000606　0614
義門讀書記五十八卷　(清)何焯撰　清光緒六年(1880)刻本　十二册

500000－8743－0000607　0615
衎石齋記事槀十卷續槀十卷　(清)錢儀吉撰　清光緒六年(1880)刻本　七册　存十四卷(七至十、續一至十)

500000－8743－0000608　0616
夢溪筆談二十六卷首一卷末一卷補三卷續一卷校字記一卷　(宋)沈括撰　清光緒三十二年(1906)番禺陶氏愛廬刻本　二册　存十四卷(十九至二十六、末一、補一至三、續一、校一)

500000－8743－0000609　0617
松陽講義十二卷　(清)陸隴其撰　(清)侯銓編　清刻本　一册　存五卷(八至十二)

500000－8743－0000610　0618
抱朴子内篇二十卷外篇五十卷校勘記一卷佚文二卷附錄六卷　(晉)葛洪撰　清同治十二年(1873)金陵道署刻本　八册

500000－8743－0000611　0619
群書札記十六卷　(清)朱亦棟撰　清光緒四年(1878)武林竹簡齋刻本　六册

500000－8743－0000612　0620
群書疑辨十二卷　(清)萬斯同纂　清嘉慶二十一年(1816)刻本　四册

500000－8743－0000613　0621
二十二子　(清)浙江書局輯　清光緒元年至三年(1875－1877)浙江書局刻本　六十九册

存十九種二百七十八卷(董子春秋繁露十七卷、竹書紀年統箋十二卷前編一卷、晏子春秋七卷音義二卷校勘二卷、孔子集語十七卷、荀子二十卷校勘補遺一卷、揚子法言十三卷音義一卷、新書十卷、文中子十卷、孫子十家注十三卷遺說一卷敘錄一卷、管子二十四卷、商君書五卷、韓非子二十卷識誤三卷、墨子十五卷、尸子二卷、呂氏春秋二十六卷、淮南子二十一卷、山海經十八卷、老子道德經二卷音義一卷、列子八卷、文子纘義十二卷)

500000－8743－0000614　0622
試貼詩十卷　(□)□□輯　清光緒十年(1884)上洋袖海山房書局石印本　十二册

500000－8743－0000615　0623
札樸十卷　(清)桂馥撰　清光緒九年(1883)長洲蔣氏心矩齋刻本　八册

500000－8743－0000616　0624
池北偶談二十六卷　(清)王士禛撰　清康熙三十九年(1700)刻本　四册

500000－8743－0000617　0625
文選六十卷　(南朝梁)蕭統撰　(唐)李善注　清光緒元年(1875)尊經書院刻本　十册

500000－8743－0000618　0626
文選六十卷　(南朝梁)蕭統撰　(唐)李善注　清光緒元年(1875)尊經書院刻本　十册

500000－8743－0000619　0627
文選六十卷　(南朝梁)蕭統撰　(唐)李善注　清光緒元年(1875)尊經書院刻本　十册

500000－8743－0000620　0628
文選六十卷　(南朝梁)蕭統撰　(唐)李善注　清光緒元年(1875)尊經書院刻本　十册

500000－8743－0000621　0629
文選六十卷　(南朝梁)蕭統撰　(唐)李善注　清光緒元年(1875)尊經書院刻本　十册

500000－8743－0000622　0630

文選六十卷 (南朝梁)蕭統撰 (唐)李善注 清光緒元年(1875)尊經書院刻本 十冊

500000－8743－0000623 0631
文選六十卷 (南朝梁)蕭統撰 (唐)李善注 清光緒元年(1875)尊經書院刻本 十冊

500000－8743－0000624 0632
文選六十卷 (南朝梁)蕭統撰 (唐)李善注 清光緒元年(1875)尊經書院刻本 十冊

500000－8743－0000625 0633
文選六十卷 (南朝梁)蕭統撰 (唐)李善注 清光緒元年(1875)尊經書院刻本 十冊

500000－8743－0000626 0634
文選六十卷 (南朝梁)蕭統撰 (唐)李善注 清光緒元年(1875)尊經書院刻本 十冊

500000－8743－0000627 0635
國朝駢體正宗評本十二卷 (清)曾燠輯 清光緒十年(1884)花雨樓朱墨套印本 六冊

500000－8743－0000628 0636
升菴全蜀秇文志六十四卷 (明)楊慎撰 清嘉慶二十二年(1817)刻本 十冊

500000－8743－0000629 0637
皇朝經世文編一百二十卷 (清)賀長齡輯 清光緒十二年(1886)思補樓石印本 六十冊

500000－8743－0000630 0638
皇朝經世文續編一百二十卷 (清)葛士濬輯 清光緒十四年(1888)圖書集成局石印本 三十二冊

500000－8743－0000631 0639
御定歷代賦彙一百四十卷外集二十卷逸句二卷補遺二十二卷 (清)陳元龍輯 清光緒十二年(1886)雙梧書屋石印本 十六冊

500000－8743－0000632 0640
四元玉鑑細草三卷附四元釋例一卷 (清)朱世傑編 清末據清道光十六年(1836)刻本石印本 六冊

500000－8743－0000633 0641
淮南子二十一卷 (漢)高誘撰 清光緒十九年(1893)鴻文書局據武進莊氏本石印本 一冊

500000－8743－0000634 0642
孔子集語十七卷 (清)孫星衍撰 **鬼谷子一卷** (戰國)鬼谷子撰 清光緒十九年(1893)鴻文書局據陽湖孫氏本石印本 一冊

500000－8743－0000635 0643
無邪堂答問五卷 (清)朱一新撰 清光緒二十一年(1895)廣雅書局刻本 五冊

500000－8743－0000636 0644
莊子獨見内篇七卷外篇十五卷雜篇十一卷 (清)胡文英評釋 清刻本 五冊

500000－8743－0000637 0645
曾文正公雜著四卷首一卷 (清)李瀚章編 清同治十三年(1874)傳忠書局刻本 四冊

500000－8743－0000638 0646
意林五卷 (唐)馬總撰 清光緒三年(1877)湖北崇文書局刻崇文書局彙刻本 二冊

500000－8743－0000639 0647
葬經内篇一卷皇帝宅經二卷 (晉)郭璞撰 清光緒三年(1877)湖北崇文書局刻崇文書局彙刻本 一冊

500000－8743－0000640 0648
人譜正篇一卷 (明)劉宗周撰 清光緒三年(1877)湖北崇文書局刻崇文書局彙刻本 一冊

500000－8743－0000641 0649
人譜類記增訂六卷 (明)劉宗周撰 清光緒三年(1877)湖北崇文書局刻崇文書局彙刻本 二冊

500000－8743－0000642 0650
淮南天文訓補注二卷 (清)錢塘撰 清光緒三年(1877)湖北崇文書局刻崇文書局彙刻本 一冊

500000－8743－0000643 0651
老學庵筆記十卷 (宋)陸游撰 清光緒三年(1877)湖北崇文書局刻崇文書局彙刻本 二冊

500000－8743－0000644　0652

全上古三代秦漢三國六朝文十五種七百四十六卷　(清)嚴可均輯　清光緒十年(1884)黄岡王氏刻本　一百册

500000－8743－0000645　0653

重刊明成化本東坡七集一百十卷　(宋)蘇軾撰　清光緒三十四年至宣統元年(1908－1909)寶華盦刻本　四十册

500000－8743－0000646　0654

御選唐宋詩醇四十七卷目錄二卷　(清)梁詩正等編　清乾隆二十五年(1760)刻朱墨套印本　十六册

500000－8743－0000647　0655

弘正四傑詩集　(清)何景明等撰　清光緒二十一年(1895)長沙張氏湘雨樓刻本　十六册

500000－8743－0000648　0656

宋文鑑一百五十卷目錄二卷　(宋)吕祖謙編　清光緒十二年(1886)江蘇書局刻本　二十四册

500000－8743－0000649　0657

鐵厓樂府註十卷逸編註八卷咏史註八卷首一卷　(明)楊維楨撰　(清)樓卜瀍註　(清)吴復編　清光緒十四年(1888)諸暨樓氏崇德堂補刻本　六册

500000－8743－0000650　0658

説文解字三十二卷　(清)段玉裁注　清光緒三年(1877)成都尊經書院刻經韻樓本　十六册

500000－8743－0000651　0659

説文解字三十二卷　(清)段玉裁注　清光緒三年(1877)成都尊經書院刻經韻樓本　十六册

500000－8743－0000652　0660

説文解字三十二卷　(清)段玉裁注　清光緒三年(1877)成都尊經書院刻經韻樓本　十四册　存二十八卷(一至二十六、三十一至三十二)

500000－8743－0000653　0661

説文解字三十二卷　(清)段玉裁注　清光緒三年(1877)成都尊經書院刻經韻樓本　十二册　存二十八卷(一至二十六、三十一至三十二)

500000－8743－0000654　0662

説文解字三十二卷　(清)段玉裁注　清光緒三年(1877)成都尊經書院刻經韻樓本　四册　存八卷(五至六、十三至十四、二十五至二十六、三十一至三十二)

500000－8743－0000655　0663

金石例十卷　(元)潘昂霄撰　**墓銘舉例四卷**　(明)王行撰　**金石要例一卷**　(清)黄宗羲撰　清乾隆二十年(1755)刻本　六册

500000－8743－0000656　0664

文選六十卷　(南朝梁)蕭統撰　(唐)李善注　清乾隆三十七年(1772)長洲葉氏海錄軒刻本　十册

500000－8743－0000657　0665

象山先生文集三十六卷　(宋)陸九淵撰　清末江左書林石印本　八册

500000－8743－0000658　0666

代數通藝錄十六卷　(清)方愷撰　清光緒二十二年(1896)時務報館石印本　四册

500000－8743－0000659　0667

日下舊聞四十二卷　(清)朱彝尊輯　清刻本　十册

500000－8743－0000660　0668

朱子原訂近思錄十四卷　(清)江永注　清同治七年(1868)楚北崇文書局刻本　四册

500000－8743－0000661　0669

學案小識十四卷首一卷末一卷　(清)唐鑑輯　清光緒十五年(1889)刻本　十二册

500000－8743－0000662　0670

宋稗類鈔八卷　(清)李宗孔輯　清康熙吴閶童湧泉刻本　八册

500000－8743－0000663　0671

吹綱錄六卷 (清)葉廷琯撰 清同治八年(1869)刻本 二冊

500000－8743－0000664 0672
鷗陂漁話六卷 (清)葉廷琯撰 清同治八年(1869)刻本 二冊

500000－8743－0000665 0673
湖海文傳七十五卷 (清)王昶輯 清道光十七年(1837)經訓堂刻本 二十冊

500000－8743－0000666 0674
讀書雜識十二卷 (清)劳格撰 清光緒四年(1878)吳興丁氏刻月河精舍叢鈔本 四冊

500000－8743－0000667 0675
讀書雜志八十二卷餘編二卷 (清)王念孫撰 清同治九年(1870)楚北崇文書局刻本 二十七冊

500000－8743－0000668 0676
十駕齋養新錄二十卷餘錄三卷年譜一卷 (清)錢大昕撰 清光緒二年(1876)浙江書局刻本 八冊

500000－8743－0000669 0677
癸巳類稿十五卷 (清)俞正燮撰 清道光十三年(1833)求日益齋刻本 六冊

500000－8743－0000670 0678
秦漢瓦當文字二卷續一卷 (清)程敦編 清乾隆五十二年(1787)横渠書院石印本 三冊

500000－8743－0000671 0680
子史精華一百六十卷 (清)吳襄等纂修 清刻本 四十冊

500000－8743－0000672 0681
春秋經傳集解三十卷年表一卷名號歸一圖二卷 (晉)杜預集解 清刻本 十五冊 存三十一卷(三至三十、年表一、歸一圖一至二)

500000－8743－0000673 0682
春秋經傳集解三十卷年表一卷名號歸一圖二卷 (晉)杜預集解 清刻本 十四冊 存二十八卷(三至三十)

500000－8743－0000674 0683
春秋經傳集解三十卷年表一卷名號歸一圖二卷 (晉)杜預集解 清刻本 五冊 存十卷(三至四、七至八、十七至十八、二十三至二十四、二十七至二十八)

500000－8743－0000675 0684
春秋經傳集解三十卷年表一卷名號歸一圖二卷 (晉)杜預集解 清刻本 二冊 存四卷(七至八、十七至十八)

500000－8743－0000676 0685
毛詩二十卷 (漢)鄭玄箋 清刻本 四冊

500000－8743－0000677 0686
毛詩二十卷 (漢)鄭玄箋 清刻本 四冊

500000－8743－0000678 0687
毛詩二十卷 (漢)鄭玄箋 清刻本 四冊

500000－8743－0000679 0688
毛詩二十卷 (漢)鄭玄箋 清刻本 三冊 存十五卷(六至二十)

500000－8743－0000680 0689
箋註陶淵明集十卷補註陶淵明集總論一卷 (宋)李公煥輯註 清宣統三年至民國二年(1911－1913)貴池劉氏玉海堂影宋刻本 四冊

500000－8743－0000681 0690
文選六十卷 (南朝梁)蕭統撰 (唐)李善注 清光緒元年(1875)刻本 十冊

500000－8743－0000682 0691
洪北江全集 (清)洪亮吉撰 清光緒三年至五年(1877－1879)授經堂刻本 六十冊 存十四種

500000－8743－0000683 0692
清麓文集二十三卷日記五卷 (清)賀瑞麟撰 清刻本 二十二冊

500000－8743－0000684 0693
明詩綜一百卷 (清)朱彝尊錄 (清)汪森輯評 清康熙四十四年(1705)刻本 三十冊

500000－8743－0000685 0694
文粹一百卷補遺二十六卷 (清)姚鉉纂 清

光緒十六年至十八年(1890－1892)杭州許氏榆園刻本　二十册

500000－8743－0000686　0695
國朝文匯甲前集二十卷甲集六十卷乙集七十卷丙集三十卷丁集二十卷總目一卷　(清)王文濡等編　清宣統元年至二年(1909－1910)國學扶輪社鉛印本　一百〇一册

500000－8743－0000687　0696
管子二十四卷　(戰國)管仲撰　(唐)房玄齡注　清光緒五年(1879)影宋刻本　四册

500000－8743－0000688　0697
墨池編二十卷　(宋)朱長文纂　清雍正十一年(1733)就閒堂刻本　八册

500000－8743－0000689　0698
五燈會元二十卷　(宋)釋普濟撰　清光緒三十二年(1906)貴池劉氏玉海堂景宋寶祐刻本　十二册

500000－8743－0000690　0699
群書拾補三十七卷　(清)盧文弨撰　清光緒十三年(1887)上海蜚英館石印本　八册

500000－8743－0000691　0700
農政全書六十卷　(明)徐光啓撰　清宣統元年(1909)上海求學齋局石印本　八册

500000－8743－0000692　0701
東坡事類二十二卷　(清)梁廷枏纂　清光緒五年(1879)刻本　八册

500000－8743－0000693　0702
觀復堂稿畧一卷　(清)朱集璜撰　清光緒六年(1880)刻本　一册

500000－8743－0000694　0703
新刻張太岳先生詩集六卷　(明)張居正撰　清宣統湖南官書報局鉛印本　一册

500000－8743－0000695　0704
羅鄂州小集六卷　(宋)羅願撰　**羅郢州遺文一卷**　(宋)羅頌撰　清光緒十九年(1893)黟縣李氏仿明洪武本刻本　二册

500000－8743－0000696　0705
青邱高季迪先生詩集十八卷首一卷鳬藻集五卷　(明)高啟撰　清刻本　十册

500000－8743－0000697　0706
友竹草堂詩二卷文集六卷　(清)蔣慶第撰　清光緒十九年(1893)刻本　四册

500000－8743－0000698　0707
石笥山房文集六卷補遺一卷詩集十一卷詩餘一卷補遺二卷　(清)胡天游撰　清末石印本　六册

500000－8743－0000699　0708
國朝駢體正宗續編八卷　(清)張鳴珂輯　清光緒十四年(1888)寒松閣刻本　四册

500000－8743－0000700　0709
晴漪閣詩六卷皖遊紀略二卷入湘紀程一卷湘中隨筆一卷知悔齋文二卷　(清)陳克劬撰　清光緒十三年至十九年(1887－1893)刻本　四册

500000－8743－0000701　0710
養志居僅存稿十八卷首一卷　(清)陳宗起撰　清光緒十一年(1885)丹徒陳氏刻本　八册

500000－8743－0000702　0711
悔餘菴文稿九卷樂府四卷詩稿十三卷　(清)何栻撰　清同治四年(1865)鳩江戟幄刻本　八册

500000－8743－0000703　0712
桐華舸褎忠詩鈔一卷　(清)鮑瑞駿撰　清光緒三年(1877)刻本　一册

500000－8743－0000704　0713
桐華舸明季詠史詩鈔一卷　(清)鮑瑞駿撰　清同治三年(1864)刻本　一册

500000－8743－0000705　0714
安吳四種三十六卷首一卷　(清)包世臣著　(清)包世榮　(清)包慎言註　清光緒十四年(1888)刻本　十六册

500000－8743－0000706　0715
詩人玉屑二十卷　(宋)魏慶之輯　清古松堂刻本　十册

500000－8743－0000707　0716
杜詩詳註二十五卷附錄二卷　(唐)杜甫撰　(清)仇兆鰲輯註　清康熙三十二年(1693)刻本　十六册

500000－8743－0000708　0717
南皮壽言不分卷　(清)李稷勳撰　清末紅杏山房刻本　一册

500000－8743－0000709　0718
古唐詩合解十六卷　(清)王堯衢注　清刻本　二册　存六卷(七至十二)

500000－8743－0000710　0719
庾子山集十六卷附年譜一卷總釋一卷　(清)倪璠注釋　清光緒二十年(1894)儒雅堂刻本　十二册

500000－8743－0000711　0720
王子安集註二十卷首一卷末一卷　(唐)王勃撰　(清)蔣清翊註　清光緒九年(1883)吳縣蔣氏雙唐碑館刻本　六册

500000－8743－0000712　0721
辛丑消夏記五卷　(清)吳榮光撰　清光緒三十一年(1905)郎園刻本　四册　存四卷(一至四)

500000－8743－0000713　0722
元文類七十卷目錄三卷　(元)蘇天爵編　清光緒十五年(1889)江蘇書局刻本　十册

500000－8743－0000714　0723
古文苑九卷　(宋)章樵注　清刻本　四册

500000－8743－0000715　0724
二曲集四十六卷　(清)李顒撰　清光緒三年(1877)信述堂刻本　十六册

500000－8743－0000716　0725
華峰文集六卷　(清)吳光耀撰　清光緒二十四年(1898)刻本　二册

500000－8743－0000717　0726
文選六十卷考異十卷　(南朝梁)蕭統撰　(唐)李善注　清同治八年(1869)湖北崇文書局刻本　十一册　存三十卷(一至十一、二十一至二十三、三十九至四十七、五十五至六十,考異一至二)

500000－8743－0000718　0727
樊南文集補編十二卷首一卷附錄一卷　(清)錢振倫箋　(清)錢振常注　清同治八年(1869)師山高行篤署刻本　四册

500000－8743－0000719　0728
焦氏易林四卷　(漢)焦贛撰　清光緒二年(1876)刻漢魏叢書本　四册

500000－8743－0000720　0729
文心雕龍十卷　(南朝梁)劉勰撰　清光緒二年(1876)刻漢魏叢書本　二册

500000－8743－0000721　0730
論衡三十卷　(漢)王充撰　清光緒二年(1876)刻漢魏叢書本　十册

500000－8743－0000722　0731
穆天子傳六卷　(晉)郭璞注　清光緒二年(1876)刻漢魏叢書本　一册

500000－8743－0000723　0732
詩品三卷　(南朝梁)鍾嶸撰　**搜神記八卷**　(晉)干寶撰　**搜神後記二卷**　(晉)陶潛撰　清光緒二年(1876)刻漢魏叢書本　一册　存十一卷(詩品一至二、搜神記二至八、搜神後記一至二)

500000－8743－0000724　0733
天祿閣外史八卷　(漢)黃憲撰　清光緒二年(1876)刻漢魏叢書本　三册

500000－8743－0000725　0734
還冤記一卷　(北齊)顏之推撰　**神異經一卷**　**海内十洲記一卷**　(漢)東方朔撰　**別國洞冥記四卷**　(漢)郭憲撰　**枕中書一卷**　(晉)葛洪撰　清光緒二年(1876)刻漢魏叢書本　一册

500000－8743－0000726　0735
星經二卷　(漢)甘公　(漢)石公撰　**荆楚歲時記一卷**　(晉)宗懔撰　**南方草木狀三卷**　(晉)嵇含撰　清光緒二年(1876)刻漢魏叢書

本　一册　存五卷(星經一、荆楚歲時記一、南方草木狀一至三)

500000－8743－0000727　0736
西京雜記六卷　(漢)劉歆撰　**漢武帝内傳一卷**　(漢)班固撰　清光緒二年(1876)刻漢魏叢書本　一册

500000－8743－0000728　0737
中説二卷　(隋)王通撰　清光緒二年(1876)刻漢魏叢書本　一册

500000－8743－0000729　0738
人物志三卷　(三國魏)劉邵撰　**新論十卷**　(南朝梁)劉勰撰　清光緒二年(1876)刻漢魏叢書本　二册

500000－8743－0000730　0739
易傳三卷　(漢)京房撰　清光緒二年(1876)刻漢魏叢書本　一册

500000－8743－0000731　0740
風俗通義十卷　(漢)應劭撰　清光緒二年(1876)刻漢魏叢書本　二册

500000－8743－0000732　0741
淮南鴻烈解二十一卷　(漢)劉安撰　清光緒二年(1876)刻漢魏叢書本　六册

500000－8743－0000733　0742
楚辭集注八卷首一卷　(宋)朱熹注　清光緒元年(1875)湖北崇文書局刻崇文書局彙刻書本　二册

500000－8743－0000734　0743
楚辭辯證二卷　(宋)朱熹撰　清光緒三年(1877)湖北崇文書局刻崇文書局彙刻本　一册

500000－8743－0000735　0744
離騷集傳一卷　(宋)錢杲之集傳　清光緒三年(1877)湖北崇文書局刻崇文書局彙刻本　一册

500000－8743－0000736　0745
離騷草木疏四卷　(宋)吴仁傑撰　清光緒三年(1877)湖北崇文書局刻崇文書局彙刻本　一册

500000－8743－0000737　0746
離騷箋二卷　(清)龔景瀚撰　清光緒三年(1877)湖北崇文書局刻崇文書局彙刻本　一册

500000－8743－0000738　0747
漁隱叢話前集六十卷後集四十卷　(宋)胡仔纂集　清耘經樓刻本　七册

500000－8743－0000739　0748
李太白文集三十六卷　(唐)李白撰　(清)王琦輯注　清乾隆二十四年(1759)刻本　十六册

500000－8743－0000740　0749
續古文苑二十卷　(清)孫星衍撰　清嘉慶十七年(1812)冶城山館刻本　八册

500000－8743－0000741　0750
白茅堂集四十六卷　(清)顧景星撰　清刻本　十九册

500000－8743－0000742　0751
桐華舸詩鈔八卷末一卷　(清)鮑瑞駿撰　清同治五年(1866)刻本　八册

500000－8743－0000743　0752
杜工部集二十卷諸家詩話一卷唱酬題詠附錄一卷注杜詩畧例一卷附錄一卷年譜一卷　(唐)杜甫撰　(清)錢謙益箋注　清刻本　八册

500000－8743－0000744　0753
八代詩選二十卷　王闓運撰　清光緒七年(1881)四川尊經書局刻本　八册

500000－8743－0000745　0754
清尊集十六卷　(清)汪遠孫輯　清道光十九年(1839)錢塘振綺堂刻本　四册

500000－8743－0000746　0755
漁洋山人精華錄訓纂十卷目錄二卷年譜二卷辯譌一卷　(清)惠棟撰　清光緒十七年(1891)會稽徐氏述史樓刻本　十二册

500000－8743－0000747　0756
鮚埼亭集三十八卷經史問答十卷外編五十卷

首一卷　(清)全祖望撰　清同治十一年(1872)刻本　二十四册

500000－8743－0000748　0757
宋詩紀事一百卷　(清)厲鶚輯　(清)馬曰琯輯　清乾隆十一年(1746)刻本　二十四册

500000－8743－0000749　0758
蘇文忠公詩合註五十卷首一卷目錄一卷　(宋)蘇軾撰　(清)馮應榴輯　清同治九年(1870)刻本　二十册

500000－8743－0000750　0759
國朝文錄八十二卷　(清)姚椿編　清咸豐元年(1851)終南山館刻本　三十二册

500000－8743－0000751　0760
香山詩選六卷　(唐)白居易撰　(清)曹文埴訂　清光緒十七年(1891)金陵書局刻本　二册

500000－8743－0000752　0761
元遺山詩集箋注十四卷末一卷　(金)元好問撰　(元)張德輝類次　(清)施國祁箋　清道光七年(1827)刻本　六册

500000－8743－0000753　0762
文心雕龍十卷　(南朝梁)劉勰撰　清光緒三年(1877)湖北崇文書局刻崇文書局彙刻本　二册

500000－8743－0000754　0763
王右丞集二十八卷首一卷末一卷　(唐)王維撰　(清)趙殿成箋注　清刻本　十册

500000－8743－0000755　0764
曾文正公家書十卷家訓二卷　(清)曾國藩撰　**大事記四卷**　(清)王定安撰　清光緒五年(1879)傳忠書局刻本　十四册

500000－8743－0000756　0765
西漚外集八卷　(清)童棫　(清)宋寶棫編輯　清刻本　八册

500000－8743－0000757　0766
庾子山集十六卷總釋一卷　(北周)庾信撰　(清)倪璠注釋　清刻本　十二册

500000－8743－0000758　0767
歷代史論二十二卷　(明)張溥論正　清光緒九年(1883)蒼松山房刻朱墨套印本　十二册

500000－8743－0000759　0768
漢學商兑三卷　(清)方東樹撰　清光緒二十六年(1900)浙江書局刻本　四册

500000－8743－0000760　0769
佛説長阿含經二十二卷　(晉)釋佛陀耶舍　(晉)釋竺佛念譯　清光緒十三年(1887)姑蘇刻經處刻本　六册

500000－8743－0000761　0770
金剛般若經六譯本不分卷　(後秦)釋鳩摩羅什等譯　清同治九年至十一年(1870－1872)金陵刻經處刻本　一册

500000－8743－0000762　0771
成唯識論十卷　(唐)釋玄奘譯　清光緒二十二年(1896)金陵刻經處刻本　二册

500000－8743－0000763　0772
大佛頂如來密因修證了義諸菩薩萬行首楞嚴經十卷　(唐)釋般刺密帝譯　清宣統三年(1911)釋應明刻本　三册

500000－8743－0000764　0773
地理辨正五卷首一卷　(清)蔣平階補傳　(清)姜垚辨正　(清)無心道人增補直解　**心眼指要四卷**　(清)無心道人集　**天元五歌闡義五卷**　(清)劉大鴻撰　(清)無心道人注　**元空秘旨一卷**　(清)釋目講撰　(清)無心道人解　清宣統元年(1909)成都天昌館刻本　五册

500000－8743－0000765　0774
欽定西清古鑑四十卷錢錄十六卷　(清)梁詩正等編纂　清光緒三十四年(1908)集成圖書公司仿殿本石印本　二十四册

500000－8743－0000766　0776
戰術學三卷　(日本)細目謙藏譯　清南洋公學譯書院鉛印本　三册　存二卷(一至二)

500000－8743－0000767　0777

劉太史續刻稿五卷劉狀元真稿五卷　(清)劉子莊撰　清刻本　四冊

500000－8743－0000768　0778
復堂類集文四卷詩九卷詞二卷　(清)譚獻撰　清光緒五年(1879)刻本　四冊

500000－8743－0000769　0779
梅村詩集箋注十八卷　(清)吳翌鳳撰　清光緒十年(1884)湖北官書處刻本　十二冊

500000－8743－0000770　0780
詞綜三十卷　(清)朱彝尊輯　清刻本　八冊

500000－8743－0000771　0781
鹽鐵論十二卷　(漢)桓寬撰　清光緒二年(1876)刻漢魏叢書本　三冊

500000－8743－0000772　0782
大戴禮記十三卷　(漢)戴德撰　清光緒二年(1876)刻漢魏叢書本　二冊

500000－8743－0000773　0783
文選旁證四十六卷　(清)梁章鉅撰　清光緒八年(1882)刻本　十二冊

500000－8743－0000774　0784
唐陸宣公翰苑集二十四卷　(唐)陸贄撰　(清)張佩芳注釋　清光緒九年(1883)刻本　八冊

500000－8743－0000775　0785
回文類聚四卷續編十卷　(宋)桑世昌纂　清刻本　四冊

500000－8743－0000776　0786
黃帝内經靈樞註九卷　(清)張志聰集註　清光緒刻本　八冊

500000－8743－0000777　0787
文公家禮儀節八卷　(宋)朱熹編　(明)楊慎輯　清善成堂刻本　四冊

500000－8743－0000778　0788
續指月錄二十卷首一卷尊宿集一卷　(清)聶先編　清刻本　六冊

500000－8743－0000779　0789
指月錄三十二卷　(明)瞿汝稷集　清刻本　十冊

500000－8743－0000780　0790
佛教畧史八卷　(清)釋惟靜編輯　清光緒三十二年(1906)刻本　八冊

500000－8743－0000781　0791
千金翼方三十卷　(唐)孫思邈編　清刻本　三冊　存四卷(四、二十二、二十七至二十八)

500000－8743－0000782　0792
蘇沈良方八卷　(宋)蘇軾　(宋)沈括撰　清刻本　四冊

500000－8743－0000783　0793
養真集二卷　(清)王士端撰　清光緒刻重刊道藏輯要本　一冊

500000－8743－0000784　0794
天仙正理直論增註一卷金丹要訣一卷伍真人丹道九篇一卷　(明)伍守陽撰　清光緒刻重刊道藏輯要本　三冊

500000－8743－0000785　0795
註心賦四卷　(宋)釋延壽撰　清刻本　四冊

500000－8743－0000786　0796
佛説大阿彌陀經二卷　(宋)王日休校集　清刻本　二冊

500000－8743－0000787　0797
般若波羅蜜多心經添足一卷　(唐)釋玄奘譯　(明)釋弘贊述　清刻本　一冊

500000－8743－0000788　0798
仁王護國般若波羅密經一卷　(後秦)釋鳩摩羅什譯　清刻本　一冊

500000－8743－0000789　0799
日本軍政要略三卷　(日本)細目謙藏譯　清南洋公學譯書院鉛印本　一冊

500000－8743－0000790　0800
四聖心源十卷　(清)黃元御撰　清刻黃氏醫書八種本　一冊　存六卷(五至十)

500000－8743－0000791　0801

脈經十卷　（晉）王叔和撰　清宣統元年（1909）借月山房刻本　四冊

500000－8743－0000792　0802
世補齋醫書十六卷　（清）陸懋修撰　清光緒十年（1884）刻本　八冊

500000－8743－0000793　0803
西歸直指四卷首一卷　（清）周安士彙輯　清刻本　一冊

500000－8743－0000794　0804
神農本草備要醫方合編十三卷　（清）汪昂輯撰　清刻本　五冊

500000－8743－0000795　0805
妙法蓮華經七卷　（後秦）釋鳩摩羅什譯　清刻本　三冊

500000－8743－0000796　0806
籌國芻言二卷　（清）劉次源撰　清宣統二年（1910）金城鉛印本　一冊

500000－8743－0000797　0807
御批歷代通鑑輯覽一百二十卷　（清）傅恒等編纂　清光緒二十七年（1901）慎記書莊石印本　十冊

500000－8743－0000798　0808
陶淵明文集十卷　（晉）陶潛撰　清宣統元年（1909）著易堂據汲古閣藏本石印本　四冊

500000－8743－0000799　0809
駱賓王文集十卷考異一卷　（唐）駱賓王撰　清宣統三年（1911）上海文瑞樓石印本　二冊

500000－8743－0000800　0810
康熙字典十二集檢字一卷辨似一卷等韻一卷補遺一卷備考一卷　（清）張玉書撰　清末上海鴻寶書局石印本　六冊

500000－8743－0000801　0811
尚書十三卷　（□）□□集　清光緒二十九年（1903）刻本　一冊　存六卷（八至十三）

500000－8743－0000802　0812
楞嚴經指掌疏十卷事義十卷　（清）釋通理撰　清光緒二十七年（1901）刻本　十二冊

500000－8743－0000803　0813
維摩詰所說經註八卷　（後秦）釋鳩摩羅什譯　清光緒十三年（1887）金陵刻經處刻本　二冊

500000－8743－0000804　0814
八代詩選二十卷　王闓運撰　清光緒七年（1881）四川尊經書局刻本　六冊

500000－8743－0000805　0815
十八家詩鈔二十八卷　（清）曾國藩纂　清同治十三年（1874）傳忠書局刻本　二十冊

500000－8743－0000806　0816
經傳釋詞十卷　（清）王引之撰　**補一卷再補一卷**　（清）孫經世撰　清光緒六年（1880）成都書局刻本　四冊

500000－8743－0000807　0817
註陸宣公奏議十六卷制誥十卷　（唐）陸贄撰　清成都望海樓書局刻本　六冊

500000－8743－0000808　0818
文獻通考詳節二十四卷　（宋）馬貴與撰　清光緒五年（1879）八杉齋鉛印本　九冊

500000－8743－0000809　0819
文中子說十卷　（宋）阮逸注　**山海經十八卷**　（晉）郭璞傳　清光緒十九年（1893）鴻文書局據明世德堂本石印本　一冊

500000－8743－0000810　0820
古香齋鑒賞袖珍春明夢餘錄七十卷　（清）孫承澤撰　清刻本　二十四冊

500000－8743－0000811　0821
御纂七經　清光緒二十九年（1903）上海慎記書莊石印本　三冊

500000－8743－0000812　0823
栽桑捷法圖說一卷　（□）□□撰　清刻本　一冊　存一卷

500000－8743－0000813　0824
古文詞略讀本二十四卷　（清）梅曾亮輯　清光緒鉛印本　一冊　存十卷（一至十）

500000－8743－0000814　0825

國語二十一卷 （三國吳）韋昭解 **國語明道本考異四卷** （清）汪遠孫撰 清同治七年(1868)湖北崇文書局刻本 五冊

500000－8743－0000815 0826
皇極經世書緒言九卷首二卷 （宋）邵康節撰 （明）黄粤洲注釋 清嘉慶四年(1799)錢塘徐氏刻本 十冊

500000－8743－0000816 0827
有正味齋駢文十六卷日錄補遺十三卷 （清）吳錫麒撰 （清）葉聯芬箋注 清同治七年(1868)刻本 五冊 存十二卷(一至十、十五至十六)

500000－8743－0000817 0828
孔子家語十卷 （清）□□輯 清光緒元年(1875)湖北崇文書局刻本 二冊

500000－8743－0000818 0829
諸葛忠武侯故事五卷 （清）張澍纂 清光緒三十四年(1908)周氏刻本 三冊

500000－8743－0000819 0830
諸葛忠武侯文集六卷首一卷 （清）張澍輯 清光緒三十四年(1908)周氏刻本 三冊

500000－8743－0000820 0831
蜀中名勝記三十卷 （明）曹學佺撰 清道光元年(1821)四川官印刷局刻本 八冊

500000－8743－0000821 0832
任兆麟述記三卷 （清）任兆麟撰 清末石印本 二冊

500000－8743－0000822 0833
御選妙覺普度和聖寒山大士詩一卷 （唐）釋寒山撰 **御選圓覺慈度合聖拾得大士詩一卷** （□）□□輯 清末刻本 一冊

500000－8743－0000823 0834
戰國策三十二卷 （漢）高誘注 **重刻剡川姚氏本戰國策札記三卷** （清）黄丕烈撰 清光緒二十二年(1896)上海鴻寶齋石印本 五冊

500000－8743－0000824 0835
國語二十一卷 （三國吳）韋昭注 **校刊明道本韋氏解國語札記一卷** （清）黄丕烈撰 清光緒二十二年(1896)上海鴻寶齋石印本 三冊

500000－8743－0000825 0836
七經緯書五十一卷 （漢）鄭玄 （三國魏）宋均輯注 清古微書屋刻益雅堂叢書經編緯書類本 六冊

500000－8743－0000826 0837
古玉圖攷不分卷 （清）吳大澂輯 清末上海同文書局石印本 四冊

500000－8743－0000827 0838
文史通義八卷校讐通義三卷 （清）章學誠撰 清光緒二十四年(1898)長沙經文書局刻本 八冊

500000－8743－0000828 0839
醫學三字經四卷 （清）陳念祖撰 清嘉慶九年(1804)成都刻本 一冊

500000－8743－0000829 0840
全蜀秇文志六十四卷首一卷 （明）楊慎輯 清光緒十五年(1889)雨餘山房刻本 十二冊 存三十八卷(一至三十八)

500000－8743－0000830 0841
唐詩拾遺十卷 （明）高棅輯 （清）張恂訂 明末清初刻本 二冊

500000－8743－0000831 0842
擬訂江漢道屬各縣縣志纂修通則一卷 （清）周英杰撰 清末湖北江漢道道尹公署鉛印本 一冊

500000－8743－0000832 0843
吳郡圖經續記三卷 （宋）朱長文撰 清刻本 二冊

500000－8743－0000833 0844
奉天全省地輿圖說不分卷 （清）王志修輯 清光緒二十年(1894)刻本 一冊

500000－8743－0000834 0845
飛燕外傳一卷 （漢）伶元撰 **雜事秘辛一卷** （漢）佚名撰 **華陽國志十四卷** （晉）常璩

撰　清末刻增訂漢魏叢書本　三冊

500000－8743－0000835　0846
華陽國志十二卷　(晉)常璩撰　清嘉慶十九年(1814)刻本　四冊

500000－8743－0000836　0847
資治通鑑二百九十四卷釋文辯誤十二卷　(宋)司馬光編集　(元)胡三省音注　清江蘇書局修補鄱陽胡氏仿元本刻本　一百冊

500000－8743－0000837　0848
續資治通鑑二百二十卷　(清)畢沅集　清同治六至八年(1867－1869)江蘇書局刻本　六十冊

500000－8743－0000838　0849
文選六十卷　(南朝梁)蕭統撰　(唐)李善注　清乾隆三十七年(1772)刻朱墨套印本　十六冊

500000－8743－0000839　0850
杜工部集二十卷首一卷　(唐)杜甫撰　清光緒二年(1876)粵東翰墨園刻本　十冊

500000－8743－0000840　0851
屈原賦二十五篇　(戰國)屈原撰　清同文書局石印本　一冊　存四篇(九章、遠遊、卜居、漁父)

500000－8743－0000841　0852
文心雕龍十卷　(南朝梁)劉勰撰　(清)黃叔琳注　(清)紀昀評　清道光十三年(1833)兩廣節署刻朱墨套印本　四冊

500000－8743－0000842　0853
東塾讀書記二十五卷　(清)陳澧撰　清刻本　五冊

500000－8743－0000843　0854
重刊文信國公全集十五卷首一卷　(宋)文天祥撰　清道光二十五年(1845)刻本　十六冊

500000－8743－0000844　0855
乾道臨安志三卷札記一卷　(宋)周淙撰　清光緒四年(1878)會稽章氏刻本　一冊

500000－8743－0000845　0856
[乾隆]富順縣志五卷首一卷　(清)段玉裁纂修　清光緒八年(1882)刻本　五冊

500000－8743－0000846　0857
[光緒]秀山縣志十四卷首一卷　(清)王壽松修　清光緒十七年(1891)刻本　四冊

500000－8743－0000847　0858
咸淳臨安志一百卷札記三卷　(宋)潛說友撰　清道光十年(1830)錢唐振綺堂汪氏仿宋刻本　十二冊

500000－8743－0000848　0859
[嘉慶]四川通志二百〇四卷首二十二卷　(清)常明等修　清嘉慶二十一年(1816)刻本　一百三十三冊　存二百二十二卷(一至二百〇四、首一至十八)

500000－8743－0000849　0860
宋本十三經注疏附校勘記　(清)阮元校勘　清光緒十三年(1887)脈望仙館石印本　三十二冊　存十三種四百〇七卷(周易兼義九卷音義一卷釋文校勘記一卷、附釋音尚書注疏三至二十、附釋音毛詩注疏七十卷、附釋音周禮注疏四十二卷、儀禮注疏五十卷、附釋音禮記注疏六十三卷、附釋音春秋左傳注疏六十卷、監本附音春秋公羊注疏二十八卷、監本附音春秋穀梁注疏二十卷、論語注疏解經二十卷、孝經注疏九卷、爾雅注疏三至四卷、孟子注疏解經十四卷)

500000－8743－0000850　0861
歷代陵寢備考五十卷歷代宗廟附考八卷　(清)朱孔陽輯　清申報館鉛印申報館叢書本　十四冊

500000－8743－0000851　0862
歷代陵寢備考五十卷歷代宗廟附考八卷　(清)朱孔陽輯　清申報館鉛印申報館叢書本　十四冊

500000－8743－0000852　0863
湖山便覽十二卷　(清)翟灝　(清)翟瀚輯　清光緒元年(1875)槐蔭堂王氏刻本　六冊

500000－8743－0000853　0864

太平廣記五百卷 （宋）李昉等編 清刻本 一冊 存十五卷（三百二十八至三百四十二）

500000－8743－0000854 0865
宸垣識略十六卷 （清）吳長元輯 清咸豐二年（1852）藻思堂刻本 八冊

500000－8743－0000855 0866
兩浙金石志十八卷補遺一卷 （清）阮元編錄 清光緒十六年（1890）浙江書局刻本 十二冊

500000－8743－0000856 0867
笠翁一家言 （清）李漁撰 清雍正八年（1730）世德堂刻本 十六冊

500000－8743－0000857 0868
西京雜記六卷 （晉）葛洪集 **神異經一卷** （漢）東方朔撰 **別國洞冥記四卷** （漢）郭憲撰 **述異記二卷** （南朝梁）任昉撰 清刻本 一冊

500000－8743－0000858 0869
西湖志纂十五卷首一卷 （清）沈德潛等纂 清刻本 五冊

500000－8743－0000859 0870
欽定西清古鑑四十卷錢錄十六卷 （清）梁詩正等編纂 清光緒十四年（1888）上海鴻文書局石印本 二十四冊

500000－8743－0000860 0871
廟制圖考四卷 （清）萬斯同輯 清刻本 二冊

500000－8743－0000861 0872
洛陽名園記一卷 （宋）李廌撰 （明）毛晉訂 明毛氏汲古閣刻本 一冊

500000－8743－0000862 0873
峨山圖說二卷 （清）黃綬芙撰 清光緒十七年（1891）刻本 一冊 存一卷（一）

500000－8743－0000863 0874
儀禮十七卷鄭氏注校錄一卷續校錄一卷 （漢）鄭玄注 清刻本 二冊

500000－8743－0000864 0875
新定三禮圖二十卷 （宋）聶崇義集注 清刻本 二冊

500000－8743－0000865 0876
張皋文儀禮圖六卷 （清）張惠言撰 清刻本 三冊

500000－8743－0000866 0877
張皋文儀禮圖六卷 （清）張惠言撰 清刻本 三冊

500000－8743－0000867 0878
水經注圖四十卷補一卷 楊守敬撰 清光緒三十一年（1905）觀海樓刻朱墨套印本 八冊

500000－8743－0000868 0879
吳郡讀經續記三卷 （清）朱長文撰 清同治十二年（1873）江蘇書局刻本 一冊

500000－8743－0000869 0880
揚州畫舫錄十八卷 （清）李斗撰 清乾隆六十年（1795）刻本 六冊

500000－8743－0000870 0881
揚州畫舫錄十八卷 （清）李斗撰 清乾隆六十年（1795）刻本 六冊

500000－8743－0000871 0882
寰宇訪碑錄十二卷 （清）孫星衍 （清）邢澍撰 清光緒九年（1883）江蘇書局刻本 四冊

500000－8743－0000872 0883
滄浪小志二卷 （清）宋犖編 清光緒十年（1884）江蘇書局刻本 一冊

500000－8743－0000873 0884
六朝事迹編類十四卷 （宋）張敦頤撰 清光緒十三年（1887）寶章閣刻本 四冊

500000－8743－0000874 0885
群經宮室圖二卷 （清）焦循撰 清嘉慶五年（1800）半九書塾刻本 二冊

500000－8743－0000875 0886
群經宮室圖二卷 （清）焦循撰 清嘉慶五年（1800）半九書塾刻本 一冊

500000－8743－0000876 0887

六經圖二十四卷 (清)鄭之僑編 清乾隆九年(1744)刻本 十二册

500000－8743－0000877 0888
長安志二十卷圖志三卷 (宋)宋敏求撰 清光緒十七年(1891)思賢講舍刻靈巖山館本 五册

500000－8743－0000878 0889
千甓亭古塼圖釋二十卷 (清)陸心源輯 清光緒十七年(1891)吳興陸氏石印本 十册

500000－8743－0000879 0890
御製圓明園詩二卷 (清)高宗弘曆撰 清刻朱墨套印本 二册

500000－8743－0000880 0891
欽定皇輿西域圖志四十八卷首四卷 (清)傅恆等纂 清光緒十九年(1893)杭州便益書局石印本 十册

500000－8743－0000881 0892
欽定日下舊聞考一百六十卷 (清)于敏中等纂 清刻本 十二册 存二十三卷(二十至四十二)

500000－8743－0000882 0893
漢石例六卷 (清)劉寶楠撰 清刻本 一册

500000－8743－0000883 0894
夢溪筆談二十六卷首一卷末一卷補三卷續一卷校字記一卷 (宋)沈括撰 清光緒三十二年(1906)番禺陶氏愛廬刻本 四册

500000－8743－0000884 0895
三輔黃圖六卷 (漢)佚名撰 清刻本 二册

500000－8743－0000885 0896
洛陽伽藍記五卷 (魏)楊衒之撰 清光緒二年(1876)嵩山釋智眾刻本 一册

500000－8743－0000886 0897
[光緒]續修臺灣府志二十六卷首一卷 (清)余文儀修 (清)黃佾纂 清光緒十四年(1888)刻本 十二册

500000－8743－0000887 0898
[同治]重修成都縣志十六卷首一卷 (清)李玉宣修 (清)衷興鑑纂 清同治十二年(1873)刻本 十六册

500000－8743－0000888 0899
增廣詩韻全璧五卷檢韻便覽一卷 (清)奕詢編 清光緒十九年(1893)上海點石齋石印本 六册

500000－8743－0000889 0900
欽定古今圖書集成一萬卷 (清)陳夢雷輯 清光緒石印本 一册 存十一卷(一百四十至一百五十)

500000－8743－0000890 0901
永興鄉土志二卷 (清)劉朝焜編纂 (清)李仙培 (清)劉允嘉輯 清光緒三十二年(1906)謝景星刻本 二册